PRÉFACE

par François Morel

Parfois, un auditeur m'aborde gentiment : « Je ne rate jamais une de vos chroniques ! »

Je prends alors un air contrit : « Moi, hélas, ça m'arrive. »

J'ai commencé l'exercice radiophonique du vendredi matin le 4 septembre 2009. C'est Philippe Val, alors directeur de France Inter, qui m'avait sollicité. « Tu as trois minutes pour raconter ce que tu veux… L'air du temps, à ta manière. Aucune obligation, aucun impératif, sauf de ne pas dépasser trois minutes trente… » Il m'avait précisé : « Tu n'es même pas obligé de faire de l'humour. » Ça m'avait rassuré. L'obligation de faire du drôle quand le monde est à feu et à sang aurait tendance à me mettre mal à l'aise.

J'avais déjà écrit des chroniques pour France Inter, pas dans la tranche matinale consacrée à l'information, mais dans la case de 11 heures, celle traditionnellement plus légère, plus festive depuis que Claude Villers, Pierre Desproges et Luis Rego à l'époque du « Tribunal des flagrants délires » en avaient fait un rendez-vous incontournable. L'émission avait pour nom « Rien à voir » quand Laurence Boccolini la présentait puis « Le fou du roi » quand Stéphane Bern lui succéda. J'intervenais deux fois par semaine. Je me suis bien amusé, j'ai fait des rencontres intéressantes, joyeuses, émouvantes, et puis je me suis arrêté quand, après avoir (mal) traité deux fois le chapeau de Mme de Fontenay, je craignais de tourner en rond.

Conclure la tranche d'information (qui plus est conclure la semaine de la tranche d'information) est une drôle de responsabilité. C'est un numéro d'équilibriste. Il ne faut tomber ni dans l'esprit de sérieux (on n'est pas là pour ça), ni dans la fête du slip (le contexte s'y prête mal).

Habituellement, quand on me demande si on peut rire de tout, je réponds qu'on n'est surtout pas obligé. Mon copain François Rollin dit justement que l'humour n'est pas une discipline mais un ingrédient. Je trouve qu'il a raison. Je ne me sens pas plus humoriste que mélancoliste. Ça dépend des jours, ça dépend de l'humeur, ça dépend de ce que la rumeur du monde suscite en moi.

En écrivant ces chroniques, j'ai tenté de suivre une ligne de conduite qui puisse me ressembler. Je me suis donné quelques règles. Par exemple, je n'ai pas voulu m'acharner sur qui que ce soit. Je suis bien l'auteur de l'injonction « Ferme ta gueule, Luc Ferry, ferme ta gueule ! » mais je n'ai pas voulu la réitérer chaque semaine (ce qui sûrement aurait été possible). Avoir une tête de Turc me semble une solution de facilité. Quand on ne sait pas quoi raconter, c'est un marronnier utile. Moi, quand j'étais à sec, je faisais un papier sur la saisissante coiffure de Laurence Bloch, qui reprit les manettes de Philippe Val. Je n'ai pas non plus cherché à crier ma colère chaque semaine. Il n'y a rien de pire que la révolte convenue, l'insurrection peinarde. J'ai tenté de faire en sorte que les chroniques se suivent mais ne se ressemblent pas trop. J'ai essayé de faire en sorte que quelqu'un pensant différemment de moi puisse quand même avoir envie d'écouter mon papier jusqu'au bout.

Je ne suis pas sûr d'avoir réussi chaque fois…

L'exercice de la chronique est essentiellement solitaire. On l'écrit seul – en tout cas, moi je l'écris seul. (J'ai cependant croisé récemment quelqu'un me disant avoir rencontré l'auteur qui écrivait pour moi… Je lui ai dit que je serais ravi de faire sa connaissance…). On la dit seul (sauf quand de temps en temps je sollicite un partenaire exceptionnel : Ariane Ascaride, Sophia Aram, Alain Pralon, Olivier Broche, Olivier Saladin, Antoine Sahler, Jacques Weber, Laurent Gerra, Juliette Hackius…). Avant mon passage à l'antenne, personne ne vérifie mon papier, même si, pour le plaisir, je le fais lire à la chargée de production, Juliette Hackius justement, dont j'aime avoir l'avis. C'est également elle que je sollicite régulièrement pour qu'elle ajoute des sons, des musiques (notamment quand je trouve mon texte un peu faible !).

Si l'exercice est solitaire, je suis, cependant, attentif à ce que font mes collègues. J'ai regretté l'éviction de Didier Porte et de Stéphane Guillon. (La chronique de Guillon faisant résonner une sirène dès que Strauss-Kahn s'approchait d'une personne de sexe féminin était extraordinaire. Plutôt que jouer la colère outragée, le directeur du FMI aurait été plus inspiré en écoutant une alerte qui aurait pu être précieuse pour celui qui prétendait à l'investiture suprême de la présidence de la République.)

J'ai trouvé dommage que François Rollin, si singulier, si personnel, ne soit pas reconduit.

Je regrette de ne plus entendre Chris Esquerre dont la personnalité me ravit. Pendant une trop courte période, il est venu une fois tous les quinze jours pour une chronique toujours drôle et inattendue. On me dit qu'il aurait expliqué devant une Léa Salamé totalement ahurie que présenter une chronique de trois minutes une fois tous les quinze jours était pour lui une charge trop lourde.

Je me suis réjoui de l'arrivée sur France Inter d'un chroniqueur venu d'ailleurs, en l'occurrence du *Figaro Magazine*, en la personne de Frédéric Beigbeder. Je n'ai pas regretté son départ. Le travail, sans doute, n'est plus une valeur de droite.

Je ne suis pas réputé être un chroniqueur politique. J'évite de trop ricaner. Entre nous, ma situation de comédien, chroniqueur, artiste me semble plus confortable que celle d'homme politique dont l'ambitieux projet est généralement d'améliorer le monde et la vie des gens.

Si une chronique politique ne se résume pas à dézinguer Darmanin ou Sarkozy, j'ai l'impression d'avoir, à ma manière, parlé de politique, en écrivant une lettre à mon papa le 27 avril 2012, en listant toutes ces personnalités qui ont fait la France sans porter un prénom d'origine française. J'ai été assez amusé quand récemment plusieurs producteurs de France Inter m'ont laissé des textos admiratifs pour vanter mon courage (!) à la suite d'une chronique consacrée à Hervé Pauchon, licencié de France Inter et marcheur sur le chemin de Saint-Jacques-de-Compostelle. Évoquer Pauchon serait-il plus courageux sur France Inter que dénigrer Macron ? Je m'amuse… Courageux, moi ? Pas spécialement, non. Mais libre, oui.

Je me souviens avoir eu du mal à conclure ma chronique sur Moustaki dont la disparition me peinait. Je me souviens de Jacques Higelin évoquant sur scène la figure de Jacky Gelin, son avatar malheureux, inventé un matin joyeux. Je me souviens du coup de fil d'Alain Delon m'appelant sur mon portable quelques minutes après la chronique que je lui avais consacrée.

Je me souviens dans son bureau de la colère de Philippe Val me reprochant une chronique portant sur des histoires incestueuses entre les enfants de Philippe de Villiers. Je me souviens lui avoir répliqué vivement. (Rétrospectivement, je me dis qu'il n'avait pas tort sur le fond, on n'a rien à dire sur la vie intime des gens. Simplement, sa remontrance, quelques semaines après la chronique incriminée, venait trop tard.)

Je me souviens de la bienveillance de Nicolas Demorand puis de Patrick Cohen puis de Nicolas Demorand. (Régulièrement, je reçois un texto de Patrick Cohen le vendredi une minute après 9 heures qui me prouve que l'homme peut être fidèle !)

Quand j'ai commencé à passer à la radio, j'étais impressionné par le nombre d'auditeurs à l'écoute. Je me suis rassuré en me disant que la radio restait le média de la proximité, de l'intimité. Je ne parle pas à des millions d'auditeurs mais le plus souvent juste à une personne, parfois dans sa cuisine, parfois dans sa voiture, parfois dans sa salle de bains.

Jadis, j'étais souvent dans ma chambre quand Gérard Sire me racontait des histoires, quand Jean Yanne me faisait rire, quand José Artur m'invitait dans les coulisses des music-halls.

Moi, je viens les vendredis comme un voisin, un copain, un cousin, un tonton, n'ayant pas tellement d'autre ambition que de tenter de ne pas me rater, d'apporter un peu de sourire, un peu d'émotion, d'entretenir cette relation avec cet auditeur qui, fidèle, confiant, amical, ne me rate jamais.

À PAS D'OISEAUX

Chroniques 1999-2000

Merci à Laurence Boccolini
et à Jean-François Remonté de m'avoir demandé
d'écrire ces chroniques pour France Inter ;
À Sandy aussi ; Merci.

DIDIER VAN CAUWELAERT

Lundi 30 août 1999

Didier Van Cauwelaert, je ne vous connais pas, je n'ai jamais entendu parler de vous, mais je ne suis pas le seul puisque dans mon *Quid*, édition 1977, j'ai le regret de vous dire, votre orgueil dût-il en souffrir, que vous n'êtes pas cité dans la liste des personnalités. Entre Jean Valton et Lee Van Cleef, là où l'ordre alphabétique aurait dû vous placer, vous n'êtes pas mentionné, ne serait-ce que de façon allusive.

J'espère cependant que votre passage dans cette émission vous permettra de décoller un peu, voire d'acquérir un petit nom dans votre partie. J'ai donc étudié votre thème astral. Il est riche. Je consulte sur 3615 code Monsieur Soleil. Je conseille et j'oriente pour l'avenir grâce à un don de naissance, plus dix-neuf ans d'expériences internationales notamment dans la région de Charolles, Sanvignes-les-Mines, Cuisseaux, Montchanin.

Didier Van Cauwelaert, votre Neptune se trouve en plein sextile de mars, vous ne me direz pas le contraire, c'est pourquoi je vous conseillerai une carrière dans le domaine artistique. Vu que votre gros Pluton se trouve pile dans l'axe du dragon, j'aurais tendance à vous conseiller de vous lancer dans l'écriture. Je ne vous apprendrai rien en signalant une forte bousculade entre Mars et Vénus, ce qui me permet de vous encourager à écrire des œuvres d'imagination, romans, pièces de théâtre, scénarios, plutôt que des traités, aussi fouillés soient-ils, sur la mécanique ondulatoire.

La mécanique ondulatoire fut élaborée par Louis de Broglie entre 1911 et 1929 afin de concilier l'aspect ondulatoire et l'aspect corpusculaire de la lumière. Tout corpuscule de quantité de mouvement p est guidé par une onde associée de longueur d'onde, *o*. Je signale au passage que ce phénomène, pourtant de premier intérêt puisqu'il permit à Louis de Broglie de recevoir le prix Nobel de physique en 1929, est à peu près totalement absent des sujets évoqués sur les ondes de la Radio Diffusion Française. Doit-on parler de censure ? Je ne sais pas, mais comment refuser d'entendre tous ces auditeurs dont la colère devient considérable, cette houle et qui monte, et qui gronde, et qui accuse : « Pourquoi ne jamais parler du théorème de l'énergie cinétique, de la relation d'incertitude, des lois des émissions des raies spectrales ? » Que répondre ? Est-ce à moi, petit chroniqueur sous-payé du Service public, de pallier le manque de courage politique, l'incompétence de nos différents directeurs des programmes ? Ainsi que me le faisait remarquer l'humoriste Laurence Boccolini avec sa faconde si généreuse et son si subtil esprit de synthèse : « C'est vraiment que des pédés ! »

Mais revenons à vous, Didier Van Cauwelaert. Je ne serais pas surpris, tant on remarque une turbulence dans votre signe, que vous puissiez remporter dans un jour que je verrais proche au cas où ce ne serait déjà fait, le prix Goncourt. Oui, réjouissez-vous, ce prix vous permettrait, sinon de vous retrouver dans mon *Quid* édition 1977, du moins d'obtenir une notoriété éternelle, à l'instar de John-Antoine Nau, Léon Frapié, sans oublier Ernest Pérochon, Henri Malherbe en 1917 pour *La Flamme au poing* ainsi que Marguerite Duras plus connue pour ses si amusantes interviews décalées de Michel Platini ou de François Mitterrand, ce qui ferait dire aujourd'hui à certaines mauvaises langues que Raphaël Mizrahi lui aurait tout piqué.

Je vois également un nœud sud en maison trois, ce qui présage de gros tirages, mais ne comptez pas sur moi pour développer ce sujet dans le cadre d'une intervention de bon aloi que j'entends maintenir dans les limites du bon goût. Didier Van Cauwelaert, je suis en mesure de vous faire trois prédictions précises et vérifiables dans les années qui viennent : premièrement, vous allez écrire bientôt une nouvelle pièce de théâtre qui sera interprétée par des acteurs de théâtre, deuxièmement, vous allez écrire prochainement un nouveau roman composé d'un certain nombre de chapitres, troisièmement vous obtiendrez pour tout cela de très bonnes critiques dans le quotidien *Libération*. Cette troisième prédiction est cependant la seule que je vous annonce avec la plus grande réserve, voire avec la plus totale circonspection.

3615 Monsieur Soleil, cent soixante-dix francs les dix minutes, plus dix-sept francs par minute supplémentaire. Je purifie, je délivre du mal et j'accepte les cartes bleues.

PIERRE TCHERNIA

1er septembre 1999

Monsieur Pierre Tchernia, vous ne facilitez pas la vie des chroniqueurs obligés pour survivre d'écrire de pauvres textes à prétention humoristique qui, sans doute, ne resteront pas dans les annales de la littérature française, mais leur permettront de cotiser à différentes caisses sociales, de cumuler un certain nombre de points retraite et peut-être d'obtenir des réductions sur les voyages au Tyrol en demi-pension : départ par autocar climatisé, vidéo, WC, machine à café ; rendez-vous à 5 h 30 devant le Lion de Denfert-Rochereau. Déjeuner à Strasbourg, pas loin du cœur de la Petite France, exactement sur l'aire d'autoroute aménagée dans un restaurant self-service intitulé À la grosse saucisse. Arrivée vers 18 heures. Pot de bienvenue, puis dîner avec entrée, plat régional préparé par le chef William Saurin, dessert avec pichet de trente centilitres de vin par personne avec possibilité pour les dames de l'échanger contre une boisson gazeuse ou pétillante.

Monsieur Pierre Tchernia, donc, vous ne nous facilitez pas la vie, car on n'a pas envie d'être méchant avec vous et peut-on être drôle si l'on n'est pas méchant ?

J'ai bien essayé d'écrire un texte amusant en me rabattant sur l'aspect physique de votre personnalité. J'en ai commencé un qui fait : « Ah, Pierre Tchernia, il est un petit peu gros quand même ! » Oui, c'est assez drôle, mais ce n'est pas suffisant. J'ai écrit une variante, un peu plus fine peut-être, moins rentre-dedans : « Pierre Tchernia, quand même, il est pas maigre ! » C'est mieux déjà, c'est assez cocasse, ça ne manque pas de cet esprit français dont nous sommes et les uns et les autres si friands, mais ce n'est pas encore ça…

Pour faire un peu sourire, j'ai cherché des écrits de vous dont vous pourriez, des années après leur parution, ne pas être fier. Je n'ai trouvé que du sublime, de l'admirable, du transcendant. Ainsi ce texte qui fait passer le « Lac » de Lamartine pour une fadaise d'adolescent, les *Chants de Maldoror* d'Isidore Ducasse, comte de Lautréamont, pour une joyeuse pochade :

Quand l'appétit va, tout va
Quand l'appétit va, tout va
Vite dans les futailles
À nous la ripaille
Quand l'appétit va, tout va
Vive les quenottes
Qui croquent et grignotent
Quand l'appétit va, tout va
Écoutez ce qui va suivre
Le vieux proverbe est changé
On ne mange pas pour vivre
Il faut vivre pour manger.

Pierre Tchernia, bien que vous travailliez à la télévision, vous êtes quelqu'un d'assez peu énervant. Vous ne présentez pas le télé-achat, vous ne portez pas de bretelles, vous ne commentez pas les courses de vachettes, vous ne donnez pas le tiercé dans l'ordre, vous ne vous êtes pas fabriqué une réputation d'insolent en vous plaignant toutes les semaines dans le *Figaro-Magazine* que vous payez trop d'impôts. Vous pourriez même ressembler à quelqu'un qu'on aurait envie de connaître. Vous avez été l'ami de tous ceux que l'on aime : Jean Poiret, Michel Serrault, Jean Carmet, Hubert Deschamps, les Frères Jacques, René Goscinny, Georges Brassens… Arthur.

Oui, vous voir aux côtés de l'animateur le plus con du Paf peut paraître surprenant. Un peu comme si Jessye Norman faisait choriste pour Céline Dion ou comme si Laurent Terzieff était doublure lumière de Francis Lalanne. Mais même de cela, l'on n'a pas envie de vous en vouloir. Vous avez décidé de ne pas être solennel et de ne pas vous prendre pour la statue que vous auriez pu devenir si vous n'étiez si vigilant. Pierre Tchernia, en feuilletant un livre d'Alexandre Vialatte, j'ai trouvé une phrase qui vous va bien : « La gentillesse, c'est le courage qui sourit. »

SANDY VALENTINO

Lundi 6 septembre 1999

Sandy Valentino, je vous aime. J'ai tous vos disques, tous vos singles, tous vos slips (ceux de la marque Wolford dont vous avez vanté les mérites de façon si convaincante). Je découpe tous vos articles dans les journaux et j'ai particulièrement aimé votre interview dans *Le Monde diplomatique* du mois de juillet où vous déclarez notamment : « Ce qui m'arrive, mais c'est génial, quand je vois le bonheur que je distribue autour de moi et que je signe des autographes, mais c'est génial, comment dire ? C'est super méga top génial, quand je signe des autographes et que je vois le bonheur que je distribue autour de moi… C'est super ! »

Dans plusieurs interviews, et pas seulement dans *Le Monde diplomatique* qui aurait un peu baissé selon mon charcutier bas-picard de la rue des Acacias, qui ne l'achète plus, me dit-il, que pour l'horoscope, les mots fléchés et la playmate en troisième page ; dans plusieurs interviews donc, et je l'ai noté, vous dites que vous aimez signer des autographes. Par cette simple information qui pourrait à première vue paraître banale, sans intérêt, vous vous différenciez, avec quel panache, de toutes les autres chanteuses à succès qui ne sauraient pas même écrire leur nom et pour qui le stylo est un objet du passé que l'on trouve dans les écomusées de nos provinces à côté de la dégauchisseuse à pignons de renvois, les ramasseuses à foins avec andaineurs rotatifs et le four à bousier, dans lequel jadis nos ancêtres rassemblaient les excréments de leurs troupeaux et parfois même de leurs familles pour se réchauffer quand les hivers étaient particulièrement rudes. Aujourd'hui, le monde a bien changé puisque les familles bien souvent désunies regardent séparément à la télévision des merdes qui ne réussissent pas même à apporter un peu de chaleur dans un univers implacable et glacial.

Sandy Valentino, vous avez 26 ans et vous êtes star. Ainsi que je l'ai entendu dire de la bouche même de Laurent Boyer alors qu'il était mon professeur de maintien au LEP Léon-Zitrone d'Asnières-Gennevilliers où je suivais une formation accélérée pour obtenir un CAP d'animateur radio (de fait, on ne s'improvise pas animateur de radio et ceux qui espéraient devenir le nouveau

Jean-Pierre Foucault sans connaître au moins soixante-quinze mots de vocabulaire en ont été pour leurs frais. À partir de quatre cent vingt-cinq mots, on est également recalé, car on fait trop prétentieux.) Laurent Boyer donc me disait : « Sandy Valentino est la plus grande chanteuse internationale connue en France, mais aussi aux quatre coins de l'Hexagone. »

À 26 ans, star. À 24 ans, triomphe à « Graines de star ». À 18 ans mannequin pour la marque Wolford. À 14 ans, préparation d'un single *Cœur samouraï*. À 8 ans, animatrice à la télévision pour l'émission « Mercredi moi tout ». À 4 ans, entrée dans une école d'éveil à la comédie, le Cours américain, à Paris. Et avant ? Avant, c'est le trou noir. J'ai moi-même fait des recherches approfondies, compulsé de nombreux documents, j'ai tenté de savoir ce que vous aviez fait pendant ces quatre années qui restent comme un immense point d'interrogation dans votre carrière, une sorte de zone d'ombre qui finit par couvrir l'ensemble de votre parcours, par ailleurs si lumineux.

Sandy, qu'avez-vous fait pendant ces quatre années ? Est-ce si inavouable que vous n'ayez jamais voulu en parler, y faire simplement allusion ? Vos parents qui vous ont conduite chez les directeurs de casting dès vos premières années, vos parents qui ont souhaité garder l'anonymat et que nous appellerons par respect pour eux « Monsieur et Madame Thénardier », sont-ils les seuls à connaître ce qui se cache derrière ce qu'il conviendrait de nommer votre part de mystère ? Étiez-vous en Amérique du Sud en train de vous battre contre quelque junte militaire ? Étiez-vous à Cuba, en Afrique du Sud, au Guatemala ? Étiez-vous prisonnière, terroriste, espionne ? Faisiez-vous la révolution avec maître Vergès ? Du scooter de mer avec Barthez ? Ou le contraire ? Épousiez-vous en cachette le frère aîné d'Eddy Barclay ? Qui le saura jamais ?

On m'a suggéré qu'avant l'âge de quatre ans, vous n'aviez jamais été sur un plateau de télévision, vous n'aviez jamais posé pour *Jeune et Jolie*, votre nom même n'avait jamais été cité dans les journaux. C'est peut-être ce manque, Sandy, cette douleur d'enfance, cette blessure jamais guérie, ce chagrin incommensurable et secret qui me touchent aujourd'hui si profondément chez vous.

Et aussi quand même parce que vous êtes rudement bien gaulée.

PATRICK CAUVIN

Jeudi 9 septembre 1999

D'abord Patrick Cauvin, mes félicitations : *Pythagore, je t'adore* est un bon titre. Mieux que « Aristote, tu me bottes », « Ô Socrate, tu m'épates ! », « Viens Descartes, je m'écarte », « Épicure, c'est tout dur », « Mon Euclide, je te guide », « Copernic, je te nique », « Héraclite, j'aime ta bite », « Archimède, tu m'emmerdes ». Ce n'est pas facile de faire le bon choix et vous n'êtes pas tombé dans la facilité qui consiste à donner à son ouvrage un titre déjà très connu.

Mon projet n'est pas de détruire la réputation de Victor Hugo. Je sais que je parle à l'heure de la plus grande écoute, sur l'une des radios francophones les plus influentes dans le monde. Je sais que grâce à mes quelques interventions bien senties, je suis devenu l'un des piliers indispensables, le chroniqueur vedette et incontournable de ce que tout le monde s'accorde à définir comme l'émission phare de la rentrée, qui nous a déjà valu, je le remarque au passage, pas moins de deux articles. L'un dans *L'Éveil Bas-Normand* qui se réjouit de la disparition de « L'Oreille en coin » qui avait fait son temps et un autre dans *Le Montagnard de la Beauce* qui annonce « Rien à boire », la nouvelle émission de Florence Brocoli.

Je connais donc mes responsabilités et l'étendue de mon prestige que je remarque même au sein de cette équipe, parmi des partenaires partagés à mon égard entre la crainte, la jalousie et l'admiration la plus émerveillée. Je sais qu'il me suffirait d'une saillie bien trouvée, d'un bon mot assassin, pour réduire à néant auprès de millions et de millions d'auditeurs influençables la réputation du grand écrivain disparu. Ce n'est pas mon dessein, ce n'est pas mon intention, mais est-il si déplacé de poser la question suivante : en donnant à ses romans des titres qui ont fait le tour du monde et la réputation des meilleurs music-halls de Broadway, des titres aussi célèbres que *Les Misérables* ou *Notre-Dame de Paris*, Victor Hugo n'était-il pas à peu près sûr de faire des succès ? Gageons que s'il avait eu plus de courage et avait décidé d'appeler un de ses écrits « Étude sur la suppression de la tutelle financière en cas de non-adoption du budget avec saisie de la Chambre régionale des

Comptes », Victor Hugo, tout Victor Hugo qu'il était, et bénéficiant déjà d'un prénom et d'un nom archi-célèbres qui par là même assuraient sa notoriété, Victor Hugo, disais-je, n'aurait peut-être pas rencontré un succès qui, sans être totalement usurpé, peut sembler légèrement abusif.

Mais Patrick Cauvin revenons à votre livre. Dès la quatrième de couverture, j'ai tout de suite compris que vous aviez écrit un formidable roman à clefs : « Elle était un peu bêcheuse. Lui un peu voyou. »

Je trouve formidable Patrick Cauvin que dans cette biographie certes un peu romancée, vous ayez voulu retracer les plus belles années du couple Tibéri. À toutes les pages, on les reconnaît bien, le charmant Jean, un peu frondeur, un peu mauvais garçon, mais au cœur d'or, la belle Xavière, si fragile, si forte, si femme… Bien sûr, vous avez tout fait cependant pour brouiller les pistes en les dotant notamment d'un QI impressionnant.

Vous dites vous méfier des suites et pourtant on vous en voudrait de ne pas poursuivre cette saga qui nous tient en haleine depuis des années :

> Elle écrivait des rapports.
> Il apprenait par cœur le plan du métro de Paris.
> Elle était un peu bêcheuse.
> Lui un peu voyou.
> À eux deux, ils avaient à peine cent trente-deux ans.
> Un peu vieux pour vivre une grande histoire
> d'amour et pourtant…

Je vois bien Patrick Cauvin tout ce que vous seriez capable d'imaginer : des poursuites en hélicoptère, des coups bas, des coups tordus, des coups de théâtre. Pourquoi ne pas inventer un président de la République, coupable lui aussi d'anciens forfaits et pris en otage par son ancien sous-fifre ? Merci Patrick Cauvin de bien vouloir écrire la suite et de nous promettre ainsi tant d'aventures, de suspens et de rigolades.

ROSELYNE BACHELOT

Mardi 14 septembre 1999

Roselyne Bachelot, je suis surpris de vous voir dans une agence de casting puisque vous-même vous êtes une erreur de casting. Vous êtes belle, intelligente et vous êtes de droite. Vous êtes drôle et vous êtes au RPR. Vous semblez honnête et vous faites de la politique.

« Vous semblez honnête et vous faites de la politique. » Oui, cette phrase qui n'a l'air de rien, qui peut paraître peu inspirée, a suscité de nombreux débats, quand le 15 avril dernier, nous préparions cette émission. En effet, chaque numéro de « Rien à voir » est longuement élaboré plusieurs mois à l'avance, et si, à chaque fois, nous tentons de donner l'impression que les échanges sont improvisés, libres et spontanés, si nous essayons de faire croire que chaque chronique relève de la responsabilité unique de son auteur, il n'en est évidemment rien. Chaque texte prononcé sur l'antenne de France Inter fait l'objet de nombreux débats souvent passionnés, souvent contradictoires. Chaque texte est soumis à une commission qui doit donner son aval et dans laquelle sont réunis les différents représentants du personnel, de la direction, des syndicats et des confessions les plus diverses.

Jean-François Remonté, le producteur-réalisateur de cette émission, souhaitait que le début de ma chronique soit plus « rentre-dedans » selon ses propres termes et avait proposé : « Roselyne Bachelot, je suis surpris de vous voir dans une agence de casting, car vous-même vous êtes une erreur de casting… » Jusque-là, c'est à peu près pareil que ma version, sauf qu'il proposait « car » à la place de « puisque », car, m'a-t-il dit : « Dans la chronique de Christophe Alévêque à qui tu vas directement succéder, le mot "puisque" a déjà été utilisé quatre fois. » J'ai dû batailler ferme pour imposer finalement mon « puisque » qui selon moi équilibrait la phrase de façon plus harmonieuse. Jean-François Remonté a poursuivi : « Vous êtes belle, intelligente et vous êtes de droite. » Là, devant tous les pontes de Radio-France, il y avait Cavada, Hess, Boccolini, tout le gratin, je ne me suis pas démonté, je ne me suis pas dégonflé, je lui ai quand même dit : « Excuse-moi, Jean-François, mais c'est exactement ce que j'ai écrit. » Silence un peu gêné dans l'assemblée et là il me rétorque : « Oui, mais moi, je donne à la phrase une inflexion plus franchement comique. »

Je n'ai pas voulu discuter, me perdre dans de vaines polémiques, étant de tempérament conciliant et n'ayant pas son entregent. À ce moment-là de mon texte, Jean-Luc Hess, nègre de Philippe Bouvard et qui la nuit pour arrondir ses fins de mois écrit les dialogues des « Grosses têtes », m'a proposé de dire « n'ayant pas son entrejambe ». Jean-Luc Hess est directeur de France Inter, il m'était assez difficile de lui dire que je trouvais de piètre qualité son trait d'esprit. Aussi, après m'être esclaffé à gorge déployée en m'époumonant : « Oh Jean-Luc, vous êtes drôle, arrêtez, oh Jean-Luc, arrêtez, je vais mourir ! », je lui ai expliqué que je ne me sentais pas de taille pour une telle fulgurance. Ensuite, Jean-François Remonté a trouvé faible la phrase : « Vous semblez honnête et vous faites de la politique. » Moi-même, je n'en suis pas particulièrement fier et je suis pleinement conscient de ses relents de poujadisme et d'antiparlementarisme. Elle me paraît cependant nettement supérieure à la proposition de notre producteur-réalisateur qui était, je cite : « Vous êtes baisable et vous faites de la politique. » Personnellement, je me refuserai toujours à utiliser cette bassesse d'esprit, dussé-je y perdre les plumes de l'audience.

Je poursuis donc mon texte tel qu'il a été officiellement établi le 15 avril dernier : « Roselyne Bachelot, vous ne facilitez pas la lisibilité du paysage politique français. Pour moi un député de droite, c'est gros, c'est chauve, ça écoute du Wagner ou du Sardou, ça se fait construire sa piscine gratos par les entrepreneurs du coin, ça rigole à la simple évocation de Jacques Faizant. Ça déteste les Noirs, les ouvriers et les pédés. Mais je sens que je caricature… Pour moi, un homme de gauche, ça ne porte pas des bottines à onze mille francs, ça n'accuse pas le lobby juif, ça ne déjeune pas avec Bousquet, ça ne fleurit pas la tombe de Pétain. Ça ne laisse pas non plus pourrir la situation des sans-papiers. Finalement, on en vient à regretter le temps d'avant quand c'était plus simple. La droite c'était Marie-France Garaud, la gauche Michel Rocard. La droite, c'était Alain Peyrefitte et son ministère de l'Information, la gauche, c'était Mendès-France qui faisait la paix en Indochine. Merde, Madame Bachelot, je vous regarde, je vous écoute, et je crois bien que je vieillis. »

GILBERT MONTAGNÉ

Mercredi 15 septembre 1999

Je connais bien Gilbert Montagné. La première fois que je l'ai vu, c'était il y a des siècles, quand, dans une autre vie, je faisais caillou ou brin d'herbe ou boîte de conserve, abandonné dans un sentier de montagne. C'était un jour d'été, un matin, très tôt. J'ai pu surprendre la conversation entre l'enfant et son grand-père. L'enfant s'appelait Gilbert, mais c'était surtout son grand-père qui parlait :

« Tu vois gamin, mon petit Gilbert, tout ce que tu vois devant toi, c'est à moi. D'aussi loin que tu peux voir à ma main gauche jusqu'à aussi loin que tu peux voir à ma main droite, c'est à moi. Je t'ai réveillé un peu de bonne heure ce matin. Quelle heure qu'il est ? À peine 5 heures, mais je voulais que tu voies ça… Les maisons ? Tu me demandes si les maisons, c'est à moi… Oh ben non… sauf les maisons… Les maisons, ça appartient à ceux qui les habitent, ça appartient à ceux qui font du feu dedans. En tout cas, ça devrait… Mais tout le reste, d'aussi loin que tu peux voir à ma main gauche jusqu'à aussi loin que tu peux voir à ma main droite, c'est à moi. Les chemins ? Il me demande si je suis possesseur des chemins… Non, les chemins, ça ne m'appartient pas. Ça appartient à personne, les chemins. Et pis ça se possède pas, ça s'emprunte. Mais après, il faut les rendre, pour que les autres puissent aussi les emprunter. C'est normal, on n'est pas tout seul… Mais tout le reste que tu peux voir là, d'aussi loin que tu peux voir à ma main gauche jusqu'à aussi loin que tu peux voir à ma main droite, c'est à moi… Les champs ? Les champs non plus ! Forcément que les champs, c'est pas à moi… Les champs, ça appartient à ceux qui les cultivent. En tout cas, ça devrait… Moi, j'ai déjà bien du mal à me baisser, qu'est-ce que je ferais d'un champ ?… Mais tout le reste que tu vois, d'aussi loin que tu peux voir, c'est à moi. Les arbres ? Les rivières ? Les buissons ? Les poteaux téléphoniques ? Les barrières ? Le bétail ? Les baignoires émaillées ? Non, c'est pas à moi ! Mais tout le reste là (mais qu'est-ce que t'as dans les yeux, mon pauvre Gilbert ?), c'est à moi… Ce brouillard qui monte de la terre tous les matins, quand le jour se lève, c'est à moi. Ce brouillard qui enveloppe tout, les maisons, les chemins, les rivières, les champs et les baignoires émaillées, c'est à moi. C'est pour ça que je t'ai réveillé un peu de bonne heure parce que c'est le moment où je suis le plus riche. D'ici une heure ou deux, ce sera la banqueroute. Et dans trois heures, la faillite totale. Mais à chaque fois, je me console en me disant que le lendemain, je retrouverai ma fortune intacte. Tout ça pour te faire voir… »

Mais je n'ai pas entendu la suite, le grand-père a repris sa route, tenant toujours à la main le petit Gilbert, un peu moins endormi que tout à l'heure. Moi qui pendant quelques centaines d'années encore devais continuer ma vie de caillou, ou de brin d'herbe, ou de boîte de conserve, j'ai souvent repensé à cette histoire. Le petit Gilbert qui tenait la main de son grand-père est reparti, les yeux fixés sur une nuit intérieure et secrète. Il avait écouté son grand-père qui lui avait parlé. Je le sais parce que j'ai l'intuition des cailloux, des brins d'herbe et des boîtes de conserve. Quand le petit Gilbert est reparti, il avait tout respiré, tout écouté, tout senti. Il avait tout vu.

JEAN-MARIE GOURIO

Lundi 20 septembre 1999

Monsieur Jean-Marie Gourio, cher collègue, vous avez sans doute entendu parler de moi puisque je suis le porte-parole de l'association des ADJJ, les Auteurs Dramatiques Jamais Joués. À une époque où il est de bon ton de regretter l'absence de grands dramaturges vivants, nous sommes encore quelques-uns, derniers Mohicans de l'esprit et du bon goût, à continuer d'écrire vaudevilles et mélodrames, revues légères ou tragédies édifiantes dans l'indifférence la plus générale. J'ai notamment écrit moi-même un drame historique intitulé *Charles Millon ou l'espoir assassiné* qui retrace les aléas d'une vie de courage et de passion. Je l'ai adressé à votre ami Jean-Michel Ribes qui à ce jour n'a toujours pas daigné me répondre. J'ai également commis un oratorio intitulé *Jean-Pierre Soisson ou la rage de convaincre*, ainsi qu'un drame exemplaire *Jacques Blanc ou la force de combattre*. Toutes ces évocations historiques et lyriques pourraient facilement se transformer en triomphes de la saison puisque j'envisagerais de confier les rôles principaux à M. Gérard Depardieu qui me semble avoir les épaules suffisamment larges pour endosser les habits de ces grands hommes d'État.

Mais refusant les étiquettes, je ne suis pas attaché à un seul genre dramatique puisque je suis également capable d'écrire dans une veine plus fantaisiste, voire plus primesautière des œuvres à la fois populaires et exigeantes qui pourraient faire les beaux jours de nos théâtres de divertissement si les directeurs savaient défendre pareilles créations. Ainsi ai-je rédigé le livret d'une comédie musicale *Olivier Stirn ou la force du destin*, sous-titrée « Fantaisie lyrique et drolatique ». Cette œuvre raconte le parcours du jeune Olivier tout au long de ses pérégrinations les plus diverses. À un moment de sa vie, après des années d'errance, il retrouve une femme, Marie-Claire Boulard, son adjudant alors qu'il faisait son service militaire. Dialogues et chansons alternent, je crois, dans la plus parfaite harmonie :

OLIVIER. — J'ai l'impression que votre visage ne m'est pas tout à fait inconnu…

MARIE-CLAIRE. — C'est possible en effet…

(*Dans les didascalies, je précise que l'interprète féminine doit à ce moment-là prendre un air énigmatique.*)

OLIVIER. — Et votre voix ne m'est pas tout à fait étrangère…

MARIE-CLAIRE (*à gorge déployée*). — Stirn, vous me nettoierez les chiottes !

OLIVIER (*la reconnaît tout d'un coup, ému, il est au bord des larmes*). — Nom de Dieu, mon adjudant !

Je ne suis pas acteur moi-même, mais il me semble que convenablement interprétés par des artistes chevronnés, ces dialogues bien sentis peuvent être à la fois chargés d'humour et d'émotions. S'ensuit un air où les deux anciens amants accoudés à un parapet se rappellent un passé que les années jamais ne sauront effacer :

T'en souvient-il à Vire, ami délicieux,
Quand jadis toi et moi nous étions amoureux
Que de fois au pays du cidre et de l'andouille
T'implorant à genoux, je suçotais tes… joues.

Je suis actuellement en pourparlers avec M. Gérard Depardieu, acteur idéal pour interpréter l'andouille.

Tous les poètes ont eu leur muse, Ronsard avait Cassandre, Molière avait Armande, Aragon avait Elsa, Maurice, Hervé, Gérard,

Marcel… Moi-même, pour mes *Courtes du zinc*, j'ai Francis Boujon, ma muse du Montparno, mon inspirateur du Bastos, mon égérie du Chien qui fume. En effet, je ne vous apprendrai rien, monsieur Gourio, quand je vous dirai que je suis l'auteur de plusieurs ouvrages amusants et inédits intitulés *Courtes du zinc*, dont vous vous êtes, semble-t-il, amplement inspiré. Un petit exemple de mon inspiration : « Une cliente fait tomber une pièce de monnaie par terre, le bistrotier lui fait : "Attention, ça repousse pas !" » Un autre exemple : « Un monsieur d'un certain âge commande un café, le bougnat a cette réplique cocasse : "Un petit café dans sa culotte." » Contrairement à vous, monsieur Gourio, je tiens à préciser que je suis l'auteur unique de chacune de ces plaisanteries.

Jean-Marie Gourio, enfin, je ne vous cacherai pas que je ressens une légère amertume quand je vois que vous réussissez à publier des best-sellers sans écrire une seule ligne, alors que moi-même qui noircis des montagnes de feuilles blanches, je ne suscite pas le moindre intérêt… Étrange phénomène que votre parcours d'anti-Sulitzer, Jean-Marie Gourio, puisque quand l'un passe son temps à dire qu'il écrit ses livres, l'autre se flatte de ne pas écrire les siens. Mais ne sombrons pas dans la rancœur et choisissons plutôt de marcher sur les chemins de la poésie (« le shampooing de l'âme ») :

Tu es mon Olivier, je suis ta Marie-Claire
Nous nous retrouvons là aujourd'hui comme hier
Si j'ai vieilli un peu pourtant je le confesse
Je voudrais bien encore te respirer les… ch'veux.

YVES ROBERT

Lundi 27 septembre 1999

C'était le 28 avril dernier, à 9 heures et demie du matin, au cinquième étage de la Maison de la radio, dans le bureau du directeur de France Inter, nous préparions l'émission d'aujourd'hui. M. Jean-Luc Hess, directeur de l'antenne, nous prévint : « Le 27 septembre prochain, vous recevrez Yves Robert. Il me semble que ce ne sera pas trop difficile d'écrire quelques textes à la fois drôles et tendres puisque vous serez avec Yves Robert qui lui-même a réalisé des films à la fois tendres et drôles. Deux pistes donc s'imposent d'elles-mêmes pour laisser courir votre imagination : la drôlerie petit a, petit b la tendresse.

— Pas bête, me permis-je d'interrompre notre directeur, la tendresse et la drôlerie, c'est une bonne idée puisque nous serons ce jour-là avec Yves Robert qui a réalisé des films très drôles, je suis d'accord, mais aussi plein de tendresse, et on aurait peut-être trop tendance à l'oublier, mais je vous ai interrompu, pardonnez-moi, mais je vous en prie, n'allez pas trop vite, je prends des notes…

— Yves Robert, poursuivit Jean-Luc Hess, est né à Saumur et les habitants de Saumur s'appellent des Saumurois. C'est drôle, non ?…

— Si, c'est drôle.

— Et en plus, si vous évoquez Saumur, vous pourrez parler de la cavalerie et de l'église Saint-Pierre où je fis ma communion solennelle.

— Ah oui, dis-je, Saint-Pierre, le saint patron apôtre de Jésus et chef du collège apostolique, premier pape de la chrétienté. »

Jean-François Remonté, notre réalisateur-producteur, dont je sentais monter la colère, m'interrompit alors brutalement et d'un ton rageur que je ne suis pas prêt d'oublier, s'exclama : « Oui enfin, excuse-moi, mais on est à cinq mois à peine de la spéciale Yves Robert, ce n'est peut-être pas tout à fait le moment de perdre son temps à évoquer les saints… » Jean-Luc Hess jeta alors un œil sur le portrait qui orne son bureau, celui de Jean-Paul II et de François Fouccard main dans la main et en slip de bain sur la plage de Castelgandolfo, puis répliqua en fixant les yeux de Jean-François Remonté qui les baissa : « On ne perd jamais son temps à évoquer les saints. »

Au même moment Bruno Masure griffonnait un mot d'esprit amusant qu'il ne voulut pas nous dévoiler et qu'il nous réserve pour la spéciale Lolo Ferrari prévue pour le 20 janvier prochain. Quant à notre producteur-réalisateur remis vertement à sa place par le directeur, il me garde depuis cet incident une chienne de son chien qui s'appelle Goering. C'est alors que dans ce climat tendu, Jean-Luc Hess, en grand professionnel que jamais il ne cesse d'être, reprit le fil de son brillant exposé : « En ce qui concerne Yves Robert, sachez qu'il a été médaillé du Mérite agricole, et qu'en plus, c'est véritablement un maître queux hors pair. » À ce moment-là,

Bruno Masure saisit son stylo pour une saillie dont il nous livrera la primeur le 28 octobre 2002 lors de la spéciale Rocco Sifredi.

« J'ai aussi un jeu de mots amusant qu'*in petto* je vous livre, poursuivit Jean-Luc Hess : mieux vaut être Yves Robert qu'ivre mort. Soyez assez aimable pour le placer au cours de l'émission.

— Comptez sur moi, monsieur le directeur, lui répliquai-je, je m'en chargerai moi-même, c'est drôle, c'est inattendu, vous êtes un humoriste doublé d'un véritable écrivain. Ah vraiment ! Ah vraiment !

— C'est vrai, cher François, vous avez raison, et faites-moi penser, puisque les efforts doivent être récompensés, à appeler le service financier afin que vous soyez le chroniqueur de l'équipe le mieux payé. »

Aussitôt, n'écoutant que mes principes, je regimbai, m'insurgeai, me révoltai : « Mais non, il n'y a pas de raison, c'est une question de déontologie, m'emportai-je de façon assez véhémente, les autres chroniqueurs sont aussi méritants que moi, et ils ont aussi du talent à leur manière, et certains même des enfants à charge, voire des pensions alimentaires à payer, je ne veux donc pas recevoir un salaire supérieur aux autres, ah ça, non, il n'en est pas question, si c'est comme ça, je préfère ne plus participer à cette émission et si vous vous entêtez à vouloir me payer plus que les autres, je vous préviens, c'est bien simple : je ne veux pas que ça se sache. »

Yves Robert donc est né à Saumur où les habitants sont des Saumurois. Yves Robert est drôle, mais il est tendre aussi. Merci pour la rose rouge offerte il y a si longtemps déjà, au nom des Copains, des Éléphants, des Casse-pieds, d'Alexandre le bienheureux, de Bébert et de Petit Gibus. Nous irons tous au paradis. Même Jean-François Remonté.

YVAN ET LAURENT BOURGNON

Mercredi 29 septembre 1999

En feuilletant votre dossier de presse, Yvan et Laurent Bourgnon, j'ai été stupéfait par le nombre extraordinaire de coïncidences qui existait entre vous et moi. D'abord, vous êtes frères et j'ai moi-même un frère, première coïncidence. Et non seulement j'ai un frère, mais j'ai également été élevé chez les Frères. Les Frères de l'école chrétienne avaient chacun leur spécialité. Frère Pierre enseignait la technologie, frère André les mathématiques. Frère chiottes avait en charge la salubrité des latrines. Un autre Frère dont je ne citerai pas le véritable prénom afin de ne pas gêner les Jean-Marie, et que j'appellerai volontairement frère Roger alors que je n'ai jamais connu de frère Roger, s'occupait à la fois des activités sportives et de l'infirmerie. Capable de détecter le moindre mal de gorge en malaxant la cuisse d'un gymnaste pré-pubère, de soigner un début d'otite en caressant les fesses d'un jeune basketteur, frère Roger n'a jamais été inquiété par qui que ce soit tant il était impensable qu'un Frère des écoles chrétiennes puisse avoir de basses pensées. Douce époque pour les bigots qui interdisaient les chansons de Brassens à la radio tout en sodomisant les enfants de chœur dans les sacristies. Par avance je m'excuse auprès de tous les frères Roger qui existent et qui sont pédophiles en leur précisant que je ne les visais pas personnellement puisqu'il s'agissait en réalité de frère Jean-Marie. J'en profite également pour m'excuser auprès de tous les frères Jean-Marie pédophiles ou non et qui ce matin n'ont pas eu les honneurs d'être cités dans ma chronique par simple souci de discrétion de ma part.

Mais revenons à vous, frère Yvan et frère Laurent, et étudions ensemble ce qui nous rapproche de façon étonnante. Yvan, vous êtes marié et père de deux enfants. Moi-même, je suis père d'un enfant. À un enfant près, nous avons donc exactement le même nombre d'enfants. Vous êtes né le 6 juillet 1971 à La Chaux-de-Fonds en Suisse. Moi-même, coïncidence, je suis né le 10 juin 1959 à Flers-de-l'Orne en France. Mais la concordance entre nos deux parcours ne s'arrête pas là : en 1997, vous êtes vainqueur de la Transat Jacques Vabre alors que moi-même j'adore le café.

Laurent, j'ai l'impression en lisant votre CV que nous sommes identiques, quasiment. Vous avez fait plusieurs fois la Route du Rhum, moi-même je la fais régulièrement tous les soirs, juste après mon Jacques Vabre quand dans la cuisine je me dirige vers le placard où sont rangés les digestifs. Laurent, vous êtes calme, solide, déterminé. Exactement comme moi. Et je pourrais continuer encore longtemps à énumérer tout ce qui nous rapproche. Ainsi partez-vous du Havre, le plus grand des ports français. Or moi-même, pas plus tard qu'il y a trois semaines, j'ai fait du ski nautique au large de Sainte-Adresse derrière le Zodiac d'un ami qui habite Mont-Saint-Aignan, M. Saladin.

Cher Laurent, cher Yvan, autant de coïncidences pourraient paraître suspectes si je ne me doutais pas que depuis le début de votre aventure j'étais votre inspirateur, votre muse. Je ne vous demande pas de confirmer ce que je dis, mais sachez que lorsque devant ma télévision, près d'un feu de cheminée, solitaire, allongé sous un plaid, je suivrai la Transat tout en buvant du vin chaud avec du miel et de la cannelle, une partie de moi-même sera là-bas quelque part entre l'Atlantique nord et la mer des Caraïbes, dans le froid et les embruns, cherchant à apprivoiser une mer déchaînée, la colère des éléments et les intempéries. Demain, l'aventure sera là, au bout de mon trimaran personnel en forme de canapé. Je pars confiant, serein et cependant fébrile. Yvan et Laurent, envoyez-moi un fax de temps en temps, pensez à moi souvent. Laurent et Yvan, souhaitez-moi bon vent !

DAVID HALLYDAY

Lundi 4 octobre 1999

David Hallyday, j'ai consulté la documentation vous concernant, et je voudrais vous poser une question à laquelle vous aurez l'extrême gentillesse de bien vouloir ne pas répondre. En effet, je déteste être interrompu, ne serait-ce que par la personne à qui je pose une question. Ce qui, je l'admets, rend quelquefois le dialogue assez difficile avec mon entourage. Je prends un exemple. Je demande à mon épouse : « Dis-moi, chérie, est-ce que je peux te demander quelque chose, je sais bien que tu es en train de travailler et que tu m'avais demandé de ne pas te déranger, mais je te promets, ça va pas être long, tu me dis simplement ce que tu en penses, je voudrais juste te lire le début du texte que je dois lire en direct lundi prochain à la radio. L'invité, c'est David Hallyday : “David Hallyday, j'ai consulté la documentation vous concernant et je voudrais vous poser une question à laquelle vous aurez l'extrême gentillesse de bien vouloir ne pas répondre (c'est un paradoxe, ce n'est pas très drôle, mais c'est subtil, je pense que je peux gagner à ce moment-là, sinon un sourire, du moins un acquiescement favorable de notre producteur-réalisateur, Jean-François Remonté). En effet (je poursuis mon texte), je déteste être interrompu, ne serait-ce que par la personne à qui je pose une question. Ce qui, je l'admets, rend parfois le dialogue assez difficile avec mon entourage. Et là ma chérie, tu entres en scène, tu vas voir, tu vas me dire ce que tu en penses. Je prends un exemple, je demande à mon épouse : "Dis-moi chérie, est-ce que je peux te demander quelque chose, je sais bien que tu es en train de travailler et que tu m'avais demandé de ne pas te déranger, mais je te promets, ça va pas être long, tu me dis simplement ce que tu en penses, je voudrais juste te lire le début du texte que je dois lire en direct lundi prochain à la radio, l'invité, c'est Johnny Hallyday."

— Alors, comment tu trouves ce début ?

— Mauvais ! qu'elle me répond.

— Ta gueule, je t'ai rien demandé », que je lui rétorque.

Je sais j'ai fait un lapsus, mais qui rejoint justement la question que je voulais vous poser : « David Hallyday, donc, est-ce que vous n'en avez pas marre qu'on vous parle toujours de votre père ? Johnny Hallyday par-ci, Johnny Hallyday par-là. Si encore c'était de temps en temps, ça irait, mais là, c'est tout le temps et Johnny Hallyday, il est comment dans la vie ? Est-ce qu'il est marrant ou pas tellement ? Eh ! oh !, ça va, arrêtez un peu avec Johnny, il n'y a pas que Johnny dans la vie, il y a aussi Estelle. Justement à propos d'Estelle, je voudrais savoir comment elle est dans la vie, si elle est marrante ou pas tellement ? »

Ce qui est curieux dans votre famille, c'est qu'à peu près tout le monde s'appelle Hallyday : le père, sa femme, son fils, sa belle-fille, son ancienne femme, son chien. À part votre maman Sylvie qui doit avoir un sacré caractère, tout le monde quasiment s'appelle Hallyday chez les Hallyday, alors que Hallyday, c'est un pseudonyme.

Sim aussi c'est un pseudonyme et on a jamais entendu parler de Jean-Claude Sim, son fils qui est tête de gondole à La Bourboule, de Stéphanie Sim, la femme de son fils qui vient d'ouvrir un commerce de quincaillerie et frivolités à la Ferté-sous-Jouarre, de Simone Sim, première épouse du fantaisiste, trois fois grand-mère, de Sébastien Sim, Arthur Sim et la petite Charlotte Sim parfaite inconnue qui n'a jamais fait la couverture de *Paris Match* alors qu'une fois dans une partie de scrabble avec Laetitia Hallyday, elle a gagné 723 à 12.

Et moi si j'avais envie de vous parler de tout ça, c'est parce que je me disais que c'était tellement difficile de se faire un nom, que certains simplement se faisaient un prénom. Et naturellement, je pensais à Johnny. Le petit Johnny, l'enfant martyr des Vosges sauvé de l'enfer par un artisan en menuiserie. On espère que depuis, juste retour des choses, les services sociaux des Vosges s'intéressent un peu plus au travail du bois. Une fois de plus on remarque que la réalité dépasse l'affliction. Le Petit Poucet d'aujourd'hui avale des cailloux pour être bien sûr de ne pas retrouver le chemin de la maison de ses parents. Poil de Carotte a fait des petits. Poil de Carotte, dont le père, Jules Renard, disait : « Tout le monde n'a pas la chance d'être orphelin. »

CLAIRE NADEAU

Mardi 5 octobre 1999

Je vais vous raconter une histoire de cinéma qui ne fait pas partie de l'Histoire du cinéma. Vous ne la trouverez dans aucun livre, dans aucune revue. Serge Daney ne la connaissait pas. Jean-Luc Godard n'y fait la moindre allusion dans aucune de ses œuvres. Non, c'est plutôt une histoire qui se raconte à l'heure de la cantine ou sur les plateaux de cinéma en attendant un prochain plan particulièrement long à se mettre en place. Et moi, c'est un ingénieur du son qui me l'a racontée. Cette histoire qui ne fera l'objet d'aucun cours à la Femis, d'aucune étude cinématographique à Censier, a cependant pour personnage principal une grande actrice française, peut-être la plus grande de toutes, la plus prestigieuse, et dont la réputation dépasse largement nos frontières. Elle a joué avec les plus grands acteurs, sous la direction des plus grands metteurs en scène du monde. Par discrétion, je ne la nommerai pas.

C'était une scène difficile qu'elle avait à jouer, une scène où n'existaient que les grands sentiments. Il était question d'honneur et d'amour fou, il était question de noblesse d'âme et de passion. Ce n'était pas du cinéma naturaliste où « passe-moi le sel » fait figure de mot d'auteur, non, c'était une scène où l'homme et la femme filmés dans l'intensité des sentiments les plus hauts sont considérés comme des êtres supérieurs, des sortes de demi-dieux, à la fois admirables et inaccessibles. L'ingénieur du son avait demandé : « Catherine (nous l'appellerons Catherine), puis-je me permettre, excusez-moi de vous déranger, étant donné que c'est un gros plan et que le son risque d'être trop diffus si on ne le prend que par la perche, excusez-moi de vous déranger, est-ce que je pourrais si ça ne vous dérange pas trop évidemment, vous installer un micro-cravate ? — S'il le faut » avait répondu dans un souffle, la grande actrice française superbe et magnanime. La scène était difficile à régler, il fallait que la larme sur la joue de l'actrice coule au même moment qu'un rayon de soleil caresserait le haut de son front, il fallait que la réplique soit dite très précisément à l'instant où une mouette à l'arrière-plan traverserait le ciel. La scène fut jouée une fois, deux fois, dix fois, vingt-cinq fois… Une fois la larme ne coulait pas, une autre fois le rayon de soleil venait trop tôt, la mouette ratait son départ. À la vingt-huitième prise enfin, le metteur en scène alla voir la star internationale, la remercia chaleureusement : « Merci Catherine, c'était une scène, compliquée, vous y avez été sublime, bouleversante. La journée est finie pour vous, il nous reste encore un plan, mais sans vous, c'est le plan subjectif du paysage que vous êtes censée regarder. Je vais demander à l'un de mes assistants de vous raccompagner immédiatement à votre hôtel. — Merci, a répondu Catherine, mais je préfère repartir seule, c'est tellement difficile, après ce genre de scène, de redescendre dans la réalité du monde. »

On respecta le désir de Catherine qui disparut très vite dans la voiture qu'on lui prêta tandis que le reste de l'équipe reprenait le travail afin de finir cette journée de tournage. Le metteur en scène, le premier assistant, l'ingénieur du son, le perchman, le directeur de production, plus quelques autres différents spécialistes en tous genres remirent alors leurs casques sur les oreilles et ce qu'ils entendirent les sidérèrent. La grande actrice était partie un peu précipitamment et l'on avait oublié de lui débrancher son micro. Était-ce bien la même qui tout l'après-midi les avait conduits dans un Olympe irréel, éthéré, qui là, toute seule enfermée dans sa voiture laissait échapper un chapelet de pets en s'exclamant : « Ah nom de Dieu, ça fait du bien, ah nom de Dieu, qu'est-ce que ça fait du bien ! »

Quel rapport avec Claire Nadeau ? Aucun. Sinon que je suis toujours assez surpris en lisant la presse qu'on puisse s'étonner que Mme Foldingue ait de la sensibilité, soit intelligente, ne ressemble pas dans la vie à une caricature juste utile à faire rigoler les veaux que nous sommes. Aussi étonnant que cela puisse paraître, aussi vrai que Catherine Deneuve puisse lâcher des caisses, Claire Nadeau est une grande actrice.

CLAUDE PIÉPLU

Mardi 12 octobre 1999

Claude Piéplu, la première fois que j'ai prononcé votre nom, j'avais deux ans et demi. Ma mère me servait un velouté d'asperge. D'habitude, je consommais avec plaisir les petits pots poireau, pomme de terre. « L'asperge, m'informai-je, c'est du poireau, pomme de terre ? — Non, en convint ma mère, asperge et poireau pomme de terre, c'est pas pareil, mais c'est un peu pareil. » Conciliant, je goûtai l'asperge, mais au bout de cinq cuillerées, je refusai la sixième. « Maman, a fini, lui dis-je, ça me piaît plus. » Et c'est ainsi, cher Claude Piéplu, que depuis ce jour vous m'évoquez le velouté quand tant d'autres artistes sont associés à la soupe.

Claude Piéplu, vous êtes un homme de théâtre et de cinéma. Le théâtre et le cinéma, c'est pas pareil, mais c'est un peu pareil. On va au cinéma comme on va au théâtre. Remarquez qu'on ne va jamais à la peinture, à la musique ou à la poésie. Ce serait pourtant joli d'aller à la poésie : « Fernande, je vais faire un tour à Mammouth. Après, j'irai faire un saut à la poésie ! » Ce serait joli, mais ça ne se fait pas. Le théâtre et le cinéma, ce sont des lieux, mais ça devient vraiment du théâtre et du cinéma quand dedans, on joue une pièce ou on projette un film. Prenons un exemple : si un maçon est en train de construire un théâtre, personne ne pensera à lui dire : « Tiens…, vous faites du théâtre. » Non, la réalité du théâtre, ce ne sont pas ses murs, c'est autre chose, de plus secret, de plus complexe… Le cinéma et le complexe, c'est un peu pareil, mais c'est pas pareil. Au cinéma, on va voir des films. Au complexe multiplexe, on va consommer des pop-corn et du Coca, et de temps en temps, en plus, quand on a le temps, on voit du cinéma, généralement cinéma, pop-corn et Coca.

Claude Piéplu est un homme de théâtre et de radio. Le théâtre et la radio, c'est pas pareil, mais c'est un peu pareil. Quand la radio est en panne, il faut changer les piles. Quand le théâtre est en panne, on programme un Molière. Mais le théâtre et les Molière, c'est pas du tout pareil. Le Molière est une fête grabataire, le théâtre est un lieu imaginaire. Il invite au voyage. La SNCF aussi. Le théâtre et la SNCF, c'est pas pareil, mais c'est un peu pareil. Entre deux trains, on attend au buffet de la gare. Entre deux actes, on attend au foyer du théâtre. Quand on va au théâtre, quelquefois on y voit Claude Piéplu, on se dit cet homme-là, c'est une voix, mais ça ne nous donne en rien le droit de la traverser quand on attend son train.

Ça avance à quoi de faire des comparaisons inutiles ? Ça n'avance à rien. Le théâtre et les gares SNCF sont des lieux fondamentalement immobiles. Pourquoi ? Parce qu'il faut un peu de cette immobilité pour pouvoir aller d'un endroit à un autre. Si les gares SNCF se déplaçaient en même temps que les trains, imaginez, on aurait l'impression de faire du surplace, on se dirait : « C'est bien la peine de faire autant de kilomètres pour, à l'arrivée, se retrouver à sa gare de départ ! » On se dirait un peu comme aujourd'hui en écoutant le texte que je suis en train de lire : « On est aussi avancé au début qu'à la fin ! »

De plus, considérons que si les trains accompagnaient les gares SNCF, ça deviendrait impossible de comprendre sa géographie. « Pas de chance, ma pauvre Fernande, à deux minutes près, on vient de rater la gare de Baden-Baden, Bora Bora ou Issy-les-Moulineaux. » Ça deviendrait impossible de comprendre quelque chose au monde qui déjà peut sembler bien compliqué. Heureusement il reste des théâtres et des gares SNCF d'où l'on peut voyager. Les théâtres et les gares SNCF sont les derniers repères des voyageurs.

« Fais ta valise Fernande ! Je t'emmène en voyage ! — Où ça ? qu'elle demande Fernande, à Baden-Baden, Bora Bora, Issy-les-Moulineaux ? — Je t'emmène au théâtre, on ira donc un peu nulle part, on ira donc un peu partout. On ira au hasard… » Claude Piéplu et Fernande, c'est pas pareil, mais c'est un peu pareil. Quand on les voit, se tenant par le bras, quittant une gare SNCF ou une salle de théâtre, on se dit que le voyage est joli et qu'il n'est pas fini.

MICHEL BULTÉ

Mercredi 13 octobre 1999

Michel Bulté, je ne vous connaissais pas, je n'avais jamais entendu parler de vous. C'est pour ça que j'aime bien venir à cette émission, ça me fait connaître du monde. Ainsi n'avais-je jamais entendu parler de Sandy Valentino. Grâce à cette émission, nous ne nous quittons plus Sandy et moi, elle voudrait me présenter à ses parents, elle voudrait même que je l'épouse, voire que je chatouille sa glotte avec ma langue, mais je n'ai rien décidé, je suis si jeune encore.

Michel Bulté, première constatation, physiquement, vous êtes très différente de Sandy Valentino. Je n'aime pas vexer, je n'aime pas faire du mal, mais il me faut vous le dire, si quelqu'un doit s'occuper de votre glotte, ne comptez pas sur moi. Vous n'êtes pas du tout mon type d'homme. D'autre part, vous êtes au RPR. Quelle drôle d'idée ! On parle de vous, pas spécialement parce que vous êtes adjoint de Tibéri, chacun sa croix, chacun sa bannière, mais parce que vous êtes un ancien Mao, passé chez Tibéri, et ça, Coco, c'est bon ! (Enfin ancien coco…)

Prenons un type comme Toubon. Quand il était jeune, il collectionnait les images pieuses de Charles de Gaulle, il avait sur les murs de sa chambre une photo dédicacée de Pierre Messmer. Ses premiers camps scouts il les a faits avec Jean-Louis Debré, avant de se brouiller avec lui, car ce dernier sentait trop mauvais des pieds. Ses premières parties de jambes-en-l'air il les a faites avec une jeune fille sourde et muette qui venait de rompre avec Bernard Pons, car elle n'était pas aveugle. Son premier grand souvenir érotique, et ses draps s'en souviennent, est relié à une fresque qu'il avait peinte sur le plafond de sa chambre représentant Marie-France Garaud vêtue de cuir, porte-jarretelles rouge sur slip kangourou, avec un fouet à la main. Avant de s'endormir il regardait un poster de Jacques Chaban-Delmas, habillé en short et polo, une raquette de tennis à la main, et tous les soirs, il se caressait les balles en se disant que lui aussi plus tard serait Premier ministre gaulliste.

Résultat des courses : aujourd'hui, on ne parle plus de Jacques Toubon, et s'il n'allait pas tous les ans en vacances à l'île de Ré afin d'être pris en photo à côté de Vincent Lindon, personne ne saurait plus qui il est. Tous les jours, de n'avoir pas été Mao, coco, trotro, Jacques Toubon se sent concon. Vous, vous êtes malin parce que de deux défauts superposés, être maoïste et tibériste, vous en faites une qualité, une originalité. À ceux qui vous reprochent d'être ancien Mao, vous répliquez : « Oui mais je suis devenu tibériste ». À ceux qui vous reprochent d'être tibériste, vous répondez : « Pardon, je suis un vieux Mao. » Et ça aujourd'hui, pareille équivoque, ça plaît, c'est l'avenir de la politique. Passer du grand Timonier au petit timoré, c'est bien, ça fait causer. Le mitterrandiste chiraquien, le nazillon trotskiste, le pollueur écologiste, le fasciste libertaire, le gauchiste réactionnaire, le révolutionnaire poujadiste, voilà l'avenir de la politique. À bas les convictions, vive les oxymorons ! À bas les parcours cohérents, vive les bons coups médiatiques !

Votre spécialité, c'est aussi votre liberté de langage. Vous ne mâchez pas vos mots, et vous avez l'impression de parler comme l'homme de la rue quand vous dites « couille, poil, zob, enculé, Balladur ». Vous dites que les députés gaullistes sont des « sans-couilles » et vous avez raison, mais n'oublions pas les députés centristes qui sont des petites bites, les communistes qui sont des gros culs et les socialistes qui sont des couilles molles. Bien sûr, on peut regretter que le niveau des débats ait baissé. On peut se dire que les joutes oratoires, en singeant les vulgaires, ont perdu de leur superbe. Faut-il s'en réjouir ou le regretter ? Après tout, peut-être vaut-il mieux avoir un bon attaché de presse qu'un mauvais programme ?

JEAN-LOUP DABADIE

Lundi 18 octobre 1999

C'est samedi, Jean-Loup Dabadie, à 10 heures du matin, que j'ai commencé à travailler sur votre cas. Je me mets à mon ordinateur, le téléphone sonne. « Allô, c'est Sandy. — Sandy qui ? je demande. — Comment ça, Sandy qui ? Tu as une autre Sandy dans ta vie ? me demande Sandy affolée. — Mais non Sandy, tu es ma seule Sandy, Sandy », dis-je à Sandy afin de la rassurer. Puis je raccroche après quelques échanges intimes que je n'ai pas à relater ici.

10 h 50, je me remets devant mon ordinateur. Le téléphone sonne : « Allô ? — C'est encore moi, dit Sandy, je m'excuse de t'avoir fait une scène de jalousie, je suis ridicule, je m'en veux d'être comme ça, mais tu sais quelquefois je ne peux m'en empêcher, heureusement que toi… » Suit toute une série de compliments, tant sur mes diverses qualités spirituelles que plastiques. On comprendra que je ne veuille pas les retranscrire ici. Surtout que c'était faux…, en tout cas, très exagéré… ou même si c'est vrai, je trouve que je n'ai pas à m'en féliciter puisque seuls la nature et le hasard sont responsables si j'ai la chance d'être doté d'un physique et d'un intellect particulièrement développés.

Midi un quart, je raccroche. Le téléphone sonne : « Allô Sandy.

— Sandy qui ? demande ma mère.

— Non, c'est rien, c'est une collègue.

— Ah bon, c'était pas Sandie Shaw, la chanteuse aux pieds nus. Ça fait longtemps qu'on l'a pas vue Sandie Shaw, dit ma mère. Ivan Rebroff par contre lui il revient, mais pas Sandie Shaw, pourtant elle chantait bien Sandie Shaw, tu te souviens, on avait le disque : “Comme un tout petit pantin, la la la la la la la la la”…

— Oui maman je m'en souviens, mais là, je travaille.

— Ah bon, tu fais plus comédien ?…

— Si maman, j'écris un texte pour la radio.

— Ah oui, tu fais toujours ton émission, je t'ai entendu la semaine dernière. C'était rigolo, je ne sais plus trop ce que tu as raconté, mais c'était rigolo et puis faut bien gagner sa vie, par contre, je te le dis, le prends pas mal, mais c'est quand même normal que je puisse te dire ce que je pense, à un moment tu as dit des gros mots, j'aime pas ça quand tu dis des gros mots, ça me fait je sais pas quoi… J'espère que tu vas pas en dire la prochaine fois, c'est qui l'invité ?

— Jean-Loup Dabadie.

— Ah je l'aime bien, Jean-Louis Abadie. Dis donc quel âge il peut avoir Jean-Louis Abadie parce que ça fait longtemps qu'on le voit, il est comme les copains, il rajeunit pas non plus. Tu savais qu'il avait été marié avec Geneviève Dormann ? Ou avec Françoise Dorin, je sais plus… En tout cas, il est pas homosexuel. Dis donc tu sais pas la nouvelle, j'ai appris que le patron du pressing de l'avenue du Maréchal-Leclerc, il en était… Pas le maréchal Leclerc, le patron du pressing ! J'aime autant te dire que je suis tombé de haut, ça fait vingt-cinq ans que j'y vais, je ne me suis jamais doutée de rien… Tu vas dire que je suis bête, mais depuis que je le sais, j'ose plus porter mon linge… Bon c'est pas tout ça, ma petite crotte, mais on discute, on discute, il est déjà une heure un quart et si je ne fais pas mon frichti, personne ne le fera à ma place. »

Après un certain nombre d'autres recommandations concernant le froid, le vaccin contre la grippe et le sommeil qui n'est vraiment réparateur qu'avant minuit, ma mère raccroche, il est 14 h 10. Oui, ma mère m'appelle « ma petite crotte », je ne vois pas ce qu'il y a d'amusant à cela, elle m'a toujours appelé comme ça. C'est un petit nom affectueux qui ne sort pas du cadre de l'intimité la plus familiale. Je regarde mon ordinateur puis décide d'aller manger dans une brasserie pas loin de chez moi où je rencontre un copain que je n'avais pas vu depuis longtemps.

À 19 heures, je rentre chez moi. Sonnerie du téléphone. « Alors, merde, qu'est-ce que tu fous ? » me demande Jean-François Remonté qui commence à user vis-à-vis de moi de certaines libertés de langage que je ne manquerai pas de lui reprocher un jour que je serai bien énervé. « C'est pas vrai ça, poursuit-il, ce matin, j'ai essayé de te joindre, c'était toujours occupé et cet après-midi t'étais pas là ! Merde ! Tu fais chier… » dit-il, tandis que j'imagine ma mère, là-bas, au loin, qui vient de fermer son transistor. « Bon, qu'il ajoute, ce serait vraiment bien que tu soignes ton texte pour lundi parce qu'on reçoit un vrai auteur ; quand on a Michel Bulté ou Sandy Valentino, je comprends que tu t'en foutes, mais là…

— Comment ça, “je comprends que tu t'en foutes quand on reçoit Sandy Valentino ?” l'interrogeai-je, piqué au vif.

— Oui, enfin bon, tu vois ce que je veux dire… »

Cher Jean-Loup Dabadie, c'est le dimanche soir que j'ai fini par réussir à écrire un papier sur vous. Un papier assez drôle je crois, où notamment je vous demandais comment vous, Jean-Loup Dabadie, vous faisiez pour écrire tant, alors que vous devez bien avoir comme tout le monde une mère, une Sandy, un copain que vous n'avez pas vu depuis longtemps, un employeur atrabilaire et un ordinateur récalcitrant. Oui, parce que ce matin quand j'ai voulu sortir mon texte, une mauvaise manipulation l'avait effacé. Comment vous faites ?

LINDA LEMAY

Mercredi 20 octobre 1999

Le plus difficile quand on est obligé d'écrire une petite chronique au sujet d'un invité dans le cadre d'une émission à prétention humoristique, c'est de trouver l'angle. Nous sommes mercredi, jour des enfants, et il n'est pas inutile de faire un peu de pédagogie. Qu'est-ce qu'un angle ? Un angle, c'est une figure formée par deux demi-droites ou par deux demi-plans qui se coupent. Quelquefois, de trouver l'angle, c'est assez simple. Quand on reçoit Céline Dion, on parle de René, de ses frères et sœurs, quand on reçoit Linda de Suza, on parle de sa valise, quand on reçoit Patricia Kaas, on parle des mineurs, quand on reçoit Patrick Font aussi, quand on reçoit Sandy Valentino, on parle de rien. C'est simple.

Avec vous, Linda Lemay, ce n'est pas simple. J'ai regardé votre dossier de presse, il est affligeant. Un article pour dire que vous chantez juste, un autre pour dire que vos textes sont bien écrits, un dernier pour faire remarquer que vous êtes belle et que vous avez une jolie voix. C'est pauvre. Faire parler de soi, c'est assez facile, mais il faut s'en occuper. Vous aimez Johnny, épousez-le. Vous venez du Québec, montrez-nous votre famille. Vous voulez que la presse s'intéresse à vous, tapez-vous un footballeur ou un acteur célèbre ou une personnalité en vue. Ou moi. Je ne vous dis pas que vous aurez une grosse couverture médiatique avec moi, non, mais pour débuter, ça vous ferait la main. Enfin, vous réfléchissez, vous n'êtes pas obligée de me donner une réponse dans la minute qui vient… Alors ?

Ou bien, comme d'autres l'ont fait dans une émission à destination de la jeunesse, montrez votre pubis. Justement, nous sommes mercredi, jour des enfants… Le pubis est chez la femme l'un des trois éléments de chacun des deux os iliaques fermant le bassin en bas du ventre, à gauche et à droite. Ou encore, comme Brigitte Bardot, racontez comment Vicelard d'Estaing vous a mis la main sur la cuisse. Enfin faites un petit effort, soyez abjecte, méprisable, ignoble. Sinon, Linda, je vous mets en garde, vous allez arriver à cette totale aberration médiatique qui consiste à être obligée de faire votre métier pour qu'on parle de vous. C'est ridicule. Il est évident qu'une chanteuse digne de ce nom n'a pas à s'abaisser à faire ses vocalises pour susciter l'intérêt. Mireille Mathieu, on en parle toujours, on ne l'entend plus jamais. Pour elle, c'est la gloire. Pour le public, c'est une bénédiction.

Surtout, Linda Lemay, que vous partez avec un sérieux handicap, n'oubliez pas que vous êtes une chanteuse québécoise et en général le public français, et vous le savez bien, a horreur des chanteuses québécoises. Ce qui énerve en général chez les chanteuses québécoises, c'est le côté « je suis trinquille et je chinte et surtout je suis contre la guerre et je suis pour les infints qui sont tellemint émouvints et qui sont l'avenir d'un monde meilleur que j'espère vraimint, vraimint, vraimint de tout mon cœur… ». Eh oh, ça va ! Moi aussi, je suis contre la guerre, je suis également contre les boutons de fièvre. Je suis contre tous les trucs dégoûtants : les abcès, je ne suis pas pour, les varicosités suintantes, je n'en raffole pas non plus. « J'suis contre la souffrince », moi je suis contre les pustules. Jour des enfants : la pustule est une lésion cutanée élémentaire constituée d'une petite cloque contenant un liquide purulent.

Et puis cet accent ridicule que vous avez, vous les Québécois. C'est vrai, en France, on a une langue qui est quand même très jolie, très harmonieuse. Faut comprendre qu'on n'a pas tellement envie de la voir salopée par votre accent de bouseux. Et puis ce physique désastreux des chanteurs québécois. Gilles Vigneault chante *Qu'il est difficile d'aimer*, on comprend pourquoi. *Qu'il est difficile d'aimer…*, oui, eh bien d'abord, lave-toi les cheveux !

Voilà les conseils que je peux vous donner Linda. Vous en faites ce que vous voulez. Vous pouvez même ne pas les suivre. Il fallait bien que pour parler de vous je trouve une figure formée par deux demi-droites ou par deux demi-plans qui se coupent. Je ne pouvais pas juste vous dire : « Linda Lemay, je vous aime beaucoup. »

JACQUES ROULAND

Mercredi 27 octobre 1999

Jacques Rouland, vous êtes un homme du passé. Ne le prenez pas mal. Je sais que lorsqu'on dit de quelqu'un : « C'est un homme du passé », généralement ce n'est pas un compliment. Mais

Rubens, Léonard de Vinci et même Picasso sont également des hommes du passé. Bien sûr, la différence entre vous et Rubens, Léonard de Vinci et même Picasso, c'est qu'ils sont morts et qu'ils étaient des génies, tandis que vous, vous êtes vivant. Je pense que je peux dire que Rubens, Léonard de Vinci et même Picasso étaient des génies parce que c'est indiscutable, et que vous, vous n'en n'êtes pas un, parce que c'est comme ça, sans que vous le preniez mal. Ce n'est pas inconvenant de ma part. Si j'avais dit Harold Kay, Maurice Favières et même Jean-Paul Rouland sont également des hommes du passé et que j'avais ajouté la différence entre vous et Harold Kay, Maurice Favières et même Jean-Paul Rouland, c'est que ce sont des génies et que vous n'en êtes pas un, j'aurais compris que vous trouviez mon analyse injuste, voire partiale, voire inique et que vous vous en fussiez offusqué. Mais ce n'est pas ce que j'ai dit ! Ce n'est pas du tout ce que j'ai dit, monsieur Rouland ! Aussi vous demanderai-je à l'avenir de bien vouloir cesser de m'interrompre afin de me permettre de poursuivre une démonstration que j'entends, ne vous déplaise, mener jusqu'à son terme.

Car je vois bien où vous voulez en venir monsieur Rouland et d'une façon certes détournée, vous êtes en train de me poser la question suivante : « Ces notions vivants-morts, génies-pas génies ne sont-elles pas sujettes à caution ? » Là, monsieur Rouland, je ne saurais vous donner tort, car enfin qui me fera croire que Maurice Druon est plus vivant que Raymond Queneau ? Qui osera m'affirmer que Jean Dutourd est moins mort que Boris Vian ? De la même façon, ne peut-on pas affirmer que s'ils sont hommes du passé, Napoléon, Charlemagne, Henri IV, Bruno Mégret demeurent malgré tout des hommes d'aujourd'hui tant ils marquent le présent ?… On me signale que Bruno Mégret n'est pas mort… Peu importe ! Il mériterait de l'être.

Monsieur Rouland, vous êtes donc un homme du passé parce que vous êtes d'un temps où la caméra pouvait être invisible. Alors qu'aujourd'hui, elle est partout, elle est omniprésente. Le papa jadis quand il ne faisait pas les cent pas dans le couloir de la clinique tenait la main de la maman qui accouchait. Aujourd'hui, il a son caméscope et tandis que la sage-femme crie : « Poussez ! Poussez ! », le père s'exclame : « Ralentis ! Ralentis ! Je fais les gros plans ! » Avant les parents donnaient la main à leur bébé pour lui apprendre à marcher. Maintenant, ils le poussent dans l'escalier pour envoyer la cassette à « Vidéogag ». Avant, les petits enfants étaient contents à la fin de l'année scolaire de présenter un spectacle et lorsqu'ils étaient impressionnés de se trouver en public, ils puisaient tout leur courage dans les regards mouillés et indulgents de leurs papas et de leurs mamans. Maintenant pour pouvoir repérer leurs parents, les enfants ont intérêt de savoir si au dernier Noël, c'est le JVC compact VHS 320 000 pixel zoom optique qu'ils se sont acheté ou bien le Sony TRV 110 avec sortie DV mode photo.

Aujourd'hui, la caméra n'est plus cachée, elle est ostensible. Elle n'est plus invisible, elle est surveillante. Elle est dans les couloirs du métro, dans les grands magasins, dans les restaurants, à l'entrée des immeubles, dans les salles de bains, dans les chambres à coucher, dans les tubes digestifs, dans les gros intestins et si elle est devenue invisible, c'est à force de la voir partout. Voilà pourquoi, Jacques Rouland, j'ai dit que vous étiez un homme du passé et si vous aviez eu la patience d'écouter mon raisonnement jusqu'au bout, si vous n'aviez pas fait montre de tant de susceptibilité, si vous n'aviez pas jugé si vexatoires mes propos, vous auriez évité de vous montrer dans cet accès de véhémente folie, de fureur incoercible, d'impétuosité déplacée, donnant le spectacle d'un triste pantin rougissant, fulminant, fumant, éructant, bavant, faisant honte à un public pourtant bon enfant venu vous applaudir en toute confiance. Allons Jacques, relevez-vous, avalez votre salive, donnez-vous un coup de peigne, cessez de taper du pied, arrêtez de vous rouler par terre. Et puis souriez : vous êtes filmé.

DICK RIVERS

Jeudi 28 octobre 1999

Sur le podium du rock n'roll, Dick Rivers, vous êtes médaille de bronze, toujours sur la troisième marche. Jamais premier : il y a Johnny. Jamais second : il y a Eddy. Toujours troisième. Dans les années soixante, quand on était rock n'roll, son premier enfant on le prénommait Johnny. Son deuxième enfant, on le prénommait

Eddy. Et le troisième, naturellement, on l'appelait Elvis. Mais si on avait un chien, vous pouvez en être sûr, il s'appelait Dick. De Médor, de Mabrouk, de Gypsie, il n'y en a jamais eu chez les chiens de rockers. Il n'y a que des Dick, c'est votre honneur et votre consolation. Dans la chanson à texte, c'était pareil, il y avait les trois B : Brassens, Brel, et sur la troisième marche, Guy Béart, celui qui se montrait tout le temps, mais qu'on oubliait toujours.

Cher Dick Rivers, ne le prenez pas mal, mais vous êtes un peu le Guy Béart du rock n'roll. Sauf que, et la différence est notable, personne n'aurait l'idée d'appeler son chien Guy Béart. On aurait trop peur qu'il passe toutes ses nuits à aboyer interminablement ses plus grands succès. Le fameux aboiement quand Guy Béart voit passer le facteur, l'aboiement célèbre quand Guy Béart court derrière un chat, l'aboiement inoubliable quand Guy Béart est en train de couvrir sa chienne, et, en rappel, les fameux grognements de Guy Béart quand il est content et qu'il se lèche les couilles. Dick, vous êtes dans le peloton de tête, ça c'est sûr, mais juste derrière Poulidor. Le premier, on l'admire. Le deuxième, on l'aime bien. Le troisième, on s'en fout.

Dans *Le Nouvel Observateur* d'il y a quelques semaines, on pouvait lire une interview croisée entre Johnny et Eddy. Mais vous, vous n'aviez pas été convié. C'est triste peut-être, mais profitons-en pour saluer au passage l'évolution d'un magazine qui jadis organisait des dialogues entre Jean-Paul Sartre et Raymond Aron, voire entre Michel Foucault et Roland Barthes, et qui travaille actuellement sur le projet d'une rencontre au sommet entre Séverine Ferrer et Sandy Valentino sur différents sujets, notamment la couleur des sous-vêtements du Dalaï-Lama dans un grand dossier « Soyez tendance, soyez bouddhiste ! ». Ce qui me peine, mon Dick, c'est que vous parlez toujours de Johnny et de Eddy alors que Johnny et Eddy, eux, ne parlent jamais de vous.

Ça me touche particulièrement parce que je me trouve un peu dans la même situation. À chaque fois que je suis sollicité pour une interview exclusive dans un news, l'*Orne combattante* ou le *Publicateur bas-normand*, j'en profite toujours pour citer au moins une fois le nom d'un de mes amis, Brad Pitt ou Leonardo di Caprio. Je le fais naturellement sans que ni Brad ni Leonardo, je le précise, ne m'aient demandé quoi que ce soit. Je le fais de façon désintéressée parce que je trouve qu'il est normal d'user de sa notoriété au profit d'autrui.

Je remarque qu'eux cependant, lorsqu'ils répondent à des interviews, ne prennent jamais la peine de la moindre allusion à ma personne. Évidemment, ça m'est égal, je n'ai pas besoin d'eux, mais quand même on ne peut pas s'empêcher de se poser des questions… Pourquoi cette sorte d'ostracisme rampant ? Jalousie ?… Méfiance ?… Peur que je leur fasse de l'ombre ?… Suis-je un tel danger pour eux qu'ils préfèrent me passer sous silence ?… J'avoue ne pas chercher à comprendre. J'en prends mon parti. Avec grandeur et détachement. Je regretterai pourtant toujours que les relations entre les plus grands artistes de renom, entre les étoiles les plus brillantes et inaccessibles, ne soient pas fondées sur une plus grande solidarité fraternelle. Et si un jour, l'envie vient à Brad ou à Leonardo de participer à « Rien à voir », ils pourront venir manger dans ma main, je ne bougerai pas le petit doigt pour favoriser leur éventuelle invitation. Non mais !

GUY MONTAGNÉ

Mercredi 3 novembre 1999

C'est arrivé à chacun de nous. Une soirée entre amis qui a bien commencé. Des retrouvailles chez un copain qu'on n'a pas vu depuis longtemps. Une gentille soirée. On parle de son boulot, de sa famille, du dernier film qu'on a vu. On s'engueule un peu. Sur Kubrick ou sur Besson, sur Bedos ou sur Ardisson, sur les 35 heures ou les sans-papiers, sur la gauche, sur la droite. L'un dit : « T'as pas changé, t'es toujours aussi con », l'autre invente des noms d'oiseaux, puis on finit par se réconcilier sur Lagaf qui de l'avis de tous est un gros naze, sur Mégret qui est peut-être encore plus dangereux que Le Pen et sur José Bové que tout le monde aime bien, ainsi que le reblochon, l'andouillette et le fromage de tête. Oui, on finit par se réconcilier parce que les pâtes au pistou sont parfaitement *al dente*, que le chinon est abondant et frais, juste comme il se doit.

Une soirée entre amis qui avait bien commencé… Au moment du dessert, les conversations s'épuisent, les neurones s'affaiblissent, et là c'est le drame. Celui qui ne prévient pas. Celui qui fait peur… On passe une bonne soirée, un ange passe, et plutôt que de suivre l'invite fameuse de Jean Cocteau (« Un ange passe : qu'on l'encule ! »), l'un dit sans en avoir l'air : « Vous connaissez celle du Français, de l'Anglais et de l'Américain qui sont sur le *Titanic* ? » Les autres disent « Non » d'un ton badin, presque amusés déjà. Ils sont inconscients, ils ne se rendent pas compte… Ils ignorent encore que tout d'un coup cette soirée qui avait bien commencé va basculer dans le banal, sombrer dans le lugubre, déraper dans l'ordinaire.

« C'est un Anglais, un Américain et un Français sur le *Titanic*. L'Anglais dit : "Ladies first", l'Américain fait : "Fuck Ladies !" »… Une soirée qui avait commencé comme toutes les soirées entre amis. Une soirée qui ne pouvait pas finir mal, qui n'aurait pas dû mal finir…

« C'est un Anglais, un Américain et un Français. Ils sont sur le *Titanic*. Le bateau coule. L'Anglais, digne (c'est un Anglais), dit la main sur le cœur : "First Ladies !" L'Américain, avec un geste obscène, il est vulgaire (c'est un Américain) éructe : "Fuck Ladies !" Le Français, il ne perd pas le nord (c'est un Français), demande : "Vous croyez qu'on aura le temps ?" »

Oui, ça aurait pu être juste une parenthèse agréable et cocasse, mais non c'est le début d'une longue cohorte avec ses Belges dans un sex-shop, ses belles-mères qui font du nudisme et ses pédés qui font du ski. Une soirée qui tentait de regarder l'humanité avec humanité, une soirée où l'on tentait de refaire un monde qui nous semblait tellement améliorable, une soirée simplement où des femmes et des hommes réunis, avec humour, avec chaleur, avec intelligence, racontaient la vie et qui se termine avec un Belge une fois qui prend des bains de siège au-dessus de l'Arc de triomphe, un Africain qui en a une énorme et qui va rue Saint-Denis et le paysan qui entre au Queen pour la première fois. Le cauchemar. La désolation. La tristesse.

Chaque jour, quelque part dans le monde, des soirées sont gâchées, ruinées, saccagées à cause des histoires drôles. L'histoire drôle n'est pas une fatalité. Il tient à chacun de nous de la refuser. Vous aussi rejoignez le comité de lutte contre l'histoire drôle. Parce qu'il faut savoir s'arrêter à temps, parce que l'histoire drôle peut être une dépendance. Parce que une histoire drôle, ça va, trois histoires, bonjour les grosses têtes. Parce que rigoler, ce n'est pas de la blague.

FRANÇOIS CLUZET

Jeudi 4 novembre 1999

François Cluzet, qu'est-ce que vous avez contre Jacques Chirac ? Je cite votre déclaration très polémique dans *Le Parisien* du 18 octobre 1999 : « Jean Tibéri est l'un des meilleurs maires du siècle. » Évidemment, c'est drôle, c'est inattendu, c'est provocateur en diable. Jean Tibéri lui-même n'a pas dû y croire, ça a dû l'inquiéter : « Regarde maman, il a dit à Xavière, y a un type qui dit du bien de moi dans le journal ! » Xavière, elle était estomaquée, elle est allée chercher ses lunettes, son *Larousse*, ses érudits, elle a dit : « Tu te rends compte, il dit que tu es le meilleur maire du siècle. Du siècle ! Tu te rends compte, ça fait au moins cent ans, ça ! » puis elle a fait son signe de croix, elle a dit : « Mon pauvre Jeannot, si on dit du bien de toi, c'est que Chirac t'a lâché, tu es mort, on t'envoie les couronnes. »

« Jean Tibéri est l'un des meilleurs maires du siècle », c'est une phrase admirable, poétique, merveilleuse. Des milliers d'exégètes, les prochains millénaires, se jetteront sur elle pour l'analyser, pour lui rendre tout son jus sémantique… « Jean Tibéri est l'un des meilleurs maires du siècle », c'est une phrase qui questionne, on ne se lasse pas de la répéter tant elle est étonnante, énigmatique. Car enfin qu'avez-vous voulu dire, cher François Cluzet, par « l'un des meilleurs maires du siècle » ? Que les autres sont mauvais ? Et quand je dis les autres, je devrais dire l'autre, Jacques Chirac, vu que notre siècle a donné seulement deux maires à la capitale de la France : Jacques Chirac et Jean Tibéri, Paris, je ne vous l'apprendrai pas, n'ayant eu de maire ni sous la troisième, ni sous la quatrième République.

Donc, lorsque vous dites que Jean Tibéri est l'un des meilleurs maires du siècle, voulez-vous dire de façon insidieuse que Jacques Chirac a été l'un des pires maires du siècle ? C'est grave. C'est virulent. C'est du brutal. Pourquoi cette dureté dans l'analyse ? Pourquoi cette violence ? Jacques Chirac a-t-il été moins prévenant pour sa famille ? A-t-il moins favorisé les électeurs fantômes du cinquième arrondissement ? Bernadette est-elle plus nulle en orthographe que Xavière ? Répondez-nous monsieur Cluzet, vous en avez trop dit ou pas assez !

Bien sûr, vous avez déclaré « l'un des meilleurs maires du siècle », pas « le meilleur maire du siècle », alors on peut se poser une question qui ne laisse pas d'étonner, peut-être n'avez-vous rien dit, peut-être n'avez-vous rien voulu dire, peut-être même avez-vous parlé pour ne rien dire, peut-être voulez-vous vous lancer dans une carrière politique ? En fait, si je cherche à donner une explication triviale à votre phrase, j'en suis capable, ce qui vous plaît chez Tibéri, c'est qu'il fait des ristournes sur les places de théâtre. François, sincèrement François, François, regardez-moi quand je vous parle, François, est-ce suffisant pour en faire l'un des meilleurs maires du siècle qui en a compté deux : une fripouille et un bandit ?!

Cela doit-il m'empêcher de saluer l'initiative de la Mairie de Paris : 100 000 places sont disponibles pour les moins de 26 ans, au prix de 70 F. Sincèrement je trouve ça assez peu critiquable, car j'ai noté que pour bénéficier de cet avantage, il ne sera pas nécessaire de faire partie de la famille du maire :

« T'as vu maman ?

— Quoi mon Jeannot ? a demandé Xavière.

— Ben, à la Gaîté-Montparnasse, y a une pièce, ça s'appelle *Jacques et Mylène* et ça n'a eu que des bonnes critiques ! En plus si on se déguise en jeunes, si on se fait du percing dans le nez, et qu'on leur dit qu'on a moins de vingt-six ans, ils nous font des rabais ! »

Xavière a chaussé ses lunettes, son *Larousse* et ses érudits, puis elle a dit : « Tu y iras tout seul, un théâtre de l'absurde et du ridicule, je te remercie bien, j'ai ce qu'il faut à la maison ! »

BENOÎT DELÉPINE, JULES-ÉDOUARD MOUSTIC

Lundi 8 novembre 1999

Je vous aime mon cher Robert. Votre spectacle sur de Gaulle est une réussite. En plus, le parking de la Porte Maillot est très spacieux et je vous en félicite. (…)

Je vois bien, Benoît Delépine et Jules-Édouard Moustic, que vous n'êtes pas Robert Hossein, je vois bien… Je sais bien que vous, et c'est ce qui me rend si anxieux, vous êtes deux spécialistes, deux experts en rigolade, deux docteurs ès dérisions, deux parangons d'humour. Bien sûr, vous n'êtes pas les premiers humoristes que nous recevons. Michel Bulté notamment est venu. Il est considéré comme amusant car il officie au RPR et, à côté de Bernard Pons, même Roger Gicquel a l'air de Zavatta. À côté de Jean-Louis Debré, même Jean-Pierre Pernault semble pétulant. Mais devant vous, meilleurs représentants d'un groupe audiovisuel qui vend de la dérision comme d'autres vendent des missiles, non, me disais-je, jamais je ne serai à la hauteur. Ah ! les autres chroniqueurs de l'émission, eux, rien ne leur fait peur ! Comme vous, ce sont des humoristes patentés, réellement professionnels ! Certains participent même au Kadox ! Mais, faire de l'humour devant un humoriste, pour moi, c'est impossible. Autant aboyer devant son chien. Autant bêler devant la chèvre. Autant péter devant Lagaf.

Je fis part de mes réflexions à notre réalisateur-producteur Jean-François Remonté. Longuement, je lui présentai mes arguments, lui expliquant qu'il était tout à fait inutile, voire préjudiciable pour la bonne suite de l'émission, d'inviter deux rigolos tout à fait surestimés. D'un ton qui était aussi sans appel que le répondeur d'André Lamy, Jean-François Remonté me répondit : « T'es pas obligé de venir, si ça te plaît pas tu restes chez toi. » Après avoir compris qu'au cas où je ne me déplacerais pas jusqu'à ce studio, le service financier de Radio France considérerait ma journée comme chômée, je décidai de venir quand même et d'écrire ce texte pour Robert Hossein que j'admire énormément et qui sans le savoir, messieurs Moustic et Delépine, est certainement tout aussi drôle que vous.

Cher monsieur Robert Hossein, merci d'avoir accepté de venir jusqu'ici pour nous parler de votre spectacle sur de Gaulle. J'aimerais à mon tour vous faire part d'un texte que j'ai écrit en hommage au grand homme et que j'ai intitulé : « Celui qui a dit areuh », car j'ai décidé de m'intéresser aux toutes premières années de la vie du général. J'ai choisi de suivre l'épopée gaullienne dès sa gestation, aussi ai-je décidé de situer la première scène à la naissance du grand homme, dans une clinique lilloise. Je n'ai pas encore dialogué la scène, car il s'agit d'un *work in progress* que je n'ai donc pas entièrement finalisé mais je sais mon cher Robert que vous comprendrez l'esprit de mon travail.

Pour le lever de rideau, j'imagine toute une scène chorégraphique avec chirurgiens, sages-femmes et nourrissons ensanglantés, puis les danseurs retournent en coulisse et la maman du général demande : « Docteur, est-ce un garçon ou une fille ? » Le docteur prend une grande respiration pour donner cette information qui doit lui coûter : « Madame, c'est une première médicale, nous venons de donner naissance à un nez !

— Un né ? Vous voulez dire un nouveau-né ?

— Non madame, un nez, un tarin, un pif, un tarbouif, un blair, un blase, un nase. »

La nouvelle inquiète beaucoup la maman du général qui a déjà plusieurs bouches à nourrir. Très vite cependant le médecin se rend compte de sa bévue lorsque à la suite du nez apparaissent des genoux, des lombaires, deux oreilles décollées, quelques omoplates, toute une flopée de petits doigts dont certains se placent au bout des mains tandis que d'autres pour des raisons que nous ignorons et qu'il ne nous appartient pas de commenter, choisissent plutôt l'extrémité des pieds, puis enfin une casquette réglementaire agrémentée de une, deux… trois étoiles !

« Pas de doute cette fois, affirme bien haut le docteur qui tente comme il peut d'effacer la mauvaise impression laissée par son premier diagnostic, pas d'erreur, nous venons de donner naissance à un général. » La scène se termine par une réplique de la maman du général qui dit quelque chose dans le genre : « Ben dites donc, vous, vous pouvez vous vanter de m'avoir foutu une sacrée trouille ! » Dans le genre… Vu que nous sommes dans une clinique militaire, elle peut dire également pour conclure la scène de façon plus cocasse : « Ben, mon colon ! » Quelques années plus tard, seconde séquence du spectacle. La scène a lieu dans la salle à manger de la maison familiale. Le général enfile sa serviette dans son rond de serviette, se lève, puis fixant sa mère droit dans les yeux lui dit : « Maman, je m'en vais faire la guerre de 14-18. » Quatre ans plus tard, le général revient, s'assoit devant son rond de serviette puis dit à sa mère : « Maman, je m'en viens de faire la guerre de 14-18.

— Ça va, j'ai compris, je suis pas sourde » réplique sa mère.

Voilà mon cher Robert Hossein mes premières idées, j'espère que mon projet saura vous intéresser et merci de continuer à nous faire rire.

BERTRAND POIROT-DELPECH

Vendredi 12 novembre 1999

Jean-François Remonté est le réalisateur, producteur de cette émission, je ne sais pas si je vous l'ai déjà dit. Dernièrement il m'a pris à part : « Poirot-Delpech, c'est facile d'être drôle avec Poirot-Delpech. Poirot, tu parles des légumes, Delpech, tu parles des fruits, c'est amusant. Tu dis Poirot : vous êtes une grosse légume, Delpech : vous avez la banane. C'est amusant. » Jean-François Remonté est un garçon qui ne manque pas de ressources lorsqu'il s'agit de conseiller un humoriste tâcheron en panne. Lui-même écrit, invente des poèmes, des sonnets, des madrigaux. Il est notamment l'auteur de cette fable qui n'a rien à envier à La Fontaine et qui s'intitule « Le Loup et le Cochon » :

Un Loup se promenait
Dans un sombre sous-bois
Un jour qu'il s'ennuyait
Un cochon dégusta
Moralité : Le loup aime le cochon.
(…)

C'est le genre de poème qui ne plaît pas à tout le monde. Moi j'aime bien parce que c'est court. C'est d'ailleurs dans les formes courtes que Jean-François Remonté excelle particulièrement. Il a écrit une autre fable intitulée, « La Cigogne et la Vache ». Je vous la dis ?

Une cigogne dans les cieux volait
Pas la vache
Moralité : La vache ne vole pas.

Il est également spécialiste du haïku, petit poème japonais de dix-sept syllabes réparties en trois vers (5, 7, 5). À mon avis le meilleur haïku de Jean-François Remonté s'intitule : « La Fourmi ». Je vous… ?

La fourmi qui dort
Rêve de la main de l'homme
Qui va l'écraser.

Quitte à choquer, quitte à déranger, Jean-François Remonté, dans un style classique qui ne parvient pas à dissimuler une nature profondément rebelle, n'hésite pas quelquefois à en découdre, à dire à notre société ses quatre vérités. Souvenons-nous de son « Ode à la Liberté » :

Ô Liberté,
Que je te chéris !
Ô toi prison,
Que je te maudis !

Quel poète, mieux que Jean-François Remonté, a su mettre en perspective une idée si novatrice de la liberté qu'il n'hésite pas à opposer à l'image de la prison dans une harmonie syntaxique quasiment parfaite, dans un contre-balancement idéal ? Jean-François Remonté, peut-être par modestie, sans doute par ignorance, n'a jamais postulé à l'Académie française. Alors que vous, Bertrand Poirot-Delpech, oui. Évidemment, la piste possible aujourd'hui pour écrire un texte est de se moquer de l'Académie française. Mais n'est-ce pas un peu convenu ? Si des petits retraités préfèrent se réunir pour écrire un dictionnaire qui n'intéresse plus personne plutôt que jouer aux dominos, c'est quand même bien leur droit. Si plutôt que visiter le Tyrol dans un autocar avec un bob sur la tête, de vieux excentriques avec bicorne et épée, à l'époque du tout image, se déguisent en soldats d'une armée morte pour défendre la citadelle des mots, c'est plutôt réconfortant.

L'Académie française a encore de beaux jours devant elle, imaginons ses prochaines réceptions. Patrick Modiano dans quelques années entrant sous la Coupole : « Messieurs, euh, non, je…, en fait…, Mesdames, non… euh, en même temps… je veux dire… non… euh… » Paul-Loup Sulitzer faisant son discours, et pour la première fois de sa vie obligé par-là même de lire un de ses propres écrits. Luc Besson s'asseyant dans le fauteuil d'un cinéaste, Marcel Pagnol ou René Clair, lisant son discours de réception en anglais pour mieux défendre la culture française… Pierre Bourdieu faisant l'éloge d'Alain Peyrefitte, Frédéric Dard rendant hommage à Maurice Druon… Non, ne nous moquons pas de l'Académie, les occasions de rire ne sont pas si nombreuses… Jean-François Remonté est toujours de bon conseil, et vous monsieur Bertrand Poirot-Delpech, vous êtes une grosse légume, mais vous avez la banane.

DANIEL COHN-BENDIT

Lundi 15 novembre 1999

Dimanche, fin de matinée, je me mets devant l'ordinateur, je tape votre nom en haut de la page blanche : « Cohn-Bendit ». Sandy passe derrière moi, m'embrasse dans le cou, encore pleine de gratitude et d'admiration après la nuit d'amour que nous venons de vivre, nuit d'amour non encore inscrite sur le livre Guinness des records du fait de ma seule discrétion. Nuit d'amour que je lui ai offerte, qui l'a rendue exsangue, complètement à ma merci, totalement et surtout, cadeau incomparable, sans voix. Encore enveloppée de la chaleur douce et sensuelle de nos deux corps réunis, toute nimbée de la tiédeur humide des draps froissés, elle me regarde comme une esclave du sexe reconnaît immédiatement son maître toute remplie qu'elle est du souvenir des soubresauts infinis d'un accouplement voluptueux après une nuit d'amour qui eut lieu le matin même entre 10 h 12 et 10 h 19. Sept minutes de passion lubrique et ininterrompue, montre en main.

Mais bientôt se rétractant comme un cheval qui se cabre, Sandy me toise méchamment : « Qu'est-ce que tu as à t'acharner sur les Tibéri ? Ça devient une obsession ! Mais laisse-les où ils sont ! Ils ne t'ont rien fait ! Après tout, ils ne sont peut-être pas pires que les autres ! » qu'elle me dit Sandy. « Qu'est-ce qui te prend Sandy ? Calme-toi ! Je ne m'acharne pas sur les Tibéri ! Je suis loin de penser aux Tibéri… Qu'est-ce que tu racontes ? — C'est ça ! En plus, tu me prends pour une gourde ! Tu crois que je ne sais pas lire ? »

Sandy était toute proche de la crise de nerfs, mais cependant légèrement troublée par mon attitude qui marquait une incompréhension sincère, Sandy, les yeux rougis par l'émotion, les lèvres tremblantes dont on voyait aux commissures s'échapper la mousseuse écume de la colère, me montra l'écran de mon traitement de texte et soulignant de son doigt votre nom, vociféra : « Et ça, c'est quoi ? Hein ? Conne ! Bandit ! Tu crois que je ne comprends pas l'allusion ? » Soulagé, je pouffai intérieurement. Amusé par l'inculture de ma partenaire, ému par la candeur de ma protégée, je la rassurai, lui expliquai le malentendu et lui offris une nouvelle nuit d'amour, là au débotté, sous la table de l'ordinateur, deux minutes quarante-sept de bonheur, montre en main.

Certains s'étonneront peut-être que je puisse chronométrer mes copulations. C'est une habitude que j'ai contractée à France Inter puisque je dois également chronométrer les textes que je dis ici même afin d'aller les déposer à la Sacem. De la même façon lorsque succombe une femme entre mes bras, n'est-ce pas une œuvre artistique que je suis en train de composer, déposant un peu d'essence de moi-même qui me permettra un jour prochain de pouvoir espérer toucher des droits d'auteur et pourquoi pas des allocations familiales ?

Mais revenons à Sandy qui de vous, Daniel Cohn-Bendit, ignorait tout. À sa décharge, si j'ose dire, elle me fit remarquer : « Je te signale qu'en 1968, je n'étais pas née, et que par conséquent, il est tout à fait normal que je ne le connaisse pas. » Tout à fait normal… Elle ne connaît pas non plus Victor Hugo, car elle n'était pas née en 1850, elle ne connaît pas Voltaire, car elle n'emprunte jamais son quai, elle ignore tout de Chateaubriand parce qu'elle a horreur du bœuf grillé. S'il est vrai que vous bénéficiez d'un petit nom dans le domaine de l'agitation politique, Daniel Cohn-Bendit, il est tout à fait probable qu'une personne qui serait tombée dans le coma fin avril 1968 et qui se serait réveillée en juillet 1999 pour décider d'aller faire aussitôt un stage de retraite méditative en Laponie n'aurait non plus jamais entendu parler de vous.

Je vous dis ça pour que vous en rabattiez un peu, mon petit Dany. Vous êtes connu, oui d'accord, mais pas plus que Jacques Chirac par exemple qui est un président de la République, oui d'accord, mais d'un tout petit pays qui continue juste d'avoir un petit succès d'estime grâce au steak frites, à Napoléon, à Coco Chanel et encore, dans les pays qui ont la télé. Plus de trente ans qu'on vous connaît… Qu'est-ce qui a changé ? La Ve République est toujours là, mais René Coty est revenu à l'Élysée. Pasqua, le gaulliste historique, opte finalement pour la régularisation des sans-papiers plutôt que les jeter dans la Seine. Et vous, petit scout de l'agit-prop, toujours prêt à énerver tout le monde : les chasseurs, les pro-nucléaires, les communistes, les socialistes, les Allemands, les Français, les Juifs, les catholiques et même les Verts. Il doit même y en avoir un que vous devez sacrément énerver, c'est le chasseur, français, pro-nucléaire et communiste qui a des enfants écologistes qu'il vient de déshériter et une femme catholique mais qui l'a quitté pour un socialiste juif allemand.

Daniel, continuez d'énerver tout le monde si ça vous fait plaisir, parce que moi, dans le fond, ça ne me déplaît pas.

PAUL-LOUP SULITZER

Vendredi 26 novembre 1999

Je me suis réveillé ce matin de mauvaise humeur. Mais de mauvaise humeur ! La grève à Radio-France m'avait énervé. Pas que je sois contre le droit de grève, non sûrement pas. Mais là, il y a des gars qui font grève, peut-être qu'ils ont bien raison s'ils ne sont pas contents et même s'ils n'ont pas raison, ils ont le droit de la faire, la grève, il n'y a rien à dire, mais quand la grève est finie, personne n'explique rien, ni pourquoi elle a commencé, ni pourquoi elle s'est arrêtée : rien ! On se doute qu'il est question des 35 heures, mais on aimerait en savoir plus, parce qu'on est curieux de nature et que c'est intéressant.

Dès qu'il y a une grève à Air France, on a le droit à des émissions spéciales, des dossiers exclusifs. Tout le tintouin. On demande au directeur de la compagnie, aux pilotes, aux contrôleurs du ciel, à tout le monde, de donner des explications. On apprend que les stewards ont souvent des problèmes de circulation sanguine en raison de l'altitude, qu'ils font des varices. On annule l'interview exclusive de Tony Blair, on lui dit : « Excuse-nous, mon Tony, mais on va être obligé d'annuler pour aujourd'hui, on fait un journal spécial consacré aux bas de contention. » On apprend que devenir hôtesse de l'air ce n'est pas facile parce que c'est un métier extrêmement prestigieux, même si, comme dit mon beau-frère : « C'est juste faire la boniche en l'air. » Enfin, on se sent informé. Chacun se fabrique un jugement. Même ceux qui ne prennent jamais l'avion ont leur opinion.

Les plus brillants commentateurs sont réquisitionnés pour dire ce qu'il faut en penser. En général, ils expliquent pourquoi les grévistes ont eu tort de faire grève, et en quoi la grève ça peut être grave pour l'équilibre de l'entreprise et pour la nation tout entière.

Ils expliquent aussi que le type qui fait grève à Air France, c'est un gros privilégié vu qu'il n'est pas chômeur, qu'il a la sécurité de l'emploi, et qu'en plus avec ses voyages gratuits, s'il a envie, il peut faire le tour du monde pendant ses vacances. S'il a envie. Mais généralement il ne le fait pas pour la bonne raison que ça lui rappelle trop le reste de l'année et que lorsque sur une plage ensoleillée de sable blanc, il voit un cocotier, il a l'impression de retourner au bureau. C'est ça qu'il explique le gars qui vient faire son papier sur France Inter, papier qu'il revend, en changeant deux adjectifs et trois points virgules, à un hebdomadaire ainsi qu'à quelques journaux de province toujours très flattés d'avoir chez eux une plume si parisienne et si pointue qui n'hésite pas à passer dans deux ou trois émissions de télé où il sera également payé pour reprendre sa pertinente démonstration contre les privilégiés !

Mais quand il y a grève à Radio-France, tout le monde la ferme, tout le monde se tait. Les directeurs, les syndicalistes, les commentateurs… Y a plus personne pour moufter ! La transparence, d'accord, mais pas chez nous ! La glasnost, où vous voulez, mais pas à la maison ! Donc, ce matin, j'étais de mauvaise humeur… J'étais de mauvaise humeur aussi parce que je suis auditeur de France Inter et que finalement si j'écoute France Inter, c'est pas tellement de gaieté de cœur, c'est surtout pour pas écouter RTL ou Europe 1 qui m'énervent parce que je n'ai pas envie d'aller acheter des moquettes chez Saint-Maclou ! Et qu'on peut me le répéter cinquante fois par jour, je n'irai pas leur en acheter de la moquette chez Saint-Maclou ! Parce que je n'aime pas ça la moquette ! C'est dégueulasse la moquette et c'est bourré de microbes ! Parce que je m'en fous que la GMF veuille me payer ma vignette auto, parce que j'ai encore les moyens de me la payer moi-même ma vignette auto, même après la grève à Radio-France et qu'en plus je suis à la Matmut qui est beaucoup moins chère que la GMF ! Sans blague !

On reçoit qui aujourd'hui ? J'en sais rien, je m'en fous. De toute façon, je vais raconter n'importe quoi, je suis payé pour ça. Mal, mais je suis payé pour ça (j'étais de mauvaise humeur). Alors c'est qui ? Roselyne Bachelot, sans doute. C'est toujours Roselyne Bachelot, l'invitée, dans toutes les émissions, partout, il y a Roselyne Bachelot, pour parler du Pacs, de la longueur des bites, elle est partout la grosse Roselyne. Au début, je l'aimais bien ma Roselyne, mais si elle continue comme ça, moi je vais bientôt militer contre le Pacs, contre la vente libre du préservatif, pour la fermeture du Queen. Qu'est-ce qu'elle nous emmerde Roselyne Bachelot ! C'est comme Monseigneur Gaillot ! Qu'est-ce qu'il nous fait chier le Monseigneur ! Il me suffit de le voir à la télé pour avoir envie de me taper un canon de vin de messe avec le plus rétrograde des curés, celui qui sent l'eau de Vichy et le sperme honteux.

J'étais énervé et puis on m'a dit, c'est pas Roselyne Bachelot, elle est déjà venue. Je me suis énervé contre moi parce que je me suis reproché de ne pas avoir été méchant lors de son passage. Faites revenir Roselyne Bachelot, que je la taille en pièces, que je l'étripe, que je la tonde ! Faites-la revenir avec Gaillot qu'on les brûle tous les deux. C'est Sulitzer l'invité ? Très bien, brûlez-le avec ! Qu'on les ficelle, qu'on les asperge d'essence, qu'on en finisse ! Ah ils veulent se montrer à la télé, là, ils vont faire les éditions spéciales, les gros titres du 20 Heures, les ordures !

Je ne sais pas si je vous l'ai dit, mais ce matin, je me suis réveillé, j'étais de mauvaise humeur !

MARLÈNE JOBERT

Mardi 29 novembre 1999

C'est amusant les coïncidences. Je dis ça parce que ce matin, j'arrive à la Maison de la radio, j'ai un chandail bleu et des chaussettes rouges. Je croise Jean-François Remonté et là, coïncidence inouïe, je m'aperçois qu'il a un chandail rouge et des chaussettes bleues… C'est amusant les coïncidences. Quand j'étais petit, ma mère souvent le mercredi faisait des pâtes, plus précisément des spaghettis, et disait en me servant, je suppose pour m'amuser : « Ti vi ti di spighittis, mi titi ? » Le 7 avril 1965, je ne sais pas ce qui lui a pris, inspiration spontanée ou préméditation, elle me dit pour me faire rire, présumai-je alors : « To vo to do spoghottos mo toto ? » Le jour même, mon père rentre pas content du travail, la roue arrière gauche de sa 4L, gris métallisé, immatriculée 422 BH 61, avait crevé. Coïncidence… Sur le coup, évidemment, personne n'a fait le rapprochement entre les deux événements…

Trois semaines plus tard, c'était un mercredi, jour des spaghettis, ma mère me noue une serviette autour du cou et là, inconscience ou volonté délibérée de nuire, me dit : « Tu vu tu du spughuttus, mu tutu ? » Moins de quatre heures plus tard, une micheline de la ligne Caen-Laval déraillait à hauteur de Saint-Bomer-les-Forges. Déraillement sans gravité heureusement, je tiens à rassurer les familles. Juste quelques bosses, quelques hématomes, quelques contusions chez certains voyageurs, notamment ceux situés dans le wagon de tête. Le dégagement de la voie prit cependant plus de temps que prévu et provoqua des répercussions sur tout le trafic bas-normand, voire sur tout le réseau ferroviaire de la région Ouest, jusqu'à Mézidon, voire jusqu'à Saint-Pierre-des-Corps.

Soutenons notre démonstration d'un seul exemple : le train en provenance de Paris et à destination de Granville qui, normalement, devait entrer en gare de Flers à 22 h 04 arriva en réalité ce jour-là à 23 h 47 ! Une heure quarante-trois de retard ! Imaginez la fatigue des voyageurs partis de Montparnasse à 19 h 12 ! Imaginez la patience dont les proches des voyageurs durent se munir ce jour-là en gare de Flers pour attendre tous ceux qui, pour des raisons professionnelles ou familiales ou touristiques ou autres, et que nous n'avons d'ailleurs pas à définir ici parce que ce n'est pas la question, revenaient de la capitale de la France. Peut-être pour le Salon de l'auto ou des arts ménagers ou pour obtenir un marché dans une grande entreprise parisienne ou pour une visite à un malade soigné dans un grand hôpital parisien, je n'en sais rien ! Peu importe ! Et encore une fois, là n'est pas la question !

Si je vous dis cela, et vous allez comprendre où je veux en venir, c'est que justement l'un de ces voyageurs qui se trouvait en voiture 22, revenait de la capitale où ayant obtenu un rendez-vous avec un client potentiel chez qui il était venu démarcher pour obtenir un gros contrat afin de poser toutes les moquettes dans les bureaux des Champs-Élysées de son client, il en avait profité, il aurait eu tort de se gêner vu que le voyage était payé par son entreprise, pour aller faire un tour au Salon des arts décoratifs et de la moumoute qui avait lieu à cette époque-là au Grand Palais, puis de faire un crochet par l'Hôtel-Dieu où venait de se faire opérer un cousin éloigné du côté de sa femme, mais peu importe, ce n'est pas ce qui nous intéresse aujourd'hui, ce n'est pas la question, même si le cousin va mieux, je le dis une fois de plus afin de rassurer les familles. Assis du côté de la fenêtre du fait qu'il était particulièrement amateur de petits cigarillos et par conséquent dans un compartiment fumeur, ce spécialiste en moquettes avait épousé trois ans auparavant une jeune fille prénommée – et c'est ce qui est extraordinaire ! – Marlène, c'est-à-dire exactement le même prénom que l'invitée du jour : Marlène Jobert !

Certains ratiocineurs me reprocheront peut-être de forcer un peu la réalité pour étayer ma démonstration puisqu'en fait Marlène était le deuxième prénom de son épouse exactement baptisée Cécile, Marlène, Monique, et dont le nom de famille, je m'en aperçois en même temps que je vous le dis, coïncidence supplémentaire, était Nicolas, c'est-à-dire exactement le même prénom que le magasin vinicole où je suis allé hier pour m'acheter un gigondas 89 qui théoriquement aurait dû m'encourager à écrire un texte sur Marlène Jobert. Coïncidence encore, demain c'est mercredi, je suis invité chez ma mère. Elle m'a promis des spaghettis, mon titi.

VÉRONIQUE ET DAVINA

Jeudi 2 décembre 1999

« Salut les filles, alors comme ça, on est sportives ?… »

Voilà, c'est tout ce que j'ai trouvé à dire sur vous… « Salut les filles, alors comme ça, on est sportives ? » Je vois bien que c'est pauvre, je ne suis pas complètement idiot, mais qu'est-ce que je pourrais dire d'autre ?… Moi-même, je l'avoue, je ne suis pas très sportif… La dernière fois que j'ai fait un jogging, ça devait être sous Pompidou… J'ai une attitude extrêmement méfiante vis-à-vis du sport. Pourquoi valoriser le sport, quand tout prouve qu'il est nocif ? Un gros fumeur est essoufflé parce qu'il fume. Un gros coureur est essoufflé parce qu'il court. Quelle différence ? Pourquoi ne pas inscrire sur les chaussures de sport que l'abus du sport peut être dangereux pour la santé ?

Regardez ces anciens nageurs devenus obèses, ces athlètes décatis à peine regardables, ces anciens cyclistes valétudinaires, ces gymnastes cacochymes, ces sportifs égrotants, dégoûtants, plaintifs, assurés sociaux. Et moi qui depuis les heures obligatoires de ma scolarité n'ai jamais refait une minute de sport, j'entre dans la quarantaine avec l'insolent éclat d'une jeunesse intacte, plus frais qu'un tendre pétale de rose nouvellement cueilli et tout délicatement nimbé encore de la gracieuse rosée d'une matinée printanière baignée par un soleil timide et délicat qui dans quelques heures à peine va s'enhardir pour dessiner de-ci de-là, sous des aisselles effervescentes, autour de plis interfessiers échauffés, des auréoles inopportunes.

On finit par ne plus s'en rendre compte tellement on y est habitué, mais quelle curieuse idée que d'avoir créé un ministère de la Jeunesse et des Sports ! Quand on y pense, quelle imbécillité d'associer forcément la jeunesse et les sports ? On peut être vieux et faire du sport. On peut être jeune et avoir de tout autres passions que le sport : la philatélie, l'apprentissage de la trompette d'harmonie sans pistons, le stupre. À quand un gouvernement suffisamment courageux pour créer un grand ministère de la Jeunesse et des Sports et de la Philatélie et de la Trompette d'harmonie sans pistons et du Stupre ?

Je vois déjà comment l'opposition s'emparerait d'une telle idée. « Une fois de plus, entendrait-on, c'est le stupre qui est relégué à la dernière place ! Le stupre est méprisé ! Le stupre est la cinquième roue du carrosse ! » On prévoirait donc la création d'un grand ministère du Stupre et de la Fornication. Deux femmes de convictions monteraient au créneau pour l'obtention du poste de ministre : Christine Boutin et Roselyne Bachelot. Afin de ne pas se couper d'un électorat qui pourrait la juger trop rétrograde, Christine Boutin militerait pour la pose de distributeurs de préservatifs dans les confessionnaux, tandis que Roselyne Bachelot qui voudrait ratisser sur sa droite chercherait à rendre obligatoire l'extinction des lumières ainsi que le port du tee-shirt pendant les activités sexuelles.

J'ai honte. Par paresse, je me suis écarté du sujet. Par paresse et par facilité. J'aurais dû chercher à développer le thème qui aujourd'hui est censé nous intéresser : le trémoussage épileptique sur de la musique à la con. J'ai honte. Même si mon projet était d'amuser, au moins, j'aurais pu chercher à approfondir d'autres thèmes, par exemple la philatélie, ou l'apprentissage de la trompette d'harmonie sans pistons. Mais franchement, si j'avais devant moi, là, deux filles passionnées par l'apprentissage de la trompette d'harmonie sans pistons, qu'est-ce que je pourrais leur dire, sinon : « Salut les filles, alors comme ça on s'intéresse à l'apprentissage de la trompette d'harmonie sans pistons ? »

SYLVAIN AUGIER

Mardi 7 décembre 1999

« Moi, je suis devenu ce que je rêvais d'être » avez-vous dit un jour, Sylvain Augier. C'est bien de ne pas avoir des rêves trop ambitieux. « Faut pas rêver » avez-vous même été jusqu'à dire pendant neuf années, mais il s'agissait en réalité d'exprimer le contraire exact de la phrase susnommée, c'est-à-dire « Faut rêver ». C'est une antiphrase.

L'antiphrase peut être utilisée n'importe où. Sur la chaussée, quand un automobiliste vous bloque le passage, vous lui dites : « Faut pas te gêner, hé, connard ! » C'est évidemment pour lui dire au contraire que s'il prenait la peine de déplacer son véhicule, oh, de pas grand-chose, juste cinquante centimètres, même pas, sur sa droite, vous, ça vous permettrait de passer et par conséquent vous regrettez l'indélicatesse de l'automobiliste à qui vous reprochez vivement de ne pas se gêner. Hé, connard.

Si vous êtes militant au RPR, hé, monsieur Connard, et que vous vous demandez : « Qu'est-ce qu'ils vont encore nous trouver de génial à la direction du parti ? », c'est une antiphrase. Si vous êtes sur le port du Havre et que vous dites : « Quelle belle journée ensoleillée ! » c'est une antiphrase. Si vous regardez les programmes de TF1 et que vous dites : « Quelle délicatesse ! » c'est une antiphrase. Si vous regardez les programmes de France 2 et que vous dites : « C'est quand même plus relevé ! » c'est du parti pris. Si dans les couloirs de France Inter, vous croisez Bruno Masure et que vous lui dites : « Je t'ai vu dimanche soir à la télé, tu étais vachement bien », c'est que vous n'aimez pas faire de la peine, et ça, on ne peut pas vous en vouloir. L'antiphrase dépend du contexte. Si vous dites bonjour monsieur le président de la République à M. le président de la République en période de cohabitation, c'est déjà presque une antiphrase puisque vous vous adressez en réalité à un petit retraité pas méchant pour deux sous qui passe ses après-midi à jouer aux dominos et ses hivers à La Réunion.

« Faut pas rêver », d'une certaine manière, peut être considérée comme une émission antiphrasique puisqu'on y voit des peuplades amazoniennes qui n'ont pas besoin d'argent pour être heureuses, qui ne connaissent pas la télévision, qui vivent à moitié nues et qui sont riches de leur ancestrale culture, célébrées, sous le masque de la sincérité, par des invités parisiens, friqués, médiatisés, habillés par Kenzo et qui n'ont rien à dire. Bien sûr, on accepte de dire du bien des primitifs de l'autre côté de l'hémisphère, bien sûr, ça ne nous dérange pas. Sur les indigènes subtropicaux, les tribus du bout du monde, les aborigènes d'Australie, sur tout ce que vous voudrez on veut bien aligner trois banalités, mais, faut pas rêver, à condition d'avoir quelque chose à vendre ici en France.

« Faut pas rêver », voilà ce qu'on a envie de dire à Charles Pasqua quand il s'imagine un grand destin national. L'autre fois, revenant de Colombey-les-Deux-Églises, Charles Pasqua évoquant Charles de Gaulle a dit à Philippe de Villiers : « Je crois que maintenant, il est temps pour moi de prendre sa place. » Philippe de Villiers a réfléchi, il a hoché la tête, puis il a dit : « Non, Charles n'y pensez pas. Les pompes funèbres ne seront jamais d'accord. »

Mais revenons à vous si ça ne vous dérange pas, Sylvain Augier, parce que vous êtes tellement modeste que vous vous êtes arrangé pour ne pas être le sujet principal de ma chronique. C'est vrai que vous avez l'air d'un garçon discret, simple, qui la ramène pas, brebis égarée parmi la meute des loups médiatiques et des chiens sauvages de l'Audimat.

En lisant un article sur vous dans *Le Nouvel Observateur*, j'ai appris, je cite, que votre grand-père « avait eu seize enfants d'un même lit ». Que ce soit au grand-père que l'on attribue le mérite d'une telle progéniture et que l'on ne rende pas hommage, au moins, à M. Epeda ou à M. Dunlopillo qui ont sûrement leur part de responsabilité, c'est déjà un scandale. Mais que dans cet article signé par une femme, Caroline Brizard, et paru dans un magazine réputé progressiste, on n'évoque pas du tout la grand-mère qui devait bien y être pour quelque chose dans ces naissances à répétition, on reste sans voix. Derniers exemples d'antiphrases : les mentalités ont bien changé ; les femmes sont traitées partout de la même façon que les hommes ; *Le Nouvel Observateur* est un magazine de gauche.

SYLVIE JOLY

Mercredi 8 décembre 1999

Sylvie Joly, ça fait combien de temps qu'on vous connaît ? Des années, des années et des années. Depuis toujours, vous faites rire. C'est votre destin, votre vocation, votre raison de vivre et la source principale de vos revenus. On se dit en vous voyant, elle a dû faire toutes les guerres pour être si drôle aujourd'hui… Le général de Gaulle, à qui vous rendiez régulièrement visite, vous aimait beaucoup. Quand vous arriviez à Colombey-les-Deux-Églises avec vos coussins péteurs et vos langues de belle-mère (à l'époque vous n'étiez pas encore entourée de tous ces auteurs qui depuis ont participé à votre prestige), la joie revenait à La Boisserie. Fallait-il qu'il vous aimât mon général lorsqu'en 1945, il décida de vous gracier après qu'on vous eut vue entre les bras d'un officier allemand à qui vous racontiez des histoires de Toto avant que ne vous tondît un coiffeur des FFI qui manquait d'humour.

C'est le maréchal Pétain qui quelques années auparavant vous avait présentée au général : « Regardez bien cette petite bonne femme, elle est épatante ! » Le maréchal vous avait connue à Verdun et ne vous avait pas oubliée. Sur le front, il vous avait vue quand vous remontiez le moral des troupes et que les poilus dans les tranchées reprenaient en chœur : « Sylvie Joly vient nous servir à rire ! » Certains de ces poilus parmi les plus âgés se souvenaient encore qu'en 1870, vous étiez sur les barricades chantant « Le temps des cerises » en imitant la voix de Mac-Mahon et certains autres avaient entendu dire que Napoléon Ier lui-même n'était pas insensible à votre humour puisque, s'il se tenait le ventre, c'était de tant rire auprès de vous.

Confidente de Jeanne d'Arc, vous l'accompagnâtes jusque sur le bûcher où la Pucelle ne cessa de rire, ce qui fit dire au petit peuple de Rouen : « Celle-là, elle ne rigole que quand elle se brûle ! » Oui, Sylvie Joly, ça fait des années, des années et des années que vous faites rire tout le monde, et vous n'avez certainement pas à rougir de toutes ces années où votre histoire personnelle a de façon si intime rencontré l'Histoire. Les poètes ne s'y sont pas trompés qui vous ont rendu hommage. Madame de Sévigné écrivit à sa fille pour lui conseiller de découvrir vos œuvres : « Faites-vous envoyer promptement les sketches de la Joly : ils sont divins. » Guitry, à qui voulait l'entendre, de vous disait : « Sans elle, Paris ne serait pas tout à fait Paris. » Et Patrick Sébastien lui-même devait noter dans ses Œuvres complètes : « Putain la conne ! Qu'elle est poilante. »

Et ceux qui se souviennent encore un peu de leur histoire sainte savent bien qu'avant même l'apparition d'Ève, si, dans le jardin d'Éden, Adam se tenait les côtes, desquelles allait justement naître sa future partenaire biblique, c'était pour une seule et unique raison : Sylvie Joly était là ! On s'étonnera que Sylvie Joly ait pu précéder l'apparition de la première femme du genre humain et la question qui vient à l'esprit, mais que l'on craint de poser tant on se refuse à paraître inconvenant, est la suivante : une femme qui fait rire est-elle tout à fait une femme ? La question mérite d'être posée même si je ne suis pas particulièrement habilité à y répondre. Et puis j'en sais rien… Et même si je savais… Et puis ça ne me regarde pas… Et puis j'en sais rien.

Le prochain millénaire, elle sera là, la Callas de la rigolade, pour accompagner les prochaines guerres intergalactiques, les barricades sur les étoiles, les voyages dans les planètes les plus inconnues et les catastrophes nucléaires les plus imprévisibles. Et les millénaires suivants aussi, elle sera là parce qu'elle est éternelle, Sylvie Joly. Elle est increvable depuis toujours et jusqu'à la nuit des temps. Elle est irréductible, elle est irréfragable, irréfutable, irrévocable. Indispensable.

DAVE

Vendredi 17 décembre 1999

« C'est Toto qui va chez la marchande, il demande une banane et deux mandarines. Toto, il met sa banane et ses deux mandarines dans son cartable. Après Toto, il enfonce sa banane et ses deux mandarines dans le derrière de la bonne sœur et la bonne sœur, elle dit : “Bonjour Monsieur le curé.” Et sa banane, elle est dans son cul. »

C'est hier, Dave, que j'ai appris que vous étiez invité. Comme j'étais un peu pris au dépourvu, j'ai dit à mon fils : « Tiens, tu voudrais pas m'écrire un texte pour l'émission de demain, papa, il a pas d'idées », mais je lui avais dit ça pour m'amuser, je n'avais pas du tout l'intention de le faire travailler à ma place. Je n'ai pas besoin de nègre et si j'en avais besoin, je n'en choisirais pas un de 7 ans et demi… Enfin, il m'a dit : « Si papa, moi j'en connais plein des histoires qui sont rigolotes pour ton émission où il faut toujours rigoler », et il m'a écrit aussitôt son histoire de Toto, accompagnée d'un dessin que je peux vous montrer si vous voulez. Là, c'est la bonne sœur. Là, c'est le curé avec sa banane. Là, ce sont les mandarines du curé…

Sur le coup, quand je l'ai lue, je l'ai félicité, il faut encourager la création personnelle dès le plus jeune âge et je lui ai dit : « C'est bien. Bravo. Elle est drôlement rigolote ton histoire, mais quand même "banane" ça s'écrit pas "manabe" et on dit "cartable" et non pas "cartabeux". Par contre, je te félicite, c'est bien tu as correctement écrit "cul" avec un "l" à la fin. » Il m'a dit : « Oui, j'ai pensé que ça venait du latin *culus* qui a donné enculage, enculer, enculeur. »

Le soir on recevait du monde et mon fils avant de monter se coucher a dit : « C'est moi qui l'ai écrit tout seul le texte que mon papa il va dire demain à la radio dans l'émission où il faut toujours rigoler. C'est moi qui l'ai écrit tout seul. — Oui c'est toi mon bonhomme, mais maintenant il faut aller te coucher. » Et là, il a dit : « Non, moi je voudrais que tu la lises mon histoire que j'ai écrite à ta place, quand toi tu criais : "I me font chier à France Inter à changer tout le temps d'invités, je m'en fous, je vais pas y aller, je vais dire que je suis malade." »

Je lis donc son histoire et Marie-Véronique Ponchard qui est en formation afin de devenir psychologue scolaire et que l'on devait recevoir depuis longtemps vu qu'elle nous avait rendu service en gardant le chien pendant les vacances de la Toussaint me dit : « Ce qu'il y a d'extrêmement intéressant dans cette histoire orale retranscrite, c'est qu'elle montre chez cet enfant une verticalité langagière pleinement assumée indiquant une recherche fondamentale de la relation à l'autre dans un processus psychique d'autonomisation renaissant dans une structure individuelle. »

(…)

Voilà, j'ai dit, si on passait à table. Et là, Marie-Véronique a poursuivi : « Il faut absolument que j'écoute l'émission de demain. C'est rare qu'on y entende la parole de l'enfance. » J'ai dit à

Marie-Véronique : « Non, mais Marie-Véronique, rassurez-vous, je ne vais pas lire l'histoire de Toto à la radio. Évidemment, c'était pour rire. L'émission n'est pas toujours d'un niveau très élevé, j'en conviens, mais enfin personne n'est encore allé jusqu'à raconter une histoire de Toto. Faut quand même pas exagérer. »

Marie-Véronique m'a expliqué que pour l'équilibre de l'enfant et le règlement de son Œdipe, il pouvait être dangereux de ne pas honorer ce qu'il devait considérer comme un contrat et que si je voulais qu'il ait confiance en la parole donnée et que le rôle du père soit respecté, j'avais tout intérêt à lire son histoire de Toto qui achète une banane et deux mandarines. Jean-Bernard, le mari de Marie-Véronique, a même ajouté : « Le mieux serait de lire deux fois son histoire afin de l'inscrire dans une méthode un peu à la Merleau-Ponty donnant une primauté au senti, au perçu, voire à l'imaginé… » Et Marie-Véronique a conclu en disant : « De toute façon, c'est ça ou on ne garde pas votre chien à Pâques. »

« Toto, il va chez la marchande, demande une banane et deux mandarines qu'il met dans le cul d'une bonne sœur et d'un curé. » Voilà, c'est la dernière fois que je me plains de ne pas trouver l'inspiration.

MADAME DE FONTENAY

Lundi 20 décembre 1999[1]

Le chapeau de Mme de Fontenay, il revient tous les ans. Comme la rentrée des classes, les impôts, la vignette, les conseils minceur d'avant l'été. Le chapeau de Mme de Fontenay est un marronnier.

On en fait des papiers, il est photographié, il est médiatisé, il passe à la télé. C'est une célébrité. Tous les ans je m'étonne qu'on puisse tant en parler. Le chapeau de Mme de Fontenay est une part de marché.

On le voit à la foire aux bestiaux, il est toujours suivi de pintades et de bécasses qui se prendraient pour des alouettes tombant

1. Texte inédit. L'invitée n'est pas venue. Le chapeau de Mme de Fontenay est une cage à lapins.

sur un miroir. Les cochons le vénèrent. Le chapeau de Mme de Fontenay est un animalier.

Il est tiré à quatre épingles. Il parle d'une France éternelle, provinciale, catholique. Une France modeste et travailleuse. Il est béni par le clergé. Le chapeau de Mme de Fontenay est un bénitier.

Immuablement posé sur la coiffure impeccable d'une sorte de dame patronnesse de la jarretelle, tenancière d'un boxon d'Ursulines, on dirait Régine relookée par Philippe de Villiers. Le chapeau de Mme de Fontenay est une curiosité.

« À quoi rêvent les jeunes filles ? », interrogeait Musset. De prince charmant et de contes de fées, de paillettes et de vie rêvée. Pauvre Ninon, pauvre Ninette réquisitionnées pour l'inauguration de la Foire aux boudins et les Salons du pied paquet. Le chapeau de Mme de Fontenay est un songe de supermarché.

Sur un guéridon Napoléon III, la nuit, il est rangé. Un peu empoussiéré, il semble un peu désuet, paraît un peu guindé, paraît un peu usé. Le chapeau de Mme de Fontenay est une antiquité.

On a dit qu'il était truqué, trafiqué, un peu rafistolé. Que le public pouvait voter, mais que sa voix très peu comptait. Le chapeau de Mme de Fontenay est une urne percée.

C'est l'accessoire d'une roturière ambitieuse, d'une ancienne belle de Fontenay qui aurait trouvé chic d'emprunter son nom à une pomme de terre. Le chapeau de Mme de Fontenay est un sac à patates.

Le chapeau de Mme de Fontenay, voilà comment je l'imaginais. Un peu réac, un peu rétrograde, un peu Chasse, Pêche et Traditions, aussi indispensable qu'un ouvrage de Nadine de Rothschild ou que la dernière compile de Plastic Bertrand. Et puis j'ai lu *VSD*. Et là quelle ne fut pas ma stupéfaction quand j'appris que Mme de Fontenay était en réalité une supporter d'Arlette Laguiller ?! Oui, Mme de Fontenay est trotskiste, Mme de Fontenay est partisan d'un communisme révolutionnaire internationaliste. Mme de Fontenay milite pour le pouvoir des travailleurs, elle se bat pour l'expropriation des trusts capitalistes, elle est prête à mourir pour la socialisation des moyens de production et d'échange sous le contrôle de la population laborieuse ! Mme de Fontenay est une passionaria révolutionnaire ! C'est une rouge virago ! C'est l'égérie de Billancourt, la bête noire de Boulogne !

C'est qu'elle cache bien son jeu la camarade Geneviève. On pourrait la croire uniquement préoccupée par un ourlet qui se défait, par un épi rebelle, un maquillage intempestif… On pourrait croire qu'elle ne milite que pour des causes futiles. Pour que Sophie Thalman recolle ses oreilles, pour que Sophie Thalman s'achète un peigne. Que nenni ! Le chapeau de Mme de Fontenay est un étendard. Le chapeau de Mme de Fontenay est une bannière. Le chapeau de Mme de Fontenay est un drapeau.

Vas-y, Geneviève, balance ton galure au petit peuple de Paris pour qui tu es l'espoir. Demain, sur les frontons de nos maisons du peuple, il sera l'emblème, le symbole, l'insigne, la figure allégorique d'un avenir radieux où les hommes et les femmes enfin libres vivront dans un monde où l'égalité enfin existera, où tous ceux que Mme de Fontenay tant abhorre, les patrons, les dirigeants, les profiteurs, les salauds de ce monde capitaliste seront tous en prison. Demain, dans une société où les inégalités auront disparu, où les injustices seront bannies, nous serons tous des Miss France !

SAM KARMANN

Lundi 17 janvier 2000

Sam Karmann, je le connais un peu, je ne vois pas bien ce qu'on pourrait lui reprocher… C'est un très bon acteur, il fait des films extrêmement intéressants et dans la vie c'est un garçon tout ce qu'il y a de plus sympathique. Il a deux enfants très gentils et il a quitté Roger Hanin pour se mettre en ménage avec Jean-Pierre Bacri, ce qui n'est quand même pas la pire faute de goût puisqu'il aurait pu faire le contraire. Qu'est-ce que vous voulez raconter sur quelqu'un d'aussi talentueux, d'aussi aimable, d'aussi bon ? D'accord, il est un peu dégarni sur le dessus, mais ce n'est pas suffisant pour fonder tout un article sur ce handicap qui doit déjà suffisamment le faire souffrir puisque cela le rend volontiers acariâtre, violent, hargneux, brutal, méchant, malveillant, agressif, pisse-froid, déplaisant, désagréable, mauvais coucheur et par ailleurs extraordinairement susceptible quand on fait, ne serait-ce que la moindre allusion, à ce qu'on est bien obligé d'appeler sa petite infirmité. Notons par ailleurs que cette déficience physique l'empêche de jouer beaucoup de rôles au cinéma, notamment tous ceux où le scénario précise que le personnage doit impérativement à un moment donné se donner un coup de peigne.

Sam Karmann est un acteur. Qu'est-ce qu'un acteur ? Un acteur est un type qui refuse toujours de dire un poème à la fin du repas de communion de sa nièce alors que tonton Jackie a déjà fait reprendre en chœur *Les Filles de La Rochelle* et que tata Florence a fait un tour de prestidigitation avec un sucre et deux allumettes. Il s'en offusque même l'acteur qu'on ose lui demander de réciter du Théodore de Banville ou du Victor Hugo qu'il connaît pourtant sur le bout des doigts vu qu'il avait obligé toute sa famille à venir l'applaudir dans son récital poétique donné un soir de novembre pluvieux à la MJC de La Courneuve, le soir où tonton Michel s'était fait agresser par un piéton indélicat qui lui avait demandé non seulement son chemin, mais aussi les clefs de sa voiture et qu'on avait dû rentrer à pied.

Oui, un acteur ça l'énerve, mais prodigieusement, qu'on puisse lui demander de faire des heures supplémentaires les jours de libation alors qu'on n'aurait jamais l'idée de demander à un garagiste de vérifier son niveau d'huile après la farandole des desserts ou à un coiffeur de venir vous dégager un petit peu autour des oreilles en attendant son île flottante. L'acteur, il est comme ça, il a des principes même s'il en profite toujours à la fin d'une journée de tournage pour demander au coiffeur de lui faire une petite coupe gratos et au troisième assistant si ça le dérange pas de regarder si c'est pas la direction qui déconne ou si ce sont pas les plaquettes qu'il faut changer vu que souvent après avoir rétrogradé, avant un virage par exemple, quand il repasse en troisième quelquefois ça cliquette. Pas énormément, mais ça cliquette. Si, ça cliquette. Ça cliquette pas très fort, mais quand on prête l'oreille et qu'on éteint l'autoradio, quand on ne parle pas et qu'on arrête de respirer, on peut le remarquer si on est un peu attentif, ça cliquette. Je suis désolé : ça cliquette. Ça cliquette ! Merde ! Tu peux pas me laisser comme ça ! Assassin ! Ordure ! Assistant de mes deux ! Travailleur manuel !

Parce qu'il est comme ça l'acteur, il a des principes et il se souvient aussi que jadis, il a été pauvre. C'est pourquoi souvent il économise sur les défraiements afin de mettre un peu plus sur son compte-épargne logement. Et quelquefois même il ne dédaigne pas de jouer les grands seigneurs les soirs de pot de première quand, après le spectacle la bouteille à la main, il sert abondamment un petit sancerre pas dégueu' (tu m'en diras des nouvelles), et du foie gras (vas-y, te gêne pas, tu t'en fous, toi tu peux te permettre, tu fais pas de cholestérol), à l'occasion d'une soirée entièrement payée par la direction du théâtre. Car l'acteur, souvent, n'hésite pas à parler de générosité, ça ne coûte rien. Mais il ne faut pas généraliser. Il existe des chats fidèles et des accordeurs de piano non aveugles. Il existe des acteurs fréquentables, pas bégueules, pas avares et même un peu dégarnis sur le dessus. Sam Karmann que ça lui plaise ou non, j'ai le regret de lui dire, en fait partie.

NANA MOUSKOURI

Lundi 17 janvier 2000

D'habitude, j'en reçois de la documentation sur les invités. Là, je ne sais pas ce qui s'est passé, je n'ai rien eu. Je crois que c'est mon fax qui marche moins bien depuis que je me suis fâché avec mon charcutier. Il y avait des traces vertes sur le gras d'une tranche de jambon que j'avais achetée chez lui, je n'avais pas le cœur à la manger. Je lui ai passé un coup de fil à mon charcutier, tout charcutier qu'il est et qui s'appelle Robert, je lui ai dit :

« Bonjour Robert, comment ça va…

— (…)

— Ben oui, la tempête… »

Il me dit que lui, il n'a rien eu, à part une tuile du toit de son garage qui s'est envolée, mais il ajoute qu'il a des clients, c'est pas pareil, il y en a un qui avait rangé son cerisier au-dessus de sa Citroën Picasso toute neuve et que sa voiture est immédiatement passée de la période bleue à une période plus abstraite, un autre qu'a pas eu l'électricité jusqu'à hier soir où il s'est rendu compte que c'était juste les plombs qu'avaient sauté mais que lui mon Robert de charcutier, il n'avait rien eu :

« Mais que je lui dis, Robert, c'est pas pour ça que j'appelle, j'ai acheté du jambon chez vous y a à peine trois mois et hier, je l'ai regardé, il a pas l'air frais.

— Bon, qu'il me dit, vous avez la facture ?

— Non, que je lui fais.

— C'est pas grave, qu'il me dit, vous êtes un bon client, on va essayer de s'arranger. Est-ce que vous avez le bon de garantie ?

— Non, que je lui fais, des fois, j'achète une tranche de jambon, j'oublie de demander la garantie, la notice, voire les conseils d'utilisation, même je ne pense pas à contracter une assurance supplémentaire, j'achète une tranche de jambon, je rentre chez moi, je la mets dans le frigo !

— Vous énervez pas, qu'il me dit, vous êtes un bon client, simplement comme ça au téléphone, je ne peux pas donner un avis, il faudrait que vous passiez à mon cabinet. »

Oui, mon charcutier appelle son petit commerce un cabinet depuis qu'il a appris qu'il vendait non seulement du cochon, mais aussi de la salmonelle et de la listeria… Ça lui est monté un petit peu à la tête et il est devenu prétentieux. Je lui ai dit non, je n'ai pas le temps de passer chez vous, je n'ai pas que ça à faire. Il m'a dit : « Vous avez un fax, vous n'avez qu'à me la faxer votre tranche de jambon, je vais voir ce que je peux faire. »

C'est ce que j'ai fait. C'était une erreur. Quand je l'ai appelé pour savoir s'il l'avait reçue ma tranche de jambon, il m'a dit :

« Oui, je l'ai regardée votre tranche de jambon, elle n'a pas l'air dans son assiette.

— Forcément qu'elle est pas dans son assiette, vu qu'elle est coincée dans mon fax.

— Bon, la semaine dernière, si vous vous rappelez bien, je vous ai vendu une petite barquette de choucroute, essayez de me la faxer pour voir si elle ne passerait pas mieux. »

C'est alors que j'ai compris qu'il avait deux casquettes mon Robert, celle de charcutier et celle de comique.

Enfin, mon fax est devenu indisponible et c'est ainsi que je n'ai jamais reçu la documentation sur Nana. Je me suis dit, de toute façon, je n'en ai pas besoin, Nana, je la connais bien. Et une qui la connaît mieux encore, c'est ma mère. Alors, je l'ai appelée. « Allô maman ? — Oui ? Ah c'est toi ? Est-ce que tu peux me rappeler, je suis en plein dans la finale des “Chiffres et des lettres”. » Je la rappelle un peu plus tard, elle me dit : « Excuse-moi, mais là, c'est le Masters de “Questions pour un champion”. Il y a une dame qui était institutrice à la Roche-sur-Yon, j'espère qu'elle va gagner… »

J'ai finalement réussi à la joindre un peu plus tard, pendant les pubs qui précèdent « Qui est qui ? ». Elle était un peu désespérée, maman, à cause de l'institutrice de la Roche-sur-Yon qui avait échoué en raison d'un questionnaire sur les Sex Pistols. Heureusement, on a parlé de vous Nana, et c'est rare que je parle de nanas avec ma mère… Ça lui a remonté le moral, elle vous aime beaucoup, vous, votre discrétion, vos deux enfants, vos lunettes, vos robes noires… Elle m'a dit : « Surtout, j'aime bien quand elle chante "Quand tu chantes, quand tu chantes, quand tu chantes, ça va, quand tu chantes, quand tu chantes, quand tu chantes, ça va…" Tu comprends, à l'époque, les chansons, ça voulait dire quelque chose… » Voilà, elle a ajouté qu'hier midi elle avait fait de la galette et qu'elle aurait bien aimé m'en envoyer pour qu'on y goûte pendant l'émission, mais que hélas, mon fax avait l'air d'être en dérangement.

NILDA FERNANDEZ

Lundi 24 janvier 2000

Vous avez dit, chère Nilda, que le français était une langue camaïeu, une langue diplomate qui s'applique à créer la confusion, le double sens. Vous notez que l'on aime Dieu et le saucisson avec le même verbe. C'est vrai, on aime son père, sa mère, sa fiancée, Woody Allen, le blanc de poulet, les chansons de Brassens, les jambes de Marylin, le camembert bien fait… « Tu aimes mieux ta mère ou ton père ? » demandait-on à l'enfant indécis qui répondait : « J'aime mieux le lard. » Permettez-moi, Nilda, de vous offrir en forme d'hommage à la chanson française, cette fantaisie poétique autour du verbe aimer accompagné au clavecin par Richard Lornac…

Grand-mère pourquoi donc tuâtes-vous papy ?
Papy était assis, il s'était assoupi,
Vous avait agacé en jouant aux dominos,
Mais quinz' coups de couteau, c'est quand même un peu trop.
Nous vous devons respect certes, chère mamie,
Notre amour à jamais bien sûr vous est acquis.

Comment juger quelqu'un dont on se sent si proche ?
Comment oser penser même un moindre reproche ?
Mais laissez-moi poser cette question amère :
Grand-mère, pourquoi donc tuâtes-vous pépère ?

Passe encore après tout que vous le trucidiez.
Vous étiez énervée, qui n'a pas ses excès ?
Hier il avait sali votre nappe au crochet
Et là aux dominos s'était mis à tricher,
Mais le crime accompli, ça ne vous a pas suffi.
Je me demande bien ce qui vous prit, mamie,
Quant à la tronçonneuse rangée dans le garage
Vous fîtes un puzzle ; franchement à votre âge,
Sauf votr' respect, tant pis, je vous demande ici
Grand-mère pourquoi donc tranchâtes-vous papy ?

Que vous le découpiez, ça encor je l'admets,
Il arrive à chacun d'être un peu soupe au lait,
Moi-même quelquefois suis un peu irritable,
Mais aussitôt après vous passâtes à table
Car le forfait commis ça n'vous a pas suffi
Et de bon appétit vous mangeâtes papy
Dévorant tous ses os, suçant jusqu'au pilon,
Ne laissant ni abats ni le moindre rognon.
Que ça vous plaise ou non je vous le dis, mamy,
Je vous en veux un peu d'avoir mangé papy…

Passe encore après tout que vous le boulottiez
Vous êtes cordon-bleu et aussi fin gourmet
Quand grand-pèr' fut à point, égoïste mamie,
Vous vous mîtes à tabl' seule, sans compagnie.
Avez-vous seulement, mais j'en doute à présent,
Pensé un seul instant à vos petits-enfants
Qui aimaient leur grand-père et qui le bec dans l'eau
Se retrouv'nt aujourd'hui sans le moindre morceau ?
Je fus bien au regret de déplorer mamie
Que vous ne songeassiez à partager papy…

Nous ne reverrons plus papy en panama
Nous attendre à la grille, nous prendre par le bras
Dans le parc où jadis pour la première fois
À l'ombr' d'un grand chêne vous baisâtes je crois.
Ah le brave papy, ah le gentil aïeul
Qui nous montrait ses roses et ses si beaux glaïeuls !
Ah comme il s'est vengé de votre amour glouton
Car depuis vous souffrez souvent d'indigestion !

Il vous reste vos larmes et vos Alka Seltzer,
Mais tandis que je parle s'épuise ma colère
Car après tout je vois qu'à votre manière
Vous aimiez trop papy, vous aimiez trop grand-père.

JEANNIE LONGO

Mardi 25 janvier 2000

Mon fax étant réparé, j'ai adressé hier soir à 23 h 30, désespéré, des messages à un certain nombre d'humoristes en leur disant : « SOS. Urgent. Demain matin, Jeannie Longo, invitée de l'émission "Rien à voir". Venir en aide à chroniqueur peu sportif. Envoyer plaisanteries, jeux de mots, angles d'attaque possibles. D'avance merci. SOS. Ne m'abandonnez pas. Je vais mourir. » C'était un appel à l'aide. Tel un navigateur solitaire perdu au milieu de l'océan de ma feuille blanche, désemparé sans une balise Argos, je tentais de jeter dans le ciel un dernier feu d'artifice. Quelqu'un peut-être saurait me repérer, puis me venir en aide… Quelqu'un peut-être, quelque part, à quelques miles, se rendrait compte de ma présence, accepterait de me venir en aide, quitte à perdre pour lui-même la course à l'humour, la course à la rigolade.

23 h 35, déjà sur mon fax un message, c'est Bruno Masure. Brave Bruno ! Les larmes me montent aux yeux, j'ai envie de chialer comme un gosse, il est le premier à réagir, c'est un fidèle, chic Bruno. Je lis son fax. L'écriture est légèrement tremblée due sans doute à une surconsommation de substances interdites. Il m'écrit : « Tu peux commencer par : "La bicyclette, c'est pas mon rayon". » Merci Bruno. 23 h 42, Bruno Masure encore, il est formidable de générosité, d'à-propos, j'essuie les larmes de la reconnaissance, celles que l'on reconnaît à leur goût légèrement sucré. Doucement, je les laisse s'écouler le long de mon visage ravagé par l'inquiétude et la peur du lendemain. Bruno, inspiré, fulgurant m'écrit : « Vas donc eh, pédale ! » 23 h 57, c'est encore Bruno, je cesse de pleurer, car je suis un homme, mais me mouche, car je suis enrhumé. Sur le fax un nouveau message : « Tu l'as vu mon gros braquet ? »

Minuit, je décide de coincer une tranche de jambon dans mon fax afin de mettre celui-ci en dérangement. Minuit et sept minutes. Le téléphone sonne. C'est Gilbert Denoyan ? Non, c'est Bruno Masure qui me dit : « Dis donc ton fax a l'air de pas marcher, j'essaie de t'envoyer un jeu de mots, ça passe pas… — Ah bon ? fais-je étonné, tu crois ? Ah bon ? Je vais aller voir ça… » Et il ajoute : « Par hasard, tu n'aurais pas coincé une tranche de jambon dedans, moi, c'est toujours ce que je fais quand je veux bloquer mon fax. » J'allume une cigarette. Je caresse ma chienne. La vie me paraît vaine. Devrais-je chaque fois que je voudrais rendre mon fax inutilisable coincer une tranche de jambon dedans ? J'ai honte de ma lâcheté. Oh oui, comme j'ai honte ! Je considère mon téléphone-fax avec dépit. Dépit est le nom de ma chienne. Je pousse un cri dans la nuit. Déchirant. Je retire la tranche de jambon, puis l'avale. J'entends sonner mon fax. « Et j'entends sonner mon fax… » Sous mes yeux incrédules et jadis si moqueurs, je regarde se dérouler le papier, impuissant.

Bruno Masure m'envoie plusieurs tranches de Bayonne, une grosse de mortadelle, quelques rondelles de Jésus finement coupées. Bruno Masure me nargue. Bruno Masure m'humilie. Je suis en rage. Je décide d'aller le tuer. Je saisis un couteau de cuisine. Je cours jusque chez lui. Je sonne. Il m'ouvre, hilare. « Tu les a vus mes saucissons ? » me questionne-t-il. Pour toute réponse, je me jette sur lui, transperce sa poitrine, touche son cœur. Il s'écroule après m'avoir dit goguenard : « Tu les as vus mes saucissons ? » Je me mets à hurler comme un fou dans la nuit : « Non, je ne les ai pas vus tes saucissons ! — Qu'est-ce qui te prend ? me demande Sandy, légèrement paniquée et qui vient d'allumer la lampe sur la table de chevet, qu'est-ce qui te prend ? — Rien, je lui dis, tentant de me ressaisir dans mon pyjama trempé de sueur et de larmes, juste un cauchemar…— C'est Jeannie Longo qui te met dans un état pareil ?…— Je ne sais pas. Quelle heure est-il ? — Presque 2 heures. Dors, me dit Sandy, ne t'inquiète pas, demain matin, tu trouveras bien quelque chose à raconter… » Rassuré, prêt à dormir, je ferme les yeux. Sur mon front, Sandy pose un dernier baiser. « Bonne nuit », elle me dit. « Bonne nuit, Sandy. »

DJAMEL BOURAS

Mercredi 2 février 2000

Monsieur Bouras, je ne suis pas spécialiste des sports, ni du judo, ni des stéroïdes anabolisants. D'ailleurs, je ne suis pas spécialiste de grand-chose. Je serais plutôt, selon la formule de Pierre Dac, « spécialiste en tous genres ». En fait, j'ai juste mon petit enduit culturel. Par exemple, vous, je sais que vous êtes judoka, mais c'est tout ce que je sais sur vous. Ça ne permet pas de soutenir une conversation bien longue, je suis d'accord, mais si quelqu'un me demande à brûle-pourpoint : « Dis donc, c'est qui ton Djamel Bouras ? », je peux prendre un air consterné pour répondre avec un peu de véhémence : « Comment ? Tu ne connais pas Djamel Bouras ? Tu n'as jamais entendu parler de Djamel Bouras ? Mais c'est incroyable ! Mais alors tu ne lis jamais les journaux ? Mais alors tu ne t'intéresses pas au monde dans lequel, malheureuse, tu évolues si peu, ma pauvre Sandy ! Mais qu'est-ce que tu as dans la tête à part du fromage blanc moulé à la louche à zéro pour cent de matière grasse, espèce de néophyte béotienne, misérable écervelée, mais Djamel Bouras, mais c'est un grand judoka ! »

Et je peux le dire avec un tel investissement que la personne en face, avant d'éclater en sanglots, bouleversée devant l'infini de son ignorance et prenant conscience de la chance inespérée qu'elle a de vivre auprès d'un être dont la culture est si solide, ne se risquera pas à approfondir le sujet Djamel Bouras avec moi tant il lui paraîtra déplacé, inconvenant de tout ignorer de Djamel Bouras, alors que quelqu'un qui n'est pourtant ni spécialiste des sports, ni du judo, ni des stéroïdes anabolisants paraît incollable sur la vie, la carrière, le palmarès d'un sportif incontournable, même si l'étendue de ma connaissance finalement en cherchant à creuser un peu pourrait se résumer en une formule : Djamel Bouras, c'est un gars qui fait du judo.

C'est ça qui me sauve dans la vie : j'ai mon petit enduit culturel. Il est pas épais mais il fait son effet. Je sais que Picasso n'est pas seulement une nouvelle voiture, que Claudel n'est pas seulement une marque de produits laitiers et que Beethoven n'est pas seulement un gros chien américain. Preuve que la culture s'est vraiment démocratisée : aujourd'hui, n'importe qui peut rigoler grâce à

Beethoven, se nourrir grâce à Claudel et se faire écraser grâce à Picasso. Je ne suis donc pas monsieur Bouras un spécialiste des sports, ni du judo, ni de la nandrolone, ni de rien du tout. Bon…, cette histoire de dopage, je ne vais même pas vous en parler parce que je sais que ça vous énerve et que je n'ai pas envie de vous énerver. Comme la plupart des humoristes, je suis lâche. Votre affaire de dopage, je l'évoquerai la semaine prochaine quand vous ne serez plus là et qu'on recevra Pascal Sevran à qui je ne parlerai pas de ses farandoles de vieux qui sentent l'urine et la guimauve que je ne manquerai pas de décrire la semaine suivante pendant l'émission consacrée à Arthur devant qui je ne traiterai pas du mongolisme chez les animateurs télé.

Êtes-vous aussi innocent que vous le dites ? Je n'en sais rien, mais j'en doute… Pouvez-vous être aussi innocent que par exemple mon voisin Gros Jeannot qui, lui, est vraiment innocent ?… Lui, il n'y a pas de doute. Il a, paraît-il, un QI de 4,5. C'est très peu. Ça correspond à peu près à celui d'une betterave à sucre à qui l'on aurait mis un casque diffusant les programmes NRJ dans le bac à légumes d'un réfrigérateur. Eh bien, jamais mon voisin alors qu'il était particulièrement habilité à le faire, n'a clamé son innocence. Au contraire, souvent parlant de lui, il dit : « L'est fort Gros Jeannot. » La présomption d'innocence, justement, parlons-en. Parlons-en, mais pas aujourd'hui, car là, j'ai pas la tête à ça… Quand même, je me dis, et c'est ça qui va impressionner Sandy quand je vais rentrer à la maison : mine de rien, moi, je suis assis à côté de Djamel Bouras. Djamel Bouras ? Mais si : un gars qui fait du judo.

ROBERT SABATIER

Lundi 7 février 2000[1]

Le 17 août 2040, Robert Sabatier vous aurez 117 ans. À l'académie Goncourt, chez Drouant, vous serez assis à côté de Françoise

1. Le 7 février 2000. Robert Sabatier venait de publier *Le Sourire aux lèvres*, un livre d'anticipation situé en 2040.

Mallet-Joris, qui, elle, aura 109 ans. Elle regardera de travers Françoise Chandernagor, une gamine d'à peine 95 ans en train de faire du gringue à Jorge Semprun, ce toujours fougueux Ibérique de 117 ans comme vous.

Je sais, ce n'est pas très poli de donner l'âge des dames, mais c'est de la faute de mon *Quid*. C'est pour ça qu'on achète le *Quid*. Ma mère, elle dit : « C'est vraiment bien parce que là-dedans, il y a tout : la géographie, l'histoire, les sciences de la terre, les religions, l'astronomie… » Mais elle s'en fout ma mère de la géographie, de l'histoire, des sciences de la terre, des religions, de l'astronomie…

Ce qu'elle veut savoir ma mère quand elle prend son *Quid*, c'est : « Quel âge qu'il peut bien avoir Pierre Arditi ?… Adamo… Adjani… Aznavour… Ah, Arditi !… Je l'aime bien Pierre Arditi, c'est vrai, il a drôlement de la classe pour un socialiste… Oh ben dis donc tu me crois si tu veux, mais il a le même âge que tata Paulette, Pierre Arditi !… Il fait plus jeune que tata Paulette ? D'accord, il fait plus jeune que tata Paulette, mais il a peut-être pas accouché huit fois dont trois césariennes ton Pierre Arditi. Il fait plus jeune… Il a peut-être pas eu un fibrome juste avant de se retrouver veuve à même pas cinquante ans ton Pierre Arditi. Il a peut-être pas non plus commencé à travailler à l'usine à 13 ans. C'est vrai ça, pour qui qui se prend Pierre Arditi avec ses airs de grand prétentieux ? C'est pas lui qui a fait les trois huit pendant trente-deux ans dans la confection avant d'être dégraissée à 49 ans, comme tata Paulette, quand ils ont décidé de délocaliser à Taïwan et qu'elle s'est retrouvée toute seule avec son grand imbécile de fils de Jean-Patrick à charge qui à 31 ans a toujours l'espoir de devenir le nouveau Jean-Paul Gaultier, sous prétexte qu'il pense avoir du génie quand il découpe des robes pour sa mère dans de la toile cirée ou des sacs poubelle. C'est vrai qu'est-ce qu'il nous emmerde ton Pierre Arditi ! Tant mieux pour lui s'il peut se payer des cures de thalassothérapie à Quiberon quand tata Paulette elle est obligée de faire de la distribution de tracts aux feux rouges pour des systèmes de guidage GPS de voiture qui promettent de vous changer la vie, en se rappelant d'autres tracts qu'elle distribuait à la sortie de l'usine il y a vingt-cinq ans, quand elle aussi, elle avait encore l'espoir de la changer la vie.

— Pleure pas maman. Tiens, regarde. Philippe Léotard, il est plus jeune que toi, on dirait ton père… Allez, pleure pas maman. »

Voilà, ça sert à ça le *Quid*, à donner une impression de proximité avec les vedettes. À propos de vedettes, moi-même, le 17 août 2040, j'aurai 81 ans. De temps en temps, je croiserai des gens dans la rue qui me diront : « Alors, il paraît que vous avez arrêté “Les Deschiens” à la télé ? — Oui, oui, depuis quarante-deux ans… — Ah bon…, remarquez, on regarde moins depuis que c'est plus Gildas. Et Drucker, vous avez déjà eu l'occasion de le rencontrer ? Il est comment dans la vie Drucker ? — Dans la vie, oh ben il est mort, le mois dernier, un accident d'avion, c'est lui qui conduisait, fauché en pleine adolescence. Il avait même pas 100 ans… »

Oui, parce que même en 2040, les gens mourront, pas souvent, mais de temps en temps… Pas de maladie, il n'y en aura plus, pas de vieillesse, on ne saura plus ce que c'est, mais d'accident… Le quatrième âge, toujours plus fort, toujours plus performant, parfois périra en faisant du parachute, du saut à l'élastique, ou du deltaplane acrobatique. Parce que c'est ça l'avenir, une adolescence éternelle, juste entrecoupée d'une courte période après les études et le chômage et avant la retraite, qu'on appellera la vie active.

En 2040, comment on se souviendra d'aujourd'hui ? Ça nous fera quoi quand par hasard, on tombera sur un vieux journal daté de février 2000 ? Est-ce que dans le même sac à nostalgie, à côté du tirailleur sénégalais des boîtes de Banania et du petit bonhomme de chez Jean Mineur Publicités Balzac 0001, on mettra le slip de Jean-Marie Bigard et la nouvelle campagne de Benetton avec ses condamnés à mort en pleine page dans *Libération*.

Qu'est-ce qu'on en pensera de cette époque qui n'hésitait pas pour vendre des fringues à montrer un type qui va mourir, pour vendre un comique à montrer un slip ? Est-ce qu'en 2040, on aura réussi à aller toujours plus loin, à dépasser les limites du cynisme et de la connerie ? Est-ce qu'en 2040, il y aura quand même quelqu'un pour se demander si c'est pas le cœur qui est condamné à mort et l'esprit qui se retrouve en slip ?

MONIQUE PIVOT

Lundi 14 février 2000[1]

L'amour est masculin quand il est singulier. Comme l'orgue et le délice. On dira « l'orgue de Barbarie » mais « les grandes orgues ». On dira « un vrai délice », mais on rêvera sur « les envoûtantes délices de Capoue ». De la même façon, on dira au masculin « l'amour de son prochain », mais au féminin « les partouzes ». L'amour se féminise quand il devient pluriel. Je n'y peux rien, c'est comme ça. L'amour à plusieurs est donc féminin. En se pervertissant, il se féminise. L'amour est donc vicieux quand il est féminin. On parlera, même si je le regrette, des « amours adultères », des « amours interdites », des « amours dégénéré-e-s »… On dira « la débauche », « la partie carrée », « la partie de jambes en l'air », tandis qu'au masculin, l'on vantera « l'amour de Dieu », « l'amour de son pays », « l'amour de son drapeau »…

Cela veut-il dire pour autant que chaque mot féminisé devient aussitôt synonyme de dépravation sexuelle, d'avilissement le plus répugnant évoquant aussitôt des entrelacs déviants de sexes érigés et de grosses chattes en chaleur toutes dégoulinantes de désirs pervers et illicites ? Certes non. Et profitons-en pour rendre ici hommage à Laurence Boccolini qui, par sa personnalité généreuse, a su transformer jusqu'au nom de l'une de nos plus belles régions françaises composée de multiples vallons et de cratères profonds puisque, désormais, on ne dira plus le Massif Central, mais la Massive Centrale.

Ma puce, mon oiseau des îles, mon lapin, ma libellule, ma gazelle, ma gerboise, ma loutre… De tous temps, et sous toutes les latitudes, et par tous les temps, on a donné comme petit nom à son amoureux, à son amoureuse, des termes d'animaux considérés comme mignons ou gracieux. Ou mieux encore des noms de petits d'animaux : mon chaton, ma chatonne, mon ourson, mon oursonne, mon oisillon, mon oisillonne. On évitera cependant mon chiot, ma chiotte. Notons également que pour des raisons inexpliquées, on

1. Le 14 février 2000. Monique Pivot était reçue pour un livre sur les amoureux de la Saint-Valentin.

préférera « ma coccinelle » à « mon charançon », « ma belette » à « mon blaireau », « mon dauphin » à « mon phoque », « mon puceron » à « mon phylloxera des vignes ».

Si son fiancé ressemble à Roger Gicquel, on pourra l'appeler « mon gros cocker », s'il est mon portrait craché, on l'appellera « mon bel étalon ». Je dis ça… Ça ne coûte rien, moi ça me fait plaisir, et je ne suis pas obligé de prouver… On évitera les noms de poissons, même si on aime ça, même si c'est bon pour la santé, même si ça donne du phosphore… On répudiera donc « ma petite morue », « mon gros merlan », « mon cabillaud », « mon Findus ». « Mon esturgeon » est cependant possible ainsi que « ma sardine à l'huile » aux heures de pointe. Afin de ne pas provoquer une confusion inutile, on s'abstiendra d'utiliser « ma raie ». On rejettera les noms de reptiles sauf « ma grosse couleuvre » ou « mon beau lézard » au cas où votre partenaire passerait la journée à chanter *Le Métèque* enfermé dans les cabinets de Moustaki dont la targette est bloquée (c'est un souvenir personnel).

Quelques cas particuliers… Si votre partenaire s'appelle Christine Deviers-Joncour, vous pouvez l'appeler « ma dinde ». Si votre partenaire s'appelle Roland Dumas, vous pouvez l'appeler « mon faisan ». Si de temps en temps, vous faites le plein dans les stations Elf, vous pouvez vous appeler « mes pigeons »… Sauf dans le cadre particulier d'une relation où l'injure serait entendue voluptueusement, il est déconseillé d'appeler sa partenaire « ma grosse vache ». Il est possible en revanche, s'il est particulièrement pourvu, de désigner son fiancé par « mon beau taureau ». Ça ne coûte rien, ça fait plaisir, sauf que dans ce cas, c'est mieux si on a la possibilité de prouver…

Si l'on choisit comme doux vocable pour désigner son partenaire le nom d'un volatile, on préférera « mon canari », « ma mésange », « mon colibri », « ma colombe » à un emplumé plus volumineux comme le dindon ou la pintade, voire l'autruche même si la position de celle-ci enfouissant son bec dans le sable paraît une invite autrement plus prometteuse à l'amour que celle de la mésange à longue queue même en train de s'astiquer les ailes. Certains animaux ne sont jamais associés au discours amoureux : la girafe, le bouquetin, le mouflon, le sanglier, l'ornithorynque. Et que dire de la mouche si souvent enculée et si rarement aimée ?

Voilà, chère Monique, le fruit de mon travail… J'espère que vous saurez l'utiliser pour la prochaine édition de votre ouvrage.

Si cela vous intéresse, laissez-moi un mot, appelez-moi comme vous voudrez, « mon tigre », « mon jaguar », « ma loutre », « ma civette », « mon marsouin », « mon lion », « mon léopard », « mon loup », « mon hamster », « mon castor », « mon hérisson », « ma musaraigne, « mon koala »…

« Mon petit raton-laveur ».

MARTIN LAMOTTE

Mardi 15 février 2000

Martin Lamotte, je suis en mesure de vous lire le discours de réception à l'Académie française le jour où vous y serez reçu aux alentours de 2030-2033. On pourra s'étonner qu'un acteur comique de votre acabit puisse entrer sous la Coupole qui par tradition abrite plutôt les auteurs, les écrivains, les philosophes… Je vous ferai remarquer que pas plus tard que la semaine dernière, Pierre Messmer, l'ancien légionnaire, y est entré et que ça n'a eu l'air de surprendre personne… Donc, pourquoi pas un acteur rigolo, pourquoi pas le pape, pourquoi pas ma sœur ? Ma sœur, je lui en ai parlé, mais ça lui dit trop rien, parce que comme elle dit, de chez elle, pour arriver quai Conti, il y a au moins deux changements, plus le long couloir de Montparnasse… Non, ça ne lui dit rien… « Et puis, comme elle dit, si en plus, après j'ai le gamin à aller chercher à la crèche, plus passer par le Leclerc, merci Aspro ! »

Pourtant les séances du dictionnaire, ça l'aurait intéressée, ma sœur, vu qu'avant quand elle habitait à la Garenne-Colombes, elle était trésorière du club des « Chiffres et des lettres » et que même une fois elle avait été présélectionnée pour participer à une émission. Au dernier moment hélas, elle s'était prise de bec avec Laurent Romejko qui lui avait dit : « Oh la jolie choucroute ! » sous prétexte que ma sœur, elle avait été coiffée par un stagiaire de chez Maniatis qui lui avait fait la coupe Catherine Langeais et que faut plus lui en parler de la choucroute et de l'Alsace à ma sœur, depuis qu'elle s'est fait plaquer par un Strasbourgeois priapique qui se levait à trois heures du matin pour chanter des hymnes allemands et buvait de la bière en faisant l'amour. Donc, ma sœur, ça aurait pu l'intéresser l'Académie française, mais comme elle dit, le lundi soir, elle a déjà stretching et le mercredi une semaine sur deux, elle fait du volley au complexe sportif de Saint-Leu-la-Forêt vu qu'elle a déménagé il y a pas deux ans.

Donc, Martin Lamotte, ce jour-là, vers 2030-2033, c'est moi qui vous reçois à l'Académie française, vu que j'ai été élu avant vous au fauteuil occupé précédemment par Julien Lepers. Près de moi, sur le même fauteuil, sont assis Roger Pierre et Jean-Marc Thibault, obligés de se partager le même siège suite à une erreur d'un secrétaire ayant pris Poirot et Delpech pour deux personnes différentes. Notons que ce secrétaire impénitent a fait preuve d'une insigne mauvaise foi en arguant que MM. Leprince et Ringuet eux aussi avaient toujours occupé un seul siège et n'avaient jamais fait à ce sujet la moindre remarque.

Certains pisse-froid regrettant dans la presse réactionnaire que le niveau de l'Académie française ait pu pareillement baisser au moment de fêter son quatrième centenaire, nous sommes plusieurs académiciens, notamment Jean-Pierre Descombes, Sandy Valentino, Laurent Violet et moi-même, à souhaiter répondre dans une lettre ouverte cinglante qui risque de faire du bruit dans le Landerneau parisien du monde littéraire tant elle défend une conception plus démocratique, moins élitaire, de la culture et remet à leur place tous ces petits marquis rassis de l'intelligentsia, mais, au dernier moment, personne n'arrive à mettre la main ni sur un Bic, ni sur un dictionnaire.

Dans la presse, plusieurs journalistes retracent votre carrière stupéfiante. Votre film *Ça reste entre nous* notamment est salué non seulement comme le sommet de votre parcours sans fautes, mais aussi comme l'un des derniers chefs-d'œuvre du cinéma français grâce à une distribution « éclatante » selon *Pif le chien*, « édifiante » selon *Picsou magazine* et « super méga chouette ! » selon *Les Cahiers du cinéma* qui ont fait évoluer leur ligne éditoriale afin de séduire un électorat plus jeune.

Tous se souviennent que vous êtes à l'origine de la fameuse formule : « Je rappelle que le Schmilblick est un œuf et qu'un œuf ne fait pas de politique », formule devenue plus célèbre que l'œuf même de Colomb puisqu'elle a donné lieu à de nombreux colloques, débats, conférences, séminaires, symposiums, tables rondes pour tenter de pénétrer votre pensée, pour essayer sinon de sonder, au moins d'approcher, les méandres infinis d'une conception elliptique de l'univers, pour chercher à comprendre ce qui reste comme la grande interrogation d'une époque que vous avez su résumer d'une façon si résolument moderne et déconcertante : « Je rappelle que le Schmilblick est un œuf et qu'un œuf ne fait pas de politique. »

Mais, trêve de préambules, voici donc, cher Martin, le discours de réception que je lirai afin de vous accueillir dans ce qui restera l'une des plus prestigieuses de nos institutions, même après l'élection de Pierre Messmer : « Monsieur, Je suis très content que tu soyes ici, vu que je t'aime bien et c'est vrai que je suis toujours très content quand je te vois, mon Martin. Voilà. Merci de votre attention. »

PATRICK BRAOUEZEC

Lundi 21 février 2000

Patrick Braouezec, vous êtes communiste, moi pas. Pourtant, je ne suis pas sans vices. Il y a quelques années quand j'allais à la fête de l'Huma, j'arborais un badge « Je suis communiste, pourquoi pas toi ? ». Je n'étais déjà pas communiste à l'époque, mais comme je n'avais pas envie de le devenir, c'était la seule façon que j'avais trouvée pour ne pas être abordé toutes les cinq minutes par des gars qui me proposaient de rejoindre leurs sections. Ce que je voulais simplement, moi, c'était assister à des spectacles pour pas cher. À l'époque, pour voir Jacques Higelin ou Catherine Ribeiro, j'acceptais même de me taper le discours de Georges Marchais… Je vous avais prévenu, je ne suis pas sans vices…

Le 16 octobre dernier, vous avez participé à une manif' contre le chômage, car vous êtes contre le chômage. De temps en temps, vous faites aussi des manifs contre la guerre, car vous êtes contre la guerre. En même temps vous participez à des gouvernements qui parfois font la guerre, et qui souvent ne donnent pas l'impression de se mobiliser assez pour que le chômage recule. Comment ça va Patrick, mon camarade ? Des jours, ça ne doit pas être facile à vivre. Des jours, vous devez avoir mal à la tête. Des jours, il doit vous arriver de crier « Merde à Marx ! » comme des curés turfistes doivent hurler « Merde à Dieu ! » quand après avoir fait brûler des cierges, récité des messes, prié jusqu'à plus soif dans la petite chapelle de Longchamp, c'est Belle de Jour qui contre toute attente est sortie dans la deuxième tandis que Bégonia pourtant favorite sur terrain lourd n'a pas pris le départ à cause d'une légère entorse.

Et là, je vous dis, il serait peut-être temps mon cher Patrick, mon camarade, de se ressaisir pour sortir d'une situation schizophrénique. Pourquoi ne feriez-vous pas plutôt des manifs contre la grippe ? On peut accuser le gouvernement de beaucoup de maux, on ne peut pas l'accuser d'avoir pris la moindre mesure en faveur de la grippe. Mais si vous ne voulez pas manifester contre la grippe, c'est peut-être que vous êtes favorable à la grippe et dans ce cas-là, il faudrait avoir le courage de le dire, Patrick Braouezec. Si ça vous amuse que des pauvres gens se retrouvent alités, la goutte au nez, un thermomètre dans le cul et une bouilloire sur le front, d'accord, je veux bien, mais vos électeurs ont le droit d'en être les premiers informés.

Pourquoi ne pas manifester plutôt sur des thèmes suffisamment mobilisateurs pour vous appuyer sur un vrai soutien populaire tout en ne gênant pas l'action du gouvernement ? Manifestez contre les becs-de-lièvre, les escarres, les érythèmes fessiers, les hémorroïdes. Et puisque vous connaissez Robert Hue et qu'il n'est pas si loin de la retraite, invitez-le à changer son combat d'épaule, qu'il se batte contre les soupes en sachet, contre les poulets anémiés, contre les hamburgers, contre les blanquettes de veau lyophilisées, qu'il enfile une veste ridicule, qu'il devienne Jean-Pierre Coffe.

Patrick Braouezec, vous êtes communiste et parce que vous vous revendiquez comme communiste, l'on n'arrête pas de vous reprocher le pacte germano-soviétique, le Goulag, les millions de morts de Joseph Staline, les milliers de prisonniers de Fidel Castro, les centaines de chansons d'Isabelle Aubret… Mais vous, vous dites, et c'est la seule parade que vous ayez trouvée : « Oui, mais on n'est pas responsable de ça en France » et c'est vrai, vous avez raison vous n'êtes pas responsable de tout ça, vous, personnellement.

C'est comme si à moi, tout d'un coup, sous prétexte que je suis un être tout ce qu'il y a de plus humain, on venait me reprocher que des peuplades humaines dans le fin fond de l'Amazonie se mangeaient entre elles… Comme si on me critiquait, moi, parce qu'en

Nouvelle-Zélande, à Sumatra, quand on se mettait à table, on ne savait jamais si l'usage voulait qu'on se mette devant ou dans l'assiette. Comme si on me faisait grief à moi personnellement du fait qu'en Afrique Centrale, il existait des familles où quand on aimait bien ses enfants on en reprenait un morceau. Comme si on me tenait responsable du fait qu'en Polynésie, en Mélanésie, quand les enfants rentraient de l'école, la maman disait : « Jérémy, mon chéri, cesse de mâchonner cet avant-bras dégoulinant de conseiller d'éducation, et va le jeter à la poubelle s'il te plaît, c'est dégoûtant… Vu que vous avez déjà fait quatre heures, allez vite faire vos devoirs, après maman vous lira le dernier album des *Triplés* de Nicole Lambert. »

Moi aussi je pourrais dire : « Oui, mais on n'est pas responsable de ça en France ! » Sauf que moi, je ne suis pas fou, ça ne me viendrait même pas à l'idée de dire que je suis anthropophage. Et si je l'étais, si j'étais secrétaire général du Parti cannibale français, je changerais de nom. Je dirais : « C'est fini, on n'est plus cannibale, tout ça, c'est de l'histoire ancienne, on est devenu le PCF, le Parti de la chair fraîche. »

Mon papa qui était cheminot, militant cégétiste, votait rouge « parce que de toute façon, disait-il, ça rosit toujours ». Je ne sais pas s'il avait raison, mais je crois qu'il n'avait pas tort. Moi, jusque-là, j'ai plutôt eu tendance à voter vert, parce que vu le nombre de pots d'échappement, ça noircit toujours… C'est sûr que quand vous faites des manifestations pour l'emploi, vous ne réussissez pas forcément à faire baisser le taux de chômage, mais pendant un petit moment, réjouissons-nous, il y a un petit peu moins de taux d'émissions d'oxyde de carbone entre Bastille et République.

ALBERT JACQUARD

Mardi 26 février 2000[1]

Le problème avec vous Albert Jacquard, c'est qu'on peut aborder pas mal de sujets. Politique, génétique, économique, polytechnique,

1. Le 26 février 2000, Albert Jacquard était reçu pour son livre, *À toi qui n'est pas encore né(e)*.

scientifique… On a l'embarras du choix. Si par exemple, vous étiez trisomique, je sais de quoi je vous aurais parlé, j'aurais fait tout mon papier sur les assurances AXA que vous ne citez pas une seule fois dans votre livre.

On a tous appris la semaine dernière que, comme tout le monde, les assurances AXA avaient des problèmes de fin de mois. On a tous entendu la semaine dernière un responsable de chez AXA expliquer que l'ennui avec les trisomiques, c'est qu'ils vivaient de plus en plus longtemps et que par conséquent, les assurances AXA étaient obligées de payer de plus en plus longtemps des pensions aux mongoliens quand ceux-ci survivaient à leurs parents et que ça finissait par coûter cher aux assurances AXA.

C'est un sujet que vous n'évoquez pas dans votre livre, ça : les difficultés financières des assurances. À la fin de l'année, chez AXA, ils font des bénéfices, certes, énormes, sans aucun doute, gigantesques, cela va de soi, mais quand même moins importants que si les mongoliens vivaient jusqu'à un âge plus raisonnable, par exemple pas plus d'une ou deux années après la mort de leurs parents. Et c'est ça qui pose problème selon les assurances AXA qui par ailleurs ne disent pas s'ils remboursent l'argent versé par les parents quand les enfants trisomiques meurent avant leurs parents.

Enfin de tout ça, vous n'avez même pas pris la peine d'en parler une seule fois dans votre livre intitulé *À toi qui n'est pas encore né(e)*. C'est pour ça, Albert Jacquard, que je vous trouve un tout petit peu partial dans cette adresse à votre arrière-petit-fils où vous ne tenez pas du tout compte des problèmes des assureurs AXA.

Vu que votre statut de personnalité médiatique vous permet d'être entendu, non seulement en haut lieu, mais par tout le monde, ne vous serait-il pas envisageable en effet, de suggérer aux enfants trisomiques de faire preuve d'un petit peu de civisme et de mourir par exemple juste un petit peu avant leurs parents ? Qu'ils vivent ! Certes ! Assez longtemps afin que chaque année les familles puissent adresser des chèques aux assurances AXA ! Mais qu'ils meurent s'il vous plaît pas trop tard ! Pour que les assurances AXA jamais n'aient à envoyer des chèques aux familles !

Je ne sais pas pourquoi je parle de ça parce que finalement, c'est déjà de l'histoire ancienne. L'actualité court vite. C'était il y a un siècle puisque c'était la semaine dernière. Depuis AXA a présenté ses excuses aux handicapés. Les six mille neuf cents familles concernées ont pu être soulagées en attendant la réunion avec l'Union nationale des associations de parents de personnes handicapées mentales et Patrick Ségal, délégué interministériel aux personnes handicapées. Et on se demande même pourquoi on les a inquiétées si c'était pour les rassurer trois jours après. On se demande pourquoi… Peut-être qu'ils ont essayé de gratter un peu d'argent pour récupérer trois sous, je veux dire pour eux…, quelques centaines de millions supplémentaires, et puis qu'ils n'ont pas réussi parce qu'il s'est trouvé des gens pour être choqués, scandalisés, outrés…

On s'est rendu compte que l'ordre prôné par les assurances AXA, celui de la rentabilité, du mercantilisme, avait peut-être perdu contre le désordre des gens qui naturellement en étant choqués, scandalisés, outrés, défendaient une certaine dignité de la personne humaine. Peut-être que le pire malheur que peut connaître « celui qui n'est pas encore né », c'est d'être handicapé du cœur. Peut-être que dans la catégorie « mal du siècle », l'insuffisance cardiaque va-t-elle détrôner le mal de dos ? Peut-être que la non-obéissance mérite un éloge ? Oui, de cela, Albert Jacquard, je crois bien qu'il en est question dans votre livre.

BERNARD HALLER

24 février 2000[1]

Haller !
Alors Haller ?
Alors Haller, hilare ?
Alors Haller, aie l'air hilare !
Alors Haller a l'air hilare et a l'allure alerte !
Alors heureux Haller à l'allure alerte et à la lyre hilare !
Je cherche, Bernard Haller, le titre de votre prochain spectacle en solo…
Votre Haller Retour.

1. Date de ma dernière chronique pour l'émission « Rien à voir ».

C'est bien parce que vous, vous avez un nom qui se prête facilement aux jeux de mots : « Haller libre » pour un spectacle débridé, « Haller comprimé » pour un spectacle rapide, « Haller de rien » pour un spectacle minimaliste, « Hallergie » pour un spectacle réactionnaire, « La la la la la l'Haller » pour un spectacle musical, « Le Fond d'Haller est frais » pour un spectacle larirette lariron (il n'y a plus de saison…), « Tête Haller » pour un spectacle lunaire, « Les Fesses Haller » pour un spectacle érotique…

Le gars qui est publicitaire, il doit s'adapter à tous les genres. J'ai travaillé récemment pour « Les Chevaliers du fiel ». C'est moi qui ai eu l'idée sur leurs affiches d'assimiler le fauteuil de théâtre à une cuvette de chiottes, c'est drôle, non ? De plus, c'est accompagné d'une formule cocasse, me semble-t-il : « À pisser de rire ! » Pour leur prochain spectacle, j'ai trouvé un slogan encore plus concis, encore plus percutant : « À chier ! »

L'humour a beaucoup évolué.

L'autre fois à la télévision, dans une émission d'Ardisson, un comique demandait à Djamel Bouras si en tant que judoka, il parvenait à pratiquer l'auto-fellation. Plus exactement, il demandait : « C'est vrai que sans déconner tu peux te la sucer toi-même ta bite à toi dans ta bouche ? » Certains jours, à l'heure vespérale des Apéricubes mélancoliques et des noix de cajou affligées, comme ces alcooliques nostalgiques regardant leur cubi et observant que le niveau ne cesse de baisser, comme ces professeurs dépressifs qui chaque année se souviennent avec nostalgie de leur précédente fournée d'analphabètes, on en finirait par regretter Bézu et Patrick Topaloff.

Bernard Haller, vous êtes le père de tous les showmen actuels. Il n'y a pas toujours de quoi être fier, mais il reste des sujets de satisfaction, sachez que *L'Envol du pingouin*, le spectacle de Jean-Jacques Vanier mis en scène par François Rollin, reprend à la Comédie-Caumartin 25, rue Caumartin, Paris IXe, métro Opéra, Havre-Caumartin, RER Auber, tous les soirs à 20 h 30, sauf le lundi, matinée le dimanche à 17 h. De la gare Saint-Lazare, on peut aller à pied. Si on part de la porte Clichy, le mieux est de prendre le 95. Pour les autres correspondances, se renseigner auprès de la RATP.

En consultant votre dossier de presse, Bernard Haller, je me suis aperçu que toute la problématique sur votre parcours artistique s'est articulée autour de deux questions essentielles. Quand vous faites du one man show, les journalistes vous demandent : « Alors Bernard Haller, vous qui êtes comédien, c'est pas trop difficile de jouer tout seul ? » Quand vous jouez dans des pièces avec d'autres comédiens, les journalistes vous demandent : « Alors Bernard Haller, vous qui avez l'habitude de jouer tout seul, c'est pas trop difficile de jouer avec les autres ? »

En réalité, ce qui est difficile, pour un comédien, c'est surtout de ne pas jouer. Ou de jouer tout seul, mais devant personne, ou encore de jouer tout seul avec les autres, ou de jouer avec des gens qui à plusieurs jouent tous seuls. Pendant toute votre carrière, en définitive, on vous aura posé deux questions. Les journalistes, toujours en quête d'originalité, d'anticonformisme chez les autres, en font pour eux-mêmes assez peu usage. On ne saurait être devant Bernard, à terre, on ne voudrait être devant Bernard, amer, mais c'est l'avant-dernière émission de « Rien à voir » et pour moi la dernière. C'était la première fois qu'on me demandait d'écrire des chroniques régulières. Je suis reconnaissant à Laurence Boccolini de m'avoir invité à le faire. Je voulais donc remercier Laurence, même si ça va bien pour elle d'être remerciée en ce moment… Bonne chance, Laurence, bonne route, à bientôt.

MICHEL SERRAULT

Lundi 28 février 2000[1]

Aujourd'hui, c'est une émission nouvelle. Par rapport à l'ancienne, ça n'a rien à voir. Déjà, on a changé de titre et on a changé de studio. Puis les directeurs sont là. S'ils sont pas encore là, ils vont arriver… À la première ils sont là, toujours. À la dernière, ils envoient des fleurs. Avec le travail qu'ils ont, ils ne se déplacent pas pour les accidentés de la route, même quand c'est eux qui conduisent. Aujourd'hui, on a un invité de prestige. Mais c'est parce que c'est la première émission. La semaine prochaine, ça sera

1. Première chronique pour l'émission « Le fou du roi ».

comme d'habitude, on aura Rika Zaraï, Olivier Stirn ou Laurent Romejko s'il est libre…

Le présentateur est nouveau. Il aurait, dit-on, un peu une image TF1. D'accord, c'est possible, je regarde pas TF1. Il aurait, dit-on, un peu une étiquette « Les grosses têtes », c'est possible, j'écoute pas RTL. Il aurait, dit-on, un peu une couleur *Le Figaro*, c'est possible, je ne suis pas grabataire, mais ça m'étonnerait un petit peu car je rappelle quand même que Jean-Luc Hess, le directeur de France Inter, a son brevet d'anticonformiste vu qu'il tutoie Philippe Val et que l'autre fois, invité à manger chez Michel Polac, il a repris trois fois des pâtes. Vous verrez que la semaine prochaine, ça m'étonnerait pas que Stéphane Bern, transformé par le service public, arrive comme ça sans prévenir, peut-être pas avec un col Mao, mais si ça se trouve sans cravate, ou alors la cravate un peu dénouée, ou alors la veste négligemment jetée sur l'épaule… Enfin je vous laisse imaginer : la folie, le gros délire… Mais nous ne sommes pas là pour parler cuisine, surtout quand la cuisine n'est pas bonne.

Michel Serrault. Je n'ai pas grand-chose à dire sur Michel Serrault. J'ai eu la chance de jouer à ses côtés dans un film où je vantais les mérites de mes chaussures Nike. Depuis, régulièrement, on me demande : « Il est comment Michel Serrault ? Il doit pas être facile… » Qu'est-ce que je peux répondre ? Je n'ai rien à raconter d'extraordinaire. Je peux décrire un homme courtois, attentif aux autres, me souvenir que c'était très agréable de pouvoir parler avec lui entre deux prises, de ses sketches avec Jean Poiret, de *La Cage aux folles*, de Sacha Guitry, de son métier d'acteur. Mais c'est le genre de propos qui n'intéresse personne. Aussi quelquefois afin de captiver un auditoire, suis-je amené à inventer des choses. Alors, je dis :

« Michel Serrault, mais c'est un cinglé intégral, mais c'est incroyable, sur un plateau de cinéma, Michel Serrault, mais c'est le Hezbollah ! C'est quelqu'un qui terrorise tout le monde, je ne sais pas si tu te rends compte : il refuse qu'entre les prises on lui adresse la parole, c'est un agité total ! Dès qu'on lui dit bonjour, il devient fou ! Il se met dans une colère ! Il n'y a que son habilleuse aveugle qui a le droit de lui parler ! Vous n'étiez pas au courant ? Mais si, il a une habilleuse aveugle… Qui l'habille, qui le conduit en voiture, oui, oui, elle a un permis Braille, qui lui fait plein de trucs, paraît-il, oui, oui, c'est très connu… Un jour, pendant le tournage, une jeune assistante lui a proposé un café, vous auriez vu comment elle s'est fait jeter. Il l'a giflée devant tout le monde ! Il lui a donné des coups de pied dans le ventre. La pauvre fille, elle était enceinte de trois mois, ça a été une horreur pour elle. Elle a quitté le métier, elle est devenue bénédictine en Mayenne, je crois…

À côté de ça, il peut être hyper sympa, Michel, oui je dis Michel, c'est quand même un ami, on a gardé des contacts, il m'appelle souvent pour me demander des conseils… Je te dis, à côté de ça, il peut être adorable. Il y a une autre petite assistante qui s'était ébouillantée en lui versant du lait bouilli dans son café, tu peux pas savoir comment il a été prévenant : il l'a couverte de cadeaux, il lui offrait des gerbes de fleurs tous les matins, il a même passé plusieurs nuits à son chevet, allongé sur la descente de lit, comme un chien. Il est étonnant, Michel. Bien sûr, il est pédophile, il mange sa merde et il est l'amant du prince Rainier, mais à part ça, je te jure, il a un cœur gros comme ça. » Et à chaque fois, quand je raconte ça, devant un auditoire fasciné, subjugué, passionné, il y en a toujours un pour dire : « Ça ne m'étonne pas. C'est exactement comme ça que je l'imaginais. »

Parce que, comme tous les grands acteurs, Michel Serrault est inattendu, multiple. C'est ce qui fait qu'il est tout à la fois Knock, Zaza de Napoli, Harpagon, Monsieur Jourdain, Jacques Offenbach, Paul Léautaud, le docteur Pétiot, Jules César, et que demain, il pourrait aussi bien être Landru, Dutroux, saint François d'Assise, le roi Lear, Cordélia, ou le pape, ou ma sœur, tant il est imprévisible avec constance, espiègle avec gravité. Drôlement sérieux, sérieusement drôle.

Comédien.

PATRICK BRUEL

Jeudi 2 mars 2000

Si j'étais vous, Patrick Bruel, il y a une chose qui ne me ferait pas tellement plaisir, c'est qu'on me présente toujours comme un chanteur à minettes, le gars qui a déclenché une émeute sur les Champs-Élysées… En même temps, il y a pire qu'être un chanteur à minettes, ainsi que me le faisait justement remarquer Charles Dumont un soir de vague à l'âme, c'est être un chanteur à rombières. Patrick Bruel, jusqu'à quand des humoristes envieux et à la manque vont vous en parler de cette histoire de pizzeria sur les Champs-Élysées ? Mais si, souvenez-vous : il faisait beau, vous étiez avec un copain, vous aviez commandé une calzone avec un petit pichet de rosé et ça a été l'émeute.

Le même jour à Saint-Leu-la-Forêt, avenue Charles-de-Gaulle j'étais avec René, un copain, je commandais une margarita avec un pichet de rosé et il ne s'est rien passé… Ou à peu près rien. À un moment donné, il y a un grand Croate avec une gerbe de roses qui m'a demandé si je voulais offrir une fleur à mon copain René, mais avec René nous ne nous offrons pas de fleurs. Jamais. Ce qui ne veut pas dire que nous ne nous faisons pas de cadeaux. L'autre fois, il était assez content de m'apporter un petit bordeaux qu'il avait mis lui-même en bouteille, un petit récoltant, et moi, ayant récemment changé d'aspirateur, je lui ai légué tous les sacs papiers de mon ancien aspirateur inadaptables hélas sur le nouveau. Papier double paroi. Embout hygiénique comportant une fermeture poussière. Je donne tous ces détails pour bien montrer que je ne suis pas chiche et que lorsque l'occasion se présente, je ne suis pas systématiquement ennemi de la générosité même si avec René ce n'est jamais une rose qu'on pense à s'offrir quand on décide de manger une pizza chez Gino de Saint-Leu, avenue Charles-de-Gaulle.

Un peu plus tard, au moment du tiramisu, il y a un gars qui a déposé sur notre table un porte-clefs représentant Donald accompagné d'un petit papier nous apprenant qu'il était sourd-muet et que ça l'aiderait si on pouvait acheter son porte-clefs. Il est revenu peu de temps après, il a repris son Donald et on a commandé deux cafés. Enfin, rien d'exceptionnel… On a demandé l'addition. J'ai dit à René : « Tu reprendrais pas un petit café, toi ? — Si, qu'il m'a répondu. » À ce moment-là, j'ai levé l'index suffisamment haut pour être aperçu et j'ai crié suffisamment fort pour être entendu : « Deux cafés, s'il vous plaît ! » Et là, coup de théâtre, le patron Gino nous a dit : « Ceux-là, je les mets pas sur la note, ils sont pour moi. »

Voilà, c'est tout ce qui s'est passé d'extraordinaire ce jour-là à la pizzeria Chez Gino de Saint-Leu. Et encore, si on ne connaît pas Gino, on ne trouve pas ça extraordinaire. Gino, d'habitude, il fait payer la carafe d'eau : « Y a pas de raison, je ne suis pas l'abbé Pierre. » Il se trouve que ce jour-là, Gino venait d'apprendre qu'il allait hériter d'une petite cousine récemment disparue du côté de sa femme, mais je ne vais pas me perdre dans des détails inutiles concernant la petite cousine de la femme de Gino quand on reçoit M. Patrick Bruel et qu'on a peut-être autre chose à lui raconter que les histoires d'héritage de Gino. Résumons-nous : ce que je voulais dire, c'est que ce jour-là à Saint-Leu, j'ai mangé une pizza et il n'y a pas eu d'émeute. Ce qui tendrait à prouver que la margarita n'a pas la même influence que la calzone sur le public, notamment féminin. La prochaine fois, c'est décidé, je prendrai une calzone. C'est pas demain la veille que je serai un humoriste à minettes…

PHILIPPE SOLLERS

Jeudi 9 mars 2000

« Sollers (Philippe), Talence, 1936, écrivain français. Animateur de “Tel quel”, il est passé de l'utilisation des techniques d'avant-garde à une critique brillante de la société contemporaine, falsifiée et répressive. » C'est la première fois qu'on reçoit quelqu'un qui est dans le *Petit Larousse*. En tout cas, c'est la première fois depuis le début de la semaine dernière. J'ai regardé. Bruel, il y est pas. « Pizza », « Pizzeria », ça y est. « Bruel », ça n'y est pas. C'est pour ça qu'il a tort de se vexer quand on lui parle de pizzeria puisque en règle générale n'importe quelle pizza est plus reconnue par le *Larousse* que lui. Je dis que vous êtes le seul à vous trouver dans le dictionnaire, en fait, c'est pas vrai, Michel Serrault aussi, il y est : « Serrault (Michel), Brunoy, 1928, acteur français, compose des personnages drôles, inquiétants et fascinants au théâtre et au cinéma. »

En fait, à part Patrick Bruel, tous nos invités sont dans le dictionnaire. Donc, c'est pas un bon angle d'attaque que de parler du *Petit Larousse* pour commencer un papier sur vous. J'ai demandé à Sandy si elle connaissait quelque chose sur Philippe Sollers ; elle a regardé la définition du dictionnaire. Elle a lu : « Animateur de “Tel quel” ». Elle a dit : « “Tel quel”, c’est pas sur la 6. À mon avis, c’est sur le câble, putain, c’est nul, ça craint, faudrait vraiment qu’on s’abonne à Canal Satellite. »

Quand je me sens pas trop inspiré, j’appelle ma mère :

« Allô maman, tu le connais, toi, Philippe Sollers ?

— Sûrement ! qu’elle me répond, tu me prends pour une attardée ? C’est un écrivain, je l’ai même vu une fois qu’il prenait le train. Il était tout seul, sur le quai de la gare, je l’ai tout de suite reconnu, il était pas fier, il mangeait un Nuts, tu te rends compte ! J’étais avec Marie-Hélène, il y a une dizaine d’années de ça, je l’accompagnais à La Bourboule quand elle faisait ses cures. Tu connais Marie-Hélène, pas froid aux yeux, elle ne se démonte pas, elle lui a dit : “Bonjour monsieur, excusez-moi, mais je vous ai reconnu, je vous admire beaucoup, j’ai lu tous vos livres. Est-ce que je pourrais avoir un autographe ? — Mais bien sûr qu’il lui fait” et il lui a mis son nom sur le dos d’un chèque… En fait, c’était Hervé Bazin… Mais c’est vrai qu’ils se ressemblaient un peu à l’époque à cause de la coiffure. Maintenant moins depuis qu’Hervé Bazin est mort… L’autre fois, je l’ai vu à la télé, mais là, c’était bien Philippe Sollers, il était interviewé sur Casanova. J’aime autant te dire qu’il a du bagout. À un moment donné, dans la conversation, il a dit que Casanova, il écrivait avec son sexe… Tu te rends compte : avec son sexe ! Et moi qui suis droitière, je suis incapable d’écrire avec ma main gauche ! »

Je lui dis : « Mais non, maman, c’était une image pour dire que toute l’écriture de Casanova était guidée, exaltée par l’expression d’une sexualité débordante et débridée. »

Ma mère me demande : « Est-ce que tu l’as vue l’émission où Philippe Sollers il parlait de Casanova ?

— Mais maman, ce n’est pas la question…

— Est-ce que tu l’as vue ?…

— Non, admis-je.

— Bon alors. C’est pas si étonnant que ça…, souviens-toi que Denise Legrix qui n’avait plus ni ses jambes, ni ses bras est venue faire une conférence au Petit Séminaire pour expliquer qu’elle faisait de très jolis tableaux en peignant uniquement avec sa bouche et que s’il y a des gens qui sont plus adroits que toi, il faut le reconnaître monsieur Je-Sais-Tout, être un petit peu plus beau joueur et mettre ton amour-propre dans ta poche. »

Ce qui serait bien, ce serait que ma mère écrive son dictionnaire. Ça s'appellerait *Le Petit Yvette illustré* : Bruel (Patrick) 1959, pizzaïolo célèbre pour sa calzone. Bazin (Hervé), Angers, 1911-1996, auteur très gentil, aimant les Nuts et les coiffures à la con. Sollers (Philippe) 1936, sosie du précédant, auteur à bagout.

MIREILLE DUMAS

Mardi 21 mars 2000

On est des fois un petit peu obligé de se rabattre sur des vedettes, mais de la télé parce que les autres souvent sont pas levées. Ou elles ont autre chose à faire… Ou alors elles ne sont pas en France ou alors elles sont déjà chez Laurent Ruquier. Ou alors elles sont légèrement indisposées rapport qu'elles ont trop mangé de fruits de mer avec leur chablis la veille au soir, à moins que ce ne soit le foie gras au cidre qu'a pas passé vu que ça peut pas être les rillettes de saumon à la crème avec des petits lardons étant donné que pas plus tard qu'avant-hier, elles en ont déjà mangé des rillettes de saumon à la crème avec des petits lardons et que ça leur a rien fait. Ou alors des fois aussi les personnalités, elles viennent pas parce qu'elles sont mortes.

Dès qu'une personnalité un peu en vue est morte, elle commence à gérer ses passages dans les médias d'une manière beaucoup plus parcimonieuse, mais également beaucoup plus rigoureuse. Léo Ferré sort son dernier disque *Métamec* sans faire une seule émission de promotion. Pas un Drucker, pas un Foucault, pas un Bern. Rien. Même pas un Laurent Boyer. Ça aurait été bien pourtant un spécial « Fréquenstar » *post mortem* : « Salut Léo, vachement content de te retrouver à la droite de Dieu puisque c'est là que tu nous reçois, c'est hyper sympa de ta part. C'est une ambiance pas du tout show-bizz. C'est très cool, c'est très chouette : il y a de la toile de jute sur les murs. Et surtout, ce qui est génial, mon Léo, c'est qu'on sent bien qu'ici personne vient te faire chier. Moi-même je suis là depuis une demi-journée et j'ai encore pas signé un seul autographe et personne m'a demandé des places pour assister à l'enregistrement de “Graines de stars”, alors Léo, mon Léo, ça fait quoi de se retrouver toute la sainte journée sans micros, sans caméras et en compagnie de tous ces attardés avec leurs grandes jupes ? »

Dès qu'elles sont mortes, les personnalités ont tendance à devenir prétentieuses et finissent par se prendre pour la statue de leur pierre tombale. Pierre Desproges n'a jamais autant publié que depuis qu'il est au Père-Lachaise d'où il nous prépare après la parution de tous ses rogatons, la prochaine édition de ses dissertations de terminale au lycée Carnot en attendant pour les prochaines années la publication de ses rédactions qu'il écrivit à la pension du collège de Saint-Léonard-de-Noblat. Je cite le titre des meilleures : « Racontez ce que vous avez fait pendant vos grandes vacances », « Vous rendez visite à vos grands-parents, vous décrivez la journée. » Vous me direz : même mort, Pierre Desproges écrit mieux que Pierre Botton ou que Christine Deviers-Joncour. C'est vrai. Mais là, je vous répondrai… rien, parce que je ne vois pas comment je pourrais vous contredire…

Donc, souvent on se rabat sur des personnalités de la télé et on a tort car on pourrait tout aussi bien inviter des personnalités de la radio. Rien qu'à France Inter, on a ce qu'il faut. La semaine dernière, je ne suis pas venu, j'étais en spectacle avec l'Harmonie de Saint-Cornier-des-Landes dirigée par François Patry, mais j'avais quand même des nouvelles de la Maison Ronde par les journaux. Jean-Luc Hess va-t-il démissionner ? Que penser des grelots de Stéphane Bern ? Des marottes de Morzadec ? Quel avenir pour le couple Hess-Cavada, pour le Pacs Mermet-Hondelatte ? Lire tout ça m'a rassuré parce que je me suis dit, si à un moment donné même les stars de la télé veulent plus venir à la radio, il restera toujours nos vedettes à nous.

SYLVIE VARTAN

Jeudi 23 mars 2000

Le music-hall. Le rideau qui bouge. Les lumières qui baissent dans la salle. La joie. La fébrilité. L'appréhension aussi de retrouver sa vedette. Celle qui nous accompagne depuis toujours. Celle qui nous a fait rêver. Celle qui nous a fait pleurer. Pourvu qu'elle n'ait pas changé. Pourvu qu'elle soit toujours la même. Quand on va au music-hall, c'est toujours un peu ses quinze ans que l'on vient retrouver.

Le music-hall. Sur le fronton, un nom immense écrit avec des néons. Et devant, plein de visages inconnus de qui l'on se sent tout de suite complice. Et jaloux aussi. Parce qu'on voudrait la garder pour nous seul la vedette. Elle est à nous, nous appartient. On a tout lu sur elle. Elle connaît tout de nous. Nos premiers émois, nos dernières défaites.

Le music-hall. La vie, la mort en une soirée. Les strass, les paillettes pour faire croire qu'on est gai. Les larmes que l'on cache dans un mouchoir. C'est rien : une allergie, un courant d'air, j'arrête pas de me moucher… Quand on va au music-hall, c'est toujours un peu ses quinze ans que l'on vient consoler.

Le music-hall. La vedette est là, toute proche. Dans le halo de la poursuite, elle n'a jamais été aussi loin. Tu sais que si Céline avait été un garçon, on l'aurait prénommé David ? L'année où Sylvie et Johnny se sont séparés, papa a été licencié de chez Manufrance, tu te souviens ? C'était une sale année…

Le music-hall. La vie qui défile. Les années qui passent. Sylvie est partie en Amérique, papa a retrouvé une place de gardien de nuit à l'hôpital. Moi, j'ai arrêté de travailler pendant trois ans : Kevin était tout jeune ; à l'école, il ne voulait rien apprendre…

Elle est revenue en France, j'ai repris un mi-temps aux Galeries Lafayette. Elle, toujours aussi belle, toujours aussi blonde. « Mais toi non plou tou n'a pas chingé », disent les copines du boulot. Pour rigoler, au moment de la pause, elles gueulent du Iglesias comme des vaches espagnoles. De temps en temps aussi elles m'appellent « Sylvie ! », c'est mon surnom, alors j'arrive. Quand je suis arrivée, elles me disent : « Sylvie, va-t'en ! », alors je repars. C'est pas méchant…

Le music-hall. L'émotion facile. Un peu bêta, un peu « premier degré », comme dirait Nicolas qui se moque de nos fadaises sixties, mais avec ses mots à lui, scande en rap, en trip hop, en drum'n bass, en jungle, en trans goa, en house, en brit pop, en hard, en trans hard core, en muzac, en ambient, en dub, la même candeur que la nôtre.

Le music-hall. Les lumières qui baissent dans la salle. Pensez à éteindre vos portables, mais j'ai pas de portable. Les photos au flash ne sont pas autorisées, mais je les ai dans ma tête mes photos couleurs sur papier sensible. Les lumières qui baissent. Le rideau qui bouge. Derrière, les musiciens se sont installés. Quand on va au music-hall, c'est toujours un peu ses quinze ans que l'on vient applaudir.

Le music-hall. Le rideau qui tremble. Les lumières qui baissent. Ma vraie vie dans un cercle de lumière.

ARIANE ASCARIDE

Lundi 27 mars 2000

Avez-vous remarqué que les grosses vedettes, celles qui ont un succès immense, ont toutes, sans exception, un prénom qui commence par la même lettre que leur nom ? Brigitte Bardot, naturellement, Claudia Cardinale, Simone Signoret, mais aussi Bernard Blier, Frédéric François, Pierre Perret, Ariane Ascaride, François Forel. Exigeant par nature et insatisfait par une déontologie scrupuleuse qui certes m'honore, mais que je n'ai pas moi-même à souligner tant je paraîtrai suffisant, j'ai voulu approfondir mon analyse et suis arrivé à la conclusion suivante : toutes les vedettes de seconde zone ont un prénom qui commence par une autre lettre que le nom. Je n'y peux rien. Au risque d'en vexer certains, je défendrai ma démonstration de façon suffisamment argumentée pour ne pas avoir à souffrir la moindre récrimination qui de toutes manières ne ferait que ridiculiser à jamais le pauvre inconscient qui oserait la prononcer.

Henriette Bourgoin, H-B, strip-teaseuse au Mambo de Montélimar, dite Human Bomb, n'a jamais eu la carrière escomptée malgré des mensurations idéales que je rappellerai ici au risque de démoraliser des auditrices envieuses : 92, 59, 92 pour une taille il est vrai insuffisante de 1 m 46. Robert Fignoux, du duo Ruth et Ruthy, lanceur de couteaux dans la région de Poitiers, surnommé le Guillaume Tell du Poitou, a pratiquement arrêté son activité artistique après le décès accidentel de sa partenaire suite à un tétanos dû à un couteau sans doute insuffisamment nettoyé après usage et conséquemment rouillé retrouvé planté entre les deux yeux de Ruthy. Le fakir Aimé Valère qui fit le tour du monde grâce à son fameux numéro consistant à enfermer sa femme dans une boîte et à la couper en deux jusqu'à ce que sa moitié suite à une erreur devienne son quart (ce qui fait qu'aujourd'hui quand il paye ses tiers, il n'a plus qu'une part). Ce ne sont que des exemples glanés au hasard. Je pourrais citer d'autres parcours aussi désastreux : André Bigier, Janine Poulart, Claude Lemancel, Stéphane Bern.

Évidemment, certains pourront toujours venir m'opposer des contre-exemples pour piétiner une démonstration qui pourrait en gêner plusieurs tant elle est brillante, imparable, implacable, lumineuse, définitive. On me dira : « Et Catherine Deneuve : "C-D" ! Et Gérard Depardieu : "G-D" ! Et Pierre Doris ! » Sous cape, je rirai, me gausserai, ces noms ne sont pas leurs véritables noms. Catherine Deneuve-Dorléac s'appelle en réalité Paulette Potard, Gérard Depardieu, Michel Mulot. Et Johnny Hallyday ! me dira-t-on… Il a un pseudonyme, c'est vrai puisque tout le monde sait qu'il s'appelle en réalité Jean-Philippe Smet. Très bien, répondrai-je la moue rieuse et la mine ironique : « Qui a déjà examiné son passeport ? Qui a déjà vérifié sa carte d'identité ? » Quand on veut m'apporter la contradiction, il faut avoir des arguments et un dossier autrement mieux étayés.

On pourra également, car votre harcèlement est sans limite, me faire remarquer que chacun d'entre nous peut connaître, qui un fraiseur sur bois, qui un cantonnier, qui une dame de la poste, qui une assistante dentaire dont le nom et le prénom commencent également par la même lettre. Micheline Moule est inconnue, Roger Ribote est méconnu, Pierre Pigeon est un quidam. Mais qui vous dit que Micheline Moule, Roger Ribote, Pierre Pigeon ont eu l'idée, le désir, la velléité de sortir du plus parfait anonymat dans lequel ils coulent des jours paisibles, heureux, et ne vous déplaise, enviables, ô esprits forts, toujours à la recherche de la contradiction, du débat inutile, futile, stérile, oiseux, creux, vide de sens et encore je ne sors pas mon dictionnaire de synonymes, qui vous dit que toute leur énergie n'est pas utilisée pour combattre la reconnaissance, la célébrité, la notoriété souvent si peu enviables ?

Ariane Ascaride a un prénom et un nom qui commencent par la même lettre. Si j'avais voulu, j'aurais pu faire toute ma chronique sur cette simple remarque, qui, à première vue, pourrait sembler secondaire, anecdotique, voire sans intérêt. Si Ariane Ascaride s'était appelée autrement, j'aurais raconté autre chose, mais j'aurais conclu de la même façon en lui disant que grâce à elle et à ses copains, on connaît mieux Marseille, l'Estaque, qu'on l'aime beaucoup et qu'on l'embrasse.

JEAN-CLAUDE CARRIÈRE

Mercredi 29 mars 2000

J'ai un souvenir précis de Jean-Claude Carrière. C'était au début des années 80, pour gagner un peu d'argent, j'avais fait de la figuration dans une émission de Michel Drucker consacrée à Guy Béart. En costume 1900, je m'étais retrouvé assis à côté d'une jeune fille qui n'avait jamais fait de cinéma. Belle comme le jour, elle s'appelait Emmanuelle Béart. Déjà particulièrement sagace, j'avais eu l'impression qu'elle avait été un peu pistonnée. J'avais même été photographié à côté d'elle et de son papa Guy. La photo avait paru dans *Paris-Match*. C'est ma tante Suzanne qui l'avait découverte en allant chez le docteur. Maman en avait acheté aussitôt une petite centaine d'exemplaires, écumant les points de vente des diverses Maisons de la presse de Flers-de-l'Orne, celle située en bas de la rue du 6-Juin, celle de la place des Cinq-Becs, celle près de l'église Saint-Jean et celle de la rue de Domfront.

Je précise afin de ne pas recevoir un considérable courrier de protestation et afin de ne pas faire réagir Jean-Claude Carrière qui ne manquerait pas de me faire remarquer que la Maison de la presse située sur la place du Commerce à Saint-Georges-des-Groseillers était quand même plus proche du domicile de ma mère, je rappellerai, pas mécontent de pouvoir enfin clouer le bec à Jean-Claude Carrière, M. Je-Sais-Tout-Sur-Tout que la Maison de la presse située sur la place du Commerce de Saint-Georges-des-Groseillers n'existait pas encore à l'époque et que ma mère ne pouvait donc s'y fournir. Mouché le Jean-Claude.

Si vous êtes intéressé par le *Paris-Match* en question, avec les Grimaldi en couverture et ma photo à l'intérieur, vous pouvez toujours commander le numéro en adressant un courrier à ma mère qui vous l'enverra contre un chèque de trente-sept francs, plus enveloppe. timbrée. Pour une simple consultation gratuite dudit *Paris-Match*, vous pouvez également venir sur place, chez ma mère qui vous recevra elle-même si vous avez précédemment pris rendez-vous. En premier lieu, ma mère vous remettra une paire de gants en plastique afin de préserver le document et ne pas risquer d'altérer ce qui est considéré chez nous comme une pièce d'histoire à côté de laquelle le manuscrit de Charles de Gaulle écrivant à Londres son appel du 18 juin 1940 fait figure de brouillon négligeable. Trente-sept francs ? Pourquoi trente-sept francs ? Les frais d'achat à l'époque, plus les frais d'entretien, plus une petite plus-value, c'est normal… Ma mère peut également vous proposer sa formule photocopie, moins onéreuse, mais également moins empreinte de l'émotion inhérente aux archives les plus rares qui en témoignant d'une époque aujourd'hui révolue nous enseignent de l'histoire sa sensuelle proximité.

Donc, ayant participé à une émission de télévision dans laquelle j'étais figurant, j'avais pu approcher M. Jean-Claude Carrière qui, lui, était invité. À un moment, en attendant l'enregistrement d'une séquence, nous avions conversé. Je ne pourrais pas rapporter avec une précision exacte la teneur des propos que nous eûmes ce jour-là, mais emporté par le feu de ma verve, j'évoquais le dominicain Bartolomé de las Casas et Sepúlveda, ce philosophe aristotélicien à la redoutable rhétorique. Quelques années plus tard, je constatai qu'il écrivit sa fameuse *Controverse de Valladolid*. Intérieurement, j'en fus flatté. Je lui parlai aussi de ce très beau récit épique indien d'environ cent vingt mille versets, divisé en dix-neuf livres et datant de l'époque védique. Quelques années plus tard, je découvris avec bonheur son adaptation du *Mahabharata*.

Alors que je lui parlais de mon enfance, moi disert, lui admiratif, je l'encourageais à raconter son enfance à lui. Colombière-sur-Orb, ses charrues, ses chevaux, ses vignobles, ça pouvait faire un très gentil bouquin à vocation régionaliste. Naturellement, Jean-Claude Carrière aujourd'hui n'a plus le souvenir de cette rencontre qui devait cependant nous marquer l'un et l'autre. Pour conclure, je conclurai en guise de conclusion par ce mot de Flaubert que je lui avais appris ce jour-là et qu'il allait plus tard réutiliser : « Oui, la bêtise consiste à vouloir conclure. »

CHARLOTTE RAMPLING

Vendredi 31 mars 2000[1]

Hier soir, tandis que j'étais à la maison en train de me couper les ongles des pieds, le téléphone sonne. Sandy décroche, m'apporte l'appareil, me dit : « Tiens, c'est pour toi, c'est Woody Allen. » Je lui dis à mi-voix : « Mais fallait répondre que j'étais pas là, tu vois bien que je suis en train de me couper les ongles des pieds. » Elle me dit : « Excuse-moi, j'ai pas eu la présence d'esprit. » Là, elle avait tapé juste pour se définir : Sandy n'a pas la présence d'esprit. Je prends le combiné, je dis : « Allô, mon Woody, ça te dérange pas de me rappeler dans un petit quart d'heure, là, je suis en train de me couper les ongles des pieds. — Pas problème, me dit Woody, excuse-moi, je rappelle toi. »

Un quart d'heure plus tard, le téléphone sonne, je décroche, c'était ma mère. Je lui réponds, détendu, tranquille, affable, les ongles des pieds coupés comme il faut, et nous échangeons des propos divers sur le mariage de Claire Chazal. Elle me demande si je pense que Patrick Poivre d'Arvor s'est remis en ménage. Je lui avoue que je l'ignore… Elle me parle également du voyage au Mont-Saint-Michel qu'elle a fait la semaine précédente avec son club du troisième âge. Elle me dit : « Tiens, il y a une petite dame de l'organisation qui m'a affirmé qu'elle te connaissait. Elle a dû aller à l'école avec toi, mais elle se demandait si c'était avec toi qu'elle était allée à l'école ou si c'était pas plutôt avec ton frère, parce que vu son âge, c'est possible que ce soit plutôt avec ton frère, mais j'en sais rien, je demanderai à Jean-Yves ce qu'il en pense. C'est une fille qui est blonde, mais je suis pas

1. Le 31 mars 2000, Charlotte Rampling s'est décommandée. Faut que je pense à appeler Woody pour lui demander ce qui s'est passé.

sûr que ce soit du naturel. En tout cas, je serais incapable de la reconnaître dans la rue, elle s'est mariée il y a quelques années. Je sais pas si tu vois qui je veux dire, je ne sais plus comment elle s'appelle, par contre, elle a une Clio… » Je lui réponds : « Non, comme ça, je vois pas… »

Une heure plus tard, je m'exclame : « Merde, quelle heure il est ? » Je regarde ma montre : dix heures moins vingt. Tant pis, c'est un peu tard pour déranger les gens, mais il faut absolument que j'aille chez mon voisin si je veux récupérer mon cubi de brouilly qu'on a acheté ensemble en vrac et que je voudrais mettre en bouteille ce week-end, et que demain il sera plus question d'y aller chez mon voisin étant donné qu'il ne sera pas là vu qu'il va dans le Berry aux quarante ans de son cousin du côté de sa femme. Quand je suis revenu de chez mon voisin, Sandy était déjà au lit, j'ai frotté mes pieds contre les siens et on s'est endormi. Ce matin, au petit déjeuner, Sandy m'a dit :

« Tiens, hier soir, y a l'autre qu'a rappelé.

— L'autre.

— Le marrant, là, de New York…

— Woody Allen ?

— C'est ça, il a dit qu'il te rappellerait, mais un autre jour, parce qu'il avait un film à tourner, je ne sais pas trop quoi. Il a l'air compliqué ton copain. Il m'a dit aussi qu'il avait déjà ressayé de te joindre, mais que c'était toujours occupé. Il s'est demandé si on n'avait pas mal raccroché “la” combiné. “La” combiné ! Ça écrit des livres, ça invente des scénarios, mais ça dit “la” combiné. Passons. »

Enfin, résultat des courses, j'ai pas eu Woody hier soir. Je ne sais pas ce qu'il me voulait… En venant ici, j'ai dit à Sandy : « Tiens ce matin je vais voir Charlotte Rampling, je vais lui demander si elle sait pourquoi Woody m'a appelé.

— Ouais c'est ça, m'a fait Sandy, tu vas voir Charlotte Rampling, ben moi je déjeune avec les Rolling Stones et après je fais une belote avec le pape. »

Sandy me surprendra toujours. D'abord, je croyais qu'elle ne voulait plus manger le midi à cause de son régime. En plus, je pensais qu'elle avait horreur des jeux de cartes.

BERNARD WERBER

Lundi 3 avril 2000[1]

Après les fourmis, Bernard Werber s'intéresse aux anges. Il n'est pas le seul. Une étude récente vient de montrer qu'il était de plus en plus courant pour les particuliers de choisir un ange comme animal domestique. Aujourd'hui, si on veut échapper aux sentiers battus de la ménagerie de compagnie, il est certain que l'ange par rapport au chienchien ou au chaton offre sans conteste l'avantage de l'originalité sans présenter les inconvénients liés à l'adoption d'une mygale, d'un scorpion, d'un serpent ou d'un veau. Pourquoi vouloir adopter un ange ? Il y a à cela beaucoup de raisons. L'ange est affectueux, il ne mord pas, il ne griffe pas, il est pacifique, il ne bouffe pas les moutons. D'ailleurs, d'un ange, on dira : « C'est un ange. » Il finit joliment la décoration d'un intérieur particulièrement soigné. Il est propre. L'ange n'a pas besoin de bac à sable que vous oubliez régulièrement de changer et qui empeste votre salle de bains. Si vous habitez en ville, vous ne serez pas contraint de le sortir tous les soirs pour lui apprendre le caniveau. Si vous habitez la campagne, il ne souillera pas votre gazon. L'ange est sans besoin. Comme le Dalaï Lama, Tintin ou la reine d'Angleterre, il ne va jamais au cabinet.

Lorsque l'ange est en chaleur, ça lui arrive, il n'est pas un saint, l'ange ne court pas derrière tout ce qui bouge, l'ange sait se tenir et n'aurait pas l'idée de se masturber contre votre flanelle qui sort du pressing, à moins naturellement que vous ne l'y invitiez. L'ange est économique. Il ne mange pas, les nourritures spirituelles lui suffisent. Pas de boîtes à acheter, pas de restes à garder, pas de gamelle à remplir. L'ange étant immatériel, il s'adaptera très facilement à votre intérieur ; quelle que soit votre habitation, il passera à travers vos murs, et vous ne serez pas obligé de poser une angière sur chacune de vos portes comme vous aviez déjà été obligé de poser des chatières.

L'ange ne miaule pas, il n'aboie pas, il ne se fera pas les griffes sur vos coussins, il ne bouffera pas vos chaussettes, il ne pissera

1. Le 3 avril 2000, Bernard Werber venait présenter son livre *L'Empire des anges*.

pas sur le tapis persan que vous avez acheté en douze mensualités à la brocante de Royaumont pour marquer son territoire. Il sera également un compagnon très sûr pour garder votre maison, un ange gardien. Se trouvant face à face à un être volant avec des grandes ailes, un gyrophare au-dessus de la tête et le sourire d'un témoin de Jéhovah, les cambrioleurs s'en iront de chez vous sans demander leur reste ni votre chaîne hi-fi, ni votre téléviseur à écran plat, ni vos économies cachées dans la soupière.

Notez que l'écriteau « Ange méchant » est un article dissuasif que l'on remarque de plus en plus sur les murs des propriétés et dans le catalogue Leroy-Merlin. Évidemment, l'ange ne présente pas que des avantages, sinon tout le monde en aurait un chez soi. L'ange est un peu chiant. Peut-être ne faut-il pas généraliser, en tout cas, le mien est un peu chiant. Sans doute l'ai-je mal élevé, car il est très familier avec moi. Toujours en train de me faire des remarques, toujours en train de me faire des réflexions : « T'as déjà pris deux apéritifs, ça va peut-être aller pour la soirée. » « Sauce pas avec ton pain, tu vas encore te plaindre de prendre des kilos. » « Au lieu de te vautrer sur le canapé, tu ferais mieux de faire un peu de sport. »

Souvent, mon ange me dit : « Attache un sourire à ta face, maquille ton cœur et ton corps, redeviens la petite fille qui m'a donné tant de bonheur. » Quand mon ange me fait des reproches, on dirait un Arménien. On disserte sur le sexe des anges. Je tiens à préciser que sur le plan physique, il n'y a rien entre mon ange et moi, mais je puis vous dire que ce sont souvent des sacrés gaillards et pas farouches avec qui on peut passer des bons moments de rigolade si on n'est pas révulsé par l'idée de faire l'amour avec un gros dindon blanc. Parmi ses défauts, il est peut-être légèrement pot de colle et de temps en temps il lui arrive de passer des heures à tournoyer au-dessus de vous. Ça peut être désobligeant, notamment quand vous êtes au lit et que vous avez envie de passer un doux moment d'intimité.

L'ange perd ses plumes. Il faut le savoir. Deux fois dans l'année, la bête à plumes devient une bête à poil. Au changement de saison, il laisse tomber ses plumes qui repoussent assez rapidement, mais pendant une courte période, l'ange laisse entrevoir sa peau blanche et déplumée. Ce qui ne manquera de surprendre jusqu'à vos amis les plus proches : « Dis donc, c'est qui le gros pédé qui se promène à oilpé autour de ta suspension ? »

Voilà ce qu'on peut dire sur les anges. Mais, je vous en conjure, n'adoptez un ange que si vous êtes sûr de pouvoir vous en occuper !

Tous les ans, au bord des autoroutes, on voit des anges abandonnés récupérés par la SPA, société protectrice des anges. Certains penseront peut-être que ce que je raconte est juste une fantaisie, mais je n'invente rien. Les anges sont là, partout, autour de nous… On ne les voit pas parce qu'on parle trop, mais si on est un peu attentif… Écoutez… (silence). Un ange passe.

GÉRARD KLEIN

Mercredi 5 avril 2000

On croit que les chefs d'État sont préoccupés par l'avenir du monde. Pas du tout. C'est François Mitterrand qui a eu l'idée de la série « L'Instit' ». On se souvient que c'est Charles de Gaulle qui avait soufflé à Guy Lux l'idée de « Jeux sans frontières ». On croit que les chefs d'État sont obnubilés par le devenir de la planète. Pas du tout. Ils regardent la téloche en rêvant de devenir directeur de programmes. « L'Instit' », c'est quoi ? C'est avant tout une apocope, c'est-à-dire la chute d'un ou de plusieurs phonèmes à la fin d'un mot. Comme ciné pour cinéma, télé pour télévision, Stéph' de Monac' pour Stéphanie de Monaco, instit' pour instituteur.

Ne confondons pas l'apocope avec l'aphérèse qui correspond à la chute d'un ou de plusieurs phonèmes au début d'un mot. Le bus de « Va Savoir » est une aphérèse puisqu'il s'agit d'un autobus. Comme 'core pour « encore », 'tention pour « attention ». Si à un enfant distrait, Gérard Klein vous dites : « 'Tention tu vas 'core rater ton bus », mine de rien vous utilisez trois aphérèses. J'ai un copain qui ne parle que par apocopes, quand un autre ne s'exprime qu'en aphérèses. Un jour qu'ils parlaient de la femme du président de la République, l'un disait « Bern' pète dans la soie », l'autre « 'Nadette 'tille dans la 'rée », quand il fallait comprendre « Bernadette pétille dans la soirée ». Une autre fois, évoquant une mère de famille qui avait eu six enfants après avoir lu un grand auteur catholique, l'aphérésien disait : « 'Nanos 'cite des 'tuplés », tandis que l'apocopien assurait « Bern' suc' des sex' » quand il fallait entendre « Bernanos suscite des sextuplés ».

L'instit' est une apocope, la kiné' aussi. « La Kiné' », c'est une autre série de la télé. Comme autre profession apocopée, on peut proposer le rhume pour le rhumatologue, le péd' pour le pédicure, voire le nuc' pour le nucléariste. À propos de nucléariste, je n'ai pas l'habitude de faire de la publicité, mais là, vous seriez certainement surpris si je n'annonçais pas la lecture que je fais avec la Compagnie du Lointain de mon livre *Meuh !* à la salle Bayard à Argentan ce dimanche 9 avril à 17 h en soutien aux antinucléaires combattant le projet d'installer dans l'Orne un site de déchets nucléaires. Vous seriez surpris… Vous seriez même étonné si je ne vous disais pas que pour réserver sa place, il fallait téléphoner au syndicat d'initiatives d'Argentan : 02 33 67 12 48.

Donc Gérard Klein, vous êtes à la télévision un instituteur, mais un instituteur remplaçant, ce qui fait que vous n'avez pas les copies à corriger. Vous êtes quand même assez énervant, car vous avez l'air toujours en forme. Vous résolvez tout : les problèmes d'inceste, de racisme, de chômage, de handicap, d'enfants battus, de violences… C'est bien, mais il ne faudrait pas oublier de leur apprendre un peu à lire, à écrire et à faire du calcul. J'ai connu un ancien élève de Gérard Klein qui a fait ses tout premiers calculs dans la douleur, à la suite de dépôt de cholestérol dans sa vésicule biliaire.

Et puis vous, par rapport à un instituteur normal, vous n'avez pas à subir les parents d'élèves qui ne comprennent pas que Kevin ne veuille rien apprendre à l'école, alors que c'est un enfant très éveillé. Même très, très éveillé, jusqu'à deux heures du matin quelquefois, quand il finit quand même par s'endormir devant les séries américaines de la télé. Vous, c'est pas mieux, vous devez supporter les parents des enfants comédiens qui sont une autre calamité. Ils vous obligent à regarder le *book* du rejeton que l'on peut voir « là, à côté de Véronique Genest, là, de Charlotte Kady, là, de Florence Pernel, mais là, il a pas été pris, il faisait trop vieux… Quand il est rentré à la maison, j'aime autant vous dire qu'il a eu sa correction… »

C'est triste quelquefois de voir tous ces parents frustrés qui en tentant de venger l'échec de leur vie punissent des enfants qui reconnaissent plus d'autorité à la directrice de casting qu'au chef de leur établissement scolaire. L'avantage d'être instituteur pour la télé, c'est que c'est mieux payé et surtout il y a plus de vacances. Moi, c'est pour ça que j'ai fait comédien. Pour les vacances. Quand on est au théâtre, on travaille deux heures par jour, le reste du temps on est en vacances. Quand on fait de la radio, on peut travailler cinq minutes, à peine. Comme moi aujourd'hui. Parce que mine de rien, j'ai fini ma journée…

CATHERINE ARDITI ET BRIGITTE FOSSEY

Mardi 11 avril 2000

Brigitte Fossey et Catherine Arditi célèbrent un poète du nom de Jacques Prévert. J'ai le souvenir d'être passé il y a longtemps devant la maison de Jacques Prévert, là-haut, plus loin que Cherbourg, à Omonville-la-Petite, avant le cap de La Hague. C'était de son vivant, je faisais du vélo. La maison était solide, robuste, au milieu du village. Je me souviens que toutes les lumières étaient allumées et qu'aux fenêtres, il n'y avait pas de rideaux. Je me suis dit que ça devait être ça la maison d'un poète. J'y suis retourné il n'y a pas longtemps, Prévert est toujours là, mais allongé, derrière l'église, sous une pierre sans croix. Sa maison est devenue un musée. Il y a des heures d'ouverture et l'on a mis des rideaux aux fenêtres. C'est ça le problème avec les poètes, c'est qu'on finit toujours par profiter de leur mort pour mettre des rideaux aux fenêtres et éteindre les lumières. C'est ça le problème avec les poètes, c'est qu'ils finissent par mourir.

Jacques Prévert aujourd'hui, c'est pour beaucoup le nom d'une allée, d'une avenue, d'un carrefour, d'un parking, d'un centre commercial. Au mieux, c'est une rue comme les autres, à peine moins ombragée, à peine plus ensoleillée. Une rue qui tombe dans l'avenue Pompidou ou sur la place Anatole-France, qui peut-être traverse le Maréchal-Joffre ou débouche sur Paul-VI.

Au bout de la rue Jacques-Prévert
Il y a l'école Jacques-Prévert
Où des élèves sagement
Récitent imperturbablement des poésies
Des poésies
Écrites il y a soixante ans
Par un Monsieur très insolent
Jacques Prévert
Jacques Prévert.

C'est une chronique un peu mélancolique aujourd'hui. On peut pas toujours être gai. Trois cents auteurs ont signé une pétition pour réclamer le prêt payant dans les bibliothèques. Forcément, ils regrettent le manque à gagner sur leurs droits d'auteurs. Ils trouvent que c'est normal que le livre ne soit taxé qu'à 5 % parce que ce n'est pas un produit comme un autre, mais ils veulent gagner sur les prêts des bibliothèques parce qu'ils doivent trouver qu'un livre, c'est quand même un produit comme un autre. Plutôt que se mettre mal avec leurs éditeurs, ils préfèrent être modernes, vivre avec leur temps, se dire que tout a un prix, que dans les bibliothèques on paye comme ailleurs, comme à la Fnac, au Virgin, aux multiplexes, aux Mégastores, aux supermarchés, au centre de loisirs, tout doit se payer. Même les livres qui vantent l'égalité, même ceux qui défendent la culture pour tous. Même les livres qui avec des mots choisis condamnent une époque mercantile. Même ceux qui parlent de partage. Même ceux qui sont civiques.

Catherine Arditi et Brigitte Fossey célèbrent un poète du nom de Jacques Prévert. Son père était breton et sa mère auvergnate, mais c'était un poète de Paris. Les librairies de Saint-Germain-des-Prés sont remplacées par des marchands d'habits. Jean-Paul Sartre fait pas le poids face à Armani. Les chansons de Prévert reviennent à Souchon, « rive gauche à Paris traitée par le mépris comme le Québec par les États-Unis, comme nous aussi ».

C'était une chronique un peu triste qui ne demandait qu'à être consolée par un vers de Prévert, une image de Doisneau, une réplique d'Arletty, un spectacle de paroles et d'humour et de conviction et le sourire survivant de Maurice Baquet glissant éternellement sur un monoski en forme de violoncelle insolite, insolent, insoluble.

Au bout de la rue Jacques-Prévert
Il y a la place Jacques-Prévert
Où des badauds nonchalamment
Parlent de la pluie et du beau temps
Se souvenant d'un imprudent
D'un impudent
Encore vivant si on l'entend
Un tout jeune homme de pile cent ans
Jacques Prévert
Jacques Prévert.

ALEXANDRE JARDIN

Mercredi 12 avril 2000[1]

Le grand thème de l'œuvre d'Alexandre Jardin, c'est l'audace, le désir de vivre en harmonie avec l'enfant qu'il a été, la capacité à imaginer une vie qui serait à la hauteur de ses rêves. La semaine dernière, dînant en terrasse à l'hôtel Bellevue de Bréhat (nous avions pris la demi-pension), j'ai entendu une dame s'exclamer devant la carte des desserts : « Allez ! Tant pis, je me lance : je prends une tarte à la noix de coco ! » C'était une soirée d'avril, l'air était doux. On entendait le clapotis de la mer dans le port clos de Bréhat. L'ambiance était intime, l'heure était sereine. Depuis longtemps déjà, le Rosedo avait ramené à la pointe de l'Arcouest les voyageurs partis visiter l'île pour la journée. Ne restaient sur Bréhat que les insulaires et quelques touristes qui s'attardaient sur la terrasse, goûtant les douceurs insoupçonnées du printemps armoricain.

« Allez ! Tant pis, je me lance : je prends une tarte à la noix de coco ! » J'étais à la table près de la sienne, nous nous tournions le dos, je n'ai entendu que sa voix et ne connaîtrai jamais son visage, mais sans l'avoir jamais vue, j'ai immédiatement reconnue une héroïne jardinienne. « Allez ! Tant pis, je me lance : je prends une tarte à la noix de coco ! » Ce n'était pas la phrase banale de quelqu'un qui hésitait entre le far breton et la charlotte aux fraises, entre la tarte meringuée au citron et la mousse aux deux chocolats, non, c'était un choix inopiné de quelqu'un qui jamais n'avait exprimé le moindre penchant pour la tarte à la noix de coco et qui là, tout d'un coup, sur un coup de tête, un coup de foudre, un coup de cœur, un coup de sang, passion subite et radicale, était prêt à changer son fusil d'épaule pour viser des bonheurs effrontés, des ravissements inédits.

Cette dame qui choisissait une tarte à la noix de coco, c'était plus qu'une vacancière s'octroyant un minuscule écart, non, c'était une rebelle refusant la subordination de l'habituelle farandole des

1. La dame de la chronique, héroïne jardinienne sans le savoir, s'est reconnue et m'a envoyé une lettre très sympathique. Elle me fait remarquer que l'hôtel Bellevue de Bréhat ne propose pas une tarte, mais un flan à la noix de coco.

desserts ordinaires, c'était une insoumise qui se révoltait contre l'ordre établi par ses traditions intimes, c'était Jeanne la pucelle décidant de bouter les usages et les sclérosantes conventions, c'était Antigone qui ne veut pas être modeste et se contenter d'un petit morceau si elle a été bien sage. « Allez ! Tant pis, je me lance, je prends une tarte à la noix de coco ! »

Il y avait une telle force de conviction, une si vive arrogance dans la voix de la dame, une telle puissance dans la décision. Ce n'était pas un choix anodin, non c'était une remise en cause de toute une existence qui se jouait là, par un soir d'avril, tandis que le vent de l'ouest se prenait pour le mistral en soufflant sur les palmiers bréhatins. C'était pour la tarte aux pommes, coupable de si peu d'exotisme, que jusqu'alors elle avait cru aimer, comme une offense. Pour la mousse au chocolat qui ne l'avait jamais déçue un affront, une humiliation, une blessure. Mais on sentait bien qu'elle ne pouvait plus faire marche arrière, la dame, étonnée par l'audace de sa décision, donnant à tous les clients du restaurant une leçon de courage et d'indépendance d'esprit, un exemple de hardiesse et de liberté. « Allez ! Tant pis je me lance : je prends une tarte à la noix de coco ! »

Et moi qui ce jour-là avais décidé comme un quelconque quadragénaire de me soucier de mon surplus pondéral, moi qui pourtant raffole du tiramisu, qui voue un culte au mille-feuilles, qui vendrais ma mère pour un macaron à la pistache, comme je me suis senti rétréci, étroit, étriqué, petit-bourgeois, quand la serveuse me tendant la carte des desserts, je m'entendis dire, triste et conventionnel : « Merci ça va aller… juste un café s'il vous plaît », puis sortant de ma poche une boîte d'aspartam, je finis de m'enliser dans le monde raisonnable des adultes, refusant la sensualité d'un plaisir immédiat.

Même si vivre est dangereux, même si la nouveauté est périlleuse, refusons le triste sort du monde adulte, ne nous couchons pas devant les sinistres perspectives d'un avenir sans joie, ne capitulons pas devant nos rêves d'enfants, ne transigeons pas avec nos secrets désirs, et demain, nous serons des milliers, des millions, surpris par leur aplomb, étonnés de leur audace, abasourdis par leur inexpugnable volonté et qui d'une même voix dirons : « Allez ! Tant pis, on se lance, on prend de la tarte à la noix de coco ! »

ISABELLE CARRÉ

Vendredi 21 avril 2000

À mon avis, Isabelle Carré est une jeune fille qui est jolie comme un cœur. « À mon avis », à mon avis est peut-être de trop, car cela pourrait vouloir dire que mon opinion est essentiellement personnelle et par conséquent peu partagée. Ce qui n'est pas vrai puisque depuis que je sais que l'invitée d'aujourd'hui est Isabelle Carré, tout le monde me dit : « Isabelle Carré est une jeune fille qui est jolie comme un cœur. »

Ma mère me l'a dit au téléphone : « Isabelle Carré est une jeune fille qui est jolie comme un cœur. » En réalité, dans la conversation, j'ai vite compris que maman confondait Isabelle Carré avec Laetitia Casta puisque à un moment donné, elle s'est énervée en disant qu'elle avait quand même bien le droit d'habiter en Angleterre si ça lui plaisait. À sa manière mon amie Sandy, de tempérament volontiers jaloux, m'a également vanté vos attraits puisqu'elle a dit : « Ton Isabelle Carré, c'est rien qu'une pétasse », ce qui dans sa bouche se traduit très exactement par : « Isabelle Carré, ça m'embête bien de le dire, mais elle est vraiment jolie comme un cœur. » Même mon boucher qui s'appelle Robert me l'a dit ce matin : « Isabelle Carré est jolie comme un cœur ; à propos si vous aimez les abats, c'est le moment d'en profiter. »

Je me rends bien compte que la comparaison « jolie comme un cœur » n'est pas très heureuse tant elle est un cliché, un poncif, une banalité. Car en réalité un cœur n'est pas très joli si on songe que c'est rien qu'un organe musculaire plein de valves, un gros machin creux tout sanguinolent dont les parois sont formées, je le rappelle, de trois tuniques qui sont : le péricarde, le myocarde et l'endocarde. N'hésitez pas si vous êtes chez vous à prendre des notes. Je ne referai pas forcément de sitôt une allocution sur le muscle cardiaque. La semaine prochaine, l'invité sera Henri Emmanuelli et en aucun cas je n'envisage de commencer mon papier par : « À mon avis, Henri Emmanuelli est une jeune fille qui est jolie comme un cœur. » Encore que comme début ce serait assez percutant et aurait le mérite, par son caractère inattendu et original, de renouveler et par-là même de rafraîchir une comparaison éculée. « À mon avis » prendrait à mon avis toute sa valeur puisque à part moi, personne jamais, sauf peut-être il y a une cinquantaine d'années quand il était dans son berceau et qu'il n'avait pas encore des balais-brosses au-dessus de ses yeux, personne n'a jamais dit : « Henri Emmanuelli est joli comme un cœur. »

En tout état de cause, si l'on veut absolument comparer Isabelle Carré à un muscle, on pourrait prendre la peine d'en trouver de plus jolis. Je pense au cubital antérieur qui est très mignon, au petit palmaire qui est délicieux, voire au grand fessier qui n'est pas sans charmes. Serait-il judicieux de comparer une jeune femme, fût-elle actrice, à un fessier, fût-il grand ? Personnellement, je ne le crois pas. D'abord parce que les comparaisons situées dans les parties basses sont souvent dépréciatives. Si vous dites : « Le duc de Bordeaux ressemble à son cul », ce n'est pas un compliment, fût-il justifié, quels que soient les mérites décoratifs du derrière aristocratique et girondin, fût-il futile. Quelle est la différence entre un derrière et un cul ? La question revient souvent : généralement on considère que le derrière est fait pour permettre la situation assise quand le cul est plutôt destiné au plaisir du regard, voire à la rigolade.

M. Jean-Marie Cavada a fait passer une note interne, destinée notamment aux chroniqueurs de cette émission, pour demander de toujours préférer le mot « derrière » au mot « cul ». Le « cul », selon lui, fait moins service public. Il conseille ainsi de parler de « film de derrière », de « derrière-de-lampe », de « derrière-de-sac », de « derrière-terreux », voire de « derrière-de-jatte ». Ce qui est apparu pour certains comme une inacceptable mise au pas de la liberté d'expression a été, on s'en doute, diversement apprécié parmi les collaborateurs de Radio-France, quelques-uns, les moins critiques, n'hésitant pas à qualifier leur directeur de « derrière pincé », voire d'un peu « derrière-derrière » sur les bords. On a même trouvé dans les toilettes exclusivement réservées à Jean-Luc Hess un graffiti ainsi libellé : « Cavada n'est qu'un peigne-derrière. » Quoi qu'il en soit, et c'est très précisément là où je voulais en venir, à mon avis, Isabelle Carré n'est pas seulement jolie comme un cœur, elle est libre comme l'air, marrante comme pas deux et gaie comme un pinson qui aurait oublié d'être bête.

ÉRIK ORSENNA

Mercredi 26 avril 2000

Érik Orsenna, revenez dormir à l'Élysée. Depuis que vous n'y êtes plus, vous, l'ancien nègre de François Mitterrand, le niveau a baissé. Inaugurant au Louvre l'exposition des Arts premiers, le président Chirac a fait un discours succinct, il a déclaré : « C'est vieux et pourtant qu'est-ce que c'est beau ! » Visitant la grotte de Lascaux, le président a pris la parole un peu solennellement pour affirmer : « C'est beau et pourtant qu'est-ce que c'est vieux ! » Dînant face à son amie Line Renaud, le président a remarqué : « C'est vieux et pourtant qu'est-ce que ça mange ! » C'est vrai, on peut critiquer Mitterrand. On peut lui reprocher d'avoir été peut-être un petit peu menteur, mystificateur, embobineur, trompeur, dupeur, escroc, peut-être… Mais s'il nous a menti, mystifié, embobiné, trompé, dupé, escroqué, il l'a toujours fait dans un français impeccable. Et ça, au pays de François Villon, de Jean de La Fontaine et de Pascal Obispo, c'est essentiel…

Quand les renseignements généraux sur l'ordre du Président écoutaient en douce les conversations privées de quelques journalistes ou écrivains critiques, c'était juste pour surveiller le bon usage de la langue française. Le Président était très à cheval sur la grammaire, très tatillon sur l'orthographe, très pointilleux sur le style… Même si on peut trouver que recevoir la francisque, ou dîner avec Bousquet, ça ressemble quand même à une faute de français. Mais de quoi je me mêle à critiquer l'ancien Président qui m'avait fait couler une larme de joie un soir de mai 81 quand on pensait en avoir fini avec la droite alors que, l'on ne savait pas encore que, comme la tête de l'Hydre de Lerne, elle repoussait aussitôt après qu'on l'eut coupée.

(Chaque fois qu'on reçoit un académicien, j'essaie de soigner mes références culturelles. Quand on a des vedettes de la télé, je fais moins de frais… Dans le fond, je préfère, ça me permet d'écrire ma chronique plus rapidement et de me laisser plus de temps pour faire du badminton avec mon fils contre qui, je le dis sans vanité abusive, je suis imbattable. L'autre fois, première partie : 21-10, deuxième : 21-8. Après, il a voulu faire la belle, je lui ai dit : « Il n'y a pas de belle à faire, laisse-moi rigoler, c'est moi qui les ai gagnées les deux parties ! Il n'est pas question de faire de belle quand on vient de perdre lamentablement contre un joueur visiblement imbattable et supérieur. » Il a pleuré, je l'ai traité de mauvais perdant… C'est aussi mon rôle d'éducateur que de lui faire comprendre qu'il faut savoir accepter la défaite même si elle est cuisante et sans appel. Depuis on est en froid avec mon fils. À sept ans et demi, c'est déjà un déçu du morelisme.)

Où en étais-je ? L'Hydre de Lerne… Ah oui : de quoi je me mêle à brûler, maintenant qu'il est mort, mon ancienne idole (Mitterrand, pas mon fils qui reste mon idole actuelle) ? De quoi j'ai l'air à mêler ma voix à celles de tous ceux qui l'avaient approché, vénéré, béatifié de son vivant, canonisé sans attendre l'aval papal, et aujourd'hui se répandent partout en révélant qu'il avait les pieds plats et qu'il puait de la gueule ? Il faut se méfier de l'amertume qui, prématurément, use, émousse, rabougrit. Sauf si on est un marc de Bourgogne ou un Mouton-Rothschild, c'est pas beau de vieillir. D'ailleurs, est-ce l'effet de l'âge ? Plus nous avançons dans la vie, plus les gens de cinquante ans qu'il n'y a pas si longtemps nous considérions comme des vétérans dépassés, des presque vieillards, des précacochymes commencent à prendre la tête de gens qui finissent par nous ressembler. Est-ce eux qui rajeunissent ou nous qui dépérissons ? Est-ce eux qui s'infantilisent ou nous qui déclinons ? C'est un fait : les vieux cherchent à nous imiter.

Avant, un académicien français, ça n'avait plus d'âge, ça n'avait plus d'illusions. Ça voyait plus, ça n'entendait plus rien. Même si ça entendait, ça n'écoutait plus. Ça n'avait plus que de la bile, de la méchanceté, des aigreurs dans l'estomac et dans les pensées. Ça n'avait plus que des décorations et des ennuis de prostate. Enrubanné, emmédaillé de partout : Légion d'honneur, Croix de guerre, Palmes académiques… Ça écrivait dans *Le Figaro* des papiers contre la musique électrique, les cheveux longs, le string, les colonnes de Buren et ça disait chez Jacques Chancel avec une voix d'outre-tombe : « J'ai toujours été un rebelle. » Maintenant à l'Académie, ce sont des gars de bonne humeur, marrants, sportifs, des ingambes littérateurs qui sèchent les séances du dictionnaire pour lutiner une jeunesse ou partir faire le tour du monde à la voile.

Regardez le livre d'Orsenna (*Portrait d'un homme heureux*), il l'a un petit peu rédigé, mais surtout il l'a recopié. Page 37, toute la page c'est Louis XIII qui l'a écrite ; page 28, pages 113-114, c'est Thierry Mariage ; pages 86-87, c'est Colbert... 89, il fait un dessin pour remplir la page. Comme il est honnête, il cite tout le monde à la fin dans une « reconnaissance de dettes » qui fait trois pages. On peut pas lui en vouloir. Après tout, c'est bien à son tour d'avoir des nègres.

HENRY CHAPIER

Vendredi 28 avril 2000

Il y a une scène que j'aime bien dans *L'Amour en fuite* de François Truffaut : Antoine Doinel est devenu papa, il accompagne son fils à la gare de Lyon. Au petit Alphonse qui vient de monter dans le train, Antoine dit de surtout bien travailler son violon s'il veut devenir un bon musicien parce que sinon, s'il est paresseux, s'il ne travaille pas assez, s'il est nul, il deviendra critique. Ainsi que le disait mon aïeul qui avait lu tout Saint-Exupéry : « La critique est facile, mais l'aréopostale. » Je sais on dit normalement aéropostale, mais mon grand-père vient de mourir d'un infractus dans un aréoport et l'on comprendra que dans des circonstances aussi douloureuses on n'ait pas forcément le cœur à s'arrêter sur des problèmes que l'on n'hésitera pas momentanément à qualifier de subdisiaires.

Mais revenons à François Truffaut qui citait cette formule entendue à Hollywood : « Chacun a deux métiers, le sien et critique de cinéma. » C'est une formule fausse, car il existe des malheureux qui n'ont pas deux métiers, ce sont les critiques de cinéma. Critique ! Comment peut-on devenir critique ? Un enfant éveillé, déluré, bien dans sa peau rêvera d'être pompier, infirmière, instituteur, chroniqueur à France Inter. S'il est un peu pervers, il voudra être gynécologue, proctologue, dentiste. S'il est très pervers, il voudra faire percepteur, contractuelle, animateur... S'il est très, très pervers, il rêvera d'être critique... La principale perversion du critique est, je le rappelle, la nécrophilie. Généralement il attend la mort des artistes pour en dire du bien. Louis de Funès mésestimé de son vivant est devenu un génie dans l'au-delà.

Que font les critiques ? Les critiques font des critiques. Il y a deux sortes de critiques : les bonnes et les mauvaises. Il y a deux sortes de mauvaises critiques. Premièrement, les mauvaises critiques qui ne vous sont pas destinées et qui vous font bien rigoler, que vous trouvez pleines d'esprit et drôlement bien écrites. Deuxièmement, il y a les mauvaises critiques qui vous sont personnellement destinées et qui sont rédigées par des sales cons analphabètes, médiocres, incultes, ignares qui écrivent comme des manches dans des canards de merde.

Aujourd'hui, nous recevons un critique. Mais si Henry Chapier est connu, ce n'est pas parce qu'il a écrit des papiers dans des journaux, c'est parce qu'il est également un homme de télévision. Vous pouvez écrire tous les articles que vous voulez : même les plus beaux, même les plus pertinents, même les plus intelligents, si vous ne passez jamais à la télévision, vous serez forcément moins connu que Bertrand Renard « Des chiffres et des lettres » qui vous apprend que 512, vous pouvez l'obtenir en effet comme M. Lefèvre en faisant 50 multiplié par 7, plus 6 fois 25, plus 6 multiplié par 2 = 512, mais que vous aviez plus simple puisque vous pouviez faire 75 fois 8 = 600. 100, divisé par 4, ce qui nous donne 25, moins 3, soit 22 que je multiplie par 12 divisé par 3, j'obtiens 88 que je retire à 600, soit 512.

Aujourd'hui nous recevons un critique. On se moque. On galèje. Mais il faut bien défendre les critiques qui appartiennent à la civilisation archaïque de l'écrit. Pour juger un film, il suffit de regarder. Pour apprécier une critique, il faut quand même savoir lire. Comme l'art, la critique est devenue difficile. C'est un petit métier qui n'existe pratiquement plus et qui bientôt aura complètement disparu… Demain, comme les rémouleurs, les vitriers et les marchands de peaux de lapins de notre enfance, ils traverseront les villages pour proposer leurs critiques qui, hélas, n'intéresseront plus personne. « Criiiiiiiitiqudecinémaaaaaa ! », crieront-ils dans les rues devant des maisons aux fenêtres fermées. « Criiiiiiiitiqudecinémaaaaaa ! » s'égosilleront-ils sur les places désertées. « Criiiiiiiitiqudecinémaaaaaa ! » s'époumoneront-ils devant des habitations calfeutrées. « Barricadez les portes ! Tirez les volets ! Ne répondez pas ! Cachez-vous sous la table ! Arrêtez de respirer ! C'est le critique de cinéma ambulant qui passe. Il va encore nous bassiner avec son Godard, son Mizoguchi et son Kurosawa alors que ce qui nous plaît, nous, c'est *Taxi 12* et *Scream 23* ! »

Et le critique de cinéma, déjà au loin sur la colline, montré du doigt, moqué par les enfants, partira, triste, esseulé, rejeté par tous, avec le prégnant regret de n'avoir pas été, quand il en était encore temps, selon la formule d'Aragon, « un pédagogue de l'enthousiasme ».

HENRI EMMANUELLI

Mercredi 3 mai 2000

Henri Emmanuelli est un homme de gauche. En italien, gauche se dit « sinistra ». C'est vrai que Henri Emmanuelli n'a pas la réputation de faire partie de la brigade du rire. Son physique doit y être pour quelque chose. Il est taillé à la serpe, il est broussailleux des arcades. Il a l'air sec, pète-sec, pas commode. Ceux qui ne l'aiment pas disent qu'il est revêche, sectaire, grande gueule, forte tête. Ceux qui l'aiment bien disent… qu'ils l'aiment bien. Qu'ils l'aiment bien comme il est : revêche, sectaire, grande gueule, forte tête. Henri Emmanuelli n'a pas la réputation de faire partie des escouades de la rigolade. Il ressemble un peu à un os de seiche qui se serait laissé pousser les sourcils, ce qui, tous les naturalistes un peu documentés en conviennent, reste très exceptionnel.

Henri Emmanuelli n'a pas la réputation de faire partie du bataillon des farces et attrapes. Il ressemble un peu à l'enfant rébarbatif né d'un mariage de raison entre un coup de trique et une porte de prison. Mais les apparences quelquefois sont trompeuses. Pasqua a l'air presque sympathique, si on n'est pas trop regardant… Pasqua, avec son accent, sa faconde, son pastis, ses vrais faux airs de Fernandel…, il paraît rassurant, quasiment. Sauf que si c'est lui qui répète : « Tout condamné à mort aura la tête tranchée », moi je m'inquiète. Un autre exemple : Charles Millon, avec son air un peu con… oui, les apparences sont trompeuses quelquefois, mais pas toujours.

Henri Emmanuelli est hargneux, il est élu du Béarn : Henri Emmanuelli, c'est l'ours des Pyrénées. Il vient d'être réintroduit dans sa circonscription. On dit que ça permet au sein du PS de préserver l'équilibre zoologique entre jospinistes et fabiusiens, entre éléphants d'espèces différentes qui s'entendent, quoi qu'ils en disent, comme chiens et chats… Pourquoi devient-on un homme politique alors qu'on aurait pu faire carrière à la banque, gagner plein de pognon et se plaindre des politiques qui nous font trop payer d'impôts ? Peut-être par goût des cérémonies d'inauguration. Personnellement, tout ce que j'inaugure, c'est une nouvelle paire de chaussures environ tous les six mois. Je le fais sans cérémonie excessive : je vais faire un tour jusqu'au Sporting pour voir si elles ne me font pas trop mal aux pieds…

Au moment de l'affaire Urba, les commentateurs ont souligné que Henri Emmanuelli ne s'était pas enrichi personnellement, ce qui a eu l'air de surprendre tout le monde, notamment ceux qui sont familiers des coutumes du monde politique. Henri Emmanuelli est donc un original. Esseulé dans sa tanière pendant deux ans, il a eu le temps d'écrire un livre. Pour un homme politique, ce n'est pas étonnant de publier un livre, ce qui l'est plus, c'est de l'écrire. Généralement, ils touchent les droits d'auteur sur des ouvrages rédigés par d'autres avant de prononcer des discours qu'ils n'écrivent pas non plus, pour vanter la probité, le goût de l'effort personnel et s'étonner de la désaffection inexplicable qui touche le monde politique.

Pourquoi les hommes politiques sortent-ils tant de livres alors qu'ils ne sont pas obligés et que personnellement, j'aimerais mieux qu'ils s'occupent de voirie et du traitement des eaux usées vu que je n'ai toujours pas le tout-à-l'égout dans ma rue ? Peut-être parce qu'ils se disent que dans le mot « électeur », il y a le mot « lecteur ». Peut-être aussi pour me culpabiliser, moi qui n'ai jamais de réunions à la mairie, au conseil général, nulle part, qui n'ai pas de projets extrêmement précis pour améliorer le sort du monde et qui pourtant ne réussis même pas à trouver le temps d'envoyer un petit mot à Mme Lefèvre pour lui dire que j'ai bien reçu ses chocolats, qu'ils étaient très bons et qu'à mon tour avec un peu de retard je lui souhaite de Joyeuses Pâques.

Henri Emmanuelli est un homme de gauche. Il a été privé de ses droits civiques pendant deux ans et pourtant tout le monde s'accorde pour dire qu'il est honnête. Charles Péguy (un homme de droite ?) écrivait : « Le monde est plein d'honnêtes gens. On les reconnaît à ce qu'ils font les mauvais coups avec plus de maladresse. »

FRANCIS PERRIN
Lundi 8 mai 2000

« Nous ne faisons pas un métier de fonctionnaire et si c'est pour venir travailler comme on va à la banque, ce n'est pas la peine d'y aller », disiez-vous Francis Perrin en 1975 après avoir quitté la Comédie-Française. Pourquoi cette haine du banquier ? Ce mépris du fonctionnaire ? Quelle différence entre un comédien et un fonctionnaire ? La sécurité de l'emploi. D'autant plus qu'au théâtre la notion d'emploi n'existe plus beaucoup, sauf à l'ANPE du spectacle. Et à la Comédie-Française. Vingt-cinq ans avant Philippe Toretton, vous l'avez quittée. Vingt-cinq ans avant Philippe Toretton, vous vous êtes fâché avec l'administrateur. Vingt-cinq ans avant Philippe Toretton, vous avez joué *Les Fourberies de Scapin*. Scapin est un personnage qui énerve l'acteur qui l'interprète. Si j'étais administrateur du Français, je distribuerais dans le rôle de Scapin un acteur déjà âgé. Un acteur qui ne s'énerve jamais. Un acteur qui sait rester à sa place. Un acteur qui n'aime pas trop faire des cabrioles. Si j'étais administrateur du Français, pour jouer Scapin, j'engagerais Derrick.

Pourquoi vouloir toujours opposer les cigales et les fourmis ? Même les cigales quelquefois rêvent de sécurité, de calme, d'un peu de repos. Un refuge, un abri, un nid douillet, une patère pour son chapeau de gugusse, un portemanteau pour y accrocher ses habits de lumière. Pendant sept ans, vous-même, vous avez été directeur de théâtre, en banlieue certes, mais à Versailles où dans les quartiers les plus difficiles la violence s'exprime sur les murs par des tags écrits à la craie afin qu'on puisse les effacer : « Zut à la société », « Crotte au gouvernement », et même « Je vous prie instamment de bien vouloir sur-le-champ niquer votre maman ! ».

Pourquoi opposer les fourmis et les cigales ? Même les fourmis rêvent d'aventure, d'imprévu, de vie insouciante et gaie, de roulottes qui partent brinquebalantes vers des lendemains inconnus mais prometteurs. Défonctionnarisons le fonctionnaire en lui faisant connaître les délices de la vie d'artiste. La tournée du facteur est ennuyeuse, car elle est répétitive. Faisons tourner le facteur pendant plusieurs mois d'affilée, une ville différente chaque jour. Créons l'événement. Annonçons sa venue : « Bientôt dans votre ville, le merveilleux Jean-Jacques Foulon, l'As des facteurs ! Un coup de pédale inimitable ! Un lancer de courrier inatteignable !… Bientôt dans votre ville, Jean-Jacques Foulon, un facteur de satisfaction ! »

La vie d'artiste, c'est aussi la vie nocturne, les soupers d'après spectacle. Proposons aux infirmières, aux professeurs des écoles, aux douaniers, aux agents des PTT, de la SNCF, aux trésoriers-payeurs généraux de commencer leurs activités diverses vers 20 h 30, puis de se retrouver au Vaudeville après 23 heures où jusqu'à 3 heures du matin fourmilleront toutes ces anecdotes cocasses qui font le charme, la grandeur, la mythologie pour tout dire, de l'administration française. Ne croisons pas un gendarme sans lui demander un autographe. Ne rencontrons pas un policier sans lui dire qu'on l'a trouvé formidable lors de sa dernière perquisition. Ne passons pas à côté d'un percepteur sans le féliciter pour son dernier redressement fiscal qu'il a fait à la maison et où on l'a trouvé particulièrement convaincant… Ne retrouvons pas un ancien collègue de classe devenu ingénieur des Ponts et Chaussées sans s'étonner qu'il soit resté un type tout ce qu'il y a de normal, pas à détours et finalement très abordable…

Et arrêtons de généraliser en critiquant le fonctionnaire parce qu'il serait quelquefois peu acharné au travail. Tout le monde peut avoir ses faiblesses, tout le monde a des lacunes. Personne n'est à l'abri d'une petite déficience. C'est comme si à moi, quand je vais rentrer à la maison, Sandy me disait : « Ton texte sur Francis Perrin, là, il était pas trop mal, mais on voyait pas bien où tu voulais en venir et puis excuse-moi, mais j'ai l'impression que tu n'as pas trouvé la fin, que ça partait un peu en eau de boudin… » Qu'est-ce que je pourrais lui répondre ? C'est pas faux…

ROBERT HOSSEIN

Mercredi 9 mai 2000

Je connais un peu Jésus. Je ne suis pas un intime, mais nous avons de la famille en commun. Du côté de sa sœur Monique qui est mariée avec le beau-frère de ma marraine. Monique de Nazareth est une fille qui a préféré garder toute sa vie l'anonymat. Elle a accompli sa carrière dans une entreprise de yaourts du côté de Mamers où elle s'est occupée notamment de la comptabilité avant de prendre une retraite comme on dit bien méritée. Sans doute du fait de sa personnalité réservée, elle a été complètement mise à l'écart de l'Histoire sainte. Elle est née juste après la disparition de son frère tué dans les circonstances tragiques que l'on sait et sur lesquelles je ne vais pas revenir…

Jésus, on s'en souvient, a été torturé à mort par une bande rivale. Il a eu une fin terrible. Si j'étais sujet à tomber dans la facilité, je dirais : « Un chemin de croix. » Quand on vous enfonce une casquette un peu trop petite qui vous serre la tête, déjà c'est moyen agréable, une couronne d'épines, c'est très irritant. Une écharde dans le doigt, c'est déplaisant, mais des clous enfoncés au travers de la main, c'est plus que taquin. Ce qui a beaucoup choqué la maman de Jésus, qui est une sainte, c'est surtout quand elle a appris que son fils unique, qui était tout pour elle, avait eu une relation avec Marie-Madeleine, femme de mauvaise vie. Ça a fait un véritable drame familial. Peut-être pour oublier un peu ce fils qui leur avait causé tant de soucis, les parents ont eu, une trentaine d'années après, une petite fille sans histoire qu'ils ont prénommée Monique.

Monique n'a jamais eu qu'une conduite dans la vie, se faire oublier, une seule attitude, qu'on ne parle pas d'elle, une morale unique, la discrétion. À l'âge de 8 ans, comme elle avait remporté un premier prix de solfège au conservatoire municipal de Mamers, une médaille devait lui être remise. Elle ne monta jamais sur le podium installé dans la salle des fêtes, préférant dédaigner la récompense plutôt que d'être mise sous les feux de l'actualité et risquer de trouver sa photo pas plus tard que le mois suivant dans le bulletin municipal de Mamers.

Monique ne dit jamais un mot plus haut que l'autre. Elle est tellement transparente que souvent on l'oublie. On n'y fait plus attention. Quelquefois, quand en famille on se retrouve pour jouer à la belote, on s'assoit dessus, on l'écrase, on la piétine, sans faire exprès, sans méchanceté. Elle ne se plaint pas. Heureusement, il y a toujours quelqu'un pour s'en rendre compte : « Attention, tu marches sur Monique. » Pourtant, Monique de Nazareth a les mêmes dons que son frère. Y a pas de miracle : c'est de famille. Elle est capable de multiplier les petits pains, de transformer l'eau en vin. C'est pratique, plutôt que de descendre à la cave, on lui dit : « Monique, remplis le pichet. » Quelquefois aussi, pour une affaire rapide, emballé c'est pesé, on s'allonge sur Monique. Elle soulève ses jupons. Elle n'est pas du genre à se faire prier.

« Si par hasard, un jour, tu vois Robert Hossein, qu'elle m'a dit, je t'en prie, dis-lui un grand merci de la part de mon frère. Il serait content de toute la publicité qu'il lui fait, vu que lui ne détestait pas la renommée. » Parfois, c'est sûr, elle trouve que vous en faites un peu trop, elle aimerait mieux que vous lui lâchiez un peu les spartiates au Jésus. Comme elle dit : « Il n'y a plus que Robert Hossein pour parler de l'Évangile. » Elle a pas tort, même Monseigneur di Falco, dans le programme de votre spectacle, il ne cite pas saint Pierre ou saint Matthieu, il cite saint Coluche. Il tient à son audimat.

Moi, une fois, avec le comité d'entreprise des yaourts de Monique, on est allé voir une pièce de vous. Je ne me souviens plus du nom du spectacle, mais vous allez sûrement vous rappeler, c'est celui qui avait lieu au Palais des sports… C'était un grand sujet, il y avait plein de figurants sur la scène, des fois ils se mettaient à courir et puis des fois ils se déplaçaient très lentement. Ça vous dit quelque chose ? Pour vous préciser un peu : moi, j'étais assis juste en face et à l'entracte, j'avais bu une bière. Au retour avec le car, on est allé jusqu'à la rue Saint-Denis, on a bien rigolé, et puis on a mangé des frites sur l'autoroute, on n'est pas rentré chez nous avant quatre heures du matin… Ça ne vous dit rien ? Cette année, le comité d'entreprise a organisé une sortie : le Parc Astérix, l'après-midi, « Hollyday on ice » le soir… Moi, je n'irai pas. La culture, ça va bien, mais pas tous les ans.

DEE DEE BRIDGEWATER

Lundi 15 mai 2000

J'ai été surpris de ne pas pouvoir faire la grasse matinée aujourd'hui alors qu'on est lundi. D'habitude, à chaque fois que c'est l'an 2000, et qu'on est au mois de mai, et qu'on est lundi et qu'on n'est pas obligé de venir à la radio, et qu'il fait beau, et qu'on peut manger dehors, et qu'on a du rosé au frais, on a toujours quelque chose à fêter, alors on reste à la maison. Et là rien. Lundi dernier, justement, on était à la maison, on discutait. Le sujet, c'était le tchador. Il y en a qui étaient pour. Il y en a qui étaient contre et Sandy qui a toujours un avis sur tout a dit : « Il y a du pour et du contre. »

« Faut-il demander aux jeunes filles qui portent le tchador de le retirer quand elles viennent à l'école ?

— Oui.

— Mais les filles qui portent le tchador, pour elles, c'est la tradition.

— On s'en fout. La tradition de l'école est laïque et républicaine, c'est comme ça.

— C'est bien ce que j'ai dit, a dit Sandy, qui aime à synthétiser les débats : il y a du pour et du contre.

— …

— Faut-il supprimer les jours fériés pour Pâques et la Pentecôte qui sont quand même un petit peu, si on se souvient bien, des fêtes religieuses ?

— Euh… non, parce que c'est la tradition de l'école laïque que de respecter les fêtes religieuses.

— Comment ?

— Oui, parce que c'est la tradition de ne pas travailler les jours fériés.

— Oui, mais vu que ce sont des fêtes religieuses…

— Oui, mais non.

— Oui, mais…

— Non.

— C'est bien ce que j'ai dit, a dit Sandy…

— Voilà… Si tu allais chercher le café plutôt…

— …

— Oui, mais il y a quand même des élèves d'autres confessions pour qui ces fêtes-là ne veulent rien dire.

— Euh… oui, c'est pas faux, mais ça peut aussi être un avantage que d'avoir un tchador le jour de Pâques pour cacher ses œufs.

Au collège Jean-Monnet de Flers d'où deux élèves l'an passé ont été exclues, ce qui paraît normal, vu que l'école est laïque et républicaine, les élèves le midi peuvent choisir catéchèse comme activité. Finira-t-on par expulser tous les petits catéchumènes ?

Rien n'est prévu. « Et pis, je te ferai remarquer, a dit un laïque pratiquant, les jours fériés ne correspondent pas forcément à des fêtes religieuses. Le 8 mai n'est pas une fête religieuse. Et le 1er mai non plus que je sache, à moins que tu considères Marc Blondel comme un aumônier, Nicole Notat comme une petite sœur des pauvres… »

Et le 15 mai c'est encore moins une fête religieuse puisque c'est la sainte Denise qui en américain se traduit très exactement par Dee Dee. Ça a été le second sujet de conversation, lundi dernier, quand on est resté à la maison, qu'on a mangé dehors et qu'au bout d'un moment, on n'avait même plus de rosé au frais : la défense de la langue française et les dangers de l'américanisation. Il y en a qui étaient pour. Il y en a qui étaient contre. Sandy a voulu dire quelque chose, mais quelqu'un lui a dit : « Ta gueule. » On ne saura jamais ce que Sandy voulait dire. « Toi qui passe parfois à la radio, m'a-t-on fait la remarque, tu devrais t'insurger. Il faut franciser systématiquement tout ce qui peut l'être. » Aujourd'hui, donc, nous recevons Denise Ponteau. Denise Ponteau, merci d'être notre invitée parce que, que ce soit dimanche ou lundi, Pentecôte ou Pâques, jour de labeur ou jour chômé, qu'on soit laïque ou bigot, catholique ou coco, pas de discussions : on vous écoute religieusement. Denise Ponteau quand on vous entend, c'est tous les jours fête.

MACHA BÉRANGER

Mardi 16 mai 2000

L'avantage que vous avez par rapport à nous, Macha Béranger qui êtes pendue toute la nuit au téléphone, c'est que vous traitez directement avec vos auditeurs. Nous, nous recevons des lettres et nous y répondons. C'est un travail que l'on emporte pour faire à la maison. Ce sont nos copies à corriger à nous. Justement beaucoup de courrier cette semaine. Je dois dire que je suis dans l'équipe celui qui en reçoit le plus. Même Christophe Alévêque en reçoit moins que moi, alors qu'il s'envoie lui-même des lettres d'amour qu'il n'arrive plus à relire, car il fait des pâtés. En général, je ne parle pas des lettres que je reçois, car elles sont extrêmement élogieuses pour ma personne et que je ne me vois pas en train de lire des phrases mettant à mal ma modestie naturelle qui est un peu chez moi comme une marque de fabrique, une seconde nature, et aussi un genre que je me donne car il fait mon originalité.

Je peux vous en lire une cependant (puisque je vois bien que vous insistez…) : « Cher Monsieur Morel, je vous admire beaucoup, vous êtes le soleil somptueux de mes jours de pluie, l'astre miraculeux de mes nuits sans lune. Votre voix n'a d'égale que la magnificence de votre style, l'éclat de votre personnalité au charisme si impressionnant. Continuez. Bravo. Vous êtes le meilleur de l'équipe. » Et c'est signé : « Maman. » J'ai reçu beaucoup, beaucoup de courriers de ce genre, car ma mère a la plume alerte et qu'elle tient absolument à m'encourager… Parfois, elle signe de son nom, mais parfois, pour tromper l'ennemi qui est ma sagacité, elle prend des pseudonymes : Henriette Bouchard, Sylvain Lhôtellier, Alex Lefèvre. Elle pense prendre en défaut ma sagacité, mais souvent elle ajoute en PS une note qui la trahit : « Bravo pour vos éclairantes interventions. Hier, ton frère a appelé. » Ou encore : « Je vous admire énormément, vos chroniques sont de petits bijoux. J'espère que tu ne manques pas de chaussettes, car tu en as oublié une paire la dernière fois que tu es venu à la maison. »

À propos de chaussettes… N'avez-vous pas remarqué qu'il existe une énigme autour des chaussettes ? Comment se fait-il qu'elles soient systématiquement dépareillées au moment où l'on projette de les ranger ? Quand on achète des chaussettes, au magasin elles sont deux ; quand on les enfile, elles sont toujours jumelles. On les met toutes les deux dans le panier de linge sale. Déjà, au moment où l'on fait une machine, on se rend compte qu'imperceptiblement, chaque chaussette, guidée sans doute par un désir d'indépendance, s'est éloignée de l'autre, a pris de la distance. Il faut un petit temps de recherche si l'on veut à nouveau les réunir afin de les accoupler dans le lave-linge.

La machine faite, on les sort, on les dispose sur un Tancarville. Au moment où l'on décide de ranger ses chaussettes dans le tiroir à chaussettes, dit « tiroir à chaussettes », celui juste au-dessus du tiroir à slips, surnommé « tiroir à slips », une chaussette a disparu, une chaussette s'est échappée, une chaussette s'est fait la malle.

Envolée, anéantie. Pas d'indices. Comme le docteur Godard, partie sans laisser d'adresse. Il existe un mystère autour des chaussettes, une véritable conspiration du silence. Chaque année dans un triangle des Bermudes situé entre le panier de linge sale, le lave-linge et le tiroir à chaussettes disparaissent des centaines et des centaines de chaussettes. Il s'agit là d'un phénomène inexpliqué qui remet en cause jusqu'aux lois de l'univers. Tout le monde a eu un trou à sa chaussette. Qui a pensé que ce trou pouvait être un trou noir dont aucun rayonnement, aucune matière ne peut s'échapper, qui absorbe, dans le vide, la chaussette elle-même ? Perversité mystérieuse : les chaussettes ne disparaissent jamais par couple, mais par élément unique, comme si une force maléfique et jalouse avait décidé de détruire une union jugée trop harmonieuse, trop idéale.

Chaque fois que disparaissent des chaussettes, on se tait, on relativise la douleur que l'on ressent, on se dit : « Après tout ce n'est qu'une vieille Burlington ajourée, une Kindy fatiguée », on évite d'aborder le sujet avec ses proches. On pourrait organiser des battues, on ne le fait pas. On devrait convoquer Interpol, on y répugne. On finit par se faire à l'idée que ces chaussettes que l'on avait acquises il n'y a pas si longtemps, auxquelles on s'était habitué, que l'on pensait inséparables, qui, hier encore, étaient complices, marchant d'un même pas, ne feront dorénavant plus jamais partie de notre vie. Rêvant à leur avenir, on les imaginait, inséparables encore, finissant toutes deux leur carrière dans un placard d'où on ne les sortirait que pour cirer des chaussures, épousseter un meuble. En voyant des dizaines de chaussettes esseulées, inutiles, vaines, sans objet, sans but, ayant perdu toute vocation, toute raison de vivre, abandonnées comme des cadavres sur le bord de la route, on ne peut s'empêcher d'avoir le cœur serré.

Que n'existe-t-il de Mme Desachy pour marier les chaussettes seules ? Que n'existe-t-il de petites annonces pour réunir les chaussettes involontairement séparées ? Que n'existe-t-il une Macha Béranger prête à entendre la détresse de la chaussette esseulée, écouter le cri de la chaussette abandonnée le soir dans son tiroir ? J'ai tenté aujourd'hui de crever un abcès. J'ai tenté de parler d'un sujet rarement évoqué sur les ondes. Osons parler de nos chaussettes perdues. J'attends vos témoignages. Parlez-moi, écrivez-moi, je ne vous laisserai pas tomber comme une vieille chaussette.

THOMAS FERSEN

Lundi 22 mai 2000

Moi, ça fait longtemps que je n'ai pas eu un chanteur préféré. Depuis le lycée peut-être. À l'époque, Maxime le Forestier faisait des concerts à 10 F, Higelin jusqu'au milieu de la nuit, et Lavilliers dit « Nanar les biscottos », déjà dans des marcels ajourés, montrait ses muscles en nous donnant des complexes… C'était la fin des années 70 et j'étais chez les sœurs. Le professeur de français, chrétien de gauche, lecteur de *Télérama*, auditeur de France Inter, commençait à proposer parmi les textes à étudier ceux de Brel ou de Ferré. Ça emmerdait tout le monde : ceux qui avaient décidé de trouver ça aussi chiant que Leconte de Lisle, Théodore de Banville ou Sully-Prudhomme ; ceux qui aimaient Brel et Ferré, mais en dehors de l'école vu qu'ils n'avaient pas envie de voir reléguer leurs idoles aux rangs des écrivains obligatoires. Non, ces auteurs-là ils étaient pour la maison, pour l'intimité, on n'avait pas forcément envie qu'ils fassent partie du programme.

Une fois, j'étais allé voir mon chanteur préféré. Pas au music-hall, non : chez lui. J'étais adolescent, j'avais l'âge de tous les culots. J'avais pris le train de Normandie. Paris-Granville, terminus Montparnasse. Papa travaillait à la SNCF, j'avais des coupons gratuits. Mon chanteur préféré habitait le XIVe arrondissement. J'ai pu faire le chemin à pied. Je suis allé dans l'impasse Florimont. J'ai reconnu tout de suite sa maison, celle qui ressemblait si peu à celle d'une célébrité. J'ai pas osé frapper à la porte, je suis entré dans une brasserie. J'y suis resté un bon moment : « Un café s'il vous plaît. » Chaque fois que je me disais : « Il faut y aller », mon cœur battait. J'ai attendu, j'ai recopié un mauvais poème que j'avais écrit en son honneur : « *Elle est à toi cette chanson, toi le chanteur qui sans façons…* » Je l'ai recopié plusieurs fois. « Un autre café s'il vous plaît. » Il fallait bien y aller, j'avais fait le voyage rien que pour ça. Ce n'était plus le moment de se dégonfler. Mais j'osais pas… « Je peux avoir un autre café s'il vous plaît ? » J'étais adolescent, l'âge de toutes les incertitudes.

J'ai repris un dernier café, une dernière fois, j'ai recopié mon poème. Puis j'ai encore hésité, et puis je me suis lancé, j'ai traversé la rue. Presque j'ai couru. Je me suis lancé, sans réfléchir, j'ai frappé à la porte. Un chat s'est faufilé derrière une fenêtre. Je flirtais avec ma mythologie intime. Dans quelques secondes, une moustache allait m'apparaître. J'ai entendu des pas derrière la porte. Une guitare à la main, dans un instant, il allait être devant moi, lui qui quasiment m'avait appris l'amour des mots, le goût de la poésie, lui qui patiemment me révélait un sens supplémentaire qui m'avait d'abord échappé à la première écoute… Une dame a ouvert la porte. Elle m'a dit : « Qu'est-ce que vous voulez ? — Monsieur Brassens, j'ai demandé. — L'habite plus là » l'a rétorqué. L'a fermé la porte. Suis reparti. Déçu un peu. Soulagé surtout. Qu'est-ce que j'aurais pu lui dire ? Sinon, ce que tout le monde devait lui raconter : « Merci pour vos chansons, merci de m'aider à vivre… Je vous admire beaucoup. Continuez… Et gnan gnan gnan… Et gnan, gnan, gnan… » Des années plus tard, en octobre 81, je suis arrivé à Paris, j'avais la vie devant moi. Un jour peut-être, je me suis dit, je le rencontrerai. On ne sait jamais…

Et puis tant pis, on ne rencontre pas forcément ceux qu'on admire. Et puis, c'est pas grave. Et puis, c'est la vie… Et puis, c'est pas la peine. Le meilleur d'eux-mêmes, souvent, les artistes que l'on aime, ils le mettent dans leurs chansons. L'autre jour à l'Olympia, je suis allé vous voir, Thomas Fersen. Le public, ceux de 15 ans, de 40 ou de 60 ans, était adolescent. Il avait l'âge de tous les enthousiasmes. Aujourd'hui, je n'ai pas écrit de poème. Je n'ai pas attendu au café avant de vous rencontrer. Je ne vous dirai donc pas ce que tout le monde doit vous dire : « Merci pour vos chansons, merci d'aider à vivre. Je vous admire beaucoup… Et gnan gnan gnan… » Simplement, rien…, juste un mot. Moi, ça faisait longtemps que je n'avais pas eu un chanteur préféré.

ROCH VOISINE

Mercredi 31 mai 2000

Ah ! j'aurais bien aimé être un chanteur de charme… J'aurais voulu chanter que des chansons d'amour :

> *Tu me plais. Je suis là. Je te plais. Tu m'attends. Je te veux. Tu me vas. Tu m'en veux. Tu t'en vas. Je reviens. Tu repars. Je m'en*

vais. Tu t'en viens. Tu te barres. Je suis loin. Tu es là. Je suis seul. Tu reviens. Je m'en bats.

Ah j'aurais bien aimé être un chanteur de charme. Moi pour être un peu intéressant, je suis obligé de me moquer des chanteurs de charme. Faire le malin, ironiser, parler de guimauve qui est une plante des marais ou des prés humides, qui possède des propriétés émollientes… Ah j'aurais bien aimé avoir des propriétés émollientes ! J'aurais voulu chanter que les grands sentiments :

> *J'ai la passion au fond des yeux. Mon désespoir est éternel. Sans toi, ma vie n'a plus de sens. Sans toi, mon cœur est un désert. Sans toi, tu sais, je ne suis plus… Sans toi, vois-tu, je ne suis rien. Je veux mourir si tu es loin. Je veux partir si tu reviens. Je ne sais plus ce que je dis, je fais des rimes très jolies.*

Oui, j'aurais bien aimé être un chanteur de charme, mais moi pour exister un peu, il faut que je me creuse la cervelle. Chercher ce que je pourrais dire sur Roch Voisine en essayant d'être un peu original. Comment faire pour parler de Roch Voisine sans tomber dans les clichés habituels des chansonniers qui ne font rien que copier les uns sur les autres ? Comment faire pour en parler autrement ? C'est que j'ai une chronique à écrire, moi, et qui doit durer un peu plus longtemps qu'une chanson d'amour.

Ah !, j'aurais préféré être un chanteur de charme. Dire :

> *que ton cœur est un violon, que ton amour est ma maison, que ta douleur est ma prison, que ton sourire est ma chanson, que ta folie est ma raison, que ton silence est un poison et ta voiture est d'occasion.*

C'est vrai que, pour moi, Roch Voisine existe surtout à travers ce qu'en racontent les comiques, les rigolos professionnels. C'est comme Linda de Suza. Pour moi, Linda de Suza, c'est la Portugaise ensablée, c'est la valise en carton. C'est comme Rika Zaraï. Pour moi, Rika Zaraï c'est une grosse dame qui, pour des raisons qui lui appartiennent et que je n'ai pas à juger ici, a fait toute une partie de sa réputation sur sa tendance à tremper son derrière dans une bassine d'eau froide. Je ne sais rien de plus : je n'ai pas de disque de Rika Zaraï, ni de Linda de Suza, ni de Roch Voisine.

Je sais donc que Roch Voisine est chanteur. Mais Pavarotti aussi est chanteur. Quels sont les points communs entre Pavarotti et Roch Voisine ? Ce sont tous les deux des hommes qui chantent, si mes renseignements sont exacts. Quels sont les points communs entre la Callas, Barbara et Rika Zaraï ? La Callas et Barbara sont mortes, Rika est increvable, ce qui prouve l'efficacité des bains de siège. Pavarotti aussi est vivant. Étant donné les différents raz-de-marée et autres perturbations météorologiques de ces derniers mois, il n'est pas impossible que lui aussi se soit converti aux bains de siège.

Ah j'aurais bien aimé être un chanteur de charme. Avoir le regard sombre et le sourire un peu mélancolique de celui qui a tout vécu, tout aimé, tout compris :

> *Toujours mon amour. Mon amour de toujours. Et nous ferons l'amour. Nous referons l'amour.*

Ah j'aurais bien aimé être un chanteur de charme. Prendre un air profond pour dire n'importe quoi :

> *J'ai des larmes au fond de mes yeux. Et des sourires au bout des larmes. Dans ton sourire, il y a le ciel. Dans tes cheveux il y a le vent, dans ton regard il y a la mer, dans tes chansons il y a mon refrain, dans ton histoire il y a ma vie et dans ton sac il y a mes clopes.*

Ah j'aurais tant voulu être un chanteur de charme…

> *Tu me plais. Je suis là. Je te plais. Tu m'attends. Je te veux. Tu me vas. Tu m'en veux. Tu t'en vas. Je reviens. Tu repars. Je m'en vais. Tu t'en viens. Tu te barres. Je suis loin. Tu es là. Je suis seul. Tu reviens. Je m'en bats…*

LIO

Jeudi 1er juin 2000

Depuis le 30 août 1999 que j'écris des chroniques, j'ai pu aborder pas mal de sujets, parfois en rigolant, parfois plus gravement. Quand j'avais parlé des assurances AXA, le jour où l'on avait accueilli Albert Jacquard, j'avais reçu deux lettres. Deux lettres également le jour où l'on a parlé de prêt payant et de Jacques Prévert avec Catherine Arditi et Brigitte Fossey. Hier, une dizaine de lettres m'attendaient. Je m'étonnais d'abord, puis me souvenais que le 16 mai dernier, face à Macha Béranger, j'avais lancé un appel à témoignage concernant la difficile question rarement évoquée dans les médias de la solitude de la chaussette dépareillée. Certains démagogues, en pareilles circonstances, auraient vite donné des réponses trop simples : il serait facile d'accuser la négligence de l'un, l'insouciance de l'autre… Sujet douloureux s'il en est. Sujet sensible qui mérite plus de tact, plus de doigté. Mon but, je le rappelle, n'est pas de faire le procès de quiconque, mais plutôt de chercher à comprendre…

Un courrier nombreux donc m'est parvenu, souvent émouvant, parfois bouleversant que je dois partager avec vous afin que les témoignages puissent continuer d'affluer, afin que demain plus personne n'ait honte d'évoquer le fléau que la plupart des familles connaissent et qu'il faut avoir le courage de nommer : la solitude de la chaussette dépareillée. Ainsi Cendrine Kerhello d'Asnières (92600) me dit : « Grâce à vous, j'ai réussi à parler autour de moi de ce problème sans plus éprouver ce sentiment lourd qu'est la honte. » Sabine Galdemar de Vincennes (94300) adopte un ton plus polémique et n'hésite pas à remettre en cause mon combat : « Je soutiens fermement l'individualisme de la chaussette, quelle que soit sa couleur. Vous êtes-vous déjà demandé si vos chaussettes étaient heureuses seules ou en couple ? » Je pense, chère Sabine, qu'avant de défendre le libre arbitre de la chaussette que je ne conteste pas, et qui sera l'objet d'une future croisade, il faut lui donner la possibilité de décider de sa vie en toute connaissance de cause afin que l'isolement ne soit plus une contrainte, une oppression, un assujettissement, mais un choix librement assumé.

Un monsieur qui a préféré garder l'anonymat m'adresse un témoignage particulièrement pathétique : « Votre cri d'alarme à propos de chaussettes disparues ne pouvait rester sans réponse de ma part. C'est un problème que je rencontre régulièrement. J'ai eu quelquefois le bonheur d'en retrouver une sous le lit, dans le placard, et même près de la machine à laver. Il était hélas trop tard, j'avais déjà jeté la première ! Il y a aussi le cas des chaussettes séparées au lavage et qui ne se reconnaissent plus, car l'une d'elles a changé de couleur. » (Il est difficile quelquefois de découvrir ces expériences dramatiques en gardant les yeux secs.) Je pourrais lire également le mot de Mme Bureth de La Claquette (67570), celui d'Éléonore Chisolm qui m'envoie une chaussette afin que je l'adopte, celui de M. Berger de Clichy (92110) qui eut un jour onze chaussettes seules d'un coup. De Belgique, à Thisnes

(4280) Marie-Ange Warnier me propose des solutions que j'ai déjà éprouvées et qui se sont soldées par des échecs. Je remercie Marie-Ange cependant.

Continuez à m'envoyer vos lettres, vos témoignages, vos chaussettes… Pourquoi ne pas imaginer une vaste chaîne de chaussettes esseulées qui nouées entre elles pourraient créer un vaste ruban qui traverserait la France ?… Comment mieux fêter le nouveau millénaire qu'en allant attacher ses chaussettes seules au pied de la tour Eiffel ? Oui, Parisiennes, Parisiens, aujourd'hui, jour de l'Ascension, videz vos placards, réunissez les chaussettes que vous délaissiez, que vous méprisiez, redonnez-leur la dignité qu'elles ont perdue, attachez-les les unes aux autres sur le Champ-de-Mars. Demain, elles rejoindront le Trocadéro, après-demain, la Porte Maillot, d'ici quelques jours elles épouseront le périphérique, puis finiront de Lille à Marseille, de Brest à Strasbourg par créer le plus beau symbole de la solidarité qu'on puisse imaginer, accompagnées par une farandole d'enfants également dépareillés qui chanteront à pleine voix : « Si toutes les chaussettes du monde voulaient se donner la main. »

Merci Lio de bien vouloir être la marraine de notre mouvement qui grossit, qui prend de l'ampleur, qui demain sera le combat de tout un peuple, de toute une nation, qui demain fera honneur à une humanité qui refuse au vingt et unième siècle de se résigner, d'abdiquer face aux égarements des chaussettes désolidarisées. Inventez des slogans, créez des macarons, collez des vignettes partout où vous le pouvez, faites connaître le slogan que je vous soumets et qui demain peut-être sera plus populaire que n'importe quel mot d'ordre, que n'importe quelle devise : « Plus une *seule* chaussette *seule.* »

Fin juin

Fin juin. Dernière chronique. C'est la fin de l'année. Sans se le dire, élèves et professeurs sont déjà partis en vacances. On a abandonné les pantalons longs auxquels il y a quelques semaines encore on s'accrochait si fort, refusant d'arriver le premier à l'école les genoux découverts et les cuisses à l'air.

C'est la fin de l'année. Le professeur de français, M. Charlot, d'habitude tiré à quatre épingles, est venu sans cravate. Les récréations s'étirent, les récréations s'éternisent. On ne se met plus en rang, on ne fait plus l'appel. On rentre en classe pour jouer avec le Mille Bornes et le Monopoly qu'a apportés Laglue, élève médiocre et dissipé, mais qui bénéficie, grâce à ses parents, propriétaires du seul magasin de jouets situé rue Principale, d'un prestige inégalable. Laglue lève le doigt et demande à M. Charlot, d'habitude si strict, d'habitude si sévère : « Monsieur, est-ce que vous avez déjà joué aux Mille Burnes ? » M. Charlot ne se fâche même pas, ne punit même pas. Il fait mine de ne pas avoir entendu…

C'est la fin de l'année. Sans se le dire, l'école a plié boutique. Mlle Leblanc, notre toute jeune professeur de physique-chimie fraîchement débarquée des Universités, est venue les pieds nus dans ses sandales. Le professeur de gym', M. Mottard, d'habitude si bourru, d'habitude si brutal, a fait rire toute la classe en montrant comment il savait faire bouger ses oreilles. C'est l'époque de l'année où les professeurs ressemblent à des êtres humains. Demain, c'est la der des ders, les volontaires passeront la cire. On frottera à la toile émeri pour effacer les hiéroglyphes les plus divers gravés dans le bois des bureaux, les témoignages d'une époque déjà si éloignée : « Charlot salaud, le peuple aura ta peau. » « Mottard, connard. » « Merde à celui qui lit. » « Jacques aime Martine » et un cœur transpercé d'une flèche.

C'est la fin de l'année. Sans se le dire, on quitte un bout de l'enfance, on arrache quelques pages au livre de la vie. En septembre on aura changé : Martine aura plus de poitrine, Jacques plus de poil au menton. En septembre, M. Charlot sera redevenu aussi inflexible qu'avant, M. Mottard aussi désagréable. Dans des chaussures montantes, Mlle Leblanc aura dissimulé ses si jolis pieds appétissants.

LES COMPLIMENTS

Chroniques 2001-2002

Sur un mur, tout près de la gare d'Ermont-Eaubonne, un graffiteur fâché avec l'orthographe et les étrangers avait écrit : « Les Français d'abords ! »

Quelqu'un avec de la peinture rouge a barré le « s » incongru et, sobrement, a noté « faute de français ».

Ces compliments sont dédiés à cet humoriste anonyme et réconfortant.

AMÉLIE NOTHOMB

Il y a des écrivains qui écrivent comme on parle, Amélie Nothomb parle comme on écrit. Dans un français choisi, châtié, impeccable. Quand Amélie Nothomb rate le bus, elle ne dit pas : « Merde ! Putain ! Fait chier ! Saloperie de bus ! En plus il caille… », elle dit : « Infinie est ma déception, immense est mon regret, incommensurable est ma rancœur tandis que là-bas, dans les brumes incertaines d'un triste matin de givre et de frimas, de glace et de froidure, s'éloigne à tout jamais, en partance vers Clichy, le bus 95 qui déjà de ma vue disparaît, s'engouffre dans un abîme d'oubli, me laissant seule sur le trottoir attristé de ma désolation cruelle et désemparée…

— Ben, qu'elle se fasse pas de mouron la petite dame, elle va prendre le prochain… »

Quand Amélie Nothomb est à table, elle ne dit jamais : « Passe moi le sel », elle dit : « Veux-tu bien, je te prie, avoir la gracieuse prévenance de me prêter pour un court instant cette salière en bois aux allures de valeureux phallus solide et amical, innocent godemiché, qui, ignorant tout de lui-même et de ses interlopes capacités, donnera à la tambouille la plus insipide et fadasse la saveur inespérée, le piquant inattendu d'un mets de choix, enrichi conséquemment par la fleur des marées ?

— Tiens, le v'là ton sel. »

L'avantage avec Amélie Nothomb, c'est qu'il suffit de l'entendre pour avoir déjà l'impression de lire. Le désavantage pour les proches d'Amélie Nothomb, c'est qu'ils ne peuvent pas la refermer après l'avoir cornée dans un coin ni la poser sur une étagère ou au pied de leur lit quand ils sont un peu fatigués et qu'ils aimeraient bien dormir.

Quelquefois, en effet, la façon de parler d'Amélie n'est pas sans douloureuses conséquences. Ainsi, adolescente à l'ambassade elle participait volontiers à des surboums fréquentées par des jouvenceaux auprès de qui les figurants de Pascal Sevran auraient fait figure de dangereux hooligans. Un soir, tandis qu'un boutonneux fils de diplomate s'était risqué à demander pendant un slow des Aphrodite Childs : « Pardon mademoiselle, vous habitez chez vos parents ? », Amélie n'avait pu s'empêcher de répondre : « Est-ce que j'habite chez mes parents ? Suis-je la fille de mes enfants ? Suis-je la mère de mes parents ? Sait-on jamais vraiment où l'on habite, enfant, dans ces contrées fragiles où s'arrête le temps ? Moi je viens d'un pays près du Soleil levant, moi je viens d'un pays bien loin de l'Occident, est-ce que j'habite chez mes parents ? Suis-je la mère de mes parents… ». L'adolescent n'avait pas demandé son reste et s'était très vite éloigné d'Amélie, préférant se rabattre sur la fille de l'attaché culturel qui marchait en canard, pesait cent vingt kilos et arborait vaillamment un poireau sur le nez ainsi qu'un appareil dentaire mais qu'elle savait retirer spontanément dans les moments décisifs pour offrir des baisers mouillés et, grâce au ciel, silencieux.

Enfin, Amélie Nothomb, il n'y a pas de doute, est un écrivain. Selon une voisine, le plus grand écrivain français. Bon, elle ne vous a jamais lue ma voisine mais elle sait que vous aimez porter des chapeaux rigolos en bouffant des trucs pourris. On dirait un sujet pour « C'est mon choix » : « Je porte des chapeaux rigolos en bouffant des trucs pourris. »

Le jour où le thème de l'émission sera « J'écris des drôles de livres troublants et originaux », nul doute que vous serez invitée. Je ne suis pas sûr qu'Évelyne Thomas sera intéressée par ce sujet…

ÉLIE CHOURAQUI

Un jour, André Malraux était aux cabinets. Sa femme l'appelle, tambourine à la porte close et lui dit : « André, c'est le monsieur du *Dictionnaire des citations* de chez Larousse, il voudrait savoir si tu aurais pas quelque chose à dire sur le XXIe siècle. »

Je sais, ça peut paraître un peu vulgaire de dépeindre une sommité telle qu'André Malraux dans un lieu qui ne se situe pas à la hauteur de son génie. Je sais. Cela pourrait dénoncer chez moi une coupable propension à la facilité. On serait enclin à penser que je glisse sur la pente de la scatologie et de la complaisance la plus vile. Mais seul le souci de la vérité historique m'oblige à surprendre, sans gaieté de cœur, je vous en réponds, André Malraux dans ses cabinets un jour qu'il était légèrement dérangé à cause d'un melon trop mûr que la veille au soir, agrémenté d'un porto capiteux, il avait absorbé entouré de quelques amis. Chez les Malraux, on ne manquait pas de courage quand les circonstances l'imposaient, et Mme Malraux elle-même ne s'était pas dérobée devant ses responsabilités quand elle fit une remarque justement teintée de reproche au sujet du melon de la veille à Félix Potin qui lui avait répondu : « Je sais bien ma pauvre madame Malraux qu'il était trop mûr le melon que je vous ai vendu hier mais franchement mettez-vous à ma place qu'est-ce que je pouvais faire ? Vous me voyez en train de vous dire : prenez pas de melon, mame Malraux, ça va vous donner la chiasse ? »

(Je vous prie d'excuser cette digression inopportune uniquement justifiée par mon souci de vérité historique et profitons-en plutôt pour saluer au passage le petit peuple de Paris dont le naturel séculaire et la gouaille ancestrale méritent nos hommages et notre reconnaissance éternelle.)

André Malraux, tel un penseur viscéral de Rodin, profitait donc de cet instant prolongé de solitude pour finir les mots croisés de *Paris Match*. Avec une nuance d'agacement dans la voix, le ministre de la Culture du général de Gaulle qui n'aimait pas, et on le comprend, être importuné dans ces moments-là s'écria : « J'aime pas qu'on me dérange quand je suis aux cabinets, t'as qu'à dire au type de chez Larousse que je suis en rendez-vous et que je le rappelle dans cinq minutes. »

Bon. La femme d'André répond : « André s'excuse, il aime pas être dérangé quand il est dérangé, il a un rendez-vous aux cabinets, il vous rappelle dans cinq minutes. » Une heure dix plus tard, André rappelle le monsieur du *Dictionnaire des citations* de chez Larousse et dit cette phrase inoubliable : « Le XXIe siècle sera spirituel ou ne sera pas. » Oui, une heure dix plus tard, car André Malraux avait buté sur la définition du trois vertical « Fait de la soupe » en six lettres… Il s'était dit « C'est pas possible que ce soit Obispo vu qu'on est en 1963 et qu'il n'est pas encore né ! » Finalement c'était Liebig.

Je n'ai pas à juger les propos d'un homme aussi considérable que M. André Malraux, mais qu'il ait pu avoir ce jugement hâtif sur Pascal Obispo sans le connaître, je le dis très simplement, me choque un peu. On peut penser ce qu'on veut de l'œuvre de Pascal Obispo mais je trouve un petit peu déplacé de la part de l'auteur de *La Condition humaine* de porter un verdict prévisionnel aussi arrêté sur une œuvre qu'il ne pouvait appréhender vu qu'il ne pouvait la subir.

Allons, monsieur André Malraux, vous êtes certes un grand homme. Bien sûr votre combat en faveur des républicains antifranquistes est remarquable. Bien sûr vos *Antimémoires* méritent nos éloges. Bien sûr l'engagement d'un homme, qui toute sa vie a su mêler la littérature et l'action, est admirable, mais je vous en prie monsieur Malraux, ce n'est sûrement pas à vous de stigmatiser la mainmise sur toute une génération désolée qui a dû endurer sans broncher ces centaines de couplets écrits pour Pagny, Kaas, Hallyday et aujourd'hui pour le spectacle d'Élie Chouraqui.

Un peu de décence monsieur Malraux si c'est possible. Un peu d'honnêteté monsieur le ministre.

J'espère, monsieur Chouraqui, que vous appréciez la vigueur avec laquelle je sais remettre à leur place vos détracteurs éventuels.

Le jour suivant, c'est un type du *Dictionnaire des citations* de chez Robert qui réclama une phrase au sujet des petits déjeuners. André Malraux lui-même répondit au téléphone. Aussitôt il inventa cette phrase qui, moins que la précédente, est passée à la postérité, mais dont la vérité, des années après, ne cesse de nous subjuguer tant elle est pénétrante :

« L'inconvénient quand on petit-déjeune au lit, c'est les miettes. »

HUGUETTE BOUCHARDEAU

Huguette Bouchardeau, je suis heureux de vous rencontrer car, comme vous, j'ai toujours été de gauche. D'ailleurs, à la maison, on a toujours été de gauche. Papa était de gauche. Maman était de gauche. L'amant de maman était de gauche. L'amant de papa aussi. Même les ouvriers de l'usine de papa étaient de gauche. Même le chien était de gauche, un petit pékinois appelé Mao. Même nos domestiques étaient de gauche. On a même eu un palefrenier qui sifflait du Jean Ferrat quand il brossait les chevaux de maman, après qu'elle les eut promenés pendant des heures aux confins de notre propriété solognote.

Une fois, une seule fois, on a eu une bonne qui après avoir été pendant très longtemps méhaigneriste est devenue bayrouiste, et à qui l'on ne pouvait pas jeter la pierre puisque son père, lourde hérédité, était lui-même lecanuetiste. Jocelyne – elle s'appelait Jocelyne notre petite bonne –, avant de mettre quoi que ce soit dans sa bouche, récitait un bénédicité. Pendant la période où elle nous servait, la petite Jocelyne, vu la vigueur, l'ardeur virile dont mes frères et moi pouvions à l'époque nous prévaloir, c'était les JMJ toute la journée à la maison, on a été obligés de s'en séparer.

Papa a toujours été de gauche, mais très convaincu. En mai 1968, alors que les ouvriers pendant les événements continuaient leur travail comme si de rien n'était, papa en signe de solidarité avec le mouvement contestataire s'était séquestré lui-même dans son bureau. Il s'était attaché au pied d'un radiateur et se donnait lui-même des coups dans le ventre en hurlant : « Salaud de profiteur ! Salaud de profiteur ! » Certains de ses employés, notamment M. Bignard, contremaître, et Mlle Bougnadoux, chef du personnel, essayaient de le raisonner : « Voyons monsieur le directeur, il faut rentrer chez vous, vous ne pouvez pas rester comme ça… » Papa ne voulait rien entendre : « Non, disait-il, les salauds de patrons, on aura leur peau. » Papa a fini par se relâcher au bout de plusieurs jours de négociations acharnées qui l'opposaient à lui-même après avoir accepté la plupart des propositions qu'il s'était faites. Comme dit toujours papa, « Je n'ai eu besoin de personne pour faire mes accords de Grenelle ! »

À la maison, on a toujours été de gauche. Il faut voir le nombre de pétitions que papa a signé contre lui-même. Il a même dénoncé publiquement certaines pratiques financières scandaleuses dont il était le principal bénéficiaire. Il y a des moments, il fallait qu'il ait du courage pour subir la violence de ses propres attaques. Papa a tenu bon jusqu'au bout. Jusqu'à sa nomination à un poste important d'un gouvernement qu'il a d'ailleurs violemment combattu.

À la maison, on a toujours été de gauche. On a même eu un valet de chambre abonné à *Pif le Chien*. On a même eu un maître d'hôtel barbu qui avait été l'amant d'une petite cousine d'Isabelle Aubret.

Alors quand maintenant on nous cherche des poux dans la tête sous prétexte que, je ne sais pas quoi… papa faisait des affaires avec la maison Elf, des broutilles… un peu de trafic d'armes avec l'Angola… on estime que le monde est bien injuste. Comment on aurait pu trouver l'argent pour payer toutes les plaquettes papier glacé qu'on éditait pour vanter le partage des richesses et dénoncer les salauds de profiteurs, les ordures de magouilleurs.

Les procès d'intention qu'on a dû subir nous ont dégoûtés. C'est bien simple, on a suivi votre exemple, Huguette, on ne fait plus de politique. Sauf que nous, on s'est mieux débrouillés ! Les bouquins, l'édition c'est bien joli, mais ça ne rapporte rien ! Il fallait avoir plus d'ambition Huguette ! Nous, on continue un peu les affaires. On vit en dehors de la France. Sur une petite île des Philippines. L'autre soir, il y a eu M. Sirven qui est venu manger à la maison. Très gentil, très poli.

Au moment des liqueurs, tandis qu'au loin on apercevait les lumières de Manille et que l'on entendait dans la chaleur ambrée des soirées tropicales le doux clapotis des sampans et des jonques ramenant les ouvriers des mines de manganèse de papa, on n'a pas pu s'empêcher de parler politique. Très profondément, je crois qu'on est restés en accord avec nos convictions d'autrefois…

Vous vous souvenez en 1981, Huguette, quand on disait qu'on voulait changer la vie ? Eh bien, c'est ce qu'on a fait, on l'a changée notre vie.

PHILIPPE DELERM

C'est un homme, un matin, il a pris le métro. Il est debout, adossé à la portière, il ne regarde personne. Il a un journal à la main, pas tellement pour le lire, plutôt pour se mettre hors du monde. Hors de ce monde qui se presse, qui pousse, qui éructe, qui pue de la gueule, qui demande avec l'onctuosité d'un ultimatum « Vous descendez ? », qui se regarde de travers, qui la mort dans l'âme observe, comme un remords, sur les murs de faïence des paysages de campagne ensoleillée, comme une insulte, les plages de rêves, si chaudes, si lointaines. C'est un homme parmi les autres qui a un journal à la main. Pas tellement pour savoir ce que Tibéri a dit de Séguin, ce que Séguin a dit de Chirac, ce que Chirac a dit de Tibéri, vu que comme tout le monde il s'en fout, mais pour ne pas avoir à supporter tous ces visages fraîchement vaporisés, tous ces destins vieillis avant l'âge, déjà fatigués, broyés.

Il jette un œil sur le programme télé. Hommage à Joe Dassin. La violence à l'école. Et puis une toute nouvelle émission présentée par Pierre Bellemare. Il imagine déjà sa soirée : dans la main sa télécommande, dans sa tête, le coupable sentiment de ne pas avoir ouvert un livre depuis… Depuis combien de temps déjà ?

C'est un homme, un matin, il a pris son métro.

Tout d'un coup, sur sa gauche, il sent qu'un regard s'est posé sur lui, insistant. Quelqu'un là-bas, sur le strapontin d'en face, le dévisage. Il n'arrive plus à se concentrer sur rien. Ni sur les mots croisés, ni sur le box-office, ni sur les petites annonces. Il y a quelqu'un qui l'observe. Il lève les yeux, un peu malgré lui, un peu confus de se soumettre au diktat d'un regard inconnu, peut-être hostile.

C'est une jeune fille, elle est jolie. Dans sa main, elle tient un livre : *La Première Gorgée de bière*. Tiens, c'est un livre qu'on lui a déjà offert deux fois et qu'il n'a jamais lu. Pas le temps… Pourtant, on lui a dit que c'était bien, que ça se lisait facilement… La jeune fille lui sourit. Il regrette de ne pas avoir lu le livre, il aurait pu l'aborder, lui conseiller une autre œuvre du même auteur, faire son intéressant, lui dire qu'il a écrit un autre bouquin bien meilleur mais qui évidemment n'a jamais eu de succès. Ça fait combien de temps qu'il n'a pas osé parler à une jeune fille comme ça ? Peut-être depuis la fac… ça fait si longtemps. Évelyne, il y a vingt ans (« qu'est-ce que je dis ? vingt-cinq ans ! »), c'est comme ça qu'il l'avait rencontrée, en lui parlant de Le Clézio.

La jeune fille est belle, elle lui sourit jusqu'à montrer ses dents, si blanches, si parfaites, si émouvantes. Il sent qu'il devrait dire quelque chose mais il reste muet. Muet de désir, mais effervescent. C'est elle qui va lui adresser la parole et lui rougit comme un adolescent, ému aussi de s'apercevoir que malgré ses premiers cheveux blancs, sa silhouette un peu voûtée, ses demi-lunes, son ventre un peu trop rond mais tellement rassurant, il est capable de séduire encore. Le sourire de la jeune fille est plus pur que *La Naissance de Vénus* de Boticcelli. Plus beau que le plafond de la chapelle Sixtine. Un instant, elle plonge à nouveau son regard dans le livre et puis le relève, incapable de se concentrer sur les mots, sans doute plus troublée qu'il n'y paraît. Peut-être déjà amoureuse elle aussi, transie, emportée, bouleversée par le jeu de regards qui s'est installé entre eux et qui dans quelques heures sans doute les aura transformés en amants exaltés, passionnés, insatiables et fougueux.

Ses lèvres si adorables, si voluptueuses enfin remuent. Elle dit : « Vous voulez ma place monsieur ? »

(…)

Qui n'est jamais tombé de la tour Montparnasse sans parachute ne peut imaginer ce que le monsieur a ressenti. C'était la première fois que, dans le métro, on lui cédait une place. Il s'est assis sur le strapontin, a constaté que le Cac 40 avait encore baissé. Le soir, entre l'émission pute, l'émission chiante et l'émission conne, il a zappé. Sur une étagère il a aperçu ses deux exemplaires de *La Première Gorgée de bière*. Il les a saisis, il a ouvert la fenêtre, les a balancés aussi loin qu'il a pu.

Allez, Philippe, il ne faut pas lui en vouloir.

RÉGINE

Régine, d'abord mes excuses… Je suis entré dans votre établissement, il y a quelques années. C'était la première fois que j'allais chez vous. Quand je suis arrivé et que je vous ai salué, j'ai dit…, et je pensais vous faire un compliment, j'ai dit…, et je vous prie de m'excuser si je vous ai froissée, j'ai dit…, et je ne pensais pas être désobligeant, j'ai dit, et je m'en veux, si c'est le cas, de vous avoir blessée, j'ai dit, et je revois encore la noirceur du regard que vous m'avez lancé, j'ai dit… « Régine, vous êtes incontournable ! »

C'est vrai que vous bouchiez un peu l'entrée mais vous n'étiez pas la seule. Et puis de toute façon, je n'avais rien à dire : vous étiez chez vous. Toutes mes excuses Régine.

C'est vrai que vous êtes un monument parisien. Vous êtes Paris à vous toute seule. Vous êtes l'Arc de triomphe, la tour Eiffel, les quais de la Seine, les Champs-Élysées et, un jour, vous serez les Invalides. De même que le monde entier a un jour ou l'autre visité Paris, le monde entier un jour ou l'autre s'est retrouvé chez vous. Le monde entier fortuné, évidemment. Le beau monde. Celui qui fait rêver les patients des phlébologues abonnés à *Gala* et les permanentées qui feuillettent avidement *Voici*, comme celle qui rentrait chez Maniatis l'autre jour et précisait à la coiffeuse : « C'est pas pour une coupe, je viens juste, pour me faire rafraîchir le derrière… »

Vous êtes, Régine, une reine de la nuit qui pendant des années a régné sur un royaume interlope et nyctalope. Tous ceux qui sont venus chez vous étaient fiers de faire partie du même clan. Son Excellence le prince Rainier de Monaco, Collaro, Roger Pierre, Pierre Palmade. Ils étaient si fiers qu'ils chantaient à tue-tête leur appartenance à ce clan de la nuit… Collaro[1], Collaro, ro, ro, Roger Pierre, Roger Pierre, Pierre, Pierre, Pierre Palmade, Madonna, Nacéri, Richard Gere, Gyrophare… Gilbert Gyrophare était certes nettement moins connu que ses compagnons de la nuit. Gilbert Gyrophare avait fait fortune dans le textile en tant que négociant dans toute la région de Charbonnières-les-Bains. À partir de deux heures du matin, il tentait de faire pardonner son honteux anonymat et le poireau qu'il arborait piteusement sur son nez couperosé en offrant régulièrement des tournées générales…

Hier soir encore, je suis passé au New Jimmy's et rien n'avait changé… Stéphane Bern, qui sait prêter l'oreille à toutes les détresses, écoutait attentivement les confidences du singe de Joey Starr… « Joey est un garçon extrêmement impulsif, c'est vrai, racontait le chimpanzé qui cachait sa tristesse derrière de grosses lunettes noires que venait de lui prêter Paul-Loup Sulitzer, mais il a un cœur gros comme ça, la preuve, regardez les bijoux qu'il m'a offerts pour mes 18 ans ! » Stéphane admirait les considérables ornements que l'animal exhibait. Ne lisait-on pas un peu d'amertume et d'envie dans les pupilles d'habitude si joyeuses de celui qui n'en avait jamais reçu d'aussi beaux ?

Si, on en lisait.

Le toujours vaillant Jean-Paul II attirait tous les regards sur la piste où il présentait les figures d'une toute nouvelle danse appelée « la tremblante » avant de se retirer assez tôt dans la soirée non sans avoir embrassé quelques amis. « Je rentre, je suis crevé, c'est à cause du jet-lag », devait-il confier à une Denise Fabre admirative. « Votre Sainteté a encore de beaux restes », assura Denise en le bécotant sous la tiare.

---

1. Sur l'air de *Trois petits chats*.

Près du bar, on reconnaissait quelques-uns des amants de Stéphanie, de Caroline et du prince Albert, en train de comparer leurs press-books.

Dans le coin des intellos, Philippe Sollers écoutait les confidences de Loana. « Je suis en train de relire tout Louis-Ferdinand Céline. C'est drôlement long vu que déjà il a un nom mais aussi deux prénoms dont l'un fait trois syllabes. » « Fer-di-nand », démontrait-elle en dépliant ses doigts fraîchement manucurés tout en regrettant que le niveau du nouveau *Loft* ait extrêmement baissé par rapport à son époque. « Oui, le niveau baisse, confirmait Luc Ferry, mais je suis là pour y remédier. Dorénavant tous les bacheliers devront savoir lire et écrire ! » décida-t-il sur-le-champ tandis que Steevy lui demandait si son deuxième prénom n'était pas Jules par hasard, auquel cas il était déjà allé dans son école primaire à Le Mans dans la Sarthe.

Régine, quand je suis rentré, la tête un peu embuée, j'ai pensé à vous. Régine, me disais-je attendri, c'est la France. Elle qui a fait fortune en vendant de l'alcool aujourd'hui se bat contre les drogues, comme la France vendeuse d'armes et militant pour la paix. Oui, Régine, si je ne craignais de défriser votre rouge crinière, je dirais… Régine, elle est vraiment incontournable…

JEAN PIAT

C'est un homme élégant aux tempes grisonnantes
Qui depuis des années dans les théâtres enchante.
Il a joué Musset, Molière et Marivaux,
Il a joué Labiche, et Guitry et Feydeau.
Comédien raffiné, cet esthète accompli
A consacré aux planches la passion de sa vie.
Oui je parle de moi Augustin de Beaupré
Acteur de complément qui jamais n'a percé.
J'avais toutes les grâces, tous les dons, cependant
Personne n'a jamais remarqué mon talent.
La fortune a souri à d'autres et me voilà,
Ça fait penser un peu à *Je m'voyais déjà.*
J'ai aimé le théâtre en fou sans équivoque

Mais hélas mon amour ne fut pas réciproque.
Ah ! le rideau qui bouge, le public impatient
Qui murmure excité tout fébrile et content,
Le rideau qui frémit, les coups de brigadier,
Et le rideau qui s'ouvre sur un monde inventé.

Je n'ai jamais joué que les utilités,
Ceux qu'on appelle ainsi car on peut s'en passer,
Ceux qui sont sur la scène mais ne font pas rêver,
Ceux qu'on ridiculise quand ils sont hallebardiers.
Je fis du cinéma dans les années cinquante
C'est moi qu'on aperçoit près du jardin des Plantes
De dos sur un vélo dans un film de Gabin.
Il était très gentil, m'avait serré la main.
En famille je suis vedette de renom
On m'invite aux mariages, aux fêtes, aux communions,
À la fin des repas quand on s'attarde à table
On réclame de moi un poème, une fable.
Volontiers je récite un passage d'Hugo,
La tirade du nez de mon cher Cyrano,
Les mots de Perdican admirable Musset,
On m'applaudit alors j'ai enfin mon succès,
Avant qu'on me demande d'un air un peu gêné :
« Pourquoi ne vous voit-on jamais à la télé ? »

J'ai joué à Vierzon, Vesoul et Concarneau
Dans des tournées minables des spectacles idiots.
Pour jouer en plein air j'étais très recherché
Car ma voix de stentor couvrait jusqu'aux sifflets.
Plusieurs fois j'ai reçu des tomates avariées
Et quelques fruits pourris rançon de l'insuccès.
Sur les Boulevards jadis j'avais été doublure
Pendant toute une saison de Jean Piat, une pointure.
Je savais tout son texte, pouvais le remplacer,
Reprendre tout son rôle comme ça au pied levé,
Mais je n'ai jamais pu au public le montrer :
L'était jamais malade, jamais indisposé.
Quand au mois de juillet sur les routes de France
On voit passer le Tour ah ! quelle effervescence,
On acclame le vainqueur sur les Champs-Élysées
Avec indifférence on reçoit le dernier.

Lui aussi a couru lui aussi a souffert
Mais son effort jamais n'est mis dans la lumière.

S'il vous plaît lorsqu'un jour je quitterai la scène
Pour aller m'allonger dans un cercueil en chêne,
Qu'on grave sur ma tombe « Ici gît de Beaupré
Un acteur passionné, un comédien français,
Qui a vécu de songes et de rêves manqués,
Qui voulait à la vie préférer son reflet ».

ÉRIC ET RAMZY

Éric et Ramzy, j'ai fait à votre sujet une petite enquête autour de moi. Un travail d'investigation que j'ai réalisé sans prétention mais qui permet de dessiner le profil de votre public. Sans avoir, à proprement parler, réalisé un sondage, je me suis arrêté sur un échantillon représentatif de la population française de quatre personnes entre 18 heures et 22 h 30 le 22 mars 2001 quand, après être allé porter ma voiture au garage pour la révision des cent mille, je me suis fait inviter à dîner chez ma sœur. Il ne s'agit donc pas d'une étude scientifique, mais plutôt de la photographie, à un moment donné, d'une tendance générale.

Première remarque : il y a des gens qui détestent ce que vous faites. Mon garagiste, avec qui j'échange librement des idées, il ne peut pas vous voir. Parlant de vous, il m'a dit : « Ils sont complètement tarés ces mecs-là ! » Croyez bien que je suis désolé, mais c'est ce qu'il m'a dit pour argumenter le fait qu'il ne vous appréciait pas. « Ils sont complètement tarés ces mecs-là ! » Mon beau-frère, qui est contrôleur à la SNCF, et qui est arrivé sur ces entrefaites pour faire une vidange et gonfler ses pneus, a ajouté : « Moi, c'est pareil Éric et Ramzy, ça me fait pas rire, je vois pas trop ce que ça… » Le garagiste a approuvé. Mon beau-frère a conclu : « Remarque si les gens sont assez cons pour… » Mon beau-frère, qui est contrôleur à la SNCF, a tendance à ne pas finir ses phrases. Commentant la défaite de Jack Lang à la mairie de Blois, mon beau-frère a dit : « Qu'est-ce que tu veux, les mecs ils croient que… » J'ai acquiescé. Question politique, je trouve que mon beau-frère fait preuve de pas mal de clairvoyance.

Éric et Ramzy, il y a aussi des gens qui adorent ce que vous faites. Le fils de mon beau-frère, le contrôleur à la SNCF, et qui, par conséquent, est mon neveu, il vous adore. Aurélien qu'il s'appelle. Parlant de vous, Éric et Ramzy, il m'a dit : « Ils sont complètement tarés ces mecs-là ! » Pour argumenter le fait qu'il vous adore. « Ils sont complètement tarés ces mecs-là ! » C'est ce qu'il m'a dit.

Ma sœur, en revanche, qui est la mère d'Aurélien et qui est l'épouse d'un contrôleur SNCF, a une opinion plus nuancée. Elle dit : « Des fois, c'est pas mal. Des fois, c'est moyen. »

« Des fois, c'est pas mal. Des fois, c'est moyen » résume assez bien la pensée générale de ma sœur. C'est une expression qu'elle utilise régulièrement soit pour critiquer les programmes à la télé, soit pour évoquer les qualités gustatives des produits Picard, soit pour décrire l'ambiance du cours de gym tonique où elle va tous les mercredis soirs, et qui est plus ou moins sympa selon que sa copine Jocelyne est là ou pas, soit aussi pour rendre compte des exploits sexuels de son mari, qui est contrôleur à la SNCF et se défend comme il peut. « Si tu avais passé toute la journée debout à poinçonner des billets entre Paris et Châtellerault, tu serais peut-être pas si… »

Enfin, pour affiner l'analyse, je dois vous signaler que ma sœur, elle trouve dommage que vous vous soyez séparés. Bien sûr, elle apprécie que l'un de vous fasse ses petites annonces et que l'autre ait le courage de se présenter aux élections à Dreux, mais elle préférait quand vous étiez en duo. Ma sœur a pas mal d'avis sur beaucoup de sujets mais elle a tendance à confondre.

Par exemple, elle m'a dit : « Tiens, j't'écoute de temps en temps sur RTL le matin chez Ruquier. Des fois, c'est pas mal. Des fois, c'est moyen. »

Mon beau-frère a dit : « C'est pareil. Quand c'est tous les jours, il y a des moments, ça doit pas être si… »

Comme j'avais laissé la voiture chez le garagiste, je suis rentré à pied. Mon beau-frère m'a dit : « T'es sûr ? J'en n'ai pas pour long, si tu veux, ça me dérange pas de… »

Dans le fond, il est gentil mon beau-frère, mais je n'ai pas voulu, il faisait bon, j'ai préféré faire un peu d'exercice.

« Comme tu veux, a dit mon beau-frère, tiens j'essaierai de t'écouter quand il y aura les deux comiques. Si ça se trouve, ils sont pas si… »

ANNA KARINA

« Qu'est-ce que j'peux faire ? J'sais pas quoi faire… », demande Anna Karina depuis *Pierrot le Fou*.

« Qu'est-ce que j'peux faire ? J'sais pas quoi faire… », demande Anna depuis toujours.

Ben, je ne sais pas Anna, fais du vélo, de la planche à voile, du roller, de la patinette, du ballon dirigeable, des confitures, fais-toi un petit ciné, tiens… fais de la monnaie.

« Qu'est-ce que j'peux faire ? J'sais pas quoi faire… »

Il y a toujours quelque chose à faire, Anna : un petit souper aux chandelles, deux kilomètres à pied, un enfant, Paris-Lyon en deux heures. On peut faire son lit, la vaisselle, le marché, le ménage en grand. On peut faire honneur à ma gougère bourguignonne, si on ne fait pas le difficile. On peut même en reprendre sans se faire prier. Si on veut faire mon bonheur.

On peut faire beaucoup de bruit pour rien. Ses chaussures neuves, il faut les enfiler si on veut les faire.

Tout ce qu'on peut faire, Anna, c'est pas croyable !

On peut faire du tricot, la guerre. On peut faire des affaires ou les yeux doux. On peut faire la gueule ou les Beaux-Arts. On peut faire l'amour ou le sac à main d'une vieille. On peut faire l'andouille ou le maillot, si on veut aller à la piscine. On peut faire pitié ou la charité s'il vous plaît. On peut faire l'imbécile ou plombier à son compte depuis bientôt quinze ans dans la région d'Amélie-les-Bains.

« Qu'est-ce que j'peux faire ? J'sais pas quoi faire… »

Je ne sais pas Anna.

Vous pouvez faire contrepoids. Vous pouvez me faire l'addition ?

Je ne sais pas Anna…

Mais il y a quand même moyen de s'occuper. Mon petit-neveu, à six mois, il fait déjà ses dents. La dame qui le garde, en attendant, elle fait ses mots croisés. Son mari fait les trois-huit, son chien fait de l'eczéma.

On peut faire de son mieux, trois années de prépa, douze mois d'armée, vingt-deux ans de peine incompressible, on peut faire l'Italie par la côte.

On peut faire des folies, du café pour tout le monde, on peut faire une erreur, le nécessaire. On peut faire ce qu'on peut. On peut faire sa médecine. On peut faire semblant.

Anna !

Il y a toujours quelque chose à faire !

Si je vous fais un compliment, je ne voudrais pas en faire trop… mais vous n'avez qu'à continuer à faire ce que vous faites depuis toujours.

« Le cinéma, c'est l'émotion », dit Samuel Fuller dans *Pierrot le Fou*. Et la chanson, c'est l'émotion, quand c'est vous qui chantez. « Nous sommes faits de rêves et les rêves sont faits de nous. » Et parmi les rêves qu'on fait, il y a vous… Vous, qui n'avez qu'à faire l'artiste. Vu que depuis toujours, c'est comme ça qu'on vous aime, y a rien à faire…

Y a rien à faire
Qu'à vous aimer
Y a plus qu'à s'taire
Qu'à la fermer
Parc'que dans l'fond les phrases
Ça fait tort à l'extase…

DANIEL GÉLIN

« Daniel Gélin, Daniel Gélin… c'est pas celui qui faisait mon Minou dans *Les Saintes Chéries* ?

— Tu rigoles Daniel Gélin c'est un acteur intello, il a joué avec Planchon, c'était un copain de Vitez, même qu'il a joué dans les films à Duras !

— Ah bon ? Ça m'étonnerait que ça soye un acteur intello ton Daniel Gélin, je le connais : c'est celui qui jouait dans *Marc et Sophie*. J'aime autant te dire que c'est pas le genre “prise de tête”. Non, non, il joue dans des merdes, mais il a l'air sympa…

— Ta gueule, je sais qui c'est Daniel Gélin : c'est un jardinier. Je le sais. Il a un chapeau de paille, il a les cheveux blancs, genre Papy Brossard, il passe tout son temps derrière une brouette, il te dit quand il faut rentrer tes géraniums, quand il faut couper tes rosiers, des trucs comme ça… Même que ma grand-mère, elle a découpé toutes ses chroniques dans *VSD*.

— C'est ça, et c'est sûrement dans les plates-bandes qu'il aurait fait la connaissance de Cocteau, espèce d'atrophié du bulbe ! Tu crois que c'est en ramassant ses patates qu'il serait devenu intime avec Marlon Brando, Jean Renoir, Marcel Pagnol et Alfred Hitchcock. Arrête, Daniel Gélin, c'est un mondain.

— Pauvre con, Daniel Gélin, c'est un poète ! Ça te dit quelque chose la poésie, piètre prosateur prosaïque ? Il en a écrit plein des livres de poèmes. Il a même écrit un recueil de poèmes à dire et même que son copain, c'était un taulard homosexuel qui s'appelait Jean Genet.

— Pauvre taré, Gélin le copain de Genet ! Il a été le premier amant de Signoret, le mari de Danièle Delorme. De quoi tu parles séducteur de Monoprix ? Daniel Gélin, il a été avec les plus belles femmes du monde qu'i y a eu sur la planète et qui étaient toutes du sexe tout ce qu'il y a de plus féminin. Don Juan à côté c'était un eunuque. Quand il branche une jeune fille dans un hôtel, c'est Ursula Andress, quand il allume la télé, il devient l'amant de Jacqueline Huet. Gélin, je vais te dire… Gélin, c'est pas un acteur. C'est un tableau de chasse !

— Mais ne dis pas n'importe quoi, Gélin, c'est d'abord un socialiste. Il est abonné au *Nouvel Obs*. En plus, il est capable de payer de sa personne. La preuve : non seulement il connaît Jean Daniel, mais en plus il lit ses éditoriaux jusqu'au bout.

— Penses-tu ! Gélin, c'est un franc-tireur, un anar, un libre penseur.

— Gélin, tu plaisantes. Il y connaît rien à la politique. Il vote écolo, il est copain avec Françoise de Panafieu, il s'en fout de tout ça…

— Ah bon ? Mais je croyais que Gélin c'était un ami de Mitterrand…

— Impossible : il a de l'admiration pour Rocard.

— Mais quand même Gélin, c'est plutôt un acteur comique.

— Tu rigoles : il a joué la tragédie, il a fait pleurer tout le cours Simon rien qu'en récitant du Vigny.

— Ah bon. Mais ils sont combien alors de Daniel Gélin ? Ils sont plusieurs, c'est pas possible

— Je vais te dire… Daniel Gélin c'est une troupe à lui tout seul, c'est un parti à lui tout seul. C'est une humanité à lui tout seul, avec des sales types, des gentils mecs, des poètes, des acteurs, des séducteurs, des jardiniers, des amants, des amis, des papys, des comiques, des tragédiens, des militants, des saints, des salauds… »

Dans le fond, des Daniel Gélin, il y en a pour tout le monde… On a tous quelque chose de Daniel Gélin. C'est la réunion des contraires. C'est l'addition des antithèses. Un rire inconsolable. Un désespoir gai. Daniel Gélin, il a toujours une bonne raison pour avoir les yeux qui brillent. Sa vie, pleine de fous rires et de chagrins, c'est une comédie italienne.

Daniel Gélin, c'est un torrent intrépide avec plein d'affluents, plein de courants contraires, un flot ininterrompu. Sa vie n'est pas un long fleuve tranquille. Daniel Gélin, c'est un pays à lui tout seul avec une géographie originale. La Loire s'est jetée dans la Rance et la Rance s'est mêlée à la Seine. Aussi peu maîtrisable que la Loire, aussi secret que la Rance, aussi séduisant que la Seine, Daniel Gélin, avec la seule cohérence de sa vitalité, nous dit que le fleuve est immense et qu'on aurait tort de ne pas s'y noyer.

MARIE LAFORÊT

Marie Laforêt, j'ai décidé de faire comme vous : j'arrête de vieillir. Ce n'est pas une décision facile à prendre… Mais vous serez d'accord avec moi : c'est d'abord une question de volonté.

Au début de mon existence, comme beaucoup, par faiblesse, par entraînement, j'avais pris l'habitude de vieillir. Au début, je ne m'en rendais pas compte. On prend un an comme ça, sans trop s'en apercevoir puis un autre et au bout d'un moment on devient vieux sans y prendre garde. Vieillir, à une époque, ça ne me paraissait pas dangereux, ça me semblait naturel. Pendant des années, c'était centimètre sur centimètre puis cheveux blanc sur cheveux blanc.

Il y en avait bien qui me disaient de me méfier, je m'en souviens, mais je ne les écoutais pas. L'âge, au bout d'un moment ça devenait comme une drogue. Il faut dire que j'avais commencé très jeune, au moment de la communale, c'est dans les cabinets qu'on s'enfermait à plusieurs, pour vieillir ensemble…

Une fois, on s'était fait gauler par le proviseur qui nous avait réunis dans son bureau. Il nous avait fait des remontrances : « Pour l'instant vous grandissez, vous êtes contents, mais vous verrez qu'un jour vous finirez par le regretter. Vous vieillirez et vous ne saurez plus comment vous arrêter. Votre âge deviendra une dépendance. » Moi et mes copains, ça nous faisait marrer, on ne voulait rien entendre, on se croyait plus forts que tout le monde, on était fiers de vieillir.

Personnellement, je crois que si je vieillissais, c'était surtout pour me donner une contenance, une façon de m'occuper : « Qu'est-ce qu'il fait ? Il vieillit. »

Je crois même, sans me vanter, que ça plaisait aux filles. Je voyais bien que j'avais plus de succès que ceux qui n'avaient pas osé franchir le pas. Le poil au menton, dans la tête un peu de plomb, ça plaisait.

Je me suis marié. La vie me souriait. Je continuais à vieillir, mais sans y penser, machinalement…

Un jour ma femme est tombée enceinte. On était heureux mais elle s'apercevait bien que je n'arrêtais pas de vieillir. Ça l'inquiétait un peu. À cause du petit. Elle m'a dit : « Ce serait plus raisonnable que tu arrêtes de vieillir, au moins tant qu'il est en bas âge. »

Alors, par amour pour ma femme et mon enfant, j'ai fait des efforts, je ne vieillissais plus dans la maison. Le soir, des fois après le café, j'allais vieillir un petit peu sur le balcon. Comme ça. Juste une ride ou deux. On ne se défait pas si facilement de ses habitudes.

Et puis j'ai rechuté, j'ai pris des années comme on prend du ventre. J'ai pris du ventre comme on prend de l'importance. J'ai pris de l'importance comme on prend un coup de vieux.

Ce qui m'a vraiment mis la puce à l'oreille, c'est quand on a commencé à me dire régulièrement « Toi tu ne vieillis pas ».

Quand on commence à vous dire « Toi tu ne vieillis pas », c'est mauvais signe. C'est qu'on est sérieusement marqué. On n'aurait jamais l'idée de dire ça à un perdreau de l'année.

Maintenant ça y est. C'est décidé. J'arrête.

J'arrête à condition, évidemment, que ça ne m'empêche pas de vivre. Après tout, quelqu'un a dit… je ne sais plus qui (j'ai l'âge d'avoir des souvenirs mais plus de mémoire…) : « Vieillir, c'est encore le meilleur moyen de ne pas mourir jeune. »

IVAN LEVAÏ

Mettons tout de suite les choses au point. À la question « Qui est Ivan Levaï ? », il n'est pas du tout déplacé de répondre : « C'est une journaliste allemande. »

Dans son livre *La République des mots*, Ivan Levaï nous apprend que c'est à lui que François Mitterrand parlait paisiblement des particularités de la météo locale à deux pas de la place Gudin de Château-Chinon le 10 mai 1981 à 18 h 30, tandis que le premier secrétaire du PS venait d'apprendre sans sourciller qu'il était devenu le nouveau président de la République française. Dans son édition datée du mardi 12 mai 1981, *Le Monde* évoque la scène mais en contestant la version d'Ivan Levaï puisque le journal précise que c'est à une journaliste allemande que l'heureux candidat s'adressait personnellement.

Une question se pose : Ivan Levaï est-il mythomane ? Ivan Levaï est-il un fabulateur ? C'est possible.

Il est possible également que près de François Mitterrand se soient trouvés et Ivan Levaï et la journaliste allemande et aussi un groupe d'une soixantaine de journalistes agglutinés dans ce salon de l'Hôtel du Vieux-Morvan, chacun étant intimement persuadé que c'est à lui seul que s'adressait l'homme providentiel quand il évoquait avec passion le taux de pluviométrie dans le Morvan devant un public adulateur et hypocrite. Il est possible que depuis ce jour une soixantaine de livres aient été écrits par des journalistes désireux de raconter l'instant où leur destin personnel a flirté avec l'histoire de France.

Le 10 mai 1981, le futur président parlait de la pluie et du beau temps. Tous les journaux du lendemain ont raconté la scène. C'est à ce genre de détail qu'on pouvait deviner la fascination qu'allait exercer François Mitterrand. C'est avec ce genre de détail qu'on peut également agacer le président Giscard d'Estaing parce qu'il peut bien parler de ce qu'il veut, tout le monde s'en fout, alors que lui aussi doit avoir des réflexions captivantes sur la pluviométrie au-dessus du puy de Sancy.

Après une réflexion approfondie de ma part, grâce au seul fruit de mon intense recueillement, j'en suis venu à la conclusion suivante : il est possible également – et c'est la version la plus plausible – que la journaliste allemande qui devisait tranquillement avec la grande figure politique n'était autre qu'Ivan Levaï soi-même qui s'était déguisé en correspondante du *Augsburger Allgemeine*. À aucun moment François Mitterrand, pourtant si attentif et si perçant, n'avait soupçonné que cette gretschen accorte, aux nattes longues et blondes dégringolant sur un fessier généreux, cette germaine échotière à la poitrine abondante et appétissante comme un panier rempli de cochonnaille teutonne, n'était autre qu'Ivan Levaï. Lequel, capable de tout comme n'importe quel journaliste pour obtenir un scoop, avait usé d'un stratagème habile afin de mieux approcher le vieux président érotomane.

Ivan Levaï, dans une robe traditionnelle bavaroise, dut quitter à toute allure Château-Chinon poursuivi par un vieillard en rut qui se révéla être René Bousquet, l'indéfectible soutien du nouveau président. René Bousquet, également sensible depuis longtemps aux charmes germaniques, avait jeté son vicieux dévolu sur l'énigmatique Allemande. Qui était-elle cette tudesque beauté affolant à la fois René Bousquet et François Mitterrand ?

Ivan Levaï. Ivan Levaï qui, pendant des années, fut tourmenté par cette histoire. Même si le temps a passé, le petit orphelin juif de Budapest ne pouvait sérieusement envisager de refaire sa vie avec l'ancien chef de la police vichyste, quand bien même François Mitterrand se serait proposé pour être le témoin.

Plus jamais, et c'est un signe qui ne trompe pas, même pour une soirée déguisée ou un bal costumé, Ivan ne remit son costume folklorique qui avait tant ému le président et son ami. Plus jamais, alors que pour venir présenter sa revue de presse sur les ondes il lui était facile d'adopter une tenue décontractée, Ivan ne remit sa tenue teutonne. Ce matin encore, alors qu'il participe à une émission humoristique, Ivan Levaï a choisi la sobriété d'une cravate et d'un costume. N'est-ce pas la meilleure preuve du bien-fondé de mes allégations ? Ivan Levaï délaissa son costume historique, puis un jour l'offrit à Annie Cordy qui devait s'en servir pour une reprise de Frida Oumpapa.

On le voit, Ivan Levaï, même s'il a entretenu des relations de flirt avec les hommes politiques, n'a jamais été jusqu'au mariage.

AMÉLIE NOTHOMB (2)

Amélie Nothomb, vous venez d'écrire un livre. Bon, ce n'est pas spécialement original : depuis 1992, vous sortez un livre tous les ans. Il semblerait, Amélie, que vous n'ayez pas ce que l'on appelle l'angoisse de la page blanche.

Personnellement, je l'ai.

Je l'ai mais à un point que vous ne pouvez même pas imaginer. Rien que pour écrire ces quelques lignes, qui en aucun cas ne peuvent prétendre déclencher le moindre sourire, j'ai eu du mal. Oui, ces quelques petites phrases banales, insignifiantes, qui ne provoqueront ni admiration ni jalousie, cette introduction ni spécialement drôle ni franchement originale et que l'on serait même en droit de qualifier de pauvre, voire d'indigente, de besogneuse, de pitoyable, j'ai passé plusieurs longs mois à l'écrire. Pour vous faire entrer dans le cheminement difficultueux de ma pensée inféconde et cependant tortueuse, je vais vous demander de bien vouloir réécouter le début de mon texte afin qu'une seconde fois vous puissiez bien mesurer toute sa profonde insuffisance.

Voilà il faut juste prendre le temps de recaler la bande…

Amélie Nothomb, vous venez d'écrire un livre. Bon, ce n'est pas spécialement original : depuis 1992, vous sortez un livre tous les ans. Il semblerait, Amélie, que vous n'ayez pas ce que l'on appelle l'angoisse de la page blanche. Personnellement, je l'ai.

Je l'ai mais à un point que vous ne pouvez même pas imaginer.

La première phrase, par exemple : « Amélie Nothomb, vous venez d'écrire un livre. » C'est vrai, je n'en suis pas mécontent. Avec un minimum de mots elle va droit au but, elle peut paraître simplement informative, directe, mais c'est que, naturellement, elle sait ne pas s'encombrer de renseignements périphériques et superflus. « Amélie Nothomb, vous venez d'écrire un livre », oui, dans son genre, est une phrase parfaite. Elle est pure, elle est idéale.

Je me souviens que je l'ai inventée dans la nuit du 1er au 2 juillet 2001. Je voulais, à cette époque, prendre un peu d'avance avant de commencer mon année, afin de me mettre quelques textes de côté au cas où au pied levé et au débotté on me réclamerait une chronique inspirée. « Amélie Nothomb, vous venez d'écrire un livre » est une phrase qu'en ce début d'été je jetai d'un trait radical et brûlant après avoir noirci des dizaines de pages de brouillon que je flanquais rageusement dans une corbeille à papier déjà remplie jusqu'à la gueule. J'avais notamment écrit « Amélie Nothomb, vous venez d'édulcorer une verveine menthe », mais je n'en étais pas satisfait… « Amélie Nothomb, vous venez d'écosser un pois gourmand », mais je n'étais pas totalement convaincu… « Amélie Nothomb, vous venez d'ébouillanter une écrevisse » était peut-être plus satisfaisant dans la forme mais il me fallait bien convenir que je ne traitais pas le vrai sujet.

Lorsque, après des heures de travail acharné, je trouvai « Amélie Nothomb, vous venez d'écrire un livre », je pleurai, bouleversé devant tant de simplicité, puis j'allai me coucher, harassé, fourbu mais heureux d'avoir su encore une fois exprimer avec un minimum de mots et une précision toute chirurgicale une réalité que déjà je prévoyais.

On me dira que ma phrase « Amélie Nothomb, vous venez d'écrire un livre » ne renouvelle pas totalement l'histoire de la littérature française. C'est possible. Mais elle ouvre agréablement une chronique radiophonique. Bien sûr, je ne pouvais pas savoir le 1er juillet que vous seriez invitée de l'émission mais je pouvais sans trop de risque le prévoir puisque, comme je l'ai déjà dit, depuis 1992, vous sortez un livre tous les ans.

Doué d'une certaine souplesse intellectuelle, je pouvais également envisager d'adapter la phrase introductive au cas où ce ne serait pas vous l'invitée mais un de vos concurrents directs en littérature, Jean d'Ormesson, Michel Houellebecq ou Loana.

J'en suis tellement content de cette phrase que, non seulement je m'en servirai l'année prochaine à l'occasion de votre prochaine venue à l'émission, mais je peux très bien l'utiliser aussi pour conclure ma chronique d'aujourd'hui : « Amélie Nothomb, vous venez d'écrire un livre. »

FRANCIS HUSTER

Raymond Devos est un maître de l'absurde, Guy Bedos un pamphlétaire engagé. Arturo Brachetti est un professionnel du transformisme, Bruno Masure un comique de la consternation.

Francis Huster, lui, ne s'apparente pas à tous ces amuseurs, il est pourtant l'un de nos plus grands comiques actuels, mais dans une catégorie particulière : le comique involontaire. Quand il prend l'accent du calvados pour faire rigoler avec Octave Mirbeau, peut-être Francis n'est-il pas totalement convaincant. Quand il décide de devenir un acteur comique avec le même entêtement qu'une poule envisagerait de faire des loopings au-dessus de l'aiguille du Midi, Francis, peut-être, n'est-il pas entièrement crédible. En revanche, quand par exemple il postule pour devenir directeur de théâtre, voire administrateur de la Comédie-Française, Francis nous fait rigoler depuis des années.

Chaque fois qu'à Paris un théâtre se libère parce que le précédent patron a laissé une grosse ardoise, parce que le chef de troupe n'est plus en odeur de sainteté auprès du nouveau ministre, parce que les directeurs séniles préparent leur prochaine création, un son et lumière définitif prévu au crématorium du Père-Lachaise, Francis est toujours là, fidèle au poste, prêt à bondir comme un cabri, déjà décidé à faire repeindre les loges, à agrandir le plateau, à équiper les cintres, à huiler le strapontin du rang H à l'orchestre qui, si l'on s'approche, écoutez bien… couine un peu.

Quelques semaines plus tard, on apprend que Francis s'est éloigné, déçu comme un chat qui n'aurait pas eu son content de caresses, dépité comme un chien qui après avoir jappé de désir devant un os considérable découvre qu'il s'agissait d'un leurre en plastique. C'est qu'il est comme ça Francis, il faut qu'il se jette à l'eau, il faut qu'il s'enthousiasme, qu'il s'exalte, qu'il s'emballe ! Il faut qu'il s'engoue, il faut qu'il s'enflamme ! C'est qu'il est comme ça Francis, c'est un supporter. Alors forcément, quand il arrive au ministère en faisant la hola, il inquiète. Quand devant les jardins du Palais-Royal il scande « Moliè-è-è-è-è re ! », il effraie.

Alors Francis, comme Charlot, à la fin du film, s'éloigne de la rue de Valois avec sur son épaule un balluchon rapiécé. Dedans, il n'y a rien sauf des larmes, et des rires, et des promesses de spectacles sur le monde qui tourne, sur la vie qui passe, sur le temps qu'il fait. C'est qu'il est comme ça Francis… Il ne peut pas s'empêcher de rêver : c'est un artiste.

Il s'en va Francis, il s'en va avec le seul théâtre qui ne saurait dépendre ni des aléas de l'administration, ni des agitations médiatiques, ni des basculements politiques, il s'en va avec le seul théâtre qui le fait vivre, son théâtre peuplé d'acteurs qui sans doute sont les fantômes de ses peurs et de ses enthousiasmes, son théâtre sans murs et sans rideaux, sans régisseurs, sans machinistes, qu'il dirige depuis toujours dans ses rêves les plus secrets, avec l'assurance des inquiets, et la sagesse des fous. Son théâtre à lui, inébranlable, robuste et résistant à toutes les tempêtes, à toutes les modes, à tous les changements de ministre. Son théâtre intime, celui qu'il a dans sa tête.

Et puis Francis, il faut se faire une raison : le comique, c'est pas pour les jeunes premiers, il faut être raisonnable. Sinon, qu'est-ce qui va rester à ceux qui ont un physique plus ingrat.

SERGE LAMA

C'était le temps, le temps béni de la rengaine, c'était le temps où les chanteurs avaient de la voix. Un jour le petit Chauvier au Théâtre des Capucines écouta son papa pour la dernière fois. « C'est bien joli de vouloir faire l'artiste, avait dit maman, mais c'est pas ça qui fait bouillir la marmite. » Papa Chauvier continuait à chanter du Mariano mais au volant de sa voiture de représentant de commerce avec la bière Éclat peinte sur la carrosserie.

C'était le temps, le temps groggy dans la verveine.

Alors le petit Chauvier en larmes s'est dit, moi, plus tard, je ferai chanteur pour faire chier maman.

C'était le temps, le temps béni de la rengaine. Le petit Chauvier avait pas trop d'amis. Il était pas trop liant, l'était du genre solitaire. Au temps des ballons rouges, il était plus vieux que les jeunes de son âge. Lui, ses copains ils étaient dans les livres. Un jour, à la piscine, pour une fille au teint de rose, il voulut réciter un poème. La fille a dit « ouais c'est sympa ton truc, je te remercie bien mais je préfère autant aller piquer une tête » et puis elle partit au bras du maître nageur moins littéraire mais plus musclé.

C'était le temps, le temps enfoui dans Paul Verlaine.

Alors le petit Chauvier en larmes s'est dit, moi, plus tard, je ferai chanteur pour faire chier les sportifs.

C'était le temps, le temps moisi de la gégène. Le petit Chauvier, à dix-huit ans, se retrouve dans le Sahara. Pour faire son service militaire, se retrouver en Algérie qui reste un beau pays. Rendu alors à la vie civile, le petit Chauvier s'est peut-être dit moi, plus tard, je ferai chanteur pour faire chier les fusils.

C'était le temps, le temps béni de la rengaine…

C'était le temps, le temps honni de la vingtaine. Un jour sur la route, sa fiancée disparut dans un fait divers. Une vie détruite, une vie à recommencer. Le petit Chauvier dans son lit d'hôpital se battait pour résister, pour vivre quand même. Malgré l'amour disparu, malgré le bonheur enfui.

C'était le temps, le temps pourri de la déveine.

Alors le petit Chauvier en larmes s'est dit, moi, plus tard, je ferai chanteur pour faire chier la mort.

C'était le temps, le temps béni des rengaines devenus disques d'or. Le temps des succès, le temps des Palais des congrès. Le petit Chauvier devenu grand Lama ne s'est pas résolu à devenir l'artiste de référence, le chanteur de révérence, continue à lancer ses coups de gueule, à l'ouvrir, parfois à tort et à travers, parfois pour dire des conneries. Les autres savent gérer la renommée. Pour élargir leur public, l'homme de droite Sardou fait copain-copain avec l'homme de gauche Guy Bedos mais, dans le fond, ils habitent les mêmes quartiers. Le petit Chauvier, toujours un peu mal dégrossi, continue de se battre avec les fantômes angoissés de son enfance. Faut bien apprendre à vivre avec. Le petit Chauvier en larmes a même réussi à passer pour un chanteur comique.

Parce qu'il est devenu chanteur. Pour venger son père, pour venger la mort, pour venger Verlaine, a même fini par se réconcilier avec la vie, avec les sportifs, avec les femmes, avec sa mère.

Aujourd'hui que c'est le temps adouci de la cinquantaine, le petit Chauvier qui chantait si fort fredonne d'une voix plus apaisée la chanson de toute une vie.

C'était le temps, le temps béni de la rengaine…

ALAIN SOUCHON

Tonton Léon, breton grognon, fidèle de l'émission me pose des questions tandis que je fais des brouillons.

« C'est qui le prochain invité à ton émission ? me demande mon tonton Léon.

— Souchon, que je lui réponds.
— Je l'aime Souchon, qu'i m'dit Léon.
— Ah moi aussi je l'aime Souchon, que j'dis à Léon.
— Il sort une nouvelle chanson ?
— Nouvelle chanson, compilation, une collection.
— Qu'est-ce que tu vas pouvoir raconter sur Souchon ? me demande tonton (tonton Léon).
— Bonne question, je lui réponds…
— Pas coton Souchon, qu'i m'dit tonton Léon, tonton félon, pas coton coton…
— C'est sûr, mon pauvre Léon, quand c'est un con, on se pose moins de questions.
— T'as qu'à dire Souchon cocon à la maison, Souchon les frissons, Souchon l'émotion…
— Tonton…
— Fais donc une rédaction, composition, déclamation, propose Léon, des allitérations, élocution, belle expression "Sachez Souchon chausser ses chaussons, chassez des chansons sans sécher ses six saucissons". Un truc profond : "Sous ses chansons séchait Souchon. Sans son Souchon son chant sent bon".
— Non, je me morfonds, non, non, non, non.
— Tu lui parles pognon, mensurations, pour les garçons. Foule sentiments dans les talons. »
Je mordille mon crayon. Illumination chez tonton Léon.
« Ben alors tu dis juste : "Content de vous rencontrer Alain Souchon vu que je vous aime."
— T'es con Léon, que je dis à mon tonton, je peux pas faire juste dire "Content de vous rencontrer Souchon vu que je vous aime", ça fait pas une narration.
— Démerde-toi, qu'i m'dit Léon, après tout t'as qu'à dire que t'as une indisposition, que t'as les oreillons, que tu fais vingt-trois de tension, que tu as fait une intoxication, grosse infection, sale contagion, qu'à la prochaine occasion tu reviendrons pour Ardisson, Amélie Nothomb, Patrick Besson, Philippe Tesson…
— La prochaine fois c'est vendredon Laurent Ruquion, mardi prochon Chantal Goyon.
— Attention, le plus con, remarque tonton Léon, ce serait de faire une rédaction avec que des mots en "on". Ce serait très con, sans réflexion.
— Dans le fond, t'as raison tonton Léon, je vais pas faire un carton, mais un peu d'abnégation, je vais pas me détruire le carafon,

je vais suivre ton indication pour dire l'admiration : "Content de vous rencontrer Alain Souchon vu que je vous aime." »

Conclusion.

Terminaison.

LAURENT RUQUIER

Passant ce matin devant le café Les Ondes en face de la Maison de la radio, vous avez peut-être été surpris de voir la rue des Boulainvilliers interdite à la circulation, vous avez peut-être respiré un fumet particulier, senti une agitation inaccoutumée, un grouillement, une excitation. Vous avez peut-être remarqué sur les trottoirs de grandes tables dressées recouvertes de draps blancs amidonnés. Vous avez peut-être entendu des cris frénétiques, des rires annonciateurs, des hurlements d'enfants endimanchés, des brouhahas de sauteuses et de poêlons, de cocottes et de faitouts, vous avez peut-être remarqué le ballet des fournisseurs et des fleuristes, des serveurs et des extra… C'est que l'on y organise une fête, c'est que l'on y prépare un festin, c'est qu'on est en train de faire cuire le veau gras : Ruquier est revenu !

Jean-Marie Cavada s'est fait pousser les dents toute la nuit, il parle tout seul comme un illuminé bruxellois en disant à son cœur de ne pas s'emballer, de faire comme s'il ne savait pas que Ruquier est revenu. Il s'adresse à des fantômes oubliés… « Toi la servante Santamaria vaudrait p't'être mieux changer les draps, Ruquier est revenu. Mon cœur arrête de répéter qu'il est plus beau qu'avant l'été le Ruquier qu'est revenu ! Et vous mes mains restez tranquilles, c'est un chien qui revient d'Europe 1, maudit Ruquier puisque te v'là. »

Déjà dans le studio 106 où l'on a accroché des guirlandes, suspendu des calicots avec écrit dessus « Laurent on t'aime », « Laurent tu nous as manqué », on a la tête qui chavire. Ils sont venus ils sont tous là. Même Laurent Gerra le frère maudit… Aujourd'hui la Maison de la radio est en train de vivre un de ces moments historiques, le retour de l'enfant prodigue, de l'enfant prodige. C'est l'occasion de retrouvailles, de réconciliations, d'effusions, d'embrassades. Claude Villers et Guy Carlier s'échangent des conseils minceur. Philippe Val s'est déjà réservé une place juste à côté de Patrick Font afin de pouvoir, après vingt-cinq années de tournées ensemble, faire enfin connaissance.

La joie est dans les cœurs, le sourire sur les lèvres : Ruquier est revenu ! Pour beaucoup d'auditeurs fidèles c'est une véritable joie de vous entendre aujourd'hui car, uniquement branchés sur France Inter, ils pensaient que vous étiez décédé, les plus optimistes s'étonnaient qu'à votre âge vous ayez comme Saccomano fait valoir vos droits à la retraite.

Tout le monde est rassuré, non seulement il est vivant, mais Ruquier est revenu !

Seule ombre au tableau, notre atrabilaire réalisateur Jean-François Remonté n'a pu s'empêcher en l'accueillant ce matin de prendre des accents de boulanger cocu : « Ah dis la voilà tu l'as vu retourner la pomponette, dis garce, salope, ordure, c'est maintenant que tu reviens hein ? Et le pauvre Jean-Luc Hees, dis, il s'est fait un mauvais sang de peste depuis deux ans, il tournait, il virait, il te cherchait dans tous les coins, dans le décolleté de Boccolini, dans le brushing de Stéphane Bern, il était malheureux comme les pierres et toi, pendant ce temps-là, tu avais suivi ton Jérôme Bellay, ton chat de gouttière, un inconnu, un bon à rien, un passant de clair de lune… »

Ta gueule Jean-François, tu ne vas pas gâcher la fête, Ruquier est revenu ! D'accord il est pas revenu pour faire l'animateur mais juste pour faire la promotion d'un livre coédité par Europe 1, contenant plein de textes pour lesquels France Inter l'a déjà payé, mal certes, mais l'a payé quand même.

Ruquier est revenu ! Ils sont tous là pour lui faire la fête. Pierre Doris, le père spirituel, Laurent Violet, le fils spiritueux ! Philippe Bouvard de RTL et de *France-Soir* et du *Figaro* réunis, toujours ratiocinant contre les impôts, se fait tancer vertement par un collaborateur du *Fou du roi* : « T'as qu'à juste être chroniqueur à France Inter, eh Ducon ! Tu toucheras l'impôt de solidarité ! »

Ce soir, à la nuit tombée, quand tous seront partis, les amis, les vrais méchants, les faux gentils, quand le repas sera fini, quand rue des Boulainvilliers il n'y aura plus personne, même plus Pascal Brunner pour tirer la manche des convives en essayant de se rappeler à leur bon souvenir « Rappelez-vous, je m'appelle Pascal Brunner, j'ai eu une émission sur France 3, je sais imiter

Raymond Barre… », quand devant Les Ondes il n'y aura plus que des nappes salies, des verres ébréchés, des cadavres roulant dans les caniveaux, certains se souviendront du petit Havrais qui le dimanche matin écoutait religieusement *L'Oreille en coin*, du petit provincial au visage ingrat, au cheveux sur la langue qui admirait tant Jacques Maillot, Jean Amadou et qui aujourd'hui est devenu leur patron.

Ruquier est revenu ! Pourtant quelquefois, il n'en revient pas…

CHANTAL GOYA

Je ne sais pas si vous vous souvenez de moi mais nous nous sommes déjà rencontrés, c'était il y a quelques années et je me suis retrouvé dans vos bras… Souvenez-vous, le Palais des congrès, votre loge, une étreinte, un baiser, des larmes…

Moi, j'avais environ six ans et demi et vous aviez déjà exactement le même âge qu'aujourd'hui, entre vingt-cinq et soixante ans. Mes parents m'avaient conduit à un de vos spectacles et à l'issue de la représentation, afin de vous faire signer le programme, ils m'avaient emmené dans votre loge. Nous étions plusieurs bambins amourachés de vous, incrédules de se retrouver si proches de leur idole et tout d'un coup je ne sais pas ce qui vous a pris, devant une escouade de caméras et de flashes crépitants, vous m'avez soulevé de terre, fait un baiser et serrant votre joue contre la mienne, vous vous êtes mise à hurler : « Vive les enfants, les enfants sont merveilleux, les enfants sont tous mes amis ! »

Et là, je me mis à crier « Vilaine la dame, méchante la dame ! », à sangloter, à réclamer ma mère. Aussitôt, vous relâchâtes votre étreinte, vous me restituâtes à maman, et pas regardante vous jetâtes votre tendre dévolu sur une autre tête blonde plus docile. Maman, écarlate, gênée, s'excusa dans l'indifférence la plus complète, mettant sur le dos de ma timidité incorrigible mon inexcusable insolence.

Si je vous parle de cet épisode douloureux de notre vie commune, Chantal, c'est, sinon pour me justifier, au moins pour vous expliquer mon attitude d'alors. Comprenez-moi Chantal. Autant j'aime bien qu'on me fasse des compliments un peu personnels, autant j'adore qu'on me caresse dans le sens du poil que j'ai, pour le bonheur de certaine, fourni, autant je déteste qu'on me considère en cheptel.

Comprenez-moi, Chantal, les enfants ne sont pas tous merveilleux, les enfants ne sont pas tous adorables. Il y en a qui sont sournois, fourbes, détestables. Il existe des sales moutards, des mouflets désagréables, des lardons odieux.

Je déteste faire partie d'une généralité. Sans être exceptionnel, Chantal, sachez-le, je suis un être d'exception. Je suis un être unique. Mettez-vous ça dans le crâne une fois pour toutes. Et aujourd'hui encore si une femme pendant l'étreinte me crie « Vive les hommes, les hommes sont merveilleux, les hommes sont tous mes amis ! », je ne sais pas ce qui me prend, mais aussitôt je me mets à hurler, à crier « Vilaine la dame, méchante la dame », à sangloter, à réclamer ma mère.

Je ne suis pas un lieu commun, je ne fais pas partie d'un troupeau, je ne fais pas partie du bétail. Nous sommes des millions sur la planète à être des êtres uniques, et si demain vieillard, cacochyme, centenaire, sénile, au rancart, au rebut, périmé, oublié sur une voie de garage, tombé dans l'obsolescence et la désuétude, si demain une seule infirmière déguisée en Bécassine et shootée à l'éther me serre contre son sein en criant « Vive les vieux, j'adore les vieux, les vieux sont tous mes amis ! », je rassemble ma dernière énergie, je réunis mes ultimes ardeurs et je la gifle, je la détruis, je la saccage, je la terrasse, je la défenestre !

Au « Journal de 20 heures », le présentateur, au moment des faits divers annoncera…

« Triste fin pour François Morel qui, quelques-uns des moins jeunes d'entre nous s'en souviendront peut-être encore, avait eu jadis un petit nom dans le milieu théâtral et radiophonique. Il vient dans un accès de folie meurtrière d'assassiner sauvagement une infirmière de l'hôpital Ambroise-Paré, unanimement appréciée des malades et du personnel. Tandis qu'il hurlait "Vilaine la dame, méchante la dame !" L'infirmière a succombé à ses blessures, l'œil gauche et l'oreille droite arrachés.

« On ne sait pas à qui le forcené s'adressait, lorsque, avant de plonger dans un coma profond, il s'est mis à murmurer d'une voix à peine audible mais déterminée "Je ne suis pas une généralité, Chantal, je suis un être unique". »

PHILIPPE GELUCK

Ça fait un moment que j'observe votre petit manège, Philippe Geluck, tant dans les magazines qu'à la télévision, tant dans vos bandes dessinées que dans votre attitude générale et je crois pouvoir mettre à nu l'un de vos fonctionnements les plus distinctifs… Si je pouvais trouver une seule expression capable à la fois de résumer votre œuvre et votre personnalité et qui saurait ne pas vous trahir, ce serait, et j'espère ne pas vous vexer en circonscrivant votre démarche dans une formule qui en la définissant risque hélas de la réduire, Philippe Geluck… tant pis je me lance, je me jette à l'eau, tant pis si ça fait des dégâts… Philippe Geluck, vous êtes un humoriste.

Je pense en effet monsieur Geluck, ne vous déplaise, qu'il serait hasardeux de considérer votre œuvre comme on apprécierait un précis de mathématiques, le code de droit canon pour l'Église romaine ou une notice explicative accompagnant le modèle réduit d'un avion à turbopropulseur de type Tupolev 114.

Ne dites pas le contraire, s'il vous plaît monsieur Geluck, au moins je vous demande de faire preuve de suffisamment d'honnêteté intellectuelle et de ne pas me contredire lorsque citant le grand philosophe et homme de lettres Jacques Chancel j'aurais, avec la même pénétrante pertinence, tenté de vous saisir : « Véritablement Philippe Geluck vous êtes un humoriste. »

La question qu'on serait alors en droit de se poser est la suivante : « Est-il plus difficile de faire rire que de faire pleurer ? » Généralement on répond « oui ». Généralement. C'est le genre de réponse qu'on donne comme ça sans même y réfléchir, une affirmation qu'on lance un peu au hasard et que l'on ne s'embarrasse pas de vouloir démontrer.

Contrairement à l'idée reçue, je pense personnellement qu'il est beaucoup plus facile de faire rire que de faire pleurer car, pour faire pleurer, il faut souvent des accessoires. On peut faire rire quelqu'un en le chatouillant sous les bras, si l'on veut faire pleurer la même personne, on aura généralement besoin d'un couteau et d'un oignon.

Dans les cours de récréation, les histoires drôles de Toto font rire. On raconte quelquefois des histoires pas drôles de Toto, on ne raconte jamais ses histoires tristes. Pourtant Toto, il est comme les copains, il a ses soucis, il a sa petite dernière qui vient de faire une jaunisse, son Audi qui vient de le lâcher alors qu'elle n'a même pas deux cent mille au compteur, sa vue qui baisse et ses cors qui lui font mal aux pieds. Toto, il est comme les copains, sa vie n'est pas drôle tous les jours.

Encore la semaine dernière, je vous raconte… c'est Toto qui s'est coincé le doigt dans une porte et qui va à la pharmacie pour acheter un baume des Pyrénées et là, il se fait renverser par une voiture, et là il est emmené dans une ambulance, on le conduit à l'hôpital et là, on lui met de l'oxygène sur la bouche, et là il arrive aux urgences et là, il meurt.

Ce n'est pas drôle, j'avais prévenu, ce n'est pas drôle, mais ce n'est pas non plus très triste. En fait, on s'en fout des histoires tristes de Toto. Dans l'assistance, je ne remarque aucune larme, alors qu'objectivement il ne pouvait pas lui arriver grand-chose de plus triste à Toto.

Je pense avoir su démontrer, avec brio je crois, qu'il est donc plus facile de faire rire que de faire pleurer.

Pourtant Philippe Geluck, la mort (ainsi que la vieillesse, l'absurdité de vivre et la chute des cheveux) est partout présente dans vos ouvrages. La mort vous obsède. Et vous avez tort, car si Gérard Miller est mortel, vous ne l'êtes pas. Maintenant que vous travaillez à la télévision, vous devez connaître suffisamment de spécialistes de lieux communs pour en trouver un qui, le jour de votre enterrement, dira avec l'émotion du poncif : « Philippe, c'est bien la première fois que tu ne nous fais pas rire. »

Autour de votre tombe devenue le lieu de rendez-vous de tous les chats philosophes et errants, plusieurs félins auront la larme à l'œil.

Moi, ce jour-là, regardant votre cercueil descendre lentement sous la terre, je penserai à ce que ne manque jamais de dire ma mère lorsqu'elle arrive à la dernière vignette de vos albums : « Eh ben, on est aussi avancé au début qu'à la fin… »

JULIETTE GRÉCO

Excusez-moi Juliette, mais je ne parlerai pas de vous.

Solidarité de classe, fraternité des laissés-pour-compte, des oubliés, des délaissés, moi qui, faiblement, obscurément, survis à l'ombre de la lumière éblouissante de Stéphane Bern, je voudrais rendre hommage à celles qui vous accompagnent. Celles qui pendant toute la durée de votre carrière n'ont jamais abandonné la grande artiste que vous êtes et que vous seriez peut-être moins sans elles.

Excusez-moi Juliette, je ne parlerai pas de vous mais de ces deux vestales chargées d'entretenir le feu secret qui brûle en vous. Deux gardiennes du temple, deux protectrices toujours fidèles au poste.

Excusez-moi Juliette, mais quand je vais vous voir sur scène, moi, je n'ai d'yeux que pour elles. Excusez-moi, Juliette, je ne devrais pas le dire mais je serais capable presque de ne pas vous écouter, de ne pas vous entendre, d'à peine vous regarder.

Je ne vois qu'elles. Parfois on sent que vous préféreriez vous en passer tant vous les trouvez envahissantes.

Excusez-moi si je froisse votre susceptibilité Juliette, mais souvent elles vous volent la vedette quand, sans prévenir, comme deux feux follets, elles surgissent de derrière votre dos.

Excusez-moi Juliette mais sans elles vous seriez moins fascinante. Ce sont elles qui savent mettre en valeur l'artiste, ce sont elles, comme deux inséparables, deux anciennes demoiselles racées, comme deux siamoises, sensuelles et fines. Ce sont vos girls à vous, deux bonnes filles qui sont à votre service et qui ne demandent rien, elles sont juste assez contentes de profiter des miettes de votre gloire, de se réchauffer un peu à la chaleur de vos projecteurs. Ce sont elles qui vous entourent, elles qui vous donnent le rythme, elles qui vous cachent et vous découvrent. N'ont même pas besoin de plumes, de strass ni de boas. Ce sont les danseuses de votre music-hall à vous, quand elles font un peu d'arthrite, ne se plaignent même pas. Ce sont des coriaces, des dures à cuire.

Dans les coulisses, ce sont elles qui vous rassurent, qui donnent le change, qui vous caressent la joue, déplacent une mèche de vos cheveux, vous font un ultime raccord de maquillage. Pourtant, elles sont comme vous, elles n'en mènent pas large. Fébriles, nerveuses, avant d'entrer en scène, elles font un dernier signe de croix.

Sans avoir jamais suivi de cours, elles savent tout faire, tout exprimer. Savent s'envoler comme des petits oiseaux, se faufiler comme des petits poissons.

Mais elles sont aussi tigres apprivoisés ou chatons qui s'étirent. Elles sont le fouet qui claque, la vague qui roule, le bateau qui vogue, le nuage qui menace.

Vos mains… vos mains Juliette… qui apaisent, vos mains amoureuses quand elles sont caressantes, vos mains douces qui effleurent. Vos mains Gréco qui claquent, vos mains qui giflent, vos mains en colère quand elles sont poing levé, quand elles sont fraternelles.

Après le spectacle, elles se frottent l'une contre l'autre, heureuses, épuisées, alanguies.

Excusez-moi Juliette, mais je ne parlerai pas de vous.

Ce n'est pas la peine, tout le monde parle de vous… « Juliette Gréco, grande dame de la chanson française », je suis d'accord… Ne seriez-vous qu'une petite dame de la gastronomie lituanienne, une grosse dame de la quincaillerie chypriote, une dame considérable de la maroquinerie andalouse qu'on vous aimerait quand même, qu'on vous aimerait tout autant, pour peu qu'on vous connût.

Ce qu'on aime chez Gréco, c'est la voix qui murmure, le souffle qui frissonne, et ses mains qui écrivent sur la page imaginaire de notre mémoire les mots de l'émotion.

FRANÇOISE DE PANAFIEU

Françoise de Panafieu fait de la politique. Elle est de droite. Elle aime pas trop qu'on parle des affaires de droite car ça affaiblit la démocratie. Elle déteste pas trop qu'on parle des affaires de gauche car ça affaiblit la gauche.

Si Françoise de Panafieu avait un physique plus rébarbatif, on l'appellerait Bernard Pons.

Bernard Pons fait de la politique. Il est de droite. Il trouve que quand ça s'engueule entre les partis de gauche, c'est la chienlit. Il pense que quand ça se déchire entre les partis de droite, c'est l'émulation. Si Bernard Pons portait une jupe on l'appellerait Michelle Alliot-Marie.

Michelle Alliot-Marie est de droite. Elle aime pas trop qu'on la contredise. Elle fait de la politique. Et pitié également quand elle prend la parole à la tribune de son parti. Si Michelle Alliot-Marie était de gauche, on l'appellerait Élisabeth Guigou.

Élisabeth Guigou est de gauche. Elle aime pas trop qu'on parle des affaires de gauche car ça affaiblit la République. Elle déteste pas trop qu'on parle du terrain de Chirac acheté par la fondation Pompidou car ça fait chier la droite. Si Élisabeth Guigou était la fille de Jacques Delors, on l'appellerait Martine Aubry.

Martine Aubry fait de la politique. Elle est pour obliger les entreprises privées à se mettre aux trente-cinq heures. Elle était pas trop pour imposer les trente-cinq heures dans le service public car ça coûte cher. Si Martine Aubry était syndicaliste, on l'appellerait Marc Blondel.

Marc Blondel est syndicaliste. Il est pour que les ouvriers travaillent moins. Il est pour les trente-cinq heures sauf pour son chauffeur personnel. Son chauffeur personnel qui, faisant ses trente-cinq heures tous les deux jours, en a eu marre que son patron ne respecte pas un minimum le code du travail, et l'a envoyé devant les prud'hommes.

Si M. Prudhomme était vivant, il serait pas dépaysé.

M. Prudhomme était au XIXe siècle la caricature du bourgeois extrêmement satisfait de lui-même. Si Henri Monnier l'avait créé ce matin, il l'aurait appelé Marc Blondel ou Édouard Balladur ou Maxime Gremetz ou Jean-Louis Debré.

Jean-Louis Debré est de droite. Il trouve que c'est insupportable de parler des voyages de Chirac à l'île Maurice payés en argent liquide car ça ne permet pas d'élever le débat démocratique. Jean-Louis Debré aime bien rappeler l'implication de Lionel Jospin dans le financement occulte du parti socialiste car les Français ont le droit de savoir.

Si Jean-Louis Debré avait un nez rouge on l'appellerait Zavatta.

Achille Zavatta est mort. S'il était vivant, on l'appellerait à la rescousse.

À la rescousse également est appelé Charles de Gaulle qui, avec Yvonne lorsqu'il recevait à Colombey un chef d'État, payait, dit-on, de sa poche et la poule au blanc et le bordeaux millésimé qui va avec. Si Charles de Gaulle était vivant, est-ce que vous êtes bien sûre qu'il voterait Chirac ?

Moi, franchement, madame de Panafieu, vous ne m'inspirez pas d'antipathie. Comme on dit, vous n'êtes pas la pire. Aujourd'hui comme plein de gens, je suis heureux de vivre en démocratie. Comme plein de gens, de gauche ou de droite, je déteste les discours démagogues qui tendent à mettre tous les politiciens dans le même sac. Comme plein de gens, je ne suis pas d'accord pour crier avec les loups de l'extrémisme l'air de « Tous pourris ».

Mais franchement, faut nous aider un peu.

GENEVIÈVE DE FONTENAY

« Ça faisait longtemps ! C'est de l'increvable ! De l'inoxydable ! C'est de l'insubmersible ! C'est plus possible ! Va falloir l'abattre ! Jusqu'à quand va falloir supporter ça ? Mais qu'on l'achève ! Qu'on en finisse ! On n'en peut plus ! Qu'on l'anéantisse ! Il faut lui faire bouffer son chapeau à la vieille !

— Eh oh ! tout doux, m'insurgé-je, devant un ami en visite, calme-toi veux-tu bien. Pèse tes mots s'il te plaît. Parle sur un autre ton, je te l'ordonne, en aucun cas tu n'es autorisé à t'exprimer d'une manière aussi vulgaire sur une personne dont tu peux ne pas partager les convictions mais que tu serais bien inspiré s'il te plaît de respecter car, que tu le veuilles ou non, cette personne, que tu brocardes avec tant de grossièreté, est quand même le chef de l'Église catholique. D'autre part, je te signale à toutes fins utiles que Jean-Paul II ne porte pas un chapeau mais une mitre, et que même si Sa Sainteté met des robes, ce qui est quand même bien son droit vu qu'à son âge il aurait bien tort de se soucier du qu'en-dira-t-on, il est pour le moins déplacé de l'appeler "la vieille". »

Mon ami antipapiste baissa les yeux, puis posant ses lèvres sur mon anneau pastoral, que baisent à l'envi tous ceux qui réclament ma miséricorde, il s'excusa de son inconvenant aparté.

> Va, tu es pardonné, mais défends ma quiétude
> Je dois écrire ici et la tâche est bien rude
> Une chronique alerte et j'espère inspirée
> À l'intention demain d'une femme invitée…
> Qui est-elle cette femme ? questionna mon ami
> Geneviѐv' de Fontenay, laisse-moi je te prie.

À ces mots, le visage de mon ami devint celui d'un illuminé, le rouge monta à ses joues, ses poils se hérissèrent, et comme d'un épileptique son corps fit des soubresauts convulsifs. De sa bouche déformée par la rage et je l'appris plus tard, le désir bestial de la bête en rut, sortit de la bave mousseuse, ainsi qu'une logorrhée extravagante dans laquelle, Geneviève, il était question de votre personne considérée comme un songe fantasmatique érotomane que je ne saurais retranscrire ici – car vous et moi serions gênés – que je dois donc dissimuler sous le voile de la discrétion mais que je peux résumer par une seule phrase : « Geneviève, elle est bonne ! Putain, qu'est-ce qu'elle est bonne ! »

Oui, autant mon ami n'est pas sensible aux charmes du Saint-Père, autant il vous adore. Il regrette cependant que toujours vous vous sentiez obligée de vous faire accompagner par une figurante picarde ou berrichonne, qui n'apporte rien à votre gloire, immense, indépassable.

Parce que la vraie Miss France, Geneviève, c'est toi. Tous les ans, tu te retrouves flanquée d'une nouvelle blonde mais on la regarde à peine, Geneviève. C'est toi qu'on admire. C'est toi qui mets en joie, toi qui fais rêver. C'est toi la reine. Les autres, jeunes pimbêches ambitieuses, dès la saison achevée, seront oubliées. Toi, tu reviens, comme le ressac, toujours renouvelé, comme la vague, sans cesse recommencée, comme la marée chargée de moules. Tu reviens, imperturbable et hiératique, éternelle.

Que justifie un an après ton dernier passage à l'émission « Le fou du roi » ta présence aujourd'hui ? Rien. Rien que toi. Toi dont la seule et unique et suffisante actualité depuis un an est d'avoir ton chapeau. Les autres, pour prétendre à une nouvelle invitation de Stéphane Bern doivent s'échiner à écrire de nouveaux livres, à enregistrer de nouveaux disques. Les malheureux ! Les gagne-petit !

Que légitime ta présence aujourd'hui ? Rien… Rien que toi, dont le seul mérite, et il n'est pas mince, est d'avoir, en compagnie de directeurs de centres commerciaux rubiconds, de conseillers municipaux, directeurs d'abattoirs dans le civil mais chargés, par monsieur le maire, de l'animation culturelle de la commune, partagé un jambon plus ou moins braisé, un œuf plus ou moins en gelée dans des salles polyvalentes plus ou moins surchauffées.

Tu renais tous les ans, phénix impassible, indifférent aux basses attaques, aux quolibets faciles. Heureuse Geneviève.

Tu reviens, admirable mais économe, mettant de côté ton petit salaire auquel tu ne touches jamais. Car, depuis des années, entièrement prise en charge par la société Miss France, tu peux vivre sans dépenser le moindre sou.

C'est une grande œuvre caritative qui est organisée chaque année, c'est à un grand Fontenaython que nous assistons devant nos télévisions, car on ne le dira jamais assez, Mme de Fontenay n'a pas seulement besoin de notre aide pendant les mois d'hiver comme les nécessiteux sans envergure de l'abbé Pierre, les pauvres aux petits pieds de Coluche, mais c'est toute l'année qu'il faut subvenir à ses besoins.

Allez bonne année, Geneviève. Courage ! Et à l'année prochaine !

FRANCIS LALANNE

À la question posée par *France-Soir* « Francis Lalanne, on vous adore ou on vous exècre, pourquoi ? », vous avez répondu en toute simplicité : « Je déchaîne les passions. »

Comprenez-moi bien, Francis, je ne dis pas que vous êtes mégalomane. Oh non ! Je ne dis pas ça… D'abord parce que j'ai mon petit orgueil, et que je n'aime pas répéter ce que tout le monde dit. Mais quand même, je ne crois pas que ni Mao Tsé-Toung, ni Fidel Castro, ni Jules César n'ont eu un jour le culot d'affirmer sans sourire : « Je déchaîne les passions. »

Vous me direz : « Mais je ne suis pas le seul, Marthe Villalonga, par exemple, le dit aussi des fois : "Je déchaîne les passions." »

Non, Francis. D'abord, excusez-moi mais je ne sais pas pourquoi, tout d'un coup, vous faites allusion à Marthe Villalonga qui n'a rien à faire avec le sujet. Je la connais un peu Marthe Villalonga, et elle ne dit jamais « Je déchaîne les passions ».

Elle a pu dire, parce que c'est une nature et qu'elle a pour voisins du dessus une famille Chiasson à qui souvent au moment de se mettre à table il manque une baguette de pain ou une demi-livre de beurre ou du sel ou un pack de lait, elle a pu dire, parce qu'elle a bon cœur et qu'elle est prévoyante : « Je dépanne les Chiasson. »

Mais « Je déchaîne les passions », non !

Elle a pu dire, parce que ses voisins du dessous s'appellent les Chaînions, et qu'elle a une voiture plus rapide que la leur, « Je dépasse les Chaînions » quand elle est sur l'autoroute, mais « Je déchaîne les passions », non, en aucun cas !

Je connais un peu Marthe Villalonga. Je préférerais que vous cessiez de faire constamment allusion à elle quand ça vous arrange alors qu'elle n'a pas sa place dans une chronique qui vous est consacrée.

Non, Francis, franchement, à part vous, je ne vois pas qui peut dire des choses pareilles. Peut-être Charles Millon, sortant ivre mort d'une foire à la choucroute, a pu le susurrer sur l'épaule fasciste d'un charcutier sentimental. Mais enfin Francis, admettez qu'en disant des choses aussi radicales, aussi hardies, vous vous positionnez d'emblée vers les sommets. Vous visez le très lourd.

Oui, permettez-moi de vous dire, Francis, au risque de vous vexer, que votre affirmation « Je déchaîne les passions » me semble un petit peu exagérée. Déjà la question de *France-Soir* me semble également abusive.

« Francis Lalanne, on vous adore ou on vous exècre. » Non. Je pense très sincèrement, et encore une fois sans vouloir faire de la peine à qui que ce soit, qu'il y a des gens qui sont assez indifférents à votre personne. Sans aller chercher très loin ; moi… par exemple, vous ne déchaînez absolument pas la passion en moi.

Il m'arrive même de penser à vous avec un certain détachement. Et encore, assez rarement. Il m'arrive même de passer des heures, des journées, des semaines, je n'ose pas dire des mois, sans penser à vous.

Même subrepticement.

Et si je cherchais à définir la relation qui me lie à vous, je pourrais dire que je suis celui qui passe le plus clair de son temps à ne pas penser à Francis Lalanne.

Je vois un disque de vous dans un magasin, par exemple, je ne l'achète pas, non, ça ne me viendrait pas à l'idée, mais je ne le saisis pas non plus pour le piétiner en criant « Salaud de Lalanne ! Fumier de Lalanne ! »

Non, pour prendre un exemple un peu extrapolé, une tranche de jambon sous Cellophane ne me déchaîne pas tellement moins de passion.

Évidemment ce qui pourrait plus me toucher, presque me bouleverser chez la tranche de jambon sous Cellophane, c'est son humilité, sa modestie, sa naturelle fierté de se retrouver interviewée dans un grand palace parisien. Le gras un peu transpirant sous le plastique, jamais une tranche de jambon sous Cellophane n'aurait la présomption exorbitante de plastronner « Je déchaîne les passions » devant Ariane Dolfus de *France-Soir* dont on ne saura jamais en réalité si elle-même vous regarde avec adoration ou exécration, seule alternative possible à ses yeux.

Vous pouvez me trouver cruel Francis, vous pouvez me trouver odieux. Vous vous êtes levé tôt ce matin, vous avez enfilé vos bottes, coiffé votre queue-de-cheval, vous avez quitté la chaleur confortable d'un foyer rassurant, vous êtes parti dans le froid, sous la pluie, pour finalement, à midi moins le quart, sur la première radio du service public, vous faire comparer sans raison à une tranche de jambon sous Cellophane. Oui, vous pouvez me trouver exécrable ou adorable si vous voulez, mais qu'y puis-je Francis, qu'y puis-je ?

Écoute, écoute l'enthousiasme du public qui n'a d'yeux que pour moi, regarde les femmes qui s'évanouissent, qui tombent en pâmoison, traduis les visages de ces jeunes filles qui regardent mon corps comme une image surnaturelle et inaccessible, vois ces maris jaloux qui voudraient me frapper, écoute enfin les cris de joie, les hourras, les vivats, les bravos, les applaudissements fournis, entends la liesse de la foule qui va finalement ponctuer ma chronique en m'acclamant, me réservant une ovation interminable, je n'y peux rien, Francis, je déchaîne les passions !

JEAN DUTOURD

Pour dresser de monsieur Jean Dutourd le portrait
J'ai emprunté le ton du couplet chansonnier,
J'ai choisi d'exploiter les vers de mirliton
Pour évoquer Dutourd Jean Dutourd le vieux con.

On pourrait m'opposer qu'il est trop injurieux
De présenter ainsi l'écrivain pointilleux,
Le styliste accompli pamphlétaire aguerri
Mais « vieux con » c'est français donc « vieux con » c'est permis.
Il me faut aujourd'hui paraître irréprochable
Ô mon style sois alerte et ma plume impeccable.

Il nous faut repousser le moindre barbarisme,
Attaquer sans répit les pires solécismes
Car nous pouvons tout dire à Dutourd il s'en fout
Si nous le disons bien il pardonnera tout.
« Prononce si tu veux la plus violente harangue
Ne me respecte pas mais respecte ma langue »,
C'est ce que dans la nuit je crois l'entendre dire
Le vieux réactionnaire amoureux de sa lyre.
Ah ! que je regrette ici les anciennes leçons
De maintien, d'éloquence et de déclamation.
Il me faut respecter la grammaire et le ton
Si je veux fair' sa fête à Dutourd le vieux con.

Le traiter de la sorte à son âge quand même
C'est un outrage indigne, c'est proche du blasphème.
Mais s'il avait vingt ans serais-je pertinent ?
Non l'appeler vieux con ne serait pas probant
Car vieux con à son âge impose le respect,
C'est presque une médaill' oui qu'il faut mériter.
Ce n'est plus une pose, c'est plus qu'une attitude
C'est parfois être seul contre la multitude.
Il faut être obstiné, opiniâtre, acharné,
À paraître plus jeune il pourrait s'échiner,
S'inventer des passions qu'il ne goûterait pas,
Adopter des manières qu'il n'approuverait pas,
On verrait Jean Dutourd à la Techno parade
Au bras d'une *drag queen* déguisé en pintade.
Chez Mireille Dumas il viendrait l'œil mouillé
Avouer son secret : l'homosexualité.
Il dirait qu'à douze ans il se prostitua
Et qu'en intraveineuse il se pique au calva.
On lirait « Moi Jean D., quatre-vingt-deux printemps
Drogué, prostitué », ce serait émouvant.
Mais ce n'est pas son genre la facile émotion,
Il a trop de pudeur Jean Dutourd le vieux con.

L'arrière-garde se meurt mais elle ne se rend pas.
Des guerres dérisoires des regrets de soldat,
Des conflits sans objet n'intéressant personne,
Doit-on dir' « la » ministre ? Le débat le passionne.

Aucun combat perdu hélas ne lui échappe
Il déteste bien sûr l'art moderne et le rap.
On rejette toujours tout ce que l'on ignore
C'est ainsi qu'on peut voir tant de racisme éclore.
Il se battit jadis tout près du quai Conti
Contre l'idée de femme dans son Académie
Car Yourcenar dit-il fut médiocre écrivain
Mais ell' n'est pas la seule et lui-même en convient.
Défaut impardonnable elle portait des jupons
Je vous avais prév'nu c'est vraiment un vieux con.

Tout ce qui est nouveau le rend comme hystérique
Il devient irascible, il devient colérique,
On le vit à Rungis ach'ter des pomm's de terre
Et tout d'un coup gifler la pauvre maraîchère :
« Des pomm's de terre nouvelles je n'en mange jamais

Donnez-moi d'la patate blanchie sous le harnais ! »
Au bistrot en novembre il demande inquiet :
« Le beaujolais ancien est-il bien conservé ? »
Mais sa détestation va vers les nouveau-nés
Ceux qui pleurent et souvent réclament la tétée.
Il aim' les ancien-nés bien vieillis, bien matures,
Pouvant à la veillée parler littérature.
Je n'invente rien et je vous en réponds
Il est comm' ça Dutourd Jean Dutourd un vieux con.

Toujours il vous dira que c'était mieux avant
Le ciel était plus bleu, le lys était plus blanc,
Faiblesse de vieillard regrettant le bon temps,
Dame ! C'est toujours mieux quand on a dix-sept ans.
Un jour il sera mort, on lui rendra hommage
On dira quel grand homme, il fut bon, il fut sage.
Le président ému dira son émotion
Dans ces temps douloureux son admiration.
« Sans être féministe il adorait les femmes »
Confiera une pute au maquillage infâme.
Deux trois copains à lui de sa génération
En se mouchant un peu et buvant des canons
Au bar du temps qui pass' tristes se souviendront
On l'aimait bien Dutourd c'était notre vieux con.

JOSÉ GIOVANNI

Le *Figaro* du 16 avril 2002 parlant de José Giovanni remarque : « C'est un homme entier. »

Quand on sait que José Giovanni a échappé à la guillotine, c'est le genre de détail qu'il n'est pas inutile de préciser.

Ainsi que l'a dit Marat à Charlotte Corday tandis qu'elle lui faisait un massage relaxant : « Personnellement, ce qui m'empêchera toujours d'être royaliste, plus bas, là, vas-y, plus bas, continue… Louis XVI n'est pas un type entier. »

Recevoir José Giovanni est une occasion rêvée pour évoquer ce que toute une génération de nostalgiques de la décapitation appellent « les années guillotine ». Oui, les années guillotine, du temps où l'on était pour ou contre la peine de mort. Chaque année, Armand Jeammot posait la question dans un « Dossier de l'écran ». Chaque année, la famille française s'engueulait devant sa télé.

Papa, en colère, avait des accents de réactionnaire monarchiste quand, pointant le doigt sur l'abolitionniste patenté, il s'écriait comme s'il venait d'inventer la formule d'Alphonse Karr : « Mais monsieur Badinter si on veut abolir la peine de mort, que messieurs les assassins commencent ! »

Ma sœur les yeux rougis par la révolte et la passion de ses convictions avancées était une sorte de Louise Michel yé-yé dont les gestes si amples et si désordonnés risquaient à chaque instant de provoquer une catastrophe irréversible : renverser son bol de camomille sur le dernier numéro de *Salut les copains* avec Monty en couverture… « Mais si on tue les assassins, ça veut dire qu'on est aussi pourris qu'eux. Le rôle de la société, c'est de défendre l'individu. Tuer un assassin, c'est être assassin soi-même !

— Monte dans ta chambre, je veux plus te voir ! rugissait mon père.

— Sale fasciste ! » répondait ma sœur.

Maman pleurait puis écrivait une lettre à *Télé 7 jours* en disant combien elle regrettait les émissions de Jean Nohain. « Pourquoi avez-vous supprimé "Trente-six chandelles" ? » interrogeait ma mère. « Pourquoi ne rediffusez-vous pas "La joie de vivre" de Minou Drouet ? » « À propos, que devient Mathé Altéry ? » en profitait-elle pour demander en P.-S. Mathé Altéry était la chanteuse préférée de ma mère.

Ah ! elles ont duré longtemps les années guillotine. Ceux qui étaient contre ne pouvaient plus voir un pull-over rouge sans éprouver de la haine, ou des regrets, ou des remords.

Aujourd'hui, la peine de mort est abolie. Tant mieux. « Les dossiers de l'écran » sont fermés. Tant pis. À la place, Évelyne Thomas anime des sujets de société dans « C'est mon choix ».

J'aime faire l'amour avec les grosses.

Mon mari ne sait pas que je suis un homme et qu'il est mon père.

J'aime me faire sucer par mon labrador.

Je sens des pieds, je pue de la gueule, mais j'ai les cheveux gras.

La guillotine, merci Mitterrand, n'existe plus depuis 1981. Encore un secteur d'activité perdu à cause de la gauche. S'il n'y avait eu ce fâcheux intermède socialo-communiste, on aurait aujourd'hui des bacs professionnels section bourreau.

Au fait, même si en France la bascule à Charlot comme l'appelait Titiche de Montreuil a fini, elle aussi, par passer l'arme à gauche, il n'est pas superflu de se souvenir que nous sommes toujours contre. Les événements récents doivent nous inciter à garder nos colères intactes et nos convictions solides. L'avenir est fragile.

Aujourd'hui dans les familles, chacun regarde son programme télé en trouvant ça nul. Les enfants écoutent Skyrock en surfant sur l'Internet. Ça s'appelle la société de la communication.

Dans les villages les plus reculés, même celui où le dernier fait divers a été commis en 1963 par un enfant de chœur ayant pissé dans un bénitier et devenu depuis agent commercial chez Darty, les vieux ont peur. Tout le monde habite le même hameau depuis que les journaux de 13 Heures rabâchent tous les jours les mêmes faits divers. On habite tous le même coupe-gorge depuis que les journaux de 20 heures assènent toujours la même antienne.

Et maman regarde sa télé toute seule. Elle ne peut pas s'empêcher de regretter le temps passé et la douce époque des engueulades.

MARIE-CLAUDE PIETRAGALLA

Fermez les yeux, Marie-Claude, fermez les yeux, je vous entraîne dans un pays imaginaire. Un pays merveilleux. Fermez les yeux, Marie-Claude, vous êtes chez vous, un dimanche matin. Votre fils s'est levé tôt pour regarder le magazine de TF1 présenté par Thierry Rolland. Ça s'appelle « Télédanse ». Votre fils est très branché danse. Jamais non plus il ne manquerait *Lotodanse* sur France 3.

Votre mari est absent, il est parti à l'entraînement. Tous les dimanches matins, il fait de la danse. L'après-midi souvent il va voir une chorégraphie dans sa ville ou dans la ville d'à côté. C'est un mordu. Depuis plusieurs années, il est trésorier d'une compagnie de danse. Souvent, le soir, il a des réunions. Le week-end, il est accompagnateur quand la compagnie est en déplacement.

Fermez les yeux, Marie-Claude, je vous emmène dans des contrées extraordinaires.

Tous les jours votre mari achète *La Troupe*, un journal chorégraphique, presque uniquement consacré à la danse. On trouve aussi quelques entrefilets sur le théâtre et sur la poésie.

Imaginez Marie-Claude… Imaginez un monde où, le soir, les hommes refuseraient de sortir parce que, une fois de plus, il y aurait de la danse à la télé.

Une bière à la main, la zapette dans l'autre, avec des copains, votre mari est affalé dans un fauteuil. Ce soir encore, il a le choix. Sur TF1, Jean-Pierre Foucault présente une soirée Béjart. Sur France 2, Michel Drucker a invité Découflé. Jean-Claude Gallota, Montalvo et Hervieu sont sur France 3. Joëlle Bouvier et Régis Obadia sur Canal Plus. À la télévision, on voit même les danseurs et les chorégraphes entre les émissions. Joseph Nadj fait une pub pour le biscuit Le Petit Écolier et Karine Saporta pour Volvic. Pina Bausch a un contrat avec une grande marque de café : « Grand-mère sait faire un bon café Müller. »

Fermez les yeux Marie-Claude… tout à l'heure, votre voisine est venue prendre le thé. Souvent elle vient se confier à vous au sujet de ses histoires de famille. Son fils fait du football, elle a peur qu'il n'ait des tendances homosexuelles.

Au journal de treize heures. C'est encore une affaire de danse qui fait les gros titres. La danse est l'objet de transactions financières des plus frauduleuses. Les danseurs sont achetés puis revendus à prix d'or. C'est le règne des transferts. Les ballets de l'opéra de Stuttgart achètent un petit rat plein d'avenir aux Ballets russes de Monte-Carlo pour le revendre aux ballets de Wuppertal.

Le monde de la danse est un milieu d'affairistes. Piétinant le droit à l'information, un ancien marchand de poulets vient d'avoir l'idée de revendre aux radios le droit de retransmettre des ballets en direct.

Imaginez… La grande mode chez les adolescents c'est d'aller à l'école en tutu. Nike vient de sortir une nouvelle collection de ballerines et des chaussons de danse qui font fureur. Sur leurs justaucorps imprimés, les jeunes défendent leur équipe de prédilection… « Ballets Atlantique, ballets Preljocaj, ballets du Rhin, ou ballets national de Marseille. »

Quelquefois on déplore quelques incidents. Quand les ballets de Marseille viennent présenter *Sakountala*, à Paris, on refusera au Palais des congrès les supporters du ballet de l'Opéra de Paris qui viendront avec des canettes de bière et des barres de fer.

Imaginez Marie-Claude un pays où beaucoup de gens diraient « Ils nous font chier avec leur danse. Il n'y en a plus que pour la danse ! On n'en peut plus de la danse. »

Oui, fermez les yeux, Marie-Claude et imaginez le cauchemar.

Un jour le président de la République française Valéry Giscard d'Estaing, oui, car Valéry Giscard d'Estaing a été président de la République française, était allé voir un spectacle de théâtre mis en scène par Jean-Louis Barrault. À la fin de la représentation, Giscard avait demandé à Barrault : « Mais enfin comment se fait-il que vous continuiez à faire du théâtre pour une centaine de spectateurs alors que, grâce à la télévision, vous pourriez toucher des millions de téléspectateurs ? » Barrault avait répondu : « Quelquefois il est plus utile de s'adresser à un seul sorcier dans la forêt qu'à des milliers d'abonnés au gaz. »

Marie-Claude, quand nous irons voir votre spectacle, grâce à vous, nous nous sentirons un peu grand sorcier dans la forêt.

FABRICE LUCHINI

Lorsque au début de l'année scolaire les élèves font connaissance avec leurs nouveaux professeurs, ils se trouvent face à deux catégories bien distinctes de pédagogues. Le sévère et le sympatoche.

Le sympatoche ressemble à ses élèves. Il est coiffé pareil, porte les mêmes vêtements. Dès le premier cours, il se laisse tutoyer.

Il prévient qu'il est contre les notes, contre les contrôles, pour l'autodiscipline. Au Bar des Sports, il arrive que les élèves croisent le sympatoche. Un jour, fin septembre, il accepte même de jouer au baby-foot avec eux. Début octobre, il paie sa tournée. « Il est cool. » Qu'est-ce qu'il est sympatoche le sympatoche ! Mais bientôt le sympatoche s'assombrit. Il devient plus austère, plus roide. Car le vent de la liberté finit par souffler trop fort, devient incontrôlable. Le sympatoche ne sait plus comment revenir en arrière. Il se ne sait plus comment arrêter le flux qu'il a lui-même favorisé. Le désordre est total, la confusion incoercible. Un jour, au détour d'un contrôle surprise, il finit d'apparaître tel qu'en lui-même, franchement exécrable. Il se met à hurler, à gifler sans discernement un élève qui poliment levait le doigt pour demander l'autorisation d'aller aux toilettes. « Il pète les plombs », disent ses anciens compagnons de baby-foot. Le sympatoche est devenu un clone de Goebbels.

À la fin de l'année, le sympatoche se retrouve affublé des sobriquets les plus cruels tels que « tête de nœud », « peau de vache », « pourriture ambulante », « résidu de fausse couche », « sale bâtard », « enculé de ta mère ».

Le sévère n'est pas du même tonneau. Il exige qu'on se lève dès qu'il entre dans la classe. Il porte un costume et des cravates foncés. Il n'est pas du genre à se laisser taper sur le ventre. On ne le voit jamais au Bar des Sports. C'est un inflexible. Il ne supporte pas le moindre chuchotement, le plus petit papier froissé, le plus infime rictus sur un visage terrorisé.

Et puis, progressivement, le sévère s'assouplit. Mi-avril, il amorce un sourire. Fin avril, on le surprend au bout d'un couloir en train de chantonner. Début mai, il est considéré comme un brave type. Fin juin, les élèves font une collecte pour lui offrir un Mont-Blanc.

Fabrice Luchini, lorsqu'il entre en scène fait partie de la catégorie des sévères. Le spectateur qui croit avoir affaire à un farceur parce qu'il l'a vu un jour faire le gugusse à la télévision en est pour ses frais. Il est renvoyé sur-le-champ. La spectatrice qui tousse est mise au piquet, dans un coin, les mains sur la tête. Le spectateur qui fait du bruit en bougeant sur son siège part du théâtre avec un mot sur son carnet de correspondance. Le professeur Luchini ne rigole pas. Il a un jour convoqué au Théâtre de l'Athénée les parents d'un spectateur qui ne lui donnait pas entière satisfaction.

« Qu'est-ce qui se passe avec votre fils ? Il vient au théâtre, il n'arrive pas à se concentrer, il n'écoute rien, il importune ses voisins ! Qu'est-ce que je dois faire ? »

Dès la semaine suivante, les parents l'avaient mis dans le privé. Les places sont plus chères mais avec Jean Lefèvre, ça va mieux. Il est moins exigeant. Il ne réclame ni le silence ni un travail personnel.

J'ai connu un parent d'élève qui avait tendance à confondre les mots. Au sujet de son fils qui travaillait mal à l'école il avait dit « Si ça continue, je vais être obligé de séduire ».

C'est exactement ça Fabrice Luchini, un acteur qui est obligé de séduire pour transporter la parole des penseurs, des écrivains, des poètes.

Le professeur austère à la fin du spectacle fait l'andouille. Il imite les Deschiens, parle à mots à peine couverts de la critique d'un grand magazine de télévision qui lui a fait un mauvais papier sous prétexte dit-il qu'« il aurait refusé de la sauter ».

Le public est rassuré. Luchini le fait rire. Le professeur austère se transforme en voyou lumineux, en sale teigne insolente et géniale. Il n'y a que les cons qui pensent que le rire s'oppose à l'intelligence.

Merci professeur. On espère qu'on vous aura encore l'année prochaine.

RAYMOND DEVOS

Mesdames, messieurs, Notre Père qui est aux cieux s'ennuyait. Il était de mauvaise humeur.

Il était désespéré.

C'est bien simple, il y avait au paradis une ambiance infernale.

Alors le bon Dieu a appelé saint Pierre. Il lui a dit : « Saint Pierre, je m'ennuie. Convoquez Devos ! »

Saint Pierre a répondu : « Dieu me pardonne, mais Devos, on l'invite, on le convie… Si on a de l'argent on l'engage entre deux galas pour une soirée privée. Mais on ne convoque pas Devos. Pardonnez-moi mon Dieu, mais Devos, ce n'est pas n'importe qui, c'est un créateur…

— Le Créateur ici c'est Moi ! » s'est écrié le bon Dieu.

Vous connaissez Dieu, c'est un garçon très bon, très sain, qui peut même avoir un côté grand seigneur, mais à force de lui dire que c'est le plus grand, il finit par ne plus pouvoir passer entre deux nuages…

Avec ça, extrêmement rancunier. La colère de Dieu, c'est quelque chose. Ça prend des proportions. Ça peut durer une éternité…

« Appelez-moi Devos », a dit Dieu.

Saint Pierre a dit : « Je vais contacter son producteur. »

« Non, a dit Dieu, il vaut mieux avoir affaire à Moi qu'à mes saints. »

Saint Pierre a dit : « D'accord je vais le prier de venir.

— Vous allez prier Devos ?

— Vous avez raison, après tout, c'est quand même bien le diable s'il n'arrive pas à se libérer ! »

Quand Devos est arrivé au paradis avec son chapeau, avec ses bretelles, avec son gros ventre, avec son nez rouge et ses accessoires, aussitôt, il a fait rire tout le monde.

« Un look d'enfer ! » s'écriaient les anges les plus jeunes. Ils applaudissaient à pleines ailes. Il faut dire que c'est la première fois qu'ils voyaient Devos en vrai, ils se disaient :

« C'est pas Devos possible », ils étaient comme sur un nuage… Il y avait une telle effervescence… Les anges étaient aux anges… Certains d'émotion avaient des auréoles jusque sous les bras.

Ils lui ont dit : « Devos, vous êtes vraiment unique. »

Ça a encore énervé le bon Dieu. Il a dit : « Il n'y a qu'un être unique ici, c'est Moi ! »

Saint Pierre a fait les présentations : « Dieu, Devos, Devos, Dieu. »

Un silence…

« Ça tombe bien, a dit le bon Dieu, un ange passe… » C'était extraordinaire : Dieu se prenait pour Devos.

Comme l'ange est repassé dans l'autre sens, Devos a dit, pour faire un peu la conversation : « Ça doit être une drôle de vie qu'être ange. »

Dieu a dit : « Je vous assure mon cher Devos, vous avez dit étrange.

— Moi j'ai dit étrange, a dit Devos, comme c'est bizarre, mon Dieu, mais je vous croyais plus spirituel. »

Devos sentait bien qu'auprès du bon Dieu il n'était pas en odeur de sainteté, ça l'a énervé.

Devos a dit à Dieu : « J'aime autant vous dire une chose mon Dieu, maintenant que je vous ai en face de moi, je ne crois plus beaucoup en vous. Tant que vous étiez dans l'imaginaire, j'avais foi en vous. Mais si vous existez vraiment alors excusez-moi mon Dieu, mais il n'y a plus aucune raison de croire en vous. Je crois même que je commence à douter de vous. »

C'était la première fois que quelqu'un osait tenir tête à Dieu.

« Je vous signale quand même que c'est Moi qui ai créé le Ciel et la Terre.

— Mais il y a une éternité, a dit Devos. Nous, dans le spectacle, on essaie de faire une création tous les deux ans.

— Peut-être mais ce n'est pas vous qui avez inventé le monde. »

Non, a dit Devos, mais j'ai créé un univers ! »

(…)

Mesdames, messieurs le bon Dieu en est resté coi.

« Je suis coi », a dit le bon Dieu.

Devos a dit : « Si vous êtes coi, vous redevenez une interrogation pour nous les hommes, si vous êtes une interrogation, je pourrais me remettre à croire en vous. »

Tranquillisé, le bon Dieu a décidé de renvoyer Devos sur la Terre.

C'est comme ça que je me retrouve aujourd'hui face à mon dieu.

C'est comme ça, mesdames et messieurs, que désormais je pourrais aller sur les chemins dire à tous la bonne parole devant des millions de fidèles qui n'ont jamais cessé de croire en vous :

« Devos existe, je l'ai rencontré ! »

PHILIPPE DE BROCA

Vous pouvez dire ce que vous voulez sur Philippe de Broca. Qu'il est malfaisant, gougnafier, pernicieux, méchant, perfide, acariâtre, infidèle, fourbe, insupportable, sans-cœur, criminel, avaricieux, gagne-petit, obsédé, peau de vache, salaud, vicieux, dépravé, pervers, satyre, corrompu, malhonnête, pue-de-la-gueule.

Vous pouvez raconter ce que vous voulez sur lui. Qu'en douce il tourne les nanars les plus épouvantables, *Mon curé chez les nymphomanes*, *Les Sous-Doués se marient*, *Napoléon chez les nudistes*.

Allez-y, répétez ce que vous croyez être sa vie.

Que la nuit il viole les petites filles, le code pénal, les sépultures. Qu'il est légèrement coprophile et bibliophile pendant qu'on y est. Vous pouvez raconter ce que vous voulez sur lui, colporter les rumeurs les plus terribles, les pires ignominies, qu'il a une voiture allemande, qu'il lui arrive de faire pipi à côté de la cuvette, qu'il est auditeur de RTL.

Vous pouvez même raconter qu'il est capable de faire des merdes à la télé pour payer ses impôts.

Moi, je m'en fous. Philippe de Broca c'est l'auteur de *L'Homme de Rio*.

Et vous pouvez dire ce que vous voulez de la vraie vie, qu'elle est banale comme un film sans scénariste, comme un scénariste sans imagination. Vous pouvez déblatérer ce que vous voudrez.

Mon meilleur copain il s'appellera toujours Bébel et ma fiancée Françoise Dorléac. Vous pouvez bien vous lamenter sur la vie qui est triste puisqu'elle ne laisse le choix qu'entre mourir jeune dans un accident de voiture et vieillir avec des yorkshires greffés sur les avant-bras.

Moi, je m'en fous, j'aurai toujours treize ans et demi. Je serai toujours en permission, amoureux d'Agnès, à la recherche de cette statuette amazonienne volée au musée de l'Homme. Je serai toujours aussi étonné de m'apercevoir que le méchant c'est le professeur Catalan, et Roger Dumas, bidasse incrédule, me fera toujours autant marrer quand à la fin du film, à la gare de Lyon, il arrivera essoufflé de la porte de la Chapelle.

On peut dire ce que l'on veut de vous. D'ailleurs je n'ai jamais entendu qui que ce soit dire quelque chose de mal contre vous. Comment le pourrait-on ? Vous nous avez expliqué deux-trois choses il y a presque quarante ans, que la vie peut être drôle comme une bande dessinée, palpitante comme un film d'aventures, inattendue comme une permission de huit jours. Pour trouver la cachette du trésor des Maltèques, il suffit de faire miroiter le soleil devant une grotte au fond de la jungle. Le trésor pourra bien se perdre, enseveli sous les éboulements suscités par les travaux à la dynamite et au bulldozer de la Transamazonienne. On s'en foutra : la vraie richesse, c'est l'amour, la légèreté, l'humour et les rêves d'enfant.

Je sais, ça fait sentimental de dire ça, premier degré. Je sais.

Oui, on peut dire ce que l'on veut à Philippe de Broca. Du moment que c'est « merci ». Grâce à lui, on a toujours treize ans et demi. Mon meilleur copain, il s'appelle Bébel et ma fiancée Françoise Dorléac.

PATRICK CAUVIN[1]

Dimanche soir j'étais pas bien. Je ne sais pas vous, mais moi dimanche soir, j'étais pas bien. Est-ce que j'avais mangé quelque chose de pas frais ? Est-ce que j'avais attrapé une insolation, j'étais pas bien. Je vous dis ça… c'est pas sûr que ça vous intéresse que je vous parle de ma santé mais comme on nous demande de ne pas parler des élections, je vous parle de ma petite personne.

Donc, dimanche soir, j'étais un peu indisposé. Dans la journée, remarquez ça allait bien… C'est le soir, vers 20 heures, que ça m'a pris, je sais pas ce que j'avais… J'étais un peu souffrant. Vous me direz c'est peut-être à cause des élections. Euh, non… ça m'étonnerait… Et puis parler des élections, on n'a pas le droit. Le CSA a prévenu : on est sur le service public, on a un devoir de réserve donc je préfère vous parler de choses qui n'ont rien à voir, je vous parle de ma santé. En général, d'ailleurs, de ce côté-là, j'ai pas à me plaindre. Je touche du bois. J'avais un voisin qui s'appelait Dubois. Et alors quand on le voyait, on lui serrait la main, on lui disait : « Je touche Dubois »… Depuis dimanche soir, je ne suis pas en grande forme. D'habitude, ça va. De tension je fais régulièrement 13-8. C'est bien 13-8. Je dors bien, je mange bien. J'ai même un solide coup de fourchette. Mon transit intestinal est tout ce qu'il y a de plus correct. Quand je vais voir le docteur Zucharelli il me dit que je suis une vraie petite machine.

Mais depuis dimanche, vers 20 heures à peu près, au moment de se mettre à table, je ne sais pas ce que j'ai, je suis patraque. Un peu envie de vomir, pas bien… J'espère que ça va passer. Un sale virus sans doute, il y en a de plus en plus des virus. Avant, on était mal fichus, maintenant on a des virus. Et des allergies aussi. C'est fou le nombre de gens qui ont des allergies. C'est fou aussi le nombre de gens qui donnent des allergies. Donc depuis dimanche, je sais pas si c'est un virus, une allergie ou les deux mais je ne suis pas bien. Et je me rends compte que je ne suis pas le seul. Depuis dimanche soir je rencontre plein de gens qui ne sont pas bien, pas dans leur assiette. Un peu comme quand on a la gueule de bois. Comme si on avait tous avalé un sale truc pas

1. Cette chronique ainsi que les deux suivantes ont été écrites entre les deux tours de l'élection présidentielle de 2002.

bon. Est-ce que c'est les huîtres ? Est-ce que c'est le vin blanc ? On continue à faire ce qu'on a à faire, mais un peu comme des zombies. On n'est pas bien. On attend que ça passe.

Voilà. Sinon Patrick Cauvin, on est bien contents de vous recevoir parce que parler de votre livre, ça nous change les idées, ça nous distrait de ce virus infectieux qui nous afflige. Donc, on va parler d'autre chose. Un truc qui n'a rien à voir. Un truc qui fait peur, un truc qui monte, qui ne cesse pas de monter, comme une angoisse. Un truc effrayant comme une grosse bête immonde qui se rapprocherait dangereusement, le thriller.

Il faut se méfier, le pire est toujours possible. En disant ça, je ne fais pas allusion aux élections prochaines, je lis juste la quatrième de couverture. « Mais la vérité qui les attend est peut-être pire qu'ils ne le pensaient. » Ça fait froid dans le dos.

Votre livre, déjà, il a un très joli titre : *Le Sang des roses*, mais ça fait peur aussi. Depuis dimanche dernier, que je suis un peu patraque, je cherche des choses rigolotes à dire. J'ai un peu du mal. Même ma contrepèterie est chagrine… « Le sang des roses »… ça donne « L'errance des sots ». « L'errance des sots », ça n'a rien à voir avec votre livre ni avec mon sale virus que j'ai depuis dimanche soir.

Une autre triste contrepèterie de votre titre, c'est « L'essor des rances ». Mais ça n'a non plus rien à voir…

Cher Patrick Cauvin, vous êtes un auteur très apprécié.

Si on faisait un sondage, je pense que vous arriveriez dans les premiers romanciers aimés par les Français. Remarquez, il faut se méfier des sondages. Au royaume des aveuglés, le borgne est roi. Et je ne suis pas bien.

Bonne santé Patrick Cauvin. Je lirai votre livre courant mai. J'espère que ça ira un peu mieux pour tout le monde. Je vous embrasse. Meilleure santé à tous.

GAD ELMALEH

Monsieur et madame « Môman j'ai réussi à faire mon lacet tout seul » ont un fils, comment s'appelle-t-il ? Gad. Gad Môman j'ai réussi à faire mon lacet tout seul.

Gad.

Gad, vous avez un prénom ridicule. Je vous le dis tout net.

Ne croyez pas qu'en disant ça je cherche spécialement à me faire bien voir des futurs dirigeants de France Inter au cas où les adeptes d'un projet à la fois national et socialiste arriveraient la semaine prochaine au pouvoir, mais je suis bien obligé de dire que, par l'utilisation de votre simple patronyme, vous ne faites aucun effort d'intégration.

Je suis obligé de vous le dire, Gad.

Et j'en parlais encore hier soir lors d'une joyeuse réunion tout à fait informelle à laquelle je participais avec quelques amis dans une joyeuse brasserie alsacienne afin de définir un nouveau projet culturel pour la France.

Tandis que certains à pleines mains dévoraient des choucroutes garnies sur le ventre rebondi de jeunes femmes blondes et grassouillettes, d'autres sans apprêt urinaient sur de jeunes éphèbes au style évoquant à la fois les plus belles statues classiques de l'Antiquité grecque et les plus riches heures de l'histoire germanique du XXe siècle. Comme autour de la table, à califourchon sur nos chaises, nous tournions en rythme et dans la bonne humeur, nous devisions de la chute des valeurs et du déclin des préceptes moraux.

« Gad Elmaleh et Jamel Debouzze, voici le nom des nouveaux comiques ! » regrettait avec une fougue, dans laquelle se mêlaient colère et mélancolie, un farouche défenseur de la civilisation occidentale en train de sodomiser un crâne rasé. « Que sont-ils devenus nos farouches amuseurs, nos chansonniers du temps jadis, nos pétomanes qui savaient faire rire sans vulgarité ? » questionnait incontinent un sentimental nationaliste, tout en barbouillant de ses selles infâmes la veste immaculée d'un garçon autrichien qui venait nous resservir de la bière chaude et mousseuse.

Croyez bien que cette réunion n'avait rien de xénophobe. Ne s'y trouvaient que des Français de souche, ne vous déplaise monsieur Elmaleh, qui prenaient plaisir à rêver sur de futurs projets de convois, de trains, de camps, qui n'ont pu choquer que des démocrates pusillanimes car, que je sache, évoquer la SNCF ou le camping n'est pas encore passible de procès.

Gad.

J'ai simplement écrit votre prénom sur mon ordinateur, aussitôt, il me l'a souligné en rouge. Je tiens à préciser que mon ordinateur tout comme mon berger allemand et mon syndicaliste Marc Blondel ne fait pas de politique. Mon ordinateur ne donne aucune consigne de vote pour le second tour. Simplement, il souligne en rouge dès que je mets deux f à girafe, ou SS à racisme. Dès qu'il détecte une anomalie, dès qu'il soupçonne la faute, mon ordinateur m'alarme dans l'instant. Je suis allé voir dans le correcteur orthographique et mon ordinateur me conseilla d'utiliser plutôt gag, gaz ou gay.

Lorsque j'ai écrit votre nom Elmaleh, mon ordinateur a encore souligné en rouge mais ne m'a fait aucune suggestion. Je crois qu'il était un peu abattu mon ordinateur, désabusé, écœuré.

Gad, si vous tenez absolument à porter un prénom exotique ou original qui puisse attirer tant de Français, pourquoi ne pas choisir Benito ou Adolf.

Adolf Elmaleh, Benito Elmaleh, merci d'avoir porté jusqu'à aujourd'hui un prénom ridicule. Il nous aura évité de parler politique, ce que nous n'avons pas le droit de faire en période de campagne électorale.

Peut-on rire de tout ? demande-t-on généralement aux humoristes. Demandez-leur plutôt s'ils en ont bien envie.

PIERRE-GILLES DE GENNES

En gros mage à Jean Tardieu

Grand frais, grandes fraises.

Le rhingrave.

Dans trois jours nous aurons un chiot déterminant à taire entre les deux derniers célibats à l'inverse biture pour la résidence de la crêpe cubique. Je vous le gourmande seul et lâchement : contre de Gennes, il faut doter Charpak. Mûrement et civilement, il faut effilocher de Gennes.

Je suis dévalué. On n'a pas le bois. Que ça vous glaise au thon, il faut doter Charpak.

Qui est de Gennes ? C'est ni cul ni foin un bassiste. C'est un cachot. Son pogrom était freinant. Charpak, quoi qu'on puisse en danser est le marrant de la démographie. Je vous le trompette ; on n'a plus le bois. Ce n'est plus le roman de perdrix blessée. Ce n'est plus le roman de se perdre dans je ne sais quel cirque où vont les lions.

Personnellement, je lave tout, j'ai toujours doté apôtre. Aujourd'hui sans hautain être madame, je dote Charpak.

Vous me lirez : « Charpak est un moteur ! Charpak est un raccroc ! » Je suis raccord mais qu'on le treuille ou pas, il est le marrant des lits percés. Soyons glaires, plus Charpak aura de toits, moins il pourra se dévaloir de ses toits puisque ce pote en sa clameur sera juste considéré comme un révérend jaune : cour ou ponte de Gennes.

Et je le dis particulièrement à la tension de chacun des représailles de cloître et de centre cloître : il ne faut accéder d'amiante avec de Gennes et l'extrême cloître quel qu'en soit le cri polémique.

Charpak n'a pas eu Laure quand il a reflué de démâter avec de Gennes. Je bite : « Masse à l'incohérence et à la graine, il n'y a pas de tendre action possible, pas de corps en mission possible, pas de déca possible. » Il n'a bâbord !

Et c'est réconciliant de constater toutes les pondeuses manutentions partout en transes.

La mue est pleine d'éructants qui trient : « À ras de Gennes ! Dotez Charpak ! » Ils ont maison. Vive la jaunisse !

De Gennes est un rixe pour la crêpe cubique. C'est un mixte pour la démographie. Et moi je danse, et moi je danse à ceux qui sont forts pour la transe, je danse aux rémittents, je danse à ceux qui furent tortueux en alchimie.

De Gennes se rétame aujourd'hui de geôle, quel composteur ! Ses abris furent toujours du côté des colles à bois.

Un bouquetin blanc, c'est un toit pour de Gennes. L'abstinence, c'est crotter pour de Gennes.

Je le répète : le rhingrave. (Le rhingrave est un haut-de-chausses très ample attaché par le bas avec des rubans extrêmement à la mode dans la France du XVIIe siècle. Ça je peux le dire sans problème et même si pour je ne sais quelle raison, je me mettais à critiquer le rhingrave, ça m'étonnerait qu'il me demande un droit de réponse sur le service public le rhingrave, qui est également un titre porté par les princes allemands de la région rhénane.)

Grand frais, grandes fraises, j'esquinte avoir été suffisamment glaire : démange province, ne vous trottez pas de bouquetin, contre de Gennes et l'extrême cloître, dotez Charpak.

Je monte sur vous.

ISABELLE AUTISSIER

Comme vous, Isabelle Autissier, j'ai été un navigateur solitaire. C'était il y a quelques années…

Comme vous, j'ai entendu l'appel du large. Comme vous, j'ai voulu mettre les voiles, larguer les amarres. Comme vous, j'ai voulu faire l'amour avec la mer. Moi ce n'était pas le Pacifique, ce n'était pas la mer des Caraïbes, ni les mers du Sud, ni le cap Horn, ni les quarantièmes rugissants.

Ce n'était pas non plus l'Atlantique le passionné, l'Atlantique le fougueux, aux vagues si longues, si puissantes, comme les étreintes perpétuelles d'amants enflammés et insatiables. Ce n'était même pas la Méditerranée, dont les soubresauts fortuits évoquent ceux d'un éjaculateur besogneux… Non, c'était le plan d'eau de Landisacq, petit village de l'Orne, en Basse-Normandie, bénéficiant d'une modeste étendue d'eau justement appelée « étang de Landisacq ».

Hasard du calendrier, je n'ai jamais participé au Vendée Globe, je n'ai jamais non plus fait le tour du monde, aléas des agendas. Et puis, surtout, c'était trop court. Je ne pouvais participer à l'atelier voile que le samedi après-midi, les autres jours j'avais école.

Un samedi après-midi, le vent était absent, l'étang était plat (il était toujours plat), je partis à l'aventure.

Mon navire était un voilier minuscule appelé Optimiste. Il fallait l'être, en effet, pour tolérer que je le manœuvre.

On m'avait prévenu : avec ça, c'est impossible de se mettre à l'eau.

C'était possible.

On m'avait dit que même le pire des marins était sûr de pouvoir revenir à bon port sans encombre et dans la dignité. Le pire des marins venait d'être déclassé : j'avais pris le large sur le petit étang de Landisacq.

Après deux heures, coincé au milieu du plan d'eau, je tentai une manœuvre qui aussitôt me fit chavirer.

C'est à peu près vers cette période que j'abandonnai définitivement ma carrière de marin.

Je suppose, Isabelle, que vous avez déjà entendu parler de moi : mon passage dans la marine à voile, s'il fut bref, fut remarquable. « On n'a jamais vu ça », s'extasient encore à la veillée quelques vieux marins curieusement égarés à Landisacq, la bouffarde perdue au milieu d'une barbe sel, poivre et beurre fermier.

Depuis ce jour, moi qui ai la moquerie facile, l'ironie alerte, la réplique assassine, moi qui serais capable de vendre mon père, ma mère et Stéphane Bern pour un bon mot, je baisse les yeux quand je suis face à la marine. J'évite simplement de la ramener. Je joue profil bas.

Capitaine courageux, je le reste cependant dans l'âme, et je vous propose, Isabelle, d'être votre coéquipier. Vous continuez à lever l'ancre, à prendre les mers. Moi je jette l'encre sur ma feuille blanche, sereine comme une mer d'huile, prometteuse comme les aventures de papier.

Continuez à prendre la mer, Isabelle, que je puisse continuer à rêver…

RENAUD

Il y a des jours, on tourne les pages du journal et on pense à Coluche, on se dit… tiens, qu'est-ce qu'il aurait dit ? Du « Loft », du 11 septembre, de « Star Academy », de la défaite des Bleus… Des jours comme ça, à côté des pensées raisonneuses, attendues, on se dit… tiens, ça ferait du bien de regarder un nouveau dessin de Reiser.

Des jours comme ça, on écoute la radio et on se dit : tiens, Desproges, qu'est-ce qu'il aurait raconté ? Qu'est-ce qu'il aurait dit de Le Pen, de Jospin, de Raffarin ? On est des orphelins de tous ces gens qu'on aime et qui nous manquent, de tous ces salauds qui meurent et qui nous abandonnent.

Il y a des jours, on aimerait bien pouvoir se dire qu'on a pris des places pour Bobino, puisque Brassens fait sa rentrée, que Truffaut va sortir un nouveau film, que Goscinny a écrit un nouvel Astérix, que Ferré remonte d'Italie pour enregistrer un nouveau disque.

Il y a des jours comme ça, où l'on se sent lâché par ces artistes qui nous ont laissés sur le carreau avec nos yeux pour pleurer et nos lèvres pour siffloter comme des enfants peureux quand ils ont besoin de se donner du courage.

Il y a des jours comme ça où l'on est contents de recevoir des nouvelles d'un ami, un ami que l'on ne connaît pas, qu'on a croisé trois fois mais qu'on aime d'affection, un chanteur qui raconte les Mistral Gagnant, les amoureuses en cloque, la misère du monde. Un chanteur.

Sacha Guitry disait, à propos de Mireille, « Elle n'est pas desservie par une grande voix. » On pourrait dire la même chose de Renaud. Renaud n'est pas desservi par un puissant organe, comme dirait Bruno Masure quand, plissant les yeux, il devient tout rouge, sous le charme de sa puissante fulgurance spirituelle.

Renaud est un chanteur sans voix mais avec une parole. Un chanteur, il faut bien l'avouer, qui chante comme une casserole. Une casserole un peu cabossée, même pas émaillée, un peu déformée comme un cœur blessé, le genre de casserole qu'on attache, histoire de rigoler, à l'arrière des voitures de nouveaux mariés. Renaud nous revient, meurtri mais vivant, triste mais debout. *Just ressuscited.*

Renaud chante mal, faux et pourtant on aime l'écouter. D'autres chantent juste, fort, mais nous indiffèrent. C'est une injustice de plus que Renaud ne dénonce jamais. « Renaud ne dénonce que certaines injustices tout en profitant du système », diront ses détracteurs. Renaud a beaucoup de détracteurs. Ceux qui reprochent au fils de professeurs de se déguiser en voyou. Comme si quand on fait du spectacle, qu'on se présente devant des millions de gens, on n'était pas obligé de se trouver un costume.

Il y a des jours, on est triste de devoir aller au cimetière pour y voir des amis. Alors, quand on a un copain, mort d'amour, mort de trouille devant la maladie, mort du mal de vivre, mais quand même vivant, on se dit qu'on est content quand il nous fait signe dans un disque triste, mais réconfortant aussi. Après tout, il n'y a rien de plus triste qu'une chanson gaie, rien de plus apaisant qu'une chanson triste. On se dit qu'on n'est pas tout seul. C'est par égoïsme qu'on est content de le retrouver, Renaud, parce que même quand il est triste, il nous console.

Le dernier disque de Renaud, c'est plein d'amis à lui, plein d'amis perdus… Boudard, Fallet, Tonton, Boby Lapointe, Bernard Dimey… et Robert Doisneau, qui ne quittait jamais une assemblée sans dire « C'est pas qu'il est tard, mais on s'ennuie. »

À côté de tous les vivants qu'on aime et nous empêchent de sombrer dans une totale nostalgie, Alain Souchon, Juliette, Michel Jonasz, Thomas Fersen, Vincent Delerm – tout nouveau et déjà indispensable –, on aime que Renaud nous donne de ses nouvelles même quand elles sont pas bonnes.

Et pouvoir continuer à siffloter dans la nuit pour nous donner du courage…

FRANÇOISE GIROUD

Aujourd'hui, une chronique explosive, une chronique choc. Je préfère prévenir, je peux affirmer ainsi que l'a dit Michel Droit, paix à son âme chasseresse, rentrant d'un safari avec sur son épaule un de ses amis morts : « Je crois que je suis en train de soulever un gros lièvre. »

Par cette chronique, je vais faire une révélation qui risque de faire grand bruit dans le landerneau médiatique. Landerneau, chef-lieu de canton du Finistère, arrondissement de Brest dans le Léon. Saluons au passage nos auditeurs bretons, notamment les Landernéens et les Landernéennes à qui je demanderais cependant de bien vouloir évacuer cette chronique dans laquelle ils n'ont rien à faire.

Je vais en effet, face à Françoise Giroud, personnage considérable de la république des lettres, du journalisme et de la vie politique depuis plus de cinquante ans, apporter des informations qui risquent de la détruire, de la déconsidérer, de la discréditer pendant au moins les cinquante prochaines années de sa vie.

Vous vous attendiez à une émission légère, Françoise Giroud, détendue, de bon aloi, entre gens de bonne compagnie et puis patatras ! grâce aux informations que je vais apporter aujourd'hui, votre carrière va se trouver définitivement entachée, salie, oléagineuse.

(Vous pouvez être surprise et à juste titre par l'emploi de cet adjectif « oléagineux », que vous avez le droit de juger peu à propos. C'est que voulant faire se succéder trois adjectifs afin de donner une impression de solennité à mon introduction, j'ai tapé sur mon ordinateur l'icône « outil » dans lequel je puise des synonymes. « Sali » m'a donné « graisseux », « graisseux » m'a renvoyé à « oléagineux ». Même si je vais pratiquer ce qu'il est bien convenu d'appeler un meurtre médiatique, je veux le faire avec style.)

Je tiens à révéler par ailleurs que j'ai adressé ce matin même une petite lettre anonyme à M. Laurent Joffrin, rédacteur en chef de l'excellent magazine *Le Nouvel Observateur* (j'ai mis « excellent magazine », car je ne voudrais pas que François Raynaert puisse à cause de moi avoir des problèmes avec sa direction), afin de lui faire part de mes informations.

Voilà la révélation de ce qu'il faut bien appeler à partir de maintenant « l'affaire Giroud ».

Madame Françoise Giroud, chroniqueuse télé au *Nouvel Observateur* ne regarde pas la télé.

Voilà, c'est dit. L'étincelle s'apprête à mettre le feu aux poudres. Le scandale est lancé. Bien sûr, il arrive à Françoise Giroud de s'intéresser par hasard à une émission politique, à la retransmission d'un opéra, à la finale de Roland-Garros mais elle ignore tout de ce qui fait le quotidien du petit écran.

Journaliste d'investigation, j'ai profité d'un salon du livre pour lui poser un certain nombre de questions… Quels sont les présentateurs de « M6 Music » ? Qui anime « Téléshopping » ? Qui est le fiancé de Flavie Flament ? Quel est le tour de poitrine de Sophie Thalmann ? Elle était incapable de me répondre ! Quelles sont les rubriques du « Morning Live » ? À quelle heure est diffusé « Attention à la marche » ? « Tacotac TV » ? « Amour, gloire et beauté » ?

Elle ne savait pas !

Ah ! on fait moins la fière là, Françoise Giroud ?

Tandis que notre valeureux Guy Carlier tartine ses Pepito avec du Nutella afin de pouvoir supporter les errements de Julien Lepers, les improvisations de Pascal Sevran, la vie trépidante du « Loft », Françoise Giroud écrit des livres, voit des amis, va au théâtre, à l'opéra. Il lui arrive même de lire. Mais ne regarde que trop rarement « C'est mon choix » (derniers sujets traités : « J'aime avoir les cheveux gras », « mon fiancé sent des pieds », « je mange mes crottes de nez et j'aime ça »).

Honte à vous Françoise Giroud ! Vous faites ce qui vous plaît, vous parlez de ce que vous voulez. C'est trop facile !

Peut-être pas tant que ça après tout. La liberté a ses exigences et vous regarder vivre pourrait bien nous consoler de vieillir.

LINE RENAUD

Lorsque l'on reçoit Line Renaud, c'est comme si on accueillait la tour Eiffel, le camembert ou la rosette de Lyon. C'est comme si on était face à Marianne, à la Marseillaise, à la Madelon. C'est comme si devant nous apparaissaient les plaines de Champagne, la vallée de la Maurienne ou la baie de Somme. C'est comme si on avait à notre table le mont Gerbier-de-Jonc en personne, la planèze de Saint-Flour, et le Massif armoricain. C'est comme si surgissaient la monarchie de Juillet, la guerre de Cent Ans et le mouvement cistercien de Cluny. Line Renaud, c'est Henri IV signant l'édit de Nantes, c'est de Gaulle descendant victorieux les Champs-Élysées, c'est Jacques Chirac exposant ses testicules au fort de Brégançon, Line Renaud, c'est l'histoire d'une nation, Line Renaud c'est la mythologie de tout un peuple… Line Renaud, c'est la France !

Car un jour, sur la pointe de ses pieds dansants, Line est entrée dans le cœur des Français et ne l'a plus jamais quitté. Depuis les années cinquante, je sais que c'étaient les années cinquante, ne me demandez pas quel siècle… à une époque où il n'y avait pas encore de digicode, la concierge était dans l'escalier mais Line était déjà en haut des marches. Elle fait partie de nos vies depuis des années, des années… Et là j'arrêterai l'allusion à l'âge de Line.

Non ! Je ne me moquerai pas de son âge, même s'il est avancé, même s'il est considérable, même s'il est impossible de trouver encore un vétuste fonctionnaire retraité de l'état civil capable de mettre la main sur l'acte de naissance de Line Renaud. Déchiré, par les différents incendies, guerres, révolutions qui ont jonché l'histoire, effacé par les différentes catastrophes naturelles, mis à mal par les différentes phases de sédimentation, les poussées orogéniques et les phénomènes d'érosion précédant les grands ensembles structuraux mis en place au cours de l'ère primaire, l'acte de naissance de Line Renaud n'est pas regardable quand elle l'est encore.

Non, je ne me moquerai pas de l'âge de Line car chansonner sous cet angle est dangereux. Thierry le Luron l'avait dit dans un moment de lucidité : « Elle nous enterrera tous ! »

Oui Line nous enterre tous ! La première levée ! La dernière couchée ! La plus gaie ! La plus courageuse ! Line Renaud, c'est la France increvable, celle qui sourit, celle qui se bat, celle qui swingue, celle qui ne perd pas courage. Elle fait partie de notre panthéon.

« Rentre ici Line Renaud avec ton cortège de plumes, de strass et de chansons à la con ! »

Car ne dis pas le contraire, Line, tu en as chanté quelques-unes des chansons à la con ! Tu as fait les beaux jours de l'après-guerre dans la France devenue insouciante, celle qui sifflotait *Le Chien dans la vitrine*, celle qui étoile des neiges mon cœur amoureux s'est pris au piège de tes grands yeux…

Moi, si on m'avait dit, il y a vingt-cinq ans, que un jour je connaîtrai Line Renaud !… Si on m'avait dit qu'un jour je tutoierai Line Renaud. Line Renaud ! À l'époque, moustachu, cheveux longs, j'allais à la Fête de *L'Humanité* voir Catherine Ribeiro, je connaissais le répertoire de Marc Ogeret, de Bernard Haillant et je peux même le dire, de Gilles Vigneault !

J'étais comme ça.

Je suis comme ça. Même critique, même déçu, je me sens faire partie d'un peuple de gauche quand Line est plutôt associée à une culture de droite.

Je suis comme ça. Incrédule et sceptique quand elle croit lire des signes que lui lance son amoureux parti au ciel il y a huit ans.

Je suis comme ça. J'aime Line Renaud parce qu'elle est gaie, parce qu'elle aime rire, parce que chez elle la gentillesse n'est pas une pose devant les journalistes mais sa marque de fabrique.

D'ailleurs, je dois l'avouer, l'influence de Line sur ma personne est considérable. Je la connais depuis l'automne dernier et déjà en mai, au second tour, pour la première fois de ma vie, et je pense la dernière, j'ai voté Chirac.

Allez Line, je peux bien te le dire, mon cœur amoureux s'est pris au piège de tes grands yeux.

JEAN PIAT (2)

Aujourd'hui, on reçoit la hantise du chroniqueur, la terreur du pisse-copie, la frayeur du gratte-papier, on reçoit un comédien. Mais pas n'importe quel comédien.

On reçoit un comédien de talent, un comédien aimé, respecté. Autant dire un emmerdeur.

Oui, car Jean Piat est un comédien sans autres histoires que celles qu'il raconte sur les écrans de cinéma ou sur les scènes de théâtre… On ne le voit jamais en première page de *Voici*, jamais dans la presse à scandales. Il pourrait frapper sa femme, son singe ou son hôtesse de l'air, mais non Jean Piat est un comédien discret qu'on imagine homme de bien, bon mari, bon père de famille, heureux grand-père, prospère arrière-grand-père, radieux arrière-arrière-grand-père… Autant dire un chieur.

Tous les jours, Jean Piat se réveille vers 8 heures 8 heures et demie. À 9 heures moins le quart il va au cabinet et y reste un petit moment. Il s'y rend régulièrement accompagné du journal *Le Figaro* ou d'un de ces livres que l'on peut lire par fragments et dont la vocation même semble convenir parfaitement à la solitude introspective de ces moments-là… *Les Pensées* de Pascal, *Les Caractères* de La Bruyère ou *Les Fables* de La Fontaine. Quelquefois aussi, il y va les mains vides préférant patienter quelques semaines avant d'y emmener le prochain ouvrage attendu de François Morel réunissant ses meilleures chroniques de France Inter et qui paraîtra début février aux Éditions du Rocher-Archimbaud…

Vers 9 heures, l'acteur s'exclame « bon allez, c'est pas le tout » et décide d'aller se servir un café au lait dans un bol breton légèrement ébréché mais auquel il tient beaucoup car dessus est inscrit son prénom, Jean. C'est un cadeau qu'il a reçu d'une vieille tante qui possédait une petite maison dans le golfe du Morbihan, juste à côté de Port-Blanc, pas loin de Locmariaquer… Jean Piat se ressert un petit fond de café, mélancolique se gratte le bas-ventre, puis reprend une dernière lampée de café.

Vers 11 heures et demie, coup de théâtre, Jean Piat pour la deuxième fois de la journée s'exclame « bon allez, c'est pas le tout ». Il décide d'aller faire sa toilette. Quelquefois sous sa douche il chantonne… Quelquefois il reste muet, on le sent soucieux, pensif, préoccupé : il se demande ce qu'il va manger à midi.

Avant 13 heures, il pose sur la table de sa cuisine une tranche de jambon et une boîte de sardines à l'huile puis se fait le reproche de ne pas être allé au marché afin de remplir son réfrigérateur qui exhale une fragrance de cabillaud mort et de pont-l'évêque abandonné. Jean Piat se nourrit en regardant le « Journal de 13 heures ». Il constate que le monde va mal en se servant un petit blanc qu'il a récemment acheté lors d'une foire aux vins.

Légèrement assoupi devant sa télévision, Jean Piat se réveille en sursaut et à nouveau s'écrie « bon allez, c'est pas le tout » et se résout à rejoindre son lit afin d'y faire une petite sieste. À 18 h 15, Jean Piat encore un peu ensommeillé regarde le début de « Questions pour un champion » puis tout à trac quitte son logement afin de se rendre au théâtre. À 19 heures, il est dans sa loge. La costumière l'interroge sur sa journée… « Pfftt ! on voit pas le temps passer… » regrette Jean Piat, homme philosophe et énigmatique.

« Vous feriez mieux de vous reposer un peu », lui conseille la vieille costumière qui est un peu l'ange gardien du théâtre.

Le soir, à partir de 20 h 30, frémit le rideau rouge. Jean Piat apparaît sur la scène, fascinant, envoûtant, troublant, captivant, somptueux, magnifique, admirable, riche de toutes les vies, plein de toutes les humanités. Il est prince, roi, mendiant, assassin, criminel, poète, diable ou bon Dieu, tout le monde et personne.

Les spectateurs s'interrogent sur les mystères d'un pareil homme quand ils le regardent quitter le théâtre, superbe et fascinant sous son chapeau d'artiste. Résignés, ils sortent de leurs poches les clefs de leurs voitures et juste après avoir frôlé l'extraordinaire, le merveilleux, retournent chez eux, rejoindre leur quotidien banal, puis tandis qu'ils se résolvent à déserter les confins d'une vie rêvée ils murmurent comme pour eux-mêmes, comme pour se donner du courage « Bon allez, c'est pas le tout ».

BERNARD SOUSTROT

L'occasion de pouvoir parler trompette à la radio ne se présente pas tous les jours. Moi, régulièrement j'appelle le bureau du « Fou du roi » pour réclamer la présence de Bernard Soustrot dans l'émission. Alexia, l'assistante de notre producteur Jean-François Remonté, me répond régulièrement : « Non, tu comprends, non, la trompette non, déjà Soustrot il a été invité sur France Musique dans la nuit du 7 au 8 décembre 1984, s'il revient sur France Inter, ça risque de faire doublon… non, tu comprends, non. »

Moi, comme je peux je défends la venue du trompettiste… « Mais là c'est important parce que la trompette tu comprends… la trompette.

— Oui mais non, répond Alexia, tu es gentil mais là, non, en plus Jacques Chancel a déjà fait une “Radioscopie” de Maurice André en avril 1977, tu comprends France Inter est une chaîne généraliste qui n'a pas spécialement vocation à promouvoir la trompette. En plus ça risquerait de nous mettre à dos le syndicat des flûtes traversières et des cornets à pistons, non, tu es gentil, mais là, non…

— Mais Alexia, là c'est différent, ça n'a rien à voir, la trompette quand même la trompette…

— Non, François, n'insiste pas, je te dis que… » Et là, tout d'un coup, une voix masculine surgit de mon combiné… « Allô, Jean-François Remonté à l'appareil, on n'invitera pas Soustrot et maintenant s'il te plaît, tu es gentil, tu arrêtes de faire chier ma femme ! »

Stupeur de ma part… « Ah bon, vous êtes mariés Alexia et toi ?

— Écoute, il s'agit un petit peu de notre vie privée, me fait Jean-François, je n'ai pas à subir tes interrogatoires…

— Non, non, bien sûr, je dis à Jean-François, d'ailleurs ça ne me regarde pas, mais je suis très heureux qu'au sein même de la Maison de la radio, dans ce lieu si réputé pour son caractère inhospitalier et sa froideur, deux petits étourneaux aient pu abriter leurs amours délicieuses, j'en suis très heureux.

— Eh bien oui, me confirma Jean-François, tout d'un coup adouci, je peux bien te le révéler, Alexia et moi éprouvons l'un pour l'autre des sentiments…

— Pas possible !

— Si ! m'assura Jean-François, Alexia, tu as dû t'en rendre compte, est un joli brin de fille qui me plaît beaucoup et, pour ma part, je crois bien ne pas lui être totalement indifférent…

— Pas possible ! répétais-je, abasourdi par ce que je venais d'entendre. C'est donc pour ça que l'on vous voit de temps en temps agglutinés l'un sur l'autre contre la vitre du studio, les deux bouches pressées dans un entrelacs de lèvres et de salive, toi lui donnant des coups de reins incessants et frénétiques tandis qu'elle pousse des hurlements brûlants : "Vas-y continue, oh oui, vas-y continue, vas-y c'est bon !"

— C'est pour ça, chuchota Jean-François que j'imaginais baissant les yeux, rougissant, ému de m'avoir fait cet intime aveu.

— Je comprends mieux alors, pourquoi l'autre matin, venu comme toujours très tôt afin de répéter mon texte, je vous ai surpris à califourchon sur la table du studio utilisant les micros à des fins non électroacoustiques…

— Voilà, tu sais tout, mais je t'en prie, me fit Jean-François, n'en parle à personne, non seulement nos amours sont ici clandestines, mais d'autre part nous n'avons pas envie que cela se sache. Par ailleurs nous préférons garder notre relation secrète. Tu comprends, on pourrait m'accuser d'avoir profité de ma situation si convoitée pour favoriser un proche que je baise…

— Ne t'inquiète pas, Jean-François, je sais être discret, mais à ton tour, promets-moi bientôt d'inviter Soustrot.

— Va, ton vœu est exaucé, ainsi tu pourras tout le temps d'une chronique laisser libre cours à ta passion pour la trompette, va, me fit Jean-François, royal et majestueux, d'un geste large remisant sur son épaule sa toge en organdi et s'éloignant déjà du téléphone…

— Tu es content ? me demanda Alexia, encore tout attendrie par ce qu'elle venait d'entendre.

— Oui, lui fis-je, je vais enfin pouvoir tout mon soûl parler de Bernard Soustrot. »

Parce que la trompette quand même… la trompette.

ALEXIS GRUSS

Un cirque, quand ça traverse un village, ça fait rêver les enfants des villageois. Avant l'arrivée des artistes, des éléphants et des chapeaux hauts de forme remplis de tourterelles, l'effervescence se lit sur les visages.

Ah ! les affiches sur les platanes. Les clowns sur les réverbères ! Roulements de tambours. Bientôt dans votre ville…

Un cirque quand ça traverse un village, c'est un vent de folie qui vient souffler sur l'ordinaire. Les plus grands artistes ! Les plus grands numéros ! Les plus exceptionnels ! Les plus sensationnels ! Le cirque, ça craint pas l'hyperbole.

Il était une fois dans un village un enfant triste qui n'aimait pas le cirque.

« J'aime pas le cirque », qu'il disait. « Le cirque, ça pue. Ça sent le fauve et la pisse, le crottin de cheval et la rancœur. Ça sent la mort. »

On lui disait qu'il avait tort. Le cirque, ça sent la poudre de maquillage, la barbe à papa, ça sent la joie, l'insouciance et l'émerveillement. Le cirque, ça respire la vie. Ça respire la fête. Ça inspire l'amour.

Mais non, il n'était pas d'accord.

« J'aime pas le cirque », qu'il disait. Avec son imaginaire à deux balles, ses habits de lumière rapiécés, ses panthères anémiées. « J'aime pas le cirque. Ça sent le fauve et la pisse, le crottin de cheval et la rancœur. Ça sent la mort », disait l'enfant triste qui n'hésitait pas à se répéter quand il était content de ses formules.

On lui disait qu'il avait tort. Le cirque ce sont des travailleurs de force au service du rêve. Des gros-culs dans la nuit qui battent la campagne, des bras de chemises qui s'acharnent à coups de maillets, à coups de pieux enfoncés, à coups de sang. Un chapiteau qu'on monte c'est un monument dressé pour saluer l'éphémère. Le cirque, ce sont des forçats au service de la magie d'un instant.

Mais non, l'enfant triste n'était pas d'accord. Il trouvait vulgaires les cuisses de l'écuyère, racoleur le string des trapézistes. Tellement convenu le sourire triste du vieux clown qui fait pitié avec son fard grossier et ses larmes à la con. Tellement démodé le funambule à l'époque du sans fil.

« J'aime pas le cirque », qu'il disait.

On ne cherchait même plus à le convaincre. Ça n'avait pas de sens : un enfant qui n'aime pas le cirque, c'est aussi anormal qu'une souris qui n'aime pas le fromage, un général qui n'aime pas les décorations, un chien qui n'aime pas les caresses, un Breton qui n'aime pas la pluie. Et puis dans le fond, on ne saura jamais vraiment pourquoi l'enfant triste n'aimait pas le cirque. Peut-être juste pour le plaisir de ne pas ressembler aux autres enfants qui attendaient le cirque comme on attend le messie.

Peut-être juste pour se prémunir contre la déception. Pour mieux s'habituer au retour de l'ordinaire.

Quand même après le passage du cirque, l'enfant triste était revenu sur la place du village, là où l'herbe avait brûlé, là où la terre avait été piétinée par le public, par les camions, les animaux, l'agitation d'une vie inaccoutumée. Quand même, l'enfant avait bourré ses poches avec un peu de sciure, un peu de sable abandonné et puis s'en était retourné chez lui déposer son trésor dans une boîte en fer.

Un cirque est passé. Comme l'illusion du bonheur.

L'AIR DE RIEN

Chronicles 2009-2011

Remerciements à Olivier Broche, qui non content d'interpréter le rôle de mon envoyé spécial Gilbert Van der Smissen est souvent mon premier lecteur, critique et correcteur.

Première saison

LA CONFUSION DOMINE

4 septembre 2009

Aujourd'hui, Nicolas Demorand, vous êtes devant celui qui remplace le directeur de France Inter. Autant dire que c'est du lourd. Même si par hasard, par erreur, par manque de goût, de discernement, vous ne me trouviez pas drôle, même si vous me trouvez limite désagréable, revêche, je le dis également à l'intention de la rédaction du 7-9, vous avez intérêt à être gentil avec moi.

À France Inter, vous tenez la chronique du vendredi matin, l'année suivante, vous pouvez vous retrouver patron de France Inter.

Ça fait réfléchir.

Je sais bien, la chronique du vendredi matin, *a priori* c'est celle dont personne ne veut. Didier Porte a sa journée syndicat, Stéphane Guillon au volant de sa Porsche est parti en week-end prendre du recul afin d'affiner un peu plus ses analyses politiques. Depuis qu'il a souligné avec pertinence que Strauss-Kahn était un queutard de première et que Martine Aubry avait un gros cul, il est devenu le politologue le plus écouté de France. De source bien informée, on dit qu'il travaillerait en ce moment sur un gros dossier qui risque d'être relayé par toutes les rédactions un peu sérieuses de ce pays : Éric Besson aurait un petit zizi.

Enfin moi le vendredi je suis libre. Le lundi j'ai ma lessive, le mardi les courses, le mercredi mon ménage, le jeudi un peu de jardinage, mais le vendredi je suis libre. Ça ne tombait pas mal. J'ai trois minutes trente pour dire ce que je veux.

Donc Philippe Val est devenu le directeur de France Inter. Imaginez un type tombé dans le coma en février 1978 et qui se réveillerait ce matin. On lui dit : « Philippe Val est directeur de France Inter !

— Non, c'est pas vrai !

— Si, je te jure !

— Non, c'est pas vrai !

— Si, je te jure !

— Philippe Val, le type qui chante *J'm'en branle*, vient de remplacer Jacqueline Baudrier ! Non. C'est pas vrai !

— Si, j'te jure.

— Et Patrick Font, il fait quoi ? Secrétaire d'État à la Jeunesse et aux Sports ? Pas ministre de l'Éducation nationale quand même ! »

Il est malin, Sarkozy, il s'arrange pour que soit nommé sur la radio nationale le type qui passait son temps à tenter de le détruire à longueur d'éditoriaux…

Vous imaginez aujourd'hui l'ambiance à *Charlie Hebdo* ?

« Dis donc, viens là, toi… C'est quoi cet article assassin sur le président où tu le traites de sous-doué, de nain de jardin, de raclure, de mou du genou, de parvenu ?

« De nazillon, de démagogue, d'éclopé, de parasite, de vieille savate, de sous-merde…

« De trou du cul, de bâtard, de tête de nœud… Non mais dis donc, tu serais pas en train de chercher une place, toi ? Tu espères quoi ? La direction de France Culture ou l'ambassade du Vatican ? »

La confusion domine. Comment expliquer au comateux de 78 cité plus haut que, cet été, les héritiers de Michel Debré, de Christian Foucher et d'Alain Peyrefitte ont défendu le rappeur Orelsan, au nom de la liberté créatrice, et que Mitterrand devenu ministre de la Culture a convoqué Rimbaud, ni plus ni moins, pour justifier les écrits de l'auteur de « Sale pute ».

Donc, « Sale pute », pour parler d'une femme, c'est légitime. Ça s'appelle la liberté d'expression. On peut s'attendre au même enthousiasme chez notre élite autoproclamée quand de futurs poètes écriront des œuvres intitulées « Sale pédé », « Sale nègre », « Sale youpin ».

La confusion domine.

À propos, j'ai lu quelque part que le nouveau directeur de France Inter avait le même profil psychologique que le président de la République. Si c'est vrai, à 8 h 30, tout à l'heure, la revue de presse sera tenue par Siné.

IL PARAÎT QU'IL FAUDRAIT JETER SES MOUCHOIRS SALES…

11 septembre 2009

Depuis quelques semaines, avez-vous remarqué ? le ministère fait des campagnes pour dire aux gens de parler bas dans les transports publics, c'est un téléphone qui parle, parce que le publicitaire a dû trouver que c'était amusant un téléphone qui parlait. « Je suis un téléphone, je ne parle pas fort car je suis dans un autobus. »

Bon, il faut avouer que c'est assez poilant.

Une autre campagne invite les auditeurs à mettre la main devant la bouche quand ils éternuent. À cause de la grippe porcine. Elle est moins rigolote, la campagne. Ils auraient pu faire parler un petit cochon qui éternue (grouik grouik, atchoum…) mais non, ils disent juste de mettre la main devant la bouche quand on éternue, histoire de ne pas contaminer son voisin.

Parce que quand on éternue, eh bien on peut refiler sa maladie à quelqu'un d'autre.

« Ah bon ?

— Oui, on dit que c'est contagieux.

— Ah d'accord ! »

Et puis on n'est jamais trop prudent, en ce moment par exemple, tant que Christophe Hondelatte est souffrant, il vaut mieux se brancher sur France Inter que sur RTL.

Et puis ils disent aussi que les mouchoirs en papier, il faut les jeter après usage.

« Ah bon, on les met pas genre dans le bas du frigo pour les faire sécher et pouvoir s'en resservir après ?

— Non, non, il faut les jeter.

— Ah bon.

— Mais on peut quand même les prêter à quelqu'un d'autre qui serait un petit peu moins enrhumé que vous pour quand même pas gâcher du papier qui ne va être utilisé qu'une fois ?

— Non, je te dis, tu te mouches et tu jettes juste après.

— Ah bon ? »

Tous les trucs qu'on apprend en écoutant la radio, c'est formidable.

Moi, ça me fait drôle qu'on me dise ça… Parce que moi, quand j'éternue, regardez, je mets la main devant la bouche.

Autre chose, ça me paraît prudent, quand je prends l'autobus, de garder pour moi mes conversations privées. Je trouve même un petit peu humiliant quand j'écoute la radio qu'on vienne me donner à mon âge des consignes de vie qui me semblent un petit peu basiques.

Quand je voyage en train, je passe mon temps, soit sur la plateforme où j'ai le droit de téléphoner, soit à ma place, en train de m'engueuler avec des voyageurs qui parlent fort dans leur portable et qui m'empêchent de réfléchir quand je fais mon sudoku. C'est comme ça que vous êtes énervé et que vous vous rendez compte que le 8, on a eu tort de le mettre là vu que la colonne d'à côté, je vous fais remarquer, il y a déjà un 8.

L'autre fois, revenant de Bruxelles, une matrone de couleur noire me traite de nostalgique de l'esclavage après que je lui demande de cesser de tapoter bruyamment sur son téléphone. J'aurais dû peut-être regretter à ce moment-là que n'existent pas de campagnes amusantes pour expliquer aux gens que l'on peut retirer le son des téléphones afin de ne pas gêner ses voisins.

Comme je regrette parfois que n'existent pas de campagnes rigolotes pour expliquer qu'il ne faut pas cracher par terre, qu'il faut éviter d'uriner dans la rue, qu'il est préférable de ne pas faire du feu sous les voitures, et qu'il convient dans la mesure du possible de ne pas profaner les tombes de personnes décédées. Nos publicitaires amusants pourraient mettre à profit toute leur verve pour inventer une campagne ludique et décomplexée. « Bonjour, je suis la tombe de Mme Rosenberg et si tu me casses la pierre tombale, Mme Rosenberg va avoir un tout petit peu froid… »

L'instruction civique n'est plus très valorisée dans les programmes scolaires, mais il existe aujourd'hui des spots d'instruction civique. Parce qu'en réalité les publicités radiophoniques sont là pour remplacer les bons vieux cours d'instruction civique, que dans les ministères on doit juger vieux jeu, ringards, dépassés. Comme si l'on trouvait en haut lieu qu'il valait mieux baisser le budget de l'Éducation nationale pour augmenter les budgets communication des ministères… À bas les instits ! Vive les créatifs. À mort les professeurs ! Honneur aux publicitaires ! Merde à Jules Ferry ! Hommage à Jacques Séguéla !

Une autre campagne amusante imite un GPS pour indiquer la direction des chiottes et nous inviter au-delà de 50 ans à passer un examen colorectal.

N'est-ce pas légèrement infantilisant de vouloir à tout prix nous distraire avec des sujets sérieux ?

Mais c'est peut-être ça le rêve secret de nos gouvernants : un pays sans école mais où tous les citoyens seraient restés des enfants.

VIVE LA VIDÉOSURVEILLANCE !

18 septembre 2009

Avant, quand j'étais jeune, que j'avais des cheveux jusque-là, que je lisais des journaux de gauche, que j'écoutais Maxime Le Forestier, je n'étais pas tellement pour la vidéosurveillance. J'étais pour le fromage de chèvre et pour les deux-chevaux décapotables qui nous emmenaient dans le sud de la France dans un nuage de fumée de cigarettes qui faisaient rigoler.

Mais la vidéosurveillance, je n'étais pas pour, vu que j'étais en faveur de la liberté individuelle, et que je craignais, mine de rien, qu'on soit en train de nous organiser un État policier. À l'époque, par exemple, je détestais le genre Patrick Balkany qui a fait de sa ville, Levallois-Perret, une sorte de grand studio de télévision avec des caméras partout, une ville où les administrés à force d'être filmés se prennent pour Steevy ou pour Loana, une ville de la corruption et de la perversité puisque chaque citoyen a le choix entre le statut de voyeur ou celui d'exhibitionniste.

J'étais jeune, j'étais fou, j'étais révolté, j'avais mes opinions… Je me souviens très bien de cette période de ma vie puisque, la semaine dernière encore, j'étais dans cet état d'esprit.

Et puis j'ai réfléchi, je me suis coupé les cheveux et finalement la vidéosurveillance, je suis pour. À fond pour. Parce que, excusez-moi, on est quand même entouré de gens dangereux sur lesquels il est utile de garder un œil… Et puis ça suffit d'être indulgent, laxiste avec les voyous !

Souvenez-vous l'année dernière au Salon de l'agriculture, les caméras avaient filmé un individu s'adressant à un citoyen honnête en des termes particulièrement agressifs : « Casse-toi, pauvre con »... Depuis, l'individu s'est un peu calmé. Au moins en public. Il tente de dominer sa violence en faisant du sport, peut-être au risque de faire un malaise vagal mais au moins, quand il fait son jogging en plein cagnard, il n'embête personne.

L'autre jour, une caméra a filmé un énergumène en train de tenir des propos racistes. Un beauf de Neuilly qui ne sait pas non plus se maîtriser en public, ça fait peur... Imaginez qu'il soit ministre de l'Intérieur. Grâce aux caméras de surveillance, on sait à qui on a affaire...

C'est pour ça, maintenant, les caméras de surveillance, je suis pour qu'on en mette partout. Dans les rues, dans les immeubles, dans les écoles, dans les chambres à coucher, partout.

À l'Assemblée nationale, si on n'avait pas installé des caméras de surveillance le mercredi après-midi, il n'y aurait jamais personne. D'ailleurs, quand les débats ne sont pas filmés, les députés font n'importe quoi, ils légifèrent pour interdire la dissolution de la scientologie. Il faut donc filmer les députés, partout, tout le temps. Enfin, peut-être pas tout le temps, parce que, avec la course à l'audimat, ils risquent un jour d'élire Tom Cruise au perchoir...

À France Inter, on a tellement compris l'importance de la vidéosurveillance que maintenant tout est filmé. Les auditeurs sont désormais branchés sur Dailymotion pour découvrir le visage de ces voix qui les ont fait rêver. Avant, pour avoir le droit de parler dans le poste, on pouvait avoir un physique de radio. Aujourd'hui, ceux qui ont le droit d'être devant un micro, Bernard Guetta, Jean-François Achilli, moi-même, sont des mannequins recrutés dans les plus grandes agences de Paris, de Londres et de Milan. Chacun des nouveaux chroniqueurs a dû passer un examen d'embauche en slip et torse nu dans le bureau des nouveaux directeurs.

Oui, la présence de la caméra oblige à faire un effort sur soi-même. Si, en ce moment, je n'étais pas filmé, croyez-vous que je me serais habillé avec cette débauche d'élégance, de raffinement qui met en valeur ma plastique, ma beauté naturelle ? Croyez-vous que j'aurais passé des heures au maquillage avant d'entrer dans ce studio afin d'embellir encore un peu plus, si c'est possible, mon physique avenant qui met en émoi toute la rédaction de France Inter et ne laisse pas indifférent jusqu'à Nicolas Demorand qui d'un regard enamouré me couvre ?

Je m'égare.

Le sujet de cette chronique était donc la vidéo surveillant les politiciens qui, tant qu'ils ne surveilleront pas eux-mêmes leurs paroles, feront encore l'objet de nombreuses chroniques.

LE LIVRE À DE CLOSETS

25 septembre 2009

Le livre à François de Closets je suis pour à cent pour cent. C'est un livre qu'il a écrite lui-même alors qu'en orthographe il est pas bon, eh bien son livre chapeau pasque il a pas peur de dire que avant, faut voir, ça l'a complexé d'écrire des livres alors que l'ortografe et lui ça fait deux. À cent pour cent d'accord avec toi, François. Moi je dis qu'aussi il faudrait que ça soye plus liberal aussi concernant l'oral parce que lui François de Closets il est bon à l'oral mais à l'écrit il est à chier.

D'accord.

Mais suila qu'est pas bon non plus à l'oral il est désavantagé par rapport à celui la qu'est bon à l'oral mais qu'est pas bon à l'écrit et pourquoi que celui la qu'est pas bon à l'oral il faudrait qu'il soye plus désavantagé par rapport à suila qu'est bon à l'oral ?

Je pose la question.

Moi par exemple sans aller chercher plus loin, je suis pas plus bon à l'oral qu'à l'écrit vu que je suis mauvais partout.

Pourquoi faudrait que je soye désavantagé ?

Qu'est ce que j'ai de moins que ceux qu'ont plus que moi ? Je pose aussi la question. C'est pas juste.

Je remercie d'ailleurs suila qu'a eu le courage et que je suis poli de dire le courage parce que je vais quand même pas dire les couilles à même pas huit heures du matin, qu'a eu le courage donc de me mettre à la place que j'occupe en ce moment sur la radio nationale où que je cause présentement.

Parce que que je soye pas bon à l'écrit, c'est certain, vu que quand j'écris sur mon ordinateur il arrête pas de souligner tout en rouge dès que je mets un mot devant l'autre que c'en est même vexatoire vu que j'ai l'impression d'être un mauvais élève ni plus ni moins alors que je me debrouille pas plus mal qu'un autre dans la vie. C'est vrai, pour qui qui se prend mon ordinateur à vouloir me corriger tout le temps alors que je l'ai payé qu'il a rien à dire. Je paye mes impôts. Pourquoi que je causerais pas pour dire tout qu'est ce que je pense ?

Avant, chsais pas si vous vous souvenez à l'heure que je suis là en ce moment pour causer y avait Philippe Meyer. Faut voir les entourloupes qui faisaient, les salamalecs, les enluminures on n'y comprenait rien. Il causait en subjonctif, il disait matutinal je sais pas quoi on n'y comprenait quouick. Alors que aujourdhui, les gens ils sont contents, même suila qu'a pas fait d'études, parceque moi j'ai peut-être des défauts, c'est possible qui qu'en a pas ?, mais au moins je complexe personne avec mon vocabulaire.

Et ça c'est valabe à l'heure actuelle parce que il faut décomplexer. Comme il dit le président il faut décomplexer par exemple ceux qui gagnent de l'argent. Il a raison ! Moi j'avais jamais trop remarqué qu'ils étaient complexés ceux qui gagnaient des pépètes mais c'est possible moi, question politique, je suis pas un cador. Mais c'est pas parceque sous prétexte que j'y connais rien que j'aurais pas le droit d'en parler.

C'est pour ça que le président qu'on a maintenant, je dis chapeau, il dit des trucs simples et qu'on comprend. Il fait pas des phrases à t'embobiner comme avant, les autres présidents. Avant les présidents de la République, ils se la pétaient faut voir comme. Je suis sur que quand qu'il était au lit avec la princesse le grand chauve de l'Académie qui dit tout le temps que dans le temps il a été président (c'est possible je suis pas été verifié parce qu'en histoire géographie c'est pas trop ma matière non pus), je suis sur qu'il faisait des baises-mains et des manières comme on fait dans la haute.

Alors qu'à ce niveau-là tu dis juste : « Bonjour Princesse, je m'excuse mais je suis président de la France, t'es gentille tu baisses ta culotte ! » La princesse elle obtempère. Toute lady di qu'elle est. Elle obtempère ! Elle obtempère ! Je suis peut-être pas Maître Capello mais il y a quand même des mots que je connais.

Voilà qu'est ce que je voulais dire ce matin sur le livre à de Closets. Achetez le ou même l'achetez pas vu que je vous ai dit en gros de quoi qu'il retournait.

Donc d'accord pour simplifier l'écrit mais aussi pour simplifier l'oral, que comme ça, personne il sera baisé.

Je vous remercie de votre attention.

QUE LA MONTAGNE EST BELLE

2 octobre 2009

Je ne suis sans doute pas un spécialiste de la chose politique mais il y a quand même un phénomène que je ne comprends pas en France, c'est pourquoi il reste des citoyens qui ne sont pas sarkozistes.

Oui, car, croyez-moi si vous voulez, il demeure dans notre pays, contre toute raison cohérente, des citoyens extrêmement critiques vis-à-vis de la politique menée par le président de la République.

J'aimerais qu'on m'explique pourquoi.

J'ai même entendu, encore récemment, des commentaires parfois assez virulents sur la majorité qui est actuellement aux affaires. J'aimerais qu'on m'explique. J'aimerais savoir pourquoi certains se permettent de faire preuve d'une telle mauvaise foi, d'un tel acharnement vis-à-vis de cette majorité qui, au contraire, fait tout pour que nous vivions dans la félicité et la sérénité d'une France à nouveau réunie avec elle-même, une France rassemblée, une France harmonieuse, une France qui se promène libre et heureuse dans les rues de l'espoir et de la réconciliation enfin retrouvés.

N'y a-t-il pas chez ces professionnels de la critique, chez ces spécialistes du désordre et de la discorde, un entêtement fâcheux ? Une obstination coupable ?

Je veux bien qu'on soit de gauche, pourquoi pas ? Moi-même, je me suis procuré dans les années 1964-1965, excusez-moi de ne pas être tout à fait précis, un 45-tours de M. Ferrat intitulé *La Montagne* :

Pourtant que la montagne est belle
Comment peut-on s'imaginer ?
Quand on voit un vol d'hirondelles
Que le printemps vient d'arriver...

Vous reconnaîtrez par là que je ne suis nullement sectaire, nullement intolérant puisque je suis capable d'apprécier le talent quand il vient du camp d'en face, même si à mon avis la sortie de ce 45-tours est à mes yeux le tout dernier soubresaut positif, l'ultime fulgurance un peu créatrice de la gauche française.

Je veux bien qu'on soit de gauche, disais-je à contrecœur, eh bien, le président a du Kouchner, du Hirsch, du Fadela Amara.

Je veux bien qu'on soit extrêmement à droite ! Au contraire ! Eh bien, le président a du de Villiers.

Je veux bien qu'entre les deux, on soit de droite. Le président a du Hortefeux, du Devedjian, du Darcos.

Du centre, il y en a aussi. Du Hervé Morin, du Cavada, du Santini.

On a de tout !

Du patrimonial avec Mitterrand, de la belle Sénégalaise avec Rama Yade, du méchant traître avec Besson, de l'éthylique sympatoche avec Borloo, de tout on a, qu'est-ce que vous voulez de plus ?

On me dira, ce n'est pas une majorité, c'est une soupe, peut-être mais c'est une soupe populaire.

On me dira, ce n'est pas une majorité, c'est les Galeries Lafayette. Et alors : on trouve de tout.

Vous voulez qu'on libère Polanski sur-le-champ sans discuter ? On vous sort le ministre de la Culture.

Vous voulez qu'on renvoie Polanski aux États-Unis pour qu'il se fasse condamner pour un crime imprescriptible ? On vous sort du vice-président UMP de l'Assemblée nationale, Marc Laffineur, de l'ex-porte-parole UMP Chantal Brunel. On a de tout, je vous dis !

Vous voulez de l'écologie, on vous fait un Grenelle.

Vous êtes pour la chasse, on vous sort Frédéric Nihous.

On s'en fout. On a de tout. Du catho, du facho, du Mao, de l'ancien coco.

Qu'est-ce qu'il vous faut de plus ?

Alors franchement, un peu de reconnaissance, un peu de gratitude, un peu de justice vis-à-vis de cet élan nouveau qui conduit le peuple français vers une réconciliation et la fraternité générale.

Si vous n'êtes pas sur le banc des accusés de l'affaire Clearstream, franchement vous n'avez aucune raison d'en vouloir au président.

Allons, ce matin, moi-même, enivré par l'élan d'enthousiasme qui entraîne tout le beau peuple de France, j'ai le cœur à gauche et la tête dans les sommets.

Pourtant que la montagne est belle
Comment peut-on s'imaginer
Quand on voit un vol d'hirondelles
Que le printemps vient d'arriver...

AUX ÉLÈVES DE CRÉTEIL

9 octobre 2009

Ma chronique d'aujourd'hui ne s'adresse qu'à une partie de la population française. Je vous le dis tout de suite, afin que personne ne puisse perdre un temps précieux en ce vendredi matin, si vous avez moins de 13 ans et plus de 19 ans, vous pouvez aller immédiatement voir ce qui se passe chez la concurrence.

Si vous habitez le Massif central ou la Basse-Normandie, le Poitou ou la région Paca, il est également inutile que vous restiez à l'écoute. Je vous en prie, vous dégagez le terrain, je n'ai pas, moi non plus, à perdre mon temps en m'adressant à des personnes qui ne sont pas concernées par ce que je vais dire. Je vous fais remarquer par ailleurs qu'à huit heures moins cinq les dents ne sont toujours pas brossées et qu'il reste pas mal de miettes sur la table de la cuisine…

En revanche, si vous habitez la région parisienne, cette chronique peut s'adresser directement à vous.

Pas toute la région parisienne, si vous habitez Paris intra-muros, les Yvelines ou le Val-d'Oise, il est inutile que vous perdiez votre temps à rester branché sur France Inter puisque je m'adresse spécialement à certains habitants du Val-de-Marne qui se situent donc dans une fourchette d'âge comprise entre 13 ans pour les plus précoces et 19 ans pour les attardés.

Si vous n'êtes pas de Créteil et que vous fréquentez un lycée d'enseignement général, vous pouvez également passer votre chemin puisque, aujourd'hui, je m'adresse uniquement aux élèves des lycées professionnels qui dans l'académie de Créteil font l'objet d'une expérience particulièrement enthousiasmante. Le haut-commissariat à la Jeunesse a décidé en effet de récompenser les élèves assidus en proposant une somme de 10 000 euros par classe et par an.

Grâce à cette expérience, il est désormais indiscutable qu'on ne va plus au lycée pour sa formation personnelle ou son enrichissement intellectuel, ces vieilles lunes rétrogrades. Non, le pèze, le flouse, la fraîche, les picaillons deviennent les objectifs essentiels du nouveau système éducatif.

Qu'est-ce que l'on dit devant une salle de spectacle programmant un concert de Didier Barbelivien, une salle des fêtes accueillant un concours de plus gros mangeur de boudins ou devant un lycée professionnel ?

Demorand, qu'est-ce que l'on dit ? Vous n'écoutez pas… Vous avez la tête ailleurs. On dit, notez-le sur votre cahier de textes, je vous interrogerai la semaine prochaine, on dit : « Moi, il faudrait me payer pour y aller ! »

Donc, aujourd'hui, on paye pour aller au lycée professionnel, pourquoi ne rémunère-t-on pas les malheureux qui assistent aux foires au boudin ou aux concerts de Didier Barbelivien ? Je pose la question et reviens à mon sujet.

Élèves des lycées professionnels de Créteil, il est temps de vous organiser. On vous a dit que les classes les plus assidues seront récompensées. Observez qu'on ne réclame pas de vous une assiduité parfaite. Décidez en assemblée générale que chaque élève de lycée professionnel ne devra pas fréquenter son établissement plus de trois fois par semaine. Deux jours de vacances obligatoires vous consoleront de devoir être assidus les jours pendant lesquels vous serez requis afin de pouvoir toucher le pactole.

Pendant ces jours d'assiduité, débrouillez-vous pour vous occuper utilement. Venez au lycée avec de la musique, des jeux, des canettes de bière, mettez en sachets le shit que vous avez à revendre, occupez-vous ! On vous paye pour être assidus, pas pour être attentifs. Si ces messieurs dames du haut-commissariat à la Jeunesse veulent en plus que vous soyez studieux, alors qu'ils proposent une rémunération. Il n'y a aucune raison d'accepter gratuitement des obligations aussi contraignantes.

Voilà ce que j'avais à dire. L'auditorat des moins de 13 ans, des plus de 19 et plus généralement de tous ceux qui ne sont pas aux lycées professionnels de Créteil peut maintenant réintégrer l'écoute.

J'ai le regret de signaler qu'à huit heures moins deux les dents ne sont toujours pas brossées et qu'il reste des miettes sur la table de la cuisine.

ÉRIC BESSONNAIT

16 octobre 2009

On est en juin 40.

Il fait doux.

Un dimanche de printemps paisible avec des oiseaux qui chantent et des enfants qui jouent dans le grand parc arboré. On est en juin 40, M. Besson est sous son plaid, il regarde ses vieux chênes. L'infirmière s'approche pour verser dans la tasse de M. Besson un peu de camomille.

« Vous n'avez pas froid, monsieur Besson ? s'inquiète l'infirmière.

— Non, répond le vieux monsieur, le printemps est si beau. »

L'infirmière, attendrie, regarde le vieil homme de 82 ans. Nous sommes en juin 2040. Dans le journal ouvert sur ses genoux, on rend hommage à l'appel que fit un général il y a un siècle…

« Pépère, c'était quoi, résistant ? demande l'enfant au vieux monsieur.

— Eh bien, tu vois, Jean-Claude, être résistant… »

Oui, en 2040, les garçons s'appellent Gérard ou Jean-Claude. Les petites filles sont des Monique et des Élisabeth. Comme la roue de la vie, tourne la mode des prénoms.

« Eh bien, tu vois, Jean-Claude, être résistant, reprend le vieux monsieur, c'est être capable de dire non. Même à l'État français quand la parole de ses représentants ne semble plus légitime…

— D'accord, mais alors, demande le petit Gérard, les résistants, ils étaient de gauche ou de droite ?

— Il y a eu des résistants de gauche et des résistants de droite.

— Ah d'accord, et toi, pépère, tu étais de gauche ou de droite ? »

Le vieux monsieur s'est mis à tousser. Une grosse quinte de toux…

« Allez jouer, les enfants, intervient l'infirmière, il ne faut pas fatiguer votre grand-père.

— Laissez, dit Éric Besson, reprenant son souffle, c'est si bon de parler avec eux. »

C'est un dimanche de printemps. Au loin on entend la télévision. Michel Drucker, à 98 ans, présente toujours « Vivement dimanche ! ». Les canapés rouges avec le temps se sont un peu décolorés. Jean Sarkozy est l'invité du jour. Il revient à 54 ans sur sa carrière politique si admirable…

« Eh, grand-père, les messieurs dames qui au début du siècle accueillaient des sans-papiers, demande la petite Monique, jolie comme un cœur et délurée comme pas deux, par exemple, c'étaient des résistants ?

— Non, ça n'a rien à voir…, s'énerve le vieil homme.

— Parce qu'eux aussi ils disaient non à l'État…

— Non, ça n'a rien à voir. »

Tout d'un coup, la petite Élisabeth, la plus timide, prend la parole. Elle a les joues toutes rouges. On ne sait pas si c'est de peur ou de colère.

« Mémère Sylvie, elle dit que tu étais dans une équipe et que tu en as changé en plein milieu. Elle dit que c'est pas bien. Elle dit aussi que tu es un félon, que tu voulais être le chef et que tu croyais en rien. Elle dit que tu es un Judas et aussi elle dit… »

L'infirmière intervient : « Ça suffit, les enfants ! Allez jouer ! Votre grand-père est fatigué. »

Le vieil homme reste immobile et regarde le ciel.

« Qu'est-ce que j'ai à transmettre ? En quoi ai-je cru ? Qu'est-ce qui restera de mon passage sur terre ? »

De son passage sur terre, il restera un mot. Le verbe « ericbessonner » que l'on emploie régulièrement à la place du verbe « trahir ». J'ericbessonne, tu ericbessonnes, il ericbessonne… Ça afflige quand même un peu le vieil homme que, dans le langage courant, un « ericbesson » soit devenu si naturellement synonyme de « traître », de « déloyal », de « renégat ».

C'est triste, un vieillard qui se met à pleurer tout seul.

« Allons, monsieur Éric, qu'est-ce qui ne va pas ? demande l'infirmière. Faut pas vous démoraliser comme ça… Tenez, donnez-moi le bras, on va rentrer… Vous voulez que je mette la télévision plus fort ? »

Dans le téléviseur, la conversation bat son plein sur les canapés devenus rosés.

« Jean Sarkozy, ce n'est pas ericbessonner un secret que de dire que je connaissais bien votre papa ? Je voulais vous poser une question : Vous êtes comme lui ? Vous aimez les chiens ? »

LE CHIEN DE L'ÉLYSÉE

23 octobre 2009

Passant l'autre matin faubourg Saint-Honoré, je fus surpris de constater qu'au 55 de la rue, juste devant le palais de l'Élysée, une niche avait été installée. Une vraie niche, même pas fiscale, une petite niche en bois huilé, avec un toit en pente et, devant, un piquet d'attache, afin que les jours de grand soleil Toutou puisse profiter du plein air. Ça m'a quand même un peu surpris. Juste devant le palais de l'Élysée… D'autant que, pour le gardiennage, il y a déjà la gendarmerie et le commandement militaire, une cinquantaine de personnes réunies dans le GSPR, groupe de sécurité de la présidence de la République… Alors, un chien même méchant devant une aussi grande bâtisse, ça me paraissait un peu dérisoire…

Je me suis dit que ça devait être un plan com'. C'est vrai. On peut dire ce que l'on veut du pouvoir actuel, on peut critiquer à peu près tout, mais en plan com', ils sont indépassables… Une idée de Séguéla sans doute : installer une niche devant l'Élysée, en association avec la SPA et la Fondation Brigitte Bardot afin de sensibiliser la population française à la souffrance de la population canine. C'était possible.

J'en étais là de mes déductions réflexives quand est sorti du palais de l'Élysée un groupe de journalistes sans doute venus assister à la chorégraphie des voitures de fonction des différents ministères qui crissent sur les graviers de la cour intérieure, et tout d'un coup, avec une férocité insoupçonnée, le chien s'est mis à aboyer. Une force quasi incontrôlée. C'était impressionnant. De sauvagerie, de cruauté. Un aboiement comme je n'en avais jamais entendu, terrorisant, bestial. Je me suis dit, apeuré, que c'était quand même incroyable d'avoir fait voter il y a quelques mois une loi contre les pit-bulls et les rottweillers pour en poster un juste devant le palais de l'Élysée. Et c'est en m'approchant, non sans une certaine témérité qui m'a valu l'admiration des quelques badauds affolés qui détalaient comme si une sirène venait d'annoncer une descente de Panzers sur les principales artères de la capitale française, comme si une Blitzkrieg avait brutalement été décidée pour éradiquer je ne sais quel ennemi intérieur (la panique était à son comble, l'effroi, l'épouvante se lisaient sur les visages déformés par des tremblements frénétiques), que je me suis aperçu que la niche était occupée par Frédéric Lefebvre…

Sans doute est-ce l'approche des journalistes qui avait mis Frédéric dans un état pareil. Lorsque les journalistes se sont éloignés, il est retourné dans sa niche, comme si de rien n'était.

C'est vrai que les journalistes sont assez agaçants à critiquer tout le temps. Ils n'arrêtent pas de dire du mal. C'est vrai que s'ils ne disaient rien du chômage qui augmente, du budget de l'État qui connaît un déficit inégalé, du bouclier fiscal qui exonère les plus aisés au détriment de tous les autres, de la nomination extravagante du fils Sarkozy à la tête de l'Épad[1], l'atmosphère politique de ces dernières semaines n'aurait pas été aussi polluée.

Certains veulent faire piquer Frédéric Lefebvre. Ça peut être une bonne idée. Non pas pour le supprimer. Pour l'immuniser contre la grippe. Dans sa niche présidentielle, l'hiver risque d'être long et froid.

LE GRAND GRÉGORY

30 octobre 2009

L'avantage de se retrouver derrière un micro, c'est qu'on peut tout rêver, tout imaginer…

Imaginer que le 16 octobre 1984, à Lépanges-sur-Vologne, il ne s'est rien passé. À peu près rien…

Un banquet des chasseurs à la salle des fêtes. Un verre de l'amitié pour accueillir le nouveau curé à la salle paroissiale. Un voyage en car organisé pour aller voir Annie Cordy de passage à Remiremont. Imaginer qu'à peu près personne en France n'a jamais entendu parler de Lépanges-sur-Vologne sauf les habitants de Lépanges-sur-Vologne et mon voisin Alex qui connaît ses Vosges sur le bout des doigts.

Imaginer que, le 16 octobre 1984, un petit garçon prénommé Grégory au bord de la Vologne jouait au pirate, au corsaire, faisant

1. Épad (Établissement public pour l'aménagement de la région de la défense). (*N.d.E.*).

d'une bassine en plastique rouge et percée un splendide galion parcourant les mers déchaînées, puis d'une cordelette un lasso pour capturer les chevaux sauvages qui courent en liberté dans les cerveaux fertiles des enfants qui s'amusent. Imaginer que le petit Grégory ait entendu du bruit, ait pris peur, soit rentré dans sa maison à toute vitesse, montant l'escalier, se cachant sous l'édredon, le nez plein de morve, les yeux pleins de larmes. « À peur Guégohi… »

Imaginer que le petit Grégory soit devenu Greg, Grego pour les copains. Imaginer aussi que, dans les conversations de filles, on parle volontiers de l'« affaire Grégory » tant ses ardeurs amoureuses sont devenues légendaires.

Imaginer qu'il a aujourd'hui 29 ans, des projets de mariage avec Christelle, une étudiante en droit rencontrée à la fac de Nancy… Imaginer qu'en caressant le ventre rebondi de Christelle enceinte de huit mois il pense à ce jour d'automne où il avait pris peur sans raison semble-t-il, une panique d'enfance tellement profonde, un sentiment désagréable comme s'il était passé tout près du cauchemar, de la vie qui bascule dans l'horreur, dans l'effroi. Depuis ce jour, Grégory n'avait jamais pu écouter *Le Petit Poucet*. Trop d'émotions, trop de frousse. L'ogre lui paraissait si familier, si proche, si intime…

L'avantage de se retrouver derrière un micro, derrière une caméra, devant une feuille blanche, c'est qu'on peut tout rêver, tout imaginer. On peut faire revivre les morts, on peut aussi, si on veut, faire mourir les vivants. On n'est pas obligé de vivre sous la dictature de la réalité, la tyrannie du réel. La chronique de sept heures cinquante-trois, c'est celle où l'on a le droit de tout inventer…

— Nicolas Sarkozy vient de démissionner, dans une courte déclaration il s'est excusé de son arrogance et de son cynisme.

— La gauche socialiste vient de présenter un projet cohérent, novateur et original. Après des années de tergiversations, elle a notamment décidé de s'attaquer aux inégalités sociales.

— Jacques Chirac vient de passer sa première nuit en prison. Il retrouve ainsi l'agrément d'être logé aux frais de l'État.

— Juifs et Palestiniens viennent de signer un traité de paix définitive.

— La peine de mort est interdite sur toute la planète.

— En remplacement de Nicolas Demorand, Alain Le Gouguec réussit à imposer au 7-10 de France Inter la « bigouden attitude », les journalistes tenus d'arriver en costumes traditionnels bretons. Les femmes de la rédaction se plaignent de leurs coiffes jugées trop encombrantes.

Et, quelque part en Lorraine, Christelle vient de donner naissance à une petite Léa. Son père Grégory est fou de joie. Les grands-parents Christine et Jean-Marie sont venus à la clinique avec leur caméscope.

Léa mesure quarante-neuf centimètres et pèse deux kilos sept cent cinquante grammes.

Devant elle, elle a l'avenir.

LE GROS EMPRUNT

6 novembre 2009

L'économie, je n'y comprends rien. Pourtant, je lis les journaux, je m'intéresse… Quelquefois même, je briffe un peu Philippe Lefébure quand il a des difficultés à comprendre des points un peu complexes. Mais même pour moi, l'économie, c'est trop fort…

Hier matin, je suis allé à ma banque.

« Bonjour monsieur mon banquier, j'ai dit à mon banquier, je viens au sujet de mon découvert…

— Vous avez bien fait, a répondu mon banquier, de toute façon, j'allais vous appeler… »

Oui, j'ai un gros découvert. C'est normal, je ne fréquente que des gens pétés de thunes. Je ne le fais pas spécialement exprès mais, dans mon milieu, il y a pas mal de flambeurs. Didier Porte par exemple fait partie des trois mille Français ayant un compte en Suisse épinglés par Bercy. C'est vrai. C'est Nicolas Demorand qui me l'a dit.

Donc, avec mon banquier, la conversation commençait bien, j'ai enchaîné.

« Voilà, c'est aussi au sujet de mon emprunt que je viens vous voir. Mon emprunt, mon découvert… Je me suis dit : tiens deux bonnes raisons d'aller voir mon banquier.

— Vous avez bien fait, a confirmé mon banquier en tapotant sur son clavier, c'est vrai que vous avez déjà un gros emprunt, avec le gros découvert que vous avez, vous avez bien fait de venir me voir pour trouver une solution pour le remboursement de votre emprunt…

— Ah non, que je lui réponds, voyant qu'il se fourvoyait, je ne viens pas pour le précédent emprunt que je n'arrive pas à rembourser, mais pour le prochain emprunt que je compte contracter dès aujourd'hui…

— Le prochain emprunt ? qu'il a répété, quittant son ordinateur pour poser deux gros yeux déconcertés sur ma personne.

— Oui, vu que je n'arrive pas à rembourser mon précédent emprunt qui m'occasionne des agios et des découverts, je me suis dit que le mieux, c'était encore de vous demander un nouvel emprunt beaucoup plus important que le premier, ce qui me permettra de rembourser facilement mon premier emprunt grâce à l'obtention du second emprunt que vous allez m'accorder…

— Je suppose, a dit mon banquier, me couvrant d'un regard légèrement abattu, que vous avez des projets bien précis d'achats d'importance pour venir me réclamer un nouvel emprunt dans la situation déjà très critique que vous connaissez…

— Ah, pour être tout à fait franc, que je lui ai répondu, pas du tout. Mais j'ai deux voisins, Juppard et Roquet, deux petits vieux pas méchants mais un peu désœuvrés, il y en a un qui est de gauche et l'autre de droite. Ils sont d'accord pour me faire des propositions pour dépenser encore plus d'argent… Sûrement que celui de droite va vouloir que je change de voiture, celui de gauche va probablement m'encourager à refaire la cuisine afin d'y améliorer les conditions de travail de mon personnel. Oui, c'est comme ça que j'appelle ma femme. À moins que celui de gauche m'invite à faire un effort concernant l'argent de poche de mes enfants et que celui de droite me conseille plutôt de refaire toutes les huisseries de la maison afin de valoriser mon petit patrimoine… Enfin, comme je vous dis, pour le moment, je n'ai pas trop d'idées, je ne sais pas encore très bien ce que je vais faire de votre emprunt, mais ce qui est sûr, c'est que je veux le maximum pour pouvoir faire la fiesta avec Demorand et Didier Porte qui tous les soirs ont table ouverte au Zébra Square, 3, place Clément-Ader, payant des tournées de mojitos jusqu'à des pas d'heure ! Enfin pas d'heure pour Demorand c'est 18 h 45, vu qu'à 20 h 30, juste après “Plus belle la vie”, il est déjà sous la couette. »

J'étais sûr qu'en donnant des détails aussi croustillants sur une grosse vedette des médias, j'allais mettre immédiatement mon banquier dans la poche. Eh bien, croyez-moi si vous voulez, j'ai été jeté malproprement de ma banque. Mon banquier, un type pourtant tout ce qu'il y a de plus sérieux, c'est un militant UMP… Le dimanche, sur le marché, il ne perd jamais une occasion de distribuer des tracts en faveur du président de la République… Je pensais au moins qu'il allait m'être reconnaissant de m'inspirer de son idole, allait me féliciter de tenter d'imiter à ma modeste mesure un modèle si illustre…

Pas du tout. Il m'a mis à la porte en disant que je n'avais aucun intérêt à ses yeux vu que déjà tous mes biens étaient hypothéqués. Il a dit que j'étais un écervelé, un profiteur, un communiste.

C'est pour ça : l'économie, ça m'intéresse, je lis les journaux, mais pour moi c'est trop fort. Je n'y comprends rien.

JOURNÉE INTERNATIONALE DE LA GENTILLESSE

13 novembre 2009

Aujourd'hui est une journée un peu spéciale. Vous l'avez peut-être remarqué si vous avez déjà eu l'occasion de mettre le nez dehors, l'air semble plus doux, l'atmosphère plus légère, les gens croisés dans la rue paraissent plus souriants, plus attentionnés, plus décontractés. Ce matin, un monsieur délicat vous a tenu la porte avant de vous laisser passer. Un autre, sans raison, vous a souri. Au volant, tandis que vous avez, malgré vous, refusé une priorité à un poids lourd, vous avez entendu le camionneur vous lancer : « Ce n'est pas grave, ne vous inquiétez pas, ça arrive à tout le monde… — Non, non, excusez-moi, avez-vous répondu, je suis vraiment désolé… — Je vous en prie, a repris le camionneur, moi-même j'ai débouché un peu rapidement. Je vous prie de m'excuser. Bonne journée, vous a-t-il souhaité. — Bonne journée à vous aussi ! » avez-vous répondu dans un large sourire… Peut-être vous êtes-vous échangé vos numéros de téléphone afin d'organiser un petit barbecue ou une soirée raclette un des soirs prochains entre nouveaux amis. Oui, c'est qu'aujourd'hui, 13 novembre, apparaît comme une date résolument à part. C'est qu'aujourd'hui nous célébrons la Journée internationale de la gentillesse. Une initiative formidable lancée par les Japonais en l'an 2000.

(*Nicolas Demorand fait une relance* : Une initiative, François, qui fête donc sa dixième année…)

Euh oui… Si elle a été créée en l'an 2000 comme je viens de le dire et que nous sommes en 2009, oui, sûrement que ça fait dix ans. Écoutez, Demorand, je veux bien être gentil, vous faites votre boulot comme vous voulez, si vous tenez absolument à faire des relances pour que ça fasse plus vivant comme vous dites, je ne suis pas contre mais c'est bien si ça fait un peu avancer le débat… « Une initiative qui fête donc sa dixième année. » Je venais de dire qu'elle avait été lancée en 2000… Pour un gars qui a commencé sur France Culture, c'est la dégringolade. Vous continuez avec des fulgurances de ce genre, l'année prochaine vous allez vous retrouver sur « Rire et chansons »… Je suis désolé…

Donc comme je le disais avant d'être grossièrement interrompu par Demorand, c'est une initiative lancée en 2000. Voilà. Vous ne le saviez pas. Eh bien, maintenant vous le savez… Qu'est-ce que vous voulez que je vous dise ? Si vous ne vous intéressez à rien, ce n'est pas ma faute. Il y a eu je ne sais pas combien d'articles dans les journaux, on en a parlé à la radio, à la télévision, c'est quand même pas si compliqué d'être un minimum informé. Seulement voilà, il faut faire un petit effort. Ça évidemment, ce n'est pas en passant des heures sur des jeux vidéo à la con que vous allez être renseigné. Donc si je n'étais pas là pour vous le dire, vous ne seriez au courant de rien. Alors je le répète, tas d'ignorants, nous célébrons aujourd'hui la Journée internationale de la gentillesse. Comment faut vous le dire ? Donc, c'est la journée où on va s'obliger à faire des gentillesses. C'est si compliqué ? On vous demande d'être gentil pendant vingt-quatre heures, ce n'est quand même pas la mer à boire. Ce matin, comme l'a suggéré le directeur du magazine *Psychologies*, j'ai apporté le petit déjeuner au lit à ma femme qui m'a engueulé. « T'es pas cinglé de m'apporter le petit déjeuner à 6 heures du matin ? — Et alors, feignasse, je te signale que c'est la Journée de la gentillesse, tu sais ce que c'est la gentillesse, succube ? C'est quand même pas ma faute si ça tombe juste le jour où je dois faire ma chronique de 7 h 53 sur France Inter. Tu crois que ça me fait plaisir moi de me lever à 6 heures du matin au lieu de faire la grasse matinée comme tous les parasites de la société ? » Mon fils est arrivé, effrayé… « Papa, pourquoi tu fais ta grosse voix ? — Qu'est-ce qu'il a le môme, c'est quand même pas lui qui va faire la loi ! Tiens, j'avais acheté un bouquet de fleurs pour que tu le donnes à ton institutrice, voilà ce que j'en fais, de son bouquet de fleurs. Ça lui apprendra peut-être à nous prévenir un peu à l'avance la prochaine fois qu'elle fera grève. Non mais, sans blague ! »

Bon, qu'est-ce que je disais ? L'initiative est partie du Japon en 2000. Oui, Demorand, l'année prochaine, ça fera onze ans. Et l'année prochaine, Demorand, vous pourrez l'écouter sur « Rire et chansons ». Remarquez que vous ne serez pas dépaysé vu que ça fait des années qu'on vous prépare à « Rire et chansons » grâce aux pubs de la Matmut.

Bon, à la semaine prochaine, parce que la semaine prochaine, que ça vous plaise ou non, je reviens. Je suis vraiment trop gentil…

POURQUOI FAITES-VOUS L'AMOUR ?

19 novembre 2009

Pourquoi faites-vous l'amour ? Non, pas forcément là en ce moment mais d'une manière générale, pourquoi faites-vous l'amour ? Pourquoi jouez-vous à la bête à deux dos ?

Pourquoi faites-vous la guerre ? Non, pas forcément là en ce moment mais d'une manière générale, pourquoi faites-vous la guerre ? C'est assez simple : pour agrandir vos territoires, pour affirmer votre puissance, d'accord, mais pourquoi faites-vous l'amour ?

Si je vous pose la question, ce n'est pas forcément par indiscrétion mais pour approfondir une étude récente.

Deux psychologues de l'université du Texas ont fait une enquête auprès de deux mille personnes pour connaître les raisons qu'elles avaient de faire l'amour. De ce travail de recherche, il résulte qu'il existe 237 raisons référencées de faire l'amour.

237.

Les réponses sont souvent inattendues, étonnantes. On peut faire l'amour par pitié : « Elle est trop moche, il est trop con, apportons-lui un peu de plaisir… », par ennui : « Il n'y a rien à la télé, j'ai fini mes sudokus, après tout, autant faire l'amour que de dépenser son argent au bistrot », pour avoir la paix : « D'accord, d'accord, on fait l'amour, comme ça après je finis mon tricot, mon feuilleton, mon Douglas Kennedy »…

On peut faire l'amour pour se venger, pour s'amuser, pour obtenir une promotion, pour se débarrasser d'un mal de crâne épouvantable. Oui, certains font l'amour parce qu'ils ont mal à la tête. Le fameux « Pas ce soir, chéri, j'ai la migraine » devenant par la grâce d'une indisposition transformée en heureuse opportunité : « Ce soir, chéri ! J'ai la migraine. »

Il arrive également qu'on fasse l'amour pour fêter un événement : le baptême du petit, la communion solennelle de la grande, le décès d'un oncle à héritage. On peut également faire l'amour pour obtenir un orgasme, bonne raison que l'on pourrait dire « épicurienne », pour obtenir de l'argent, autre bonne raison que l'on qualifiera de « vénale » et également, ne l'oublions pas, pour obtenir un bébé, mais oui, souvenez-vous, une raison que j'estampillerai, comme les confitures, la moutarde ou l'andouillette, de la mention « à l'ancienne ».

Il existe également des réponses plus rares. Ainsi, certains ont pu répondre qu'ils avaient fait l'amour pour des raisons mystiques. « Je voulais me sentir plus proche de Dieu », a répondu une personne sondée. On peut également faire l'amour pour des raisons plus prosaïques. Parmi les réponses singulières, une peut surprendre par sa sincérité laconique : « J'étais saoul. »

À cet instant de ma chronique, je remarque dans le regard de Nicolas Demorand un léger sourcillement dénonçant un souvenir particulièrement intime.

Évidemment, aujourd'hui si vous vous attendiez à la chronique de Didier Porte, vous avez le droit d'être déçu. Didier aujourd'hui est en congé de paternité. Il a un fils qui lui a annoncé la semaine dernière que plus tard, quand il sera grand, il voudrait devenir Édouard Balladur. Son père a décidé de prendre une semaine de vacances pour lui faire sa rééducation politique… Moi, je me suis dit que parler de la bagatelle à huit heures moins cinq, ça nous changerait les idées…

Voilà, c'était juste une invitation à ne pas mettre le nez dehors, à profiter de la chaleur domestique, et si vous avez la chance de ne pas être seul à la maison, de tenter d'inventer à votre guise une deux cent trente-huitième bonne raison de rester sous la couette.

LE PARAPLUIE D'ANGELA

20 novembre 2009

La semaine dernière, nous fêtions les vingt ans de la chute du mur de Berlin. Une image m'a troublé. Une image m'a étonné. La chancelière allemande tenait son parapluie. Ça n'a l'air de rien, mais le chef d'un des plus grands pays occidentaux est une femme qui les jours de crachin et de cérémonie officielle ne trouve pas spécialement dégradant ni déshonorant de tenir son parapluie afin de ne pas gâcher sa mise en plis et risquer d'attraper une bronchite. Ça n'a l'air de rien mais vous remarquerez que le président de la République française, lui, ne tient jamais son parapluie. Derrière lui, légèrement en retrait, la mine obséquieuse, l'air d'un premier de la classe, il y a toujours un grand con qui trouve normal de lui tenir son pébroque. J'avoue que ce n'est pas très gentil de dire « un grand con » mais avouez qu'il faut quand même être « un grand con », même si on est intelligent, même si l'on a fait l'Ena, pour supporter d'avoir les cheveux trempés, de risquer d'attraper une pneumonie tout en se sentant flatté de protéger un grand con qui a la tête à l'abri et les deux mains libres. J'avoue que ce n'est pas très gentil de dire « un grand con », mais avouez qu'il faut quand même être « un grand con » (même si on est de petite taille, même si on a des talonnettes) pour trouver normal de ne pas tenir soi-même son parapluie, de ne pas penser non plus à partager son parapluie afin de se protéger tout en protégeant son voisin de la pluie qui tombe avec une belle unanimité républicaine sur les gouvernants et les gouvernés, sur les puissants et les précaires, sur les grands et les petits. Les petits qui ont juste la satisfaction de ressentir les méfaits humides de la pluie un peu plus tardivement que ceux dont la taille leur est supérieure.

Ça n'a l'air de rien mais le Français qui s'imagine volontiers libertaire, fort en gueule, critique, émancipé trouve tout à fait normal que le chef de la République s'abstienne de se protéger lui-même de la pluie. Le Français qui se fantasme définitivement comme un résistant atavique, une sorte de Jean Moulin moderne et affranchi, continue à observer avec condescendance son voisin germanique qu'il considère définitivement comme discipliné, maniable, soumis à l'autorité, un petit Goebbels étriqué.

Les conseillers en image grassement payés par l'État ont pu ces dernières années recommander au président de se montrer avec un iPod, de faire des joggings en tee-shirts amusants, de se promener à Disneyland avec un enfant sur les épaules afin de le rapprocher de ce qu'ils croient être le peuple. Aucun d'eux n'a jamais eu l'idée de débouler dans le bureau présidentiel en disant :

« Monsieur le président, désormais, je propose que vous teniez vous-même votre parapluie !

— Mon parapluie ? Mais pour quoi faire ?

— Mais pour vous protéger de la pluie comme font tous les citoyens !

— Comment ça ? Les citoyens français quand il pleut n'ont pas derrière eux un grand con pour leur tenir leur parapluie…

— Non, monsieur le président, pas de grand con, juste leur main personnelle qui tient le parapluie.

— Formidable ! Allez me chercher un parapluie ! De ce pas, je vais sortir dans les rues de Paris avec !

— Mais, monsieur le président, il fait aujourd'hui un soleil radieux !

— Eh bien, on dira que le président, indépendant comme le sont les Français, les jours de grand soleil, tient lui-même son ombrelle ! »

Mme Angela Merkel, avec le même naturel que ma mère quand elle va aux commissions, tenait son parapluie sous les averses berlinoises. Mme Angela Merkel sous son parapluie autoprotecteur me semblait avoir de la tenue. Je me disais que la prochaine fois, nous, qui sommes de gauche ou de droite mais républicains convaincus, devrions exiger de nos prochains prétendants au pouvoir suprême une seule promesse. Ne leur demandons pas de régler la question du chômage, de combler le déficit de la Sécurité sociale, de diminuer les inégalités, ils en sont incapables.

Demandons-leur simplement de tenir eux-mêmes leur parapluie. D'en faire la promesse solennelle. Nous pourrions organiser une sorte de mouvement national. Un parti pourrait être constitué. Le MPI, le Mouvement du parapluie indépendant, ou le RPI, le Rassemblement du parapluie individuel, ou le PPP, le Parti du parapluie personnel. Il faut nous organiser. Et ensemble, quand nous serons enfin débarrassés de l'insupportable arrogance de ceux qui ne se résignent pas à porter eux-mêmes leurs parapluies, nous pourrons proclamer de bon cœur : Vive les républiques ! Vive la

France et vive l'Allemagne ! Vive la pluie qui rafraîchit ! Vive la pluie qui nourrit la terre ! Vive la pluie qui rend si verdoyante la Normandie ! Vive la pluie qui, comme le note si justement Olivier de Kersauson, ne mouille que les cons.

Et vive madame la Chancelière allemande qui n'a besoin de personne pour protéger sa mise en plis et se défendre contre la bronchite.

RENTRE ICI, GUY LUX

27 novembre 2009

Ainsi donc, Albert Camus n'entrera pas au Panthéon. C'était une idée du président mais le fils de l'écrivain, semble-t-il, ne veut pas. Il est dommage qu'une fois de plus, le volontarisme flamboyant du chef de l'État se soit heurté au conservatisme, au conformisme, à la force des habitudes.

Comment aider le président ? Comment faire qu'une si belle idée ne soit pas perdue définitivement dans la fosse commune des serments piétinés, des promesses non tenues, des paroles envolées, des annonces avortées… ?

Faut-il lui suggérer d'envoyer par une nuit sans lune quelques hommes de main, attachés aux basses œuvres, pour un transfert des restes osseux du prix Nobel ? Faut-il faire voter une loi supplémentaire pour rendre obligatoire le transfert des cendres de quiconque dès lors que le président l'aura décidé ?

L'arrivée de Camus au Panthéon était un symbole. Alors pourquoi ne pas décider d'envoyer coûte que coûte un Camus au Panthéon ? Et si ce n'est pas Albert, envoyons Maurice, Maurice Camus qui pendant plus de trente-cinq ans, juste à l'entrée de la rocade, a dirigé un garage à La Roche-sur-Yon, Raymond Camus qui travaillait à la supérette de Moulins-la-Marche, passant allégrement et toujours avec le sourire de la caisse au rangement de la réserve, Janine Camus qui vient juste de décéder à l'âge de 102 ans. Je signale au passage que son arrivée au Panthéon dispenserait sa famille de l'achat d'une concession coûteuse au cimetière de Saint-Philbert-de-Grand-Lieu et, si son transfert devait avoir lieu prochainement, autant le décider le plus rapidement possible afin de ne pas contraindre sa famille à des frais inutiles. Pourquoi ne pas faire entrer au Panthéon Jean-Claude Camus, le manager de Johnny Hallyday ? On me fera remarquer que Jean-Claude Camus n'est pas mort. Je répondrai qu'en ces temps difficiles où chaque Français doit faire corps avec sa patrie, il n'est pas l'heure de s'encombrer de considérations négligeables.

Si l'idée de mettre un autre Camus qu'Albert au Panthéon ne paraît pas satisfaisante, alors trouvons d'autres symboles, d'autres images emblématiques du génie français.

Il faudrait, par souci démocratique, créer une commission chargée de faire un sondage auprès des morts afin de savoir quels sont ceux qui accepteraient le transfert de leurs cendres. Je propose naturellement que la commission soit dirigée par Jean Tiberi et sa femme Xavière qui, depuis longtemps, sont particulièrement sensibilisés aux voix des personnes décédées.

Chaque Français pourrait également suggérer des panthéonisables. Des grands morts, il y en a des tas. Il n'y a qu'à se baisser. On en trouve à pelletées dans tous les cimetières de France.

Pour ma part, en ces temps modernes et médiatiques, je pense que l'entrée de Guy Lux au Panthéon serait une bonne chose, « serait un signal fort », comme on dit aujourd'hui pour valoriser une certaine idée de la France, celle du Palmarès des chansons et d'Intervilles, celle de « La classe » et de « Jeux sans frontières ». Guy Lux, bien plus qu'Albert Camus, me semble proche de la philosophie du chef de l'État actuel. Car le grand maître de la culture populaire que fut Guy Lux ne chercha jamais dans aucune de ses émissions à rendre accessible *La Princesse de Clèves*. Au contraire, avec une obstination jamais démentie, il aura mis en avant le jeu, l'esprit de compétition et la saine rigolade. Il aura été le parangon, l'inspirateur de tous les grands penseurs actuels, de Mireille Mathieu à Didier Barbelivien, d'Enrico Macias à Gilbert Montagné, d'Arthur à Steevy…

Ah ! l'entrée de Guy Lux au Panthéon, ça aurait de la gueule. « Rentre ici, Guy Lux, avec ton cortège de vachettes, de ringparades et de coups de chapeau à Dalida. »

Bon, avant de prendre une décision, il faut quand même réfléchir. Réfléchir avant de prendre une décision… Voilà… afin que les effets d'annonce ne fassent pas figure de politique…

Pendant ce temps-là, loin des disputes stériles, des agitations inutiles, le soleil provençal, avec bienveillance, caresse les tombes du cimetière de Lourmarin. Le soleil qui brille indifféremment sur chacune des tombes ne sait pas que sous l'une d'entre elles repose un homme qui, depuis longtemps, est entré dans le Panthéon intime de nombre de gens, citoyens, lecteurs, femmes et hommes de bien, qui n'ont besoin de personne pour qu'on leur édicte leur admiration, leur reconnaissance éternelle.

LA COUILLE MOLLE DU VENDREDI

4 décembre 2009

Vous avez remarqué le soulagement depuis deux jours ? Je veux dire le soulagement des gens du pouvoir. Ça fait deux jours qu'on respire à l'Élysée, à Matignon, dans tous les ministères, même dans tous les partis politiques.

Ben oui : ça fait deux jours que Stéphane Guillon, celui dont la verve risque de déstabiliser la République, n'est pas à l'antenne. Le lundi, le mardi, le mercredi, les décideurs sont à cran… Ils sont angoissés, paniqués. Ils fouettent…

Le jeudi, le vendredi, avec les deux couilles molles de Porte et Morel, ils sont tranquilles…

C'est Stéphane qui l'a dit dans une émission de Canal Plus : « Comme moi j'y vais le lundi, le mardi, le mercredi, souvent les politiques viennent maintenant le jeudi, le vendredi. Ils sont plus libres en fin de semaine. »

C'est vrai. En début de semaine, les invités politiques ne viennent plus à France Inter. Ils ont trop les foies… J'en ai la preuve : j'ai regardé les invités du mois de novembre par exemple… En début de semaine, les lundis, les mardis, les mercredis, Nicolas Demorand a dû se rabattre sur des seconds couteaux qui acceptaient de venir ici au risque de se faire piétiner par Stéphane pour tenter d'obtenir une petite notoriété. Je vous donne la liste des invités, leurs noms ne vous diront pas grand-chose… Hervé Morin, Vincent Peillon, François Bayrou, Éric Besson, Ségolène Royal, Luc Chatel, Bernard Kouchner, Dominique Voynet, François Hollande… Que des figurants, des doublures, des remplaçants, des sous-fifres…

En fin de semaine, les jeudis, les vendredis, on a eu que du lourd, que des gens terrorisés à l'idée de se retrouver dans un studio occupé vingt minutes plus tôt par le dangereux sniper du paf et qui donc étaient trop contents de venir en fin de semaine. Leurs noms se passent de commentaires : Georges Pauget, Pierre Carli, Michel Chassang, Jean-François Delfraissy, et aussi deux hommes politiques qui ont tellement de choses à se reprocher qu'ils auraient été les cibles privilégiées de l'indomptable humoriste : Robert Badinter et Michel Rocard.

À la déclaration de Stéphane Guillon, Didier Porte a immédiatement réagi. Faut pas l'énerver, Didier… « Ceux qui viennent sur le genre humour politique comme Anne Roumanoff ou Stéphane Guillon ne savaient pas, il y a trois ans, faire la différence entre le Sénat et l'Assemblée nationale. » Une qui a dû être surprise, c'est Anne Roumanoff qui n'avait rien demandé à personne, qui faisait gentiment un sudoku dans un bureau à Europe 1 et qui se retrouve victime collatérale. Un scud sans doute un peu immérité à son endroit puisque c'est une fille qui a fait des études à Sciences Po en même temps que Laurence Parisot et Jean-François Copé, qui sont également des gens qui nous font bien rire.

Personnellement, je n'ai pas fait Sciences Po mais ça ne m'empêche pas de savoir faire la différence entre le Sénat et l'Assemblée nationale. Vu que le Sénat, c'est à côté de chez mon podologue, alors que l'Assemblée nationale, c'est tout près de chez un volailler que j'apprécie particulièrement. Si bien que quand je dis : « Le Sénat, c'est le pied, et l'Assemblée nationale, c'est du poulet », ma réflexion n'est le fruit d'aucune connaissance politique particulière.

Didier a dit aussi : « Guillon, il est au sommet, il est le roi du monde mais il n'a pas à nous attaquer, François Morel et moi, en nous prenant pour de la merde. »

Moi, je ne pense pas que Stéphane me prenne pour de la merde puisqu'il m'a offert son livre avec une dédicace à mon endroit particulièrement flatteuse que je vais vous lire à l'antenne… Non, que je ne vous lirai pas à l'antenne car je rougirais…

Bon, les gars, calmez-vous. Vous continuez comme ça, la Matinale du 7-10, ça va devenir le PS…

Et puis peut-être ne faut-il pas exagérer notre importance. Si Chirac par exemple n'est pas venu ici, peut-être a-t-il été terrorisé par Guillon, c'est possible… Peut-être aussi n'a-t-il pas spécialement souhaité voir Nicolas Demorand, Thomas Legrand et Bernard

Guetta. Il est possible que les trois énergumènes, plutôt que de lui offrir un bichon frisé, auraient eu envie de l'interroger sur des affaires qui risquent d'assombrir un peu sa fin de vie…

(*On entend le début de* Relax, *Dean Martin-Line Renaud.*)

Relax, les gars, on n'est pas des justiciers, on n'est pas non plus des politologues ! On est quand même que des gugusses. Faut faire gaffe ! Un rigolo qui se prend pour sa statue, c'est aussi pathétique qu'André Santini quand il veut se faire passer pour un nouveau Coluche.

Allez, les gars, calmez-vous…

SÉGO EST ARRIVÉE[1]

11 décembre 2009

La semaine dernière, je suis invité à l'anniversaire d'un copain. On arrive tous à 8 heures du soir avec nos cadeaux. Notre copain nous dit : « Je vais les ouvrir plus tard, en attendant prenez une sangria. » On prend une sangria, on en prend une autre. À 10 heures du soir, on commence la danse des canards. Autant dire que la fête battait son plein. Vers 11 heures, mon copain déclare : « Bon, maintenant, je vais déballer mes cadeaux. »

Je ne vous ai pas dit, moi, j'avais acheté une éplucheuse à bananes. J'étais assez content de mon cadeau parce que mon copain, il a tout, mais je sais qu'une éplucheuse à bananes, il n'en avait pas, vu que je m'étais renseigné auprès de sa copine qui, alors que je lui avais demandé ce qui pourrait bien faire plaisir à mon copain, m'avait répondu : « Mais non, mais n'achète rien, mais ta présence suffit, c'est pas la peine de faire des cadeaux, de toute façon, il a tout. » Bon, j'avais donc acheté une éplucheuse à bananes parce que ça je suis sûr qu'il n'en avait pas. Une éplucheuse à bananes, c'est donc un ustensile qui permet d'éplucher les bananes. Ça va à peu près aussi vite que quand on épluche à la main sauf que après il faut nettoyer l'ustensile.

1. Cette chronique fait suite à la venue surprise de la présidente de Poitou-Charentes à une réunion de la gauche à Dijon organisée par Vincent Peillon, son ancien lieutenant.

Je suis sûr que ça, mon copain, il n'en avait pas… J'étais assez curieux de voir comment il allait réagir à la vue de mon cadeau… Au moment où il commençait à déballer, coup de sonnette, qui est-ce qui arrive ? Ségolène Royal. Elle arrive, comme une fleur, la bouche enfarinée, petite robe rouge, elle n'avait pas été invitée, elle n'avait pas de cadeau, il n'y en avait plus que pour elle… Bonjour, l'anniversitude.

Le lendemain soir, je jouais mon spectacle qui a un immense succès à la Pépinière-Théâtre, 7, rue Louis-le-Grand, réservation 01 42 61 42 53, avec mon ami Olivier Saladin, les gens riaient à gorge déployée. Dès qu'un court silence survenait, le public en profitait pour se jeter dedans, nous criant des « Bravo ! », des « Merci ! » et tout un tas de cris d'amour qui ne nous empêchaient pas de continuer notre spectacle avec la rigueur, l'exigence et la folle inspiration qui chaque soir nous animent. Au bout d'un certain temps, agitation inopinée dans le fond de la salle, fièvre, émoi, trouble des spectateurs. Des gens se lèvent, applaudissent la spectatrice retardataire, petite robe du soir, celle qui, tandis que nous finissons le spectacle dans l'indifférence la plus totale, attire tous les regards, toute l'attention : Ségolène Royal qui n'avait même pas de billet d'entrée. Merci, la spectaclitude.

Trois jours après, on enterre ma grand-mère. Avec application, nous écoutions les prières, chantions les cantiques, pleurions sans excès mais scrupuleusement. Au moment de la bénédiction, qui voit-on surgir du fond de l'église ? Oui, elle-même, en petite robe noire ! Tout le monde, la famille, les amis, le curé, le bedeau, les chevaux même n'en avaient plus que pour Ségolène, réclamant un autographe qui sur son missel, qui sur son étole, qui sur sa couronne mortuaire, si bien que ma grand-mère a été obligée de ressusciter deux minutes le temps de rappeler tout le monde à l'ordre : « Hé dites, même si je n'existe plus, c'est quand même moi la vedette de la cérémonie, ce serait gentil de vous intéresser à moi. » Bravo, la tristessitude.

Le soir même, j'avais besoin de consolation. On se met au lit avec ma femme. On se rapproche. Elle commence à me masser le cuir chevelu, les épaules, le poitrail, le ventre, le bas-v… Quand soudain, surgissant de sous les draps entre nos deux corps alanguis, Ségolène Royal, petit déshabillé de soie ! Merci, la sexualitude.

C'est pour ça que, franchement, après la semaine que j'ai vécue, j'étais bien content de venir à France Inter parce que je me dis que là au moins pendant ma chronique je suis tranquille et que personne ne peut venir…

(*On entend Ségolène*…)

Et merde !

LE PEOPLE AURA TA PEAU

18 décembre 2009

« Sarko salaud ! Le people aura ta peau ! » Voici un nouveau slogan que je soumets aux prochains manifestants entre Bastille et République. Le peuple a disparu quand le people est arrivé. Le people est une nouvelle catégorie qui se tient les coudes : « El people unido jamas sera vencido… » Le people est devenu si ancré dans la vie politique française que *Voici* est en passe de devenir le *Journal officiel*.

Que des people ! Johnny Hallyday qui est hospitalisé. La fille Bettencourt qui se demande si sa pauvre mère ne serait pas un peu gâteuse. François-Marie Banier traité de gigolo dans la presse. Stéphane Delajoux, le chirurgien des stars, accusé d'être un boucher. Silvio Berlusconi agressé par un fou. (Enfin, on dit que c'est un fou, c'est peut-être juste un Italien un peu énervé qui s'intéresse à la politique de son pays…) Roman Polanski assigné à résidence en Suisse… Tout cela est bien moche. Les people ne sont plus à l'abri. De la maladie, du vieillissement, de la calomnie, de la médiocrité, de la justice. Si ça se trouve même de la mort. C'est à vous décourager d'être un people si c'est pour avoir des problèmes de hernie discale comme n'importe quel clampin.

Bien sûr, en réalité, ces nouvelles n'ont rien d'extraordinaire. On peut même s'étonner qu'elles occupent le terrain de l'actualité, voire qu'un chroniqueur de ma stature, de ma qualité, de ma virtuosité s'abaisse à les évoquer… Parce que si on s'amusait à remplacer le nom des people par le nom de quidams, on serait atterré par ce qui occupe l'actualité des derniers jours… On aurait l'impression d'entendre une conversation dans une allée du marché couvert de Saint-Maurice-les-Buissons…

« Bonjour, madame Janine, alors vous êtes au courant ? Notre pauvre Johnny Mougins qui est hospitalisé… Si ! Il a fait des complications… Qu'est-ce que vous voulez ? Il est comme les copains, il ne rajeunit pas non plus… Oui, deux bons steaks dans le filet… En plus de ça, il n'a jamais craché sur la bibine, le Johnny, et puis, entre nous, qu'est-ce qu'il avait besoin de se mettre en ménage avec une jeunette, total, il est un peu fatigué, vous pensez… C'est plus de son âge… En plus, cet idiot s'était inscrit à un voyage organisé, il n'a jamais voulu annuler vu qu'il avait déjà versé des arrhes, il a pris l'avion quatre jours après être sorti de la clinique. Non, personne chez lui ne lui a déconseillé. Pensez-vous ! Vous savez, c'est pas pour dire du mal mais c'est quand même une famille d'analphabètes… Et pour la fille Bouradon, vous avez appris ? Oui, et puis vous me mettrez du veau, c'est pour une blanquette. Eh bien, figurez-vous qu'elle se demande si sa pauvre mère ne serait pas un peu gâteuse. Dans le jarret, oui, c'est bien… Oui, enfin un Alzheimer, comme ils disent maintenant… 87 ans, elle n'a plus toute sa tête, elle a un petit jeune de 61 ans qui veut même pas lui pousser son caddy quand ils vont chez Leclerc mais qui a tendance à lui piller son plan d'épargne logement. Oui, c'est moche… Et pour notre boucher, vous avez appris ? Non, je parle pas de vous, monsieur Vaudran… Je parle de l'autre là, le beau gars là, Stéphane Delajoux, oui, celui qu'on appelle le boucher des stars, eh bien, il est accusé d'être un chirurgien. C'est grave comme accusation… Et le gros Silvio, vous savez, mon petit Italien qui vient tondre la pelouse, eh bien, il s'est fait agresser par un fou. Pauvre Silvio… Là, c'est vraiment injuste, parce que bon, d'accord, il est italien mais il est honnête, il n'a jamais pactisé avec la mafia, jamais coupable de trafic d'influences… C'est moche, moche, moche… Et vous savez qui est assignée à résidence ? Assignée à résidence, oui, madame Brochon, comme je vous le dis… Rachida ! Oui, Rachida Dati, avec des lardons pour une petite salade, oui, comme ça, c'est bien… Assignée à résidence à Strasbourg. La pauvre, elle s'ennuie, vous pouvez pas savoir. Je ne sais pas ce qu'elle a fait de mal mais on peut dire qu'elle est punie… Comment ? Rachida Dati, ça ne vous dit rien ? Ah si, elle est connue, je ne sais plus pour quoi mais je sais qu'elle est connue… Je me demande si elle n'a pas fait la couverture de *Gala* ou de *Télé 7 Jours*, ou de *Télé 7 Jeux*, enfin, c'est quelqu'un… Combien je vous dois ? Je ne sais plus si elle était dans un feuilleton ou quoi, ou si elle a eu des histoires avec Mme de Fontenay, ou si elle a été mariée avec Johnny, enfin à une époque elle a quand même eu un petit nom… Voilà, merci, bon, je me mets pas en retard, je ne suis pas encore allée chez mon petit fromager, allez, au revoir, madame Brochon, bien des choses à votre mari…

Ah, madame Rouchon, alors vous êtes au courant, notre pauvre Johnny Brouchard qui est hospitalisé… Oui, ah bien, il a fait des complications, c'est comme je viens de dire à Mme Brochon, il est comme les copains, il ne rajeunit pas non plus, une bonne part de brie, monsieur Decaux, avec du comté s'il vous plaît…, etc. »

J'AI DIX ANS

25 décembre 2009[1]

Bonjour.

Ça me fait ça chaque année. Tous les 25 décembre, j'ai 10 ans. J'ai la tête dans les étoiles et le cœur qui scintille comme les illuminations sur les Champs-Élysées. Oui, tous les 25 décembre, moi François Morel, 1 mètre 79, 80 kilos, pointure 45, j'ai l'âme infantile, je crois au Père Noël et ma voix, c'est comme si elle n'avait jamais mué.

Cette nuit comme tous les ans, le Père Noël est venu à la maison. Je l'ai épié pendant des heures derrière la porte du salon où l'on a installé le sapin. Comme tous les ans, je l'ai raté. Il profite toujours du moment où je m'assoupis un peu pour venir déposer les cadeaux. C'est une vraie malédiction. C'est dommage parce que j'avais plein de questions à lui poser.

Je lui aurais demandé par exemple :

Comment vous réussissez à rendre visite à tout un tas d'enfants en même temps dans tout un tas de pays ?

Comment vous entrez dans les maisons maintenant que les cheminées sont condamnées au profit des chauffages basse température, des capteurs solaires et des chaudières à condensation ?

1. Merci à Aurélien Broche qui, ce jour-là, a joué mon rôle.

Aussi je voulais lui demander comment il faisait pour donner des cadeaux à ceux qui dorment dans la rue et qui donc n'ont pas de sapin personnel. J'avais plein de questions à lui poser…

Pourquoi vous donnez des cadeaux seulement aux enfants des pays riches ?

Pourquoi ils sont punis, les enfants des pays pauvres ? Qu'est-ce qu'ils ont fait comme bêtise ? Est-ce que c'est mal d'être pauvre ? Est-ce que ça mérite une punition ?

Je voulais savoir aussi :

Pourquoi quand le président, il fait des promesses aux ouvriers de Gandrange, il y en a toujours qui disent après qu'il fallait pas croire au Père Noël ?

Je vois pas ce qu'il a à voir avec les ouvriers de Gandrange, le Père Noël… Ou alors, si ça se trouve, en vrai, c'est même pas le Père Noël qui se déplace la nuit de Noël, si ça se trouve, c'est le président de la République en personne qui vient à sa place. Il en est capable ! Il est plus jeune, il est plus agile et puis il est capable de remplacer tout le monde vu qu'on le voit partout, tout le temps… Il est capable de remplacer tous les ministres, même le premier. Fortiche comme il est, je suis sûr qu'il est capable de remplacer le Père Noël.

Ce matin, c'est marrant, je me sens comme un enfant de dix ans. J'ai l'impression que tout à l'heure je vais aller manger chez mes grands-parents avec mes parents et mon petit frère. Si ça se trouve, je vais encore recevoir des cadeaux.

La semaine prochaine, hélas, quand la magie de Noël sera passée, je risque de retrouver mes 80 kilos, mes chaussures taille 45 et ma tête d'adulte. C'est comme ça. Je ne peux pas avoir dix ans toute la vie. C'est comme ça. Faut pas croire au Père Noël…

BON WEEK-END…

1er janvier 2010

Si dans votre voiture, venant de Suresnes, de Courbevoie ou de Levallois-Perret, vous quittez les bords de Seine juste après le pont de Clichy, pour rejoindre l'autoroute Al5 en direction de

Cergy-Pontoise, vous passez sous un pont d'Asnières-sur-Seine. Si vous prenez la peine de lever la tête, vous avez toutes les chances d'y apercevoir ce vendredi après-midi un être étonnant. Étonnant, non par sa mine ou son aspect mais par l'originalité de sa conduite. Son non-conformisme déclaré ne s'exprime pas par des cheveux verts ou des épingles de nourrice dans le nez mais par un mental peu commun.

Je ne sais pas son nom, je ne connais pas son âge, son origine, sa nationalité. Je ne sais rien de lui. Sauf une chose : il passe tous les vendredis après-midi sur ce pont avec un panneau sur lequel il a écrit à la peinture : « Bon week-end à tous. »

C'est tout.

Juste un message amical et bienveillant pour les automobilistes qui passent sous ce pont d'Asnières-sur-Seine.

Est-il un retraité qui s'ennuie, un illuminé qui yoyote, un vieux garçon qui trompe sa solitude en allant observer la multitude occupée à s'agiter ? On n'en sait rien… Les automobilistes qui le regardent sont indifférents ou amusés, moqueurs ou touchés.

Cher monsieur que je ne connais pas, je voulais vous dédier cette première chronique du vendredi de l'année 2010 que peut-être vous n'écouterez jamais. Pour vous remercier de vos vœux souvent reçus et auxquels jamais je n'ai pu répondre. Pour vous encourager à continuer votre œuvre si pacifique et si amicale. Il est précieux, votre message du pont d'Asnières, tant il paraît anachronique à l'époque où l'efficacité fait figure de ligne de vie, où la productivité voudrait passer pour un destin, tant il semble délicat, poétique, décalé dans un monde où les méchants ont pignon sur rue, où les individualistes tiennent le haut du pavé.

Combattant de l'inutile, compagnon du dérisoire, vous ouvrez une parenthèse débonnaire dans les discours impitoyables de la modernité.

Nous sommes des milliards d'êtres humains sur la planète, pour la plupart ballottés, rejetés, écrasés, humiliés, appauvris, dépréciés, dégradés, dévalorisés. On se jette par les fenêtres pour échapper à la violence d'un monde toujours plus cruel aux faibles. On se partage en haut lieu les dividendes de la combine et du chacun pour soi, mais un monsieur que l'on ne connaît pas sort de chez lui pour délivrer un message de paix et de consolation à des gens qu'il ne connaît pas.

Il en faut du courage, de l'inconscience ou de l'obstination pour affronter, comme vous le faites, la moquerie facile, la raillerie médiocre, le cynisme ambiant, et je pensais à une phrase de Jules Renard qui, quelque part dans son journal, a écrit : « La gentillesse, c'est le courage qui sourit. »

Je sais bien que c'est le jour idéal pour souhaiter la bonne année mais je préfère, en solidarité avec l'inconnu du pont d'Asnières, me poster par la pensée à ses côtés et délivrer à des êtres humains inconnus et fraternels cette déclaration, parfaitement sublime, magnifiquement insignifiante : « Bon week-end à tous. »

LA FRANCE VA MIEUX

8 janvier 2010

Je voudrais poser une question. Une question qui naturellement gênera le petit monde des donneurs de leçons, des analystes à la petite semaine, des commentateurs assis sur le coussin de leurs certitudes, une question qui dans la grande fourmilière médiatique donnera le grand coup vengeur de la vraie France, celle qui jamais ne renonce, celle qui toujours va de l'avant !

Ma question est la suivante : Plutôt que de s'apitoyer sur tout ce qui ne va pas avec cet acharnement que j'estime souvent coupable, complaisant, n'aurions-nous pas intérêt à faire avec sérénité, objectivité, pondération, la liste de tout ce qui s'améliore en France ? Ah, monsieur Demorand, vous ne vous attendiez pas à une question aussi iconoclaste, aussi explosive au milieu du train-train de vos critiques doctrinaires, toujours en train de chercher des poux sur les têtes de nos dirigeants occupés à redresser la nation ! Car des choses en France s'améliorent. Oui, monsieur Demorand, oui, monsieur Legrand, quoi que vous puissiez en penser, gangrenés que vous êtes par la pensée contestataire anarcho-syndicalo-socialo-communisto-lamberto-jospino-bayrouiste, la France se relève car les promesses faites par le pouvoir actuel ont été globalement tenues.

Je n'en veux qu'un exemple. La pauvreté recule. Avant, au temps du renoncement et du laisser-faire, au temps de l'inertie et de la résignation, les clochards jonchaient les trottoirs de nos centres-villes. Piteuse image que nous offrions à l'étranger ! Aujourd'hui, grâce aux dispositifs anti-SDF, à vocation pragmatique, hygiénique, composés de plots et de piques, les architectes de l'avenir ont pris soin d'ôter toute possibilité de s'asseoir ou de s'abriter aux SDF qui, comme des pigeons refoulés, sont bien obligés de s'envoler vers d'autres cieux.

La France va mieux, la France se relève, alors, s'il vous plaît, vous aussi messieurs et mesdames les SDF, cessez de toujours offrir une image négative de votre situation. Un peu d'optimisme, un peu de positivité vous rendraient sans doute un peu plus gracieux. J'ai un ami espiègle, oui, un garçon taquin, volontiers malicieux… moi-même, je ne suis pas ennemi de l'humour quand il est de bon goût, de bon aloi, quand il n'est pas contaminé par l'esprit de moquerie si ignominieusement cruel… eh bien, cet ami amusant, caché derrière une mine sérieuse, me demandait le soir du réveillon : « Sais-tu quel est l'animal le plus heureux ? — J'ignore absolument, lui répondis-je interloqué. — Eh bien, le homard, me répondit-il, car même mort on lui suce la queue ! » (*Rires enregistrés.*)

Voilà de l'humour français, voilà de la saine rigolade qui a déclenché mon hilarité le 1er, le 2 janvier, le 3 janvier et jusqu'à aujourd'hui ! Voilà de la poilade de tradition, voilà de l'esprit qui nous éloigne de vos ironistes grossiers, féroces, barbares, brutaux. Eh bien, cet ami, le même soir de réveillon – car il était en forme, le solide ! Il avait picolé plus pour rigoler plus ! Il avait siroté plus pour s'amuser plus ! Il avait ingurgité plus pour dégobiller plus ! –, cet ami me disait, et vous verrez comme malgré les digressions les plus espacées je sais retomber les pieds sur mon sujet, cet ami me disait : « Eh bien, moi qui partage ma vie entre mon chalet à Gstaad, ma villa au Cap-Ferret, ma maison de Saint-Barth et mon appartement parisien, moi aussi je suis un sans domicile fixe. » Vous voyez qu'on peut très bien plaisanter sans s'en prendre systématiquement au président de la République !

La France va mieux, la France se relève.

Un échange magnifique sur le thème de l'identité nationale vient d'avoir lieu. Compréhension, ouverture d'esprit, désir de connaître l'autre. Qui d'ailleurs mieux que M. Besson pouvait lancer ce débat qui nécessitait loyauté, sincérité. Qui mieux que M. Besson ? (*Rires enregistrés.*)

La France va mieux. Oui, les usines ferment les unes après les autres. Jadis les ouvriers maltraités mouraient à cause de l'amiante, demain les chômeurs désœuvrés mourront d'ennui. C'est quand même moins expéditif.

La France va mieux. La France se relève.

Évidemment, il reste quelques points noirs, quelques gros nuages lourds qui viennent obscurcir le ciel bleu. Si Johnny va mieux, sa santé reste préoccupante. Mais allons, ne cédons pas au découragement, et rions dans un esprit de bonne humeur et de saine gaillardise !

Dernier souvenir de réveillon. Connaissez-vous l'histoire de la chaise. Non ? Dommage, car elle est pliante ! (*Rires enregistrés.*)

UNE LOI CONTRE LES FANTÔMES

15 janvier 2010

A-t-on le droit de se déguiser en fantôme en dehors de la période d'Halloween ? C'est la question du jour. Les fantômes font les couvertures des quotidiens, des magazines et l'objet d'émissions de débat à la télévision. A-t-on le droit ? Parce que se couvrir entièrement de la tête aux pieds le 1er novembre, histoire de rigoler, c'est autorisé, mais tous les jours, est-ce envisageable ? Ne risque-t-on pas de perdre le bénéfice de l'exceptionnel si Halloween a lieu tous les jours ?

Si. Forcément.

C'est comme si, en plus du 25 décembre, le Père Noël descendait tous les matins par la cheminée. Au bout d'un moment on lui dirait : « Hé dis donc, espèce de vieux dégueulasse, sénile barbu, tu vois pas que t'es en train de saloper partout avec tes bottes pleines de suie, tu voudrais pas passer par la porte comme tout le monde ? »

Halloween, c'est pareil. Un jour pour les fantômes, d'accord. Tous les jours, c'est un peu trop.

Vous allez me dire, car l'auditeur de France Inter est volontiers raisonneur : est-ce aux hommes politiques de décider quand aura lieu Halloween ? Si on a envie de se déguiser en fantôme, on a bien le droit quand même !

« D'accord, je répondrai, je veux bien que vous vous déguisiez en fantôme mais, dans ce cas-là, vous prenez une citrouille à la main et vous allez chez les voisins réclamer des bonbons. » N'y aurait-il pas en effet meilleur signal pour les fantômes venus de régions notamment islamiques que de porter une citrouille et de montrer par là même un profond intérêt pour la culture celtique ?

L'auditeur de France Inter, particulièrement ergoteur ce matin, m'objectera qu'il n'est pas possible de trouver des citrouilles toute l'année puisque la citrouille, plante annuelle, appartenant au genre *Cucurbita*, est quasiment introuvable à Rungis un matin de printemps ! Je répondrai à mon auditeur de France Inter qu'il est bien gentil mais que, si ça ne le dérange pas, c'est moi qui fais ma chronique et que, s'il a absolument besoin de s'exprimer, il écrit comme tout le monde son blog que de toute façon personne ne lira puisque chacun est occupé à écrire le sien…

Halloween toute l'année risque par ailleurs de créer un nouveau scandale de santé publique dont Mme Bachelot n'a pas besoin. Obliger toutes les personnes qui se déguisent en fantômes à faire un trafic de bonbons risque en effet de déboucher sur des problèmes graves de diabète et de caries dentaires. C'est compliqué.

Très compliqué. Comment reconnaître un fantôme d'un motard portant un casque par ailleurs tubard portant un masque…

M. Copé, lui, pense qu'il faut une loi concernant les fantômes. Une loi. À quoi sert une loi ? Pas forcément à être appliquée mais surtout à passer à la télévision. M. Copé veut être président en 2017. C'est vous dire s'il a le temps de nous préparer pas mal de projets de loi d'ici là. Des lois, des projets de loi, ça peut nous occuper un bon moment… Est-ce que les policiers auront le droit d'arracher les déguisements en pleine rue ? Est-ce que la loi ne risque pas d'envenimer les débats, de surexciter les esprits, d'encourager les extrémismes ? Si, peut-être, mais M. Copé, qui veut être président en 2017, s'inspire du président actuel qui s'est fait élire sur la question de la sécurité en disant vouloir au Kärcher nettoyer les banlieues. Le président a été élu. Le problème des banlieues reste entier. L'imprécation fait office de politique.

La semaine dernière, Fadela Amara a réutilisé l'image des Kärcher. C'est vrai que, quand on a un symbole aussi fin, c'est bête de ne pas s'en resservir avant les élections régionales.

L'autre jour à la télévision, M. Copé justement s'est retrouvé face à un fantôme de sexe féminin. Remarquez que les fantômes en ce moment sont toujours de sexe féminin. Ardisson faisait mine de demander si c'était bien d'autoriser ces fantômes dans des lieux publics. Il y répondait dans les faits puisqu'il avait lui-même invité un fantôme à s'exprimer librement dans un studio de télévision qui est un lieu très public. Le fantôme défendait sa prison. Ardisson devait être content, il a fait de l'audimat. Copé devait être ravi, il est passé pour un grand républicain. La question des fantômes, elle, reste complexe. Les politiques ne sont peut-être pas les meilleurs gouvernants mais, en campagne électorale, ce sont des candidats formidables.

C'EST PLUS COMPLIQUÉ QUE ÇA…

22 janvier 2010

Si, au cours d'une conversation, vous êtes invité à donner un avis, n'importe lequel sur n'importe quoi. Si, au cours d'un débat, vous êtes sollicité pour faire un commentaire. Au sujet de n'importe quoi. De n'importe quelle question.

Si votre réflexion est un peu vague, un peu confuse, un peu nébuleuse. Si vous ne savez pas exactement ce que vous devez penser et que l'on vous demande le fruit de votre réflexion, là, maintenant, illico presto, immédiatement, sur-le-champ, le mieux est de répondre avec un léger sourire entendu : « Oui, enfin, bon, je crois que c'est quand même un peu plus compliqué que ça… »

Parce que vous aurez rarement tort en soutenant que « c'est un peu plus compliqué que ça ». Et vous, qui n'êtes pas spécialement percutant dans votre réflexion, vous qui êtes même assez médiocre en tant que politologue, excusez-moi de vous le dire mais bon, je rappelle une de vos déclarations récentes que vous avez prononcée deux fois lors d'un déjeuner pris entre collègues au Buffalo Grill de Villacoublay, c'était à la fois au sujet du bilan politique de Barack Obama ainsi que de l'entrée éventuelle de la Turquie dans l'Europe, vous avez dit : « Oui, oh ben de toute façon, il y a du pour et du contre… », oui, eh bien vous-même qui n'êtes pas spécialement pointu dans l'analyse, qui êtes un peu à Thomas Legrand ce que Stéphane Cauet est à Woody Allen, vous aurez l'occasion de passer pour un type subtil, sagace, particulièrement pertinent.

Je vais vous dire une bonne chose que vous pouvez prendre la peine de noter immédiatement pour ne pas l'oublier. On n'a jamais tort de dire « C'est un peu plus compliqué que ça » pour la bonne raison que c'est toujours un peu plus compliqué que ça. Et ça marche pour n'importe quel sujet de conversation…

La crise. L'immigration. Le pape. Philippe Val. Stéphane Guillon. La Chine. L'identité nationale. L'islam. La religion catholique. La vie sexuelle de Fabrice Drouelle. Le grand emprunt. La faim dans le monde. Les relations Nord-Sud. Vous pouvez toujours dire, et vous n'aurez jamais tort : « C'est quand même plus compliqué que ça. » Concernant le sujet de conversation que j'ai intitulé « La vie sexuelle de Fabrice Drouelle », vous pouvez même ajouter : « C'est quand même beaucoup, beaucoup plus compliqué que ça ! »

Avant d'être élu, en revanche, si vous êtes politicien, que vous êtes en campagne, vous pouvez dire : « C'est pas plus compliqué que ça ! La politique de banlieue, le chômage, le travail des jeunes, l'éducation, le trou de la Sécurité sociale, le problème des retraites, ni une ni deux, pour vous arranger tout ça, suffit de m'élire, suffit de me mettre au pouvoir, c'est pas plus compliqué que ça ! »

Et puis, évidemment, dès que vous êtes aux affaires, que le poids de la réalité (saloperie de réalité !) vous tombe dessus, vous avez tendance à dire à ceux qui vous critiquent et qui veulent votre place en avançant vos arguments d'hier que désormais vous jugez simplistes, réducteurs, rudimentaires : « Je m'excuse, monsieur Duchmol, mais c'est quand même un peu plus compliqué que ça… »

Alain Finkielkraut, l'autre fois, quand vous êtes venu parler de l'affaire Polanski, au lieu de vous embarquer dans je ne sais quelle explication oiseuse qui pouvait laisser croire que vous banalisiez le viol d'une personne mineure par un adulte, il aurait suffi que vous disiez : « C'est un peu plus compliqué que ça… » Et tout le monde aurait été d'accord avec vous.

Je m'en fous, moi maintenant, qu'on me demande mon avis sur le service public, je ne me gêne plus, je donne des conseils aux philosophes, je fais profiter de ma grande culture, de mes connaissances, de ma pensée…

Parce que, dans le fond, pour moi, la vie, la politique, l'amour, l'économie, même la vie sexuelle de Fabrice Drouelle : « C'est pas plus compliqué que ça… »

LE POINT G N'EXISTE PAS

29 janvier 2010

C'est comme si l'on disait de but en blanc à un enfant qui vient de déposer sa dent de lait sous l'oreiller : « Tu sais, en réalité, la petite souris, c'est les parents. » C'est comme si l'on disait juste avant qu'elle meure à une bénédictine qui a consacré toute sa vie au Seigneur : « Tu sais, en réalité, le Bon Dieu n'existe pas. » C'est comme si l'on disait à un adepte de François Bayrou qui toute sa vie a mis des chemises orange, des pulls orange, des écharpes orange : « Tu sais, en réalité, le centre, c'est une vue de l'esprit »…

Imaginez le désarroi, le désespoir, la désolation.

L'une des premières nouvelles les plus accablantes que l'on ait apprises en cette année 2010 nous est venue d'Angleterre. Car Albion, non contente d'être perfide, est devenue peine à jouir. Tim Spector, épidémiologiste, et Andrea Burri, psychologue, viennent de découvrir que le point G n'existait pas.

Quelle déconvenue ! Quelle déception ! Le point G, c'était le saint Graal des temps modernes, le saint calice d'une génération libérée pour qui la recherche du plaisir sexuel était cet objet mythique, légendaire qui faisait de chaque homme attentif, de chaque femme épanouie des nouveaux don Quichotte à la recherche de l'inaccessible étoile.

Le point G, comme le dahu, l'Atlantide, l'Eldorado, le jardin d'Éden, serait une invention humaine. Pourtant, certaines femmes épanouies, certains hommes satisfaits d'eux-mêmes étaient sûrs de l'avoir un jour atteint. Imaginez la déconvenue de ceux qui sont revenus de tout, du communisme, du libéralisme, du socialisme, et qui s'étaient rabattus sur une recherche plus intime, plus intérieure, et se trouvent ainsi découragés dans leur quête… Comme si l'on disait à Christophe Colomb : « Vous savez, l'Amérique, que vous pensiez avoir découverte, je suis désolé de vous le dire, n'existe pas. »

Le point G avait été découvert dans les années cinquante par Ernst Gräfenberg mais, en 2010, le point G vient de disparaître de la carte du tendre. Autant dire que, de la préhistoire à l'époque moderne, le plaisir féminin n'aura connu son apogée que pendant une petite cinquantaine d'années. C'est peu. Faut-il pour autant baisser les bras ? M. Van der Smissen, homme de courage, homme de conviction, pense que non. Dernièrement, son épouse, Mme Yolande Van der Smissen, ayant eu le tort de lui dire : « Tu sais, le point G, c'est dans la tête ! », M. Van der Smissen, prenant au pied de la lettre ces propos, a gravement défiguré Mme Yolande Van der Smissen qui de son lit d'hôpital nous assure que le point G ne se trouve pas non plus dans la tête.

On dit souvent que l'époque actuelle manque de projets, d'objectifs, de buts, on dit que les raisons de croire, de se mobiliser ont disparu. On dit que la désespérance est généralisée.

Eh bien, moi, je propose le refus de la résignation, je conteste la servilité à la recherche scientifique, je dénie l'inféodation à quelque diktat de quelques avortons de chercheurs anglais.

Allons ! (*Musique générique de* Thibault des Croisades.)

Relevons la tête, relevons nos manches et partons tous, unis dans un même élan, dans une même ferveur à la recherche du point G. Tels de nouveaux croisés, tels de nouveaux templiers, allons dans les villes, allons dans les campagnes, n'épargnons ni nos larmes, ni notre sueur, ni rien. Abandonnons toutes les affaires courantes, quittons nos salles de bains, abandonnons nos voitures, sortons de nos lits ou plutôt restons-y et partons à la recherche du point G ! N'allons pas au bureau, n'allons pas au lycée, n'allons pas aux champs ! Partons d'un même mouvement à la recherche du point G ! Et toi, dans ton bureau de France Inter, toi, Demorand, quitte ton siège et pars à la recherche du point G ! Et toi Lefébure, et toi Legrand, et toi Drouelle, quitte ton siège et… Mais je m'aperçois que le vaillant, audacieux, téméraire, ardent Drouelle est déjà parti sur les routes, est déjà sur les chemins pour atteindre l'inaccessible. Ah ! valeureux Drouelle !

Et si une voix intérieure te rappelle l'inexistence de ce point G, si, dans un moment d'abattement, l'idée te venait de donner raison aux chercheurs britanniques, ne descends pas de cheval, n'abandonne pas cette quête, peut-être désespérée mais infinie, mais sublime, mais flamboyante et jusqu'au bout de tes forces, jusqu'au bout de ta vie, déclame avec Cyrano :

> Que dites-vous ? C'est inutile. Je le sais.
> Mais on ne se bat pas dans l'espoir du succès.
> Non, non, c'est bien plus beau lorsque c'est inutile !

CONVERSATION AVEC MA MÈRE…

5 février 2010

Ma mère était embêtée vendredi dernier quand elle m'a appelé peu avant midi.

« Dis donc, je voulais t'écouter ce matin, j'avais mis le réveil sur France Inter et puis je me suis réveillée avant. Si bien qu'à 8 heures moins cinq, j'étais devant mon petit café au lait… je sais, le docteur dit que c'est pas digeste mais c'est pas à 83 ans que je vais changer mes habitudes d'autant que je le digère bien, moi, le café au lait, donc j'étais en train de faire les mots croisés de Max Favalelli, que je récupère sur les vieux *Figaro* que me prête Mme Berthier… mais si, Mme Berthier, tu sais, qui avait un pressing rue Guy-Mollet, enfin c'est pas grave… Ils sont pas faciles ses mots croisés à Max Favalelli… "Avec lui la lune est dans l'eau" en onze lettres, ça m'a occupée un moment… Total, j'ai oublié de mettre la radio. Le mieux, c'est que je n'y ai pas du tout repensé et que ça ne m'est revenu qu'au moment où je suis allée acheter ma baguette, quand j'ai rencontré M. Van der Smissen, mais si, tu sais, qui avait une quincaillerie rue Lecanuet, enfin c'est pas grave, qui m'a dit : "Oh, je m'en veux, j'ai oublié d'écouter votre fils ce matin !" Alors je lui ai dit que moi c'était pareil puisque j'avais mis le réveil sur France Inter et que je m'étais réveillée avant… Si bien qu'à 8 heures moins cinq, j'étais devant mon petit café au lait à faire mes mots croisés et que j'ai oublié de mettre la radio… "Bain de siège", "Avec lui la lune est dans l'eau". C'était "bain de siège". Je l'ai trouvé à pile 11 heures, juste avant Stéphane Bern.

Voilà…

Alors, qu'est-ce que tu as raconté ce matin ?… »

Ce court préambule pour dire que si vous êtes auditeur de France Inter et voisin de ma mère, ce serait bien de lui signaler en ce moment même que c'est l'heure de ma chronique parce que je n'ai pas du tout l'intention de la relire sur le coup de midi comme je l'ai fait la semaine dernière alors que j'étais dans le RER C. Juste pour Suzanne qui n'est pas du genre à se connecter sur le site France Inter, des fois qu'elle aurait raté ma chronique. J'ai donc été obligé de lire à voix haute mon papier parmi des passagers de la ligne C qui n'avaient pas l'air de goûter spécialement l'humour sur France Inter. Il y a quand même un voyageur qui m'a demandé ce que j'étais en train de lire. Je lui ai donc expliqué : ma mère levée plus tôt que prévu, loin de son radio-réveil au moment de ma chronique, devant son café au lait à faire ses mots croisés. « Lune dans l'eau. » Onze lettres. « Bain de siège. »

« Elle a pas une radio dans sa cuisine ? s'est étonné mon interlocuteur.

— Si, j'ai répondu, mais sûrement qu'elle a oublié de la mettre.

— Ah d'accord, moi non plus remarquez, je ne l'ai pas entendue, votre chronique, mais en revanche comme, le vendredi, je prends toujours le RER C à cette heure-là, si vous voulez, donnons-nous rendez-vous la semaine prochaine, disons dans la même voiture, celle de queue, comme ça quand vous lirez votre chronique à votre maman, je pourrai en profiter.

— À qui tu parles ? a demandé ma mère. C'est qui le monsieur à qui tu dis que je fais mes mots croisés en prenant mon café au lait, parce que je te signale entre parenthèses que ça ne regarde personne. Si c'est à Nicolas Demorand que tu t'adresses, j'espère que tu as quand même des choses plus intéressantes à lui raconter que les détails les plus personnels sur la vie de ta mère. J'espère que tu n'es quand même pas en train de te lancer dans l'autofiction ou je ne sais pas quoi, à faire ta Christine Angot parce que si c'est ça, moi, je ne te raconterai plus rien. Je n'ai pas du tout envie de voir exposer les détails les plus intimes de ma vie privée. Et je peux bien prendre un chocolat chaud en faisant des sudokus, ou une camomille en lisant *Paris Turf*, ça ne regarde personne, absolument personne, vu que c'est strictement du domaine privé !… Non mais, dis donc, tu te prends pour qui ? Pour Paris Hilton ou quoi ? Puisque c'est comme ça, désormais, j'écouterai Nostalgie même le matin. »

Et elle a raccroché.

Donc, si vous êtes voisin de ma mère et auditeur de France Inter, laissez tomber pour aujourd'hui, de toute façon je reviendrai vendredi prochain. Sur France Inter et en fin de matinée sur la ligne C, dans la voiture de queue en direction d'Ermont-Eaubonne.

« Allô, oui, excuse-moi, c'est maman… Je me suis emportée tout à l'heure, je voulais te dire, ce matin, ta chronique, franchement, ce n'était pas ta meilleure, mais quatre minutes sans entendre parler de Sarkozy, d'Éric Besson ou de Brice Hortefeux, qu'est-ce que ça repose… »

LE RETOUR DU POINT G

12 février 2010

Il y a quinze jours, souvenez-vous, je lançais une sorte d'appel à la conquête du point G. Je ne vous cache pas que ce cri était alors un peu désespéré de ma part, un cri pour l'honneur, un cri pour la beauté du geste comme celui que l'on décide de lancer au début d'un match que l'on sait perdu d'avance. Depuis que Tim Spector et Andrea Burri, deux chercheurs anglais du King's College de Londres, avaient affirmé que le point G n'existait pas, la désespérance se lisait sur de nombreux visages d'hommes et de femmes dont la raison de vivre d'un seul coup d'un seul venait de disparaître.

Fabrice Drouelle, lui-même, était parti à Jérusalem pour chercher des raisons à une existence qui du jour au lendemain lui apparaissait totalement vaine. Oui, en même temps que le point G, ce sont tout simplement des arguments pour justifier l'existence humaine qui disparaissaient aux yeux de nombreux individus hédonistes envoyés sur terre pour une recherche intensive, acharnée, continue du plaisir féminin.

Aujourd'hui, force est de constater que mon appel a été entendu puisque Pierre Foldès, gynécologue, qui intervenait lors d'un tout récent congrès médical devant les plus éminents sexologues, gynécologues, neurologues, oncologues et tout un tas de spécialistes en « ogue » non encore connus à ce jour, vient de déclarer : « Si on écoute les femmes, on se rend bien compte qu'il y a quelque chose. »

Voilà. Réjouissons-nous ! Il y a « quelque chose ». Et ce « quelque chose » est merveilleux ! « Quelque chose » qu'il faut bien admettre, même si l'on est un méchant sceptique, incrédule et rationaliste ! « Quelque chose » qu'il faut accepter sans chercher à comprendre comme quand tandis que vous êtes en train de vous acharner sur un sudoku niveau expert et que vous vous dites : « Merde, le 8, il peut pas être là, vu que déjà, là, dans la colonne, il y en a un et que ça peut pas être le 7 non plus, vu que dans la ligne d'en dessous il y en a déjà un aussi… », comme quand disais-je vous êtes dans le plus profond désarroi et que tout d'un coup vous apparaît la Vierge Marie toute nimbée de blanc : « Je suis une mère affligée par des cœurs ingrats, vous ferez faire des neuvaines dans toutes les paroisses, dans toutes les communautés, c'est le 3 qu'il faut mettre dans la première case et le 7 dans la deuxième case de la troisième colonne… »

Imaginez votre stupéfaction, votre extase, votre exaltation quand vous réalisez que cette voix que vous venez d'entendre est celle de la Vierge Marie en personne ou encore mieux celle de la fille de Fip qui tous les jours vous fait rêver en vous annonçant qu'il y a un gros accident sur le périphérique intérieur en direction de la Chapelle.

Où se trouve le point G ? La question reste ouverte… « À deux centimètres de l'entrée du vagin, sur sa paroi intérieure », disent certains. « À la fin du mot *shopping* », disent d'autres.

Notre spécialiste Gilbert Van der Smissen assiste actuellement au congrès des Amis du point G…

« Gilbert, vous êtes actuellement en ligne et en direct pour nous donner les dernières conclusions de ce congrès…

— Oui, François, une ambiance particulièrement fervente, enthousiaste. Beaucoup de monde, beaucoup d'ardeur également dans ce congrès qui est, après les déclarations du docteur Foldès, celui de l'espérance. Un monde fou à la recherche du point G, dans les amphithéâtres, dans les salles de réunion, dans les couloirs même, sur les bancs, partout, c'est réellement une ambiance extraordinaire !

— Donc, et c'est important, Gilbert, vous nous confirmez bien, Gilbert, que le point G est aussi tangible, aussi palpable que le ménisque ou le col du fémur ?

— Oui, absolument, François, toute la nuit, le point G a été découvert à plusieurs reprises dans une ambiance extrêmement active, extrêmement studieuse, mais je vous ai déjà prévenu que je n'assisterai ni au congrès des Amis du ménisque ni à celui des Amis du col du fémur.

— Bon… je vais devoir vous quitter pour participer moi-même activement aux recherches en cours. C'était Gilbert Van der Smissen pour France Inter en direct du congrès des Amis du point G.

— Merci, Gilbert. N'hésitez pas à nous contacter dès que vous aurez des informations nouvelles… »

Eh bien, Nicolas, voilà ce que nous pouvions dire pour l'instant, au moment où je vous parle au sujet du point G. Nous ne manquerions pas évidemment de bouleverser les programmes de France Inter si de nouvelles informations nous parvenaient à ce sujet.

Je vous rappelle donc la principale information de la matinée. Le point G a été retrouvé et c'est une merveilleuse nouvelle pleine de perspectives que nous avons été les premiers à annoncer.

Dans quelques instants, le journal enchanté de Fabrice Drouelle…

LA LIGNE TRANSVERSALE

16 février 2010

Dans chaque journal, il y a une ligne éditoriale. Dans chaque homme méthodique, il y a une ligne de conduite. Dans chaque poignée de main, il y a deux lignes de vie…

Mais moi, ce que je préfère comme ligne, c'est la transversale. La transversale, elle est rêveuse, elle est pensive, elle prend son temps. Elle prend ses chemins de traverse. Elle butine. Elle gamberge. Elle musarde. Elle rêvasse…

Dans chaque appartement de gros connard branché, il y a une ligne de coke. Dans chaque quartier de Paris, il y a une ligne de métro pas loin… Dans chaque fluide en mouvement, il y a une ligne de courant…

Mais moi, ce que je préfère comme ligne, c'est la transversale. L'autre jour, comme tout le monde, j'ai entendu Serge Moati qui rendait hommage à Philippe Séguin. Deux petits potes d'adolescence que le foot et la politique n'avaient pas réunis mais copains à la vie, à la mort parce que la vie, la mort sont quand même des sujets plus sérieux que le foot et la politique.

Sur chaque ordinateur Windows, il y a une ligne de commande Windows. Dans chaque ligne de cœur, il y a un petit peu l'envie d'être heureux. Dans chaque ligne de vêtement, il y a un peu de l'air du temps.

Mais moi, ce que je préfère comme ligne, c'est la transversale. L'idée qu'on puisse se parler même si on ne part pas du même point. Le désir de se rencontrer même si on ne sort pas de la même chapelle. La ligne transversale, comme son nom l'indique, elle passe en travers, elle choisit les obliques. Elle n'est pas conformiste. Elle cabriole. Elle aime la surprise. Elle aime s'étonner. Elle aime l'éblouissement de la découverte.

Dans l'Indicateur Chaix, il y a toutes les lignes de train. Audessus des communes qui n'ont pas de chance, il y a des lignes de haute tension.

Dans le garage de papa, il y avait des lignes de pêche. Et des hameçons, et des vieux *Chasseur français*. Et des bouteilles de cidre. Et des jerricans américains récupérés que l'on remplissait d'eau pour la déverser dans une vieille baignoire émaillée qui servait d'abreuvoir pour les deux veaux qui étaient la propriété de mon père quand il aimait se faire croire que, derrière l'employé SNCF, il restait une sorte de paysan qui ne ratait pas la saison des foins et le passage illicite de Marcel Monseigneur, bouilleur de cru dans le bocage normand et qui, certains soirs, venait chez nous dans la crainte des gendarmes et le but de fabriquer un calvados que mon père n'avait plus légalement le privilège de produire…

Tiens, je viens de tracer une transversale… C'est rare que sur France Inter on parle de bouilleur de cru et de calvados à 7 h 55… François Mauriac dans sa propriété de Malagar chantonnait du Françoise Hardy. François Mitterrand avant de quitter l'Élysée recevait Jean d'Ormesson… (Là, ça n'a peut-être rien à voir avec la transversale, c'était peut-être juste deux vieux hommes cultivés de droite qui avant le départ en retraite de l'un discutaient tranquillement…)

Dans chaque dessin classique, il y a une ligne de fuite. Dans chaque vignette de Tintin, il y a la ligne claire. Dans chaque massif montagneux, il y a une ligne de crête.

La ligne transversale, attention, il ne faut pas la pervertir. Elle n'est pas la ligne de ceux qui n'en ont pas… Elle n'est pas synonyme de débauchage, de prise de guerre, de petite combine pour gagner une place…

Je voulais juste écrire une chronique pour rendre hommage à la ligne transversale. Celle de l'échange et du dialogue. Celle de l'écoute.

Dans chaque France occupée, il y a une ligne de démarcation… Dans chaque ligne de chance, peut-être qu'il y a une promesse pour demain…

TROP FORT, ÉRIC !

19 février 2010

Je suis tombé dans le panneau. Mais enfin, je n'étais pas le seul. Comme tout le monde, j'ai été naïf. Ingénu. Crédule. Je pensais qu'Éric Besson était un traître. Je vous jure. Je pensais que c'était un félon. Un renégat. Un fourbe. Un sale type qui avait tout renié pour avoir une place au gouvernement. Quelqu'un qui, après avoir écrit un pamphlet contre Nicolas Sarkozy, était devenu son plus fidèle serviteur. Celui qui, en pleine campagne présidentielle, était passé sans scrupule d'un camp à l'autre. Celui qui prenait les mesures les plus contestables. Celui qui organisait les débats les plus nauséabonds. Celui qui, avec des arrière-pensées racistes, associait toujours le thème de l'identité nationale avec celui de l'immigration. Celui qui, parti de la gauche, flirtait avec les obsessions les plus extrêmement droitières. Je peux bien vous l'avouer, je ne l'aimais pas du tout. Comment vous dire ? Je cherche les mots les plus nuancés pour exprimer ma pensée avec le plus de précision possible ; je trouvais que c'était une merde, une vraie saloperie vivante. Chaque fois que mes collègues humoristes l'étripaient, j'étais content : je me sentais vengé !

C'est là que je me rends compte que la politique, ce n'est vraiment pas mon truc ! J'ai compris seulement aujourd'hui ce qui aurait dû me sauter aux yeux depuis longtemps : Éric Besson était resté le socialiste authentique, loyal, sincère qu'il n'a jamais cessé d'être ! Évidemment !

J'ai observé les sondages sur le président : en chute libre ! J'ai regardé les prévisions des régionales pour la droite : une vraie catastrophe !

Eh bien, qui est celui qui peut s'enorgueillir de favoriser le succès de la gauche ? Ce n'est sûrement pas Martine Aubry, ni Manuel Valls, ni Vincent Peillon, encore moins Ségolène Royal, tous trop occupés en catimini à se tirer la bourre entre eux ! Non, le vrai responsable du succès de la gauche, c'est Éric Besson.

Il est fort ! Il a accepté de tenir le rôle du repoussoir ! Quel courage il lui a fallu, quelle abnégation ! Tranquillement, il s'est installé dans la place pour scier la branche sur laquelle il s'est installé juste à côté de Nicolas qui, lui, croyait avoir débauché un ancien ennemi alors que le pauvre naïf l'avait installé pour causer sa perte !

Mais oui ! Comme dirait le président du Front National, ça crève l'œil ! Éric Besson, jusqu'à l'absurde, il a poussé son rattachement à Sarkozy ! Mais pas pour sa gloire personnelle, pas pour sa carrière. Sa carrière, même, il sait qu'elle est foutue ! Évidemment ! Si Strauss-Kahn arrive aux affaires, il ne va pas s'encombrer de quelqu'un qui a endossé avec autant de facilité le costume du parjure ! Non, si Besson a rejoint Sarkozy, c'est pour bien montrer son caractère néfaste ! Et, du coup, plein de gens qui avaient l'habitude de voter pour l'UMP ont détesté les dérives fétides des débats organisés par Besson, plein de gens qui ne détestaient pas l'ancien maire de Neuilly ne peuvent plus l'encadrer depuis qu'il s'est associé à celui qu'ils imaginent comme étant le traître étalon, celui qui dans l'imaginaire collectif vient de détrôner Iago ! Oh là là, trop fort !

On a comparé Éric Besson à Marcel Déat, à Pierre Laval… c'est très exagéré. Éric Besson, c'est Pétain ! Comme lui, c'est une figure sacrificielle, qui nous dit : « Je fais don de ma personne à la gauche française. »

Je suis sûr que, la nuit, Éric Besson, en cachette, comme quand il était jeune, écoute du Mikis Theodhorakis.

Et tiens, ce matin, rien que pour toi, je t'en passe en cachette. (…)

Merci, Éric, eh oh trop fort !

GLOIRE ET CONNERIE

26 février 2010

Le parti socialiste a cru bon de placer un Noir à la tête de sa liste pour le Val-d'Oise. Un Noir, c'est-à-dire un délinquant potentiel. Heureusement, Francis Delattre et Sébastien Meurant, maires de Franconville et de Saint-Leu-la-Forêt, ont su attirer l'attention de l'opinion publique sur le danger que faisait courir un tel individu.

Combien nous regrettons que MM. Francis Delattre et Sébastien Meurant n'aient pas existé du temps des cabarets dans les années cinquante pour empêcher un certain chanteur à moustaches de gratter sa guitare et chanter sa mauvaise réputation. Il avait commis plusieurs larcins dans sa ville de Sète pour impressionner les filles. Des décennies plus tard, de nombreuses écoles portent le nom de Georges Brassens.

Honte à la chanson française. Gloire à Francis Delattre et Sébastien Meurant !

Combien nous déplorons que MM. Francis Delattre et Sébastien Meurant n'aient pas pu interdire à François Villon d'écrire ses ballades après tant de vols, de cambriolages, d'actes par la loi répréhensibles. Des siècles plus tard, son œuvre complète est éditée dans la Pléiade.

Honte à la littérature française. Gloire à Francis Delattre et Sébastien Meurant !

Combien nous nous morfondons de penser que MM. Francis Delattre et Sébastien Meurant n'ont pas croisé Paul Verlaine et Arthur Rimbaud dans les rues de Bruxelles quand l'un de ces deux homosexuels notoires sur l'autre avec un pistolet a tiré. Aujourd'hui, Verlaine et Rimbaud sont considérés comme deux des plus grands poètes de langue française.

Honte à la poésie française. Gloire à Francis Delattre et Sébastien Meurant !

Combien nous pleurons l'absence de MM. Francis Delattre et Sébastien Meurant dans les rues de Rome à la fin du XVIe siècle quand le Caravage, pour de sales affaires de sexe et de sang, connut la prison. Aujourd'hui le Caravage est exposé dans les plus grands musées du monde.

Honte à la peinture italienne. Gloire à Francis Delattre et Sébastien Meurant !

Combien nous pestons à l'idée de savoir que MM. Francis Delattre et Sébastien Meurant n'aient jamais interdit au voleur et homosexuel Jean Genet de vivre. On pense que ses œuvres, anticolonialistes, antibourgeoises, marquent à jamais le théâtre de France.

Honte à la dramaturgie française. Gloire à Francis Delattre et Sébastien Meurant !

Je sais bien que le parcours d'Ali Soumaré, tête de liste PS dans le Val-d'Oise, n'a rien à voir avec celui de Georges Brassens, de François Villon, de Paul Verlaine, d'Arthur Rimbaud, du

Caravage, de Jean Genet. Je me doute bien qu'Ali Soumaré est sans doute dépassé par ce qui lui arrive et qu'il n'est finalement qu'un prétexte à la démagogie des uns et des autres.

Mais je sais aussi que, lorsque l'on a payé sa dette à la société, on a le droit de renaître. Que le passage par la prison ne doit pas, à tout jamais, faire vivre dans l'indignité, dans la honte éternelle. Que les discours des deux maires UMP peuvent être particulièrement décourageants pour ceux qui rêvent d'un nouveau départ après une incarcération.

Au cours de cette chronique, j'ai répété plusieurs fois les noms de Francis Delattre et Sébastien Meurant, maires de Franconville et de Saint-Leu-la-Forêt, car ils connaissent cette semaine leur quart d'heure de gloire.

La semaine prochaine, ils seront heureusement oubliés, sauf pour quelques esprits révoltés qui à tout jamais les associeront à la médiocrité intellectuelle, à la politique de caniveau, à la connerie.

Gloire à Brassens, à Villon, à Verlaine, à Rimbaud, au Caravage, à Genet.

Égard vigilant, ni plus ni moins, vis-à-vis d'Ali Soumaré.

Honte à Francis Delattre et Sébastien Meurant.

LAPSUS

5 mars 2010

Pour tous les gens de radio, le lapsus est l'accident professionnel le plus craint. Jacques Alba sur Radio Luxembourg avait annoncé en 1963 le jour du décès de Jean XXIII : « Le pope est mare », avant de se reprendre : « Le saint mère est port. »

« Lapsus », le mot est merveilleux. Il semble une invitation, une double exhortation au plaisir… Lapsus.

Le lapsus, le fourchage de langue, l'accroc sur une syllabe, l'égratignure d'un nom propre, le contrepet involontaire, le bafouillis, le bredouillement, le bredouillage, le balbutiement sont autant de phénomènes redoutés par tous ceux qui font profession de parler devant un micro. Véritables trapézistes de la parole en direct, ils travaillent sans filet.

Prenons un exemple de catastrophe radiophonique avec un document sonore exceptionnel que nous allons écouter. C'était le 7 avril 2008 et Fabrice Drouelle présentait le « Journal de 18 heures » sur France Inter et ce fut, vous allez vous en rendre compte, un véritable festival digne des plus beaux bêtisiers…

Dans quelques instants. Un document Ina Radio France…

Un petit problème technique nous empêche de le diffuser, ce n'est pas grave, je vais simplement rappeler cette suite d'erreurs qui ont été faites en direct.

À moins que l'on puisse retrouver le document ? On me fait signe que non. Donc, je vais lire les savons de Fabrice qui ce jour-là avait été surnommé par toute la rédaction « Le Marseillais ».

L'homme le plus écouté de France donc, dans le journal matinal du 7 avril 2008, avait prononcé plusieurs interversions. « Le président Sarkozy dévoie les cieux » au lieu de « Le président Sarkozy déçoit les vieux ». Il avait également dit, au lieu de « Culture : budget amputé », « Pulture : budget enculté ». « Rama Yade aurait-elle baisé dans le car des Français ? », au lieu de « Rama Yade est-elle utile ? »

Également des erreurs parfois astucieuses puisque Fabrice avait évoqué « la dernière scène du metteur en pièce Robert Hossein », et enfin Fabrice Drouelle avait conclu un papier par un très surprenant « André Santini pue des pieds » à la place de « Vers une reprise des négociations au Moyen-Orient ».

J'aurais souhaité interroger Fabrice Drouelle au sujet de ce journal maudit qu'il garde dans son cœur comme une véritable blessure mais il a préféré garder le silence. Pudeur ? Embarras ? Léger sentiment de honte ? Peut-être.

D'une manière assez sèche, il m'a répondu : « Ce n'est pas la peine de retourner le poteau dans la claie… »

Nous comprenons et respectons ce choix.

Je voulais juste profiter d'un jour où, n'étant pas en direct, j'ai tout loisir de réenregistrer autant de fois que je le veux cette chronique pour évoquer cette hantise que connaissent tous ces funambules du direct, chroniqueurs, animateurs, journalistes de radio et citer cette pensée de Jean Baudrillard :

« Toute grande pensée est de l'ordre du lapsus. »

Un papier d'humoriste conclu par Jean Baudrillard. Pardon, mais vous êtes bien sur France Inter.

L'HOMME À ABATTRE

12 mars 2010

Il y a un homme à abattre en ce moment, un type contre qui tout le monde s'acharne. Vous voyez qui je veux dire ?

Quelqu'un qui, pour beaucoup, est le mal absolu… Un homme dangereux, malhonnête, détestable…

Non, il n'est pas spécialement petit…

Non, ce n'est pas un transfuge du parti socialiste…

Non, d'ailleurs il n'est pas au gouvernement…

Non, non…

Vous voyez de qui je veux parler ?

Quelqu'un qu'on connaît depuis des décennies. Dans les années cinquante il est apparu…

Non, il n'est pas borgne.

De toute façon, ce n'est pas un homme politique.

Vous voyez maintenant ?

Un type vraiment abominable, ignoble, atroce, exécrable, monstrueux !

Vous voyez qui je veux dire ?

Oui, Pierre Perret… Oui, l'auteur des *Jolies Colonies de vacances*, de *La Cage aux oiseaux*, du *Tord-boyaux*…

De quoi est-ce qu'on accuse-t-on mon client ? Ainsi que jadis interrogeait Luis Rego.

De plein de choses.

D'abord de prétendre avoir rencontré Paul Léautaud alors que ce n'est peut-être pas vrai.

D'avoir volé une image poétique à Federico Garcia Lorca dans la chanson *Blanche*.

De soutenir que Georges Brassens ait pu être jaloux du succès de lui, l'auteur du *Zizi*.

Premier point.

Et si Pierre Perret n'avait jamais rencontré Paul Léautaud, serait-ce si grave ? Est-ce qu'on en a voulu à Bernadette Soubirous de dire qu'elle avait rencontré la Vierge Marie ? Est-ce que Bernadette qui, à un moment de sa vie, voulait faire son trou dans le domaine du spirituel n'a pas cherché à se faire mousser auprès du clergé local ? C'est possible. Bien sûr, si Pierre Perret annonçait qu'il avait eu des contacts sexuels avec Bernadette Soubirous et Paul Léautaud en compagnie de Patrick Balkany et Brigitte Bardot, cela pourrait devenir sujet à caution. Mais là… Objectivement, Pierre Perret a fait connaître Paul Léautaud à des amateurs de chansons qui sans lui n'en auraient peut-être jamais entendu parler. Je repose la question : Est-ce si grave ?

Deuxième point.

On reproche à Perret d'avoir pillé des poètes. Blanche dont les « cuisses fuyaient comme deux truites vives » ressemble à la femme adultère de Federico Garcia Lorca dont « les cuisses s'enfuyaient sous moi, dixit le poète, comme deux truites effrayées ». Est-ce si criminel ? On reproche donc à Pierre Perret de piller les poètes. Moi, j'aurais plutôt tendance à reprocher aux chanteurs de ne pas assez dépouiller les poètes. Dans « Je t'attends » chanté par Johnny Hallyday, « Je t'attends. Je t'attends. Je t'attends. Je t'attends. Je t'attends. Je t'attends. Je t'attends. Je t'attends tout le temps. Tout le temps, tout le temps, chaque instant, je t'attends, je t'attends depuis longtemps », nulle trace en effet de Lorca.

Troisième point.

Pierre Perret affirmant que Georges Brassens était jaloux du talent de Perret, c'est curieux et un peu ridicule. Surtout que la jalousie, je connais. Quand je ne suis pas chroniqueur sur France Inter, il m'arrive de faire l'acteur. Je sais que Michel Bouquet, Michel Piccoli et Robert Hirsch se réunissent souvent pour dire du mal de moi et pester contre la merveilleuse carrière qui est la mienne. Qu'est-ce que j'y peux ? Le mieux est de ne pas répondre.

Je ne connais pas personnellement Pierre Perret mais j'ai l'impression que l'on peut avoir quelque indulgence pour celui qui a écrit sans l'aide de personne…

Chez la jolie Rosette au Café du Canal
Sur le tronc du tilleul qui ombrageait le bal
On pouvait lire sous deux cœurs entrelacés
Ici on peut apporter ses baisers

MÊME PAS MAL

19 mars 2010

J'aimerais que ma chronique d'aujourd'hui soit utile. Nous sommes vendredi, avant-veille d'un jour d'élection qui en France risque de laminer la droite républicaine.

Ne croyez pas que je m'en réjouisse. Je ne fais pas de politique. Je ne suis ni de droite ni de droite. Je ne ressens donc aucun plaisir à constater la défaite du parti du président de la République qui a pris une tôle, un râteau, une veste, une gifle, une mornifle, une raclée, une branlée, une grosse déculottée, une dérouillée, un four, un bide, une sévère.

Ne croyez pas que ça me fasse rigoler. Au contraire, j'aimerais pouvoir apporter ce matin un peu de baume au cœur, un peu de réconfort à tous ceux qui, non contents d'avoir connu l'échec cuisant dimanche dernier, connaîtront la défaite cinglante dimanche prochain. Je pense avec beaucoup de compassion à tous les responsables politiques de droite qui devront aller sur les plateaux de télévision faire bonne figure alors qu'à l'intérieur leurs cœurs seront gros.

« Même pas mal ! » crieront-ils tous en chœur sur la cour des récréations télévisuelles. « Même pas mal ! » crieront-ils tous à terre, la bouche dans le sable, dans la boue, les habits déchirés, la casquette de travers, les genoux ensanglantés, les narines pleines de morve, les yeux pleins de larmes. « Même pas mal ! » crieront-ils malgré l'évidence du cataclysme qui les aura conduits vers le néant électoral.

J'aimerais ce matin leur apporter ma petite contribution en tentant de leur donner pour dimanche soir des arguments face aux trognes rubicondes et victorieuses de Martine Aubry, de Cohn-Bendit.

Il faut naturellement insister sur la victoire de Georges Frêche exclu du PS. Il faut noter que François Bayrou ne fait plus partie du paysage politique français.

Déjà. Déjà… Ensuite, dire…

Que ça pourrait être pire car ça peut toujours être pire. Les candidats de droite ont tous obtenu un nombre à deux chiffres, ce qui est particulièrement honorable à mi-mandat dans un contexte économique très difficile.

Enfin, que ça pourrait être pire. Car ça peut toujours être pire. Que la défaite précède la victoire. Et qu'après la pluie vient parfois la tempête. Voilà. Et aussi ne pas oublier de rappeler que Frêche a gagné, que Bayrou a perdu.

Voilà.

Et puis, il faut bien parler de l'affaire Jean Ferrat. Oui, monsieur Demorand, je parle bien de M. Ferrat et non de M. Biolay, même si toute l'intelligentsia germano-ardécho-pratine semble s'être donné le mot afin de laminer l'honneur de la droite française. Ne trouvez-vous pas particulièrement suspect, monsieur Demorand, je vous pose la question, que le chantre incontesté de la gauche française trouve la mort juste la veille d'un rendez-vous électoral aussi essentiel ? Ne trouvez-vous pas bizarre que, pour la première fois de son histoire, TF1 elle-même ait pu diffuser dans son journal de 20 Heures des chansons en si parfaite opposition avec les thèses défendues par le gouvernement actuel ? A-t-on examiné le corps de M. Ferrat, je ne parle pas du corps de M. Biolay dont les soubresauts médiatiques, permettez-moi de vous le dire, monsieur Demorand, ne grandissent pas l'image de la France, notamment en Thaïlande, a-t-on pratiqué une autopsie, c'est le sens de ma question, sur le corps de Jean Ferrat qui a très bien pu être exécuté ni plus ni moins, mais bien sûr : le monde politique est féroce, afin de galvaniser la fibre gauchisante du pays. Et alors, si l'on veut trouver le coupable, monsieur Demorand, il faudrait se demander à qui profite le crime ?

Voilà une thèse à laquelle vos fins commentateurs, Achilli, Legrand et consorts, n'avaient sûrement pas pensé…

Aujourd'hui, je ne saurai trop conseiller à M. Michel Sardou de rester chez lui d'ici dimanche matin. Sa disparition, à coup sûr, pourrait raviver les sentiments patriotiques, nationalistes qui sommeillent en chaque Français et que Michel Sardou avec tant de fougue et de sincérité avait si bien chantés durant sa longue carrière… Mais on me signale que Michel Sardou n'est toujours pas mort.

Bon. Pour dimanche soir, je récapitule les arguments : Georges Frêche, François Bayrou. Bon courage.

DÉFENSE DES FOUINES ET DES TAUPES

26 mars 2010

C'est un cri de colère que j'ai envie de pousser aujourd'hui. Un cri de rage. Un cri de dégoût. J'ai été particulièrement choqué – et tant pis si l'on trouve mon attitude peu confraternelle – par les propos de M. Stéphane Guillon qui s'est permis lundi dernier de comparer le ministre Éric Besson à « une taupe du FN au menton fuyant, aux yeux de fouine ». Oui, M. Guillon s'est cru autorisé sur une chaîne du service public à traiter un ministre de la République de taupe et de fouine !

Je suis scandalisé ! Je voudrais présenter au nom de Radio France toutes mes excuses auprès de toutes les taupes, de toutes les fouines, auditrices de France Inter, qui auraient pu se sentir blessées de se trouver ainsi associées à un personnage aussi contestable que M. Éric Besson.

Je voudrais profiter de cette intervention matinale pour rendre un hommage vibrant aux taupes, aux fouines qui sont sur le sol français, quelquefois sous le sol français, et qui n'ont certainement pas mérité de subir un tel affront. Les taupes sont de petits mammifères fouisseurs qui vivent dans des conditions souvent déplorables, souvent difficiles. Habitant des sols meubles, humides, parfois au péril de leur santé, elles passent, malgré une myopie particulièrement handicapante, leur vie à creuser des galeries avec méthode, avec courage, avec détermination. Elles se signalent par des monticules de terre appelés taupinières et je ne vois pas en quoi, monsieur Guillon, leur abnégation, leur force de travail présentent un quelconque rapport avec celui qui aujourd'hui au sein de la droite républicaine a réussi à banaliser les thèses du Front National tout en remettant au-devant de la scène politique le parti de Jean-Marie Le Pen. Je ne vois pas !

Je voudrais également évoquer le destin souvent difficile des fouines qui, de plus, et je le remarque pour le regretter, ne sont pas souvent invitées au micro de France Inter. La fouine est souvent critiquée. On la juge opportuniste. Est-ce cela que M. Guillon a voulu souligner en la comparant à M. Besson ? Alors je me ferai l'avocat de la fouine pour dire que, oui, elle est capable de dévaster un poulailler, oui, elle peut faire des dégâts dans les habitations en s'attaquant notamment aux circuits électriques mais il ne faudrait pas oublier, monsieur Guillon, comme vous avez tendance à le faire, que la fouine, par son action de dératisation, joue, et cela depuis l'époque de la Rome antique, joue un rôle de police sanitaire, rôle souvent ingrat, monsieur Guillon. Rôle souvent pénible, rebutant, répugnant, rôle que peu de nos contemporains auraient l'énergie ainsi que la force mentale d'endosser.

Je remarque, de plus, que M. Guillon n'a jamais eu le courage de s'adresser aux fouines et aux taupes en face à face, les yeux dans les yeux, dans un combat à armes égales.

On me rétorquera que l'idée d'un débat entre une fouine et un humoriste est parfaitement absurde. Peut-être mais pas plus qu'entre un humoriste et un responsable politique.

La prochaine fois, je prendrai la défense des ragondins, des martres, des belettes, des loutres, des furets et surtout des putois qui toute leur vie connaissent la douloureuse humiliation d'entendre des réflexions aussi désagréables que « qu'est-ce que ça pue ! ».

IN ENGLISH

2 avril 2010

Hello mister Demorand and everybody.

I would like to say this morning my chronic in English. I am perfectly bilingual and I think that it is important to be not only frenchy-frenchy but to be opened to the perspectives on the entire world. Naturally I profited du fait that mister Sarkozy has visited mister Obama for saying the great friendship which exist between Americans and French people. Like said the big poet Michel Sardou

If the Ricans was not coming here
You'll be all in Germany
To speak about I don't know what
To salute I don't know who...

It's true. It's completely true. One more again, it's the words of the poet who illuminate the way.

So, mister Sarkozy and his pretty woman, Carla Bruni, was invited directly in the White House by Mister and Misses Obama. Not in the bistro of the corner but in the White House. It's a great honour. Great, great, great honour ! Not only for the French president and the first Lady but for everybody in France. Because when mister and his pretty woman are invited, its you, its me, its mister Demorand, its mister Achilli, its mister Legrand, Thomas Thetall who are invited.

Perhaps not exactly everybody. By example not mister Guillon. Mister Stephane Guillon…, I don't know if you know him. I don't know if you have hear speak of him… He begins to be very famous in France. He makes some chronics at the beginning of the week, amusing chronics, but very aggressive chronics… Yes and I think that, for the moment, it is better that he doesn't go inside in any presidential palace where he is not very in smell of holiness, in odeur de sainteté…

I think that today it is difficult for mister Guillon. Mister Besson said that mister Guillon was a racist, a lâche (I am sorry I don't know what is the traduction of « lâche » in English. Coward ? Ok of coward…). And mister Frederic Mitterrand, the French minister of culture, has said recently that « he detested the remarks of Stephane Guillon ». « I don't success to hear Guillon », he said and he has added : « In France, humorist people go too far. »

All the ministers now in France have to speak about Stephane Guillon. Many declarations, many assertions, many speech and during this time, the works of the various ministers are not done ! Are not done ! So I propose, not necessary to make a minister only consecrated to Stephane Guillon but perhaps a « special cellule » (« cellule spéciale » in French) for etudy every chronic of our friendly colleague.

So, I come back to my subject. Mister Sarkozy was very sad about mister Obama because he was not the first to be invited in the White House. Before him, eight head of states of Europe was invited : eight, not one, not two, not three, not four, not five, not six, not seven but eight head of states of Europe was invited. It was finished by becoming hurted, humiliated : the Greek, the Sweden, the Dutch and him Nicolas Sarkozy, the great head of state of the France, no invitation. He said « What's happened ? I stink the pâté or what ? » But now, all is back to normal.

So much the better.

I think that it was very profitable for the American president to listen all the advice from the French president who success no where but who has an idea on all.

And now we sing all together…

If the Ricans was not coming here
You'll be all in Germany
To speak about I don't know what
To salute I don't know who

EN QUÊTE DE NOTORIÉTÉ

9 avril 2010

Bonjour je m'appelle François Morel M O R E L et j'exerce le métier de chroniqueur sur France Inter, la radio généraliste et de référence du service public, ce qui, vous en conviendrez, n'est quand même pas rien. Je pratique cette profession de chroniqueur essentiellement le vendredi, jour du poisson et de grasse matinée pour mes collègues Guillon et Porte qui du lundi au jeudi occupent ma place.

Nous sommes au mois d'avril, j'ai commencé cet emploi à partir de septembre, ce qui m'a permis d'obtenir une trentaine de cachets qui m'autoriseront un jour ou l'autre à prétendre à certains avantages qui me seront utiles notamment dans quelques années quand j'aurai besoin de faire un bilan professionnel afin de comptabiliser mes points retraite. Force est de constater que mes chroniques ont suscité beaucoup d'enthousiasme notamment chez tous les gens de goût et de talent, chez tous les esprits les plus éveillés, les plus pointus, les plus acérés, les plus exigeants (un enthousiasme qui je le dis en passant m'a paru quelquefois exagéré puisque, depuis mon engagement sur France Inter, je ne puis sortir de chez moi sans qu'aussitôt une horde d'admirateurs extravertis et souvent dénudés ne me fassent la ola afin d'exprimer leur enthousiasme, leur admiration pour ma personne qu'ils considèrent comme une sorte de demi-dieu, idéal et inaccessible, de surhomme, de chevalier des temps modernes alliant à la fois le courage, la justesse de ton, la finesse d'esprit, l'élégance et la hauteur de vues). J'ai depuis septembre reçu nombre de messages de félicitations, notamment de ma mère qui plusieurs fois m'a fait part de cette interrogation plus existentielle qu'il y paraît : « Mais où vas-tu chercher tout ça ? » Ajoutant avec un bon sens et une bienveillance qui ne se départent jamais d'une bonne dose de vigilante attention : « Et puis au moins, quand tu es à France Inter, tu n'es pas au bistrot… »

Je dois cependant reconnaître que, sur le plan médiatique, les réactions ont été, somme toute, peu nombreuses… Évidemment, je ne suis pas Stéphane Guillon qui s'est fait traiter de tous les noms par le ministre le plus ignominieux du gouvernement devenu son principal attaché de presse. Je ne suis pas non plus Didier Porte qui s'est fait attaquer en justice par Arthur, personnage plus risible que comique. Je dois avouer à ma courte honte que, jusqu'à ce jour, aucun ministre, aucune personnalité des médias ne m'a insulté publiquement ni ne m'a assigné en justice. Ça commence à bien faire ! Qu'est-ce que j'ai de moins que les autres ? Pourquoi suis-je mis sur le bord de la route de l'infamie qui est également celle de la grande notoriété. Je vais donc essayer afin de réparer cette flagrante injustice de faire un certain nombre d'assertions qui j'espère déclencheront des réactions qui occuperont les médias dans les jours qui viennent et également l'agenda de Philippe Val et de Jean-Luc Hees un peu démunis ces derniers jours, tournant en rond dans leurs bureaux respectifs et qui avaient juste prévu pour la semaine prochaine de passer leurs journées à participer à un grand concours international de sudoku sur Internet.

Donc, voilà, je me lance…

Xavier Bertrand est une grosse belette malodorante.

Roselyne Bachelot est une truie immonde.

Brice Hortefeux est une vermine abjecte.

Rachida Dati fut une excellente garde des Sceaux.

La dernière phrase peut surprendre mais, même dans une chronique insultante, il ne faut jamais oublier sa dimension humoristique.

Merci d'adresser vos plaintes directement à M. Jean-Luc Hees qui vous présentera ses excuses.

Déjà je présente les miennes à Rachida Dati. Là, faut être juste, je suis peut-être allé un peu loin…

MIRACLE MON CUL !

19 avril 2010

Jean-Paul II sera-t-il un saint ? Je ne demande pas si de son vivant Karol Wojtyla était un petit saint mais si aujourd'hui Jean-Paul II doit être canonisé ? La question passionne le monde épiscopal et fera l'objet de ma chronique de ce matin… Je sens déjà derrière leurs transistors certains catholiques peu enclins à la galéjade monter sur leurs ergots en prévoyant la lettre qu'ils enverront au directeur des programmes de France Inter : « Monsieur, je constate une fois de plus qu'il est plus facile de se moquer de la religion catholique que de critiquer la religion islamique autrement plus dangereuse… » Attendez, j'ai à peine commencé que vous m'interrompez. De plus, je consacre mon papier à la religion catholique sans même évoquer la question de la pédophilie, ce qui par les temps qui courent suppose un point de vue plutôt original. Attendez d'écouter ce que je vais dire…

Donc, pour être considéré comme un saint, il faut avoir accompli des miracles. Ah ben oui, ça ne se fait pas comme ça. Si vous croyez que devenir un saint, ça vous arrive tout rôti dans le bec, non, il faut faire des efforts. C'est comme partout, il faut faire ses preuves.

La sœur Marie-Simon-Pierre était atteinte d'une maladie de Parkinson. Un jour après la mort de Jean-Paul II, elle a pensé au souverain pontife disparu et paf, tout d'un coup, elle s'est retrouvée guérie. Drôlement contente qu'elle était, la sœur Marie-Simon-Pierre. Elle a alerté tout le monde. Le tribunal diocésain du vicariat de Rome a inscrit son témoignage dans son grand registre et les adorateurs de Jean Paul II étaient satisfaits d'imaginer leur idole au bord de la béatification.

« Dites donc, sœur Marie-Simon-Pierre, a dit un jour sa supérieure, mère Marie-Odile-Andrée, c'est bien joli de faire la vedette en tant que miraculée, mais le travail, ça se fait pas tout seul, allez donc à l'office et rapportez au réfectoire le sucre, la farine, la maïzena, le chocolat Poulain et puis qu'est-ce qui vous prend, arrêtez de faire la danse de Saint-Guy quand je vous parle !

— Pardonnez-moi, mère Marie-Odile-Andrée, c'est à cause des airs entraînants de Jo Akepsimas que j'ai dans la tête.

— Oui, eh bien arrêtez avec vos simagrées de yéyé, vous allez faire le remplissage des bocaux. Voici une louche, voici les bocaux, que le travail soit fini avant les vêpres… »

Une demi-heure plus tard, quand mère Marie-Odile-Andrée est revenue, le carrelage du réfectoire, les tables, les chaises, jusqu'au plafond, tout était maculé. C'était une horreur. Il y en avait partout ! Mère Marie-Odile-Andrée a aussitôt passé un coup de fil à Rome : « Dites donc, il y a pas de miracle, sœur Marie-Simon-Pierre est aussi guérie que moi je suis véliplanchiste ! »

Depuis cette histoire, on cherche des nouveaux miraculés. Le pilote de Formule 1 Robert Kubica a réchappé d'un accident très grave au Grand Prix du Canada en 2007. Dans son casque il avait une photo de Jean-Paul II. « Miracle posthume de Jean-Paul II ! » s'est écrié le clergé polonais. « Miracle mon cul ! » ont répliqué les ingénieurs de chez BMW qui travaillent depuis des années sur la sécurité des habitacles des Formule 1.

Voilà où l'on en est. Si vous-même vous avez un poster de Jean-Paul II et qu'il vous arrive des trucs étonnants, écrivez au Vatican.

Vous voyez, chrétien chatouilleux qui m'avez interrompu en début de chronique, je ne me suis pas tellement moqué de la religion et je n'ai pas du tout fait allusion à la question de la fellation plus ou moins consentante dans les sacristies.

J'espère même avoir démontré que la religion catholique n'avait rien à voir avec les autres croyances tellement plus obscurantistes et fanatiques. Non ?

SANS DÉCONNER

30 avril 2010

Lundi dernier, moi qui vous parle, je participais à une émission de télévision du service public, « La grande librairie », consacrée à la lecture et pendant laquelle des comédiens français parmi les plus prestigieux (j'y étais) venaient lire des textes qu'ils aimaient sur la grande scène de la salle Renaud-Barrault du Théâtre du Rond-Point. Leurs prestations accomplies, les comédiens, soulagés, libérés, pouvaient, en buvant des coupes de champagne ou des verres de whisky, assister à la suite de l'émission qui était diffusée spécialement pour eux dans un salon et sur grand écran. J'étais en excellente compagnie puisque je me suis retrouvé assis près de Jean Rochefort et de Jean-Pierre Marielle.

Sur l'écran, tandis que nous devisions gentiment en sirotant nos breuvages respectifs, est apparu Frédéric Mitterrand, bel auteur notamment de *Lettres d'amour en Somalie* et momentanément attaché au gouvernement actuel.

« Tiens, qu'est-ce qu'il fout là ? a interrogé Jean-Pierre Marielle.

— Ben, comme nous, a répondu Jean Rochefort, il vient faire une lecture.

— Ah bon ? s'est étonné Jean-Pierre Marielle, mais… il est pas comédien.

— Non, bien sûr, a répliqué Rochefort, mais c'est quand même le ministre de la Culture. »

Marielle, lentement, avec un air de vieux chien dépressif, s'est tourné vers son copain du conservatoire puis a proféré avec la plus grande ingénuité : « Sans déconner. »

« Sans déconner », pas suivi d'un point d'interrogation. Ne cherchant pas une réponse, un acquiescement, une approbation. Non…

« Sans déconner », pas suivi d'un point d'exclamation non plus. Ne cherchant pas le débat, la discussion, la polémique.

Non. « Sans déconner. » Juste suivi d'un point même pas de suspension. « Sans déconner. » Comme une sorte d'étonnement triste. Un ahurissement mélancolique. Un effarement hypnotique. Une légère consternation peut-être.

« Sans déconner. »

Jean-Pierre Marielle quelques instants auparavant venait publiquement de lire du Jean Echenoz, puis avait dit simplement son amour pour les textes de Louis-Ferdinand Céline, mais là Jean-Pierre Marielle « Sans déconner » plaçait de façon magistrale son échelle de valeur.

« Sans déconner. » Bien sûr, il y a ce qu'on lit dans les journaux, l'actualité, les controverses, les discussions, les débats incessants, les critiques ininterrompues, les rumeurs qui occupent le monde, le vacarme du néant, le tumulte ordinaire, les scandales répétés, les gros titres et les petites combines, les noms des ministres, les nominations, les promus, les déchus, les embruns de l'océan médiatique, les miettes d'un pain rassis et quotidien mais « sans déconner », qu'est-ce que c'est à côté d'un poème qui nous transporte, une musique qui nous fait chavirer, un auteur qui toute notre vie nous accompagne, nous console de la vanité des hommes, de l'inanité des ambitions, de la tragédie programmée de chaque existence ?

« Sans déconner. » Jean-Pierre Marielle que je ne connais pas, Jean Rochefort que j'ai du mal à tutoyer, j'étais heureux d'être votre contemporain comme dimanche dernier à la Cartoucherie de Vincennes, j'étais heureux devant *Les Naufragés du Fol Espoir* d'être contemporain de la troupe du Théâtre du Soleil et d'Ariane Mnouchkine et d'Hélène Cixous qui présentent un spectacle magnifique, bouleversant, humain, ambitieux, accessible, populaire, lyrique, poignant, drôle, mélangeant Jules Verne et Jean Jaurès, *L'Internationale* et Chostakovitch, parlant de la naissance du cinéma, de l'amour, de l'utopie, du courage de vivre, de l'espoir, de la liberté, de l'égalité, de la fraternité. Trois heures quarante-cinq qui passent comme une lettre à la poste envoyée à un ami à qui l'on veut du bien.

Ah ! que c'est beau le théâtre quand il montre la vie plus belle que la vie, quand il montre le monde plus vaste que le monde, quand il montre un firmament plus élevé que nos rêves.

« Sans déconner ?

— Sans déconner ! »

PETITE LEÇON D'OPTIMISME

7 mai 2010

Tandis que je m'apprêtais à rédiger la chronique de ce jour, mon esprit vagabond vint frapper à la porte de ma conscience aiguisée afin de lui soumettre un certain nombre d'interrogations que je me permets de vous révéler en préambule.

« N'a-t-on pas tendance à n'utiliser que l'encre noire du pessimisme pour rendre compte de l'actualité du monde, à ne regarder notre époque qu'à travers les lunettes sombres et déformantes de la désespérance ?

— Si fait, mon seigneur », répondit ma conscience servile à mon esprit philosophe qui poursuivit sa brillante démonstration dialectique… « Il te faut, mon ami, te servir à nouveau du stylo quatre couleurs de ton enfance ! Il te faut chausser les lunettes roses d'un optimisme assumé et volontaire ! N'oublie aucune bonne nouvelle ! N'écarte aucun motif de réjouissance ! »

Convaincue par l'énergie de mon esprit fougueux, ma conscience se souvint d'un fait d'actualité qui ce matin devrait tous nous réjouir.

La question des retraites est en ce moment au cœur des préoccupations et j'avais moi-même été sensibilisé il y a quelque temps par le cas d'un petit couple de retraités dont bon nombre de journaux avaient fait écho. Après une longue existence de labeur et d'engagements divers dans la vie publique, alors que l'on aurait pu imaginer que le riche parcours professionnel du mari les aurait mis à l'abri du besoin et de la charité, on s'apercevait avec effroi que ces deux personnes âgées se retrouvaient quasiment à la rue, obligées de dépendre de la générosité de quelque bienfaiteur afin de pouvoir se loger.

À Paris, quai Voltaire, à deux pas du pont du Carrousel.

Ce couple, M. et Mme Chirac, retrouve aujourd'hui des raisons d'espérer une retraite heureuse puisque Mme Chirac vient d'entrer au conseil d'administration de LVMH et pourra ainsi toucher 650 000 euros en jetons de présence. Cette merveilleuse nouvelle était parfaitement inattendue puisque Mme Chirac est autant spécialiste du luxe que moi de la physique quantique.

Gageons que notre petit couple, grâce à ce nouvel événement dans leur situation financière, pourra désormais offrir les garanties nécessaires à l'obtention d'un prêt bancaire leur permettant l'acquisition d'un bien immobilier.

Ne lisez aucune sorte d'ironie dans cette humeur matinale. Il est possible que les Chirac, sans forcément tirer le diable par la queue, puissent connaître des fins de mois difficiles. Je signale que la retraite de M. Chirac est nettement inférieure à celle que M. Sarkozy touchera puisque je rappelle que l'une des toutes premières mesures sociales du président de la République actuel aura été d'augmenter son salaire personnel de 140 %, passant de 8 900 euros à 19 000 euros, ce qu'aucun salarié de ce pays ne devrait oublier au moment où on lui demandera de faire un effort financier.

Moi qui dans mon entourage ne connais personne logé aux frais d'une princesse dont on ne voudrait pas savoir de quel service elle a bénéficié pour dispenser ainsi ses largesses, moi qui dans mes relations ne connais personne qui aurait décidé d'augmenter ses émoluments de façon si arrogante, je trouve comme vous que l'honneur des humoristes est de ne pas tomber dans le poujadisme et l'écueil du « tous pourris ».

Mais, franchement, il faudrait que les hommes politiques y mettent un peu du leur.

LE MOT DÉFENDU

14 mai 2010[1]

Bonjour ô Demorand dans ce lieu culturel
J'ai décidé pour toi et tes adorateurs
De te parler d'un mot en ces temps si cruels
Avec mon grand génie de versificateur…

C'est un mot défendu c'est un mot qui fait peur
C'est un mot condamné par la majorité
Si tu es UMP je t'en prie auditeur
Ne le prononce pas non ne l'emploie jamais
Car ce mot à proscrire ce mot à oublier
Est le plus dangereux et le plus ravageur
Ce mot à supprimer bien sûr tu le connais
Ce mot insupportable oui c'est le mot rigueur

Il ne doit plus entrer dans ton vocabulaire
Des mots il y en a tant que tu peux préférer
Choisis un autre mot saisis ton dictionnaire
Et trouve un doux vocable à l'aspect plus sucré
Parle puisqu'il le faut de panne de croissance
De solidarité pour les consommateurs
Et d'efforts à fournir d'utile vigilance
Parle d'austérité peut-être à la rigueur

Ce mot n'est pas nouveau il sent la moisissure
Il vient à point nommé quand on voudrait l'exclure
Quand il faut à nouveau se serrer la ceinture
Et faire un minestrone avec les épluchures

1. En direct de Lille.

Ce mot n'est pas tout neuf il sent son lourd passé
On le voudrait fini le souhaiterait mort
Au moment où l'on croit qu'il vient de trépasser
On s'approche intrigué merde ! Il respire encore…
Janvier 73 j'avais juste 16 ans
La rigueur s'appelait en ces temps Raymond Barre
Giscard deux ans plus tôt fut élu président
Rien qu'en les regardant moi j'avais le cafard
Mitterrand arriva et un espoir céleste
Mais le rêve partit quand Mauroy s'en alla
On réutilisa ce mot que l'on déteste
En descendant sur terre. Le réel est ingrat.

Arrêtons s'il vous plaît nos circonlocutions
M. Copé a dit « Le mot que j'utilise
Eh bien c'est la rigueur » sans dissimulation
Alain Juppé aussi eut la même franchise
Sitôt dit sitôt fait M. Henri Guaino
Est monté au créneau pour esquiver le mot
Taclant les deux rebelles et montant la sono
Pour le maire de Meaux et celui de Bordeaux

Faudrait-il appeler un chat un vieux matou ?
Faudrait-il inventer des mots inopinés ?
Faudrait-il dans le fond ne rien dire du tout
Par crainte par terreur devant la vérité
Faudrait-il simuler de croire qu'ici-bas
Tout va bien tout est beau tout est parfait tout roule
Que dites-vous pardon « baisse du pouvoir d'achat » ?
Taisez-vous malheureux ! N'excitez pas la foule !

Les usines qui ferment et les licenciements
Hélas la conjoncture ici n'est pas propice
Heureusement là-bas aux îles Caïmans
Des escrocs en col blanc comptent leurs bénéfices
Les gens travaillent plus et pourtant gagnent moins
On donne moins d'argent pour le service public
L'hôpital est malade aurait besoin de soins
L'école est, elle aussi, dans un état critique

Au milieu du marasme en plein cœur de la crise
Quand tout va à vau-l'eau et que tout se délite

Ce sujet voyez-vous passionne mobilise
Le bien-fondé d'un mot excite les élites…
Au cœur de la tempête et du vent qui secoue
Vaine pourrait sembler pareille polémique
C'est un rite français quand le bateau s'échoue
L'équipage discute un point de sémantique
Je dirais pour finir que dans ces circonstances
Dans le fond, ce n'est pas le mot qui me fait peur
C'est ce qu'il va charrier de peine et de souffrance
Car on ne sait jamais quand finit la rigueur…

PETIT CURÉ

21 mai 2010

C'est un petit curé qui ne fait pas de bruit. Un petit curé qui a une Twingo rouge et qui le dimanche matin va d'une église à l'autre pour aller porter la bonne parole du Bon Dieu auquel il a bien le droit de croire.

C'est un petit curé qui ne fait pas de distinctions. Un petit curé qui aime tout le monde, les hommes et les femmes, les Blancs et les Noirs, les jeunes et les vieux. Un peu moins les gens de son âge. Enfin, ce n'est pas qu'il ne les aime pas mais il ne sait pas trop quoi leur dire… La politique, il n'y connaît rien… Le foot, ça l'indiffère… Il ne peut pas parler de sa femme, de ses enfants qui grandissent, de son travail.

« Vous faites quoi dans la vie ?

— Bah… je prie, je baptise, je donne la communion et puis parfois l'extrême-onction… »

Non, ça n'intéresse pas trop les gens…

C'est un petit curé qui ne fait de mal à personne. Il a un Plan d'épargne populaire que sa mère lui a ouvert. Il a une collection de vieux 33-tours. Des trucs anglais qu'il reprenait dans les années soixante-dix quand, dans les colonies de vacances, il était chargé d'animer les veillées. Il a aussi toute une ribambelle de neveux, de nièces qui de temps en temps viennent lui rendre visite, surtout quand ils ont besoin de se confier, quand ils sont désespérés parce qu'ils viennent de se faire plaquer par Charlotte, parce qu'ils ont découvert que Thibault sortait avec Samantha, que Clémentine avait plusieurs amants. C'est un petit curé qui ne fait pas trop de sermons. C'est un adulte mais qui ne juge pas. Il comprend beaucoup de choses. Il ne veut pas critiquer franchement Benoît XVI mais le préservatif, il n'est pas foncièrement contre. C'est un petit curé dont on pourrait se demander si jadis, dans un passé lointain, il n'avait pas été, lui-même, un jeune homme. L'autre jour, un dimanche de baptême, il a soulevé un bébé au-dessus des fonts baptismaux, le beau-frère du parrain, un gros type moustachu, a dit : « Dites donc, vous les prenez jeunes maintenant… » La famille a rigolé. Le curé a souri, un peu gêné… C'est un petit curé qui ne fait pas de vagues…

L'autre dimanche, un enfant de chœur a éclaté en sanglots à cause de sa maman qui était partie à l'hôpital.

« Ça va s'arranger… Le cancer, aujourd'hui, il y a plein de gens qui en réchappent, ta maman a été prise à temps, tu vas voir, je te promets, ça va s'arranger… », a dit le petit curé d'une voix apaisante et puis il a caressé la chevelure blondinette et frisée du petit enfant de chœur inquiet.

La dame qui s'occupe du catéchisme et qui vient l'assister pour la lecture des épîtres a passé la tête juste à ce moment-là dans la sacristie. Après l'office, rouge encore de colère et de dégoût, elle l'a prévenu… « Vous savez, je vous le dis tout de suite, la prochaine fois, je serai obligée de vous dénoncer. »

L'émotion de la dame n'est tombée que longtemps plus tard, devant la pâtisserie, quand fébrile encore, elle a relaté son fait d'armes : « Vous savez, je lui ai dit, curé ou pas curé, je suis désolée mais la prochaine fois, je serai obligée de vous dénoncer, ça ne se passera sûrement pas comme ça, sûrement pas… »

C'est un petit curé qui lit les journaux, écoute la radio, regarde la télévision, qui aime bien entendre dans les éditoriaux que ce n'est pas bien de faire l'amalgame entre les musulmans et les intégristes, entre les homosexuels et les pédophiles.

Parce qu'il est d'accord. Il sait que lui n'a jamais eu un mot déplacé, un geste à regretter et si parfois, la nuit, il rêve de frotter son corps contre un autre corps, personne d'un peu humain ne saurait lui reprocher…

C'est un petit curé qui est effrayé d'entendre rire et crier les loups dans leurs tanières tapissées de certitudes.

C'est un petit curé qui parfois, pour se consoler, se souvient d'une chanson de Georges Brassens…

Anticlérical fanatique
Gros mangeur d'ecclésiastiques
Cet aveu me coûte beaucoup
Mais ces hommes d'Église hélas
Ne sont pas tous des dégueulasses
Témoin le curé de chez nous

MOLIÈRE, NOTRE CONTEMPORAIN

28 mai 2010

On a souvent tendance à penser que l'on ne sait pas rire dans les milieux de la droite souverainiste que l'on imagine volontiers austères, rébarbatifs, rigoristes et même, selon l'expression de Nicolas Demorand, « coincés du cul ». C'est faux. Un article du *Parisien* de ce mercredi 26 mai montre le contraire. Ainsi, chez les enfants de Philippe de Villiers pour qui la famille est, selon ses propres mots, « le premier cadre d'éducation, de protection et d'entraide », on ne s'ennuie pas souvent.

Guillaume de Villiers, 32 ans, vient d'être renvoyé devant les assises des Yvelines car il est accusé de viol sur son frère cadet Laurent. Laurent de Villiers a aujourd'hui vingt-six ans. Il s'est installé au Nebraska avec son épouse et leur petite fille de quinze mois afin de fuir cette famille qui était la sienne et sur laquelle il semble poser un regard contrasté, mitigé concernant son éducation, sa protection, son entraide.

Le juge Jean-Michel Bergès estime qu'il existe des charges suffisantes contre Guillaume de Villiers. Selon lui, les éléments à charge sont confirmés par huit témoins. Le magistrat note que les experts n'ont décelé aucune perversité chez Laurent de Villiers et qualifie de « pression non dissimulée » la visite de son frère venu aux États-Unis pour dissuader Laurent de poursuivre dans la voie judiciaire.

Guillaume de Villiers, qui a toujours nié les faits devant la justice, a réagi au travers de son avocat en disant qu'il allait faire appel de cette décision.

La justice devra donc mettre en lumière cette question : Chez les de Villiers, un grand frère a-t-il violé son petit frère ou un petit frère calomnie-t-il son grand frère en l'accusant de pratique ignominieuse ?

Philippe de Villiers, grande conscience morale dans l'Ouest catholique, propose, dans son Mouvement pour la France, de supprimer les allocations familiales pour les parents coupables de manquements graves dans l'éducation de leurs enfants. Ne serait-il pas envisageable de réclamer le remboursement de tous les avantages dont M. et Mme de Villiers auraient bénéficié pendant toutes ces années où ils auraient laissé se développer sous leur propre toit des agissements hautement condamnables ?

Ou alors faut-il penser qu'il est plus sain de se violer les uns les autres plutôt que de s'abîmer les yeux avec Internet, ou de se détruire les oreilles avec de la musique de voyous ?

Imaginez un peu ce que ce grand représentant de la police des mœurs aurait bavé si cette pathétique affaire avait fleuri au sein d'une famille de responsables socialistes, communistes, écologistes. Imaginez les mots qu'il aurait servis… Décadence, dégénérescence, déclin, perte des valeurs. Ça aurait fait un bien joli discours.

Parce que, pour les discours, le vicomte pourfendeur n'est pas le plus mauvais. Quand le drame de La Faute-sur-Mer en Vendée est survenu lors de la tempête Xynthia, Philippe de Villiers, président du conseil général de Vendée, n'a pas eu de mots assez durs pour fustiger l'incompétence, l'inconséquence des maires qui avaient donné des autorisations de permis de construire et des promoteurs « qui ont fait du fric ». Dans un récent dossier du *Nouvel Observateur*, on pouvait lire un procès-verbal montrant que l'interdiction d'installer des lotissements à La Faute-sur-Mer aurait été possible mais que le conseil général ne s'était jamais opposé à la construction de maisons sur des parcelles de terrain où quelques années plus tôt on voyait des vaches qui paissaient les pieds dans l'eau…

On s'étonne parfois que Molière soit toujours d'actualité, que l'on puisse trouver dans ses pièces des corrélations avec l'époque actuelle. C'est vrai. Mais il faut surtout féliciter M. de Villiers qui parvient à moderniser avec autant de constance et d'assiduité le personnage de Tartuffe.

EN DIRECT DE CHEZ DEMORAND[1]

4 juin 2010

Une nouvelle qui cette semaine a bouleversé le monde des médias : Nicolas Demorand a décidé d'abandonner « la Matinale » de France Inter. L'information a fait l'effet d'un coup de tonnerre puisque c'est tout un pan de l'histoire de la radio publique qui vient de s'écrouler. Nicolas Demorand, c'était évidemment les interviews musclées, c'était les coups de cœur littéraires. C'était surtout un sens de la repartie hors pair. Sur la cour de récréation, nous sommes en avril 1976, il a cette réplique cinglante face à un camarade qui le traite de « gros plein de soupe » : « Celui qui le dit qui y est ! »

Oui, c'était ça Nicolas Demorand, la culture, le sens de la repartie, l'humour aussi évidemment. Ici à France Inter, c'est la consternation, c'est l'embarras, c'est la tristesse. C'est aussi le désir de récupérer sa place. Nombre de journalistes depuis l'annonce de la nouvelle ont fait sonner leurs réveils à 2 heures et demie du matin afin de savoir, par expérience, dans quel état ils se trouvent à cette heure aussi matinale. Fabrice Drouelle a une petite longueur d'avance sur ses camarades puisque depuis des années c'est un lève-tôt. En effet, comme l'a dit Jean-Luc Hees, à cette heure-là, on n'a pas forcément besoin du journaliste le plus connu mais du plus matinal. Ou du plus couche-tard. Guillaume Durand pourrait choisir de quitter le Baron, le Queen ou chez Régine pour aller directement aux studios de l'avenue Mangin.

Gilbert Van der Smissen, notre envoyé spécial, est au domicile de Nicolas Demorand pour nous rendre compte de l'ambiance qui règne sur les lieux mêmes où le journaliste vedette a ses habitudes, son intimité et j'ai envie de dire sa part d'ombre… Gilbert ?

« Oui, François, eh bien oui, c'est une ambiance crépusculaire ici, une ambiance de fin de règne au domicile de Nicolas Demorand qui a quitté son appartement vers 3 heures ce matin

1. Nicolas Demorand devait quitter « la Matinale » pour reprendre la tranche du soir sur France Inter avant de quitter le service public pour rejoindre Europe 1.

même. Après être passé par la cuisine où j'ai manqué tomber en glissant sur une des nombreuses canettes de bière jonchant le sol, je me suis actuellement réfugié dans la penderie de la chambre de Nicolas où semble-t-il le ménage n'a pas été fait depuis des lustres. Des costumes en boule, un amas de slips et de chaussettes. Lorsque je suis arrivé dans l'appartement j'ai été accueilli par plusieurs enfants qui visiblement regardaient la télévision en mangeant des chips et en buvant du Coca-cola. Quand je me suis étonné de les voir si peu préparés pour aller à l'école, ils m'ont avoué qu'ils n'y allaient plus depuis des mois puisque leur mère, non encore levée, avait décidé de ne plus les y accompagner… J'entraperçois, dans le lit, une personne qui pourrait être l'épouse de Nicolas, et qui peut-être pourra me donner son sentiment sur cette nouvelle extraordinaire, le départ de Nicolas Demorand de la tranche 6 h 30-10 heures… Oui, s'il vous plaît, votre sentiment ?… (*On entend un grognement puis des ronflements…*) »

Gilbert ? Gilbert ?

« Oui, eh bien, écoutez, François, c'est tout ce que je pouvais vous dire au moment où je vous parle. C'était Gilbert Van der Smissen, en direct du domicile de Nicolas Demorand… »

Merci, Gilbert. Vous n'hésitez pas à reprendre l'antenne si un nouvel événement survenait…

« François ? Eh bien oui, justement, c'est extraordinaire, la personne qui pourrait être l'épouse de Nicolas Demorand vient de se retourner dans son lit dans un demi-sommeil ! »

Gilbert ? Au moment où vous me parlez, une personne dans le lit de Nicolas Demorand vient de se retourner ? C'est ce que vous êtes en train de me dire ? Gilbert ?

« Absolument François, dans un demi-sommeil ! C'est vraiment de l'information en direct ! La personne vient de se retourner. Une bouteille de rhum agricole vient au moment où je vous parle de tomber du lit. C'était Gilbert Van der Smissen en direct du domicile de Nicolas Demorand. »

Merci Gilbert.

Je ne suis pas à proprement journaliste mais je dois dire modestement que lorsque l'actualité est vécue avec cette force de l'instantané, c'est un frisson qui parcourt l'échine de l'homme des ondes que je suis. On peut comprendre que Nicolas Demorand quitte la tranche matinale pour retrouver une nouvelle hygiène de vie et peut-être une sorte d'équilibre familial. Nicolas en effet sera toujours sur France Inter mais à un autre horaire.

Comme, semble-t-il, Stéphane Guillon à qui l'on a proposé la lecture du bulletin de la météo marine la nuit sur les ondes courtes du service public.

Bonne semaine. À vendredi !

51

11 juin 2010

J'aimerais aujourd'hui exceptionnellement instrumentaliser l'antenne à des fins personnelles. Je sais, ce n'est pas conseillé par les temps qui courent, je dirais même que c'est effectivement intolérable et je risque d'être sanctionné comme il se doit. Mais tant pis, je prends le risque parce que je vis en ce moment des choses personnelles pas faciles-faciles et, si je m'épanche aujourd'hui sur les ondes nationales, c'est afin de faire partager le poids qui leste mon cœur, gros à peu près comme un cheval mort. Un cheval mort, j'aime autant vous dire, ça pèse son poids. J'en parlais à un voisin équarrisseur dernièrement qui me disait textuellement : « Ouh là là, un cheval mort, j'aime autant vous dire, monsieur Morel, que ça pèse son poids. Ouh là là ! » Ce qui par conséquent corrobore mon analyse première quant au poids du cheval mort puisque je viens de la valider par un point de vue professionnel et autorisé.

Voilà, je vous dis tout net ce qui m'a bouleversé cette semaine. Hier, j'ai eu 51 ans. Oui, je sais, vous avez du mal à le croire.

« Comment ? 51 ans ? s'étonnait mon voisin équarrisseur, mais ce n'est pas possible ! Mais votre teint est frais comme la rosée du printemps ! Mais votre allure est celle d'un jeune homme ! Mais vous ressemblez ni plus ni moins à un perdreau de l'année ! En plus, ce n'est pas pour vous flatter mais qu'est-ce que vous êtes bien gaulé, craquant comme un Petit Lu, le sourire enjôleur, le regard franc, la mèche rebelle couleur de jais, le menton victorieux, le nez aquilin, le visage et le corps parfaits que l'on ne voit guère que dans les publicités sur papier glacé pour la mousse à raser ou les slips Sloggi. »

(Merci de bien vouloir arrêter immédiatement l'enregistrement vidéo.)

Oui, c'est vrai, je fais très jeune et je crois que je ne laisse pas indifférent mon voisin équarrisseur qui a posé sa main sur mon épaule en me disant d'un ton particulièrement commercial : « Vous savez, à l'occasion, si vous avez un cheval mort sur les bras, je suis votre homme… »

Toute l'année, la direction de France Inter a été félicitée par de nombreux auditeurs. « Bravo de donner leurs chances à des jeunes chroniqueurs ! De donner un coup de pouce à des post-adolescents aussi talentueux… »

Ces auditeurs, je suis désolé de le dire, se méprenaient. J'ai atteint hier l'âge respectable de 51 ans.

J'ai reçu en cadeau un gros paquet de sel de la part d'Huguette Gouin qui habite à Fontenay-le-Marmion dans le Calvados et qui est une fidèle auditrice. Un gros paquet de sel comme jeté sur la plaie vive de ma douleur.

51 ans !

Cruelle Huguette ! Impitoyable Huguette ! Cinglante Huguette ! Implacable Huguette !

51 ans !

Je sais, ça intéresse peu de gens mais tant pis je veux le crier à la face du monde comme pour exorciser ma peine, mon malheur, ma désolation. J'ai 51 ans et je ne laisserai personne dire que c'est le plus bel âge de la vie.

51 ans, oui, 51 ans ! Mais ce n'est pas possible ! Regarde Nicolas Demorand, après huit années de matinales, on dirait ton père. Je sais bien. Je sais bien… Pourtant mon numéro de Sécurité sociale, ma carte d'identité, mon permis de conduire me le rappellent continuellement.

J'ai 51 ans. J'ai 51 ans et je ne sais toujours pas ce que je veux faire dans la vie. J'ai 51 ans et je passe ma vie à rêvasser vainement à des choses vagues.

Mon voisin n'est pas seulement équarrisseur et homosexuel. Il est également lettré. C'est lui qui m'a cité Jacques Sternberg et je ne pense pas que c'était dans l'intention de me consoler : « Quand on a dépassé la cinquantaine, on régresse à peu près sur tous les plans sauf celui des regrets. »

FINI DE RIRE

25 juin 2010

Quel bordel ! Mes amis, quel bordel ! L'affaire Guillon, l'affaire Porte sont devenues nationales. Les hommes politiques ont réagi avec virulence, les humoristes sont montés au créneau. Le président de la République m'a demandé de passer à l'Élysée afin de traiter l'humour sur France Inter. On voit par là que le président a le sens des priorités. L'équipe de France, Porte-Guillon et la semaine prochaine, s'il trouve le temps, il s'occupera des retraites. Tout le monde a fait sa déclaration. Notre camarade Guy Carlier s'est ému de la liberté d'expression. Il a raison. Qu'il s'inspire de Didier Porte et de Stéphane Guillon pour évoquer avec autant de virulence son employeur Lagardère et mesurer ainsi sa liberté d'expression sur Europe 1.

Quel bordel ! Moi, France Inter, c'est ma radio. Depuis toujours. Depuis le lycée, quand je rentrais sur mon vélo pour écouter Jacques Chancel qui radioscopait ceux que j'avais tellement envie de rencontrer. Depuis mes soirées d'adolescent passées dans mon lit avec José Artur, en tout bien tout honneur, qui me faisait connaître des peintres, des artistes, un certain esprit, un certain humour, une forme d'insolence élégante. Depuis mes années de fac, quand ma journée s'arrêtait pour écouter Claude Villers, Pierre Desproges, Luis Rego et le Tribunal des Flagrants Délires. France Inter, c'est ma radio. Celle de Pierre Bouteiller et de Brigitte Vincent. Celle que j'écoutais quand Gérard Sire de sa voix chaude disait ses contes si bien écrits, si surréalistes, offrant sans le savoir des perspectives à l'humoriste que je rêvais de devenir un jour. Pour moi, France Inter c'est, pour paraphraser Antoine Vitez, une radio « élitaire pour tous ». Exigeante et populaire. Insolente et respectueuse de chacun. Tout ça pour vous dire que ce qui se passe en ce moment m'affecte, me bouleverse, m'attriste. Comment en est-on arrivé là ? Comment cette radio qui à longueur d'antenne prône tant l'échange, le dialogue, peut paraître aujourd'hui si fermée ?

« Je ne suis pas Domenech », dit Jean-Luc Hees.

Méfie-toi, Jean-Luc, tu n'en es pas si loin… L'arrogance dont tu faisais preuve mercredi midi vis-à-vis de Stéphane Bern au journal de treize heures en balayant sa réaction plutôt digne (« Ça coûte pas cher de se déclarer solidaire trente secondes… ») n'est pas sans rappeler l'attitude du patron des Bleus. Ton affirmation selon laquelle l'humour n'avait pas sa place le matin, contredisant totalement ce que Philippe Val m'assurait le soir au téléphone (« Tout ça c'est des conneries ! »), ressemble à une façon de diriger floue, nébuleuse, indéfinie.

« Je ne m'appelle pas Domenech », dis-tu. Ça tombe bien, je ne m'appelle pas Anelka et ne t'inviterai donc pas à pratiquer la sodomie passive. Je suis cependant triste de constater que l'ambiance de merde qui sévit actuellement à France Inter n'est pas sans rappeler celle qui a existé au sein de l'équipe de France et a conduit à sa perte. Le mépris n'est jamais une bonne méthode de gouvernance.

J'adresse à Didier Porte et à Stéphane Guillon mes sentiments fraternels, mes regrets de ne plus les entendre sur la chaîne. J'ai du mal à comprendre en particulier que Didier Porte soit écarté du Fou du Roi où son style caustique, mordant, impitoyable vis-à-vis des fausses valeurs et des vrais pantins contrebalançait si bien l'attitude naturellement empathique et indulgente de Stéphane Bern.

Si, comme le souhaite Jean-Luc Hees, l'humour doit être banni à 7 h 53, vous remarquerez que déjà ce matin je n'ai pas pollué l'antenne par un excès de rigolade.

Bonnes vacances à tous. On en a besoin.

Deuxième saison

MOREL REVIENT !

3 septembre 2010

Après les événements qui au mois de juin ont agité France Inter, des événements particulièrement violents, passionnés, choquants, traumatisants à côté desquels l'entrée des chars russes en Tchécoslovaquie pourrait passer pour une joyeuse promenade de printemps, l'envahissement de la Pologne par les troupes nazies comme un inoffensif voyage interculturel, la question qui a mis en ébullition toutes les rédactions de France, et a fait passer le renvoi des Roms, les multiples rebondissements de l'affaire Woerth-Bettencourt, les habituelles rodomontades estivales et vaines du président de la République sur la question de la sécurité, les élections en Haïti, autant de sujets qui sont passés pour des péripéties sans importance, des vicissitudes uniquement destinées à faire patienter les lecteurs, les auditeurs, les citoyens de ce pays tous obnubilés par la seule question qui méritait d'être posée, la seule question digne d'intérêt qui véritablement a passionné, inquiété, angoissé, la seule interrogation qui a mis en effervescence nombre de réunions de famille, de comptoirs de bistrot, de vestiaires de salle des sports, de sacristies d'église : « Morel va-t-il, oui ou non, revenir à France Inter le vendredi matin ? »

Eh bien oui, il semblerait que l'on puisse dire que, comme Jésus en son temps, Morel revient. Il semblerait… Je parle au conditionnel… qu'il ait choisi de revenir apporter sa bonne parole, son formidable esprit d'analyse et son immense culture sur les ondes de France Inter. Soulagement pour les uns, déception pour les autres, la question était sur toutes les lèvres pendant toutes ces dernières semaines.

Notre envoyé spécial Gilbert Van der Smissen confirme que son retour sur les ondes nationales est confirmé… Gilbert ?

« Eh bien oui, il semblerait effectivement que François Morel ait quitté son immense propriété ce matin même pour se rendre avenue du Général-Mangin. Une limousine noire à vitres fumées l'attendait devant la grille de son château pour le conduire dans les studios de France Inter. La limousine était conduite par un chauffeur à casquette sous laquelle des voisins physionomistes auraient cru reconnaître Didier Porte lui-même. Tandis que, de source bien informée, la pelouse de François Morel aurait été tondue pas plus tard qu'hier après-midi par Stéphane Guillon. On peut donc souligner que l'humoriste du vendredi dont on connaît l'humanité, la charité, la bonté, le don de soi…

— La générosité…

— Comment, François ?

— Non, je disais la générosité.

— Pardon, je n'ai pas entendu…

— Non, je disais la formidable générosité de François Morel…

— Exactement, oui, la générosité, n'a pas oublié ses anciens collègues puisqu'il aurait offert à l'un et à l'autre des emplois qui leur permettront d'ores et déjà d'attendre des jours meilleurs. Je signale enfin, François…

— Oui ?…

— … que l'on vous entend en ce moment sur France Inter et qu'il était donc parfaitement absurde de m'appeler pour confirmation.

— C'est très juste, cher Gilbert…

— C'était donc Gilbert Van der Smissen pour France Inter. J'en profite pour vous signaler, François, que le facteur vient de passer et que je me permettrai de vous emprunter le dernier *Penthouse* que vous venez de recevoir.

— Merci Gilbert. »

Je rappelle donc l'information de la matinée qui naturellement éclipse toutes les autres. Morel revient. Comme un rescapé de l'humour, un survivant de l'ironie, un miraculé du persiflage. « Un traître », diront certains qui pensent que son maintien au micro de France Inter équivaut à un reniement, à une capitulation. On attend évidemment de nombreuses réactions qui seront comme un fil rouge pendant toute la journée spéciale « Le retour de Morel ». De nombreuses équipes de la rédaction ont été envoyées pour recueillir les différentes réactions notamment à Médiapart, à Arrêt sur images. Nicolas Sarkozy, qui se trouvait par hasard en train de prendre son petit déjeuner dans le bureau de Jean-Luc Hees, n'a pas souhaité faire de commentaire mais aurait repris trois fois des viennoiseries. Je parle à nouveau au conditionnel.

Il est évident que, d'une manière ou d'une autre, le retour de François Morel équivaut à un camouflet pour tous les démocrates et évoque les heures les plus sombres de l'Histoire de France. Nous ne manquerons pas de vous tenir informés. La nouvelle est tellement bouleversante que je me garderai bien, pour le moment, de trouver une phrase de conclusion.

QU'EST-CE QU'ON EST CON !

10 septembre 2010

Qu'on est con ! Mais qu'on est con ! Excusez-moi d'utiliser un langage un peu relâché, mais à neuf heures moins trois, normalement les enfants sont en classe et, près de leurs radios, il n'y a plus que des retraités et des feignasses qui ne s'offusqueront pas de supporter un langage un peu plus négligent.

Qu'on est con ! Mais qu'on est con ! Pourquoi n'y avons-nous pas pensé plus tôt ? Pourquoi nos cerveaux malades n'ont pas identifié la cause de tous nos maux depuis des années ? Pourquoi nos esprits débiles n'ont pas reconnu la source de tous les désagréments que nous devons subir ? Parce que tous les tourments du monde, toutes les difficultés, tous les emmerdements que l'on connaît, tous les obstacles à une vie sereine et apaisée, tout ce qui nous éloigne du paradis sur terre est dû à une poignée de malfaisants qu'il faut éradiquer, qu'il faut supprimer.

L'insécurité dans les banlieues, le chômage, la montée des prix, la baisse du pouvoir d'achat, le réchauffement de la planète, le terrorisme et ce gros connard dans son 4 × 4 qui m'a fait une queue de poisson sur l'A13 jeudi dernier, tout ça, tout ce qui nous plombe, tout ce qui nous accable, tout ce qui nous écrase, tout ce qui nous opprime, tout ce qui nous déprime, il fallait y penser (heureusement qu'on a des gouvernants en prise avec les réalités des Français et qui ne passent pas leur temps, monsieur, je m'excuse, à gamberger inutilement à la terrasse des cafés de

Saint-Germain-des-Prés), toute la souffrance du monde, je vais vous dire, c'est la faute aux Roms !

C'est la faute aux Roms ! Aux romanos ! Aux romanichels ! Splendeur de l'apocope ! Vous avez remarqué, avec le temps, leurs noms diminuent. Leurs noms s'amenuisent. Leurs noms disparaissent. Les romanichels sont devenus des romanos qui sont devenus des Roms. Un jour on dira des « ros » et puis des « r ». Et puis, bientôt, on n'aura même plus besoin de les prononcer parce qu'ils se seront éteints et que l'on vivra dans un monde idéal où aux feux rouges il n'y aura plus tous ces sales mômes au nez morveux, au regard torve qui vous nettoient les pare-brise alors qu'on n'a rien demandé, alors que la voiture justement, petit con, elle sort de la station-service vu que l'on a une carte lavage chez Total et que l'on n'a surtout pas besoin que tu viennes mettre ta sale graisse savonneuse à deux balles sur une bagnole dont je te signale on n'a même pas fini de payer les traites.

Tous les malheurs du monde, c'est la faute aux voleurs de poules.

Et ça nous avait échappé, idiots que nous sommes, anesthésiés par les discours bonasses de ces milliardaires de gauche qui veulent nous donner des leçons de charité. Et le pape qui s'y met. Sale boche, on t'a rien demandé. Commence à t'occuper de ce qui passe sous la jupe de tes évêques avant de venir nous faire la morale juste au moment où l'on a trouvé les coupables, les fautifs, les responsables de notre misère.

On n'arrive pas à supprimer la pauvreté, eh bien, supprimons les pauvres ! D'ailleurs, ils ont une sale gueule !

On n'arrive pas à augmenter la richesse, eh bien, augmentons les riches !

D'ailleurs, M. Woerth a une tête d'honnête homme.

C'est lui qui le dit et c'est quasiment sa seule ligne de défense.

« Je ne suis pas malhonnête. La preuve ? J'ai une tête de type honnête. » Comme Bérégovoy. Comme Salengro. T'as compris, fouille-merde ? Tu arrêtes de m'attaquer ou je me suicide ? Je suis une victime ! Arrêtez de me lapider comme une femme condamnée en Iran. Je sais, je pousse un peu. Plus c'est gros, plus ça passe ! Qu'est-ce que j'ai fait ? C'est pas si grave ! Trafic d'influences ? Avoir profité de ma situation pour faire embaucher ma femme ? Avoir mélangé mes intérêts personnels avec les intérêts du pays ? Avoir mélangé les intérêts de la France avec les intérêts de mon parti ? Avoir distribué la Légion d'honneur comme un hochet au bienfaiteur de mon parti, à l'employeur de ma femme ? Qu'est-ce qu'on me reproche ? D'avoir perdu le sens des réalités ? Mais tout le monde l'a perdu ! De profiter de la bonne soupe ? Mais tout le monde se sert ! Qu'est-ce qu'on a besoin de me chercher des poux dans mon crâne dégarni ? Vous préférez qu'à Chantilly, sur le terrain de courses, on voie des Roms sous des hauts-de-forme faire des baisemains à des duchesses ?

Qu'est-ce que tu me fatigues avec tes droits de l'homme et tes principes républicains !

Discute pas ! Complique pas ! Rentre chez toi !

Liberté, égalité, tête du client.

CONFLIT D'INTÉRÊTS[1]

16 septembre 2010

Y a-t-il eu, oui ou non, conflit d'intérêts ? Patrick Cohen, je vous pose la question, y a-t-il eu oui ou non conflit d'intérêts ?

La femme d'un haut responsable politique a-t-elle, oui ou non, profité de la situation de son mari pour se faire embaucher ? Le responsable politique, même s'il n'a pas dit de manière claire, ouverte, directe : « Vous employez ma femme sinon je vous jure qu'il va vous arriver des bricoles », a-t-il, quand même usé, de façon détournée, souterraine, de la situation et de toute son influence afin que son épousée puisse prétendre à une place qu'elle convoitait ?

La question mérite d'être posée.

Naturellement, la femme de cet homme politique en vue n'est sans doute pas sans compétences ni sans talent, mais était-elle la mieux armée pour prétendre à ce poste si désiré ? N'aurait-il pas été plus juste par exemple d'engager sa sœur qui peut présenter un curriculum vitae plus en mesure de répondre *a priori* au profil souhaité ?

En effet, Valéria Bruni-Tedeschi est une comédienne talentueuse et inspirée tandis que sa sœur Carla n'a jamais fait ses preuves en tant qu'artiste dramatique. Elle n'a joué dans aucun film, sur

1. L'honnêteté m'oblige à dire, depuis que j'ai vu *Midnight in Paris*, que la prestation de Carla Bruni, non coupée au montage, n'était en rien honteuse.

aucune scène de théâtre, n'a jamais même eu le moindre rôle dans « Plus belle la vie » où elle aurait très bien pu jouer une petite cousine romantique et naïve qui revient en larmes s'installer à Marseille après des années d'errements dans la capitale au bras d'hommes tous plus ambitieux les uns que les autres mais sans scrupule. « Oh, peuchère, lui aurait dit la cousine compatissante, on peut dire que tu t'es bien fait baiser… »

Oui, Carla aurait pu passer au moins un casting, faire des essais, un peu de figuration, intelligente si possible, mais se retrouver du jour au lendemain dans un film de Woody Allen alors qu'on n'a jamais présenté le moindre goût pour l'art dramatique, n'est-ce pas aussi déplacé que se faire bombarder directeur de l'Epad[1] alors qu'on n'a pas encore fini sa seconde année de droit ?

Aujourd'hui, il est question de trente-cinq prises. On dit que Carla, trop mauvaise, aurait finalement disparu du film, remplacée par une autre comédienne. Autant dire la honte…

Je ne voudrais pas que l'on se méprenne sur mon papier de ce jour, je ne profite pas d'un fait d'actualité somme toute secondaire pour critiquer une fois de plus le chef de l'État qui n'a pas besoin de sujets de polémique supplémentaires pour vivre une rentrée difficile.

Il semblerait donc qu'on ait aussi peu de chances de voir Yvonne de Gaulle dans un film de Jacques Tati, Anne-Aymone Giscard d'Estaing dans un film de Pascal Thomas que Carla Bruni-Sarkozy dans un film de Woody Allen.

Dommage. Les occasions de rire sont rares.

Lorsque l'actrice Grace Kelly est devenue Grace de Monaco, elle n'est plus jamais allée sur un plateau de tournage, même quand le grand Alfred Hitchcock la sollicitait. Autre époque. Autres mœurs. Autre mentalité. Autre déontologie. J'arrête. Je ne voudrais pas passer pour un raisonneur ou un donneur de leçons. Je suis ici pour amuser dans un contexte difficile.

L'actualité nous donne de nombreux arguments pour nous morfondre.

Ainsi et à ma connaissance, Mme Woerth n'a, à ce jour, toujours pas retrouvé d'emploi et François-Marie Banier, qui rêva d'adoption, reste aujourd'hui comme un petit orphelin.

Courage à tous. À vendredi prochain.

---

1. Epad (Établissement public pour l'aménagement de la région de la défense).

CLAUDE CHABROL
17 septembre 2010

Ce matin, au Père-Lachaise, on enterre Claude Chabrol. Le Père-Lachaise est en ce moment l'un des endroits les plus fréquentés par le cinéma français. Plus que le Costes, plus que le Fouquet's. Si vous êtes jeune comédien, que vous avez besoin de vous faire remarquer, c'est là qu'il faut venir avec son press-book, ses fleurs et ses photos…

C'est surprenant comme il y a des morts qu'on ne voit pas venir. Des morts qui nous étonnent. Des morts qui nous cueillent au réveil. Un dimanche matin, avant même d'être allé faire son marché, un message consterné de mon copain Olivier Broche : « Tu as entendu, Claude Chabrol est mort.

— Merde », je lui fais. Oui, dans l'intimité, je n'ai pas toujours le merveilleux sens de l'à-propos qui est ma signature sur les ondes.

« En plus, me dit Olivier, c'est trop con, je devais tourner avec lui le mois prochain. »

Ils sont comme ça, les comédiens. En plus de la tristesse sincère qu'ils peuvent ressentir en apprenant la mort d'un artiste aimé, admiré, ils ne peuvent pas s'empêcher de penser à leurs 507 heures qu'ils doivent accumuler au cours des 319 jours…

Moi, quand un journaliste me demandait : « Avec qui aimeriez-vous tourner ? », je répondais : « Chabrol. » Chabrol, je le sentais bien… Faire le fils de Michel Serrault, le frère de François Berléand, ça me semblait dans mes cordes. Je peux apprécier le cinéma de Catherine Breillat ou celui de Christophe Honoré, hélas mes capacités d'acteur me paraissent éloignées par exemple de celles de Rocco Siffredi ou de François Sagat.

Ce qui surprend dans l'idée que Chabrol puisse être mort, c'est qu'il était terriblement vivant. Pourquoi faut-il que ce soit toujours les types vivants qui meurent ? Les bons vivants font de mauvais morts.

À la télévision, à la radio, ses comédiens se sont suivis pour lui rendre hommage. Chacun à sa façon. Digne (je n'ai pas dit austère), un peu lointaine (je n'ai pas dit froide), sans doute plus émue qu'elle ne voulait paraître, Isabelle Huppert parlait d'une image qui derrière celle du gourmet, du gourmand, cachait des secrets, des douleurs. Gérard Depardieu a été énorme, débordant, expansif, abondant, depardiesque (je n'ai pas dit vulgaire). Chacun fait comme il peut avec son deuil, avec sa tristesse. Mais Claude Chabrol sans doute avait besoin de ces deux acteurs-là pour raconter l'humanité, paradoxale, riche, contradictoire.

La grande bourgeoisie si petite, si méfiante, si sûre de son fait, si arrogante, si bien dépeinte par l'auteur de *L'Ivresse du pouvoir* est triomphante.

Une nouvelle vague vient de mourir sur une plage qui en France est aujourd'hui polluée par la xénophobie, l'affairisme d'État, le rejet de l'autre.

Ne pensez pas que ce soit seulement une formule de conclusion, si je vous dis… Claude Chabrol nous manque déjà.

COMMENT VOUS DIRE
24 septembre 2010

Aujourd'hui, je vais profiter d'avoir la chance de pouvoir parler à la radio pour faire un truc interdit. Utiliser ma liberté de parole à des fins personnelles. Je vais faire une chronique ce matin qui, en réalité, ne s'adresse qu'à une seule personne. À un seul auditeur. Si vous n'êtes pas l'auditeur en question, franchement, vous feriez mieux d'aller sur d'autres ondes. En ce moment sur Europe 1, c'est intéressant, il y a une publicité pour les magasins U…

Bon, voilà, seulement je ne sais pas si cet auditeur auquel je pense et à qui je voudrais parler est précisément branché sur France Inter… Si par malheur il était en train d'écouter une radio périphérique ou s'il n'était pas levé parce qu'il a fait la bamboula hier soir, ce serait bien qu'un de ses amis ou un de ses conseillers puisse lui transmettre mon message.

Voilà, je voudrais m'adresser en privé à Nicolas Sarkozy.

Euh… comment dire ?… Monsieur Sarkozy, je me présente, je suis chroniqueur à France Inter, ce n'est pas spécialement prestigieux comme métier mais en même temps ce n'est pas non plus si honteux… J'essaie de bien faire mon travail qui ne doit pas être si évident puisqu'en ce moment c'est plus commode de trouver des prétendants à la présidentielle que des rigolos capables d'assurer la pastille humoristique de 8 h 55 sur France Inter…

D'abord, je voudrais, monsieur Sarkozy, sincèrement vous remercier pour tout ce que vous avez fait pour nous. On peut dire que vous nous avez donné du grain à moudre… Votre divorce, votre remariage, vos fautes de français, votre comportement un peu épileptique, vos saillies, le Kärcher, « casse-toi, pauvre con », votre façon de vouloir tout faire, le président, le Premier ministre, les directeurs de chaînes de télé, franchement c'était formidable ! Quand on n'avait pas spécialement d'idées, il suffisait de penser à vous pour immédiatement trouver l'objet de notre chronique.

On a vraiment passé des bons moments grâce à vous et, pour ça, je voulais vous dire merci.

Mais comment vous dire, je ne voudrais pas spécialement vous vexer parce que je me doute que vous êtes un être humain et que vous devez avoir un petit cœur qui bat comme tout le monde et que je ne prendrais pas de plaisir à me moquer de vous publiquement.

Comment vous dire ?… Je voudrais aussi vous féliciter. Si. Vous avez été élu président de la République, ce n'est pas rien, quand même. Au départ, fils d'immigré, devenu le maire d'une ville moyenne de la région parisienne, c'était déjà énorme. Vous avez un physique pas repoussant mais plutôt banal, et vous n'avez jamais eu de grandes fulgurances intellectuelles mais quand même vous êtes devenu le chef d'une grande puissance, et franchement c'est formidable. C'est même un exemple pour la jeunesse. Un exemple d'entêtement, de persévérance. Bravo.

Mais, là, comment vous dire ? Ce n'est pas que vous nous faites honte parce que ce ne serait pas gentil, et puis vous êtes quand même notre actionnaire principal à France Inter mais euh… un petit peu quand même. Voilà, oui, vous nous faites carrément honte. L'image de la France à l'étranger depuis que vous êtes là, ne le prenez pas mal, est sérieusement endommagée et, quand on est français et qu'on aime son pays, notamment pour son image de liberté, d'ouverture, on se sent quand même un petit peu sali…

Voilà ce que je voulais vous dire. Je ne vous en veux pas plus que ça. Vous avez des amis qui vous aiment beaucoup, qui disent que vous êtes un chic type avec le sens de l'humour. C'est possible. Justement, nous à France Inter, comme je vous le disais tout à l'heure, on cherche des humoristes. Si vous avez le temps, à l'occasion, envoyez à Philippe Val une petite démonstration de ce que vous pourriez faire. Vous pouvez dire un peu ce qui vous passe par la tête mais là, c'est moins grave, parce que c'est un peu le principe de l'exercice. Je vous promets qu'on essaiera de vous accueillir ici à bras ouverts. Vous avez quand même plus votre place parmi les amuseurs.

LUCHINITE AIGUË

1er octobre 2010

« Les journaux regorgent d'histoires de braves gens pris en otage à la banque par des gangsters, mais ils restent muets sur les cas beaucoup plus fréquents de clients pris en otage par leurs banquiers. »

Roland TOPOR.

Jocelyne Lemaire-Darnaud n'est pas restée muette, elle a réalisé un film, *Moi, la finance et le développement durable*.

Aujourd'hui, c'est juste une page de publicité pour un film important qui est sorti mercredi dernier et qu'il serait idiot de rater vu que sa réalisatrice, elle, ne l'a pas raté.

« Si vous voyez un banquier se jeter par la fenêtre, sautez derrière lui : vous pouvez être sûr qu'il y a quelques profits à prendre. »

VOLTAIRE.

« Même les voleurs de grand chemin ont disparu : les uns habitués au plein air exercent la profession de pickpocket sur les terrains de course ; les autres se sont adonnés à la haute banque. »

Alphonse ALLAIS.

Je suis atteint ce matin de ce que l'on appelle une luchinite aiguë, il faut m'excuser… Ce trouble qui n'est pas grave en soi, mais qui nécessite une visite chez le médecin s'il devait se prolonger, consiste à émailler son discours de citations à tout bout de champ. Si Didier Porte avait prêté à Dominique de Villepin le syndrome de Luchini plutôt que celui de La Tourette, il serait encore salarié de Radio France.

Jocelyne Lemaire-Darnaud présente donc un formidable film sur l'épargne avec des acteurs magnifiques, Emmanuel Delaville, Michel Laviale, Anne-Catherine Husson-Traoré, sœur Nicole Reille, une religieuse qui a créé le premier fonds de placement éthique sur des critères non pas religieux mais sociaux en insistant sur le respect des salariés dans l'entreprise, et Jocelyne Lemaire-Darnaud dans le rôle d'une ménagère de plus de 50 ans qui, elle, a décidé de récupérer tout son temps de cerveau disponible.

Allez voir *Moi, la finance et le développement durable*, un documentaire excellent de Jocelyne Lemaire-Darnaud. Un film en couleurs sur Bêta numérique.

« Le capitalisme est cette croyance étonnante que les plus mauvais des hommes feront les pires des choses pour le plus grand bien de tous. »

John Maynard KEYNES.

Dans votre salle de cinéma habituelle, réclamez le film de Jocelyne Lemaire-Darnaud, *Moi, la finance et le développement durable*.

C'est une annonce à caractère promotionnel qui ne va pas rapporter un centime à France Inter mais qui va immédiatement remplir toutes les salles qui auront eu la bonne idée de programmer *Moi, la finance et le développement durable*. Un film de Jocelyne Lemaire-Darnaud.

« Une banque vous prête un parapluie quand il fait beau et vous le reprend quand il pleut. »

George Bernard SHAW.

« La banque est un piège à compte. »

Jacques PATER.

« Il y a des banquiers qui roulent même leurs cigarettes. »

Jean RIGAUD.

Vous remarquerez que la luchinite peut prendre des aspects multiples. Certains ont une propension à citer Nietzsche. Moi, je cite Jean Rigaud.

Si vous n'avez pas envie que vos petites économies servent à l'achat d'armes ou à des constructions de centrales nucléaires dans des zones sismiques, questionnez votre banquier, changez de banque, mais d'abord allez voir un film. Je ne sais plus si je l'ai mentionné. Il s'intitule *Moi, la finance et le développement durable*. Il est l'œuvre de Jocelyne Lemaire-Darnaud.

« Résiste, prouve que tu existes. »

Michel BERGER.

MARÉCHAL, LE REVOILÀ

8 octobre 2010

Vous avez remarqué, dans certains villages, sur les monuments aux morts, on peut lire au-dessus du nom des enfants du pays : « Morts pour la France, tués par les boches. » C'était juste après la guerre, la cicatrice était encore à vif, la hache de guerre, pas encore enterrée. Plus tard, on a inscrit : « Tués par les Allemands. » Encore plus tard, on a pu lire : « Tués par les nazis. » Aujourd'hui, sur certains monuments aux morts remis à neuf, on a écrit : « Tués par les nazis, avec la complicité de la police française. »

Le temps qu'il faut pour trouver la bonne expression, la formulation juste…

Quand j'étais petit, la guerre était finie depuis juste vingt ans. Ça paraissait à mes yeux d'enfant aussi éloigné que la préhistoire. La guerre, ça devait se situer à une époque vague où l'on pouvait rencontrer une Jeanne d'Arc qui entendait des voix, un roi qui se prenait pour un soleil, des Sarrasins, des merveilleux, des sans-culottes, des dinosaures, des Mérovingiens, des poules au pot et des vieillards moustachus qui habitaient dans des tranchées. J'avais une vision de l'histoire de France très approximative. Je ne savais pas que les soldats de la guerre 14-18 étaient des hommes jeunes et fringants qui rêvaient d'amour, de ciel bleu et d'avenir. Je ne savais pas que la guerre 39-45 avait eu lieu la veille. La veille ! La veille, je le sais. Puisqu'il y a vingt ans, le mur de Berlin tombait et que c'était hier…

Quand j'étais petit, on entendait dans les conversations que, dans le fond, de Gaulle et Pétain étaient d'accord, que l'un organisait la Résistance mais que l'autre, le plus vieux, comme il pouvait, tenait la Maison, avec courage et dévouement. Que voulez-vous ? Tout le monde ne pouvait pas partir en Angleterre…

On entendait des choses comme ça quand j'étais petit. L'heure était à la réconciliation. Le Dany Boon de l'époque s'appelait Noël-Noël. Noël-Noël, comme une double promesse de fête et de cadeaux destinée à faire oublier le temps des restrictions. Il jouait dans un film qui s'appelait *Le Père tranquille*. On y voyait un petit bonhomme qui n'avait l'air de rien, qui ne faisait pas de politique, qui cultivait son jardin, mais qui en réalité était un chef de la résistance, un héros, un type bien, comme la plupart des

Français qui s'étaient comportés de manière irréprochable, comme le général qui était parti à Londres et comme le pauvre maréchal qu'on a beaucoup critiqué après mais, qu'est-ce que vous voulez, il fallait bien faire tourner la boutique.

La boutique de Pétain a tourné au-delà des espérances des nazis allemands. Un document, révélé cette semaine, montre que Pétain a durci les mesures antisémites réclamées par Adolf Hitler et ses sbires. Avec son petit crayon, assis à son bureau bien ciré, le maréchal, sous sa moustache blanche et rassurante, d'une main tranquille et d'un air assuré, a annoté le statut des Juifs afin de rendre leurs vies plus invivables, de rendre leurs passages sur terre encore plus infernaux. Il trouvait sans doute les nazis un peu trop mous, un peu trop complaisants avec les Juifs. Trop indulgents. Limite baba cool.

En Italie, l'humoriste Silvio Berlusconi a raconté vendredi dernier une blague sur les Juifs. Une famille juive qui cachait un autre Juif en lui faisant payer d'énormes mensualités mais sans lui dire que la guerre était finie.

Peut-être qu'elle n'est pas si drôle, ton histoire, Silvio… Peut-être que la guerre n'est pas finie. En tout cas pas dans la tête malade de ceux qui sur la maison d'Israël Nisand, médecin de confession juive à Schiltigheim en Alsace, ont tracé des croix gammées et des inscriptions antisémites. Peut-être que la guerre n'est pas finie dans ta tête malade, Silvio, qui ressort les mêmes fadaises éculées et démagogiques pour faire plaisir à ton public abruti par tes chaînes de télé. Peut-être que la guerre n'est pas finie pour tous ceux qui inlassablement opposent le malheur des Juifs à celui des Arabes, comparant les détresses, confrontant les infortunes, tentant d'organiser un championnat du monde de la victimisation, un concours de martyrs.

On dit que le passé doit nous aider à regarder le présent, que l'histoire peut nous permettre d'analyser l'actualité. Peut-être… Sans doute. Même s'il faut se méfier de ceux qui, avec soixante-dix ans de retard, s'imaginent résistants, infaillibles, toujours du bon côté. Quand la guerre est finie et que le risque s'est éloigné, c'est plus facile de s'imaginer en Jean Moulin.

Mais aujourd'hui, comme il y a soixante-dix ans, il n'est pas inutile de traquer derrière les faux discours de bon sens, de raison, derrière les paroles apparemment inoffensives des braves gens qui se méfient des étrangers, l'expression de l'ignominie, la sale gueule du déshonneur.

DANS LE FOND[1]

15 octobre 2010

Bonjour, Patrick[2], comme vous pouvez le remarquer, je ne suis pas aujourd'hui physiquement près de vous dans les studios de l'avenue du Général-Mangin à Paris puisque j'ai décidé de me déplacer là où l'actualité l'exigeait afin d'être au cœur même de l'information.

Je suis en effet actuellement à quelques enjambées du gouffre dans lequel sont enfermées une trentaine de personnes depuis déjà plusieurs semaines. Situation complexe, dramatique, inquiétante que nous allons essayer de décrire au mieux…

Cette semaine, la délivrance des trente-trois mineurs du Chili a forcément été vécue ici comme un signe d'espoir pour tous ceux qui sont encore au fond du trou même si naturellement les conditions sont sensiblement différentes.

Alors, rappelons les faits. Depuis plusieurs mois, le président de la République française, à la suite de nombreuses maladresses, d'erreurs de conduite, d'imprudences, est tombé gravement dans les sondages ainsi que dans le cœur des Français, entraînant dans sa chute tous les membres du gouvernement. Et ce sont donc une trentaine de personnes qui aujourd'hui se retrouvent au trente-sixième dessous…

Alors, pour l'instant, je m'approche encore un peu du gouffre… Ah, c'est vertigineux ! C'est, je dois le dire, extrêmement impressionnant et on ne voit pas très bien comment on pourrait les sortir de là. D'autant que personne ne semble spécialement éprouver le désir de les extraire du trou… On les distingue un petit peu s'agiter. On les entrevoit à peine de très loin… Ils me font signe de la main. Ils semblent appeler à l'aide, à la rescousse… C'est extrêmement émouvant, extrêmement poignant, et je rappelle que tout ça est vécu en direct sur France Inter…

Je pense naturellement aux captifs mais aussi aux membres de leurs différentes familles politiques qui doivent certainement se

1. Le 13 octobre 2010, trente-trois mineurs chiliens retrouvaient l'air libre après avoir passé soixante-neuf jours au fond d'une mine.

2. Patrick Cohen, le journaliste présentateur du 7-9.

battre comme ils peuvent afin de ne pas sombrer eux-mêmes dans le désespoir le plus profond…

Je rappelle qu'au fond de la mine, l'ambiance était particulièrement tendue toutes ces dernières semaines… Souvenons-nous que la jeune Rama Yade a tenté une sortie personnelle, essayant de se faire la belle et de se désolidariser du groupe mais qu'au dernier moment, Roselyne Bachelot l'a retenue par l'élastique de son jogging afin que le calvaire soit vécu collectivement par tous les membres captifs…

Souvenons-nous également de l'étrange comportement d'Éric Woerth qui, au fin fond du trou, continue de creuser le sol afin de s'enfoncer, et son groupe avec, encore un peu plus sous la terre…

De nombreux journalistes ici, une multitude de caméras, d'appareils photo pour saisir le rien puisque rien ne se passe pour le moment. J'aperçois, au loin, Martin Hirsch, rescapé, qui a réussi à s'enfuir il y a quelques semaines et qui tente d'intéresser les journalistes présents à son dernier livre…

Nous sommes actuellement en rase campagne. Paysage désertique et temps bouché. À part chez les journalistes, les prisonniers du trou suscitent assez peu d'intérêt… J'ai quand même croisé il y a à peine quelques instants, juste avant de prendre l'antenne, un petit groupe de marcheurs, deux selon la police, huit selon les organisateurs, qui me disaient qu'à leur avis, l'espoir de les voir remonter à la surface était extrêmement mince… Ils me disaient qu'ils n'éprouvaient pas particulièrement de la peine à cette perspective.

On me dit qu'une nacelle dans les jours qui viennent pourrait tenter une descente. S'il reste encore un peu d'autorité au chef de l'État, il expérimentera une sortie dans les jours prochains. Qui sera ramené à la surface ? C'est la question. Qui sera abandonné au fond du trou ? C'est certainement l'angoisse de plusieurs ministres, je pense notamment aux plus âgés, aux plus faibles… Bernard Kouchner reverra-t-il le jour ? Pathétique image que celle d'une étoile jadis filante aujourd'hui abandonnée, embourbée sous la terre, envasée…

C'était François Morel en direct et au bord du trou où, je rappelle, trente-sept personnes continuent d'être prisonnières. À vous Paris. À vous les studios.

LE PLEIN

22 octobre 2010

J'étais en début de semaine en train de faire la queue à une station-service. Naturellement, depuis deux ans que je travaille à France Inter, j'ai un chauffeur en livrée, un jeune Camerounais très sympathique dont j'ai oublié le prénom mais que j'appelle Bamboula, un jeune nègre que par goût du paradoxe je parfume de Guerlain, un jeune garçon plein d'allant et de probité, habillé simplement dans un costume de coton blanc et qui chaque jour m'attend devant le large portail de ma propriété afin de m'emporter dans la limousine noire aux vitres fumées que m'a allouée le service public pour que je puisse dans les meilleures conditions assurer ma chronique hebdomadaire.

Cette semaine, tandis que les journaux m'apprenaient les grèves et les manifestations, le climat social tendu et la colère des travailleurs, je me suis fait la réflexion suivante… « Mon petit François… (oui, dans l'intimité, je m'appelle “mon petit François”. On pourra s'étonner d'une familiarité aussi cavalière vis-à-vis d'un personnage de mon importance mais sans doute pour ne pas tomber dans une solennité intimidante qui pourrait me faire perdre ma propension à une simplicité ingénue, je tiens à garder une sorte de proximité affectueuse entre moi et moi-même…), mon petit François donc, n'aurais-tu pas intérêt pour une fois à enquêter sur la vie de tes concitoyens afin d'être plus à même d'en faire l'écho dans ta chronique si admirable et si attendue ? »

L'idée me parut heureuse. L'intention me sembla louable. Le projet me promettait une source intarissable d'enseignements précieux. Je décidai donc de faire le plein moi-même à une station-service.

« Maître, mais vous n'y pensez pas ! Maître, ce n'est pas à vous de vous abaisser à geste si vulgaire, vous allez vous tacher les doigts et sentir le gasoil ! » s'époumona Bamboula. (Remarquez au passage la modernité de mon interprétation, la correction politique de mon jeu qui refuse la facilité de s'abaisser à singer le parler petit-nègre.)

Bamboula, donc, touchant de servilité, apitoyant d'humilité, se révoltait contre ce qui lui semblait un accroc dans l'ordre d'un monde qui depuis des millénaires l'avait placé parmi les subordonnés, simples représentants de peuples soumis. Je saisis le moricaud par le collet, le jetai violemment sur le bas-côté de la route, méprisant sa pauvre bienséance d'opprimé. Puis, je m'installai au volant de la voiture, heureux, détendu, comme un souverain commandant un bock en terrasse par une fin d'après-midi d'été.

Quand je suis arrivé dans la file des véhicules qui attendaient devant la station-service, mon réservoir était rempli à moitié. Je décidai de patienter. Un individu à casquette siffla devant la berline que je conduisais. « Putain, une bagnole comme ça, ça doit sucer… » Je souris à mon interlocuteur comme on le fait devant un étranger dont on ne connaît pas la langue. Je patientai encore. Deux heures et demie plus tard, au moment de placer le tuyau dans le réservoir, je m'aperçus que celui-ci était aux trois quarts vide. Je n'avais donc pas perdu mon temps à attendre ainsi de passer à la pompe. Hélas, lorsque je voulus me servir, on ne m'autorisa pas à dépenser plus de 20 euros. Si bien que, lorsque je quittai la station-service, mon réservoir était juste à moitié plein, comme deux heures et demie plus tôt lorsque j'étais entré dans la file d'attente.

Un réservoir à moitié plein, de toute façon, c'était suffisant pour les déplacements que j'avais à accomplir dans la journée. Je mis la radio où j'entendis plusieurs ministres me garantir qu'il n'y avait aucun problème d'approvisionnement des stations-service, ce qui me rassura quand même beaucoup. Je récupérai Bamboula que j'avais précédemment jeté de ma berline puis le fouettai afin de le punir d'avoir sali son joli costume blanc en tombant de la voiture. Tandis que je le frappais sévèrement, Bamboula me regarda avec reconnaissance. À ses yeux chassieux, je remettais le monde dans son ordre légitime.

Je m'installai à l'arrière de la voiture, heureux de vivre dans un pays si paisible. La prochaine fois que je dînerai avec un ministre, je lui conseillerai d'annoncer que le chômage n'existe plus, que la pauvreté est éradiquée, que la mort même est interdite.

À défaut d'amélioration de sa situation, le peuple a besoin de rêves et de paroles réconfortantes.

PÉTARD, BLONDARD, CONNARD

29 octobre 2010

Cette semaine dans le monde, vous avez remarqué qu'il ne s'était pratiquement rien passé, aussi ai-je décidé de profiter ce matin de mon passage sur l'antenne de France Inter pour répondre à mon courrier.

Ça me fera gagner du temps et puis ça économisera des timbres. Je rappelle que je ne suis qu'un salarié du service public.

J'ai reçu des sacs entiers de lettres, notamment pour me remercier de mon talent immense, de ma grande culture, de mon génie même et ce n'est pas sur cet aspect de ma correspondance que je voudrais ce matin m'étendre car mon humilité en souffrirait. Raymonde de Lons-le-Saulnier m'écrit : « Bravo ! Merci ! Vous êtes merveilleux ! Quelle inspiration ! Quel style ! » Merci Raymonde mais je ne sais quoi vous répondre. Je suis trop modeste pour citer toutes vos réactions sur les ondes… « Bravo ! Vous êtes le meilleur ! Vous éclairez nos vendredis ! Vous êtes la lumière qui brille dans nos vies ténébreuses et obscures », ajoute Jocelyne de La Roche-sur-Yon. Merci, mais vraiment c'est trop. Jean-Pierre de Crozon me dit : « Vous êtes un esprit génial, quasiment l'égal de tous les plus grands artistes de l'humanité. » Merci, Jean-Pierre, même si je regrette l'emploi de l'adverbe « quasiment » que je trouve un peu restrictif.

Courrier plus original que celui de Paul de Pornichet. Il m'écrit afin que j'adresse une carte d'anniversaire à Céline Bedoyan de Joué-lès-Tours qui le 4 octobre a eu 40 ans. Eh oui ! Céline Bedoyan de Joué-lès-Tours a eu 40 ans !

40 ans, Céline Bedoyan ! Je ne puis, hélas ! rien faire de cette intéressante information puisqu'il serait malvenu de ma part de donner l'âge d'une femme, fût-elle de Joué-lès-Tours. Et comme, malheureusement, j'ai lu trop tard ce courrier, je ne puis répondre à cette requête. Je suis assez embêté puisque cette demande était accompagnée d'une enveloppe timbrée et que je suis donc en possession d'une enveloppe timbrée que je ne puis décemment utiliser.

Évidemment, je pourrais garder cette enveloppe pendant un an et envoyer mes vœux de bon anniversaire au tout début du mois d'octobre 2011 afin de fêter le quarante et unième anniversaire de Céline Bedoyan de Joué-lès-Tours. Mais vous conviendrez avec moi qu'une personnalité de mon acabit ne peut s'abaisser à souhaiter un anniversaire aussi banal, il me faut au moins un chiffre rond. Je pourrais donc attendre le cinquantième anniversaire de Céline Bedoyan qui devrait avoir lieu le 4 octobre 2020, mais aurai-je à cette époque le souvenir de ce lointain courrier mis en demeure pendant si longtemps ?

Le prix du timbre aura-t-il changé ? Devrai-je moi-même ajouter une taxe afin d'avoir l'assurance que ma réponse sera bien acheminée ? La fellation sera-t-elle telle que le prix du timbre aura à cette époque augmenté de manière phénoménale ? (Oui, j'ai décidé désormais de dire systématiquement « fellation » à la place d'« inflation » en solidarité avec Rachida Dati dont les lapsus sont révélateurs d'une belle santé mentale, heureuse et primesautière, qu'il faut en période de crise valoriser. On ne dira pas la même chose de Jean-Marie Le Pen qui avait dans un lapsus plus sinistre évoqué « la pine de mort », dénonçant une sexualité morbide et des arrière-pensées plus menaçantes.)

Le mieux est encore de réutiliser l'enveloppe timbrée destinée à Céline Bedoyan de Joué-lès-Tours afin d'écrire à Patricia de Paris XIe qui me reproche d'avoir utilisé une injure sexiste, « feignasse », dans une de mes chroniques. « Feignasse » comme « connasse, pétasse, blondasse » est un terme péjoratif uniquement destiné aux femmes.

Je présente bien volontiers mes excuses à Patricia et à toutes les femmes qui auraient pu se sentir humiliées par cette misogynie rampante, ce machisme sournois, cet accès de fourbe phallocratie qui ne me fait pas honneur. Je pense effectivement que plus nombreux et moins stigmatisés sont les « connards, les pétards et les blondards ».

Je suggère d'ailleurs à Céline Bedoyan, qui, depuis début octobre, le 4 très exactement, va tranquillement vers ses 41 ans, que si par hasard un goujat poussait l'incivilité jusqu'à donner son âge publiquement, elle aurait raison de ne pas se gêner afin de le remettre à sa place et le traiter, comme il convient, de « gros connard, de pauvre pétard, de sale blondard » !

LE MONDE EST DE PLUS EN PLUS PETIT

5 novembre 2010

Le monde est de plus en plus petit.

C'est l'information principale que je comptais vous annoncer aujourd'hui en direct de Papeete puisque après avoir parcouru vingt mille kilomètres, après avoir passé vingt-quatre heures d'avion les genoux sous le menton, après m'être fait photographier le fond de l'œil par des douanes américaines particulièrement intrusives, après avoir fait escale à Los Angeles sur un canapé hideux dans une salle sinistre en compagnie d'un couple enthousiaste, vainqueur d'un jeu sur TF1, après donc avoir eu un exact avant-goût de ce que pouvait être la représentation de l'enfer : passer toute une éternité dans une salle de transit d'un grand aéroport américain en compagnie de candidats heureux du « Juste prix », après avoir ingurgité pas moins de quatre plateaux-repas composés de mets sous vide et inidentifiables, après avoir posé le pied sur le sol tahitien, après avoir porté autour du cou un collier de fleurs de tiaré, après avoir embrassé toute une escouade d'inconnues affriolantes, après avoir vécu toutes sortes d'expériences inédites et dépaysantes, l'une des toutes premières questions que l'on m'a posées a été la suivante : « Alors, c'est comment, l'ambiance à France Inter ? »

Le monde est tout petit mais ici la notoriété que nous avons, Olivier Saladin et moi, venus présenter notre spectacle *Bien des choses*, est tout simplement immense.

Des affiches partout, des prospectus, des tableaux lumineux, des calicots, des banderoles au-dessus des tunnels routiers, des interviews pour tous les journaux, toutes les émissions de télé. Tout le monde s'intéresse à nous. À peu près comme si nous étions des grosses, grosses, grosses vedettes, style incontournables, universelles genre acteurs américains, top-modèles internationales, peut-être pas tout à fait des humoristes virés par le service public, mais pas loin… Je vous le dis franchement, ça commence à nous monter à la tête. L'autre jour, tandis que nous prenions auprès de la piscine de notre hôtel de luxe une margarita en compagnie de la reine d'Angleterre (oui, nous avons rencontré ici Élisabeth II, je vous le disais : le monde est petit), deux touristes originaires d'Oyonnax et travaillant dans le secteur bois ont demandé à la souveraine si ça ne la dérangeait pas trop de bien vouloir les prendre en photo en notre illustre compagnie. « Madame, s'il vous plaît, refaites-en une autre au cas que la première serait ratée ! »

Lorsque l'on consulte les journaux d'ici, *Les Nouvelles de Tahiti*, *La Dépêche de Tahiti* ou, mieux, le mensuel *Tahiti Pacifique*, à part la venue de deux grands acteurs internationaux qui à leur manière, légère et inspirée, concrétisent la réunification de la Basse et de la Haute-Normandie, on lit des nouvelles qui nous permettent de nous sentir en terrain connu. Détournements de l'argent public, chômage, pauvreté, disparité toujours plus importante entre les très riches et les très pauvres, arrogance d'une caste malhonnête qui se sépare les profits au détriment du peuple. Le monde est petit, je vous l'ai déjà dit.

Comme il leur semble que la misère serait moins pénible au soleil, les dirigeants ne s'émeuvent pas trop de voir les miséreux toujours plus nombreux, toujours plus indigents. Oui, le grand monde est tout petit.

J'espère que je ne vous manque pas trop. Moi, franchement, je vous le dis, tandis que débute votre journée et que finit la mienne, entouré de vahinés accortes et rayonnantes, je pense à vous et juste avant de me mettre à table avec le projet de déguster langoustes et poissons crus au lait de coco, je ne puis m'empêcher de vous poser cette question qui se pose, sous toutes les latitudes, dans tous les hémisphères, sur tous les continents : « Alors, c'est comment, l'ambiance à France Inter ? »

PAS DE CHRONIQUE[1]

12 novembre 2010

Aujourd'hui, exceptionnellement il est préférable et sans doute plus honnête de prévenir sans tarder qu'il n'y aura pas de billet d'humour. Je vous imagine déjà en ce vendredi matin totalement catastrophé par la nouvelle que je viens de vous annoncer avec la plus grande fermeté et la plus grande assurance. Pas de billet

1. En direct de Tahiti.

d'humour aujourd'hui en ce vendredi matin. Surprise et tristesse dans le studio de France Inter ! Les têtes s'allongent, les rictus se figent, les croissants restent inopportunément coincés dans des gosiers desséchés par la stupéfaction. Consternation également partout, en France, dans les voitures, au milieu des embouteillages, dans les salles de bains, au milieu des bains moussants, dans les cuisines, au milieu du Nutella, et puis sur les tracteurs, dans les champs, dans les rizières, dans les forêts où les bûcherons d'Oyonnax traditionnellement le vendredi matin prennent bien soin de laisser la portière de leur van ouverte afin que leur autoradio puisse couvrir le son de leur tronçonneuse moteur quatre-temps et afin de ne pas perdre un seul copeau de cette chronique à leurs oreilles si précieuse et pas seulement dans la filière bois. Oui, c'est la désolation pour tous ceux, nombreux, qui se raccrochaient à ce billet d'humour que je lançais, magnanime et désintéressé, comme à des naufragés se cramponnant à une bouée qui leur permettra de ne pas sombrer dans les ténèbres effrayantes de l'ignorance et de la détresse insondable.

J'entends déjà monter les cris de la révolte, je ressens le tumulte de l'indignation, je vois les éclairs briller dans le ciel orageux de l'insurrection, de la mutinerie.

« Quoi ? Pas de billet d'humour en ce vendredi matin mais c'est révoltant ! Mais c'est scandaleux, inqualifiable ! Mais vous n'avez pas le droit de nous priver de ce qui est notre respiration, notre bain de jouvence, notre rayon de soleil, notre sucre d'orge, notre bonbon à la menthe, notre nougat glacé. » « La friandise si attendue et si convoitée que sans scrupule je dévore », selon les mots bien choisis par un de mes auditeurs, diabétique et adulateur.

Je sais bien, c'est difficile à accepter et je vous dois une explication.

Depuis la métropole, il y a quelques semaines, avant de partir en Polynésie française, j'avais tout prévu. Tout me semblait simple. Grâce à Éric Hauswald, grâce à Valérie Lévy, Corinne Honikman, qui de Paris avaient tout merveilleusement organisé, j'étais rassuré. Les contacts avaient été pris avec RFO. Guillaume Gay, de la compagnie Caméléon, comédien, GO, notre contact à Papeete, avait pris les choses en main. Tout roulait. Grâce à Internet, rien des actualités n'allait m'échapper et il me serait très simple d'envoyer une chronique bien sentie sur tout ce qui jour après jour remplit les quotidiens. Je dois ajouter qu'à l'hôtel je reçois France 2 et LCI, et que je ne suis donc pas moins informé que si j'étais moi-même au cœur même de l'information.

Mais, comment vous dire ? Depuis que je suis à Tahiti, je plonge dans la mer, je nage avec des dauphins, je batifole parmi les raies, je dîne avec des marins, je croise des poissons-clowns, je me promène dans une végétation luxuriante, je bois des margaritas, je mange des poissons crus, je prends des ferrys, des catamarans. Je rattrape mes retards de lecture avec Houellebecq, Olivier Adam et Jean-Baptiste Harang. Je me nourris d'ananas, de noix de coco, de poissons crus au lait de coco et de spécial hamburgers. Je me paye une insolation sur l'atoll de Marlon Brando. Je regarde les cascades dégringoler des falaises, j'admire les hibiscus et les bougainvillées. Je vis des jours heureux parmi une compagnie agréable et, franchement, évoquer la gauche, la droite, les retraites, les difficultés sociales, les soubresauts ministériels, les crises diverses qui habituellement m'intéressent et quelquefois m'inspirent, pardon, mais je n'ai pas la tête à ça.

Sans rancune et à vendredi prochain.

MA CHÈRE DADU

19 novembre 2010

Bonjour.

Cette semaine, j'ai décidé de vous lire un document. Un document pour l'histoire. Il s'agit d'une lettre que j'ai pu me procurer. L'auteur de cette lettre est Nicolas Sarkozy. La destinataire est sa propre mère. Je me suis évidemment posé la question de savoir si, d'un point de vue déontologique, ce n'était pas un manque circonstancié de respect que je devais à l'intimité à laquelle avait droit le chef de l'État. J'ai finalement pensé que ce courrier éclairait l'actualité politique de la France d'une manière originale et bouleversante.

> Ma Dadu, ma chère maman,
>
> C'est ton petit garçon Nicolas qui t'écrit. « Enfin ! » dois-tu te dire. C'est vrai que je t'écris pas souvent. Si je passe des coups de fil à tout bout de champ, le courrier c'est pas trop mon truc. Je le

fais juste parce qu'ici mes conseillers à l'Élysée me suggèrent de le faire afin de mieux soigner mon vocabulaire pour que quand je vais dans le poste où je suis invité je parle mieux. Entre parenthèses, j'ai décidé de parler moins à la télé mais que quand j'y vais je soigne plus mon vocabulaire pour que ça fasse de l'effet et qu'on dise que je fais des progrès et que je suis à la hauteur de la tâche qui m'a incombé et que les Français ils m'ont confié ça fait trois ans déjà que le temps passe vite.

Je pense bien à toi ma Dadu et tu t'imagines que, ces dernières semaines, j'ai pas arrêté. C'est du souci à gérer les hommes tu peux pas savoir. J'avais envoyé Jean-Louis Borloo chez le coiffeur afin qu'il se fasse une coupe plus propre au cas que je le nommerais Premier ministre. Et puis pas mal de conseillers capillaires m'ont dit : « Monsieur le président, les cheveux ça repousse et que Borloo Premier ministre au bout d'un moment franchement ça le ferait pas trop. » Son problème, c'est qu'il boucle. Dès qu'il y a de l'humidité dans l'air ou de l'électricité il peut plus se peigner, il est comme un chien fou. Moi, grâce à toi ma Dadu, j'ai une belle nature de cheveux.

Donc, comme tu as pu le remarquer si tu as regardé la télévision cette semaine, j'ai décidé de changer de style. J'espère que tu as été fière de moi quand j'ai utilisé un imparfait du subjonctif. Au sujet de Borloo justement « j'aurais préféré qu'il restât ». Tu peux pas savoir comme je me suis pris la tête avec mes conseillers quand ils m'ont dit de dire ça. « Vous êtes fous, on va rien comprendre. On va dire que je me la pète. Faudrait mieux que je dise *J'aurais préféré qu'il resterait* ou *je préfère qu'il serait resté* ou *j'aurais mieux préféré qu'il serait resté.* » Mais non, ils ont insisté : « j'aurais préféré qu'il restât ». Bon. Après quand je me suis revu, j'ai trouvé que ça le faisait de dire comme ça. Grave ! Ça pose comme président. Si tu as remarqué aussi, j'ai dit « expressis verbis ». C'est du latin ! Ça veut dire « dans les termes même ». Ça en jette non ? La prochaine fois, j'ai demandé à mes conseillers de m'en donner d'autres. *Alea jacta est. Ab nihilo. Ad nauseam.* Une fois, comme la reine d'Angleterre, j'aimerais bien dire *annus horribilis* mais j'ai peur que ça me fasse trop rigoler. Je me suis juste gouré en disant : « Ma détermination n'a rien changé. » Même si c'est vrai, c'est pas du tout ce que je voulais dire. En vrai, je voulais dire : « Ma détermination n'a EN rien changé. » Là, je leur ai dit à mes conseillers que, s'ils me trouvaient des phrases trop dures à dire, que forcément j'allais me planter. Voilà ma maman, ce que je voulais te dire. Ici tout va bien. Pierre fait des études de mannequinat et Jean fait toujours de la politique. Pendant qu'ils font ça, ils font pas les cons sur des scooters. Carla qui est à côté de moi se joint à moi pour que je t'embrassas. Euh Carla et moi qui se joigna à moi t'embrassa ainsi que moi… Accepte que nous t'embrassasions… Bon, enfin des bisous. Ton Nicolas.

Voici donc le courrier, document de l'histoire que je voulais vous lire ce matin. Vous remarquerez que je n'ai même pas cherché à essayer de faire une imitation de la voix du président de la République.

C'est sûrement que j'ai envie de rester encore un peu à France Inter[1].

MON CHER NICO
(La réponse de Dadu à son fils Nicolas)

26 novembre 2010

Souvenez-vous, la semaine dernière, grâce aux services spéciaux de France Inter, j'avais été en mesure de vous lire une lettre confidentielle de Nicolas Sarkozy à sa maman Dadu. Cette semaine, un nouveau courrier a été intercepté. Il s'agit de la réponse de Dadu à son fils Nicolas…

Mon cher Nico, mon tout-petit,

Merci pour ta lettre qui m'a bien fait plaisir. Tu me dis que tu fais des efforts et c'est bien, je te félicite. Ton imparfait du subjonctif, ta citation latine ont fait forte impression, surtout vis-à-vis de mes amies qui le mercredi, une fois tous les quinze jours, viennent prendre le thé à la maison. Nous en profitons pour faire un scrabble. Mme Van der Smissen, tu sais celle dont le fils est ambassadeur en Belgique, ne voulait plus venir depuis ton fameux « cass'toi, pauv'con ». En plus, par un fait exprès, ce jour-là j'avais réussi à faire un scrabble en plaçant toutes les lettres du mot « enculé » que j'avais employé au pluriel. Bien sûr, j'étais embêtée mais qu'est-ce que je pouvais faire, je n'allais pas me passer des cinquante points sous prétexte que ça allait indisposer Mme Van der Smissen. « Si ça ne vous dérange pas de gagner avec des méthodes pareilles, je préfère arrêter les frais », qu'elle a dit, toute rouge de colère. Et elle est partie. Mercredi dernier, elle est revenue, ça m'a bien

1. L'imitateur Gérald Dahan venait d'être remercié de France Inter.

fait plaisir. La question est de savoir si elle va revenir la semaine prochaine. Il paraît que tu t'es encore lâché en public en traitant tous les journalistes de pédophiles… Même si ce n'est pas un gros mot, « pédophile », et que tu as sans doute voulu faire de l'humour, c'est peut-être un peu exagéré. Parce que sûrement que tous les journalistes ne sont pas des pédophiles, il doit bien y avoir aussi des coprophiles et des gérontophiles. Tu vois, moi aussi je suis capable de faire de l'humour. À propos, j'ai appris que le petit-fils de Mme Ribaudier était hémophile mais ça n'a rien à voir… Bon, enfin, les journalistes sont-ils tous des pédophiles ? Si tu vas par là, tu vas bientôt traiter tous les juges d'instruction de nécrophiles, tous les policiers de podophiles et tous les écologistes de chlorophylles. Ou même, pendant que tu y es, tous les Britanniques de zoophiles vu qu'ils se passionnent en ce moment pour les amours entre une oie blanche et un dauphin…

Mais, là je parle sérieusement, mon petit Nicolas, je te rappelle que tu es quand même président de la République. Ça me fait drôle de te dire ça : « Tu es quand même président de la République », je n'arrive pas à y croire. Et j'ai l'impression que je ne suis pas la seule. Beaucoup de gens n'arrivent pas encore à réaliser que tu es devenu président de la République. Ils pensent que c'est une plaisanterie, ou au moins une erreur, une regrettable méprise. Pourtant, j'ai vu que tu avais fait également des efforts de sérieux puisque tu as renouvelé le contrat de Premier ministre à ton bonnet de nuit. C'est bien. Lui, au moins, il ne doit pas t'entraîner à faire la bamboula jusqu'à pas d'heure. Je pense que tu devrais plus le fréquenter. S'il t'invite à passer un week-end dans la Sarthe, vas-y, ça te reposera et tu respireras le bon air.

J'ai eu peur que tu nommes Jean-Louis Borloo sous prétexte que tu devais le trouver plus rigolo. Nicolas, tu dois faire preuve de responsabilité à ton âge et ne pas chercher systématiquement ton bonheur personnel. Tel que tu étais parti au début de ton mandat, j'ai cru à un moment que, à l'occasion de ses treize ans, tu allais nommer Louis, mon petit-fils, président de France Télévision ou Jean-Marie Bigard chef de l'épiscopat français.

J'ai vu dans le journal que ta cote de popularité avait encore baissé. C'est bien. Même si ça te paraît long, tu n'as plus que deux ans à tirer. Dans le cœur de ta maman, ta cote n'a pas baissé et je serais heureuse que les années suivantes tu puisses être plus disponible pour elle.

Signé : ta Dadu qui t'aime.

LE JOUR OÙ IL NE S'EST RIEN PASSÉ

3 décembre 2010

Le 11 avril 1954. Le 11 avril 1954 ! Souvenez-vous. Il ne s'est rien passé. Rien. Des chercheurs de l'université de Cambridge viennent de découvrir que le 11 avril 1954 avait été la date la plus nulle de tout le XXe siècle. La plus creuse ! La plus inintéressante ! La plus inutile. Vous pensiez que c'était le 3 septembre 1928, le 17 mars 1973, le 14 novembre 1997, non, la date la plus inconsistante qui soit entre le 1er janvier 1901 et le 31 décembre 2000 est le 11 avril 1954.

Vous me direz : « Je suis quand même un peu surpris, ce jour-là, je vous fais remarquer, le Paris-Roubaix a été gagné par le Belge Raymond Impanis.

— C'est possible, vous répondrai-je, impassible en apparence mais quand même soufflé par vos connaissances cyclistes. Il n'empêche, le 11 avril 1954 est la date la plus oubliable du XXe siècle. »

Vous chercherez à me contredire en me signalant que ce jour-là au Stade olympique Yves-du-Manoir de Colombes, l'équipe de France de football dans un match amical a perdu contre l'Italie malgré un but de Piantoni à la vingt-sixième minute.

« À la vingt-sixième minute, c'est en effet probable et je veux bien l'admettre, vous répliquerai-je, décontracté dans mon maintien mais totalement ébahi par votre culture footballistique, ça ne contredit pas le fait, ajouterai-je, incisif, que le 11 avril 1954 est la date la plus piteuse du calendrier contemporain. »

Avec l'opiniâtreté gourmande de celui qui ne déteste pas s'engouffrer dans la polémique, vous soulignerez très justement que ce jour-là, le 11 avril 1954, à la conférence de Kandamangalam, la déclaration du consul général indien, Sri Kewal Singh, aboutit au coup d'État de Yanaon puis à la libération définitive des colonies françaises en Inde tandis que, ce même 11 avril 1954, la Belgique votait lors d'élections législatives qui devaient donner la victoire à la coalition libéraux-socialistes alors qu'au Brésil, toujours ce 11 avril 1954, Papanduva n'était plus simplement un district de Canoinhas puisqu'elle accédait au rang de municipalité.

Je prendrai un léger temps afin d'intégrer toutes vos informations, à peine ébranlé dans ma prestance mais ébloui intérieurement par vos hautes connaissances géopolitiques, puis je vous répliquerai sur un ton qui n'admet pas la dénégation : « Peut-être, il n'en reste pas moins, tenez-vous-le pour dit, que le 11 avril 1954 est la date la plus insignifiante et, j'ose le dire, la plus médiocre, la plus inepte, la plus vide du siècle numéro 20. »

Vous tenterez de me prendre par l'affectif. « Votre maman, souvenez-vous, était enceinte de huit mois, elle attendait votre frère aîné. Dans la cuisine, elle chantait les succès de Rina Ketty, de Reda Caire et de Luis Mariano tandis que votre père venait d'ouvrir le journal qui le renseignait sur le président René Coty et sur Joseph Laniel, chef du gouvernement natif de Vimoutiers, tandis que dans quelques cases amusantes le personnage de Lariflette lui arrachait un sourire.

— Taisez-vous, vous crierai-je, regimbant d'indignation. Taisez-vous ! hurlerai-je, avec ce ton qui ne souffre pas la contradiction. Taisez-vous ! glapirai-je, révolté et bavant de rage, croyez-vous que ce sont vos chantages aux sentiments qui m'empêcheront de répéter avec les chercheurs de l'université de Cambridge que le 11 avril 1954 est la date la plus incontestablement vaine, piètre, négligeable, dérisoire du XXe siècle. »

Vous vous éloignerez, un peu surpris de me voir me mettre dans un état pareil.

Et moi, encore imprégné par ma lecture du journal et son cortège de nouvelles funestes (la faillite des nations européennes, les projets terroristes, la compétition fratricide annoncée chez les socialistes, le suicide à 95 ans d'un grand cinéaste[1]), je penserai avec un rien de nostalgie à ce jour béni, à ce jour rêvé, à ce jour idéal du 11 avril 1954, où dans le monde il ne s'est rien passé.

LILIANE LA JOIE

10 décembre 2010

S'il y avait un mot pour résumer la situation de la France cette semaine, ce serait le mot « Joie ». Ou, si vous préférez, le mot

1. Le réalisateur du *Pigeon*, Mario Monicelli, vient de se donner la mort.

« Bonheur ». Ou peut-être, plus justement encore, le mot « Soulagement ». Vous avez remarqué, dans la rue, tout le monde est de bonne humeur. La semaine dernière encore, souvenez-vous, ça paraît être il y a des siècles, les gens étaient maussades, agressifs, pas aimables. « Va donc, hé enflure ! Mais je t'emmerde ! Et la priorité, connard ! » Depuis lundi, le ton a changé : « Mais passez, je vous prie, mais non, c'est à vous, vous êtes prioritaire, mais je vous en prie, mais il n'y a pas de raisons, mais je vous en prie, passez, vous êtes plus pressé que moi… » Partout on revoit des sourires s'afficher sur des visages apaisés, comme on verrait dans les rues commerçantes des devantures fleuries, des vitrines accueillantes qui vous diraient : « Entrez, bel inconnu qui passez, entrez, gracieux flâneur, et visitez ma boutique, il fait si froid dehors, ici c'est confortable… » Un peu comme en 1945, quand le peuple de France recouvrait sa liberté et son espoir et son honneur et sa joie de vivre, il a retrouvé aujourd'hui sa confiance en l'avenir parce qu'une bonne nouvelle est survenue, comme un écho d'amour qui dégringolerait de bouche en oreille, de cour d'immeuble en escalier, de ruelle en chemin, comme une contagion de tendresse qui se propagerait dans le pays tout entier, comme un air de trompette qui résonnerait dans tous les cœurs : Liliane et Françoise se sont réconciliées !

Même au Pôle emploi, l'inquiétude a laissé la place à la félicité. « Monsieur Berthier, j'ai deux nouvelles, une bonne et une mauvaise, je commence par laquelle ?

— La mauvaise !

— La mauvaise, c'est que vous êtes radié. La bonne, c'est que Liliane et sa Fanchon se sont rabibochées. »

Aux Restaurants du cœur, les conversations vont bon train.

« Vous avez vu, ça va mieux chez les Bettencourt ! Ouais ! Allez, pour fêter ça, je vous mets un petit biscuit supplémentaire.

— Mais vous êtes folle, Jeanine !

— Faites pas de chichis, Nadège, vos trois enfants se le partageront ! Allez, tiens ! Et un yaourt nature.

— Mais, Jeanine, mais vous devenez dispendieuse !

— Mais, Nadège, c'est parce que vous le valez bien ! »

Bonjour, bonjour, les hirondelles ! Dans la rue, une SDF allongée sur son carton chiale à gros bouillons. « Qu'est-ce qui va pas, madame ? Vous avez froid ? Vous voulez qu'on vous conduise dans un centre d'hébergement ?

— Mais non ! C'est de joie que je pleure ! Je pense à ma fille que j'ai pas revue depuis quinze ans, maintenant je me dis que tout n'est pas perdu. Ma Murielle, c'est pas la mauvaise fille, mais elle a toujours été bonnet de nuit, comme Françoise, je me souviens déjà quand elle était gamine, elle me faisait la morale, elle voulait pas que je boive. Moi, je suis comme Liliane, il y a des moments, c'est sûr, je yoyote, j'aime la déconne, mais j'ai bon fond… »

Bien sûr, comme toujours, on pourrait souligner l'aspect plus sombre de cette nouvelle. François-Marie Banier vient d'être déshérité. Un sentiment d'abandon peut naître en lui mais puisque aujourd'hui l'espérance est permise, pourquoi ne pas suggérer en cette période de l'Avent, où bientôt l'on pourra faire l'annonce de la naissance de Christ, à Sylvie Tellier et Mme de Fontenay d'enterrer la hache de guerre des miss, de se faire des gros poutous sur la joue et de recueillir le petit François-Marie, aujourd'hui si esseulé. D'ailleurs si, comme l'ont dit leurs avocats, Françoise et Liliane se sont réconciliées pour retrouver l'harmonie familiale, je veux bien que François-Marie Banier soit nommé miss France 2010.

ENCORE UNE LETTRE !

17 décembre 2010

Cette semaine, encore une fois, grâce aux services secrets, une nouvelle missive interceptée. Dans un souci de transparence, j'ai décidé de lire la lettre à l'antenne. Le président de la République écrit à sa mère.

> Ma Dadu, ma chère maman,
>
> Toujours dans le but de parfaire mon apprentissage de la langue française je t'envoyas cette lettre qui j'espère te trouvera en pleine forme.
>
> Moi, je suis crevé. Je sais pas si tu te rends compte de tous les efforts que j'entrepris en ce moment. J'en peux plus. Toute la semaine, j'ai pris de la hauteur. J'ai rien dit. Motus. Bouche cousue. Pas un mot. Rien. Je te le dis franchement, par moments, pourtant, ça me démangis. Parce que c'est pas les sujets qui manquâtes. Mais non, j'ai pas moufté, j'ai fait comme mes prédécesseurs, genre,

je suis au-dessus de tout, vous êtes bien gentils mais je vais quand même pas m'abaisser à descendre au niveau du populo et j'ai laissé les ministres se dépatouiller avec les emmerdes et se tirer la bourre entre eux. Sur le coup, ça m'a bien fait marrer. Brice a défendu ses policiers menteurs. Il a eu raison. C'est vrai, comme j'ai dit à Carla, « faut pas exagérer, il y a pas plus de gens malhonnêtes chez les policiers que dans le reste de la population. — T'as raison, elle a dit, il y a pas non plus plus d'analphabètes chez les professeurs de français, plus d'impuissants chez les stars du X, que dans le reste de la population. — C'est sûr, ma Carlita, que j'ai répondu. Comme tu dis, il faut pas généraliser. — Voilà, qu'elle a confirmé. Il n'y a pas non plus plus de mécréants chez les curés que dans le reste de la population », qu'elle a ajouté. Là, je suis pas plus idiot qu'un autre.

Je te pose la question, maman, est-ce que je suis plus idiot qu'un autre ? La réponse est non et donc j'ai compris très vite qu'elle se moquât de moi et je lui fisit remarquer que il y avait non plus pas plus d'aphones chez les chanteuses de variétés que dans le reste de la population. Là elle a pas trop apprécié le trait d'esprit et elle me tirit la gueule toute la soirée. Je trouva que si elle me manquit de respect, il n'y eut pas de raison que je me laissa marcher sur les ripatons.

Bon après on se réconciliâmes. Pour ça, on n'a qu'à parler de Fillon. Il nous énerve tous les deux avec ses airs de premier communiant sarthois qu'a toujours raison sur tout et qu'est pas marrant. Comme dit Carla : « Si t'avais voulu un Sarthois marrant t'avais qu'à nommer Bruno Lochet Premier ministre. » J'y avais bien pensé mais en ce moment il est pas toujours libre vu qu'il doit réparer la toiture de son abri de jardinage et qu'il veut refaire le carrelage dans la salle de bains.

L'autre fois, en me couchant, j'ai dit à Carla « Bon, c'est pas le tout mais avec tout ça, moi, il faudrait peut-être que je songeasse à nommer un nouveau gouvernement. — T'es con ou quoi, qu'elle me dit. Je te signale que tu l'as déjà fait le mois dernier. — Ah c'est vrai, que je lui dis, je m'en rappelais plus. Faut dire qu'on n'a pas trop l'occasion de s'en rendre compte. »

Je t'embrassai bien fort ainsi que Carlita qui se joignit à moi.

Ton Nico qui t'aime.

Post-scriptum. T'as vu, je me sers encore du latin. *Post-scriptum*. Et puis j'aime quand même mieux dire Post-scriptum que PS.

Post-scriptum donc… Fillon, je vais l'appeler, afin qu'il fasse interdire la neige sur les chaussées dans les jours qui viennent. On verra s'il fait toujours le malin.

NATIVITÉ

24 décembre 2010

Bonjour… Allô France Inter ? Patrick Cohen, vous m'entendez ? Patrick ?… Oui, ma tournée internationale fait que je suis en duplex de Bethléem où, grâce aux moyens mis en place par France Bleu Judée, je suis très précisément coincé entre un âne et un bœuf et je peux vous dire que l'ambiance est très chaleureuse ici, visiblement à quelques heures semble-t-il d'un heureux événement, la naissance d'un bébé, ce qui est toujours, vous en conviendrez, un moment extrêmement émouvant. La maman est une toute jeune femme prénommée Marie, elle est actuellement en train de feuilleter *J'élève mon enfant* de Laurence Pernoud. Quand tout à l'heure je lui ai demandé : « Alors, c'est pour bientôt la naissance ? », elle m'a repris en disant : « Je préfère parler de nativité. » Un peu de préciosité donc chez la jeune femme. Naissance, nativité, pourquoi pas nativitude ? Un manque de simplicité dans l'expression curieusement associée à une absence totale de connaissances concernant la sexualité puisqu'elle m'a soutenu qu'elle était vierge. Lorsque j'ai contesté, je me suis fait remettre vertement à ma place, notamment par l'âne et par le bœuf. Je dois dire pour être tout à fait honnête que je n'ai pas bien compris le fonctionnement de la cellule familiale. Il semblerait que le monsieur que j'ai pu rencontrer, un dénommé Joseph, charpentier de son état, ne soit pas exactement le père de l'enfant qui serait en réalité un certain monsieur Dieu, apparemment toujours invisible. Il s'agirait vraisemblablement d'une famille recomposée comme il y en a tant aujourd'hui et je ne me risquerai pas à faire le moindre commentaire, même si effectivement on peut trouver un peu dommage que monsieur Dieu n'ait pas cru bon d'être physiquement sur place et que pour le moment il ne semble pas vouloir donner le moindre signe de vie.

Alors, si c'est un garçon, il s'appellera Jésus. Il est évident que ce n'est pas à moi de faire des réflexions au sujet du prénom que l'enfant devra se trimbaler toute sa vie. Je pense que si je réussis à trouver le bon moment, j'essaierai de faire prévaloir que le choix d'un prénom n'est jamais anodin, qu'il conviendrait sans doute d'opter pour quelque chose de plus classique, mais qui puisse évoquer à la fois la force de caractère et la sensibilité, l'intelligence et le charme, je pensais par exemple à « François ».

Je me trouve donc à Bethléem dans une crèche. Certains auditeurs seront sans doute surpris de constater que la naissance de cet enfant puisse avoir lieu dans une crèche quand on sait la difficulté de trouver une place avant deux ans et demi. Il semblerait, je parle au conditionnel, que le véritable père, ce monsieur Dieu cité plus haut, puisse être un personnage très, très haut placé.

On pourra également s'étonner que les services d'hygiène aient pu accepter la présence dans la crèche d'un âne et d'un bœuf. Je sais bien que certaines thèses pédagogiques veulent favoriser la présence d'animaux auprès des jeunes enfants. Pourquoi pas en effet, mais dans ce cas-là ce serait bien de changer la litière.

Ah ! la maman vient de poser son livre. Il semblerait qu'elle s'agite tout d'un coup. Elle se retourne. Elle est en train de subir les premières contractions. Tout va très vite ici. Joseph s'approche avec des linges humides. Visiblement, la poche amniotique vient de se rompre. Marie vient de perdre les eaux en direct sur France Inter. Une fois encore, un grand merci aux équipes de France Bleu Judée. Le travail de contractions à la fois abdominales et utérines bat son plein. Marie, la jeune parturiente, adopte la position dite « à l'anglaise » pendant cette nouvelle phase que nous sommes en train de vivre en direct et qui la conduit à se verticaliser afin de faciliter l'expulsion du nouveau-né. Je dois avouer que nous sommes pris un peu de court par un événement que nous imaginions plutôt arriver la nuit prochaine. Je distingue déjà la tête de l'enfant. Tout va très vite ici. J'aperçois la petite tête grimaçante de l'enfant presque entièrement sorti du ventre de sa maman. C'est absolument saisissant. L'enfant respire. Il doit tout d'un coup s'habituer à cette nouvelle vie aérienne qui s'ouvre à lui. Il crie ! Il pleure ! Ce que je suis en train de vivre à ce micro est à la fois l'acte le plus banal, le plus ancestral de l'humanité et en même temps l'acte le plus pur, ce miracle renouvelé qui nous remplit d'amour et de compassion. On pose l'enfant sur sa maman. Joseph s'apprête à couper le cordon ombilical. L'âne et le bœuf autour de moi trépignent d'excitation ! L'enfant se retourne sur le ventre de sa maman.

C'est une fille ! C'est une fille ! Si ça avait été un garçon, il se serait appelé Jésus. C'est une fille ! Elle s'appellera Marion ou Monique ou Rebecca ou Yasmina ou Violette. Elle vient d'être mise au monde. Elle est l'espoir de l'humanité !

CAFÉ GOURMAND…

31 décembre 2010

C'est d'une invention récente que j'aimerais parler aujourd'hui. Je ne vais pas parler de l'ePad, d'ailleurs l'objet de ma chronique est une création française dont on ne connaît pas le nom de l'inventeur.

C'est une invention suffisamment importante pour s'être immiscée dans le quotidien de nombreuses personnes, notamment celles qui sont obligées de manger en dehors de chez elles.

Je veux parler du café gourmand.

Il y a quelques années, en fin de repas, la question qui se posait était simple, on prenait un dessert ou directement un café. C'était clair. C'était limpide. Soit on ne craignait ni le cholestérol ni le diabète et on se commandait un baba au rhum, un mille-feuille, des profiteroles au chocolat, une charlotte aux fraises, une île flottante, soit on allait illico vers un plus ascétique colombien. Soit on se disait qu'on n'en avait rien à foutre des kilos en trop et des recommandations de son médecin, que, de toute façon, il fallait bien mourir de quelque chose, que je te fais remarquer je n'ai pas pris d'entrée, que quasiment hier soir je n'ai pas mangé, que s'il faut se priver sur tout alors bon c'est même pas la peine d'aller au restaurant, soit, plus raisonnable, on commandait juste « un café, l'addition ».

C'était avant l'apparition de l'intrigant café gourmand. C'était du temps où le monde était simple. Il y avait la Gauche, la Droite, l'Ouest, l'Est. Il y avait son père, sa mère, sa femme, sa maîtresse. Le monde était binaire. Aujourd'hui un encarté socialiste dirige le FMI, la Chine communiste monte à l'assaut du commerce international avec un appétit ultra-capitaliste. Le monde est devenu flou, embrouillé, complexe, incompréhensible et le café gourmand a fait son apparition.

Ce midi, vous allez prendre un flétan cuit à la vapeur avec des brocolis, vous avez encore en tête le souvenir cuisant de votre passage sur le pèse-personne le matin même et, ni une ni deux, vous commanderez « un café s'il vous plaît ».

« Vous ne prenez pas de dessert, monsieur Morel ? s'étonnera le garçon qui vous connaît bien.

— Non, vous répondrez, sûr de vous, fier de votre décision, ému par votre courage moral, votre force de caractère, non, pas de dessert aujourd'hui, Albert, je vais prendre directement un café !

— D'accord, monsieur Morel, comme vous voulez, il me restait une forêt-noire avec un coulis de framboise que j'avais gardé pour vous…

— C'est gentil, Albert, mais non. Juste un café.

— Comme vous voulez, monsieur Morel, c'est comme si c'était fait, je vous l'apporte tout de suite ! Vous ne voulez pas un café gourmand ? »

Et le piège se refermera sur vous.

Alors que vous aviez décidé de ne pas prendre de dessert, vous vous retrouvez avec quatre pâtisseries devant vous. Un macaron, une mignardise, une boule de glace à la vanille et un vieux morceau de forêt-noire à la framboise qui restait depuis avant-hier et dont on n'avait pas pu se débarrasser.

Parce que, si le café gourmand est une malédiction moderne pour le client, c'est une véritable bénédiction pour le restaurateur qui a trouvé le moyen de refourguer des vieux rogatons qui seraient directement partis vers les poubelles sans cette invention miraculeuse.

Le café gourmand est une insulte à l'intelligence. Parce qu'un café n'est pas gourmand. Jamais ! Un café peut être sucré comme un baiser, allongé comme un corps endormi, corsé comme une histoire à Toto, clair comme du jus de chaussettes, noir comme de l'ébène, serré comme une ceinture en période de crise, léger comme un cœur apaisé, glacé comme un marron, frappé comme une monnaie, fort comme un Turc, doux comme un agneau, brûlant comme ton corps alangui sur le mien, arrosé comme la rue de Siam, il ne sera jamais gourmand ! Un café peut être éthiopien, viennois, italien, liégeois, chocolaté, calva, tout ce que vous voulez ! Gourmand jamais !

Refusons le diktat de ce café gourmand
Qui ne dit pas son nom et vous rend dépendant
Rejetons à jamais ce dessert hypocrite
Refusons les douceurs d'un fricot sans mérite
Réclamons aujourd'hui de créer une loi
Pour empêcher qu'arrive à la fin des repas
Ce café si retors imposteur et matois
Si dissimulateur et perfide et sournois…

Non un café ne peut pas être gourmand ! Pas plus qu'un café ne peut être lunatique, espiègle ou amoureux ! Un café ne peut pas être honteux non plus comme vous quand, après avoir enfilé quatre desserts, vous considérez votre lâcheté sans indulgence... Quatre desserts dont certains reliefs crémeux demeurent autour de votre bouche souillée. Vous vous sentez tellement avili, abject, méprisable, vaincu... Vous repensez à la détermination que vous aviez eue ce matin même en descendant de votre pèse-personne, vous anticipez avec effroi le sentiment de dégoût que vous connaîtrez le lendemain matin dans votre salle de bains quand, de nouveau, vous aurez pesé votre corps exponentiel... Vous avez besoin de réconfort, d'un coup de fouet, d'une ultime impulsion pour poursuivre une journée que vous savez perdue...

« Albert ! Vous me remettrez un petit café ! Et puis l'addition ! »

ÉPIPHANIE

7 janvier 2011

Hier, Marie, Joseph et le petit Jésus ont reçu la visite des Rois mages, Gaspard, Melchior et Balthazar.

La première chose que Marie a dite quand elle les a vus débarquer, c'est : « Regardez pas le ménage.

— Des rois, dans une étable, on aura tout vu », ont dit les voisins, un peu jaloux.

Joseph, pour faire la conversation a dit : « Alors, vous n'avez pas eu trop de mal à trouver ?

— Non, non, qu'a fait Melchior, on a suivi l'étoile dans le ciel.

— Ah, d'accord », a fait Joseph un peu déconcerté.

L'âne et le bœuf ont opiné du chef pour se donner une contenance.

« C'est ça qu'il nous faudrait, a dit Marie, si on doit décaniller rapidos de Judée, c'est un GPS.

— Un quoi ? » qu'ont fait Melchior, Gaspard et Balthazar, et puis l'âne et le bœuf se sont mis à braire et à beugler. « Taisez-vous », a gueulé Joseph. L'âne s'est mis à pisser vigoureusement.

« Regardez pas le ménage », a redit Marie en déballant la galette à la frangipane qu'elle était allée chercher à la boulangerie au cas où qu'elle aurait du monde.

On a tiré les rois. Jésus s'est caché derrière le bœuf. « C'est pour qui ? — Pour maman. — C'est pour qui ? — Pour papa. — C'est pour qui ? — Pour Jésus !

— Tu ne serais pas en train d'oublier les invités ? a fait Joseph en rigolant. Et celui-là, c'est pour qui ?

— Pour le vieux qui fait peur.

— Tu veux dire Melchior ? a dit Marie en fronçant les sourcils. Et celui-là, c'est pour qui ?

— Pour le jaune qui ressemble à un peau-rouge, a dit Jésus.

— M. Gaspard, a repris Marie d'un air sévère.

— Et celui-là, c'est pour…

— Ben, c'te question, a répondu Jésus qui était très en avance pour son âge. Vu que l'âne et le bœuf ils y ont pas droit vu qu'ils sont du genre végétarien, le dernier morceau, c'est pour celui-là qui reste.

— Exactement, a dit Marie, très conciliante, c'est pour M. Balthazar. »

La maman de Jésus était déjà assez soulagée que le petit n'ait pas fait allusion à la couleur de la peau du troisième roi qui était noir.

« Balthazar le négro ! Balthazar le négro ! » a crié Jésus qui s'est aussitôt ramassé une rouste par Joseph.

« Tiens, prends ça, ça t'apprendra à te moquer du pauvre monsieur qu'a pas la chance d'être blanc comme nous mais que c'est quand même pas de sa faute. Je m'excuse, mon roi. »

Marie a levé les yeux au ciel. Elle avait encore tiré le bon numéro.

Après, tout ce petit monde s'est mis à manger la galette.

On ne peut pas dire que la conversation battait son plein.

« Quand personne ne parle, ça veut dire que c'est bon, a dit Gaspard.

— C'est sûr », a acquiescé Melchior.

Et puis, le silence s'est réinstallé dans la petite étable de Bethléem.

« Un ange passe, a fait Balthazar, fermez les portes et les fenêtres, qu'on rigole ! »

L'allusion du roi asiatique est tombée un peu à plat. Alors, il s'est cru obligé de donner des explications : « C'est Jean Cocteau qui disait à peu près ça, sauf que lui il ne disait pas : “qu'on rigole”, il disait : “qu'on l'en…”

— Ça va, a dit Jean-Luc Hees qui passait par là, avec l'épidémie de gastros, il y a encore pas mal de gosses qui sont à la maison… »

À l'arrivée du directeur de Radio France, Marie en a profité pour mettre la fève dans la part du petit, pour qu'il soit content.

Alors, Jésus a déballé ses cadeaux, de la myrrhe, de l'or et de l'encens. Il est allé immédiatement sur eBay pour faire des échanges et essayer de trouver une PlayStation si possible en essayant de récupérer une Super Mario Galaxie 2.

Les rois se sont levés.

« C'est pas tout ça, qu'ils ont fait, on a de la route. »

Jésus a refusé de dire au revoir aux rois sous prétexte qu'ils étaient vieux et qu'ils avaient de la barbe. Et puis, en finissant son morceau de galette, il a manqué s'étouffer avec la fève.

Il a fini par tout vomir sur la paille au moment où, de concert, le bœuf et l'âne se sont mis à déféquer.

« Regardez pas le ménage », a refait Marie, légèrement absente.

Le soir, en fumant sa pipe, Joseph était grognon. Déjà qu'au lit sa femme n'était jamais trop partante pour la rigolade, il se demandait si, en plus, elle n'avait pas tendance à chercher des fréquentations un peu trop au-dessus de sa condition.

CASTING

14 janvier 2011

Bientôt, sur tous les écrans, sortira un film dont le personnage principal est Nicolas Sarkozy. Il sera interprété par Denis Podalydès, recouvert pour l'occasion d'une perruque et, j'imagine, affligé de tics nerveux et d'une sémantique approximative qui ne devra rien au répertoire habituel de ce familier des grands textes.

Si la droite est présente au cinéma, la gauche doit l'être. Il n'y a pas de raison. La perspective des primaires au parti socialiste pourrait inspirer un scénario d'une telle force, d'une telle violence, d'une telle cruauté que *Les Affranchis* de Scorsese ou la série des *Parrain* passeront immédiatement pour de gentilles bluettes inoffensives destinées à endormir les enfants sages.

Le casting est important. Il faut le soigner. Qui jouera le rôle de Martine Aubry ? C'est un petit peu la question… Je ne vous cache pas qu'il s'agit d'un rôle difficile, un peu ingrat… La femme sérieuse, austère… Celle qui tient la maison. Le genre Maria Casarès dans *Les Enfants du paradis*. Pas forcément marrante, marrante, mais intègre.

Oh ! bien sûr, pour interpréter le rôle de Ségolène Royal, il y aura du monde !

La rebelle, la fantasque, l'imprévisible… Qui ? Carole Bouquet ? Valérie Lemercier ? Isabelle Huppert qui peut tout jouer ? Pourquoi pas Catherine Mouchet qui, des années après *Thérèse* d'Alain Cavalier, pourrait revenir à un rôle de vierge extatique traversée par la grâce ? Ou pourquoi pas Claire Nadeau qui, au côté de Stéphane Collaro, a déjà joué le rôle de Mme Foldingue ?

Mais qui pour jouer Martine Aubry ?

Pourquoi pas Josiane Balasko, qui, grâce à un rôle à contre-emploi, pourrait acquérir définitivement son statut d'actrice sérieuse, voire un tout petit peu chiante, et peut-être même obtenir un César.

Pour Dominique Strauss-Kahn, il faut du solide… Daniel Auteuil ? André Dussolier ? Pierre Arditi, s'il accepte de prendre quelques kilos ? Gérard Depardieu, s'il accepte d'en perdre ? Ou, pourquoi pas, Isabelle Huppert, qui peut TOUT jouer.

Les seconds rôles doivent également être soignés. Pour Laurent Fabius, je verrais bien quelqu'un comme Kad, ou comme Michel Blanc, ou, ça peut être une bonne idée, comme Denis Podalydès qui pourrait endosser le rôle sans rajout capillaire.

Pour interpréter François Hollande, qui, selon les options scénaristiques choisies, pourrait passer de second à premier rôle, je pensais à François-Xavier Demaison, qui, après *Coluche, l'histoire d'un mec*, renouerait avec son talent pour jouer les comiques.

Mais qui pour jouer Martine Aubry ? Karine Viard ? Elle est trop jeune. Catherine Deneuve ? Elle est trop blonde. Brigitte Lahaie ? Elle est trop cul. Yolande Moreau ? Elle est trop grande. Mimie Mathy ? Elle est trop.

Ce n'est pas facile…

En ce qui concerne Arnaud Montebourg, je pense qu'il ne faut pas platement, banalement, rechercher à tout prix la ressemblance physique. En effet, sans aller chercher plus loin, je crois que je pourrais moi-même être très bien dans ce rôle de grand garçon séduisant, passionné, bouillant, bouillonnant… Grâce à ma fréquentation des studios de France Inter, je pourrais très bien, afin de m'immerger dans le rôle, effectuer un rapprochement sérieux vis-à-vis d'Audrey Pulvar, quitte à passer du temps avec elle, des soirées, des week-ends, des vacances, des nuits s'il le faut, et ainsi aborder le personnage de l'intérieur.

Mais Martine Aubry ? C'est pas facile.

Il faudrait également penser à donner un rôle à Lionel Jospin, qui dans l'excellent film *Le Nom des gens* a fait ses premiers pas au cinéma en interprétant le rôle de Lionel Jospin. La question est de savoir si Lionel Jospin peut jouer autre chose que Lionel Jospin. Si la réponse est non, on ne pourra lui donner qu'un tout petit rôle. À peine une figuration.

Mais qui pour jouer Martine Aubry ? Emmanuelle Devos ? Dominique Blanc ? Sandrine Kiberlain ? Catherine Frot ?

Bon, allez, oui, c'est d'accord : Isabelle Huppert. Elle peut tout jouer.

EN UTOPIE

28 janvier 2011

À la fin de ce 7-9, je voudrais rapidement résumer toutes les informations révélées ce matin et qui naturellement seront commentées et développées tout au long des différents journaux de la journée.

D'abord, la conférence de presse pendant laquelle le président a fait son *mea culpa* au sujet notamment de la Tunisie a eu pour conséquence la démission de la ministre des Affaires étrangères, Mme Alliot-Marie, qui, hier soir, dans une brève allocution, a présenté ses excuses au peuple tunisien et sa démission du gouvernement de la France. Avec des mots très durs vis-à-vis d'elle-même, elle a notamment évoqué sa honte. « Ma proposition de venir en aide au régime dictatorial de M. Ben Ali, afin de mater les manifestants, était proprement scandaleuse », a-t-elle déclaré avant de poursuivre : « Je me sens aujourd'hui indigne de poursuivre la mission qui m'a été confiée. »

Quasiment au même moment, on apprenait que M. Dominique Strauss-Kahn quittait définitivement le Fonds monétaire international. Dans un message révélé par l'AFP, il déclare qu'après avoir donné la Tunisie comme modèle économique aux pays émergents, il n'était plus en mesure d'offrir une parole crédible et en tirait toutes les conséquences. Sa déclaration se termine par les mots suivants :

« Je renonce définitivement à la vie publique. »

C'est donc à un véritable séisme au sein de la politique française que nous sommes en train d'assister.

Ajoutons que ces deux communications, aux tons volontairement sincères et solennels, ont occasionné des répercussions en chaîne…

C'est ainsi que Jacques Servier a décidé de partager son immense fortune avec les victimes du Mediator. Mmes Françoise et Liliane Bettencourt ont décidé, d'un commun accord, après l'indécent spectacle que pendant des mois elles avaient offert à la population française, de faire de la Fondation Abbé Pierre leur unique héritier.

J'apprends à l'instant que M. Nicolas Sarkozy prend acte de la démission de Mme Alliot-Marie ainsi que de celle du président du FMI. Il dit comprendre la position des démissionnaires puisque lui-même ne pouvant se prévaloir d'un bilan suffisant a décidé de ne pas oser se représenter en 2012.

Ce n'est pas fini, puisque, véritable coup de théâtre, M. Frédéric Mitterrand, ministre de la Culture, a déclaré que si ça continuait comme ça, il ne renoncerait peut-être pas à sa nationalité tunisienne, mais qu'il resterait un petit peu moins longtemps cet été à Hammamet et que si ça devait devenir trop compliqué, il demanderait l'asile politique à la Corée du Nord afin d'y installer un petit pied-à-terre.

Je rappelle que toutes ces informations seront reprises au cours des prochains journaux de la rédaction.

Une dernière nouvelle. Bernard Guetta, n'ayant pas obtenu la direction du journal *Le Monde*, vient d'accepter la direction du magazine *Penthouse*. Il vient de déclarer : « C'est le plus beau cadeau d'anniversaire que je pouvais recevoir. »

C'était François Morel, pour France Inter, envoyé spécial en Utopie.

CARLA BRUNI N'EST PLUS À GAUCHE

4 février 2011

Ça a été comme un coup de tonnerre quand on a appris la nouvelle. Une détonation qui s'est répandue dans tout le pays, dans les ateliers, dans les usines, sur les chantiers… Partout dans la France qui peine, qui travaille, qui transpire, ça a été la consternation, la tristesse, le désespoir. Parce qu'on ne s'y attendait pas, le choc a été d'autant plus brutal.

Dans la salle Youri-Gagarine qui réunit les cocos, les socialos, les radicaux, les vieux trotros, les anciens maos, les débats se sont poursuivis tard dans la nuit…

« Robert, tu es sûr qu'elle a vraiment dit ça ?

— Puisque je te le dis !

— Tu es certain que ce n'est pas une rumeur contre-révolutionnaire ?

— Mais putain, Jean-Mi, c'est marqué noir sur blanc dans le journal !

— Ah oui ! Parce que toi, tu crois encore à la désinformation de la presse bourgeoise, à l'intoxication des masses par les suppôts du capitalisme, Robert, tu ne vois pas qu'on nous manipule ? Tu ne vois pas qu'on essaie de désespérer Billancourt ? »

Quand, soixante-douze heures plus tard, aucune dépêche n'est venue contredire l'information donnée par le journal *Le Parisien* du 31 janvier 2011, Robert a bien dû se résoudre à accepter la nouvelle. Dans les bras de Jean-Mi, il a pleuré. Tous les deux, ils tombaient de haut, d'un ciel rouge et flamboyant, celui de la révolte, des revendications et de la perspective de lendemains qui chanteraient plus haut, plus fort, plus juste. Alors, c'en était fini de l'espoir ? De la conviction que la réalité devait changer, de l'aspiration à un monde plus juste où tous les enfants mangeraient à leur faim, où tous les exploiteurs seraient bannis, où les ouvriers, les paysans recouvreraient leur dignité.

Cent fois, ils ont relu l'article du *Parisien*. Ils étaient abattus comme le serait un prêtre à qui l'on prouverait l'inexistence de Dieu. Ils étaient révoltés comme le serait un chiffonnier d'Emmaüs qui viendrait d'apprendre que l'abbé Pierre possédait un compte en Suisse. Ils étaient humiliés comme les communards de 1870 l'auraient été s'ils avaient appris que Louise Michel, après avoir accordé ses faveurs à Adolphe Thiers, applaudissait l'écrasement de l'insurrection et la déportation des communards vers Cayenne. Ils étaient en colère. Une colère froide, intense, profonde. Cent fois, ils ont relu l'article du *Parisien* et les signes typographiques se mêlaient dans un brouillard d'incompréhension et de douleur.

« Carla Bruni-Sarkozy n'est plus à gauche. Carla Bruni-Sarkozy n'est plus à gauche. Carla Bruni-Sarkozy n'est plus à gauche…

— Qu'est-ce qu'on va faire, mon Robert ?

— Je ne sais pas, mon Jean-Mi, je sais pas… »

Tout d'un coup, la délocalisation prévue de leur usine vers la Pologne leur a semblé anecdotique, dérisoire… Plus rien n'avait de sens puisque la pasionaria élyséenne venait brusquement de tourner casaque.

Choquée lors de l'affaire Frédéric Mitterrand-Roman Polanski que « des responsables socialistes » disent « la même chose que ceux du Front National », Carla Bruni, jamais heurtée par le bouclier fiscal, la politique antiroms, les lois sécuritaires, les blagues racistes de Brice Hortefeux, la suppression des postes dans le service public, les inégalités croissantes entre les riches et les pauvres, montrait combien son engagement pouvait être sincère, profond, argumenté.

Carla Bruni-Sarkozy n'est plus à gauche. Philippe Val va-t-il continuer à entretenir des relations avec elle ? On ne sait plus quoi penser. On est un peu perdu. Le mieux sans doute est de ne pas réagir trop à chaud devant ces événements qui bouleversent le paysage politique français, donc international. La chute du mur de Berlin, tout d'un coup, semble une péripétie. Les attentats du 11 septembre 2001 semblent un épiphénomène que l'histoire contemporaine devra remettre à sa juste place. Carla Bruni-Sarkozy n'est plus à gauche.

Un jour, peut-être, on découvrira que Mireille Mathieu était une taupe lambertiste ou couchait avec Olivier Besancenot.

Mais ce jour-là, en apprenant la nouvelle, Jean-Mi et Robert, qui se rendront au Pôle emploi, n'auront peut-être même plus la force de trouver des raisons d'espérer.

LA GRENOUILLE ET LE ROI

11 février 2011

Il était une fois un roi qui aimait s'amuser. Le jour de son investiture, il fit une grande fête avec ses amis les plus riches puis partit sur un bateau prêté par l'un de ses amis les plus fortunés.

Dans une boîte d'allumettes, il possédait une petite grenouille. C'était le seul être qui, sur tout le royaume, osait lui parler en toute franchise.

« Monseigneur, lui dit la grenouille, le peuple s'émeut. Votre image en pâtit. Le peuple pourrait penser que vous êtes un parvenu. Ce n'est pas bon pour vos affaires.

— Tu as raison, je n'avais pas pensé à cela…, fit le roi, magnanime, moi qui veux un État irréprochable, je décrète que désormais il n'y aura plus de Fouquet's et plus de croisière. »

Et, dans la boîte d'allumettes, il rangea la grenouille.

Un jour, le roi nomma son fils encore scolarisé à la tête d'un riche comté.

« Monseigneur, lui dit la grenouille, le peuple se trouble. Votre image en pâtit. Nommer votre fils pourrait laisser penser qu'il bénéficie d'un traitement de faveur. Ce n'est pas bon pour vos affaires.

— Tu as raison, fit le roi, compréhensif, je n'avais pas pensé à cela. Moi qui veux un État irréprochable, je ne veux aucun favoritisme pour mon fils et exige désormais qu'il finisse ses études. »

Et, dans la petite boîte, il rangea la grenouille.

Un jour, le roi nomma un ministre qui fumait des cigares. Il les aimait tant qu'il en achetait par centaines, par milliers, les offrait, les distribuait, les fumait. Le peuple regardait au-dessus des palais toutes ces volutes arrogantes et dispendieuses qui traversaient leurs tristes cieux.

« Monseigneur, lui dit la grenouille, le peuple se crispe. Votre image en pâtit. Tout cet argent qui part en fumée. Le peuple pourrait penser que vous nommez des profiteurs qui méprisent l'intérêt public. Ce n'est pas bon pour vos affaires.

— Tu as raison, fit le roi, généreux, je n'avais pas pensé à cela. Moi qui veux un État irréprochable, je révoque ce ministre et ordonne que désormais chacun sur ses propres deniers achète ses cylindres tabagiques. »

Et, dans la petite boîte, il rangea la grenouille.

Un jour, la grenouille eut vent de rapprochements entre le grand argentier et la plus grande fortune du royaume qui oubliait de déclarer toutes ses richesses. Le grand argentier du royaume qui était également le grand argentier du grand rassemblement du parti des amis du roi avait une épouse employée par la plus grande fortune du royaume.

« Monseigneur, lui dit la grenouille, le peuple se scandalise. Votre image en pâtit. Tous ces conflits d'intérêts dans le monde argenté quand le chômage grandit et que la pauvreté s'installe. Ce n'est pas bon pour vos affaires.

— Tu as raison, fit le roi, bienveillant, je n'avais pas pensé à cela. Moi qui veux un État irréprochable, je décide aujourd'hui de congédier mon grand argentier. »

Puis, il rangea la grenouille.

Un jour, la ministre chargée de la Diplomatie et des Lointains Pays proposa à un ami dictateur d'envoyer la police du roi pour mater la rébellion. Le jour suivant, on apprit qu'elle avait bénéficié pour ses déplacements aériens de largesses d'un bon ami du dictateur. Seul le premier grand chambellan la défendit, puis on apprit que lui-même se faisait offrir ses vacances aux frais d'un despote.

« Monseigneur, lui dit la grenouille, je ne sais plus trop quoi vous dire. D'accord, vous êtes le roi du rétropédalage, mais, je vais vous dire franchement, le peuple se demande si depuis le temps vous ne seriez pas un petit peu en train de vous foutre de sa gueule avec votre histoire d'État irréprochable quand on voit toute votre bande de petits marquis qui se vautrent dans la magouille, les petits arrangements et la combine.

— Tu as raison, fit le roi résolu, je n'avais pas pensé à cela. »

Et, d'une main ferme, il écrasa la grenouille qui sur-le-champ trépassa. À la place, il commanda un rapport sur la déontologie de la vie publique, qu'il plaça aussitôt sous son siège afin de caler son trône brinquebalant.

Depuis, plus jamais personne ne critiqua le roi qui continua de régner sur le royaume irréprochable des jolis contes pour les enfants.

LE PET MALAWITE

18 février 2011

La chronique de ce matin a pour thème les conséquences de la naissance de la démocratie dans des pays qui abandonnent la dictature. La chronique de ce matin se propose, après de longs moments consacrés à de vains bavardages, à des oiseux verbiages, de prendre un peu de distance et si possible d'élever un débat qui manque singulièrement de perspective. Si je donne aujourd'hui l'impression de piétiner les plates-bandes de Bernard Guetta en évoquant un sujet géopolitique, c'est que le journaliste susnommé n'a pas cru bon, par lâcheté, par pudibonderie, par bienséance mal placée, de traiter une question que je n'aurais pas peur ce matin de considérer avec la plus grande gravité.

Le Malawi est un pays situé dans l'Afrique australe, entre la Zambie, le Mozambique et la Tanzanie. Le Malawi n'a aucun débouché sur la mer et cela n'est peut-être pas sans conséquence sur le sujet qui nous occupe ce matin.

Au Malawi, le ministre de la Justice George Chaponda vient de faire une déclaration qui a fait grand bruit. Il envisage d'interdire de péter en public. Une loi existe, elle date de 1929. Elle stipule que « toute personne viciant l'atmosphère en tout endroit où telle activité s'avère nocive pour le public ou pour la santé des occupants du domicile ou des personnes commerçant dans le voisinage ou bien empruntant une voie publique se rend coupable d'un délit ».

Sur les ondes de la radio indépendante « Capital Radio », le ministre Chaponda a développé sa politique vis-à-vis du pet. « C'est le droit du gouvernement de maintenir la décence publique. C'est à nous d'imposer l'ordre. »

Sa thèse est la suivante : après trente ans de dictature, en 1994, le pet s'est développé. Du temps de la dictature, le peuple malawite se retenait de péter car il avait peur des conséquences. Avec la démocratie, il s'est lâché. Que l'expérience malawite serve d'exemple à tous les pays qui, dans leur naïveté, pensent que la démocratie est la panacée…

Les politiques d'Hitler, Staline, Mussolini, Pinochet comportaient sans doute des inconvénients, mais les peuples avaient alors une maîtrise incomparable de leurs sphincters. En France, le Grenelle de l'environnement n'a pas cru bon de prendre une décision concernant le pet. C'est dommage. Ne s'agit-il pas là d'un manque de courage caractérisé dont un jour les générations futures auront à payer les conséquences ?

Je voudrais vous narrer un fait divers récent qui a eu lieu dans le Pas-de-Calais. Plus exactement, dans la commune d'Avion, près de Lens (*La Voix du Nord* s'en est fait l'écho), un homme, à cinq heures du matin, dans le lit conjugal a pété.

Sa compagne, irritée, contrariée, incommodée, décide d'ouvrir la fenêtre. L'homme, exaspéré, fâché, importuné, décide d'étrangler sa compagne.

Car son pet, visiblement, non content d'être nauséabond, était de travers.

Si M. le président de la République avait eu vent de cette affaire, nul doute qu'il aurait décidé sur-le-champ de créer une nouvelle loi afin de circonscrire et de légiférer l'usage du pet, dans le domaine public ainsi que dans le domaine privé. C'est une question de courage politique.

La difficulté bien sûr sera de prendre le péteur sur le fait. Sur le vif. Ce n'est pas simple. Que cela ne nous empêche pas de créer une loi supplémentaire. Ce ne sera pas la seule inapplicable mais au moins celle-là nous distraira.

DITE « MAM »

25 février 2011

Qu'est-ce qu'on va bien pouvoir faire de Michèle Alliot-Marie (dite MAM, Maladresse Après Maladresse) ? Qu'est-ce qu'on peut en faire ? Si vous avez une idée, franchement, c'est le moment de le dire. Je ne vous cache pas que c'est assez pressé. Qu'est-ce qu'on va bien pouvoir faire d'un engin pareil ? C'est terrible, on croit être débarrassé d'un boulet, par exemple on le renvoie sur les champs de courses de Chantilly, on se dit que cette fois-là on est tranquille, pensez-vous, il en repousse ! On n'est jamais à l'abri. On dirait que ça se reproduit tout seul.

NPFS_PR23B_C03

Nos Petits Frères et Sœurs™
www.nospetitsfreresetsoeurs.org
8, rue des Prés-Saint-Martin
77348 Pontault-Combault CEDEX - France

Qu'est-ce qu'on va bien pouvoir faire de Michèle Alliot-Marie (dite MAM, Mensonge Après Mensonge) ? C'est la question qui se pose au président de la République, au chef du gouvernement, à la majorité actuelle mais aussi à tous les citoyens français qui devraient avoir comme principal représentant à l'étranger le chef de la diplomatie française, Michèle Alliot-Marie (dite MAM, Médiocrité Affairisme Mépris).

Pour la première visite officielle française en Tunisie depuis la chute de Ben Ali, on a envoyé Wauquiez, Lagarde, ma sœur, ma cousine, mon hamster, mais pas Michèle Alliot-Marie (dite MAM, Malvenue Au Maghreb). C'est au Brésil qu'on a préféré expédier Michèle Alliot-Marie (dite MAM, Ministre À Moitié), histoire de danser la samba, écouter la bossa-nova ou même passer la nuit à boire des cocktails au bar de l'hôtel… (« Dites, un dernier verre, madame Michèle Alliot-Marie, dite MAM, Mojito Après Minuit ? »), mais surtout ne plus dire un mot sur les Tunisiens, sur Ben Ali, sur sa situation de ministre vingt-quatre heures sur vingt-quatre mais pas pendant les vacances, sur ses vieux parents, trop vieux pour être critiqués mais quand même pas assez vieux pour ne pas faire des affaires en prévision de leurs encore plus vieux jours ou de ceux de Michèle Alliot-Marie (dite MAM, Moissonner Avant Mourir).

Mais ça ne peut pas durer éternellement. Imaginez que le ministre de l'Agriculture ne puisse plus jamais aller au Salon de l'Agriculture, que le ministre des Armées ne puisse plus jamais entrer dans une caserne, que le ministre du String et de la Petite Culotte ne puisse plus jamais se rendre au Salon de la Lingerie fine… « Non, désolé, vous envoyez le ministre des Lèchefrites, le secrétaire d'État aux Poêles à frire, qui vous voulez, mais pas le ministre du String et de la Petite Culotte, il y a encore trop de rancœurs, trop d'hostilités chez les dentelles et chez les élastiques. »

C'est intenable comme situation. Il faut trouver une solution.

Surtout que ce serait bien de se débarrasser en même temps de son compagnon Patrick Ollier (dit POL, Pénible Olibrius Limite). C'était un lot, comme des inséparables. L'un n'allait pas sans l'autre. C'est dommage, on essaie de mettre un peu de fun dans la vie politique, un peu de sexe dans le Conseil des ministres avec MAM et POL (dits Mamours et Politique), et puis tout tombe à l'eau. C'est décourageant.

L'un des grands axes de la politique de Nicolas Sarkozy, quand il s'est fait élire, c'était la gratification du succès. Il fallait récompenser, mettre en valeur ceux qui pouvaient se prévaloir d'une réussite personnelle. Après la gestion calamiteuse de la crise tunisienne par Michèle Alliot-Marie (dite MAM, Minable Administration Ministérielle), après les propos hallucinants de bienveillance, presque d'adoration, vis-à-vis de Kadhafi vu comme un lecteur de Montesquieu, un démocrate et un bâtisseur par le président du groupe d'amitié France-Libye, Patrick Ollier (dit POL, Prévision Ouvertement Loupée), Nicolas Sarkozy pourrait mettre en pratique ses projets. La prime au mérite doit bien impliquer une sanction à l'échec. Non ?

LE BARDOT DES MOTS

4 mars 2011

Comme l'oryx de Libye, l'ours blanc, l'hippopotame ou la gazelle du désert, les mots sont une espèce en voie d'extinction… Petit à petit, sans qu'on y prenne garde, des mots meurent dans l'indifférence générale. On devrait se recueillir sur la tombe du mot inconnu tombé au champ d'honneur de nos conversations frivoles. On devrait rendre hommage aux mots qui n'ont pas démérité mais qui disparaissent un jour, parce qu'ils ne servent plus à rien ni à personne.

Les mots sont une catégorie en voie d'exclusion. C'est la crise, on n'y peut rien. Les mots sont au chômage quand on ne les emploie plus et finissent par mourir sur le trottoir de nos indifférences. Sur des cartons pathétiques, on peut lire des appels au secours… « Cénobiarque oublié », « calomniographe inemployé », « grimauderie sans ressources ».

C'est triste, je sais bien, mais que voulez-vous, on est tellement sollicité… On ne les regarde même plus, ces mots à l'agonie. Le ciel plus jamais ne sera nubileux…

Et puis ça pousse derrière ! Des mots tout nouveaux tout beaux qui ne demandent qu'à vivre et que l'on pomponne et que l'on bichonne, qu'on emploie à toutes les sauces, sous toutes les coutures, à tire-larigot et à qui mieux mieux ! Les jet-setteurs et les chatteurs, la bien-pensance et le flash-ball, la sandwicherie, le destressage, les slameurs et le relookage… On trouve aujourd'hui des adulescents, amateurs de cheese-cakes qui décohabitent dans leurs écoquartiers en blacklistant des clubbers qui font le buzz.

Sans compter tous ces mots qui ne servent à peu près à rien sauf à réjouir ma mère et ses amies qui chaque semaine fréquentent le club scrabble à l'Albatros de Saint-Georges-des-Groseillers et consignent dans des carnets secrets en vue de leur prochain tournoi : aïd, dop, dub, faq, gex, gur, kéa, oba, phô, qin, yet et le merveilleux zek, z.e.k., qui bien placé peut vous rapporter un joli pactole de points.

Les mots sont une drôle de ménagerie. Ils se renouvellent et s'ébrouent, ils se cachent ou s'exposent. Ils s'accouplent quelquefois dans ces zoos ouverts que sont les dictionnaires, invitations à l'aventure, au rêve, à la connaissance, à l'imaginaire, aux sensations et aux idées.

Alain Rey est-il le gardien de ce zoo de mots, le Brigitte Bardot dégarni mais non sectaire d'une fondation protectrice ? Est-il une sorte de collectionneur fou à tête d'Einstein ?

Peut-être tout cela à la fois… Ou juste un passeur d'enthousiasme et de culture.

Ou simplement un amoureux des mots, donc de l'humanité et qui fait partie de cette catégorie qui a la passion partageuse. Une autre espèce en voie d'extinction. Comme le bison d'Amérique, l'aigle royal et le macaque japonais.

LE CALVAIRE DU DÉPUTÉ DE DROITE

11 mars 2011

Encore un jour où le député de base repart dans sa campagne. Après avoir assuré toute la semaine à Paris, dans les couloirs de l'Assemblée que le meilleur candidat pour la droite, c'était Nicolas Sarkozy, après avoir confirmé sa fidélité, sa loyauté vis-à-vis du président de la République, le député UMP s'en retourne, la queue basse, dans sa petite ville provinciale où samedi matin sur le marché, samedi après-midi à la maison de retraite, samedi soir à la salle des fêtes à l'occasion de la soirée choucroute, dimanche matin avenue du Général-de-Gaulle pour le départ du critérium, dimanche midi au repas des anciens d'Algérie, dimanche après-midi dans le stade de foot, on ne va pas arrêter de lui dire : « Dites, monsieur le député, l'année prochaine, on n'en veut plus, de votre Sarkozy ! Faut nous mettre quelqu'un d'autre à la place ! Parce que sinon, soit on vote Marine, soit on vote Martine ! »

Et le député UMP écoutera ses administrés avec compréhension, partageant les déceptions des uns, rejoignant les amertumes des autres, tout en sachant que, dès lundi matin, la tête enfarinée, il se verra contraint de tresser des louanges en stuc sur la tête de ce champion à la manque qui de jour en jour s'enterre un peu plus profondément dans une impopularité insurmontable, entraînant tout son parti, toute sa majorité avec lui.

Député UMP, réagis, nom de Dieu. Relève-toi. Refuse la fatalité de l'échec. Va, cours, vole et nous venge. Résiste. Ne succombe pas au sentimentalisme mou ! Ne te vautre pas dans l'affectivité morbide ! Bats-toi ! Tu peux encore gagner ! Tu peux vaincre encore ! Crois-tu que ton candidat plombé, qu'aujourd'hui tu as scrupule à fuir, s'encombrait de sensibilité compassionnelle du temps de sa grandeur, quand il incarnait l'espoir et le renouveau, quand il prêchait la rupture, insultant les caciques, humiliant Chirac, brûlant le passé, hypothéquant l'avenir afin de faire entrer la société française dans une nouvelle période, plus moderne, plus énergique, plus excitante. S'il a tout raté, toi tu es parvenu à faire construire la nouvelle piscine olympique avec un grand bassin de cinquante mètres de longueur, à rénover le quartier des Oiseaux, à agrandir le marché municipal. Son naufrage n'est pas le tien. Ta réussite n'est pas la sienne.

Laisse-le tomber comme une vieille chaussette rouge Gammarelli d'Édouard Balladur ou de François Fillon, vas-y ! Ne te laisse pas entraîner sur la pente savonneuse de la défaite et du fiasco. « Ai-je intérêt à monter sur le *Titanic* ? » s'interrogeait Alain Juppé il y a quelques mois. Toi, tu peux encore sauter dans un canot de sauvetage. Dépêche-toi ! Tu sais qu'il n'y aura pas de places pour tout le monde. C'est le moment ou jamais de procéder à l'évacuation. On s'approche des icebergs et de la catastrophe. Même l'orchestre a fini de jouer. Au micro, même le chanteur Frédéric Lefebvre n'ose plus donner de la voix. C'est la débandade, c'est la Berezina !

Décampe ! Déloge ! Fais feu des deux fuseaux ! Barre-toi ! Puisque tu veux un candidat libéral, à la fois favorable au relèvement de l'âge de la retraite, qui ne rechigne pas à remettre en cause les acquis sociaux tout en réclamant une meilleure protection sociale, un candidat raisonnable qui se satisfait au mieux de notre société libérale, choisis Dominique Strauss-Kahn.

Allez, ne me remercie pas. Garde le moral. Rien n'est perdu. Tu vois, la droite peut encore gagner.

BRASSENS, DERNIÈRES RÉVÉLATIONS

18 mars 2011

Il a fallu attendre trente ans pour que les langues enfin se délient et nous apprennent sur Georges Brassens des révélations qui permettent de mieux comprendre celui qui sans doute nous laisse une œuvre poétique et musicale considérable mais qui jusqu'alors avait rarement eu l'occasion de faire les gros titres de la presse à scandales.

Ainsi, des documents récents découverts par Clémentine Déroudille nous ont appris que Georges Brassens était un amant particulièrement exigeant puisqu'il contraignait ses conquêtes, pendant l'extase, à ne lui adresser la parole qu'en alexandrins. Brassens consignait ensuite sur un petit carnet retrouvé impasse Florimont ces paroles intimes avec, entre parenthèses, le nom de ses maîtresses. À maintes reprises, et c'est un véritable coup de tonnerre dans le monde de la chanson, le nom de Line Renaud est consigné à la suite de vers particulièrement évocateurs…

Oh oui vas-y c'est bon, vas-y, c'est de la bombe
Ah ! si tu remets ça je suis bon pour la tombe

Sur une autre page du carnet, on découvrait l'admiration en même temps que le désarroi exprimé par Line devant les capacités sexuelles du chanteur disparu.

Comment déjà tu veux remettre le couvert
Avec toi mon amour c'est fromage et dessert
Arrête maintenant tu deviens une brute
Vivement que finisse ta période du rut

À cette occasion, nous découvrons le style de la demoiselle d'Armentières, et regrettons que, sans doute trop modeste, elle n'ait pas osé signer elle-même les paroles de ses chansons…

D'autres noms apparaissent, Annie Cordy par exemple…

J'voudrais bien mais j'peux point je suis indisposée
J'voudrais bien mais j'peux point tu peux te rhabiller

Tout de suite, nous reconnaissons le style direct et sans manières de la fantaisiste belge.

C'est évidemment extrêmement émouvant de retrouver à la fois des documents qui éclairent d'une façon inédite la chanson française et son plus prestigieux représentant.

Une courte liaison aurait existé entre Brigitte Bardot et l'auteur du *Gorille*, idylle basée essentiellement sur l'amour des animaux. L'égérie de Saint-Tropez se serait montrée assez incapable d'inventer des vers pendant l'acte sexuel, ce qui aurait fortement contrarié le chansonnier pointilleux.

Les seuls vers de Brigitte inscrits sur le carnet sont les suivants :

Oh oui oh oui oh oui oh oui oh oui oh oui
Vas-y, vas-y, vas-y, vas-y, vas-y, vas-y

Ce distique élégiaque, il est vrai, peut sembler un peu faible.

Une autre série d'alexandrins va passionner les exégètes nombreux de Georges Brassens. Je cite :

Hourra ! Hourra ! Hourra ! Hourra ! Vaillant guerrier
Plusieurs fois dans la nuit ton clairon a sonné
Avant de retrouver ma virile patrouille
Je veux encore un coup profiter de…

Style martial, ton décidé, ces vers sont l'œuvre du général Marcel Bigeard et permettent de constater que les relations de Brassens avec les militaires étaient plus équivoques qu'il n'y paraît.

Pour être tout à fait sincère, je dois préciser que la plupart des informations révélées ce matin dans ma chronique devront faire l'objet de recoupements, de vérifications, d'expertises, d'études approfondies. Il n'est pas interdit de remettre en cause ces scoops erronés qui auront eu le mérite au moins de souffler dans les trompettes de la renommée afin d'évoquer le magnifique chanteur sétois né il y a quatre-vingt-dix ans, mort il y a trente ans, et de vous inviter tous à aller admirer la belle exposition, insolente et affectueuse, proposée par Clémentine Déroudille et Joann Sfar à la Cité de la Musique à Paris. Faisant la nique aux censeurs imbéciles qui sur des affiches avaient effacé la cigarette d'André Malraux et la pipe de Jacques Tati, Joann Sfar s'est amusé justement à ajouter une pipe incandescente dans la bouche de Brassens sur la photo de l'affiche de l'exposition. Une pipe impertinente, effrontée qui, l'air de rien, dit « Merde aux cons », « Merde aux censeurs ».

Brassens ou la liberté de fumer sa pipe.

« Vous êtes libre, dit un flic à Arletty dans *Les Enfants du paradis*.

— Tant mieux, répond Garance, parce que moi, j'adore ça, la liberté ! »

SPÉCIALISTES *VS* RIGOLOS

25 mars 2011

Les antinucléaires sont des gens pénibles. Pendant des années, ils disent : « Attention, le nucléaire, c'est dangereux, c'est immaîtrisable, c'est incontrôlable. Le nucléaire, c'est la promesse de catastrophes à venir. »

Les pronucléaires qui sont des progressistes, des novateurs, des raisonnables, mieux : des spécialistes, traitent justement les antinucléaires de passéistes, de dogmatiques, d'abrutis. Pire : de rigolos.

Un jour survient une catastrophe nucléaire. On s'aperçoit que le nucléaire, c'est dangereux, c'est immaîtrisable, c'est incontrôlable…

Les antinucléaires éternuent.

Les pronucléaires, avec l'esprit de responsabilité qui les caractérise leur disent avec dignité : « Je vous en prie, ce n'est sûrement pas le moment de polémiquer. »

Donc, la question du nucléaire ne doit pas être évoquée quand il n'y a pas de problèmes puisque vous voyez bien que tout est calme, tout fonctionne, tout marche comme sur des roulettes. Elle ne doit pas non plus être évoquée quand il y a des problèmes parce que franchement… je vous demanderai un peu de décence, ce n'est vraiment pas le moment…

Les droits-de-l'hommistes sont des gens pénibles. Pendant des années, ils disent : « Attention, le régime du dictateur est autoritaire, sanguinaire, illégitime. »

Les représentants de la communauté internationale qui sont des gens intelligents, réalistes, pragmatiques, traitent légitimement les droits-de-l'hommistes de rêveurs, d'utopistes, d'imbéciles.

Un jour survient une révolution. Il apparaît que le régime du dictateur était autoritaire, sanguinaire, illégitime.

Les droits-de-l'hommistes s'enrhument.

Les représentants de la communauté internationale, avec l'esprit de clairvoyance qui les anime, disent avec pondération : « Je vous en prie, ce n'est certainement pas le moment de controverser. »

Donc, la question des régimes autoritaires ne doit pas être évoquée quand les dictateurs sont au pouvoir puisqu'il faut bien vendre ses armes, ses avions, ses missiles, ses centrales nucléaires.

Elle peut être favorablement évoquée quand les dictateurs sont en difficulté puisque, de toute façon, on ne pourra plus leur vendre d'armes, d'avions, de missiles, de centrales nucléaires.

Les antinucléaires sont souvent des droits-de-l'hommistes. Des passéistes, des dogmatiques, des abrutis, des utopistes, des imbéciles, des excités, des doctrinaires, des mous du genou, des exaltés, des fanatiques, des sectaires, des ahuris, des arriérés, des attardés. Des rigolos.

Enfin, de ceux qui, heureusement, n'obtiennent jamais le pouvoir qu'on laisse toujours aux représentants de la communauté internationale qui sont toujours des pronucléaires. Des progressistes, des novateurs, des raisonnables, des méthodiques, des réalistes, des pragmatiques, des courageux, des sages, des expérimentés, des cartésiens, des rationnels, des responsables, des chevronnés, des aguerris. Des spécialistes.

Pour une fois, si on essayait le contraire ? Si on retirait le pouvoir aux spécialistes pour le donner aux rigolos ? Sincèrement, vous pensez que ce serait pire ?

PETITE CONNE OU GROS CON ?

1er avril 2011

Le débat chez les humoristes bat son plein.

Si la polémique vous intéresse, vous aurez appris l'altercation radiophonique qui oppose notre consœur Sophia Aram et notre collègue d'Europe 1, Guy Carlier.

Je rappelle les questions de la semaine. « A-t-on le droit de traiter les électeurs du FN de gros cons ? La chroniqueuse qui traite l'électeur du FN de gros con est-elle une petite conne ? Celui qui traite de petite conne la chroniqueuse qui a traité les électeurs du FN de gros cons est-il lui-même un gros con ? Celui qui traiterait de gros con celui qui traita de petite conne la chroniqueuse qui a traité les électeurs du FN de gros cons est-il un sale con ? » Beaucoup de questions qui restent en suspens…

Si je comprends bien la polémique, ce dont je ne suis pas sûr, parce qu'on atteint des sommets dans la dialectique, dans l'art de la maïeutique, le débat oppose ceux qui pensent que les électeurs de Mme Le Pen sont des gros cons, qu'il faut dénoncer, car ce sont des gros cons de style xénophobe, rabougri, ranci, et ceux qui pensent que les électeurs de Mme Le Pen sont des pauvres cons, qu'il faut plaindre, car ce sont de pauvres cons de style victime, accablé, malheureux.

J'aimerais pouvoir mettre tout le monde d'accord. L'électorat du Front National est aujourd'hui, et on peut le regretter, suffisamment vaste pour englober des sensibilités différentes. Il existe des cons de toute sorte au sein du parti situé à la droite extrême de l'échiquier politique.

Mais il existe aussi des sales cons, des gros cons, des petits cons qui sont également représentés dans des partis plus respectables.

« Vous n'avez pas le monopole des cons », pourrait affirmer n'importe quel responsable politique à n'importe quel autre représentant de n'importe quel autre parti, et il aurait raison. Je connais personnellement plusieurs méchants cons votant UMP. Je connais un certain nombre d'adhérents du parti socialiste que je n'hésiterais pas à traiter de sales cons. Je pense qu'il ne serait pas non plus impropre de traiter de vieux cons certains individus qui choisissent le vote communiste et il existe, j'en ai la certitude, un certain nombre d'électeurs écologistes qui sont, il faut bien l'avouer, quand même un petit peu cons sur les bords. Monsieur Mélenchon, ne vous réjouissez pas trop vite si je n'ai pas cité votre parti, des bas du Front de gauche ne sont pas rares.

Suis-je moi-même un gros con, un sale con, un petit con, voire une vraie tête de con, c'est possible, et je ne répondrai pas non plus à cette question car, ainsi que le disait justement Roland Topor : « Il est plus facile de voir la paille que l'on a dans l'œil que la poutre que l'on a dans le cul. »

La connerie du FN n'a pas à se mesurer à l'aune de sa population votante mais plutôt au regard de ses idées qui sont de véritables grosses connes. Les thèses qui consistent à stigmatiser les plus pauvres, à fermer les frontières, à se renfermer sur soi-même, à proposer des solutions économiques ineptes, inapplicables sont, oui, des vraies grosses connes d'idées. Car les plus cons au FN, ce sont ses jugements sur le monde, les vrais cons au FN, ce sont ses sentiments étriqués sur la vie. Les plus connes au FN, ce sont ses positions qui rendraient encore plus difficile la vie de ceux qui pensent trouver en lui une solution à leur misère. Gros cons, sales cons, pauvres cons, ses avis sur les femmes, sur les jeunes, sur les autres.

Ne pas se situer sur le terrain des idées en préférant insulter ou victimiser l'électorat du FN, franchement Sophia, Guy, ce ne serait pas un peu jouer aux cons ?

QUEL AVENIR POUR LE PRÉSIDENT ?

7 avril 2011

Si, par exemple, on était amené à se séparer de Nicolas Sarkozy l'année prochaine. C'est une hypothèse. Je ne dis pas que c'est un vœu de ma part. Je ne dis pas que ce serait une bénédiction, un bienfait, une chance, une aubaine, une joie, une veine, une bonne fortune, un espoir, un désir, non… Je dis juste que c'est une supposition. Un postulat qu'il faut quand même sérieusement envisager.

Si, en 2012, on était conduit à devoir dire adieu au président actuel, il faudrait d'abord surmonter sa peine, ça oui, bien sûr, pour peu qu'on soit un peu sensible, un peu émotif, ensuite il faudrait trouver le moyen de le recaser quelque part. Il est jeune encore. Qu'est-ce qu'on va pouvoir en faire ? Normalement, si les deux autres tiennent le coup, ça nous ferait trois anciens présidents de la République sur les bras…

Je ne voudrais pas donner l'impression de tenir un discours aux relents poujadistes mais, pour le contribuable, ça commencera à faire des frais… Il faut les nourrir, les habiller, les protéger… Si ça continue, un jour, avec les suppressions de postes à l'Éducation nationale, le budget retraite consacré aux présidents de la République sera plus important que celui consacré aux professeurs. Et puis, je trouve que si le nombre des anciens présidents de la République devait se multiplier, ce serait dommage pour le prestige même de la fonction présidentielle. Au premier qui mourra, on fera des funérailles nationales, on sortira le grand jeu, on louera des calèches, on mettra les drapeaux en berne, on ressuscitera Zitrone mais, au bout d'un moment, s'il en meurt trop, on ne convoquera plus personne, on le signalera à peine dans la page Carnet des quotidiens, on dira juste : « Tiens, encore un qu'est mort… »

Donc, je suggère que, si l'actuel président pouvait se débrouiller pour subvenir à ses moyens, ce serait bien. Il est toujours dans la force de l'âge.

Il a souvent dit qu'après son expérience à la tête de l'État, il pourrait se lancer dans les affaires, pour faire de l'argent. Mais si le président quitte sa place de chef de la France sur un échec, ça sera moins facile pour lui d'être crédible sur le marché du travail.

Excusez-moi, je réfléchis à voix haute…

Qu'est-ce qu'on va en faire ? Bien sûr, il y aurait la possibilité de le faire élire à l'Académie française. Il y a en ce moment beaucoup de places disponibles. Et puis ils cherchent des jeunes, sinon, c'est pareil, ils meurent trop vite. À peine le temps de leur trouver une épée, un bicorne, un habit vert qu'ils disparaissent. Les couturières sont contentes, ça leur fait du travail, mais c'est un petit peu beaucoup de frais pour rien. Alors, je vous vois venir, vous allez me dire de votre petit ton goguenard et railleur : « Vu la syntaxe de Sarkozy, je ne le vois pas tellement à l'Académie française… »

Oui… Je prendrai d'abord un silence éloquent (…) et puis je vous répondrai que si vous voulez vous déplacer à neuf heures moins cinq du matin rue du Général-Mangin pour venir faire la chronique à ma place, il ne faut surtout pas vous gêner…

Qu'est-ce qu'on va en faire ? Lui donner un poste de directeur de chaîne de télévision, de journal, oui, c'est sûrement le domaine dans lequel il serait le plus compétent. Et puis, son expérience de président l'a déjà beaucoup formé pour diriger un certain nombre de journalistes… Il pourrait présenter une émission à la télévision. Un jeu. Il est vif, nerveux comme Nagui. Il pourrait présenter une émission sur la chanson française, on dit qu'il est spécialiste, pour pallier l'absence depuis plusieurs années de Pascal Sevran…

Toutes les idées sont bonnes. Dans un an, le président Sarkozy risque de se retrouver sur le marché du travail. Encore une fois, je ne dis pas que ce serait une félicité, une espérance, un bienfait, non… Je dis juste que c'est une possibilité qu'il nous faut tous envisager avec la plus grande sérénité possible.

POLITIQUEMENT CORRECT

22 avril 2011

Je sais que ce n'est pas très politiquement correct de le dire, mais pour pallier le problème du chômage, il suffirait d'interdire aux femmes de travailler à l'extérieur et de les obliger à rester à la maison afin de s'occuper à la fois de leurs enfants, qui, ainsi, ne traîneraient pas dans la rue, et de leurs maris, qui, par là même, recouvreraient une virilité triomphante mise à mal par des années de féminisme agressif dont il faut aujourd'hui se débarrasser. Le funeste esprit soixante-huitard aura si bien réussi à corrompre les consciences ramollies et aliénées que la néfaste égalité entre les sexes est désormais, hélas, admise par une majorité moutonnière.

Là encore, on me reprochera de ne pas être politiquement correct mais si l'on refusait l'entrée des ménagères dans les grandes écoles, les universités, les facultés, on obtiendrait de sérieuses économies en matière d'éducation et l'on encouragerait les femmes à rester à leurs places, je veux dire devant l'évier, la table de repassage ou le lave-linge.

Bonjour, vous êtes bien sur France Inter, et non pas sur RTL. Ce n'est donc pas Éric Zemmour mais bien François Morel qui vous lit sa chronique matinale.

Je sais bien que ce n'est pas très politiquement correct de le dire mais le Front National est devenu beaucoup plus affriolant depuis qu'il a une perruque blonde. La peine de mort qui a montré ses vertus pendant des siècles est porteuse d'avenir et n'oublions pas de crier tous ensemble « Vive la liberté d'expression », et pour les victimes et pour les bourreaux, et pour les Juifs et pour les nazis, et pour ceux qui portent la mémoire de ceux qui sont morts dans les camps d'extermination et ceux qui ont quand même bien le droit de penser que la Shoah est une vaste rigolade que l'on a quand même bien le droit de moquer, d'insulter, de nier.

Bonjour, vous êtes bien sur France Inter, et non pas sur RTL ni sur i-Télé. Ce n'est donc pas Robert Ménard mais bien François Morel qui, comme chaque vendredi, vous livre son papier hebdomadaire.

Je sais bien qu'en disant ce qui va suivre, je vais me faire attaquer par tous les démocrates avachis et tellement consensuels pour qui les droits de l'homme constituent le seul credo, mais tant pis si je ne suis pas politiquement correct en disant cela mais Hitler était un type dont on pourrait avantageusement s'inspirer. Sans doute, et je le reconnais, Adolf Hitler avait-il un petit côté soupe au lait qui le conduisait à parfois envoyer par millions des Juifs dans les camps de la mort. Et je suis d'accord avec vous, ça dénote un caractère un peu grognon, un peu renfrogné. Vous constaterez que je ne suis pas dogmatique, je ne suis pas systématiquement doctrinaire puisque je peux reconnaître certaines anomalies dans la pensée nazie et son plus emblématique représentant.

À côté de ça, je sais, encore une fois, que ce n'est pas très politiquement correct de le dire mais l'ancien chancelier allemand avait réussi à supprimer le chômage. Européen convaincu, il avait encouragé le tourisme en déplaçant des populations qui, les malheureuses, seraient restées chez elles sans jamais connaître les charmes de la campagne haute-silésienne. Par ailleurs, l'officier allemand était extrêmement courtois, ses bottes toujours impeccablement cirées, il était toujours tiré à quatre épingles et je me permets de faire remarquer que dans les années quarante, à Berlin, on ne trouvait pas un seul papier gras par terre.

Bonjour, vous êtes bien sur France Inter, et non pas sur Radio-Paris. Ce n'est donc pas Robert de Beauplan mais François Morel qui se demande si l'atmosphère ne serait pas en train de s'alourdir, si la recherche du buzz ne ferait pas aujourd'hui office de ligne de conduite, si l'expression « politiquement correct » née naguère pour dénoncer les conformismes et brûler les langues de bois, pour rafraîchir une parole ankylosée par tous les conservatismes, n'aurait pas tendance à devenir l'expression la plus lamentable du café du commerce.

MARIAGE PRINCIER[1]

Le 29 avril 2011

C'est d'un événement considérable que nous parlons aujourd'hui. Un événement extraordinaire auquel je consacrerai l'entièreté de ma chronique de ce matin. L'événement aura de nombreux prolongements dans l'avenir et naturellement va influer de manière radicale sur la vie même de ceux qui au premier chef sont concernés par ce remarquable fait, je veux dire les futurs époux.

Oui, car il s'agit d'un mariage. Et un mariage, à part les mariés, ça intéresse qui exactement ? La famille évidemment ! Les pères et mères, frères et sœurs, oncles et tantes, petits-cousins, vieilles arrière-cousines, beaux-frères, belles-sœurs, parrains, marraines et les grands-parents qui, tous, vont se sentir obligés de se mettre sur leur trente et un, sortir leurs apparats, revêtir leurs plus beaux atours, acheter qui une robe à ramages, qui des hauts talons, qui un costume neuf, qui un chapeau au destin pathétique, admiré un jour puis prenant la poussière au-dessus d'une armoire tout le restant de son existence. Tous vont se sentir contraints de se mettre en frais afin d'offrir un cadeau aux futurs époux qui, je le rappelle, vont passer devant monsieur le maire et devant monsieur le curé, afin que soit reconnue par la société civile ainsi que par l'Église cette union entre un homme et une femme, cette fusion légitimée qui, dans quelques heures, va de manière parfaitement officielle et solennelle instituer une communauté de vie dont le but traditionnel sera d'élever des enfants qui naîtront

1. Le 29 avril 2011, on célébrait en Angleterre le mariage du prince William et de Kate Middleton.

vraisemblablement de cette merveilleuse alliance qui désormais va être célébrée dans à peine une vingtaine d'heures maintenant puisque le mariage aura lieu demain dans la petite commune d'Isigny-le-Mareuil.

En effet, Élise et Guillaume avaient bien pensé se marier le même jour que Catherine Middleton et le prince héritier d'Angleterre, mais le père de Guillaume qui travaille à Cergy-Pontoise chez Saniconfort, une petite entreprise d'installation de sanitaires, a dit : « Peut-être que le prince Charles a des RTT à récupérer mais pas moi. » D'autre part, la famille de la mariée habite essentiellement dans les Deux-Sèvres et la Charente-Maritime, et franchement ça n'aurait arrangé personne de monter dans le Val-d'Oise dès le vendredi matin.

Élise et Guillaume ont respectivement 26 et 29 ans, ils se sont connus il y a presque huit ans déjà sur les bancs de la faculté où ils suivaient l'un des études de géographie, l'autre des études de lettres classiques. Ils sont tous les deux détenteurs de diplômes qui leur auront permis d'enchaîner, depuis leur entrée dans ce qu'ils pensaient être la vie active, des CDD, des petits boulots, entrecoupés par de longues périodes de chômage, de vacuité, de désœuvrement, de visites à Pôle emploi et de désespoir.

Élise, qui s'était spécialisée en histoire de l'art et archéologie, a pleuré le soir où elle s'est fait embaucher comme caissière dans un supermarché et a pleuré encore deux mois plus tard quand elle s'est fait licencier de sa place de caissière dans ce même supermarché.

De temps en temps, Guillaume donne un coup de main dans l'entreprise où travaille son père. Souvent M. Bardet, qui a de l'humour et des années de service au sein de l'entreprise Saniconfort, lui dit : « Tiens, Guigui, toi qui as un master de sciences des territoires et de pratique du développement, va donc me chercher une pince à emboîture. »

Élise et Guillaume n'auront pas beaucoup de temps aujourd'hui pour regarder le mariage princier. Derniers préparatifs, visites chez le coiffeur, chez le traiteur. À 17 heures, Élise a rendez-vous chez son gynécologue. Elle attend pour juillet un heureux événement.

Élise, Guillaume, on pense à vous. Demain à Isigny-le-Mareuil, vous serez le prince et la princesse du jour et on vous souhaite beaucoup de bonheur.

C'EST FOU

6 mai 2011

Il fut un temps où, pour comprendre la politique d'un gouvernement, il fallait avoir lu Marx, Machiavel, Rousseau, Sartre, Aron, Tocqueville, Hegel, Nietzsche, Thomas Legrand ou même saint Thomas d'Aquin. Aujourd'hui, c'est plus simple : pour comprendre la politique du gouvernement actuel, il suffit de lire la page des faits divers du *Petit Vexin libéré* ou du *Publicateur bas-alpin* qui sera relayée par *Le Parisien* puis par le journal de TF1.

Dans la petite commune de Saint-Jean-sur-Verneuil, M. Van der Smissen, qui était juché sur un escabeau en aluminium afin de faire les carreaux de son arrière-cuisine avec de l'Ajax vitres, est tombé à la renverse, puis s'est relevé avant de malencontreusement glisser sur une peau de banane. Les jours de M. Van der Smissen, heureusement, ne sont pas en danger, mais le gouvernement a décidé de légiférer sur l'utilisation des escabeaux en aluminium tandis que le secrétaire d'État chargé des Fruits et Légumes a promis une réglementation concernant la consommation des bananes dans les arrière-cuisines. Si Ajax vitres n'a pas été inquiété au cours de cette douloureuse affaire, c'est que le gouvernement n'a pas souhaité se confronter à l'un des plus grands groupes financiers mondiaux.

Lorsqu'un homme à Grenoble a été tué par un malade mental, drame atroce, horrible, sur lequel personne n'a envie d'ironiser, le président de la République a décidé de créer une loi nouvelle. « Tous les malades mentaux sont potentiellement dangereux et criminels », a déclaré le président, sans se soucier de la vérité qui n'est jamais un bon argument électoral. Car les criminels potentiellement dangereux ne sont pas tous des malades mentaux. Sous prétexte de rassurer le citoyen, électeur potentiel, faut-il créer une loi pour se prémunir contre les sains d'esprit qui, eux aussi, parfois frappent, tuent, assassinent ?

Après s'être attaqué de façon si victorieuse au jeune de banlieue désormais karchérisée dans une France propre et apaisée, le président a décidé de s'attaquer aux fous. Mais de façon originale : en abordant la question de la folie de façon sécuritaire. Le psychiatre, l'infirmier psychiatrique auront le devoir de dénoncer à la police le malade s'il oubliait de prendre ses médicaments. Le malade, ainsi, considérera son soignant comme un ennemi objectif. S'il souffre de paranoïa, il aura effectivement des bonnes raisons de se sentir persécuté. On continue de diminuer les effectifs dans les hôpitaux, de supprimer des postes d'infirmiers psychiatriques et des lits dans les services psychiatriques, mais on promet un grand plan de santé mentale, annoncé au printemps 2009, reporté pour l'automne 2011, puis finalement évoqué dans le programme de l'UMP pour la prochaine présidentielle.

Le 10 mai prochain, le Sénat examinera un texte qu'il serait fou de ne pas surveiller de près.

« Tout pouvoir sans contrôle rend fou », a écrit Alain.

Et puisque, aujourd'hui, je cite les philosophes, et que j'ai totalement renoncé à provoquer le moindre fou rire chez qui que ce soit, je signale que l'association « Tu connais la nouvelle », qui organise des ateliers d'écriture, des rencontres avec des écrivains, qui travaille auprès des apprentis, des collégiens, des lycéens, des prisonniers et des personnes éloignées du monde littéraire, connaît des difficultés financières du fait de la diminution programmée de ses subventions par la région Centre dirigée par des socialistes.

C'est fou, non ?

BRAVO LE VEAU

13 mai 2011

Moins d'un an avant la présidentielle, ça cogite ferme chez les amis des candidats. D'abord, il faut trouver un slogan. Pour François Hollande, candidat normal et amaigri, je préconise : « Pour un changement de régime ».

Pour DSK, à mon avis, il est tout trouvé. Afin de moderniser le rêve mitterrandien, je propose un slogan que j'étais fier d'avoir inventé la semaine dernière mais qui hélas pour moi depuis a été trouvé par d'autres : « La Porsche tranquille ».

En 1974, le slogan victorieux était rimé « Giscard à la barre ». On pourra donc essayer pour l'an prochain « Hollande aux commandes »,

« En avant, Chevènement », « Hulot au boulot », « Mélenchon au balcon », « Dupont-Aignan au firmament », « Villepin au clavecin », et naturellement « Borloo au bistrot ».

Pour Christine Boutin, je suggère un plus familier « Boutinette aux manettes ».

Il n'est pas recommandé de choisir des slogans qui par le passé ont déjà échoué. François Mitterrand, en 1974, a eu le tort de reprendre le même que celui d'Alain Poher cinq ans plus tôt : « Un président pour tous les Français ».

Il faut être simple, mais pas simpliste. En 1981, Giscard, qui daignait s'abaisser afin d'être compris de tous, avait inventé : « Il faut un président à la France. » Ah d'accord ! C'est pour ça qu'il y a des élections alors ? Exactement. Ah d'accord ! C'est pour ça qu'un dimanche de mai, on va mettre un bulletin dans l'urne ? Voilà ! Ah d'accord ! « Il faut un président à la France. » Merci du renseignement, on n'y aurait pas pensé tout seuls…

L'élection présidentielle est une affaire sérieuse, c'est pourquoi le jeu de mots est à bannir. En 2007, les écologistes avaient essayé « Ah si j'osais Bové ! ». On leur déconseillera donc en 2012 de tenter « Eh, va pour une vie Joly » ou « Pour une vie moins conne, Bendit ».

Vous remarquerez que je n'ai pas fait allusion à Nicolas Sarkozy. J'avoue, je sèche un peu. Les slogans de la dernière campagne ne peuvent pas être réutilisés. « Ensemble, tout est possible », « Travailler plus pour gagner plus ». Faut-il suggérer « Ensemble tout est encore possible » ? « Travailler encore plus pour gagner encore plus » ? Ce qui pourrait encourager Jean-François Copé en 2017 à proposer : « Ensemble tout est encore et toujours possible », ainsi que : « Travailler encore, encore plus pour s'en mettre plein les fouilles. » Si Laurent Wauquiez est directeur de campagne, il pourrait proposer : « Faire payer les pauvres », ou : « Les riches, enrichissez-vous ! Les pauvres, appauvrissez-vous ! », ou encore : « Nos profits valent plus que leurs vies. »

Peut-être les hommes politiques devraient-ils regarder les slogans commerciaux qui fleurissent sur les camions qui roulent sur les routes de France. Il y en a un, par exemple, très marquant et que j'aime beaucoup, c'est : « Bravo le veau. » « Bravo le veau », c'est inattendu, c'est clair, c'est une sorte de pureté dans la formulation. « Bravo le veau. » Le premier surpris par ce slogan, c'est sûrement le veau lui-même… J'espère que ça va lui faire plaisir. Parce que, même si le veau n'a pas la réputation d'avoir un ego particulièrement développé, il se dit sûrement au fond de lui-même que le tigre, le cheval, l'éléphant se font régulièrement applaudir dans les cirques, alors que lui, moins. Parfois, le veau pleure en silence. Il a le cœur gros. Il constate avec tristesse que rarement le promeneur s'arrête au bord d'un chemin, devant son enclos pour lui faire la ola. Le veau, qui n'est pourtant pas spécialement susceptible ou paranoïaque, se demande si le publicitaire qui a trouvé « Bravo le veau » n'a pas des intentions moqueuses, ironiques, et ne serait pas en train de se payer sa tête de veau.

Un autre slogan, très bien aussi, dit : « Le porc, on en veut encore et encore. » Des deux formules, je ne sais pas laquelle je préfère.

Bon, il ne faut pas s'énerver. On a encore un an pour faire son choix entre un pied de porc et une tête de veau.

LES PETITS OISEAUX

20 mai 2011

« La mouette pygmée est la plus petite des mouettes. On la distingue de la mouette rieuse par ses ailes arrondies aux extrémités noirâtres. Son vol rappelle celui de la guifette, elle papillonne souplement au ras de l'eau picorant habilement à la surface. Parfois, tout en volant, elle paraît marcher sur l'eau. »

Je ne suis pas un vrai professionnel de la rigolade. Si j'en étais un, je devrais me réjouir de ce qu'offre l'actualité. Le directeur du FMI menotté, humilié, accusé de viol, ça devrait être pain bénit pour un chroniqueur à vocation rigolarde. Je n'arrive pas à rire. Alors, citant le merveilleux ouvrage intitulé *Les Oiseaux de mer* de MM. Philippe Moteau et Philippe Garguil, et paru aux Éditions Jean-Paul Gisserot, j'aime mieux ce matin vous parler des petits oiseaux.

« Qu'il semble fragile, ce fin limicole appelé phalarope à bec large flottant comme un bouchon au bord de la lagune en cette belle journée de septembre. Fait rare chez les oiseaux, c'est le mâle qui couve et s'occupe des jeunes jusqu'à leur indépendance. »

Jusqu'à la nausée, jusqu'à l'écœurement, jusqu'à saturation, on a vu en boucle sur toutes les télévisions du monde le visage d'un homme à terre. Jusqu'à la nausée, jusqu'à l'écœurement, jusqu'à saturation, on a entendu les commentaires de tous ceux qui ne savaient rien mais que l'ignorance n'empêche jamais de parler, pour mettre en doute la parole de l'un, la parole de l'autre, pour accuser ou pour défendre, pour cracher leur venin, exprimer une revanche médiocre. Non, décidément, je préfère parler des petits oiseaux.

« La sterne naine pèse cinquante grammes. Un vrai poids plume. Outre sa taille, c'est au bec jaune à pointe noire et au front blanc précédant la calotte noire qu'elle se distingue des autres sternes. En mai, le mâle, après maintes acrobaties aériennes, offre un poisson à sa compagne. »

En long et en large, la description d'actes sexuels criminels. À deux reprises l'introduction d'un sexe dans la bouche de la victime. Tentative de viol au premier degré. Abus sexuel au premier degré. Séquestration illégale au second degré. Abus sexuel au troisième degré. On ne sait à quoi correspondent les différents degrés, on se doute que c'est grave. Attouchement forcé. La victime attrapée par la poitrine. Les collants enlevés de force. Comment ne pas préférer parler des petits oiseaux ?

« Sur la grève encombrée de rochers, de galets et de varech, le pipit maritime sautille au ras des vagues. Nerveusement, il fouille le goémon à la recherche d'insectes qu'il capture promptement. Après la période de nidification, les pipits maritimes se dispersent le long des côtes. »

La tête de celui qui prend l'air grave mais se réjouit de la chute d'un concurrent. La tête de ceux qui parlent à tort, à travers, pour dire tout, n'importe quoi, pour exister, ressortir du formol des histoires anciennes, la tête des brebis qui crient avec les loups.

« La mouette rieuse niche surtout dans les zones marécageuses, elle suit les tracteurs, attrapant les larves déterrées par le soc des charrues tandis que le goéland railleur se nourrit essentiellement de poissons vivants. »

Stéphane Guillon s'est fait remercier l'an passé à cause notamment d'une chronique drôlissime sur DSK. Envisage-t-on sa réintégration ? Pardon, mais ce matin la mouette était rieuse, le goéland railleur et le chroniqueur légèrement mélancolique.

CHRONIQUE ENFANTINE

27 mai 2011

Ce matin, Gros-Nounours s'est levé de bonne humeur. Il a pris un bon petit déjeuner. Il aime bien le bon miel, Gros-Nounours ! Puis, il est allé dans la salle de bains. Il s'est brossé les dents. Il s'est nettoyé les oreilles. C'est bien, Gros-Nounours, et surtout n'oublie pas de te laver partout ! Puis Gros-Nounours est sorti de la salle de bains, tout nu, il a vu une pauvre panthère, toute noire, et il a sauté dessus pour la manger. Tu es vilain, Gros-Nounours ! Il ne faut pas manger la pauvre panthère !

J'ai un copain qui écrit pour la littérature jeunesse. Comme il était un peu en manque d'inspiration, il m'a demandé ce que je pensais de ce qu'il avait écrit. Je ne savais pas trop quoi lui dire. Ce n'est pas ma spécialité, moi, les livres pour enfants.

Grand-Loup est venu chercher Gros-Nounours pour l'enfermer dans une prison. Gros-Nounours était triste dans sa prison. Pauvre Gros-Nounours devenu tout sale et tout hirsute, à cause d'une histoire de salle de bains ! « Je n'ai pas mangé la jolie panthère, s'est défendu Gros-Nounours. Je n'ai pas mangé la jolie panthère. Je suis innocent. » Maman Gros-Nounours est arrivée. Elle est courageuse, maman Gros-Nounours, et puis surtout elle aime beaucoup son Gros-Nounours et toujours elle le défend. Même quand Gros-Nounours fait de grosses bêtises.

Mon copain qui travaille pour la littérature jeunesse se prénomme Jean-Pierre. Je lui ai demandé : « Jean-Pierre, qu'est-ce que tu veux raconter exactement avec ton histoire de Gros-Nounours ?
— Ben, entre nous, je sais pas trop, m'a avoué Jean-Pierre. Mais, je suppose, il a ajouté, que ça doit t'arriver aussi à toi, par moments, de commencer une chronique pour France Inter et de ne pas trop savoir où tu vas. »
J'ai confirmé.

Gros-Nounours et surtout maman Gros-Nounours ont accumulé tout au long de leur vie beaucoup de glands, beaucoup de châtaignes et même beaucoup de pommes de pin. Alors Gros-Nounours et maman Gros-Nounours distribuent beaucoup de glands, beaucoup de châtaignes et même beaucoup de pommes de pin pour faire une enquête sur la pauvre panthère. Ce serait bien de trouver des poux sur la tête de la jolie panthère. Mais on a surtout trouvé du miel sur la tête de la pauvre panthère. Le bon miel de Gros-Nounours !

Ah oui d'accord. C'est bien. Pour faire un compliment, je lui ai dit : « Je ne sais pas où tu vas chercher tout ça… — Bah, qu'il m'a fait, moi, l'avantage par rapport à toi, c'est que, tu comprends, c'est très ouvert, je ne suis pas obligé de m'inspirer de l'actualité. Moi, c'est totalement une œuvre d'imagination. D'un sens, c'est plus facile parce que tu n'es pas obligé de lire les journaux. Mais, d'un autre sens, la lecture des journaux te permet, à toi, de renouveler ton inspiration. » Mon copain Jean-Pierre est un garçon qui pèse le pour mais aussi le contre. Ce qui fait que souvent il dit « d'un sens » avant de dire « d'un autre sens ». Par exemple, il avait un chien qui est mort la semaine dernière. Il a dit : « D'un sens, je suis triste, d'un autre sens, je serai plus obligé d'aller le promener… »

Gros-Nounours ne sera jamais le roi de la forêt. À cause d'une pauvre panthère toute noire qu'il a voulu manger.

« C'est comme ça que ça finit ? » j'ai demandé à Jean-Pierre. « Pour le moment, oui. D'un sens, je pourrai m'arrêter là, mais d'un autre sens, quand tu as une aussi bonne histoire, ce serait dommage de ne pas l'exploiter à fond… »

Tous les jours, retrouve dans ton magazine préféré l'histoire incroyable et interminable de Gros-Nounours, de maman Gros-Nounours, de la pauvre panthère et de tous ses amis de la forêt.

« TOUT LE MONDE LE SAVAIT »

3 juin 2011

Je n'ai aucune preuve, ni aucun fait précis, mais cela doit-il m'empêcher de parler ? Non, sûrement pas. Un de mes collègues de France Inter, que je ne citerai pas, par décence et surtout par respect pour sa famille et ses producteurs, un de mes collègues de

France Inter, disais-je, chroniqueur humoristique du matin, de sexe clairement masculin, se rend régulièrement à Ibiza afin de participer à des soirées fines auxquelles se joignent tout un tas de petits garçons et d'animaux dressés, notamment des labradors et des poneys. Ne prenez pas des airs effarouchés. Tout le monde ici est au courant et chacun voit très bien de qui je veux parler.

Il se trouve que le jeune humoriste, que je ne citerai pas, par bienséance et surtout par respect pour ses labradors et ses poneys, bénéficie de longs week-ends puisque, dès le jeudi matin, il peut saisir un avion et se rendre sur l'île de ses turpitudes et de ses ignominies, il se trouve que ce jeune humoriste, disais-je, pas plus tard que la semaine dernière, s'est fait poisser par la police d'Ibiza qui s'est notamment étonnée que nombre d'animaux dressés, poneys et labradors justement, participant aux agapes dont notre jeune confrère est si familier, n'étaient pas à jour de leurs vaccinations. Notre jeune ami serait aujourd'hui en train de croupir dans les geôles espagnoles si n'étaient pas intervenus les différentes autorités diplomatiques, ambassadeurs et consuls, les directeurs de Radio France et de France Inter ainsi que Patrick Cohen, lui-même, dont, je le dis en passant, l'attitude dans cette affaire est sujette à bien des questionnements puisqu'il serait lui-même possesseur de très beaux labradors et de poneys particulièrement vigoureux.

Je dis ça, je ne dis rien. Je n'ai, je le répète, aucune preuve, aucun fait précis mais ce n'est sûrement pas ce déficit d'arguments qui m'empêchera de parler. Je trouve quand même, et excusez-moi de le dire, un tout petit peu hypocrite l'attitude, autour de cette table, de tous ceux qui savaient et qui ne disaient rien, et je trouve peut-être encore plus choquant le comportement qui consiste à ne rien dire sous prétexte qu'on ne sait rien. C'est trop facile. Alors s'il faut absolument savoir avant de parler, alors s'il faut absolument être renseigné avant de prendre la parole, nombre d'émissions de radio, de télévision seront supprimées d'un seul coup d'un seul !

Je crois qu'il est de mon devoir en tant qu'homme de pensée, de réflexion, de philosophie, de jeter ce pavé dans la mare dont je ne mesure pas encore tout à fait à ce moment précis toutes les conséquences de mes propos. J'espère ne pas avoir choqué qui que ce soit et si des auditeurs, labradors ou poneys ont été choqués par mes propos, je veux bien leur présenter mes excuses.

Alors on va me dire, c'est parce que vous êtes à la ramasse, parce que vous voulez exister médiatiquement que vous faites le malin en propageant des nouvelles qui n'en sont pas, en colportant des rumeurs de caniveaux.

S'il vous plaît, je voudrais finir par un dernier scoop. C'est une révélation que je n'ai pas peur de faire ce matin même en direct sur France Inter. Luc Ferry est un mondain creux et inconséquent. Tout le monde le savait. Personne ne disait rien.

FERME TA GUEULE, LUC FERRY

10 juin 2011

Ferme ta gueule, Luc Ferry. Ferme ta gueule.

Excusez-moi d'être un peu direct ce matin. D'habitude, j'essaie de soigner mon style. Je fais des phrases. Sur France Inter, on a tout un tas de professeurs en retraite, d'anciennes institutrices, d'inspecteurs pointilleux qui sont sensibles au beau langage. Alors, souvent, je fais des efforts. Même quand je suis en colère, je ne pratique pas la mandale, l'uppercut, le bourre-pif, non, je soigne, je distille, j'emballe, j'enrobe. Je fais des circonlocutions mais ce matin, excusez-moi, je ne trouve rien de mieux à dire que…

Ferme ta gueule, Luc Ferry. Ferme ta gueule.

Arrête de te regarder dans le miroir de ta vanité. Arrête de t'enivrer au son de ta propre voix. Arrête. Tu te contemples, tu te jauges, tu t'admires et, devant ton portrait, tu es excité comme un directeur du FMI devant une femme de chambre guinéenne.

Ferme ta gueule, Luc Ferry, s'il te plaît, ferme ta gueule. Les classes surchargées. Le manque d'effectifs. Ce n'est pas à toi que je vais apprendre ça, philosophe de mes deux. Et je ne te parle pas du chômage, des plans sociaux, des gens sans avenir, sans lendemain, sans sourire.

Ferme ta gueule, Luc Ferry. Ferme ta gueule.

La culpabilisation systématique vis-à-vis des plus faibles. Ceux qui doivent toujours s'excuser de toucher les aides sociales. Pardon, messieurs dames, pardon pour le RSA, pardon pour le RMI, pardon d'être pauvre, ce n'est pas bien, je n'aurais pas dû. Je suis responsable de tout, du malheur du monde, je suis responsable de l'incapacité des puissants à changer le monde. Et vous avez bien raison de me montrer du doigt et de me représenter en couverture du *Figaro-Magazine* en train de me prélasser dans un hamac tricolore. Les profiteurs, les exploiteurs du système pour Wauquiez, pour Copé, pourquoi ce sont toujours les mêmes, les plus désargentés, pourquoi ce ne sont jamais ceux qui touchent les stock-options, jamais ceux qui se partagent les dividendes. Pourquoi ce ne sont jamais ceux qui touchent l'argent de l'Éducation nationale pour être occupés à ne rien faire, pour ne pas travailler. 4 499 euros par mois.

Ferme ta gueule, Luc Ferry. Ferme ta gueule comme quand tu ne réponds pas aux différents courriers de ton président de l'université, qui s'émeut, qui poliment te demande de régulariser ta situation vu que tu touches 4 499 euros pour ne rien faire, pour simplement avoir du temps bien à toi afin d'écrire tes livres et venir pérorer sur les plateaux télé.

Ferme ta gueule, Luc Ferry, ferme ta gueule. Tu cherches à te justifier, tu déplaces ta mèche de philosophe de salon, tu cries au complot. Bien sûr, dis-tu, si tout cela arrive, c'est parce que tu as dénoncé des pratiques pédophiles, oh, évidemment, juste sur un plateau de télévision parce que, devant les policiers, tu as juste fermé ta gueule, Luc Ferry, fermé ta gueule puisque tu ne veux surtout pas avoir d'ennuis, tu veux bien colporter des ragots sans preuves, tu veux bien passer à la télévision, d'ailleurs tu n'es pas spécialement révolté puisque dans le milieu auquel tu appartiens tout le monde était au courant.

Ferme ta gueule, Luc Ferry, ferme ta gueule. Et surtout ne joue pas les martyrs, les victimes, ne joue pas non plus les provocateurs. Tu veux bien être pendu sous un cerisier, dis-tu, si la dénonciation de ta situation scandaleuse n'est pas liée à tes propos sur le ministre pédophile que tu dénonces mais, Luc Ferry, il faut dénoncer les criminels qui abusent des enfants et il faut assurer ses cours quand on en a la charge. Alors maintenant, excuse-toi, rembourse les sommes qui t'ont été données et surtout ferme ta gueule.

Je propose un sujet du bac pour les classes de philo : « Comment peut-on être aussi intelligent et aussi con ? »

SOCIALISTES, TOUS ENSEMBLE VERS UN AVENIR PIRE

17 juin 2011

Je voudrais aujourd'hui faire une déclaration solennelle. Nous sommes à moins d'un an de la présidentielle. Le président sortant semble aujourd'hui connaître des difficultés dans les sondages et, par conséquent, celui qui apparaîtra comme le chef de l'opposition, le candidat des socialistes, quel qu'il soit, pourrait avoir des grandes chances de l'emporter. Une chèvre, un mouton, un pré-salé estampillé PS aujourd'hui semblerait devoir l'emporter.

Je voudrais, le plus sereinement possible, et dans le plus grand souci d'apaisement, rassurer de nombreux socialistes et leur dire cette chose très simple qui je crois pourrait les réconforter au moment où la perspective d'une victoire pourrait les inquiéter : tout désespoir n'est pas perdu.

Oui, je voudrais rassurer tous ces partisans des forces de progrès, toutes ces femmes, tous ces hommes qui pourraient craindre que la conquête du pouvoir ne soit aujourd'hui inévitable.

Non, rassurez-vous, chers combattants des guerres fratricides, chers disciples des petites chapelles, chers vieux chevaux d'écuries piaffant dans vos box solitaires, chers éléphants inquiets sur la piste de la savane s'ouvrant comme un boulevard, je voudrais vous tranquilliser, je voudrais soulager vos angoisses et vous dire ceci : il n'est jamais trop tard pour perdre une élection qui semblait gagnée d'avance.

Et je sais que, de ce point de vue, vous n'êtes jamais décevants, je suis certain que vous saurez mettre tous vos talents (et ils sont nombreux !), toute votre énergie (et elle est grande !), toute votre imagination (elle est infinie !), pour vous anéantir, pour vous réduire en poussière, pour vous autodétruire.

(*On entend l'hymne socialiste de Mikis Theodhorakis.*)

Et toi socialiste de Charente, et toi socialiste du Nord et toi socialiste de Corrèze, je sais que tu feras tout pour que Nicolas Sarkozy redevienne le meilleur prétendant au poste de président. Oui, tu es capable, par ton sens de la division, de remettre en selle un candidat sans monture, sans casaque, qui momentanément semble tombé de cheval.

Oui, je sais que tous ensemble, au cours du processus des primaires, vous saurez vous entre-déchirer, vous combattre les uns les autres, pour, le jour fatidique, choisir le candidat le moins bien placé, le moins enthousiasmant, celui qui aura le moins envie de gagner.

Oui, vous pouvez faire en sorte que le prétendant de la droite le plus critiqué, le plus rejeté jusque dans son propre camp, devienne à nouveau le candidat victorieux au printemps 2012.

Oui, la défaite est là, toute proche, à portée de main. Je suis sûr que, demain, un tribun, inspiré par toute l'histoire du Parti socialiste, du congrès de Rennes au droit d'inventaire, saura se lever, prendre la parole et dire, avec force : « Allons, socialistes, encore un effort et tous ensemble, tous ensemble, pour un avenir pire, perdons ! »

DIALOGUE AU BISTROT

23 juin 2011

« Qu'est-ce que j'apprends, Jean-Louis, tu veux être président de la République ?

— Ben oui, j'aimerais bien…

— Mais président de la République, Jean-Louis, c'est énorme quand même, tu te rends compte ?

— Oui, je sais, mais j'ai le droit.

— Oui, bien sûr que tu as le droit, Jean-Louis, et puis je sais que tu n'es pas n'importe qui, tu as quand même été ministre de Nicolas Sarkozy…

— Chut, tais-toi.

— Quoi chut, tais-toi ?

— Ben, je veux pas trop le dire parce que Sarko, il est dans le trou, alors je veux pas trop dire que c'était mon copain…

— Ah bon, mais si tu dis pas ça, qu'est-ce que tu peux dire alors ?

— Ben, je sais pas trop, moi, que je suis un super espoir pour la France, que je suis le renouveau, la promesse de changements, des trucs comme ça…

— Hum. Mais tu sais avec qui tu vas gouverner ?

— Ah, mais ceux qui veulent. Tous ceux qui veulent. Moi, je suis pas regardant. Ceux qui veulent, ils me suivent et puis c'est tout.

— Oui mais encore.

— Ben là pour le moment, personne. Hulot, je lui ai proposé, lui il veut bien, il s'en fout, il y connaît rien à la politique, mais ses copains il y en a, c'est des spécialistes, des vrais spécialistes, qui ont bouquiné des livres et tout… Il s'est fait engueuler, faut voir comme, à cause de moi. Ils lui ont dit mais non t'en fous, c'est un mec de droite et tout… Je suis quand même pas pestiféré.

— Non, bien sûr, Jean-Louis, mais c'est quand même toi qui as délivré des permis d'exploration de gaz de schiste à Total. Pour un écolo, tu avoueras, c'est pas terrible…

— Euh, d'accord mais sur l'autoroute, tu vas dans les boutiques Total, maintenant souvent tu trouves des salades bio, tout ça c'est un petit peu grâce au Grenelle de l'Environnement que moi-même, j'ai fait évoluer les esprits…

— Et Bayrou ?

— Quoi Bayrou ?

— Ben, tu y as pensé ?

— Forcément que j'y ai pensé, mais lui, il veut être tout seul au centre. Tu comprends, le gars qui dit qu'il est au centre, il veut être au milieu du centre. Juste au milieu. Et que tous les autres ils tournent autour de lui, alors forcément, dès qu'on est plusieurs à vouloir être juste au centre, forcément, il y a du tirage…

— Et Villepin, tu y as pensé ?

— Non, mais attends, évidemment que j'y ai pensé, moi je pense à tout le monde. En 91, je me suis rapproché des socialistes, en 93, je me suis rapproché de Balladur, tu vois moi, je fais pas de différences, je pense à tout le monde mais Villepin, lui, ce n'est même pas la peine d'y penser, il veut être tout seul. Avec le peuple si tu veux, mais lui, tout seul. Lui, solitaire et singulier, lui unique et merveilleux, face à la multitude qui grouille devant lui, attendant qu'il consente à apporter sa parole au peuple qui ne sait pas encore qu'il a devant lui l'être providentiel, le sauveur attendu. Lui, Dominique de Villepin, comme un loup superbe et blessé, lui, son génie, sa conscience, lui son destin, dans les mains, et le peuple, virtuel, devant lui. Laisse tomber, Villepin, c'est même pas la peine.

— Bon, alors qu'est-ce qui te reste ?

— Eh bien ma conviction, ma force de persuasion, tout ça. Une société plus honnête, plus égalitaire et plus sociale.

— Ah bon. Faut pas trop rappeler non plus que tu as été l'avocat de Bernard Tapie, si je comprends bien.

— Ben non, ça aussi, c'est sûr que ça serait mieux de l'oublier.

— Bon, alors, il ne me reste plus qu'à te souhaiter bonne chance, Jean-Louis…

— Ben, je te remercie. »

TOUT ET RIEN

30 juin 2011

J'ai envie de parler de tout. J'ai envie de parler de rien.

Lorsque, étudiant, j'étais surveillant d'externat à Argentan afin de payer mes études, je me souviens d'un élève particulièrement perturbateur qui sur la cour de récréation s'était fait réprimander par M. Bögner, Alsacien vertueux et principal du collège Jean-Rostand qui à bout d'arguments lui avait lancé : « Jeune homme, je vous rappelle que je suis le principal ! — Vous êtes peut-être le principal, lui avait répondu l'élève impertinent, mais moi je suis l'essentiel. »

Si je parle de tout, je parle de rien.

Dans le cimetière marin, à Sète (Henry Miller raconte ça, quelque part, dans un de ses livres), le gardien, qui était fatigué de devoir, à tout bout de champ mortuaire, renseigner les touristes qui voulaient savoir où était située la tombe de Paul Valéry, avait dressé son chien qui, en remuant la queue, conduisait directement les visiteurs sur la tombe du grand poète académicien français.

Je parle de tout. Je parle de rien.

Près de la gare d'Ermont-Eaubonne, sur un mur défraîchi, un graffitiste analphabète et raciste avait cru intéressant d'inscrire en grand « Les étrangers dehor ». Dehor : d e h o r. Un correcteur pointilleux avait ajouté en rouge le s manquant puis avait inscrit sobrement « faute de français ».

Quand on parle de tout, on ne parle pas forcément de rien.

« Alors comme ça, on revient du Pérou », fit d'un ton badin mon copain Reinhardt à une jeune femme qui dans le bocage normand arborait un joli bonnet péruvien très coloré. « Non », répondit-elle, retirant son bonnet et laissant découvrir un crâne lisse. « Comme ça, on revient de chimio. »

Pouvoir rire de tout, ce n'est pas rien.

Dans certaines stations de métro, sur des écrans de télévision, on peut lire un message qui met en garde les voyageurs : « Attention, les pickpockets sont susceptibles d'agir dans cette station. » Un jour que le système vidéo était défectueux, on pouvait lire : « Attention, les pickpockets sont susceptibles. » À part les responsables sécurité de la RATP, qui s'intéresse à la psychologie des pickpockets ?

C'est tout. C'est rien.

Une grand-tante de mon amie Lucrèce un jour a dit : « Un centimètre de mousse sur la bière, ça ne fait quand même pas beaucoup. » Ce furent ses dernières paroles. Elle mourut aussitôt. Depuis, au cours des conversations les plus diverses, quand survient une réflexion un peu creuse, ou obscure, ou impénétrable, Lucrèce songeant à sa grand-tante mime l'apoplexie fatale. « Un centimètre de mousse sur la bière, ça ne fait quand même pas beaucoup. » Arg…

Le grand tout est tout proche du petit rien.

Découvrant la plage d'Étretat, mon père avait fait cette réflexion inopinée d'observateur incontestable : « Ici, le moindre grain de sable pèse trois kilos. »

Ce matin, j'avais envie de parler de tout. J'avais envie de parler de rien.

Mais dire aux humoristes anonymes, aux rigolos ignorés, aux fantaisistes inconnus, aux gens d'esprit méconnus, la reconnaissance, la gratitude pour tous ces instants qui enchantent le quotidien, pour tous ces moments qui rehaussent l'ordinaire, pour la beauté du geste gratuit, pour le charme du mot bénévole, pour la délicatesse de la pointe gracieuse.

Une chronique en passant, comme ça, légère, un peu mince, assez subtile, diront les uns, un peu creuse, diront les autres.

Une façon de dire merci pour votre patience d'auditeur, votre indulgence.

Oui, un merci, sincère et amical.

Pour tout. L'air de rien.

JE VEUX ÊTRE FUTILE À LA FRANCE

Chroniques 2011-2013

Merci à Sophia Aram (dans le rôle de Margarete de Beaulieu), à Alain Pralon (dans le rôle du Père Noël), à Didier Varrod (dans le rôle de Didier Varrod).

Merci à Olivier Broche, lecteur, critique, correcteur, à Antoine Sahler, musicien, accompagnateur, auteur du *Tango des Indignés*.

PRÉFACE

par Jean Rochefort

Qui peut accoler Anne Sinclair et baluchon quand il y a Vuitton ?

Qui peut nous éclairer sur les affres du FMI tout en nous rappelant si besoin est que la piscine de Flers-de-l'Orne est sise au bout de la rue Schnetz ?

Le chroniqueur pudique ose nous rappeler ici qu'il eut quelques émotions pieds nus au contact du carrelage blanc de la piscine rue Schnetz, le lieu n'est pas anodin, ce lieu est d'importance, celui des premiers élans, celui des piscines au carrelage blanc.

Important aussi est notre chroniqueur, chroniqueur certes un peu ringard, mais qui à force de talent a remis la ringardise à la mode. Allons plus loin, une ringardise salvatrice et nécessaire pour notre époque trébuchante, il dit Brassens comme d'autres diraient Twitter ou iPod.

On ne peut oublier : « Chaumeau est mort ! Chaumeau est mort ! » Collègue anonyme qui eut la joie aux larmes d'être décoré des Arts et Lettres sous l'instigation, allons ajoutons, partielle, afin de ménager sa pudeur, de votre chroniqueur.

On peut partir de Flers et éblouir Paris, Flers et la France comme d'autres partirent de Domrémy.

Le service public sollicitant ce Christ gauchiste camouflé en dadais a réalisé là un fameux coup d'épuisette.

De plus, la faiblesse de mes émoluments pour cette préface me permettant cet écart de conduite, je me permets d'ajouter que, quand vous lui en laissez le temps, il joue Molière, comme Molière jouait Molière.

De plus encore, il aura toujours le génie de rester con. Il nous le rappelle entre deux traits éblouissants, culturelo-politique, tendrement générationnel ou agressivement courageux. Il ne craint pas d'affirmer que Mme Cabillaud est poissonnière et Mme Maquereau, une pute.

Je ne vais pas en mettre une tartine, car j'ai tendance à l'admirer et c'est là qu'il faut faire gaffe, parfois même quand j'ai le cœur en fête, je subodore un cousinage avec ce ruralo-prolo-gauchiste, moi qui suis snob, ça pourrait me nuire.

Saison 2011-2012

SALUT EDDY, ADIEU LEPREST

2 septembre 2011

La semaine prochaine, je vous promets, on parlera de Nicolas, de Martine, de François, Dominique, Ségolène et les autres, je vous promets, on parlera de Jean-Louis, de Manuel, Christine, Alain, de qui vous voulez, de la dette, de la politique du gouvernement, du procès Chirac, des petites phrases, des mesquineries, on parlera des prétentieux, des incompétents, on parlera même des voleurs, des profiteurs, des menteurs, selon la terminologie habituelle du magazine *Marianne*, dont le directeur adjoint est Joseph Macé-Scarron, enfin je vous promets, on parlera de tous ceux qui, semaine après semaine, donnent à manger aux chroniqueurs de base, mais aujourd'hui, en ce premier vendredi de septembre, acceptez de prendre avec moi un petit rabiot de vacances, un dernier supplément de légèreté, une ultime rallonge d'insouciance pour saluer monsieur Eddy qui ce soir, boulevard des Capucines, a décidé de faire ses adieux à la scène.

Monsieur Eddy, je voulais reprendre les mots de votre dédicace que vous avez utilisés sur la compilation des CD de vos enregistrements que vous m'aviez gentiment offerte : « À François Pouillaud Morel… je précise que Pouillaud n'est pas une injure sous la plume d'Eddy mais le nom du personnage que j'interprétais à ses côtés dans le film *Le Bonheur est dans le pré*… à François Pouillaud Morel donc et à sa tenue exemplaire en ces moments difficiles pour la France. »

Monsieur Eddy, je vous retourne le compliment aux accents ironiquement gaulliens que vous m'aviez fait. Parce que, s'il y a bien quelqu'un qui depuis cinquante ans a eu une tenue toujours exemplaire en ces moments qui sont difficiles de manière permanente pour la France, c'est bien vous, Eddy Mitchell.

Parce que Eddy Mitchell est rocker et humoriste, vous en connaissez beaucoup ?

Vous me direz « Johnny Hallyday »… Certes, Johnny est un grand humoriste, mais toujours involontaire, pas Eddy !

Par exemple, Eddy Mitchell est l'homme qui a trouvé le surnom de Georges Moustaki, « monsieur un volt ».

Eddy Mitchell a connu un creux de la vague dans sa carrière. À ce moment-là, il est devenu producteur sur France Inter d'une émission au titre pince-sans-rire : « En attendant que ça passe ».

Eddy n'a jamais chanté *Mille colombes* pour Nicolas Sarkozy, ni hurlé qu'elles étaient jolies les filles de Sarkozy, il n'a jamais fait de publicité pour Optic 2000, il n'a jamais interprété du Pascal Obispo. Il n'a jamais couché avec Dominique Strauss-Kahn, en tout cas, il ne s'en est jamais plaint. Il n'a jamais déclaré la guerre à l'Allemagne ni au Lichtenstein, il n'a jamais dégazé en mer, il ne s'est jamais présenté aux primaires du Parti socialiste.

Eddy Mitchell, un parcours, une lucidité, un discernement, une acuité, un exemple, un modèle, un idéal, un parangon, une vertu, une finesse, une subtilité. Une conscience.

Eddy Mitchell à 69 ans a bien le droit d'arrêter son métier de chanteur de music-hall puisque de toute façon pour toujours Eddy a 14 ans. Il veut plus d'école, il est devenu grand puisqu'il promet à sa mère de gagner plein d'argent.

Puisqu'on parle de chanteurs, je voulais rappeler qu'un grand auteur et interprète avait décidé de nous quitter en ce mois d'août, Allain Leprest. L'auteur notamment de *Donne-moi de mes nouvelles*.

Sans t'avouer que je me manque
Donne-moi de mes nouvelles
Dis-moi dans quel port se planque
La barque de ma cervelle

Les chansons d'Allain Leprest n'ont jamais fait partie d'aucune play-list sur France Inter. Trop écorché, trop douloureux, trop exigeant sans doute. Bien sûr, ce matin à 7 h 24, l'ami Didier Varrod a tenté de rattraper le coup, bien sûr, mais ai-je tort de penser qu'en oubliant la voix d'Allain Leprest le service public oublie un peu sa vocation…

Connaît-on encore Leprest ?
Fait-il encore des chansons ?
Les mots vont, les écrits restent
Souvent sous les paillassons

EXPÉRIENCE ET NATATION

16 septembre 2011

Pour qui voter à la primaire socialiste ?

« Pas pour d'autres que moi », pense Ségolène Royal qui se prévaut de son expérience passée de candidate à la présidentielle. Au moment où tout le monde espère un renouvellement de la classe politique, Ségolène Royal pense que c'est mieux d'avoir le choix entre toujours les mêmes et que, de toute façon, on ne change pas une équipe qui perd.

La question de l'expérience est posée également au sujet de François Hollande, qui n'a jamais obtenu le moindre petit maroquin ministériel. Je signale à l'intention de nos auditeurs analphabètes qu'obtenir un petit maroquin ministériel ne consiste pas à recevoir un jeune collaborateur natif de Rabat ou de Casablanca.

C'est vrai, François Hollande n'a jamais été ministre, mais Bernard Tapie et Bernard Laporte l'ont été. On voit par là que l'expérience n'est pas tout.

L'expérience est un sujet délicat. Lorsque j'étais au collège, il m'arrivait certains mercredis après-midi quand l'été, tardif et voluptueux, se prolongeait jusque dans l'abandon de ses confins de septembre ou quand, innocent et cristallin, il se laissait entrevoir dès les prémisses du mois de mai, mois de Marie, joli mois de mai, il m'arrivait disais-je (je savais qu'aujourd'hui la matutinale recevait Philippe Meyer, j'ai fait attention de particulièrement soigner mon écriture…), il m'arrivait donc de fréquenter la piscine du Hazé à Flers-de-l'Orne. La piscine du Hazé de Flers-de-l'Orne se situe rue du Hazé à Flers-de-l'Orne. Ce n'est pas, monsieur Cohen, parce que l'on est chroniqueur à prétention humoristique que l'on n'a pas le droit de donner certaines informations qui peuvent être utiles pour bon nombre de Français et je pense en particulier, monsieur Cohen, et ils sont nombreux, à tous ces Flériens amateurs des diverses joies aquatiques sans parler du fitness, des sports nautiques et de la salle de sport que l'on peut apprécier en fréquentant la piscine du Hazé, et je ne peux pas non plus m'empêcher de penser à toutes les joies plus sybarites et plus brûlantes que l'on peut découvrir dans les cabines et sous les douches de la piscine du Hazé.

Attendez, monsieur Cohen, je ne vous ai pas interrompu, je vous demande de me laisser parler. La piscine du Hazé se situe au bout de la rue Schnetz, près du quartier du Mont-Saint-Michel, monsieur Cohen, et les Français ont le droit de le savoir.

Un jour – je reprends le fil de mon discours abandonné plus haut comme un ancien patron du FMI au bord de sa turpitude –, un jour, disais-je, que je voulais entraîner une copine de classe vers les flots accueillants de la piscine du Hazé, sa mère avait opposé à sa fille le refus le plus catégorique.

« Non, ma fille, tu n'iras pas à la piscine du Hazé.

— Mais pourquoi, mais c'est injuste, mais pourquoi ? interrogeait ma jeune condisciple désespérée et révoltée par ce qu'elle considérait comme la plus flagrante injustice.

— Il n'est pas question que tu fréquentes la piscine du Hazé, rugit l'intraitable maman.

— Mais pourquoi ? » pleurait ma jeune amie éprouvée qui de rage et de désespoir par terre se roulait. (Je vous laisse deviner l'excitation hallucinée que pouvait déclencher à l'époque la simple perspective de me découvrir en maillot de bain.)

« Mais pourquoi ? Mais pourquoi ? répétait à l'envi la jeune fille jusqu'à se noyer elle même dans le grand bain de ses larmes coulées.

— C'est bien simple, fit la mère d'un ton qui ne supportait pas la moindre réplique, tu iras à la piscine quand tu sauras nager. »

Si j'osais, je vous dirais que nous vivons une époque moderne, que le progrès fait rage et que le futur ne manque pas d'avenir.

POURQUOI SOURIEZ-VOUS, ANNE SINCLAIR ?

23 septembre 2011

Pourquoi souriez-vous, Anne Sinclair ? Pourquoi souriez-vous ?

Les magazines parlent avec complaisance de votre courage et de votre dignité. Jadis, on convoquait ce genre de mots pour les combattants, les militants, ceux qui risquaient leur vie. Vous, Anne

Sinclair, quel est votre champ d'honneur ? Quel est votre combat ? Quelle est votre guerre ? De quelle victoire vous réjouissez-vous ? De quel exploit, de quel triomphe pouvez-vous vous glorifier ?

Pourquoi souriez-vous, Anne Sinclair ? Pourquoi souriez-vous toujours ?

Ne croyez pas que je vous reproche ce sourire. Vous avez vécu des moments difficiles et personne ne sait dans ces circonstances comment il réagirait. Mais vous êtes une telle énigme. Ce sourire continuel, inoxydable, est-ce une défense ? Le signe de votre indifférence ? La réponse arrogante de la caste des nantis ?

Pourquoi souriez-vous, Anne Sinclair ? Pourquoi souriez-vous encore ?

Votre mari a donc couché avec la femme de chambre du Sofitel, a cherché à embrasser Tristane Banon, a couché avec la mère de Tristane Banon… A couché avec Piroska Nagy. A couché avec…, je n'ose pas dire la terre entière.

Pourquoi souriez-vous, Anne Sinclair ? Pourquoi souriez-vous contre toute raison ?

Quelle que soit la vérité de ce qui s'est passé dans la suite du Sofitel de New York, les aventures sexuelles de votre mari auront permis de faire un peu reculer la cause des femmes violées dont la parole sera encore plus mise en doute. Je suppose que vous avez partagé la cause des femmes, les revendications féministes. Désormais, celles qui se feront violer auront intérêt à présenter un casier judiciaire immaculé. Désormais, elles devront être irréprochables, elles devront n'avoir jamais menti, jamais volé une pomme, jamais été prises en faute. La parole des puissants, elle, sera de plus en plus difficile à mettre en cause.

Pourquoi souriez-vous, Anne Sinclair ? Pourquoi souriez-vous donc ?

Désormais, toutes les femmes fragiles, cabossées par la vie, pourront constituer un cheptel pour les forniqueurs aisés et dominants. De la chair à frissons.

Devant une journaliste de vos amies qui se croit journaliste comme un passe-plat se prétendrait maître queux, votre mari s'exprime avec l'assurance de ceux qui ont réponse à tout. La femme de chambre a menti, la journaliste a menti, et lui a changé. Pourquoi faudrait-il le croire ? Pourquoi devant le FMI présente-t-il ses excuses, pourquoi ne le fait-il pas devant les socialistes dont il plombe la campagne électorale ? Est-ce cela qui vous fait sourire, Anne Sinclair ? Est-ce cela qui vous console ?

Bientôt, on verra des films en technicolor sur l'aventure d'un homme puissant englouti par sa braguette. On aurait tort, à mon avis, d'en faire le personnage principal. Ses motivations restent assez primitives et reproduisent les gestes les plus immémoriaux et les plus basiques du mâle depuis le temps des cavernes.

Non, le vrai personnage, le plus intéressant, celui qui porte en lui son énigme, son mystère, son secret, c'est bien sûr le vôtre Anne Sinclair.

Le public, mis à mal par la violence économique et sociale d'un monde de plus en plus violent, regardera incrédule et interrogateur l'actrice qui jouera votre rôle :

« Pourquoi sourit-elle, celle qui joue Anne Sinclair ? Pourquoi sourit-elle ? »

MEA CULPA

30 septembre 2011

(Pourquoi la gravité me donne le souffle court ?)

La semaine dernière j'ai eu le tort d'écrire une chronique intitulée « Pourquoi souriez-vous, Anne Sinclair ? », une chronique extrêmement injuste, extrêmement violente et même tout à fait indigne. Enfin, c'est la façon dont elle a été ressentie par quelques auditeurs particulièrement admirateurs de Mme Anne Sinclair, contre qui, personnellement, je n'ai rien.

J'ai quand même relu mon papier pour comprendre ce que j'avais pu dire de si abominable, de si scandaleux, de si méchamment gratuit.

Je n'ai pas trouvé.

Je commençais par critiquer les magazines qui à longueur d'articles tartinent leurs bons sentiments sur les supposés « courage » et « dignité » de Mme DSK. Aurait-elle décidé de le lâcher une fois pour toutes, de faire son balluchon, que son attitude n'aurait pas été moins honorable. C'est de l'ordre de la vie privée qui ne concerne que deux individus. Pourquoi aurait-on le droit de parler de l'intimité des personnalités quand ça les arrange et pourquoi serait-ce interdit quand ça les désoblige ?

(Pourquoi suis-je asthmatique quand je suis indigné ?)

J'ai parlé du fait que cette affaire aura permis de faire un peu reculer la cause des femmes. Je le pense. J'avais pris soin de préciser « quelle que soit la vérité de ce qui s'est passé dans la suite du Sofitel ». J'avoue que, ce jour-là, je ne passais pas la nuit dans la chambre de DSK et que par conséquent, je ne sais absolument pas ce qui s'y est passé. Je crois pouvoir confirmer que cette aventure ne va pas améliorer la situation des femmes qui se plaignent de viol. Ai-je eu tort de dire cela ?

J'ai insisté sur le fait que l'homme avait fait des excuses publiques à New York devant les membres du FMI. J'ai remarqué qu'il n'avait fait aucune excuse, devant personne, à Paris. Ai-je eu tort de l'écrire ?

J'ai conclu sur le caractère énigmatique d'un sourire à côté duquel celui de la *Joconde* paraît transparent. Est-ce si insupportable à entendre ?

(Pourquoi j'ai du mal à respirer quand je suis ulcéré ?)

Vendredi dernier, à 9 h 05, je rouvre mon portable, j'écoute mes messages, un ancien directeur de l'information me donnait un ordre. « Appelez-moi. » Si quelqu'un de la maison le rencontre, qu'il veuille bien lui dire, avec le plus de tact, le plus de délicatesse possible, qu'il n'est plus directeur de l'information et que d'ailleurs le poste n'existe plus…

Mme Catherine Levaï, sur un blog, m'accuse de faire partie du microcosme parisien. Je vous jure que je n'en fais pas partie, sinon sans doute connaîtrais-je mieux cette dame.

Bon, évidemment tout cela est ridicule.

Aujourd'hui, DSK, comme directeur du FMI, demande à bénéficier d'une « immunité absolue en matière civile ». Je suppose que Mme Levaï, tout comme le peuple de France dont je ne dois pas faire partie, doit s'en féliciter, quand le microcosme parisien, dont je dois être le représentant, s'interroge…

Pourquoi suis-je essoufflé quand je suis grave, indigné, énervé devant le spectacle écœurant de l'injustice.

Vivement vendredi prochain, qu'on parle d'autre chose…

CHRONIQUE PRIMAIRE

7 octobre 2011

Socialistes, je vais vous dire franchement ce que je pense, à deux jours de la primaire que tout le monde a l'air de considérer comme une réussite, le mieux est encore effectivement d'en maintenir le principe. Je vous dis ça au cas où au dernier moment vous vous seriez dit : « Est-ce que ça ne vaudrait pas le coup d'arrêter les frais ? »

Non, je ne crois pas. Je pense que si vous annulez tout, aujourd'hui vendredi, ça ne va pas faire sérieux… Je crois même que vous allez passer pour des rigolos. Et là, maintenant, étant donné vos prétentions gouvernementales, ce serait bien de donner l'impression que vous êtes sérieux. Donc, tant pis, il faut se faire une raison et se dire que, pour la primaire, ce n'est plus le moment de reculer.

Alors, la primaire… Je pose les questions tout à trac, comme elles me viennent… Est-ce le meilleur moyen de désigner le candidat ? Je vais vous dire franchement, je n'en sais rien.

À droite, c'est plus facile, parce que, eux, ils ont des candidats naturels. Ils n'ont même pas besoin de voter. En 2007, le candidat naturel, c'était le premier secrétaire de l'UMP, en 2012, le candidat naturel, c'est le président sortant. C'est ça qui est bien, à droite, par rapport à vous, c'est que ça ne discute pas. Vous, ce n'est pas pour dire du mal mais quand même vous aimez bien discuter. À droite, non, pas spécialement. En 2007, ils avaient un fier destrier, toute la droite quasiment était derrière. En 2012, le fier destrier est peut-être devenu un canasson famélique, mais tout le monde est quand même derrière. Ça c'est beau. C'est courageux. Si ça ne s'appelle pas de l'humanisme, ça : être capable de perdre les élections, le pouvoir, les voitures de fonction qui roulent à toute blinde à travers la ville, juste pour ne pas faire de la peine à un seul homme. Si la gauche était aussi disciplinée, aussi courageuse, aussi humaniste que la droite, elle désignerait ses pires candidats pour la campagne 2012. (Pourquoi pas un ticket Guérini-DSK ?)

D'autres solutions seraient possibles, la courte paille, le pouf-pouf « ce-se-ra-toi-qui-se-ra-can-di-dat ».

J'entends déjà Ségolène Royal : « Non, mais c'est pas juste, c'est du sexisme, si ça avait été "ce-se-ra-toi-qui-se-ra-can-di-da-TE", c'était moi qui gagnais… »

Voilà, c'est ça le problème avec vous les socialistes, rien n'est jamais simple !

L'autre façon c'était la « candidate expérience », celle qui y était déjà allée. Évidemment, ce n'est pas forcément la meilleure solution pour renouveler le personnel politique mais elle offre des avantages. Imaginons que la candidate de 2007 échoue encore en 2012, est-ce que ce serait idéal de la proposer à nouveau en 2017 puis en 2022 puis en 2027 jusqu'à ce qu'elle soit élue… Économie des affiches, toujours les mêmes, à peine retouchées tous les cinq ans par Photoshop.

En 2007, au stade Charléty, Ségolène Royal a conclu son dernier discours de campagne par : « Aimez-vous les uns les autres. » Cinq ans plus tard un enfant va naître chez les Sarkozy. Je pose une question : Est-ce la vocation de l'opposition d'inspirer la vie élyséenne ?

Si l'un de vous est élu, qu'il soit gentil de ne pas trop s'inspirer du camp d'en face. Car il est bien court le temps des cerises où l'on s'en va deux cueillir en rêvant des pendants d'oreilles.

(*On entend le début du* Temps des cerises, *chanté par Montand.*)

THOMAS, CLÉMENCE, JULIEN, FLORA

14 octobre 2011

Votre situation est extrêmement originale. Votre père, François, est candidat à la primaire socialiste. Votre mère, Ségolène, a échoué la semaine dernière à la même primaire socialiste.

Thomas, Clémence, Julien, Flora, j'imagine que votre semaine a été bouleversante. Comme tous les Français, vous avez été spectateurs des larmes de votre mère et du sourire de votre père, raisonnablement heureux d'être arrivé en tête dimanche dernier. De nombreuses études existent sur les enfants de parents séparés. La contribution que vous pourriez apporter serait absolument inédite.

Thomas, Clémence, Julien, Flora, j'ai eu peur en début de semaine que vous viviez le chaos et les larmes comme nombre de ceux que l'on appelle « les enfants du divorce ». Imaginez que votre maman ait décidé par solidarité féminine, ou par rancœur conjugale, de soutenir Martine Aubry, qu'auriez-vous fait ? Devoir choisir entre son père et sa mère, c'est devoir renoncer à son œil gauche ou à son œil droit, c'est se résigner à abandonner l'un de ses bras, l'une de ses jambes. Devoir choisir entre son père et sa mère, c'est accepter d'être mutilé, amputé.

« Tu préfères ton père ou ta mère ? — Je préfère le lard », répondit l'enfant qui mourut plus tard d'un fort taux de cholestérol.

Thomas, Clémence, Julien, Flora, vous n'êtes pas passés loin de la catastrophe.

Heureusement, Ségolène a décidé de soutenir son ancien compagnon. Et j'imagine les faux espoirs briller dans vos yeux incrédules quand vous avez lu les titres des journaux : « Royal choisit Hollande », « Ségolène choisit François ». Comme tous les enfants de parents séparés, vous avez longtemps espéré qu'ils allaient se remettre ensemble, que c'était une mauvaise passe, une sombre parenthèse mais que bientôt à nouveau tous ensemble, tous ensemble, tous, vous partiriez dans l'Espace Renault sur la route des vacances, maman comme une dératée, conduisant à toute blinde dans les petites rues de la station balnéaire charentaise, écoutant sur la radio mono CD le dernier disque de Cali, tandis que papa qui se serait un peu assoupi à la place du mort demanderait si ce ne serait pas possible de mettre un peu moins fort.

Thomas, Clémence, Julien, Flora, je pense à vous et à votre soulagement quand vous avez compris que, dimanche prochain, vous ne seriez traîtres à personne, que vous pourriez dans les réunions de famille marcher la tête haute, n'ayant été infidèles à personne. Thomas, Clémence, Flora, Julien, remerciez votre maman de ne pas vous avoir mis dans l'embarras.

À propos, Thomas, Clémence, Julien, Flora, vous êtes assez grands pour savoir ce que vous avez à faire… Dimanche prochain, après tout, vous avez aussi le choix de ne pas voter comme vos parents. Et si le moment était venu de vous libérer, de vous soustraire à une autorité parentale qui a dû être lourde ? Et si c'était le moment de vous venger de toutes ces soirées que vous avez dû passer avec une baby-sitter récalcitrante quand papa et maman étaient en meeting, en réunion, en congrès… Et de tous ces dimanches où vous avez dû traîner dans les fêtes de la rose, jouant au chamboule-tout, tirant sur des boîtes de conserve aux tristes effigies de Chirac et de Giscard.

Allez, dimanche prochain, émancipez-vous ! Comme André Gide, criez : « Familles, je vous hais ! » Votez Martine. Si vous avez ce courage, je suis sûr que ça encouragerait Jacques Delors à voter François Hollande.

ÉDITO RUGBYSTIQUE

21 octobre 2011

Dimanche prochain, le XV de France va affronter les All Blacks et la France s'interroge : que va en dire le chroniqueur vedette du vendredi ? Chacun sait que je suis un spécialiste des sports collectifs. Football, basket, rugby, chat-bite, j'ai non seulement un avis, j'ai aussi un regard dont je vais faire profiter ce matin les auditeurs de France Inter.

Avant d'entamer mon exposé que l'on devine brillant sur les mêlées, les dribbles et les plaquages, j'aimerais d'abord, et ça n'a rien à voir, dire combien j'ai été choqué ces derniers jours par la façon dont a été traitée la naissance de la fille du couple présidentiel. J'ai notamment entendu nombre de commentateurs évoquer la clinique de la muette. Un peu de courtoisie, s'il vous plaît ! Même si Carla Bruni ne chante pas très fort, il est exagéré de la traiter de muette. Je voulais que cela fût dit.

Donc, dimanche, c'est la finale. Bien sûr, tout le monde attend mon appréciation avec impatience. Marc Lièvremont a-t-il eu raison de sélectionner Maxime Médard à l'arrière, de placer Morgan Parra à l'ouverture ? Avant de vous éclairer sur tous ces sujets qui nous passionnent, je voudrais profiter de mon passage à l'antenne pour condamner la goujaterie ambiante et dire que simplement parler de la clinique de l'aphone aurait été préférable.

Je voudrais par ailleurs, et je reviens à mon sujet, rappeler, afin de contextualiser mon propos dans une perspective historique, que l'ancêtre du rugby est la soule ou la sioule, sport très pratiqué en France dès le Moyen Âge, notamment en Basse-Normandie. Une fois de plus, regrettons que la modestie bas-normande ait nui à son prestige. Si l'on avait su garder ce patrimoine en France, si l'on n'avait pas exporté cette pratique vers la perfide Albion, si l'on ne s'était pas résigné à abandonner ce sport aux étudiants de la ville de Rugby qui en firent la renommée, peut-être parlerions-nous aujourd'hui du Mortagne-au-Perche à XV, ou du Briouzeman Julien Bonnaire, peut-être parlerions-nous de l'équipe de France de Valognes à XV ou de Vire à XV ou de Flers à XV, et Rugby serait juste une ville anonyme du centre morose et accablé de la neurasthénique Angleterre. Je rêve. L'ovalie serait cette région verte et bocagère, avenante et bucolique, agreste et douce qui va de Cherbourg au Mont-Saint-Michel, d'Alençon à Bayeux. À la troisième mi-temps, on partagerait le camembert, les tripes à la mode de Caen, le cidre et le poiré. Une fois de plus, la discrétion ornaise, la retenue calvadosienne, l'humilité manchote auront été néfastes à la souveraineté sportive de la région bas-normande. Je voulais que cela fût dit comme j'eusse préféré que l'on parlât de la clinique de la déficiente vocale.

Mais revenons au sujet qui ce matin nous intéresse : le rugby. Ah, le rugby ! Le rugby, le rugby ! Le rugby ! Le rugby !…

Pour conclure, car je n'aurais pas hélas ce matin le temps nécessaire pour discourir sur mon sujet fétiche, je voudrais citer Marc Lièvremont lui-même. Après avoir parlé des joueurs de l'équipe comme des « sales gosses, indisciplinés, désobéissants, égoïstes parfois », le sélectionneur a dit : « J'ai perdu une bonne occasion de fermer ma grande gueule. »

Exactement comme moi ce matin.

PUTÉOLIENS, PUTÉOLIENNES

28 octobre 2011

Putéoliens, Putéoliennes, Mme Joëlle Ceccaldi-Raynaud, députée-maire UMP de Puteaux, a été mise en cause dans une affaire de pots-de-vin. Des broutilles, pas grand-chose, des affaires comme il en existe dans le beau monde qui tant nous fascine : des enveloppes de billets qui circulent vers Genève, agréable cité de villégiature située sur le lac Léman, des comptes ouverts au Luxembourg, charmant duché situé en plein cœur de l'Europe occidentale, et puis quelques sociétés écrans domiciliées aux îles Vierges britanniques, ainsi joliment nommées par Christophe Colomb en l'honneur de sainte Ursule.

La semaine dernière, *Le Canard enchaîné* a rendu compte des ennuis que Mme Joëlle Ceccaldi-Raynaud rencontre avec la justice qui s'interroge sur l'existence de commissions occultes et de fraudes fiscales. Mauvais esprits, les fouille-merde du *Canard* rappellent que Mme Joëlle Ceccaldi-Raynaud, députée-maire de Puteaux, est une proche de Nicolas Sarkozy, le président qui, à la tribune des Nations unies, avait dit avec la même crédibilité que DSK s'il recommandait le vœu de chasteté : « Nous n'avons pas à tolérer les lieux où se cache l'argent de la spéculation, du crime et de la fraude. Il faut en finir avec les paradis fiscaux. »

La députée-maire UMP de Puteaux, Mme Joëlle Ceccaldi-Raynaud, ni une ni deux, la semaine dernière, a ordonné à son équipe municipale d'acheter tous les exemplaires du *Canard enchaîné* afin qu'il n'en reste plus un seul chez aucun marchand de journaux, dans aucun kiosque à journaux sur la commune de Puteaux. *Le Canard enchaîné* de cette semaine a rendu compte du fait que Mme Joëlle Ceccaldi-Raynaud, députée-maire UMP de Puteaux et proche de Nicolas Sarkozy, avait fait la razzia sur tous les exemplaires du journal satirique de la semaine passée. On ne sait pas encore si madame la députée-maire a demandé à son équipe d'acheter tous les *Canard* de cette semaine afin de cacher les nouvelles révélations aux Putéoliens, aux Putéoliennes, qui, monsieur Cohen, je suis navré de vous le dire, ne sont certainement pas des personnes de mauvaise vie énergiquement renouvelable, mais des habitants de Puteaux.

Mme Ceccaldi-Raynaud imagine sans doute que ceux-ci sont si sédentaires que ne leur viendrait pas l'idée de se procurer le journal en dehors de leur commune, à Nanterre, à Courbevoie, voire à Paris ? Car je suis sûr que certains habitants de Puteaux, traîtres nomades, travaillent dans la capitale. Ne plaisantons pas, la réaction de Mme Ceccaldi-Raynaud n'est-elle pas la meilleure réponse à la crise que traverse la presse ? Si tous les maires de chaque ville de France faisaient l'effort d'acheter tous les journaux vendus sur leur commune chaque fois qu'ils sont mis en cause, la presse française serait autrement florissante.

Voilà peut-être le moyen de relancer l'économie d'un pays. L'imagination est en marche. Et si Mme Ceccaldi-Raynaud, députée-maire de Puteaux, entendait parler d'elle un matin sur France Inter de façon peu amène, pourquoi n'aurait-elle pas l'idée d'acheter tous les récepteurs, tous les transistors, tous les iPhones, tous les autoradios afin de limiter autant que possible la promotion de son affairisme sur lequel elle ne souhaite pas spécialement communiquer auprès des habitants de Puteaux ?

Comme le dit, à peu près, Victor Hugo dans *L'Homme qui rit* : « C'est de l'enfer des pauvres administrés qu'est fait le paradis fiscal des riches élus. »

QUI A BRÛLÉ *CHARLIE HEBDO* ?

4 novembre 2011

Qui a brûlé *Charlie Hebdo* ? Certains pensent à des intégristes islamistes. Ah oui, je n'y avais pas pensé mais c'est possible… C'est possible que la connerie ait le vent en poupe dans les périodes tourmentées. La connerie, la bonne vieille connerie qui s'exprime tous les jours de manière ingénue, innocente en apparence, dans certains bistrots, dans certaines chapelles, dans certaines émissions de télévision, et qui se manifeste avec de plus en plus de virulence devant et dans les théâtres, contre les journaux, dans ces lieux qui symbolisent la réflexion, la controverse, l'esprit de contradiction… Dans ces endroits destinés à éloigner de l'obscurantisme, dans ces espaces, excusez du gros mot, de liberté.

Mais qui a brûlé *Charlie Hebdo* ? Il ne faut négliger aucune piste.

Je feuillette l'exemplaire du 2 novembre 2011, numéro 1011, d'autres suspects pourraient être entendus.

Page 12, dans sa rubrique « J'aime vraiment pas la chanson française », Luz dessine Benjamin Biolay. Pourrait-il s'agir de fans du chanteur qui se seraient révoltés par le traitement fait à leur icône ?

Sur la même page, Jean-Baptiste Thoret critique âprement le *Tintin* de Spielberg. Et si c'était Paramount qui, réponse du berger pyromane à la bergère incendiaire, s'était vengé de cette descente en flammes par le jet d'un cocktail Molotov ?

Je n'accuse pas, je cherche, je réfléchis…

Dans ce numéro, je tourne les pages et je m'aperçois qu'il ne contient aucun dessin, aucune caricature de Cabu… Et s'il s'agissait d'un admirateur de Cabu qui se serait révolté contre l'absence inexpliquée de son dessinateur préféré ? Et s'il s'agissait de Cabu lui-même, pris subitement d'un narcissisme dément, qui aurait eu envie de faire disparaître un journal dans lequel lui n'apparaît pas ?

Les suspects, on le voit, sont nombreux.

Et si Patrick Pelloux n'avait pas trouvé d'autres moyens pour alléger un emploi du temps saturé par les urgences, les gardes à l'hôpital, l'écriture de livres, d'articles, sans compter ses activités frénétiques de gastronome et d'amant…

Et si l'équipe de *Libération* avait perpétré ce crime afin d'accueillir un peu de joie dans ses conférences de rédaction. Et si Claude Guéant avait incendié le journal pour se payer le luxe de se faire passer pour un parangon de vertu démocratique.

L'enquête risque d'être longue. Qui a brûlé *Charlie Hebdo* ? Oui, plus sûrement, celle que j'accusais tout à l'heure, la connerie, la bonne vieille grosse connerie, qui fait les guerres, les crimes, les attentats.

C'est dur d'être aimé par des cons, oui, bien sûr, mais on dirait que ça va devenir de plus en plus difficile d'être détesté par des cons.

PAR EFFRACTION

11 novembre 2011

« Par effraction », a dit M. Baroin, la gauche en 1997 est arrivée au pouvoir.

« Par effraction », c'est-à-dire par cambriolage, par escroquerie, par brigandage, par grivèlerie.

« Par effraction », a dit M. Baroin, c'est-à-dire par vol.

Parce que, selon M. Baroin, la droite est la propriétaire du pouvoir. Depuis toujours.

Parce que, selon M. Baroin, la gauche n'est pas légitime, jamais. Elle n'est pas réglementaire, en aucun cas. Elle n'est pas conforme, elle n'est pas appropriée. Pour gouverner, pour diriger, pour décider, elle n'est pas à sa place. Elle peut être dans l'opposition, oh ça, bien sûr, tant qu'elle veut ! Puisque c'est son rôle, c'est sa vocation.

Voilà, M. Baroin l'a dit. M. Baroin l'a pensé tellement fort qu'il n'a pas pu s'empêcher de le dire. Car M. Baroin au fond de son petit cœur doit estimer que la démocratie est une sale engeance qui complique tout, qui embrouille tout, qui tout embarrasse, qui tout alambique, qui tout entortille puisque le pouvoir est la chose, la propriété, la possession exclusive, naturelle, patrimoniale de la droite. Voilà. Quand on prend le pouvoir à la droite, on commet un vol. Ni plus ni moins. On accomplit une exaction. Une effraction.

M. Baroin, finement formé à la politique par M. Elkabbach, a une pensée simple, solide, cohérente. Le soleil est fait pour briller. La pluie est faite pour mouiller et la droite est faite pour diriger.

C'est comme ça. M. Baroin est un garçon facile à comprendre.

La droite est faite pour le pouvoir comme la gauche est faite pour le contre-pouvoir. Parce que oui, la gauche peut critiquer, condamner, désapprouver, esquinter, étriller. Parce que oui, la gauche peut discuter tant qu'elle veut, la gauche est là pour ça, c'est son destin, c'est sa vocation selon M. Baroin. La gauche est là pour bavarder sans arrêt, pour jacasser sans fin, pour déblatérer sans limite, *ad vitam aeternam*, et la droite est là pour gouverner. C'est son destin.

La gauche doit exister, bien sûr, elle peut même être utile, pour justifier tout ce qui ne va pas dans le pays, les grèves, les manifestations, les trains qui n'arrivent jamais à l'heure, car de tout temps, c'est la faute de la gauche si la droite, depuis si longtemps au pouvoir, ne réussit rien de ce qu'elle entreprend, si elle ne réussit pas à faire vivre le pays dans l'idéal qu'elle avait promis.

« Par effraction », a dit M. Baroin, la gauche est arrivée au pouvoir. En 1997 et depuis toujours. La semaine de 40 heures, les congés payés de 1936, l'abolition de la peine de mort, la décentralisation, la cinquième semaine de congés payés de 1981 doivent aller rejoindre la retraite à soixante ans et les 35 heures dans les oubliettes de l'Histoire puisque ces décisions ont été prises illégitimement par des gouvernements arrivés « par effraction ».

Dites, quand vous entendez des paroles comme celles-là, si méprisantes pour le suffrage universel, si condescendantes pour le débat public, ça ne vous donne pas envie de devenir cambrioleur, malfaiteur, effractionniste, ça ne vous donne pas envie de faire le casse du siècle ?

LETTRE AU BON DIEU

18 novembre 2011

Aujourd'hui, je profite de cette chronique pour écrire à Dieu. Oui, au Bon Dieu, au Seigneur, à l'Éternel, je m'adresse directement, sans intermédiaires, sans truchements.

D'homme à Dieu. Entre quatre yeux.

Il vaut mieux s'adresser au Bon Dieu qu'à Ses Saints. Surtout quand Ses Saints ont le crâne rasé et les idées courtes. Il vaut mieux s'adresser au Bon Dieu qu'à Ses Saints, même quand ils portent des lodens, des serre-tête et des jupes plissées.

Écrire une lettre au Bon Dieu, je ne saurais pas où l'adresser, alors je passe par les ondes. Qu'est-ce qui m'empêche d'imaginer que le Bon Dieu sur son nuage est branché sur France Inter ? Son fils, un peu rigide depuis qu'il a été crucifié, lui interdit d'écouter les radios commerciales à cause des marchands du Temple. Le Bon Dieu, la mort dans l'âme, doit quand même supporter toutes les annonces pour la Matmut, le CIC et le cancer colorectal.

Mon Dieu, mon Seigneur, mon Tout-Puissant, comment Vous dire ? Je préfère être franc avec Vous, je ne suis même pas sûr que Vous existiez. Ne le prenez pas mal. Vous semblez tellement susceptible en ce moment ! J'espère que Vous n'allez pas vous vexer si je Vous dis que je me demande si Vous n'êtes pas juste une idée vaguement poétique inventée par les hommes pour les rassurer. Remarquez, ce n'est déjà pas si mal d'être un songe, une rêverie, capable de donner à certains du courage, la force d'exister.

Et puis, si un jour j'arrive au ciel, si je m'aperçois que mon intuition n'était pas bonne et que finalement Vous existez pour de bon, en chair et en os et en esprit saint, alors je serai beau joueur, je Vous dirai : « Chapeau ! Bravo l'artiste ! Merci ! Merci pour le ciel, pour la terre et toutes les galaxies. Oh, bien sûr, tout n'était pas parfait, mais enfin, sans Vous, rien n'aurait été possible. »

Vous, de Votre côté, à cet instant qui j'espère sera le plus tard possible, peut-être serez-Vous indulgent avec moi, assez fair-play pour reconnaître que finalement, à ma manière, j'aurai tenté de ne pas trop m'éloigner de Vos préceptes. Et gratuitement encore, puisque je n'aurai même pas cru en l'espérance du paradis comme récompense !

Tout ça pour Vous dire monsieur le Bon Dieu que Vous feriez bien de vérifier un peu mieux vos troupes, de taper de Votre poing vengeur sur la table divine et faire le ménage un peu parmi Vos adorateurs.

Des imbéciles tentent d'empêcher des représentations théâtrales, se sentent insultés, parlent de blasphèmes. Au mépris de la liberté d'expression. Au mépris de la liberté tout court. Ces intégristes ne sont pas obligés d'aller voir les pièces de théâtre qui les rebutent, de lire les journaux qui leur déplaisent, de visiter les musées qui les contrarient. Mais ils sont obligés de respecter les convictions de ceux qui ont le droit de ne pas penser comme eux. Ils ont le droit bien sûr de détester ces spectacles, de les juger odieux, indignes, choquants, mais ils n'ont pas le droit de vouloir les interdire.

De la même manière que les athées convaincus ne sont pas obligés d'entrer dans les églises pour empêcher les messes de se dire sous prétexte que les paroles qui y sont prononcées choquent leurs convictions profanes, ils ne sont pas du tout invités à lapider les vitraux, à déchirer le saint suaire, à détruire les calices dans lesquels est enfermé le corps du Christ, sous prétexte qu'il s'agirait à leurs yeux d'inepties, de mensonges, de bondieuseries ahurissantes, de bigoteries abrutissantes.

Mon cher Bon Dieu, Vous êtes une telle référence pour tous, curés, bouffeurs de curés, qu'il Vous faut accepter tous les regards, toutes les interprétations que l'on peut faire sur Vous. On peut aller prier sur le mont Golgotha ou y organiser un pique-nique. Vous qui êtes amour, usez de votre esprit saint pour éviter les nouvelles guerres de religion. Vous qui êtes la bonté, condamnez toute action liberticide faite en Votre nom. Vous qui êtes si grand, soutenez sans discussion ceux qui sont aujourd'hui la cible des incendiaires. Vous qui êtes si éternel, condamnez la lâcheté des penseurs mous, des traîtres ordinaires, ceux qui disent qu'après tout, ceux qui subissent la foudre des fous de Dieu parce qu'ils ont le simple tort d'user de leur liberté l'avaient bien cherché.

Mon cher Bon Dieu, en me permettant de Vous suggérer de mieux choisir Vos porte-parole, je ne fais que Vous inviter à faire mieux entendre Votre parole de réconciliation et de fraternité.

Je vous embrasse sur vos nuages vaporeux et passe dans Votre barbe fleurie une caresse bienveillante.

À QUOI IL PENSE ?

25 novembre 2011[1]

À quoi il pense, Julien, à neuf heures moins cinq en écoutant la radio ? Il vient de prendre son troisième café du matin et il tourne en rond. Il n'arrive pas à rester au lit. L'habitude de se lever tôt, de partir à l'usine. Mais aujourd'hui, il est en arrêt maladie. Parce que le médecin qui est passé hier soir a préféré qu'il reste à la maison. Trop mal foutu, fiévreux, pas en forme, le nez qui coule, les yeux qui pleurent. Un coup de froid. « Le changement de saison, c'est pas bon », a dit le docteur.

C'est en défilant samedi dernier dans les rues de Condé-sur-Noireau qu'il a « attrapé la mort », comme il dit. Ils étaient trois mille, les uns près des autres mais sans réussir à se réchauffer. Ils étaient trois mille pour ainsi dire les uns serrés contre les autres mais sans réussir à se consoler.

À quoi il pense Julien à neuf heures moins quatre en écoutant la radio ?

Le médecin lui a prescrit des antibiotiques. Il le connaît bien, le docteur, c'est lui qui venait pour son père, mort du poumon, mort par l'amiante. Il y en a eu des manifestations à l'époque mais du monde comme samedi dernier, il n'avait jamais vu.

Oui, je sais, deux mille cinq cent selon la police, trois mille selon les organisateurs. On ne va pas mégoter. On ne va pas finasser.

1. Trois mille manifestants défilaient à Condé-sur-Noireau contre la fermeture de l'usine Honeywell.

Ça se calcule la détresse ? Ça s'additionne le désespoir ? Ça se chiffre la colère ?

« Qu'est-ce que ça peut foutre, leurs comptes d'apothicaire, s'est énervé Julien, la moitié d'une ville entière qui est dans la rue, qu'est-ce qu'il leur faut de plus ? »

À quoi elle pense Chrystelle, la femme de Julien, à neuf heures moins trois en écoutant la radio ? Elle est au bureau, le transistor fait un bruit de fond mais elle n'arrive pas à se concentrer. Dire que le mois dernier elle espérait encore un CDI. Si la situation empire, elle sait qu'elle est sur un siège éjectable. C'est la dernière arrivée. Elle avait un bon poste il y a cinq ans et puis elle a cessé de travailler à la naissance de Mathieu. Emma est arrivée un an et demi plus tard, et c'est seulement depuis janvier qu'elle a retrouvé du travail. Si l'usine ferme, la situation sera fragile pour tout le monde.

À quoi il pense, Mathieu, à quoi elle pense, Emma, à neuf heures moins deux ? Mathieu est dans la grande section, Emma dans la petite. Samedi dernier c'était la fête, ils étaient dans la rue. Mathieu tenait la main de sa mère. Emma était sur les épaules de son père. Tout le monde criait. Tout le monde chantait. Il y avait tous les copains de papa, toutes les amies de maman. Il y avait du bruit, de la fumée, des pétards. C'était rigolo. Le soir dans leurs lits, ils criaient encore tout ce qu'ils avaient entendu dans la journée : « Non à la fermeture ! » Ils s'amusaient bien. Surtout quand ils ont essayé de prononcer le mot « délocalisation ». Emma riait beaucoup en sautant sur le lit et en hurlant : « Décacalisation ! » Et puis papa est arrivé en colère. Il a dit : « Ça suffit ! » Il a poussé des cris. Et depuis Mathieu a mal au ventre. Ce soir-là et depuis, tous les soirs, il a aussi du mal à s'endormir. Il voit bien que plus rien n'est comme avant. Emma elle s'ennuie un peu à la maternelle, elle n'a qu'une idée en tête, retourner crier samedi prochain dans la rue sur les épaules de papa.

À quoi ils pensent en ce vendredi matin, Julien, Chrystelle, Mathieu, Emma et tous les autres ? À quoi ils pensent tous les dirigeants, les actionnaires anonymes qui décident de fermer une usine, d'aller chercher en Roumanie de la main-d'œuvre moins chère ? À quoi ils pensent ceux qui savaient le danger mais envoyaient quand même des ouvriers dans des usines amiantées ? À quoi ils pensent ceux qui aujourd'hui détruisent des vies pour leur seul profit ?

Ce soir, comme tous les soirs, quand Mathieu, Emma seront couchés, quand Chrystelle s'ennuiera toute seule devant la télévision, Julien regardera le ciel de la terrasse en fumant une cigarette. Il pensera aux récents discours culpabilisateurs au sujet d'une quatrième journée de carence en cas d'arrêts maladie.

Julien, en scrutant la lune et les étoiles, se dira que tout le monde ne vit pas sur la même planète.

DENIS, SEXUALITÉ ET RADIO

2 décembre 2011

Vous savez qu'on est très écoutés en ce moment, non, je ne plaisante pas, vous savez qu'en ce moment précis où je vous parle, des gens nous entendent. Si je ne dis rien par exemple pendant deux secondes (…) il y a des gens que je ne connais même pas qui s'inquiéteront de ce silence. C'est affolant, non ? Si je reste trois secondes sans rien dire, (…) des gens vont regarder leur transistor avec anxiété, les plus violents le fracasseront contre le mur. C'est impressionnant quand même, cette responsabilité qu'on a ! On ne se rend pas toujours compte. On pourrait avoir l'impression d'être entre nous, mais non, je vous assure, en ce moment même, il y a des gens qui perçoivent ce qu'on dit… Dans leurs voitures, dans leurs salles de bains, même dans leurs lits.

Je le sais parce que j'ai un ami technicien qui travaille avec moi quand je joue au théâtre qui se prénomme Denis. Pendant toute une longue période, il était en tournée avec moi. On s'entend bien mais quand même à un moment donné, forcément, il était content de retourner chez lui, de retrouver sa maison, ses enfants et sa compagne. Donc, un jour, il est au lit, tranquille avec sa fiancée. La radio fait un bruit de fond. Assez détendu, il est un petit peu dans la perspective de rattraper tout ce temps perdu à aller d'une ville à l'autre, à monter des décors, à installer des projecteurs, et naturellement il se rapproche de son amoureuse. Il commence à la caresser, à lui retirer son pyjama. Même, il décide de poser ses lunettes sur la table de nuit. Un instant de vie, on le voit, assez chaud, assez langoureux. Aussi bien du point de vue mental que physiologique que mécanique, tout s'annonçait très bien, tout semblait fonctionner à la perfection quand tout d'un coup, à travers sa radio, il a entendu le son de ma voix. Aussitôt, ça lui a fait perdre ses moyens. Comme si, brusquement, un coup de blizzard avait soufflé sous sa couette. Denis a repensé au camion qu'il devait ramener à Malakoff, aux porte-gobos pour découpe ETC qu'il devait récupérer chez Bernard, au talkie Motorola qu'il devait emprunter à Robert vu que le sien était en panne, ça l'a immédiatement démobilisé. C'était comme si tout d'un coup s'étaient formées au plein milieu de sa chambre à coucher des immenses congères apportées par la bourrasque et qui n'ont réussi à fondre qu'au moment du passage d'antenne entre vous Patrick et Pascale Clark dont les échanges ont sur lui des vertus curieusement stimulantes. Je n'ai envie ni de commenter ni de me moquer, la sexualité de chacun étant un mystère abyssal.

Si je m'aperçois qu'on est écoutés, c'est aussi parce que je participe à des Salons du livre, je vais dans les librairies, Millepages à Vincennes, L'Astrée rue de Lévis à Paris, Les Temps modernes à Orléans, où des centaines et des centaines d'admirateurs enthousiastes viennent faire signer l'ouvrage que je viens de faire paraître et qui s'intitule *L'Air de rien*. C'est un livre qui, certes, fait le bonheur de ceux qui le lisent, qui représente une formidable idée de cadeau pour tata Janine ou pour oncle Marcel vu que son prix est compétitif et sa facture distrayante, mais ne comptez pas sur moi pour en faire la publicité sur les ondes nationales vu que l'élégance de ma plume et celle de mon esprit constituent ma signature à nulle autre analogue.

L'autre jour, un jeune homme, apprenti humoriste, me dit :

« Dites donc, en ce moment avec l'actualité, c'est pas les sujets qui manquent.

— C'est vrai, admis-je volontiers.

— Oui, me fit-il. Rien que cet enfant de 3 ans, enfermé dans un lave-linge, ça c'est un bon sujet de chronique. S'interroger sur le programme adéquat selon l'âge et le poids de l'enfant, évoquer le séchage, l'essorage, je suis sûr qu'il y a toute une série de plaisanteries qui peuvent être très amusantes.

— Sans doute », fis-je consterné.

Fin de ma chronique.

Denis, dans douze minutes, passage d'antenne entre Pascale et Patrick. Vicieux, va…

VOL D'ENFANCE

9 décembre 2011

Le conseil de l'école publique maternelle et primaire de Ploudalmézeau dans le Finistère a décidé à l'unanimité que les élèves ne seront plus autorisées à venir maquillées à l'école, à porter des talons, des minijupes ou des shorts courts sous peine de recevoir un avertissement.

Figurez-vous qu'il existe aujourd'hui, grâce au dynamisme du secteur industriel spécialisé dans le sous-vêtement destiné à la jeunesse, des soutiens-gorge rembourrés dits « push-up » afin de donner l'illusion d'une poitrine – taille 65 A – à des petites filles de 8 ans.

Je dis petite fille car, pardonnez-moi, je suis de la vieille école, je devrais dire des préadolescentes. Si j'étais à la pointe de la modernité, si je savais accompagner la merveilleuse évolution sociologique que nous avons la chance de découvrir sous nos yeux éblouis et incrédules, je dirais des pré-préfemmes. L'époque actuelle est délicieuse, elle va bientôt réussir à faire disparaître totalement cette sombre période si inutile, si stérile, si superflue que jadis nous appelions l'enfance et qui dans des esprits brumeux était synonyme d'insouciance et de découverte, de naïveté et d'émerveillement, mais qui, en réalité, était surtout une époque vaine et négligeable, une perte de temps qui compliquait la vie des parents et constituait un manque à gagner patent pour le commerce et le négoce. Certains de nos ancêtres, parmi lesquels Charles Dickens ou Émile Zola, se sont battus, se sont exprimés, se sont révoltés afin que les enfants défavorisés ne fréquentent plus les mines, les usines, les filatures dès leur plus jeune âge. Heureusement, personne n'a eu l'idée d'empêcher les enfants de devenir des consommateurs, de la chair à pognon.

Bref, le conseil de l'école publique de Ploudalmézeau dans le Finistère a décidé que les élèves de maternelle et de primaire n'étaient plus autorisées à venir à l'école habillées comme des putes. Il est peut-être rétrograde de vouloir imposer un uniforme à l'école. Il est sans doute criminel d'accepter que l'image malsaine de lolitas répandue par Internet et la publicité devienne la norme.

Il est évident qu'en France nous devons faire encore des efforts si nous avons l'ambition de nous comparer au grand modèle américain qui, depuis plusieurs années, a la bonne idée de proposer des crèmes antirides aux enfants de 8-12 ans. Si à 8 ans, 8 ans et demi, vous n'êtes pas vigilants pour vous battre contre le dépérissement, contre la décrépitude, contre le vieillissement des cellules, ne soyez pas surpris à 9 ans, 9 ans et demi de vous faire traiter de vieille peau dans la cour de récréation.

Un concours de Mini-Miss a lieu depuis plusieurs années en France car l'ambition de devenir une pétasse doit trouver son expression dès le plus jeune âge. En 2012, je signale qu'auront lieu les élections officielles de Miss Majorette France, de Miss Cheerleader France et de Miss Pom-Pom Girl France.

Allons, un peu de courage ! À une époque où le pays connaît des difficultés, n'est-ce pas le moment de faire preuve d'innovation et d'ambition pour l'avenir ! Botoxons nos enfants ! Chassons leurs rides, débusquons leurs ridules, expulsons leurs premières pattes-d'oie ! Gonflons leurs lèvres, obligeons-les à subir les liftings et les liposuccions ! Il n'y a pas de temps à perdre !

« L'enfance sait ce qu'elle veut. Elle veut sortir de l'enfance », écrivait Jean Cocteau dans *La Difficulté d'être*. N'est-ce pas notre rôle à nous adultes d'accompagner ce mouvement naturel ?

Non.

Dans quelques années, je ne serais pas surpris si d'anciennes petites reines de beauté prenaient l'initiative d'attaquer leurs parents en justice pour vol d'enfance.

DON VILLEPIN DE LA FRANCE

16 décembre 2011

C'est une comédie musicale qui va se donner l'année prochaine à Paris. L'argument est connu. Cervantès, le grand poète espagnol, en est l'inspirateur. C'est la reprise d'un spectacle créé à Broadway et que Jacques Brel en France a rendu inoubliable. Un homme seul se bat contre les relais et les châteaux et les moulins à vent de son imagination. C'est l'histoire très lyrique et très pathétique d'un homme seul, abandonné de tous et qui cependant, jusqu'à la folie, tentera d'atteindre son inaccessible étoile !

Une nouvelle version de l'œuvre va être offerte au public français. Je suis heureux en exclusivité pour France Inter de vous en présenter des extraits dans une traduction modernisée…

> Je vais tenter de personnifier un homme, venez, suivez le cheminement de mon imagination et vous le verrez… Son nom est Dominique de Villepin. Il conçoit le plus étrange projet jamais imaginé : devenir président errant et jaillir de la France pour en redresser tous les torts, ne plus être le simple Dominique de Villepin mais un preux chevalier connu sous le nom de Don Villepin de la France !

Si vous aimez les récréations les plus exigeantes, si vous aimez les œuvres ambitieuses dans lesquelles se mêlent les intrigues de la petite et de la grande histoire, où la passion humaine rejoint celle de la politique, où le dérisoire épouse l'immensité, où les principaux personnages ont pour nom Ambition, Haine, Folie, Vengeance, alors ne ratez surtout pas ce spectacle qui se répète en ce moment même à Paris et qui dans les prochains mois va être présenté sur tout le territoire français…

> Écoute-moi pauvre France, insupportable France, c'en est trop, tu es tombée trop bas, tu es trop grise, tu es trop laide, abominable France, écoute-moi, un chevalier te désire ! Oui, c'est moi Don Villepin, seigneur de la France, pour toujours au service de l'honneur car j'ai l'honneur d'être moi Don Villepin sans peur et le vent de l'Histoire chante en moi !!! D'ailleurs qu'importe l'Histoire pourvu qu'elle mène à l'Élysée !!!!

C'est la grande tradition des spectacles à l'américaine. Les enjeux sont simples, les personnages sont parfois un peu réduits à la plus simple expression mais il y a des coups de théâtre, des crocs de boucher, de la violence, des larmes, du rire aussi, avec des personnages sans doute un peu caricaturaux mais extrêmement bien campés…

> Et moi, je suis Sarko, Sarko, Sarko, son plus absolu contraire, son seul rival mais pour toujours, Sarko, son seul adversaire, son seul ennemi mais pour toujours et j'en suis fier !
>
> Regardez-moi les renégats, tous les parjures, les fêlons, votre règne se meurt aujourd'hui. Vous les François Goulard, Hervé Mariton, Bruno Le Maire, Marie-Anne Montchamp, les sorciers, les sorcières…

Regardez-moi, la vertu flambe dans ma panière, regardez-moi, un chevalier vous défie.
Oui c'est moi don Quichotte de la France
Et moi je suis Sarko, Sarko…

Bon, évidemment, sans doute qu'une grande partie du public trouvera que l'histoire est un peu réchauffée et manque de nouveauté. Il est certain que, dans le monde du spectacle, des apparats et du divertissement, ce n'est pas toujours facile de se renouveler…

L'INTERVIEW DU PÈRE NOËL

23 décembre 2011

Aujourd'hui, à la place de la chronique habituelle, j'ai voulu avoir un invité spécial, un invité de marque, pour les auditeurs de France Inter, le Père Noël en personne, qui a bien voulu répondre à mes questions. C'est une exclusivité France Inter, en direct de Laponie…

« *Père Noël ? Père Noël, vous m'entendez ?*

Oui, mais j'ai déjà dit à votre attachée de presse ou je ne sais pas quoi, que je ne voulais pas répondre à vos questions ! Ça ne m'intéresse pas ! Je veux être tranquille ! Vous pouvez comprendre ça quand même ? Je veux être tranquille !

Non mais franchement, vous ne pensez pas que j'ai autre chose à faire le 23 décembre que répondre à des questions ? Vous croyez que c'est une promenade de santé ce que je vais faire la nuit du 24 décembre ? Hein ?

Non, non, sans doute pas…

Ben alors ! Vous imaginez ce que c'est, apporter des cadeaux à des millions d'enfants ? Moi, le 17 avril, le 20 mai ou le 10 juin, je suis libre pour répondre à vos questions, seulement le 17 avril, le 20 mai ou le 10 juin, personne ne pense à moi. Vous voulez que je vous dise le fond de ma pensée ? Pour vous, je ne suis qu'un marronnier ! Voilà ce que je suis, un marronnier !

Père Noël, je peux comprendre votre accès de mauvaise humeur mais je tenais à vous dire que, en ce jour, beaucoup d'enfants sont à l'écoute de France Inter, et peut-être serait-ce l'occasion pour vous de leur adresser un message de paix, de fraternité, de partage, de... ?

Ah oui, je vais leur en adresser un de message ! Les gamins d'aujourd'hui, c'est rien que des amorphes, des feignasses, des ramollis du genou, des arsouilles…

Oui, eh bien écoutez, Père Noël, je crois qu'on va mettre fin à cette conversation...

C'est ça ! Vous venez me déranger en plein boulot et puis quand je dis des choses qui ne vous plaisent pas, vous voulez me censurer ! Je vous dis que ce sont des vauriens, de la crapule, de la vermine, des écornifleurs, des parasites, de la canaille ! J'ai lu le courrier qui m'a été envoyé, c'est une horreur ! Une horreur, je vous dis ! J'ai honte de ce que je reçois ! Des fautes d'orthographe, mais vous ne pouvez même pas savoir ! Cher Père Noël : "CHR PR NOL". C'est du langage texto qu'on m'a dit. Je n'y comprends rien ! C'est de la bouillie, c'est de la purée de vocabulaire, c'est du cataplasme linguistique, je suis écœuré ! Je suis scandalisé ! Et pour commander quoi ? Des iPhones, des iPads, je sais pas quoi. Des jeux vidéo ! Une orange, un sucre d'orge pour chacun, c'était bien suffisant.

Merci. Père Noël, une dernière question, malgré la crise économique que l'on vit en ce moment dans les pays occidentaux, la différence entre les enfants des pays les plus riches et les enfants des pays les plus pauvres a tendance à toujours augmenter. Comptez-vous faire un effort cette année pour venir en aide aux enfants parmi les plus défavorisés ?

Allô ? Allô ? Je ne vous entends plus, il y a de la friture sur la ligne, je... »

Ah, il semblerait que nous ayons perdu la liaison avec le Père Noël qui vient de s'exprimer en direct et en exclusivité pour France Inter. Merci à lui d'avoir répondu à nos questions et d'avoir adressé un message de… de circonstance. Joyeux Noël à tous !

BONNE ANNÉE SEMPÉ

30 décembre 2011

Il existe en ce moment à Paris une exposition où les visiteurs croisent des regards, épient des sourires, se réjouissent d'entendre des éclats de rire. Il existe en ce moment à Paris une exposition où des inconnus vous regardent avec bienveillance, où le simple plaisir d'être vivant suscite une connivence entre des inconnus. Il existe en ce moment une exposition impressionnante de poésie, de talent, d'inspiration. Il existe en ce moment une exposition qui a pour sujet principal chacune des personnes qui fréquentent cette exposition : vous, moi, votre voisin, mon cousin, ma grand-tante, votre belle-sœur et puis aussi quelques cyclistes, quelques musiciens, quelques écrivains en panne et une poule toute ronde, toute blanche aussi surprenante que n'importe quelle poule, toujours un peu hébétée, toujours un peu déplacée, toujours un peu surprise de caqueter sans raison, sans but et sans projet.

Il existe en ce moment une exposition où les gens se reconnaissent, où les gens sont heureux de se reconnaître. On y voit des foules et des solitaires. On ne sait pas si c'est l'homme qui est trop petit ou le monde qui est trop grand. On voit bien, simple question d'équilibre, qu'il y a un léger décalage.

Il existe en ce moment une exposition à Paris où les gens descendent des escaliers, regardent des personnages aussi petits qu'eux, des personnages qui leur ressemblent, qui les amusent, qui les émeuvent, qui les consolent.

Il existe en ce moment à Paris une exposition qu'il ne faut pas rater puisqu'elle fait la fête au plus grand dessinateur, artiste vivant que l'on ne pourra jamais réduire à un seul mot puisque « sens de l'observation », « humour », « délicatesse », « poésie », « nostalgie », « tendresse », seront toujours insuffisants pour tenter de définir le regard amusé, perçant, étonné, attristé, émerveillé, incongru de Jean-Jacques Sempé.

Je vous dirais bien d'aller voir l'exposition de Sempé à l'Hôtel de Ville de Paris mais, imaginez que je réussisse à avoir un peu d'influence sur vous, vous risqueriez d'y aller en trop grand nombre et vous auriez par conséquent un petit peu moins de chances de l'apprécier. Je vous dirais bien de ne pas y aller mais, si vous y allez en foule, vous ressemblerez encore plus à ces personnages de Sempé qui, dans le décor monumental de l'Hôtel de Ville de Paris, se pressent pour tenter de distinguer un chat alangui dans une bibliothèque, un enfant assis sur la branche d'un arbre, presque rien… Ce presque rien que le crayon de Sempé transforme en humanité précieuse, inoubliable.

Quand on va voir l'exposition de Sempé, on s'étonne de voir le monde extérieur aussi juste, aussi présent simplement posé sur du papier Canson. Quand on sort de l'exposition Sempé, on s'étonne de découvrir à chaque coin de rue des dessins de Sempé, éphémères et vivants. Parce que le monde entier est dans un dessin de Sempé. Parce que les dessins de Sempé courent dans le monde entier.

Dans des dizaines d'années, on se souviendra que l'hiver 2011-2012 ne fut pas spécialement joyeux. On sera particulièrement reconnaissant aux commissaires de l'exposition Sempé, Martine Gossieaux et Marc Lecarpentier, d'avoir su mettre en scène un peu de grâce dans la morosité de cette époque-là.

Un peu en avance, je souhaite une bonne année à Sempé et à tous ses personnages.

DUKAN-LA-JOIE

6 janvier 2012

Ainsi que l'a à peu près écrit Jacques Prévert, « un homme sort de chez lui, c'est très tôt le matin. C'est un homme qui est triste. Cela se voit à sa figure. Cet homme si triste est triste parce qu'il s'appelle Dukan ».

La proposition du docteur Dukan qui consiste à donner des points supplémentaires au bac pour les lycéens qui, entre la seconde et la terminale, réussiraient à conserver un indice de masse corporelle entre 18 et 25 est évidemment merveilleuse. Elle est novatrice. Elle est intelligente. Elle ouvre des perspectives.

Une bonne liposuccion organisée aux vacances de Pâques pourrait en juin faire gagner quelques points supplémentaires.

Un obèse en seconde qui réussirait à mourir d'anorexie avant la fin de la terminale pourrait obtenir son bac à titre posthume.

L'imagination est en marche, la créativité à son maximum.

Quelques esprits chagrins trouveront que le problème de l'obésité, lié à l'éducation, au niveau social des familles, mériterait une approche plus sérieuse, moins culpabilisatrice.

Mais nous avons changé d'époque ! Aujourd'hui, tout ce qu'on apprenait jadis au lycée est devenu inutile puisque désormais il suffit d'avoir près de soi un smartphone suffisamment équipé de nombreuses applications pour avoir accès à toute la connaissance.

Le bac doit aujourd'hui répondre aux nouvelles réalités d'un monde toujours en mouvement. Il doit devenir hygiéniste. D'autres options sont à proposer. Une « option tabac » pour ceux qui de la seconde à la terminale réussissent à diminuer leur consommation de cigarettes. Une « option alcool » pour favoriser ceux qui ne se saoulent à la bière et à la vodka que le samedi soir et pas tous les soirs de la semaine. Une « option drogue douce » pour ceux qui réussissent à diminuer leur absorption de cannabis. Une « option drogue dure » pour ceux qui parviennent à se déshabituer de la cocaïne, de l'héroïne, du crack et de l'ecstasy. En seconde, par exemple, c'est une proposition… On compterait sur les bras le nombre de marques de piqûres. En terminale, on ferait à nouveau le compte. Une piqûre en moins, un point en plus.

Et n'oublions pas d'inventer une « option capote » pour encourager ceux qui, dès la seconde, utilisent des préservatifs. Évidemment, il faut réfléchir à la façon dont sera vérifié le suivi de cette option. L'élève devra-t-il apporter au professeur les preuves de son louable comportement ?

Il faut dévaloriser les matières qui jadis faisaient la réputation des lycées. Il faut encourager le jeune à ne pas réfléchir, à ne pas se poser de questions sur sa façon de se comporter dans la vie, il faut juste lui proposer des gadgets afin qu'il s'amuse, afin qu'il s'éclate.

Car le monde, c'est rien qu'un jeu, la vie c'est rien que du *reality show*. On n'apprend rien. On oublie tout. On ne perd plus son temps à se remplir la tête. Au contraire, on se vide comme une chasse d'eau ! On n'a plus besoin d'être à l'écoute de soi-même. On se perd dans la grande folie, le grand tourbillon, on joue, on crie, on oublie tout et on vote pour le plus con aux prochaines élections.

Oui, la proposition du docteur Dukan est admirable.

Évidemment, quand on se souvient de la façon dont les nouveaux bacheliers ont oublié les matières optionnelles, on peut craindre qu'aussitôt le diplôme en poche ils passeront leurs vacances à manger des hamburgers à la mayonnaise et au ketchup confits dans de la graisse d'oie.

Pas grave, le professeur Dukan-la-joie, qui semble vouloir s'engraisser sur la misère du monde, sera là pour les prendre en main dès la sortie du lycée.

LE PO, PARTI DES OPPORTUNISTES

13 janvier 2012

Nous sommes à un peu moins de cent jours du premier tour de la présidentielle. Les derniers sondages indiquent que l'écart se resserre entre François Hollande et Nicolas Sarkozy. Dans cette période incertaine, j'ai une pensée particulière pour tous ceux qui émargent au PO.

Le PO est l'un des partis qui comptent le plus de militants en France, puisqu'il s'agit du Parti opportuniste. À chaque élection, les opportunistes s'agitent. Ils s'affairent, ils se pressent, ils tourbillonnent autour du favori. Ils escaladent des monticules, lèvent des doigts mouillés vers des cieux précaires afin de tenter de deviner comment tourne le vent. Ce sont toujours les mêmes, ceux qui inlassablement cherchent des places, anticipent des accessions, espèrent des promotions, rêvent de nominations, et qui aujourd'hui ne savent pas s'ils doivent se vouer à un saint de gauche ou à un saint de droite. Ils sont dans une position inconfortable et je voulais simplement leur dire que, ce matin, je pensais à eux.

Leurs vestes sont accrochées sur les portemanteaux de leur attentisme. Sans oser intervenir, sans risquer de bouger une seule oreille, ils les regardent. Ils ne savent pas encore de quel côté ils doivent les enfiler. Ils sont troublés. Ils sont égarés. Ils sont livrés à eux-mêmes, c'est-à-dire à l'envie et à la médiocrité.

Ils s'interrogent, ils se font du mouron, en tête se mettent martel… Et si d'autres avaient plus de courage qu'eux… Et si d'autres dans quelques mois allaient pouvoir se prévaloir d'un courage initial. Et si d'autres avant eux faisaient un choix plus valeureux.

La nuit, ils font des cauchemars, le jour des supputations. « Et si Bayrou passait devant Sarko, et si Le Pen devançait Hollande… Et si… »

Pauvres opportunistes. Depuis des mois, ils sont déjà dans les tribunes, ils ont des sueurs froides et des jumelles. Ils observent le terrain de course mais ils ne savent toujours pas sur quel cheval ils doivent miser.

Il y a quelques semaines encore, ils étaient certains que François Hollande allait gagner. Aujourd'hui, ils ne sont plus sûrs de rien. Tout va tellement vite. Tout est si changeant. Ils marchent dans des sables mouvants. La météo est variable, le paysage est instable et les êtres sont fugitifs. Il y a cinq ans, ils avaient parié sur le bon cheval, il venait de Neuilly, il était vif, il était fier, il était orgueilleux, sa volonté de gagner était la plus forte. Il y a quelques mois, ils pariaient sur le trotteur de Tulle, mais est-il suffisamment entraîné pour arriver premier ? Ils ne savent plus. Ils sont perdus.

Et aujourd'hui, ce parti, nombreux, dynamique qu'est le Parti opportuniste, a du mal à exister. Son positionnement est flou. Il connaît des problèmes d'identité. Comme les hommes de l'ombre qui, pendant l'Occupation, niaient leur appartenance au réseau des résistants, les opportunistes ne se définissent jamais comme des opportunistes. Ils vivent dans le secret et la clandestinité. Eux, bien sûr, ne veulent pas sauver la France ou la liberté ou la république, ils veulent juste se sauver eux-mêmes.

Qui sont les opportunistes ? Comment les identifier ? Comment les confondre ? C'est difficile… Lorsque, tout à l'heure, je vous ai parlé du Parti des opportunistes, vous avez immédiatement pensé à quelques connaissances très actives : votre ancien employeur, le frère de la belle-sœur de votre mari et cette ancienne relation particulièrement incompétente qui à force de persévérance et d'entregent a pris la tête de cet endroit particulièrement prestigieux que nous avons tous en tête… Remarquez qu'aucun auditeur, sous sa douche, près de son transistor ou devant son autoradio n'a pensé à lui-même…

Et l'auteur de ces lignes qui, lui non plus, n'a jamais songé à lui dans cette attaque en règle des opportunistes, trouve à ce moment précis opportun de conclure la chronique.

LA DISPARITION DU TROISIÈME A

20 janvier 2012

Depuis une semaine déjà, nous avons perdu le triple A, quelles sont les conséquences rencontrées dans la vie quotidienne, c'est ce que nous allons tenter d'élucider ce matin. Il est évident que cette situation nouvelle implique un changement d'habitudes considérable dans nos comportements. Notamment dans nos façons de prononcer. La perte du troisième A se fait cruellement ressentir dans la phrase qu'il y a encore quinze jours nous pouvions prononcer sans difficultés : « À Malaga, je suis allé faire des courses, j'ai acheté des fraises tagada et le dernier livre de Gavalda. » Difficulté accrue si vous voulez préciser le prénom de l'auteur de *Je l'aimais* puisque, dans ce cas, vous devez désormais dire : « À Malag, j'ai acheté des fraises tagad et le dernier livre d'Anna Gavld », ce qui est à peu près imprononçable.

Voilà ce que l'on pouvait dire ce matin.

On pourra objecter que l'on aurait attendu mieux d'un esprit si brillant que le mien, si pointu, si perçant, peut-être même pouvait-on espérer une analyse un peu fine, distancée et ironique concernant la perte de ce triple A, je suis d'accord avec vous, mais alors que faire de toutes mes recherches d'assonances dont j'espérais tirer un profit comique ce matin : « Le magicien a dit abracdbr, Ya bon banani, Germaine n'a pas eu ses ragnagns. » Vous voyez, beaucoup d'occasions de rigoler à peu de frais et sans porter atteinte à qui que ce soit… J'imagine mal Philippe Val décrocher son téléphone pour s'excuser auprès du magicien, de Germaine ou de M. Banani. Jamais vulgaire, c'est un peu ma signature, mais populaire, ça oui, quand je chante par exemple : « Y a du soleil et des nanas darla dirldd on va s'en fourrer jusque-là darla dirldd. »

Beaucoup d'auditeurs parmi les plus fidèles expriment en ce moment même leur consternation… C'est ce qu'on appelle de l'interactivité immédiate puisque je lis les mails en même temps qu'ils nous parviennent…

Huguette Gouin, de Fontenay-le-Marmion, m'écrit… (Je découvre en même temps que vous…)

> Monsieur Morel, ce n'est pas à la hauteur de votre génie, comment pouvez-vous vous abaisser à des plaisanteries de si bas étage. Je signale par ailleurs que la perte du troisième A n'a absolument aucune influence sur la phrase : « Anatole a des tracas, quand il mange un baba avec papa. »

En effet, Huguette, et merci d'apporter votre contribution à un débat qui est ce matin particulièrement animé…

Un autre mail, il y a beaucoup de réactions ce matin… Ah ! c'est encore un mail d'Huguette Gouin de Fontenay-le-Marmion qui précise encore que la disparition d'un troisième I aurait été moins dommageable à la France, notamment à la langue française sauf naturellement dans la chanson *Tom Pillibi* interprétée par Jacqueline Boyer et qui a obtenu le concours Eurovision de la chanson en 1960. Chanson écrite, je le rappelle, à toutes fins utiles, par Pierre Cour et André Popp…

En effet, Huguette, et merci de toutes ces spécifications, même si elles nous éloignent quand même très nettement du sujet qui nous préoccupe ce matin, et que je rappelle, le déclassement de la France, la perte donc du troisième A et ses conséquences économiques et sociales après une semaine…

Ah, encore un mail… Toujours d'Huguette Gouin de Fontenay-le-Marmion qui serait *a priori* la seule auditrice à réagir ce matin. Elle écrit :

> La chronique de François Morel est certes désastreuse mais pas tellement plus que toutes celles entendues sur le même sujet et qui ont été incapables de nous expliquer les conséquences des aventures de ce triple A dont il y a quelques mois nous n'avions aucune connaissance, dont la perte il y a quelques semaines a été jugée gravissime par le chef de l'État et qui depuis sa perte est finalement jugée pas si importante que ça par le même chef de l'État…

Je laisse le mot de la fin à Huguette Gouin de Fontenay-le-Marmion :

> Dans ces conditions, plutôt que de parler pour ne rien dire, autant écouter Jacqueline Boyer chanter Tom Pillibi, personnage à qui l'on ne peut pas faire confiance car, dit la chanson, il n'a qu'un défaut, il est menteur…

CHÈRE JULIETTE

27 janvier 2012

Tant pis si ce matin ma chronique est empreinte d'un peu de gravité, tant pis si ce matin mon papier va sembler un peu austère mais je voudrais avoir une pensée particulière ce vendredi à 8 h 55 pour notre consœur Sophia Aram. Oui, je pense à elle, avec beaucoup de sollicitude, avec beaucoup d'affection, avec beaucoup d'amitié.

Le sort, volontiers inique, péniblement arbitraire et partial et injuste, et inéquitable et attentatoire et tyrannique (et j'arrêterai là car c'est tout ce que m'indique mon dictionnaire de synonymes), le sort donc, apparemment, s'acharne sur elle puisque, terrible loi des séries, concours atroce de circonstances, chaque fois que Nadine Morano ou Marine Le Pen franchit les portes de ce studio, ça tombe sur elle, tandis que moi, je me trouve ce matin face à Juliette Binoche. Oui, dans un grand élan de sincérité, dans une sorte de diatribe mâtinée de colère et d'un fort sentiment de persécution, Sophia s'est plainte de sa situation auprès de Patrick Cohen : « C'est trop dégueulasse, quand c'est les stars internationales c'est pour Morel, tandis que moi faut que je me tape les… » Je ne sais plus exactement le mot prononcé par Sophia. Je me souviens qu'il se terminait en « asse » mais que ce n'était ni le mot « vasistas » ni l'expression « joint de culasse », pas même « Carglass répare, Carglass remplace ».

La venue de Nadine Morano ou de Marine Le Pen dans les locaux de France Inter en ce matin d'hiver aurait, je n'ai pas peur de le dire, suscité chez moi un enthousiasme limité. L'apparition de Juliette Binoche me remplit de joie. Il est vrai que je ne manque jamais aucun de ses films tandis que j'ai raté plusieurs prestations cinématographiques de Nadine Morano ou de Marine Le Pen. Marine Le Pen dans *Mon père, ce héros* ne m'a pas totalement convaincu et j'ai trouvé que, dans le film *La Délicatesse*, Nadine Morano n'avait pas encore donné toute sa mesure d'actrice.

Ce matin donc, Juliette Binoche, vous êtes dans les studios de France Inter et j'ai mis une cravate. Patrick Cohen s'est rasé de près, à trois heures du matin, au réveil, puis encore à quatre heures et demie, à six heures il a fait les finitions en utilisant une petite paire de ciseaux afin de retirer quelques poils disgracieux poussant au milieu de ses oreilles, au moment de l'interview de Pascale Clark, à 7 h 50, il s'est repoudré, il s'est appliqué un discret fond de teint afin de se rajeunir de quelques mois. Autant de gestes qui sont des marques de courtoisie et de respect vis-à-vis de l'invitée, autant de gestes qu'il omet bien souvent quand il reçoit Nadine Morano ou Marine Le Pen.

Oui, une ambiance toute particulière à France Inter ce matin. Seule, Caroline Fourest est arrivée de mauvaise humeur, elle ne voit pas ce qu'on vous trouve.

Mais ce matin, tous les garçons sont joyeux, leurs visages irradient, leurs sourires sont généreux. Éric Besson n'avait jamais vu ça. Quand il est arrivé à 8 h 20, il a cru que c'était à lui que l'on faisait la fête. Il n'en revenait pas. Il a passé un très bon moment. Il est resté presque dix minutes dans le studio et personne ne l'a qualifié de traître.

Oui, grâce à vous, Juliette, en votre honneur, Juliette, ce matin pour venir au studio, Thomas Legrand a enfilé une chemise propre et même Bernard Guetta s'est lavé les pieds.

Chère Juliette Binoche, admirable Juliette Binoche, on ne saurait trop vous inviter à venir plus souvent.

TOUS CEUX QUI SONT SÛRS…

3 février 2012

« Tous ceux qui sont sûrs de gagner une élection l'ont toujours perdue. » Ainsi s'exprime le président politologue Nicolas Sarkozy. La phrase est assez intéressante pour mériter qu'on l'analyse, qu'on la dissèque, qu'on l'interroge, qu'on la renverse…

« Tous ceux qui sont sûrs de gagner une élection l'ont toujours perdue » dans le miroir de la pensée présidentielle devient : « Tous ceux qui sont sûrs de perdre une élection l'ont toujours gagnée. » Maxime porteuse d'espoir pour tous ces candidats qui, dans le dernier sondage TNS-Sofres réalisé pour *Le Nouvel Observateur*, culminent à 0 % d'intentions de vote. Verra-t-on un second tour Frédéric Nihous-Hervé Morin ou bien Philippe Poutou-Christine

Boutin ? Le suspens est intenable. Jean-Pierre Chevènement, qui, avant de jeter l'éponge, était lui aussi crédité de 0 % d'intentions de vote, ne ressent-il pas aujourd'hui un intime sentiment de culpabilité nationaliste, de lâcheté citoyenne ? N'a-t-il pas simplement quelques regrets d'avoir abandonné la partie, au moment même où, certain de perdre l'élection présidentielle, il avait par conséquent toutes les chances de la gagner ?

« Tous ceux qui sont sûrs de gagner une élection l'ont toujours perdue. » L'adverbe « toujours » montre que, dans la pensée présidentielle, le temps qui l'intéresse est celui qui le concerne. En 1995, il était soutien d'Édouard Balladur, qui était sûr de gagner l'élection qu'il a finalement perdue. En 2002, il a sans doute regretté l'élection de son ennemi d'alors, Jacques Chirac, qui l'empêcha d'être consacré totalement chef de l'opposition comme il le serait devenu naturellement si Lionel Jospin n'avait pas perdu l'élection qu'il était sûr de gagner. Dans la pensée présidentielle, l'histoire plus lointaine de la Ve République rejoint l'inanité des amours entre la princesse de Clèves et le duc de Nemours. Peut-on sérieusement affirmer que « Tous ceux qui sont sûrs de gagner une élection l'ont toujours perdue » quand on sait qu'en 1965, à quelques mois du scrutin, 68 % des intentions de vote prévoyaient que Charles de Gaulle serait vainqueur de la première élection présidentielle au suffrage universel, quand on se souvient qu'en 1988 les sondages firent de François Mitterrand le favori d'une élection qu'il emporta ?

Le message de Nicolas Sarkozy est plus sûrement destiné au peuple de gauche. Une manière de dire qu'une élection n'est jamais gagnée d'avance, qu'il ne faut pas vendre sur eBay une peau d'ours en parfait état alors qu'en ce moment même l'ours des Pyrénées, dans le haut Béarn, gambade tranquillement en distribuant des tracts pour François Bayrou. Merci à Nicolas Sarkozy de vouloir mobiliser tous ceux qui pourraient croire que l'élection est gagnée d'avance, que ce n'est pas la peine d'aller voter pour François Hollande puisque, la tête enfarinée, il est déjà élu par les sondages.

Vous avez raison, monsieur le président, rien n'est joué, rien n'est gagné. Si les Français, comme ils disent en avoir l'intention, veulent vraiment se débarrasser de vous, ils devront au moment du scrutin faire preuve de jugement et de perspicacité. Merci, monsieur le président, de l'avoir si finement rappelé.

LES MOTS DES PAUVRES GENS

10 février 2012

Ferme ta gueule, Nora Berra ! Ferme ta gueule, Nora Berra qui a donc recommandé aux SDF d'éviter de sortir de chez eux. Ferme ta gueule, Nadine Morano, ferme ta gueule qui trouve qu'Eva Joly a un problème d'accent et de physique, Nadine Morano ayant essentiellement un problème de cerveau. Au nom de tous les chroniqueurs qui ont besoin d'idées, merci à tous. Je me demande quand même si mâcher le travail des humoristes nécessiteux à ce point-là n'est pas un peu tuer le métier.

Le ministère en charge de la santé, par ailleurs, recommande en période de grand froid de penser à se couvrir la tête, de se munir d'une écharpe pour recouvrir le bas du visage et particulièrement la bouche, de s'habiller très chaudement. Régulièrement des annonces à ce sujet sont diffusées sur l'antenne de France Inter. Des annonces forcément impersonnelles dont je voudrais ne pas me moquer puisqu'elles partent d'un bon sentiment, celui d'éviter des maladies, des souffrances, peut-être même de sauver des vies.

Je me demandais juste comment avait-on pu en arriver là ? La société est-elle devenue si perdue pour que l'État se sente obligé de prendre en charge le minimum de conscience qu'il faut avoir acquis pour exister ? Notre civilisation est-elle devenue si inhumaine, si indifférente aux autres, si individualiste que les ministères se sentent contraints de pallier l'absence de solidarité minimum entre les hommes ? Quelle perte de conscience, plus engourdissante encore que le froid, nous paralyse ? Quelle monstrueuse société est la nôtre si nous oublions de dire les mots les plus simples, les plus réconfortants ?

Que sont devenues avec le temps les voix des pauvres gens de Léo Ferré qui nous disaient tout bas leurs pauvres mots : « Ne rentre pas trop tard, surtout ne prend pas froid… »

« Qui ? Oui. Qui ? Oui. Qui ? Oui.

— Ben Jean-Mi, à qui tu dis oui ?

— Au kiwi dans mon assiette. C'est un kiwi français. Je vais pas lui dire : “Qui est-ce ?” Il faut lui dire “oui” au kiwi français. »

Une autre annonce publicitaire vante le kiwi français. Vous l'avez entendue. Sans doute plusieurs fois. C'est une campagne auprès de laquelle celle de la Matmut paraît un chef-d'œuvre d'intelligence, un sommet de la pensée, une sorte de concentré incroyable d'acuité intellectuelle et d'esprit français qui pourrait évoquer une sorte d'échange inédit entre Henri Bergson et Vladimir Jankélévitch.

« Qui ? Oui : Bergson et Jankélévitch. »

C'est peut-être d'abord un exercice pour cours de théâtre, une sorte de base pour tester les divers degrés de possibilité d'interprétation.

La lassitude, le désespoir, la tragédie… « Qui ? Oui. Qui ? Oui. Qui ? Oui… »

Le sursaut nationaliste.

L'ironie, la bonne humeur, la comédie… « Qui ? Oui. Qui ? Oui… »

En attendant les prochaines campagnes pour nous inviter à manger des pommes, à sucrer des fraises, à mettre un pas devant l'autre pour pouvoir avancer, à fermer les yeux pour nous endormir, à vider notre vessie quand elle est pleine, je voulais juste dire à Patrick Cohen dont l'énergie m'étonne, dont la suractivité m'inquiète : « Ne rentre pas trop tard, surtout ne prends pas froid. »

SURPRISES, REBONDISSEMENTS ET COUPS DE THÉÂTRE

17 février 2012

La semaine politique que nous venons de vivre a été particulièrement riche en événements. Ce ne fut que surprises, rebondissements, coups de théâtre pour finir en beauté par un feu d'artifice ahurissant et parfaitement imprévisible : l'arrivée en campagne du président sortant, Nicolas Sarkozy. Qui aurait pu imaginer une annonce tellement saisissante, tellement hallucinante qu'elle a pris de court les commentateurs les plus aguerris ? Qui aurait pu prévoir une aussi formidable nouvelle quelques heures avant son passage dans le journal de TF1 ?

Thomas Legrand me le disait encore dimanche dernier tandis que nous dégustions un vin chaud rue René-Boulanger au bar de la Renaissance. « Non, il n'ira pas. Je te dis qu'il n'ira pas », m'assenait-il en frappant de son poing rageur la table aussi boisée que la langue de Jean-François Copé. « Je te dis qu'il n'ira pas », répétait-il avec cette arrogance irascible et destructrice qui est sa signature depuis qu'il éditorialise dans *Les Inrockuptibles*, « je te dis qu'il va laisser sa place à Fillon, à Juppé, à mon beau-frère Jean-Louis, à ma cousine Janine. Même un camembert fermier aurait plus de chances que lui. »

Je tentai de m'opposer à mon éminent confrère avec les arguments les plus objectifs, les plus dépassionnés. Je risquai une approche bienveillante et raisonnée qui est ma griffe personnelle.

« Voyons, mon petit Thomas, calme-toi et réfléchis un peu, tu ne peux pas dire ça, tu sais très bien qu'un camembert fermier ne sera jamais candidat à l'élection présidentielle.

— Et pourquoi, s'il te plaît ? » m'interrogea-t-il, le regard provocateur, la mine agressive, la lippe baveuse, l'air de vouloir en découdre.

« Mais voyons, Thomas… »

Je ne reconnaissais plus mon camarade, cet amène ami des lettres, cet anarchiste doux qui, quelques semaines auparavant, m'avait confié qu'en hommage à Georges Brassens il avait obligé toute sa famille, de sa femme au petit dernier, à se laisser pousser la moustache. Je ne reconnaissais plus mon camarade qui, monté sur la table, éructait comme un forcené : « Pourquoi, pourquoi un camembert fermier ne serait-il jamais candidat à l'élection présidentielle ?

— Mais enfin, tentais-je de le raisonner, tu sais très bien qu'un camembert fermier, fût-il au lait cru, n'obtiendra jamais ses 500 signatures. Peux-tu imaginer raisonnablement qu'un élu de munster, de saint-marcellin, de La Vache qui rit donnerait son parrainage à un tel concurrent ?

— Ferme ta gueule, François Morel, ferme ta gueule », fut son ultime argument et, tandis que je regrettais la baisse du niveau des débats au sein même de la rédaction de France Inter, je mesurai combien la campagne qui s'ouvrait allait être longue, pénible et tortueuse.

L'entrée du chef de l'État dans la bataille présidentielle n'est pas le seul choc de la semaine. Qui aurait pu penser qu'Hervé Morin, après Christine Boutin, allait jeter l'éponge ? La campagne d'Hervé Morin a surtout été marquée par sa déclaration concernant ses souvenirs prénataux à l'époque du débarquement des Américains sur les plages du Calvados. On se souviendra également que Christine Boutin fit une déclaration retentissante dans laquelle elle avouait aimer se promener nue chez elle.

Leurs paroles singulières manqueront au débat public.

L'un et l'autre étaient dans les sondages crédités de plus ou moins 0 % des intentions de vote. Où iront ces 0 % ? C'est encore une question que l'on est en droit de se poser ce matin et qui va rendre encore plus captivantes les actualités des prochaines semaines.

PEUPLE, PLUMES ET PROMESSES

24 février 2012

J'ai entendu ici et là quelques commentaires ironiques concernant la récente évocation du peuple par le président Sarkozy. Comme si c'était une nouvelle lubie ! Comme si l'habile cavalier montait sur ce nouveau cheval de bataille avec une sincérité douteuse. Comme si le candidat UMP n'évoquait le peuple que par calcul électoral. Cette insinuation est humiliante pour le président de la République, elle est déshonorante pour ceux qui la colportent et je m'en vais le prouver !

Le peuple est l'obsession de M. Sarkozy ! L'argent facile gagné par les spéculateurs, les profiteurs, les exploiteurs est sa hantise, son obsession, son souci premier. Le président est en harmonie avec lui-même, il n'a pas changé. Son discours est resté d'une grande cohérence. À tel point qu'il peut aujourd'hui tenir les mêmes propos qu'il y a cinq ans quand, le 19 avril 2007, il disait avec quelle force, avec quel aplomb, avec quelle conviction : « Si je suis élu président de la République, je ferai voter dès l'été 2007 une loi qui interdira la pratique détestable des "golden parachutes", parce que c'est contraire aux valeurs qui sont les miennes. » « Contraire aux valeurs qui sont les miennes », qu'est-ce qu'il vous faut de plus ? Parce que, les mots ne vous suffisant pas, il vous faudrait des actes, insatiables que vous êtes ! Bien sûr, je les entends déjà, ces esprits chagrins et socialisants, je les perçois tous ceux qui, sans surprise, objecteront que cette loi n'a jamais vu le jour, ni l'été 2007 ni les saisons suivantes. Bien sûr ! Quand le président propose une loi nouvelle, vous l'accusez d'encombrer le parquet, quand il n'en propose pas, vous lui reprochez d'être stérile.

En 2007, le candidat Sarkozy avait dit : « Si je suis élu, il n'y aura plus de SDF. » Quel meilleur dessein ? Quel plus beau projet ? Là encore, quelques communistes attardés, quelques opposants systématiques souligneront qu'en 2012 l'Insee compte 250 000 personnes privées de logement, que la fondation Abbé Pierre estime à 3 600 000 le nombre de personnes mal logées en France. Je ne saurais trop conseiller aux pleureurs, aux geignards, aux éternels manifestants de toutes sortes de s'imprégner de la pensée du poète et humaniste Patrick Balkany, ami de Nicolas Sarkozy et étoile inspirante qui estime que les SDF ne sont que des « marginaux » qui ont « choisi leur situation ».

La meilleure pieuvre, c'est le poulpe tacheté, et la meilleure preuve de l'attachement de M. Sarkozy au peuple, c'est son union avec la plumassière Carla Bruni. Je dis « la plumassière » car comme l'ouvrière de Nogent-sur-Marne, elle est venue d'Italie. Elle est modeste, elle est gentille. Jamais un mot plus haut que l'autre. Parfois même, il faut prêter l'oreille pour distinguer ses paroles. Sans doute, celle de Nogent, par rapport à celle de l'Élysée, était plus pauvre, oui, c'est possible, selon les mots du rital et nogentais Cavanna la plumassière de Nogent était « une malheureuse vouée par la misère au tri de la plume ». Mais qui, mieux que Carla Bruni, pouvait valoriser l'ouvrière de Nogent. Gloire à son maire, Jacques Jean-Paul Martin, de n'avoir pas cédé aux sirènes offusquées de la gauche bien-pensante. Quel mauvais esprit faut-il avoir pour imaginer que choisir la femme du président de la République comme modèle de statue peut dissimuler des arrière-pensées politiques ?

En attendant la statue d'Hermine de Clermont-Tonnerre, qui tant de fois participa au Rallye des Princesses, pour représenter les ouvrières amiantées de l'industrie automobile, en attendant la statue de Paris Hilton pour symboliser toutes les femmes de chambre inconnues et bafouées dans toutes les chambres des hôtels de luxe de la planète, réjouissons-nous d'avoir un président candidat tellement proche du peuple qu'on s'en voudrait de lui voler dans les plumes.

JOURNÉE ORDINAIRE À MANGIN

2 mars 2012

Aujourd'hui est un jour calme, un jour comme les autres, un jour ordinaire. Franchement ça repose. Au petit matin, quand rue Mangin les journalistes sont arrivés, un peu débraillés, en pull-over sali par les libations gastronomiques de la veille et la chemise sortant du pantalon, ils savaient que la matinée serait agréable et sans histoires. Puisque l'invité du jour était un capitaliste bon teint, libéral, sarkoziste, fastoche : le 7-9 allait rouler…

Ernest-Antoine allait parler compétitivité, désendettement… On allait lui répondre justice, égalité. Ernest-Antoine allait rejeter la proposition de François Hollande sur la taxation des très riches à 75 %. On allait lui répondre morale, patron voyou… Impeccable !

Pourquoi, à ce propos, la proposition de François Hollande trouve-t-elle plus d'écho positif chez un ouvrier au chômage né dans une famille pauvre que chez un baron riche héritier ? Voilà sans doute l'un des aspects les plus décevants du blocage si dommageable du dialogue social en France.

Oui, ce matin, dès les premières heures du jour, la journée se promettait engageante.

Hier matin, c'était une autre paire de manches…

Souvenez-vous, Thomas Legrand, qui déjà s'était lavé les pieds trois semaines plus tôt à l'occasion de la venue de Juliette Binoche, avait enfilé des chaussettes propres. C'est que l'émission du jour s'annonçait exceptionnelle, c'est qu'on allait recevoir le président de la République. Pourtant, en venant ici, tout le monde, pour se donner du courage, s'était dit, s'était répété : « Ce n'est pas le président de la République que l'on reçoit, c'est le candidat Sarkozy ! »

Il n'y avait donc aucune raison qu'on le traite avec moins de pugnacité qu'Hélène Jouan face à la pauvre Nathalie Arthaud, à qui la semaine dernière Patrick Cohen avait demandé de bien vouloir lui faire un café. Il n'y avait aucune raison qu'on le reçoive mieux que Philippe Poutou, à qui chaque journaliste depuis des mois demande intrigué : « Continuez-vous à travailler ? Vous êtes toujours en poste à l'usine Ford de Blanquefort ? » Alors que, hier matin, personne n'a demandé à Nicolas Sarkozy s'il continuait à travailler, s'il était toujours en poste à l'Élysée, voire s'il n'avait pas un petit peu l'impression d'utiliser son job obtenu il y a cinq ans pour valoriser sa campagne électorale.

Hier, tout était bouleversé. Malgré la présence inaccoutumée de Jean-Luc Hees et de Philippe Val dans les couloirs de France Inter à une heure si matinale, malgré la blancheur immaculée de la chemise exceptionnellement repassée de Thomas Legrand, tout allait à vau-l'eau. C'était la panique à bord ! La revue de presse arriva avec huit minutes de retard, du jamais vu ! Notre ami Ben vit, ni plus ni moins, son intervention supprimée, passée par pertes et profits, alors qu'il nous avait préparé une amusante chronique traitant de la constipation, du transit et du confort intestinal.

Si je semble légèrement ironique, messieurs, je m'en excuse. Sans doute, face au président de la République ne peut-on s'empêcher de faire preuve d'un minimum de déférence, au regard de l'histoire de la France et de la République.

Tentons une expérience, envisageons de réinviter Nicolas Sarkozy, par exemple au mois de juin, tentons de le décharger de ses multiples responsabilités et à ce moment-là de le recevoir comme un simple citoyen avec la plus grande liberté, la plus grande indépendance possible.

MADEMOISELLE SE MEURT

9 mars 2012

Mademoiselle se meurt. Mademoiselle est morte. On ne la reverra plus. Les féministes l'ont tuée. Petit à petit, elle va disparaître, à tout jamais, des documents administratifs quand seront épuisés les formulaires et ceux qui les remplissent.

Féministes, vous avez gagné la partie. Pas celle de l'égalité des salaires entre femmes et hommes, non, plus compliquée à conquérir sans doute, mais autrement plus passionnante, celle de la discrimination supposée qui consiste à préciser qu'une femme est mariée ou non, qu'elle est pour l'administration « madame » ou « mademoiselle ».

Les hommes ne sont jamais appelés des damoiseaux. L'usage n'a pas voulu garder pour les hommes un mot qui aurait spécifié qu'ils sont mariés ou pas. Monsieur, marié ou célibataire, reste monsieur. Au moins sur les papiers officiels. Dans la vie, on vous salue d'un « bonjour jeune homme » chez la boulangère, le buraliste ou la marchande de fleurs. Un jour, il n'y a plus que la boulangère, myope ou complaisante, qui continue, malgré l'évidence et les ravages du temps, de vous appeler « jeune homme ». Un jour, la boulangère native de la région de Biarritz s'installe sur la côte atlantique avec son mari, et pour tout le monde vous êtes définitivement devenu monsieur.

« Damoiseau » était une nuance du français qui depuis longtemps a disparu. « Demoiselle » est une nuance du français qui, un jour prochain, elle aussi disparaîtra. Vous n'aimez pas les nuances ?

S'il avait fallu, à tout prix, supprimer un mot, il aurait mieux valu effacer « madame ». En gardant « madame », vous sous-entendez que la normalité, c'est la femme établie, installée, mariée. Ne voyez-vous pas le ridicule qui consiste à désigner « madame » Jennifer Migeot qui à 14 ans vient faire la demande de son premier passeport pour partir à New York avec ses cousins ? Ne voyez-vous pas la bêtise qui permet au secrétaire de mairie d'appeler « madame » la jeune Adèle Noblet qui, à 13 ans et demi, vient chercher une carte lui permettant d'obtenir des réductions pour la bibliothèque et la piscine ?

Que les femmes, toute la vie, restent des demoiselles, que jamais elles ne deviennent des « madame ». Mlle Micheline Presle, Mlle Jeanne Moreau, Mlle Danielle Darrieux, Mlle Juliette Gréco, dites-moi que j'ai raison.

Parce que « mademoiselle », c'est la gaieté, c'est la jeunesse, c'est l'insouciance. Crinoline et balançoires, promesses et roses du printemps, robes fleuries et airs du faubourg, serments d'amour, joues roses et regards intimidés. « Mademoiselle », c'est l'audace et la fragilité, c'est le courage et la vertu, la transparence et les secrets du cœur.

Madame, c'est l'appartement, la maison de campagne, les manteaux, les bijoux, les traites, les amants. Madame, c'est l'ennui, c'est le renoncement.

Franchement, vous voudriez refaire votre vie avec mam'zelle Clio ou avec madame Figaro ?

Que les femmes, jamais, ne deviennent des « madame », que les « mademoiselle » continuent d'éclairer nos jours, d'illuminer nos nuits.

Mademoiselle, s'il vous plaît, n'écoutez pas les sirènes de la triste normativité, du conformisme austère, restez légère, imprévisible et désinvolte.

Ne mourez pas.

JE M'AMUSE BIEN, MERCI

16 mars 2012

Parfois, à France Inter, on ne sait pas se vendre, on ne sait pas se mettre en avant. C'est un petit peu le défaut du service public. On a du talent mais pas celui de s'abaisser à tenter de faire résonner les trompettes de la renommée.

Par exemple, il vient de sortir un livre intitulé *Je me suis bien amusé, merci !* Il est signé Stéphane Guillon. Le nom de France Inter est cité à peu près 3 968 fois dans l'ouvrage et, croyez-moi si vous voulez, ce n'est pas un livre Inter. Comment peut-on passer à côté d'un coup médiatique aussi juteux ? C'est un mystère.

Si on avait un peu le sens de l'événementiel, on aurait pu faire une journée spéciale pour la sortie du livre de Stéphane. L'inviter à « la Matinale », le retrouver chez Isabelle Giordano, chez Colin-Mauduit, peut-être à 19 h 20 un « Téléphone sonne » sur le thème « Peut-on rire de tout ? ». On aurait pu convier à cette occasion Dominique Strauss-Kahn qui nous aurait dit combien il avait mal vécu le papier de Guillon du 17 février 2009, comment il l'avait trouvé profondément déplacé, injuste, sans fondement, et combien ça avait profondément perturbé sa vie de famille. On aurait pu inviter Ivan Levaï qui, souvenez-vous, avait dit vouloir « pisser ou chier sur la tombe de Guillon », on aurait demandé à Levaï s'il n'avait pas eu l'impression d'être allé trop loin, si sa sortie scatologique était vraiment du niveau du service public.

Enfin, on aurait pu discuter, on aurait pu s'engueuler, on aurait pu rigoler…

À côté de ça, il semblerait que Stéphane Guillon soit assez peu invité sur le service public à l'occasion de la sortie de son livre. Peut-être, c'est en pourparlers, viendra-t-il un soir sur les ondes courtes lire la météo marine, mais à la condition qu'il promette de ne citer ni le nom de Philippe Val, ni celui de Jean-Luc Hees, ni celui de Nicolas Sarkozy. On aurait peur qu'il ne se lâche en disant :

> Forties cromarties enfoiré de Val,
> Est de Cabrera Sardaigne, salaud de Hees,
> Shanon antifer, Cass'toi pauvre con de Sarko
> Quelques pluies coup de vent s'orientant Ouest 5 à 7.

Bien sûr, ce n'est pas tant la liberté de parole de Stéphane qui est en question que le danger pour les marins perdus en pleine mer d'entendre une météo aussi peu orthodoxe.

Donc, je vais me sacrifier pour faire la critique du livre. Il est bien écrit. Il est parfois mal corrigé. Je conseille au Seuil de mieux payer ses correcteurs ou de leur laisser plus de temps pour faire les corrections. C'est assez dommage de voir écrit page 175 le nom d'Edmond Rostand R O S T A N G. Surtout dans un chapitre très amusant et bien balancé sur Alain Minc, qui l'accuse notamment d'être un humoriste sans culture.

Le style de Guillon est dans tous les chapitres. Drôle, mordant, vif, hypersensible, courageux, attachant, fragile. La description de sa famille recomposée, le portrait qu'il fait de sa femme est sympathique. Sa capacité à se moquer de lui-même est plutôt inattendue.

Gentiment, il m'a dédicacé son livre. « Pour François, qui me console d'avoir été viré ! On se retrouve fin mai sur Inter ? Je t'embrasse fort. Stéphane. »

Si je lis bien, Stéphane Guillon reviendrait donc sur les ondes fin mai, ce qui, si je comprends toujours bien, veut sans doute dire que ses relations avec la direction de France Inter et de Radio France se sont apaisées.

À bientôt donc, Stéphane, je t'embrasse aussi.

MES CHERS ENFANTS[1]

23 mars 2012

Mes chers enfants, l'année scolaire dans trois petits mois va se terminer. La semaine que nous avons vécue a été riche en événements. À bien des égards, elle a été bouleversante, tragique… Il ne faudrait pas qu'elle vienne retarder le programme que nous devons respecter avant les grandes vacances.

Je voudrais, pour ce week-end, et afin que l'on puisse reprendre une activité studieuse, vous donner quelques exercices à me rendre sans faute pour la semaine prochaine. Ne prenez pas cela pour une punition. C'est juste parce que nous n'avons pas de temps à perdre et que le travail peut être une consolation, un réconfort…

Prenez vos stylos, ouvrez vos cahiers et veuillez noter…

Mathématiques.

« Sachant qu'un assassin de 23 ans, avant d'être abattu, tue de sang-froid trois militaires de 30, 23, 25 ans, un enseignant de 30 ans, deux petites filles de 4 et 7 ans, un petit garçon de 5 ans, à combien estimez-vous le temps de deuil pendant lequel les politiciens feront preuve de décence et de dignité ? »

Réfléchissez bien. Vous avez tout le week-end, toute la vie, pour répondre à cette question.

SVT.

« Sachant que le thé le plus cher du monde pousse dans des fientes de panda et qu'à Charchigné en Mayenne un méthaniseur alimenté par 100 000 tonnes de matière organique produira de l'énergie tout en économisant l'engrais, trouvez-vous réjouissant que le fumier soit porteur d'avenir ? »

Éducation civique.

« Le malheur des uns fait le bonheur des autres. Que vous inspire

1. Le 19 mars 2012, un homme a ouvert le feu devant le collège juif Ozar Hatorah à Toulouse, tuant quatre personnes.

cette maxime ? Donnez une définition du cynisme. Servez-vous d'exemples pris dans l'actualité. »

Là encore, vous avez jusqu'à lundi, jusqu'à la fin de votre vie pour répondre à la question.

Français, expression écrite.

Poésie.

« Pour qui, comment, quand et pourquoi
Contre qui ? Comment ? Contre quoi ?
C'en est assez de vos violences
D'où venez-vous ?
Où allez-vous ?
Qui êtes-vous ?
Qui priez-vous ?
Je vous prie de faire silence
Pour qui, comment, quand et pourquoi ?
S'il faut absolument qu'on soit
Contre quelqu'un ou quelque chose
Je suis pour le soleil couchant
En haut des collines désertes
Je suis pour les forêts profondes
Car un enfant qui pleure
Qu'il soit de n'importe où
Est un enfant qui pleure,
Car un enfant qui meurt au bout de vos fusils
Est un enfant qui meurt
Que c'est abominable d'avoir à choisir
Entre deux innocences
Que c'est abominable d'avoir pour ennemis
Les rires de l'enfance »

Apprenez par cœur la chanson de Barbara, récitez-la à vos amis, à vos proches et à vos lointains.

Vous avez toute la semaine pour l'apprendre, vous avez toute la vie pour la chanter.

MÉPRISANCE ET GRATINÉ

30 mars 2012

Parlons un peu de la présidentielle, ça nous distraira.

La campagne de 2007 fut celle de la bravitude, celle de 2012 sera donc celle de la méprisance.

Une campagne électorale « particulièrement gratinée », selon l'expression de François Bayrou. Mon dictionnaire me confirme que « gratiné » veut dire : « recouvert de fromage et passé sous le gril ». Et là, excusez-moi si ce matin je fais preuve d'un peu de véhémence, mais je ne vois pas au nom de quoi, monsieur Bayrou, vous auriez le droit de dire que la campagne électorale serait particulièrement recouverte de fromage et passée au gril. Non, monsieur Bayrou ! Vous vous avilissez en tenant de tels propos, parce que la démagogie a ses limites, parce que l'indignité a ses écueils, monsieur Bayrou, et je dois vous dire que je trouve singulièrement affligeant qu'un homme de votre stature s'abaisse à des propos si contestables, si sujets à controverse.

Alors bien sûr, si le candidat du Modem a voulu dire que cette campagne était « pire que les autres du même genre », selon l'autre acception du terme par mon dictionnaire, évidemment dans ce cas-là je ne trouverais rien à redire et je rangerais aussitôt ma rageuse éloquence.

La campagne électorale est-elle pire que les autres ? À bien des égards, elle est semblable.

Des candidats de droite, d'extrême droite, de gauche, d'extrême gauche, une écolo, un centriste et un pâle original, Jacques Cheminade, candidat à la présidentielle de 1995, mais n'ayant laissé aucun souvenir alors que les larmes de Marcel Barbu, une veillée en noir et blanc de 1965, hantent encore, quarante-sept ans après, les nuits des citoyens les moins oublieux.

Michel Piccoli et Juliette Gréco soutiennent le candidat socialiste, comme du temps de Lionel Jospin, de François Mitterrand, de Léon Blum et de Jean Jaurès.

Enrico Macias et les frères Bogdanoff supportent Sarkozy, comme du temps de Sarkozy. Tout est normal.

Bien sûr des surprises, il y en a : Gérard Depardieu, vedette magnifique et altermondialiste du film *Mammuth*, défend à la tribune, dans une déclaration aussi intéressée qu'avinée, le président sortant. Par ailleurs, il dit sa haine de DSK avec une telle intensité qu'il rendrait presque sympathique l'ancien directeur du FMI. On se demande parfois si certains comités de soutien ne sont pas organisés par le camp d'en face pour s'amuser à collectionner les personnalités les plus repoussoirs. Jadis, Depardieu faisait du cinéma, aujourd'hui il fait du buzz. On se réjouit presque que Patrick Dewaere soit mort si jeune.

À part ça, le père de Mohamed Merah, en voulant poursuivre le raid et l'État français, semble un soutien objectif de Marine Le Pen. Ça tombe bien, son comité de soutien avait peu de people jusque-là.

Henri Guaino tresse des lauriers à Mélenchon, jugé à la fois « cultivé, bon orateur, talentueux, intelligent ». Arrêtez, monsieur Guaino, gardez du vocabulaire pour les prochains discours de votre lider maximo.

Même s'il est vrai que Mélenchon a notamment un bon slogan, « Mélenchon présidons ». Il reste à François Hollande de trouver un slogan aussi excitant. « Quand je pense à Hollande… », il lui suffira de trouver, avec la conviction qui va avec, une rime en « ande ».

Les vrais sujets : le pouvoir d'achat, l'emploi, la justice, l'éducation, passent au second plan. Il faudrait, c'est vrai, de la bravitude pour traiter sans méprisance ces questions de fond.

HUGO, MÉLENCHON ET LE TROISIÈME HOMME

6 avril 2012

(Bonjour, messieurs mesdames, bonjour, Bruno Duvic
Il est l'heure en effet de lire ma chronique…)

Voici qu'est revenu en campagne de France
Phénomène inouï le temps de l'éloquence
On l'avait oubliée la voilà revenue
La parole exprimée des mineurs des canuts
Celle qui chantait fort des petits des modestes
Les revendications la rage manifeste

Voilà qu'en plein meeting on entendit les mots
D'un poète français nommé Victor Hugo

Monsieur Victor Hugo c'est à peine croyable
Écrivit un roman nommé *Les Misérables*
Si vous ne l'avez lu, lisez le livre en poche
Pour Jean Valjean Fantine et Cosette et Gavroche
C'est un livre d'amour, un roman populaire
Qui parle de la vie du monde prolétaire
C'est aussi voyez-vous un plaidoyer social
Mais qui n'oublie jamais de parler d'idéal

Comme un diable surgi dans la monotonie
Comme un soir de printemps, une douce embellie
Voici revigoré l'antique PCF
Qui depuis des années ne vivait que sous perf
Voici des ouvriers qui reparlent d'espoir
Voici qu'est évoqué à nouveau le grand soir
Voici que l'espérance aujourd'hui a un nom
Un prénom et la voix de Jean-Luc Mélenchon

Ils ne sont pas nombreux aujourd'hui les tribuns
Il sera celui-là s'il doit n'en rester qu'un
Le dernier mohican le dernier utopiste
Le laïque intégral l'ultime socialiste
Il fut on s'en souvient grand mitterrandolâtre
Fabiusien rocardien jospinien acariâtre
Il fut même je crois du genre emmanuelliste
Mais je ne dis pas tout car trop longue est la liste

Marie-George Buffet a les yeux de Chimène
Pour cet homme qui vient avec son oxygène
Réanimer la flamme et redonner confiance
À son parti qu'on vit en pleine déchéance

On peut trouver parfois qu'il en fait un peu trop
Qu'un peu trop volontiers il fait son numéro
N'étant pas je l'avoue fort en économie
Je me garderai bien de juger ses avis
Sur l'emprunt sur la dette et le pouvoir d'achat
Faudra-t-il rembourser les banquiers ou bien pas ?
Quand il veut envoyer au gibet à la corde
Tous ses contradicteurs c'est un peu monocorde

Il est assez souvent dans la caricature
Dans l'excès il est vrai et dans la démesure
Il fut leader trotskiste jadis à Besançon
Sénateur de l'Essonne, militant pour le « non »
Il fut en d'autres temps vous ne le nierez pas
Un révolutionnaire en chaussons au Sénat
Mais aujourd'hui voilà que les sondages donnent
De très bons résultats qui tout le monde étonnent
Pour ce compétiteur qui au commencement
Pesait peu, crédité d'à peine trois pour cent
« Les sondages se trompent les sondages se plantent »
S'égosille Le Pen qui est très mécontente
Cet homme qui naquit lors d'un référendum
Pourrait bien devenir demain le troisième homme
Oui on dit aujourd'hui que cet être loquace
Peut être au premier tour à la troisième place
Incroyable poussée, devancer le FN
Et son petit commerce de rancœur et de haine
L'idée je vous l'avoue ne m'attristerait pas
La nouvelle serait réjouissante pour moi

Je ne sais qui demain sera le bon pilote
Je ne vous dirai pas à qui ira mon vote
Mais c'est plutôt je crois une bonne nouvelle
Que soient mises en valeur les idées fraternelles
Quand on cite ses vers on ne peut avoir tort
Je parle de l'auteur Hugo prénom Victor

LA FIN DU QUINQUENNAT ROYAL

13 avril 2012

À moins de dix jours du premier tour, la question se pose : Ségolène Royal a-t-elle des chances d'être réélue après son triomphe en 2007 ?

Nous ne sommes plus qu'à neuf jours du premier tour de la présidentielle. La question qui se pose est simple : quelles sont aujourd'hui les chances véritables de victoire de la candidate-présidente ?

Souvenez-vous, il y a cinq ans, c'était le 6 mai 2007, Ségolène Royal fut élue présidente de la République avec plus de 51 % des voix. C'était la première fois qu'une femme se retrouvait à la tête de la République française. Un grand enthousiasme s'était emparé du pays pendant les premières semaines de son quinquennat. Sa réception, le soir de la victoire, chez Jojo la Frite à Montreuil, puis son court séjour de vacances au camping Les Flots bleus de Palavas avant son investiture avaient fait les choux gras des humoristes et des chansonniers, et avaient suscité de violentes critiques de la part d'une grande partie de la droite qui l'avait accusée de tomber dans le populisme le plus absolu et de ne pas être à la hauteur du prestigieux mandat qui lui avait été confié.

Les choses, on s'en souvient, ne s'étaient pas arrangées pour Ségolène tant sur le plan public que sur le plan privé, notamment au moment où elle s'était séparée de son compagnon d'alors, le socialiste François Hollande. Enfin, lorsque Fidel Castro avait installé une sorte de favela dans le jardin de l'hôtel Marigny, à deux pas de l'Élysée, la présidente avait dû essuyer de véhéments reproches jusque dans son propre camp.

Une période difficile, et puis heureusement, grâce à Jacques Séguéla, une nouvelle embellie qui a correspondu à sa rencontre avec Enrico Macias. Le mariage entre Ségolène et le chanteur pied-noir a autant surpris les électeurs socialistes que le public d'Enrico.

En juin 2008, Enrico Macias déclarait au *Figaro* « être épidermiquement de droite ». En janvier 2009, le premier homme de France assurait au *Nouvel Observateur* qu'il était de droite mais qu'il ne le revendiquait pas comme une provocation vis-à-vis des électeurs de sa femme, ni comme un militant. Aujourd'hui, Enrico se définit comme un « ultraroyaliste » et « plus du tout de droite ». Si, à un moment donné, Enrico a pu affirmer ne pas vouloir que son épouse surmenée brigue un second mandat, tant il était inquiet pour sa santé, aujourd'hui en tant que citoyen, Enrico souhaite, pour son pays, que sa femme soit à nouveau élue pour cinq ans.

Force est de constater que la réélection de Mme Royal est loin d'être assurée. On sent que de nombreux socialistes se résignent à l'idée de son échec et l'on devine que certains de ses plus proches et de ses plus ambitieux lieutenants visent une défaite socialiste en 2012 afin de se placer en situation pour 2017.

Ce désenchantement à gauche est vécu comme une véritable aubaine par l'impatient M. Nicolas Sarkozy, son challenger de 2007, battu alors d'une courte tête et qui semble aujourd'hui pouvoir tenir sa revanche. Dans un discours extrêmement combatif place de la Concorde à Paris, l'ancien ministre de l'Intérieur du président Chirac rend la gauche française, le Parti socialiste en particulier et Ségolène Royal au premier chef, responsable de la déliquescence actuelle en matière de sécurité. Il assure notamment que les crimes révoltants et tragiques commis à Toulouse et à Montauban n'auraient pu avoir lieu si la droite avait été aux affaires. Par ailleurs, Nicolas Sarkozy agite la menace d'une prochaine dégradation de la note de la France par les agences de notation. « Il est temps de mettre fin à la calamiteuse gestion socialiste », a affirmé le candidat UMP. « La perte du triple A marquerait la faillite de la France. C'est le pays tout entier qui ne pourrait pas se relever », a-t-il conclu dans un discours au ton particulièrement grave et alarmiste.

Fin du suspense le 6 mai. Enrico Macias pourra-t-il ce soir-là chanter victoire ? Rien n'est moins sûr.

SUPPLIQUE À MIREILLE MATHIEU

20 avril 2012

Il y a quinze jours sur un mode ironique
Tout en alexandrins j'écrivis ma chronique.
Si je veux aujourd'hui répéter l'exercice
C'est juste parce que m'amuse ce caprice.
Et puis si par hasard je suis peu inspiré
Si je me sens stérile ou sec ou épuisé
L'auditeur indulgent écoutant mes paroles
Dira un peu déçu : « D'habitude on rigole
C'est dommage aujourd'hui il est faible, Morel,
On l'a connu meilleur, plus drôle et spirituel.
Ce matin c'est un fait hélas il ne dit rien

Ou au moins pas grand-chose, enfin, il le dit bien… »
Un conseil : quand parfois le fond n'est pas énorme
Il faut prendre le temps de bien soigner la forme.
Mais venons au sujet qui ce matin m'obsède
Me travaille me hante insidieux me possède
Si une fois encore ici je fais des vers
C'est pour dire des mots à la célibataire
La plus connue de France et de la terre entière.
Oui c'est une supplique une douce prière
C'est une imploration c'est un appel sincère
Tant pis si ce n'est pas le moment ou le lieu
Je m'adresse aujourd'hui à Mireille Mathieu.

(*On entend Mireille Mathieu chanter très fort*)

Oh non ! Ne chante pas ! Je t'en prie, calme-toi,
Mireille au nom du ciel de la terre, tais-toi !
Si puissante est ta voix qu'elle déclencherait
Cyclone tsunami typhon raz de marée
Ce n'est pas le moment, aujourd'hui plus qu'hier
Le monde est un chaos, c'est une pétaudière,
Le monde est en péril le monde est en danger
Car tout va à vau l'eau tout est confus troublé.
Le monde devient fou le monde perd la boule.
Perdus en haute mer au milieu de la houle
Nous sommes des marins recherchant des repères
Comme un phare au lointain indiquerait la terre
Au moment fatidique où sur le bastingage
Le capitaine pleure : il pressent le naufrage
Voici que l'on apprend la plus sombre nouvelle
Qui tout homme de bien bouleverse interpelle,
J'ai peine à l'énoncer tant ma détresse est grande,
Line Renaud soutient le candidat Hollande.

Que dire que penser que croire supposer
Dans ce tohu-bohu le monde est renversé.
Gaulliste de pensée chiraquienne de cœur
Si Line aux socialos dispense ses ardeurs
Le monde en ce matin apparaît plus confus
Et chaque citoyen s'en trouve confondu.
Lepage Martin Hirsch Fadela Amara
C'est la grande évasion c'est la Berezina

Mais Mireille Mathieu reste la forteresse
Le bastion imprenable sous la muraille épaisse.
Elle reste debout quand chacun se débine
Fidèle et dévouée elle sait être digne.
Il y va je le dis de la santé mentale
D'un pays éprouvé, qui souffre et qui va mal
Pour son bon équilibre, pour sa santé, j'insiste,
Mireille, je t'en prie, demeure sarkoziste.

(*Mireille chante à nouveau très fort*)

Oh non, ne chante pas veux-tu qu'en plein Paris
Un violent tsunami emporte Eva Joly
Mais tout n'est pas perdu ce choix dans l'isoloir
Line l'a démenti, il faut reprendre espoir.

PAPA

27 avril 2012

Papa, je t'écris une lettre que tu liras peut-être, vu que tu as tout ton temps depuis que tu es parti au ciel. Je dis « au ciel » par licence poétique. En réalité, tu es au cimetière. Le ciel, tu n'y croyais pas mais tu le regardais quand même pour savoir s'il allait pleuvoir, s'il allait faire beau, si c'était le moment de partir à la pêche ou au jardin, si c'était le bon jour pour sortir la 4L du garage et pousser jusqu'à Granville et admirer la tempête transformer l'ordinaire en spectacle envoûtant quand les éléments se déchaînent et rendent lyrique le quotidien.

Papa, je me souviens qu'un soir en 1965, en revenant de la gare où tu travaillais et où tu avais tes copains, tu avais placardé sur la maison l'affiche de Mitterrand « Un président jeune pour une France moderne ». Tu voulais clairement, ostensiblement affirmer tes idées de gauche dans le village bas-normand, conservateur, gaulliste et catholique où nous habitions. Moi, ça ne me plaisait pas tellement. Si la jeunesse est audacieuse, l'enfance est assujettie. Le lendemain matin, la nuit portant conseil et dissipant les vapeurs révolutionnaires, tu avais retiré l'affiche. Maman était soulagée. Moi aussi.

Papa, je me souviens qu'en 1969, tu étais énervé. Le choix entre Alain Poher et Georges Pompidou te rendait maussade. Je me souviens que tu répétais la formule de Jacques Duclos, « Bonnet blanc, blanc bonnet », et qu'au dépouillement tu avais eu des mots avec la dame catéchèse chez qui j'allais tous les jeudis après-midi. Papa, je me souviens encore de mon embarras.

Je me souviens qu'en 1974, bien sûr, tu n'étais pas giscardien mais tu avais du respect pour l'homme de Chamalières que tu jugeais intelligent. Toi, orphelin de père et fils de garde-barrière, tu te sentais une sorte de proximité presque complice avec le descendant de Louis XV sous prétexte que, comme toi, il était né en 1926 et que par conséquent tu l'appelais « la classe ». Ta profession de foi cependant n'avait pas changé, tes convictions étaient intactes. Tu annonçais ta couleur : « Il faut toujours voter rouge, disais-tu, parce que ça rosit toujours… » Je me souviens que Georges Marchais te faisait rire et te vengeait.

Papa, je me souviens de la joie en 81 que j'ai partagée avec toi.

Je me souviens que les lendemains qui chantent ont chanté moins fort. Je me souviens que le grand soir ne faisait plus le poids devant les petits matins de la rigueur économique.

Papa, je voulais te dire que le candidat pour qui tu aurais sûrement voté au premier tour avait obtenu plus de 11 %. Il a appelé à voter pour le socialiste au second tour « sans rien demander en échange ». La formule a particulièrement surpris l'affairiste-artiste dramatique Bernard Tapie pour qui la simple idée de « ne rien demander en échange » doit sembler ahurissante.

Oui, papa, Bernard Tapie est toujours là. Comme la rougeole et la tuberculose qui, elles aussi, sont revenues.

Moi, je suis monté dans l'ascenseur social que tu rêvais de me voir emprunter. Même si ton émission culte était « Les grosses têtes » de Philippe Bouvard, tu serais sûrement fier de m'entendre parler ce matin sur France Inter.

Le socialiste est bien placé pour le second tour mais Le Pen a une fille. Sous le pont Mirabeau coule toujours la Seine mais désormais la joie semble venir en même temps que la peine.

Je t'embrasse, papa. Si, au paradis des cheminots, tu vois un nuage bien en vue, tu peux placarder dessus l'affiche « Un président jeune pour une France moderne ». Maintenant, je ne serais plus gêné, je serais même fier de toi.

Je t'embrasse, papa, donne-nous du courage.

DUOS COMIQUES

4 mai 2012

Monsieur Fillon, petit souvenir personnel, il y a quelques années, j'avais rencontré au Festival musical de l'Épau, près du Mans, une dame fort sympathique qui est votre maman. Elle m'avait fait part de la consternation certaine que provoquait alors chez vous la vision des Deschiens. L'image donnée par les Deschiens de la Sarthe et des Sarthois n'était pas exactement celle que vous aviez envie de promouvoir en tant que président du conseil régional des Pays de la Loire. « On essaie bien à la maison de lui expliquer que c'est de l'humour, m'avait-elle confié dans un sourire bienveillant, mais il a du mal… »

Je tenais donc à vous présenter mes excuses ainsi que mon absence totale de remords. D'autant que je ne suis pas sarthois moi-même mais ornais, et que les Deschiens peuvent tout de même s'enorgueillir d'avoir œuvré à la réputation de votre département puisque depuis, vous avez vous-même acquis une petite notoriété nationale qui n'est pas loin d'égaler celle de Bruno Lochet.

À propos d'humoristes, j'aimerais évoquer Poiret et Serrault, Laurel et Hardy, Dean Martin et Jerry Lewis, Roger Pierre et Jean-Marc Thibault, Éric et Ramzy, Omar et Fred, Pascale Clark et Patrick Cohen, Sarkozy et Fillon. De tout temps, la réussite d'un bon duo comique a consisté à réunir deux personnalités parfaitement opposées. Bourvil le nonchalant et l'atrabilaire de Funès, l'Auguste et le clown blanc. « C'est moi Laurel, c'est lui Hardy, c'est lui le grand et moi le petit. »

On pourrait difficilement trouver un duo plus opposé que celui, François Fillon, que pendant cinq ans vous avez formé au sommet de l'État avec le président de la République. Le bavard et le taiseux, le calme et l'agité, le rural et le citadin. Si je fais un parallèle entre vous et la bande de clowns que je viens de citer plus haut, n'en prenez pas ombrage, je suis ironiste de formation, j'ai un DESS en sciences de la rigolade. Je suis par ailleurs ni plus ni moins à la tête de la pastille d'humour du vendredi de la Matinale de France Inter, j'ai par conséquent un devoir d'insolence.

Dimanche prochain, quoi qu'il arrive, c'est sûrement la fin d'un duo et ça c'est toujours un peu triste. Comment imaginer Wallace sans Gromit, Spirou sans Fantasio, Tom sans Jerry, Titi sans Grominet, San Antonio sans Bérrurier, Pinok sans Matho, Roux sans Combaluzier ? D'autant que si Nicolas Sarkozy devait perdre les élections, il a fait part de son souhait de disparaître totalement de la vie politique française. Qu'allez-vous devenir ? Envisagez-vous une carrière en solo ? Allez-vous vous retrouver dans la même situation qu'André Gaillard des Frères Ennemis après la disparition mystérieuse de Teddy Vrignault ? Comment imaginer une poursuite de votre carrière ? Comment rebondir ? Un duo avec Rachida Dati est-il envisageable ? Comment retrouver les ressorts de cet assemblage totalement inédit, parfaitement original où le collaborateur censé être le fusible du chef était en réalité protégé par le chef devenu le fusible du collaborateur. Bravo, c'était formidable, original, insolite, inattendu.

Vous voulez que je vous dise, on vous regrette déjà !

MERCI NAFISSATOU DIALLO

11 mai 2012

Nafissatou Diallo, merci. Au nom du peuple de gauche, au nom du Parti socialiste, au nom du président de la République François Hollande, merci.

Nafissatou Diallo, si vous n'étiez pas, il y a un peu plus d'un an, apparue dans les actualités, la campagne présidentielle que nous venons de vivre aurait été bien différente. J'estime que vous avez été un peu oubliée ces dernières semaines et qu'il serait temps aujourd'hui de vous rendre l'hommage que vous méritez. C'est un appel que je lance à François Hollande : pourquoi, monsieur le président de la République, ne débaptiseriez-vous pas les Champs-Élysées, la plus belle avenue du monde, pour la nommer avenue Nafissatou-Diallo en marque de reconnaissance vis-à-vis de celle qui vous a ouvert un boulevard ?

Si ce n'est pas possible de renommer les Champs-Élysées, si ce projet flamboyant devait se heurter aux murailles des différents conservatismes, conformismes qui, hélas, trop souvent paralysent notre société ankylosée, trouvez une place, un pont, quelque chose pour exprimer votre gratitude vis-à-vis de celle qui a fait basculer votre destin dans le bon sens.

Pourquoi ne pas transformer le pont de Tancarville en pont Nafissatou-Diallo ? Ne trouvez-vous pas particulièrement exorbitante la promotion de Tancarville, petite commune de 1 319 habitants, auprès de ceux qui, notamment, dès les premiers beaux jours, aiment étendre leurs chaussettes et leurs sous-vêtements en plein air sur des séchoirs à linge rétractables ?

Si Nafissatou Diallo était restée anonyme, si son aventure n'avait eu aucune influence sur la vie politique française, si Nicolas Sarkozy, défenseur de la morale publique, avait été réélu, je suis sûr qu'il aurait su exprimer son infinie reconnaissance à Dodo la Saumure, dont le nom aussitôt aurait été associé à une piscine, à un gymnase, à une médiathèque, à un aéroport.

Voilà une bonne idée, pourquoi ne pas nommer le futur aéroport de Notre-Dame-des-Landes l'aéroport Nafissatou-Diallo ? Atterrir à Nafissatou-Diallo, décoller de Nafissatou-Diallo, avoir une correspondance à Nafissatou-Diallo, ce serait un symbole admirable ! Si le changement c'est maintenant, quelle meilleure image du changement que celle qui consiste à donner à un aéroport le nom d'une femme de ménage noire ?

Les écologistes eux-mêmes se rangeraient immédiatement derrière l'idée magnifique d'un aéroport Nafissatou-Diallo qui deviendrait l'aéroport du commerce équitable et de la décroissance, l'aéroport de l'avenir fréquenté par des avions solaires, des avions éoliens, des avions énergétiquement renouvelables.

Nafissatou Diallo, merci encore de votre discrétion, de votre modestie. Votre influence sur la réussite de François Hollande est remarquable, sans doute plus importante que celle d'Eva Joly, et pourtant vous ne réclamez rien, pas un portefeuille, pas un maroquin, rien…

Nafissatou Diallo, respect.

Si aucune de mes suggestions n'était retenue par le nouveau président, je propose que spontanément on décide d'appeler le Palais-Royal à Paris, où siège le Conseil constitutionnel, le palais Nafissatou-Diallo afin de se souvenir des victimes de harcèlement sexuel qui, depuis le 4 mai, ne sont plus protégées par la loi.

CHRONIQUE SOCIALE

18 mai 2012

Alors que le chef de l'État vient d'être investi, que le Premier ministre vient d'être nommé, que le gouvernement vient d'être mis en place, les nouveaux responsables politiques doivent affronter un premier grand conflit social qu'ils n'avaient pas prévu. Les danseuses nues du Crazy Horse font grève. Elles demandent une augmentation de salaire et que soit prise en compte la particularité de leur travail, notamment de devoir se présenter nues en public. En solidarité avec les filles du Crazy, j'ai décidé de faire ma première chronique du mandat Hollande entièrement nu, comme vous pouvez le constater sur le site de France Inter si mon image forcément émoustillante n'est pas censurée.

Première chronique donc, depuis la prise de fonction du nouveau président. Il serait prématuré de parler de déception. Cependant, on peut parler d'une certaine circonspection.

Monsieur le président de la République, le soir de votre élection quand j'ai vu la mise en scène de l'appel téléphonique de votre fils Thomas sous les caméras de France 2, j'étais confiant. Le gros plan sur l'iPhone affichant « Papa » était merveilleux. La conversation ordinaire à un moment qui ne l'était pas, entre votre fils et vous, présentée par les journalistes comme un scoop formidable semblait porteuse d'avenir. Je me suis dit, rien n'est perdu, tout est possible. L'espoir n'est pas mort. J'étais rassuré. Je pensais naturellement à tous les ouvriers de la rigolade, tous les grouillots de l'ironie, tous les travailleurs de la moquerie et à tous ceux qui pointent dans les conseils de dérision. Oui, je pensais à nous tous, chroniqueurs, humoristes, comiques, amuseurs, chansonniers, imitateurs, caricaturistes, qui, sous le mandat de Nicolas Sarkozy, avions chaque semaine, chaque jour, chaque heure, chaque minute, chaque seconde, un nouvel événement, une nouvelle péripétie, un nouveau coup de théâtre à nous mettre sous la dent dure. Le précédent président n'a pas économisé sa peine pour fournir une matière première de catégorie supérieure. Grâce à lui, grâce à son courage, grâce à sa détermination, grâce à son énergie, la rigolade, en ce début de XXIe siècle, était devenue un gisement industriel comparable à celui de la sidérurgie au milieu du XIXe siècle. Monsieur le président, je vous le dis solennellement, il serait désastreux d'abandonner tout un pan de l'économie française, dont l'activité prouve son excellence et sa compétitivité. Et, je vous le dis comme je le pense, monsieur le président, le secteur comique doit rester français. Je comprends votre souhait légitime de vous démarquer de votre prédécesseur mais ne trouvez-vous pas qu'il serait scandaleux de délocaliser le rire ? Voudrait-on qu'en Chine ou à Taïwan des petites mains, dans des hangars surchauffés, fournissent la France en quolibets, en piques, en pointes, en apostrophes ? Ce ne serait pas à la hauteur des ambitions qui sont les nôtres. Non, monsieur le président, nous n'accepterons pas d'utiliser des plaisanteries exécutées à bas prix qui, dès le premier lavage, se déformeraient.

À ce propos, Valérie Trierweiler, depuis qu'elle est sous les feux des médias, répond à ses collègues journalistes pour leur dire essentiellement que, le week-end, elle fait des lessives. C'est bien, Valérie, ce sont des révélations certes intéressantes mais encore insuffisantes. À la place que vous occupez maintenant, il faut en dire plus. Coton à 30 degrés ? Synthétique à 40 ? Lavage à froid ? Oui, je suis désolé de le dire, quitte à faire retomber l'ambiance, il y a bien un moment où il faudra quand même parler du programme.

Monsieur le président, faites un effort, tenez des propos péremptoires, imbéciles, scandaleux, nommez à des postes importants les personnalités les plus inattendues, les plus incompétentes, soyez capricieux, excentrique, instable, inconséquent, arbitraire.

S'il vous plaît.

On ne pourra rien faire sans vous.

Voilà, j'ai fini ma chronique, je vais aller me rhabiller.

SALAUD DE BONHEUR

25 mai 2012

« Ne me parlez pas du bonheur : c'est un salaud. Un vrai salaud, un dissimulateur. Un sale type qui se cache. Un sale mec qui ne joue pas franco. C'est un genre de cambrioleur. Un pickpocket. Un détrousseur. Quand il est là, dans la maison, entre les quatre murs, il est invisible. Il se cache, il se camoufle, on ne sait pas qu'il est là. Salaud de bonheur ! Il entre par effraction. Il est malin… Il est maquillé, il ne dit pas son nom. Mais c'est quand il part qu'on s'aperçoit de son absence… C'était donc ça le bonheur… La vie, avec des projets, des sourires, des dîners aux chandelles. La vie avec des voyages, des amis, du médoc, des petits farcis, des déjeuners au soleil, de l'insouciance et des roses trémières. C'était donc ça le bonheur ? La vie avec un chien qui gambade, un enfant qui réussit pour la première fois à faire du vélo sans les stabilisateurs, une femme à la peau douce, un Chasse-Spleen empoussiéré, oublié puis retrouvé dans la cave… C'était donc ça le bonheur. On ne l'a pas vu venir. On l'a juste entendu s'en aller…

« Ne me parlez pas du bonheur : c'est une ordure. Une belle ordure qui ne se conjugue qu'au passé. Un salopard, un beau fumier ! »

L'accusation était violente. Le ton était grave. L'homme qui s'exprimait avait les larmes aux yeux, des sanglots dans la gorge.

Le bonheur restait impassible. Il écoutait son procès sans réagir. Comme sonné, à terre, humilié. Une fois de plus, il était ailleurs.

« Qu'avez-vous à répondre ? » interrogea le juge.

Le bonheur resta muet, comme absent. Comme si son procès ne le concernait pas.

« Je vous ai posé une question, s'énerva le juge. Je vous ai demandé ce que vous aviez à répondre ! »

L'avocat de la défense se leva. Il avait l'air un peu narquois. Il tenait entre les mains une boîte à chaussures… « Si monsieur le juge le permet, j'aimerais présenter à la cour, à mesdames et messieurs les jurés certains documents particulièrement saisissants… »

De la boîte à chaussures, il sortit des photos…

Sylvie, les cheveux défaits sur la plage de La Baule. Corentin en train de jouer de la trompette. Jean-Jacques et Patrick au sommet du Ventoux. Papy jouant au Scrabble avec Charlotte. Charlotte et Corentin faisant un spectacle sous les châtaigniers…

Le bonheur était là, sur chacune des photos… Éclatant, évident, lumineux. De main en main, les photos passaient. On voyait des sourires émus sur les visages du greffier, de l'avoué, du procureur…

Chacun, en découvrant les photos de la boîte à chaussures, voyait bien que le bonheur sautait aux yeux. Il n'était pas le salaud infâme dont on venait de faire le procès. Même l'accusateur fut bien obligé d'en convenir. Sous les injures et les quolibets, il quitta la salle d'audience.

Le bonheur, lui, sous les bravi et les acclamations, fit un signe de la main. On tenta de l'interroger, de lui faire dire quelques mots. Mais personne ne put réussir à le retenir.

Il était déjà loin…

JEANPIERREPERNAUTIFICATION

1er juin 2012

Soyons capable parfois d'un peu d'autocritique. Le courrier des auditeurs nous reproche assez souvent notre parisianisme et notre éloignement de la vie réelle en ses régions les plus reculées pour que nous puissions en tenir compte. Alors je voudrais aujourd'hui délaisser le Vélib' et le Grand-Palais, abandonner les Champs-Élysées et la butte Montmartre, quitter le BHV et la Samaritaine, et d'un cœur pur et vengeur crier : « Sus à l'Arc de triomphe et à la Tour Eiffel ! » Ce matin, je me jeanpierrepernautifie.

(Oui, « jeanpierrepernautifier » est un verbe transitif du premier groupe qui a pour sens « s'intéresser exagérément au jambon de Luxeuil et aux sabotiers de Bretagne depuis quatre générations ». À l'imparfait du subjonctif, il donne :

« que je me jeanpierrepernautifiasse,
que tu te jeanpierrepernautifiasses,
qu'il se jeanpierrepernautifiât,
que nous nous jeanpierrepernautifassions,
que vous vous jeanpierrepernautifassiez,
qu'ils se jeanpierrepernautifiassent ».)

Oui, qu'on me permette aujourd'hui de vous entraîner dans une de nos plus belles régions de France aux collines agrestes et aux plaines ensoleillées, riches en maïs et en tournesols, région appréciée pour ses délicieux fromages de chèvre et son miel gouleyant, je veux parler du très accueillant département de l'Ariège.

Et j'aimerais particulièrement attirer ce matin votre attention sur la candidature de Céline Bara dans sa première circonscription. Céline Bara est une actrice que vous connaissez sans doute si vous êtes cinéphile ou plus simplement si vous vous intéressez un tant soit peu au cinéma populaire puisqu'elle a joué dans plus de 180 films. Je ne peux naturellement pas tous les citer mais on retiendra forcément *Psychose rectale, Au nom du fist, Les Garces des étoiles*, sans oublier *Enculator* et *Grosse Névrosée du cul*, dont certains dans ce studio connaissent par cœur et sur le bout des doigts quelques-unes de scènes parmi les plus mythiques du cinéma français.

Céline Bara se présente donc au nom du MAL, Mouvement antithéiste et libertin. Elle prône le rétablissement de la peine de mort sur demande du condamné, la stérilisation à la naissance des handicapés mentaux et physiques, la fermeture de tous les lieux de culte, l'interdiction absolue des dialectes, patois et langues régionales, la limitation des animaux domestiques à un par foyer, la réintroduction massive des ours et des loups dans les Pyrénées.

Le positionnement de Céline Bara est clair. Elle se situe à l'extrême gauche, défenseuse des LGBT, lesbiennes, gays, bisexuels et transgenres. Personnellement, si, comme tout un chacun, j'étais ours, transgenre, anticapitaliste, ariégeois, gay, athée, communiste, je ferais salement la gueule.

KINDARENA SURPRISE

8 juin 2012

Le Palais des Sports de Levallois a pour nom de baptême Marcel Cerdan. Marcel Cerdan était un champion de boxe.

Robert Charpentier fut un grand cycliste. C'est ainsi que l'on désigne le Palais des sports d'Issy-les-Moulineaux.

À Montpellier, si vous cherchez le Palais des sports, vous avez le choix entre Pierre de Coubertin, humaniste, rénovateur des Jeux olympiques, ou René Bougnol, escrimeur.

Jean Bouin était coureur de fond. Si vous demandez Jean Bouin sur la Côte d'Azur, on vous enverra vers le Palais des Sports de Nice.

Le Palais des sports de Rouen sera officiellement inauguré en septembre prochain, il s'appellera le Kindarena en hommage à

Kinder Surprise et… comment dire ? C'est juste un petit peu la honte.

L'entreprise Ferrero, tous les ans, versera 500 000 euros à la communauté d'agglomération de Rouen, Elbeuf, Austreberthe.

C'est très gentil de sa part.

Mais partout, autour et à l'intérieur du Palais des Sports, on verra des grands K comme Kindarena et comme Kinder Surprise. Sur les panneaux indicateurs, sur les bus, partout, on verra des K. Ainsi Ferrero bénéficiera d'une publicité continuelle et sous-jacente.

Merci, mon chéri.

Si j'étais de Rouen ou ses environs, j'estimerais pour le moins légitime d'être consulté afin de donner mon avis. Je trouverais intéressant que l'on vienne me demander si Ferrero, dont les bienfaits diététiques ne sont pas totalement prouvés, est le mieux placé pour baptiser un tout nouveau Palais des sports.

À Rouen, le fait de donner un nom de marque à un équipement sportif en a indigné plus d'un. Des manifestations ont eu lieu.

La responsable de la communication chez Ferrero est chagrine.

Elle expose ses états d'âme dans *Paris-Normandie* : « Nous avons beaucoup de regrets, dit-elle, nous aurions pu investir loin d'ici, à l'étranger. C'est un magnifique projet que l'on accompagne pour soutenir la région. Avec ce débat, on en fait quelque chose de triste. »

Ne soyez pas triste, madame. Je remarque la délicatesse de vos propos, que l'on pourrait traduire moins élégamment par : « On a tous les droits puisqu'on a le pèze. Si on veut, on investit à l'étranger, chez des pauvres encore plus pauvres que vous. On fait ce qu'on veut, et puis d'abord, c'est nous qu'on paye ! »

Réjouissons-nous que le nouveau Palais des sports de Rouen ne s'appelle pas « Nutellarena ».

Aux États-Unis, le fabricant de la célèbre pâte à tartiner Nutella, autre produit phare de chez Ferrero, versera jusqu'à 4 dollars par pot acheté pour régler une action en justice intentée par une mère californienne affirmant qu'elle ignorait que le Nutella était si gras et si peu nourrissant.

Des parents inconscients et procéduriers qui gavent leurs enfants de pâte bourrée d'huile de palme. Une entreprise qui tente de se racheter une virginité civique tout en assurant la promotion de ses produits. Un président de communauté d'agglomération, Laurent

Fabius, qui laisse la publicité et le mercantilisme contaminer l'espace public…

L'idée de consulter le citoyen a souvent été mise en avant lors de la dernière campagne présidentielle. Ce ne serait pas si idiot de s'en inspirer au niveau local.

L'HOMME AUX DEUX COMPAGNES AGITÉES[1]

15 juin 2012

(*Sur le générique*)

FRANÇOIS (*dans le rôle de Philippe de Beaulieu*). — À votre écoute

SOPHIA (*dans le rôle de Margarete de Beaulieu*). — Coûte que coûte

F. — À votre

S. — Écoute coûte

F. — que

S. — coûte

F. — *Anima sana*

S. — *In corpore sano*

F. — Un esprit sain dans un corps sain

S. — Le corps, c'est lui

F. — L'esprit, c'est elle : Docteur Philippe…

S. — Et Margarete

F. + S. — De Beaulieu ! (*Fin du générique*)

F. — Margarete, la direction de France Inter a écouté tous les nombreux messages des auditeurs qui ont demandé que notre émission puisse avoir plus de surface médiatique, alors désormais nous investirons la place qui jusque-là était consacrée aux humoristes.

S. — Aux ?

---

1. Parodie de l'émission de radio « À votre écoute coûte que coûte », écrite et interprétée par Zabou Breitman et Laurent Lafitte sur France Inter.

F. — Humoristes, chère Margarete, ça s'appelle comme ça.

S. — Oui, moi, je dois avouer que ça ne me faisait pas tellement rire et que j'appelle plutôt ça des militants !

F. — Des militants humoristes, Margarete !

S. — Si tu veux, cher Philippe. Eh bien qu'ils aillent faire leur humour dans des meetings, ils y seront plus à leur place !

F. — Je suis bien d'accord. Aujourd'hui, nous restons à Paris avec un auditeur qui a un métier très prenant mais qui doit gérer en même temps les difficultés liées à ce que l'on appelle « les familles recomposées », c'est bien ça, François ?

Ben

Euh oui…

S. — Ah les fameuses familles recomposées ! Depuis 1968, hélas, la famille a bien changé. On se marie et puis, dès que ça ne va plus, on divorce et bien souvent ce sont les enfants qui trinquent…

B. — Oui, enfin avec les enfants, ça va, ils sont grands. Moi, c'est plutôt ma nouvelle compagne qui me reproche de soutenir la mère de mes enfants…

F. — Vous parlez de « compagne », vous voulez dire « épouse » ?

B. — Non, non, nous ne sommes pas mariés et avec mon ancienne compagne, nous n'étions pas mariés non plus.

S. — Ah bien, comme ça, c'est plus simple : pas de mariage, pas de divorce ! Vous n'avez jamais eu envie de vous engager ?

B. — Euh, enfin, ce n'est pas la question… J'ai eu quatre enfants avec ma première compagne et là, j'ai été obligé de la soutenir…

F. — Car elle connaissait des difficultés.

B. — Voilà, c'est ça, des difficultés…

F. — Des difficultés d'ordre financier, familial ?

B. — Non, plutôt des difficultés de parachutées.

S. — Ah, c'est une sportive ! Alors moi, je trouve ça formidable le parachutisme, justement, surtout pour les femmes. Et je vais vous faire un aveu, cet été, moi-même je compte bien faire mon baptême de parachutiste. Sauter dans les airs, parmi les nuages, c'est une sensation de griserie que je veux absolument connaître.

F. — Oui, moi je suis peut-être un peu plus traditionnel, mais je trouve que ce n'est peut-être pas tout à fait la place d'une femme de pratiquer une activité plutôt dévolue aux garçons…

S. — Qu'est-ce que tu peux être vieux jeu, Philippe, quelquefois… Mais on ne va pas faire une scène de ménage en public, même si vous voyez, François, que parfois au sein d'un couple, on peut ne pas être d'accord.

F. — C'est vrai et, à ce propos, je citerai notre grand chansonnier national Johnny Halliday qui a très justement dit : « Pour faire un couple, il faut être deux. »

B. — … Oui, enfin le problème, c'est ma nouvelle compagne qui est jalouse et qui a tweeté.

S. — Qui a twisté, vous voulez dire ! C'est formidable de twister et de danser avec les jeunes !

B. — Non, tweeté. Elle a envoyé un message pour soutenir l'adversaire de ma première compagne.

S. — Ouh là là, tout ça me semble bien compliqué, François ! Laissez-les se déchirer entre elles, après tout ce ne sont pas vos oignons.

F. — Et puis, l'homme, c'est vous, François, il faut vous faire entendre si vous voulez asseoir votre autorité au sein du couple !

S. — Bien sûr, nous sommes comme ça nous les femmes, nous avons tendance à nous chamailler, mais ce que nous réclamons c'est l'autorité du mâle, surtout quand il est dominant.

F. — Exactement, les femmes ne sont bien souvent que des enfants qui ont juste besoin de savoir qui est le maître !

S. — Exactement, cher Philippe. Alors, François, courage, et si je puis me permettre, ce serait bien de régulariser votre situation par un mariage qui est sans doute plus qu'un acte officiel, la plus belle preuve d'amour. On vous fait des bisous, François.

B. — Oh oui, des bisous !

F. — Merci, François, merci, Margarete. On se retrouve tout à l'heure à midi vingt. La réalisation était de Yann Chouquet et nous étions à votre écoute…

F. + S. — Coûte que coûte.

LA TÊTE À TOTO

22 juin 2012

J'aimerais aujourd'hui, après mes éminents confrères journalistes qui pendant ces deux dernières semaines ont occupé les plateaux de télévision, les studios de radio afin d'analyser les résultats des élections législatives 2012, apporter ma contribution, ma propre pierre à l'édifice de la réflexion politique que nous devons à notre auditorat.

Ma pierre à moi, polie, pendant ces quelques jours d'intense réflexion que je me suis imposés dans une retraite ascétique, silencieuse et réflexive, ma pierre à moi, travaillée sans cesse, affinée sans relâche afin de la rendre pure, semblera sans doute insolite à beaucoup. Certains, indifférents ou déficients, la considéreront comme un vulgaire caillou, négligeable caillasse tant elle ne ressemblera pas aux autres pierres, plus conventionnelles, du discours politique ordinaire.

Car moi, je ne vous parlerai pas du PS et de l'UMP, du Front National et du Front de gauche. Je ne mentionnerai ni Aubry, ni Copé, ni Mélenchon, ni Le Pen. Non, je voudrais ce matin analyser les résultats de Laurent Ignace Saint-Huile de la 10e circonscription de Gironde, de Gilles Helgen de la 3e circonscription de l'Ille-et-Vilaine, de Maurice Bernardie de la 3e circonscription de l'Aube. Chacun de ces candidats a obtenu très exactement zéro voix. Cela mérite un certain nombre de remarques.

Laurent Ignace Saint-Huile représentait le PB, le parti du vote blanc. Obtenir zéro voix pour le parti du vote blanc n'est-il pas paradoxalement un véritable succès pour Saint-Huile quand on sait que 835 votants de sa circonscription ont effectivement suivi sa consigne en votant blanc ?

En revanche, en ayant obtenu zéro bulletin de vote, François Bechieau du MUP (Mouvement unitaire progressiste) montre que l'unité doit se faire de manière plus radicale encore si l'on veut espérer la venue du progrès.

Le duel médiatique de Hénin-Beaumont a hélas occulté la candidature de l'écologiste indépendant Daniel Cucchiaro, qui n'a pas obtenu une seule voix. On mesure l'influence néfaste des médias sur la diversité politique.

Le Mouvement antiradar, représenté dans la 6e circonscription du Nord par Rémi Lefèvre, montre que dans la région de Pont-à-Marcq les radars doivent être installés en plus grand nombre si l'on veut voir le chiffre de zéro votant augmenter dans les années qui viennent, et pourquoi pas un jour doubler !

La ville de Marseille mériterait une analyse particulière. Quelles seront les alliances ? Quelles seront les futures coalitions ? On peut très bien imaginer que l'alliance future de Frédéric Bœuf-Salor (divers), de Sophie Hairabedian (du Mouvement national républicain), de Nabil Kadri (divers gauche), de Hamoud Benani (divers gauche) pourrait avoir des conséquences imprévisibles. Ayant tous obtenu zéro dimanche dernier, l'addition de leurs voix pourrait présager l'apparition de la tête à Toto, qui pourrait devenir un challenger de poids face à M. Gaudin lors des prochaines municipales.

Je ne voudrais pas que l'on pense que ma chronique de ce matin a pour but de se moquer facilement de tous ceux qui n'ont obtenu aucun bulletin. J'entends déjà l'ironie d'Alexandra Lupin, divers droite dans le seizième arrondissement de Paris, ou Yvonne Daroussin d'Orléans Sud se moquer de tous ces malheureux candidats, sous prétexte qu'elles ont eu la chance, elles, d'obtenir une voix chacune. Non, je ne voudrais pas mêler ma voix aux loups du sarcasme. Loin de l'affairisme et des magouilles généralisées, loin des calculs et des enjeux politiciens, ces candidatures, témoins du néant, repères de l'inutile montrent que l'esprit de Cyrano n'est pas mort.

> Que dites-vous ?… C'est inutile… Je le sais
> Mais on ne se bat pas dans l'espoir du succès.
> Non ! Non ! C'est bien plus beau lorsque c'est inutile !

L'AMOUR EST UNE TORTUE REBELLE

29 juin 2012

Dimanche dernier, nous étions le 24 juin, et Georges est mort tout seul.

C'est qu'il n'avait personne, Georges. Pas un enfant, pas un ami, pas un amour. Il ne laisse aucun héritage, aucune descendance, aucune famille et naturellement aucune veuve non plus puisque Georges était seul, tout seul, seul au monde.

On dirait une chronique de Patrick Pelloux dans *Charlie Hebdo* et vous imaginez déjà le Samu débarquer au sixième étage minable et délabré d'un immeuble haussmannien prospère et florissant, et vous imaginez déjà la télévision allumée qui hurle dans la petite chambre de bonne, et vous imaginez les papiers de Sécurité sociale accumulés sur la table de nuit, et vous imaginez les odeurs sordides, la saleté accumulée, l'humiliation d'un vieux Parisien abandonné dans sa petite retraite, et vous imaginez déjà sur la joue de Patrick couler les larmes de la rage et de l'empathie.

Mais non, ce n'est pas cela. Ça ne se passe pas à Paris mais aux îles Galápagos. Seuls les adorateurs de tortues le pleurent depuis dimanche, puisque Georges était le dernier survivant connu de l'espèce *Geochelone abingdoni*.

C'est un autre drame de la solitude.

D'ailleurs, on l'appelait « Georges le Solitaire » (*El Solitario Jorge*) et la cause de son décès est inconnue. Il devait avoir cent ans et ce n'est pas si vieux, cent ans, pour une tortue. Ne dit-on pas qu'une tortue dont la carapace fut peinte par Paul Gauguin marche encore de son pas lent et asocial quelque part en Polynésie, faisant voyager sans le savoir sur son dos un chef-d'œuvre inestimable du symbolisme ?

Georges est mort dimanche dernier et son espèce est morte avec lui. C'est triste.

Georges avait été découvert en 1972 par un chercheur d'escargots. C'est ça la vie : on cherche une chose et on en trouve une autre. Georges a résisté aux chèvres et aux cochons, il s'est camouflé, il s'est protégé des prédateurs et des trafiquants de toute sorte. Il a été courageux, intrépide, résistant à tout, et un premier dimanche d'été il s'en est allé. Peut-être aurait-il pu vivre cent ans encore. Il était juste à la moitié de sa vie. Il était dans la force de l'âge, il avait dépassé le marécage périlleux de la jeunesse, il n'avait pas encore atteint le désert dévasté de la vieillesse. Il était dans le bel âge. Ni trop jeune ni trop vieux, n'importe quel banquier aurait accepté de lui accorder un prêt sur vingt ans. Pauvre Georges qui vivait depuis des années dans le centre d'élevage de tortues géantes Charles-Darwin, à l'abri, hors des contingences et obligations matérielles, considéré par les naturalistes du monde entier comme une véritable vedette. Sa seule besogne c'était de vivre, mais Georges est mort. On espérait qu'il se reproduirait. On lui présenta deux tortues femelles mais il les négligea.

L'amour est une tortue rebelle que nul ne peut apprivoiser.

Georges est mort et, depuis dimanche dernier, la vie sur la planète s'est appauvrie.

Au revoir, Patrick, Caroline, Thomas, Bernard et tous les autres, au revoir chers auditeurs, passez de bonnes vacances, retrouvons-nous à la rentrée et adieu, Georges, qui sans le savoir emmène avec lui un peu de ce trésor qu'est la diversité du monde.

Chroniques inédites

POUR NE PAS DÉSESPÉRER[1]

Il était conseillé ces derniers jours à côté de son journal, de sa radio, de son téléviseur de prévoir une bassine au cas où l'on aurait envie de vomir. Il était confirmé que depuis des années les cyniques, les profiteurs, les exploiteurs jouaient aux professeurs de vertu, aux parangons de moralité, aux donneurs de leçons. L'abjection, le dégoût, l'écœurement.

Avec, en plus, l'insidieuse culpabilité au cas où l'on se plaindrait trop fort, au cas où l'on se révolterait trop brutalement, au cas où l'on trouverait trop décourageante la nature humaine. Exprimer sa colère, crier sa révolte, manifester son indignation, n'était-ce pas tomber dans le « Tous pourris », n'était-ce pas faire le jeu des extrêmes ? Comme s'il pouvait y avoir pire extrême que de vivre dans un pays où l'on a chargé un malfaiteur d'avoir le droit de vous contrôler fiscalement. Comme s'il pouvait y avoir pire extrême que confier à un escroc le budget d'une nation.

Dans cette ambiance nauséeuse, le moindre signe un peu ensoleillé était le bienvenu. Un réalisateur, Fred Joyeux, pour poursuivre la liste des aptonymes commencée la semaine dernière sur France Inter, m'a plaisamment alerté sur une histoire effectivement assez réjouissante. Elle se trouvait la semaine dernière à la page 18 de l'édition du *Monde* datée du vendredi 5 avril. La journaliste Pascale Robert-Diard raconte que dans le panier d'un vélo elle avait oublié une pochette contenant un iPad et un clavier. Deux hommes, Patrice Balzac et Didier Janus, l'ont retrouvée puis

1. Chronique non lue sur France Inter mais parue dans *L'Humanité* du 11 avril 2013.

l'ont restituée, sans rien demander en échange, sans rien réclamer, sans chercher à aucun moment à profiter de la situation. L'événement est-il devenu si exceptionnel que le grand quotidien du soir consacre une page entière à une réaction, somme toute normale, oui je dis bien « normale » dans le sens de « naturel », « légitime », pour qui est détenteur d'un cerveau, d'une sensibilité et de quelques notions retenues au cours des leçons d'instruction civique apprises à la communale ?

Ne boudons pas notre plaisir. Le portrait de Patrice Balzac, de Didier Janus est beau. Deux hommes, un peu cabossés, ancien alcoolo, ancien toxico, ont remis le pied dans la vie. Ils ont trouvé des gens bien, qui les ont aidés à sortir de la galère : une responsable d'Emmaüs pour l'un, des médecins, des infirmiers de l'hôpital de Villejuif pour l'autre. Oui, une association caritative pour l'un, un hôpital public pour l'autre. On est évidemment loin des cliniques privées spécialisées en chirurgie esthétique, transformatrices de cash et si représentatives d'une gauche en phase avec son époque, moderne et réaliste.

Patrice Balzac et Didier Janus, pour ne pas retrouver leurs démons, ont décidé de faire du bénévolat. Ils s'occupent d'une association qui organise des sorties pour les handicapés qu'ils entraînent notamment au théâtre, au musée ou au Salon du chocolat.

Merci à Patrice Balzac, à Didier Janus de ne pas nous faire complètement désespérer de l'humanité. Merci à Pascale Robert-Diard d'avoir perdu son iPad et de nous avoir présenté ces deux hommes, debout, honnêtes et réconfortants.

LA TARTE AU CITRON DÉSTRUCTURÉE

Lorsque les historiens de l'avenir en l'an 2212 se pencheront sur les années 2010, sans doute ne garderont-ils aucune mémoire des noms de Guéant, Hortefeux, Morano. Peut-être celui de Nicolas Sarkozy sera-t-il un vague souvenir pour qui aurait de la famille à Neuilly-sur-Seine et qui chaque année irait en janvier présenter ses vœux à une grand-tante à héritage demeurant justement « impasse Nicolas-Sarkozy ». Mais à cette époque, même les plus instruits des candidats à « Questions pour un champion » présenté par l'arrière-arrière-petit-fils de Julien Lepers hésiteront à la question « Quelle était la profession de Nicolas Sarkozy ? » à répondre « chanteur de charme », « lanceur de javelot », « pétomane » ou « président de la République ».

Mais les sociologues, les ethnologues, les anthropologues les plus fameux se souviendront que c'est dans ces années-là qu'est apparue pour la première fois au monde sur les menus des restaurants français « la tarte au citron déstructurée ».

« La tarte au citron déstructurée ! » L'appellation déjà est un appel à l'imaginaire. Sans doute est-elle née dans le cerveau d'une attachée de presse particulièrement inspirée, d'un directeur de marketing singulièrement exalté à l'idée d'imposer à la gastronomie française un nom de plat contenant un vocable de pas moins de quatre syllabes.

La tarte au citron déstructurée est, comme son nom l'indique, une tarte au citron normale sauf qu'elle ne présente pas la somme de travail, de compétence, de patience, de talent que nécessitait la tarte au citron de jadis qui, naïve et ingénue, ne savait pas encore qu'elle n'était qu'une tarte au citron non déstructurée.

Ah ! ils ont bonne mine les chefs pâtissiers d'hier qui s'ingéniaient à croire que leur métier consistait justement à structurer les ingrédients afin de nous inventer des mets de choix, afin de ravir nos palais et exciter nos glandes salivaires. Ah ! les imbéciles, les médiocres, les petits-bras, les gagne-petit, les petits joueurs qui ne savaient rien de notre époque conceptuelle où la déstructuration est devenue signature d'excellence et de modernité. Comme si la déstructuration, fruit du mariage entre l'incompétence et le pédantisme, avait des vertus gustatives.

Les analystes de l'an 2212 feront remarquer à juste titre que, dans cette période paradoxale qui est la nôtre, la tarte au citron déstructurée présentée dans des verrines aussi rigolotes que des burettes d'hôpitaux était vendue plus cher que la tarte au citron non déstructurée. De la même façon qu'à la même invraisemblable époque on vendait des jeans troués, lacérés, déchirés, déchiquetés, salis, plus cher que des pantalons impeccables, propres, repassés, bien cousus, exempts d'accrocs et de déchirures.

Les analystes de l'an 2212 auront-ils connaissance d'un mouvement de révolte né à Paris un matin de janvier ? Des gastronomes en culottes longues et non trouées, des fines gueules, des grandes gueules, des gourmets, des connaisseurs se sont levés, ont marché la tête haute vers les restaurants les plus vaniteux en exigeant que, de grès ou de force, on leur restructure les tartes au citron.

De pénibles échauffourées eurent lieu, des échanges vifs furent entendus : « Tu vas me la restructurer ma tarte au citron, ou c'est une grande tarte dans ta gueule de petit prétentieux ! »

Naquit alors un mouvement de révolte inapaisable, une colère inextinguible car de toutes parts montait une sourde inquiétude : accepter aujourd'hui la tarte au citron déstructurée, c'est se résoudre demain à se faire servir des « poulets-frites déstructurés » avec d'un côté une poule encore vivante et de l'autre des belles de Fontenay pas encore épluchées, à commander un velouté de carottes qui consistera pour le chef à présenter à ses clients une bêche afin d'aller retourner la terre dans le potager d'à côté et ramener les racines charnues.

Oui, né par hasard, un matin sur les ondes, le mouvement des indignés de la tarte au citron déstructurée allait faire parler de lui.

Saison 2012-2013

QUIZ ET FROMAGE

31 août 2012

Allez, encore un petit rab de vacances. Vous êtes sur la plage. Vous êtes bien, allongé sur votre serviette. Près de vous, un enfant distrait vient de se noyer, un enfant rêveur sous le sable vient de s'enterrer, quelque part un peu plus haut dans les terres, un enfant blagueur se distrait en brûlant des forêts entières. Bien sûr, vous auriez un peu envie de réagir mais, après tout, ces enfants ne sont pas les vôtres. Alors, nonchalamment, vous vous retournez sur le ventre et vous feuilletez un magazine. Vous avez fini les mots fléchés. Vous avez salopé les sudokus. Vous tombez sur un quiz. Ah, un quiz : ça change les idées. « Où vous situez-vous politiquement ? » C'est intéressant.

Première question : « Pensez-vous que le nucléaire est…

A- Une filière d'avenir.

B- Une transition obligée.

C- Un danger épouvantable. »

Vous avez coché A, vous vous situez à gauche tendance Arnaud Montebourg.

Vous avez coché B, vous êtes de gauche, tendance Jean-Marc Ayrault.

Vous avez coché C, vraiment à gauche, tendance Noël Mamère.

C'est formidable, la France est majoritairement d'accord avec les idées les plus progressistes, porteuses de justice et d'égalité !

Deuxième question : « Pensez-vous que l'expulsion des roms est…

A- Un mal nécessaire.

B- Une manière responsable de gérer une réalité désastreuse laissée par le gouvernement précédent.

C- Une honte absolue. »

Cochez A, B ou C, vous êtes utopiste, pragmatique ou simplement énergique mais, on s'en fout, vous êtes de gauche. C'est le principal.

Question suivante : « Diriez-vous que le changement…

A- C'est maintenant.

B- C'est demain matin.

C- C'est la veille du grand soir.

D- C'est jeudi en 8.

E- C'est plus tard quand on ne sera plus obligé de gérer la situation désastreuse laissée par la précédente législature.

F- C'est jamais.

G- C'était hier, vous n'avez pas remarqué ? Aujourd'hui on retrousse nos manches. »

Cochez ce que vous voulez, vous êtes de gauche, tendance lyrique ou rancunière, tendance idéaliste ou réaliste. Vous êtes de gauche.

« Faut-il interdire la prostitution ?

A- Oui.

B- Non.

C- Faut voir. »

Vous êtes de gauche, tendance libertine ou morale ou sans opinion, mais la vraie question est de savoir si vous êtes de gauche, de gauche ou de gauche.

François Hollande n'a pas encore réglé tous les problèmes. C'est vrai. Mais il a des atouts et notamment un joli prénom. Il a pris des initiatives courageuses. François Mitterrand en 1981 avait aboli la peine de mort. En 2012, François Hollande a rétabli la présence du fromage à la table du palais de l'Élysée, qui sous le quinquennat Sarkozy avait honteusement disparu. Bernard Vaussion, chef cuistot à l'Élysée est l'artisan de ce retour du fromage au plus haut sommet de l'État. Bernard Vaussion est un peu au respect des aliments obtenus à partir de lait coagulé suivi ou non de fermentation ce que Robert Badinter fut au respect de la personne humaine. Je propose que l'on fasse de l'œuvre intitulée *Les Fromages* l'hymne fier et conquérant des premiers mois de la législature nouvelle.

Coulommiers époisses bleu d'Auvergne beaufort
Livarot reblochon abondance mont-d'or
Crottin de Chavignol chabichou du Poitou
Pyrénées de brebis vacherin du haut Doubs
Camembert saint-nectaire saint-paulin soumaintrain
Roue de brie tête de moine mimolette Boursin
Avec
Avec
Soixante pour cent de matière grasse.

PLACE AUX VIEUX

7 septembre 2012

Monsieur Copé, je vous le dis tout net, j'aimerais mieux qu'en 2017, vous ne soyez pas président de la République. Je sais ça peut installer un léger froid dans ce studio de faire une déclaration aussi frontale mais tant pis, j'aime mieux être franc avec vous et je m'en voudrais trop si vous deviez quitter France Inter sans que j'aie pu vous dire ce que j'avais sur le cœur.

Ne le prenez pas mal, surtout, monsieur Copé, ne vous énervez pas ! N'allez pas reprocher au service public d'être uniquement occupé par des socialistes haineux, des communistes agressifs ou pire des bayrouistes pondérés. N'allez pas vous plaindre lors de votre prochain discours de la façon grossière dont vous auriez été reçu ici alors que la courtoisie est notre mode de fabrique, que la bienséance est notre signature, que la prévenance est notre faiblesse. La preuve : j'avais écrit une plaisanterie très cocasse, très amusante sur vos relations avec Ziad Takieddine et sa piscine du Cap d'Antibes, mais au dernier moment j'ai décidé de la supprimer, comme ça, juste par bonté d'âme, juste parce que je suis extrêmement sympathique, juste pour ne pas vous désobliger.

Par ailleurs, et là encore vous verrez que je n'ai aucune animosité personnelle à votre encontre puisque, si Manuel Valls avait été dans ce studio face à moi ce matin, je lui aurais déclaré de la même façon : « Monsieur Valls, je vous le dis tout net, j'aimerais mieux qu'en 2017 vous ne soyez pas président de la République. »

En revanche, si je m'étais trouvé face à Alain Juppé, à François Fillon (ne vous énervez pas !), à Laurent Fabius ou même face à François Hollande, jamais je ne leur aurais dit mon souhait de ne pas les voir président de la République en 2017. Ah non ! Je ne me serais pas permis.

À vous, si j'ose le dire, c'est que vous me devez le respect puisque non seulement vous êtes plus jeune que moi mais je suis plus âgé que vous. Ce qui, j'en conviens, va souvent de pair.

Et ce serait pour moi un sacré coup de vieux si je devais imaginer que le président de la République est plus jeune que moi car ce serait la première fois, dans toute l'histoire de ma vie, que ça arriverait. Je prendrais cela comme un véritable bouleversement, comme un virage dangereux, comme un périlleux basculement. Une sorte de passage initiatique qu'il faut sans doute avoir vécu une fois dans sa vie mais le plus tard possible car il dénonce les ravages du temps, dont on ne cesse à partir d'un certain âge de dresser la liste morbide : premier cheveu blanc, première paire de lunettes, premier rhumatisme.

Oui, si en 2017 vous étiez président de la République, ce serait un nouveau signe de ma dégénérescence. Ne me faites pas cela, s'il vous plaît, ayez pitié ! Pensez à moi. Faites en sorte que je puisse critiquer le chef de l'État avec la fougue de ma jeunesse encore restante.

Si un plus jeune que moi dirige le pays, n'aurais-je pas tendance à le considérer avec plus d'indulgence ? Ne serais-je pas enclin à le considérer avec l'œil amusé et bienveillant que la perdrix qui compte pas mal d'heures de vol au compteur porte sur le perdreau de l'année ?

Je sais bien que la période est au jeunisme mais moi je préfère crier « Place aux vieux » car tant que les vieux sont au pouvoir, je me sens un peu plus jeune.

Si en 2017 vous êtes battu, si vous avez perdu votre pari, si vous êtes à terre, déçu, affligé, mortifié, en imaginant le supplément de jeunesse que par la grâce de votre échec vous m'octroierez, je suis sûr que le souvenir de ma chronique de ce matin sera pour vous une douce consolation.

COMMENT PEUT-ON AVOIR ENVIE DE DEVENIR BELGE ?

14 septembre 2012

Pour le climat, océanique et tempéré de la Belgique.

Pour sa situation idéale au cœur de l'Europe.

Pour sa cuisine, pour sa gastronomie, pour ses gratins à la bière, ses carbonnades, ses frites, ses moules, ses chicons, ses tiramisus aux spéculoos…

Comment peut-on avoir envie de devenir belge ?

Pour la bonne humeur et pour les bonnes histoires.

« Deux Belges roulent en voiture. Au feu rouge, ils s'arrêtent. Le feu passe au vert, le conducteur ne réagit pas. Le passager se tourne vers son ami, “vert”, lui dit-il. Le passager réfléchit, puis après un temps, répond : “À tout hasard, je dirais une grenouille…” »

Comment peut-on avoir envie de devenir belge ?

Pour la grandeur de l'histoire, pour le goût des royaumes, pour la tradition coloniale.

Pour la diversité culturelle, pour la richesse des langues, pour le brabançon et le champenois, pour le francique ripuaire et le picard, pour le limbourgeois et le lorrain, pour le flamand et le wallon.

Comment peut-on avoir envie de devenir belge ?

Pour le souvenir de Jacques Brel et de Georges Simenon, d'Hergé et de Franquin.

Pour devenir concitoyen de Yolande Moreau, de Lucas Belvaux, d'Adamo, d'Émilie Dequenne, d'Annie Cordy, d'Amélie Nothomb et d'Yves Van der Smissen.

Comment peut-on avoir envie de devenir belge ?

Pour le sens de l'autodérision et pour les histoires fantaisistes.

À quoi reconnaît-on un Belge qui joue à la pétanque ?

« C'est le seul qui essaie de faire une tête. »

Comment peut-on avoir envie de devenir belge ?

Pour le roi Albert, pour devenir sujet de Sa Majesté. Pour partager cette âme belge qui de René Magritte à James Ensor, de Paul Delvaux à Félicien Rops, de Noël Godin à Jean-Claude Van Damme a inventé l'esprit surréaliste.

Pour le sens de l'humour et les histoires amusantes.

Comment reconnaît-on un loubard belge dans une bagarre ?

« C'est le seul qui attaque avec un rasoir électrique. »

« À la télévision, le présentateur annonce la nouvelle : “Terrible accident d'hélicoptère dans un cimetière belge, les sauveteurs ont déjà dégagé plus de huit cents corps.” »

« Un Belge dans un restaurant refuse de manger de la langue de bœuf. “Je trouve dégoûtant de manger ce qui sort de la bouche d'un animal. Dans ce cas-là, je préfère manger des œufs.” »

« C'est un Belge pédophile. Il est dans le box des accusés. Tout d'un coup, il aperçoit la victime, un enfant de dix ans. Aussitôt, il se lève. “C'est lui, monsieur le juge, je vous assure, c'est lui !” »

Comment peut-on avoir envie de devenir belge ?

Pour ses brocs et ses bazars.

Comment peut-on avoir envie de devenir belge ?

… Par intérêt. Pour ensuite devenir monégasque. Payer moins d'impôts. Comment dites-vous ?

Beuh, ce que vous pouvez être vulgaire…

LA LETTRE D'UN RAT

28 septembre 2012

J'ai reçu cette semaine un courrier assez émouvant que j'ai simplement envie de vous lire.

> Monsieur,
>
> Je me permets de vous écrire une lettre pour attirer votre attention sur ma situation. Nous avons un point commun. Nous avons l'un et l'autre fréquenté l'université de Caen. Vous en tant qu'étudiant en lettres, moi en tant que rat de laboratoire. Il y a plus de trois siècles, Jean de La Fontaine opposait le rat des villes et le rat des champs. À l'époque, les rats, insouciants et gais, ne connaissaient pas leur bonheur, ils n'étaient pas utilisés comme objets d'expérience. On dit généralement qu'il faut multiplier la vie d'un chien par 7 pour la comparer à celle d'un homme. La vie d'un rat est plus rapide encore. Il faut multiplier par 35 environ. À moins de deux mois, on atteint l'âge de raison, quelques semaines plus tard,

on obtient la majorité sexuelle, quelques jours de plus et l'on s'accouple, quelques jours encore, quelques mois et l'on passe ses fins d'après-midi devant « Questions pour un champion », puis on fait le calcul de ses trimestres, de ses points retraite. Déjà, on envisage l'adieu au monde. Un écrivain, sensible à notre condition, dans *Le Fou des rats*, je crois, écrivit : « Le temps d'apprendre à vivre, il est déjà trop tard. »

Comme si n'était pas suffisamment tragique le destin de nos vies si précipitées, si rapides, si sommaires, nous sommes employés, à nos corps défendant, par les hommes qui nous obligent à consommer des produits particulièrement dangereux. Nourris à l'aide de NK603, une variété de maïs génétiquement modifié, abreuvés d'eau contenant de l'herbicide Roundup, notre famille a vécu des heures abominables. Ma mère est morte dans d'atroces souffrances après avoir été atteinte d'une tumeur mammaire, mon père nous a quittés après avoir subi des troubles des reins et du foie extrêmement douloureux. Nombre de frères, de sœurs, de cousins, de cousines, de tantes, d'oncles, d'amis, mon parrain, ma marraine, tous sont morts après quelques jours, quelques semaines de vie…

Monsieur Morel, puisque vous avez la chance d'avoir une tribune très écoutée sur le service public, puisque votre parole, si élevée, si considérable, est reprise par tous les médias, des plus prestigieux aux plus obscurs, dites bien aux hommes que s'ils veulent se détruire en absorbant des denrées nocives, c'est leur affaire, mais nous n'avons pas à payer les conséquences de leur attitude si légère, si peu conséquente, si meurtrière. Comme le phénix qui accueille chaque étudiant de Caen, nous autres, hommes ou rats, ne sommes pas capables de renaître de nos cendres. La vie est ici-bas notre seule richesse.

Veuillez recevoir, monsieur, etc.

La lettre est signée d'une écriture illisible. Un ami à qui j'ai fait lire la lettre est persuadé qu'un rat ne peut pas être l'auteur de cette lettre sous prétexte que le style assez recherché ne peut pas être celui du rat.

« Ah bon ? me suis-je étonné. Tu as déjà lu la prose d'un rat ? l'ai-je interrogé.

— Jamais, m'a-t-il avoué.

— Dans ce cas-là de quoi tu parles ?

— Ben…, a-t-il marmonné à court d'arguments, tu vois bien… Un rat n'écrit pas en pattes de mouche. »

Je ne lui ai même pas répondu. Avoir autant de mauvaise foi… Je le soupçonne d'être une taupe de Monsanto.

LA RIGOLADE

5 octobre 2012

La rigolade, on le sait, est devenue, de nos jours, l'un des plus grands gisements de travail, comparable à l'exploitation de la houille au XIXe siècle. Plus une seule émission de radio, de télévision sans le regard décalé de l'humoriste. Qu'est-ce qu'un regard « décalé » ? C'est une manière de regarder le monde mais de façon inattendue. Un commentaire « décalé » est donc forcément surprenant, exceptionnel, donc fondamentalement différent de celui qu'on attendait. Mais aujourd'hui que les ouvriers du rire, les travailleurs de l'ironie, les façonniers en hilarité, les grouillots de la blague forment des légions prépondérantes, nombreuses, puissantes, les propos sérieux, graves, réfléchis, sages, sont devenus, comme par enchantement, les vraies paroles décalées, exceptionnelles, les vrais discours surprenants.

Jadis, au bistrot, on citait une pointe de Pierre Dac, une saillie de Michel Audiard, un trait de Francis Blanche. Aujourd'hui, autour du zinc, on cite un mot de Merleau-Ponty, de Lévinas ou de Michel Serres.

« T'as entendu ce que Marcel Gauchet a dit au sujet de la modernité comme passage de la structuration hétéronome du monde humain-social à la structuration autonome ? » ai-je entendu pas plus tard qu'hier dans la bouche d'un habitué du Café des Sports.

Puisque la norme est devenue la rigolade, la parole intellectuelle désormais tire son épingle du jeu en étant mise en valeur par la société du spectacle. Aussi n'est-il pas étonnant que Roger-Pol Droit soit désormais présenté par Frédéric Lopez avec le même enthousiasme que s'il recevait Mimi Mathy ou Jean-Marie Bigard. « Et maintenant, messieurs mesdames, Roger-Pol Droit !!! »

Mais, paradoxe remarquable, en même temps que la rigolade phagocyte la parole publique, les sujets d'amusement s'amenuisent. Afin de ne vexer personne, afin de ne pas faire de vagues, afin de ne mettre en colère aucune communauté, aucune minorité, aucun groupe, aucune Église, aucune confrérie, il est préférable de ne plus rire des barbus, des femmes, des homosexuels, des moustachus, des intégristes, des musulmans, des catholiques, des juifs, des Noirs, des Asiatiques, des jeunes, des vieux, des handicapés, des fondamentalistes, des curés, des imams, des rabbins, des policiers, des pasteurs, des ayatollahs, des popes, des bonzes, des sportifs et des mangeurs d'andouilles.

Le mieux et le plus simple serait d'instituer une loi définissant les sujets autorisés en matière d'humour.

Décidons par exemple que les belles-mères qui ont notamment fait les beaux jours du journal *Le Hérisson* deviennent le sujet principal des humoristes. Décidons que le rouleau à pâtisserie devienne obligatoire dans chaque dessin à connotation humoristique. Évitons désormais les sujets qui fâchent, rions sans arrière-pensées et même, si possible, sans pensées du tout.

Comiques, humoristes, rigolos, ne prenez plus exemple sur Pierre Desproges ou Coluche qui apparaîtraient aujourd'hui, comme de dangereux agitateurs, risquant de mettre à mal le fragile équilibre sociétal, riez de rien, riez sans penser à mal, procurez-vous des coussins péteurs, des briquets lance-eau et des faux cacas en gélatine.

Vous voulez une histoire de belle-mère ? Bon d'accord : quelle est la différence entre une belle-mère et un bulldog ? Le rouge à lèvres.

Et maintenant, messieurs-dames : Patrick Cohen !!!

UN TRÉSOR NATIONAL VIVANT

12 octobre 2012

Un trésor national vivant. Voilà ce que vous devez aller visiter, toutes affaires cessantes, si vous passez par Paris, si vous aimez le théâtre, si vous aimez la vie, si vous aimez les émotions, si vous aimez les rires qui se dissolvent en larmes, si vous aimez les larmes qui se métamorphosent en rires. Si, de près ou de loin, l'humanité vous concerne.

Un homme sur une scène. Un comédien de théâtre. Un artiste prodigieux.

Je suis allé voir ce trésor national vivant dimanche dernier et, aussitôt après, suis allé consulter mon dictionnaire des synonymes. À la place de « prodigieux », on peut dire « incroyable, phénoménal, extraordinaire, pharamineux, étonnant, fantastique, colossal, gigantesque, formidable, sublime, hallucinant, magnifique », autant de qualificatifs dont vous aurez besoin pour décrire le jeu incroyable, oui, incroyable, phénoménal, extraordinaire, pharamineux, étonnant, fantastique, colossal, gigantesque, formidable, sublime, hallucinant, magnifique de cet acteur si rare, si puissant nommé Hirsch, prénommé Robert.

Robert Hirsch a 87 ans mais il a l'âge d'un enfant. Il est le plus grand comédien français mais c'est comme s'il avait tout oublié. Il est sur scène. Il ne sait plus rien. Il ne sait plus qui il est. On ne sait plus qui il est. On vient voir un comédien que l'on admire, un cabot céleste, un histrion parfait. On s'attend à la prouesse, on vient guetter l'exploit. Et puis, tout d'un coup, le rideau s'ouvre sur la scène du théâtre Hébertot, et aussitôt on oublie l'admiration, on oublie la bravoure et la performance, on est face à son père, à son grand-père, à son frère.

Et l'on est face à son avenir.

Et l'on est face à soi-même.

Jamais sur scène on n'avait vu un personnage aussi perdu, aussi fragile, aussi désarmé. C'est un tout petit vieillard qui attend sa fille. C'est un tout petit enfant qui réclame sa mère. Et l'on est bouleversé. Il est le vieillard, il est l'enfant, il est toute l'humanité dans la même personne.

Du temps où les années étaient frivoles, les vieux n'avaient pas la maladie d'Alzheimer. Légers et insouciants, ils retombaient en enfance. Et l'on s'amusait la nuit de voir pépère mettre son imperméable sur son pyjama et chercher son vélo pour aller à l'église. Et le jour on rigolait bien quand on regardait pépère vider son tube de dentifrice dans l'aquarium et pisser dans la huche à pains.

Aujourd'hui, l'époque est grave, M. Alzheimer n'a plus l'intention d'intégrer les brigades du rire. Pourtant on rit aussi dans la pièce de Florian Zeller. Et l'on est perturbé comme le vieil homme qui ne comprend plus, qui oublie, qui confond, qui ne sait plus où est la réalité.

Pendant des années, avec la même évidence que je vais chercher mon fromage sur le marché de Saint-Leu, Robert Hirsch venait quérir sa statuette à la cérémonie des Molière. Deux bonnes nouvelles : les Molière ont disparu et Robert Hirsch est toujours vivant. Comme un boxeur, qui, jusqu'au dernier combat, ose remettre son titre en jeu, Robert Hirsch est le Père, entouré d'une troupe idéale composée d'Isabelle Gélinas, Sophie Bouilloux, Élise Diamant, Patrick Catalifo, Éric Boucher, mise en scène par Ladislas Chollat.

Et après avoir été ému aux larmes, on sort boulevard des Batignolles léger, heureux, réconforté, définitivement amoureux de cet art tellement irremplaçable quand, avec autant de justesse, il réussit le miracle de parler publiquement de l'intimité de chacun.

UN HOMME ET UN HOMME

19 octobre 2012

C'est le scénario d'un film français qui reste à tourner. *Un homme et un homme*. Chabadabada chabadabada. Jean-Marc et François se connaissent depuis longtemps. Ils se sont tellement croisés, ils se sont tellement aimés. Aujourd'hui, leur couple subit les soubresauts d'une relation devenue plus difficile. Leur relation était forte, passionnée. Ils ne faisaient qu'un. Aujourd'hui, le quotidien aura-t-il raison de leur complicité passée ?

François est dans le parc de l'Élysée. Seul, il marche avec cet air de paysan corrézien immortalisé par Raymond Depardon. Il ne sait pas quoi faire de ses mains, alors il ramasse un champignon. La caméra de Claude Lelouch virevolte autour de François qui sort de sa veste un quignon de pain afin de donner à manger aux canards de l'Élysée. Hasard ou coïncidence, les canards s'envolent, effrayés. François reste avec son quignon dans la main. Claude Lelouch se dit que s'il avait voulu faire un gros plan des canards, il aurait dû choisir une caméra fixe. Regret. Claude Lelouch renonce pour l'instant à filmer les canards mais s'approche de François qui se souvient, ému.

Voix off : « Les canards battent de l'aile et le couple exécutif aussi. »

Flash-back : Jean-Marc est au volant de son camping-car. Il arrive à Tulle en bermuda et en croquant des petits LU. François l'a invité aux Nuits de Nacre, le festival d'accordéon de la ville de Tulle. Jean-Marc découvre l'accordéon.

« C'est très intéressant l'accordéon, analyse-t-il doctement, ça fait autant de bruit qu'un orchestre de chambre de la Folle Journée de Nantes mais il ne nécessite qu'un seul instrumentiste.

— Formidable, renchérit François, si chaque orchestre de chambre est remplacé par un accordéoniste, les économies nous permettront d'engager 60 000 professeurs de musique qui élèveront les enfants de notre pays.

— Bonne idée, reconnaît Jean-Marc dans un sourire bienveillant, car la jeunesse est l'avenir. »

François et Jean-Marc se font une accolade tandis que Claude Lelouch n'en revient pas d'avoir torché en moins de deux minutes un dialogue aussi étincelant.

Retour dans le parc de l'Élysée. On voit François près des étangs. Il appelle Anne Roumanoff.

« Depuis que je suis président, je ne peux plus trop faire de blagues. Si tu veux, je te propose de te filer toutes celles que je n'utilise pas pour ton émission rigolote.

— Trop tard, répond la dame en rouge, il fallait m'appeler la semaine dernière. »

Le plan est filmé de haut. En plongée. La caméra s'éloigne du personnage principal. Claude Lelouch semble s'en désintéresser, il vient de monter dans une montgolfière afin de suivre les canards de l'Élysée qui baguenaudent dans le ciel.

Séquence suivante. Dans un wagon du train fantôme, Jean-Marc fait semblant de rire auprès de Martine et pourtant le cœur n'y est pas. Tandis qu'il feint l'amusement, on entend la voix de sa conscience douloureuse. « Suis-je le conducteur d'un train fantôme ? Ne suis-je qu'une ombre parmi des spectres ? Combien de temps encore vais-je rester à Matignon ? »

François réussira-t-il à apprivoiser les canards de l'Élysée ? Jean-Marc reviendra-t-il parmi les vivants ? Claude Lelouch réussira-t-il à trouver une fin heureuse. Autant de questions que l'on verra sur nos écrans dans les prochaines semaines.

CHRONIQUEUR AMATEUR

26 octobre 2012

Auditeur assidu, attentif écouteur, ponctuel allocutaire, je t'imagine. Dans ta voiture ou dans ta salle de bains, dans ton lit ou dans ta cuisine, je te suppose. Tu prêtes l'oreille et tu t'interroges. « De quoi va-t-il nous parler cette semaine ? »

Oui, car c'est la question que se pose chaque vendredi matin la France branchée sur France Inter. « Comment va-t-il nous faire réfléchir en nous amusant ? Comment va-t-il nous émouvoir en nous bousculant ? » Voici résumées les interrogations de la France la plus sagace, la plus éveillée, la plus dégourdie. « De quel sujet va-t-il nous entretenir ? De quelle matière va-t-il se saisir pour nous présenter ses sculptures mentales qui semaine après semaine sont déposées si régulièrement sur les étagères vacillantes et déjà si encombrées de notre mémoire ? Comment va-t-il réussir à agiter nos neurones, lui qui a essentiellement passé la nuit à agiter des glaçons dans des cocktails inédits, lui qui a l'impression de passer une nuit blanche chaque fois qu'il dort moins de douze heures par nuit, lui qui pourtant a écumé tous les bars de La Rochelle et qui de façon concomitante arrive dans un demi-sommeil et dans les studios de France Bleu-La Rochelle encore engourdi par les brumes enivrantes de mojito bananes, de piña colada au rhum aussi arrangé que lui-même quand, dans la rue de la Monnaie, il se trouvait en conflit avec des poubelles récalcitrantes qui le regardaient avec la même agressivité que les moulins à vent dévisagèrent jadis Don Quichotte de la Manche ? »

« Oui, que va-t-il nous raconter ? Que va-t-il nous assener ? Que va-t-il nous déchiffrer ? » s'interroge l'auditeur fidèle qui cependant dans sa voiture ou sa salle de bains, dans son lit ou sa cuisine, ne peut s'empêcher d'exprimer des signes d'inquiétude devant un préambule aussi long, une entrée en matière aussi interminable qui se dilue, qui s'éternise et se perpétue, qui persévère et se prolonge, car se dit-il, suspicieux, soupçonneux, méfiant (on ne lui fait pas, ce n'est pas un auditeur de NRJ ou de « Rire et chansons », il a son jugement, il a son esprit critique), n'est-il pas en train de tirer à la ligne, n'est-il pas en train de nous avouer de façon détournée que l'actualité de la semaine ne l'a pas inspiré, n'est-il pas en train de nous révéler qu'il est un chroniqueur à la manque, qu'il est un incapable, qu'il est insuffisant, qu'il est défectueux, en un mot, qu'il est un amateur ?

Non, rassure-toi, auditeur assidu, attentif écouteur, ponctuel allocutaire, rassure-toi. Je ne veux pas polémiquer avec toi et je te répondrai le plus sobrement possible que les chroniques quotidiennes de la démolition, ça ne m'intéresse pas. Ce qui m'intéresse, c'est la France Inter.

Les sujets de cette fin de semaine, je les connais, ils sont au nombre de trois. Je me permets de vous les rappeler.

1- La suspension des opérations par l'armée syrienne.

2- Le débat Fillon-Copé.

3- La vie sexuelle de Guy Carlier.

Évidemment, chacun de ces sujets mériterait qu'on s'y attarde avec le plus grand sérieux. Hélas, il est dommageable que ma parole n'arrive qu'en fin de parcours de ce 7-9. Dois-je, monsieur Cohen, je vous pose la question, essuyer les manques et les erreurs de tous les chroniqueurs qui ont officié durant les deux heures précédentes ? Est-il normal pour moi de devoir assumer seul un héritage aussi lourd ? Je vous pose la question, monsieur Cohen, je vous laisse y réfléchir et vous dis, sans faute, à la semaine prochaine.

FILS DE

2 novembre 2012

Les couples homosexuels sont inconsidérés, incompétents, complètement nuls pour élever un enfant. Il fallait bien que quelqu'un le dise. Oui, les parents de même sexe qui élèvent ensemble un enfant sont lamentables, incapables, parfaitement inaptes. Tant pis si ça vexe quelques auditeurs, tant pis si je heurte leurs convictions, il fallait que cela fût dit. Oh ! Évidemment, je ne dis pas qu'ils sont pires que d'autres ! Bien sûr, ils sont aussi incapables d'élever un enfant que n'importe qui, que n'importe quel couple hétérosexuel.

Le métier de parent est impossible. Sigmund Freud l'avait noté : « De quelque manière qu'on s'y prenne, on s'y prend toujours mal. »

Il fut un temps où les enfants de divorcés étaient montrés du doigt. Il fut un temps, pas si lointain, ne me dites pas qu'il est toujours d'actualité, où les enfants des étrangers étaient vilipendés. Il fut même une époque où les enfants de parents non mariés étaient moqués. Aujourd'hui, un homme non marié est à la tête de l'État français et, à part Carla Bruni-Sarkozy qui a, contre toute attente, enfilé les voilettes et les mitaines de dame patronnesse, ça semble ne gêner personne… Le problème des enfants qui vivent dans un contexte différent, c'est toujours le regard des autres. Quand se pose la question de l'adoption par des couples homosexuels, je ne sais pas pourquoi, plutôt qu'écouter les poèmes de Nadine Morano, les chansons de Christine Boutin, les madrigaux de Jean-François Copé, je préfère entendre le discours de Jacques Brel.

Fils de l'amour
Fils d'amourettes
Tous les enfants
Sont des poètes.
Mais fils de bourgeois
Ou fils d'étrangers
Tous les enfants
Sont comme les vôtres.

Je sais bien, et j'entends, les paroles (qu'il n'est pas nécessaire de caricaturer) de ceux qui pensent qu'il faut pour la construction d'un enfant la référence masculine et la référence féminine. Comme vous, je m'interroge. Sans l'un des deux référents, l'enfant ne risque-t-il pas d'être incomplet ?

Mais Michel Fourniret avait un papa et une maman. Mais Marc Dutroux avait un papa et une maman. Mais Adolf Hitler avait un papa et une maman. Mais Oussama Ben Laden avait un papa et peut-être vingt-deux mamans puisqu'on dit que son polygame de papa avait vingt-deux épouses.

On voit par là que le modèle hétérosexuel n'est pas forcément idéal, la panacée qu'on voudrait nous vendre.

Que faut-il pour élever un enfant ? De l'attention, de l'affection, de l'amour. Coluche disait : « Il y a des gens qui ont des enfants parce qu'ils n'ont pas les moyens de s'offrir un chien. » Faudrait-il plutôt créer une loi pour obliger les parents à aimer leurs enfants ? Ceux qui désirent des enfants, qui se battent pour les élever, ne méritent-ils pas un minimum de compréhension, d'écoute, de miséricorde, autre chose que les paroles caricaturales de Mme Boutin et de quelques autres. Tant d'enfants dans le monde vivent dans la détresse, tant d'enfants dans le monde ont besoin de réconfort, de tendresse, tant d'enfants dans le monde ont besoin d'un papa, d'une maman, de deux papas, de deux mamans, tant d'enfants dans le monde ont peut-être juste besoin d'amour.

Le même sourire
Les mêmes larmes

Les mêmes alarmes
Les mêmes soupirs
Fils de César
Ou fils de rien
Tous les enfants
Sont comme le tien...

PSYCHANALYSE ET SAVENNIÈRES

9 novembre 2012

Le problème de la psychanalyse, c'est le temps. Il n'est pas rare de discuter avec des gens qui sont en analyse depuis dix-huit, vingt-cinq ans… Toutes les semaines, une séance… Moi, je ne pourrais pas… Il faut dire que j'ai déjà pas mal d'activités. J'ai la radio, le théâtre, les tournées, la chanson… En plus, j'essaie de prendre des cours avec mon professeur de chant qui se prénomme Raymonde et, déjà, ça fait plusieurs semaines que je n'y vais pas. Pas par paresse ou par mauvaise volonté mais parce que j'ai autre chose à faire. En plus, les jours où je réussis à prendre un rendez-vous avec Raymonde, elle peut être assez dure avec moi. « Tu es trop nul, si tu veux continuer à chanter comme une patate, elle me dit, tu as raison, imbécile, de venir me voir aussi irrégulièrement. » Et à la fin, elle sort un savennières pour adoucir un peu la violence de ses paroles. Oui, Raymonde sort régulièrement du savennières à la fin du cours de chant. D'ailleurs, pas forcément pour atténuer ses excès de langage, parfois c'est aussi parce qu'elle est contente. « C'est bien, aujourd'hui, tu as réussi à monter dans les aigus, on va boire un petit verre de savennières. »

Je me demandais s'il arrivait aux psychanalystes de déboucher un savennières à la fin d'une séance. « C'est bien, aujourd'hui, tu as longtemps parlé de ta mère qui t'a pourri bien comme il faut, pour fêter ça, passe-moi le tire-bouchon ! »

C'est vrai, j'imagine, que parfois, quand on est en analyse, on a besoin d'un petit encouragement.

Ce qu'il faudrait aussi (je donne un peu des idées aux spécialistes qui sont là, je le fais comme ça, gratuitement, juste pour leur faire profiter de mon expérience, si je peux leur être utile et les faire sinon réfléchir au moins progresser dans leurs pratiques, je ne demande pas mieux), oui, ce qu'il faudrait je trouve, pour qu'une bonne psychanalyse ne soit pas trop prenante, question horaires, c'est s'inspirer du speed dating. « Bonjour, j'ai 43 ans, je me masturbe tous les soirs dans des gants de toilette, j'ai envie de coucher avec ma mère et d'écraser la gueule de mon père. — OK, super ! À la semaine prochaine ! »

Peut-être que cette formule existe déjà… Ce qui existe vraiment pour gagner du temps, et ça c'est top, notamment pour éviter les transports, les déplacements inutiles, c'est la psychanalyse en ligne, de chez soi, sur son ordinateur. Allongé sur son divan, par Skype, on peut très bien explorer son inconscient. On n'est pas obligé pour un oui, pour un non, d'importuner systématiquement son inconscient en le sortant de chez soi alors qu'il peut très bien donner toute sa mesure dans le cadre rassurant de son intimité…

Si, par ailleurs… (oui, je continue de donner des idées, ce n'est pas la peine que vous preniez des notes, vous pourrez réécouter tout ça chez vous sur le site Internet de France Inter), oui, si par ailleurs on a besoin d'une psychanalyse mais pas trop envie de s'esquinter les yeux sur son ordinateur, ce serait bien de pouvoir la faire juste par test. Il suffirait de cocher des cases.

Vous avez envie de coucher…

A- avec votre père,

B- avec votre mère,

C- avec votre gant de toilette.

Ce que je suggère aussi, c'est qu'en fin d'année le psychanalyste organise une petite fête chez lui pour que le patient puisse montrer l'évolution de son analyse. Je vois, chez Raymonde, en juin, on fait une bamboula, où tous les apprentis chanteurs viennent les uns après les autres montrer l'évolution de leur travail vocal. J'aime autant vous dire que ces soirs-là le savennières coule à flots.

Là, ce serait l'occasion d'inviter la famille, les parents, les voisins qui ont parfois du mal à se représenter ce qu'est une analyse (alors que l'aïkido, la varappe ou l'équitation, ils voient très bien) et devant eux de venir raconter un rêve, un désir rejeté hors de la conscience ou quelque chose sur la pulsion de mort, mais je conseillerais plutôt sur la pulsion sexuelle qui, je pense, réussira mieux à mettre l'ambiance.

Voilà mes conseils.

Concernant le savennières, je vous donnerai hors antenne le nom du petit récoltant.

LA QUESTION DU JOUR

16 novembre 2012

Jadis, en première page du *Figaro*, on pouvait chaque jour découvrir un dessin de Faizant. C'était le regard spirituel du journal de droite. Parce que ne vous en déplaise, les rigolos ne sont pas tous de gauche ! Depuis que Faizant est mort, on ne trouve plus de dessin humoristique en première page du grand quotidien libéral mais l'humour n'en est pas tout à fait absent puisque chaque jour, en bas à gauche, on peut découvrir ce qui s'appelle « La question du jour ». Pour qui ne serait pas totalement ennemi de la rigolade, « La question du jour » est une rubrique savoureuse, indispensable. Bien sûr, si vous ne lisez *Le Figaro* qu'irrégulièrement parce que vous n'êtes un habitué ni des hôtels un peu chics, ni des parkings situés sous les Champs-Élysées, ni des lignes Air France, ni un vieil abonné, vous n'en remarquerez peut-être pas tout le charme humoristique. C'est l'accumulation des « questions du jour » qui rend ce rendez-vous particulièrement divertissant.

Faut-il supprimer les 35 heures ? : Oui : 83,1 %, Non : 16,9 %
Êtes-vous pour le mariage homosexuel ? : Non : 80 %, Oui : 20 %
Jean-Marc Ayrault peut-il rebondir ? : Non : 85 %, Oui : 15 %

Les questions sont aussi attendues que les réponses. Voyez comme quelquefois la vie peut être calme, rassurante, apaisante.

On imagine, tous les jours, le même vieux monsieur se familiariser avec la technologie d'Internet. Il est légèrement grincheux, il est vaguement acariâtre, essentiellement depuis la disparition de De Gaulle, de Léon Zitrone, de Pompidou, de Chaban-Delmas, de Raymond Marcillac, de Marcel Merkès et de Paulette Merval. Papy est dans son bureau, mamy est à la cuisine. Certains jours, quand papy a énervé mamy, parce que papy a triché au bridge, parce qu'il a critiqué son mironton, parce qu'il a puni son chiwawa, mamy se venge sur Internet pour dire qu'elle approuve la libéralisation du cannabis, le mariage homosexuel, le droit de vote pour les étrangers et le retour de Martine Aubry.

Suggérons pour les jours à venir d'autres « Questions du jour » :

« Faut-il augmenter l'ISF ? »

« Pensez-vous que François Hollande soit à la hauteur de la situation ? »

« Faut-il exiger un service minimum obligatoire dans tous les secteurs d'activité ? »

« Pensez-vous qu'Yvonne de Gaulle assumait mieux la charge de première dame que Valérie Trierweiler ? »

« Pensez-vous que Anne-Aymone Giscard d'Estaing était mieux coiffée que Valérie Trierweiler ? »

« Pensez-vous que Danielle Mitterrand a au moins eu le tact de ne jamais tweeter pendant la présidence de son mari à l'instar de Valérie Trierweiler ? »

« Pensez-vous que Bernadette Chirac considère David Douillet meilleur judoka que Valérie Trierweiler ? »

« Pensez-vous que Carla brunit ? »

« Pensez-vous que Valérie Trierweiler est une sorcière à doigts crochus ? »

On le voit, les « Questions du jour » ne manquent pas et les occasions de s'amuser non plus.

Si *Le Figaro* avait l'intention d'ouvrir son lectorat vers le centre, la gauche et les apolitiques, je suggère la question suivante :

« Sachant que la croissance est de 0 %, le chômage de 10 %, le déficit public de 3 %, ne trouveriez pas plus judicieux d'avoir une croissance de 10 %, un chômage à 3 % et un déficit public à 0 % ? »

TOUT ÇA POUR ÇA

23 novembre 2012

Le vieil homme est triste. Il est dans sa cuisine. Il a fait une tache de confiture sans sucre sur son pyjama. Il a renversé un peu de thé aussi. Sa femme est en Corrèze. Lui est resté tout seul dans l'appartement. Elle lui cache tout. Les bières, le beurre, la charcuterie, le fromage et les bonnes confitures. Elle n'a laissé que de la Vittel et des produits allégés. Le vieil homme s'emmerde.

Tout ça pour ça.

Cette semaine, il est allé à l'inhumation d'un vieil ami. Les autres étaient en représentation, mais lui avait un vrai chagrin. Cette semaine, il a appris que le ministère public avait requis entre quatre et cinq ans d'inéligibilité ainsi que dix mois de prison et 10 000 euros d'amende à l'encontre de cet autre ami qui lui a succédé à la mairie de Paris. Tristesse et humiliation, voilà le résumé de la semaine du vieil homme.

L'autre soir, une fois de plus, sa femme était partie faire la diva caritative et lui était resté sur son canapé à regarder la télévision. Il y avait une émission avec cet imitateur célèbre dont tant il apprécie le talent. Toute la soirée, il a attendu les fameux « écoutezzz » et ses liaisons ostentatoires que même son petit-fils savait imiter. Mais ce soir, l'imitateur avait singé de nouvelles vedettes, des inconnus pour la plupart, et l'avait oublié. Le vieil homme était mélancolique. Pour se remonter le moral, pour étancher sa soif de consolation, il avait cherché une Corona dans le frigo, dans les placards, dans le garde-manger, partout mais il n'avait rien trouvé. Il est sûr que les Corona sont cachées quelque part, mais où ? Sa femme lui planque tout. Elle dit que c'est pour son bien. La dame de charité n'est pas très charitable avec son mari.

Tout ça pour ça.

Toute la semaine, il a regardé le psychodrame à l'UMP. Ce parti, c'était son œuvre, c'était son enfant, c'était sa réussite. Il l'avait créé il y a dix ans et voilà ce qu'ils en ont fait, une pétaudière, un foutoir, un champ de ruines, une désolation. Les cons ! Les idiots ! Les imbéciles ! Les pauvres mecs ! Le vieil homme maugrée tout seul dans la cuisine et se renverse à nouveau du thé sur son pyjama douteux. Le vieil homme est devenu maladroit.

La semaine prochaine, il aura 80 ans, il ne veut pas de cadeaux. La dernière fois, il avait eu un chien qui l'avait mordu. Il avait fallu le piquer. Le vieil homme ne veut plus rien.

Le vieil homme a fini son petit déjeuner. Ce midi, il y aura des endives et des salsifis. Il déteste les endives et les salsifis. Il se souvient des andouillettes, des têtes de veau et des pieds de porc que jadis il avalait à la suite dans les comices agricoles. Il se souvient aussi de ses lointaines parenthèses enchantées, de ses sensuelles escapades, de ses épicuriennes fantaisies que l'on a vite résumées par l'expression « dix minutes douche comprise », et le vieil homme ressent de la nostalgie.

Seul réconfort dans cette dévastation, il y a le nouveau président, celui qui a succédé à son successeur. Lui, au moins, il fait de la politique comme il la comprend. Il dit tout et son contraire à tout le monde afin de ne mécontenter personne. Il dit aux maires qu'ils ne seront pas obligés de marier les homosexuels, aux homosexuels que les maires auront l'obligation de les marier. Voilà un artiste ! Il a eu bien raison de le soutenir. C'est son seul véritable héritier.

Le vieil homme est un peu réconforté. S'il pouvait trouver la cachette des Corona, il serait presque de bonne humeur.

PAROLE D'ARBRE

30 novembre 2012

J'ai eu une belle vie mais je risque de mourir. Comme tout le monde, vous me direz. Oui, mais moi je risque de succomber avant l'âge. Dans ma plénitude, dans la force de ma maturité, je n'ose dire en pleine croissance. J'ai à peine 315 ans, figurez-vous, et je suis menacé.

J'ai eu une vie magnifique. Si je fais l'impasse sur tous ces molosses, ces cerbères, ces cabots qui pendant des générations ont pissé à mes pieds, je garde de beaux souvenirs. Toutes ces cabanes, construites à mon sommet. Tous ces châteaux imaginaires, tous ces palais improvisés signalés secrètement dans les guides touristiques de l'enfance. Toutes ces escarpolettes accrochées à mes branches sur lesquelles tant de jeunes filles en jean ou en crinoline se sont balancées en rêvant à de voluptueuses romances. Toutes ces amourettes que j'ai abritées, ces baisers que j'ai protégés quand à même l'écorce on me gravait dessus des initiales entourées par un cœur. Et ces tables dressées sous mon ombrage, ces nappes blanches, ce vin versé, ces poulets rôtis, ces pièces montées et *Le Temps des cerises* quand l'amour et la révolte chantaient d'une même voix et l'accordéon sous mes branchages à la fin des banquets qui faisaient danser les convives éméchés.

Tant de souvenirs vont disparaître à jamais.

Je suis né sous Louis XIV, j'ai connu la monarchie puis la révolution, j'ai connu le Directoire et la République, j'ai connu l'Empire et la Restauration puis la République à nouveau. J'ai connu la Commune, deux guerres mondiales, la Libération, la paix retrouvée, les Trente Glorieuses, la crise économique, et je risque de mourir dans l'indifférence et l'abandon sous François Hollande, un jour de dérisoire guerre fratricide entre copéistes et fillonistes.

Quelle tristesse ! Quelle désolation !

Franchement, je méritais mieux. J'avais tant envie de vivre encore. J'avais tant de désir et tant de consolation à apporter encore. Mais voilà, je suis discret. Je meurs en silence. Je ne fais pas de bruit, sauf quand le vent capricieux souffle dans mes feuillages. Je ne fais pas les gros titres des journaux qui n'existent à propos que grâce à l'abnégation de mes congénères sacrifiés. L'autre samedi, soyons juste, *Le Monde* a titré sur notre drame, sur la tragédie que nous vivons : « Deux arbres sur trois pourraient mourir. » Cette information qui aurait dû alerter chacun, qui aurait dû bouleverser la une de tous les journaux de la planète, n'a guère été relayée. Ici, on s'interrogeait pour savoir si à l'UMP il fallait revoter, s'il fallait organiser un référendum auprès des militants, s'il fallait ordonnancer un vote pour préparer un référendum afin de savoir s'il fallait oui ou non revoter pour le futur président de l'UMP.

Et pendant qu'on se perd dans les niaiseries, les futilités, les insignifiances, les arbres meurent. Ils font des embolies. Ils manquent d'eau. Des bulles d'air obstruent les vaisseaux de transport et la sève ne peut plus monter de la racine jusqu'à la cime. Toutes les espèces sont concernées, les feuillus, les conifères. Les forêts sont les poumons de la Terre. Les forêts qui absorbent les émissions de carbone risquent de déclarer forfait. Sans forêt, la Terre va connaître l'asphyxie, l'étouffement, la suffocation. Adieu sapins et chênes-lièges, adieu pins sylvestres, adieu mélèzes, adieu charmes et châtaigniers. Adieu planète. Adieu planète meurtrie, blessée, abîmée. Adieu planète sur laquelle les hommes s'interrogent : quelles seront les conséquences politiques de la création du nouveau groupe parlementaire de François Fillon ?

CRISE DE RIRE, RIRE DE CRISE

7 décembre 2012

C'est une histoire que mon copain Manu m'a racontée : Une religieuse était restée cloîtrée pendant une trentaine d'années, retirée dans un couvent. Un jour, elle est sortie et a réintégré la communauté humaine. On lui a demandé ce qui l'avait le plus étonné dans l'évolution de la société. On s'attendait à ce qu'elle parle de la forme des voitures, des immeubles, de l'apparition des ordinateurs, des téléphones portables. « Non, a-t-elle répondu, ce qui a changé, c'est que les gens ne sifflent plus dans la rue, ne sourient plus. »

Il reste cependant quelques contrevenants.

Sur le site « Arrêt sur images », Daniel Schneidermann, lundi dernier, a désigné François Hollande à la vindicte populaire. Le président, entre deux rendez-vous, précisément entre le départ du Front de gauche Mélenchon et l'arrivée du président de la Banque centrale européenne Mario Draghi, se permettait en pleine crise sociale, économique, sociétale, de présenter un air réjoui devant les photographes sur le perron de l'Élysée.

La semaine dernière, le président de l'OM Vincent Labrune a été filmé en train de rire alors que son équipe se faisait laminer par celle de Lyon. Aussitôt la polémique a fait rage sur le Vieux Port. Le penseur Stéphane Tapie, fils de chroniqueur à France Bleu Provence, profita de son passage à l'antenne pour s'en prendre violemment à Vincent Labrune puis révéla publiquement le numéro de son portable, afin que les nombreux supporters, intellectuels tapistes, puissent y déposer des messages orduriers, violents, obscènes, avec la même frénésie, la même obstination, la même abondance que les pigeons de Paris sur les rebords des fenêtres déposent leurs fientes persistantes.

Notons la pondération de Daniel Schneidermann qui n'a pas cru devoir révéler le numéro de portable du président Hollande pour le punir d'avoir inconsidérément souri.

Il est à noter que François Hollande est singulier. Quitter un monsieur qui vous traite de conducteur de pédalo, de nouveau Louis XVI, avant de recevoir un autre monsieur avec qui on va parler de la situation économique de la Grèce, et malgré tout garder le sourire, c'est au moins la preuve d'un bon tempérament.

Le rire, le sourire sont devenus suspects. Le comédien Kad Merad, dans une récente interview, exprimait son effroi de constater l'évolution d'une société qui, dorénavant, interdisait aux citoyens de poser avec un sourire sur les photos des passeports.

Avoir une gueule d'enterrement est pourtant une attitude souvent insincère. Quand on est touché à un enterrement, on n'est pas tenu de faire la gueule qui va avec son chagrin. Il est même habituel d'avoir un fou rire devant le cercueil d'un être cher. Ce sont la douleur, la fatigue, les nerfs, qui s'expriment comme ils veulent, comme ils peuvent.

Cela dit, par confraternité avec notre collègue chroniqueur Stéphane Tapie de France Bleu Provence, prenons exemple sur sa finesse, sa délicatesse, son élégance atavique et révélons le numéro du portable de François Hollande afin que tout un chacun puisse exprimer sa colère, sa rancœur, son amertume 06 22 46…

JE PÈTE SOUVENT

14 décembre 2012

C'est en feuilletant virtuellement le site « Dicocitations » que je suis tombé sur cette surprenante déclaration qu'a faite Gérard Depardieu.

Le site réunit 117 000 citations, proverbes et dictons du monde entier. Je crois pouvoir affirmer sans me tromper qu'il me serait quasiment impossible de tout citer avant les informations de 9 heures. J'aurais pu choisir une réflexion de Raymond Aron qui a dit : « Objectivité ne signifie pas impartialité mais universalité. » J'aurais pu préférer une pensée de Jean-Paul Sartre qui a dit : « Le désir s'exprime par la caresse comme la pensée par le langage. »

J'ai privilégié une citation de Gérard Depardieu : « Je pète souvent. »

« Je pète souvent », comme un cri du cœur, un aveu, une confidence.

« Je pète souvent », comme un secret mal gardé, une marque de confiance, un aveu médical que l'on chuchote à son corps défendant dans le cabinet d'un gastro-entérologue.

Tant de gens sur la terre ont pété, pètent encore, puis péteront. Avec cette fraîcheur, cette pureté enfantine de Gérard peu de gens sont capables, si franchement, si ouvertement d'évoquer leurs flatulences.

« Je pète souvent », et l'on se doute que lorsque Obélix qui ne fait jamais rien à moitié, qui est un homme d'excès, de démesure, de surabondance dit « souvent », la fréquence de ses pets doit être exceptionnelle, remarquable, pléthorique au point qu'il ait eu besoin d'avouer cet aspect de sa personnalité si immense, si colossale, si gigantesque.

« Je pète souvent », a dit Cyrano. Dans quelles circonstances a-t-il pu faire cette révélation ? Était-ce dans le lit de Fanny, de Carole, d'Élisabeth comme une préalable réclamation d'indulgence, ou au contraire une promesse érotique ?

« Je pète souvent. » Était-ce une menace, un avertissement, un chantage du genre proféré dans le bureau du ministère des Finances : « Vous baissez mes impôts ou je pète encore plus fort, encore plus longtemps, encore plus régulièrement » ?

« Je pète souvent », a dit Gérard tandis que les tarifs du gaz augmenteront en France de 2,4 % à partir du 1er janvier 2013 et ne concerneront donc pas le néo-Belge Depardieu. Considérez donc ce paragraphe comme parfaitement hors sujet.

« Je pète souvent », avait dit Gérard Depardieu, et cela aurait dû quand même un tout petit peu alarmer les Belges et particulièrement les habitants de Néchin qui n'ont peut-être pas suffisamment mesuré les conséquences écologiques d'une telle présence en ce qui concerne notamment la qualité de l'air qu'il conviendra de surveiller avec une vigilance accrue dans toute la province de Hainaut.

« Je pète souvent », a donc dit le merveilleux interprète des *Valseuses*, de *La Femme d'à côté*, de *Mammuth*.

C'est vrai que le cynisme, l'égoïsme, le « chacun pour soi », ça finit par puer très, très fort.

Non ?

LE PÈRE NOËL EST SUR LA RIVIERA[1]

21 décembre 2012

Ma paresse me perdra. Je vous dis franchement ce qui s'est passé ? Aujourd'hui, je n'avais pas prévu d'écrire ma chronique, tout simplement parce que depuis des semaines on sait que la fin du monde est prévue pour le 21 décembre. J'imaginais qu'elle pourrait avoir lieu avant 8 h 55 et que je n'étais pas obligé de me creuser les méninges. Il semblerait donc que le monde finisse aujourd'hui, après 9 heures du matin. Je me dois donc d'assurer mon travail même si la perspective de ne jamais être payé pour cette ultime chronique ne m'encourage évidemment pas à donner le meilleur de moi-même. Je pensais profiter de mon passage en direct pour dire que je ne savais plus à qui j'avais prêté la première saison de *Six Feet Under* et en même temps, si la fin du monde arrive dans la journée, je n'aurai plus l'occasion de la visionner. Il n'en reste pas moins que j'ai trois minutes trente en direct de Nice, et il se trouve, heureux hasard, que j'ai pu croiser une vieille connaissance qui passe quelques jours sur la Côte d'Azur. C'est bien ça, Père Noël ?…

PÈRE NOËL. — Ben oui, j'ai décidé de me prélasser au soleil. J'aime autant vous dire que ça change de la Laponie.

FM. — Sûrement, mais en général, la période qui précède les fêtes de Noël, vous êtes un peu débordé, non ?

PN. — Oui, mais j'ai été aussi feignasse que vous, j'ai fait l'impasse. Je me suis dit, comme normalement il n'y a pas de Noël cette année…

FM. — Vous n'avez rien prévu ?

PN. — Ne faites pas l'étonné ! Vous qui n'aviez pas prévu d'écrire de chronique. Comme vous, je me la coule douce… Je n'allais pas passer des mois à fabriquer des jouets, à les distribuer dans le monde entier alors que dans quatre jours, il n'y aura plus d'enfants, plus de cheminées, plus de traîneaux, plus de Père Noël, plus rien…

1. Merci Pralon !

FM. — Évidemment…

PN. — J'ai procrastiné ! C'est-à-dire, j'ai remis au lendemain ce que je ne serai plus jamais obligé de faire le jour même. J'ai mis mes orteils au soleil. D'habitude, je passais en coup de vent sur les bords de la Riviera. Là, je m'incruste. (Il chante : *Sur les bords de la Riviera / Où murmure une brise embaumée / Chaque femme a rêvé là-bas / D'être belle et toujours adorée…*)

FM. — Ce qui fait plaisir, Père Noël, c'est que vous êtes en pleine forme.

PN. — Ah çà, je peux vous dire que la fin du monde a pour moi un parfum de renouveau ! J'en avais marre de consacrer ma vie aux enfants. Quel gâchis ! Les femmes, mon petit Morel, je vais vous dire, il n'y a que ça de vrai. Il suffit de marcher sur la promenade des Anglais pour croiser des Niçoises d'une beauté ! En plein hiver, elles ont des jambes, elles ont des épaules ! Quel spectacle ! La peau bronzée naturellement, la poitrine généreuse, les jambes interminables, même de dos, la Niçoise a de l'esprit, même de dos, la Niçoise a de l'intelligence, et si l'on descend encore, on découvre alors le génie de la Française, l'excellence irréfutable de sa pensée, la sensualité irréfragable de son rayonnement…

FM. — Merci, Père Noël.

PN. — Quand je pense que j'ai tout sacrifié pour les enfants ! Quelle erreur ! Quelle méprise ! Quel fourvoiement ! Des marmots insupportables, toujours insatisfaits, qui n'en ont jamais assez ! On dit : « Les femmes et les enfants d'abord » ? Non ! Les femmes d'abord, mon petit Morel ! (Il chante : *Vous les femmes vous les charmes / Vos sourires nous attirent nous désarment…*) Bon, excusez-moi, je vais devoir vous quitter, j'ai un petit rendez-vous au bar du Négresco.

FM. — Voilà. Eh bien, une fin du monde particulièrement joyeuse ici à Nice. Merci, Père Noël. Ah ! Et aussi mes pensées à Mère Noël. Patrick, je ne vous dis pas à la semaine prochaine. Je souhaite à tous les auditeurs de France Inter que leur fin du monde soit aussi épanouie que celle du Père Noël… (Si jamais la fin du monde était reportée à une date ultérieure, j'aimerais bien récupérer la première saison de *Six Feet Under*. À bon entendeur. Patrick, ce n'est pas à vous que je l'ai prêtée ?)

DÉFENDONS LES RICHES, TAXONS LES PAUVRES

28 décembre 2012

Pauvres riches !

Les riches s'en vont, les riches s'exilent, les riches désertent, les riches déménagent, les riches décampent, les riches fuient la France qui bientôt n'abritera plus que des pauvres.

Des pauvres pauvres, des anciens pauvres, des pauvres de tradition, pauvres de père en fils, pauvres depuis des générations, pauvres formant une sorte d'aristocratie de la pauvreté, des nouveaux pauvres qui ont réussi à devenir pauvres malgré leurs parents, des jeunes pauvres, des vieux pauvres, des salauds de pauvres, pauvres venus d'ailleurs, pauvres dont la seule richesse était l'espoir, pauvres encore plus pauvres que les pauvres, pauvres qui suscitent toutes les haines, tous les rejets, toutes les rancunes.

Les riches sont pris à la gorge. Les riches sont trop taxés. Les riches n'en peuvent plus. Les riches désespèrent. Les riches sont découragés. Sauvons les riches. Protégeons les riches. Défendons les riches.

Hors sujet, le courrier de Torreton adressé à Depardieu a surtout victimisé le nouveau résident belge. Bravo. La lettre aura finalement réussi à rendre l'exil fiscal sexy, coolos, limite sympatoche. Il fallait y penser. Merci.

Revenons donc en France à une fiscalité plus traditionnelle qui a fait ses preuves. Demandons d'abord aux pauvres de participer à l'effort collectif.

D'autant que taxer les pauvres présente de nombreux avantages. Comme dit Alphonse Allais : « Il faut prendre l'argent où il se trouve, c'est-à-dire chez les pauvres. Bon, d'accord, ils n'ont pas beaucoup d'argent mais il y a beaucoup de pauvres. »

Les pauvres sont exponentiels.

Par ailleurs, les pauvres sont sédentaires. Quand ils se plaignent de payer trop d'impôts, ils ne partent pas en Suisse, ils ne partent pas en Belgique, ils restent chez eux, pas par civisme, pas par patriotisme, oh non !, mais parce qu'ils n'ont pas les moyens de faire autrement ! Les pauvres n'ont même pas de quoi se payer un déménagement.

Ils sont contraints de rester sur place. Ils sont indélocalisables. Ils sont assignés à résidence. Ils sont attachés à leurs petits boulots, à leurs services sociaux, à leur crédit qui court pendant quarante ans.

Les pauvres, de plus, souffrent discrètement. Quand ils sont mécontents du gouvernement, *Le Journal du Dimanche* ne leur offre pas ses colonnes. Le pauvre se tait et meurt en silence. Il n'a pas la parole.

Imposer les pauvres, c'est tout bénef.

Et puis, les riches font rêver les pauvres. Et que serait la vie des pauvres s'ils ne pouvaient rêver ?

Les riches quelquefois au cinéma se déguisent en pauvres. Ils montrent qu'ils ont bon cœur, que la misère les concerne, que le malheur des autres les intéresse. Ils se griment en clochards, en nécessiteux, ils prennent la démarche lourde de celui qui n'a plus d'espoir. Les riches contre un contrat en or sont même capables d'avoir l'indigence photogénique. Parfois aussi, ils participent à des galas de charité, toujours en faveur des pauvres pour qui l'on fait tout et qui n'en ont jamais assez.

Notons que les pauvres, ces ingrats, ne participent jamais à des galas de charité en faveur des riches.

M. Afflelou dénonce une guerre contre ceux qui réussissent. Il a raison. Il faut faire la guerre à ceux qui échouent.

Taxons les pauvres ! Imposons les pauvres ! Saignons les pauvres ! Ils ont l'habitude.

MICHEL SARDOU SOURIT

4 janvier 2013

Une nouvelle année qui commence et quelque chose a changé. C'est indéfinissable. Plus rien n'est comme avant. Que s'est-il passé ? On s'interroge. On sort dans la rue. La statue d'Eugène Sue est toujours à la même place. La rumeur du monde est inchangée. Tout d'un coup, on lève la tête et l'on est abasourdi, ébahi, stupéfait, sur un panneau publicitaire, une affiche, et soudain on a le sentiment d'avoir changé d'époque, de dimension. On ne sait plus qui l'on est. Et l'on perd ses repères. Les convictions s'écroulent. On se dit que le monde plus jamais ne sera comme avant. On n'en croit pas ses yeux. Et l'on reste là, immobile, interdit, incrédule. On ne croit pas ce que l'on voit. Les passants dans la rue semblent faire comme si de rien n'était. Ils marchent, entrent dans des boutiques, répondent au téléphone. Je suppose que les lendemains de tsunamis, de catastrophes, de cataclysmes, les survivants continuent d'aller à leurs occupations, le nez baissé, la trogne résignée, n'ayant d'autre choix que de se résoudre à exister, envers et contre tout.

Une nouvelle année débute et le monde a changé. Une affiche d'un concert annoncé. Des dates, un lieu, le nom d'un artiste écrit en lettres majuscules. Mais tout d'un coup, une anomalie, une bizarrerie, une monstruosité presque vous troublent, vous interpellent, vous interrogent.

Une nouvelle année, le monde est bouleversé : Michel Sardou sourit.

Plus exactement, Michel Sardou cesse de faire la gueule. L'événement est déjà suffisamment considérable pour qu'on puisse le souligner. Qu'est-ce qui a bien pu se passer ? Comment interpréter une telle révolution ? Bien sûr, ce n'est pas la franche poilade, ce ne sont pas les boyaux de la rigolade en l'air, ce ne sont pas non plus les brigades du rire qui le cœur léger défilent victorieux sur les Champs-Élysées, mais tout de même, regarde bien, ce léger frémissement de la lèvre, cette légère ondulation buccale, ce fragile méandre à la commissure, il s'agit d'un rictus. Ne boude pas ton plaisir, Michel Sardou sourit et déjà s'ouvre un autre monde. D'autres perspectives se présentent à toi. Oublie ton passé, oublie tout ce que tu sais. Détruis tes convictions, broie tes certitudes : Sardou sourit.

On cherche une explication crédible. Le ratage d'un chirurgien esthétique ? La fantaisie de Photoshop ?

Mais non, ne cherche pas de prétextes, de raisons, d'explications, saisis ce sourire comme une chance, comme une promesse, car il est signe d'espérance ce sourire qui se répand et se colle, qui s'étale et se placarde. Le chantre nostalgique des paquebots de luxe, de la peine de mort et du temps béni des colonies, a récemment exprimé sa résolution de continuer à payer ses impôts en France. Dans une interview, il a affirmé que la tranche d'imposition à 75 % pour les plus riches ne le choquait pas, qu'il n'était pas contre le fait que les homosexuels aient les mêmes droits que les hétérosexuels, qu'à la dernière présidentielle il a voté blanc. Concernant les difficultés de l'UMP, il a dit : « Qu'ils fassent deux groupes et qu'ils aillent se faire foutre. »

Michel Sardou n'est plus tout à fait Michel Sardou. Demain, Maxime Le Forestier chantera l'autodéfense, le travail, la famille, la patrie. Demain, Georges Moustaki défendra les cadences infernales et le productivisme. Demain, Joey Starr donnera sa version de *Tirelipimpon sur le chihuahua*. Demain, Vincent Delerm chantera *Parsifal* à Bastille. Demain, le monde sera étonnant, inattendu, ahurissant, prodigieux, inouï, saisissant, fantastique, déconcertant, confondant, épatant, fou !

Bonne année à tous !

LA NON-DEMANDE EN MARIAGE POUR TOUS

18 janvier 2013

Anatole et Jérémy se connaissent depuis dix ans. Ils se sont rencontrés sur les bancs de l'université. Ils habitent ensemble depuis trois ans et ils n'envisagent toujours pas de passer devant monsieur le maire.

Les parents d'Anatole sont assez traditionalistes. Ils pensent qu'il faudrait régulariser la situation.

Les parents de Jérémy sont plus libéraux. « Le principal, c'est qu'ils soient heureux », a dit Héloïse, la maman de Jérémy.

« Et puis, a conclu Vincent, le papa de Jérémy, s'ils se marient pour divorcer l'année prochaine… »

Objectivement, les parents de Jérémy n'ont pas tout à fait tort. Leurs meilleures amies, Vanessa et Marion, mariées au mois de mai, avaient divorcé en novembre. C'était bien la peine d'avoir fait tant de façons, tant de tralalas : bristols, tenues de soirée et location du Grand-Véfour.

Nous sommes en 2053. Le mariage pour tous a été autorisé il y a quarante ans seulement. Ça semble une éternité aujourd'hui : il est entré dans les mœurs. Figurez-vous qu'à l'époque, les grands-parents d'Anatole avaient défilé contre. En 1982 ils s'étaient même opposés à la dépénalisation de l'homosexualité par Badinter puis, à la veille de l'an 2000, ils avaient combattu le Pacs. Contre toute raison. Comiquement, au moment du mariage pour tous, ils avaient défendu le Pacs. Il ne fallait pas chercher à comprendre. Ils avaient toujours un omnibus à impériale, un tramway, un métro, un combat de retard. Aujourd'hui, en 2053, plus personne ne s'oppose au mariage pour tous. Au contraire, il est considéré comme le ciment de la société. Même les parents d'Anatole ont, comme chacun, adopté les usages nouveaux du monde moderne.

Anatole et Jérémy s'aiment mais ne veulent pas se marier. Anatole a trouvé par hasard les paroles d'une vieille chanson qui a ému Jérémy : « J'ai l'honneur de ne pas te demander ta main. Ne gravons pas nos noms au bas d'un parchemin… »

Mais les parents d'Anatole ne sont pas d'accord. Surtout Florian, le papa d'Anatole, qui s'est fâché tout rouge : « C'est une question de respect de l'un vis-à-vis de l'autre, c'est une question d'engagement, de prise de responsabilité. Sinon c'est trop facile ! » Il a même ajouté que s'ils persistaient à vivre à la colle, par conséquent dans le péché, ce n'était pas la peine de revenir à la maison. Emmanuel, lui, est moins radical. Emmanuel est l'autre papa d'Anatole. Il préférerait bien sûr qu'Anatole et Jérémy se marient, surtout à cause du qu'en-dira-t-on, mais sans doute est-il plus philosophe. « On se construit souvent en s'opposant à ses parents », a-t-il fait remarquer à Florian, son mari. Et puis, dit-il, « après tout, il faut bien que jeunesse se passe… Nous-mêmes, souviens-toi »…

Le problème, c'est qu'Anatole et Jérémy ne sont plus précisément des perdreaux de l'année. Anatole a trente-deux ans et Jérémy trente-six. Et c'est Jérémy, en cas de fécondation, qui porterait l'enfant du couple. Vous imaginez à l'école ce que devra endurer un enfant de deux garçons non mariés…

Laissons Anatole et Jérémy prendre leurs décisions. À leur rythme. Ils s'aiment. Ils sont heureux ensemble. Ils ont des amis, un bon travail. Dans l'idéal, ils voudraient ne se fâcher avec personne. Bien sûr, Anatole trouve ses parents, Florian et Emmanuel, un peu réacs, un peu « vieille France », mais ce sont ses parents et il les aime. Ce matin, il leur a envoyé cette vieille chanson qu'il a trouvée et qui, espère-t-il, saura les émouvoir…

Ma mie de grâce ne mettons
Pas sous la gorge à Cupidon
Sa propre flèche
Tant d'amoureux l'ont essayé
Qui, de leur bonheur, ont payé
Ce sacrilège
J'ai l'honneur de
Ne pas te de

Mander ta main
Ne gravons pas
Nos noms au bas
D'un parchemin

JEAN-BAPTISTE POQUELIN RESSUSCITÉ

25 janvier 2013

Ah ! que je suis ravi et qu'il me soit permis
D'afficher en ce jour ma mine réjouie
Car ce n'est pas souvent lors de la matinale
Qu'on parle de théâtre, oui d'un art magistral
Qui distrait les enfants, qui émeut leurs parents
Qui sait parler du monde un peu différemment
Car souvent à cette heure on parle économie
On évoque la guerre et partout des conflits
Qui endeuillent la terre où nous serions heureux
Si quelques fous hélas n'étaient si dangereux
On parle politique et de la comédie
Que jouent certains bouffons qui nos votes mendient
On parle bien souvent de ce qui ne va pas
De ce qui épouvante et alarme ici-bas
(Petite parenthèse est sorti mercredi
Un film de Mordillat et je vous en supplie
Courez le voir, son nom *Le Grand Retournement*
Un chroniqueur d'ici, paraît-il, joue dedans)
Mais aujourd'hui Cohen soyez remercié
D'avoir su innover et d'avoir invité
Cette femme inspirée et encore jeunette
Du Théâtre-Français la fameuse Mayette
Elle est un peu pour moi héritière et dauphine
Elle est ma création car j'en suis l'origine
Mais pardon j'ai omis de dire qui j'étais
Comédien écrivain et du Roi protégé
Molière est mon pseudo oui je suis Jean-Baptiste
Un optimiste sombre un joyeux pessimiste
Et puisque ici je suis, je veux en profiter

Pour dire mon courroux, ma colère causée
Par cette scie toujours reprise rabâchée
Par ce refrain vieilli mais toujours répété
Quoi ? Je ne serais pas l'auteur du *Misanthrope*
De *L'École des femmes* ? Ah ! je tombe en syncope !
Un tout autre que moi aurait écrit *Tartuffe* ?
Qui pour croire en cela est suffisamment truffe ?
Je n'aurais pas créé *Le Bourgeois gentilhomme* ?
C'est le pompon, pardon : c'est vraiment le summum !
Qui pourrait avaler une telle salade
Selon laquelle enfin je ne fis *Le Malade* !
On dit que c'est Corneille mon maître mon ami
Qui écrivit pour moi toutes mes comédies
Des universitaires dans des bibliothèques
Ratiocinent, analysent et mes pièces dissèquent
Mais c'est dessus les planches que mon œuvre est utile
Pour comprendre mon art la force de mon style
Il y faut un artiste amuseur tragédien
Saltimbanque histrion baladin comédien
J'ai le sens des effets j'ai le sens des ruptures
Et chaque comédien le ressent je le jure
De même en Angleterre on a dit de Shakespeare
Des rumeurs racontars des bruits encore pire
Il n'aurait lui non plus rien écrit rien produit
Est-ce donc interdit que d'avoir du génie ?
Mais je veux me calmer pour dire mon bonheur
De savoir qu'aujourd'hui en cet instant cette heure
Je suis toujours joué par des professionnels
Et par des amateurs qui perdent le sommeil
Pour tenter d'inventer ce miracle incertain
Celui de s'approcher du Dieu des cabotins
La Maison de Molière est toujours à Paris
Et encore aujourd'hui on y pleure on y rit
Grâce à moi notamment et pour ceux qui me jouent
En France à l'étranger dans le monde partout
Je suis considéré comme la référence
Le phare lumineux du théâtre de France
Trois cent quarante années après que je suis mort
Ton Molière est vivant, Muriel[1] : il bande encore !

1. Muriel Mayette, administratrice de la Comédie-Française, était ce jour-là l'invitée du 7-9.

ANDRÉ CHAUMEAU EST MORT

8 février 2013

Il s'appelait André Chaumeau. Pendant plus de cinquante ans, il a fréquenté les scènes de théâtre, les plateaux de télévision et de cinéma. Il s'appelait André Chaumeau, et le ministre de la Culture n'a rien dit de sa disparition. Il s'appelait André Chaumeau, et le conseiller culturel de l'Élysée n'a rédigé aucun communiqué bien senti, au nom du président de la République, pour rendre hommage à l'acteur disparu. Il s'appelait André Chaumeau et aucun journal n'a rédigé le moindre article pour saluer son passage sur terre.

Alors moi, j'ai décidé de le faire. C'est mon côté social, mon côté « acteur de gauche » ! Je veux être ce matin le défenseur des flambeaux du théâtre, l'avocat des soldats du rêve, le protecteur des grognards de comédie, ceux qui nous bouleversent lorsqu'ils se souviennent de Rostand. « Nous les petits, les obscurs, les sans-grade/Nous qui marchions fourbus, blessés, crottés, malades/Sans espoir de duchés ni de dotation… »

André Chaumeau est mort. Et ne dites pas que vous ne le connaissiez pas. Lorsque vous aurez tapé son nom sur votre ordinateur, vous vous rappellerez immédiatement le marchand de parapluies recevant le représentant de commerce Jean-Pierre Marielle dans *Les Galettes de Pont-Aven*, vous reconnaîtrez l'inspecteur de Coluche dans *Le Maître d'école*. Il fait partie de ces acteurs dont on ne connaît pas le nom, que l'on a déjà vus quelque part, mais où ? Ces acteurs qu'on interpelle dans la rue, « Dites, on se connaît non ? », « Vous n'auriez pas un commerce dans le quinzième ? », « Vous ne seriez pas collègue avec Roger, mon beau-frère ? », « Vous ne passeriez pas vos vacances à La Baule ? Ah si ! Je suis sûr que vous passez vos vacances à La Baule, j'y suis tous les étés ! » Ces acteurs, tellement authentiques qu'on a l'impression de les avoir vus dans la vraie vie, ces comédiens tellement familiers qu'on les interpelle comme des connaissances, ces seconds rôles, parfois, troisième, quatrième, cinquième rôles qui donnent aux œuvres l'indispensable accent de vérité.

André Chaumeau est mort. Il jouait parfois les minables, les misérables, les fourbes, les pleutres, les rabougris, il était le contraire.

Cultivé, brillant, il parlait couramment l'anglais, l'allemand. Récemment, à plus de quatre-vingts ans, il s'était mis au chinois.

André Chaumeau est mort. Dans son appartement du boulevard Ornano, une pièce était entièrement consacrée à un train électrique qui ne roulera plus sur les lignes de son voyage imaginaire. Terminus. Tout le monde descend. Tout le monde descendra.

André Chaumeau est mort. Il commandait des confitures, idéalement de fraise, en fin de repas comme les desserts indépassables de vieil enfant gourmand.

André Chaumeau est mort. Pendant les tournées d'hiver, il mettait sa pelisse en vison héritée de sa mère et qui lui donnait l'air d'une grosse dame que bousculaient parfois les voyageurs pressés. « Pardon, madame ! – Mademoiselle », précisait-il.

André Chaumeau est mort. Jean Rochefort m'a raconté qu'un jour, il y a longtemps, en 1959, après le théâtre, il l'avait raccompagné chez lui en voiture vers son studio de Saint-Germain-des-Prés. André n'avait pas fondé de famille, ne vivait pas en couple. L'heure était tardive, propice à la confidence. « Tu vis tout seul, s'était étonné Jean, tu n'as personne dans ta vie ? » André avait juste répondu : « Tu sais, j'achète des savonnettes, et je les respire. »

André est parti respirer des savonnettes au ciel des comédiens. Juste une chronique pour lui dire mon affection, mon amitié. Mon meilleur souvenir.

RENONCIATION

22 février 2013

Comme tout un chacun, je suis un être à part.

Vous l'avouerais-je ? La démission de Benoît XVI ne m'a fait ni chaud ni froid. Un autre pape va le remplacer. Sans doute aussi rétrograde, sans doute aussi éloigné de mes préoccupations, peut-être encore plus réactionnaire. S'il est noir ou s'il a l'accent québécois, c'est bien, ça occupera les imitateurs.

En revanche, une nouvelle répandue dans la presse cette semaine m'a particulièrement troublé, m'a quasiment plongé dans des gouffres d'incertitude, des abîmes de perplexité, je veux parler de la renonciation de Jean Rochefort.

L'acteur aurait annoncé que *L'Artiste et son modèle* de Fernando Trueba serait son dernier film.

Consternation. Saisissement. Stupéfaction. Ébahissement.

Rochefort, Jean est un acteur français qui, parmi nombre de titres de gloire, a donné son nom au centre culturel de Saint-Lunaire près de Dinard. Pas plus tard qu'hier soir, le centre culturel Jean-Rochefort de Saint-Lunaire programmait une conférence sur le barrage de la Rance. Le barrage de la Rance s'étend sur 750 mètres, entre la pointe de la Brebis à l'ouest et la pointe de la Briantais, à l'est. La centrale électrique fut inaugurée le 26 novembre 1966 par Charles de Gaulle. Elle fut la plus grande usine marémotrice du monde pendant quarante-cinq ans avant d'être détrônée en 2011 par une centrale coréenne mais que les Bretons, soit dit en passant, emmerdent.

Jean Rochefort est donc un acteur dont le prestige est si grand qu'il s'épanouit jusqu'aux confins de l'Ille-et-Vilaine. Samedi dernier, ce n'est pas pour me vanter, dans un théâtre bien fréquenté, je le rencontrai. Voici un homme, certes de 82 ans mais qui m'apparut dans sa plénitude. L'œil était vif, la moustache frétillante, la parole malicieuse. Tandis qu'il évoquait une actrice aux formes idéales mais à la conversation indigente, il ne put s'empêcher de soupirer : « Belle femme, mais quand elle ouvre la bouche, adieu érection ! »

« Adieu érection ! » était prononcé avec autant de grivoiserie que de mélancolie. « Adieu érection ! » était dit par un homme qui en aucune manière ne semblait prêt à abandonner sa charge dans la précipitation.

L'argument de l'âge ne tenant pas. Il faut chercher d'autres raisons à cet abandon de poste.

Jean Rochefort serait-il impliqué dans un trafic de drogue ou d'argent sale qui risquerait d'éclabousser sa fin de carrière ?

Jean Rochefort aurait-il trempé dans un scandale sexuel à caractère pédophile ?

Jean Rochefort aurait-il fait partie des jeunesses hitlériennes ?

Le majordome de Jean Rochefort aurait-il révélé des documents secrets qui remettraient en cause l'autorité planétaire d'Étienne Dorsay et du mari de la coiffeuse ?

Mais l'avenir de Jean Rochefort est peut-être porteur d'espérance.

Notons qu'il a annoncé vouloir quitter sa vie de comédien quelques jours seulement après que Benoît XVI a renoncé à sa charge pontificale. N'est-ce pas une manière pour Rochefort de dire au monde et à l'Ille-et-Vilaine qu'il est désormais libre pour devenir le monarque temporel de l'État du Vatican ?

Jean Rochefort, évêque de Rome, successeur de saint Pierre, garant de l'unité de l'Église catholique romaine, pourquoi pas ? L'Église deviendrait sans doute plus drôle, plus inattendue, plus moderne mais également, et il faudra en mesurer toutes les conséquences, plus sceptique.

(Mais ce matin, face à Patrick Cohen, Jean Rochefort vient d'annoncer qu'il ne renonçait à rien, qu'il continuait sa carrière d'acteur et que par conséquent il n'était pas question pour lui d'embrasser le cursus papal. L'information devient trop rapide pour le chroniqueur de base. Si Joseph Ratzinger devait annoncer sa participation au prochain *Astérix*, évidemment je reprendrais aussitôt l'antenne.)

INDIGNEZ-VOUS[1]

1er mars 2013

Étonnez-vous !
Captivez-vous !
Séduisez-vous !
Surprenez-vous !
Attirez-vous !
Embrassez-vous !
Enlacez-vous !
Étreignez-vous !
Explorez-vous !
Étudiez-vous !
Prospectez-vous !
Initiez-vous !
Entourez-vous !

1. Hommage à Stéphane Hessel, décédé le 27 février 2013.

Allongez-vous !
Révélez-vous !
Relâchez-vous !
Enivrez-vous !
Détendez-vous !
Chavirez-vous !
Éclatez-vous !
Déchirez-vous !
Chevauchez-vous !
Essayez-vous !
Essuyez-vous !
Entraînez-vous !
Attristez-vous !
Affligez-vous !
Désolez-vous !
Affectez-vous !
Tracassez-vous !
Désolez-vous !
Mortifiez-vous !
Décidez-vous !
Fatiguez-vous !
Reposez-vous !
Étalez-vous !
Accordez-vous !
Entendez-vous !
Stimulez-vous !
Engueulez-vous !
Transmettez-vous !
Écrivez-vous !
Inscrivez-vous !
Mentionnez-vous !
Remettez-vous !
Consolez-vous !
Confortez-vous !
Soulagez-vous !
Retenez-vous !
Apaisez-vous !
Échinez-vous !
Efforcez-vous !
Esquintez-vous !

Besognez-vous !
Appliquez-vous !
Emportez-vous !
Embarquez-vous !
Envolez-vous !
Réjouissez-vous !
Amusez-vous !
Distrayez-vous !
Égayez-vous !
Déridez-vous !
Occupez-vous !
Énervez-vous !
Stimulez-vous !
Éprouvez-vous !
Visitez-vous !
Sillonnez-vous !
Compulsez-vous !
Hasardez-vous !
Désarmez-vous !
Exposez-vous !
Régentez-vous !
Régissez-vous !
Conduisez-vous !
Engagez-vous !
Gouvernez-vous !
Accrochez-vous !
Révoltez-vous !
…
Indignez-vous !

SEMAINE DE MERDE

8 mars 2013

Une semaine de merde.

Je ne peux pas mieux dire : nous venons de vivre une semaine de merde.

Je vous fais remarquer que je ne verse pas systématiquement dans la scatologie mais en ce vendredi matin, si je fais le bilan de la semaine écoulée, c'est l'expression, pardonnez-moi, qui me paraît la plus adéquate.

Une semaine de merde.

Naturellement, je présente par avance mes excuses à tous ceux qui vont m'écrire pour regretter la baisse du niveau du service public. Je sais bien et j'en conviens avec vous. J'admets que du temps de messieurs Jean Garetto et Pierre Codou, de M. Roland Dhordain, on n'aurait jamais entendu pareil relâchement dans l'expression. Je sais bien. Mais comment revenir autrement sur cette huitaine qui a commencé par la gastro-entérite de la reine Élisabeth II qui, je vous l'accorde, n'a peut-être pas vécu une *annus horribilis* mais quand même une *septimana horribilia*. Pauvre Élisabeth. Les sujets de Sa Majesté qui considéraient la souveraine comme un être sublime, divinisé, céleste, l'ont tout d'un coup considéré comme une sœur de malheur, intestinale, flatulente et diarrhéique. Désormais, dès qu'ils regarderont le portrait de la reine sur leurs billets de banque, ils se souviendront avec répugnance de leur dernier voyage à Calcutta quand dans la chambre de l'hôtel ils avaient eu la mauvaise idée de boire au robinet. Ça sert à quoi, je vous pose la question, d'être monarque de seize États souverains, chef du Commonwealth, si c'est pour avoir la courante comme n'importe quel clampin républicain ?

Une semaine de merde.

Comment mieux définir cette période qui s'est poursuivie par la découverte d'une tarte aux excréments commercialisée par Ikea. L'erreur du géant suédois est surtout d'avoir omis de communiquer sur l'originalité de ce produit qui a pu contrarier certains consommateurs parmi les moins coprophiles.

« C'est de la merde ! » s'insurgeait Jean-Pierre Coffe à la télévision, pensant alerter les consommateurs par une métaphore énergique alors qu'il ne faisait que tracer les grandes lignes d'une ambitieuse perspective alimentaire.

Une semaine de merde qui s'est par ailleurs conclue par la mort d'un saltimbanque libertaire, la promesse du retour de Nicolas Sarkozy, la probable annonce prochaine d'un nouveau plan de rigueur.

Une semaine de merde qui s'est singularisée par l'arrivée en politique de Véronique Genest, candidate suppléante des Français de l'étranger de la circonscription Europe du Sud. Première déclaration politique de Julie Lescaut : « Ça fait un bon moment que je suis intéressée par la politique, ça me titille. Donc, c'est une manière de mettre un pied dedans. » On ne lui demandera pas si c'est le pied gauche. Elle a poursuivi en précisant son programme : « J'ai envie de faire une autre politique, une politique un peu de vérité. » La vérité justement éclate dans la suite de sa déclaration : « En suppléante, ça n'oblige à rien finalement, c'est quand même un poste sans poste. »

Merci à Véronique pour cette passionnante participation au débat public qu'elle avait d'ailleurs merveilleusement alimenté sur un plateau de la 5 : « Je suis une sorte d'étron libre. »

Une semaine de merde, je vous dis.

DEAR MISTER JOHNSON[1]

15 mars 2013

Dear mister Johnson, I am very happy to speak to you. I know you understand french but I prefer to speak you in english because I have not often the opportunity to speak english and I think that it is a shame for me because I am perfectly bilingual but it is unusual for me to speak in english especially during a radio broadcast. Why ? It is your question : why ? Quite simply because when mister Copé or mister Fabius or mister Fillon or mister Delanoë or any other french politician is invited here during the seven-nine, there is no reason for me to speak him in english. Do you understand ? No reason ! In this circonstance, when we receive a french man, I speak in french because I have the good luck to speak french also very fluently.

But, we are not here for speaking about me, even the subject is very interesting, we are here for speaking about you who is the guest of this morning and I say you « welcome », even it would be more acurate at this time to say you « farewell » given that you'll be liberated in a few minutes.

1. Boris Johnson, The Mayor of London, was invited in Patrick Cohen's radio broadcast.

It is very courageous to you to come here. I want to say : in France. Be careful ! Watch your step ! Look out ! Like you said recently, « the sans-culottes appear to have captured the government in Paris ». It is true ! You are right ! It is not at all exaggerated. France is actually controled by revolutionaries very dangerous. The night, they go for a walk with knifes between the teeth and sometimes they eat children with good appetite. Yes, I joke a little but it is true that all actually in France is made in particular for french workers, french laborers who now live like real kings while company managers, company boss are absolutely fighted, battled, purchassed.

(I have to pay special attention to speak not too quickly because some listeners of France Inter are perhaps not used to listen english spoken with so high-velocity.)

The prime minister is a sort of Robespierre but more agressive. And I say nothing about mister Montebourg who make all for Petroplus, Electrolux, for Goodyear. (I am not actually whishing you a good year, I am speaking you about pneumatic tire. I prefer precise on account of some listeners of France Inter who have not my english expertise.)

So, mister Johnson, thank you. It is a good point for you to see me this morning because I am very famous in France. By exemple, recently I have posed undressed for an erotic magazine called *Télérama*.

If I can give a hand for you, why not ? I hope you remember the next time I come in London in the account of you want to receive me in your city hall.

Now, you'll be more famous in France, not only because of your interesting hairstyle.

Don't tell me thank you !

LISTE NOIRE

22 mars 2013

Daniel Schneidermann dans son dernier article de *Libération* s'en est pris à Patrick Cohen pour lui reprocher d'avoir une liste noire, celle des invités qui n'auront jamais l'honneur d'une invitation au 7-9.

Pour Patrick Cohen, qui, depuis, a beaucoup réfléchi, Daniel Schneidermann est un peu un phare spirituel, une référence déontologique, un modèle indépassable. Ses propos ont naturellement remis en cause Patrick qui n'est pas plus bête qu'un autre, qui dans sa poitrine a un petit cœur qui bat et qui sûrement est capable d'évoluer dans le sens exigé par une conscience indiscutable. J'aime autant vous dire que c'est désormais la fin des invités du style Todd et Le Bras.

À ce propos, je suis ce matin en mesure de vous donner le nom de tous les invités de la semaine prochaine.

Lundi matin, une émission consacrée aux ovnis avec Jean-Claude Bourret, et peut-être même la présence d'un extraterrestre. Idéalement un Martien, si on réussit à mettre la main sur un traducteur simultané.

Mardi une émission consacrée à notre système judiciaire, ses enjeux, ses perspectives, son éthique avec Francis Heaulme, en duplex de la maison d'arrêt d'Ensisheim.

Mercredi, un peu de détente, un peu d'humour, voire de franche rigolade avec une spéciale Dieudonné dans le cadre de la journée que France Inter lui consacre et qui se terminera par une émission comique intitulée « Cohen, ce serait pas un peu juif comme nom ? » Une promesse de bonne humeur…

Jeudi, le professeur Robert Faurisson sera l'invité spécial de Patrick Cohen.

Vendredi nous recevrons Edmond Boujard, qui a écrit un livre passionnant dans lequel il révèle que Charles de Gaulle était homosexuel, espion russe et ambidextre. Il nous apprend également que Pauline Carton était une militante communiste proche de Mao Tsé-toung avec qui elle aurait eu une liaison torride pendant une quarantaine d'années au cours desquelles elle aurait rédigé presque intégralement *Le Petit Livre rouge*. Boujard apporte la preuve qu'Édith Piaf est toujours vivante. Elle tient une baraque à frites du côté de Berck-Plage. Beaucoup de débats d'idées passionnants en vue.

Je suis également en mesure de vous annoncer que Adolf Hitler fera l'objet d'une journée spéciale le 20 avril puisque nous fêterons, ce jour-là, le 124e anniversaire de la naissance du célèbre peintre viennois. Nous nous interrogerons sur l'héritage culturel qu'il nous laisse. Quel fut son apport à la peinture moderne ? Pourquoi son influence picturale a été si contestée, notamment par certains critiques sionistes ?

Soixante-huit ans après la disparition prématurée d'Adolf Hitler, ne serait-il pas temps de passer l'éponge sur certains aspects contestables de sa personnalité contrastée pour envisager l'artiste qu'il fut ? Ses détracteurs le dépeignent souvent comme un être volontiers soupe-au-lait, voire susceptible. Certains n'hésitent pas à le décrire comme quelqu'un de plutôt ronchon, quand ce n'est pas ronchonchon. C'est possible. Remarquons que ce sont souvent des Israéliens volontiers rancuniers, forcément de parti pris, qui lui font ce méchant procès. Il ne faudrait pas jeter le bébé Adolf avec l'eau du bain du grand débat d'idées que nous entendons mettre en place sur France Inter.

De bien belles discussions en perspective.

LA SITUATION EST GRAVE

29 mars 2013

Au lendemain de l'intervention du président de la République, on peut dresser un premier bilan de l'action gouvernementale.

Autant le dire tout de suite, la situation est grave.

La situation est désespérée.

Quelles sont les raisons du bourbier économique dans lequel nous sommes plongés ? La raison est simple, l'explication est limpide : c'est la faute à la droite et particulièrement à la politique lamentable du précédent gouvernement.

À l'époque déjà, je vous le rappelle, la situation était sérieuse, la situation était périlleuse.

Comment expliquait-on alors l'ornière dans laquelle s'était engouffré le pays ?

L'explication alors était limpide.

La raison était évidente.

C'était du fait de la gauche qui dans une précédente législature avait notamment mis en œuvre la déplorable politique des

35 heures qui avait alors considérablement grevé les finances publiques.

Naturellement, les 35 heures, dont l'objectif prioritaire était non seulement le partage du travail mais surtout la création d'emplois, avaient été mises en place par la gauche pour apporter des réponses courageuses après des années d'immobilisme d'une droite molle et sans imagination qui en réalité avait dû faire face avec hardiesse et détermination à la lamentable situation laissée par l'amateurisme et l'irresponsabilité économique des socialistes du temps de François Mitterrand qui avait lui-même hérité de l'absence de perspective de Valérie Giscard d'Estaing qui, bravement, avait dû affronter le premier choc pétrolier dans les années soixante-dix qui, hélas, en aucune manière n'avait été anticipé par Georges Pompidou dont l'autorité avait été affaiblie par la maladie mais qui avait résolument tenté de renouer avec les forces vives de la nation délaissées alors par Charles de Gaulle uniquement préoccupé par la grandeur de la France dangereusement affaiblie sous la Quatrième République qui, certes, avait su, notamment après les années de guerre, refonder l'économie française, grâce à l'action du Commissariat général au plan mais n'avait pas su dépasser les combinaisons partisanes, l'instabilité gouvernementale, l'impuissance politique généralisée.

Sans doute serait-il un peu laborieux de remonter plus en amont mais on ne peut pas comprendre la situation actuelle sans évoquer l'occupation allemande, la grave crise de la Troisième République au cours des années trente, la défaite de 70, la Révolution française, la Terreur, la chute de la monarchie absolue, les guerres de religion et naturellement le Paléolithique inférieur, période pendant laquelle tous les hommes, qu'ils soient de gauche, de droite, voire du centre, ont été confrontés à un climat extrêmement rude marqué par différentes ères glaciaires et dont les conséquences, encore aujourd'hui, restent douloureusement patentes.

J'espère que ma mise en perspective aura su consoler tous ceux qui sont confrontés à la crise actuelle et sont bien en peine de distinguer les responsables d'une catastrophe annoncée.

LES APTONYMES

5 avril 2013

Avec mon copain Tonino, nous nous amusons à nous échanger des textos pour signaler les aptonymes que nous découvrons au fil de nos voyages ou de nos lectures.

Qu'est-ce qu'un aptonyme ?

Un aptonyme est un patronyme possédant un sens lié à la personne qui le porte. À notre tableau de chasse, nous avons naturellement un Petipas, maître de Ballet, un Millepied, danseur-chorégraphe et nouveau directeur de la Danse à l'Opéra de Paris, un Le Luron, humoriste, un Lavoie, chanteur, un Delors, ministre des Finances, mais aussi un sculpteur du nom de Brizepierre, une infirmière malencontreusement nommée Mlle Piquemal, un David Rouland, chauffeur de taxi, un Frédéric de Lanouvelle, journaliste, un Marc Dufumier, agronome, un certain M. Louchez, opticien à Gisors, un docteur Baveux exerçant à Besançon la profession, non pas d'avocat, mais de chirurgien-dentiste. Mlle Amélie Boissavit est une excellente spécialiste viticole au magazine *Le Point*. À Flers-de-l'Orne existait rue Abbé-Lecornu un coiffeur nommé Letondeur.

Si on n'est pas trop à cheval sur l'orthographe, on peut même indiquer l'existence d'un certain Maupassant (Guy de) qui exerça la profession d'écrivain.

Tonino, parfois, parce qu'il est espiègle, et que son honnêteté intellectuelle n'est peut-être pas aussi irréprochable qu'on pourrait le souhaiter, tente de me soumettre des aptonymes qui n'en sont pas. J'ai ainsi refusé catégoriquement André Vingt-Trois, cardinal. Je suis d'accord que le nom d'André Vingt-Trois est très amusant, très cocasse, très distrayant, je suis également d'accord pour dire que, naturellement, dans notre liste, André Vingt-Trois aura une place de choix dans l'éventualité peu vraisemblable où il serait amené à remplacer Laurent Romejko à la présentation de l'émission « Des chiffres et des lettres ». Monique Soixante-Neuf, péripatéticienne à Luçon, me semble bien mieux placée que André Vingt-Trois pour entrer dans le catalogue de nos aptonymes préférés. En revanche, Jérôme Prieur, spécialiste de l'Ancien Testament, Jean Prieur, auteur de *Toi, le seul vrai Dieu*, brève histoire du monothéisme, sont des aptonymes tout à fait recevables.

L'un de nous deux affirme qu'il a existé à Caen un sexologue nommé Braquemard. Nous souhaiterions des preuves. Et si possible, des témoignages d'auditeurs.

J'ai oublié de signaler à Tonino au ministère de l'Écologie la présence de Mme Abeille qui défend notamment le sort des abeilles. Car les abeilles disparaissent par millions. Chaque jour, plus de mille colonies d'abeilles sont décimées. En seulement six ans, le nombre d'apiculteurs aurait diminué de 40 %. Les abeilles ne font pas seulement du miel, elles pollinisent 80 % des plantes à fleurs et la moitié des plantes que nous cultivons. Pour sauver les abeilles, il faudrait interdire l'utilisation d'insecticides systémiques comme le conseillent de nombreuses études scientifiques. Sous la pression de grands groupes agrochimiques, ces pesticides sont autorisés, vendus et largement employés.

Demandons à chacun de nos députés de soutenir Mme Abeille. Si par hasard votre député refuse et qu'il s'appelle M. Enfoiré, nous aurons là, cher Tonino, un aptonyme idéal.

UNE LETTRE DE L'AU-DELÀ

12 avril 2013

J'avais écrit une chronique post-Cahuzac sur les paradis fiscaux, la transparence, la moralisation de la vie publique, mais j'ai reçu un courrier de l'au-delà. C'est assez rare pour me donner envie de changer mon fusil d'épaule, de mettre une fleur à mon fusil et d'apporter la fleur à Jean-Paul Belmondo.

La lettre est signée Jean Gabin, elle est destinée à son copain. Je vais tenter de prendre une voix de basse mais je préfère prévenir tout de suite, je ne suis pas fort pour les imitations.

> Jean-Paul, mon môme, mon frangin,
>
> J'apprends que tu es ce matin l'invité de Patrick Cohen. Je l'ai su par les ondes. Oui, car tu sais que depuis qu'on m'a dispersé, qu'on m'a éparpillé, qu'on m'a ventilé façon puzzle comme dit

l'autre, je suis en mer d'Iroise, à vingt milles nautiques de Brest. Je passe ma mort à naviguer. Je vogue, je cabote, je n'arrête plus de bourlinguer. Et rien ne peut plus m'échapper vu que je passe l'éternité sur les ondes.

On me dit que tu as quatre-vingts berges ! J'en reviens pas. Toi, le môme, l'intrépide, le chien fou, tu arrives à un âge que je n'atteindrai jamais. Tu étais mon gamin, je suis devenu ton petit frère. Quatre-vingts berges, tu te rends compte ! Me dis pas que je te dois le respect maintenant que tu m'as dépassé, tu restes mon môme, mon petit con, vu que tu es ma jeunesse.

Dans le fond, nous autres les acteurs, on ne doit pas être fait comme les autres. On ne claque jamais tout à fait. Ou alors si on peut caner, on peut jamais vioquir. Suffit de se mettre dans une salle noire et j'ai toujours les coquillards qui clignotent quand dans les bras j'ai la môme Morgan, et toi malgré les emmerdes, la santé qui fout le camp, la jouvence qui se débine, tu es toujours l'Homme de Rio à la recherche d'une statuette brésilienne de la civilisation maltèque et tu es toujours à la poursuite de l'amour dans les bras de la Dorléac qui jusqu'à la nuit des temps saura garder ses vingt-cinq printemps.

Tu vois, Jean-Paul, tu étais la nouvelle vague quand j'étais déjà un vieux rafiot. Tu étais Pierrot le Fou quand j'étais déjà président, un vieux de la vieille, mais aujourd'hui on est devenus deux vieux singes en hiver.

Je vais m'arrêter là, j'aurais les châsses qui coulent. On serait jolis à voir en train de chialer comme des boutonneux qui n'auraient pas eu leur quatre-heures.

De temps en temps, je tombe sur une revue papier glacé, je vois que tu t'ennuies pas, tu t'amuses, tu tapes dans la coco girl et la demi-mondaine, je te ferai pas de reproches d'où que je pense à toi vu que passer son éternité à observer le plancton ça donne des démangeaisons nostalgiques. Comme m'a fait dire le môme Dabadie, « le jour où quelqu'un vous aime, il fait très beau, j'peux pas mieux dire il fait très beau ».

Le jour où simplement quelqu'un vous dit qu'il vous aime, ça fait encore une éclaircie.

Je t'embrasse, mon Jean-Paul.

Il y a quatre-vingts coups qui ont sonné à l'horloge, tu es encore à ta fenêtre, tu t'interroges. La vie, l'amour, l'argent, les amis et les roses, on ne sait jamais le bruit ni la couleur des choses, c'est tout ce que tu sais mais ça tu l'sais !

COMPLIQUE PAS

19 avril 2013

Gilles Jacob, je vous en veux !

Gilles Jacob, vous avez fait, je suis désolé de vous le dire, beaucoup de mal à la société française.

Si la peinture d'Adolf Hitler avait été reconnue par l'académie des Beaux-Arts de Vienne, ça nous aurait économisé des millions de morts dans les années quarante. Si la notoriété avait rencontré Rigide Cageot au cours des vingt dernières années, ça nous aurait depuis des mois économisé le spectacle de sa bêtise.

Oui, monsieur Jacob, je vous en veux. Si vous aviez un peu encouragé Humide Blaireau, nous n'en serions pas là ! Monsieur Jacob, il fallait faire de Perfide Frigo une star ! Il fallait faire de Liquide Facho une étoile dans le ciel du cinéma. C'était son rêve. C'était sa destinée. Il fallait lui rendre des hommages tous les ans, lui dérouler le tapis rouge, organiser des rétrospectives, la couvrir de décorations, de Césars, de Molières, de Victoires, d'insignes, de croix, de médailles, de palmes d'or, de prix d'interprétation jusqu'à l'étouffer, jusqu'à la suffoquer, jusqu'à l'asphyxier, jusqu'à la faire taire.

Depuis qu'elle a enfourché le cheval de la bataille perdue contre le mariage gay, elle est reine d'un jour tous les jours. L'actualité, contre toute attente et miraculeusement, lui a mis le pied à l'étrier de la célébrité. Enfin un rôle à la mesure de la pasionaria déglinguée, de la diva à la manque, de la pathétique amuseuse car elle peut tout jouer, notre Hybride Fiasco : lundi, elle promet du sang, mardi, elle verse les larmes cathodiques du désespoir, mercredi, elle exprime un message d'apaisement. C'est qu'elle occupe le terrain comme une maladie infectieuse, c'est qu'elle s'accroche à son rocher, notre Typhoïde Bulot !

Je vous en veux, Gilles Jacob. Si, tandis que sur l'escalier glorieux du Festival de Cannes montaient les professionnels du cinéma au rythme de « Fais-moi l'amour avec deux doigts, avec trois ça ne rentre pas, avec un ça ne le fait pas », peut-être auriez-vous empêché le spectacle pitoyable de sa notoriété désastreuse.

Alors, vous me demanderez, car vous êtes scrupuleux : « Mais enfin, cette Sordide Bardot, est-elle à la hauteur ? »

Alors, vous me questionnerez car vous êtes pointilleux : « Mais enfin, cette Morbide Gigot, a-t-elle le charme, la beauté, l'humour de Bonnaire, de Binoche, de Lemercier ? »

Alors, vous m'interrogerez car vous êtes minutieux : « Cette Perfide Dévot, êtes-vous bien sûr qu'elle aurait du talent pour être actrice ? »

Je vous répondrai ce que, dans le film *Coup de tête* de Jean-Jacques Annaud, dialogué par Francis Veber, Michel Aumont répondait à Paul Le Person se demandant si l'abruti à qui l'on allait offrir un poste de maître-nageur savait nager :

« Complique pas ! »

AH, LES CONS !

26 avril 2013

Je suis con. Le lundi, je m'inquiète. Le mardi, je transpire. Le mercredi, je suis préoccupé. Qu'est-ce que je vais bien pouvoir raconter vendredi prochain à 8 h 56 ? J'ai tort de me ronger les sangs, de me mettre la rate au court-bouillon. Chaque semaine, providentiel, un sujet est apporté, comme une fleur, comme sur un plateau et qui vient me rassurer et qui vient me délivrer. Cette fois, c'est les cons. Le mur des cons dressé par le syndicat de la magistrature.

Peut-être parce que j'ai beaucoup écouté Brassens depuis l'adolescence, j'ai de la tendresse pour le con, pour le mot, pour ce qu'il désigne, pour ceux qu'il désigne. Le con, pour moi, ce n'est pas tout à fait une insulte. C'est presque un compliment. Quand papa écoutait Kersauzon ou Jean Yanne sur RTL, il disait dans un sourire épanoui : « Ah, les cons ! » Le con est vraiment désagréable quand il est précédé de l'adjectif « gros », « sale », « vieux », mais sinon…

Un grand con, c'est charmant. Un petit con, c'est mignon.

Si, pour désigner Brice Hortefeux, on n'a trouvé que le mot « con », c'est plutôt gentil pour lui, affectueux, limite sympatoche. Tant d'autres adjectifs plus désagréables pourraient nous venir à l'esprit.

D'autant que, devant le mur des cons, il y avait un écriteau, quasiment civique, très précautionneux : « Avant d'ajouter un con, vérifiez qu'il n'y est pas déjà. » Si un con avait été plusieurs fois affiché sur le mur des cons, alors oui, il aurait pu avoir l'impression d'être une cible choisie, de subir un acharnement, d'être victime d'une cabale, mais là…

Le mur des cons, c'est incroyable comme c'est devenu une affaire d'État. Alors que le con court les rues, on le fréquente, on le croise tous les jours, quelquefois, en se brossant les dents, on l'aperçoit dans sa glace.

Aussitôt la délicieuse Nadine Morano est montée au front qu'elle a de plus en plus national. Elle a écrit un tweet vengeur qui est devenu sa signature, sa marque de fabrique : « Le syndicat de la magistrature doit être dissout. » Dissout. D I S S O U T. Un tweeter gauchisant lui est tombé dessus. « Dissous avec un s. » « Te gêne pas, lui répond un autre. Tu viens déjà de dissoudre la grammaire. » Nadine Morano n'est peut-être pas la plus subtile de nos politiques mais je suis désolé de le dire, sur ce coup-là, elle n'est pas si conne. Dissout avec un t peut être le participe passé masculin de dissoudre mais peut s'écrire aussi traditionnellement avec un s. Remarquez ma liberté de penser qui ce matin me fait défendre Nadine Morano ou du moins son orthographe. (Cette semaine, j'étais en promotion pour mon spectacle, j'ai rencontré Éric Zemmour, je me demande s'il ne m'a pas un peu contaminé…)

Mais revenons au mur des cons, s'il existe un bon con, un vrai con, un sale con, c'est celui qui a filmé ce mur, situé dans un endroit privé, et qui n'était donc pas du tout destiné à être l'objet d'un regard public.

Mais que les colères, les énervements de chacun puissent être exprimés sur un mur, un mur privé, un mur intime, c'est plutôt sain, inoffensif. Dressons tous des murs de cons pour y calmer nos exaspérations, nos contrariétés, nos déceptions, nos rancœurs.

Le seul tort qu'ont eu les syndicalistes de la magistrature, c'est peut-être d'avoir omis parmi les cons célèbres de mettre leurs têtes à eux. Oui, voilà… Ça aurait relativisé. Ça aurait dédramatisé.

Là-dessus, j'avoue, ils ont été un peu cons…

LES ODONYMES

3 mai 2013

Lors d'une précédente chronique, j'ai abordé la question essentielle des aptonymes. J'ai reçu un important courrier à ce sujet et voulais remercier les auditeurs qui m'ont abondamment alimenté en aptonymes intéressants. Je ne peux évidemment pas citer tous les « M. Pain boulanger », toutes les « Mme Pêcher poissonnière », tous les « M. Ragot journaliste », j'aimerais juste avoir une pensée attendrie pour M. Meuh qui à Flers fut boucher dans la rue Schnetz.

Profitant de l'actualité, j'aimerais aujourd'hui traiter de manière non exhaustive mais cependant bien informée de la question des odonymes, que vous pouvez faire précéder d'un h si ça vous dit.

Qu'est-ce qu'un odonyme ? Qu'est-ce qu'un hodonyme ? C'est un nom propre désignant une voie de communication. À une époque où personne ne sait plus où il habite, intéressons-nous aux odonymes.

Lundi dernier, au conseil de Paris, Jérôme Dubus, qui serait un aptonyme parfait s'il travaillait à la RATP mais hélas il est seulement politicien, conseiller UMP du dix-septième arrondissement, a proposé qu'une rue de Paris porte le nom de Margaret Thatcher. Aussitôt Aline Arouze, conseillère municipale Front de gauche du quatorzième arrondissement a proposé qu'une rue de Paris soit baptisée Bobby Sands en hommage à l'indépendantiste irlandais mort en 1981. Il semblerait qu'aucune de ces deux propositions n'ait été retenue. S'il existait une rue Bobby-Sands débouchant sur la place Margaret-Thatcher, imaginez les accrochages au carrefour. Notons l'esprit de responsabilité de l'élu UMP qui n'a pas proposé le nom du regretté, par les siens, Augusto Pinochet, considéré par Mme Thatcher comme celui qui avait permis au Chili le retour de la démocratie.

À Belrain, dans la Meuse, une rue au nom du maréchal Pétain vient d'être débaptisée. Il n'existe plus de rue du Maréchal-Pétain en France alors que, semble-t-il, nombre de ses fervents admirateurs ne cessent de défiler dans les rues.

Les dernières années de sa vie, Victor Hugo a habité avenue Victor-Hugo. Il recevait du courrier ainsi libellé : « À monsieur

Victor Hugo, en son avenue à Paris. » Toutes proportions gardées, mais quand même, notez le rapprochement, remarquez la correspondance, admirez la coïncidence, savez-vous que le salon de coiffure un « Hair de Famille » (hair, h a i r, si vous n'appréciez pas l'humour, si vous ne goûtez pas la plaisanterie de bon aloi, si vous ne savourez pas cet esprit échevelé, cocasse, facétieux qui est un peu notre signature, alors je vous en prie, passez votre chemin, éloignez-vous, déguerpissez, décampez, mettez les bouts, vous n'avez rien à faire dans ma chronique !) est situé à Thonon-les-Bains au numéro 2 de la rue François-Morel. Alors, je sais bien que je ne suis peut-être pas tout à fait le François Morel honoré mais quand même l'expression de cet humour si joyeux, si amusant au fronton d'une devanture savoyarde, n'est-ce pas pour moi le meilleur encouragement ?

Si.

SUR LE CHEMIN DE COMPOSTELLE

10 mai 2013

Quand on part sur le chemin de Compostelle[1], qu'on soit ministre ou clochard, homme du monde ou quidam, ambassadeur ou vagabond, on est un pèlerin. Un simple pèlerin. Ni plus ni moins. Disciple de Jésus ou simple voyageur. Agnostique ou chrétien, on est un marcheur. Et pour chacun, la question est de savoir ce qu'il faut emporter, ce qu'il faut mettre dans son sac à dos. Ne pas s'alourdir. Choisir le nécessaire. Le nécessaire n'engendre pas spécialement la gaudriole. On dit : « le strict nécessaire ».

Quand on descend les Champs-Élysées, qu'on soit ministre ou agent de la sécurité, touriste, gendarme ou chasseur de scoops, la question n'est pas du tout la même.

« Allô, allô, alerte maximum, Manuel Valls et Arnaud Montebourg descendent les Champs-Élysées. À pied ? À pied ! Incroyable. Toutes les équipes de sécurité sont à pied d'œuvre.

1. Jean-Christophe Rufin était l'invité du 7-9 à l'occasion de la sortie de son livre *Immortelle randonnée, Compostelle malgré moi.*

Branlebas de combat. Les télés sont sur les dents. Coup de théâtre ! Surprise ! Événement exceptionnel ! BFM Télé est en première ligne. I-télé s'est fait doubler. « Putain, qu'est-ce que vous foutez ! On n'a pas d'images ! Mais bougez-vous ! Il faut les retrouver immédiatement ! Qu'est-ce qui se passe ? Deux ministres sur les Champs-Élysées ! Mais qu'est-ce qu'ils foutent nom de Dieu ? Ils marchent ! Ils marchent ? Je te jure ! »

L'équipe de BFM sur ce coup-là a été la meilleure. Les images tournent en boucle. Deux ministres sur les Champs-Élysées marchent. Marchent. Avec leurs pieds.

Dommage. Si leurs attachés de presse avaient prévenu, si un type du cabinet avait passé un coup de fil, on aurait pu convoquer un spécialiste. Un type autorisé qui aurait pu commenter en direct le phénomène exceptionnel qui est en train de se dérouler sous nos yeux ébahis.

« Oui, je crois que ce qui est important de dire, à l'heure où nous sommes, et à partir des informations qui nous parviennent et que nous sommes en train d'analyser, c'est que… et je pense que sur ce point, vous ne me contredirez pas, je pense que la meilleure façon de marcher, attention, je ne dis pas que c'est la seule, je ne sous-estime pas le cloche-pied, ce que nos amis anglais appellent le *hopping*, mais je pense quand même, et nous aurons l'occasion d'y revenir dès que nous aurons plus d'informations, c'est que la meilleure façon de marcher, c'est encore la nôtre, et je ne voudrais pas que l'on m'accuse de tomber dans l'autosatisfaction, dans l'autocélébration, mais c'est quand même de mettre un pied devant l'autre et de recommencer… »

Quand on part sur le chemin de Compostelle, qu'on soit académicien ou illettré, qu'on soit érudit ou ignorant, couvert d'honneurs ou de dettes, le problème est de ne pas se surcharger. Penser à son dos. Protéger ses lombaires. S'alléger. Trouver le juste équilibre. Viser l'indispensable.

Quand on est ministre et qu'on descend les Champs-Élysées, on se marre. On est hilare. « Ah ! tu veux la jouer normal. Moi aussi je suis normal. Je descends les Champs-Élysées, décontracté, je salue les passants. Les quarante policiers autour de nous sont en civil. On dirait presque des promeneurs. Demain, si on se débrouille bien, au lieu de pépère déposant sa gerbe sous l'Arc de triomphe, on verra dans les journaux deux ministres copains comme cochons, souriants, comme larrons en foire. »

Quand on marche sur le chemin de Compostelle, on tente d'apprivoiser l'essentiel, de chercher le vide en soi. Quand on marche sur les Champs-Élysées, devant les caméras, les appareils photo, les policiers paniqués à l'idée d'un attentat, les touristes qui s'en foutent, on séduit l'inutile, on se rapproche un peu plus de cette vacuité pourtant déjà si encombrante.

ON N'A PAS TOUS LES JOURS CENT ANS

17 mai 2013

Charles Trenet, qui est un jeune homme depuis toujours, aura un siècle demain. Charles Trenet qui est la jeunesse éternelle, celle qui dans la tourmente chante *Je chante*, celle qui dans le désarroi crie *Y a d'la joie*, est né à Narbonne le 18 mai 1913. À cette occasion, un concert aura lieu ce samedi à 17 heures en la cathédrale Saint-Just-et-Saint-Pasteur de Narbonne. Allez-y nombreux, allez-y joyeux avec vos morveux, avec vos précieux, avec vos aïeux ! Allez-y tranquille, allez-y gracile, avec vos idylles, avec vos édiles et vos évangiles ! Allez-y gaiement, allez-y vraiment avec vos amants, avec vos galants, avec vos vingt ans !

Un organiste, Frédéric Lamianta, y jouera notamment *La Mer*, *Je chante*, *Mes jeunes années*. Ça sera un hommage généreux, heureux, œcuménique dans

Narbonne mon amie,
Douceur des premiers jours,
Ce soir fait l'endormie
À l'ombre de ses tours
Et sous la lune pâle
Je marche allégrement
Dans la nuit provinciale
De ce décor charmant…

Figurez-vous qu'il existe des gens qui, à la seule perspective de ce concert sympathique, pacifique, sont choqués, révoltés, hérissés, indisposés.

La muraille de Chine serait trop petite si on la transformait en mur des cons.

Sur le net, les accros du goupillon s'en donnent à cœur joie. Et ça fait peur !

« Bel exemple de ce que deviennent les cathédrales infestées par le modernisme et le prurit de plaire des épiscopes. » (Ah ! « infester », « prurit », le doux retour de ce langage si à la mode à la fin des années trente quand la droite extrême attendait le début des années quarante pour donner toute la mesure de son talent !) « Le fou chantant aura ainsi son piédestal dans une cathédrale. À quand sa béatification ? Épiscopes, vous n'avez pas reçu le Saint-Esprit pour cautionner des fêtes païennes dans la maison de Dieu, mais pour enseigner la Sainte Vérité, à l'âme des poètes aussi ! Et ce Charlot en aurait eu grand besoin… »

Ce Charlot était un magnifique artiste alors que toi, internaute anonyme, tu n'es qu'un sombre crétin, un pauvre type noyé dans ta rancœur dégoûtante.

« Ce Trenet serait si heureux dans cette époque si gay », ajoute un autre imbécile abyssal dont l'homophobie rampante fait office de pensée.

Un certain « Travert », c'est peut-être un pseudonyme, mais c'est surtout la direction de son pauvre esprit mal tourné, s'étonne : « Pourquoi la chanson *Douce France* ne figure pas au concert, alors que c'est un des plus grands succès de M. Trenet. Alors que *Le Noël des enfants noirs*, qui n'est même pas connu, y figure ? »

Mais parce que ce n'est pas toi qui fais le programme, sombre connard, esprit rassis, andouille patentée, sosie d'étron, résidu de selles, déchet ambulant, parce que toi, tu es une nullité, un minable qui se venge de son incompétence et de sa médiocrité en écrivant sur Internet des messages confondants de bêtise, d'ignorance, de connerie pathétique.

Mais j'ai tort de m'énerver, pour te montrer que je suis charitable, que je pense à mon prochain comme à moi-même et comme tu devrais le faire si tu n'avais pas perverti le message de l'évangile, je vais te faire écouter un peu du *Noël des enfants noirs* que tu ne connais pas, mais entre nous, je ne suis même pas sûr que tu le mérites !

MON CHER JO[1]

24 mai 2013

Mon cher Georges, je t'écris pour te dire ma tristesse. Mon cher Jo, je t'écris pour te dire mon meilleur souvenir. Quelques-uns de mes meilleurs souvenirs.

J'ai treize ans, j'accompagne ma sœur et mon frère au cinéma Le Viking à Flers-de-l'Orne. Tu es sur la scène comme tu serais chez toi. Je suis sous ton charme. *Ma liberté*, *Votre fille a vingt ans*, *Il y avait un jardin*. Tu ne vas plus me quitter. Des dizaines d'années plus tard, sur l'île Saint-Louis, j'évoque devant toi cette soirée. Dans les jours qui suivent, je reçois l'article du *Ouest-France* local daté de 1972, qui rendait compte de ton concert. Tu étais le poète le plus organisé que j'aie jamais connu.

Un jour, j'ai la chance de jouer à l'Odéon à Paris. Je me dis que c'est le moment d'inviter mon idole. La semaine suivante, avec Yolande et quelques-uns de tes amis, Nathalie notamment à qui tu avais dédié une de tes musiques, je suis reçu chez toi. Avant de passer à table, j'entre dans les toilettes. Je tourne la targette. Impossible de sortir. Tout le monde, dont toi, de l'autre côté de la porte me donne des conseils : « Faites pression par le bas ! Tirez vers vous ! Appuyez vers le haut ! » J'avais rêvé d'être discret, de passer pour un garçon chic, élégant. Je suis désormais associé au souvenir de tes chiottes. Ensemble, nous rigolons. Je n'ose pas dire que l'on devient copains. Mais peut-être un peu. J'ose te dire que tu fais partie de ces gens que, de loin, on connaît avant de connaître vraiment et qui jamais, dans la proximité, ne se révèlent décevants.

Je me souviens d'un après-midi enneigé avec Didier Varrod. Nous étions venus t'interviewer. Quand nous sommes arrivés, tu paraissais fatigué. Ta voix avait faibli puis s'était réchauffée au contact de tes évocations tendres, amicales, pertinentes. C'était un bel après-midi.

Je me souviens que tu m'avais accompagné à l'Olympia parce que je m'étais mis en tête de te faire découvrir Vincent Delerm.

1. Hommage à Georges Moustaki, décédé le 23 mai 2013.

Tu y étais un peu allé à contrecœur. Tu t'imaginais passer une soirée quelconque. J'ai d'abord marqué un point quand tu as vu que j'étais accompagné de ma nièce Pauline. Malgré ton âge avancé, elle ne te laissait pas indifférent. Tu as découvert le spectacle de Vincent, j'ai encore marqué un point. Tu l'as aimé, beaucoup, tu t'en es fait un ami.

Un soir, au théâtre d'Alençon, j'avais organisé un concert caritatif. Je me souviens de la simplicité avec laquelle tu avais accepté de venir. Je me souviens de l'émotion du public découvrant sur la scène une légende vivante. Je me souviens que tu ne te prenais jamais pour ta statue. Je me souviens des textos que tu m'envoyais. Je me souviens que tu m'appelais l'omniprésent. Je me souviens de tes textos. Des dessins que tu faisais sur ton téléphone. Je me souviens qu'en scène tu te moquais de toi-même, citant Eddy Mitchell qui t'avait surnommé « monsieur un volt ».

La dernière fois que je t'ai vu, c'était à Nice, en décembre. Tu étais sur un lit d'hôpital. Un appareil posé sur ton visage t'aidait à respirer. Je ne sais plus de quoi on a parlé. Tu venais d'écrire des chroniques pour le *Huffington Post*. On a écouté une belle version corse de *Sans la nommer*.

Tu as eu toute ta vie pour t'amuser, pour aimer, pour chanter, pour écrire et faire de la musique. Tu auras toute la mort pour te reposer.

Nous avons toute la vie pour t'écouter encore et ne pas t'oublier.

SAINT-ÉMILION 99

31 mai 2013

Quand il ne fait pas beau, le mieux, c'est encore de rester chez soi. D'autant que les perspectives météorologiques ne sont pas bonnes : généralement quand l'hiver est rigoureux, quand le printemps est pluvieux, l'été est pourri. C'est comme ça. Il vaut mieux se faire une raison dès maintenant. En juillet-août, pensez à prendre une doudoune quand vous irez sur la plage. Ne vous baignez jamais sans chaussettes et pull-over. Ne craignez pas les coups de soleil mais les engelures.

Oui, nous sommes dans une courbe catastrophique. De même, quand les chiffres du chômage sont alarmants, le moral des ménages est au plus bas, les signes de reprise sont nuls. C'est comme ça, il faut s'y faire. Le mieux, donc, c'est de ne pas mettre un orteil dehors, de manger des chips et de s'ouvrir une bonne bouteille. Ça tombe bien, l'Élysée est en train de vendre une partie de sa cave. À peu près 10 %, soit 1 200 bouteilles. À l'hôtel Drouot, profitant d'une éclaircie, je me suis donc rendu pas plus tard qu'hier après-midi afin de vous faire un cadeau. Franchement, je pensais plutôt l'offrir à Patrick Cohen, vu que c'est mon interlocuteur habituel et que j'ai quand même plus d'intérêt à me faire bien voir de lui que de vous, mais tant pis il n'avait qu'à être là. Je dis « tant pis il n'avait qu'à être là » avec une certaine insolence, voire avec une désinvolture assumée, c'est vrai, mais je m'en fous, quand il est chez lui, Patrick écoute Europe 1. Ce qui serait sympa, ce serait quand même de lui en garder un fond de bouteille. D'ici lundi matin, il aura eu le temps de chambrer (le saint-émilion, Patrick, on a quelques mois pour le chambrer, il participe ce week-end à « Ford-Boyard ». On pourra bientôt le découvrir en short parmi des fourmis géantes). Je vais vous l'ouvrir… C'est un saint-émilion, grand cru classé, 1996. Au départ, j'avais pensé prendre un Petrus 1990 mais ça reste un peu chérot même si je suis le chroniqueur le mieux payé d'Inter. (Si ! je suis le chroniqueur le mieux payé d'Inter. Avec une seule de mes chroniques, vous pourriez vous payer 2 Ben et 37 Marcel Ruffo, mais je ne suis pas là pour parler de mes émoluments, d'autant que c'est toujours facile de susciter la jalousie, l'amertume et les rancœurs au sein d'une équipe soudée.)

C'est donc un petit saint-émilion… Ça se boit sans soif. Ça peut sembler tôt pour déboucher une bonne bouteille mais vous Bruno, vous êtes levé depuis trois heures du matin et vu qu'il est presque neuf heures ça fait déjà six heures que vous êtes sur le pont. C'est donc tout à fait raisonnable pour s'en jeter un derrière la cravate. Moi, je ne vous cacherai pas que ça fait un peu moins longtemps que je suis sorti du lit, mais mon nutritionniste personnel m'a dit qu'il faudrait que j'arrête le café au lait le matin car il paraît que ce n'est pas trop digeste.

En partant de chez moi, je me suis dit, faut surtout que je pense à prendre mon général-de-gaulle. Vous savez, ces tire-bouchons, avec leurs deux leviers ouverts sur le côté qui évoquent le général de Gaulle levant les bras devant des foules enthousiastes. Si la caméra de Gilbert Larriaga peut faire un gros plan… Le général de Gaulle a donné son nom à un aéroport, à un tas de places, de rues, d'avenues, mais ce dont il est surtout très fier, c'est d'avoir donné son nom à un tire-bouchon. « On a beau dire ce qu'on veut », chuchote-t-il, là-haut dans le ciel, caressant la main de son épouse Yvonne, « aucun de mes successeurs n'a été en mesure de donner son nom à un tire-bouchon. Trop petits bras. »

Voilà, à partir de maintenant, Bruno, montrez que vous êtes un grand professionnel. Il va falloir occuper l'antenne le temps que je débouche…

L'Élysée espère 250 000 euros grâce à la vente aux enchères de ses vins. À peine le prix d'un studio à rénover dans le vingtième. Avec une telle ambition, certains commencent déjà à regretter Cahuzac…

JACKY GELIN

7 juin 2013

Cher Jacques Higelin, je vous aime beaucoup, je suis allé vous voir plusieurs fois en concert, je vous ai applaudi à Châteauroux, au Casino de Paris, au Trianon, dans les années soixante-dix, je vous ai attendu des heures dans le froid lors d'un concert antinucléaire du côté de Flamanville. Un jour, je vous ai croisé sur une aire d'autoroute, il m'est même arrivé de chanter à côté de vous et Pierre Richard *La Folle Complainte* de Trenet face à Guy Bedos que la SACD fêtait. Vous faites donc partie de mon paysage, de mes souvenirs, j'allais dire de ma vie. Je vous aime tellement qu'en hommage à vos concerts si longs qu'on ne savait jamais quand ils allaient finir, j'ai décidé de vous présenter aujourd'hui ma plus interminable chronique, celle qui va déborder sur le journal de 9 heures, celle qui comme un fleuve impétueux va courir jusqu'à la mer sans se soucier de sa limite, de ses frontières, de ses lisières, de ses horaires. Car aujourd'hui, je profite de votre venue au 7-9 pour réhabiliter mon ami Jacky Gelin.

Jacky Gelin, Jacques Higelin, comme vous est né en Seine-et-Marne mais quelques années après vous, en 1945. Lui aussi s'est lancé dans la chanson mais avec moins de succès. Son père Robert Gelin voulait appeler son fils Jacques mais sa mère Janine Gelin, née Fauchard, avait connu dans l'enthousiasme de l'après-guerre un Américain libérateur, amateur de femmes et de chewing-gum, et en sa douce mémoire, en son sybarite hommage avait voulu américaniser le prénom de son enfant en l'appelant Jacky. Notons qu'à sa naissance Jacky était déjà un robuste garçon puisqu'il pesait 4,850 kg et cependant n'était vraisemblablement pas arrivé à terme puisque Robert et Janine n'avaient eu leur tout premier contact sexuel que quatre mois auparavant dans une grange sur des bottes de foin.

Jacky Gelin vécut une enfance sans histoire, une adolescence sans encombre et aurait sans doute vécu son âge adulte sans embarras si dès les années soixante il n'avait commencé à entendre parler d'un certain Jacques Higelin qui n'allait cesser de lui pourrir la vie !

Car chaque fois qu'il entendait les trompettes de la renommée chanter « Heureux Jacques ! Heureux Jacques Higelin ! », il ne pouvait s'empêcher d'entendre les flageolets de l'anonymat siffler : Pauvre Jacky ! Pauvre Jacky Gelin !

Dans les années soixante, quand vous rencontrez Brigitte Fontaine, Jacky Gelin rencontre Véronique Geyser, fort tempérament mais dont l'apport à la chanson française sera quasiment inexistant. Pendant quelques mois, Véronique sera la muse de Jacky. C'est pour elle qu'il écrivit la chanson *Véronique* :

Véronique, Véronique
Tu jaillis comme un geyser
Véronique, Véronique
Dans tes vapeurs hydrauliques
Je me réchauffe et me perds
Véronique, Véronique
Quand tu m'étreins tu me serres

Aucun retentissement n'eut jamais ce charmant madrigal.

Quelques années plus tard, quand vous sortez le disque *Champagne !*, Jackie sort sa fameuse chanson intitulée *Mousseux !*

La nuit promet d'être frisquette
Voici qu'à minuit du soir
apparaît la lune blême
avec sa face de carême
qui ferait peur dans le noir
allons vite à la buvette !
Mousseux !

Là encore, même si les qualités de l'écriture sautent aux oreilles, Jacky Gelin ne put tenir la comparaison avec Jacques Higelin. Jacques Higelin sortit son double album *Champagne et caviar* pile au moment où Jacky Gelin sortit son double tours *Mousseux et rillettes*. Dans *Encore un matin*, sa chronique, Didier Varrod évoquait sobrement les deux destinées parallèles : « Comme si Jackie Gelin présentait la face la moins lyrique et la plus prosaïque d'un Jacques Higelin qui aurait délaissé ses semelles de vent pour enfiler des croquenots boueux marchant sur les chemins escarpés de l'insignifiance et du trivial, comme si rejeté du royaume de la félicité, l'enfant non désiré de Robert Gelin et Janine née Fauchard errait seul dans les brumes du matin en demi-teintes vers un ailleurs impossible s'ouvrant sur un horizon bouché. »

Pauvre Jacky ! Pauvre Jacky Gelin !

Heureux Jacques ! Heureux Jacques Higelin !

Jacky est aujourd'hui plusieurs fois père de famille. Il a une fille, Izia, et un fils, Arthur, qui tente de se faire connaître sous le nom d'Arthur G. Espérons que la fatalité échappera à sa descendance.

Heureusement, quand Gelin Jacky est triste, il peut parler à un ami qui mieux qu'un autre le comprend puisqu'il partage son sombre destin. Il se nomme Frais. Son prénom, c'est Hugo. Et ce n'est pas non plus tous les jours facile d'être Hugo Frais.

MARIAGE POUR TOUS LES COUSINS

14 juin 2013

Le débat de l'année a donc tourné autour de la question du mariage pour tous. Mais, ne nous voilons pas la face, l'expression « mariage pour tous » est un euphémisme pour parler en réalité du mariage entre cousins.

Oui, le mariage entre cousins est devenu une réalité sociale, sociologique qu'il faut envisager de manière sereine et qui, par ailleurs, a été reconnue par la République comme l'a justement noté Mme Christine Boutin qui ne saurait donc remettre en cause une loi de la République votée par ses représentants. Christine Boutin est une fière militante du droit de se marier entre cousins puisqu'elle a choisi, elle-même, et elle ne s'en cache pas, de se marier avec son cousin germain. Contre l'avis de l'Église ! La personnalité de la républicaine Mme Boutin est sans doute de celles qui font évoluer les mentalités quelquefois alourdies par la force des traditions et des *a priori*.

La question, cependant, continue de poser problème à de nombreuses personnes qui contestent aux cousins, surtout germains, le droit de se marier entre eux. On a vu pendant des mois des défilés nombreux. On a entendu des propos virulents que l'on pourrait qualifier de « cousinophobes » dans une ambiance extrêmement tendue. On a vu des pancartes rappelant que le mariage c'était un papa et une maman, un papa et un papa, une maman et une maman, mais sûrement pas une maman et un tonton ou un papa et une tante.

Les défenseurs du mariage entre cousins avaient beau dire que le mariage entre cousins ne retirerait aucun droit à ceux qui choisissaient de ne pas se marier avec leurs cousins, l'affrontement était vif. Les opposants au mariage entre cousins notaient que si le mariage était possible pour les cousins, alors demain on autoriserait un frère et une sœur, une mère et un fils, un grand-père et une petite fille à se marier ensemble. Ce qui remettrait fondamentalement en cause les bases de notre si fragile société.

Derrière la question du mariage entre cousins, c'est évidemment le droit de l'enfant qui est en jeu. Les opposants au mariage entre cousins évoquent les risques que l'on fait courir aux enfants nés d'un rapport sexuel entre personnes si proches d'un point de vue consanguin.

Quelques maires, quelques édiles municipaux ont déjà fait savoir qu'ils refuseraient de marier des cousins, ce qui a occasionné un vif rappel à l'ordre du ministère de l'Intérieur rappelant que la loi était la même pour tout le monde.

Après des mois de débats, de manifestations, de colère, le mariage pour tous a en effet été entériné par la République. Est venu aujourd'hui le temps de l'apaisement, le temps du retour au calme. Admettons que les cousins ne sont certainement pas des sous-hommes et qu'ils méritent, autant que d'autres, le respect.

Aujourd'hui, le mieux serait de regarder devant soi, de passer à autre chose et d'accepter les mariages entre cousins.

À condition, et dans le but de ne pas faire prendre de risques inconsidérés à leur descendance, que ce soit naturellement des cousins du même sexe.

MOMO-LA-ROMANCE

21 juin 2013

Ça me fait drôle de me retrouver là. J'y ai passé toute ma jeunesse. L'Olympia, c'était ma vie. Je m'appelle Monique. Mais pour tout le monde ici c'était Momo. Momo-les-Bas-bleus. Momo-les-Yeux-bleus. J'ai toujours aimé la chanson. À 15 ans, je voulais être une star. Je me suis juste rapprochée des étoiles.

C'est moi qui m'occupais des loges. C'est moi qui tenais la main des artistes parfois avant qu'ils n'entrent en scène. Je les ai tous connus. M. Brel était très gentil. Par contre, son habitude de vomir avant d'entrer en scène n'offrait pas que des avantages pour le petit personnel…

Je m'appelle Monique. Mais pour tout le monde, c'était Momo… Momo-la-Rengaine. Momo-la-Romance. J'ai connu toutes les vedettes… Certaines très bien, certaines très, très bien… Marcel Amont, Enrico Macias, Serge Lama… Comme dit mon amie Janine, « c'est pas un parcours professionnel que t'as eu, c'est un tableau de chasse ! ». Elle exagère. Et puis, on peut pas comparer, c'était une autre époque. J'ai même eu une petite aventure avec les Compagnons de la chanson. C'était les années soixante-dix… Quand le chœur de l'Armée rouge est reparti à Moscou, franchement, j'étais pas mécontente…

Chacun avait ses exigences, ses petits caprices.

« Momo, va chercher du whisky pour M. Gilbert ! Momo, va chercher du Ricard pour M. Renaud ! Momo, va chercher du vin rouge pour Mlle Véronique ! Momo, va chercher une verveine pour Mlle Nana… »

Quand j'y pense. Si Gilbert revenait, ça lui ferait drôle, il n'aurait même plus le droit de fumer entre deux chansons. Il serait malheureux…

Parfois, quand je venais dans l'après-midi, quand il n'y avait encore personne, avant que tout le monde arrive, je me cachais derrière le rideau rouge, j'imaginais le bruissement du public, je croyais entendre la rumeur de la salle, alors, j'écartais les bras comme si j'allais faire mon entrée. Comme si c'était moi la star. Une fois, je me suis fait surprendre par M. Coquatrix. « Eh bien, qu'est-ce qui vous prend, Momo, à faire le sémaphore ? — Rien, monsieur Bruno, juste, faut que je m'étire, j'ai des problèmes d'articulations. » C'est comme ça qu'il m'a donné l'adresse de son chiropracteur. J'en avais pas besoin mais j'y suis allée quand même pour garder mon secret…

Ça me fait drôle de me retrouver là. Quand je suis arrivée ce matin, je ne reconnaissais plus personne. Le concierge avait changé. Le monsieur de la sécurité n'était plus le même. Heureusement que M. Cohen m'a reconnue. On était allés ensemble à un concert d'Annie Cordy. J'aime autant vous dire que ça l'avait ragaillardi…

Ça me fait drôle de me retrouver là… Tant d'émotions, tant de bravos. Tant d'illusions. Tant d'amertume. Tant de triomphes. Tant de défaites. Tant de rires, tant de larmes.

Le monde entier est un music-hall.

SINON RIEN

28 juin 2013

« J'adore parler de rien, c'est le seul domaine où j'ai de vagues connaissances. » Oscar WILDE.

Surtout que parler de rien n'empêche pas du tout de parler de tout.

Tata Simone, trouvant un jour que je garais bien ma voiture, m'avait dit : « Dis donc tu fais drôlement bien les traîneaux toi… » Un régisseur du théâtre de Caen donnait rendez-vous sur les pare-brise des cathédrales. Un jour, devant son fils qui ne travaillait pas assez à l'école, il avait prévenu sèchement : « Si tu continues comme ça, je vais être obligé de séduire. »

Un peu de rien. Un peu de tout.

Dans un tweet daté du 8 avril dernier, Bernard Pivot note que « dans le Petit Larousse et le Petit Robert, la place accordée à "rien" est un rien moins grande que celle octroyée à "tout". »

C'est tout. Ce n'est pas rien.

Si je ne le signale pas moi-même, qui informera la population qu'au 11, rue Eugène-de-Saint-Fuscien, à Grandvilliers dans l'Oise, le salon de toilettage pour chiens s'appelle AUDREY TOUTOU ?

C'est tout-tout. C'est rien-rien…

Les cousins d'une amie avaient pour nom la famille Belleverge. Obligés de subir les quolibets nombreux, les railleries incessantes, les plaisanteries douteuses, les Belleverge ont payé cher l'administration afin de changer leur état civil. Les cousins ont choisi le nom de « Bellechose ». Les quolibets n'ont pas cessé.

Je parle de tout, je parle de rien.

Un paysan morvandiau philosophe et sans doute pessimiste n'ouvrait la bouche que pour commenter le carillon de l'horloge de la maison. « Trois heures, bientôt quatre. » Puis, jusqu'au carillon suivant, pendant une heure entière, il gardait le silence. « Quatre heures. Bientôt cinq. »

C'est Hubert Deschamps et Henri Virlojeux, acteurs magnifiques, qui se souvenaient de cette figure morvandelle. Ensemble et séparément, ils avaient le sens des petits riens et du grand tout.

Sœur Marie-Louise au lycée Notre-Dame de Flers tentait de faire partager son goût pour la poésie. Arthur Rimbaud était son poète préféré. Sœur Marie-Louise, dite Marie-Lou, si bienveillante, si confiante dans la jeunesse, si pacifique, si vaillante, était bouleversée chaque fois qu'elle lisait *Le Dormeur du val*, chaque fois qu'était évoqué ce soldat « bouche ouverte, tête nue et la nuque baignant dans le frais cresson bleu ». Lorsqu'elle prononça les derniers mots du poème, « il a deux trous rouges au côté droit », elle avait les yeux rougis par l'émotion. La classe composée d'adolescents passifs semblait assez indifférente. « Mais enfin, vous ne comprenez pas ? interrogea-t-elle, des sanglots dans la voix. Il a deux trous de balles ! »

Comme par enchantement, les adolescents se réveillèrent, revigorés par ce qu'ils venaient d'entendre.

Je vous avais prévenu, j'ai parlé de tout, j'ai parlé de rien.

En face du stade de rugby à Narbonne, un petit écriteau annonçait : « Ici, on peut manger jusqu'à 100 personnes. » L'étude du rapport entre le supporter sportif et le cannibalisme reste à écrire.

Voilà. Je parle de tout. Je parle de rien.

Je veux être futile à la France.

JE RIGOLERAIS QU'IL PLEUVE

Chroniques 2013-2015

À Sophia Aram, Olivier Broche, Patrick Cohen,
Natalie Dessay,
Juliette, Guy Mignault,
Alain Pralon, Olivier Saladin, qui m'ont
de temps en temps donné la réplique
au cours de ces deux années, et à Antoine Sahler,
qui m'a parfois accompagné musicalement

MA DIALYSE, MON BOL D'AIR JACQUIER

par Yolande Moreau

Il y a bien longtemps que le vendredi n'est plus pour moi le jour où je mange du poisson !…

Le vendredi, c'est le jour où je branche mon réveil pour ne pas louper les chroniques de François sur France Inter…

Un rendez-vous hebdomadaire, véritable, voire indispensable bouffée d'oxygène, ma dialyse, mon bol d'air Jacquier à moi !…

Pendant quelques minutes, François nous réconcilie avec la réalité qui nous entoure, il met du baume sur notre « mal au monde »…

Que ce soit l'hommage à un inconnu qui chaque vendredi après-midi, perché sur le pont d'Asnières, déploie une pancarte pour les automobilistes « Bon week-end à tous ! », une ode à Fabrice Luchini, le parcours électoral de son père, la fête du slip ou le parapluie d'Angela Merkel, François Morel s'autorise tous les sujets !

Il malaxe les mots, les tord, les entrechoque, redessine les contours, déplace les projecteurs pour une mise en lumière inattendue…

La réalité prend tout à coup une autre forme…

Cinglante, incisive, poétique, absurde, parfois pleine de larmes quand frappe l'indicible (sa lettre à Patrick Pelloux), mais aussi surréaliste, politique…

Politique au sens le plus noble du terme car il met l'humain, nous, au centre…

Et on rit de nous-mêmes, on est émus de tant de proximité et on pleure sur les pauvres cons de nous-mêmes et, bien sûr et surtout, sur les autres cons aussi, « les imbéciles heureux qui sont nés quelque part… ».

François incarne la revanche des petits sur les grands, l'échec de la connerie face à l'intelligence ludique, la légèreté en tout état de cause…

Ah, mon bon François !!

Du temps a passé depuis notre première rencontre…

Lapin chasseur, *Les Pieds dans l'eau*, *C'est magnifique*… *Les Deschiens*… Déjà tu nous bluffais par tes reparties…

Mais que de rigolades ! que de jeux imbéciles ! Les bagarres à la farine pendant les saluts de *C'est magnifique*, ou, pendant les saluts de *Lapin chasseur*, quand je devais retenir ma jupe (élastiquée à la taille) parce que tu tirais dessus ! Des blagues de gamin…

Tu as vieilli.

T'es toujours beau, j'aime bien tes petits cheveux gris à la tempe…

Et l'enfant que tu as été n'est jamais très loin…

Je ferme les yeux… Je t'imagine, sautillant dans un champ de colza à Saint-Georges-des-Groseillers sur un air de Charles Trenet.

Il y a de la farce dans l'air !
C'est joyeux, c'est triste !…
Tu es un grand poète de notre temps !

P.-S. : J'allais oublier… C'est tellement drôle… !

LETTRE À MONSIEUR POUTINE

6 septembre 2013

Monsieur le président de la Fédération de Russie, cher monsieur Poutine,

Je profite de ma chronique hebdomadaire pour vous écrire une petite lettre que vous lirez peut-être si vous avez le temps, comme on dit depuis Boris Vian. Il s'agit simplement d'un banal petit courrier de dénonciation comme vous devez en recevoir tant et qui j'espère saura agrémenter votre petit déjeuner. J'aurais naturellement préféré que ce courrier restât anonyme mais si je ne le revendique pas, je ne risque pas de pouvoir prétendre au cachet que Radio France m'octroie. (Et c'est pas tout ça, mais j'ai des frais.)

Vous avez promulgué récemment une loi afin d'interdire toute propagande homosexuelle qu'il ne m'appartient pas de juger.

Je voudrais simplement attirer votre attention sur les agissements d'un citoyen notamment russe que vous semblez prendre plaisir à fréquenter et qui, j'ai le regret de vous le dire, n'est peut-être pas blanc-bleu. Oui, je veux parler de M. Depardieu, qui, je le crains, n'est peut-être pas loin de se moquer de vous en vous faisant croire qu'il est votre ami. Ce personnage présente des tendances douteuses dont il faudrait vous méfier. Dans son livre *Lettres volées*, il écrivait à un autre acteur, Patrick Dewaere, des paroles embarrassantes que je me permets cependant de vous lire dans le simple but de vous informer. « Des moments de paix, d'abandon, nous en avons eu ensemble, Patrick. Un vrai repos des guerriers. Avec toi, j'aurais aimé avoir une aventure. L'homosexualité, c'est sans doute plus subtil que ce qu'on en dit. Je sais seulement qu'il existe des moments. Ils peuvent se produire avec une femme, un homme, un animal, une bouteille de vin. Ce sont des états de grâce partagés. »

« Des états de grâce partagés ! », voilà ce qu'ose écrire cet individu qui depuis des mois vous fait du rentre-dedans.

Méfiez-vous, monsieur Poutine !

Car Gérard Depardieu ne s'est pas contenté de jouer Raspoutine, il a joué les fiottes ! Imaginez l'influence que sa filmographie pourrait avoir sur les jeunes Russes. L'avez-vous vu dans *Tenue de soirée* s'adresser à Michel Blanc ? Quelle honte ! Quelle abjection ! « C'est ta bouche qui m'inspire. Ta bouche et puis ton cœur. Je vais le cambrioler, ton cœur. Ton cœur et puis tout le reste. Je vais m'introduire et tout piquer. »

Voilà ce qu'on entend dans ce film abominable. Et j'ai préféré ne pas citer les répliques les plus scabreuses, car il existe encore des enfants adeptes de l'école buissonnière qui sont branchés sur France Inter.

Un jour, Gérard vous dira : « Regarde-toi dans mes yeux, tu vas te trouver sublime. »

Monsieur Poutine, votre façon de vous coiffer vous donne quelquefois de faux airs de Michel Blanc, en plus brutal, en plus barbare. Restez sur vos gardes, vous pourriez ne pas laisser indifférent le grand Bob de *Tenue de soirée*. Un soir de vodka et de mélancolie, il vous décrira son anatomie. « J'ai un tatouage à plusieurs dimensions, un tatouage qui se déplie. Quand il roupille, c'est une grenade. Quand il se réveille, c'est une torpille, ça t'intéresserait de le voir ? »

Je vous prie de ne pas oublier, monsieur le président de la Fédération de Russie, que je vous aurai prévenu.

QUI AU PANTHÉON ?

13 septembre 2013

Qui au Panthéon ? Un mort pour réunir les vivants. Un expiré pour insuffler du présent. Un refroidi pour réchauffer l'humanité. Un feu pour ranimer la flamme. Un bon défunt pour assembler les citoyens. Un mort, bien choisi, bien poli, c'est du ciment. Ça amalgame le lien social. Un bon cadavre, pour réunir la famille, on fait pas mieux.

Mais qui ? Un mort illustre. Un mort glorieux. Un mort célèbre. Dans les cimetières, c'est pas ce qui manque. Y a qu'à se baisser.

Qui au Panthéon ? Un mort qui mette tout le monde d'accord. Faut réfléchir. On va trouver. Un mort qui soit incontestable, et imparable, indiscutable, indubitable. Ouvre un glossaire, abécédaire. Un dictionnaire, c'est un ossuaire. On va trouver. Pas s'énerver.

Qui au Panthéon ? Une dépouille populaire. Un trépassé mais renommé. Un genre de mortel immortel. Donc pas trop vieux. Pour les canards, pour la télé, faut pas du mort trop oublié, trop effacé, trop négligé. Faut un vécu de démocrate mais qui puisse faire de l'audimat. Faut pas non plus du mort trop jeune. Qui soit fringant. Ou trop pimpant. Faut pas du mort qui soit trop frais. Du mort qui viendrait d'être fait. Encore tout beau. Encore tout chaud. Faut pas du mort qui bande encore.

Qui au Panthéon ? Entre ici, Brossolette. Mais y a Moulin qui fait la tête. Les morts entre eux, c'est pointilleux.

Qui au Panthéon ? Je te dis des noms ? Mendès ? Diderot ? Berlioz ? Hessel ? Pas trop marqué. Faut se méfier. Puis respecter la parité.

Germaine Tillion au Panthéon ? Olympe de Gouges ? Ou Louise Michel ? Pas trop marqué ! Faut respecter les sensibilités.

Et consulter les opinions. Faire des sondages. Consultation. La Panthéon Academy. Un hit-parade. Un palmarès. Tu peux aussi participer. Sur ton clavier, tu peux taper.

Qui va gagner ? Tu peux jouer. Participe au Panthéonthon ! L'abbé Pierre ? Le commandant Cousteau ? Simone Veil ? Yannick Noah ? Omar Sy ?

Faut pas de vivants, je te fais remarquer ! Faut que du flingué ! Du rectifié ! C'est compliqué…

Qui au Panthéon ? Quel grand homme ? Quel surhomme ? Camus, il veut rester chez lui. Et George Sand rester chez elle. « Vous êtes gentil, je suis à Nohant, je reste ici, c'est plus reposant. » Quand on est mort, faut bien avouer, on a du mal à se déplacer.

Qui au Panthéon ?

Si on n'arrive pas à se mettre d'accord sur un mort qui serait un cador, on a qu'à mettre au Panthéon les moins glorieux, les dangereux, les pernicieux. Envoyons un voyou. Envoyons un vandale. Envoyons un marlou. Envoyons la crapule, la canaille, la racaille. Envoyons la vermine. Petiot ? Landru ? Bonnot ? Un anti-Panthéon. Mais je m'égare. C'est un cauchemar.

Qui au Panthéon ?

Réfléchissons. Examinons. Oui, cogitons.

Pas s'énerver. On va trouver. On va trouver…

LE LOUP AVANCE

20 septembre 2013

Le loup avance. Le loup progresse.

Il y a aujourd'hui 250 à 300 loups en France. Son taux de reproduction est de 2,3 louveteaux par an. Et certains moutons s'interrogent. Vaut-il mieux choisir l'homme ou le loup ?

Choisissons le moins sectaire, préconisent certains.

Qu'est-ce qu'un loup moins sectaire ? s'interrogent les moutons. Un loup au pelage lissé ? Un loup à la mâchoire fermée ? Un loup qui nous dévore mais avec des manières ? Un loup qui nous massacre mais avec des façons.

Qui sont les loups ? Qui, les moutons ? Qui sont les hommes ? Qui a décidé de se jeter dans la gueule du loup ?

Le loup progresse. Le loup avance.

C'est un animal sauvage mais qui s'adapte. On l'a vu dans l'Aube. On l'a vu en Haute-Ariège. Dans les Vosges, les Alpes-Maritimes, dans les Alpes-de-Haute-Provence, il avance, il avance, c'est une évidence. Il remonte jusqu'à la Haute-Marne. À moins de quatre cents mètres de la mairie, on l'a vu. Si on n'y prend garde, le loup sera le prochain maire. Tout près de l'école primaire, on l'a vu. Car, attention, le loup ne sert plus seulement à faire peur aux enfants. Il est sorti des contes, il s'est échappé des fables et des comptines. Il est à nos portes.

Le loup chemine. Le loup gagne du terrain. Il approche des villages et il approche des villes. Il approche des maisons. Il n'est plus confiné dans les régions montagneuses les plus reculées. Il poursuit sa marche. À Cirfontaines-en-Ornois, à Nully-Trémilly, il a fait des dégâts.

Le loup poursuit sa route. Il descend de la montagne en hurlant. Il approche des plaines. Il entre dans la vallée.

La chèvre de M. Seguin s'ennuie dans sa démocratie. M. Seguin est trop vieux pour lui faire entendre raison. Mais Blanquette n'a plus besoin de s'évader. C'est le loup qui apparaît par la fenêtre ouverte. Il va lui faire sa fête. M. Seguin n'a jamais eu de chance avec ses chèvres.

Grand-mère s'inquiète pour l'avenir de son Petit Chaperon rouge qui doit seule traverser la forêt. Grand-mère est angoissée. Grand-mère a besoin d'être rassurée. Alors, elle couche avec le loup.

Le loup s'installe. Le loup s'implante. On lui fait les yeux doux. On lui fait des œillades. On l'imite. On le flatte. On se fait justice soi-même. On acquiesce. On comprend. On admet. On crie avec les loups. Le fait divers fait office de dialectique. À chaque chien écrasé, le loup marque des points.

Le loup avance. Le loup progresse. Le loup chemine. Le loup approche. Le loup débarque. Le loup arrive. Le loup est là.

Cessez de rire, charmante Elvire. Les loups sont entrés dans les esprits.

QUAND J'ÉTAIS PETIT…

4 octobre 2013

Quand j'étais petit, je n'étais pas grand.

Chaque mois de novembre, j'allais avec ma classe devant le monument aux morts. Des vieillards, souvent moustachus, avaient la larme à l'œil en tenant leurs drapeaux. On devait chanter *La Marseillaise*. On ne comprenait pas bien comment un chant guerrier pouvait faire plaisir à des vieux messieurs dont on nous avait dit qu'ils s'étaient battus pour la paix. Sur le chemin des écoliers, nous préférions la variante de l'hymne national qui commençait par : « Aux armes, citoyens, baissez vos pantalons ! Baisons, baisons ! » Mais devant le monument aux morts, on chantait la bonne version. On était obligé. Parfois, à cause des nerfs, à cause des végétations, à cause de Gérard Bosquin qui émettait un pet chaque fois qu'était prononcé « Mort pour la France », on avait des fous rires et le maître d'école se fâchait, menaçait de déchirer nos bons points.

Sur le monument, on pouvait lire des noms de personnes qu'on ne connaissait pas. Par dizaines. Des noms accompagnés de prénoms qui nous faisaient rigoler tellement ils nous semblaient passés de mode, ridicules. Auguste. Augustin. Victor. Victorien. Ferdinand. Fernand. Valentin. Marcellin. Hector. Tous ces petits noms vieux jeu qu'on a fini par trouver modernes dès qu'on a eu l'idée de les donner à nos enfants.

Quand j'étais petit, je n'étais pas grand. Je ne savais pas que les vieux messieurs avaient été de jeunes hommes dont le cœur battait pour une Madeleine, pour une Marie, pour une Marguerite, pour une Suzanne, pour une Charlotte, pour un Pierre.

Quand j'étais petit, je n'étais pas grand. Les anciens combattants quand nous gloussions nous regardaient d'un œil mauvais humecté de larmes et de reproches et peut-être d'un sentiment d'abandon.

Quand j'étais petit, je n'étais pas grand, j'étais un ignorant. Je ne savais pas que c'était le soleil, le printemps, la jeunesse qu'on tentait de célébrer sous la pluie de novembre. La foi dans l'avenir, l'espérance de tous ces hommes, jeunes, ardents, fougueux, qui un jour avaient eu la vie devant eux et qui s'est terminée dans la souffrance, la boue, l'enfer.

« Plus jamais ça », diront tous les maires de France devant les monuments aux morts. « Plus jamais ça », diront-ils l'année prochaine pour commémorer le premier siècle de la Grande Guerre.

Mais que vont devenir les Auguste, Augustin, Victor, Victorien, Ferdinand, Fernand, Valentin, Marcellin d'aujourd'hui ? Quels projets pourront-ils partager avec Madeleine, avec Marie, Marguerite, Charlotte, Pierre ?

Entre petits boulots et Pôle emploi, entre émissions idiotes et promotions sur les perceuses électriques chez Bricorama tous les dimanches à la Patte-d'Oie d'Herblay, bringuebalés, humiliés, méprisés, ballottés, baladés.

Qui sont aujourd'hui les nouvelles gueules cassées ? Où sont les champs d'honneur ? Qui sont les nouveaux condamnés ? Les nouveaux sacrifiés ? Et combien de clandestins, de naufragés, d'enfants torturés ?

Dites, monsieur, entre deux guerres, est-ce bien la paix ?

CECI N'EST PAS UNE CHRONIQUE
8 octobre 2013

Je voudrais profiter de ma présence inhabituelle en ce studio un mardi matin pour mettre certaines choses au point et préciser quelques positions d'importance parce que je pense, monsieur Cohen, que vos auditeurs ont le droit d'être informés et, surtout, ont le droit d'entendre une parole autre que celle du politiquement correct qui, je n'hésite pas à le dire, est une gangrène insupportable dont il faudrait se débarrasser un jour ou l'autre.

Je suis très heureux par ailleurs que M. Delanoë soit présent ce matin en ce studio, ce qui va me permettre de le remettre à sa place.

Quitte à surprendre, quitte à étonner, je voudrais vous dire que, contrairement à vos assertions sans cesse répétées, Paris n'est sûrement pas la capitale de la France, monsieur Delanoë. Les Champs-Élysées ne se situent en aucune manière sur le territoire parisien, la Seine n'a jamais traversé l'ancienne Lutèce et vous, monsieur Delanoë, vous n'êtes pas maire de Paris.

Puisque je bénéficie d'un petit temps de parole ce matin, je voudrais également que l'on arrête de dire que la France est située en Europe et je voudrais que l'on cesse de dire que l'Europe est un continent.

J'en ai moi-même un petit peu assez que l'on continue de déclarer que je suis chroniqueur à France Inter alors que je suis…, et je peux vous en apporter les preuves, monsieur Apathie, je suis danseuse légère à L'Alcazar depuis de nombreuses années. Et je peux vous dire que j'ai fait tourner pas mal de têtes en quarante années de carrière et j'ajouterai que mon déhanché en a fait transpirer plus d'un, que mon effeuillage en a fait baver plus d'une, et je compléterai ma déclaration en précisant que je suis en mesure de reconnaître dans ce studio certains de mes admirateurs les plus insistants, n'est-ce pas, monsieur Legrand, qui auraient payé cher pour qu'un soir de stupre et de libations je leur donne mon 06.

Alors, je vous le dis tout net, monsieur Bourdin, je n'hésiterai pas à poursuivre en justice quiconque assimilerait mon papier à une chronique. J'en ai assez que le terme péjoratif de « chroniqueur » me soit affublé sans cesse par des journalistes qui font une faute déontologique, un acte de militantisme et une bavure intellectuelle. Non, je ne suis pas un chroniqueur, monsieur Delahousse, certainement pas ! Et vous comprendrez, monsieur Pujadas, que je n'ai en aucune manière l'envie que l'on me mette dans le même sac que Roselyne Bachelot et cela, car je comprends bien votre petit manège, dans le seul but de me nuire.

Je ne conclurai pas mon papier. Je ne terminerai pas mon allocution, ne vous déplaise, madame Chazal, car de même que le Front National n'est pas un parti d'extrême droite, ceci n'est pas une chronique. Dites le contraire, je vous fous un procès au cul. Au revoir, messieurs.

PAS DE H MAIS 2 C

18 octobre 2013

Natalie, depuis que je sais que vous êtes l'invitée de « la Matinale », figurez-vous que je me mets l'organe lymphoïde secondaire dans un liquide aromatisé et épicé que je porte à ébullition. Exactement, je me mets la rate au court-bouillon. Je m'interroge : que dire sur Natalie ? Je pourrais bien sûr faire remarquer en introduction qu'il n'y a pas de *h* dans votre prénom, Natalie, alors qu'il y a Dessay à votre nom. Ce qui serait tout à fait amusant mais insuffisant pour occuper trois minutes trente d'antenne.

Alors, tout à coup, une idée survient. Celle que l'on n'attend pas. Celle qui surgit, indomptable et salvatrice. Et si nous faisions un duo ! Je me doute bien, chère Natalie, que vous avez toujours rêvé de m'avoir pour partenaire et puis que votre timidité, votre humilité, votre retenue vous ont toujours empêchée de saisir votre portable comme on saisit sa chance et de me dire : « François, j'aimerais tellement faire un duo avec vous, ce serait un tel honneur, une telle consécration, comme l'acmé de ma carrière juvénile, j'aimerais être votre Stone, vous seriez mon Charden, j'aimerais être votre Sloane, vous seriez mon Peter, je serai ton Chouchou, tu seras mon Loulou… »

Aussitôt, je vous interromprais, je vous dirais : « Vous voulez dire, chère Natalie, que je serai votre Di Stefano quand vous serez ma Callas. Soignez vos références, mon petit, vous êtes gentille, nous sommes sur France Inter. »

Eh bien, vous avez eu tort de ne pas faire preuve de courage en me sollicitant car je n'aurais jamais refusé de partager mon aura avec vous. Comme jamais je n'ai refusé de donner un petit coup de pouce à des artistes en devenir, à des jeunes oisillons encore dans le nid mais dont le talent ne demande qu'à éclore.

Ce n'est bien sûr pas à la chanteuse d'opéra que je m'adresse (je sais que vous avez réussi à vous faire un petit nom dans le bel canto) mais à la comédienne en devenir qui peut-être un jour, à force de courage, d'abnégation, de volonté, réussira à obtenir un petit rôle dans *Plus belle la vie*, voire dans une publicité pour les mutuelles.

Natalie, en pensant à vous, je me suis dit : dans le fond, cette femme, si on cherchait à la définir, elle est un peu – je cherche les mots – comme le vent qui fait chanter les violons et emporte au loin le parfum des roses. On ne vous l'a jamais dit ?

Ce matin, pour moi, Natalie, vous êtes Alain Delon. Oui, le Alain Delon d'avant, celui qui n'était pas encore le brillant analyste politique qu'il est devenu et dont la subtilité rejoint dans ses méandres les plus profonds la pensée dialectique d'un Jean Roucas.

Ce matin, pour vous, Natalie, je serai simplement un fantasme, une bombe, une étoile inaccessible, une divine chimère, un violent mirage, une céleste utopie. Pour vous, Natalie, je laisserai pousser mes blonds cheveux jusqu'au sol. Pour vous, Natalie, j'aurai le regard énigmatique. Oui, pour toi, Nat', je serai Dalida.

DELONDESSAY

C'est étrange,
je n'sais pas ce qui m'arrive ce soir,
je te regarde comme pour la première fois.

DALIDAMOREL

Encore des mots toujours des mots
les mêmes mots...

(...)

Si par hasard vous connaissez Raymonde[1], mon professeur de chant, appelez-la pour lui dire que ce matin Natalie Dessay et François Morel ont fait un duo sur France Inter. Elle ne va pas en revenir.

1. Raymonde Viret.

LA CHÈVRE EST MÉCONTENTE, LE CHOU FAIT LA GUEULE

25 octobre 2013

La semaine dernière au micro de France Inter, devant Natalie Dessay, je chantais *Paroles, Paroles*. Une chanson de dépit amoureux peut-être mais une chanson d'amour. Trois jours après, on apprenait la disparition du compositeur de la chanson, Gianni Ferrio. Je regrette que mon interprétation sans doute imparfaite, sans doute approximative, ait pu avoir des conséquences aussi dramatiques. Aujourd'hui, j'ai donc décidé de ne pas chanter, de ne pas parler d'amour (et je vous fous mon poing sur la gueule) car j'ai choisi de vous entretenir des affaires publiques. Encore que ce sujet me rende un peu mélancolique.

Il est vrai que, parfois, la vie politique peut sembler décevante. Mais quand une promesse de campagne est tenue au-delà de ce qu'on pouvait imaginer, il est juste de la signaler. Le précédent chef de l'État avait souvent une approche clivante de la société française. On ne manquait pas de le lui reprocher. Il opposait les fonctionnaires aux employés du privé, les jeunes aux vieux, les riches aux pauvres, les chômeurs à ceux qui avaient un emploi, les imposés aux non-imposés, les lève-tôt aux couche-tard. Pendant la présidentielle, François Hollande avait promis de rassembler. Il a réussi. Aujourd'hui, tout le monde est rassemblé contre lui. Difficile aujourd'hui de trouver même au Parti socialiste un soutien à François Hollande. Il était pourtant le président de la chèvre et du chou. Contre la finance mais pour les financiers. Pour l'esprit d'entreprise mais contre les entrepreneurs. Contre la pression fiscale mais pour l'augmentation des impôts. Contre les expulsions des étrangers mais pour les reconduites à la frontière. Pour que Leonarda revienne en France mais contre le retour de ses frères et sœurs. Ou pour le retour de sa petite sœur mais pas de son frère aîné. Ou de sa mère mais pas de son père. Ou de sa belle-sœur mais pas de sa cousine issue de germains.

Normalement, avec une politique pareille, tout le monde devrait voter PS aux prochaines municipales. Il y a forcément quelque chose, soit dans le discours, soit dans les faits, qui devrait contenter l'électeur. Eh bien, non, la chèvre est mécontente, le chou fait la gueule. Les deux trouvent le pouvoir flou, imprécis, vaporeux.

Les plus naïfs encore, ce sont les Américains. Ils pensaient qu'en mettant la France sur écoutes, ils comprendraient la politique française. Impossible. Elle est inaudible. Soixante-dix millions de communications téléphoniques interceptées en un mois ne suffiront pas à vous faire comprendre comment les écologistes restent au gouvernement tout en appelant les lycéens à manifester dans les rues. Appeler un jeune de 16 ou 17 ans à manifester dans la rue, quand on est adulte et responsable politique, c'est quand même le degré en dessous de zéro de la politique, non ? Quand on est grand et responsable, on l'organise la manif. On n'est pas sérieux quand on a 17 ans mais qu'est-ce qu'on peut être confus, inconséquent, confondant de bêtise, Jean-Vincent Placé, quand on a quarante-cinq ans.

L'Amérique peut bien espionner la France tant qu'elle veut, elle reste un mystère insondable, un secret bien gardé.

François Hollande aurait dû prendre comme conseiller occulte feu Émile Louis qui, tandis qu'on lui reprochait ces divers attouchements, sévices, viols, meurtres, assassinats qui rencontraient parfois une certaine réprobation autour de lui, répondait : « Qu'est-ce que vous voulez ? On ne peut pas plaire à tout le monde. »

La question évidemment aujourd'hui est plutôt : « Peut-on continuer longtemps à déplaire à tout le monde ? »

C'EST POUR QUI LA BANANE ?[1]

1er novembre 2013

Qu'est-ce que tu vas faire de ta vie, petite conne ? Je m'interroge. Déjà si jeune et déjà percluse de ressentiments, de rancœurs, de violence larvée, de médiocrité, de bêtise.

---

1. Fin octobre 2013, Christiane Taubira, garde des Sceaux, était en déplacement à Angers. Des représentants de la Manif pour tous l'accueillaient ce jour-là. Une fillette, une banane à la main, hurlait : « C'est pour qui la banane ? C'est pour la guenon ! »

Chronique écrite sous le coup de la colère. Mauvaise conseillère ?

Qu'est-ce que tu vas faire de ta vie ? Quel avenir nous promets-tu ?

Oui, petite conne, dans quel marigot insalubre, dans quel bourbier pernicieux, dans quel marécage de pensée rance et écœurante vas-tu te mouvoir le reste de ta vie, toi qui au compteur de ton existence marques à peine dix ans, toi qui, vendredi dernier, te croyant amusante, te croyant pénétrante, imbécile te croyant indocile, devant le palais de justice d'Angers, as hurlé, une peau de banane à la main : « C'est pour qui la banane ? C'est pour la guenon ! »

Te rendras-tu compte un jour, pauvre petite idiote, de l'ignominie de ton geste, de la honte de tes paroles, de l'indignité de ta pauvre attitude ? Sais-tu la désolation que ressentiraient, en te voyant, incrédules et atterrés, tous ceux qui un jour se sont battus pour que sur les frontons de la mairie, de l'école publique que sans doute tu as tort de ne pas fréquenter, on puisse écrire ces mots si simples qui sont pourtant un programme, un objectif, un idéal : « Liberté, égalité, fraternité. »

Au lieu de hurler, comme une pauvre petite conne que tu es, ouvre un livre, renseigne-toi. Victor Schœlcher est un homme politique du XIXe siècle. Il s'est battu pour l'abolition de l'esclavage. Je te promets que son nom restera peut-être encore plus longtemps dans l'histoire de France que celui de Christine Boutin. Je te jure ! Ça devrait t'ouvrir des perspectives, ce que je te raconte, non ? Je te confirme que le nom de Victor Schœlcher longtemps encore sera comme un symbole du courage, de l'engagement, même quand celui pourtant si affriolant de Frigide Barjot sera oublié.

Je répète : Victor Schœlcher. S C H O E collé L C H E R. Non, tu n'en as jamais entendu parler. Tes parents semblent avoir une éducation sélective. Ils t'apprennent à insulter la ministre de la Justice, sous le prétexte qu'elle est noire, mais tu sembles avoir des lacunes et tu ignores tout de ceux qui sont l'honneur de la France.

Je sais bien, pauvre petite idiote, que tu sais à peine de quoi tu parles. Je ne devrais pas m'énerver contre toi.

Bien sûr, ce sont tes parents les responsables et les coupables. Mais tu sais que tu as le droit de te révolter, de ne pas être d'accord avec eux. La prochaine fois qu'ils iront manifester, reste chez toi ou va à la piscine. Fais du poney, fais tes devoirs, ouvre un livre, même, si tu veux, le dernier *Astérix* qui est très drôle, plonge-toi dans *Les Contes bleus du chat perché* de Marcel Aymé, suis les aventures de *Delphine et Marinette*, ça vient de ressortir chez Gallimard, et tu auras une petite idée de ce que c'est l'imagination, l'humour, la poésie.

Et puis, à quatre heures, mange une banane. La banane est un fruit très énergétique et très riche en potassium. Elle est facile à digérer, elle est riche en calcium, en vitamines A, B et C. C'est bien que tu en manges régulièrement.

C'est pour qui la banane ?

C'est pour toi, pauvre petite conne. Pour que tu grandisses.

LA NOSTALGIE DES GROUPUSCULES

8 novembre 2013

Qu'est-ce qui se passe avec le parti de Marine Le Pen ? Je suis inquiet.

On nous dit, tous les jours, matin, midi et soir, à chaque instant, dans tous les journaux, dans toutes les manchettes, que le Front National va faire un gros score aux prochaines municipales.

D'accord mais avec quels candidats ? C'est le problème.

Jusque-là, c'était simple.

On a eu le grand-père qui nous a amusés pendant des années avec ses jeux de mots facétieux. C'était l'almanach Wehrmacht.

On a la fille, dite l'héritière de Saint-Cloud, qui se fait passer pour une amie des pauvres.

On a aussi la petite-fille, la fameuse vulgarisatrice de la méthode Cauet. Le problème, évidemment, pour quadriller toute la France, si on veut être un parti politique un peu sérieux, on doit chercher en dehors des Le Pen. Des pièces rapportées. Des étrangers en quelque sorte.

Avant, c'était simple, il y avait les cohortes de pétainistes nostalgiques et les escadrons des anciens de l'Algérie française. Mais aujourd'hui ils ne sont plus montrables. Ils sentent le vieux. Trop. Même les sympathisants frontistes s'en rendent compte. Même pour eux qui ne sont pas spécialement sensibles aux effluves nauséeux, c'est limite indisposant.

Alors, on se rabat sur du plus jeune qui pourrait passer à la télé.

Par exemple, une Française d'origine algérienne Front National, ça c'est bien. Ça cloue le bec à ceux qui disent que le parti de Marine est raciste.

C'est ça qui est bien dans l'existence, c'est qu'on n'est jamais à l'abri des choses les plus étonnantes. Des homosexuels ont défilé contre le mariage pour tous, des oies d'élevage ont fait des cortèges pour la défense de la filière foie gras dans le Sud-Ouest, et des taureaux ont manifesté dans le but de faire inscrire la corrida au patrimoine culturel immatériel de l'Unesco.

Donc, à Saint-Alban, en Haute-Garonne, on avait trouvé une perle rare, une Française mais d'origine algérienne Front National. Elle s'appelait Nadia Djelida. Heureusement, elle s'est mariée à un Thierry Portheault. On lui a dit assez vite : « Tu es gentille, tu mets Portheault sur les affiches. Pas Djelida. » Elle a été surprise.

Et puis après elle a participé à des réunions et elle soutient qu'elle aurait entendu des propos racistes. « Toi et tes enfants, vous êtes bons pour le four », lui aurait dit un militant. On aurait évoqué la croix gammée avec affection. Et là, elle se serait rendu compte qu'il y aurait des racistes au Front National. Elle est tombée de haut. Elle ne pouvait pas s'imaginer une chose pareille. Peut-être qu'elle n'avait pas lu le programme.

Un qui l'avait lu le programme, c'est Joris Hanser. Un peu dans l'esprit du président du FN, il avait fait de l'humour sur l'occupation nazie. Paf, viré !

André Kornmann, le candidat FN à Strasbourg, prônait l'usage des chiens d'attaque contre les délinquants. Il a été critiqué en interne et il a démissionné. Et on se dit quand même : Nadia Djelida, Joris Hanser, André Kornmann, ça devient un vrai repaire de macaques le Front National, on dirait…

Anne-Sophie Leclère, virée aussi, alors qu'elle avait juste comparé Mme Taubira à un singe, comme n'importe quelle petite Angevine innocente et inoffensive à qui il faut juste faire les gros yeux ainsi que me le suggèrent quelques pédopsychiatres qui ont du mal à comprendre que leur profession n'est pas du tout la mienne et quelques laborieuses institutrices qui font la leçon en dehors du temps scolaire.

Bon, bonne chance au FN pour trouver des candidats pas racistes mais pas antiracistes non plus. Ça devient difficile d'être un parti reconnu. Certains là-bas doivent avoir la nostalgie des groupuscules…

À UNE PETITE FILLE SENSIBLE, ESPIÈGLE, ARTISTE DANS L'ÂME

15 novembre 2013

Je te présente mes excuses. Accepte-les, s'il te plaît. Je suis allé loin en te traitant de petite conne à plusieurs reprises, lors de ma chronique, il y a deux semaines. Mais toi aussi, avoue que tu étais allée très loin, en brandissant une banane devant le palais de justice d'Angers.

Mais tu as onze ans et j'en ai cinquante-quatre. Il n'y a donc aucune raison que je t'insulte. Tu es une enfant et je suis un adulte.

Lorsque je me suis adressé à toi, vois-tu, j'avais presque oublié que tu existais vraiment. Tu étais une abstraction. Comme un emblème. Un emblème du racisme, du rejet de l'autre et, excuse-moi, de la connerie. Aucune personne à elle seule ne peut être l'emblème de la connerie, ni toi, ni moi, ni personne. Nous avons, j'imagine, toi et moi, des instants où nous sommes inspirés, intelligents, tendres, ouverts, amicaux, respectueux, drôles, et puis des moments où nous sommes plus lourds, plus bêtes sans doute, enfermés dans des *a priori*, des dogmes paralysants.

Samedi dernier, j'ai lu *Le Courrier de l'Ouest*. Ton père te défend parce qu'il a raison de te défendre et t'aime parce qu'il a raison de t'aimer. Il te présente comme « une petite fille espiègle, sensible, artiste dans l'âme ». Je suis sûr qu'il a raison, mais admets à ton tour que ma chronique était l'expression de ma colère et qu'il y avait de sérieuses raisons de se mettre en colère.

Tu étais donc venue à une manifestation contre Mme Taubira et le mariage pour tous, admettons, par hasard, avec une banane à la main.

« Il n'y avait aucune agressivité, précise ton père. Elle a dit la guenon, comme elle aurait dit la girafe », poursuit ton père qui peine un peu à développer son argumentation. Mais admettons. Monsieur, si vous voulez vraiment protéger votre enfant, comme vous dites vouloir le faire, ne l'entraînez pas dans votre militantisme qui est également une histoire d'adulte.

Certains crétins ont dû penser qu'en dénonçant ton attitude, je me mettais du côté du manche, que je défendais à bon compte une femme de gauche. Je ne connais pas la garde des Sceaux mais je me doute qu'elle n'a pas besoin de moi pour se défendre. Elle a la distance, la culture, la maturité intellectuelle.

Mais je pense à une autre petite fille que je ne connais pas non plus mais qui a onze ans comme toi. Comme toi, elle va à l'école. Elle a des activités le mercredi après-midi. Elle a des amis, des copains. Elle a un papa qui est né à Brazzaville ou à Kinshasa, une maman qui est née à Libreville ou à Bamako. Elle a la peau noire. Un soir, il y a peu, à la télévision, elle a entendu qu'une femme était assimilée à une guenon. Juste parce qu'elle était noire. Peut-être qu'elle s'est dit, petite fille de onze ans, qu'elle n'aurait jamais sa place ici, parce que même après des années et des années de travail, d'amour, de rencontres, de vie, il se trouvera toujours sur son chemin quelqu'un pour lui brandir une banane, par hasard. La traiter de guenon. Oui, je sais, comme on aurait dit girafe.

Pardonne ma gravité. Ce n'était pas seulement une sottise de gamine, une grosse bêtise de cour de récréation. C'était dire à une petite fille de onze ans, que tu ne connais pas, que je ne connais pas, qu'elle n'aura jamais sa place ici.

Pardonne-moi. J'étais en colère. Je n'aurais pas dû t'insulter il y a quinze jours. Mais essaie toi-même de ne pas accepter de te faire manipuler par qui que ce soit.

Pardonne-moi. Je retire mes insultes inappropriées. Sois heureuse, libre et fraternelle.

C'est ce que je voulais te dire, il y a quinze jours.

OSKAR ET LA JEUNE FILLE EN NOIR

22 novembre 2013

C'est une jeune fille. Une adolescente. Appelons-la Julie. Elle est au lycée. Elle est jolie. Elle est intelligente. Elle est toujours habillée de noir, couleur du deuil qu'elle n'a jamais connu. Il lui arrive de faire des petits boulots pour payer ses concerts, ses clopes et ses séances de ciné. Récemment, elle a trouvé un job original mais qui se développe. Elle fait du dog-sitting. Elle s'occupe des chiens qui ont besoin d'être gardés pendant les vacances de leurs maîtres.

C’est un vieux chien. Un épagneul. Appelons-le Oskar. Il est fidèle. Il est obéissant. Il est intelligent. Il a l’arrière-train qui régulièrement se paralyse et ne peut plus envisager de suivre ses maîtres injoignables, partis faire une grande excursion sur des cimes lointaines.

Julie s’est occupée d’Oskar pendant plusieurs jours. Tout de suite entre Julie et Oskar le courant est passé. Chaque fois qu’il mangeait sa gamelle, Oskar tentait de frétiller de son derrière ankylosé et, chaque fois que Julie agitait la laisse pour lui promettre une courte promenade autour du pâté de maisons, Oskar remuait la queue. Frétiller du derrière et remuer la queue, quels que soient son origine, son caractère, son pedigree, on n’a jamais fait mieux pour exprimer son plaisir. Oskar et Julie filaient donc une parfaite amitié. Oskar dormait beaucoup sur le tapis du salon tandis que Julie sur le canapé buvait des bloody mary, envoyait des sms sur son téléphone portable, regardait distraitement M6 tout en tchatant sur Skyrockblog et régulièrement répondait d’une voix courroucée à sa mère qui prenait de ses nouvelles : « Maman, s’il te plaît, t’es gentille, arrête de me harceler, je travaille mon exposé d’anglais, OK ? »

Un soir, hélas, Oskar mourut. Dans son sommeil, épuisé mais serein, il partit au paradis des bons chiens. Julie frôla l’idée de l’infini, considéra la fragilité de l’existence et appela sa mère en larmes. « Maman, c’est l’horreur, c’est la catastrophe, il y a Oskar qui vient de mourir, je ne sais pas quoi faire… »

La maman conseilla à Julie d’appeler le vétérinaire qui aussitôt lui dit d’apporter le chien à son cabinet afin de procéder à l’incinération du corps.

Julie enveloppa Oskar dans une couverture, puis déposa le gros paquet dans une grande valise, hélas sans roulettes. Julie, sur son portable, sur son iPad, envoya moult messages à ses amis afin de les prévenir de son infortune puis, digne et courageuse, elle prit le métro.

C’est un jeune homme. Un jeune adulte. Appelons-le… Non, ne l’appelons pas… De toute façon, il ne répond jamais quand on l’appelle. Il fréquente Pôle emploi, fait des petits boulots, gagne essentiellement sa vie en revendant un peu de shit à la sortie des lycées.

Quand il a vu Julie dans le métro avec sa grande valise, il a tout de suite eu envie de la brancher. « Mademoiselle, sans mentir, vous êtes trop jolie. »

Julie fut un peu consternée par cette entrée en matière assez peu subtile, mais elle fut touchée qu'en bas des escaliers du métro il lui propose de l'aider à porter sa valise. « Putain, c'est trop lourd, mais qu'est-ce que tu transportes là-dedans ? »

Julie, qui répugnait à l'idée de répondre : « C'est rien, c'est juste un chien mort », répliqua : « C'est rien, c'est juste un ordinateur portable, une imprimante et un vidéo-projecteur. » Aussitôt le jeune homme, n'écoutant que son honnêteté qui précisément ne lui disait rien, prit ses jambes à son cou, emportant, sans le savoir, le chien mort dans sa sépulture Delsey.

Imaginer simplement la tête du jeune homme, épuisé par sa course métropolitaine puis découvrant dans sa couverture la tête du vieil Oskar, peut agrémenter la douceur des soirées automnales. Voilà. Personnellement, je n'arrive pas à trouver une autre morale à cette légende urbaine que celle-ci : c'est toujours aussi difficile de monter les escaliers du métro avec une valise qu'elle soit ou non à roulettes, surtout quand elle contient un épagneul mort.

P.U.T.E

29 novembre 2013

Un soir, j'étais avec un couple d'amis. Nous allions dîner dans un restaurant rue Lepic. Nous garons la voiture un peu plus loin, dans une rue du XVIIIe, là où sur le trottoir stationnait une dame. Le couple d'amis avait une petite fille de 7 ans, très intriguée.

« Qu'est-ce qu'elle fait, la dame sur le trottoir ?

— Bah, répond Michel, le papa, un peu gêné… peut-être qu'elle attend son mari…

— Mais pourquoi elle a une jupe si courte ?

— Bah, répond Marie-Christine, la maman, un peu embarrassée… sûrement qu'elle a chaud… »

L'explication manquait de logique. Nous étions en décembre. La température était basse. Tous autant que nous étions portions des manteaux, des écharpes, des gabardines.

Les parents préférèrent changer rapidement de sujet de conversation, quand la petite fille, doctement, se tournant vers moi, sérieuse comme un évêque, me confia, assez sûre de son analyse pour pouvoir me la faire partager : « Moi, je pense plutôt que c'était une p.u.t.e… »

Bien que ces vaches de bourgeois
Les appellent des filles de joie
C'est pas tous les jours qu'elle rigole
Paroles paroles
C'est pas tous les jours qu'elle rigole.

Pour chaque phénomène, pour chaque circonstance, c'est pratique, il y a toujours une chanson de Brassens.

Une loi nouvelle va nous occuper encore les prochaines semaines, le racolage ne sera plus interdit, en revanche le client n'aura plus le droit de répondre à la prostituée qui le racole. Ce qui fera monter encore un peu plus les incivilités. Car, quand on vous adresse la parole, c'est quand même plus poli de répondre.

Les prostituées sont forcément victimes, nous dit-on. Même si elles ne sont pas victimes de leurs proxénètes, elles sont victimes de la situation économique qui les oblige à vendre leur corps. On interdira donc tous les métiers exercés par des gens qui ne le font pas juste pour le plaisir. C'est une bonne nouvelle. Il existe des éboueurs, des ouvriers sur les routes maniant le marteau-piqueur qui ne le font pas uniquement guidés par la passion immodérée de vivre parmi les ordures ou de se casser le dos à casser des routes goudronnées, mais pour vivre, pour survivre. Si tous les métiers pénibles sont interdits par le gouvernement, c'est forcément une bonne nouvelle.

Il y a quelque temps, on a évoqué l'existence d'assistantes sexuelles qui pourraient soulager des malades, des handicapés et faciliter par la même occasion la vie des personnels soignants. Le phallus des malades fera-t-il l'objet d'un passe-droit ?

Depuis que le proxénétisme en France est interdit, il existe encore, hélas, des prostituées qui restent sous la coupe de proxénètes. Tout le monde est d'accord pour éradiquer l'esclavagisme, le proxénétisme, les réseaux mafieux.

Je dis sans doute des bêtises, par naïveté, par candeur, par méconnaissance, mais si avant d'inventer des lois nouvelles on se contentait déjà d'appliquer les lois existantes ?

Voilà, entre nous, je ne suis pas mécontent d'avoir traité du sujet sans évoquer Élisabeth Lévy et Frédéric Beigbeder.

Ah zut ! Encore raté !

MADEMOISELLE INTER…

6 décembre 2013

Mademoiselle Inter,

Ma chère France,

Te voici au sommet de la tour Eiffel à l'occasion de ton cinquantième anniversaire, toi qui toi-même culmines au sommet de ta carrière. Oui, car tu as l'âge de la plénitude. Quand on a 50 ans, on est à son acmé. Alors, je t'en prie, ne te morfonds pas sur ton âge. Ne te languis pas sur ta décrépitude, ne te désespère pas sur ton obsolescence. Ne sois pas non plus obsédée par la courbe de tes sondages comme une ménagère vieillissante tourmentée par son poids. Sauf que toi, tu aurais peur d'en perdre. L'important, après tout, n'est-il pas de se sentir à l'aise aux entournures ?

Tu as 50 ans et, je te promets, c'est le plus bel âge de la vie. Tu as cinquante ans et tu es belle, vive, espiègle, drôle, intelligente. Regarde Sophie Davant, elle a 50 ans comme toi, et elle est pétillante, délicieuse, enjouée.

Regarde Laurent Romejko, il a 50 ans comme toi ! Oui, je te jure, Laurent Romejko a 50 ans comme toi ! Et jamais encore il n'a subi de désamiantage ! Laurent Romejko a 50 ans comme toi, et on dirait que Bertrand Renard est son arrière-grand-père !

Tu as 50 ans comme tous ceux qui ont fait ton histoire, ma jolie France, tu as cinquante ans comme tous ceux qui t'ont accompagnée, séduite, éblouie, enjôlée, ensorcelée, cajolée, captivée, et puis qui t'ont trompée un matin de trahison pour aller avec d'autres, plus argentées que toi, plus fortunées, ou que toi-même, infidèle, inconstante et volage, tu as abandonnés, jetés un soir de rupture et de désamour. Oui, ma Francette, tu as 50 ans comme Laurent Ruquier, comme Isabelle Giordano, comme Laurence Boccolini, comme Stéphane Bern, comme Stéphane Guillon, qui ne participeront pas tous aux festivités de ce week-end, notamment à cause d'emplois du temps surchargés.

Mais ne retournons pas le canif dans l'estafilade : tu es à fleur de peau. Tu es épidermique. Tu peux être dure et tellement sensible, tu es impulsive et réfléchie, tu es atrabilaire et tendre. Tu es faite de toutes nos erreurs et de toutes nos contradictions. Tu es faite de toutes nos antipathies et de tous nos enthousiasmes. Ce que j'aime en toi, finalement, c'est que tu n'es jamais tout à fait raisonnable. Tu es passionnée, enthousiaste, vivante. Impertinente aussi. Quand on te taxe de parisianisme, tu choisis la tour Eiffel pour t'exhiber insolemment.

Mais pardonne-moi, ma jolie Francette, de te parler franchement : que tu peux être exaspérante parfois quand tu penses avoir raison contre la terre entière ! Que tu peux être pénible quand tu joues au précepteur accroché à ses dogmes ! Mais que tu es généreuse aussi et délicate et sensible et joyeuse quand tu nous fais partager tes émotions et tes connaissances, tes coups de cœur et tes coups de gueule, quand tu te souviens dans une douce nostalgie que Jacques Chancel et José Artur ont été tes amants, que Pierre Bouteiller et Jean-Louis Foulquier furent tes chevaliers servants, que Claude Villers avec Desproges et Rego te faisaient tourner la tête. Mais je ne peux pas citer tous les prétendants, tous les amants exigeants et ardents que tu as eus, insatiable mangeuse d'hommes que tu as été. Tu en as eu des amoureux, et tu en as toujours qui viendront s'inscrire dans la mémoire des jours prochains.

Car vois-tu, avec le temps, on oublie le visage mais l'on n'oublie pas la voix des transistors, la voix de ceux qui nous disaient tout bas : « Ne rentre pas trop tard, surtout ne prends pas froid. » Avec le temps, tu vas voir, tout s'épanouit.

Ma fidèle France, ma bonne Inter, ne te résigne pas. Ne te sacrifie pas. Sois une enragée, une révoltée, une indomptable, une insurgée. Ne te laisse pas faire. Ne rentre pas dans le rang. N'abandonne pas ta jeunesse constitutive et, un jour, deviens une belle vieille dame indigne.

Ma jolie France, ma belle Inter, je te souhaite le meilleur pour les cinquante prochaines années.

SOUVENONS-NOUS DE SERGE LE LAMA

13 décembre 2013

Dans les journaux, souvenez-vous, il y a quelques jours, la prostate du président a fait les gros titres. Et puis un grand humaniste est mort et on a oublié la prostate du président. Tout le monde a rendu hommage au grand homme. Même ceux qui faisaient commerce avec ses geôliers. Même ceux qui le traitaient de terroriste. Et puis le grand homme lui-même a été balayé par Nadine Morano, en conflit avec l'ancien président de l'Assemblée nationale, Bernard Accoyer. Nelson Mandela se retrouve donc coincé entre une prostate et Nadine Morano. Au temps des robinets continus de l'information, la gloire n'est pas si glorieuse.

Attention. Il aurait pu connaître pire. Souvenez-vous encore. La vedette, il y a à peine quelques semaines, était Serge le Lama. Serge le Lama en tramway. Serge le Lama inaugure des magasins. Serge le Lama fait de la publicité. Serge le Lama tourne dans des clips. Un roman sur son histoire était en gestation, un biopic, une comédie musicale, un parc d'attractions. Pendant toute cette période, je vous fais remarquer, on a moins entendu parler de Nadine Morano. Y a-t-il eu entre les deux un accord, une sorte d'entente préalable ? On ne sait pas. Mais c'est possible. Entre ces deux étoiles montantes, un arrangement a pu se faire. « Je te laisse le champ libre pendant quelque temps, et juste après, hop, je reprends le flambeau. »

On ne sait pas comment Serge le Lama a vécu son retour à l'anonymat. Aujourd'hui, je vous le fais remarquer, je suis le seul à rappeler son souvenir. Quelle ingratitude du monde médiatique ! Imaginez, pendant des jours entiers, les radios, les journaux, les télés, accrochés à vos basques. Et puis tout d'un coup le silence, l'oubli. Aujourd'hui, comment Serge le Lama va-t-il réagir ? C'est la question. Va-t-il rebondir ? Va-t-il tenter de saisir à nouveau sa chance ? Va-t-il essayer d'approcher Jean-François Copé pour devenir tête de liste aux européennes ? Qu'apporterait de plus Serge le Lama au Parlement européen ? Il est évident qu'il a des déficiences. Ses connaissances en langues étrangères, notamment en anglais, mais aussi en allemand, ainsi qu'en volapük, sont très lacunaires mais, attention, Serge le Lama a des atouts sous sa fourrure ! Il est populaire. Sa laine est très recherchée et ses qualités de débroussailleur sont reconnues par tous. Ce qui n'est pas le cas, et vous en conviendrez, de tous les prétendants au Parlement européen.

Je vous rappelle les principales informations de la matinée : Nelson Mandela est mort à la suite d'une opération de la prostate. Bernard Accoyer soutient la candidature de Serge le Lama comme tête de liste aux européennes et Nadine Morano a décidé de se perfectionner en anglais.

SWING CABU[1]

27 décembre 2013

Je voulais écrire une chronique sur le dernier livre de Cabu. Mais c'est impossible. À peine venez-vous de noter la phrase : « Je voulais écrire une chronique sur le dernier livre de Cabu » que Cabu a déjà sorti un nouveau livre. Et pour peu que vous répétiez la phrase : « Je voulais écrire une chronique sur le dernier livre de Cabu » qu'il en a sorti un autre. Et puis un autre. Et puis encore un autre. Ça n'arrête jamais. Si, au milieu de la phrase « Je voulais écrire une chronique (…) sur le dernier livre de Cabu », vous prenez votre respiration, Cabu, pendant ce temps-là, a eu le temps de fournir des dessins à *Charlie Hebdo*, au *Canard enchaîné*, il a dessiné une quinzaine de couvertures de livres sur les sujets les plus divers. La gauche. La droite. Charles Trenet. Johnny Hallyday. Ses amours. Ses détestations.

Les libraires deviennent fous.

« Bonjour monsieur, je voudrais le dernier livre de Cabu.

— Mais bien sûr, monsieur, un instant, je vous prie, le voici, il vient de sortir, il est tout chaud… Ah, mais pardon, je vois sur mon ordinateur qu'un tout nouveau Cabu vient de sortir. Voyez-vous, le temps d'aller chercher ce livre dans les rayons que Cabu vient d'ajouter un nouvel opus à son œuvre. Vous voulez lequel, monsieur, le dernier Cabu ou le tout dernier Cabu ? Je vous demande de me donner une réponse assez rapide, si vous réfléchissez trop longtemps, de nouveaux Cabu vont encore apparaître les uns après les autres. Parce que je vais vous dire, monsieur, cet homme n'est pas un homme, c'est un geyser, ce dessinateur n'est pas un dessinateur, c'est un robinet à dessins, c'est un jaillissement permanent de traits, de croquis, d'études, d'esquisses, de caricatures. Dépêchez-vous, monsieur, quel Cabu voulez-vous ? Répondez-moi ! Parce qu'un troisième nouveau Cabu vient de sortir, puis un quatrième, monsieur, délivrez-moi, je suis envahi, submergé par les nouveautés de Cabu. Il faut faire

1. Chronique écrite à l'occasion de la sortie de *Cabu Swing. Souvenirs & carnets d'un fou de jazz*, Les Échappés, Charlie Hebdo.

vite. J'étouffe. Je défaille. Je suffoque. Il faut me donner une réponse rapidement ! »

Plutôt que d'écrire une chronique sur le dernier livre de Cabu, je préfère m'arrêter sur un livre ancien de Cabu puisqu'il a déjà quelques semaines. Mais vous pouvez le trouver encore dans les bonnes librairies. Le livre s'appelle *Cabu Swing*. L'éditeur : Les Échappés, Charlie Hebdo. Le prix 39 euros. Mais c'est un beau cadeau.

Vous tournez les pages du livre.

Et il vous semble entendre ça… Lionel Hampton, Oscar Peterson, Count Basie, Duke Ellington…

Cabu aime le jazz qui déménage. Pas celui qui donne envie de se jeter dans la Seine.

Et dans ce livre d'amour, de joie, d'admiration, d'émotion, d'humour, d'enthousiasme, d'inspiration, Cabu réunit toute la musique qu'il aime. Il dessine Cab Calloway avec tendresse et naturellement rend hommage à Charles Trenet. Mais un hommage espiègle, insolent, malicieux.

Cabu cite Pierre Bouteiller : « Un *big band*, c'est dix-sept musiciens, trois selon la police. »

Cabu cite Manu Chao : « Un musicien de jazz connaît mille notes et il joue devant vingt personnes, un musicien de rock connaît trois notes et il joue devant mille personnes. »

Un jour, il y a quelques années, je monte les Champs-Élysées, je croise Cabu qui sort d'un grand magasin de disques. Je lui demande : « Vous avez acheté quoi ? Du jazz ou du Charles Trenet ? » Il me tend un CD, *Charles Trenet, récital du Théâtre de l'Étoile, 1952* : « Tenez, c'est pour vous. »

Cabu est un monsieur généreux qui sait faire partager ses enthousiasmes. Son livre *Cabu Swing* en est la preuve éclatante.

Dans le fond, il n'y a pas tellement mieux comme attitude.

QUAND VOTRE CŒUR FAIT PLONK !

3 janvier 2014

Bien sûr, je n'ai pas d'ordre à vous donner. Mais au lieu de vous morfondre, vous devriez déjà faire la queue à l'Espace

Croix-Baragnon de Toulouse, où jusqu'au 11 janvier est exposée l'œuvre commune de messieurs Plonk et Replonk.

Vous n'avez naturellement aucune consigne à recevoir de ma part mais, au lieu de vous affliger, vous feriez mieux de faire le pied de grue devant l'espace culturel Aragon d'Oyonnax où jusqu'au 15 février sont offerts à la vue de tous les travaux de messieurs Plonk et Replonk. Plonk et Replonk alias Hubert et Jacques Froidevaux. Et si la perspective de visiter la Haute-Garonne ou le Jura vous indispose, procurez-vous illico l'ouvrage intitulé *De zéro à Z, l'abécédaire de l'inutile*, préfacé par Daniel Pennac et édité chez Hoëbeke.

On n'arrive pas à le croire, il fut une époque où Plonk et Replonk n'existaient pas. Le monde semblait vide. La vie semblait vaine. Les jours passaient, sans objectif. Les grands penseurs, les grands artistes, les grands philosophes cependant, avec la prescience des voyants, l'intuition des visionnaires, devinaient ce manque et exprimaient cette absence, espérant la venue de Plonk, présumant l'arrivée de Replonk, escomptant un jour de félicité l'unification de Plonk et Replonk.

En 1936, Charles Trenet (dit le Fou plonkant) chantait : « Plonk, quand votre cœur fait Plonk, tout avec lui dit Plonk et c'est l'amour qui replonke. »

Quelques années plus tard, André Malraux devait déclarer dans l'incompréhension générale : « Le XXIe siècle sera plonk ou ne sera pas replonk. » Ce qui fit dire au général de Gaulle ce mot devenu historique bien qu'absent de la plupart de nos manuels scolaires : « Dis donc, le Dédé, faudrait qu'il arrête la bibine. »

On ne sait toujours pas, à propos du Général, s'il aurait dit : « Les Français sont des veaux », un jour qu'il faisait un froid de canard, ou : « Les Français sont des canards », un jour qu'il faisait un froid de veau, ce qui, naturellement, arrangerait les deux sujets de ma chronique du jour, Hubert et Jacques Froidevaux, mais ne voudrait strictement rien dire.

À propos de rien, n'est-ce pas Lamartine lui-même, Alphonse de son petit nom, qui des années auparavant notait : « Un seul être vous plonke et tout est déplonké » ?

Je l'affirme et le prétends, je le soutiens et le maintiens, Plonk et Replonk sont aussi indispensables à l'humanité que l'est une plieuse de bananes marchant à plein régime. Qu'on ne s'y trompe pas. En sollicitant une fois de plus la figure emblématique de la banane, il n'est pas dans mes intentions de me fourvoyer dans une nouvelle polémique stérile. La banane est une merveille de l'humanité, un prodige de la civilisation, comme le sont Plonk et Replonk.

Mais parlons plutôt de Céline Dion. Ah, vous n'imaginiez pas que Céline Dion serait convoquée ce matin pour agrémenter mon hommage, qui pour être décousu n'en est pas moins sincère. Oui, Céline Dion fit il y a quelques années un succès interplanétaire en hurlant à la mort ce refrain qui reste dans toutes les mémoires : « Le monde est plonk / Je cherche le soleil / Au milieu de ma nuit. »

Plonk et Replonk ne font rien d'autre que chercher le soleil au milieu de la nuit.

Grâce à eux, nous n'oublierons pas la terrible épidémie de moustaches de 1910, pas plus que la classe des hyperactifs de Mlle Bémolle. Le monde est divisé en deux. Ceux qui ont déjà envoyé une carte postale de Plonk et Replonk, et ceux qui ont déjà reçu une carte de Plonk et Replonk. Notez que ce sont parfois les mêmes. Ce qui prouve qu'en ces temps difficiles leur contribution est essentielle à la cohésion sociale et culturelle de notre pays.

LE GODIVEAU

10 janvier 2014

Des fois, je me dis que j'ai raté ma carrière. J'aurais dû faire antisémite comme métier. On aurait parlé de moi. J'aurais fait la une des journaux. J'aurais été l'objet de tous les débats, toutes les pensées, dans toutes les rédactions, dans tous les bistrots, partout, même au sommet de l'État.

Sans trop me casser la tête. J'aurais inventé un geste, genre un doigt en l'air, le coude replié, la jambe tendue. N'importe quoi. Le poing fermé, un doigt dans l'oreille. N'importe quoi. J'aurais dit que ça serait un geste antisystème. J'aurais appelé ça « le godiveau ».

J'aurais fait des godiveaux à longueur de temps ! La marrade ! La poilade ! À Auschwitz, devant les synagogues, dans les cimetières juifs. Vous imaginez ? Les occasions de rire sont infinies. Tout le monde aurait fait des godiveaux, pour rigoler ! Enfin tout le monde… Le Pen, Gollnisch, Anelka, tous ces gens tellement à plaindre et qui dans leur carrière passée, à la tête d'un parti, à l'Assemblée, à l'université, sur les terrains de foot, ont eu tant à souffrir d'un système dont ils ont si peu profité ! Le godiveau se serait répandu. Il aurait fait trembler la République.

Des fois, je me dis que j'ai raté ma carrière. J'aurais dû faire raciste comme métier.

Je n'aurais pas eu trop besoin de soigner mes textes, pas trop besoin de travailler. Le principal trait d'humour d'un ancien humoriste qui interpréta au cinéma le rôle d'un proctologue, aujourd'hui, c'est de dire « dans le cul », « dans le fond du fion » du sionisme, de Hollande, de tout ce qui n'est pas en totale harmonie avec sa pensée délicate…

Bon. Je veux bien qu'on ne soit pas spécialement exigeant en matière d'humour, mais c'est quand même assez rudimentaire, non ? Par rapport à Raymond Devos par exemple, c'est différent, c'est peut-être moins subtil, un peu. Par rapport à Zouc, la Suissesse repartie dans sa Suisse et qui nous manque tellement et que j'embrasse, c'est très, très, très éloigné.

En même temps, c'est aussi plus direct. Il n'y a pas besoin de faire un gros travail de réflexion pour comprendre toutes les finesses de son langage.

Des fois, je me dis que j'ai raté ma carrière. J'aurais dû faire martyr comme métier. On m'aurait détesté bien sûr mais aussi on m'aurait plaint. On aurait évoqué la liberté d'expression. « Ben oui, les Juifs ils ont bien le droit de parler, pourquoi les nazis ils auraient pas leur mot à dire ? » Et puis, un martyr, ça gagne bien. Des tas de gens m'auraient soutenu. Il y aurait eu des souscriptions. Pour mettre « dans le cul » du système.

Quand on y pense, c'est curieux cette obsession de la sodomie qui revient régulièrement chez un être qui de temps en temps doit forcément rechercher un peu de douceur. La preuve, il n'a pas prénommé sa fille « Dans le cul » mais Plume.

Des fois, je me dis que j'ai raté ma carrière. J'aurais dû ouvrir une boutique de haine. La haine, c'est un produit à la mode. C'est elle qui a pignon sur rue. C'est elle qui fait recette. C'est la grande fournisseuse des médias.

LA BOÎTE À OUTILS

17 janvier 2014

Mardi dernier, la conférence de presse du président de la République a pu sembler un peu ennuyeuse à certains. C'est qu'elle avait été précédée par une autre conférence de presse à midi, au même endroit, avec les mêmes protagonistes. Le président de la République avait commencé par une dissertation de quarante minutes sur sa vie sexuelle. Ses premiers émois amoureux, sa rencontre et sa rupture avec Ségolène Royal, son amour pour Valérie Trierweiler, puis finalement et en conclusion provisoire l'arrivée de Julie Gayet dans sa vie affective. Beaucoup de gravité dans les propos de François Hollande, qui a conclu son intervention par une phrase lourde de sens : « J'ai une conviction et elle est profonde, si le président veut garder la maîtrise de sa sexualité, il doit faire réviser régulièrement son scooter. »

Une première question fut posée avec beaucoup de componction par un journaliste se repentant déjà d'ouvrir le débat de façon si dérangeante puisqu'elle concernait la situation économique de la France et les calamiteux sondages qui exprimaient la défiance des Français à l'égard du président de la République. François Hollande s'attendait à la question. Il y répondit avec fermeté. « Chacun dans sa vie publique peut traverser des épreuves. Ce sont des moments douloureux. » Et fit la promesse de clarifier la situation sur le sujet avant la prochaine élection présidentielle. À ce moment-là, Ivan Levaï, au premier rang, se leva afin de poser une question mais se fit doubler par une consœur de TF1. Ivan Levaï se rassit.

François Hollande fut interrogé sur les positions qu'il affectionnait particulièrement pendant les ébats amoureux. Il y répondit avec force détails. Certains journalistes, des *Échos*, de *Valeurs actuelles* notamment, s'ennuyaient ferme, jugeant que les réponses viraient un peu trop technique, tandis que les correspondants de *Playboy*, *Newlook*, *Lui*, *Union*, *Plaisir*, *Dusty*, *Hard Box*, *Eros contacts*, *Sex' Parades*, *Eroscopie*, *Recto Verso*, *Super Sex*, *Hard International* prenaient des notes avec la plus grande application.

À plusieurs reprises, Ivan Levaï tenta de poser des questions mais sans succès, se faisant régulièrement manger la politesse par l'un ou l'autre de ses plus vifs et de ses plus jeunes confrères.

Et puis, enfin, une question fut posée sur le fétichisme sexuel. « Faire l'amour avec un casque de scooter, était-ce véritablement un plus dans une vie sexuelle épanouie ? » C'était l'interrogation de Jocelyne Mouchadon, journaliste au *Courrier lorrain*. Le président prit sa respiration avant de répondre sans ambages, avec la plus grande clarté, la plus grande détermination. « Oui, je suis un fétichiste sexuel. Les accessoires sont non seulement utiles, ils sont indispensables pour renouveler l'intérêt d'une vie sexuelle épanouie. Je vous le dis, je ne m'en suis jamais caché, je le répète, je le clame, oui, je suis un fétichiste sexuel. »

Mlle Mouchadon reprit sa place, satisfaite, elle avait permis de clarifier la situation du président. Ivan Levaï réussit enfin à prendre la parole. Il avait l'air du vieux professionnel qui ne s'en laisse pas conter, qui à l'occasion ne déteste pas mettre en difficulté le président de la République, quitte à lui faire la leçon.

« Monsieur le président, pourquoi ne dites-vous pas clairement que vous êtes fétichiste sexuel ? C'est pas mal d'être fétichiste sexuel ? »

Les journalistes présents se promirent d'offrir un nouveau Sonotone à M. Levaï, à l'occasion de son prochain anniversaire.

La conférence de presse avait été d'une haute tenue. Elle avait tourné essentiellement autour du slip du président, ce qu'il avait lui-même surnommé dans une précédente intervention « la boîte à outils ».

François Hollande rajusta sa cravate, enfila son casque et prit la direction de la rue du Cirque. Il avait un peu de temps devant lui avant la conférence suivante.

TOUS LES GARÇONS S'APPELLENT FRANÇOIS

24 janvier 2014

Comme vous le savez, Patrick, aujourd'hui, au Vatican, François va rencontrer François, mais je voudrais rendre compte d'une autre conversation qui a eu lieu récemment entre François et François. Vous pouvez croire à tort que tous les garçons s'appellent Patrick, Patrick. C'est faux. Tous les garçons s'appellent François et je suis bien placé pour le savoir. Patrick, vous voulez bien jouer le rôle de François ? Pour ma part, je jouerai le rôle de François…

— Euh oui. Si ça ne vous dérange pas, François, j'aimerais autant jouer le rôle de François.

— Comme vous voulez. Dans ce cas-là je jouerai le rôle de François. C'est vous qui commencez…

(*En tapis sonore, la musique instrumentale de la chanson* Je t'aime moi non plus.)

— François ?

— François…

— François, parfois, je ne te comprends pas.

— Pourquoi dis-tu ça, François ?

— Mais, François, au moment où moi, président de la République, je m'avoue social-démocrate, autant dire centriste, tu t'éloignes de moi, pourquoi ?

— Oui, François, je t'ai entendu et mon cœur est brisé, je t'ai trop attendu, tu ne m'as fait aucun signe. Maintenant c'est trop tard.

— Il n'est jamais trop tard, François…

— Si, François. Plus d'un an et demi que j'attendais un mot de toi, oh rien : une promesse, une parole apaisante, un sourire, un portefeuille ministériel, enfin quelque chose qui m'aurait rassuré, donné confiance… Mais rien. Pas un mot, pas un regard. Parfois, comme tu peux sembler dur, inflexible…

— Tu sais bien, François, que ma situation était compliquée. Si j'allais vers toi, je me mettais définitivement à dos mon aile gauche… Tu as déjà vu un mélenchoniste énervé ? Non, pardonne-moi mais c'était impossible…

— Nous pensions toi et moi que rien n'était impossible en politique. Souviens-toi. Nos discours, nos projets, nos folies… On place le centre à droite, à gauche, où on veut. On renverse les courbes. On rêve et puis, un jour, la réalité nous rattrape, François, et puis les courbes ne se redressent pas et le centre comme toujours retombe à droite. Je ne pouvais plus supporter notre situation. À l'Élysée, quand je venais te voir, c'était à la sauvette. Tu m'obligeais à venir casqué. Moi, je rêvais de vivre notre union au grand jour. Au point que parfois j'espérais que *Closer* nous surprenne.

— François… tu pleures ?

— Non, c'est la pluie de ton quinquennat mouillé qui roule sur mes joues…

— François, c'est incompréhensible. Tu as fait perdre la droite en appelant à voter pour moi, et aujourd'hui la droite se met à ton service. Qu'est-ce que ça veut dire ? Alors ça n'a pas de sens pour toi, la résolution, l'engagement, le courage, la fidélité ?

— Euh… François, s'il te plaît…

— Bon d'accord…

— François, souhaite-moi bon courage. Je repars à Pau, avec mon bâton de berger pyrénéen. Imagine la tête des sarkozystes, obligés de me soutenir, eux qui tant me détestent. Ça ne te fait pas rire ?

— Non, François, je t'imaginais autrement. Je te pensais si loin des petits arrangements et de la politique politicienne. Tu étais un tel exemple pour moi, tes convictions, ton entêtement…

— Seuls les faits sont têtus…

— François… je t'aime.

— Moi non plus.

MONSIEUR CAVANNA

31 janvier 2014

Monsieur Cavanna,

J'apprends avec la plus grande stupéfaction qu'à 90 ans vous venez de mourir. Je ne vous félicite pas. Je ne vous tire pas mon chapeau. Pour le dire franchement, je trouve ça de votre part extrêmement décevant. De vous, j'attendais mieux. D'autant que, depuis votre naissance à Paris en 1923, vous avez toujours été extrêmement vivant.

Sans doute n'avez-vous pas toujours été très poli, conciliant, raffiné, révérencieux, mais vivant, vous l'avez été. Ça oui ! Ça pouvait en énerver quelques-uns. Mais ça en vengeait tellement d'autres ! Pour beaucoup, vous lire était un réconfort. Vous étiez la preuve que la vieillesse n'était pas le renoncement, que le grand âge ne voulait pas dire l'inertie.

Et là, j'apprends, avec la plus grande déception, le plus grand désappointement, que vous avez rendu les armes, que, ni plus ni moins, vous avez déclaré forfait. Comme un assujetti à la Sécurité sociale, comme un vieillard valétudinaire, un grand-père ergotant, un patraque patriarche, vous mourez dans un lit d'hôpital. Vous mourez après le passage de l'infirmière qui a pris votre tension et vous a interdit de trifouiller sous sa blouse, vieux dégoûtant que vous êtes, vous mourez sous le regard inquisiteur d'un plateau-repas vengeur, devant une viandasse grisâtre et indéterminée, une compote sous plastique. Vous mourez, perclus de douleurs, de souffrance et de larmes, vaincu sous Parkinson, affaibli par de successives fractures du col du fémur, culbuté par la mort, cette salope que vous avez toujours insultée, offensée, combattue, attaquée mais qui, la garce, patiente, fait le guet, insidieuse, attend son heure, finit toujours par avoir le dernier mot.

Monsieur Cavanna, j'apprends avec la plus grande déconvenue que vous venez de mourir alors que ce n'est vraiment pas le moment. La bêtise a pignon sur rue quand elle ne l'investit pas pour mêler des colères disparates faites de rancœur, de ressentiment et de haine. Vous mourez alors que la connerie fait florès, alors que le repli sur soi, le racisme, l'arrogance deviennent à la mode, alors qu'on ne se gêne plus pour écrire sur les calicots des slogans vomitifs.

Monsieur Cavanna, vous espériez que le budget de la défense serait consacré à la recherche médicale pour interdire la mort et vous, vous mourez au champ d'honneur des écrivains et des poètes, des résistants et des révoltés, des utopistes qui rêvent le monde pour le réinventer, l'émerveiller.

Monsieur Cavanna, vous êtes mort et ça ne vous ressemble pas. Revenez sur cette conclusion si convenue. Ne mourez pas. Franchement, vous avez mieux à faire. Faites un dernier effort. Ne mourez pas. Au contraire, ressuscitez, multipliez-vous, propagez-vous, répandez-vous, diffusez-vous afin que des centaines, des milliers, des millions et des millions de Cavanna au geste leste, à la moustache victorieuse, à la pensée agile se lèvent, se réunissent et piétinent la sottise et le chacun pour soi.

Monsieur Cavanna, je compte sur vous.

Je vous adresse mes pensées affectueuses et reconnaissantes.

INGRATITUDE ET INCONSÉQUENCES

7 février 2014

Les bonnes nouvelles sont suffisamment rares pour qu'on puisse avoir envie de les mettre en valeur quand elles apparaissent.

En 2013, la mortalité sur les routes a baissé de 11 % par rapport à l'année précédente. Plus de 350 personnes qui selon les statistiques auraient dû être mortes et qui, au lieu de ça, passent leur temps à critiquer le gouvernement. Tous les survivants sont invités à se faire connaître au plus vite auprès de leur préfecture afin de mettre en valeur la politique routière des pouvoirs publics.

Voulez-vous que je vous dise ? Nous sommes ingrats. Et inconséquents aussi. Légers, versatiles, volages, onduleux. Voilà, vous voulez que je vous dise vraiment : nous sommes faibles. On reproche à François Hollande d'être flottant. On n'est pas mieux.

Évidemment, on a moins de décisions à prendre. On n'est pas chef des armées. On n'est pas responsable de l'économie française. On ne connaît pas le code nucléaire. Mais quand même, l'autre soir, au restaurant Le Donjon à Argentan, j'ai hésité… Entrée ou plat direct ? Une sole ou une bavette ? Café ou déca ? Ce n'est pas facile d'avoir à choisir continûment. Des fois, on voudrait que *Closer* prenne pour nous les décisions, fassent les gros titres. « François Morel a pris de la charcuterie, une bavette et un mille-feuille avant son café et son pousse-café. » C'est vrai, j'avais oublié le dessert et le calvados. Bon alors, la formule supercomplète, puisque c'est *Closer* qui l'a dit.

Des fois, je suis fatigué d'avoir à faire des choix. Heureusement que je ne suis pas président de la République. Du moins, pas encore. Je réserve ma décision.

Il y a quinze jours, je sais, c'est un peu loin, je ne sais pas si vous vous souvenez, Valérie Trierweiler (ça ne vous dit rien ? mais si, la première journaliste de France, c'est elle qui le disait), elle était l'une des femmes les plus honnies de France. Sur le curseur de la détestation, elle n'était pas loin de Cruella, de Mme Fourniret, de l'épouse Dutroux. À côté, Eva Braun paraissait limite bonne copine sympatoche. Et puis, depuis le communiqué lapidaire de l'Élysée, Valérie Trierweiler est devenue celle qu'on plaint, celle qu'on regrette déjà, celle qu'on aime. Presque.

Nous sommes inconséquents, nous ne savons pas ce que nous voulons. Aujourd'hui, rue de Solférino, on se dit que finalement, si on avait eu l'idée de présenter l'ex-première dame aux municipales, elle aurait pu sauver une ville moyenne.

Comme quoi, rien n'est jamais perdu. Rien non plus n'est définitivement acquis. Madame Taubira, si vous déplacez les procureurs de la République, comme n'importe quelle Rachida Dati de base, on pourrait finir par vous trouver moins affriolante, pour peu qu'on soit effectivement attaché à l'indépendance de la justice.

Autant qu'on aime, on peut détester. Le contraire est possible.

Regardez Alain Juppé. Dans les années quatre-vingt-dix, droit dans ses bottes, on ne pouvait pas le sacquer. Aujourd'hui, c'est un recours. Un doux regret de la République. Un chagrin d'État. Un soupir exécutif. On le jugeait austère, on le trouve sérieux. On détestait son arrogance, on admire sa réserve. On se demande comment ça se fait qu'un gars comme ça, si sérieux, si pondéré, si chauve, ne soit pas président de la République, chef de l'Europe, maître du monde.

C'est un espoir pour beaucoup. Voyez le président de l'UMP. Malgré une économie en panne, malgré l'incapacité des socialistes à inverser la courbe du chômage, personne ne peut encadrer Jean-François Copé. C'est comme ça. On n'y peut rien. On ne peut pas le sentir.

Allez, Jean-François, ce n'est pas grave. Dans vingt-cinq ans, quand vous serez fini, hors course, à la ramasse, rangé des voitures, vous serez notre meilleur copain.

UNE SEULE PHRASE

14 février 2014

Je profite de la présence d'un académicien français venu ce matin avec son bicorne et son épée, sa moustache et ses lunettes, intercepté entre l'île de Bréhat et la rue Notre-Dame-des-Mots, entre le Gulf Stream et le conseil d'État, entre la Coupole et un fâcheux abandonné, autant dire entre un quai Conti et un con quitté, pour ne prononcer qu'une seule phrase, pas cinq, pas quatre, pas trois, pas deux, une seule phrase mais avec naturellement des incidentes et des incises, avec des subordonnées et des relatives, avec, si ça se trouve, des complétives et des circonstancielles, mais une seule phrase introduite par une majuscule et conclue dans moins de trois minutes trente maintenant, le temps passant si vite, par un point qui pour être final n'en sera pas moins libérateur et bienvenu et opportun parce que quand on a devant le micro, à côté de soi, même virtuellement, quelqu'un qui maîtrise la langue avec excellence, autant faire profil bas, je dirais même autant tondre les cloisons, autant tailler les remparts, oui, autant raser les murs, en ne tentant de prononcer qu'une seule et unique phrase, car à partir de deux phrases, c'est logique, c'est mathématique, c'est cartésien, vous multipliez immédiatement par deux les écueils du cuir et les menaces du pataquès, sans compter les pièges du velours et les périls de la psilose, toutes ces infirmités de la langue française qui chaque fois qu'elles sont proférées à l'antenne occasionnent autant de plaintes que de courriers vengeurs adressés directement à ce pauvre M. Bouvier, médiateur à Radio France et sosie de Jean Ferrat qui, j'en suis sûr, me sera reconnaissant de limiter pour une fois les risques d'incorrections en n'articulant qu'une seule phrase qui, sans doute, sera entrecoupée de virgules, comment faire autrement ?, de parenthèses (comment les éviter ?), voire de points de suspension… si j'en ai l'usage, mais qui ne sera surtout pas encrassée par ces saloperies de points-virgules, ces couilles molles de la ponctuation qui sont autant d'aveux de faiblesse et qui, à juste titre, tant mettaient en rage feu François Cavanna qui pensait pertinemment que dans la vie, il fallait choisir, la vie ou la mort, le vice ou la vertu, les Rolling Stones ou les Beatles, Sartre ou Camus, Jacques ou le croquant, la gauche ou la droite, le point ou la virgule mais surtout pas le point-virgule qui était à ses yeux farouches une véritable impuissance à trancher dans le vif, suivez mon regard, une incapacité à se déterminer car enfin aucun Grenelle de la ponctuation, aucun comité de spécialistes ne saurait mettre d'accord un point et une virgule aussi dissemblables qu'un patron et un ouvrier, un curé et un anarchiste, un inspecteur de la Cour des comptes et un membre de l'Institut à propos de qui on vient d'en apprendre de belles grâce au livre de Daniel Garcia, *Coupole et dépendances*, sorti pas plus tard qu'hier, racontant que sous les robes de la vieille dame du quai Conti, entre ses gigantesques cuisses qu'elle serre comme un étau, on trouve des forêts, des immeubles, des milliards d'euros ainsi que quelques subsides de l'État, qui peut-être seraient avantageusement employés s'ils servaient la culture dont le budget connaît une érosion continue depuis que la gauche est au pouvoir, ce qui j'imagine doit susciter chez M. Orsenna, homme de gauche et de culture, certaines réflexions intéressantes, point à la ligne.

NOTRE-DAME-DES-BULLDOZERS

28 février 2014

Si M. Ayrault me demandait ce que je pense de l'aéroport de Notre-Dame-des-Landes, qu'est-ce que je lui répondrais ? Je me réunirais avec moi-même et je ferais un effort de réflexion.

Bon, je ne suis pas contre le progrès. Chez moi, j'ai même une salière et un poivrier électriques qui font de la lumière au cas où l'on voudrait assaisonner dans l'obscurité. C'est vous dire. Et puis j'aime bien les avions. Particulièrement au niveau des issues de secours quand on peut allonger ses jambes. Figurez-vous qu'en ce moment je suis à Nouméa et je n'y suis pas venu à vélo.

Mais alors, concernant Notre-Dame-des-Landes, Notre-Dame-du-Ciment, Notre-Dame-des-Bulldozers, Notre-Dame-du-Béton, Notre-Dame-des-Larmes, le mieux, ce serait que vous arrêtiez les frais. On s'enlise. On se castagne. On s'enferre. L'un perd un œil. L'autre va perdre un bras. Mourir pour la patrie, c'était déjà pas folichon, mais mourir pour Vinci, franchement, ce serait quand même trop bête.

Chaque année, plus de 60 000 hectares de terres agricoles en France se volatilisent. 60 000 hectares ! C'est comme si tous les sept ans disparaissait un département français. Un département entier perdu entre 2000 et 2007. Un autre entre 2007 et 2014, ça fait beaucoup, non ? Alors, bien sûr, si c'est la Vendée et les Deux-Sèvres, c'est pas trop grave, mais si c'est la Charente-Maritime et le Calvados, c'est quand même plus embêtant.

Non, je plaisante. Je préfère préciser avant que les Vendéens et les Deux-Sévriens ne protestent.

Des terres agricoles qui meurent. Des zones commerciales, industrielles, qui naissent à la place. Toutes aussi moches les unes que les autres. Franchement, monsieur Ayrault, ça vous plaît de diriger le gouvernement d'un pays qui tend tous les jours à ressembler un peu plus uniformément à la Patte-d'Oie d'Herblay ?

Et je ne vous parle pas des centres-villes qui se désertifient. Pour aller chercher une baguette, il faut prendre sa voiture, traverser des ronds-points successifs qui semblent concourir dans une compétition de laideur. De temps en temps, derrière l'église fermée à clef, une pharmacie, une banque, une agence immobilière à côté d'un magasin de tatouage.

C'est bien sûr extrêmement désagréable de voir à la télévision une boutique Vinci détruite en quelques minutes lors d'une manifestation. Bien sûr. Évidemment. Indiscutablement. Mais voir des paysages qui sont anéantis, saccagés, un peu plus jour après jour dans l'indifférence générale, c'est également fort déplaisant. D'autant que la télévision filme rarement cette violence-là, plus insidieuse, plus sournoise.

À quoi ça sert de construire des aéroports, si en s'éloignant de chez soi on tombe toujours sur la même zone industrielle qu'on a à côté de chez soi.

Ça sert à quoi de chercher ailleurs des vallons, des champs, des collines, des bocages, si ailleurs ressemble à ici, si Bouygues, Vinci, Eiffage bétonnent, saccagent, uniformisent, et finalement dirigent le monde.

Monsieur Ayrault, si par hasard vous croisez un écologiste, précisez-lui que ses états d'âme au sujet de sa place dans votre gouvernement, comment dire ?, nous indiffèrent…

Comme dirait Quentin, charpentier, qui manifestait samedi dernier à Nantes et dont le globe oculaire a été détruit après un tir de flash-ball, on s'en bat l'œil.

QUAND LES GALLINACÉS SOUFFRIRONT DE CARIES

7 mars 2014

M. Copé, pour se défendre des deux scandales récents qui viennent d'entacher la droite française, crie au complot. Il a forcément raison. Nous sommes à trois semaines à peine des élections municipales. Les deux affaires, celle du favoritisme dont auraient bénéficié les amis de M. Copé, celle des enregistrements intempestifs de M. Buisson, pourraient avoir des conséquences importantes sur le résultat des votes.

Je propose donc à tous les journalistes, ceux du *Canard enchaîné*, ceux du *Point*, ceux de n'importe quel autre organe de presse qui feraient leur travail, de bien vouloir respecter scrupuleusement un calendrier afin de ne pas entraver la vie de la politique française.

Merci donc de ne plus sortir d'enquêtes d'ici fin mars.

Je rappelle que les élections municipales auront lieu les 23 et 30 mars 2014. Un peu de patience !

Début avril, il sera temps de reprendre les affaires en cours.

Sauf que, naturellement, nous serons quelques semaines avant les élections européennes, et qu'il serait judicieux d'observer une pause afin que les résultats des européennes ne soient pas pollués par ces boules puantes désastreuses pour l'image de notre pays vis-à-vis de nos différents partenaires européens.

En revanche, dès le 26 mai, les journalistes pourront avantageusement ressortir tout ce qu'ils auront appris. Si vous avez sous le coude un nouveau lapin malhonnête, un pigeon véreux, un Cahuzac, un Buisson, c'est le moment de le sortir de votre chapeau.

Libre à vous.

Je signale quand même que la France, qui a réussi, non sans mal, à être sélectionnée pour la Coupe du monde de football de 2014 au Brésil, aura jusqu'au 13 juillet pour montrer son talent au monde entier, et nous aurons à ce moment-là besoin de tous les soutiens, toutes les énergies, tous les talents, soudés et solidaires, derrière l'équipe de France et nos si sympathiques sportifs afin de renouveler le miracle de 1998.

En septembre, élections sénatoriales.

Attendons octobre pour sortir les sujets qui fâchent M. Copé.

Le mois d'octobre cependant n'est sûrement pas un mois propice aux nouvelles anxiogènes. On passe à l'heure d'hiver. Les jours diminuent, les nuits sont plus précoces, les nez coulent, les glands tombent, les vieux cassent leur col du fémur. Ce n'est sûrement pas le moment d'en rajouter.

En novembre, après la Toussaint, la fête des morts, arrivera le 11 Novembre, l'Armistice, célébration de la fin de la Première Guerre mondiale. J'espère, et M. Copé sera d'accord avec moi, qu'aucun journaliste digne de ce nom n'aura à cœur de salir l'unité de la France derrière ses valeureux combattants et ses valeurs fondamentales en ce mois qui sera celui de la réconciliation et du souvenir. Épargnons décembre et sa trêve des confiseurs, quand les enfants, réunis autour du sapin de Noël, attendent les cadeaux, et la paix, et l'espoir de lendemains meilleurs.

En 2015, il sera donc temps de sortir les dossiers sulfureux, en veillant naturellement à ne pas troubler la bonne tenue des différentes élections cantonales et régionales.

Je note par ailleurs que les élections présidentielles de 2017 seront dans le collimateur de chacun, dans le champ de vision de chaque observateur politique et qu'il serait malsain, voire périlleux, de sortir en cette période des affaires navrantes qui ne rendent pas service à la démocratie.

Après 2017, quand la France sera apaisée, quand les perspectives électorales seront écartées, quand les gallinacés souffriront de caries, reparlons du Qatar et des surfacturations avec un M. Copé éloigné, comme nous, de toute arrière-pensée.

LE PRINTEMPS, C'EST MAINTENANT

21 mars 2014

Viens à la maison
Il y a le printemps qui chante

Mon voisin a deux automobiles, une vieille guimbarde qui laisse derrière elle une fumée noire et une voiture toute neuve, essence hybride avec seulement 79 grammes de CO_2 par kilomètre. Lundi dernier, jour de circulation alternée à Paris, il a sorti sa vieille bagnole qui pue. Son immatriculation était impaire.

Les cerisiers sont blancs
Les oiseaux sont contents
Revoilà le printemps

La Russie annexe la Crimée. Aussitôt, deux ministres français annulent une rencontre avec leurs homologues russes. La sanction n'est-elle pas disproportionnée ?

Au printemps au printemps
Et mon cœur et ton cœur
Sont repeints au vin blanc

On reproche au parti de Marine Le Pen d'avoir sur ses listes des gens morts, mourants, atteints d'Alzheimer. Personnellement, ce sont mes candidats préférés au FN.

Y a la route qui s'fait nationale
Et des fourmis qui s'font la malle
C'est le printemps

M. Buisson enregistrait ses conversations avec M. Sarkozy. On crie au scandale. Le vrai scandale était connu avant. C'était que quelqu'un se prétendant gaulliste écoute un extrémiste de droite.

Chantons la chanson du printemps
C'est la saison du bonheur

Comme le temps passe vite. Souvenez-vous, le mois dernier, avant la découverte des différents trafics d'influence, corruption, favoritisme en tous genres, ce qui choquait vraiment M. Copé était l'existence d'un joli livre inoffensif, *Tous à poil*. M. Copé a quand même des indignations très sélectives.

Le grand nettoyage de printemps
À la poubelle tous les grognons
Les rabat-joie les pas contents

Éric Raoult a envoyé en neuf mois 15 000 sextos à une de ses anciennes collaboratrices qui, n'ayant pas cédé à ses avances, a été licenciée. Elle crie au harcèlement sexuel. Éric Raoult plaide le coup de cœur. Un peu d'amour dans une campagne si peu érotique.

Blanche-Neige est fatiguée pauvrette
De recoudre les boutons d'braguette
Des nains qui bandent comme des pur-sang
C'est l'printemps

Philippe Bouvard quitte « Les grosses têtes ». Mme Grosse-Paire de Loches est triste. Mme Pleine de Grasse est en deuil. Mlle Touffu de Lamotte en a gros sur la patate. M. Sapan d'Houilles se cache pour pleurer.

Dès qu'il la vit, il fut séduit
Par ses grands yeux et ses vingt ans

Des paléontologues viennent de découvrir une espèce de dinosaure à plumes. Line Renaud n'a pas souhaité réagir.

Les filles sont jolies
Dès que le printemps est là
Mais les serments s'oublient
Dès que le printemps s'en va

L'épouse de Manuel Valls fait sauter le PV d'une amie. Yamina Benguigui cache une partie de son patrimoine.

Au printemps de quoi rêvais-tu
Vieux monde clos comme une orange
Faites que quelque chose change

Le changement, ce sera sûrement un autre jour. En revanche, le printemps, c'est maintenant.

Le printemps est arrivé,
Sors de ta maison[1].

M. ANDRÉ NE FAIT PAS DE POLITIQUE

28 mars 2014

« Bonjour messieurs dames, que puis-je faire pour vous ? »

Depuis toujours, M. André dit qu'il ne fait pas de politique. Ça ne l'intéresse pas. De toute façon, en tant que commerçant, il ne

1. Œuvres citées : *Y a le printemps qui chante* (Thomas, Rivat/Bourtayre, François), *Les Cerisiers sont blancs* (Vidalin/Bécaud), *Au printemps* (Brel), *C'est le printemps* (Ferré), *Chanson du printemps* (Morey/Churchill, traduction : Dimey), *Le Grand Nettoyage de printemps* (Borne, Brice, Casanova), *C'est le printemps* (Perret), *Printemps d'Alsace* (Gasté/Ledrich), *Dès que le printemps revient* (Plante/Aufray), *Au printemps de quoi rêvais-tu ?* (Ferrat), *Printemps* (Vidalin/Blanes, Fugain).

peut pas se permettre. Il a des clients des deux bords, à gauche et à droite. Il est aimable avec tout le monde. Il est commerçant.

M. André, si vous lui posez la question, se définira comme « apolitique ». Il est partisan du « ni ni ». Ni de gauche ni de gauche. Il a déjà voté centriste. Sans étiquette, quelquefois. À droite, bien sûr. Mais à l'extrême droite, c'est bien la première fois.

M. André dit qu'il en a assez. Il en a ras le bol. Il est dégoûté. De quoi ? De tout… Les affaires. L'argent sale. Les impôts. L'immigration. Le mariage pour tous, ça a été le pompon.

Oh, bien sûr, quand M. André est dans sa boutique, il reste évasif. « Que ce soit les uns, que ce soit les autres… Tous à mettre dans le même panier. » Généralement, le client acquiesce.

L'autre jour, il a même servi, en souriant, deux homosexuels, très polis. Ça s'est très bien passé. Pas un mot de travers. Pas une allusion. Pas une réflexion. Surtout que les deux messieurs avaient le portefeuille bien garni.

Dimanche dernier, dans la solitude de l'isoloir, M. André a franchi le pas. Il a voté pour l'extrême droite. « Tant pis ! Je m'en fous ! Je me lâche ! De toute façon, ça ne peut pas être pire qu'avec les autres… »

M. André est commerçant. Son commerce est situé sur la principale avenue d'Avignon. Son chiffre d'affaires connaît une croissance significative en juillet quand les rues sont remplies par les festivaliers qui viennent voir du théâtre. Enfin, du théâtre… M. André aime bien le théâtre mais il ne va jamais au festival. Et là, ça n'a rien à voir avec la politique. Il a déjà assisté à des spectacles de toutes sortes et de tous bords. Il est allé voir Jean Roucas au Théâtre des Deux Ânes mais, il y a quelques années, il est aussi allé applaudir Roger Hanin. C'est vous dire qu'il a les idées larges.

M. André est embêté. Il commence à se dire que si l'extrême droite passait, il n'est pas sûr que les amateurs de théâtre viendraient en si grand nombre. Il y aura du grabuge, des contestations, des spectacles supprimés. M. André se souvient de 2003. Quand le festival avait été annulé. Il était même allé assister à une assemblée générale. Il avait détesté tout le monde. Ceux qui étaient pour arrêter le festival, ceux qui étaient pour que ça continue. Oh là là ! Des phraseurs, des ergoteurs, des discutailleurs, pas un pour rattraper l'autre. Résultat des courses, sur le plan financier, 2003 fut une très mauvaise année pour lui.

M. André, qui ne fait pas de politique (dans le commerce, on ne peut pas se permettre), apprécie quand même qu'il y ait des spectacles contre l'argent facile, le capitalisme, la société de consommation. Ça draine un gros public qui vient de partout et qui fait marcher son petit commerce.

M. André ne sait pas très bien ce qu'il va faire dimanche prochain. Il est inquiet. Il verra bien. Bon, M. André préfère penser à autre chose. On vient d'entrer dans sa boutique. M. André reprend son sourire.

« Bonjour messieurs dames, que puis-je faire pour vous ? »

GOUVERNEMENT VALLS, PREMIER BILAN

4 avril 2014

Manuel Valls a été nommé Premier ministre il y a trois jours déjà. Il n'est donc pas prématuré de dresser un premier bilan de son action à la tête du gouvernement. Une première rétrospective. Une sorte de tout premier droit d'inventaire.

Je n'irai pas par quatre chemins. L'heure est à la déception. Aucun problème auquel le pays est confronté n'a été résolu. Aucune annonce d'importance n'a été prononcée. Le chômage atteint toujours des sommets. La dette ne diminue pas. J'ai toujours mes douleurs lombaires.

Il suffit de lire la presse pour mesurer l'étendue de l'échec. Les critiques pleuvent. De partout. *Libération*, *Le Figaro*, *Le Monde*, *L'Humanité*... La désillusion est à son comble.

Peut-être, et c'est une suggestion que je me permets de faire au président de la République, faudrait-il nommer dès aujourd'hui un tout nouveau Premier ministre.

Il faut taper vite ! Il faut taper fort !

Monsieur le président, résumons les chapitres précédents : vous avez d'abord essayé un premier Premier ministre, sans doute plein de bonne volonté, sans doute tout à votre service, mais peut-être un peu trop inexpérimenté pour la fonction, un peu trop « maire de Nantes », pas assez chef de gouvernement. Vous l'avez gardé presque deux ans, peut-être un petit peu au-delà de la date de péremption.

Et puis, en début de semaine, vous avez choisi un homme chouchou de la droite. C'était sûrement, à cette époque-là (je parle d'il y a trois jours), une réponse tout à fait appropriée après la Berezina que la gauche avait connue lors des municipales. Mais vous le savez bien, tout va très vite, l'histoire s'accélère… Aujourd'hui, trois jours après… autant dire un siècle… autant dire presque une génération… nous sommes entrés dans une nouvelle période de votre quinquennat, qu'il faut considérer avec un regard neuf. Cette ère nouvelle correspond à la déception considérable suscitée par la nomination de Manuel Valls au poste de Premier ministre.

Il faut agir rondement ! Il faut marquer les esprits !

Le mieux est de rompre au plus tôt. N'attendez pas que *Closer* vous surprenne la nuit, le casque sur la tête, rendant visite à l'un ou l'autre des challengers de Manuel Valls. Rompez dès ce matin. Cassez. Brisez. Congédiez Manuel Valls avec la vélocité dont vous avez fait preuve envers celle que vous aviez présentée il y a peu comme « la femme de votre vie ».

Faites vite. Le temps vous est compté.

Je ne vous connais pas bien mais je vous imagine. Vous risquez de vous attacher. Vous n'aimez pas faire de la peine. Vous n'avez pas le goût du psychodrame. Renvoyez Manuel Valls pendant qu'il est encore temps. Nommez quelqu'un d'autre au poste de Premier ministre. N'importe qui. Celui qui va surprendre. Celui qu'on n'attendait pas. Jean-Luc Mélenchon. Jean-Vincent Placé. Christine Lagarde. José Bové. Laurence Parisot. Mme de Fontenay. Nabilla… Quelqu'un qui puisse faire le buzz pendant quelques jours.

Naturellement, vous ne serez pas obligé de garder cette personnalité très longtemps, juste le temps de faire son portrait dans la presse. Et puis, le moment de stupéfaction passé, vous pourrez la remplacer par quelqu'un d'autre qui, encore un temps, occupera à nouveau *C dans l'air*, les esprits, les conversations, les journaux.

Montrez, monsieur le président, que vous avez compris le message des urnes. On a besoin de nouveau. On a besoin de neuf. Ce sera la preuve que vous savez rebondir, que vos ressources sont infinies.

Bientôt, monsieur le président, on ne pourra pas faire l'économie d'une véritable réflexion sur la durée du quinquennat. C'est trop long.

Inventons pour le président de la République des mandats de trois ans, de seize mois, de quinze jours. Ainsi, nous serons de façon continue en période électorale, cet intervalle béni où les têtes sont pleines de rêves, de perspectives nouvelles, de promesses de lendemains meilleurs, de baisse des impôts, de diminution des charges, d'augmentation des prestations, d'éradication de la pauvreté. Ne subissons plus la dictature de la réalité.

Passons les vacances à la campagne électorale.

FLAMBY ATTILA

11 avril 2014

La nouvelle la plus importante de la semaine ne vous a pas échappé. Le chef de l'État n'y est pas allé par quatre chemins. Il a pris la décision qui s'imposait à ses yeux. Avec force. Avec courage. Avec détermination. Quitte à choquer. Quitte à scandaliser. Quitte à faire grincer les dents. À faire couler les larmes.

La décision a été prise promptement et aussitôt le communiqué est tombé. Comme un couperet. Comme un coup de massue.

On voyait la stupeur sur les visages. L'incompréhension. Le désespoir. Ça a été comme un tremblement de terre, un véritable tsunami. Un séisme. Celui qui surprend quand on s'y attend le moins. Celui qu'on n'a pas vu venir.

Les cris, les larmes, le sang. On ne le croyait pas capable d'une telle violence, d'une telle brutalité. Car François Hollande a donné un grand coup de pied dans la fourmilière.

Celui qui encore hier était considéré comme mou, indécis, hésitant, confus, n'a pas hésité à montrer qui était le chef.

Manuel Valls n'en est pas revenu. Il a senti la sueur perler sur son front martial et déjà meurtri. Il découvrait enfin à qui il avait affaire. Comme un Columbo portant un imperméable défraîchi, conduisant une guimbarde pourrie pour tromper son monde, cet homme qui deux ans auparavant avait été élu président de la République s'était affublé d'un ventre rebondi, d'un sourire niais et d'une allure bonhomme pour dissimuler la violence inouïe de son autoritarisme. « Quoi ? s'interrogea l'ambitieux Hispanique. S'il est capable de prendre de telles décisions, alors je ne suis qu'un second, un exécutant, au mieux un collaborateur. »

La stupeur était à son comble. Oui, Flamby dit Fraise des Bois dit M. Petites Blagues dit Capitaine de pédalo dit le Pingouin dit Guimauve le Conquérant dit M. Bricolage dit Pépère dit Édredon dit Fraise Tagada dit Flan à lunettes dit Babar le roi des éléphants montrait tout à coup qu'il était capable de taper du poing sur la table, de surprendre jusqu'à ses proches et que, par conséquent, désormais on avait affaire à Attila, dit le Barbare dit la Terreur dit Robespierre dit l'Épouvantable dit le Sauvage dit Barbe-Bleue dit le Killer dit le Tueur de Tulle dit l'Entulleur.

La nouvelle la plus importante de la semaine ne vous a pas échappé : le président de la République a décidé de priver pendant le Conseil des ministres ses ministres de téléphone afin qu'ils soient concentrés. Laurent Fabius ne pourra plus envoyer de textos. Ségolène Royal ne pourra plus charger d'applications. Michel Sapin et Arnaud Montebourg ne pourront plus jouer au Scrabble en ligne. Demain, on ne pourra plus téléphoner pendant la messe, dans les églises, au théâtre, pendant les représentations, au lycée pendant les examens, dans la salle d'opération pendant les interventions chirurgicales.

Le fascisme est en marche.

SAUF L'AMOUR

25 avril 2014

J'ai reçu une lettre de Françoise. Je ne l'ai jamais rencontrée. Sans doute n'est-elle plus toute jeune puisqu'elle se présente comme une grand-mère. Elle m'écrit de Castelsarrasin.

Françoise est une épistolière. Je ne vais pas vous lire sa lettre en entier. J'en serais gêné. Elle écrit notamment : « Chaque vendredi, j'attends avec impatience votre chronique. Cinq minutes de bonheur, d'émotion, de poésie et d'humanité. » C'est très exagéré. Ma chronique dépasse rarement quatre minutes trente.

Françoise est une auditrice. Sans doute est-elle régulièrement branchée sur France Inter. Ses après-midi, peut-être, elle les passe avec Daniel Mermet, avec Frédéric Lodéon. Elle écoute la radio pour se distraire, pour se venger, se consoler, se détendre, se scandaliser, s'amuser, se connaître.

Françoise est une révoltée. « Je fuis cette société capitaliste, consommatrice de tout, y compris de vies humaines. »

Françoise est une humaniste. « Je continue de croire envers et contre tout qu'autre chose est possible, que l'être humain est en voie de le devenir. N'a-t-il pas fallu des siècles à celui-ci pour acquérir la position verticale ? »

Françoise est une lectrice. Elle cite Théodore Monod : « On a tout essayé, sauf l'amour. »

Françoise m'envoie un mot d'abord pour m'adresser ses sentiments cordiaux. C'est gentil. Mais dans le fond si elle m'écrit une lettre, c'est parce qu'elle est tourneboulée. Un chauffard, sur la route de campagne longeant sa maisonnette, a manqué tuer son petit chien Milou. Milou a hurlé de douleur. Françoise était tétanisée, au bord de la route. Le chauffard ne s'est pas arrêté. Il a continué à pleine vitesse comme si de rien n'était.

Françoise n'a pas compris… Toute cette violence, cette indifférence, ce mépris pour la vie. Elle était sonnée.

Presque honteuse aussi. Dépitée, confuse de sa tristesse. Elle n'est pas idiote. Elle écoute les informations, elle lit les journaux. Que pèse le destin de Milou à côté des Syriennes violées, des homosexuels fouettés au Nigeria, des enfants victimes de la guerre en Centrafrique ? Françoise n'est pas une mémère à chienchien. Elle est grand-mère. Elle a un chien. Il n'y a que les imbéciles pour se moquer de l'attachement des maîtres à leurs bêtes.

« Je suis consciente qu'il se passe dans le monde des choses bien plus graves, mais voilà un exemple de la violence ordinaire, vous ne croyez pas ? » Françoise cherche un appui, quête un soutien, réclame un réconfort.

Oui, Françoise. Toutes les injustices se rejoignent. Toutes les douleurs sont respectables. Comme le fait dire Pierre Bost à un personnage de Bertrand Tavernier : « Tous les chagrins se ressemblent. »

Françoise conclut sa lettre par un message apaisé. « Après un séjour en clinique vétérinaire, Milou est à mes côtés, handicapé encore, mais il est là. »

Sur le pelage de Milou, je passe ma main caressante. Sur vos deux joues, Françoise, des baisers affectueux, amicaux, fraternels.

PARISIANISTES !

2 mai 2014

Une fois de plus, France Inter et le service public sont tombés dans leur travers habituel et récurrent : le parisianisme.

Le Louvre, je ne dis pas que ce n'est pas un musée qui n'a pas son petit intérêt, et de plus il est très bien desservi, notamment par les bus 21, 24, 27, 39, 48, 68, 69, 72, 81, 95, mais enfin, pour une œuvre aussi stupéfiante que *La Joconde*, dont le sourire énigmatique illumine mes journées et recouvre la boîte à sucres que j'utilise pour stocker mes médicaments avant de les répartir dans mon pilulier, combien d'œuvres cassées, détruites, tronquées qui sont, sans vergogne, présentées à des touristes innocents qui devraient avoir au moins la possibilité de tronquer également le coût de leur ticket quand les œuvres ne sont pas présentées dans leur intégralité même si, bien sûr, celles-ci certes peuvent avoir leur intérêt pédagogique. Devant la *Vénus de Milo*, je faisais remarquer à mon petit-fils : « Regarde ce qui risque de t'arriver si tu te ronges les ongles ! » Vous voyez, monsieur Cohen, que je ne suis pas le dernier pour pratiquer l'humour.

J'espère, concernant les œuvres endommagées, que la *Victoire de Samothrace*, quand elle sera de nouveau présentée au public après sa restauration, sera exposée avec sa tête que l'on nous cache depuis toujours. Pourquoi (mais peut-être n'est-ce pas assez prestigieux pour vous, monsieur Martinez ?) ne pas vous mettre en relation avec le Musée Grévin, qui n'hésiterait certainement pas, pour vous obliger, à fondre Mme de Fontenay ou Stéphane Bern afin de vous permettre de présenter la *Victoire* dans son entièreté.

Mais enfin, revenons au sujet qui m'occupe aujourd'hui, monsieur Martinez, et vous aussi, monsieur Cohen, car vous en êtes hautement responsable : le parisianisme.

Parce que, enfin, monsieur Cohen, pourquoi ne parlez-vous jamais du musée de la Châtaigne qui est situé à Mourjou, au sud-ouest de l'Auvergne et aux confins de l'Aveyron, ouvert les après-midi et fermé le lundi ? Ce n'est pas assez bien pour vous ? Vous craignez d'être taxé de giscardisme ?

Pourquoi, monsieur Cohen, passez-vous sous silence les activités du musée gastronomique du Fromage, de la Vache et de la

Gentiane situé à Salers ? Ce musée, monsieur Cohen, offre une dégustation de fromage et de gentiane. Je remarque que le musée du Louvre, pourtant doté de moyens autrement plus conséquents, monsieur Martinez, ne propose pas ce petit geste commercial très appréciable pour le visiteur.

Pourquoi, monsieur Cohen, faites-vous l'impasse sur le musée gastronomique dit « la maison du pâté Hénaff » situé au bourg de Pouldreuzic, dans le Finistère. Fleuron de l'industrie et de la gastronomie bretonnes, la fameuse boîte bleu et jaune, qui est un objet culte et qui accompagne notamment chacun des pique-niques de la famille Moteau de Luçon quand, à bord du *Hardi-Petit*, elle va faire une virée sur Stibiden ou les Logoden, n'a jamais fait l'objet (et je le remarque, et je le regrette, et je le déplore !) de la moindre mention dans la Matinale de M. Cohen, n'a jamais eu non plus les honneurs du Louvre. Monsieur Martinez, un peu de sérieux ! Sur une surface de 73 000 mètres carrés, vous ne pourriez pas trouver un petit endroit pour rendre hommage à un pâté et à des saucisses fraîches qui nous sont enviés dans le monde entier ?

Et le musée du Tire-Bouchon, monsieur Martinez ! Situé à Ménerbes, il présente plus de 1 200 pièces du monde entier, du XVIIe à nos jours. Ce musée qui, non content de prendre des groupes sur réservation, offre à ses visiteurs un parking gratuit. Un parking gratuit, monsieur Martinez ! Ne voyez-vous pas là, monsieur Martinez, une initiative dont vous pourriez vous inspirer ? Quand même ! Si le modeste musée du Tire-Bouchon de Ménerbes, commune de 1 079 habitants, offre gratuitement le parking à ses visiteurs, pourquoi celui situé dans la Ville lumière, qui se prétend être l'un des plus grands musées du monde, n'en fait-il pas autant ?

J'attends des réponses substantielles et argumentées. J'ai dit ce que j'avais à dire !

TOUT FOUT LE CAMP

9 mai 2014

Tout fout le camp. La gauche tient un discours de droite et depuis cinq mois, Gérard Depardieu a cessé de boire.

M. Pierre Gattaz, heureusement, est un homme dont la conduite semble être guidée par la volonté de ne jamais décevoir. Il a beaucoup d'idées. Beaucoup de propositions, notamment dans le domaine économique et social. Hélas, trop souvent, il se heurte aux nombreux corporatismes et aux différentes traditions et habitudes qui paralysent, qui… (comment dit-on le dimanche soir à Neuilly quand, de retour de rallye, on discute entre amis ?) qui sclérosent la société française.

Après avoir judicieusement proposé la suppression du régime d'indemnisation chômage pour les intermittents du spectacle, après avoir adroitement suggéré de créer en France un salaire inférieur au Smic, M. Gattaz, c'est *Le Canard enchaîné* qui vient de nous l'apprendre, a, en tant que patron de Radiall, augmenté son salaire personnel de 29 % en 2013. On ne doute pas qu'il puisse également toucher des compensations financières en tant que président de la Fédération des industries électriques, électroniques et de communication et président du Medef.

Des spécialistes en économie nous expliquent, en long, en large et de travers, que ce n'est pas du tout anormal, que ce n'est pas exagéré, que c'est dans l'ordre des choses. Sans doute. D'autant que le pire n'est jamais loin. M. Arnaud Lagardère, dont la principale qualité est quand même d'avoir été le fils unique de Jean-Luc Lagardère, touchera 16,6 millions cette année. En assemblée générale, un petit actionnaire, rebelle, insoumis, espiègle, mutin, n'a pas hésité à lui reprocher de ne pas l'avoir invité à son mariage, comme il l'avait promis. Pas un mot sur les 16,6 millions. Puisqu'on vous dit que c'est normal et que M. Gattaz n'est qu'un gagne-petit, tout juste classé 341e fortune de France en 2013 selon le magazine *Challenges*.

On voit bien que, dans ce contexte, le scandale est bien de ne pas pouvoir payer un employé en dessous du Smic et de ne pas se débarrasser de tous ces intermittents, jamais contents, qui minent dangereusement l'économie française.

Nouvellement élu président du Medef, M. Gattaz avait demandé une baisse de 100 milliards d'euros d'impôts et de charges pesant sur les entreprises afin qu'elles ne soient plus « asphyxiées, ligotées, terrorisées ». Si M. Gattaz a réussi à augmenter son salaire de 29 %, c'est probablement parce qu'il se sent un peu moins « asphyxié, ligoté, terrorisé ». Considérons donc cette augmentation de 29 % comme un signe d'amélioration de la situation dont nous ne pouvons que nous réjouir. Ne négligeons aucune piste.

Faisons preuve d'imagination. Mais surtout, cessons de culpabiliser les riches. Par ailleurs, ne rejetons pas *a priori* l'esclavagisme qui pourrait être une solution d'avenir afin d'occuper tant d'inactifs.

Depuis que M. Gattaz a été élu président du Medef, Laurence Parisot critique volontiers l'ultralibéralisme de son successeur. Elle fait un peu figure de dangereuse gauchiste, une sorte d'Arlette Laguiller sous un foulard Hermès.

Tout fout le camp, je vous disais.

LE PARAPLUIE D'ANGELA, LE RETOUR

16 mai 2014

Je ne suis pas ennemi du *mea culpa*. C'est le problème de commenter l'actualité à chaud. On risque chaque fois de dire des bêtises. Je vous dis franchement, heureusement que je ne viens pas tous les jours chroniquer l'actualité. Je ferais un papier le lundi. Les autres jours de la semaine, je présenterais des excuses, des regrets, ma défense. Le monde est si complexe. On a si vite fait de sembler injuste, partial, odieux. C'est bien, mon introduction, non ? Ça montre une assez grande hauteur de vues de ma part, non ? Je dois donc revenir aujourd'hui sur une de mes précédentes chroniques. Vous voyez de quoi je veux parler ?

C'était en novembre 2009, j'avais évoqué le parapluie d'Angela Merkel. C'était au moment des célébrations à Berlin vingt ans après la chute du mur. Je faisais remarquer que, sous une pluie battante, la chancelière tenait naturellement son parapluie au-dessus de sa tête tandis que l'ignoble Nicolas Sarkozy, ce potentat dédaigneux, ce despote allumé avait besoin d'un serviteur pour lui tenir servilement son pépin. J'en avais profité à l'époque pour écrire un réquisitoire assez méchant contre l'arrogance, la morgue de l'ancien président de la République. Je soulignais son mépris vis-à-vis des faibles tandis que je vantais la simplicité de la chancelière allemande qui n'avait besoin de personne pour éviter le refroidissement et sauver sa mise en plis.

J'étais partisan alors, sans le savoir, de l'anaphore modeste.

« Moi, président de la République, je me donnerai moi-même un coup de peigne quand j'en aurai besoin.

« Moi, président de la République, je me gratterai moi-même sous les aisselles chaque fois que j'en sentirai le besoin.

« Moi, président de la République, je veillerai à ce que mes collaborateurs cirent eux-mêmes leurs chaussures.

« Moi, président de la République, je tiendrai moi-même mon parapluie. »

Cinq ans plus tard, la semaine dernière, à l'occasion d'une nouvelle rencontre sur une île de la Baltique entre la chancelière allemande et le président français, on a vu à peu près les mêmes photos. Angela Merkel tenait toujours son parapluie, sauf que juste à côté d'elle, cette fois, c'était François Hollande qui avait les bras ballants.

Étant donné que je ne suis pas partisan, que je déteste l'arbitraire, que je suis infatigablement à la recherche de la justesse, de la rectitude, de la vérité, même si parfois elle est cruelle, que de toutes mes forces je combats l'intolérance et le sectarisme, que j'ai le dogmatisme en horreur, je suis bien obligé, même si j'en suis désolé, atteint que je suis dans mes convictions les plus profondes, bafoué jusqu'au tréfonds de ma conscience la plus intime, d'arriver à la conclusion suivante : mais c'est pas possible, mais il fait toujours un temps pourri en Allemagne !

Non, je dis ça parce que, nous, chez nous, ce jour-là, il avait fait beau. Enfin, pas beau, beau, le ciel était un peu couvert par endroits, c'est vrai, mais dans l'ensemble il a pas plu. Voilà.

Demain matin, je ne vous ai pas dit, je vais en Allemagne, je vais voir ma sœur. J'espère qu'on aura du beau temps.

TU TE SOUVIENS

23 mai 2014

Tu te souviens de l'humanité ? Son histoire. Ses souffrances. Ses tueries. Des millénaires à se battre, à défendre son territoire, à repousser l'envahisseur. À agrandir les cimetières.

Il fut un temps où l'on donnait aux guerres des petits noms charmants. Guerre des Deux Pierre. guerre des Amis. guerre de la Vache. guerre des Deux Roses. guerre de Bohême. guerre des Oranges. On avait le sens de la poésie jusque dans les boucheries.

Tu te souviens de l'Europe ? Sa construction, ses rêves et ses réalités. Pas de jaloux, chacun a eu son petit conflit, chacun a planté ses morts dans des champs de bataille. guerre d'Espagne. guerre de Finlande. guerre de Crimée. guerre d'Italie. guerre de Livonie. On apprenait sa géographie en perdant un œil, un bras, une jambe. Sa vie.

Tu te souviens de la liberté, l'égalité, la fraternité ? Du temps où les seigneurs, les curés, les patrons avaient tous les droits. Du temps des serfs, de monsieur le comte, de notre bon maître. Du temps des enfants dans les mines, des journées de douze heures, des semaines sans dimanche, des étés sans soleil, des lendemains sans espoir.

Tu te souviens de la politique ? Quand on voulait changer le monde. Quand Robespierre, dans son discours sur l'organisation des gardes nationales, prononçait pour la première fois : « Liberté, égalité, fraternité. » Quand dans *L'Aurore* Zola écrivait « J'accuse ». Quand à Londres un général pris pour un fou, un hystérique, un halluciné, déclarait qu'il était la France.

Tu te souviens de la liberté de vote ? En Arabie Saoudite, en Birmanie, au Vatican, le droit de vote n'existe pas. En Arabie Saoudite, on ne dit pas : « Tous pourris », on serait condamné à mort. On ne dit pas : « Que ce soient les uns que ce soient les autres… » Il n'y a que les uns. Les autres sont muets, bâillonnés, emprisonnés. Ou ils sont morts.

Tu te souviens d'une belle idée, piétinée, écrasée, foulée par les égoïsmes, les médiocrités et les nationalismes ?

Tu te souviens ?

Lorsque je m'adresse à moi-même, je me tutoie. Parfois, je me pose des questions, déconcerté que je suis devant le matériel électoral et les différentes professions de foi.

Tu te souviens d'Erasmus et des jeunes qui ont pour mission de faire en sorte que les lendemains chantent un peu moins faux ?

Tu te souviens ?

Tu te souviens de Beethoven ?

(*On entend l'*Hymne à la joie.)

LE SOLEIL A CINQUANTE ANS[1]

30 mai 2014

Le Soleil a cinquante ans. Mais il est né avant.

Il brille depuis Aristophane. Depuis Sophocle. Depuis Eschyle et Euripide. Il rayonne depuis les débuts de la civilisation. Peut-être même avant.

La vie, la mort, l'amour comme sur un plateau.

Sur les hauteurs d'Athènes, une petite gardienne de troupeaux se raconte des histoires. Elle se prénomme Ariane. Cette colline est une montagne. Ce ruisseau est un fleuve infranchissable. Mon papa, berger de son état, est le roi. Mes sœurs sont parfois des elfes, parfois des sorcières. Ce morceau de chiffon arraché d'un sac de blé est une robe de déesse, cette tige de bambou une baguette magique.

Le sang, les larmes, le rire comme dans un théâtre.

Je soupçonne Shakespeare d'avoir été un enfant.

Je suspecte Molière d'avoir été un garnement.

On dirait que je serais mort. On dirait que tu serais une princesse. On dirait que je ressusciterais. On dirait qu'on s'aimerait. On dirait qu'on se tuerait. On dirait qu'on voyagerait dans l'espace et le temps. On dirait… On dirait…

Le Soleil réchauffe depuis l'enfance. Peut-être même avant.

Un qui joue. Un qui regarde.

Un qui raconte. Un qui écoute.

Un qui danse. Un qui admire.

Celui qui danse, demain, regardera.

Celui qui regarde demain dansera son existence.

Ce n'est jamais fini. Ce n'est jamais borné, jamais accompli. C'est à recommencer, à refaire, à répéter, à réinventer jour après jour, soir après soir, nuit après nuit, vie après vie.

Le Soleil enflamme depuis une éternité. Peut-être même avant.

Et tout d'un coup, le monde se réinvente. Et tout d'un coup, le ciel se clarifie. Et tout d'un coup, et tout d'un coup, le théâtre bouleverse.

---

1. Ariane Mnouchkine, metteur en scène et fondatrice en 1964 du Théâtre du Soleil, était ce matin-là l'invitée de Patrick Cohen.

Cet art déficitaire est sans doute le plus riche. Cet art des origines n'est jamais aussi dépassé que lorsqu'il cherche à faire moderne. Jamais aussi ringard que lorsqu'il tente de faire l'original.

Le Soleil éclaire depuis toujours. Peut-être même avant.

Au moment où la politique nous désespère, au moment où les élections nous démoralisent, il reste le théâtre et Ariane, cette petite gardienne de troupeaux sur les hauteurs d'Athènes. Je ne vous cache pas qu'elle est un peu autoritaire parfois, un peu intransigeante de temps en temps.

Elle a cinq ans, elle veut qu'on lui raconte des histoires. *Ariane ou l'Âge d'or*. Salut, Caubère. Salut, Ariane. Salut, Philippe. *L'Âge d'or*. Salut, Mnouchkine qui nous intime l'ordre de ne pas glisser dans la résignation, qui nous somme de ne pas sombrer dans l'égoïsme.

Parce que, au moment où la réalité nous accable, où l'avenir nous inquiète, Ariane, la petite bergère sur les hauteurs d'Athènes, est une conscience.

Il fut un temps où des beaux esprits ont cru s'affranchir du partage, de la solidarité, de toutes ces notions tellement années soixante-dix, tellement dépassées, tellement baba cool, qui avaient fait leur temps mais que le Soleil n'a jamais cessé de mettre en avant.

« Création collective », ça faisait rigoler. On encensait le créateur. On moquait la collectivité. Même si on savait bien que l'invention ne pouvait être que communautaire, il était plus simple, plus gratifiant, de penser qu'il ne pouvait y avoir qu'un seul créateur.

Le Soleil a cinquante ans. Mais il est né avant. Fasse qu'il réchauffe, qu'il brille, qu'il éclaire, qu'il allume, qu'il embrase, qu'il enflamme, qu'il brûle encore longtemps, longtemps, longtemps, longtemps…

LA RUE DU 6-JUIN

6 juin 2014

À Flers-de-l'Orne, quand vous partez de la place des 5-Becs qui est devenue la place du Général-de-Gaulle et que vous allez vers la gare, vous passez forcément par la rue du 6-Juin. C'est là qu'il y avait le grand magasin Printania dans les années soixante. C'est là qu'il fallait se mettre jadis, pour admirer les chars, le jour du carnaval.

La rue du 6-Juin est à mon avis la rue la plus emblématique de Flers-de-l'Orne.

Oh, bien sûr, je pourrais signaler la rue du 6-Juin de Condé-sur-Noireau. Je ne vous dis pas qu'elle n'a pas son petit intérêt. Elle se trouve entre la rue Dumont-d'Urville et l'avenue de Verdun. Mais je la connais moins, et puis elle est plus petite.

Elle ne pourra jamais atteindre la réputation de la rue du 6-Juin de Flers-de-l'Orne où de temps en temps, quand le feu était au rouge et que ça circulait mal à cause de la pluie, on pouvait rester immobilisé pas moins de quarante-cinq secondes. Parfois, vers midi, à la pause déjeuner, au sortir des usines et des magasins, il pouvait se créer des embouteillages de douze, quatorze voitures même. « Un petit Paris », disait tonton Marcel.

La rue du 6-Juin d'Argentan, si vous la cherchez, ce n'est pas compliqué, elle se trouve entre la route d'Urou et la route d'Almenêches. Vous ne pouvez pas vous tromper.

Mais la rue du 6-Juin de Flers-de-l'Orne, on a beau dire, c'est quand même la plus prestigieuse, la mieux mise en valeur. Elle va de De Gaulle à Leclerc. Elle s'étend de la place d'un général à la place d'un autre général. Elle ne peut pas être mieux encadrée. Un chroniqueur vedette de France Inter régulièrement va y acheter ses slips. Ben oui, quand je vais chez ma mère, et que j'ai pas prévu assez de change.

À Vire, vous n'avez pas de rue du 6-Juin. En revanche, vous avez la place du 6-Juin. Elle est très commerçante, la place du 6-Juin de Vire, je ne dis pas le contraire : cosmétique, appareils photo, sans compter la Mie Câline.

Elle est très commerçante, la place du 6-Juin de Vire, je suis d'accord avec vous, mais pas aussi commerçante que la rue du 6-Juin de Flers. Parce que vous avez de tout dans la rue du 6-Juin de Flers. Opticiens, téléphonie, prêt-à-porter masculin et féminin, salon de coiffure, agence de voyages, bijoutier, cosmétiques, sans compter la Caisse d'Épargne et le Crédit immobilier de France.

L'avenue du 6-Juin de Lisieux, je le concède, n'est pas la plus mal lotie. Elle part de la route de Caen, elle court jusqu'à la rue Henry-Chéron. Elle s'enorgueillit de plusieurs restaurants et d'une clinique vétérinaire. Mais elle a subi sur une trop longue période un programme de rénovation de voirie qui a mis en difficulté les commerçants de l'avenue du 6-Juin de Lisieux.

Alors que la rue du 6-Juin de Flers, jamais un mot plus haut que l'autre. Elle descend tranquillement vers la rue Schnetz et la rue de Domfront. Elle remonte sereinement vers la rue Henri-Véniard et la route de Paris. Elle a l'évidence de celle qui se sait parfaitement à sa place, modeste autant qu'indispensable, discrète autant que nécessaire.

Bien sûr l'avenue du 6-Juin de Caen est également glorieuse mais Caen est une capitale, Caen est une métropole, c'est une mégalopole, une mégacité, une mégapole. On ne peut pas concurrencer.

Quand on passe dans ces rues du 6-Juin, à Flers, à Condé-sur-Noireau, à Argentan, à Lisieux, même à Caen, on ne devrait pas complètement oublier ceux qui ont trouvé la mort lors des bombardements alliés. Comment on fait pour se réjouir de la Libération quand on voit sa ville détruite, anéantie ? Comment on fait pour fêter la victoire quand on vient de perdre un ami, une sœur, un voisin ? Comment on fait son deuil quand le chagrin personnel vient s'entrechoquer avec la joie collective ?

Les rues du 6-Juin, entre nous, sont les rues de la pudeur et des souffrances cachées, de la douleur, de la discrétion et de la retenue.

JE SAIS BIEN, JE SAIS BIEN : TOUT N'ÉTAIT PAS MIEUX AVANT

13 juin 2014

Léon Blum, dont le mandat en ce mois de janvier 1947 vient de se conclure, a confié à quelques-uns de ses amis que désormais il profiterait de son expérience passée en tant que président de la République afin de faire des conférences internationales et ainsi s'en mettre plein les fouilles.

L'hebdomadaire *Ici Paris* a photographié le général de Gaulle sur un Solex, rendant visite à l'une de ses petites amies. Le général de Gaulle, face à Michel Droit, a rappelé avec beaucoup de gravité que la vie personnelle devait rester personnelle. L'actrice Simone Valère a obtenu deux millions d'anciens francs du magazine à sensation. Mme Yvonne de Gaulle, quant à elle, a été immédiatement congédiée de l'Élysée. On se souvient que le Général, quelques mois auparavant, avait indiqué à la presse qu'Yvonne était la femme de sa vie.

M. Édouard Ramonet, telle une figure de mode, a posé dans un tricot de peau de type marcel pour *Jours de France* afin de défendre l'industrie textile française qui n'en demandait pas tant !

Mme Irène Joliot-Curie, sous-secrétaire d'État à la recherche scientifique, vient de confier à *Paris-Soir* quelques clichés de son accouchement. Nous lui présentons tous nos vœux de bonheur.

Mme Simone Veil, membre du gouvernement de M. Raymond Barre, a convié le magazine *Le Point* pour dire tout le mal qu'elle pensait de Mme Françoise Giroud qui, pour sa part, vient d'écrire un papier assassin dans *L'Express* sur ses collègues du gouvernement. Elle s'en prend notamment à Mme Simone Veil dont elle moque le conservatisme et les chignons.

Mmes Veil et Giroud ont déclaré que leurs propos avaient été déformés, retirés de leur contexte et qu'il s'agissait d'humour, puis ont à nouveau échangé des noms d'oiseaux.

Tandis que le président Giscard d'Estaing a demandé à chacun lors du Conseil des ministres de faire preuve de solidarité gouvernementale, il aurait étrangement été surpris en train d'uriner dans un Stradivarius.

Au lendemain des élections législatives qui ont vu la poussée de Jean-Marie Le Pen, Mme Anne-Aymone Giscard d'Estaing, épouse de l'ancien président de la République, ne décolère pas contre le successeur de son mari. Elle a envoyé un courrier à toutes ses amies pour leur signifier que « la montée du FN est le résultat de la nullité abyssale de votre ami le pingouin ». Le président Mitterrand (prononcer Mitrand) appréciera.

Je sais bien, je sais bien : tout n'était pas mieux avant. Mais une certaine élégance ne se serait-elle pas perdue en route ? Un rien de distinction, un soupçon de raffinement, une once de tenue…

Je vous promets, je fais tout ce que je peux pour ne pas apparaître comme un vieux con. Parfois, c'est dur.

SOYEZ UN PEU PUNK !

20 juin 2014

Un vent de folie s'est emparé de France Inter depuis début juin et je ne sais pas si l'auditeur de la station se rend tout à fait compte de ce qui est en train de se produire.

Patrick Cohen est méconnaissable. On le voit parcourir les couloirs de France Inter dans les tenues les plus négligées. Lui jadis tout en maintien, tout en élégance, tout en retenue, arrive désormais le polo légèrement sorti de son pantalon curieusement fermé avec une épingle de nourrice. Généralement, il tient un pack de bières à la main. Ce matin, il a vomi à qui mieux mieux son Heineken à la face de Dominique Seux qui lui-même venait de taguer sur les murs du studio du 7-9 l'inscription « *No future !* ».

« Tu as raison, a dit Clara Dupont-Monod, débarquant dans ses DocMartens, ras le bol de cette société bourgeoise de merde ! »

Clara aussi a bien changé. Outrageusement maquillée, elle a dorénavant le teint blafard, du khôl sur les yeux, la bouche rouge vermillon. Elle ne se balade plus sans son rat, une horreur appelée Spunky qui lui mordille l'oreille. Tranquillement, comme si de rien n'était, elle s'injecte un peu d'héroïne dans les veines puis, bonne camarade, passe sa seringue à Thomas Legrand qui s'exclame dans un sanglot : « En vrai, les bobos sont des salauds, des collabos pas beaux du monde capitalo ! »

L'accoutrement de Bernard Guetta surprend jusqu'aux personnels de sécurité qui rechignent à le laisser entrer dans la Maison ronde. Bernard, dont la seule extravagance vestimentaire fut d'avoir porté, un soir d'élection, un badge agrafé sur son imper mastic « *I love Europe* », arbore dorénavant des jarretières sur un jean déchiré tandis qu'un cadenas à l'entrejambe sait mettre en valeur sa virilité extrême et considérablement provocante.

Ce qui a déclenché ce mouvement est naturellement l'interview que notre nouvelle directrice, Laurence Bloch, a donnée récemment au journal *Le Monde*. Sa déclaration a été ressentie comme un coup de tonnerre, plus précisément comme un séisme de forte magnitude, exactement comme un tremblement de terre, forcément imprévisible, forcément destructeur : « Dans une société atone, morose, France Inter doit détonner, il lui faut du tempérament, une dose de mauvais goût, de l'audace. Soyez un peu punk ! »

« Soyez un peu punk ! », l'injonction faite aux animateurs, aux producteurs de la station pilote de Radio France provoqua le trouble, la stupéfaction, l'inquiétude, l'incompréhension.

« Ça veut dire quoi, punk ? » gémissait Frédéric Lodéon, anéanti, brisé, réfugié au café Les Ondes qui en la circonstance prenait des airs de Fort Alamo. « Ça veut dire quoi, punk ? » interrogeait Frédéric Lodéon, craignant la violence, la vulgarité, la barbarie d'un monde sans Beethoven, sans Liszt et sans Chopin.

« Soyez un peu punk ! » Frédéric Mitterrand, comme un chant du cygne, avant de faire ses adieux à la chaîne s'est fait mettre un piercing sur une partie de son anatomie restée secrète. Le piercing se serait dangereusement infecté. Aussitôt, Frédéric a été hospitalisé. Ses jours ne seraient pas en danger.

Pour sa part, Laurence Bloch, voulant donner l'exemple, est allée la première chez Carita pour changer son look. Elle arbore aujourd'hui une crête iroquoise teinte en violet d'un côté, orange de l'autre. Soyons juste, Laurence a souvent des coiffures singulières et cette nouvelle coupe aurait plutôt tendance à modifier son physique de façon avantageuse.

Personnellement, je fais des efforts pour épouser le style punk mais franchement, ça ne m'est pas encore tout à fait naturel. Pourra-t-il convenir à beaucoup de monde au sein de la Maison ronde ? C'est ce que les prochaines semaines vont nous apprendre.

VIVE MA FRANCE !

27 juin 2014

Mardi dernier, en prenant mon café du matin, j'écoutais avec plaisir, chez Pascale Clark, Alain Souchon. À un moment donné, il a tenu un propos étonnant : « On dirait que les Français n'aiment pas la France. »

Incroyable, non ? Parce que cette phrase patriotique, que l'on aurait pu imaginer jadis dans la bouche d'Yves Guéna, de Philippe Séguin, elle aurait été inconcevable dans celles de Léo Ferré, de Georges Brassens.

Qu'est-ce qui a changé ?

« On dirait que les Français n'aiment pas la France. » Aujourd'hui, le patriotisme est donc exprimé par un poète, par quelqu'un qu'on ne connaît pas personnellement mais qui a une vraie tête de copain.

Dans tous les discours du parti d'extrême droite, quoi qu'ils en disent, le patriotisme est piétiné, bafoué. Tout est rejeté par Marine Le Pen. Rien ne trouve grâce à l'œil de Jean-Marie Le Pen. Il y a des années, celui-ci était allé à Sète pour tenter de récupérer Brassens comme on va profaner un cimetière. Pour avoir les faveurs du Front National, il est préférable d'être mort. Si les frontistes préfèrent les morts aux vivants, c'est qu'ils sont sûrement moins enclins à se défendre, à apporter la contestation. Aujourd'hui, ils veulent même enrôler de Gaulle, l'ancien ennemi farouche de cette droite extrême. Demain, ils se réclameront de Coluche, de Desproges, de Jean Yanne, de Jaurès, de Zola, de Hugo. Ils osent tout. C'est même à ça qu'on les reconnaît.

Je voudrais pour mon dernier matin de la saison faire une chronique patriotique. Vous dire que j'aime la France. Et que non, ce n'est pas si ridicule d'aimer la France. Elle est si belle, si contrastée, si chaleureuse. Je ne plaisante pas. Je la sillonne, la France, toute l'année. Et aimer la France, pour moi, ça n'a rien à voir avec se mettre au garde-à-vous et réciter par cœur les paroles de *La Marseillaise*. C'est se souvenir de visages, de rencontres, de discussions, de rigolades, à Alès, à Brest, à Vannes, à Laval, à Annecy, à Argentan, Valenciennes, Hazebrouck, Château-Arnoux, à Saint-Nazaire, Paris, Cesson-Sévigné… C'est se souvenir de moments forts vécus à la Maison de Gardanne ou à l'école élémentaire les Floralies à Aix-en-Provence.

Aimer la France, c'est lire le livre *Réparer les vivants* de Maylis de Kerangal. Être emporté par une écriture précise, juste, bouleversante. C'est regarder un dessin de Sempé en se demandant si on doit rire ou être ému. C'est écouter Albin de La Simone chanter « Quoi ma gueule qu'est-ce qu'elle a ma gueule » avec une fragilité désarmante.

Aimer la France, pour moi, c'est entendre Juliette, sa générosité, son humour, son incroyable musicalité. C'est lire chaque semaine les chroniques de Patrick Pelloux dans *Charlie Hebdo*. Comprendre son empathie, sa tristesse parfois, ses révoltes. C'est découvrir, incrédule, un dessin de Charb, de Cabu. C'est entrer dans un nouveau théâtre à Albi. C'est découvrir Grégory Gadebois sur une scène. C'est voir un nouveau spectacle de Sivadier, de Pommerat. C'est attendre avec impatience la nouvelle saison des *Revenants*. C'est s'enthousiasmer de l'honneur que l'Académie américaine des arts et des sciences a rendu cette année à Michel Broué sans comprendre le moindre début de commencement de ses recherches mathématiques.

C'est admirer les gens du Dal[1], les bénévoles des Restaurants du Cœur, de SOS Amitié, de tant d'associations de bonnes volontés, d'humanismes qui ne se résignent pas à voir gagner l'indifférence, le mépris, le rejet de l'autre.

C'est tellement de choses encore, tellement de parfums, de sensations, d'images. Allez, on peut bien le dire. Pour conclure cette année, avant de vous retrouver le 29 août, même endroit, même heure.

Allez oui, je le dis : Vive ma République ! Vive ma France !

COMME UN REPÈRE AU MILIEU D'UN OCÉAN EN FURIE

29 août 2014

Eh bien, ma chère et vieille France Inter, nous voilà donc encore une fois ensemble, devant une lourde épreuve, en vertu du mandat que Philippe Val m'a donné et que Laurence Bloch a renouvelé, de la légitimité nationale que j'incarne depuis six ans, je demande à tous et à toutes de me soutenir, quoi qu'il arrive.

Lorsque je suis arrivé, les plus jeunes ne peuvent pas s'en souvenir, j'étais encore dans la force de l'âge. J'avais la quarantaine triomphante, le regard fier, la mèche arrogante et le sourire aux lèvres. Aujourd'hui, le teint est fané, le sourire est brouillé, la mine est déconfite.

Le cheveu est plus rare. Le regard est plus sombre. Le cœur est plus mouillé. L'obligation de porter une vision décalée sur l'actualité n'est pas une sinécure, n'est pas une surpiqûre, n'est

1. Dal (Droit au logement).

pas une manucure (pourquoi serait-ce une manucure ?). Moi qui, inconscient vaporeux, me plongeais dans les illustrés pour enfants rêveurs, moi pour qui la presse était d'abord ce qui me permettait de réunir des images fantasmatiques de modèles déshabillés que je découpais sur du papier glacé, j'ai été obligé de m'immerger dans les bulletins les plus austères, les publications les moins affriolantes, afin de tenter de décrypter les soubresauts incohérents d'un monde aux abois, prêt à succomber, à dévisser vers le désordre et le chaos.

Lorsque je suis arrivé (vous n'étiez pas encore là, Cohen… À l'époque vous vous contentiez de faire homme-sandwich sur les chaînes commerciales, n'ayant pas encore subi l'appel impérieux et prestigieux du service public), lorsque je suis arrivé, j'ai accepté de quitter une carrière d'amuseur frivole et virevoltant afin de communiquer mes vues sur le monde, comme un jour de prospection intime, recherchant la sagesse et le sens, on décide d'enfiler un rigoriste habit de bure sur un body-string négligé.

Ce que j'eus à commenter suffirait à assombrir le plus ravi de la crèche. Des attentats, des meurtres, des guerres, des fusillades, des violences… Des reniements, des trahisons, des médiocrités. Cahuzac, DSK, Copé, l'affaire Tapie, l'humour de Brice Hortefeux et la pluie cruelle et incessante tombant sur un président isolé, pathétique, abandonné de tous. Toutes ces catastrophes successives qui jour après jour ont assombri le ciel, ont éloigné l'espoir.

Lorsque je suis arrivé, je n'étais pas encore ce repère au milieu d'un océan en furie, je n'étais pas encore ce phare éclairant la mer tumultueuse, je n'étais pas encore cet amer réconfortant pour marins en difficulté.

Beaucoup de chroniqueurs que j'ai vus débuter, grandir, progresser, sont morts au champ d'honneur de l'humour et de l'impertinence. Grâce éternelle leur soit rendue. Aujourd'hui, fort de ma longévité, de mon assiduité, de ma persévérance, ayant officié sous divers gouvernements de droite, qu'ils soient libéraux ou socialistes, on vient me consulter. « Comment débuter une chronique ? » me questionne un apprenti humoriste. « Comment à la fin d'un papier négocier la chute ? » me demande un chroniqueur en herbe. « Comment de la direction de France Inter obtenir une augmentation ? » m'interroge François Rollin.

Eh bien, je ne sais pas. Je ne sais rien. Mais si je persiste encore, je sens que mon devoir est sans faillir de traquer des réponses, de sonder le réel, d'apporter un peu de baume sur des blessures persistantes, bien qu'il me faille admettre, la mort dans l'âme, qu'il nous sera plus accessible, même si c'est difficile, même si c'est délicat, même si c'est malcommode, de réussir une chronique que de négocier une augmentation de salaire.

YELLOW STAR

5 septembre 2014

Il y en a qui voient le mal partout. Zara, la chaîne espagnole de magasins de vêtements, avait eu la bonne initiative en août de commercialiser un joli tee-shirt rayé avec une étoile jaune dessus. Un vêtement rayé. Une étoile jaune…

Admettez que les gens ont les idées mal placées. Certains ont trouvé que ça faisait penser un petit peu à cet accessoire porté sur le cœur dans les années quarante, que les Juifs, parmi les plus fashion-victims, arboraient fièrement, parfois même en toute décontraction sur un pyjama rayé. À cette époque, nombreux étaient nos concitoyens qui ne s'offusquaient pas spécialement de cette mode vestimentaire alors très répandue.

Soixante-dix ans après, Zara, donc, sort un tee-shirt rayé avec son étoile jaune. Sans penser à mal. Sans comprendre l'aspect légèrement discutable de cette proposition commerciale.

Quand on prend la peine de réfléchir deux secondes, on se dit quand même : « C'est surprenant. C'est affligeant. C'est atterrant. »

Parce qu'il ne peut pas y avoir que des imbéciles qui travaillent chez Zara, il doit y avoir aussi pas mal de crétins.

Vous imaginez le nombre de stylistes, de commerciaux, d'attachés de presse, de distributeurs, de représentants de commerce, de commerçants qui ont découvert le tee-shirt sans réagir, sans moufter, sans se dire : « Euh, quand même, c'est peut-être pas d'un goût formidable… »

« Bah », comme dit l'adolescent à qui l'on demande si de Gaulle était né avant Napoléon ou après : « Excuse-moi mais, je te signale, j'étais pas né. »

Ben ouais. On n'a pas besoin d'avoir une mémoire personnelle, une petite culture qu'on se fabriquerait soi-même, puisque dans notre minuscule téléphone portable sont concentrés plus d'informations, de connaissances, de savoirs que la Bibliothèque nationale de France et la Bibliothèque du Congrès de Washington réunies.

Pour peu qu'on soit né après les années quatre-vingt-dix, il est normal qu'on ne connaisse ni Victor Hugo, ni Albert Camus, ni même Serge Gainsbourg qui en 1975 sortait sa chanson *Yellow Star*. Il se souvenait d'un petit garçon apeuré, angoissé, appelé Lucien Ginsburg, lorsqu'il tentait de fuir une réalité effrayante en s'imaginant que cette étoile qu'on l'obligeait à porter était en réalité une étoile de shérif qui faisait de lui un héros, un justicier, un *big chief*.

C'est également l'étoile jaune du shérif qu'a évoquée la direction de Zara pour se justifier.

Il y a quelques années, quand Zara avait déjà commercialisé un imprimé avec dessus une croix gammée, la direction avait alors dit : « Pas du tout, il s'agit juste d'un svastika indien. »

La prochaine fois, commercialisez un tattoo avec un numéro à imprimer sur l'avant-bras, vous direz que c'est pour évoquer le numéro gagnant du loto.

(*On entend* Yellow Star *de Serge Gainsbourg.*)

LE LIVRE DE VALÉRIE T.

12 septembre 2014

Il y a des sujets à côté desquels un chroniqueur ne peut pas passer. Comme une sorte d'obligation d'en parler. Un devoir déontologique quasiment. Je suis comme les autres. Je fais mon miel de l'actualité surtout quand elle est un peu scandaleuse.

Bien sûr, dès que j'en aurai parlé, on m'en fera le reproche. « Alors lui aussi, il fait comme tout le monde, il est pas mieux que les autres, il y a quand même des sujets plus importants. Parce que toutes ces histoires, ça n'intéresse pas les Français », disent en chœur les Français qui se précipitent sur l'ouvrage en question.

Mais si je n'en parlais pas, c'est moi qui me ferais traiter de faux cul. On dirait : « Dommage. Il a la trouille. Il est complaisant. Ah, l'ordure ! Si ça avait été Carla Bruni qui avait écrit un bouquin sur Sarkozy, on imagine, le salaud, comment il les aurait allumés. »

J'ai donc décidé de consacrer ma chronique à votre livre, Valérie Trierweiler. Je vous dis franchement, je ne voulais pas l'acheter. Je suis donc allé à la médiathèque la plus proche de chez moi.

J'ai cherché l'ouvrage dans les rayons. Tourgueniev… Tournier… Trierweiler. Tout de suite, je suis tombé dessus. J'étais un peu surpris. Je pensais qu'il y aurait une liste d'attente. Pas du tout…

Parce que, alors, on me parle de succès exceptionnel qui va considérablement vous enrichir… Il semblerait que, là où j'habite, on soit très nettement passé à côté du phénomène. Sur la dernière page, j'ai vu que le livre avait été très peu emprunté. Pour être totalement exact, une seule fois. Il se trouve que je connais le lecteur en question puisque c'était un voisin. Un vieux militant socialiste, autrefois mermazien et aujourd'hui décédé.

Le livre, comment vous dire… Il est comme il est. Valérie, par moments vous vous essayez à la rigolade légère, mais on voit bien que ce n'est pas forcément votre spécialité. Page 12 : « Enfin les vacances ! François ne décroche pas. Sauf le téléphone ! »

Bon, si un jour Marion, l'assistante de Patrick, a la curieuse idée de vous proposer la carte blanche humoristique du jeudi, il faudra qu'elle vous prévienne suffisamment à l'avance car j'ai l'impression que chez vous l'humour n'est pas une seconde nature.

Page 50, Valérie, vous écrivez : « Brive, son rugby, sa foire du livre. Comme chaque année, nous allons à ce Salon du livre. J'aime ce moment-là. Être au milieu des livres. » La répétition du mot « livre » en si peu de lignes, c'est un peu lourd, Valérie. La première journaliste de France que vous étiez n'était sans doute pas la plus grande styliste.

Page 53, je lis : « Après s'être affrontés pendant la primaire, François, Montebourg et Valls se comportent comme trois vieux copains. » Valérie, franchement, vous nous prenez pour qui ? Même en gardant un fond de candeur, un reste de naïveté, nous servir « Oui-Oui au pays de la Politique », c'est un peu beaucoup. Faut pas nous prendre pour des brêles, Valérie. On sait bien que la politique, c'est le combat, la violence, les coups tordus. Peut-être même la réunion d'ambitions exacerbées. Peut-être même le lieu de rancœurs, de violences inouïes. Si ça se trouve.

Le soir de la victoire de 2012, vous écrivez : « Je me retiens mais l'émotion est là. Mes larmes s'arrêtent à la frontière du (trois petits points) mascara. »

Trois petits points encore une fois, sans doute l'expression de votre humour qu'il faudra sans doute muscler un peu au cas où vous passeriez un jeudi matin.

« Je me retiens mais l'émotion est là. Mes larmes s'arrêtent à la frontière du (trois petits points) mascara. »

Bon. Il paraît que vous faites des chroniques littéraires dans *Paris-Match*. Elles doivent être assez chouettes dans le sens où sûrement elles sont faciles à comprendre.

Voilà, Valérie, pour être franc, je trouve que ça manque un peu de distance, tout ça.

Je rappelle le titre de votre livre, *François Hollande président, 400 jours dans les coulisses d'une victoire* aux Éditions du Cherche-Midi, prix 19,80 euros, publié en 2012. Je ne sais pas pourquoi on en fait tant de foin aujourd'hui, hagiographie quand même un peu affligeante de banalité, mais qui sans doute a dû réjouir quelques heures mon ancien voisin, ancien mermazien, socialiste convaincu, aujourd'hui mort. Mort et enterré. Comme un espoir plus que déçu, piétiné, humilié, assassiné.

LE MONDE A SOIXANTE-DIX ANS, *L'ORNE COMBATTANTE* AUSSI

19 septembre 2014

Encore une fois, je suis désolé de le dire, monsieur Cohen, le 7-9 tombe dans son péché mignon, dans ses abominables travers, donnant à ses ennemis le bâton pour le battre : le parisianisme ! Enfin quoi, une émission spéciale pour *Le Monde* ! Je ne dis pas que ce quotidien ne mérite pas une petite mention, mais enfin pourquoi lui consacrer autant d'importance quand on omet d'évoquer un autre anniversaire qui, j'aime autant vous le dire, a au moins autant de résonance dans cette région située entre Caligny et Landisacq, entre Beauchêne et Saint-Georges-des-Groseillers, entre Putanges et Saint-Cornier-des-Landes, entre Tinchebray et La Lande-Patry, je veux naturellement parler de *L'Orne combattante*, qui fête pareillement ses soixante-dix ans, événement que, je crois bien, monsieur Cohen, vous aviez l'intention de passer sous silence.

Je remarque, par ailleurs, que nombre d'informations développées dans *L'Orne combattante* ne sont pas relayées par les grands quotidiens nationaux. Pourquoi ? J'attends, fébrile, des réponses circonstanciées, tandis que l'abominable nuage de la censure assombrit déjà notre soif de connaissances et de libertés.

À Condé-sur-Noireau, le quartier du Mesnil est envahi par les chats errants. Chaque année, de nouvelles portées augmentent la population féline qui gravite autour de quelques immeubles. Pas un mot dans *Le Monde*. Pas même un entrefilet. Les véritables préoccupations des Français, visiblement, ne concernent pas certains journalistes enfermés dans leur tour d'ivoire.

Sur le mont de Cerisy-Belle-Étoile, le dimanche 7 septembre, a eu lieu un barbecue festif. J'ai naturellement épluché scrupuleusement chaque édition du *Monde* depuis ce 7 septembre, notamment ses pages culturelles, j'ai également écouté tous les journaux de France Inter, rien, pas un mot, pas une brève, pas un entrefilet. Belle conception de l'information pluraliste.

Je note également que *Le Monde* n'a jamais signalé que l'avenue de la Libération de Flers-de-l'Orne était provisoirement en sens unique dans sa partie montante, entre le rond-point du magasin Carrefour et celui de la route de Cerisy. Dans ces moments difficiles où les concitoyens de notre pays ont besoin de repères clairs, dans cette période historique si troublée où chacun a besoin de comprendre où il va, quel est le chemin à suivre, quelle est la direction à prendre, il est regrettable que seule *L'Orne combattante* ait le courage de sortir une information si tangible et nécessaire.

J'observe enfin que, concernant la tournée internationale de MM. Dominique Besnehard et François Morel qui, ce samedi 20 septembre, parcourront la Basse-Normandie, caracolant du cinéma Le Basselin à Vire dans le Calvados jusqu'au cinéma les 4-Vikings de Flers-de-l'Orne afin de présenter en avant-première le film de Jean-Michel Ribes *Brèves de comptoir*, aucune annonce dans *Le Monde*, silence radio à France Inter. J'aime autant vous dire, messieurs, que vos lecteurs et auditeurs apprécieront…

NICOLUS SARKOZUS AGITATUS[1]

26 septembre 2014

Au Muséum d'histoire naturelle, quand on voit un animal se battre pour sa propre survie, on se réjouit. Forcément. On ne se résout pas à voir mourir une espèce animale, fût-elle dangereuse, agressive, menaçante. Le *Panthera tigris sumatrae*, le *Puma concolor coryi* et l'*Acinonyx jubatus venaticus*, que les vulgaires appellent le tigre de Sumatra, la panthère de Floride et le guépard asiatique, font partie de notre patrimoine commun. S'ils devaient s'éteindre, c'est un peu de la richesse écologique de notre planète qui disparaîtrait à tout jamais.

Aussi est-il émouvant d'observer une créature se battre pour exister encore.

Le *Nicolus sarkozus agitatus* est un animal vertébré, mammifère qui appartient à l'ordre des grands *politicus*. Il a les dents longues, les oreilles pointues. Il a deux neurones. Peut-être plus. Il vit parfois en eaux troubles. C'est un grand mâle dominant mais de courte taille. L'animal tente de se terrer pendant des périodes d'hibernation mais il a du mal à s'y résoudre. Quand il revient, il semble qu'il ne soit jamais parti. Quand il repart, c'est pour réapparaître aussitôt. Il ne parvient pas à s'acclimater à un milieu sans projecteurs, sans caméras. Alors, il quitte régulièrement sa tanière pour courir à l'autre bout du monde où il va de conférence en conférence. Il est attiré par l'odeur de l'argent. Parfois, également, il part écouter chanter sa femelle, dont il apprécie le feulement gracieux, chuchoté, presque inaudible.

Mais ce qui motive véritablement le *Nicolus sarkozus agressus*, c'est le combat. Il n'est jamais aussi à l'aise que dans la bataille, le choc, l'affrontement.

C'est un mâle carnassier. Il effraie, il fait peur, il inquiète, le *Nicolus sarkozus sanguinus*, quand il lèche ses babines devant la perspective d'un duel sans merci.

Car il ne craint personne. Surtout pas ses ennemis naturels, le *Vallsus hibericus* ou le *Flambis hollandis à lunettes mouillées*, et il ne comprend toujours pas comment, deux ans auparavant,

1. Le 7-9 avait ce matin-là installé son studio au Muséum d'histoire naturelle.

cet édredon ramolli, cet entremets insipide, cette fraise des bois sans saveur a pu le vaincre, lui, le roi de la forêt, le seigneur des animaux, le maître de la création, le suprême, l'absolu, le divin, le supérieur à tous.

Mais c'est surtout pour ses proches que le *Nicolus sarkozus cruellus* est le plus féroce. C'est un fauve déguisé en musaraigne. C'est un lion travesti en bigorneau.

Dans sa cage sarthoise, le *Françus fillonus* tourne en rond. Il tente d'aiguiser ses canines et ses incisives émoussées par la rillette et son goût pour la tranquillité et la conciliation, mais sans y parvenir. Et puis l'odeur du sang lui répugne. Il rêve de gagner mais ne voudrait combattre. Il aspire au triomphe mais sans risquer sa peau.

Alors, le seul qui soit vraiment un danger pour le *Nicolus sarkozus cannibalus* se trouve dans sa réserve bordelaise. Il s'agit du *Alanis jupanus degarnitus*. Magnifique et serein, il attend son heure. Il sait qu'elle est venue. Il n'a plus qu'à tendre la patte qui peut caresser ou frapper sans trembler l'importun qui l'attaquerait.

La lutte s'annonce impitoyable.

Alors, se promenant dans la grande galerie de l'évolution du Muséum d'histoire naturelle, des visiteurs, rêvant à la biodiversité, aux relations souvent belliqueuses depuis plus de trois milliards d'années entre les différents organismes vivants, se diront, un peu tristes, un peu découragés, que devant ces combats prévisibles entre grands mâles sauvages, le monde animal, depuis sa création, n'a pas tant évolué.

J'ÉCOUTE IBRAHIM MAALOUF ET JE PENSE À VOUS[1]

3 octobre 2014

J'écoute Ibrahim Maalouf, Françoise, et je pense à vous. Vous m'avez adressé un mail, le plus étonnant que j'aie jamais reçu depuis que j'interviens sur France Inter.

1. Guide de haute montagne, Hervé Gourdel est mort assassiné par un groupe djihadiste algérien en septembre 2014. Sur le site de France Inter, j'avais reçu

Je me permets de le lire.

> Bonsoir, je suis la compagne d'Hervé Gourdel. J'ai une requête à vous soumettre. Je souhaiterais qu'Hervé soit présent dans votre prochaine chronique. Normalement, ça ne se demande pas. Mais Hervé appréciait beaucoup vos chroniques et je souhaiterais que ce soit une sensibilité qui s'exprime ainsi qu'une hauteur de vues. Voilà, vous faites ce que vous voulez de ma demande. Je vous remercie de m'avoir lue.

Françoise, j'écoute Ibrahim Maalouf et je pense à vous. J'imagine que votre requête est importante à vos yeux puisque vous me l'adressez comme après un naufrage on lance une bouteille à la mer.

Je relis vos mots… Une sensibilité qui s'exprime, sûrement, mais une hauteur de vues… J'ai peur de ne pas en être capable. Qui je serais moi pour parler de quelqu'un que je ne connaissais pas et qui a rencontré l'horreur absolue en Kabylie ? J'écris des chroniques sur France Inter, ce n'est pas rien, mais, entre nous, je suis une imposture. Je devrais déchiffrer l'actualité mais l'actualité m'effraie, je devrais saisir la réalité mais la réalité s'échappe, je devrais décrypter le monde mais le monde est de plus en plus incompréhensible à mes yeux, à mes oreilles. Je n'ose pas le dire à Patrick Cohen, il m'arrive, certains matins, de ne plus mettre la radio. La peur d'apprendre de trop mauvaises nouvelles. Les extrémismes qui montent. Le sens de la solidarité qui disparaît. La violence comme seule réponse…

Je pense à vous, Françoise, j'écoute Ibrahim Maalouf et j'ai peur de ne pas trouver les mots. Je devrais peut-être juste prononcer le nom de votre compagnon disparu, le répéter, juste pour qu'il soit présent, juste pour qu'il ne soit pas oublié, juste pour répondre à votre sollicitation.

Hervé Gourdel, Hervé Gourdel, Hervé Gourdel…

Je regarde sa page Facebook. Il était randonneur. J'imagine que randonner avec lui devait être plaisant, rassurant, joyeux. Il aimait les Pink Floyd et Led Zeppelin, il aimait la ville de Mougins, le Mercantour et les Alpes du Sud, il aimait la cordonnerie Carlone à Nice et l'équipe de France de football, il aimait la Ligue pour la protection des oiseaux. Il aimait la photographie, le vin et les

---

un message de sa compagne, Françoise, me demandant d'évoquer la mémoire d'Hervé qui avait l'habitude de m'écouter le vendredi matin.

femmes. Il aimait discuter, débattre, ne pas être d'accord. Il aimait défendre ses convictions. Il aimait transmettre.

Enfin, quoi, il aimait la vie, qui s'est arrêtée pour lui dans l'horreur, la violence absolue, les pages internationales de tous les journaux du monde.

Depuis qu'Hervé est mort, il y a eu des manifestations. Des marches silencieuses mais dont certaines ont tourné à la querelle de chiffonniers. Comme si rien ne servait à rien. Comme si la mort d'un honnête homme ne pouvait pas au moins susciter la retenue, le respect, le silence.

Voilà, le silence, comme seule réponse un peu digne.

Le silence ou la musique, comme celle d'Ibrahim Maalouf, qui a été honoré par l'Unesco en tant qu'« artiste œuvrant pour le dialogue interculturel entre les mondes arabe et occidental ».

Françoise, j'écoute Ibrahim Maalouf et je pense à vous.

INTERVIEW EXCLUSIVE DE PATRICK MODIANO

10 octobre 2014

Aujourd'hui, pas de chronique.

À la place un coup de fil.

En effet, le service culturel a réussi à obtenir une interview avec Patrick Modiano. Moi, j'ai réussi mieux puisque le nouveau prix Nobel a accepté de me répondre, non seulement en exclusivité mais en direct. De plus, l'auteur de *La Place de l'Étoile* a accepté d'aborder les sujets d'actualité.

— Patrick Modiano, avant d'aborder les questions politiques sur lesquelles vous avez accepté de dire vos sentiments, votre analyse, je voulais d'abord vous féliciter pour le prix Nobel de littérature. Vous êtes l'auteur de livres courts, délicats, presque secrets… La charge du Nobel ne vous paraît-elle pas trop écrasante ? Comment on se sent quand on s'apprête à recevoir un prix aussi prestigieux ?

— Allô ? Oui. Non. Enfin, le Nobel c'est un peu comme si… En fait, non, c'est à la fois, c'est terrible et aussi c'est tellement, enfin… Voilà, c'est un peu comme si… Quand j'ai su que…

aussitôt, je me suis dit. Et puis, j'ai tellement pensé tout de suite à ma… Et puis aussi à tous ceux qui… C'est tout un travail sur la…, pas la mémoire mais enfin…

— En effet. J'avais donc sollicité ce rendez-vous afin de vous faire réagir sur l'actualité. Je sais que vous puisez votre inspiration dans les *Cinémonde* ou les annuaires téléphoniques des années d'occupation plutôt que dans les différents journaux qui sortent chaque jour, mais vous vivez aujourd'hui à Paris et je voulais savoir quel était votre regard sur la politique française, notamment sur le gouvernement actuel ?

— Oui. Non. Enfin, c'est-à-dire, c'est un peu comme si on conduisait une voiture sans aucune visibilité la nuit au hasard de la…, et on se dit ça peut durer longtemps ou bien… C'est comme une absence de signalisation, dans le brouillard. C'est comme si on était… pas perdu mais… Cette pluie qui tombe sur le président, c'est un peu comme si… Voilà, une pluie, comme ça, sans discontinuer… Alors, on se retrouve un peu comme dans un café à l'angle de la rue Greuze et la rue des Sablons, à l'abri, et puis on voit l'autobus 63 filer jusqu'au bois de Boulogne, et là, on est… c'est un peu. Et puis non, dans le fond, on se dit, après tout…

— Exactement. Dominique de Villepin est l'invité principal de « la Matinale », son rapprochement avec Nicolas Sarkozy vous a surpris ?

— Oui. Non. Quand même. Sarkozy, c'est un nom, comme ça, je me souviens, des amis hongrois de mes parents, retrouvé dans un vieux portefeuille de mon père… Des numéros de téléphone griffonnés… Neuilly 83 02. Et puis Élysée 07 12, des années plus tard, je l'aperçus avec un croc de boucher à la main. Comme une vision, enfin… Qui fait peur. Oui.

— Une dernière question qui émane du service culturel de la rédaction de France Inter. Autant vous dire qu'elle risque d'être un peu pointue. Vous envisageriez d'écrire une biographie de Valérie Trierweiler ?

— Non.

— Voilà. Eh bien, merci, monsieur Modiano, d'avoir répondu à nos questions et d'avoir apporté votre éclairage si particulier à l'actualité la plus brûlante.

— Oui. Non. Vous pouvez me repasser l'opératrice ? Je voudrais joindre une jeune femme, enfin une jeune fille plutôt, radiotélégraphiste de chemin de fer au Passy 29 63…

— Merci, Patrick Modiano. Et encore bravo pour le Nobel.
— Oui, c'est un peu comme si…
— Voilà.

DÉLIVREZ LES PONTS !

17 octobre 2014

« *Si par hasard*
Sur le pont des Arts

Tu accroches un cadenas d'amour, c'est que tu es un vrai con ».

Pardonne-moi, Juliette, de te parler un peu vivement, mais c'est ce que je pense. Excuse-moi, Roméo, de m'exprimer un peu lestement mais tu attises mon énervement.

Toute cette énergie dépensée par la mairie de Paris qui vient d'installer des rambardes vitrées au milieu du pont des Arts.

Un cadenas, c'est utile sur un vélo, une valise ou une armoire métallique, mais particulièrement godiche accroché sur un pont.

Délivrez les ponts ! Libérez les grilles !

Car le pont croule sous les cadenas d'amour. Des grilles entières cèdent sous le poids des cadenas.

Que sont vos amours cadenassés, aussi lourds que des portes de prison ? L'amour, c'est le ciel bleu, la romance, les oiseaux, la liberté, la légèreté, ça n'a rien à voir avec vos chaînes, vos codes, vos clefs, votre fantasme de sécurité.

Quelles sortes d'animaux êtes-vous, amoureux à la manque, pour vous sentir obligés de marquer votre territoire, comme des blaireaux que vous êtes, en train de chier près de votre terrier ?

Et puis, pardonnez-moi, mais l'amour c'est l'invention, c'est l'inspiration. C'est l'inédit. On ne vous demande pas d'être Apollinaire, non. On ne vous demande pas d'être Rimbaud. Le dessin malhabile d'un enfant a bien plus de valeur aux yeux de sa mère que tous les tableaux présentés dans la galerie d'Apollon. Le poème maladroit d'un amoureux suscite bien plus d'émotion quand il est dit à l'oreille de son amour que tout Sully Prudhomme, Agrippa d'Aubigné, Marceline Desbordes-Valmore (qui, cher Patrick, j'en conviens, est assez pénible) et Louis Aragon réunis.

Car les mots d'amour sont faits pour être réinventés. Créez vos déclarations d'amour ! Imaginez vos serments d'amour ! Concevez vos gestes d'amour ! Bandes de panurgistes amortis, décervelés suivistes, conformistes crétins, incapables de trouver une seule attention qui vous soit un peu personnelle.

Parce que ne croyez pas que le pont des Arts soit la seule victime.

Du pont Milvius à Rome jusqu'à la passerelle de la gare de Fengyuan à Taïwan, en passant par le pont de Télemly à Alger, le ponte dell'Accademia à Venise, le pont Loujkov à Moscou et puis à Séoul, à Singapour, à Cologne, à Francfort, partout, la mondialisation de la connerie est en marche. Des petits ponts, des gros ponts, des vieux ponts, des jeunes ponts, vous salissez tout !

« *Si par hasard*
Sur le pont des Arts

Tu accroches un cadenas d'amour, c'est que tu es un connard. Et si tu t'attaques au pont de l'Archevêché, tu es un taré. Si tu t'en prends à la passerelle Simone-de-Beauvoir, tu n'es qu'un tocard ».

Pardon, Tristan, si j'ai vexé Yseult, mais vous m'avez mis en colère !

Cette semaine, au beau milieu du pont des arts cinématographiques, Marie Dubois vient de retrouver son amour Serge Rousseau. Ils sont jeunes et beaux comme le jour où ils se sont rencontrés. Ils ont l'éternité devant eux.

CITATIONS

24 octobre 2014

« Un homme qui boit, c'est moche, mais une femme je crois bien que c'est encore pire. »

Gérard Boulard, *Café des sports*,
7 février 1972.

« En France, il faudrait un type comme Hitler. »

Janine Brémont, mariage de sa cousine Paulette,
12 octobre 1975.

« La femme, c'est sentimental, c'est maternel, c'est tout ce que tu veux, t'avoueras que c'est pas fait pour diriger une entreprise ou signer un chèque. T'avoueras ? »

Jean-Pierre Bittu, soirée choucroute et tombola,
7 juin 1994.

« Moi, je n'ai jamais voulu travailler, j'estime que le rôle d'une femme, c'est d'abord d'élever ses enfants et de servir son mari. »

Roselyne Bittu, soirée choucroute et tombola,
7 juin 1994.

« J'aimerais mieux me faire enculer que d'être pédé. »

Gilbert Martin, apéritif festif, le bar *La Civette*,
8 mai 1989.

« Putain, une bonne femme au volant, ça devrait être interdit. »

Roger Pouget, communion de sa nièce Marie-Odile,
3 mars 2007.

« Pétain, heureusement qu'il était là, parce que, entre nous, à Londres, de Gaulle, il était bien au chaud. »

Jean-Pierre Bousinet, bar *La Civette*,
18 septembre 1979.

« Pétain et de Gaulle, je suis sûr que, dans le fond, ils étaient d'accord, tu penses. »

Jacques Millet, bar *La Civette*,
18 septembre 1979.

« Pétain, qu'est-ce que tu veux, il a fait ce qu'il a pu. »

Marcel Jeantot, bar *La Civette*,
18 septembre 1979.

« Je sais pas si tu as remarqué, Robert, les homos ils peuvent pas avoir d'enfants (t'es d'accord avec moi ?), pourtant on dirait qu'ils se reproduisent ! »

Michel Gentil, près de la machine à café,
11 octobre 2013.

« Tiens, reprends du saucisson, bientôt t'auras plus le droit. »

Jacques Fuiset, pique-nique sur une aire d'autoroute,
13 juillet 2012.

« C'était mieux avant. »

Myriam Péron, restaurant *Le Lion d'or*,
7 avril 2014.

« Du temps de l'abbé Pierre, les bidonvilles, ils étaient trois étoiles. »

Paul Péron, restaurant *Le Lion d'or*,
7 avril 2014.

« Du temps de Pompidou, les scandales immobiliers étaient quand même moins malhonnêtes que les scandales d'aujourd'hui. »

Sandrine Péron, restaurant *Le Lion d'or*,
7 avril 2014.

« Du temps où Foccart était chargé des affaires africaines, on avait une politique claire, saine, prudente et très éclairée. »

Paul Péron, restaurant *Le Lion d'or*,
7 avril 2014.

« C'était vraiment, vraiment mieux avant. »

Myriam Péron, restaurant *Le Lion d'or*,
7 avril 2014.

« L'espérance de vie en 2013 était de presque 79 ans pour les hommes et de 85 ans pour les femmes, alors qu'en 1960 elle était de 67 ans pour les hommes et de 73 ans pour les femmes, je suis d'accord avec toi, ça n'empêche que, quand même, c'était beaucoup, beaucoup mieux avant. Mademoiselle, s'il vous plaît, apportez une nouvelle cuvée du patron ! »

Paul Péron, restaurant *Le Lion d'or*,
7 avril 2014.

« Pour peu qu'on ait déjà fréquenté le *Café des Sports* ou *La Civette*, participé à une soirée choucroute et tombola, assisté au mariage de sa tante Paulette ou à la communion de sa cousine Marie-Odile, pique-niqué au bord de l'autoroute, attendu son tour pour prendre un café près de la machine à café ou dîné un soir de désœuvrement à une table du *Lion d'or*, la pensée d'Éric Zemmour finalement ne paraît pas si originale que ça. »

François Morel, studio de France Inter,
24 octobre 2014.

ANALYSE À CHAUD

7 novembre 2014

Je voudrais juste, à la fin de ce 7-9, tenter de résumer ce qui a été dit au cours de cette émission essentiellement consacrée à l'intervention hier soir du président de la République sur TF1.

Ce n'est pas facile évidemment pour moi de condenser en trois petites minutes tout ce qui a pu être étudié, analysé, soupesé, mais s'il ne fallait retenir qu'un mot, qu'une seule impression générale, c'est évidemment « enthousiasme » qui devrait s'imposer.

Enthousiasme général, enthousiasme total, sans arrière-pensée, sans ombre au tableau, enthousiasme absolu qui a électrisé chaque citoyen de ce pays et qui très certainement ne sera pas sans conséquence puisqu'il aura la capacité de donner une sorte de coup de fouet républicain au moment où François Hollande doit entamer la deuxième partie de son mandat.

On peut dire en effet que cette intervention qui était très attendue marque un véritable tournant du quinquennat puisque le président a réussi à se montrer extrêmement convaincant. Avec beaucoup de persuasion, d'éloquence, de détermination, il a littéralement enflammé tous les commentateurs politiques, quelles que soient leurs opinions, quelle que soit leur couleur.

Je cite Ivan Rioufol dans *Le Figaro* : « François Hollande a fait preuve hier soir d'une clarté, d'un courage, d'une énergie dont devraient bien s'inspirer tous les ténors de l'UMP. À l'heure où la tempête internationale risque de souffler fort sur le navire France, il est rassurant d'avoir un capitaine de la trempe de M. Hollande. » *L'Humanité*, sous la plume de Patrick Apel-Muller, félicite le président d'avoir tenu un véritable discours de gauche. « Enfin un président du côté des ouvriers, enfin un président du côté des travailleurs. Nous, communistes et frontistes de gauche, avons le devoir de soutenir François Hollande afin de défendre les avancées sociales contre toutes les reculades préconisées par le patronat. »

Dans son éditorial du jour, *La Croix* vante le langage de réconciliation citoyenne, une réconciliation à laquelle « tous les chrétiens de France doivent s'associer », selon Dominique Quinio. Pour *Valeurs actuelles*, le président a fait preuve d'un grand sens des responsabilités. Le journal *Libération* a également salué le président, notamment concernant la dépénalisation du haschich qui pourrait être vendu en grandes surfaces.

Parmi les plus fervents défenseurs du président de la République, il y a naturellement les écologistes, tous réconciliés derrière la figure tutélaire du président.

Seule ombre au tableau, Valérie Trierweiler qui pendant toute la soirée a tweeté diverses recettes de pâté aux truffes, de quiche à l'andouille, de plat de nouilles et de cake aux cornichons.

Voilà ce qu'on pouvait dire ce matin sur France Inter à presque 9 heures…

D'un naturel anxieux, j'ai l'habitude de ne pas écrire mes chroniques au tout dernier moment, mais plutôt de les rédiger en amont. Ayant composé ce papier hier après-midi, et n'ayant pas une culture politique si développée, j'espère quand même avoir pressenti le sentiment général et ne pas m'être trop éloigné de la vérité.

MUSICOLOGIE[1]

14 novembre 2014

Bonjour, je suis très heureux d'être associé à ce matin inaugural et je profite de la présence prestigieuse en nos studios parisiens de l'admirable M. Mathieu Gallet, président-directeur général de Radio France, pour le saluer avec le maximum de respect nécessaire et lui dire que j'ai bien reçu la proposition d'augmentation qu'il m'a soumise avec énormément de bienveillance et de générosité, et qui cependant se heurte dans mon esprit à ma conscience déontologique : est-il bien normal que je sois payé trois fois plus que Nicole Ferroni, Sophia Aram et François Rollin ? Ne risqué-je pas de me sentir en porte à faux vis-à-vis de mes talentueux consœurs et confrère, même si j'entends bien qu'il est naturel que mon ancienneté puisse être récompensée à sa juste valeur. Mais il ne faudrait pas que ces questions purement administratives viennent empiéter sur cette chronique que je comptais, en ce vendredi matin, essentiellement consacrer à la musicologie.

Je voudrais évidemment présenter à Mme Sofi Jeannin, directrice de la maîtrise à Radio France, ainsi qu'à Mme Zahia Ziouani, chef d'orchestre, mes salutations certes déférentes mais un peu plus désinvoltes que celles adressées à M. Gallet puisque lui seul pourrait avoir un conséquent pouvoir d'influence sur mes émoluments.

Mais nous allons écouter maintenant, si vous le voulez bien, la *Bagatelle* en *la* mineur composée par Ludwig van Beethoven en 1810, plus connue sous le nom de *Lettre à Élise* et qui initialement, c'est une anecdote extrêmement amusante, devait s'appeler *Lettre à Thérèse* en hommage, vous l'aurez deviné, à Thérèse Malfatti von Rohrenbach zu Dezza que Ludwig avait demandée en mariage, requête qui, je le rappelle, avait été rejetée.

La version que nous allons écouter de cette petite pièce de forme rondo : *Poco moto*, 3/8, en *la* mineur et qui est, mais je ne vous l'apprendrai pas, de 103 mesures, est exécutée par le soliste

1. Il faut lire cette chronique avec la voix compassée d'un musicologue désuet et surtout l'entendre accompagné du disque de Vincent Malone, *Le Roi de la trompette.*

Vincent Barrès, plus connu dans les milieux musicaux sous le nom de Vincent Malone.

Cet interprète original et inspiré naquit le 26 décembre 1958, c'est-à-dire le lendemain même du jour de Noël 58. Est-ce parce que le jeune Vincent se sentit longtemps lésé par cette situation car il n'est jamais avantageux en termes de cadeaux de devoir fêter son anniversaire juste le lendemain de Noël, est-ce parce qu'il ne se remit jamais tout à fait de cette douleur enfantine qu'il nous propose, chers amis des musiciens, cette version adaptée pour cuivre de la *Lettre à Élise*, version déchirante et déchirée…

Ludwig van Beethoven, Vincent Malone…

(La *Lettre à Élise*, de Vincent Malone.)

Une matinée festive et mélomane serait incomplète sans Mozart. Nous allons écouter, pour le plaisir des oreilles et des cœurs, un extrait de *La Flûte enchantée*, et plus précisément l'air de la Reine de la Nuit. *Der Hölle Rache kocht in meinem Herzen*. Culminant au contre-*fa*, il est sans doute l'un des airs les plus virtuoses de l'art lyrique. Si cette œuvre requiert une soprano dramatique vocalisant avec aisance, on pourra très bien se rabattre avantageusement sur ce merveilleux instrument à vent magnifié par le souffle incomparable de Vincent Malone.

Mozart, Malone.

(*La Flûte enchantée* par Vincent Malone.)

J'avais prévu de vous faire écouter le prélude en *do* majeur du *Clavier bien tempéré* de Jean-Sébastien Bach dans une version pour binious et cornemuses. Nous n'aurons malheureusement pas le temps de la diffuser.

C'était François Morel, très heureux d'avoir pu fêter l'ouverture de l'auditorium de Radio France en direct de France Bleu Armorique.

LA FRANCOPHONIE POUR LES JEUNES

21 novembre 2014

Monsieur Abdou Diouf, j'ai lu avec beaucoup d'intérêt le discours que vous avez prononcé le 16 octobre 2014 à Paris lors d'une rencontre avec le groupe francophone de l'Unesco. Il est très bien, votre discours…

Il est très bien mais il est améliorable, puisque j'ai vu par ailleurs que vous aviez pour mission de vous adresser à la jeunesse.

C'est très bien de vous adresser aux jeunes, monsieur Diouf ! Moi-même je ne perds jamais l'occasion d'organiser des marches, des rallyes, des feux de camp très sympathiques où nous chantons accompagnés au son des guitares et des flûtes à bec des couplets de joie et de réconciliation.

« Buvons encore une dernière fois à l'amitié l'amour la joie l'amour la joie ! »

J'ai acquis par ailleurs un ordinateur, et ma récente connaissance en informatique me permet aujourd'hui de surfer sur le web avec aisance et ainsi de charger une application capable de traduire le français en langage des jeunes.

Je me propose donc de vous faire partager le fruit de mes recherches.

Par exemple, vous commenciez ce discours en disant :

« Madame la directrice générale, je vous remercie vivement de cet hommage qui me touche et m'émeut alors que je m'apprête à quitter ces fonctions que j'ai occupées avec beaucoup d'engagement pendant douze ans et qui m'auront permis de poursuivre l'œuvre de mon illustre mentor Léopold Sédar Senghor, père fondateur de la francophonie. »

En langage des jeunes vous auriez pu dire :

« Ma boss, comment c'est trop de la balle tes paroles, quand je me tire après douze piges, que j'ai fait le taf à Senghor, total respect. »

Admettez que c'est plus concis. C'est moins ampoulé.

Vous poursuivez :

« Je vous exprime toute ma gratitude et je me réjouis de partager à nouveau cette tribune avec vous, qui êtes une amie et une alliée précieuse de la francophonie. Je vous renouvelle mes sentiments les plus profonds de fidèle et respectueuse amitié. »

Traduction :

« Mademoiselle, tu déchires trop ta race, je te kiffe trop. »

Le fond de votre discours est parfaitement inchangé. Seule la forme a subi quelques modifications accessoires. Je continue votre discours…

« Grâce à vous, nous avons le plaisir d'être à nouveau réunis au siège de l'Unesco, dans ce lieu qui constitue le symbole des hautes valeurs que nous partageons et pour lesquelles nous luttons, les valeurs de paix, de justice, de liberté et d'égale dignité des êtres humains. »

« Mortel respect l'Unesco oufissime, déclassé, pour trop vivre tranquille tu déchires trop sa race. »

Là encore, le contenu de votre philosophie est pleinement intact.

Vous concluez par :

« Mesdames et Messieurs les Ambassadeurs et Chefs de délégation, je vous exprime toute ma gratitude et ma reconnaissance pour la longue et fructueuse collaboration et les relations chaleureuses que nous avons tissées au cours de toutes ces années. Très ému par votre présence et par vos gestes, j'adresse à chacun de vous tous mes vœux les plus chaleureux.

« Je vous remercie. »

Je translate :

« Wesh tout le monde, le swaag, sérieux je vous kiffe trop, trop envie de léchia ! Cimer. »

Je regrette infiniment, monsieur Diouf, que vous ne m'ayez pas connu plus tôt. Avec moi, la francophonie, je vous la rajeunissais grave !

LITTÉRATURE JEUNESSE

28 novembre 2014

Coïncidence, le Salon du livre jeunesse de Montreuil a exactement le même âge que moi : trente ans. L'occasion de m'interroger, comment booster la littérature jeunesse ? Très facile. Elle doit s'inspirer de la littérature adulte. C'est une évidence ! Des livres confessions, des livres témoignages, des livres trash, des livres coups de poing dans la gueule.

Auteurs jeunesse, une seule solution si vous voulez vous faire entendre, trempez vos stylos dans le sang et les larmes, vos pastels dans la merde, vos crayons de couleur dans le sperme et le vomi.

J'ai quelques idées éditoriales dont je vous fais part, car la générosité est ma nature, l'altruisme, mon tempérament.

Moi, Blanche-Neige, séquestrée, violée, droguée. Une jeune fille raconte comment après avoir été souffre-douleur de sa belle-mère, perverse et jalouse, elle devient l'otage d'une communauté de sept nains érotomanes et vicieux. Des scènes de débauche sexuelle inouïes. Vêtus de justaucorps particulièrement évocateurs, ils ont chacun leur spécialité. Blanche-Neige avec force détails raconte comment elle est devenue notamment le jouet de Prof, narcissique et manipulateur, de Simplet, retardé mental aux pratiques charnelles particulièrement décadentes. Et puis l'enfer de la drogue prise à son insu et qui va la plonger pendant plusieurs années dans une léthargie dont elle ne sortira pas indemne. Un livre choc. Un livre confession. Un livre qui fait mal. Pour les moins de huit ans.

Tire la chevillette ou L'Affaire du Petit Chaperon rouge. Une grand-mère raconte comment elle a été spoliée par sa propre petite-fille qui s'était faite la complice d'un séducteur qui se révélera prédateur anthropophage. Des scènes d'une rare violence sous la couette de l'aïeule abusée. Une histoire accablante qui dénonce la perte des repères dans une société déshumanisée. À partir de trois ans.

Pinocchio, créature monstrueuse créée par Geppetto, savant fou déguisé sous les traits d'un menuisier inoffensif, voit son organe se dilater chaque fois qu'il ment. Un voyage troublant dans un monde parallèle au cœur de la mystification, du mensonge et du désir. À partir de deux ans et demi mais quand même pour public averti.

Peau d'âne, ou la longue descente aux enfers d'une jeune fille qui tente d'échapper aux avances incestueuses de son père. Un récit particulièrement poignant. Elle raconte comment sa marraine s'est sacrifiée pour lui sauver la vie. Un récit traumatisant et sans concession. À lire en famille.

Alors d'accord, certains vont trouver ça choquant, scandaleux, rebutant, d'accord ! Mais c'est quand même beaucoup plus inoffensif que tout ce que peut découvrir un enfant abandonné devant des écrans d'ordinateur et de télévision.

Astérix et Obélix. Un couple d'hommes moustachus. Ils sont désœuvrés, oisifs. Deux feignasses vivant ensemble essentiellement pour assouvir leurs désirs barbares, leurs pulsions dévastatrices. L'un est obèse, l'autre une personne de petite taille. L'un, totalement désinhibé, par tous les temps, sans souci de bienséance se promène torse nu. L'autre fait usage de produits psychotropes à base de plantes pour partout semer la brutalité la plus extrême.

Chaque histoire se termine systématiquement par une orgie, exaltation de la débauche et des excès. Pour tous les âges.

UN FORMIDABLE ESPOIR

5 décembre 2014

Un formidable espoir est né à l'UMP le week-end dernier, le retour de Nicolas Sarkozy. Après une traversée du désert d'un peu plus de deux ans, il nous est revenu. Et sincèrement, je ne sais pas si nous le méritons. Nous l'avons renvoyé comme un malpropre en mai 2012. Et lui, qui aurait pu gagner beaucoup d'argent en faisant des conférences dans des congrès internationaux, a préféré se dévouer, pour le salut des Français, pourtant si ingrats, si peu reconnaissants.

En 2017, s'il a réussi à mettre son parti au pas, à le moderniser, à lui donner un souffle inédit, à éponger les dettes, il pourrait très bien représenter la droite républicaine et incarner le renouveau du libéralisme.

Car en France – est-ce l'influence des écologistes ? – on ne jette pas. On recycle. Un président tout usé, fatigué, usagé par cinq années de mandat interminable, peut resservir, peut reprendre du service. On le badigeonne. On le décape. On le nettoie. Et il redevient comme neuf. Tout nouveau tout beau. Tout rafraîchi.

Ce qui pourrait conduire en 2022 François Hollande, après une période de réflexion, de recul, d'éloignement de la vie politique, à se représenter pour incarner un socialisme moderne et battre ainsi Nicolas Sarkozy épuisé par sa seconde présidence.

Dans cette perspective, 2027 serait une opportunité à saisir pour Nicolas Sarkozy, qui pourrait très bien à 72 ans apporter son expérience, sa sagesse, sa maturité et mettre ainsi un terme au second mandat présidentiel calamiteux de François Hollande.

François Hollande n'aurait alors aucun mal en mai 2032, à presque 78 ans, à débarquer avec un projet tout neuf et qui saurait rassembler la gauche, je dis n'importe quoi, pourquoi pas le vote des étrangers aux élections municipales ou, rêvons un peu, décréter avec force et véhémence que la finance est son ennemie ?

Au bout de cinq années de déceptions, de renoncements, de reniements, il serait tout à fait naturel pour les Français de réélire Nicolas Sarkozy, 82 ans, dans le fauteuil élyséen. Il pourrait alors promettre de revenir sur le mariage pour tous, ou sur l'avortement, ou sur la peine de mort, ou sur le vote des femmes, enfin, de mettre en avant un sujet suffisamment fédérateur pour permettre à la droite française de se reconstituer.

Après un échec cuisant en 2042, Nicolas Sarkozy laisserait la place à François Hollande, 88 ans. Dans la cour de l'Élysée, un ballet de déambulateurs extrêmement solennel marquerait l'investiture du nouvel ancien président de la République tandis que l'ancien nouveau président de la République repartirait au bras de son infirmière. « Ça n'a pas changé depuis la dernière fois, le code nucléaire ? — Non, non, toujours pareil, je vous l'ai inscrit sur un petit papier que j'ai mis sous votre pilulier. »

Au cas où l'un des deux, pour raison personnelle ou familiale, viendrait à être empêché de se présenter à la présidence de la République en 2047, dans ce futur si proche où l'on aura réussi à faire reculer les frontières de la mort, on pourrait appeler à la rescousse un homme de jugement, de réflexion, d'intelligence, pourquoi pas Valéry Giscard d'Estaing, 121 ans, ou même Jacques Chirac, freluquet de 115 ans, trop heureux, et on le comprend, de fuir Bernadette, toujours conseillère générale de la Corrèze, en reprenant du service.

Certains commentateurs trouvent que les Français se désintéressent de plus en plus de la politique.

On se demande pourquoi.

OUH LÀ LÀ, C'EST MAL !

12 décembre 2014

« Ouh là là, c'est mal ! » se moque l'humoriste Marine Le Pen en évoquant ceux qui vont sur les plateaux de télévision pour condamner la torture et défendre une certaine idée de la justice.

De la justice, me fais pas marrer ! La torture, ça a toujours existé.

« Ouh là là, c'est mal ! » Des paroles de couilles molles, d'angéliques, de naïfs.

Dans le temps, il y avait l'estrapade, le supplice de la roue, le chat à neuf queues. Le chat à neuf queues est un fouet composé d'un manche en bois sur lequel sont fixées neuf cordes terminées par des griffes en métal. Ça déchire la peau, ça crève les yeux. Bien utilisé, ça peut dépanner. À Auschwitz, par exemple, on était bien content d'en avoir, des chats à neuf queues, pour morigéner certains prisonniers dont on fait aujourd'hui des martyrs, mais qui parfois avaient leur petit caractère et donnaient bien du fil à retordre aux kapos chargés, je le signale quand même, de la lourde responsabilité de l'encadrement. Et ce n'est pas rien.

« Ouh là là, c'est mal… » D'accord, c'est mal, mais c'est pas à nous de répondre à la barbarie par la conscience, par l'intelligence, tu me fais marrer ! Tu vas où avec tes grandes idées de civilisation avancée ? La loi du talion, il n'y a que ça de vrai.

Ouh là là, c'est mal ! la gégène, la baignoire, les produits chimiques dans le cul, les viols, les mutilations génitales, les pistolets à impulsion électronique… Faut pas exagérer, ça choque essentiellement des esprits sensibles, émotifs, un peu fleur bleue. Un interrogatoire musclé, c'est un interrogatoire. Vous croyez quoi ? Qu'il existe des interrogatoires gentils, sympas, tendres, mignons, attentionnés, complaisants ?

La torture a été un pilier de la politique dans de nombreux pays du monde entier, que ce soit en Espagne sous l'Inquisition, en URSS à l'époque des grandes purges, pendant la guerre d'Algérie et puis en RDA, à Cuba, en Israël, aux États-Unis… Un peu partout, la mondialisation de la torture s'est remarquablement développée. Pour une fois qu'il y a un truc qui marche dans le monde, vous ne voudriez pas le supprimer !

« Ouh là là, c'est mal… » Oui, c'est mal. Mais il y a un moment, il faut bien se défendre, qu'est-ce que vous voulez.

Où j'en veux un peu à Marine, c'est qu'après ses paroles pleines de bon sens, elle s'est rétractée. Son père, lui, il aurait pas tweeté. Il aurait pas parlé d'interprétation malveillante. Papa, il assume.

Marine, des fois, elle a un petit côté droit-de-l'hommiste que je trouve assez inquiétant. C'est à se demander si elle n'a pas fait sa sortie chez Jean-Jacques Bourdin pour mettre en valeur la campagne d'Amnesty International. Jusqu'au 17 décembre, la campagne « 10 jours pour signer » vous propose d'agir en faveur des personnes menacées. Partout dans le monde, chaque citoyen est invité à ouvrir les yeux sur douze cas emblématiques de violation des droits humains. Ne dites pas que votre signature ne sert à rien. Le blogueur tunisien Jabeur Mejri, la militante cambodgienne Yorm Bopha, les pacifistes russes de la place Bolotnaïa, le chauffeur de bus turc Hakan Yaman doivent leur salut à la mobilisation des militants d'Amnesty International en 2013. Plutôt que de se replier, se rapetisser, se recroqueviller, se morfondre, se lamenter, plutôt que de dire des conneries ou les écouter, allez voir le site www.10jourspoursigner.org.

« Ouh là là, c'est mieux ! »

ISABELLE ADJANI

19 décembre 2014

Isabelle, bonjour, pensez-vous que je n'ai pas compris votre petit manège ? Je ne suis pas né de la dernière pluie. Depuis plusieurs semaines, le bruit courait dans les couloirs de France Inter que la-reine-Margot-Adèle-H-Camille-Claudel-Agnès-la-Dame-aux-camélias-et-tant-d'autres serait l'invitée de Patrick Cohen. Je m'étonnais.

« Adjani, vous êtes sûr ? Elle fréquente peu les médias. Elle ne se montre qu'exceptionnellement. Elle apparaît, disparaît. Cette femme est une éclipse, un mystère.

— Si, je te jure, Adjani vient au 7-9. On a eu la confirmation.

— Elle va annuler !

— Non, je te promets, elle tient absolument à venir. D'ailleurs, elle vient ce vendredi… »

J'étais stupéfait.

Chaque jour, depuis une quinzaine, montait l'inquiétude de Patrick Cohen…

Récemment, il profitait de ma venue dans la Maison ronde pour m'alpaguer.

« François, toi qui es dans le show-biz, toi qui connais tout le monde, toi dont le charisme et la renommée sont immenses, toi qui te meus dans l'univers du spectacle avec l'agilité du lapin, l'adresse du singe, l'intelligence du renard, la suave élégance du grand fauve, aide-moi, je t'en supplie… Interroger Brice Hortefeux ou Jacques Attali, pour moi, c'est trop facile, c'est de la petite bière, je m'en bats les, les doigts dans le nez, de la rigolade, mais questionner Adjani, comment être à la hauteur, comment ne pas la décevoir ? Aide-moi, François, je t'en supplie. Fais-moi profiter de ton intelligence, de ton expérience, de tes lumières.

— Mais Patrick, voyons, ressaisis-toi, cré nom de nom, sois un homme, sacré bon Dieu ! Mais tu sais qu'tu m'fais honte à sangloter comme ça, bêtement devant tout le monde, fis-je à Patrick dont le désespoir, intérieurement, réussissait à me secouer. Patrick, ne t'inquiète pas, lui fis-je, tandis que je posais ma main sur son épaule anxieuse, tout en lui tendant un Kleenex. Va, Patrick, sèche tes larmes et écoute bien ce que je vais te dire : ton interview n'est qu'un prétexte. »

Oui, Isabelle, car j'ai parfaitement compris votre stratagème. Si vous avez accepté de vous lever de bon matin alors qu'hier soir vous vous êtes couchée tard après la représentation, c'était pour ne pas passer à côté de la chance de pouvoir me rencontrer. Isabelle, je ne suis pas l'étoile inaccessible que l'on prétend. C'eût été tellement plus simple d'appeler mon agent Françoise Lax, agence Parallaxe, rue Delambre, filatures, adultères et divorces, carrières d'acteurs en devenir, afin de lui réclamer mon 06…

Isabelle, pourquoi chez vous cette timidité, cette appréhension ? Je ne sais pas ce qu'on vous a raconté sur moi mais je vous promets que je suis resté quelqu'un de parfaitement abordable. Oh, certes, j'ai mon caractère, j'ai mon tempérament, je peux avoir mes caprices. Bien sûr, j'ai mes failles, et des blessures aussi, des fêlures, des secrets, des zones d'ombre, mais au fond de moi est un cœur qui bat.

Je sais bien que souvent l'attachée de presse qui s'arrange toujours pour me précéder prévient tous ceux qui pourraient me croiser : « Surtout, ne lui parlez pas de son âge. Morel commence à se déplumer, il le vit mal. Évitez de lui parler de sa rivalité avec François Rollin, qu'il jalouse atrocement à cause d'une amourette d'il y a trente ans. Parlez-lui uniquement de sa rentrée à partir du 28 janvier au Théâtre du Rond-Point pour son spectacle *La Fin du monde est pour dimanche*. »

L'attachée de presse cherche à me protéger, qui pourrait l'en blâmer ?

Mais, Isabelle, écoutez-moi et croyez-moi, je suis un homme comme les autres.

LES VŒUX DE COURAGE[1]

31 décembre 2014

Mon cher compatriote,

Je m'adresse à toi pour te présenter mes vœux, mes vœux républicains, amicaux et fraternels et affectueux et espiègles et courts. Je me propose d'être ton président de la République mais juste pendant cinq minutes, j'ai peu d'ambition politique.

Après tout « Moi, président », pourquoi pas ? Je ne dis pas que je ferais mieux qu'un autre. Sûrement pas ! Mais ferais-je pire ? On dit que les décisions aujourd'hui nous dépassent, c'est le monde de la finance, le commerce international qui aujourd'hui en France font la pluie et le beau temps. Plutôt la pluie ? Je suis d'accord avec toi.

Donc… « La France, le chômage, la réforme, la modernisation, la responsabilité, l'éducation, la reprise, l'engagement, la croissance, les plans sociaux, les partenaires sociaux, la crise, les efforts, les impôts, l'emploi… »

À partir de ces quelques mots obligatoires, toi aussi tu peux écrire tes vœux présidentiels aux Français. Tu n'es pas plus bête qu'un autre. Tu n'es pas plus stupide… Bien sûr, tu dois faire attention de ne pas faire de contresens. Ne va pas dire que ta priorité, c'est la reprise du chômage. Ne va pas déclarer que l'augmentation des impôts sera l'objet de tous tes efforts et que tu feras la guerre à l'éducation. Mais enfin, tu dois pouvoir arriver à écrire un discours un peu correct. Ce n'est pas si compliqué.

Enfin, ce n'est pas si compliqué, parce que toi, mon cher compatriote, tu n'es pas obligé de t'y coller tous les ans.

Le problème des vœux présidentiels, c'est qu'aujourd'hui n'importe qui ayant un ordinateur, un téléphone portable, peut avoir accès aux vœux précédents. Ça calme. Dans le temps, quand le

1. Ces vœux de courage ont été prononcés, à la demande d'Edwy Plenel, sur Mediapart. Du courage, on allait en avoir besoin dans les jours qui allaient suivre.

Général souhaitait une bonne année 1959, 1960, 1961, personne n'allait comparer ses nouveaux vœux avec ses anciens vœux pour voir si les engagements avaient été ou non tenus, si les déclarations avaient été suivies d'effets. De toute façon, on discutait assez peu la parole présidentielle. À l'époque de Michel Droit et de l'ORTF, les réseaux sociaux n'existaient pas. Mediapart non plus et Edwy Plenel était imberbe. Aujourd'hui, le président de la République est quasiment dans la situation d'Élizabeth Teissier faisant ses prévisions astrologiques. De même qu'Élizabeth avait prévu pour DSK une année 2011 « géniale », le président avait annoncé l'an passé que la bataille de l'emploi serait sa préoccupation première. C'est possible. On ne l'a pas spécialement remarqué. Le nombre de chômeurs augmente. La reprise se fait attendre. Les entreprises continuent de fermer les unes après les autres…

Tout ça ouvre un boulevard aérien aux oiseaux de mauvais augure qui trouvent que c'était mieux avant, quand la peine de mort n'était pas abolie, quand l'avortement était interdit, quand les femmes n'avaient pas le droit de posséder un carnet de chèques, quand la déportation était un moyen comme un autre pour voyager et voir du pays, et même quand le maréchal Pétain protégeait les Français israélites avec une efficacité si singulière qu'elle a échappé à beaucoup.

Mon cher compatriote, même si la connerie prospère en même temps que le racisme, le désespoir et le ricanement, tu résistes. Comme tu peux, avec tes moyens.

Car figure-toi, mon cher compatriote, quand je te regarde, je suis dans la position de Louis de Funès observant Bourvil dans *Le Corniaud* et j'ai envie de dire : « Il m'épate, il m'épate, il m'épate. »

Oui, mon cher compatriote, souvent, tu m'épates, tu m'épates, tu m'épates.

Tu montres une vitalité admirable. Je te vois fréquenter les théâtres, les salles de concert, les bibliothèques, les librairies. Je te vois curieux, désireux, impatient de connaître, d'aimer, de partager. Je te vois t'impliquer dans des associations. Je te vois à Manosque parmi une foule immense écouter Emmanuel Carrère parler de son dernier livre. Je te vois un peu partout en France, participer en nombre à des festivals, des salons, des forums exigeants. Comme souvent, certains politicards sont à la traîne, critiquent l'élitisme supposé des programmations théâtrales quand le public vient massivement chercher du sens et du contenu dans des spectacles pas forcément estampillés « Vu à la télé ».

Tu m'épates quand je te vois à l'instar de M. Saladin refuser l'enlaidissement des entrées de villes polluées par les publicités toujours plus énormes, toujours plus vilaines. Je te vois ne pas baisser les bras quand la plupart des médias distillent la morosité.

Je t'adresse mes vœux mais pas seulement, je me souhaite de ressembler le plus souvent à cette France joyeuse, vive, éveillée que, plus souvent qu'à ton tour, mon cher compatriote, tu incarnes si bien.

Je nous souhaite, encore pour cette année, bien du courage.

Vive les enfants, les femmes, les hommes. Et aussi vive les animaux, vive les arbres, vive les chats sauvages et les chiens fidèles, vive les étoiles filantes. Vive la beauté et la générosité, vive la liberté, la fraternité, l'égalité. Vive la République pour tous et toutes, la tienne, mon cher compatriote.

BONNE ANNÉE 2015 !

2 janvier 2015

Bonne année, je ne vous dis pas le contraire mais j'aime mieux vous prévenir tout de suite afin de vous y préparer : l'année 2015 ne va pas être folichonne. Vous me direz, l'année 2014 n'a pas été spécialement guillerette. L'année 2013, pour ceux qui s'en souviennent, n'a pas été particulièrement jubilante. C'est possible.

L'année 2015 ne sera pas tellement mieux…

Quand je dis « l'année 2015 », je précise : du calendrier grégorien, c'est-à-dire l'année qui correspond dans le calendrier hindou à la période 1936-1937. Ce qui veut dire qu'il ne faudra pas spécialement vous étonner si dans les prochains mois vous voyez des hindous profiter de leurs premiers congés payés pour découvrir la mer en sifflotant du Charles Trenet.

En 2015, nous fêterons le bicentenaire de la bataille de Waterloo et le 500e anniversaire de la bataille de Marignan. Il est possible que beaucoup d'auditeurs s'en moquent, s'en tapent, s'en contrefoutent. C'est même probable. Je suis moi-même en train de me demander, dans un accès absolu de sincérité, si je ne signale pas ces événements dans l'unique but de remplir ma première chronique de l'année afin qu'elle puisse avoir une durée de trois minutes trente, selon les termes du contrat signé avec la direction de Radio France.

En 2015, mauvaise nouvelle, le 1er mai tombera un vendredi, ce qui veut dire que je serai au travail un jour férié.

Deuxième mauvaise nouvelle, le 8 mai tombera également un vendredi cette année, ce qui veut dire que ça commence à me gonfler sérieusement les jours fériés.

Troisième mauvaise nouvelle, Noël tombera encore un vendredi ainsi que le 1er janvier 2016, ce qui veut dire que, dorénavant, je militerai personnellement pour la suppression totale des jours fériés.

J'espère au moins, je n'ai pas vérifié, que cette année le lundi de Pentecôte et le jeudi de l'Ascension ne tomberont pas un vendredi.

Le 20 mars 2015, nous assisterons partout en France à une éclipse partielle du soleil. Les élections régionales, qui à l'origine devaient avoir lieu en mars et occasionner une éclipse du PS, ont été reportées parce que deux éclipses le même mois, ça faisait trop.

2015 est l'année du centième anniversaire de la naissance de Marguerite Duras, de Romain Gary, d'Orson Welles, de Roland Barthes, de Léon Zitrone. Le service public français envisage sérieusement de consacrer une émission spéciale à Léon Zitrone.

L'Unesco a déclaré 2015 année internationale de la Lumière. Encore une fois, ce ne sera certainement pas mon année.

Je voudrais enfin prononcer une phrase ou deux supplémentaires afin d'approcher le plus possible des trois minutes trente requises et ainsi honorer au maximum mon contrat…

Tous les auditeurs qui sont en train d'écouter France Inter ce matin à presque 9 heures ont tous réussi sans trop d'encombre à survivre à 2014. Je les en félicite chaleureusement.

J'aimerais pouvoir en dire autant l'année prochaine.

PLEURS ET RAGE

9 janvier 2015

Lettre à Patrick Pelloux, mon ami.

Depuis deux jours, je n'arrête pas de penser à toi et à ta douleur. À ce coup de fil que je t'ai passé ce mercredi vers midi et à cette voix que tu avais quand tu m'as fait comprendre l'exact degré de l'horreur et de la détresse que tu traversais.

Patrick, j'ai juste trois minutes pour te dire que je t'aime, comme un frère, comme un ami.

Je voulais te remercier de m'avoir fait rencontrer Charb et Cabu. Charb et Cabu avaient des têtes d'enfants. Des enfants espiègles, farceurs, rieurs et tendres. Féroces bien sûr, mais juste par le dessin. Leurs seules armes étaient leurs crayons.

Patrick, je sais bien que je dis des banalités. Mais qu'est-ce que je pourrais dire d'autre ?

Si : des souvenirs de conversations avec Charb. Il nous raconte qu'un soir il monte dans un taxi. Le chauffeur, barbu, le reconnaît.

« Vous êtes le type de *Charlie Hebdo* ?

— Oui.

— Descends tout de suite. »

Le chauffeur, barbu, ameute ses collègues, leur dit de ne pas le prendre, que c'est le salaud de *Charlie Hebdo*. La panique de Charb qui part en courant. La violence des taxis, barbus. Ces comportements existent en France. Doit-on les banaliser ? Est-ce qu'on ne s'est pas habitué petit à petit à l'ignominie ? À l'insupportable.

Charb nous confiait aussi que certains kiosquiers, barbus, s'arrangeaient pour ne jamais vendre *Charlie Hebdo*, que dès le mercredi matin ils répondaient aux clients qui le réclamaient qu'ils n'en avaient plus. Les exemplaires du journal étaient mis dans un coin puis redonnés tels quels. Jusqu'à ce qu'on décide de ne pas réapprovisionner ces kiosques. Vu que ça ne servait à rien. Est-ce qu'on ne s'est pas habitué petit à petit à l'abjection, à la crapulerie ?

Aujourd'hui, sur les réseaux sociaux, on peut lire des messages abjects. Certains se réjouissent de la mort de nos amis assassinés. L'appel au meurtre est-il un délit en France ? Est-ce qu'on va encore supporter longtemps ces paroles de haine, de brutalité, de sauvagerie ?

Est-il tolérable qu'en France un chauffeur de taxi se permette de chasser un client de sa voiture, un kiosquier refuse de diffuser un journal, des salauds sur le net appellent au meurtre ?

Patrick, je pense à toi. Je pense à ce que Julos Beau-carne avait écrit la nuit juste après l'assassinat de sa femme, tuée par un déséquilibré : « Sans vous commander, je vous demande d'aimer plus que jamais ceux qui vous sont proches. Le monde est une triste boutique, les cœurs purs doivent se mettre ensemble pour l'embellir, il faut reboiser l'âme humaine. Je resterai sur le pont, je resterai un jardinier, je cultiverai mes plantes de langage. En attendant, à vous autres, mes amis d'ici-bas, face à ce qui m'arrive, je prends la liberté, moi qui ne suis qu'un histrion, qu'un batteur de planches, qu'un comédien qui fait du rêve avec du vent, je prends la liberté de vous écrire pour vous dire ce à quoi je pense aujourd'hui : je pense de toutes mes forces qu'il faut s'aimer à tort et à travers. »

Je pense à mon ami Michel qui, hier, me laisse un texto au sujet de Simon, le neveu de sa compagne Anouk, qui depuis deux ans travaillait à *Charlie Hebdo* : « François, je crois que c'est Patrick Pelloux qui a sorti notre Simon de l'enfer. Que tous les hommes humains le remercient et lui soient reconnaissants ! Pleurs et rage. »

Pleurs et rage.

MERCI PIGEON ![1]

Le Monde des livres, 14 janvier 2015

C'est la dessinatrice Louison qui, la première, a réenclenché la machine à rire. Saint Pierre sur un nuage tagué, la clef du paradis à la main, l'air accablé : « Ils ont déjà dessiné des bites partout… »

Et puis, Patrick Pelloux en conférence de presse de *Charlie* dans les locaux de *Libé*. À la question : « Qu'est-ce qu'on met dans le journal ? », il répond, faussement négligent : « Je ne sais pas, qu'est-ce qu'il y a dans l'actu ? »

Et puis enfin, ce pigeon. Ce pigeon forcément inspiré par Charb et par Cabu, ce pigeon téléguidé par Wolinski, par Tignous ou par Honoré, ce pigeon nostalgique de Reiser et de Cavanna, ce pigeon lecteur de Bernard Maris, ce pigeon voltairien, hédoniste et sceptique, ce pigeon si français, si malpoli, si mal embouché, ce pigeon irrespectueux, irrévérencieux, franc-tireur, ce pigeon qui ne devait pas supporter cet unanimisme suspect, englobant jusqu'à Ali Bongo et quelques autres chez qui, jusque-là, on n'avait

1. Chronique parue dans *Le Monde des livres* à la suite des attentats de janvier.

jamais ressenti un militantisme tellement forcené concernant la liberté d'expression et la liberté en général, ce pigeon picoreur de curés qui, sûrement, le matin même avait découvert le logo « Je suis Charlie » sur l'écran de télévision tandis qu'était servie la messe du jour du Seigneur, ce pigeon rétif à la solennité de circonstance, ce pigeon rebelle à l'esprit de sérieux, ce pigeon férocement iconoclaste, joyeusement vengeur, ce pigeon indocile, insoumis, ce pigeon provocateur, ce pigeon irresponsable balançant de la fiente sur le textile comme on jetterait de l'huile sur le feu, ce pigeon qui au moment où François Hollande saluait l'équipe du journal satirique s'est lâché grossièrement, copieusement, sur l'épaule du président, déclenchant le fou rire de Luz et de l'équipe survivante de *Charlie*. Un rire sans doute nerveux mais libérateur. Comme lorsqu'on rit aux enterrements, c'est plus fort que soi. Parce que, après le carnage, la violence, la désolation, les sanglots incontrôlables, la peine immense, le chagrin infini, le désespoir, l'envie de pleurer comme ça, parce qu'on réalise tout d'un coup qu'on ne verra plus jamais un nouveau dessin de Cabu et que c'est triste à pleurer, à gémir, à hurler, il y a le rire. Le rire pour ne pas mourir. Le rire pour ne pas baisser les bras. Le rire pour se battre contre l'obscurantisme, la bigoterie, la connerie. Le rire pour défendre joyeusement ces notions qu'on ne doit jamais perdre de vue et qui sont sur les frontons de nos bâtiments officiels et insolemment mises en avant chaque semaine par les dessinateurs et les rédacteurs de *Charlie Hebdo* : Liberté, Égalité, Fraternité.

Merci pigeon !

MAUVAIS ESPRIT

16 janvier 2015

Depuis dix jours on rend hommage à Voltaire, qui s'exprimait notamment de façon insolente à travers les dessins de Cabu, Charb, Honoré, Tignous et Wolinski. On a salué l'impertinence, la caricature, la liberté. On a dit combien, dans une démocratie, ils étaient précieux ces quelques messieurs pas tranquilles dont certains étaient déjà vieux et qui représentaient avec force et entêtement cet esprit si français, frondeur, et révolté joyeux et en colère, laïc et spirituel.

Soutenu par cet unanimisme déclaré, France Inter n'a pas manqué de tirer tous les enseignements des événements récemment vécus.

La direction de France Inter a décidé de réintégrer dès lundi prochain son ancien collaborateur Daniel Mermet. On ne connaît pas encore l'horaire de ce nouveau rendez-vous avec *Là-bas si j'y suis*, mais on ne manquera pas de vous tenir informés. Si l'âge de Daniel Mermet, ses engagements politiques, son caractère incontrôlable, sa liberté de ton avaient pu lui être reprochés jusqu'alors, ces défauts supposés apparaissent aujourd'hui comme des qualités dont France Inter aurait tort de se priver.

« Salut, c'est Laurence, bien sûr, mon Daniel, tu charries, tu bouscules, tu exagères parfois, mais c'est exactement ce dont nous avons besoin ! Je te dis un gros Merde pour ta nouvelle émission ! »

C'est le message sur le répondeur à nouveau en service de *Là-bas si j'y suis* que vient de laisser notre directrice Laurence Bloch, qui n'est plus désignée dans les couloirs de France Inter que sous le surnom de « Punkie ».

Des discussions sont également avancées avec Didier Porte, avec Stéphane Guillon. Les deux humoristes ont proposé de verser leurs indemnités obtenues grâce aux Prud'hommes à une caisse de soutien à *Charlie Hebdo* tandis qu'ils seraient réhabilités par la première radio du service public.

Du côté de *Charlie Hebdo* justement, beaucoup de nouveautés également. Le journal satirique, qui il y a deux semaines était proche de la déconfiture, de la faillite, du dépôt de bilan, apparaît aujourd'hui, après un plan drastique de réduction des effectifs, comme une entreprise particulièrement performante, juteuse et compétitive. Beaucoup s'intéressent à nouveau à son avenir. Beaucoup d'affairistes, d'hommes de l'ombre, amis des différents pouvoirs, tournent désormais assidûment autour du journal satirique. Fort d'un chiffre d'affaires astronomique, de résultats économiques plus qu'encourageants, il serait question que dans les jours qui viennent *Charlie Hebdo* se transforme en multinationale, soit coté en Bourse, rachète M6 et transforme le parc Eurodisney en Eurocharlie. On y verrait, se promenant à travers la foule des intermittents du spectacle endossant les costumes de tous les personnages bien connus que l'on retrouvait régulièrement dans le journal : Maurice et Patapon, le beauf, le légionnaire à chèvre et même Mahomet.

Pardon mais, après les larmes, le désespoir, la tragédie, il faut bien que renaisse un peu le mauvais esprit.

LES NÉNÉS DE NICOLE

23 janvier 2015

Aujourd'hui, le sujet de ma chronique sera encore la liberté de la presse. A-t-on le droit de tout publier ? Faut-il pratiquer l'autocensure quand on est responsable d'un journal ?

Je rappelle les faits. Pendant plusieurs jours, les seins nus avaient disparu de la page 3 du journal très populaire britannique *The Sun*. Et puis, hier, véritable coup de théâtre, authentique coup de Trafalgar, le retour des nichons. Des nichons victorieux, insolents. Des nichons conquérants, arrogants. Des nichons libérés, découverts, frivoles, futiles, qui ne sont même pas là pour illustrer agréablement un article sur la recherche médicale concernant le cancer du sein. Non, non, non, ce n'est pas une photo qui traite un sujet particulier, non, c'est juste les nénés de Nicole, jeune femme pas fière, très avenante et originaire de Bournemouth.

Car le buste féminin, pendant plusieurs jours, avait disparu des écrans radar du tabloïd anglais. La perfide Albion frémissait. Ne plus voir des roploplos en page 3 du *Sun*, c'est comme si la Tour de Londres s'était écroulée sur elle-même, comme si Westminster s'était transformée en entreprise de restauration rapide, comme si la Tamise ne se résolvait plus à se jeter dans la mer du Nord.

Et puis, depuis hier, l'Angleterre s'est réconciliée avec elle-même. Les roberts sont revenus.

Alors, *a priori*, évidemment, on pourrait penser que les nibards de Nicole n'ont qu'un rapport assez lointain avec l'actualité la plus brûlante.

C'est possible. En même temps, comment évaluer la liberté éditoriale du *Sun* ? Plus que jamais, c'est le moment de s'engager, de prendre position. Il ne s'agit pas de passer à côté de l'information. Comment va réagir dans les prochains jours le journal de

France 3, qui a un grand sens de la hiérarchie des informations puisque le 7 janvier, le jour de l'attentat contre *Charlie Hebdo*, il ouvrait son édition du midi sur les soldes de janvier et la terminait par la tradition des bains glacés du nouvel an avec ces baigneurs qui en France continuent de plonger dans la mer avec courage et résolution pendant toute la saison hivernale à Saint-Gilles-Croix-de-Vie en Vendée.

Fallait-il publier la photo des nichounets de Nicole en page 3 du *Sun* ? La question reste ouverte.

Une fois encore, le monde va se diviser en deux : les laudateurs et les contestataires, les opposants et les glorificateurs. Les roudoudous de Nicole ne laissent personne indifférent… (Remarquez au passage comment avec souplesse je surfe sur la synonymie, conservant dans ma besace tout un tas de mots qui me permettraient encore de ne pas faire de répétitions intempestives : les loloches, les rondins, les cadets, les nichemards, les gougouttes, les garde-côtes, les avant-postes, les mandarines, les pare-chocs, les montgolfières, les titis, les titous, les totoches, les totottes, les toutounes, les trottinets, les frères Karamazov.)

La photo du *Sun* en page 3 est-elle une expression sexiste et rétrograde ? Est-ce au contraire une libre évocation de la jeunesse et de la liberté ? Certains manifesteront-ils pour tenter d'interdire la playmate ? D'autres proclameront-ils : « Je suis Nicole » pour défendre les lolos controversés ?

Je ne sais pas trop. En réalité, peut-être même que je m'en fous un peu. En ce moment, toutes les occasions sont bonnes pour ne pas évoquer un peu plus ce qui plonge dans la détresse et le désarroi.

CONNARD, CRÉTIN

30 janvier 2015

« Connard, crétin. »

Un sondage récent indique que ce sont les insultes les plus courantes et sans doute les plus efficaces de la langue française. Des sondages, on en trouve sur tout. Ce sont des connards qui les font. Ce sont des crétins qui les lisent. Notamment moi.

Le connard, si j'ose dire, a détrôné le con. Ce qui est une bonne nouvelle. Aucune ambiguïté sexuelle dans le terme « connard », qui jamais ne sera le sujet d'un blason.

Le crétin n'est pas forcément des Alpes. Comme l'andouille n'est pas forcément de Vire, même si elle est, à mon avis, indépassable.

« Connard, crétin », vous êtes au volant de votre voiture, au guidon de votre bicyclette, dans vos chaussures de piéton, à chaque instant de la vie, vous avez l'occasion de convoquer ces mots indispensables, essentiels à la vie en collectivité. Vous lisez le journal, vous regardez la télévision, vous écoutez la radio, pour exprimer votre sentiment face à une analyse politique, à l'arrogance imbécile d'un présentateur télé, à la vacuité d'un chroniqueur… « Connard, crétin », on ne fait pas mieux. Vous traversez à pied alors que le petit bonhomme est encore rouge, vous coupez la priorité à bicyclette, vous roulez tandis que le feu n'est plus au vert. Pour gérer la parole entre piétons, cyclistes, automobilistes, « connard, crétin », pour organiser le réseau relationnel entre les divers usagers de la route, « connard, crétin », c'est indépassable, c'est inéluctable, c'est insurmontable.

« Connard, crétin », ce sont de jolis petits mots qui sonnent bien, qui résonnent bien. Deux syllabes, pas plus. Ramassées, expressives, énergiques. « Connard, crétin. » Des mots qui ont l'évidence de la perfection. La certitude de l'excellence.

« Connard, crétin. » Ils riment avec banlieusard ou avec bouquetin, avec flemmard ou margotin, avec gueulard ou cabotin, avec froussard ou calotin, ringard ou philistin. « Connard, crétin. »

Ils sont positivement indispensables dès que vous fréquentez les cours de récréation ou la Chambre des députés. Que ferait-on sans les connards ? Comment survivrions-nous sans les crétins ?

Mais il peut arriver, dans certaines circonstances, que vous ayez besoin d'utiliser des mots plus choisis. Évitez de dire « crétin, connard » lors d'une remise de prix, de l'attribution d'une décoration ou à l'heure du thé chez la duchesse de Montpensier. Dans ces cas-là, préférez un style un peu plus désuet. Oubliez « connard », omettez « crétin ». Dites : « anachorète, aigrefin, dépendeur d'andouilles, gourgandine, grue, chenapan, ironie de la Création, cul de babouin. »

Non : pas cul de babouin.

Si vous êtes dans l'une ou l'autre de nos belles régions de France, vous pouvez également adapter votre vocabulaire à la spécificité locale. « Aspirateur à muscadet » fera son effet principalement en Loire-Atlantique. « Siphon à beaujolais » aura son succès si vous arpentez le Rhône ou le sud de la Saône-et-Loire, tandis que « pompe à pastis » en Paca trouvera naturellement ses destinataires.

Quelle que soit la région de France où vous demeurez, utilisez avantageusement « brosse à chiottes, face de pet, scaphandrier d'eau de vaisselle ».

Je n'insisterai pas sur les injures scatologiques. Il serait malvenu d'entendre sur le service public des expressions aussi déplacées que « merdeux, merdasse, merdaillon, merde molle, pompe à merde, merdophile », ainsi que toutes les déclinaisons imaginables et infinies.

Voilà ce qu'on pouvait dire ce matin afin de conclure admirablement un 7-9 qui avait passé sous silence ce sondage important concernant les connards et les crétins. Que vous entriez vous-mêmes dans l'une ou l'autre des catégories ou que vous y aspiriez, je vous souhaite une bonne journée.

ANALYSE DOUBISTE

6 février 2015

En ce qui concerne le second tour de la législative du Doubs, dimanche prochain, la position de l'UMP depuis que Nicolas Sarkozy en est le président est claire.

Peut-être n'a-t-elle pas été suffisamment expliquée.

Je vais le faire. Ce n'est pas mon travail. Je trouve un peu paradoxal que ce soit moi qui doive me coller à un exercice pédagogique qui devrait être assuré par les plus grands commentateurs politiques de France Inter, mais puisque le travail n'a pas été explicitement détaillé, je vais le faire par civisme, par volonté d'éclairer les foules, de les édifier, de les instruire, tout simplement par sens patriotique.

Nicolas Sarkozy a pu en effet donner l'impression qu'il enterrait le front républicain en ouvrant un boulevard au Front National. Il n'en est évidemment rien.

Pour vous aider à comprendre une position limpide, j'aimerais que vous soyez assez attentifs à mon explication suffisamment transparente pour pouvoir être résumée en une seule phrase.

Le choix entre le PS et le FN est simple pour l'UMP puisque quand son candidat n'est pas qualifié pour le second tour, il faut tout simplement voter contre le FN, en choisissant le candidat qui lui fait face, en l'occurrence celui du PS, c'est en effet la position exprimée notamment par Nathalie Kosciusko-Morizet tout en refusant naturellement d'incarner ce système de l'UMPS qui est moqué par le parti de Marine Le Pen et dont il ne faut pas se faire le représentant en exprimant une sorte de mépris vis-à-vis des électeurs et en donnant des consignes de vote dans un sens qui ne serait pas celui de la direction dans laquelle veut se diriger la droite républicaine qui n'a sûrement pas vocation à infantiliser les électeurs de l'UMP car chacun peut bénéficier d'un libre arbitre qu'il soit simple électeur, militant de base ou même député d'une circonscription quelconque, qui aura sans doute peut-être le désir prochain de voter pour défendre la loi Macron malgré les consignes contraires de Nicolas Sarkozy, qui, à ce moment-là, ne seront pas des marques d'infantilisation, car j'aimerais bien qu'on ne mélange pas tout, mais au contraire des demandes de fidélité, d'attachement, de loyalisme, d'allégeance vis-à-vis d'un parti dont le député est le représentant et qu'il n'a pas à utiliser au gré de sa fantaisie surtout quand ce parti connaît des difficultés innombrables, par conséquent le rôle de l'UMP est primordial dans ce second tour doubiste puisqu'il aura le rôle d'arbitre, rôle central, essentiel, déterminant, et qu'il serait malvenu qu'une position floue, brumeuse, imprécise, incompréhensible amène les électeurs sans souci d'élégance ou de raffinement à crier : « Aux chiottes l'arbitre ! », ce qui en tout état de cause obligerait la direction du parti de Nicolas Sarkozy à dire haut et fort que, dans le cas où le PS, bien que devant l'UMP, n'aurait pas la réaction civique de se retirer, ce qui naturellement réglerait le problème puisque dans ce cas-là l'UMP aurait toutes les chances de gagner les élections face au FN, le mieux serait encore de ne pas voter pour le PS ou contre le PS ou en faveur du FN ou contre le FN et contre le PS et que c'est ce courage politique exprimé haut et clair qui laisse augurer des perspectives enthousiasmantes pour l'avenir politique de la France.

C'est clair ou je dois répéter ?

LA FÊTE DU SLIP !

13 février 2015

Ainsi que le disait très justement Xavier Darcos hier après-midi tandis qu'il était reçu en séance solennelle sous la Coupole : « En ce moment, sans déconner, en France, on peut pas dire que ça soye la fête du slip ! »

La constatation du nouvel académicien français semblait des plus pertinentes. Et l'on en viendrait à se poser la question suivante : Est-ce que l'on ne serait pas passé à côté d'une occasion en or ? Si Dominique Strauss-Kahn avait été président de la République, la France aurait-elle été plus sexe ?

« J'aime que ce soit la fête. » « J'avais envie de faire la fête, aussi dans sa composante sexuelle », a déclaré l'ancien patron du FMI lors de son audition au tribunal de Lille.

L'occasion ce matin de vous proposer une sorte de « Radio-Shopping » et de mettre en avant un site sur lequel Patrick Cohen passe la plupart de ses soirées, de ses week-ends. Les âmes les plus charitables ou les plus naïves attribuent son malaise vagal à ses activités professionnelles. Il n'en est rien. Si Patrick est fatigué, c'est parce qu'il a une passion dans la vie, celle des objets présentés sur… « La Fête à gogo ».

Et ça tombe bien en ce vendredi 13 février, puisque la Fête à gogo fournit toute une gamme de produits qui offrent de nombreuses idées de cadeaux, notamment la veille d'une Saint-Valentin que l'on souhaiterait délicate, originale et raffinée.

Je pense notamment au « Slip pour deux ». On a envie de faire plaisir. On cherche un cadeau frais, inattendu et drôle. Pensez au Slip pour deux. Le Slip pour deux est vendu au prix modeste de 5,90 euros.

Le Slip pour deux est conseillé pour les enterrements de célibat, il est particulièrement destiné aux futurs mariés. Il serait également parfaitement indiqué pour les réceptions à l'Élysée. On remarque que le président chinois ou la reine d'Angleterre commencent à trouver le temps long au cours d'une cérémonie qui s'éternise un peu. Le Slip pour deux saura les divertir, les amuser, les distraire. Et sans aucune vulgarité.

Mais le Slip pour deux n'est pas le seul sous-vêtement humoristique qui saura vous dérider. Si je n'étais pas tenu par contrat d'occuper les dernières minutes du 7-9 le vendredi, je laisserais la parole à Patrick qui, mieux que moi, saurait vous parler par exemple du Slip disco taille unique en panne de velours violet avec moumoute et boules à facettes, le Slip rasta avec dreadlocks, le Slip Centimec accompagné de son amusant mètre de couturière, l'Exploslip cachant son bâton de dynamite, slip que Bernard Guetta aime porter dans les grandes occasions, ou encore le Pétoslip avec son coussin péteur intégré dont Augustin Trapenard possède toute une collection.

Je n'irais pas jusqu'au bout de mon sujet si je n'évoquais pas les slips féminins, comme le string la Clé du bonheur, en tissu noir avec serrure de la mariée, ou encore le Minou string décoré d'une petite chatte angora et sachant jouer avec les mots dans la plus pure tradition d'un Georges Perec ou d'un Raymond Devos.

Tous ces modèles sont au prix de 5,90 euros. Ils sont livrables sous 24-48 heures. Patrick, je ne crois pas me tromper ?

Vous aussi, dites : « J'aime que ce soit la fête. » Vous aussi, aimez faire la fête dans sa composante sexuelle.

Évidemment, pour que la fête soit vraiment complète, il faudrait que tous les adultes consentants prennent également du plaisir.

LETTRE DE FÉLIX À SARAH

20 février 2015

Chère Sarah,

Je me présente, vous ne me connaissez pas. Je ne vous connais pas non plus. Je m'appelle Félix. J'ai été marié à Madeleine pendant plus de quarante ans et je suis mort depuis bientôt un siècle.

J'ai appris que vous aviez été victime la semaine dernière d'une profanation dans le cimetière de Sarre-Union. Sarre-Union, en Alsace, dans le Bas-Rhin. Si loin de la mer. Si loin de chez nous. Si loin du cidre, des tripes et du calvados. Pour moi, c'est l'étranger, quasiment. D'ailleurs, quand j'étais gamin, ce n'était pas la France.

Moi, je suis resté à Tracy-sur-Mer, pas loin d'Arromanches. Mon plus grand voyage, ça a été à Granville, quand j'ai fait mon service. Toute ma vie, j'ai travaillé dur comme journalier pour le rémouleur, le forgeron, le sabotier, le taillandier, autant de métiers qui n'existent plus. Madeleine, elle, était femme de ménage, corvéable à merci. Un métier qui existe encore.

On n'était pas malheureux mais, faut dire, on n'économisait pas notre peine. Chaque fois qu'on passait devant l'église de Tracy-sur-Mer, on se disait qu'il serait toujours bien assez tôt pour aller se reposer le restant de l'éternité. Aux gamins, on disait : « Quand vous serez grands, vous viendrez nous apporter un petit bouquet. » Ça leur plaisait pas quand on leur disait ça, j'aime autant vous dire. Surtout la dernière, ça la faisait pleurer. C'est pourtant ce qu'ils ont fait, des années plus tard. Ils ont entretenu les tombes, ils ont désherbé, ils ont mis du gravier et à chaque Toussaint, vous pouvez être sûr, Madeleine et moi, on avait droit à un chrysanthème tout neuf. Et puis à leur tour les enfants sont morts. Les petits-enfants se sont éloignés de Tracy-sur-Mer. L'un est à parti à Caen, l'autre à Cherbourg, le troisième est à Paris. Les arrière-petits-enfants, ils ne pouvaient pas nous oublier vu qu'ils ne nous ont jamais connus. C'est comme ça. C'est la vie.

Mais ici, Madeleine et moi, sous la terre de Tracy-sur-Mer, on se sentait à l'abri. À l'abri de la méchanceté du monde et de sa bêtise. Je vous dis, dans notre tête, on avait toute l'éternité pour se reposer. Et puis l'éternité s'est arrêtée la semaine dernière. Nos tombes cassées, dégradées. Quand j'étais jeune, je rigolais des vieux quand ils disaient : « Il n'y a plus de respect », mais dans le fond j'avais tort, parce que quand il n'y a plus de respect, il n'y a plus d'humanité.

Chère Sarah, vous êtes juive, moi je suis catholique. Dans l'église de Tracy-sur-Mer, j'ai été baptisé, je me suis marié, et c'est là qu'a eu lieu mon enterrement. J'étais content, il y avait du monde. Même qu'il y en a, ils n'avaient pas pu entrer dans l'église.

Chère Sarah, aujourd'hui, votre douleur est la mienne. Vos interrogations sont les miennes. Qu'est-ce qui s'est passé ? Qu'est-ce qui s'est cassé pour que dans des esprits perdus, le sens de la vie et de sa dignité ait à ce point disparu ?

Je me pose la question et je ne trouve pas de réponse sous ma croix brisée.

Madeleine se joint à moi, chère Sarah, pour vous dire notre désarroi, notre sympathie et, de confiance, notre grande affection.

Félix

DES NOUVELLES DU BON DIEU

27 février 2015

Bonjour, je me présente, je suis l'attaché de presse du Bon Dieu. Dans un milieu extrêmement compétitif sur le marché de la foi, des croyances, de la sorcellerie, je peux dire que je touche ma bille : depuis une éternité, la couverture médiatique du Bon Dieu est énorme, gigantesque, indépassable. Le Bon Dieu fait le buzz. Son plan média est infaillible puisqu'on ne Le voit jamais et qu'Il reste énormément présent dans de nombreux esprits. En effet, sans apparaître jamais publiquement, un peu à la manière d'un Jean-Jacques Goldman, qui reste la personnalité préférée des Français sans jamais participer à aucune émission de télévision, le Bon Dieu, qui est à peu près de la même génération que Michel Drucker, ne S'est encore jamais assis sur son fameux canapé rouge. Pourtant, quelle carrière ! Quels souvenirs, mon Dieu !

Mais voilà, le Bon Dieu, Il est comme ça, Il a Son petit caractère, et Il n'a pas très envie de communiquer sur Son quotidien. Il pense, peut-être à juste titre d'ailleurs, qu'une part de mystère est indispensable pour conserver Son aura. Parfois, j'avoue que j'aurais envie de L'encourager à faire juste une petite apparition, mais non, le Bon Dieu est intraitable !

Pourtant, moi, en tant qu'attaché de presse, je ne peux pas constamment frustrer tous ces millions de followers, d'admirateurs qui aimeraient bien en savoir un peu plus sur la manière dont Il occupe Ses journées.

C'est très simple, depuis une éternité, peut-être même un peu plus, le Bon Dieu est vautré dans les nuages comme sur un canapé Ikea, Il tient une zapette dans Sa main. Ça Lui permet de regarder sur grand écran les différentes parties du monde. Il n'est pas malheureux, Il a tout un tas de petits anges autour de Lui qui volettent et qui Lui apportent des rafraîchissements quand Il en a envie.

De temps en temps, les anges descendent sur terre pour se dégourdir les ailes. Mais pas souvent. Ils se disent que, s'ils apparaissent trop sur la planète, ils vont finir par agacer. « Regardez Mimie Mathy, m'a récemment dit un chérubin, elle sourit, elle est gentille, et tout le monde lui tombe dessus. Babette de Rozières la traite de raciste. Patrick Timsit parle de son trou de balle. Pour vivre heureux, vivons cachés. » (J'ai été très surpris par la façon dont les anges dans le ciel sont au fait de l'actualité médiatique française.)

Il y a deux mille ans, le Bon Dieu avait envoyé Son fils sur la terre. Ça Lui avait permis de lancer la machine. Ça Lui avait permis d'avoir une grosse actu. Aujourd'hui, le Bon Dieu est un peu, comment dire ?, morose. Il Se dit que tous ces combats, toutes ces guerres, ces conflits armés, c'est un peu trop. Récemment, Il a croisé Jacques Chancel qui Lui a demandé : « Et l'Homme dans tout ça ?

— Bah, a répondu le Bon Dieu, Moi au départ, Je vous signale, Je suis Amour, alors il ne faut pas croire que ça Me fasse plaisir quand l'Homme met la planète à feu et à sang… » Et puis, Il a cité Albert Camus. « Peut-être vaut-il mieux pour Dieu qu'on ne croie pas en lui. »

Alors, moi, en tant qu'attaché de presse, je rends mon tablier, je propose qu'on ne croie plus en Lui et qu'on essaie de vivre heureux sur la terre, comme dirait Prévert, « rien que pour donner l'exemple ».

BRASSENS & CHARB

6 mars 2015

Les Amis de Georges est un magazine entièrement consacré à Georges. Attention, pas n'importe quel Georges. Si vous êtes monomaniaquement passionné par Pompidou, Marchais, Guétary, Pernoud, Simenon, Lautner, vous risquez de ne pas entièrement y trouver votre bonheur.

En revanche si Brassens vous enthousiasme, vous enfièvre, vous exalte, vous électrise, vous enflamme ou tout simplement vous console et vous réjouit, vous êtes l'abonné idéal de cette revue bimestrielle.

Dans son numéro 144, mars-avril 2015, on peut lire une interview de Charb par Christian Deville-Cavelin.

Charb s'explique sur une fatwa qu'il avait lancée en décembre 2014 : « Mort à Brassens. » Charb déclenchait des fatwas chaque semaine dans *Charlie Hebdo*. Des fatwas contre les chaussures à talons-aiguilles, contre les lampes basse tension, les verres mal rincés ou les dessins d'enfants au bureau. Des fatwas pour rire. Jamais je n'ai croisé Charb une kalachnikov en bandoulière. Donc la fatwa contre Brassens ne m'avait pas bouleversé. D'autant que lancer des fatwas contre des personnes déjà décédées, ce n'est pas très sérieux. C'est peut-être pour ça que, amateur de Brassens, je n'ai jamais pensé à reprocher à Charb son texte contre celui qui, selon lui, « chantait avec des patates chaudes dans la bouche, chuintait et décrivait une France morte, celui dont l'anarchisme en bocal ne menaçait plus personne ».

Charb, tu pouvais bien penser ce que tu voulais de Brassens. Ça ne retirait pas un seul gramme de l'admiration et de l'affection que je vouais à Georges, pas un seul atome de l'amitié que je te portais. Individualiste, je suis d'accord pour qu'on ne soit pas d'accord avec moi.

Gloire à qui n'ayant pas d'idéal sacro-saint
Se borne à ne pas trop emmerder ses voisins.

Je ne t'emmerdais pas avec mon amour pour Brassens. Tu ne m'emmerdais pas avec ta détestation de Brassens.

D'autant que cette détestation déclarée visait plutôt ses adorateurs, ses idolâtres, ses iconolâtres.

Je cite Charb : « Ce qui me paraît étonnant, c'est que Brassens, qui se revendiquait anarchiste, soit encensé comme un dieu vivant ou un prophète ! Il est intouchable comme le sont les gourous. Alors même qu'il était idéologiquement en décalage avec un tel mode de pensée. C'est ce décalage entre l'adoration des ultras pour Brassens et ce qu'on sait de ce dernier qui m'a amusé. J'imagine que, pour Brassens, être adulé de la sorte devait être assez compliqué. »

Les paroles de Charb font écho aux événements récents et à la façon dont *Charlie Hebdo* pourrait être considéré.

J'ai repris certaines réponses de Charb et remplacé « Brassens » par *Charlie Hebdo*.

« Le meilleur moyen d'aseptiser une œuvre, c'est d'affirmer haut et fort qu'on l'aime, que tout le monde l'adore et de l'étouffer sous les bisous. Quand la bourgeoisie commence à dire qu'elle aime *Charlie Hebdo*, c'est inquiétant pour le sens qui lui est alors donné. Quand *Charlie Hebdo* fait le consensus de l'extrême droite à l'extrême gauche, que reste-t-il de lui ? Pas grand-chose. »

Merci, Charb, de nous faire réfléchir et je renvoie tout le monde à la lecture de *Charlie Hebdo* et des *Amis de Georges*, et naturellement à l'écoute des chansons de Georges Brassens.

COMMENT SAVOIR SI SON CONGÉLATEUR A BIEN FONCTIONNÉ

13 mars 2015

Je profiterai de mon papier du jour pour répondre à mon courrier, nombreux, riche et extrêmement hétéroclite. Par exemple, Mme Lelay de La Garenne-Colombes m'envoie la lettre suivante :

> Monsieur Morel, à vous dont les chroniques sont nos petits rayons de soleil du vendredi matin, je voudrais vous poser la question suivante : mon mari et moi avons un congélateur dans notre résidence principale située à La Garenne-Colombes que nous quittons régulièrement pour aller visiter nos enfants et garder nos petits-enfants qui habitent sur la côte atlantique, non loin des Sables-d'Olonne, et nous aimerions savoir pendant les périodes où notre maison de La Garenne-Colombes reste vide si notre congélateur a bien fonctionné sans interruption et donc sans conséquences pour notre hygiène alimentaire. J'ai adressé un courrier similaire à M. François Rollin il y a quelques années, du temps où il officiait à France Culture, et je dois reconnaître que ce monsieur dont je ne remets pas en cause le talent n'a jamais pris la peine de répondre à ma question. Je ne doute pas, cher François Morel, que vous saurez réagir avec une autre attitude, vous dont la probité, la grandeur d'âme, l'absence de vulgarité permettent d'élever au plus haut l'esprit du service public.

Chère madame Lelay, je ne jetterai personnellement pas la pierre à mon chevronné confrère, même si je dois bien admettre qu'une réponse de sa part aurait été bienvenue, d'autant que François a beaucoup de loisirs, passant la plupart de son temps à fumer la pipe et boire des bières aux terrasses de café où, quelquefois, il reçoit quelques apprentis humoristes venus des provinces françaises les plus reculées, bafouillant, transpirant, impressionnés de se trouver face au maître de l'humour français et rêvant de tirer leur épingle du jeu dans la jungle luxuriante et encombrée de la rigolade parisienne, et que, chère madame Lelay, je suis bien d'accord avec vous, le professeur Rollin, c'est quand même bien vous qui le faites vivre en le suivant fidèlement de France Culture à France Inter, et qu'il n'a pas beaucoup, c'est vrai, la reconnaissance du ventre.

Croyez bien, chère madame Lelay, que je me permets d'appeler Odette puisque vous avez l'amabilité de me préciser votre prénom, que je ne manquerai pas de lui faire la réflexion quand je le croiserai prochainement dans les couloirs de France Inter, d'une manière habile, sans volonté de le froisser mais en lui disant comme si de rien n'était : « Tiens, dis donc, François, Mme Lelay de La Garenne-Colombes, on dirait que tu as oublié son adresse ou quoi ? » Je sais que François est suffisamment fin pour saisir l'allusion au vol et je ne serais pas autrement surpris si dans les jours qui viennent vous receviez une missive signée de sa main vous présentant ses excuses et vous invitant à l'un de ses galas.

Ma petite Odette, pour être certaine à votre retour de Vendée que votre congélateur de La Garenne-Colombes a bien fonctionné sans interruption, il vous suffit de remplir la moitié d'une bouteille d'eau, de la congeler puis de la retourner afin que l'eau congelée soit en haut. Si à votre retour le glaçon est en bas, c'est qu'il a fondu à un moment, et donc qu'il y a eu un souci. Il est alors déconseillé de consommer le contenu du congélateur.

Je regrette quand même un petit peu que mon ami Rollin n'ait pas eu la courtoisie de vous répondre il y a de cela plusieurs années, il vous aurait quand même évité bien des gastro-entérites, des diarrhées, des flatulences, des intoxications alimentaires dont vous vous seriez volontiers passée.

J'aurai eu le temps ce matin de répondre au seul courrier d'Odette et je le regrette. J'aurais aimé renseigner Micheline de Domont, qui voulait savoir dans quelle poubelle, ordures ménagères ou poubelle jaune, elle devait jeter ses tickets de carte de crédit bancaire.

Je traiterai prochainement la question de Micheline à moins que François Rollin, finalement bon garçon, voulant se rattraper, n'y réponde préalablement.

CHOUCHOU !

20 mars 2015

Je voulais répondre ce matin à M. François Rollin, chroniqueur à France Inter, au sujet d'une polémique qui fait suite à un courrier de Mme Lelay, Odette Lelay, concernant son congélateur. Je le ferai, soyez-en sûrs, dans les semaines qui viennent. Je ne suis pas du genre à fuir la controverse. M. Rollin ne perd rien pour attendre. Ma réponse est déjà prête, elle est actuellement lue par mes différents conseils et avocats afin qu'aucune parole que je prononcerai ne puisse donner matière à procès et complications procédurières. Je préfère prendre mes précautions avec le sieur Rollin. Les révélations que je n'hésiterai pas à faire sur les rapports qu'il entretient avec le gros électroménager risqueront de ne pas passer inaperçues…

M. Rollin, sans doute par envie, tant ma cote de popularité est énorme, notamment auprès de mes supérieurs hiérarchiques, a cru bon de m'appeler « le chouchou ». Rancœur ? Amertume ? M. Rollin serait certainement surpris d'apprendre que je n'hésite pas à m'exprimer parfois avec la plus grande liberté, voire avec la plus totale insolence, et ceci même vis-à-vis du président-directeur général de Radio France.

M. Mathieu Gallet lui-même pourrait en témoigner. Samedi dernier, tandis que je passais mon après-midi à nettoyer sa Jaguar dans le parc de sa propriété, m'apercevant que ses jantes avaient été salies par une boue calcaire et particulièrement collante, je me suis permis de lui signifier, avant de les lui astiquer : « Dites donc, monsieur le président, je ne sais pas comment vous avez fait votre compte pour salir votre voiture à ce point ! »

« Comment vous avez fait votre compte pour salir votre voiture à ce point ! » Voyez que je ne mâche pas mes mots. Voyez que je n'emprunte pas les chemins de traverse pour exprimer tout à trac une parole claire et frontale et volontiers impertinente. J'aime autant vous dire que M. le président-directeur général en est resté comme deux ronds de flan.

Alors, je sais que certains, sous prétexte que je passe tous mes week-ends chez M. Gallet, m'occupant de ses chevaux, de ses affaires, de ses chasses, ne pourront pas s'empêcher de m'accuser d'être un jaune, un salaud, un social-traître. Quelle médiocrité ! Les rapports ainsi que les limousines de collection que j'entretiens avec M. Gallet sont parfaitement clairs. Je lui rends quelques menus services en échange d'un refuge qu'il m'octroie, au fond de son parc, dans une cabane en bois où je peux tout à loisir profiter du bon air chaque fin de semaine loin de la pollution citadine.

Je connais bien M. Gallet. C'est pourquoi je trouve déplacé le procès que lui font certains syndicats, toujours mécontents, toujours revendicatifs, toujours grincheux, au sujet de la rénovation de son bureau. Quand, au moment où Radio France cherche 50 millions d'économies et le moyen de compenser un déficit de 21,3 millions d'euros, M. Gallet rénove son bureau pour 105 000 euros, quand il fait restaurer les boiseries en palissandre, quand il remplace une moquette neuve par une moquette encore plus neuve, je suis bien d'accord avec Mme Catherine Sueur, la directrice générale de Radio France, qui dit que ces dépenses n'ont « rien d'excessif ». D'ailleurs, n'est-ce pas le personnel de nettoyage qui, chaque fois qu'il ira faire le ménage dans le bureau présidentiel, sera le premier à en profiter ?

Et ce François Rollin qui me traite de chouchou. Non mais quel jaloux !

NOUVELLES DE FRANCE INTER

10 avril 2015

Bonjour Philippe[1], ça fait donc presque un an que vous avez quitté la direction de France Inter. Je pense qu'il n'est pas inutile de vous donner quelques petites nouvelles fraîches de la chaîne.

Bon, en gros, tout va bien. L'ambiance est super-bonne. Tout le monde est content.

Laurence Bloch, finalement, a gardé le même coiffeur. Maniatis, toujours. Bon, mais comme c'est pas donné et qu'il faut quand même faire des économies, elle demande toujours qu'un petit stagiaire s'occupe d'elle. Comme ça, en général, ils lui font une ristourne. La dernière fois, c'est Kevin qui lui a fait le brushing. Le résultat, bon… vous pouvez le découvrir par vous-même. Enfin, si vous réussissez à la voir, parce que depuis elle est claquemurée dans son bureau. Certains pensaient que c'était pour ne pas croiser les syndicalistes de Sud Radio mais non, c'est à cause de sa coiffure. Cette fois-ci, Maniatis a été sympa. Au moment de payer, c'est lui qui a donné un peu d'argent à Laurence. Voilà… Remarquez, c'est peut-être avec des petits gestes comme ceux-là qu'on pourra assainir les finances de Radio France. Kevin, lui, a bien sympathisé avec notre directrice. Vu qu'il est spécialiste en

1. Philippe Val était ce matin-là l'invité de Patrick Cohen.

balayage, il a été recruté à la direction des ressources humaines de France Inter.

Je ne sais pas si vous avez remarqué mais on a conservé pas mal de choses que vous aviez mises en place pendant votre passage à France Inter. Enfin, essentiellement le meilleur. Notamment, moi.

On a aussi recruté des nouvelles têtes, bon, il fallait bien se renouveler un peu. François Rollin. Bon, vous avez sûrement été au courant de cette affaire qui a un petit peu mis le feu aux poudres. Mme Lelay. Son congélateur… Bon, François Rollin a réagi avec son tempérament. Personnellement, je ne lui en tiens pas rigueur. D'autant que, lorsqu'on voit le brushing de Laurence Bloch, on se dit qu'il y a quand même des problèmes plus graves à traiter à Radio France.

Sinon, vous avez dû lire ça dans les journaux, M. Gallet a changé sa moquette. Il faut dire qu'elle en avait bien besoin. Elle avait pas été remplacée depuis au moins trois mois. Une bonne moquette, c'est important. D'ailleurs, M. Gallet a décidé de licencier son conseiller en image pour engager un conseiller en moquette.

À ce propos, Mondial Moquette a décidé d'être partenaire pour ma chronique. En effet, chaque producteur, chaque animateur, chaque chroniqueur aura désormais l'obligation de trouver un sponsor qui prendra en charge ses émoluments. En ce qui me concerne, je ne vous cache pas que ça bataille dur en ce moment entre Mondial Moquette et le pâté Hénaff qui m'a déjà envoyé une belle boîte de pâté et pour laquelle je le remercie très sincèrement.

La balle est désormais dans le camp de Mondial Moquette.

UNE LETTRE D'AMOUR

17 avril 2015

Depuis combien de temps je te connais ? Tu as raison, ça ne se dit pas. Un paquet d'années. Oh puis, tais-toi, ça ne regarde personne. Ce qui est sûr, c'est que ça fait un moment.

Oui, ma chère radio de service public, j'avais envie de t'écrire une lettre. Une lettre de reconnaissance, une lettre d'affection. N'ayons pas peur des mots, c'est une lettre d'amour. Oui, j'ai eu envie de t'écrire une lettre d'amour après cette période de silences et de séparation forcée et ces orages qui ont éclaté dans un ciel toujours menaçant. Parce que, bien sûr, nous eûmes des orages. Cinquante ans d'amour, c'est l'amour fol.

Au début, toi et moi, c'est une relation interdite, clandestine. Souviens-toi. On se donne des rendez-vous en cachette. Mais c'est juste une approche, le temps des préliminaires. Sous la couette, je t'allume (*générique* « Les Parisiennes » *de José Artur*) et toi, tu me fais voyager. Tu me fais découvrir le monde. À la fin de mes journées de lycée, pour te retrouver, je pédale ferme. Je ne veux pas rater un seul rendez-vous avec toi. À 17 heures (*générique* « Radioscopie »), véritablement, mon cœur chancelle, rien qu'en écoutant le son de ta voix.

Ça fait combien de temps qu'on se connaît ? On s'en fout. C'est pas la question. Ce qui est sûr, c'est que depuis ce temps-là, toi et moi, on ne s'est jamais quittés. Tu m'as sûrement appris le second degré un peu chic (*Bonjour de Pierre Bouteiller sur générique* « Quoi qu'il en soit »), un peu suave, tu as fait mon éducation, tu m'as fait rire, tu m'as fait réfléchir. Dans le fond, tu m'as fait grandir.

Parfois aussi, et je ne te félicite pas, tu réussissais à me détourner de mes études lorsque, à vingt ans, je ne pouvais pas imaginer ma journée d'étudiant sans écouter Claude Villers, Luis Rego et Pierre Desproges (*et mon courroux coucougénérique* « Tribunal »). Je ne savais pas alors que, mine de rien, je prenais des cours en t'écoutant, que ton humour, ton goût des mots me servirait plus tard.

Depuis combien de temps on est ensemble ? Si on te demande, dis que tu n'en sais rien. Je te fais confiance, tu sais être discrète, légère, secrète. Parce que c'est ça que j'aime en toi, même si je me doute bien que je ne suis pas le seul à t'aimer, à te faire la cour, tu réussis à garder avec chacun une relation d'intimité et de proximité et de fidélité. Parce que, quand tu t'adresses à moi, j'ai l'impression que c'est à moi seul que tu parles. Parfois, notre relation a pu agacer autour de moi, créer des jalousies. « On pourrait pas rester deux minutes sans ta radio ? » « Tu veux pas lui couper le sifflet par moments ? » J'avoue, j'ai tendance avec toi à être un peu exclusif.

Un jour, toi et moi, c'est devenu vraiment sérieux. Je suis rentré dans toi. En douceur. Sans violence. Soyons juste, au début, je crois que tu ne t'en es pas tellement aperçue. Moi, j'étais trop impressionné. Je perdais mes moyens. Et toi, ça ne te faisait ni chaud ni froid. Et puis on s'est apprivoisés. J'ai pris un peu plus d'assurance et j'ai commencé à négocier mon désir. Toi, de ton côté, tu ne semblais pas mécontente…

Aujourd'hui, on est en train de penser pour toi. On dit qu'il te faut évoluer, que tu dois épouser le siècle nouveau. Peut-être. Que tu dois faire des économies, des efforts. Sûrement. Mais n'oublie pas de rester ce que tu es. Ne cherche surtout pas à singer la télévision. Prends le temps. N'aie pas peur des silences quand ils sont les temps de la pensée, de l'émotion. Ne crains pas d'être zappée. Ceux qui t'abandonnent trop vite ne te méritent pas. Ne te vends pas aux marchands et aux publicitaires. Sois généraliste tant que tu veux, mais ne sois pas commune. Sois fédérative autant que tu peux, mais ne sois pas ordinaire.

Parce que si un jour tu cessais complètement d'être insoumise, curieuse, intranquille, moi, je t'aimerais un peu moins, et puis un jour je pourrais ne plus t'aimer du tout.

Prends soin de toi, ma chère radio de service public.

Ce n'était rien d'autre qu'une lettre d'amour.

ACRONYMES

1er mai 2015

C'est compliqué la politique. Ne dites pas le contraire, c'est très compliqué.

Par exemple, régulièrement la droite change de nom. UNR UDR RPR UMP. Quand l'air devient trop vicié, rien de mieux qu'un petit nettoyage de printemps. Aujourd'hui, Nicolas Sarkozy, qui veut se débarrasser de l'UMP aux senteurs bygmalioniennes un peu trop entêtantes, a dit : « Le temps des acronymes est fini. »

Pourquoi un responsable politique dit ça, je ne sais pas. Peut-être parce qu'il ne peut pas dire : « Le temps du chômage, de la récession, de la crise, c'est fini. » Mais le temps des acronymes, bon, il peut dire. Ça ne mange pas de pain. Le PAIN pourrait être un acronyme : le Parti Aristocratique Indépendant National.

Car si M. Sarkozy pense que l'UMP est un acronyme, il se trompe vu que l'UMP n'est pas un acronyme mais un simple sigle. Je ne voudrais pas ramener ma science afin qu'on ne me confonde pas avec le professeur Rollin, mais un acronyme est un sigle, d'accord !, mais qui se prononce comme un mot normal et non pas lettre par lettre.

(La LETTRE pourrait être un acronyme de la Ligue Étrangère Territoriale Travailleuse Radicalement Écologiste.)

Le Benelux, l'Otan, le Medef, voilà des acronymes. Le PS, le FN, le TGV, la SNCF, la RATP, EDF-GDF n'en sont pas.

Le sida est un acronyme comme la Fifa ou le Smic.

Dans la phrase « Le président de l'UMP est un ovni », l'acronyme est en dernière position.

Donc, M. Sarkozy veut appeler son parti « Les Républicains ». À part les monarchistes, personne ne dit en France qu'il n'est pas républicain. Demain, on entendra des dialogues inouïs.

« Vous êtes républicain ?

— Bien sûr que oui !

— Vous allez donc voter Nicolas Sarkozy ?

— Bien sûr que non !

— Vous êtes donc antirépublicain ?

— Bien sûr que oui. »

C'est compliqué la politique. Pourquoi, dès qu'ils prennent une position, les hommes politiques souvent ne font que rajouter un peu de chaos à la confusion du monde ?

Ce qu'on pourrait faire, c'est décider que le mot pluriel « Républicains » serait acronymique en considérant qu'il désigne le Rassemblement Essentiellement Populaire Unificateur Balnéaire Libéral Indépendant Carrément Altruiste Inopinément Nationaliste Social ou le Rêve Émanant Pourrait Universellement Bousculer Les Irrémédiables Caciques Avec Ironie Notoire ou le Ramassis Ectoplasmique Poussivement Urticant Blennorragique Lobotomisé Instantanément Chauffé Avec Ivresse Naturelle.

Ou, plus légèrement, on pourrait jouer du diminutif. La droite pourrait s'appeler les REP : les Républicains Évidemment Libéraux. Les gens de droite diraient : « Moi, monsieur, je suis REP comme républicain ! » Les gens de gauche pourraient dire : « Moi, monsieur, je ne suis sûrement pas REP, je suis républicain ! »

Monsieur Sarkozy, si ce matin j'ai pu vous apprendre quelque chose, j'en suis heureux : UMP n'est pas un acronyme. C'est compliqué la langue française.

Presque autant que la politique. Franchement, le plus simple, ce serait que la droite s'appelle la droite. Voilà, un truc clair, net, sans bavures.

Dans ce cas-là, bien sûr, il faudrait que la gauche évite de ressembler à la droite…

C'est compliqué la politique.

LETTRE À FRANÇOIS ROLLIN[1]

8 mai 2015

Cher François, j'ai sans doute eu tort il y a quelques semaines de remettre en cause ta probité intellectuelle concernant une question que Mme Lelay de La Garenne-Colombes t'avait soumise concernant son congélateur. Je te prie de bien vouloir m'excuser mais je me suis souvenu avec quel enthousiasme, quelle fougue, quelle inspiration, toi et moi, du temps lointain de notre jouvence, dissertions sur tout ce qui est appareils ménagers destinés à stocker durablement les aliments surgelés.

Nous étions jeunes. Nous étions fous.

Pendant des heures, nous échangions sur les congélateurs. Nous étions insatiables. Nous étions enfiévrés. Je me souviens comment tu t'enflammais, François, sur les quatre étoiles capables de maintenir une température inférieure ou égale à moins six degrés. Moi-même, je me passionnais alors pour la congélation des légumes et des fruits nécessitant d'être blanchis afin de détruire certains enzymes responsables de la destruction des aliments. Aucun détail concernant l'activité des micro-organismes ne nous échappait.

Parfois, François, souviens-toi, tu pouvais m'appeler au beau milieu de la nuit parce que tu venais de découvrir l'existence d'un appareil à trois zones appelé chronothermomètre indiquant non seulement une hausse de température mais la durée de cette hausse. Parfois, te sachant à l'autre bout du monde, je n'hésitais pas à t'appeler pour disserter sur le froid ventilé qui permettait une réfrigération beaucoup plus homogène dans l'enceinte du congélateur. Notre soif de connaissance concernant la congélation était dévorante, inextinguible.

---

1. Je renvoie le lecteur au podcast de France Inter afin d'écouter les réponses de François Rollin, humoriste inspiré, précieux.

Oui, François, nous étions fous. Nous étions jeunes.

Aujourd'hui, tu me dis que les congélateurs ne t'intéressent plus, que tu es passé à autre chose, j'en prends bonne note et je respecte ton évolution, même si elle m'attriste. Je te fais le serment que plus jamais je ne te solliciterai sur ces questions qui t'apparaissent aujourd'hui subalternes. Et pourtant je viens de découvrir un freezcube alerte de décongélation qui prévient les ruptures de température et réduit les risques d'intoxication alimentaire. Il est à 9,99 euros seulement, mais à quoi bon t'en parler, François, tu es si loin désormais, comme si ma langue devenait étrangère lorsque j'évoque l'électroménager.

Tu me reproches par ailleurs d'avoir déclaré au Lion d'or de Romorantin au sujet de Nicole Ferroni : « Elle est formidable, ma Nini. » Je ne pense pas, excuse-moi, François, que cette déclaration privée et citée hors de son contexte avait sa place sur les ondes de France Inter.

Je n'aurais moi-même pas pensé devoir révéler cette phrase qui a fait son petit effet quand tu l'as prononcée au Comptoir de Maître Kanter à Bar-le-Duc : « Soso, elle est trop ! » Sophia Aram, j'en suis sûr, appréciera.

Mon cher François, oublions ces chamailleries, accepte que je t'embrasse, moi qui reste fidèle aux rêves qui nous animaient quand, adolescents, nous avions en nous la passion que nous imaginions inépuisable, inapaisable, dévorante, infinie, du gros électroménager.

J'ÉTAIS PAS NÉ

15 mai 2015

Vous l'avez forcément entendu. Ne me dites pas que ça ne vous est jamais arrivé. Dans une conversation avec un plus jeune que vous, vous évoquez une chose qui ne fait plus l'actualité. Un truc un peu périmé qu'on ne retrouve guère que dans les vide-greniers et certains recoins de votre mémoire. Le bi-bop, le télégramme, le pneumatique, le Régé Color, l'entremets Francorusse, la poubelle de table…

Au détour d'une phrase, vous qui n'êtes plus un perdreau de l'année, une perdrix de saison, vous faites allusion à une ancienne vedette carrément passée de mode, Philippe Clay ou Mathé Altéry ou Line et Willy ou Gloria Lasso ou Georgette Plana ou Colette Deréal qui chantait *À la gare Saint-Lazare*, vous évoquez un écrivain comme Frison-Roche, Gilbert Cesbron, Roger Peyrefitte, Bernard Clavel, qui ne sont plus tellement lus, vous suscitez le souvenir des pièces de Marcel Achard, de Félicien Marceau, d'Arthur Adamov, qui ne sont plus souvent montées, vous reviennent en mémoire Bill Deraime, Desireless, Charlotte Julian, Nicole Rieu ou Robert Palmer, vous vous souvenez d'une personnalité médiatique qui n'a aucune chance d'être invitée dans *L'Instant M*, Jean Bardin, Jacques Rouland, Harold Kay, des artistes trop oubliés, voire trop décédés pour passer sur Nostalgie, Pierre Dudan, Francis Lemarque, Micheline Dax ou Jacques Bodoin. Jacques Bodoin qui, je le rappelle, faisait la voix de Pollux. « De qui ? — De Pollux, “Le manège enchanté”, Azalée la vache, Ambroise l'escargot et Zébulon monté sur ressort Tournicoti Tournicoton. » Et là, comme un couperet, tombe la réplique fatale du bleu, la réponse toute faite du novice, l'argument définitif du jeune…

« Connais pas. Excuse-moi mais j'étais pas né. »

« J'étais pas né. » Cette phrase, c'est une gifle, c'est un coup de poing dans le ventre, c'est un uppercut. Parce qu'il y a de l'insolence dans cette remarque, de la morgue, de l'outrecuidance. On vous fait remarquer que vous avez pris un coup de vieux, que vos références sont datées. Pire que ça. En disant : « J'étais pas né », on fait la réclame de ses lacunes. On célèbre sa déficience. On revendique son ignorance.

Bien sûr qu'il n'y a pas de honte quand on est jeune à ne pas connaître Pierre Roche ou Patachou ou Fred Mella, mais il n'y a aucune raison de s'en flatter. Bien sûr aucun déshonneur quand on a moins de vingt-cinq ans à ignorer Pierre Lazareff, Chaval et Raymond Savignac, mais il n'y a aucune raison de s'en féliciter.

D'autant que les références peuvent être encore plus notoires…

« Qui ça ? Jacques Brel, Pierre Mendès France, Françoise Giroud, Jacques Chaban-Delmas, Louis XIV, Rina Ketty, Jean-Paul Sartre, Victor Hugo ? Excuse-moi, j'étais pas né. »

Et c'est incroyable à la fois de bêtise et de prétention cette réponse parce que, enfin on veut dire quoi, que l'on ne devrait être curieux que de ses contemporains ? Que Colette, Jules Renard,

Marcel Aymé sont beaucoup moins intéressants que Paris Hilton, Jean-Marc Morandini et Benjamin Castaldi, sous prétexte qu'ils ont le considérable désavantage d'être morts et enterrés ? Et c'est incroyable de stupidité et d'arrogance cette justification parce que chacun serait un Jésus-Christ référentiel, parce que l'histoire de l'humanité ne devrait commencer qu'avec sa propre naissance ? Que seule l'immédiateté aurait de la valeur ?

Comment avancer comme argument « J'étais pas né » quand des ordures, des cinglés, des fous, des barbares détruisent les œuvres d'art du musée de Mossoul, comme hier les nazis brûlaient les livres ?

Je veux bien que le Conseil de l'Europe oblige la loi française à interdire l'administration des châtiments corporels, des gifles, de la fessée.

Sauf pour ceux qui me disent quand j'évoque le journal *Pilote*, Pierre Louki ou Jean-Michel Caradec : « J'étais pas né. »

ODE À FABRICE LUCHINI

22 mai 2015

Il est en ce moment un phénomène unique
Un miracle inouï un exploit fantastique
Un théâtre privé à Paris se remplit
Grâce à un homme seul et à la poésie
Pas de portes qui claquent pas de maris cocus
Pas de femmes légères pas de souffleurs non plus
Il n'y a pas de placard il n'y a donc pas d'amants
La scène est sans décor le verbe suffisant
Pour créer à lui seul mille et un paysages
La mer et ses rouleaux le ciel et ses nuages
Les merveilleux nuages vaporeux irréels
(Les costumes ne sont pas signés Donald Cardwell)
L'acteur n'a que les mots pour habiller les anges
Qui vont autour de lui dans ce théâtre étrange
On écoute Rimbaud et Labiche et Flaubert
Céline en Amérique et à Paris Molière

On entend Baudelaire et parfois Roland Barthes
(Les décors ne sont pas signés par Roger Harth)
Il est en ce moment un fait prodigieux
La rue des Mathurins connaît des jours heureux
De province et Paris la foule vient en nombre
Pour pouvoir assister dans la douce pénombre
Au mariage subtil du verbe et de l'esprit
De la pensée qui court et du mot bien choisi
Ceux qui n'ont pas de place doivent patienter
Pendant des jours des mois des saisons des années
En juin 2023 il reste un strapontin
En haut du paradis. Rangée X. Place 20.
C'est derrière un pilier sans visibilité
Je veux dès aujourd'hui déjà le réserver !
« Roger, habille-toi on part aux Mathurins
Pascaud, Héliot, Tesson, tout le monde en dit du bien
Tu sais, c'est cet acteur qui imite Johnny
Chez Ruquier chez Drucker : Fabrice Luchini
Ça doit être rigolo c'est quoi au juste le pitch ?
J'en sais rien, c'est un gars qui dit
du Friedrich Nietzsche »
Il est en ce moment un succès fantastique
Dans le cœur de Paris enflammant le public
Un acteur seul en scène tient salon littéraire
Élitaire pour tous pour chacun populaire
Il fait ce qui lui plaît dit du Paul Valéry
Puis récite en verlan une fable choisie
Pendant un récital consacré à Jouvet
Un soir je fus surpris de le voir m'imiter
(*Bonjour Bruno, comment t'appelles-tu ? Bruno ?
C'est pas joli comme prénom*)
Est-ce un clown un bouffon cabotin du langage
Est-ce un cœur délicat passionné de partage ?
Est-ce du beau langage un virtuose un champion ?
Ou est-ce un bon client pour la télévision ?
Est-ce un fol histrion un acteur de génie ?
Bah, c'est un peu tout ça Fabrice Luchini
Si vous aimez la vie et la littérature
Il faut aller le voir et l'écouter bien sûr.
La veille ou l'avant-veille ou bien le lendemain

Volez, courez aussi place Charles-Dullin
Ovationner le grand l'immense Saladin
Dans un texte de Pennac, franch'ment
c'est vachement bien.

MONSIEUR LE MAIRE D'AULNAY-SOUS-BOIS[1]

29 mai 2015

Monsieur le maire d'Aulnay-sous-Bois, je vous lis une lettre que vous écouterez peut-être si vous avez le temps, si vous avez envie, si vous n'avez pas mieux à faire, si votre assistant pense à vous signaler que l'on a parlé de vous à la radio.

Je dis M. le maire d'Aulnay-sous-Bois, je pourrais tout aussi bien dire M. le maire de Chambéry, ou M. le maire de n'importe quelle ville qui a décidé de diminuer drastiquement les subventions destinées à la culture et particulièrement au théâtre. Je précise d'ailleurs à tous les théâtres. N'opposons pas cette fois-ci théâtre public et théâtre privé parisien puisque lui aussi bénéficie des subventions quand il part en province.

Je fais du corporatisme ? Peut-être. Tout le monde en fait. Personne ne serait contre l'idée de faire des efforts s'ils sont mesurés, si les élus donnent l'exemple et si on arrête de construire n'importe où des ronds-points, tous plus hideux les uns que les autres. L'équipe de l'Espace André-Malraux de Chambéry va être au chômage technique et les spectateurs privés de spectacles jusqu'en novembre, je trouve ça un petit peu radical. Rentre chez toi, André Malraux, ils sont devenus fous.

Les théâtres sont des lieux d'écoute, de rencontre, de discussion, d'intelligence, de beauté, d'humour et de joie. Vous ne trouvez pas que ce sont des notions qu'en ce moment il faudrait mettre un petit peu en valeur ? Après les événements de janvier, vous ne pensez pas que se réunir autour de paroles fortes, libres, construites, a un sens ? Le football a sauvé des enfants mais

1. On m'a fait savoir que (suite à cette chronique ?) M. le maire d'Aulnay-sous-Bois était revenu sur sa décision de diminuer les subventions destinées à la vie culturelle de sa ville. Bravo, monsieur le maire.

le théâtre aussi. Je ne veux pas dire du mal des stades mais le niveau de réflexion n'y est pas toujours au plus haut. Je ne veux pas faire preuve de mauvais esprit mais vous avez remarqué que ce n'est pas spécialement dans le domaine de la culture qu'on entend parler de blanchiment, de comptes cachés, de millions de dollars de pots-de-vin ? Les messages qui s'expriment dans les théâtres vis-à-vis des jeunes, des citoyens, ne devraient-ils pas être un peu valorisés ?

De plus, monsieur le maire de Boulogne-Billancourt, vous savez certainement, je dis ça au cas où vous voudriez vous faire réélire, qu'il y a en France plus de spectateurs qui se déplacent pour aller au théâtre que de supporters dans les stades de foot. Ça devrait vous faire réfléchir. Le rôle des maires ne devrait pas se réduire à inciter les citoyens à rester chez eux derrière leurs écrans, si ?

Fermer un théâtre, monsieur le maire de Boulogne-Billancourt, c'est une décision particulièrement grave, violente. Vous ne trouvez pas que la manifestation du 11 janvier (à laquelle peut-être vous avez participé) aurait un sens si cela voulait dire qu'on avait envie partout de défendre la liberté d'expression ?

Monsieur le maire de Boulogne-Billancourt, avant de décider de la fermeture définitive du Théâtre de l'Ouest parisien, permettez-moi de vous citer cette anecdote qui célèbre la politique quand elle est menée par des grandes consciences. Quand on proposa à Winston Churchill de couper dans le budget de la culture pour aider l'effort de guerre, il répondit : « Mais alors, pourquoi nous battons-nous ? »

Monsieur le maire, d'ici, d'ailleurs, hélas de partout, avant de supprimer un théâtre, de ratatiner le budget alloué au théâtre, à la médiathèque, prenez le temps de réfléchir et de répondre à la question suivante : « Pourquoi vous battez-vous ? »

ON TROUVE DE TOUT

5 juin 2015

La politique aujourd'hui, c'est les Galeries Lafayette. On trouve de tout. Des verts qui sont rouges. Des altermondialistes d'extrême droite. Des anti-mariage pour tous gays. Ce n'est pas facile de s'y retrouver. Quand on se sent républicain, ça ne veut pas forcément dire qu'on est pour Les Républicains. C'est compliqué. Être contre Les Républicains ne veut pas dire non plus qu'on se sente royaliste. D'autant qu'on peut être royaliste et antimonarchiste si on préfère Ségolène à l'héritier de la couronne. On peut aussi être anti-hollandais et batave comme on peut être hollandais sans être néerlandais. Vous voyez ?

Des fois, je voudrais être Thomas Legrand pour essayer de comprendre les méandres de la politique. Peut-être pas Thomas Legrand, ce serait trop ambitieux, mais au moins Jean-Michel Aphatie. Enfin, un gars qui arrive à suivre…

Depuis peu, on peut être lepéniste et contre Le Pen. On peut être écologiste et ne pas être Vert.

La vie moderne elle-même n'est pas facile. On peut être licencié alors qu'on n'a aucun diplôme tandis qu'on peut garder son travail et être licencié par exemple en droit. Si on est licencié, en droit, on doit pouvoir toucher du chômage.

On peut être écolier et ne pas être scolaire. On peut être professeur et pédagogue. On peut être comédien et sincère. On peut être immortel et mortel, par exemple je ne sais pas si vous avez lu le dernier livre de Giscard.

Heureusement, on peut être arabe et Charlie. On peut être musulman et athée. On peut être religieux et pas intégriste.

Évidemment, on peut être triste et gay. On peut être instruit et abruti.

On peut être inculte et intelligent. On peut être pyromane et pompier.

On peut être gironde et ne pas être bordelaise. On peut être charentaise et ne pas être spécialement pantouflarde.

Moi-même, je ne suis pas spécialement facile à comprendre. Je suis pétri de contradictions, d'oppositions, de désaccords. Je suis un oxymoron à moi tout seul. Je suis rouge et blanc, bourgogne et bordeaux, fromage et dessert, du soir et du matin. Je suis un jeune vieux, un rural citadin, un cérébral irréfléchi, un pondéré impulsif.

Jean-Jacques Sempé a titré ses albums comme on résumerait la vie moderne : *Rien n'est simple, Tout se complique*.

On peut être envers et contre tout. On peut être juge et partie. On peut être Loir-et-Cher. On peut être cher et rare.

Vu qu'il faut de tout pour faire un monde, on peut être tout et son opposé. On peut être centriste et extrémiste. On peut être conservateur et réformiste. On peut être antimondialiste et citoyen du monde. On peut être progressiste et réactionnaire. On peut être adulte et bon enfant.

Je vous dis, il faut de tout pour faire un monde. On peut être et avoir été. On peut très bien être une demoiselle qui a eu vingt-cinq ans en 1993 et rester une éternelle jeune fille.

On peut être une plage et une vague toujours nouvelle.

On peut être une école maternelle à Sète et un cinéma à La Tranche-sur-Mer, une traverse à la Pointe-Courte et un collège à Ligné.

On peut être Arlette et Agnès. On peut être Agnès et César. On peut être Varda et Demy. On peut être Demy et pas à moitié. On peut être la moitié de Demy et quand même être entière.

Enfin, on peut être ceci et cela.

Vu qu'il faut de tout pour faire un monde.

Et que dans ce monde, heureusement, il y a la joie, il y a la vie, il y a Varda, il y a Demy[1].

CHRONIQUE DU CANADA

12 juin 2015

Bonjour, je suis actuellement chez nos cousins du Canada et ça me fait très plaisir de vous annoncer que France Inter est ici très, très populaire. Vous ne vous en doutiez pas forcément. Eh bien, si ! France Inter est extrêmement célèbre aussi bien à Toronto qu'à Trois-Rivières, aussi bien à Québec qu'à Ottawa. Hier, dans une pharmacie où j'achetais un parapluie, la pharmacienne m'a dit : « Alors, comme ça, il paraît que Monsieur X raccroche ses patins ? »

Partout, dans les restaurants, dans la rue, dans les magasins, on me parle beaucoup des animateurs, des chroniqueurs. On me pose des questions. On me fait part de remarques, on me donne son sentiment. On me rapporte que Sophia Aram serait crampante, que François Rollin serait fun et que Nicole Ferroni serait pissante.

1. Agnès Varda était ce matin-là l'invitée de Patrick Cohen.

L'auditeur canadien est extrêmement attentif à l'ambiance qui règne à France Inter. Un pharmacien chez qui j'achetais des pinces à vélo et une chambre à air m'a dit : « Bernard Guetta, j'ai l'impression qu'il a déjà vu neiger, par contre, l'autre jour, on aurait dit que Thomas Legrand il faisait baboune… » Faisiez-vous baboune, Thomas ? Je n'en sais rien. Je lui ai promis que je vous poserais la question.

Parfois, et je dois vous le dire, on n'hésite pas à critiquer, parfois durement. Quelqu'un ici à Radio Canada m'a parlé d'un régulier de la Matinale, je ne vous dirai pas lequel, qui avait une face à fesser dedans.

Alors, je dois bien l'avouer, le français du Canada a ses particularismes, il n'est pas toujours très facile à comprendre. Une pharmacienne originaire de la baie des Chaleurs, chez qui j'achetais de la lingerie fine et une pince-monseigneur, m'a interpellé de la manière suivante : « Monsieur Morel, on dirait que Patrick Cohen, il aime beaucoup les turlutes. » Comme, immédiatement, je rougissais en m'étonnant de la verdeur de sa réflexion, elle me traduisit aussitôt ses propos : « On dirait que Patrick Cohen aime beaucoup les chansons populaires. » Tandis que j'acquiesçais, son mari, qui venait de servir des moufles et une soupière en porcelaine à un habitant de Yorkville, m'aborda avec le naturel et la bonne humeur si caractéristiques des habitants de la Belle Province : « Mais, dans le fond, à France Inter on passe ses journées sur ses foufounes ! » Comme je m'apprêtais à lui répondre avec la plus grande fureur et la plus totale indignation, il m'expliqua qu'il voulait simplement dire que les animateurs dans les studios restaient assis. C'est à ce moment-là que la jeune employée, apprentie pharmacienne, entra dans la conversation en même temps qu'elle servait un vieux monsieur qui commandait un escabeau, une paire de sandalettes, du mou pour son chat et un kilo de cerises. « Ah, me dit-elle, avec un fort accent. Et ton patron, M. Gallet, est-ce qu'il ne serait pas du genre à bouffer la moquette ? » Comme je lui avouais mon incompétence à traduire les finesses du parler québécois, elle me révéla qu'elle n'était pas du tout canadienne mais originaire de la Seine-Saint-Denis et que c'était le sens exact de sa question : « Est-ce que M. Gallet ne serait pas du genre à bouffer la moquette ? »

Bon, Patrick, j'imagine bien que maintenant il est temps pour chacun de lancer sa serviette, vous avez de la broue dans le toupette, et vu que vous êtes de bonne heure sur le piton, il est bien temps à c't'heure de paqueter ses petits.

BREF RÉCITAL

19 juin 2015

Bonjour, une matinale essentiellement consacrée à la chanson, ce n'est pas tous les jours. J'en profite à cette occasion pour vous proposer un récital, un récital complet de dix œuvres originales et une reprise et un duo, tout ça sans supplément de prix pour l'auditeur et sans tellement de débordement temporaire. Enfin, on verra.

Accompagné par l'immense Antoine Sahler, j'ai l'honneur de vous présenter le bref récital !

1 – *Me voici, me voilà, mon amour...*

C'était ma chanson d'entrée en scène.

Maintenant, une chanson qu'Anne Hidalgo, j'espère, prendra la peine d'entendre un jour, une chanson sur Paris, une chanson qui fait mal, une chanson coup de poing dans la gueule, une chanson cri !

2 – *À Paris, on ne peut plus circuler*
Sur le boulevard Magenta
Heureusement qu'il y a tes bras
Pour m'y réfugier

Maintenant, une chanson amusante, appelée *Le Goujon* mais déclarée, je le signale pour les employés de la Sacem, sous le titre *Marion*. Je le précise afin qu'il n'y ait pas de malentendu concernant mes droits.

3 – *Je préfère taquiner Marion*
Que le goujon !!

La chanson, c'est aussi un engagement, une chanson, c'est aussi l'occasion d'interroger le monde…

4 – *La colombe de la paix*
Sous-famille des colombinés
Va-t-elle à nouveau s'envoler ?

La question est avancée, j'espère pouvoir défendre mon œuvre un peu partout dans le monde, en Tchétchénie, au Yémen, à Gaza, en Centrafrique, au Liban, en Syrie, partout où jamais l'on ne m'entend sans doute parce que ma parole de fleurs et de révoltes est objet de censure. Gérard Lenorman. Voici une chanson en hommage à Gérard Lenorman, injustement oublié des programmateurs, notamment du service public. Allez, Varrod, prends ça dans la gueule !…

> 5 – *Gérard, ah Gérard*
> *Tu es dans le brouillard*
> *Comme un étendard*
> *C'est rare !*

Puisque nous sommes en France, une chanson à boire :

> 6 – *Patron, remets-nous ça !*

Maintenant, je voudrais traiter la question, peu souvent évoquée en chanson, des hommes battus… Pour la chanter avec moi, j'ai l'honneur d'accueillir une amie et immense artiste, Sophia Aram !

> 7 – *Ah non, s'il te plaît Pétronille*
> *Pas avec les talons aiguilles*

Merci, Sophia. Un récital serait incomplet sans une reprise. Un hommage à notre maître à tous Charles Trenet dans une version que je dédie spécialement à Benjamin Biolay !

> 8 – *Que reste-t-il de nos amours ?*
> *Quelques pensions alimentaires*

Sur des paroles de Clémentine Deroudille, *La Fripouille*…

> 9 – *Oh ma fripouille*
> *Oh ma grenouille*
> *J'aime quand tu me fais des chatouilles*
> *Et des grattouilles et des papouilles*
> *Essentiellement sur les pieds.*

Et c'est déjà l'heure de mon premier rappel, une chanson que j'ai écrite il y a trente-cinq ans déjà, créée par Sinatra au Carnegie Hall (Frankie, tu me manques tous les jours…), reprise par tout le monde de Billie Holiday à Ray Charles en passant par La Fouine. *Without you, public* dans sa version française.

> 10 – *Je le riposte*
> *Sans toi public*
> *J'suis comme un compost*
> *Sans son lombric*

Je voudrais remercier les techniciens qui ont rendu ce concert possible, sans eux, nous ne serions rien… Mon second rappel, je le dédie à Bernadette Chamonaz qui n'aura jamais présenté le journal de 9 heures aussi tardivement…

11 – *Un jour, il faudra nous quitter*
Et c'est maintenant !

JE RIGOLERAIS QU'IL PLEUVE

26 juin 2015

Pour conclure cette saison si mouvementée, si bouleversée, je voudrais juste évoquer une image, celle de cette violoncelliste de l'Orchestre philharmonique de Radio France, accrochée ce 8 janvier 2015 à son instrument comme à une bouée. L'orchestre s'apprêtait à jouer le deuxième mouvement de la *Septième Symphonie* de Beethoven en hommage aux victimes et cette violoncelliste pleurait, ne pouvait pas s'empêcher de pleurer. Elle pleurait toutes les larmes de son corps. Elle pleurait des rivières de tristesse. Elle pleurait des torrents de chagrin. Un chagrin profond, terrible, insurmontable, inconsolable, et que chacun dans le grand auditorium de la Maison de la radio pouvait comprendre, pouvait partager puisque c'était le sien.

Le sien précisément qui s'exprimait à travers ces larmes qui coulaient continûment, résolument, obstinément.

Quand l'orchestre joue, on regarde surtout le chef, on admire ses amples mouvements, on épie ses gestes de complicité, on guette ses ralentis et ses accélérés, on surveille le moment où il se penche, où il se courbe, où il s'amenuise quand les instruments chuchotent à l'unisson de son raffinement, on admire ses envolées lyriques quand la musique éclate, quand les bras montent au ciel pour accompagner une précipitation, une chevauchée, une cavalcade, mais on regarde peu chaque instrumentiste qui ne doit rien dévoiler de sa vie, qui ne doit rien dire de son inquiétude à cause du petit déposé quand même ce matin à la crèche alors qu'il n'avait pas bien dormi, qu'il couvait peut-être une angine ou les oreillons, on regarde peu chaque musicien qui ne doit rien révéler, chaque fois que le téléphone vibre dans la poche, de son appréhension à cause du père qui est devenu un très vieux monsieur et qui habite loin d'ici, vers Montpellier, et qui refuse d'aller dans une maison de retraite mais qui n'arrive plus à s'arranger tout seul, on regarde peu chaque artiste qui doit être au service de l'émotion des autres, l'émotion du compositeur qui, plus de deux siècles auparavant, une nuit d'inspiration frénétique, a écrit cette symphonie, celle du chef qui chaque fois doit la réinventer comme si elle naissait dans l'instant.

Mais, ce jour-là, la violoncelliste pleurait et ses larmes étaient les nôtres, les larmes de ceux qui n'arrivent pas à se résoudre à ce qu'un peu plus d'amour, de compassion, de compréhension, un peu plus d'humanité ne soient pas possibles sur terre.

Débusquer l'espoir, chercher l'humour, partager l'émotion.

Jean Yanne assurait que sur la place du Marché à Rouen, devant son bourreau Geoffroy Thérage, tandis qu'on commençait à mettre le feu sous le bûcher, les derniers mots de Jeanne d'Arc furent éblouissants de simplicité, chargés d'un espoir surhumain : « Je rigolerais qu'il pleuve. »

JAMAIS LA MÊME CHOSE

Chroniques 2015-2017

PRÉFACE

par Guillaume Meurice

Un dieu vivant. Une beauté d'airain. Une posture de sphinx. Un regard de braise. Une fougue insaisissable. Un génie hors du temps.

Mais assez parlé de notre président de la République.

Venons-en à François Morel.

Qui est-il réellement ? Un simple émoustilleur de trompes d'Eustache subventionné ? Un trublion radiophonique à la solde de l'idéologie anarcho-jeanmarcayro-soviétique ? Un propagandiste financé par le lobby du pont-l'évêque et du côtes-de-blaye ? Un homme public ? Un homme pudique ? Tout cela à la fois ? Le mystère reste entier. Mais la question n'est pas là.

Car loin de toute considération subjective, et à une époque violentée par la concurrence mondialisée, il est temps d'oser la seule interrogation qui vaille : François Morel est-il compétitif ?

Son salaire, intégralement à la charge du loyal contribuable, n'est-il pas un frein à l'attraction fiscale de notre beau pays ? Comment convaincre de valeureux chanteurs, de rugueux tennismen, d'honnêtes industriels de revenir payer des impôts en France si ces derniers sont destinés à propager les valeurs désuètes véhiculées par le chansonnier ? La poésie est-elle cotée en Bourse ? Quel est le cours de la tendresse ? Le retour sur investissement de la facétie ?

De plus, à l'aune d'un conflit international majeur, d'une crise systémique sans précédent, alors que le monde entier vacille, pris en otage entre Donald Trump et Vladimir Poutine, est-il bien raisonnable de donner la parole à un homme qui prône la paix au risque de nous faire perdre des parts de marché dans le secteur de l'armement et de la crédibilité aux yeux du monde entier ? Une carte blanche à Guy Georges ou un billet d'humeur d'Erdogan ne seraient-ils pas plus appropriés ?

Car l'heure est grave.

« Moi, quand je serai grand, je veux rester un enfant, comme François Morel », entend-on déjà çà et là dans les cours de récréation.

Oui, mesdames et messieurs, le risque est majeur que notre jeunesse suive un jour le fanfaron sur les chemins de la liberté, qu'elle ne rêve absolument pas de devenir milliardaire, et qu'elle aspire simplement à rendre le monde plus beau, plus drôle, plus malicieux, plus doux, plus vivable.

« Vendredi, au lieu d'un hareng je me ferai un merlan. Jamais la même chose. »
Jean CARMET

SALUT PATRICK[1]

28 août 2015

Comme dirait très justement Augustin Trapenard : « Salut Patrick ! »

Je n'ai pas l'habitude de faire des compliments. Ce n'est pas ma fonction. À 8 h 55, sur France Inter, on attend de l'insolence punk, de l'impertinence en même temps si possible que de la pertinence. Pourtant, là, je le dis franchement, je le crie, je le proclame, je le profère :

« Bravo, félicitations France Inter. »

(Je vous le dis franchement, je n'ai pas réussi à travailler. Impossible de trouver une idée pour ce matin. L'obligation de devoir pondre une chronique alors qu'on est toujours au mois d'août, que j'ai encore des coups de soleil dans le bas du dos, des grains de sable dans les espadrilles et des courbatures dans les articulations à cause du paddle et du kayak, j'ai fait comme une sorte de blocage psychologique. Alors bon, comme j'ai quand même trois minutes trente à occuper, j'ai ressorti des notes que j'avais prises au début de la rentrée d'il y a un an et que finalement je n'avais pas utilisées, parce que sans doute au dernier moment j'avais eu une autre idée.)

Je le crie, je le proclame, je le profère :

« Bravo, félicitations France Inter ! »

L'idée d'avoir recruté François Rollin est excellente. Dans le passé, je le dis franchement, peut-être n'a-t-on pas toujours eu la main heureuse en matière d'humoristes. L'exercice est

1. Je venais d'apprendre que le contrat de François Rollin (recruté en 2014) n'avait pas été renouvelé.

particulier. Des tas de gens de talent s'y sont ébréché les canines.

(Ça, c'est une petite coquetterie linguistique que je me permets de temps en temps. « Ébréché les canines » à la place de « cassé les dents ». J'aurais pu écrire également « brisé les chicots » ou « ratiboisé les ratiches ». Ça permet, mine de rien, d'améliorer mon style. Ça n'avale pas de baguette. Exactement, ça ne mange pas de pain.)

… s'y sont ébréché les canines. Oui, beaucoup d'humoristes se sont plantés lors de la Matinale tandis que des animateurs dont la vocation n'est pas forcément de pratiquer l'humour se sont révélés être des amuseurs tout à fait excellents. Je pense notamment à Augustin Trapenard et à sa fameuse contrepèterie récurrente : « Salut Patrick ! »

(Je ne sais pas comment vous faites pour passer directement de la plage au bureau, des apéritifs qui durent jusqu'à pas d'heure à des brainstormings survoltés, des grasses matinées crapuleuses à des réveille-matin laborieux, moi, je n'y arrive pas, il me faut un sas de décompression. Ma chance, moi, c'est que je ne jette rien. Des notes prises fin août 2014 peuvent très bien être recyclées fin août 2015, pour peu qu'elles soient toujours d'actualité.)

« Salut Patrick. » François Rollin, je l'aime depuis « Tchouk Tchouk Nougâh », depuis « Palace », autant vous dire que je suis content de retrouver un vieux compagnon, toujours inattendu, toujours singulier, toujours à l'affût de nouveaux talents, travaillant notamment avec Vincent Dedienne, auquel peut-être, une année future, il faudrait penser pour le billet de 8 h 55 vu que Vincent est tout à fait dans l'esprit et la finesse de François Rollin.

Donc, tous mes vœux à François. Je ne doute pas que si des améliorations, des serrages de boulons étaient nécessaires, les responsables, comme il se doit, en parleraient franchement à François à qui je présente tous mes vœux.

Voilà. La semaine prochaine, on sera en septembre, j'essaierai de vous écrire une chronique totalement originale.

À LA TÉLÉ, ILS NE PASSENT QUE DES CONNERIES : JE NE SUIS PAS D'ACCORD

4 septembre 2015

Delphine Ernotte, déjà presque quinze jours que vous êtes à la tête de France Télévisions et déjà vous avez marqué le service public de votre empreinte.

Bien sûr, de manière discrète, de manière mesurée. Mon voisin Roger, me voyant partir ce matin vers la Maison de la radio et m'interrogeant sur la teneur de ma chronique, mon voisin Roger, qui passe ses journées entières devant le petit écran, remarquait de façon assez peu nuancée : « De toute façon, à la télé, ils ne passent que des conneries. » Je ne suis pas d'accord, Roger ! La télévision évolue, la télévision est en pleine mutation ! Mais seul un téléspectateur aussi affûté, aussi observateur que moi a pu détecter tout ce qui a incontestablement changé depuis le 24 août, date de votre prise de fonctions.

D'abord Julien Lepers, sur France 3, afin de rendre hommage à l'un de vos postes antérieurs, a fièrement arboré – et ce pendant plusieurs émissions – la même cravate orange. Stéphane Bern, sur France 2, dans le même esprit, véritable témoignage de sa vénération, de sa piété à votre endroit, aurait, quant à lui, porté, également au cours de plusieurs émissions, des sous-vêtements orange. Bien sûr, ce sont des détails, mais la preuve qu'une équipe est véritablement en train de se souder autour de vous.

Vous êtes amatrice de théâtre et ça se voit. Et ça se remarque. Et ça s'apprécie. Pas plus tard qu'il y a deux jours, France 2 a diffusé *Le Bourgeois gentilhomme*. Les esprits chagrins, les esprits grognons – ils sont, hélas, nombreux – remarqueront que c'était à 3 h 05 du matin. N'est-ce pas un signe de respect vis-à-vis du téléspectateur que de lui proposer un programme exigeant au moment où il risque le moins d'être dérangé par les portables et les divers moyens de communication qui ont tendance à polluer la concentration nécessaire au visionnage d'un grand classique français ?

Et puis, surtout, vous êtes passionnée par l'Égypte et vous avez décidé de maintenir la programmation de l'émission « Pyramide ».

Pour l'instant, ce sont les premiers signes qui étaient visibles à l'œil nu. Mais les changements sont aussi dans les projets et dans votre volonté bien trempée. L'augmentation de la redevance est une manière courageuse de ne pas céder aux sorties démagogiques et préélectorales de François Hollande concernant les baisses d'impôts envisagées. Le retour de la publicité à partir de 20 heures est une solution économique qui peut très bien aller de pair avec une réussite artistique. Nombre de spots publicitaires sont des chefs-d'œuvre de création et d'inventivité. Nombreux sont les auditeurs du 7/9 qui ne supportent Patrick Cohen et ses différents chroniqueurs que dans le seul espoir de pouvoir entendre Chevallier et Laspalès dans leurs fameux sketchs pour la Matmut.

Madame Ernotte, ici à France Inter, on vous adresse tous nos vœux pour votre mandat. En tant que conseiller en communication bénévole, activité que j'exerce à mes heures perdues, je vous donnerai un seul conseil : même si ça s'avérait nécessaire, attendez quand même plusieurs semaines avant de changer la moquette de votre bureau[1].

3615 TERRORISME : LE RETOUR DES DAECHIENS[2]

11 septembre 2015

Aujourd'hui, petite séquence souvenir, pour l'évocation d'une série qui eut son petit succès dans les années 90 du siècle précédent. Je ne suis pas très doué en imitation, je vais tenter de prendre l'accent de M. Morel venu du Grand Ouest. (*Générique.*)

1. *Le Canard enchaîné* avait publié la facture de la rénovation du bureau de Mathieu Gallet, président-directeur général de Radio France : 105 000 euros.

2. Le type même de chronique qui gagne à être visionnée sur le site de France Inter.

Cette chronique ne peut pas être comprise par ceux qui ne connaîtraient pas la série *Les Deschiens* (de Jérôme Deschamps et Macha Makeieff), à laquelle je participais aux côtés notamment de Yolande Moreau, Lorella Cravotta, Olivier Saladin, Olivier Broche, Bruno Lochet, François Toumarkine, Philippe Duquesne… La séquence passait dans les années 90 pendant l'émission « Nulle part ailleurs » sur Canal+. L'une des séquences était « 3615 code emploi ». Nous portions des chemises à carreaux. Les cols étaient en pelle à tarte, les accents à couper au couteau.

Thomas Legrand, pour l'occasion, m'avait servi de partenaire.

M. Morel. — 3615 Code Empoi ? Aujourd'hui, je reçois Thomas. Bonjour, Thomas, comment t'appelles-tu ?

Thomas. — Thomas.

M. Morel. — Alors, Thomas, tu es jeune, tu n'as pas trop réussi dans tes études, tu es un élève médiocre, tu n'as pas trop de grosses capacités intellectuelles, faut être juste, et quand même tu as eu une idée pour illuminer ta vie.

Thomas. — Euh, oui, c'est ça.

M. Morel. — Car tu as décidé de devenir terrorisse !

Thomas. — Oui, voilà.

M. Morel. — Terrorisse ! On dit que le jeune n'a pas d'idées, qu'il a tendance à rester les pieds dans le même sabot, c'est pas vrai. Il y a de la ressource chez le jeune qui est à l'affût de tout ce qui se passe dans le monde ! Alors mon gars Thomas, qu'est-ce qui pousse un jeune comme toi, avec ton intelligence médiocre, avec ton physique ingrat, à devenir terrorisse ? Alors, je suppose, tu vas me dire si j'ai tort, que c'est le goût de l'aventure. Jusque-là, faut être juste, tu es plutôt du genre minable, et là, c'est formidable parce que tu peux avoir la chance d'être connu, d'avoir ton nom dans les journaux et même peut-être un jour de passer à la télévision.

Au départ, je crois, tu hésitais entre devenir l'amant de Claire Chazal ou t'inscrire à « The Voice », mais tu chantes faux.

Thomas. — C'est ça…

M. Morel. — Ah dis donc, mais je suis surpris. D'habitude, chanter faux, c'est pas forcément un critère pour être recalé…

Thomas. — Je sais pas…

M. Morel. — Toujours est-il que tu as décidé de changer ton fusil d'épaule pour devenir terrorisse. Alors je suppose que, dans les critères de choix de ton nouveau cursus, c'est l'idée de voir du pays. Comment mieux connaître sa géographie qu'en parcourant le monde ! Un jour en Irak, un jour en Syrie, et puis un retour auprès des tiens, c'est une vie formidable, à crapahuter, à sauter d'un avion à un autre, plutôt que de rester à croupir dans ton coin.

Thomas. — Oui, c'est ça.

M. MOREL. — C'est aussi, et tu vas me dire si je me trompe, c'est avoir des notions de médecine, de chirurgie, en procédant notamment à des décapitations.

THOMAS. — Aussi.

M. MOREL. — Eh bien merci, Thomas. Bon, si je pouvais te faire un petit reproche, ne le prends pas mal, c'est que tu n'es pas spécialement bavard. Au niveau argumentaire, dialectique, tu as peut-être des lacunes. Ne le prends pas mal. Voilà, eh bien, c'était 3615, Code Empoi. Aujourd'hui, je recevais Thomas.

Finalement, vu comment qu'il est loquace, il aurait mieux fait de faire amant de Claire Chazal. En même temps, il aurait pas eu de vierges après son décès.

Bon, toujours est-il que c'était les Daechiens, en direct de France Inter.

LE TEMPS DES B

18 septembre 2015

C'était le temps des B. Les chanteurs qu'on écoutait en ce temps-là avaient tous des noms qui commençaient par un B. Brassens, Brel, Bécaud, Barbara, Bouloudji, Georges Boustaki. Léo Berré. Jean Berrat. Boby Bapointe. Et aussi Pierre Berret. Anne Bylvestre.

Sans oublier naturellement Guy Béart.

C'étaient des géants. Des consciences. Des références. Ils savaient faire des chansons, et c'est un art si particulier que de savoir faire une chanson. Parfois un texte bancal accouplé à une musique approximative réussit à faire un chef-d'œuvre de grâce, d'élégance, de finesse. C'est si mystérieux une belle chanson. Elle n'a pas forcément besoin d'un grand texte. Elle est gênée aux entournures si sa musique est trop érudite. Remarquez qu'une musique médiocre sur des vers insuffisants ne garantit pas non plus l'excellence. C'est si fragile, une chanson.

« Une chanson », disait Guy Béart, ingénieur et poète, « c'est une équation et une émotion. » Claude Lévi-Strauss a écrit : « Tout le monde sait que l'artiste tient à la fois du savant et du bricoleur. »

Guy Béart a su écrire des chansons patrimoniales, de celles que l'on apprend à l'école et qui ont l'évidence des comptines.

> *À la claire fontaine il pleut il pleut bergère ma petite est comme l'eau m'en allant promener rentre tes blancs moutons elle est comme l'eau vive elle court comme un ruisseau que les enfants poursuivent il y a longtemps que je t'aime jamais je ne t'oublierai.*

Guy Béart a su écrire des chansons éternelles que l'on aurait pu croire écrites il y a des siècles par des ménestrels, des troubadours et des trouvères, racontant la vie des chevaliers et leurs amours courtoises.

Guitry l'avait dit affectueusement au sujet de la chanteuse Mireille : « Elle n'est pas desservie par une grande voix. » On aurait pu le dire de la même manière au sujet de Béart. Il n'était pas desservi par une grande voix. Peu importe, c'était la voix du cœur, celle de la sincérité, celle de l'impérieux besoin de chanter, de raconter le monde, de le rêver meilleur, plus léger, plus joli, plus apaisé.

Quand un chanteur comme Guy Béart disparaît, on a tendance à faire son Perec.

Je me souviens de son émission « Bienvenue » avec Michel Simon.

Je me souviens qu'interrogé par un journaliste de France 3 le soir de la mort de Brassens, il avait répondu en chantant intégralement et a cappella *Pauvre Martin*.

Je me souviens de *Harold et Maude*, Madeleine Renaud chantant *Les Couleurs du temps* sur la scène du Théâtre d'Orsay.

Je me souviens de mon premier cachet de figurant dans une émission de Michel Drucker consacrée à Guy Béart chantant les chansons de la Belle Époque. Je me souviens que j'avais passé toute la journée assis à côté d'Emmanuelle Béart, jolie comme un cœur.

Je me souviens de l'avoir souvent mal imité en frappant frénétiquement sur mon ventre une guitare imaginaire.

> *Le matin je me lève en chantant*
> *et le soir je me couche en chantant.*

Je me souviens de paroles qui me restent dans la tête :

Pour une femme morte dans votre hôpital
Je réclame Dieu votre grâce
Si votre paradis n'est pas ornemental
Faites-lui sa petite place.

Je me souviendrai que Guy Béart est mort un jour de fin d'été en sortant de chez le coiffeur. C'est un homme rasé de frais, bien peigné, impeccable et sentant bon qui est parti embrasser le Bon Dieu.

« RAS LE BOL DE MACRON », LA PENSÉE SYNTHÉTIQUE DE MARTINE AUBRY

25 septembre 2015

Par une seule phrase, Martine Aubry a œuvré cette semaine pour la clarification du débat politique. « Ras le bol de Macron ! » C'est clair, c'est direct, c'est efficace. D'autres acteurs de la vie politique auraient sans doute pu dire : « Il me semble que la parole de M. Macron, même si elle est légitime, talentueuse, compétente et qu'elle permet de nécessaires débats, devrait sans doute s'accompagner de nuances tant il est important dans le contexte actuel de saluer le système du fonctionnariat français qui représente, et peut-être n'en avons-nous pas suffisamment conscience, une véritable richesse aussi bien humaine qu'économique pour toute notre communauté. »

« Ras le bol de Macron », ça permet d'aller plus vite au sens. Ça fait gagner du temps. Les interviews politiques sont toujours un peu grasses. Politiques, faites comme Martine, synthétisez votre pensée…

Ça fait déjà pas mal d'années qu'on suit les aventures de *Martine fait de la politique*. Une vraie femme de gauche. Pas n'importe quelle gauche, la gauche sociale, solidaire, pur jus. Congrès de Reims, ministère de la Solidarité, 35 heures. La gauche à l'ancienne. Pas celle qui se fait acclamer au Medef, pas celle qui renforce le contrôle des demandeurs d'emploi, pas celle qui remplace les trains régionaux par les autocars, pas celle qui pense que le dimanche peut être un jour ouvré comme les autres, non, la gauche de gauche. Un vrai repoussoir pour la droite de droite.

Jean Jaurès disait : « Le capitalisme porte en lui la guerre comme la nuée porte l'orage. »

Victor Hugo écrivait : « Qu'on ne l'oublie pas, le socialisme a pour but l'élévation des masses à la dignité civique et pour préoccupation principale l'élaboration morale et intellectuelle. »

Emmanuel Macron affirmait : « Les jeunes Français doivent avoir envie de devenir milliardaires. »

N'est-ce pas un peu inquiétant de voir que, lorsque la gauche prétend se moderniser, c'est toujours pour ressembler à la droite ? Est-ce que les gens de gauche qui trouvent la droite plus moderne ne devraient pas se définir de droite ? Ne serait-ce pas plus simple ?

Donc, le candidat de gauche pour la région Nord est Pierre de Saintignon. Bonne chance. Courage. Il en faudra.

Petit retour historique. En 1995, Jacques Delors, qui passait pour le seul socialiste capable de battre la droite à la présidentielle, renonce à se présenter. C'est Lionel Jospin qui part au casse-pipe. Merci Jacquot !

En 2015, Martine Aubry, qui passe pour la seule femme de gauche en mesure de battre l'extrême droite dans la région Nord, préfère jeter l'éponge. C'est Pierre de Saintignon qu'on envoie à l'abattoir. Merci Titine !

Ce n'est pas que l'histoire bégaye, c'est qu'elle cafouille, elle bafouille, elle s'embrouille.

Je dis Jacquot, je dis Titine, ne le prenez pas mal. Forcément qu'il y a un peu de familiarité avec vous, depuis le temps qu'on vous connaît. La familiarité, ça évoque la famille. Et franchement, je préfère nettement votre dynastie à d'autres. D'autant que vous vous entendez bien avec votre papa. Qu'on salue. Qu'on remercie. Qui fut un constructeur.

La dernière fois que France Inter est venue à Lille, on a déjeuné dans un restaurant qui est une institution ici, notamment grâce à ses gaufres à la vanille de Madagascar. Au dessert justement, Martine Aubry nous a fait une imitation assez convaincante de Ségolène Royal. C'est comme ça qu'on aurait dû finir le 7/9 de ce matin, on aurait dû demander à Martine de nous imiter Ségolène, on se serait bien amusés.

Parce que, franchement, les prochaines échéances politiques, ici à Lille, dans la région Nord, elles ne font pas tellement rigoler.

JE N'AIMERAIS PAS ÊTRE LE CARDIOLOGUE D'ALAIN FINKIELKRAUT

2 octobre 2015

Ce que je n'aimerais pas dans la vie, c'est être le cardiologue d'Alain Finkielkraut. Non, ne vous énervez pas, ne vous irritez pas, ne vous crispez pas. Respirez, soufflez. Alain, je vous le dis franchement, je n'aime pas quand tout à coup vous éructez, vous rougissez, vous devenez fébrile, agité, exalté. J'ai peur pour vous. Vous m'inquiétez. À soixante-six ans, vous rajeunissez un peu la moyenne d'âge des académiciens français, ce serait dommage de vous perdre si tôt. J'ai envie de vous dire, Alain, calmez-vous, prenez vos gouttes, ce n'est pas si grave, ça va passer.

Je sais bien qu'il existe beaucoup de sujets qui peuvent mettre en colère. Mais vous occupez une situation inconfortable, vous êtes un philosophe médiatique. Autant dire un oxymoron. La philosophie a besoin de calme, de retenue, d'isolement, de silence, de méditation, d'approfondissement. Le monde médiatique a besoin de bruit, de coups, de fureur, d'éclats, de nouveautés. Choisis ton camp, camarade.

Parmi les sujets qui peuvent vous agacer, il y a le rire. Croyez-moi si vous voulez, je suis souvent d'accord avec vous. Quand vous citez Chris Marker : « L'humour est la politesse du désespoir », quand vous dites détester le rire qui rit de tout, sauf de soi, quand vous craignez que l'humour apparaisse comme une fragile parenthèse dans l'histoire du rire, je vous écoute, et même je vous entends. Je peux bien sûr tomber dans les travers que vous dénoncez. Parfois, pour faire un mot, on vendrait son père, sa mère, ses enfants et Nadine Morano, ce qui, entre nous soit dit, nous débarrasserait. Et quand je tente de faire de l'humour, j'essaie comme vous m'y invitez de ne pas m'acharner, de ne pas choisir des têtes de Turc, de ne pas me moquer du physique, du handicap, de ne pas systématiquement faire mon papier sur Nadine Morano, qui pourtant, par ses déclarations, ses interventions dans le débat public, encourage chaque semaine les humoristes à la facilité et à la paresse.

Mais de même que, j'espère pour lui, l'on ne peut pas réduire la pensée de Michel Onfray au seul fait qu'il ait traité Manuel Valls de crétin, on ne peut pas réduire l'humour à trois saillies ratées d'humoristes contemporains.

L'humour est une soupape, une réparation, une consolation.

Je n'aime pas non plus l'hilarité perpétuelle. On n'est pas obligé de rire de tout, tout le temps. Mais n'est-ce pas aux personnes brocardées de se montrer plus respectables si elles veulent être plus respectées, n'est-ce pas d'abord à elles de chercher à atteindre un niveau moral, intellectuel, qui leur permette de ne pas être touchées par la flèche des humoristes ?

Vous détestez les clowns gueulards ? Cependant, vous écrivez dans la revue *Causeur*. On voit par là que vous n'êtes pas à une contradiction près. Vous citez Michel Rocard qui regrette que « la profession politique ne bénéficie plus du respect qu'on avait pour elle du temps où elle passait pour efficace »… Mais Michel Rocard était resté complaisamment sur le plateau d'une émission de télévision dans laquelle un rigolard lui demandait si « sucer, c'était tromper ».

Je ne trouve pas que la suppression des Guignols par Vincent Bolloré soit un signe encourageant. Je pense à Cabu, pour qui rien ne devait entraver le droit à la caricature, fût-elle excessive.

Il reste pour rire Nadine Morano, qui n'a jamais eu besoin de sa marionnette pour paraître caricaturale.

Alain, ça va ? Je ne vous ai pas trop énervé ?

MERDE, MERCI

9 octobre 2015

J'ai deux mots à vous dire, Jean-Paul Rappeneau. Deux mots qui commencent pareil. Mais qui ont des fonctions différentes. L'un est pour saluer l'avenir, l'autre pour honorer le passé. L'un est pour souhaiter bonne chance, l'autre pour exprimer sa gratitude.

Merde, merci.

Merci à celui qui lit, c'est rare.

Merde de m'avoir lu jusqu'au bout, c'est pas courant.

Merde, merci.

Ça commence pareil mais il ne faut pas les confondre. Même si dire merci c'est parfois une façon de dire merde. Une compagne délaissée écrivait *Merci pour ce moment* et disait mange ta merde en même temps.

Quand même, ce ne sont pas des mots interchangeables.

Un œil qui dit merci à l'autre, ce n'est pas commun.

Être corvéable à merde, c'est exceptionnel.

Si vous donnez un sucre d'orge à un enfant qui reste silencieux, ne lui dites pas : « Dis donc, petit malpoli, tu pourrais dire merde ! »

Autant vous pouvez dire « merci bien, merci beaucoup, merci infiniment », merde se passe d'adverbe. Merde ne s'encombre d'aucune épithète. Merde est autosuffisant.

Merci de tout mon cœur, tant que vous voulez. Merde de tout mon cœur, c'est inconvenant. Merde beaucoup, jamais ! Merde bien, en aucun cas ! Merde infiniment, c'est déplacé.

Bien sûr, merci et merde ne sont pas sans liens. Quelqu'un qui est remercié au bout de plusieurs années de bons et loyaux services peut se retrouver dans la merde.

Merde, les soirs de première, pour encourager, pour soutenir, pour stimuler.

Mais la langue française est complexe, merde peut également vouloir dire « merde ». Sophie Desmarets, comédienne drôle, piquante, détestait sa collègue Marie Bell. Marie, un soir de première, avait reçu un télégramme de Sophie (c'était une époque où l'on envoyait des télégrammes) ainsi libellé : « Chère Marie Bell, je profite de l'occasion qui m'est donnée pour vous dire merde. »

Même la vacherie pouvait avoir ses élégances.

Jean-Paul Rappeneau, j'ai deux mots à vous dire.

Merde pour *Belles familles* qui sort la semaine prochaine. Merci pour les films que vous avez tournés au cours de ces cinquante dernières années. Merci pour *La Vie de château*, *Les Mariés de l'an II*, *Le Sauvage*. Merci pour *Cyrano*.

Si on y regarde bien, vous avez essentiellement passé votre temps à faire du bien autour de vous. Comme Molière et Tati, comme de Broca et Musset, comme Guitry et Yves Robert, vous avez consacré votre vie à écrire des comédies, à être intelligent sans être plombant, à être léger sans être superficiel, à être profond sans être grave, à apporter du rêve et de l'intelligence, du rire, des sourires et de la consolation.

Merde, monsieur Rappeneau.

Merci, Jean-Paul.

JE SUIS ERRI DE LUCA[1]

16 octobre 2015

Si le dessinateur Tignous n'avait pas été tué au champ d'honneur de la liberté d'expression, il aurait fallu le mettre en prison, au pain sec et à l'eau, pendant au moins huit mois ferme. C'est ce que je me disais en feuilletant le superbe album anthologique qui lui est consacré aux Éditions du Chêne. Il fallait le mettre à l'ombre, au trou, en cabane, en tôle, au gnouf, aux fers, cet intrépide illustrateur de pandas dans la brume ! Parce que Tignous était un saboteur. Il sabotait l'action des talibans, des policiers tortionnaires, des sportifs dopés, des politiciens véreux. Autant dire que Tignous était un type très dangereux qui par son talent continue à provoquer la réflexion. Car non seulement Tignous était un saboteur mais il était aussi provocateur.

Un peu comme Erri De Luca, poursuivi pour incitation au sabotage après avoir utilisé ce mot à propos du chantier du tunnel ferroviaire entre Lyon et Turin.

Je donne la définition du verbe « saboter » à l'usage du procureur de Turin qui a requis huit mois de prison ferme contre Erri De Luca. « Saboter », ça peut vouloir dire en effet « détériorer ou détruire volontairement quelque chose », vous avez raison, monsieur le procureur, mais je vous fais remarquer que ça peut vouloir dire aussi « agir de manière à provoquer l'échec d'une action, à la neutraliser, à la torpiller ».

Comme vous le savez, monsieur le procureur, Erri De Luca est écrivain. Il connaît le sens des mots et, comme on l'imagine peu crapahuter dans la montagne avec une barre à mine et de la dynamite pour détruire une voie ferrée, on le voit bien en revanche manier des outils comme la métaphore, l'hyperbole, la figure de style derrière son stylo, son ordinateur, pour dire ce qu'il a dans la tête et sur le cœur.

---

1. Erri De Luca, qui était poursuivi pour avoir déclaré dans une interview en 2013 que le projet de ligne ferroviaire à grande vitesse Turin-Paris devait être saboté, a été relaxé quelques jours plus tard. Le procès de l'auteur napolitain de 65 ans, soutenu par les militants écologistes et de nombreux écrivains, était considéré comme un cas d'exemple pour la liberté d'expression en Italie.

Erri De Luca pense que percer des montagnes pleines d'amiante, c'est empoisonner une vallée entière, c'est provoquer de manière irréversible le tarissement des sources, oui, c'est saboter toute une région. C'est son droit et c'est peut-être même son devoir de poète et de citoyen que de s'opposer aux agissements de divers banquiers, affairistes, bétonneurs en tous genres.

J'aimerais bien avoir l'avis des pandas géants de Tignous qui croquent des bambous en attendant leur extermination organisée par des humains toujours plus conquérants, toujours plus destructeurs.

Lorsqu'il existe des catastrophes écologiques, on pleure les morts coincés dans des parkings, tués dans des inondations, et on évoque à peine le bétonnage à outrance qui a occasionné ces catastrophes.

Lorsque des dessinateurs meurent sous les balles de la bêtise et de la barbarie, on organise de grandes marches pour soutenir la liberté d'expression.

Moi qui suis Charlie pas plus que ça quand il confond bêtement la connerie et la trisomie, je ne serais pas loin d'oser dire, si je ne trouvais pas l'expression un peu trop immodeste, un peu trop présomptueuse, je suis Erri De Luca.

Q, LE VILAIN PETIT CANARD DES CHEDID[1]

23 octobre 2015

Aujourd'hui, au 7/9, une dynastie, c'est la première fois. On n'a jamais reçu les Capétiens, les Carolingiens, les Romanov, même pas les Grimaldi, mais on reçoit les Chedid. On aurait pu essayer de recevoir les Le Pen, mais l'ambiance n'aurait pas été la même. Les Le Pen sont des grands défenseurs de la famille, mais plus dans leur imaginaire que dans la réalité. Remarquez que, chez les Chedid, tout n'est pas rose non plus. Aujourd'hui, c'est un scoop, je vais vous présenter celui qui a toujours été mis au ban des Chedid sous prétexte qu'il chantait faux, qu'il avait un physique difficile et les cheveux gras. Aujourd'hui, en exclusivité sur France

1. Merci à Olivier Broche, dans le rôle de Q.

Inter, le Chedid oublié, le Chedid mis de côté, le Chedid dédaigné, c'est le vilain petit canard, le Chedid dont on ne parle jamais, le Chedid que l'on cache, ce matin il a accepté d'être avec nous. Il lui a fallu du courage pour se présenter face à son père, face à sa fratrie, face à sa famille. Aujourd'hui, en exclusivité, le vilain petit Chedid : Quentin Chedid.

— Bonjour, Quentin.

— Bonjour, monsieur.

— Ça a été difficile de venir ici ?

— Ben plutôt, oui, parce que j'habite pas là. En métro, il y a trois changements… En plus, j'ai cru que j'avais oublié mon pass Navigo alors que j'étais presque arrivé au métro, je suis retourné chez moi, j'ai cherché partout, en fait il était dans ma poche intérieure !

— Quentin, qu'est-ce que vous ressentez ce matin ?

— Ça va, j'ai pris un bon petit déjeuner. Moi, quand je prends un bon café au lait avec trois tartines beurrées, je suis en forme pour toute la journée.

— C'est bien. Non, ce que je voulais dire, Quentin, qu'est-ce que vous ressentez ce matin quand vous vous retrouvez face à votre famille qui surfe sur le succès, qui sort un disque dans lequel vous ne figurez pas, qui va jouer son spectacle un peu partout en France sans vous ? En un mot, qu'est-ce qui se passe Quentin Chedid rencontre les autres Chedid ?

— Ah oui, dans ce sens-là, c'est vrai que je suis pas mal dégoûté vu que j'ai été à l'origine de pas mal de succès des membres de ma famille. Par exemple, j'avais écrit une chanson que j'avais inventée : « J'ai beau pas être beau oh oh oh j'suis rigolo. » C'est en m'entendant que mon père a écrit sa chanson, je n'ai jamais reçu de droits d'auteur. Et puis, quand j'ai eu l'intention de me produire sur scène, j'avais déjà trouvé mon nom de scène : Q comme Quentin, et Matthieu m'a coupé l'herbe sous le pied quand il s'est fait appeler M.

— Cette déception, comment vous l'avez vécue, Q ?

— Ben disons qu'à un moment j'étais vraiment découragé. Surtout que j'avais eu une bonne idée publicitaire, c'était de me faire une coiffure en forme de q… enfin la lettre q, et là, j'ai dû prendre des produits néfastes, des gels, des laques qui ont occasionné la chute de mes cheveux, des affections cutanées tel un début de psoriasis.

— Oui, donc, quand vous avez commencé à perdre vos cheveux, vous avez décidé d'arrêter la chanson.

— Évidemment : je n'avais plus le physique !

— Évidemment. Vous êtes quand même venu ce matin avec votre guitare. Vous n'êtes jamais vaincu, Q ?

— La guitare est mon prolongement, et puis je me suis douté que Louis, Matthieu, Joseph et Anna, dans un souci de conciliation, allaient certainement me demander d'assurer leur première partie…

— C'est un peu votre plan, Q ?

— Un peu, oui…

— On vous écoute…

(*Il chante :* « Le petit cheval dans le mauvais temps, qu'il avait donc du courage. C'était un petit cheval blanc… »)

— Je pense que votre famille est convaincue, Q. Retrouvez bientôt toute la famille Chedid, au grand complet, près de chez vous.

L'IVRESSE DU PONT-L'ÉVÊQUE[1]

30 octobre 2015

Cette semaine, on a appris la dangerosité de la charcuterie. « Manger du boudin tue. Déguster des rillons nuit gravement à votre santé. Les amateurs d'andouillettes meurent prématurément. » Ce sont les avertissements qu'il faudra désormais inscrire sur l'emballage des charcuteries. « Avaler du cervelas pendant la grossesse nuit à la santé de votre enfant. Arrêter le jambonneau réduit le risque de cancer colorectal. Faites-vous aider pour arrêter, téléphonez au 3989, 15 ct/min. » Si les pouvoirs publics étaient responsables, ils imposeraient aux fabricants de rillettes d'imprimer une image dissuasive sur au moins quarante pour cent de la surface du pot. Je propose à cet effet de faire parvenir aux communicants du ministère de la Santé mon taux de cholestérol.

1. Cette chronique m'aura permis d'être élevé au grade d'Ambassadeur Ovationné à Cambremer (AOC). Le prix AOC récompense les personnalités qui ont œuvré pour la défense des AOP et des AOC. Quand même.

Mais ce n'est pas tout.

En me promenant sur le web, une autre nouvelle m'a alerté.

Et en tant que Normand je ne pouvais pas me taire. Il eût été plus facile de détourner le regard, de contempler ailleurs, de ne pas attacher d'importance à cette information découverte récemment, il eût été plus commode de ne pas se faire l'écho d'une nouvelle qui fait vaciller les fondements mêmes de toute une civilisation. Tant pis, j'ai décidé de consacrer ma chronique de ce vendredi à un phénomène qui a fait l'objet d'une étude de l'université du Michigan, l'addiction fromagère.

Oui, le camembert, le pont-l'évêque, le livarot sont les autres noms donnés à l'héroïne, à la morphine, à la cocaïne.

L'addiction au fromage ressemble à celle aux drogues dures. Le fromage, à cause de la caséine, protéine qui a un effet sur l'organisme, est comparable aux opiacés à travers ce composant chimique appelé casomorphine, qui activerait les récepteurs du cerveau liés à la dépendance.

Dans le cadre de cette étude, les scientifiques ont analysé le comportement alimentaire de cinq cents étudiants. Les résultats sont accablants.

Car, cette étude le prouve, on peut être accro à la mimolette, au coulommiers, au saint-nectaire, comme on l'est à la cigarette, à l'alcool, à la drogue.

Alors je ne pouvais rester muet. Moi qui suis né pas si loin de ce triangle menaçant dont les extrémités ont des noms qui font peur, Pont-l'Évêque, Livarot, Camembert, moi qui ai ouvert l'œil tout près de cette véritable plaque tournante de la pâte molle, moi qui suis apparu si proche de ces cartels du produit lacté, voisin de ces petits revendeurs qui font leur beurre sur la matière grasse, trafiquants et dealers en tous genres qui sur la place du marché, le samedi matin, en velours côtelé, sous leurs casquettes débonnaires, font leur sombre commerce, je ne pouvais m'empêcher de dire ma colère et mon dépit.

Ah, tout à coup, l'on comprend mieux l'excentricité des œuvres des grands Normands quand on découvre, hagard, déçu, désappointé, qu'ils étaient sous l'influence de ces narcotiques dangereux, de ces hallucinogènes sous appellation d'origine contrôlée. Sans camembert et sans pont-l'évêque, sans livarot et sans neufchâtel, aurait-on seulement jamais entendu parler des travaux d'Alphonse Allais, d'Erik Satie, d'André Breton, connaîtrions-nous aujourd'hui les inventions délirantes, extravagantes, hallucinées d'Olivier Saladin, de Valérie Lemercier, de Gérard Larcher ?

Moi-même ne suis-je pas, sans le savoir, un toxicomane qui ne réussit à rendre sa copie hebdomadaire que sous l'emprise de l'affinage et du caillé ?

Pourquoi commence-t-on un jour à prendre une part de camembert ? Pour faire comme les autres, pour s'amuser, se détendre, pour faire une expérience, pour améliorer ses performances professionnelles, sexuelles. Parce qu'on est timide, parce qu'on est mal dans sa peau, on avale une part de livarot. Parce qu'on désespère, on ingère du camembert.

Suzanne Flon, dans *Un singe en hiver*, tente comme elle peut de remonter le moral à son mari…

« Parce que tu sais, si ça te manquait vraiment, si tu y pensais trop, tu pourrais, je ne sais pas moi, reprendre un peu de fromage au repas, une demi-part de pont-l'évêque…

— Une demi-part, réplique Gabin, suprêmement inconsolable, une demi-part… Dis-toi bien que si quelque chose devait me manquer, ce ne serait plus le fromage, ce serait l'ivresse du pont-l'évêque. »

DANS MON CERVEAU

6 novembre 2015

Demain, c'est extraordinaire, vous pourrez lire dans mon cerveau ! Ainsi, demain, quand vous m'entendrez dire avec passion, avec enthousiasme, avec fougue : « Demain, c'est extraordinaire, vous pourrez lire dans mon cerveau ! », simultanément vous pourrez lire dans mon cerveau : « Aujourd'hui, c'est lamentable, c'est pitoyable, c'est navrant, je dois tenir trois minutes trente sur le cerveau face à un grand neurologue alors que je n'ai rien à dire sur le cerveau. »

Demain, c'est ahurissant, vous pourrez lire dans mon cerveau ! Demain, chacun de nous sera un livre ouvert. Imaginez le changement. Plus de non-dit. Plus de quant-à-soi. Plus de secret. Plus d'aveu. Plus de pieux mensonge.

Je suis très heureux de vous retrouver ce matin. Traduction : Je me demande si je ne serais pas mieux au chaud dans mon lit.

Le médecin dira : « Il ne faut pas perdre courage, madame Duchemol, vous avez encore de belles années devant vous », et Mme Duchemol lira dans le cerveau du docteur : « C'est fini, madame Duchemol, la semaine prochaine, direction le cimetière. »

Demain, chacun de nous sera un confessionnal ouvert à tous les vents.

Plus de formule de politesse. Plus de mystère. Plus de révélation. Plus de garagiste. « Ouh là là, monsieur Duchemol, le moteur de votre Megane, il est fatigué, il faut changer l'embrayage, la courroie de distribution, les amortisseurs, les plaquettes de frein », et M. Duchemol lira : « Tiens, mon pigeon, je vais te faire raquer un maximum. »

Demain chacun sera un secret divulgué. Plus de promesse. Plus d'engagement. Plus de serment.

Devant le prêtre, les nouveaux mariés se promettront une fidélité éternelle et la famille réunie dans l'église lira dans le cerveau des tourtereaux qu'ils essaieront dans la limite du possible de ne pas faire trop d'accrocs dans le contrat de mariage, mais que ce ne sera pas facile parce que déjà la petite sœur de la demoiselle d'honneur, c'est pas pour dire, mais elle est extrêmement gironde, et le cousin de Montpellier qui est drôlement musclé, entre nous, j'en ferais bien mon quatre-heures.

Plus de psychanalyse. Plus de psychiatres. Plus de littérature. Plus de poésie. Plus rien. Plus d'intériorité. Plus qu'une extériorisation objective, froide, impartiale.

À la télévision, le prétendant à l'investiture suprême dira : « Je vous demande de voter pour moi parce que je veux remettre la France au travail, je veux que les jeunes aient de l'avenir dans notre pays, je veux que le chômage diminue de façon significative », et les téléspectateurs liront : « Je n'ai aucune idée de la manière dont je pourrais bien y arriver. Votez pour moi. »

Le présentateur à la télévision dira : « Je suis très heureux de vous retrouver », le public entendra : « Je suis très content, grâce à vous, de m'en mettre plein les fouilles. »

L'interviewé dira : « Je vous remercie de me poser la question », l'auditeur entendra : « Je n'ai aucune envie de vous donner ma réponse. »

Plusieurs questions justement à propos du cerveau :

Le désengagement politique de Jean Roucas indique-t-il déjà une fuite des cerveaux au FN ?

Y a-t-il un rapport entre le fait que manger du poisson est bon pour la mémoire et la remarque que me faisait un ami cannibale m'assurant que le cerveau humain avait un goût d'œufs de poisson ?

Demain, le cerveau pourra-t-il être piraté comme n'importe quel ordinateur ? Demain, les pensées humaines pourront-elles être surveillées ? Le cerveau de chacun pourra-t-il être mis sur écoutes ?

Il paraît qu'on n'utiliserait que dix pour cent des capacités de notre cerveau au goût d'œufs de poisson. Vu les perspectives, c'est peut-être mieux comme ça…

EST-CE QUE LA MÉTÉO NE FERAIT PAS LE JEU DU FN ?[1]

13 novembre 2015

La semaine dernière, pendant l'émission « On n'est pas couché » a eu lieu une altercation entre Laurent Ruquier et Bruno Gaccio, deux humoristes se revendiquant plutôt de gauche, le second reprochant au premier d'évoquer les ennuis judiciaires de Thomas Fabius, dont on ne sait pas s'il est de gauche mais qui est le fils d'un ministre important qui, lui, se revendique toujours de gauche.

« Je suis effaré qu'on parle de ça, moi, en fait, s'est exclamé Gaccio. Parce qu'il y a des gens qui nous regardent et qui doivent se dire : “Tiens, je sais pour qui aller voter la prochaine fois, moi.” »

« Tiens, je sais pour qui aller voter la prochaine fois, moi. »

Et on se doute que l'allusion au prochain vote ne concerne pas Mélenchon ou François Fillon ou Bruno Le Maire ou même Hervé Mariton, mais Marine Le Pen. Vous voyez, je ne suis pas Thomas Legrand, mais j'arrive quand même à décrypter pas mal la vie politique…

Évidemment, la réplique de Gaccio m'a interrogé parce que, moi, s'il y a peu de gens qui me regardent, il y en a pas mal

1. Dans cette chronique, le personnage de Marie-Pierre Planchon était tenu par Marie-Pierre Planchon. Son meilleur rôle.

qui m'écoutent, et je serais désolé qu'à la fin de ma chronique quelqu'un puisse se dire : « Tiens, je sais pour qui aller voter la prochaine fois, moi. »

Oui, je vous l'avoue, comme tout le monde, moi par moments je me demande si je ne fais pas le jeu du Front National.

Je vous le dis honnêtement. Je me pose la question. D'autant que je me demande si je ne fais pas le jeu du Front National de deux manières. Soit en en parlant. Soit en n'en parlant pas. Soit en prononçant le nom de Marine Le Pen. Soit en ne le prononçant pas.

Vous voyez, je suis capable de me remettre en question. Et je me dis que certains ici feraient bien de faire la même chose. Suivez mon regard. Je pense notamment à… vous voyez qui ? Marie-Pierre Planchon.

Marie-Pierre Planchon annonçait l'autre matin sans sourciller, avec dans la voix cette inconscience joyeuse, légère, insouciante, qui est sa griffe, qui est sa signature, qui est sa manière d'être, que les températures allaient baisser de cinq à six degrés, mais qu'il allait faire beau du côté de Toulouse, de La Rochelle, et qu'en revanche des pluies étaient prévues dans le Pas-de-Calais et dans les Ardennes. Dans le Pas-de-Calais et dans les Ardennes ! Est-il nécessaire, je vous pose la question, mademoiselle Planchon, dans le contexte actuel, d'opposer les Français entre eux ? Au moment où la nation française a de plus en plus de mal à exprimer sa cohésion, est-il bien utile, oui, c'est toujours à vous que je m'adresse, mademoiselle Planchon, de souligner ainsi ces inégalités objectives entre les différentes communautés françaises qui devraient avoir vocation à vivre ensemble ? Marie-Pierre Planchon, sans doute, vous ne vous rendez pas compte des effets dévastateurs que vos annonces peuvent créer.

Désormais, Marie-Pierre, je vous en conjure, préférez des bulletins météo moins clivants !

MARIE-PIERRE. — Du Nord au Nord-Ouest jusqu'au Centre en passant par l'Île-de-France, la Corse et la Côte d'Azur, le ciel restera variable, il ne fera ni trop chaud ni trop froid. Il pleuvra bien de temps en temps ici ou là, mais des rayons de soleil viendront opportunément sécher la pluie. Le ciel présentera souvent un joli camaïeu allant du bleu au gris en passant par le bleu roi, le bleu pétrole, le bleu canard…

F. — Oui, là, c'est inutile d'évoquer le bleu marine…

M-P. — D'accord. Les températures s'étaleront de 3 à 26 degrés…

F. — Là, Marie-Pierre, vous n'êtes pas obligée de préciser que les Corses qui bénéficient déjà d'avantages fiscaux conséquents jouiront par ailleurs d'un climat particulièrement doux pour la saison.

M-P. — Je ne parle pas non plus des averses sur Calais ?

F. — Ce n'est pas la peine… Merci, Marie-Pierre, d'avoir fait un bel effort…

M-P. — Je vous en prie…

NE RENONCER À RIEN[1]

20 novembre 2015

Ne renoncer à rien.

Surtout pas aux théâtres, aux terrasses de café, à la musique, à l'amitié, au vin rouge, aux feuilles de menthe et aux citrons verts dans les mojitos, aux promenades dans Paris, aux boutiques, aux illuminations de Noël, aux marronniers du boulevard Arago, aux librairies, aux cinémas, aux gâteaux d'anniversaire…

Ne renoncer à rien.

Surtout pas au chablis, surtout pas au rully, surtout pas à l'esprit.

Ne renoncer à rien.

Ni aux ponts de Paris, ni à la tour Eiffel, ni place de la République à la statue de Marianne, résultat d'un concours datant de 1879 et remporté par les frères Morice, Léopold pour la statuaire et Charles pour le soubassement. Ni aux pots de violettes et de primevères du marché aux fleurs. Ni à *L'Amour* de Jacques Saly, commandé par la marquise de Pompadour. Ni à l'amour.

Ne renoncer à rien.

Surtout pas à Paris, surtout pas aux titis, surtout pas à Bercy.

Ne renoncer à rien.

Ni à Gavroche, ni à Voltaire, ni à Rousseau. Ni aux oiseaux, ni aux ruisseaux, ni à Nanterre. Ni à Hugo.

1. Chronique post-Bataclan…

Ni aux soleils couchants, ni aux collines désertes, ni aux forêts profondes. Ni aux chansons de Barbara. Ni à la foule des grands jours. Ni à l'affluence des jours de fête, au baiser de l'Hôtel de Ville, aux étreintes sous les portes cochères. Ni aux enfants qui jouent sur les trottoirs. Ni aux cyclistes, ni aux cavistes, ni aux pianistes.

Ne renoncer à rien.

Surtout pas aux envies, surtout pas aux lubies, surtout pas aux folies.

Ni aux masques, ni aux plumes, ni aux frasques, ni aux prunes, ni aux fiasques, ni aux brunes, ni aux écrivains, ni aux éclats de voix, ni aux éclats de rire, ni aux engueulades, ni aux files d'attente, ni aux salles clairsemées, ni aux filles dévêtues, ni aux garçons poilus, ni à la révolte, ni à la joie d'être ensemble, ni au bonheur de partager, ni au plaisir d'aimer, ni à la légèreté, ni à l'insouciance, ni à la jeunesse, ni à la liberté.

Ne renoncer à rien. Ne renoncer à rien. Ne renoncer à rien.

Surtout pas à Paris.

Surtout pas aux amis.

Surtout pas à la vie.

C'EST FORMIDABLE D'ÊTRE UN CON

27 novembre 2015

Et si on parlait d'autre chose ?

Je feuillette les journaux, je regarde les infos, j'écoute la radio. Et je me dis : « Tiens, et si on parlait d'autre chose. »

Oui, mais de quoi ?

De Depardieu, tiens, qui vient de sortir un livre. Il dit dans une interview : « C'est formidable d'être un con. »

Il a raison.

« Je suis un con, disait Wolinski, mais quand je vois ce que les gens intelligents ont fait du monde… »

Un anonyme a dit : « Il vaut mieux être bourré que con, ça dure moins longtemps. » Ce n'est pas forcément vrai pour Gérard Depardieu.

Oui, Gérard, c'est formidable d'être un con. Surtout que, comme le dit Brassens : « Quand les cons sont braves, comme moi, comme toi, comme nous, comme vous, ce n'est pas trop grave, qu'ils commettent, se permettent des bêtises, des sottises, qu'ils déraisonnent, ils n'emmerdent personne. Par malheur sur terre la plupart des tocards sont des gens très méchants, des crétins sectaires, ils s'agitent, ils s'excitent, ils s'emploient, ils déploient leur zèle à la ronde, ils emmerdent tout le monde. »

À propos de tocard, de crétin sectaire, le père Hervé Benoît, chapelain à la basilique de Fourvière, juge que les victimes du Bataclan étaient les frères siamois de leurs bourreaux. On peut penser que c'est très exagéré. On est plus dans la vérité, à mon avis, si l'on juge que le père Hervé Benoît est le frère siamois de Rachid Abou Houdeyfa, l'imam de Brest qui soutient que « ceux qui chantent seront engloutis sous la terre par Allah et transformés en porcs ou en singes ». Imam et curé, s'il vous plaît, partez en vacances ensemble, le plus loin possible de la terre, vers les paradis où vous imaginez trouver la félicité, et surtout ne revenez jamais.

Oui, je sais, je voulais parler d'autre chose mais de quoi ? Des cons, oui, ça, c'est un bon sujet. En Belgique, une mère de famille a été jugée pour avoir fait copier cent fois « Je suis un con » à son fils qui renâclait devant ses devoirs de vacances. Avant, elle l'avait frappé, lui avait administré une douche froide, avait jeté son baladeur mp3 dans l'aquarium puis l'avait forcé à manger du papier. Après, on va reprocher aux mamans de ne pas être assez exigeantes vis-à-vis de leurs rejetons. Après, on va condamner une trop grande permissivité dans l'éducation des enfants. Abdelhamid Abaaoud était « un petit con », selon un ex-camarade de classe, qui harcelait ses condisciples et ses professeurs. S'il avait écrit cent fois « Je suis un petit con » et mâché du papier, serait-il devenu moins con ? Rien n'est moins sûr.

Oui, je sais, je voulais parler d'autre chose. Des cons.

Surtout que les cons font l'actualité. Le public d'Hanouna est traité de con par Delon, lui-même traité de vieux con.

Benzema dit : « Je suis con en voyant tout ça » quand il reconnaît en garde à vue avoir servi d'intermédiaire. Joey Starr et Baala se traitent de bâtard et de vieux con. Unanimité de la connerie à laquelle on souscrit.

Henry Miller a écrit un livre en français intitulé *J'suis pas plus con qu'un autre*. On trouve dedans cette phrase sûrement pas plus conne qu'une autre : « N'essayez pas de changer le monde, changez de monde. »

Décidément, on ne peut pas parler d'autre chose.

CHLOÉ VERLHAC, VEUVE DE TIGNOUS, N'IRA PAS À SANCERRE

4 décembre 2015

Chloé Verlhac est une personne très dangereuse. Invitée par un libraire, elle devait présenter ce dimanche à Sancerre les livres de son mari, Tignous, dessinateur abattu par des barbares en janvier 2015. Chloé Verlhac aimait son mari, aujourd'hui elle défend sa mémoire, elle publie ses dessins, elle fait en sorte que l'on n'oublie pas le talent ravageur, facétieux, formidable, de son homme.

Chloé Verlhac est une personne très dangereuse. Autant qu'Hélène Honoré, la fille du grand dessinateur Honoré, lui aussi exécuté par les fanatiques.

Finalement, Chloé n'ira pas à Sancerre. Hélène non plus. La peur a gagné. Un gendarme s'est plaint. Son travail est d'assurer la sécurité. Et pour assurer la sécurité, il ne faut prendre aucun risque. Les livres de Tignous portent atteinte à la population de Sancerre. La préfecture du Cher a été contactée par les maires de Sancerre et de Verdigny et elle a répondu courageusement : « Bah, c'est bien embêtant votre affaire, parce qu'on peut pas interdire, c'est sûr, vous imaginez le pataquès que ça ferait, mais dire que ça nous arrange qu'elles viennent, franchement, non, parce que c'est peut-être pas le meilleur moment. Elles pourraient peut-être venir mais plus tard, sans que ce soit annoncé, par exemple… »

Des parents d'élèves, de leur côté, ont exprimé leurs craintes pour la sécurité de leurs enfants. Certains, ni plus ni moins, ont dit que Chloé Verlhac n'avait rien à faire à leur marché. L'association qui organise le marché de Noël a finalement demandé l'annulation de la séance de dédicaces. Et donc Chloé ne dédicacera pas les livres de son Tignous de mari, Hélène ne présentera pas les livres de son Honoré de père.

Je crains que, dimanche, certains visiteurs du marché de Noël, pour peu qu'ils aient un tout petit peu de conscience, se retrouvent légèrement gênés aux entournures devant les bougies, les étoiles, les guirlandes, les petits santons de Provence, les produits régionaux…

Depuis quinze jours, des copains se retrouvent au bistrot en se moquant d'eux-mêmes. Ils font mine de se prendre pour Jean Moulin, pour Lucie et Raymond Aubrac depuis que commander un blanc-cass' en terrasse est assimilé à un acte de résistance. C'est pourtant vrai, quand on y pense, que des femmes, des hommes sont juste morts parce qu'ils prenaient l'air, prenaient un verre en terrasse, écoutaient de la musique.

C'est ça le problème, si aujourd'hui on se résigne à ne pas présenter un livre sous prétexte qu'il ne faut pas désobliger les terroristes, demain les terroristes décideront peut-être de s'en prendre aux amateurs de bougies, d'étoiles, de guirlandes, de petits santons de Provence et de produits régionaux. Mais les lecteurs de livres ne seront peut-être plus là pour les défendre.

Amer marché de Noël à Sancerre.

Amitiés à Hélène et à Chloé, que l'on retrouvera le dimanche 6 décembre chez le vigneron Alphonse Mellot au domaine de La Moussière. À la bonne vôtre !

SI AUDIARD ÉTAIT LÀ…

11 décembre 2015

Voyez-vous, Manuel Valls, quand on est à côté de vous, on n'a pas spécialement envie de vous froisser parce qu'on se dit que, pour le moment, vous n'avez pas une vie si facile que ça… Donc, moi, comme j'ai un bon fond… Ah si, j'ai un bon fond, ici tout le monde vous le dira. Souvent c'est moi qui briefe Bernard Guetta quand il a des incertitudes sur des situations géopolitiques un peu compliquées entre l'Ingouchie et la Tchétchénie, par exemple, c'est moi qui corrige les fautes d'orthographe de Thomas Legrand. Il m'arrive même de servir le café et les viennoiseries à Patrick Cohen et parfois de donner un petit balayage, une coupe, un brushing à Laurence Bloch, notre directrice, quand ça paraît nécessaire, et c'est souvent nécessaire. Je suis comme ça : j'aime rendre service, j'ai un bon fond. Par conséquent, j'aimerais pouvoir éviter tous les thèmes d'actualité qui pourraient vous mettre en colère ce matin : les élections, les attentats, la poussée du Front National, la montée du chômage, Emmanuel Macron.

Mais je m'aperçois que tous les sujets d'actualité sont forcément des sujets qui fâchent et il m'est quasiment impossible de les éviter tous. Quand même, parce que j'ai un bon fond, j'ai décidé de ne pas vous parler d'Emmanuel Macron. C'est déjà ça.

Vous vous souvenez de la réplique de Robert Dalban dans un film dialogué par Michel Audiard : « Je suis ancien combattant, militant socialiste et bistrot. C'est dire si, dans ma vie, j'en ai entendu, des conneries ! »

On peut se demander si en l'occurrence les qualités d'ancien combattant et de bistrot ne sont pas superflues.

Jean-Marie Gourio, qui n'est ni ancien combattant, ni bistrot, ni militant socialiste, non seulement a entendu des conneries dans sa vie mais les a notées. Ça donne ses formidables *Brèves de comptoir*. Un jour, dans un bar, il a entendu cette phrase : « Mon mari m'a tellement trompée que je ne suis pas sûre d'être la mère de mes enfants. »

C'est peut-être un peu dans cet état d'esprit que se retrouve le militant socialiste de la région Paca. Le 17 septembre 2015, il entendait Jean-Christophe Cambadélis lui dire avec la plus grande autorité : « Les positions développées par Christian Estrosi sont pires que celles de Marion Maréchal-Le Pen. » Aujourd'hui, il observe Jean-Christophe Cambadélis lui enjoindre, avec la même assurance, le même aplomb, de voter Christian Estrosi.

Bien sûr, je vous rassure (mais est-ce si rassurant ?), on peut adapter la réplique de Michel Audiard aux autres partis politiques. Les militants républicains, centristes, écologistes et évidemment frontistes en ont aussi entendu, des conneries, et plus souvent qu'à leur tour.

Mais quand même, je pense au militant socialiste de la région Grand Est. Il est allé voter la semaine dernière pour son candidat socialiste.

Étant donné que le candidat qu'il défendait avant le premier tour continue de dire la même chose avant le second tour[1], les

1. Jean-Pierre Masseret conduisait dans la région Grand Est la liste de gauche. Arrivé en troisième position derrière le Front National et la droite, il annonce

responsables de son parti lui disent qu'il ne faut plus voter pour lui. Bon, rassurez-vous (mais est-ce si rassurant ?), si par hasard le candidat anciennement socialiste aujourd'hui sans étiquette gagnait, contre toute attente, les élections ce dimanche, il pourrait récupérer assez vite l'investiture du Parti socialiste.

Une autre brève : « La météo est une science qui permet de connaître le temps qu'il aurait dû faire. » On peut sûrement adapter la phrase aux instituts de sondage. Une dernière pour la route. « Il vaut mieux prendre ses désirs pour des réalités que de prendre son slip pour une tasse à café. »

Allez dire le contraire.

LE GARS DE LA GARE D'ERMONT-EAUBONNE

18 décembre 2015

Bonjour, madame Pécresse, je suis content de vous voir parce que je voulais profiter de votre venue à France Inter pour vous parler d'un gars qui prend souvent le RER à la gare d'Ermont-Eaubonne. Il habite la banlieue, pas une banlieue dont on parle beaucoup, celle qui va participer financièrement au Grand Paris mais qui va peu en profiter. Donc, ce gars que je connais bien, il prend son RER à la gare d'Ermont-Eaubonne et régulièrement il va à Paris. Mais comme il n'habite pas tout près de la gare d'Ermont-Eaubonne, il doit d'abord prendre sa voiture avant de prendre le transport en commun. À côté de la gare d'Ermont-Eaubonne, il y a un parking, ce qui n'est pas bête parce que ça permet de se garer, pour peu qu'on ait une voiture et qu'on ait besoin d'aller à la gare d'Ermont-Eaubonne, mais ce parking est trop petit, ce qui est dommage parce qu'il est vite complet, occupé notamment par tous les abonnés qui habitent tout près de la gare d'Ermont-Eaubonne, autour de laquelle viennent d'être construits tout un tas de nouveaux logements.

Alors, le gars que je connais bien, souvent, tiens le vendredi matin par exemple, il est refoulé du parking qui est complet et,

publiquement qu'il refuse de retirer sa liste, alors que plusieurs élus locaux socialistes lui enjoignent de se désister en faveur du candidat de la droite républicaine.

comme il doit absolument se trouver à la Maison de la radio vers huit heures et demie (il doit sûrement avoir de grosses responsabilités dans l'audiovisuel), il se gare comme il peut autour de la gare d'Ermont-Eaubonne.

Et quand il revient, plus souvent qu'à son tour, il trouve un petit papier vert signé par la communauté d'agglomération Val-et-Forêt lui signifiant qu'il va, dans les jours qui viennent, recevoir une amende sous prétexte que les politiques n'ont pas prévu autour de la gare d'Ermont-Eaubonne suffisamment de places de parking.

Et le gars que je connais bien, qui est quand même plutôt du genre pacifique, débonnaire, républicain bon teint, et qui ne serait pas contre l'idée de payer une place de parking pour peu que ce soit possible, il a tendance, en froissant rageusement le petit papier vert de la communauté d'agglomération Val-et-Forêt, à penser que les politiques sont des gros nuls, inconséquents et incompétents, des connards soucieux de leurs petits avantages personnels mais peu de la vie des citoyens.

Si par hasard le gars dont je vous parle avait la bonne idée d'aller à vélo (mais ce matin, il ne faisait pas si chaud), il n'aurait pas non plus la possibilité de garer son vélo dans un parking à vélos, vu qu'il n'y en a pas dans une gare qui est fréquentée quand même par trente mille personnes par jour.

Et le gars, je le connais un peu, il n'est pas du genre à tomber dans le poujadisme, le populisme, le rejet en bloc de la classe politique, seulement il est agacé. Il est toujours un peu inquiet quand il reçoit un courrier des impôts, mais dans le fond il est plutôt content de participer au financement des écoles, des hôpitaux, il trouve simplement dommage que lorsque les politiciens sont médiocres, aussi suffisants qu'insuffisants, il ait l'impression d'être pris pour une vache à lait, pire, pour un ennemi dont on ne cherche jamais à comprendre les besoins mais pour qui on trouve toujours l'amende, la punition, le procès-verbal qui va lui correspondre.

Dimanche dernier, les politiciens ont dit qu'ils avaient changé, qu'ils allaient écouter les administrés, que rien ne serait plus jamais comme avant…

Chiche ?

UNE DE MOINS

25 décembre 2015

En ce jour de Noël, une pensée pour l'abbé Le Roy de Plestin-les-Grèves. Vous connaissez l'affaire qui fit grand bruit dans la paroisse de Landerneau et au-delà, mais qui sembla peut-être un peu secondaire après les attentats du 13 novembre. Le père Le Roy avait brisé une statue du Christ en s'exclamant : « Une de moins ! » Le père Le Roy avait pété les plombs, un christ et une durit.

Émotion à Plestin-les-Grèves. Trouble dans les Côtes-d'Armor. Scandale dans le monde catholique.

À l'évêché de Saint-Brieuc, branle-bas de combat. L'abbé Gérard Nicole, vicaire général du diocèse, fut furibard : « On aime ou on n'aime pas le style sulpicien, mais ce n'est pas une raison pour casser le matériel ! »

L'abbé Gérard Nicole a beau œuvrer dans le spirituel, il ne veut pas que le matériel soit dégradé.

Que s'était-il passé dans l'âme meurtrie de l'abbé Le Roy de Plestin-les-Grèves ? Quelle mouche satanique l'avait piqué ?

Et comment allait réagir l'évêque de Saint-Brieuc, Denis Moutel ? Allait-il faire preuve de charité chrétienne ? Allait-il considérer qu'il existait ici comme ailleurs une hiérarchie délirante et que l'on arrivait au bout d'un système : tout en haut de la pyramide, le luxe et la volupté, tout en bas les ouvriers de Dieu, les manœuvres du Christ, les soutiers de l'Éternel.

Allait-il le comprendre, l'évêque Denis Moutel de Saint-Brieuc, ce moment de désarroi, d'agitation, d'énervement chez l'abbé Le Roy de Plestin-les-Grèves ?

Le prêtre avait mis en avant ses difficiles conditions de travail. « Dans le ministère qui est le nôtre, on est sollicité de toute part. On n'est pas beaucoup de prêtres, il y a une certaine fatigue, de l'énervement, du stress. »

Qui s'intéresse vraiment aux conditions de travail des prêtres ? Pourquoi n'existe-t-il pas une fédération de la CGT consacrée à la prêtrise ? Pourquoi un syndicat ne se battrait-il pas pour que la vie des travailleurs spirituels soit un peu améliorée ? Faisons dès aujourd'hui la liste des revendications ecclésiastiques. Recevoir un meilleur vin de messe, obtenir des hosties sans gluten pour les prêtres allergiques, pouvoir profiter de ses dimanches. Et quand ces serviteurs de Dieu pourront-ils récupérer des jours de RTT en échange de toutes ces messes de minuit qu'à partir de 19 heures ils ont enchaînées sans rechigner, allant de ville en village, d'église en cathédrale comme des intermittents du religieux, courant l'offrande comme un cachet ?

Allait-il admettre, l'évêque Denis Moutel de Saint-Brieuc, que la révolte de l'abbé Le Roy de Plestin-les-Grèves est somme toute inoffensive ? Certes, une statue du Christ a été brisée, mais la colère reste circonscrite. On n'a pas encore vu de prêtres en colère comme des salariés d'Air France arracher la chasuble du DRH de l'épiscopat.

L'attentat perpétré contre la statue du Christ de Plestin-les-Grèves est pardonné. Chantons la réconciliation sur terre ! Unissons tous les hommes de bonne volonté ! Invitons à la table de la charité et de la miséricorde l'abbé Le Roy de Plestin-les-Grèves !

Joyeux Noël à tous !

LE TROU DU CUL DU MONDE

1er janvier 2016

La dernière campagne des régionales a été instructive à plus d'un titre. De la bouche du nouveau président de la région Normandie, Hervé Morin, on a appris notamment où se situait le trou du cul du monde. Il est dans l'Orne. Je suis né dans le trou du cul du monde. Tout le monde ne peut pas en dire autant. L'Orne, c'est quoi ? C'est où ? Bah, pour moi, l'Orne, c'est la famille, des amis et puis… le cidre, le poiré, Bagnoles-de-l'Orne, les vaches, les chevaux, le boudin noir de Mortagne-au-Perche, Charles Léandre, les sablés de l'abbaye, l'andouillette d'Alençon, la cathédrale de Sées, le château de Flers et son parc, l'if millénaire de La Lande-Patry, le mont de Cerisy, Argentan, Fernand Léger, Saint-Georges-des-Groseillers et Putanges, le plus bel oxymore toponymique qui soit…

Le monde est vaste et son trou du cul dans l'Orne est situé.

Le trou du cul, c'est au choix un anus ou une personne peu recommandable. Hervé Morin assure que selon lui l'expression n'est ni péjorative ni méprisante. C'est bon à savoir. S'il vous vient à l'idée d'appeler M. Morin trou du cul, sachez qu'il le prendra bien. Il ne trouvera cela ni péjoratif ni méprisant. Limite, il le prendra comme un hommage, comme une promotion. Mais M. Trou du Cul a-t-il voulu dire que l'Orne était l'anus du monde ou un département peu recommandable ?

L'Orne, un anus ? En quoi ce département serait-il l'orifice terminal du tube digestif ? En quoi serait-il ce qui permettrait d'évacuer les résidus de la digestion quand nombreux sont les Ornais qui, du fait du risque environnemental qu'elle représente, s'opposent toujours à l'ouverture de la décharge de Nonant-le-Pin ?

Mais Hervé Morin, dans un accès de fièvre sybarite et sodomite, a peut-être simplement voulu dire que l'Orne était un endroit aimable, chaleureux, accueillant, dans lequel sans doute on ne pourrait passer toute sa vie mais qu'il est agréable de fréquenter…

Parlons d'autre chose. Quoique.

Comme je ne peux pas lire toutes les revues, tous les magazines, je lis *Schnock*, la revue des vieux de 27 à 87 ans. Dans le dernier, page 11, j'ai lu un propos de Jean Rochefort que je voudrais partager avec vous. Je cite. « Rachida Dati envoie une invitation pour une grande fête à tous les habitants du 7e arrondissement. Moi, je la reçois. Mais pas la dame qui est gardienne chez nous. Elle travaille, paie ses impôts et a élevé cinq enfants qui ont merveilleusement réussi (trois ont fait Sciences-po) ; c'est une mère courage, mais elle n'est pas invitée. Pourquoi ? C'est ignoble, non ? Moi, ça me révolte. »

Je nous souhaite d'avoir des révoltes aussi justes, aussi précises, aussi claires que celle de Jean Rochefort.

Bonne année à tous les trous du cul. Ce n'est ni péjoratif ni méprisant.

Bonne année aux autres.

RÉUNION AU SOMMET

8 janvier 2016

Quand ils arrivent au paradis, les artistes doivent patienter dans une salle d'attente avant d'être reçus par le Très-Haut. C'est ainsi que cette semaine Michel Delpech et Pierre Boulez ont fait connaissance.

« Bonjour monsieur, vous êtes là depuis longtemps ?
— Depuis une éternité, samedi dernier exactement. Et vous ?
— Moi j'arrive.
— C'est indiscret si je vous demande ce que vous faisiez sur la terre ?
— J'étais dans la musique.
— Pas possible ! Comme moi ! »

Si le monde est petit, le paradis est minuscule.

Cela dit, Delpech et Boulez se sont vite rendu compte qu'ils avaient peu de connaissances communes. Ils ont essayé d'échanger sur le rapport entre *Pour un flirt* et *Le Marteau sans maître*, sur les connexions possibles entre *White is White* et *Jalons pour une décennie*, mais il faut bien avouer que très vite la conversation s'est mise à patiner. Pour donner le change, pour briser le silence, Delpech s'est étonné, il a dit :

« Tiens, c'est bizarre que Galabru ne soit pas encore arrivé.
— Qui ça ? a demandé Boulez. »

Galabru n'est jamais arrivé. Galabru n'est jamais monté au ciel. C'est qu'il n'était pas vraiment mort. Il s'était juste endormi pour la nuit la plus longue. À 93 ans, il avait bien le droit de se reposer, de lever un peu le pied, il avait tellement donné à la vie, au public, au théâtre, à sa famille, aux impôts.

Galabru n'est pas mort. Il s'est juste assoupi.

Comment pourrait-il mourir, cet homme-là que l'on connaît depuis toujours comme le Père Noël, Mickey, Donald et les Sept Nains ? Comment pourrait-il mourir ce personnage qui me faisait peur quand j'avais quatre ans et qu'il apparaissait à Launay-Cornu derrière la moustache impétueuse du général Dourakine sur le téléviseur noir et blanc de ma tante Hélène ?

Comment pourrait-il mourir, cet homme-là qui n'arrivait jamais à prendre la pose du grand acteur qu'il était, comédien tellement génial dans le minimalisme, dans le presque rien, dans l'hébétude, dans le regard matois, dans le sourcil qui se lève, quand à côté de Philippe Caubère il incarnait Raimu, son maître et son modèle et son comparable ?

Michel Galabru n'est pas mort, il s'est ensommeillé. Il récupère. Matinée si grasse qu'elle ira jusqu'au soir. Mais se repose-t-il vraiment, lui qui avait imaginé son épitaphe : « Ici Michel Galabru repose, il ne fit jamais autre chose » ? Blagueur, farceur, il n'y a pas plus actif que les dilettantes déclarés, pas plus entreprenants que les nonchalants qui passent. Galabru, avant de rester au lit lundi dernier, ne s'était jamais vraiment arrêté. Il enchaînait les rôles, tout ce qui venait, quelques très bons films, des navets en pagaille. Bah, tout fait ventre. Tout fait vie. Avec la médiocrité de ses choix artistiques, il faisait encore rire. La plus grande médiocrité aurait été de se prendre pour son buste en marbre.

Michel Galabru n'est pas mort. La preuve, c'est que toute la semaine à la télévision il n'a pas arrêté de faire rire et d'émouvoir.

Michel Galabru n'est pas mort, il rêve. Il rêve de ses vieux compagnons et de Molière, de Goldoni et de Guitry. Il rêve de Dubillard et de Pagnol.

Michel Galabru n'est pas mort, il ronfle. Il ne faut pas le réveiller. Ajustons-lui sa couverture afin qu'il ne prenne pas froid, tirons les rideaux afin que le soleil ne vienne pas faire cligner ses yeux et quittons sa chambre à pas feutrés.

Laissons-le dormir, il l'a bien mérité.

COMMENT ÇA VA LA PETITE SANTÉ, VINCENT LINDON ?

15 janvier 2016

Comment ça va, Vincent Lindon, la petite santé ? Je vous demande ça parce que, depuis le début de l'année, il y a quasiment un mort célèbre par jour. Michel Delpech, Pierre Boulez, Michel Galabru, André Courrèges, David Bowie… Comme dirait Jean-Pierre Marielle enterrant un de ses amis : « Faut mettre un casque, c'est la guerre… »

Quand on est célèbre, c'est mon conseil people, il faut bien choisir la date de sa mort et bien veiller à ne pas mourir en même temps qu'une personnalité encore plus connue. Jean Cocteau disparaissant le même jour qu'Édith Piaf ne s'en est jamais remis. Je préconiserais la création d'une sorte de bison futé funéraire les jours de grands départs permettant de ne pas trop encombrer les autoroutes mortuaires.

Donc, vous Vincent Lindon, vous êtes verni vu que vous occupez aujourd'hui une place importante dans ce 7/9 sans avoir pris la peine de passer l'arme à gauche. Profitez-en bien…

Je pense que, vu votre notoriété, quand vous serez amené à disparaître, vous pourrez bénéficier de pas mal d'hommages en tous genres, si bien sûr vous ne faites pas la boulette de partir le même jour que Gérard Depardieu ou Kev Adams.

Cette semaine, nous avons appris que David Bowie avait énormément accompagné la vie de nombreux hommes politiques français.

« Un vent de liberté s'éteint », pleure Robert Ménard.

Laurent Wauquiez tweete une photo de David Bowie avec ce commentaire empreint d'une sobriété émue : « À la mémoire d'un grand artiste. » Laurent Wauquiez, le virulent opposant au Mariage pour tous, était fan d'un garçon bisexuel qui notamment fut l'amant de Mick Jagger. Incroyable !

Même Hervé Morin révèle que David Bowie l'accompagnait depuis plus de trente ans. Hervé Morin et David Bowie ! Une relation insoupçonnable, ébouriffante, j'oserais même dire hallucinante, et qui permet de comprendre bien des choses. On saisit mieux en effet les surprenantes sorties d'Hervé Morin, qui, avant d'évoquer les trous du cul, avait soutenu avoir vu débarquer les Américains en 1944 sur les plages normandes, soit dix-sept ans avant sa naissance. Fasse, Hervé, que la disparition de David ait au moins la vertu de vous écarter définitivement de ces chemins périlleux que représentent la cocaïne et toutes les substances hallucinogènes. Je comprends votre tristesse, Hervé, et la respecte, mais écoutez-moi bien : la drogue, c'est de la merde.

« Il est toujours joli, le temps passé, une fois qu'ils ont cassé leur pipe. On pardonne à tous ceux qui nous ont offensés. Les morts sont tous des braves types. » Presque trente-cinq ans après sa mort, Brassens reste le meilleur commentateur de l'actualité.

MARION, MICHEL, ETTORE ET LES AUTRES…

22 janvier 2016

Tiens, s'il te plaît, Marion, mets-moi la musique du *Bal*, ça me fera un fond d'ambiance… (*Musique sur YouTube du* Bal, *Ettore Scola, 1983, Morceaux choisis.*)

« Nous voulions changer le monde, mais c'est le monde qui nous a changés. » Une seule réplique d'un film d'Ettore Scola,

Nous nous sommes tant aimés, pour dire tous les renoncements, toutes les trahisons, toutes les résignations.

Ettore Scola est parti. La gauche en pleine déconfiture a perdu un repère supplémentaire. Face à Le Pen, dans « Le tribunal des flagrants délires », Desproges citait une réplique de Mastroianni dans *Une journée particulière*. « Vous vous méprenez, monsieur, ce n'est pas le locataire du sixième qui est antifasciste, c'est le fasciste qui est antilocataire du sixième. »

Heureuse période où les choix étaient clairs. Silvio Berlusconi ou Ettore Scola ? La bourse ou la vie ? La droite ou la gauche ? Aujourd'hui, la police protège *Charlie Hebdo*. Le gouvernement socialiste propose la déchéance nationale. La confusion est à son maximum.

Ils voulaient changer la vie, mais c'est la vie qui les a changés. (*Fin de la musique.*)

Vous avez remarqué ? J'ai trouvé ma fonction à France Inter ! Il était temps, vous me direz, mais ça y est ! Je suis content, j'ai trouvé ma vocation : je suis le Jean-Claude Brialy de la radio publique. Je n'ai plus à trouver de sujet, à compulser les journaux, à me casser la tête pour savoir ce que je vais bien pouvoir raconter, je n'ai donc plus à harceler Marion, l'assistante de Patrick, pour connaître le nom de l'invité de la Matinale, je m'en fous, je m'en tape, je m'en tamponne, je regarde qui est mort cette semaine et je lui compose son petit hommage.

En plus, j'ai l'embarras du choix.

« Tu préfères qui ? me demande Marion. Tournier ? Charles-Roux ? Scola ? Si tu patientes encore un peu, on va sûrement t'en trouver d'autres, en ce moment ça n'arrête pas, ça tombe comme à Gravelotte.

— Mais, Marion, l'interrogé-je, tu es née en quelle année ?

— 1986. Pourquoi ?

— Mais alors, Marion, c'est incroyable ! Sais-tu que tu es la dernière jeune femme née en 1986 qui utilise l'expression "tomber comme à Gravelotte", expression qui fait allusion à la guerre franco-prussienne de 1870, et à cette commune de Lorraine, située pas loin de Metz ?

— Ah bon, c'est possible, me fait Marion négligemment. Bon, en tout cas, essaie de ne pas faire un truc trop grave genre triste, chiant, moralisateur, vise plutôt un truc rigolo, genre sur la disparition des Michel, parce que c'est marrant ça, la disparition des

Michel, après Delpech, Galabru, Tournier, tu peux conseiller à Drucker, Blanc, Bouquet, Boujenah, Piccoli, Platini, Fugain, de prendre soin d'eux, de mettre un cache-col avant de sortir, de faire l'examen colorectal, des trucs comme ça.

— Oui, pas mal. Marrant, je dis.

— Tu n'as pas l'air convaincu. Bon, après tout, débrouille-toi, je m'en tamponne le coquillard.

— Bon. Je vais voir ce que je peux faire… Remets-moi la musique du *Bal*, ça donnera un climat nostalgique. »

(*Suite de la musique du* Bal *d'Ettore Scola, 1983, Morceaux choisis, sur YouTube.*)

Ettore Scola est parti. Un radeau qui coule. Un repère qui s'efface. Une balise qui se perd. Un phare qui s'éteint. À ma connaissance, Marion est la dernière jeune femme née en 1986 à utiliser l'expression « s'en tamponner le coquillard ».

DE GAUCHE

29 janvier 2016

Après le projet de déchéance nationale, après les déclarations d'Emmanuel Macron concernant les 35 heures, après la démission de Christiane Taubira, il est indispensable que le gouvernement montre qu'il est encore et toujours ancré à gauche.

Comment faire ? *A priori*, ce n'est pas facile, facile…

Christiane Taubira était un symbole des forces du progrès. Maintenant qu'elle est partie du gouvernement, il faut en trouver d'autres…

Avant, il suffisait d'arborer une belle écharpe rouge pour montrer qu'on était de gauche. Depuis qu'Elkabbach et Christophe Barbier en portent, c'est devenu un signe insuffisant.

Avant, la barbe de trois jours, genre élégamment négligé, pouvait faire de gauche. Depuis que Nicolas Sarkozy s'est mis avec une chanteuse, il lui arrive de prendre le style Vincent Delerm et c'est encore un signal perdu pour la gauche.

Comme j'ai bon fond, je vais tenter d'être de bon conseil (on m'appelle communément le conseiller Morel) auprès du gouvernement actuel afin que celui-ci garde malgré tout une image de gauche.

Quelques mesures simples et efficaces peuvent être prises très rapidement.

Dans les cocktails, sous les lambris de la République, préférer les chips et les mini-saucisses aux petits fours.

Aux pieds, préférer les Clarks, les tennis aux mocassins à glands. Par temps froid, choisir un duffel-coat plutôt qu'un loden.

Dans la cour de l'Élysée, ressortir les voitures de gauche. Jean-Marc Ayrault, ce serait un joli signal déontologique, pourrait prêter son Combi Volkswagen de 1988 à M. Valls. Ce serait gentil. Mieux, M. Ayrault pourrait utiliser son temps libre pour proposer aux différents ministres un ramassage ministériel à l'aide de son minibus. M. Fabius, avant son départ du ministère des Affaires étrangères, pourrait profiter de ses week-ends pour retaper sa vieille deux-chevaux qu'il ne sort plus beaucoup depuis une trentaine d'années et qu'un jour prochain il pourrait offrir à son successeur.

Lors des remises de décorations, choisir des personnalités emblématiques de gauche. Bien sûr, Jean d'Ormesson est très sympathique, charmant, drôle, cultivé, tout ce qu'on veut ! Mais il serait préférable en ce moment de promouvoir des personnalités de gauche. Il en reste. Guy Bedos, Gérard Mordillat, Benjamin Biolay, Juliette Gréco, Cali, Jean Ferrat. Vous me direz Jean Ferrat est mort. Raison de plus pour l'honorer. Les autres, j'en connais, seraient capables de gâcher la cérémonie en usant de leur liberté de parole. On dit ce qu'on veut de Jean Ferrat mais, depuis qu'il est mort, jamais un mot plus haut que l'autre. C'est le candidat idéal à la grand-croix de la Légion d'honneur. En ce sens, la promotion de Cabu, qui n'aurait jamais accepté la Légion d'honneur de son vivant et qui a bien été obligé de la recevoir à titre posthume, est symptomatique.

Beaucoup de personnalités mortes et de gauche mériteraient une promotion *post mortem*. À l'heure où Renaud va mieux, Dalida, Pascal Sevran et Melina Mercouri pètent la forme, décorons-les dans un tir groupé.

On peut également agiter tout un tas d'idées. Le vote des étrangers par exemple pour les élections locales, ou la dépénalisation du cannabis. Ce sont des mesures qui ne sont jamais vraiment envisagées sérieusement mais qui peuvent pendant quelques heures mobiliser une partie de la gauche.

Bon, si par hasard j'avais d'autres idées, je ne manquerais pas de les faire connaître…

TERRORISME OU CANCER

5 février 2016

Est-il possible de fumer à l'intérieur de l'ambassade d'Équateur ? Parce que si Julian Assange avait envie de s'en griller une, il serait prudent pour lui de le faire à l'intérieur des locaux diplomatiques plutôt que sur les trottoirs de Londres.

Je soulève cette question parce que, cette semaine, un syndicat de proviseurs en France a alerté le gouvernement afin que celui-ci prenne la décision d'autoriser les lycéens à fumer à l'intérieur des lycées plutôt que devant les lycées, où ils pourraient être la cible d'attentats terroristes.

Pour l'instant, le gouvernement réserve sa réponse. Les proviseurs s'impatientent. Il faut, selon eux, que le gouvernement se prononce et prenne une décision rapide et circonstanciée. Pour l'instant, silence radio. Le gouvernement français n'a pas pris la peine de réunir un conseil extraordinaire pour apporter une réponse aux proviseurs concernant les adolescents fumeurs. À sa décharge, en ce moment, il a quand même deux trois trucs à régler. Dès que la menace terroriste se sera éloignée, dès que la courbe du chômage se sera inversée, dès que la crise agricole sera réglée, il pourra réfléchir et prendre les décisions qui s'imposent concernant cette fameuse question de la cigarette dans les lycées.

Et puis ce n'est pas si simple. On n'aimerait pas du tout que des abrutis sanguinaires prennent pour cible des adolescents fumeurs en train de discuter tranquillement devant les grilles du lycée, mais on a le droit aussi de ne pas trouver complètement formidable de banaliser le fait de fumer, qui a certaines conséquences avérées sur la santé, si je ne me trompe pas.

Vaut-il mieux être la cible des terroristes ou du cancer ? Pour l'instant, le cancer en France tue plus que le terrorisme.

Pour l'instant.

Peut-être faut-il demander leur avis aux lycéens. Il faut les consulter, il faut les responsabiliser. En début d'année, au moment où l'on fait remplir à chacun une fiche afin de connaître la profession des parents, le sport pratiqué et le cursus souhaité après le baccalauréat, on pourrait demander aux lycéens s'ils préfèrent mourir du terrorisme ou du cancer.

« C'est comme vous voulez. Vous avez le choix… Bah, j'hésite… Je me tâte un peu… L'un est plus expéditif, l'autre est plus lent… Est-ce que je peux réserver ma réponse ? »

Fumer est depuis un petit moment interdit dans les lieux publics. Ce qui fait que, lorsqu'on regarde un film de Claude Sautet, on est tout de suite plongé dans une autre époque.

Dans les cinémas, dans les théâtres, on n'a pas non plus le droit de fumer. Pour l'instant, les spectateurs acceptent à l'entracte d'aller fumer devant les théâtres. Les directeurs de théâtre feraient-ils preuve de plus d'autorité que les proviseurs de lycée ?

Dans l'enceinte des gares, il est également interdit de fumer. Mais qui prend le train régulièrement remarque que nombreux sont les contrôleurs SNCF qui vont griller une petite cibiche sur le quai dès que le train est à l'arrêt.

La loi est faite pour être respectée, et détournée quand on ne peut vraiment pas faire autrement.

Si un jour le directeur de Radio France écrit au gouvernement pour qu'il autorise le personnel à fumer à l'intérieur des studios de la Maison ronde, personnellement, je militerai contre.

CASTING GOUVERNEMENTAL : LA RÉACTION DE DOMINIQUE BESNEHARD

12 février 2016

Bonjour, aujourd'hui, exceptionnellement, je ne ferai pas de chronique, je n'ai pas eu le temps de l'écrire, hier j'étais à Sète où j'ai passé ma journée entre le théâtre Molière, l'espace Georges-Brassens et le restaurant The Marcel, et j'ai décidé d'interviewer un spécialiste à sa manière, en l'occurrence Dominique Besnehard.

« Dominique Besnehard, d'abord, merci d'avoir accepté cette interview…

— Je vous en prie.

— Dominique, on vous connaît, vous avez longtemps été directeur de casting avant d'être agent artistique puis producteur, j'avais donc envie de vous demander quel est votre sentiment sur le casting du nouveau gouvernement…

— Je veux bien donner mon sentiment mais je préviens tout de suite, je ne vais pas parler de Ségolène, j'ai trop morflé…

— Non, je comptais plutôt vous demander votre sentiment sur les nouveaux arrivants…

— Mon sentiment, c'est que c'est du lourd, du très, très lourd. Sur la même affiche, deux vedettes de la trempe de Valls et Ayrault, ça va pas être facile : ils se détestent. Je souhaite bien du courage à François Hollande pour les faire jouer ensemble. C'est pas un metteur en scène qu'il faut, c'est un dompteur. À mon avis, Valls et Ayrault dans le même film, ça se dirige à la schlague, mais je ne suis pas sûr que ce soit trop dans le style de Hollande.

— Vous pensez que ce sera difficile de les faire travailler ensemble ?

— Vous rigolez ? Non mais bonjour les fauves ! Autant faire jouer Depardieu avec Torreton. Ayrault et Valls, ils se détestent autant que Marilyn Monroe et Tony Curtis dans *Certains l'aiment chaud*. Tony Curtis avait dit : « Embrasser Marilyn, c'était comme embrasser Hitler. » Vous voyez l'ambiance. J'espère qu'entre Valls et Ayrault, il n'y aura pas de scène de baiser…

— Qu'est-ce que vous pensez, Dominique, de l'arrivée de Jean-Vincent Placé ?

— Entre nous, je préfère vous parler de Jean-Vincent Placé que de Ségolène parce que, avec Ségolène, ça a vraiment été agressif, j'en suis sorti tout déboussolé, tout ombrageux, de cette histoire, si vous me permettez l'expression, j'en ai chié des ronds de chapeau…

— Oui, c'est pour ça que je préférais vous parler de Jean-Vincent Placé…

— Ben, Jean-Vincent Placé, ça faisait un moment qu'il voulait décrocher un rôle… C'est pas le personnage principal, c'est sûr, mais il est quand même sur l'affiche. Il est chargé de la simplification, je ne suis pas sûr qu'il soit trop doué pour la simplification, lui qui avait quand même accumulé 20 000 euros de prunes…

Enfin, des erreurs de casting, ce serait pas la première fois. Entre la Pellerin à la Culture, incapable de citer un bouquin de Modiano, et El Khomri au Travail, qui ne sait pas combien de fois on peut renouveler un CDD…

— Et Ségolène…

— Non, je l'ai déjà dit, je l'ai bien précisé, je ne veux pas parler de Ségolène… J'ai trop souffert…

— Je voulais parler de Ségolène Neuville, chargée de la lutte contre l'exclusion…

— Ah d'accord. Je ne peux pas connaître toutes les actrices. C'est violent comme univers. Il y a plein de petites starlettes qu'on connaît pas trop, qui restent ou qui sortent et qui sont remplacées par d'autres petites starlettes qui rentrent et qu'on aura oubliées dans trois mois. Le gouvernement, c'est *Par où t'es rentré ? On t'a pas vu sortir*. Un film de Philippe Clair. Un sacré navet, entre nous. Je suppose que cette fois encore c'est l'odeur du navet qui a attiré certains écologistes.

— Merci, Dominique Besnehard.

— De rien. Et puis, je suis content, on n'a pas trop parlé de Ségolène. »

GUIGNOL ET FIOTTE

19 février 2016

Il est latéral droit au sein du PSG
Ce fameux footballeur du nom de Serge Aurier
En ces temps où l'on bride aisément la parole
Il lui est arrivé comme on dit des bricoles
L'insincère Copé anti-langue de bois
La fustigeait jadis mais ne connaissait pas
Celui qui s'exprima en toute liberté
L'illustre footballeur du nom de Serge Aurier
Qui peu s'est encombré de vertus rhétoriques
Qui a usé d'un ton fort peu diplomatique
Qui discourt comme on pète et parle comme on rote
Qui a utilisé deux mots : guignol et fiotte

Réjouissez-vous, vous tous, qui critiquez la secte
Des politiquement bien-pensants et corrects
Voici un homme enfin qui dit tout ce qu'il pense
Remet au goût du jour l'insulte qui offense
Les homos les pédés les tarlouzes tafioles
Bravo, n'hésitez pas, faites donc une idole
De ce latéral droit jouant au PSG
L'inouï footballeur du nom de Serge Aurier
Il s'exprime tout droit, honnit la périphrase
La circonlocution, soyez donc en extase
Il se sert assez peu d'allusion de litote
Mais a utilisé deux mots : guignol et fiotte

De nos jours un champion, sportif de haut niveau
Se doit de s'exprimer pour tous les jouvenceaux
Qui écoutent béats la parole d'un maître
Dispensant sa pensée qu'ils désirent connaître.
« Laurent Blanc prend les couilles
de Zlatan mon cousin »
A affirmé Aurier tandis que les poussins
Les cadets les scolaires les espoirs les minimes
Ainsi bénéficient de la pensée intime
Du footballeur si doué d'une flèche acérée
Qui se prénomme Serge et se nomme Aurier
De cet homme important idéale mascotte
Qui parla notamment de guignol et de fiotte

Honneur et loyauté sont des mots démodés
Qui ne sont plus beaucoup de nos jours employés
Des écolos hier tweetant rageusement
Contre le président et le gouvernement
Comm' par enchantement sont devenus ministres
Honneur aux margoulins aux charlatans aux cuistres
Oublions ces fâcheux avec leurs fariboles
Laissons-les diriger leurs tristes farandoles
Loin d'eux je rêverais de prendre mon envol
Avec un Chasse-Spleen ou un bon pomerol
Sans cérémonial et sans grand protocole
Revendiquons-nous tous grosses fiottes et guignols !

MERCI PATRON !

26 février 2016

On reproche au personnel politique de peu se renouveler. Alain Juppé, François Hollande, Nicolas Sarkozy, Marine Le Pen sont en haut de l'affiche depuis tellement de temps que les meilleurs espoirs masculins et féminins frisent aujourd'hui la cinquantaine bien tapée. Au cinéma, c'est pareil, ce sont toujours les mêmes.

C'est pourquoi je voudrais attirer votre attention ce matin sur quelques nouvelles figures qu'il faudrait mettre en avant lors des prochaines tombolas artistiques.

Ainsi, Serge Klur tient le premier rôle masculin dans le film *Merci patron !* de François Ruffin. Il joue admirablement un père de famille anciennement employé d'une société de confection industrielle, filiale du groupe LVMH. Je ne sais pas si Serge Klur a fait le Conservatoire, s'il a pris des cours chez Blanche Salant ou Jean-Laurent Cochet, s'il a plutôt suivi la méthode Stanislavski ou Strasberg, mais dans le rôle de cet homme du peuple qui a perdu son emploi après que son entreprise a été délocalisée en Pologne, ouvrier au bout du rouleau, prêt à mettre le feu à sa maison dont il n'arrive pas à payer les traites, Serge Klur est quasiment aussi crédible que Vincent Lindon.

Ainsi, Jocelyne Klur, qui joue dans le film *Merci patron !* de François Ruffin le rôle de Jocelyne Klur, pourrait concourir l'an prochain pour le titre de meilleure actrice. Ancienne ouvrière du textile, elle raconte ses difficultés pour nourrir sa famille, pour se chauffer, pour faire tourner sa maison avec 400 euros par mois. L'année prochaine, ce serait juste de la retrouver en compétition face à Catherine Deneuve, Catherine Frot et Isabelle Huppert.

Il ne faudrait pas oublier les seconds rôles.

Bernard Arnault, pour la première fois au cinéma, tire habilement son épingle du jeu en endossant le rôle d'un patron sans scrupule mais extrêmement soucieux de son image. Il est lui aussi extrêmement crédible dans son rôle, faussement simple, artificiellement proche lors d'une assemblée générale des actionnaires, patelin à souhait. C'est un bonheur. Lui, pourrait se retrouver en rivalité avec d'autres seconds rôles du même film qui sont également formidables, notamment un ex-commissaire des renseignements généraux qui vient négocier le silence des Klur avec une condescendance et une façon de les prendre pour des imbéciles qui ne sont pas sans évoquer l'un des premiers chefs-d'œuvre du cinéma burlesque, *L'Arroseur arrosé*.

Le film *Merci patron !* pourrait, quant à lui, concourir dans la catégorie « meilleur film », François Ruffin dans celles de « meilleur réalisateur, meilleur acteur, meilleur espoir masculin, meilleur scénario original, meilleur documentaire et même meilleur film étranger », tant ce film en effet est étranger au reste de la production cinématographique habituelle.

Non seulement *Merci patron !* dure 1 h 24, est sorti mercredi dernier, se trouve dans les meilleurs cinémas de France, mais il permet encore de rappeler un succès des Charlots qui date de 1971, écrit et composé par Gérard Rinaldi et Luis Rego.

(*Diffusion de la musique de* Merci patron, *du groupe Les Charlots*.)

LE CONSEILLER MOREL VOUS PARLE

4 mars 2016

Propositions pour la France (du conseiller Morel e 1).

La prochaine élection présidentielle approche à grands pas. J'ai décidé d'apporter mon expérience et mes lumières afin de moderniser la vie politique française. J'ai jugé utile de faire profiter de mes compétences afin de donner un souffle nouveau à notre République vacillante.

Le problème de nos institutions, on le voit bien, est sans doute l'élection du président de la République au suffrage universel. On élit un bon candidat à la présidence de la République, on n'élit pas forcément un bon président de la République. Et si chacun peut avoir son opinion sur MM. Sarkozy et Hollande, chacun doit également admettre avec force, sincérité et mansuétude, qu'ils ont été de très bons candidats à l'élection présidentielle. La preuve : l'un et l'autre ont été élus.

Mais la présidence de la République nécessite d'autres qualités que la candidature à l'élection présidentielle. Il faut être courageux, cohérent, qualifié en matière sociale, économique, culturelle.

Autant d'aptitudes qui ne sont pas complètement indispensables pour être candidat, où l'on doit en revanche faire preuve d'habileté politique, être malin, réunir les contraires, rassembler les contradictions, ratisser large et gras.

Est-ce à dire qu'il faudrait empêcher les Français de voter, eux qui sont si ludiques, si amoureux des concours, des compétitions, des élections en tous genres ? Bien sûr que non ! Si l'on veut à tout prix préserver l'élection du président de la République, il faudrait quand même la moderniser, lui permettre d'accéder notamment à la révolution numérique du XXIe siècle.

Je chargerais Mme Geneviève de Fontenay, libérée de ses obligations de miss France ainsi que de la présidence d'honneur du comité miss Prestige national, d'organiser la prochaine élection présidentielle.

Cette élection pourrait avoir lieu lors de deux grandes soirées électorales – je propose deux dimanches de mai –, diffusées sur les principales chaînes du service public ainsi que sur la plus grande chaîne commerciale française.

Il ne serait pas nécessaire de louer des urnes et des isoloirs, d'imprimer des professions de foi et des bulletins de vote, de convoquer des appariteurs, de solliciter les conseillers municipaux afin de vérifier la bonne tenue de l'élection. Non ! Il suffirait que chaque électeur – sans être obligé de quitter son domicile, de remettre la main sur sa carte électorale – se munisse de son téléphone portable et like en direct le candidat de son choix. On pourrait imaginer qu'un seul candidat représenterait chaque région de France. Des élections primaires retransmises sur les chaînes régionales pourraient être organisées lors de soirées choucroute ou cassoulet ou autre, afin de choisir un seul candidat à la présidentielle.

On voit par là que le toilettage nécessaire de nos institutions irait de pair avec une meilleure gestion des deniers publics. Les économies pour chaque commune seraient en effet considérables en investissement tant humain que financier.

Il est temps de ripoliner la démocratie. Si je peux être utile en tant que pourvoyeur d'idées, je ne manquerai pas de le faire d'ici à 2017. Si les deux soirées de mai devaient remporter un bon audimat, on pourrait naturellement envisager de procéder, chaque printemps, à une nouvelle élection présidentielle.

À bientôt, sur les ondes nationales, pour de nouvelles propositions pour la France…

LE CARDINAL PRIE

11 mars 2016

Le cardinal prie. Le cardinal écarte pour l'instant l'idée d'une démission. Le cardinal porte les souffrances terribles provoquées par le prêtre pédophile.

Le cardinal prie. Le cardinal prie pour le prêtre pédophile.

(…)

Et pour ses victimes, naturellement.

Ça va sans dire. Mais ça allait tellement mieux en le taisant.

Le cardinal a bon cœur.

Hier déjà le cardinal priait, priait les paroissiens de ne pas colporter tous ces bruits concernant les turpitudes du père pédophile qui en 2011 connut la promotion en devenant doyen de six paroisses dans le Roannais. Toutes ces rumeurs, tous ces ragots, tous ces racontars, toute cette vilenie dont se délectent les ennemis de la foi ne rendent pas service à l'Église apostolique et romaine.

Le cardinal prie en silence. Quand le cardinal prie, le cardinal écoute mais il ne parle pas.

Comme elles sont injustes ces accusations laissant entendre que le cardinal n'avait rien fait. Comme ils sont partiaux ces réquisitoires suggérant que le cardinal n'avait pas pris la mesure de ce qui s'était passé il y a quelques années dans l'intimité de la sacristie, derrière un paravent, dans un confessionnal.

Le cardinal avait bien convoqué le prêtre pédophile. Mais le prêtre pédophile avait assuré qu'il n'avait plus récidivé depuis 1991. Pourquoi le cardinal aurait-il dû remettre en cause la parole du prêtre pédophile ? La confiance en son prochain n'est-elle pas au cœur même de l'attitude chrétienne ? Pourquoi le cardinal aurait-il empêché ce malheureux prêtre pédophile de fréquenter les scouts, les petits scouts pleins de vie et de soif de connaissance et d'expériences diverses ? Quel bonheur de voir l'enthousiasme du prêtre pédophile entouré de tous ces jeunes garçons découvrant la cuisine au feu de bois, les rallyes, la faune, la flore et la nature humaine. Le cardinal n'avait aucune raison de remettre en doute la parole du prêtre.

Et puis une mise à l'épreuve, n'est-ce pas le meilleur moyen de tester la force de l'âme, la puissance de la volonté de l'agneau égaré ? Si le prêtre pédophile avait été pyromane, le cardinal lui aurait donné une boîte d'allumettes ; si le prêtre pédophile avait été zoophile, le cardinal lui aurait confié les clefs du zoo ; si le prêtre pédophile avait été sadomasochiste, le cardinal lui aurait offert des menottes, un fouet, une combinaison en cuir et une croix de Saint-André en souvenir de l'apôtre martyr, premier disciple appelé par Jésus-Christ, et par ailleurs si propice aux supplices des parties intimes, flagellations, fessées, bougies.

Mais comme l'agneau de Dieu qui l'emporte sur les péchés du monde, je m'égare.

Le cardinal prie pour les agneaux égarés mais surtout protégés par la loi du silence et le respect que l'on doit forcément à l'autorité de l'Église et à ses représentants au-dessus de tout soupçon.

Le cardinal prie pour le prêtre pédophile.

(…)

Et pour ses victimes, naturellement.

QUI ? OUIIIII, LA PUBLICITÉ SUR FRANCE INTER

18 mars 2016

Qui ? Oui.
Qui ? Oui.
Qui ? Oui.
Mais, Jean-Mi, à qui tu dis oui ?
Ben, au kiwi dans mon assiette. C'est un kiwi français, je ne vais pas lui dire : « Qui ? Yes. » Il faut lui dire oui. Au kiwi français.
Ah : kiwi !
Qui ? Oui.
Qui ? Oui.
Qui ? Oui.

Je voulais profiter de cette semaine de la francophonie et, tandis qu'a lieu en ce moment même la 18e édition du « Printemps des poètes », mettre en avant ce poème anonyme du début du XXIe siècle.

Les esprits chagrins, enfonceurs de portes béantes, se plaignent régulièrement que la poésie n'a pas droit de cité sur les ondes. C'est faux. Ce poème, qui s'apparente au dadaïsme, au surréalisme, aux recherches les plus avancées sur les jeux de structure interne, sur les rythmes et la sonorité, ce poème dont la qualité première est sans doute son rapport intime à l'autonomisation du champ littéraire dont il est une manifestation textuelle idéale et emblématique, ce poème en prose qui n'est pas sans évoquer le formalisme d'un Mallarmé, le souffle exigeant d'un Théodore de Banville, l'ambition sémiotique d'un Bonnefoy, l'invention sémantique d'un Roubaud, a été, et l'on peut s'en enorgueillir, largement diffusé sur France Inter.

Qui ? Oui.
Qui ? Oui.
Qui ? Oui.
Mais Jean-Mi, à qui tu dis oui ?
Ben, au kiwi dans mon assiette. C'est un kiwi français, je ne vais pas lui dire : « Qui ? Yes. » Il faut lui dire oui. Au kiwi français.
Ah : kiwi !
Qui ? Oui.
Qui ? Oui.
Qui ? Oui.

Comme toutes les grandes œuvres, celle-ci se prête à toutes les interprétations. Comme toutes les productions artistiques majeures, celle-ci suscite mille questions, mille interrogations. Les exégètes les plus subtils n'en finiront jamais de la questionner. Oui, elle peut apparaître ténébreuse, absconse, obscure, sibylline. Il en aura fallu du courage aux programmateurs de France Inter pour la diffuser à une heure de grande écoute. Qui sont ces personnages énigmatiques qui trouvent naturel de parler à un fruit poilu dans leur assiette ? Qui sont-ils ce Jean-Mi et son compagnon sans prénom, qui sont-ils ces mystérieux initiateurs d'un ordre cabalistique inconnu qui profèrent le mot « kiwi » comme une parole magique capable d'apaiser tous les maux, apte à consoler tous les malheurs du monde ? On s'étonnera peut-être du caractère un peu nationaliste de l'œuvre, méfiante vis-à-vis de l'étranger, notamment anglo-saxon. Il faut sûrement situer cette œuvre dans son contexte historique, quand l'intégrité de la langue française subissait les assauts répétés d'un internationalisme qui tentait de l'anéantir.

Qui ? Oui.
Qui ? Oui.
Qui ? Oui.

Mais Jean-Mi, à qui tu dis oui ?

Ben, au kiwi dans mon assiette. C'est un kiwi français, je ne vais pas lui dire : « Qui ? Yes. » Il faut lui dire oui. Au kiwi français.

Ah : kiwi !

Qui ? Oui.

Qui ? Oui.

Qui ? Oui.

La nouvelle ministre de la Culture a annoncé que la publicité commerciale allait faire son apparition sur le service public. Les cons de la Matmut, les poulets fermiers label rouge et le cancer colorectal vont se faire de nouveaux amis, Ronald McDonald, le bonhomme vert de Cetelem, sans oublier Carglass répare Carglass remplace. Ça promet ! Plus que jamais, choisissons le lyrisme, engrossons les muses et réfugions-nous dans la poésie !

Qui ? Oui !…

LE CHRONIQUEUR EST DÉMUNI

25 mars 2016

Le chroniqueur est démuni. Il cherche une idée. Il ne peut pas se résoudre à ne pas être fidèle au poste, en l'occurrence à son rendez-vous du vendredi matin, mais il est perplexe. Une nouvelle chronique post-attentat. Pour dire quoi ? Pour répéter quoi ? La compassion, l'amitié pour tous ces Belges qui nous sont si précieux, l'effroi, la colère, la nécessité de ne pas céder à la peur.

Bien sûr.

Le chroniqueur est un peu perdu, tellement embarrassé qu'il parle de lui à la troisième personne. Il semblerait qu'il soit fatigué. Il devrait prendre ses gouttes.

Le chroniqueur préférerait le silence parce qu'il se dit que, parfois, le mieux serait de se taire. Mais c'est impossible de se taire à la radio. Comment voulez-vous ? Impossible de se taire dans un média.

Mercredi, tandis qu'à Bruxelles une minute de silence était organisée en hommage aux victimes, tous les correspondants de toutes les radios, de toutes les télés du monde perturbaient le silence de la minute pour dire l'émotion, la tristesse, le recueillement. Comment être ému, triste, recueilli quand on est occupé à traduire le silence, la tristesse, le recueillement de toutes ces personnes silencieuses, tristes, recueillies ? Une minute, pourtant, ce n'est pas si long. On reporte toujours les instants de vie. On les décale. On les corrompt.

Les parents derrière les œilletons des caméscopes, des téléphones portables, filment leurs enfants en train de présenter leurs spectacles de fin d'année. On garde l'émotion pour plus tard. On range les sentiments. On se dit qu'on vivra plus tard, un autre jour. Quand les enfants auront grandi et qu'il ne sera plus l'heure d'admirer leur innocence. On procrastine sa vie.

Le chroniqueur est soucieux. Il rêverait d'une page blanche radiophonique. Il voudrait choisir le silence, appuyer sur la touche « pause ». Ce que Michel Sapin aurait pu tenter au lieu de critiquer les autorités belges quelques heures après les explosions. Incroyable arrogance française, dont les Belges se moquent si souvent, condescendance inouïe d'un responsable politique qui, malgré les différents attentats parisiens, ne renonce jamais à donner des leçons à la terre entière.

Le chroniqueur se dit qu'effectivement il vaudrait mieux se réfugier dans le silence ou dans la poésie, qui peut être sa traduction orale, celle de Raymond Devos, français, né en Belgique. Auteur d'un texte qui dit avec modestie nos limites et notre désir sans limite de consolation…

Je hais les haies
Qui sont des murs
Je hais les haies
Et les mûriers
Qui font la haie
Le long des murs
Je hais les haies
Qui sont de houx
Je hais les haies
Qu'elles soient de mûres
Qu'elles soient de houx
Je hais les murs
Qu'ils soient en dur
Qu'ils soient en mou
Je hais les haies
Qui nous emmurent
Je hais les murs
Qui sont en nous.

MANUEL VALLS A AVALÉ UN CLOWN

1er avril 2016

Bonjour, une information vient de tomber. On ne s'y attendait pas. La surprise est grande pour tout le monde. Rien ne préparait à cet événement hors du commun qui va naturellement être développé dans les prochains journaux d'information : Manuel Valls, le chef du gouvernement français, Manuel Valls vient d'avaler un clown. Immense stupeur en France et au-delà des frontières. On ne sait pas encore l'identité de ce clown, un descendant de Zavatta ou des Fratellini. En tout cas, c'est l'information majeure de la matinée. Manuel Valls, afin de commémorer la journée traditionnelle de la plaisanterie et des canulars, vient d'avaler un clown. Rien, *a priori*, ne le prédisposait à cela, l'homme politique étant plus habitué à avaler des couleuvres. Quoi qu'il en soit, l'information ne finit pas de surprendre et de mettre en ébullition toutes les rédactions du monde entier. Nous reviendrons sur ce sujet dès que nous aurons des détails plus précis à vous apporter.

Premier avril donc, journée de la facétie, de la rigolade, de la poilade à tous les étages… Premier avril, pensez à découper des poissons rouges afin de les accrocher dans le dos des lycéens grévistes, des paysans en colère, des socialistes frondeurs, des salariés mécontents, des cheminots inquiets, des retraités, des chômeurs, des précaires, des stagiaires. Partout, l'envie de s'esclaffer, de se gondoler, de se tire-bouchonner. Rigolade aussi chez les prêtres pédophiles, les policiers violents. Partout, la joie de vivre, le besoin de se distraire, le désir d'allégresse. Même les terroristes ont envie de s'éclater.

Comme on le fait à France Inter, quand l'humoriste prend la place du journaliste afin de donner un souffle nouveau, de rechercher l'inattendu, d'atteindre l'imprévu, de solliciter la surprise, de flirter avec l'inopiné, le gouvernement n'a pas hésité depuis des mois avec une constance admirable, une allégresse inouïe, une énergie étonnante et jamais démentie, à redistribuer les cartes, proposant une politique de droite alors qu'il avait originellement la vocation de conduire une politique de gauche. Rien que pour surprendre ! Juste pour rire, comme on dit au Québec, simplement pour s'amuser, pour aller précisément là où on ne l'attendait pas.

Bravo, merci les artistes. Sans vous, on s'ennuierait, on tomberait dans le ronron des habitudes, dans le traintrain de la routine.

Bien sûr, il faut avoir un sens de l'humour hors du commun pour saisir toute la verve malicieuse qui sévit au sommet de l'État ! Et j'aimerais à ce propos m'adresser publiquement à Mme Taubira et lui dire qu'elle peut rentrer à la maison.

Christiane, ne faites pas la mauvaise tête, revenez ! C'était pour rire, la déchéance de nationalité. Oh, Christiane, LOL, MDR, PTDR !!! On peut rigoler quand même ! C'est bien de lire Aimé Césaire et Damas, mais il faut aussi de temps en temps s'inspirer de Cyril Hanouna. Évidemment, Christiane, le projet de déchéance c'était pour François Hollande une façon de vous taquiner, de vous asticoter, de vous bizuter gentiment. Sur D8, ça correspond à un bon bol de nouilles dans le slip.

Revenez, Christiane, on a besoin de vous, pas forcément pour rigoler à pleins tubes, mais c'est pas grave, le quota de comiques au gouvernement est déjà atteint, plutôt pour aider notamment Laurence Rossignol à faire meilleur usage du terme « nègre » dans ses interventions.

Coup de théâtre de dernière minute, le clown mangé par Manuel Valls vient d'être régurgité à l'instant même par le Premier ministre. Le clown est un peu sonné. Il semblerait que ses jours ne soient pas en danger. Nous reviendrons vers vous dans les prochains journaux pour apporter les éclaircissements nécessaires à cette sombre affaire.

BALKANY, BALKANY, BALKANY, NY, NY, NY, PLATINI, CAHUZAC, ZAC, ZAC

8 avril 2016

Balkany, Platini, Cahuzac
Zac, zac…
Zackie Tchan, Zackie Tchan, Zackie Tchan
Tchan Tchan…

Je ne chante pas trop fort parce que je suis au fond de mon coffre en Suisse où l'ambiance est paisible. On peut dire que j'ai le nez fin. Mon voyage était prévu depuis plusieurs semaines. J'avais choisi de prendre un peu de recul et de me réfugier en territoire helvétique, quitte à y présenter ma petite chronique hebdomadaire qui depuis des années m'est payée directement en liquide sur un compte que j'ai ouvert ici et à qui je vais rendre régulièrement visite. Il y a quelques années, quand l'argent coulait encore à flots sur France Inter et que l'on m'avait acheté à prix d'or afin que je n'aille pas m'offrir à la concurrence, me vendre plus exactement, j'avais bénéficié de certaines pratiques qui étaient d'usage à l'époque et qui ne choquaient personne, et dont apparemment je suis, du fait de mon ancienneté, l'un des derniers à profiter ici, à France Inter. Je suis allé voir les salaires de mes collègues. Beaucoup sont obligés de faire de la télévision afin de joindre les deux bouts.

Je suis donc à Lausanne où nous avons beau temps.

Des amis, conseillers financiers, me disaient : « Mais la Suisse, c'est dépassé, c'est fini, c'est ringard, vise Panama, les Seychelles, les îles Vierges britanniques… »

Bien m'en a pris de ne pas les avoir écoutés.

Balkany, Platini, Cahuzac…

Je chante cette petite comptine mais, entre nous, je n'ai pas tellement le cœur à rire. J'ai trouvé inhumaine cette manière de distiller chaque jour les noms au compte-gouttes. Moi, heureusement, je suis passé entre les gouttes.

Aujourd'hui, pardonnez-moi si je suis un peu solennel, mais de Suisse où je réside j'ai mal à la France. J'ai mal à ma France.

Les révélations distillées toute la semaine au sujet des évadés fiscaux montrent une fois de plus que mon pays est à la traîne.

Sur une population de plus de soixante-six millions d'habitants, il y a à peine un petit millier de personnes qui posséderaient un compte non déclaré dans un paradis fiscal. Autant dire peanuts, autant dire peau de balle.

Et je m'interroge.

Qu'est-ce qu'on a de moins que les autres ? Pourquoi, une fois de plus, les Français ne sont-ils pas compétitifs ? Pourquoi ne sont-ils pas en tête ? C'est désespérant.

Et en plus ce sont toujours les mêmes, des personnalités qui déjà ont été impliquées dans d'autres scandales financiers. On ne pourrait pas en trouver d'autres ?

Une qui doit également être désespérée, c'est Mme Le Pen, dont le principal programme pouvait se résumer à une formule : « Tous pourris ! » Quelle déception, quelle déconvenue, quelle tristesse pour elle de s'apercevoir que dans son premier cercle, parmi ses plus proches amis, les pourris s'étaient immiscés. Elle qui se vivait comme un rempart à la pourriture, sûrement, par honnêteté, par cohérence, va faire profil bas, se crever un œil, entrer dans les ordres, abandonner la politique. Sûrement…

Balkany, Platini, Cahuzac
Zac, zac, zac…

BRIGITTE TROGNEUX DIT TOUT DANS *PARIS MATCH*

15 avril 2016

Bien sûr, au lendemain d'un événement politique qui ce matin est au centre de toutes les discussions, de tous les débats, de tous les commentaires, je pourrais botter en touche et décider de parler d'autre chose. C'est mal me connaître, monsieur Cohen !

Je pourrais évoquer notamment le sort de la librairie La soupe de l'espace, située à Hyères et qui connaît des difficultés financières, suite à l'arrêt du soutien de son banquier. Je pourrais appeler les auditeurs de France Inter à soutenir les deux libraires, Jean et Mélanie, les inciter à se diriger vers la page Facebook de La soupe de l'espace afin de permettre à cette belle librairie d'Hyères de poursuivre sa belle œuvre demain.

Je pourrais.

Je pourrais parler de n'importe quoi, ça ne serait pas la première fois, mais non, ce matin, je décide de prendre le taureau de la politique par les cornes de l'analyse et de ne pas me soustraire à l'attente bien légitime des auditeurs qui me somment de ne pas passer à côté de l'événement politique considérable qui a eu lieu ce 14 avril 2016.

Je veux bien évidemment parler de la couverture de *Paris Match* sur le couple Brigitte et Emmanuel Macron. « Ensemble sur la route du pouvoir. Elle se confie en exclusivité à *Paris Match*. Les photos de leur album intime. »

Brigitte Macron, née Trogneux, s'exprime. Et elle dit tout, la Trogneux. Elle dit tout sur elle-même. Ainsi que le note si justement *Paris Match*, « l'existence de Brigitte Trogneux n'a pas été un long fleuve tranquille ». Et comme il a raison, *Paris Match*. Imaginez plutôt : naissance dans la bourgeoisie nantie des chocolatiers d'Amiens, élève au Sacré-Cœur, surprises-parties, minijupes moulantes, whisky-Coca, rocks endiablés, baisers dans le cou et derrière les tentures, mariage avec un futur banquier, joies paisibles, naissance de trois enfants, ingénieur, cardiologue et avocate, Capes de lettres, professeur de lettres et latin. Comment mieux résumer en effet cette vie de larmes et de sang autrement que par la formule si bien choisie par *Paris Match* : « L'existence de Brigitte Trogneux n'a pas été un long fleuve tranquille » ?

Mais aujourd'hui Brigitte Macron, née Trogneux, s'exprime. Et elle dit tout, la Trogneux. Elle dit tout sur Emmanuel, amant fougueux de vingt ans son cadet. Emmanuel, son regard d'aigle, ses talents de comédien, son volontarisme, sa détermination, sa fougue, son allant.

« Quoi que vous fassiez, je vous épouserai », déclare l'adolescent acnéique à son professeur de lettres de vingt ans son aînée. Et c'est le début d'une passion, et c'est le début d'un roman. Le roman de l'énergie et de la bravoure, de l'ambition et du courage, de l'audace et de l'ardeur. C'est qu'il n'a pas froid aux yeux, le Macron !

« C'est un addict au travail, c'est un chevalier, un personnage d'une autre planète qui mêle une intelligence rare à une humanité exceptionnelle. » Non, détrompez-vous, ce n'est pas un portrait que l'on fait de moi, c'est encore les mots de Trogneux sur son Macron de mari.

Car Macron, son allant, son charisme, sa fougue, si romanesque, si irréelle, c'est Bel-Ami, c'est Georges Duroy de Cantel bousculant Clotilde de Marelle. C'est Eugène de Rastignac défiant la femme et Paris et le monde et la vie.

C'est un rapide, c'est un torrent. Emmanuel qui tombe en amour à 18 ans, sera banquier d'affaires à 31 ans, ministre à 37 ans, grand-père par alliance à 38 ans, demain, pourquoi pas, président de la République à 39 ans, académicien français à 43 ans, octogénaire à 45 ans, centenaire à 50 ans !

Un jour, peut-être, on nous dira qu'il faut voter Macron pour faire obstacle à Marion Maréchal-Le Pen.

Oui, l'événement politique est considérable. Je me demande si finalement je n'aurais pas dû faire tout mon papier sur les libraires de La soupe de l'espace, qui connaissent des difficultés financières à cause de leur banquier. Comme quoi on a toujours raison de se méfier des banquiers.

GROS CON

22 avril 2016

Profitons du printemps. Un peu de répit dans une actualité préoccupante. Un peu de douceur et de poésie. Un peu de gentillesse et de bonheur. Les rayons du soleil, la fraîcheur d'une fontaine et le chant des oiseaux… Parlons chanson.

Ainsi que le disait, à l'occasion de la sortie de son dernier album, Jean-Louis Murat : « C'est la crise. Les salles prennent moins de risques et préfèrent programmer des gros cons comme Renaud ou Polnareff. »

Assurant la promotion de son dernier CD, le gros con précité, Renaud, avait déclaré : « Polnareff, je crois que les gens s'en foutent un petit peu, si j'en juge par le nombre de locations pour ses concerts qui sont annulées à tour de bras, ses ventes de disques qui sont plus que moyennes. »

Heurté, l'autre gros con susnommé Polnareff immédiatement tweetait perfidement : « Je ne vois pas de quoi il parle » ; puis exprimait sa déception vis-à-vis d'un ancien ami à qui il avait présenté ses docteurs.

Christophe, quant à lui, déclarait : « Polnareff, je ne l'ai jamais aimé. »

C'était avant que Renaud ne proclame : « Jamais on n'a vu Jean-Jacques Goldman dénoncer une injustice. » C'était dans une interview au cours de laquelle l'auteur de *Mistral gagnant* disait notamment sa passion pour François Fillon. Puis Renaud se rétracta, rendit hommage à Jean-Jacques Goldman puis démentit son soutien à François Fillon.

Cher Renaud, votre tournée est prévue pour l'année prochaine, il reste donc encore de longs mois à tenir. Si vous voulez assurer votre promotion de façon continue, il vous faudra distiller de façon régulière des déclarations encore plus fracassantes afin d'incessamment remplir de votre nourriture médiatique la grande gueule de la presse, insatiable mangeuse, inépuisable dévoreuse, impitoyable ogresse.

(*« Elle a faim, la bête curieuse »*, chante Maxime.)

Je vous propose plusieurs pistes de réflexion et vous suggère un certain nombre de propositions dans lesquelles vous pourrez faire votre petit marché.

Il reste encore pas mal d'artistes vivants qui méritent également votre regard exigeant et pourraient faire l'objet de vos futurs messages. Vous pourrez ainsi affirmer qu'Hugues Aufray pue des pieds, Maxime Le Forestier se promène souvent la braguette ouverte, Julien Clerc ne tire pas toujours la chasse après ses passages aux toilettes, Véronique Sanson pète au lit, Maurane pue de la gueule, Louis Chedid fait du psoriasis, Charles Aznavour est un obsédé sexuel, Juliette fait des rototos à table, Florent Pagny a de l'herpès, Patrick Bruel imite régulièrement Groucho Marx tout en posant ses lunettes sur son sexe, afin de déstabiliser, de manière peu fair-play, ses adversaires de poker.

La liste est naturellement infinie. Vous pouvez également affirmer que Vincent Delerm a des pellicules, que Benjamin Biolay se teint les cheveux et que Bénabar porte des talonnettes.

Vous pouvez à votre convenance plus simplement faire ce qu'on peut appeler une « muraterie » en disant simplement que ce sont tous des gros cons.

Vous pourrez par ailleurs, cher Renaud, dans les jours qui viennent, annoncer votre soutien à Jacques Cheminade ou à Nicolas Dupont-Aignan ou à Nadine Morano ou à Jean-François Copé ou au roi de France, avant de faire marche arrière dans de nouvelles déclarations qui seront à nouveau des sujets de nouveaux articles, explications et commentaires divers.

Comme dit joliment Alain Souchon : « La chanson, c'est une caresse sur la joue. » On ne peut pas mieux dire. On pourrait quand même ajouter : « Le chanteur, c'est mon poing sur la gueule. »

AFFAIRE DUCHAMP

29 avril 2016

Hasard ou coïncidence, ou peut-être simple loi des séries, au moment même où dans la presse je découvrais cette histoire mirobolante de *Judith décapitant Holopherne*, toile attribuée au Caravage et récemment retrouvée par hasard dans un grenier de la région de Toulouse, je fis moi-même dans le grenier de la maison de ma grand-mère une découverte qui me bouleversa.

C'était un après-midi pluvieux et j'avais eu ce jour-là le projet de mettre de l'ordre dans un bric-à-brac, objets accumulés depuis des années et n'ayant plus d'usage, vélos sans roues, poêles sans manche, chaises sans assise.

C'était un après-midi bruineux et j'avais eu ce jour-là le dessein vertueux de faire le ménage parmi toute une kyrielle de chaussures dépareillées, jouets cassés, vinyles rayés, objets épatants dans les années 70 qui représentaient alors la fierté des ménages épris de la technologie la plus avancée : minicassettes Radiola, cocotte-minute, service à raclette, brosse à dents électrique, mixeur, épilateur, centrale vapeur. Dans une armoire sans porte s'était accumulée toute une précieuse collection de vêtements fleuris, blouses nylon et sous-pulls synthétiques qui en émoi auraient mis Macha Makeïeff elle-même.

La déchetterie située non loin de la maison de ma grand-mère avait intérêt d'avoir l'estomac solide si elle voulait absorber ce que je comptais lui faire ingurgiter.

Ma volonté fut alors retardée quand je me mis à feuilleter une pile de vieux *Paris Match* qui décrivaient une période prétendument légère et insoucieuse, du temps où Françoise Sagan conduisait sa décapotable les pieds nus, où Jacques Charrier à Brigitte Bardot contait fleurette, où Sacha Distel présentait Francine, sa fiancée skieuse, à la douce France qui par ailleurs tentait de rétablir la paix en Algérie.

J'étais déjà depuis trois heures dans le grenier de ma grand-mère quand je me rendis compte que je n'avais réussi à mettre dans le sac-poubelle qu'un vieux Mastermind sans pions, que j'allais quelques heures plus tard sauver de l'inéluctable sous le prétexte fallacieux que ça pourrait toujours servir un jour.

Dehors, la pluie s'était arrêtée. Allais-je rester toute la journée enfermé dans le grenier de ma grand-mère alors que la fin d'après-midi, contre toute attente, s'annonçait soudainement ensoleillée ? Non, sûrement pas !

Je m'apprêtais à sortir du grenier de ma grand-mère quand, tout à coup, je tombai en arrêt devant cet objet auquel je n'avais jusque-là jamais prêté attention et qui pourtant me crevait les yeux. J'avais devant moi la copie conforme d'une œuvre que quelques mois auparavant j'avais admirée au centre Pompidou, le *Porte-bouteilles* de Marcel Duchamp.

Par quel miracle, par quelle magie, par quel concours de circonstances le *Porte-bouteilles* de Marcel Duchamp se trouvait-il dans le grenier de ma grand-mère ? Quelle pouvait bien être la connexion tellement surprenante, tellement inouïe, entre l'un des artistes les plus importants du XXe siècle et ma grand-mère, garde-barrière à Saint-Bômer-les-Forges sur la ligne Caen-Laval ?

Les questions paraissaient nombreuses, le mystère semblait entier…

Aussitôt je contactai un commissaire-priseur, qui lui-même allait s'approcher d'un cabinet d'experts qui depuis s'interrogent. Pourquoi l'œuvre de Marcel Duchamp trouvée dans le grenier de ma grand-mère n'est-elle pas signée ? Pourquoi sur ce ready-made tellement représentatif de l'art moderne, on trouvait encore des bouteilles vides et empoussiérées de cidre bouché, comme si on avait absolument voulu banaliser l'œuvre, comme si on avait voulu la détourner de l'œil des spécialistes ?

Les questions qui désormais se posent à moi sont quasiment d'ordre existentiel. Vais-je consacrer le restant de mes jours à percer le mystère de cette œuvre majeure trouvée dans le grenier de ma grand-mère ? À quoi bon persévérer à écrire ces chroniques de fin de semaine alors que le monde de l'Art ne va cesser de me solliciter pour découvrir le mystère du *Porte-bouteilles* de Marcel Duchamp trouvé dans le grenier de ma grand-mère ?

Après tout, peut-être vais-je continuer mon existence comme si de rien n'était. La fonction de l'Art n'est-elle pas avant tout d'ajouter du rêve à la vie ?

C'EST ICI QU'ON SE QUITTE

6 mai 2016

Je profite de la présence d'un ancien flic pour évoquer le gang des Lyonnais. Il se trouve que je l'ai un peu connu, un peu fréquenté. Avant d'atteindre la respectabilité absolue que désormais me confère le statut de plus prestigieux chroniqueur du service public, j'ai vécu. J'ai fricoté dans tous les milieux, j'ai promené ma carcasse déglinguée dans les lieux les plus interlopes, j'ai roulé ma bosse dans les décors les plus accidentés.

Oui, moi qui suis devenu cette sorte de vestale indéboulonnable, inatteignable et adorée des bibliothécaires et des professeurs de lettres en retraite abonnés à la Scène nationale de leur département, oui, moi qui me suis mué en cette espèce de phare, clignotant mais éclairant la nuit aux confins des ténèbres, moi, modeste et cependant incontournable, dont l'ancienneté à France Inter inquiète ses plus hauts dirigeants, qui dans leurs nuits d'insomnie calculent le montant de la prime de licenciement qu'il faudrait me verser si par hasard on voulait se séparer de moi, prime qui équivaudrait, pour se faire une idée, au produit intérieur brut d'un pays comme le Gabon ou au budget slips et chaussettes de M. Carlos Ghosn, moi, disais-je, j'ai connu des heures plus sombres, j'ai fréquenté des biotopes plus marécageux.

Je voulais ce matin évoquer une affaire qui pendant pas mal d'années a défrayé la chronique. Au départ, rien de trop original à signaler : la routine, le tout-venant. Une histoire banale qui commence toujours de la même façon. Des petits marlous qui rêvent de la grande vie. Des gones qui se réunissent dans les traboules et qui un beau jour, forcément, subissent la mauvaise influence des aînés. En l'occurrence des gars de Liverpool, des caïds chevelus qui passent leur temps à séduire les filles en faisant de la musique. John, Paul, Ringo et George. Des trafics d'influence faut voir comme. Les gamins de Lyon ne s'en remettront jamais. Au départ, toujours la même chose, l'envie de vivre sa vie, le désir insensé de s'élever un peu au-dessus de la pesante réalité, de l'accablant quotidien.

Dans ce milieu-là, tout le monde a un surnom. On l'obtient à l'adolescence et on peut le garder toute sa vie. On peut côtoyer un gars pendant plus de dix ans sans jamais l'appeler autrement que par son surnom : Karl Niagara, Bronco Junior et Cleet Boris.

Dans ce milieu-là, ça commence souvent par la cigarette qu'on fume à plusieurs et puis ça finit par le trafic d'héroïnes. Des héroïnes qui s'appelaient Norma Jean Baker, Denise Darcel, Elizabeth Montgomery, Coleen Gray, Madeline Smith, Grace Kelly et Romy Schneider.

L'affaire a trouvé cette semaine sa conclusion. Elle ne sera jamais complètement élucidée. Hubert Mounier est mort et l'Affaire Louis' Trio est définitivement enterrée. Merci les gars. Bravo les artistes. Salut Hubert. Merci pour l'élégance infinie, merci pour la classe éternelle.

PATRICK COHEN, UNE STAR EST NÉE

13 mai 2016

Je profite d'une matinale consacrée au cinéma pour valoriser un acteur qui n'aura jamais l'outrecuidance de se mettre lui-même en avant. Un acteur modeste et cependant charismatique. Un acteur qui joue de ses fragilités mais se révèle solide, puissant, victorieux. Un corps de rêve, une plastique idéale, un regard de braise, une bouche sensuelle, une assurance charnelle. Quand elles croisent son regard, les femmes immédiatement baissent les yeux, les chattes miaulent, les hommes hurlent, les chiens frétillent de la queue. Quand ce n'est pas le contraire. Chacune, chacun, en le contemplant, se surprend aussitôt à avoir les pensées les plus interlopes. Sur l'écran intérieur et cinémascope de consciences troublées apparaissent alors des images de chevauchement et de corps entremêlés, de transpiration et d'athlétiques accouplements. Cet homme depuis hier après-midi promène son déhanché voluptueux sur la Croisette. Il côtoie les plus grands réalisateurs, les acteurs les plus prestigieux, les producteurs les plus influents. Chers Bertrand, Bruno, Fabrice, il est face à vous en ce moment, superbe et cependant dépassé par sa puissance sexuelle, débordé par son érotique aura, je veux naturellement parler de Patrick Cohen.

Patrick Cohen, monstre sacré de la radio, roi du Paf, celui dont le prestige est tellement immense que chacun de ses dîners est retransmis chaque soir en direct dans le cadre de l'émission « C à vous », Patrick Cohen que l'on peut admirer en ce moment dans la série *Marseille*, unanimement saluée par la critique, et dans laquelle, sans doute involontairement, il vole la vedette à Gérard Depardieu. Oui, les producteurs de Netflix ont eu la sublime idée de confier le rôle du journaliste vedette de France Inter Patrick Cohen à l'acteur Patrick Cohen. Au départ, personne n'y croyait. « Patrick Cohen, pensait-on, ne va jamais accepter de jouer le rôle de Patrick Cohen. Ce n'est pas de son niveau », estimait-on. La directrice de casting le jugeait trop beau, trop grand, trop céleste pour interpréter le rôle d'un journaliste du service public. « Attention, je te signale, c'est quand même qu'un journaliste radio, il a pas besoin d'avoir le physique de Pujadas ! »

Quelqu'un eut même l'idée de proposer le rôle de Patrick Cohen à Jean-Jacques Bourdin. Mais le producteur tint bon. Il souhaitait un casting haut de gamme, exigeant, populaire sans être populiste. « Ce sera Patrick Cohen pour jouer le rôle de Patrick Cohen, ou la série *Marseille* n'existera pas. »

Bien lui en a pris.

Patrick Cohen est plus que crédible dans le rôle de Patrick Cohen. Il explose, il irradie, il éclate, il rayonne. Et l'on regrette tout à coup que d'autres producteurs, d'autres réalisateurs n'aient pas eu cette inspiration. Avantageusement, Patrick Cohen aurait pu utiliser sa fibre poétique pour jouer le rôle-titre de Paterson dans le film de Jim Jarmusch. Il aurait pu se servir de ses talents de bricoleur pour interpréter le rôle du menuisier dans *Moi, Daniel Blake* de Ken Loach, il aurait pu mettre en avant sa féminité en endossant le rôle de *Julieta* dans le film d'Almodóvar. Le seul rôle où on ne l'imagine pas, finalement, c'est peut-être celui de M. Zuccarelli, le père de Vincent Lacoste, dans le court métrage *Après Suzanne* de Félix Moati, pour lequel il fallait sûrement un acteur encore plus exceptionnel.

Bon festival à tous.

ÇA VA MIEUX !

20 mai 2016

Ça va mieux. Vous ne trouvez pas, vous, que ça va mieux ? Ça va quand même beaucoup mieux. Franchement ? Avant, ça allait moins bien, rappelez-vous, ça allait de mal en pis, mais maintenant ça va quand même beaucoup, beaucoup mieux. J'exagère. Ça ne va peut-être pas beaucoup, beaucoup mieux mais ça va quand même un peu mieux. Un petit peu mieux. Parce que je ne suis pas idiot, je ne dis pas que ça va bien bien, mais ça va quand même beaucoup moins mal que si c'était encore pire. Et ça pourrait être encore pire. Pour le moment, on n'imagine pas exactement comment parce qu'on n'a pas le recul nécessaire, mais je suis sûr que le pire est toujours possible.

Ah si, ça va mieux. Par exemple, ce vent de tolérance qui souffle à qui mieux mieux, ce désir de comprendre l'autre qui anime chacun, ce souci d'humanité qui prévaut partout et qui permet d'huiler un peu les rouages de la machine sociale. Si on est un peu sincère, force est de constater qu'on est quand même bien content que ça aille mieux par rapport à avant, quand ça allait peut-être pas plus mal mais quand même moins bien…

Avant, je ne prendrai qu'un exemple parce que je donne peut-être l'impression d'élucubrer dans le vide mais attention, je ne dis pas les choses en l'air, j'étaye mes affirmations par une démonstration que je porte à votre analyse. Je vais vous donner un exemple. L'affaire Black M à Verdun. Avant, je suis sûr qu'un maire PS par simple fermeture d'esprit, par pur dogmatisme, aurait réfléchi à deux fois avant de programmer un rappeur connu pour ses prises de position homophobes, antisémites. Avant, je suis sûr que le FN aurait pu trouver certaines excuses, quand ce n'est pas certaines vertus, dans le discours d'un type qui volontiers casse du Juif et du pédé.

Là, ça va mieux. On sent vraiment que les lignes bougent, que chacun a envie de faire un pas vers l'autre dans un souci de fraternité.

Avec tout ça, le concert de Verdun est annulé. Ça serait bien de trouver une autre idée. Si vous pensez à quelqu'un… Évidemment, tout de suite, ce qui vient à l'esprit, c'est Mireille Mathieu ou Johnny Hallyday. Pour les commémorations en général ce sont eux qu'on sollicite. D'autant qu'en l'occurrence ils sont quasiment contemporains des poilus de 14.

On peut trouver mieux et moins cher.

Je pensais notamment à Eddy Pascal, entendu récemment dans l'émission de Philippe Meyer, il a eu la bonne idée de passer la chanson préférée de Raphaël Mezrahi. Ça s'appelle *La Complainte du goéland*. Normalement c'est une chanson qui met en joie tous ceux qui la découvrent.

Je l'ai fait récemment écouter à un copain. Il a eu un commentaire laconique, il a dit : « Ça va pas mieux… »

L'ESSENCE DES CHOSES

27 mai 2016

José Artur disait : « Un pays où le litre d'essence est devenu plus cher que le litre de rouge est en danger. » Pour le moment, ce qui inquiète, ce n'est pas tellement que le litre d'essence soit cher, c'est qu'il est rare. Pour oublier une réalité maussade et faire des économies, faisons le plein de syrah, de chardonnay, de merlot. Car l'essence est rare, mais heureusement le vin coule à flots.

Si la bêtise pouvait alimenter les voitures, on serait indifférent aux blocages des raffineries. Une façon de paraphraser Jean Vautrin, qui avait écrit : « Si la connerie était de l'essence, on pourrait se passer des Arabes. » On voit toute sorte de population actuellement dans les stations-service. Des inquiets qui chaque jour remplissent leur réservoir pour quatre ou cinq euros. Des petits retraités qui décident tout à coup de faire le plein de leur voiture immobilisée depuis six mois. Des pro-Macron qui pensent que le nom du parti « En marche » n'est pas mal trouvé au moment où l'on risque de devoir laisser la voiture au garage. Des horticulteurs munis de jerricans qui voudraient bien tondre leur pelouse et qui sont révoltés d'être pris en otage mais qui n'ont sans doute jamais entendu parler de Nourane Houas, employée française de la Croix-Rouge détenue au Yémen depuis cinq mois.

On va me dire : « Évidemment, vous vous en foutez, vous, espèce de bobo parisien, vous êtes pas concerné. » Ben si quand même, je suis concerné vu que je suis actuellement à Rennes et que je voudrais bien, afin de pratiquer mon métier de fantaisiste, aller ce soir à Loudéac et même pousser samedi jusqu'à Carhaix, où je ne peux quand même pas aller en vieille charrue. C'est pour ça que l'essence me préoccupe pas mal. Avant de venir vous parler au micro, j'ai d'ailleurs réussi à faire le plein de ma voiture. J'en ai encore eu pour trois euros cinquante. À peu près ce que j'ai dû dépenser en carburant en faisant la queue pendant une heure et demie à la station-service.

Parce que si effectivement, comme l'a dit Jean-Paul Sartre, « l'existence précède l'essence », les files d'attente précèdent les stations d'essence.

Le secrétaire d'État aux Transports, Alain Vidalies, répète depuis plusieurs jours : « Il n'y aura pas de pénurie de carburant », à l'intention de citoyens découragés qui voient tous les jours des stations-service fermées ou archi-fréquentées. Hier, M. Vidalies a déclaré, concernant les centrales nucléaires, qu'il écartait tout risque de coupures d'électricité. C'est peut-être le moment de passer à la droguerie pour se procurer des bougies, des chandelles, des lampes à huile et surtout des cierges à brûler dans les églises.

Bon, c'est pas tout ça, faut que je vous laisse, si je veux être à Loudéac ce soir, j'aime mieux prendre mes précautions, je vais refaire le plein.

LE CON DÉFINITIF

3 juin 2016

Il faut un certain courage, une véritable abnégation, un vrai sens du sacrifice pour accepter de jouer le rôle du con. Attention, pas n'importe quel con. Pas le petit con, pas le pauvre con, pas le gros con, non, le con de référence. Je veux parler du con certifié, du con authentifié, du con homologué. Vous imaginez bien que je ne perdrais pas mon temps à évoquer le bon con, le brave con, le vieux con, celui que chacun, autour de cette table, derrière son poste de radio, vous, moi, ne peut, de temps à autre, s'empêcher d'incarner, par paresse, par confort, par facilité, par jouissance. Non, je veux parler du con garanti sans facture, du con absolu, du con irrévocable, du con définitif. Celui qui à force d'entêtement, d'énergie, de résolution, finit par susciter l'admiration de tous, le respect de chacun. Le vrai con. Celui qui fait autorité. Celui qui réussit à rendre moins conne la connerie des autres. Celui qui, s'il était signalé dans le guide Michelin, dépasserait la notation « Vaut le détour » pour entrer immédiatement dans la catégorie « Vaut le voyage ». Le con que Michel Audiard a su si bien décrire dans *Le Cave se rebiffe* : « Celui-là, c'est un gabarit exceptionnel, si la connerie se mesurait, il servirait de mètre étalon, il serait à Sèvres. »

Oui, celui-là mériterait d'être à Sèvres, conservé au Bureau international des poids et mesures. Et vous vous demandez : « Mais de qui veut-il bien parler ? » Et vous vous interrogez ! Chacun au bout des lèvres aussitôt a un nom qui surgit, celui d'un chef de bureau, d'un voisin, d'un architecte, d'un ministre, d'un présentateur télé, d'un chroniqueur radio… Vous n'y êtes pas. Ce con-là est indépassable, ce con-là est irréfutable, ce con-là est irréfragable. Je veux parler de Denis Truffaut. Que sa gloire soit éternelle. Denis Truffaut est conseiller municipal à Arcueil. Rendons-lui grâce. Témoignons-lui notre reconnaissance, notre admiration sans bornes.

Lors du dernier conseil municipal d'Arcueil, Denis Truffaut a évoqué Erik Satie. Denis Truffaut est un spécialiste d'Erik Satie depuis qu'il a récemment découvert sa fiche Wikipédia. Denis Truffaut, esthète amateur, a dit combien il était scandalisé que la ville d'Arcueil rende hommage à un personnage « hypocrite, médiocre, illuminé, ivrogne et communiste ».

Merci, Denis Truffaut. Bravo pour ton ironie, ton humour, ton sens du paradoxe. Quel plaisir cela a dû être de t'entendre, toi, évoquer la médiocrité d'Erik Satie.

Sans toi, la célébration du 150e anniversaire de la naissance d'Erik Satie serait passée inaperçue. Grâce à toi, Denis Truffaut, honneur éternel, les concerts, les spectacles, les conférences organisés par la ville d'Arcueil pour mettre en valeur l'œuvre d'Erik Satie sont des vrais succès.

Étant donné qu'il reste certains citoyens pour estimer que l'importance d'Erik Satie dans l'esthétique musicale du XXe siècle dépasse l'apport de Denis Truffaut à la vie intellectuelle du XXIe siècle, nous aurons encore quelques occasions de nous lover dans la drôle et douce mélancolie du maître d'Arcueil, « artiste hypocrite, médiocre, illuminé, ivrogne et communiste ».

ON NE PARLE QUE DE ÇA !

10 juin 2016

Vous avez vu, toute la semaine, on n'a parlé que de ça. Et à mon avis, c'est pas fini… Un peu, ça va. Mais quand c'est tous les jours…

Bien sûr, ce sont des grands professionnels, des athlètes, des artistes même, tout ce que vous voulez, mais ça finit par virer à l'obsession. Je parle des spectacles de la compagnie Pina Bausch qui, à l'invitation du théâtre de Nîmes, vient d'investir les arènes. Attention, je n'ai rien contre la danse contemporaine, je n'ai rien contre les ballets, la chorégraphie, tout ça, mais trop, c'est trop.

Je regarde les programmes télé, c'est incroyable. La danse, c'est bien mais ce n'est quand même qu'un aimable divertissement, oui, un art si vous voulez mais enfin, il n'y a quand même pas que ça dans la vie…

Sur TF1 : « Télédanse », sur France 2 : « France 2 danse », sur France 3 : « Danse 3 », trop c'est trop. Sans compter i-Télé : « 20 heures danse », et je ne vous parle pas sur RTL de « On refait le ballet », « L'After Danse » sur RMC, et je ne vous parle pas non plus de la pub, il n'y en a que pour eux ! Montalvo, Hervieu, Bouvier, Obadia, Saporta, Decouflé, toujours en train de montrer leurs tronches pour vendre des slips, de l'eau minérale, des pompes. Ça va !

Au journal de 13 heures, c'est encore les affaires de danse qui font les gros titres. La danse, objet de transactions financières les plus frauduleuses. Les danseurs sont achetés puis revendus à prix d'or. C'est le règne douteux des transferts. Les ballets de l'Opéra de Stuttgart achètent un petit rat plein d'avenir aux ballets russes de Monte-Carlo pour le revendre aux ballets de Wuppertal.

Même la mode est pervertie par la danse. Tous ces mômes qui vont à l'école en tutu, en justaucorps, en ballerines, et Nike qui vient de sortir une nouvelle collection avec le nom de la troupe écrit en grand : Preljocaj, ballet du Rhin, ballet national de Marseille. Alors forcément, quand deux gars d'équipes rivales se reconnaissent, ils se foutent sur la gueule…

Il y a un moment, on se dit, c'est bien les tutus, les barres, les arabesques, les chassés, les demi-pointes, les piqués tournés, les sauts de biche et tutti quanti, mais il y a un moment, je suis désolé, on arrive à saturation. Excusez-moi.

Surtout que, chez certains, ça vire à l'obsession. Je vois mon beau-frère, tous les week-ends, il est pris par sa compagnie de danse. Sous prétexte qu'il est trésorier de la compagnie, il fait accompagnateur pour la troupe quand elle est en déplacement. Ma sœur m'a dit : « C'est bien simple, je ne le vois plus. » Le soir, vous l'invitez à dîner, il peut jamais, quand c'est pas la diffusion en direct d'un spectacle de Gallotta, c'est une rétrospective Béjart qu'il ne veut absolument pas rater. Ouh là là, c'est lourd au bout d'un moment. Vous êtes chez lui, il est plongé dans son journal, *La Troupe*, il vous adresse à peine la parole. Il y a un moment, ça va…

Ma sœur, elle est pas heureuse. En plus, son gamin, c'est une autre paire de manches, il a quatorze ans, lui, c'est pas pareil, il ne s'intéresse qu'au football. Ils se demandent s'il n'aurait pas des tendances homosexuelles.

Bon, enfin voilà. Attendez, ne pensez pas que je sois bloqué, incapable de comprendre la beauté d'un geste, la grâce d'un mouvement. Non ! La venue de la compagnie Pina Bausch à Nîmes a, paraît-il, été un vrai succès. Et ça me réjouit !

FRANÇOIS ET JULIE REFONT LE MATCH

17 juin 2016

« François ?

— Oui, Julie ?

— Tu ne devrais peut-être pas reprendre de croissant, tu en as déjà pris quatre.

— Tu comptes mes croissants maintenant ?

— Ben oui, quatre croissants, plus un pain aux raisins, plus un petit pain au lait, ça commence à faire beaucoup…

— J'ai faim.

— Je comprends bien, mais si tu as l'intention de te représenter l'année prochaine, il faudrait quand même que tu fasses attention… Je te signale, tu as quand même un peu pris, là.

— Où ?

— Là.

— Ah ?

— Ah ben oui ! Là aussi.

— C'est possible. Quand je somatise, je gonfle.

— C'est pas à Depardon qu'il fallait demander le portrait officiel, c'est à Botero.

— Julie, tu exagères.

— Je dis ça pour ton bien. 2017, ça va arriver vite.

— Tu as raison. Surtout que la vie, c'est quand même l'imprévu. C'est l'inattendu. C'est tout ce qui n'est pas écrit.

— *Life is what happens while you are busy making other plans.*

— Comment ?

— « La vie c'est ce qui arrive quand on est occupé par autre chose. » C'est une citation de John Lennon.

— Ah d'accord. Tu reveux du café ?

— Je veux bien.

— Eh bien, il a raison, ton Lennon, c'est exactement ce que je me disais mercredi soir devant le match.

— Comment ça ?

— Gagner à la quatre-vingt-dixième minute, tu te rends compte ? Pendant presque tout le temps du match, on critique tout, on trouve que les joueurs ne sont pas à la hauteur, que la situation est bloquée, que l'équipe est en panne d'inspiration, que le système mis en place par le sélectionneur ne fonctionne pas, que c'est la chienlit et puis total au dernier moment, coup de théâtre, retournement, on est bien parti pour se retrouver premier de son groupe.

— Combien tu mets de sucres dans ton café ?

— Six. Moi, je suis Deschamps, j'accuse l'héritage, la situation économique internationale, comme lui accuse la pelouse du vélodrome de Marseille.

— Un désastre.

— La première période était ratée. On a quasiment rien réussi. La pression du résultat était énorme. On a fait entrer Macron sur le terrain. Un technicien sur qui je comptais beaucoup mais il jouait pas assez collectif, il a déçu. L'Albanie a failli ouvrir le score, sur une action confuse des frondeurs. Et puis, total, les doigts dans le nez, on se retrouve sélectionné en huitième de finale.

— Oui… Enfin, gagner contre l'Albanie c'est un petit peu comme si tu te réjouissais de faire mieux que Jacques Cheminade au premier tour de la présidentielle…

— (…)

— Qu'est-ce que j'ai dit ?

— Tu m'énerves.

— Tu reprends un croissant ? C'est le sixième, je te signale.

— Je m'en fous. »

LA PROCHAINE FOIS, JE NE VOUS LE CHANTERAI PLUS

24 juin 2016

La prochaine fois, il ne nous le chantera plus. Et je voulais lui dire au revoir, à ce bon M. Meyer, qui m'accompagnait depuis des années, traditionnellement le samedi matin, je vous raconte ma vie, quand après le marché (achat de fromages, du journal et des légumes), après les opérettes et les musiques légères de Benoît Duteurtre, je passais de Musique à Inter pour réécouter des chansons que je connais depuis toujours, découvrir des nouveaux auteurs, des interprètes encore inconnus, me souvenir d'artistes un peu oubliés.

Il faut être honnête, ce bon M. Meyer est peu punk, les artistes qu'il prenait l'habitude de programmer ne faisaient pas forcément partie de la play-list de France Inter, ils n'étaient pas fatalement en train de promouvoir leur dernier CD, certains ne faisaient aucun effort pour sembler modernes, certains même poussaient leur mauvaise volonté jusqu'à être morts depuis longtemps mais à survivre cependant dans le cœur d'auteurs fidèles ou sentimentaux de mon genre, pour beaucoup c'était la seule chance de passer sur la plus grande chaîne radio du service public.

Jamais Juliette, Catherine Sauvage, Marc Ogeret, Francesca Solleville, Jacques Bertin, Julos Beaucarne, Félix Leclerc, les Frères Jacques…

Cora Vaucaire, Florent Marchet, Bertrand Belin, Françoiz Breut, Bastien Lallemant, Jeanne Cherhal…

Michèle Bernard, Louis Chedid, Charles Trenet, Francis Lemarque, Colette Renard, Charles Aznavour, Gilbert Bécaud, Maxime Le Forestier, Raoul de Godewarsvelde, Aldebert, Alexis HK, Sanseverino…

Léotard, Debout sur le zinc, Brigitte Fontaine, La Tordue, Bénabar, La Rue Ketanou, Lucrèce Sassella, Antoine Sahler, Vincent Delerm, Colette Magny, Hélène Martin, Allain Leprest, Romain Didier, Barbara, Biolay, Patachou, Daphné, Guy Béart, Pierre Perret, Marcel Amont, Lama, Renaud, Joyet, Sylvestre, Miravette, Ferrat, Fersen, Lapointe Pierre et Boby, Benoît Morel, Gérard Morel… Et j'en oublie.

Combien sommes-nous à nous souvenir de Roger Riffard, de Jacques Debronckart, de Jean-Roger Caussimon, de Jean-Michel Caradec ? Qui demain se souviendra de Claude Nougaro, de Marcel Mouloudji, de Nino Ferrer, de Georges Moustaki ? Qui se rappellera que Francis Blanche a écrit *Ça tourne pas rond dans ma petite tête* et *Général à vendre*, programmé un jour par José Artur sur France Inter juste après une conférence de presse du général de Gaulle ? Qui informera les auditeurs qu'Armelle Dumoulin vient de sortir un disque particulièrement inspiré ?

À Châlons-en-Champagne, un spectateur se présente à moi. « Bonjour, je m'appelle Brassens. — Ah, vous êtes de la famille ? je lui demande. — Pas du tout, me répond-il. — Pardon, je lui fais, on doit vous poser la question vingt fois par jour. — Non, de moins en moins, par contre de plus en plus on me demande comment ça s'écrit. »

Même les plus chouettes souvenirs, ça t'a une de ces gueules.

La prochaine fois, il ne nous le chantera plus mais il me manquera. C'était une belle ouverture sur ce genre de chansons qu'on appelle bêtement la chanson à texte alors que quand elle est réussie elle est autant à texte qu'à musique, la chanson qui est une drôle d'engeance, puisque parfois le mariage d'une musique approximative et de paroles pas si recherchées réussit à créer des miracles d'enfants, des bambins insolents et rebelles, des gamins drôles et profonds, légers et rieurs, joyeux et rageurs.

C'était à peu près la seule fenêtre sur ce genre de chansons. On a donc décidé de la fermer. J'espère que quelqu'un aura l'idée d'en ouvrir une autre.

Au moment où France Inter remercie Meyer, je voulais juste à Philippe dire merci.

MY DECLARATION TO GREAT BRITAIN[1]

1er juillet 2016

Just one week after the Brexit, I would to do a declaration. My declaration. Just one week after the Brexit, I would speak directly to our Great Britain friends. I know that many people in Great Britain listen the seven-nine of Patrick Cohen. I know that. They are fond especially of Thomas Thetall and his political commentaries very well documented.

I was recently in London for personal business and many people in the street, at every corner of the street, stopped me for asking me always the same question : « He is how Patrick Cohen in the life ? — Very sympathical generally, I reply, but it is true that he is not always easy, I add, this week in front of Cécile Duflot he was particulary irritated, I dont know why… » But we are not here for speaking about Patrick Cohen, even if the subject is interesting, I would essentially speaking about the France and us, french people, gallic people.

Like said recently Valérie Pécresse, « Welcome to Paris Region ». « Welcome to Paris Region », she is right ! And I would like to supplement : welcome to all french regions, welcome to Britain, welcome to New Aquitaine, welcome to Occitany, welcome to High of France !

And naturally welcome to Normandy. Tomorrow, the City in London will be finish. It's not a scoop, it's like that ! I know

1. Cette chronique m'a valu un texto du ministre de l'Intérieur de l'époque, Bernard Cazeneuve (un ministre de l'Intérieur semble avoir peu de difficultés pour obtenir un numéro de portable). Il me disait qu'il trouvait que déplacer la City à Saint-Hilaire-du-Harcouët lui semblait « une idée excellente qu'il souhaitait préempter ».

that some people imagine that Frankfurt could be in fusion with London… Yes, perhaps but be careful, Frankfurt is not the only market in Europe ! It's not the only market ! We have to look for new markets, perhaps less unexpected. By exemple, we have many big markets in Normandy : markets from Saint-Pierre-sur-Dives, markets from Bayeux, from Honfleur, from L'Aigle, Flers, Bernay, Argentan, Vire, Tinchebray, market from Saint-Hilaire-du-Harcouët. Tomorrow, why not, Saint-Hilaire-du-Harcouët could advantageously replace the City of London. Tomorrow, Saint-Hilaire-du-Harcouët could be the place to be. Tomorrow, Saint-Hilaire-du-Harcouët could be the new Eldorado !

I would say also to our Great Britain friends, especially to rich, opulent, moneyed Great Britains friends, that we will be very happy to receive them. We are not particulary happy to receive strangers refugiés when they are poor but we can do great efforts for receiving people with money !

Don't listen our president when he says that his ennemy is the finance, it is not true, our president, like you, has a big sense of humor, he is very well known for that, I'd rather tell you that mister Hollande is not the last to laugh ! You have english humour, we have also french rigolade.

I would say otherwise and moreover that if you have presently difficulties with Scotland who want to say goodbye to Great Britain, that it will be perhaps possible for us to simply annex Scotland. Scotland is not very different of our Britain. Look St Malo, Morlaix, Quimper, Carhaix : Scotland is Britain without red berets.

But I don't want to press you, you have, I suppose, many things to adjust, but mostly dont forget our message for you : welcome, welcome chez nous.

MES CONSEILS POUR L'ÉTÉ

8 juillet 2016

Traditionnellement, avant de partir en vacances, quand on se retrouve devant un micro, suavement, doucereusement, onctueusement, on susurre aux auditeurs qu'on espère les retrouver tous à la rentrée.

Soyons sincère : on sait bien que ce n'est pas vrai. Un certain nombre d'entre vous ne seront plus là, quelques-uns passeront à la concurrence, d'autres l'arme à gauche.

Les faits divers nous enseignent à être vigilants. Je vais en profiter ce matin pour présenter une chronique utile et donner quelques conseils à nos auditeurs afin de pouvoir en garder un maximum dans un peu moins de deux mois ou au moins de ne pas trop en perdre.

À Newton, pendant la nuit, un homme de 47 ans est réveillé par son téléphone portable. Croyant saisir son combiné, il empoigne son revolver et, pensant décrocher, il se tire une balle dans la tête. Sur sa table de nuit, ne pas poser son Smith et Wesson près de son Nokia, et charger plus volontiers son téléphone que son revolver. L'homme de Newton ne saura jamais pourquoi on l'a réveillé en pleine nuit. Peut-être une erreur.

En Alaska, un pêcheur jette un bâton de dynamite afin de faire un trou dans un lac gelé. Le pêcheur était accompagné de son chien, qui lui a aussitôt rapporté le bâton. Si vous avez le projet d'aller pêcher en Alaska, évitez de vous faire accompagner par votre chien, surtout si vous l'avez bien dressé.

Une mise en garde spécialement adressée à Jean-Luc, auditeur à Saint-Leu-la-Forêt, un jeune homme, joueur et sybarite de Philipsburg s'est étouffé en avalant le soutien-gorge pailleté d'une stripteaseuse qu'il lui avait habilement retiré avec les dents. Même pendant les vacances, et c'est également à vous que je m'adresse, Patrick, méfiez-vous des soutiens-gorge pailletés.

Si en juillet-août vous occupez votre temps libre à adresser à vos ennemis des colis piégés, pensez à affranchir suffisamment. Un homme a ouvert son propre envoi que la poste lui avait réexpédié.

Si vous partez sous les tropiques, si vous allez visiter la magnifique île de la Réunion, évitez de vous endormir sous les cocotiers, le nombre de décès dus aux chutes de noix de coco est nettement plus important que le nombre de morts dues aux attaques de requins.

Une pensée également pour les bandits, voyous armés branchés sur France Inter et qui pendant les périodes de grande chaleur souhaiteraient pouvoir organiser des braquages sans avoir recours au traditionnel passe-montagne, qui reste un accessoire essentiellement hivernal. Un malfrat de Caroline du Sud avait choisi une autre solution pour dissimuler son visage : s'étant aspergé la figure de peinture en spray, il est mort étouffé. Tant pis pour la sudation, tant pis pour les suintements, braqueurs, même pendant la canicule, choisissez un joli passe-montagne tricoté par votre maman.

Essayez au maximum de tenir compte de mes conseils, parce que c'est vrai que, parmi les auditeurs de ce matin, j'espère quand même en retrouver un bon nombre à la rentrée.

MA NON-CANDIDATURE OFFICIELLE

26 août 2016

Je voudrais profiter ce matin de ma présence sur les ondes de France Inter pour faire une déclaration solennelle. Cette annonce, que pendant la période estivale j'ai longuement méditée, soupesée, je ne la dois pas seulement aux auditeurs de France Inter, je la dois aux Français. Et je me permettrais de me corriger illico car, exigeant vis-à-vis des autres, je suis intraitable avec moi-même, cette annonce, je ne la dois pas spécialement aux Français, je la dois essentiellement aux libéraux, je la dois aux gens de droite, je la dois à Les Républicains. Je la dois enfin à tous ceux qui dans quelques semaines auront la charge de se prononcer sur le candidat qui aura pour mission de les représenter lors de la prochaine élection présidentielle.

J'ai décidé, et il me coûte de vous le dire, car si cette décision a été l'objet de nombreux débats intérieurs entre moi et moi-même, moi parfois se laissant entraîner par moi-même sur les chemins de l'aventure puis faisant marche arrière sur les allées du renoncement avant d'emprunter à nouveau les sentiers du hasardeux inconnu puis de rejoindre les pistes du sacrifice et de l'abnégation, elle est aujourd'hui formelle, elle est aujourd'hui irrévocable : j'ai décidé, et l'émotion m'étreint, au moment de prononcer des paroles qui, de manière définitive, vont engager ma vie en même temps que le destin de la France, j'ai décidé, et je m'excuse auprès de mes différents phoniatres, professeurs de chant et laryngologues, si ma voix, habituellement si assurée, mais présentement attaquée de toutes parts par les lances du trouble et de l'émotion, perd son grave généralement si moelleux pour, ainsi que le disait Jacqueline de Romilly, partir en couilles, j'ai décidé de ne pas présenter ma candidature à la primaire de la droite pour la présidentielle de 2017.

Badaboum ! Coup de théâtre ! Rebondissement hallucinant qui conclut une semaine politique riche en surprises prodigieuses, en aléas divers, en événements tous aussi inattendus, impromptus, déconcertants les uns que les autres, puisque alors que, pas plus tard que lundi dernier, dans un bruit de casseroles, on apprenait la candidature de Nicolas Sarkozy, ce matin, sur l'air des lampions, on apprend ma non-candidature.

Imaginez un peu le tracé montueux de l'électrocardiogramme d'un Thomas Legrand qui, contre toute attente, a dû en début de semaine commenter la candidature de l'ancien président de la République et qui là, à chaud, doit déjà réagir à l'officialisation de ma non-candidature ?

Thomas LEGRAND : Oui, c'est difficile de proposer une analyse aussi rapidement… Une stratégie qui de toute évidence prend ses principaux rivaux de court… Si aujourd'hui Aram, Ferroni ou Vizorek décidaient de ne pas présenter de candidature, il est évident qu'ils donneraient l'impression de s'inspirer de Morel. Ce qu'on peut simplement dire, c'est que cette non-candidature pourrait permettre une redistribution des cartes… La surprise, une fois de plus, pourrait venir de Beigbeder…

Voilà. En ce qui me concerne, monsieur Cohen, j'ai dit ce que j'avais à dire, maintenant la balle est dans votre camp. Soit vous reprenez le cours normal de vos programmes, soit vous faites des éditions spéciales. Mes intentions désormais sont connues de tout le monde. L'événement n'a plus besoin de moi. L'opération de communication est lancée. Dans les prochains jours, j'annoncerai si je participerai ou non à la primaire de la gauche.

JE NE COMPRENDS PAS

2 septembre 2016

Je ne comprends pas. Je ne comprends rien. Emmanuel Macron vient de quitter le gouvernement, et je suis dans l'incompréhension la plus totale. Qu'est-ce qui lui a pris de partir pile au moment où tout va mieux ? Le moral des ménages progresse, la France vient d'enregistrer dix-neuf mille cent chômeurs de moins en catégorie A. Oui, la courbe du chômage enfin s'inverse et c'est à ce moment-là qu'il décide de faire ses adieux. Pourquoi ? C'est incompréhensible. Par ailleurs, son bilan personnel à la tête de Bercy est tout à fait magnifique. Partout. Dans tous les domaines économiques. C'est réussite sur réussite, c'est une suite ininterrompue de victoires, de prouesses, de performances.

Un exemple ?

Euh… rien ne me vient à l'esprit pour l'instant parce qu'il y a trop de choses mais tiens : les cars ! Voilà, les autocars diesel sur la route, c'est lui ! Les cars pour les pauvres, pour les économiquement faibles, c'est pas formidable ? Une façon d'occuper les autoroutes, les périphériques, souvent si sous-employés…

Franchement, je ne comprends pas. C'est inconcevable. C'est comme si, moi, je donnais ma démission du 7/9 pile au moment où l'on enregistre ce succès arrogant qui suscite tant de haine et d'admiration et de sentiments contradictoires dans le monde des médias.

Quand j'ai commencé, souvenez-vous, on était jeunes, on était fous, on avait des désirs, de l'ambition, on émettait depuis la cuisine de Laurence Bloch. Patrick Cohen était déjà là. À l'époque, il avait les cheveux longs, il était débraillé, il fumait des cigarettes qui le faisaient rire. Un jour, je me souviens, pendant trois heures il avait fait l'interview d'une barquette de margarine à qui il avait réussi à faire avouer sa jalousie vis-à-vis de la plaquette de beurre, qu'il jugeait mieux mise en valeur dans son beurrier en porcelaine, c'était bouleversant, c'était impressionnant, c'était un moment de radio indépassable, c'est à ce moment-là que l'on a compris que Patrick était vraiment capable d'interviewer n'importe qui.

Le midi, Laurence Bloch faisait des pâtes pour tout le monde. Après la sieste, on tournait des vidéos sous la direction de Jean-Marc Morandini, on se masturbait, on riait, on s'amusait. C'était une belle époque, pleine de ferveur et d'exaltation et de promesses. Seuls quelques auditeurs perdus au fond du Cantal parvenaient à nous capter, mais on s'en foutait tous puisque, riches de nos illusions et de notre jeunesse, nous étions en train d'inventer la radio moderne.

Aujourd'hui que l'argent coule à flots, que chaque midi Laurence nous entraîne dans les meilleurs restaurants de la capitale, que chaque animateur, chaque chroniqueur possède un factotum qui l'assiste dans chacun de ses travaux, de ses déplacements, chacun a su conserver au fond de son cœur la flamme vive et brillante de l'enthousiasme qui brûle et frémit au service des auditeurs.

Comme sans doute ne s'est pas éteinte celle de M. Macron au service des Français.

Mais n'aurait-il pas dû recueillir au préalable les fruits de sa formidable énergie développée au service du ministère de l'Économie, de l'Industrie et du Numérique et des Cars ?

Sa candidature à la présidence de la République, certes, est crédible, mais imaginez que dans les jours qui viennent Omar Sy ou Yannick Noah ou Michel Cymes annoncent leur candidature, ne serait-ce pas une pierre dans son jardin ? Ce sont également des personnalités aimées des Français et bien faites de leur personne.

Vraiment, je ne comprends pas. Je ne comprends rien.

NE PAS DIRE : *TOUS POURRIS*, ON VOUS DIT !

9 septembre 2016

Ne pas dire *Tous pourris* ! On va faire le jeu du Front National. Ne pas dire *Tous pourris* ! Puisqu'on vous dit que c'est le contraire.

Pauvre M. Cahuzac. Il a dû souffrir quand il a été obligé de mouiller Michel Rocard quelques semaines à peine après sa mort. Il a dû être malheureux de se dire : « Tant pis ! J'irai cracher sur sa tombe si ça peut sauver ma peau. » Du temps que Rocard était vivant, les yeux dans les yeux, jamais une critique, jamais une allusion, pas même une chicane, et puis là, obligé de lâcher le morceau du temps qu'il est devenu mort, mort et enterré, mort et incapable de se défendre. Pauvre M. Cahuzac, ça a dû lui faire mal au cœur. Parce que s'il mettait de l'argent de côté, M. Cahuzac, s'il en croquait, s'il se goinfrait, s'il travaillait pour l'industrie pharmaceutique, s'il était devenu le nabab du capillaire, c'était par idéalisme, par conviction politique. Il voulait aider Michel

Rocard et sa nouvelle gauche. C'était par utopisme, peut-être. La chirurgie esthétique était un humanisme.

Ne pas dire *Tous pourris* ! On va servir la soupe à Marine. Ne pas dire *Tous pourris* ! C'est l'inverse, on vous dit !

Aux yeux distraits des observateurs inconsistants, des regardeurs rapides, des analystes approximatifs, M. Balkany pourrait donner l'impression d'être un affreux affairiste, un clientéliste, un magouilleur déjà condamné pour prise illégale d'intérêts, mais si ça se trouve, on va apprendre demain que tous ces détournements de l'argent public, ces comptes offshore, ces fraudes fiscales, ces blanchiments, ces corruptions passives, ces déclarations mensongères, c'était juste pour défendre une grande idée. Si ça se trouve, c'était pour soutenir la candidature de Michel Jobert qui rêvait de construire un ailleurs. Oh oui, un ailleurs où l'on pourrait se réfugier et inventer un autre monde dirigé par des parangons de vertu républicaine.

Ne pas dire *Tous pourris* ! On ne se rend pas compte de la chance qu'on a de vivre en démocratie ? Ne pas dire *Tous pourris* ! C'est tout l'opposé.

On n'imagine pas Charles de Gaulle mis en examen ? Bien sûr, mais François Fillon, il aura l'air malin quand il découvrira qu'il a été pendant cinq ans le collaborateur d'un homme tombé dans la corruption, le trafic d'influence, contre son gré, parce que pendant toutes ces années il mettait de l'argent de côté pour préparer le retour du Général. Serge Dassault, c'est pareil, s'il a de l'argent caché dans des paradis fiscaux, c'est pour sponsoriser un éventuel come-back de Paul Déroulède.

Thomas Thévenoud et sa phobie administrative, Aquilino Morelle et ses conflits d'intérêts, Sylvie Andrieux et les détournements de subventions, Guérini et ses associations de malfaiteurs, tous les autres, c'était pour servir Jaurès, Blum, Mendès France.

Ne pas dire *Tous pourris* !

Ne pas dire *Tous pourris* !, on vous dit. Puisque justement c'est le contraire. Regardez à Hénin-Beaumont, si c'est le Front National qui a remporté la mise aux dernières municipales, ce n'est pas parce qu'il y a eu détournement de fonds publics, favoritisme, recel de favoritisme, extorsion de fonds et corruption, non, c'est à cause de ce mauvais esprit qui gangrène la société et qui s'immisce dans la tête de ceux qui disent *Tous pourris* !

Vraiment, vous n'êtes pas civique. Ne dites pas *Tous pourris* ! Puisqu'on vous répète que vous faites le jeu des extrêmes.

NATHALIE KOSCIUSKO-MORIZET, MODERNE ANTIGONE

16 septembre 2016

Nathalie, Nathalie, je vous revois, comme si c'était hier, vous portiez un joli nom, mon guide, vous étiez enceinte et posiez pour *Paris Match*. Tandis qu'au loin déclinait le soleil, vous étiez alanguie, allongée, charnelle et voluptueuse. Robe blanche de mousseline, une bible ouverte devant vous, le bras lascivement étendu sur un banc de marbre solitaire et glacé. Votre jambe était nue, interminable sur son tapis de feuilles. Vos cheveux défaits tombaient sur votre poitrine, Nathalie, vous étiez dans la forêt, lieu de tous les mystères, de toutes les légendes… Je vous revois, comme si c'était hier, vous étiez Ophélie et vous étiez Ondine, Nathalie, derrière vous, une harpe. Oui, vous posiez, la jambe dévoilée, le regard droit, entre une bible et une harpe. Vous me direz, c'est quand même curieux de se promener les pieds nus avec sa bible et sa harpe quand on est une femme enceinte, qu'il commence à pas faire chaud, et qu'on ferait mieux de rester sur son canapé à la maison en train de boire une camomille et feuilleter les ouvrages de Laurence Pernoud. Certains, voyant la photo de vous comme un Botticelli sylvestre, ont pu se dire : mais cette femme est un songe, cette femme est un mirage, c'est un rêve éveillé, c'est une illusion, c'est un mensonge.

Alors, Nathalie, vous avez changé votre plan com d'épaule. Vous avez quitté la forêt, ses nymphes et ses fées, vous avez quitté la forêt, ses elfes et ses chimères, vous avez quitté la forêt, délaissant les lutins mais continuant à fréquenter les hommes de petite taille puisque vous fûtes porte-parole de Nicolas Sarkozy.

Oui, un beau jour, vous avez quitté la forêt et vous avez pris le métro. Ligne 8 et ligne 13. Vous avez délaissé votre harpe, vous avez abandonné votre bible, vous avez quitté votre robe de mousseline et enfilé un blouson de cuir. Devedjian l'avait dit, en son temps, « cette femme est une moderne Antigone ». Oui, Antigone, celle qui ose braver l'interdit, celle qui ne veut pas être modeste, celle qui ne veut pas se contenter d'un petit morceau si elle a été bien sage, celle qui veut tout, tout de suite, celle qu'on enterrera vivante.

Dès qu'un photographe apparaissait, vous mettiez vos deux mains dans le cambouis du réel. Mais cependant, toujours aux lèvres, le besoin de dépasser l'ordinaire, de transcender le quotidien. « Le métro, avez-vous dit, est un lieu de charme à la fois anonyme et familier où l'on peut vivre de véritables moments de grâce… » Même l'attachée de presse la plus enflammée de la RATP a dû penser que vous en faisiez un peu beaucoup.

Nathalie, on vous a vue la clope au bec avec des clochards, des sans-abri. Demain, on vous verra dans le Vercors sauter à l'élastique.

Quelles seront vos prochaines aventures, Nathalie, quels seront vos combats, quel sera votre Graal ? Vous vous présentez à la primaire de la droite et du centre, et vous vous dites que vous avez vos chances. Vous n'êtes pas la moins sexy. Vous n'avez pas le plus de casseroles. Vous êtes, par ailleurs, plus connue que Jean-Frédéric Poisson et moins chauve qu'Alain Juppé. Déjà on vous imite. Déjà vous êtes copiée. Derrière l'estrade des meetings de Bruno Le Maire, on voit ses initiales BLM, mais vous avez déposé la marque avant.

Je conclurai par quelques citations plaisamment découvertes sur la page Facebook de Thierry Lhermitte et qui sonnent si justement. « Mange ce que tu crois, bois ce que tu espères. » Phrase que Nietzsche aurait dite vraisemblablement dans un grand moment de désarroi. Et enfin, « Ne jugez pas ce que l'avenir a condamné, le passé pourrait bien vous en absoudre », ainsi que l'aurait dit Voltaire lui-même, un jour qu'il avait un coup dans le nez.

Je vous laisse réfléchir à tout ça…

JE NE SUIS POUR RIEN DANS LA SÉPARATION ENTRE ANGELINA JOLIE ET BRAD PITT

23 septembre 2016

Ceci sera la seule réaction que j'aurai concernant la déferlante inouïe qui a commencé il y a de ça quarante-huit heures et à laquelle je suis mêlé bien malgré moi. Oui, si ce matin je décide de sortir du silence, si à 8 h 56 je me résous à quitter les rivages tranquilles et confortables du mutisme et de la discrétion, c'est pour mettre un terme à la rumeur qui voudrait que je sois à l'origine du divorce du couple le plus glamour d'Hollywood, formé par Brad Pitt et Angelina Jolie.

Je suis désolé, croyez-le, de devoir m'exprimer sur ce sujet. Je le fais parce que j'y suis contraint. Je le fais pour protéger les miens, afin que mon nom et celui de mes proches ne soient pas salis.

Selon une source du *New York Post*, Angelina tournait autour d'autres hommes. Ce n'est pas spécialement surprenant. Qui serais-je pour démentir une telle affirmation ? Que moi-même je n'aie pas laissé indifférente Angelina, c'est possible. Je dirais même, c'est probable. Depuis bientôt trente ans que je promène mon sex-appeal sur les plateaux de cinéma, de télévision, sur les scènes de théâtre et jusque devant les caméras indiscrètes de France Inter, il n'est pas étonnant qu'un jour ou l'autre Angelina ait pu succomber à mon charme, à mon charisme, à mon attrait. J'oserai ajouter, ma modestie dût-elle en souffrir, elle n'est pas la seule. Un jour, Angelina m'a vu. Comme tant d'autres, elle a été ensorcelée, elle a été captive, elle a été envoûtée. Comme tant d'autres, elle a été jalouse. « Mais qui est cette Yolande Moreau qui tourne autour de mon amour ? Qui est cette salope ? Qui est cette méchante femme ? » criait-elle la nuit, exclusive et envieuse, avide et aliénée dans ses cauchemars les plus hallucinés…

Dans ces moments-là, oui, je n'aurais pas aimé être à la place de Brad, soudain délaissé, répudié, comme un amant de seconde zone, un amoureux de deuxième ordre.

Peu après l'annonce de la séparation des deux acteurs américains, j'ai été, comme de fait, pointé du doigt par de nombreux internautes. J'ai été la cible de critiques parfois très violentes. Comme le dit Marc Fumaroli, quand le jeudi soir il se souvient que, de tout l'après-midi, pas un seul instant Florence Delay n'a daigné poser un regard sur lui : « J'en ai chié grave. »

Je n'ai pas pour habitude de commenter ni de prendre au sérieux le tas d'absurdités, d'âneries, de contrevérités déversées à mon sujet mais, la situation prenant une telle tournure, je me dois de m'exprimer. Je rappellerai simplement que jusque-là je n'avais rien dit quand on avait suggéré que je vivais le parfait amour avec Bernadette Chamonaz. Je n'avais pas voulu intervenir quand on avait suggéré que c'était moi qui prenais en charge les frais de coiffure de Laurence Bloch afin que ma muse soit toujours au top et la plus impeccable et la plus éclatante. Je n'ai pas réagi non plus, peut-être aurais-je dû le faire, quand on m'a prêté une liaison avec Dominique Seux, un internaute ayant cru devoir révéler qu'on m'avait surpris les lèvres collées à celles de Dominique sous l'imposante porte cochère du journal *Les Échos*...

Je n'avais rien dit, mais si aujourd'hui je souhaite à Angelina et à Brad de trouver la paix dans ce moment tumultueux, si je suis prêt à discuter avec Brad au cas où il en ressentirait le besoin afin de m'expliquer sur l'attirance qu'Angelina a pu ressentir à mon endroit, si je demande à Angelina pendant quelques semaines de faire un break, de ne plus me regarder sur Internet, de ne plus découper mes photos dans les magazines, j'affirme ce matin que rien n'a pu, dans mon attitude, laisser croire à Angelina qu'elle pouvait investir sérieusement dans une relation avec moi.

Je regrette infiniment d'avoir ce matin occupé tout mon temps à devoir m'expliquer concernant une histoire somme toute secondaire, périphérique, le jour même où j'aurais aimé rendre l'hommage le plus vibrant, le plus sincère, à Christine Boutin, dont la disparition affecte tous ceux pour qui l'élégance et le raffinement ne sont pas de vains mots[1].

DU COUP…

30 septembre 2016

Patrick, je ne voudrais pas vous faire de reproche (qui serais-je, moi petit chroniqueur ignorant, pour vous chercher des noises, chercher des poux dans votre toison splendide ?), mais il se trouve que, pas plus tard que la semaine dernière, je crois que c'était vendredi, à ce même micro, au sujet d'un récent discours du président de la République, vous avez dit : « Il semblerait que son discours n'ait pas spécialement impacté les différents sondages concernant les présidentielles. » Impacté…

Bon, vous l'avez dit, vous l'avez dit. Ce n'est plus le moment de faire acte de contrition. Ça ne sert à rien. J'ai envie de dire : « Le mal est fait. »

1. Christine Boutin avait annoncé par tweet la mort de Jacques Chirac.

Je me permets de vous signaler cet anglicisme déplacé, parce que les auditeurs de France Inter sont très attentifs et très sensibles aux erreurs qu'on peut faire.

Notamment, j'ai un ami qui est particulièrement excessif. Il me dit : « Ça t'énerve pas, toi, les gens qui disent à tout bout de champ "du coup" ?

— Si, un peu, je réponds.

— Moi, il me dit, ça m'insupporte tellement tous ces mecs qui ne peuvent pas s'empêcher de dire "du coup", tu me connais, je suis assez pacifique, mais là, je serais pour la peine de mort. »

Je lui dis : « Tu es peut-être un peu extrémiste. Je comprends que ça puisse t'agacer, que ça puisse te crisper cette façon de rajouter "du coup" dans n'importe quelle phrase, d'autant que l'expression est tout à fait inutile, je suis d'accord avec toi, tout à fait superflue, mais la peine de mort, tu te rends compte, tu vas loin, tu vas beaucoup trop loin. Déjà, dans un premier temps, on pourrait inscrire dans la loi l'interdiction de dire "du coup" puis dans un second temps simplement proposer d'arracher les ongles aux contrevenants ou leur crever les yeux. Déjà, ça me semblerait amplement suffisant, pour donner l'envie de ne pas recommencer et de faire allégeance à la langue française. »

Il m'a dit : « Tu es trop laxiste. C'est à cause de connards comme toi que la société va mal. Et tous ces abrutis qui disent "c'est juste formidable", "c'est juste splendide", "c'est juste incroyable" ? C'est juste con, oui ! C'est calqué sur l'anglais *it's just terrific, it's just marvellous*. Ça ne te met pas en colère, toi ? Il y a quand même des mots français qui seraient plus justes justement : absolument, exactement, tout simplement. »

Je lui dis : « Oui, je suis d'accord avec toi, il y a des erreurs de langage qui sont extrêmement agaçantes, mais la peine de mort, ça ne peut pas raisonnablement s'appliquer à quelqu'un qui dit seulement "du coup" ou "c'est juste merveilleux". Franchement, c'est trop. C'est démesuré, c'est tout simplement disproportionné parce que, dans ce cas-là, qu'est-ce que tu donnerais comme châtiment à quelqu'un qui au détour d'une phrase dirait "au jour d'aujourd'hui" ? Sans compter tous ceux qui vantant leur spectacle se croient super originaux en annonçant que c'est "décalé, déjanté, jubilatoire" ? »

Mon copain a pris un petit temps pour réfléchir puis il m'a répondu : « Pareil. La peine de mort. »

J'ai dit : « Non, je ne suis pas d'accord, il faut qu'il y ait quand même une gradation[1] dans les peines. Il faut pouvoir hiérarchiser les punitions. Je suis désolé mais tous les crimes ne se valent pas. »

On en est restés là.

Depuis, mon copain, que je trouve un peu immodéré dans ses jugements, ne m'adresse plus la parole. Cette petite discussion a réussi à impacter notre amitié.

Au jour d'aujourd'hui, on ne se voit plus. Du coup, je suis juste écœuré. Au point que je sais à peine comment conclure cette chronique « décalée, déjantée, jubilatoire ».

DANS L'ÉQUIPE, LE PLUS BOURRIN C'EST MOI

7 octobre 2016

Raphaël Glucksmann, votre place est ici. Bientôt quarante minutes que vous êtes face à des journalistes sérieux, et à aucun moment on n'a évoqué votre vie privée. Ça doit être reposant, non ? Ça fait du bien, quand même ? Parce que ça, je vais vous dire, c'est la signature France Inter. Ça, c'est du vrai service public. Vous imaginez Yann Moix à la place de Patrick Cohen ? Les allusions, les sous-entendus, les insinuations ? Non, ici, vous avez vu, c'est du solide, Thomas Legrand, Bernard Guetta, c'est du lourd, avec eux vous pouvez être tranquille, ils ne risquent pas de peopoliser leurs interventions. Du sens, du fond, du contenu. Ils sont incroyables, une fois, je les ai vus discuter avec Raphaël Enthoven, pas une seule fois ils ne lui ont parlé de Carla Bruni… Parfois, cette discrétion confine à la faute professionnelle. Valéry Giscard d'Estaing a été invité plusieurs fois, jamais on ne l'a interrogé sur Marlène Jobert. Inouï, non ?

Non, à la limite, celui qui dans l'équipe pourrait être le plus bourrin, c'est moi. Je reconnais. Pas forcément par méchanceté mais par facilité…

1. À la place de « gradation », j'avais écrit « graduation ». Pan sur le bec, comme on dit ailleurs.

Parce que, évidemment, c'est quand même moins compliqué de faire une chronique sur une intervention télé que sur tout un livre qu'il faut avoir lu, analysé, décrypté… Et puis, les ragots, les indiscrétions, ça m'intéresse, j'avoue. Vous savez, on est comme ça, quand il y a du monde, on défend les programmes d'Arte, mais quand on est tout seul devant sa télé, on regarde Hanouna… C'est humain. On s'abonne à *Courrier international* pour impressionner le facteur mais dans les cabinets on lit *Closer*…

Je me souviens, c'est un souvenir personnel. Et qui montre l'austérité, la raideur, l'ascétisme même, de la radio de service public… Il y a quelques années, votre père, André, avait été invité sur France Inter, je ne sais pas pourquoi, je m'étais retrouvé à la conférence de rédaction et j'avais voulu poser une question au sujet de la relation supposée que votre papa aurait eue avec Geneviève Tabouis, je ne sais pas si vous étiez au courant, non ? Vous voyez, quand je vous disais que j'étais bourrin, excusez-moi, je pensais que vous étiez au courant…, quoi qu'il en soit, ici à France Inter, on n'a absolument pas voulu que j'y fasse allusion. « Ça nous regarde pas, c'est sa vie privée… » Ce qui fait que jusqu'à ce matin cette révélation n'avait jamais filtré… Pour être honnête, je crois que c'est surtout parce qu'on n'avait pas envie de servir la concurrence, vu que Geneviève officiait sur Radio Luxembourg.

Donc, Raphaël, vous êtes passé à la télévision samedi dernier. Le lendemain, je suis allé voir les réactions sur le net. Normalement, on aurait pu imaginer qu'on allait pouvoir lire des commentaires sur votre livre, pas du tout. Juste des références à la question de Yann Moix qui vous aurait mis mal à l'aise.

En même temps, c'est peut-être la question de Yann Moix qui donnera une grande visibilité à votre livre, qui va peut-être devenir le plus grand best-seller des prochains mois juste parce qu'il aura été à l'origine d'un petit événement médiatique.

Des fois je regrette de ne pas avoir posé ma question à votre papa, il y a des années, au sujet de Geneviève Tabouis. Si je l'avais posée, cette question, peut-être que son livre *Les Deux Chemins de la philosophie* aurait pu devenir un succès populaire, planétaire, peut-être qu'il aurait subi différents traitements en scénario, en comédie musicale, en film, en série télé…

Les gars, faut s'y mettre ! Tant pis, la prochaine fois que Christine Boutin passera au « 7/9 », je n'hésiterai pas à lui poser des questions sur La Fouine.

GLOIRE À HAROLD MANNING !

14 octobre 2016

Ce matin, je voudrais rendre hommage à celui dont nous admirons le travail, la grande culture, mais également la rapidité d'esprit, je voudrais saluer celui qui nous éblouit depuis exactement 8 h 20 par la précision de ses paroles, par son à-propos, par cette manière de s'exprimer, à la fois si modeste et si érudite, je voudrais remercier celui qui sait exprimer les entrelacs de l'âme humaine avec tant d'humanité, d'empathie et de proximité. Oui, ce matin, je voudrais tresser une couronne de lauriers sur la tête de Harold Manning, traducteur de Ken Loach.

S'il y a bien un type de gauche à « la Matinale » de France Inter, c'est quand même moi. Je pourrais passer mon temps d'antenne à flatter Ken Loach, à lui parler de son cinéma si formidable, si généreux, si puissant, je pourrais, en douce, lui glisser discrètement un CV personnel que j'aurais légèrement maquillé afin de faire disparaître quelques collaborations inavouables (Jean-Marie Poiré, Christian Clavier), et mettre en valeur toutes mes expériences dans le théâtre de progrès et subventionné visant l'amélioration des masses populaires et laborieuses, non, moi je mets en valeur les petits, les obscurs, les sans-grade, je parle de Harold Manning, homme admirable, homme remarquable, homme extraordinaire à qui je ne peux pas tout à fait offrir le fameux quart d'heure warholien de célébrité parce que je n'en ai pas les moyens mais dont la notoriété va quand même faire un bond de manière assez phénoménale aujourd'hui grâce à mes trois minutes trente de chronique qui ce matin lui seront entièrement consacrées.

Harold Manning est né à Southampton le 8 avril 1953.

Harold Manning se fait connaître dès son plus jeune âge en traduisant des phrases considérées comme absolument intraduisibles. Un jour, il réussit à épater ses professeurs les moins impressionnables en traduisant tout à trac et sans la moindre hésitation : « La gourgandine affriolante s'emberlificotait devant la saloperie d'aigrefin qui tentait de la chauffer. » Magnifique ! Admirable ! Un autre jour, il déchiffrait instantanément et sans avoir recours à aucun dictionnaire : « Le ballot décomplexé réclamait le droit à l'oubli tout en refusant de diaboliser la laïcité qui reste une trouvaille. » On ne comprenait pas forcément tout à fait le fond de la pensée mais on en admirait la forme. « Tout en tâtant tonton, tata tâtonnait tant que le tentant Tintin tout ôta ? Tôt ou tard, tout est art. »

Oui, même quand il traduisait ces phrases si obscures, si alambiquées, le traducteur, par ailleurs sibyllin sybarite, ne laissait percevoir aucune hésitation, aucun trouble, pas le moindre embarras, aucun balancement.

Depuis, Harold Manning si admirable, si merveilleux traducteur, ne cesse d'étonner. Il est si parfait connaisseur de l'âme humaine que parfois ceux dont il a la charge de traduire la parole peuvent se contenter de simples bredouillages inaudibles, de borborygmes incompréhensibles, de gargouillements, flatuosités, soupirs, souffles, marmonnements, rots, éructations diverses, lui réussit à faire couler, fluide et clair, puissant et rapide, transparent et profond, le grand fleuve de leur éloquence.

Gloire à toi, heureux serviteur, modeste majordome des arts, toi dont la vie est par ailleurs essentiellement consacrée au sexe et à la rigolade, à la recherche du plaisir et aux positions sexuelles les plus gymnastes.

Comment ? Vous avez l'air de dire que ce n'est pas complètement exact. Je vous ferais remarquer, monsieur Manning, que vous êtes bien gentil, et même si je soutiens régulièrement les forces du progrès, je n'ai pas la vocation de me faire contredire par un sous-fifre, qui n'était invité ce matin que par procuration, je vous demande par conséquent de traduire mes propos tels que je les tiens avant de nous retrouver, si besoin est, devant les tribunaux compétents.

Je vous remercie, *God Save the Queen*.

FRANÇOIS HOLLANDE, LE PRÉSIDENT QUI VOULAIT ÊTRE JOURNALISTE

21 octobre 2016

Cette semaine, à l'occasion de la sortie du livre *Un président ne devrait pas dire ça...*, ouvrage écrit par deux journalistes dont les surnoms au sein de la rédaction du *Monde* sont « Melon et

Melon », j'ai décidé que ma chronique serait essentiellement bonne conseillère vis-à-vis du président de la République.

Le Hollande bashing est devenu en France le sport national le plus populaire, devant la pétanque et le football. François Hollande en est le principal entraîneur.

Le président a raté sa carrière. Il aurait voulu être journaliste. Comme Marc Fauvelle, comme Thomas Legrand, comme Jean-Marc Morandini. C'est un beau métier, journaliste. On n'a pas à régler la guerre en Irak. On n'a pas à diminuer le nombre de chômeurs. On décrypte. On analyse. On discute. Président de la République, ce n'est pas marrant, marrant. Il faut tenir sa langue, sa majorité, son gouvernement. Journaliste, on dit ce qu'on pense. Président de la République, il faut toujours faire attention aux propos qu'on tient et qui pourraient entraver la bonne tenue des négociations futures, dévaloriser la fonction présidentielle. Journaliste, on s'en fout, la fonction n'étant pas spécialement valorisée puisqu'elle suscite généralement la défiance, on n'a rien à perdre.

M. Hollande, hélas, n'est pas journaliste. Les piges qu'il rendait jadis au *Matin de Paris* ont-elles été jugées insuffisantes ? Toujours est-il qu'il a dû se rabattre sur un emploi de président de la République.

S'il veut éviter que le tome 2 de *Un président ne devrait pas dire ça...* paraisse dans les prochains mois, ce qui n'est pas si improbable, ce quinquennat étant si imprévisible, voici les réflexions, les pensées qu'il peut bien sûr avoir au fond de son petit cœur mais qu'il serait mieux de ne pas rendre publiques.

À la reine d'Angleterre, la prochaine fois qu'il sera invité à Buckingham, ne pas dire : « Je me trompe, Altesse, ou quelqu'un a marché dans la merde ? » Devant le buffet, éviter également de dire à Son Altesse : « Sa Majesté la reine voudrait-elle encore un peu de pâté ? »

Avec le président Poutine se resservant un verre de vodka, ne pas s'exclamer : « Dis donc, Vladimir, tu as une descente que j'aimerais pas remonter à vélo ! »

À Angela Merkel, il est préférable de ne pas dire : « Pardon, Angela, mais on ne vous voit jamais en robe ! Je me trompe ou vous avez pris des fesses ? »

À son prédécesseur, même si ça l'amuse, même s'il en a très envie, ne pas dire : « Dis donc, Nimbus, tu as abandonné les talonnettes ? »

À Vincent Bolloré, au cours d'une conversation privée, ne pas poser la question suivante : « C'est vrai que, dans votre jeunesse, vous avez été scout avec Morandini ? »

Dans l'intimité, il faudra également que le président fasse attention à ses propos, souvenons-vous de l'épisode des sans-dents. À Julie Gayet, ne pas susurrer : « Et Mme de Maintenon, ça te plairait pas comme rôle ? »

En revanche, ce qu'il pourrait dire aux deux journalistes qui l'ont interviewé, c'est qu'ils seraient bien honnêtes s'ils acceptaient de partager leurs droits d'auteur. Dans quelques mois, ils auront toujours un emploi. Le président, ce n'est pas sûr…

CES LIVRES ABOMINABLES

28 octobre 2016

Monsieur Cohen, je trouve dommageable que ce matin vous ayez invité sur les ondes M. Sollers, séducteur, beau parleur, joli cœur. N'existe-t-il pas, monsieur Cohen, je vous pose la question, d'autres auteurs moins sulfureux ? Mais je ne veux pas installer la polémique ce matin car mon cœur est léger, car mon humeur est remplie d'espérance.

Et cette espérance, une fois n'est pas coutume, trouve son origine à la Mairie de Paris, qui a enfin décidé de protéger nos enfants. Mme Gaubout-Deschamps, sous-directrice de la politique éducative à la direction des Affaires scolaires, a eu la courageuse initiative d'adresser à la direction des Affaires scolaires de la Ville de Paris un courrier enjoignant de rappeler deux ouvrages destinés aux espaces lecture : *Beta, civilisations*, volume I, de Jens Harder aux éditions Actes Sud et *Le Dictionnaire fou du corps* de Katy Couprie aux éditions Thierry Magnier.

Ce dernier livre, monsieur Cohen, j'ai réussi à l'acquérir afin d'en souligner le scandale, c'est une véritable abomination. Il a pourtant obtenu, et je n'en reviens pas, la Pépite du livre ovni lors du Salon du livre et de la presse de Montreuil en 2012. Il parle du corps, mais pas le corps dissimulé, dont tout naturellement on doit avoir honte, que l'on doit cacher, couvrir, bâcher, non, le corps assumé, exposé, présenté, qui plus est, de façon ludique et même enjouée.

C'est une honte. Des gravures prétendument artistiques l'illustrent. Par ailleurs, cet ouvrage est destiné à répondre à la curiosité des enfants sur le corps et l'anatomie. Il est évident que les enfants n'ont pas à s'interroger sur le corps et l'anatomie, qui ne doivent en aucun cas être pour eux un domaine de recherches. On trouve dans ce dictionnaire des mots aussi crus que spasme, sperme, sphincter. Sur une autre page, je découvre galbe, galipette, galop, gamète. Enfin, autant de mots qui n'ont pas à faire partie du vocabulaire de nos chères têtes blondes. Heureusement, la vigilante Virginie Mouaatarif, coordinatrice territoriale, demande à tous les responsables de centres de loisirs de la Ville de Paris qu'on garde SOUS CLEF les deux ouvrages incriminés.

Heureuse initiative ! Courageuse décision !

Mais je pense qu'il ne faut pas en rester là. Bien sûr, ces deux ouvrages sont honteux, mais il en existe d'autres. J'ai mis la main personnellement sur un autre livre abominable car lui ne cherche même pas à se dissimuler sous le grand voile de la poésie et de l'humour, il s'agit du *Petit Larousse*. Les mots « verge, pénis, vulve, trompe de Fallope, ovaire, utérus » y sont définis. On trouve également page 506 la représentation de l'anatomie des organes génitaux avec une description qui m'a personnellement fait des haut-le-cœur : « grande lèvre, petite lèvre, clitoris, urètre, vagin, rectum, gland, prépuce, testicule, épididyme ».

Dans la deuxième partie de l'ouvrage consacré aux noms propres, bien que la propreté n'y soit pas toujours de mise, on met en avant des œuvres soi-disant artistiques. Une femme nue prénommée Olympia peinte par un érotomane nommé Manet, des hommes nus sculptés dans le marbre par Praxitèle, des *kouros* représentés nus, les organes génitaux en avant, par des Grecs invertis.

Mais arrêtons là, je vais défaillir, arrachons les mauvaises pages des dictionnaires, brûlons les livres dangereux (dans un collège de Montpellier, un chef d'établissement interdit la lecture du livre *Le Gone du Chaâba* d'Azouz Begag, ça c'est bien), mettons sous clef les ouvrages pernicieux, interdisons aux enfants l'entrée du Louvre et de tous les musées où des anatomies peuvent être exposées, félicitons enfin les zélés censeurs de la Mairie de Paris et espérons qu'ils seront bien défendus par la maire de Paris, Mme Hidalgo, qui à cette heure n'est toujours pas intervenue dans le débat.

Je viens, par solidarité, de supprimer la page 3769, de mon dictionnaire *Robert historique de la langue française*, qui fait état du composé familier « trou du cul » désignant l'anus dès 1314 et l'imbécile à partir de 1857, parfois abrégé au XXe siècle en « trouduc ».

Il est hélas à craindre que les trous du cul disparus des dictionnaires puissent continuer de se multiplier autour de nous.

C'EST UN VOYAGE[1]

4 novembre 2016

C'est un voyage, un voyage à travers le cinéma français. Le cinéma français et international. Un voyage dont les pays s'appelleraient Kiarostami, Kieslowski, Taviani, Angelopoulos, Chabrol, Pintilie, Godard, Resnais, Lounguine, Bartabas, Assayas, Chatiliez, Doillon… Des continents, des principautés, des provinces, des endroits sans visa où l'on peut partir encore aujourd'hui pour se dépayser et pour rêver et travailler et réfléchir et s'amuser.

C'est un voyage où nous parvient l'odeur des tilleuls qui parfument l'enfance et ses douleurs, où l'on distingue, réconfortantes, les lumières de la ville qui éclairent l'enfance et ses frayeurs.

C'est un voyage à travers l'histoire. Une histoire lointaine où l'on se souvient qu'aux jeunes filles plutôt qu'un collier, une bague, un bijou, des fleurs, on offrait les œuvres complètes de Mao, une histoire très ancienne où l'on croisait des cocos, des trotskos, des maos. Un voyage qui finit chez Sarko.

Parce que c'est un voyage. Un voyage à travers le temps où l'on croiserait Yvette Étiévant. (*Comédies* est sans doute le seul livre paru en 2016 qui cite Yvette Étiévant. Elle fut comédienne et maîtresse de Jouvet, puis agent de Signoret. On avait découvert son visage si triste, si soumis, si émouvant au côté de Christian Barbier conduisant la péniche de *L'Homme du Picardie*, en 1968, l'année où mes parents, je le dis en passant, avaient acheté leur premier téléviseur à l'occasion des jeux Olympiques de Mexico.)

1. Marin Karmitz était l'invité de la Matinale à l'occasion de la parution de son livre autobiographique *Comédies* (écrit avec Caroline Broué, Éditions Fayard).

C'est un voyage où l'on croise Duras et Beckett au comptoir, Clint Eastwood, humaniste supposé mais soutien réel de Donald Trump. C'est un voyage où l'on voit des menteurs, des poseurs, où l'on avance inquiet dans un paysage où le commerce fait rage, où les subventions culturelles servent désormais au fonctionnement des institutions plutôt qu'aux œuvres artistiques, où s'éloigne Alain Resnais, où apparaît Vincent Bolloré.

C'est un voyage qui commence dans un pays si proche et si lointain, la Roumanie, d'où sont arrivés les exilés d'hier qui sont devenus migrants. Qu'est-ce qu'on doit sauver quand on doit tout abandonner ? Qu'est-ce qu'il faut emporter quand on doit tout quitter ? Une mère déboussolée décide de prendre les verres à pied en cristal et une collection de livres de la Bibliothèque rose dont *Le Général Dourakine* de la comtesse de Ségur. Quoi de plus essentiel que l'inutile ? Quoi de plus primordial que le superflu ?

Prévert parlait des « étranges étrangers »,

Vous êtes de la ville
vous êtes de sa vie
même si mal en vivez
même si vous en mourez.

Prévert parlerait peut-être aujourd'hui des maigres migrants. Un voyage qui est un aller sans retour et me faisait forcément penser à la chanson de Juliette…

Il faut du courage pour tout oublier
Sauf sa vieille valise et sa veste usée…

Merci, Marin Karmitz, pour le voyage.

ON LES AIME, VOS CHANSONS FRANÇAISES, FRANÇOISE !

11 novembre 2016

Je les aime, vos chansons françaises
Je les aime, vos chansons, Françoise
Où l'amour souvent est fou
Où l'on se dit toujours vous

Chanson pour Françoise

F.Morel / A.Sahler

Moi je l'aime, cette politesse
Cette simple délicatesse
Ça ne tient peut-être qu'à ça
Dans vos chansons on se vouvoie

Je les aime entre parenthèses
Vos façons tellement courtoises
Pudiques et licencieuses
Distantes et voluptueuses

Moi je l'aime, cette prévenance
Cette si douce intransigeance
Ça ne tient peut-être qu'à vous
Dans vos chansons on se dit vous

Vous abordez peu la question
Des planètes dans vos chansons
Ni Sagittaire ni Bélier
Mais des mots tendres sur l'amitié

Vous êtes franchement laconique
Sur les questions astrologiques
Pas de refrain sur les Gémeaux
Mais sur les ronds qu'on fait dans l'eau

Je les aime, vos chansons françaises
Je les aime, vos chansons, Françoise
Où le bonheur est cruel
Et le message personnel
Où l'amour souvent est fou
Où l'on se dit toujours vous

LE VIEILLARD ET LE BÉLIER, LES PRIMAIRES VUES PAR JEAN DE LA FONTAINE

18 novembre 2016

Ce qui manque en France aujourd'hui, c'est un gars comme La Fontaine. Jean de. Le fabuliste. Un gars qui parle des animaux comme un moraliste. Je me disais ça en lisant le journal à la page

« Faits divers ». Ça se passe dans le Bordelais. Un nonagénaire attaqué et tué par un jeune bélier. Vous avez vu ça comme moi…

Je suis d'accord avec vous, il n'y a pas de quoi rire, mais je suis sûr qu'il y a une fable à écrire là-dessus. Mais laquelle ? Et pour quelle morale ?

Un vieillard aperçut, traversant la prairie
Un bélier vigoureux défendant ses brebis…

Le principe de la fable, c'est notamment de parler des animaux pour représenter les hommes. Pour les identifier, même leur donner un nom. Le Lion, le roi des animaux, c'était Louis XIV. Des fois aussi il associait les hommes et les animaux : le loup et le chasseur, le vieillard et l'âne…

Là, forcément, un vieillard dans le Bordelais, ça évoque…

Un vieillard aperçut, traversant la prairie,
Un bélier vigoureux défendant ses brebis.
Le vieillard impassible était droit dans ses bottes
Il rêvait de tisane et de chaudes bouillottes.
Le bélier courroucé courait tête baissée
Les cornes en avant pour l'assaut déjà prêt…

Ouais… Mais qui serait le bélier vigoureux ?

Ce n'est pas si évident. Un bélier nerveux, en perte de vitesse, mais reprenant du poil de la bête, oui, peut-être… Un mouton sarthois commençant à donner de la voix, sûrement. Un jeune paon agressif, on devrait vous trouver ça. Mais un bélier vigoureux…

Non, il faut recommencer. Trouver autre chose. Une autre fable. « Le Bélier agité et le Mouton sarthois ». Ça c'est bien…

Un mouton débonnaire avait longtemps servi
Son maître le bélier devenu ennemi.
Le dominant bélier prenait pour trahison
L'ambition du mouton qui était son second.
Quoi ? Vous voulez m'égaler aujourd'hui en grosseur ?
Vous vous rêvez en roi, en sire, en empereur ?
Vous dites avoir souffert quand vous me souteniez.
Toujours vous vous taisiez, la tête vous baissiez !
Si hier vous n'avez jamais eu de courage
Qui me dit que demain vous l'aurez davantage ?

Oui… Bon.

On peut trouver d'autres personnages, d'autres animaux. Il y a bien un Poisson dans la primaire, oui, c'est vrai, mais pas spécialement inspirant… Non, évoquons plutôt le jeune loup qui a quitté Bercy pour se déclarer à Bobigny…

Le Monarque et le Loup

Un jeune loup aux dents pointues et aiguisées
Rêvait de remplacer un monarque usagé.
Voyez si je suis beau, je veux sauver la France,
Je suis le renouveau qui porte l'espérance,
Je viens de nulle part abhorre le système,
Affirmait celui qui sans le moindre problème
Chez Rothschild l'avant-veille était banquier d'affaires
Et la veille ministre énarque haut fonctionnaire.

Oui…

Un roi en son palais s'entourait de mystères
Jadis on l'avait vu fringant sur son scooter
Aujourd'hui plus personne au fond ne comprenait
Quel était son dessein, quel était son projet.
Son plus proche ministre hispanique rigide
Se tenait en faction pour occuper le vide…

La morale de ces fables nouvelles, on n'aura pas de mal à la trouver en relisant La Fontaine. Ce sont toujours un peu les mêmes histoires. Non, ce qui pourrait être plus difficile, c'est de garder le moral.

DEMANDE D'ASILE : MERCI DE FOURNIR UN CERTIFICAT DE TORTURE

25 novembre 2016

La France est le pays des droits de l'homme. Tout le monde est d'accord avec ça. Ça ne se discute même pas. Pourtant, la France est le pays où, quand on est étranger, les chances d'obtenir l'asile sont les plus faibles. En 2015, la France a rejeté 67 % des demandes, contre 47 % en moyenne en Europe.

Parmi les 40 000 personnes qui sont chaque année déboutées du droit d'asile, certaines ont subi des actes de torture. Quand elles arrivent au pays des droits de l'homme, elles doivent endurer la méfiance, le soupçon, la suspicion. Comment, en effet, être tout à fait sûr que les demandeurs d'asile ont bien été torturés ? C'est tout le problème. Bien sûr, certaines personnes font l'effort d'arriver avec des yeux crevés, des ongles arrachés, mais comment ne pas être tout à fait certain que ces personnes ne sont pas en réalité des petits malins, des rois de la combine, des fortiches de la débrouille qui ont eux-mêmes arrangé ces ostensibles tortures afin de pouvoir bénéficier de notre fameuse protection sociale, qui fait, à juste titre, notre fierté et notre attraction ?

Il faudrait donc, et je le dis en particulier aux auditeurs de France Inter qui ne manqueraient pour rien au monde une de mes délicieuses chroniques du vendredi matin et qui par ailleurs seraient tortionnaires dans un pays en crise ou en guerre ou en révolution, de bien vouloir accorder un certificat de torture aux personnes torturées afin qu'arrivées en France celles-ci, de façon quasi automatique, puissent, grâce à ce récépissé, faire valoir leurs droits.

C'est très simple. Amis tortionnaires qui êtes à l'écoute, munissez-vous d'un papier, d'un stylo, et notez ce que je vais dire. Naturellement, vous pouvez également retranscrire tout ça à tête reposée en podcastant ma chronique, ce que je vous conseille avec ardeur car ma vocation est également d'édulcorer vos journées que j'imagine quelquefois tristes quand, par exemple, vous vous retrouvez dans un sous-sol sombre, impersonnel, face à un homme attaché à une chaise à qui l'on vient de casser la mâchoire et qui crache ses dents en hurlant à la mort, et qui n'a peut-être pas une excellente élocution et qui, par ailleurs, ce n'est pas un reproche, peut-être ne jouit pas d'une maîtrise parfaite de l'art de la conversation. Donc, amis tortionnaires qui êtes à mon écoute, il suffit de faire une déclaration, peut-être pas sur l'honneur, n'exagérons rien, mais enfin une déclaration en bonne et due forme, « Je soussigné machin chouette, atteste par la présente que j'ai bien torturé monsieur truc bidule qui pourra ainsi, auprès de qui de droit, faire valoir ses droits ».

Une date, un tampon, deux signatures, la vôtre et celle de la personne torturée. Au cas où vous auriez écrasé les doigts de ladite personne avec un marteau, ou une clef à molette ou un parpaing en ciment, vous prenez la peine de bien vouloir le signaler tout simplement en bas de la page afin que les personnes qui auront à étudier ce dossier puissent en avoir une stricte connaissance.

On n'est pas des monstres quand même dans l'administration française ! À mon avis, ça devrait passer.

Alors, je sais bien, amis tortionnaires, vous allez me dire, et je vous entends déjà : « De la paperasse, de la paperasse et encore de la paperasse. » Je sais bien et je vous entends, chanceux que je suis de jouir de mes deux oreilles. Mais pardon pour le supplice, on a besoin de garanties si l'on veut sauvegarder le modèle français.

À propos, et je n'apprendrai rien à Costa-Gavras qui fait partie de son comité de soutien, le Centre Primo-Levi est le principal centre de soins en France consacré aux personnes réfugiées ayant été victimes de tortures ou plus largement de violence politique dans leur pays. Il vient de faire paraître un document intitulé *Persécutés au pays, déboutés en France. Rapport sur les failles de notre procédure d'asile*, qui est, semble-t-il, particulièrement instructif.

UCHRONIE

2 décembre 2016

Aujourd'hui, excusez-moi si vous me trouvez un peu hors actualité, mais je voudrais parler de la primaire…

Qu'est-ce qu'on fait ? On va voter ou pas ? Moi, je me pose la question. Pourtant, vous me connaissez un petit peu, je ne partage pas spécialement leurs idées. Faut être juste, moi, je suis plutôt de l'autre bord, mais enfin je pense que ce qu'il faut, aujourd'hui, c'est tenter de faire barrage à Marion Maréchal-Le Pen.

Oui, pardon, je suis peut-être un peu abscons. Je parle des primaires de l'extrême droite et de la droite extrême. Vous en avez forcément entendu parler…

J'ai pas mal de copains d'extrême gauche, de gauche, du centre, du centre gauche, du centre droit, de droite aussi bien sûr et qui par conséquent ne sont pas du tout d'extrême droite même de droite extrême mais qui pensent quand même très sérieusement à aller voter un dimanche futur pour les primaires de l'extrême droite afin de faire barrage à Marion Maréchal-Le Pen qui, elle, est très, très dangereuse.

Ben oui, tout le monde a décidé d'aller voter pour Marine Le Pen. Ce serait un moindre mal… Marine Le Pen, c'est l'extrême droite bon teint, traditionnelle, c'est l'extrême droite classique…

Travail, famille, patrie. Populisme, nationalisme, patriotisme. Bon, moi, la patrie, après tout, je ne suis pas contre, c'est une valeur qui me parle, dans laquelle je me reconnais, et puis je n'ai pas honte de dire que j'aime bien la France, j'aime bien les pommiers de Normandie, j'aime bien les plages de Bretagne, j'aime bien les oliviers de Provence, les bêtises de Cambrai, j'aime bien les produits du terroir, j'aime bien le bordeaux, le bourgogne, le côtes-du-rhône et les vins d'Anjou, j'aime bien les rillettes, le foie gras, le cidre, le cognac, j'aime bien les écrivains français, Jules Renard, Marcel Aymé, Antoine Blondin, j'aime bien le cirque de Gavarnie, le cirque Pinder, j'aime bien le Mont-Blanc, le puy de Sancy, j'aime bien les roses de Picardie, la truffe du Périgord et le sel de Guérande, c'est pourquoi ça ne me gêne pas du tout de signer la charte de l'alternance, c'est juste un papier à signer sur lequel on indique partager les valeurs de l'extrême droite et s'engager pour l'alternance afin de réussir la purification de la France…

Mais Marion Maréchal-Le Pen, c'est pas pareil… Elle, elle est vraiment dangereuse. Trump, à côté, c'est le dalaï-lama, Poutine, c'est le Mahatma Gandhi, Erdogan, c'est un Bisounours.

Moi, ce que je n'aimerais pas, c'est me retrouver au deuxième tour de la présidentielle avec un duel Bruno Gollnisch – Marion Maréchal-Le Pen. Et puis, vous avez entendu, si Marine Le Pen n'était pas qualifiée à la primaire, Philippot ne s'interdirait pas de se présenter directement à la présidentielle.

Bon, Marine Le Pen, je ne te dis pas que c'est ma tasse de thé mais enfin, déjà sur le plan des mœurs, elle est quand même un peu plus ouverte, d'abord elle est divorcée, elle a des copains homos, et puis elle connaît tout le répertoire de Dalida…

Comment ? Oui, bien sûr, c'est juste une petite uchronie en passant… Mais je me demandais si, à force de glissades et de glissements, de reniements et de renonciations, de reculades et de désertions, de désistements et de capitulations, oui, je me demandais si à force de préférer la stratégie à la conviction, la politicaillerie à la politique, la combine à la sincérité, on ne finissait pas, petit à petit, par s'habituer à l'innommable, à la confusion, au grand n'importe quoi.

LA LIBERTÉ DE LA TROMPETTE S'ARRÊTE LÀ OÙ COMMENCE CELLE DES AUTRES

9 décembre 2016

La semaine dernière, Ségolène Royal rendait, au nom de la France, un hommage déplacé à Fidel Castro en oubliant tous les opposants intellectuels, poètes, militants qui avaient souffert du régime cubain.

Aujourd'hui, au nom de la France Inter, Patrick Cohen tresse une couronne de lauriers sur la tête d'Ibrahim Maalouf. Encore une fois, ce qui heurte, évidemment, ce n'est pas l'hommage, la reconnaissance, une certaine solennité de bon aloi, non, ce qui choque, c'est le manque de nuances. Je tenterai ce matin d'être mesuré et par conséquent j'accepterai de reconnaître volontiers que, grâce à Ibrahim Maalouf, la trompette a pu récupérer son territoire, sa vie, son destin.

Je suis d'accord avec Ségolène Royal quand elle dit : « Il faut savoir regarder les choses positivement, même si ça dérange. » Mais j'ajouterai quand même que la liberté de la trompette s'arrête là où celle des autres commence.

« Il y a toujours du positif et du négatif dans les histoires », notait Mme Royal avec cette acuité intellectuelle qui n'est pas sans rappeler les analyses géopolitiques de Mireille Mathieu, disant à propos de Vladimir Poutine : « Il est tellement gentil. »

Car oui, bien sûr, il y a du positif et du négatif dans la trompette, mais est-il juste de passer sous silence la parole de tous ceux qui en ont souffert ? Je rappellerai à ce propos que si Amnesty International n'a pas été autorisé à pénétrer sur le territoire cubain depuis 1990, Amnesty n'a jamais non plus été admis dans un cours de trompette première année de n'importe quel conservatoire municipal.

Aujourd'hui, je voudrais que l'on écoute quelqu'un qui a souffert à cause de la trompette, particulièrement à cause de vous, monsieur Ibrahim Maalouf. Sachant que nous allions vous recevoir ce matin, cet auditeur m'a écrit une longue lettre très émouvante dans laquelle il note au passage : « Ça, on peut dire que avec Ibrahim Maalouf, le salaud, j'en ai chié des ronds de chapeau. » « Ibrahim Maalouf, le salaud, j'en ai chié des ronds de chapeau », des paroles très dures, des paroles lourdes, qui font mal, mais Ibrahim Maalouf, ce sont les termes exacts consignés dans sa lettre.

À Étampes, il était votre voisin. Aujourd'hui, il accepte de témoigner. Afin qu'on ne puisse pas l'identifier, on avait tenté de transformer sa voix mais sa voix était déjà assez peu claire pour qu'on n'ait pas envie de la rendre encore plus inaudible… Simplement il a décidé de garder l'anonymat même s'il s'appelle M. Saladin. Aujourd'hui, c'est un homme abattu, épuisé, affligé qui nous parle, car si M. Saladin est au bout du rouleau, il est également au bout du fil.

« Monsieur Saladin ?

— Oui, oh là là, c'était une horreur ! Parce que, en plus, le jeune Maalouf était très acharné, très travailleur, sur sa trompette, il n'arrêtait pas, du matin au soir, vous pouvez pas savoir, c'était une horreur. Il arrivait de l'école, il soufflait là-dedans, et ça durait des heures. On était obligé de mettre la télé à fond pour couvrir le bruit de son instrument ! On était obligé de hurler pour se faire entendre ! Le matin, à peine levé, il soufflait encore dans son biniou. Heureusement, on avait un peu de répit quand il allait travailler au conservatoire d'Étampes. Ah non, ça je ne souhaite à personne d'avoir un voisin pareil. Cet homme m'a détruit ! Moi, ça m'a rendu fou, je suis devenu méchant, ça a été loin, ma femme m'a quitté, mon chien s'est suicidé, un juge nous a retiré l'autorité parentale parce qu'on ne pouvait pas offrir la sérénité nécessaire à nos gamins. Mais c'était pas notre faute. J'en veux beaucoup à M. Maalouf. »

En souvenir de ces années de formation pour vous, monsieur Maalouf, et de douleur pour vous, monsieur Saladin, nous aimerions vous faire écouter un document très rare. Les débuts à la trompette du jeune Ibrahim Maalouf. C'est une exclusivité France Inter.

(*Ainsi parlait Zarathoustra* par Vincent Malone.)

« Monsieur Saladin, une réaction ?

— *Bip bip bip bip*... »

PAPA, MAMAN, REGARDEZ-MOI, MAIS AVEC VOS YEUX !

16 décembre 2016

Bonjour, je me présente, je m'appelle Gaspard, Gaspard ou Ferdinand, Ferdinand ou Corentin, enfin, j'ai 5 ans, 5 ans ou 5 ans et demi, 5 ans et demi ou 6 ans moins le quart. Je suis actuellement élève de l'école Jacques-Prévert, Jacques-Prévert ou Saint-Exupéry, Saint-Exupéry ou des Vergers. Enfin c'est mon école, celle de mon quartier. Celle de mon quartier ou de ma rue. De ma rue ou de mon village.

Aujourd'hui est un jour important. En fin d'après-midi, je joue le spectacle d'avant Noël. Ce sera la fête. La grosse bamboula. Après, il y aura du Champomy et de l'Oasis, des gâteaux marbrés de chez Savane, des Haribo, et aussi des Krema, des Régal'ad, des Batna à la gélatine de porc, à la graisse végétale hydrogénée et au bicarbonate de sodium. (J'ai 5 ans et demi mais je me renseigne.) Il y aura aussi des quiches et des tartes apportées par les parents mais qu'on laissera dans les assiettes. Ce sera le gros, gros délire. Le spectacle, on le prépare déjà depuis plusieurs jours et aujourd'hui c'est moi qui monte sur l'estrade. Enfin, pas tout seul, mais j'ai le rôle principal. Enfin, on est une soixantaine à avoir le rôle principal, le rôle principal aux yeux de nos parents. On est une soixantaine, trois classes réunies. C'est énorme. C'est une grosse, grosse production. Le programme est très copieux. Des comptines, des danses, des rondes, des ballets. C'est un événement très important. Notre maîtresse, qui s'appelle Isabelle, Isabelle ou Samantha, Samantha ou Charlotte, adore les vieilles chansons du Moyen Âge. *La Cane de Jeanne*, *La Maman des poissons*, *Les Couleurs du temps* et les fabulettes. Des trucs incroyables du début du monde, quand il n'y avait pas encore d'ordinateurs, de voitures, de maisons même. Les hommes vivaient dans des grottes et faisaient du feu en tapant les cailloux les uns sur les autres. Le soir, comme ils s'ennuyaient, ils chantaient des chansons.

Voilà, alors, j'avais une demande à faire à mes parents. À papa et à maman, ou à papa et à papa, ou à maman et à maman, ou à papa tout seul, ou à maman toute seule. Enfin, je voulais demander à toutes les personnes qui m'aiment et qui sont là pour me protéger et pour me consoler et pour me faire grandir de me regarder avec leurs yeux. Juste avec leurs yeux. Leurs deux yeux, le gauche et le droit. Je voulais leur demander de venir sans leur caméra, sans leur tablette, même de laisser leur téléphone portable dans leur poche pendant toute la durée du spectacle et de me regarder tout simplement avec leurs globes oculaires. (J'ai 5 ans et demi mais j'ai du vocabulaire.) Parce que, mettez-vous à ma place, jouer devant des yeux morts de téléphone et des tablettes, jouer devant des petites lumières rouges, c'est décourageant. C'est désespérant.

Je comprends bien que vous vouliez garder des souvenirs, mais c'est bien aussi de vivre le moment présent plutôt que d'accumuler des images que de toute façon on ne prend jamais la peine de regarder. Pourquoi le présent serait toujours pour plus tard ? Pourquoi faudrait-il le mettre en conserve plutôt que d'en profiter dans l'instant ? Ce n'est pas mauvais, la confiture de fraises, mais franchement il n'y a pas meilleur que les fraises au moment où on les cueille.

C'est aujourd'hui que j'ai 5 ans et demi. C'est aujourd'hui que je chante *La Maman des poissons*. Le Petit Prince est devenu grabataire, il a l'âge de mon grand-père, il est devenu un vieux monsieur qui dit toujours qu'on ne regarde vraiment qu'avec son cœur.

(J'ai 5 ans et demi mais j'ai des références.)

Bon, je vous laisse. J'ai ma chanson de l'ancien temps à répéter.

La maman des poissons elle a l'œil tout rond
On ne la voit jamais froncer les sourcils
Ses petits l'aiment bien, elle est bien gentille
Et moi je l'aime bien avec du citron

SCÉNARIOS

23 décembre 2016

Dans quelques mois, c'est l'élection présidentielle. Quels sont les scénarios envisageables ? Je m'interroge. Évidemment, je ne suis pas commentateur politique professionnel. *Le Canard enchaîné*, toujours frais, malgré ses cent printemps, faisait l'autre jour la liste des meilleurs prévisionnistes politiques récents. Yves de Kerdrel, directeur de *Valeurs actuelles*, annonçait quelques heures avant sa renonciation le caractère « quasi certain de la candidature de François Hollande ». Cécile Amar dans *L'Obs* écrivait avec assurance que « Manuel Valls (était) rentré dans le rang. Aux yeux du président, la plupart des conditions sont réunies pour qu'il se représente ». Jean-Michel Aphatie dans son livre *On prend (presque) les mêmes et on recommence* n'imaginait pas la prochaine élection sans Sarkozy et Hollande.

Moi, je l'admets bien volontiers, je ne suis qu'un analyste amateur. Je n'ai pas toutes leurs connaissances. Je n'ai ni leur prescience ni leur discernement. Je n'ai pas leur aplomb.

Mais je vais essayer… Avec une seule intuition en tête : la vie, même politique, c'est toujours l'inattendu, l'inopiné. La vie, c'est l'imprévisible.

Premier scénario : François Hollande, depuis son renoncement, monte dans les sondages. Aux yeux de tous, il est devenu le sage de la République. François Fillon, quant à lui, après ses déclarations concernant la Sécurité sociale, dévisse dans le cœur des Français. Après l'échec des primaires de la gauche, moins de 1 000 votants sur le territoire français, essentiellement des électeurs d'extrême droite voulant faire barrage à Benoît Hamon et Arnaud Montebourg, le président Hollande, de manière très solennelle, depuis le palais de l'Élysée, appelle à voter pour Jean-Vincent Placé qui sera finalement élu avec 73 % des votants.

Deuxième scénario : au printemps 2017, Emmanuel Macron, au plus haut dans les sondages, est victime d'une crise d'oreillons. Il est obligé de déclarer forfait. Son épouse, Brigitte Macron, décide de se présenter à la place de son mari, en promettant de le nommer Premier ministre dès que sa santé le permettra. Suite à ses déclarations concernant l'IVG, Marine Le Pen est victime d'un attentat. Sa nièce, retrouvée sur le lieu du crime avec un poignard entre les mains, assure qu'elle est totalement innocente. Jean-Marie Le Pen est rappelé par les instances du Front National pour représenter le parti à la présidentielle.

Troisième scénario : un rapide constat montre que le nombre de candidats issus des diverses gauches est plus important que le nombre d'électeurs potentiels. Jean-Luc Mélenchon propose que ce soient les candidats qui puissent choisir leur peuple. Et non le contraire.

Quatrième scénario : Ségolène Royal est aperçue en lévitation au-dessus du ministère de l'Environnement, de l'Énergie et de la Mer, chargée des relations internationales sur le climat, elle annonce, dans l'indifférence la plus générale, qu'elle est en pourparlers avec Raul Castro afin d'assurer sa succession à la présidence des conseils d'État et des ministres de Cuba.

Cinquième scénario : un parti composé essentiellement d'acteurs célèbres et de chauffeurs de taxi qui, depuis des années, savent exactement ce qu'il faut faire pour sortir la France du marasme se réunit en cachette afin d'organiser un coup d'État.

Mes scénarios peuvent sembler peu crédibles. Est-ce une raison suffisante pour me taire dans les semaines qui viennent ? Sûrement pas.

Je n'ai jamais noté aucune démission d'un commentateur politique après ses erreurs de jugement.

LE CONSEILLER MOREL VOUS REPARLE

30 décembre 2016

Proposition pour la France (du conseiller Morel e l).

Vous le savez, j'ai décidé, à quelques mois de l'élection présidentielle, de venir régulièrement ici sur les ondes nationales afin de faire bénéficier, à tous et à chacun, de mes connaissances, de ma réflexion.

J'ai décidé d'intervenir dans le débat public parce qu'il me semble que l'expérience qui est la mienne pourrait bénéficier à notre si beau pays en crise. Je le fais par altruisme. Je n'attends rien en échange. Je ne suis pas de ceux qui rendent des services dans le but d'obtenir des médailles, des hochets, des récompenses. Je suis parfaitement désintéressé. Je suis de ceux qui n'attendent pas de commissions. Une ambassade culturelle, à Rome, Venise ou San Francisco, la direction de Radio France, ou n'importe quel autre poste honorifique qui pourrait me laisser du temps libre, suffirait à mon bonheur. Vous voyez que je ne suis pas trop exigeant.

Si je veux apporter ma contribution au débat nécessaire sur nos institutions, c'est parce qu'il est temps de nous serrer les coudes, de relever nos manches et, selon la familière expression de Patrick Cohen, « de nous sortir les doigts du cul », même si, ainsi que je lui faisais remarquer, les trois activités ne sont pas faciles à exécuter de façon concomitante.

Aujourd'hui, j'ai choisi d'évoquer le statut de première dame de France. Il a été sujet à caution ces dernières années. Il a été abîmé, mis à mal, dégradé. *First Lady* qui divorce, *first Lady* qui se répand en tweets vengeurs, *first Lady* humiliée, cocufiée, ça ne peut plus durer. Car s'il faut vivre avec son temps, nos institutions, elles, ont besoin d'une dignité et d'une pérennité souveraines. C'est pourquoi je propose que quelques mois avant l'élection présidentielle ait lieu l'élection d'une première dame ou d'un premier homme de France avec qui le vainqueur de la présidentielle aurait l'obligation absolue de se mettre en ménage.

Il serait intéressant que les Français puissent aussi dans ce domaine avoir leur mot à dire. Ils pourraient influer sur l'intimité du couple présidentiel. Ces dernières années, quelques premières dames venues des milieux artistiques ou médiatiques ont pu faire évoluer leurs maris sur les débats qui animaient leurs professions (Hadopi, droits d'auteur, statut des intermittents). Notons que la filière bois a été très sous-représentée au poste de première dame de France depuis plusieurs années. Peu de premières dames également venues de la sidérurgie, de l'agroalimentaire ou du toilettage pour chiens.

Si cette préélection, que j'appelle de mes vœux, s'avérait trop compliquée à organiser, ou trop coûteuse, ou anticonstitutionnelle, on pourrait justement charger le Conseil constitutionnel de désigner lui-même la première dame de France. Pourquoi, dans ce cas, ne pas proposer par exemple à Karine Le Marchand d'endosser le costume de première dame de France ? Elle connaît les hommes politiques, elle est moderne, décontractée, et son esprit n'est pas exagérément critique. Il est nécessaire, me semble-t-il, que l'atout charme de la France ne soit pas définitivement abandonné avec perte et fracas.

À bientôt, sur les ondes nationales, pour de nouvelles propositions pour la France…

IL NEIGE

6 janvier 2017

Il neige.

Aujourd'hui, il neige. Je ne sais pas où. Je ne sais pas depuis quand, mais il neige. Je vous assure. Peut-être à Saint-Véran, peut-être à Pelvoux, peut-être à Termignon, à Gavarnie, à Aragnouet, à Luz-Saint-Sauveur, peut-être à Chantelouve, il neige.

Il neige sur la France. Et le reste n'a pas d'importance.

Il neige. Il a neigé. Il neigera. C'est la principale information de la journée, de la semaine, de l'année, de la vie.

Tous les journaux ont relayé cet événement météorologique.

Il neige.

C'est de la poésie qui tombe du ciel. De la splendeur qui s'installe sur la banalité. C'est du silence qui étouffe le désordre. Il neige et tout a changé. Il neige et les yeux des enfants s'illuminent.

Quand il ne peste pas contre les embouteillages, contre les voitures qui n'arrivent pas à démarrer, contre la nationale qui n'est toujours pas salée alors que sur la départementale où réside le préfet, bien sûr la saleuse est passée, chaque adulte se souvient de ses glissades et de ses batailles de boules de neige. Les moufles en laine transpercées par le froid.

Maman qui dit de rentrer, il est tard, il fait presque nuit. Demain, tu as école.

Il neige. C'est beau.

Le champ de betteraves est devenu une piste de ski. Laisse-le, a dit papa. Pour une fois qu'il n'est pas rivé sur son portable. Et derrière les carreaux, le paysage se réinvente. La vie est douce, joyeusement ennuyeuse, monotone et gaie. Mélancolique comme une chanson d'Adamo. Tombe la neige, elle ne viendra pas ce soir, tombe la neige et mon cœur s'habille de noir.

Il neige. C'est beau. C'est triste.

Depuis que maman achète des carottes à la coopérative bio, le bonhomme de neige a le nez moins rubicond. C'est con.

Il neige.

Sur les villes, près des usines, la pollution tombe en flocons et les enfants s'émerveillent.

Cette boule de neige, si ronde, si parfaite, Geoffrey la cachera au fond du congélateur. Il la sortira en plein mois de juillet pour surprendre son cousin Anatole qui traditionnellement est son souffre-douleur. Le 14 juillet, Geoffrey badigeonnera Anatole avec la boule de neige. Anatole pleurera. Il se plaindra auprès de ses parents qui ne le croiront pas. Une boule de neige en plein mois de juillet… Le père regardera le plafond. La mère projettera d'aller voir un psychologue. Geoffrey ressentira une victoire coupable.

Il neige. Il a neigé. On peut arriver en retard à l'école. La prof d'anglais débarque avec un duffel-coat rouge et des bottines roses fourrées. Sous son pull en mohair, on devine pointer ses seins. Ceux qui prennent l'autocar sont restés chez eux. Le contrôle des connaissances a été reporté à des jours plus quotidiens.

Il neige et les paysages les plus ordinaires deviennent des décors de rêve, et doucement tout s'apaise, tout s'endort. On n'entend plus que son cœur qui bat. Et l'on n'entend plus que son cœur qui saigne.

Il neige.

Il neige. Il neige sur nos enfances perdues. Il neige sur nos vies vaillantes.

L'auditeur écoute ma chronique. Il ne prend même pas la peine de regarder dehors. Les chemins de sa vie sont devenus impraticables. Il repart se coucher.

Tombe la neige
Tu ne viendras pas ce soir
Tombe la neige
Et mon cœur s'habille de noir

CINÉMA : OÙ SONT LES FEMMES DE 50 ANS ?

13 janvier 2017

Aujourd'hui, je profite de ce qu'on parle de cinéma pour évoquer Janine et Paulette Lumière, les sœurs Lumière qui sont quand même moins connues que leurs illustres frangins.

Les sœurs Lumière ont inventé le cinématographe mais quand elles pouvaient, à leurs heures perdues car, en plus, on leur demandait de s'occuper de la maison, de la lessive, du repassage, de l'éducation des enfants, de faire à manger, de repriser les chaussettes, de raccommoder les pantalons. Sans compter les accouchements, les allaitements, les fausses couches et, le jeudi après-midi, le catéchisme pour les enfants de la paroisse… Les sœurs Lumière n'ont pas chômé. Ça a des avantages, remarquez, ça peut éviter de se compromettre, quand les frères rendaient hommage au fascisme de Mussolini et au régime de collaboration du maréchal Pétain, elles étaient occupées à faire la vaisselle.

Quand même, elles sont parvenues à tourner *L'Arroseuse arrosée* et, si elles n'ont pas réussi à saisir *L'Arrivée d'un train en gare de La Ciotat*, c'est qu'avec les courses, le ménage et aller chercher les enfants à la sortie de l'école, je voudrais vous y voir, elles n'ont pas pu se retrouver pile à l'heure sur le quai de la gare, pour une fois que la locomotive à vapeur en provenance de Marseille n'était pas en retard.

Les sœurs Lumière viennent de suivre avec intérêt la démarche des actrices membres de l'Aafa[1] qui posent judicieusement la question suivante : « Dans les fictions, elles sont où, les femmes de 50 ans ? » C'est vrai ça : elles sont où, à la télévision, au cinéma, les femmes de 50 ans ?

Car en effet si la femme qui est dans mon lit n'a plus vingt ans depuis longtemps, ne riez pas, n'y touchez pas, gardez vos larmes et vos sarcasmes, la femme qui est à l'écran vient à peine de passer son baccalauréat et de résoudre ses problèmes acnéiques quand l'homme qui est devant la caméra, lui, la bouche usée par les baisers, le teint blafard malgré le fard, commence déjà à réunir tous ses bulletins de salaire depuis quarante ans afin de pouvoir toucher une petite retraite complémentaire.

Les sœurs Lumière ne sont pas plus bêtes que d'autres, elles savent bien qu'on peut immédiatement trouver des contre-exemples, mais pas si nombreux que ça, et sûrement pas à la hauteur de ce que les femmes représentent réellement dans la société. Une femme majeure sur deux a en France plus de 50 ans. Une femme à l'écran a généralement entre 20 et 35 ans puis réapparaît, comme par magie, quand elle resurgit grand-mère, mais beaucoup, beaucoup plus tard.

Alors, à l'âge fatidique Brigitte Bardot s'est occupée des animaux, Michèle Morgan s'est acheté une palette et des pinceaux,

1. Aafa (Actrices et acteurs de France associés).

et Micheline Presle, la divine, la merveilleuse, la curieuse, la facétieuse, que j'embrasse et à qui je présente mes vœux, est allée au cinéma boulevard Saint-Germain afin d'y découvrir des cinéastes méconnus et de faire le plein d'émotions.

Le prolongement de « jeune et jolie » n'est pas « vieille et moche ». Ça peut être « épanouie et belle », « mature et conquérante », « éclatante et expérimentée ».

Merci à Marina Tomé et à la commission Tunnel de la comédienne de 50 ans de nous le rappeler judicieusement.

BRAVO, MONSIEUR LE PRÉSIDENT

20 janvier 2017

Monsieur le président des États-Unis, je voulais simplement vous féliciter pour votre élection et vous dire, alors que dans quelques heures vous allez prendre vos fonctions, combien elle est symbole d'espoir, de confiance en l'avenir, de foi dans l'humanité.

Monsieur le président, merci, bravo ! Si aujourd'hui j'étais américain, je serais fier de vous, je serais fier de nous, fier de pouvoir être représenté par quelqu'un qui a dû faire preuve de pas mal de courage, de talent, de force mentale pour en être arrivé là. Mine de rien, par votre simple présence à la Maison-Blanche, vous vengez du monde, vous soignez des blessures, vous éloignez un peu de désespérance. Au moment de votre naissance, peu de monde autour de votre berceau aurait pu penser qu'un jour vous pourriez arriver là où vous êtes aujourd'hui, atteindre l'investiture suprême de la plus grande démocratie mondiale. Oui, je sais, c'est peut-être un peu exagéré mais, pardonnez-moi, c'est l'enthousiasme !

Monsieur le président, bien sûr, vous ne me connaissez pas, je suis un pékin moyen, j'ai des valeurs tranquillement humanistes, je suis un citoyen du monde, français, démocrate. Comme la plupart des hommes de bonne volonté, je voudrais que l'égalité, la fraternité, la liberté soient des valeurs mieux partagées dans le monde et je sais que c'est difficile.

Monsieur le président, je voudrais en ce jour d'investiture vous présenter mes vœux les plus sincères, les plus cordiaux, les plus ardents. Je croise les doigts. Je voudrais que le mandat qui commence aujourd'hui soit une vraie réussite, pour vous, pour les Américains, pour le monde entier. Il y a tant à faire pour la paix, pour la protection des plus pauvres, des malades, pour l'égalité de chacun devant la loi quelle que soit sa couleur de peau, quel que soit son milieu social, quelles que soient ses orientations sexuelles.

Ce serait terrible, monsieur le président des États-Unis, que l'espoir soit déçu, que l'attente soit trompée.

Ce matin, je voulais apporter un peu de baume au cœur et surtout ne pas me complaire dans le défaitisme ou la désespérance. Vous ne me voyez pas parce que, pour fêter l'événement, je suis en direct, non pas comme Frédéric Beigbeder de France Bleu Washington, mais de France Bleu Loire Océan et ici, j'ai apporté des confettis, des cotillons de carnaval, des langues de belle-mère, des serpentins, des ballons multicolores. Il y a une ambiance énorme… Écoutez, déjà à presque neuf heures du matin, le muscadet coule à flots, c'est la teuf, c'est le gros délire. Une soirée festive organisée par Patrick Sébastien, à côté, ressemblerait à une veillée Louange et compassion chez les dominicains du Saint-Rosaire…

Écoutez, je vais vous dire exactement ce qui s'est passé…

Je fais des chroniques pour la Matinale de France Inter depuis 2009. Je n'avais donc pas pu commenter la première investiture de Barack Obama en 2008 mais j'avais griffonné ces quelques notes au cas où quelqu'un me tendrait un micro. Ce matin, je me suis dit : plutôt que de me casser les méninges en me désespérant sur Trump, autant me servir de mon enthousiasme pour Obama.

Forcément, un peu plus de huit ans après, on se dit que la réalité est toujours en dessous des rêves. C'est ça qui est bien avec les cauchemars, c'est qu'ils ne sont jamais décevants.

GLOIRE À PENELOPE

27 janvier 2017

Ce qu'il faut d'humilité pour ne jamais chercher à se mettre en avant, pour jouer les mères au foyer, les épouses modèles, les grillons du foyer, celles qui n'ont point d'accroc dans leur robe de mariée, celles qui sont toujours dans l'ombre, dans la pénombre, dans l'anonymat. Jamais mises en avant, mais toujours aux aguets, jamais valorisées mais sachant se rendre indispensables. Ce qu'il faut de tempérance pour se présenter comme une simple maman quand on est une muse, une égérie, une directrice de conscience, une manageuse, une dirigeante.

Gloire à toi, Penelope Fillon !

Ce qu'il faut de discrétion pour être attachée parlementaire sans jamais s'exhiber dans les allées du pouvoir, toujours rester à l'écart, les bottes terreuses, les mains dans l'évier, jouant la ménagère quand on est gouverneure et gouvernante. Ce qu'il faut de courage pour mener de front une carrière politique tout en assurant la bonne marche de son foyer.

Gloire à toi, Penelope Fillon !

Ce qu'il faut d'abnégation pour travailler à *La Revue des Deux Mondes* sans que personne n'en sache rien, pas même les employés, pas même les journalistes, pas même le rédacteur en chef. Ce qu'il faut de sens du sacrifice pour ne jamais rien signer quand tant d'autres scribouillards à la manque réclament la reconnaissance éternelle aussitôt qu'ils ont rédigé le moindre entrefilet, rendu compte du plus dégénéré des chiens écrasés !

Gloire à toi, Penelope Fillon !

Ce qu'il faut de pugnacité, de combativité, de féminisme assumé pour se faire payer 100 000 patates pour trois notes de lecture.

Gloire à toi, Penelope Fillon !

Ce qu'il faut d'autodérision pour, dans la presse régionale, se faire passer pour une paysanne. Ne pas se revendiquer militante quand on gère, conseille, réfléchit, constamment sur la brèche et cependant invisible comme une chimère.

Gloire à toi, Penelope Fillon !

Ce qu'il faut d'aplomb pour ne jamais accepter de reconnaître pendant des années ce travail souterrain, puis tout à coup le revendiquer quand *Le Canard enchaîné* diffuse scandaleusement des indiscrétions déplacées.

Gloire à toi, Penelope Fillon !

Ce qu'il faut de petitesse, de médiocrité, de misogynie pour écrire fielleusement des articles aussi bas, aussi salissants, aussi dégradants, aussi machistes, reléguant une femme aussi entreprenante à ses participations en tant que jurée aux concours de tartes aux poires et de poneys shetland, comme jadis elle-même mettait en avant ses activités.

Honte à toi, plumitif insolent !

Ce qu'il faut de mauvais esprit pour faire le parallèle entre cette révélation du journal satirique et la politique prudente, sensée, raisonnable, qui consiste à demander les efforts toujours aux mêmes, à accuser systématiquement les plus modestes d'être des profiteurs, à prôner l'abstinence, la fin des avantages sociaux pour les autres.

On peut être à la fois à la tête d'un État en faillite et d'une famille prospère.

Rendez-vous dimanche prochain à l'abbaye de Solesmes pour prier et chercher ensemble l'apaisement et le silence.

Les pires escrocs sont peut-être ceux qui n'ont pas des têtes d'escrocs !

Gloire à vous, monsieur et madame Fillon !

TRAVAIL FICTIF POUR TOUS !

3 février 2017

Lampaulaises[1], Lampaulais, permettez-moi, à l'occasion de cette chronique bretonne et néanmoins républicaine, de remonter le cours de l'histoire et de parcourir cette époque lointaine où la Bretagne cependant était déjà rattachée à la France, où Nolwenn Leroy n'était pas encore née, où j'étais moi-même déjà ce bel enfant que vous pouvez admirer ce matin. Oui, je voudrais parcourir les chemins de notre passé pour évoquer la Ve République, pendant laquelle les Français ont vécu toutes sortes de campagnes électorales. Chaque fois, la question de l'honnêteté du candidat s'est posée. Au-dessus des prétendants flottaient dans les cieux républicains deux anges laïcs, deux figures de proue, deux références, deux honnêtes hommes d'origine certifiée : à ma gauche, Mendès France, l'humaniste, le décolonisateur ; à ma droite, de Gaulle, le Général, le résistant. L'un et l'autre payaient leurs factures d'électricité, leur dentifrice, leur papier toilette. À l'époque, pour tout le monde, ça semblait normal, aujourd'hui ça paraît héroïque.

1. Le 7/9 était ce jour-là en direct de Lampaul-Guimiliau (Finistère).

Les présidents de la République se sont succédé.

On se disait : « Celui-là il est conservateur mais c'est un esthète, il aime Guy Béart et la poésie, celui-là préfère les safaris et les diamants, mais pour un chauve il est drôlement joli garçon. » (Si. Maman a toujours beaucoup apprécié M. Giscard d'Estaing d'un point de vue physique, ça ne se discute pas. M. Lecanuet n'était pas mal non plus. Mais, à son avis, pas assez élancé.)

On se disait : « Celui-là, ce n'est sans doute pas le plus honnête, ce n'est pas le plus sincère non plus, on a bien fait de lui raboter les canines, mais au moins il est brillant, il présente bien, il est cultivé… »

On disait : « L'autre, là, le grand, là, bien sûr, il a confondu les comptes de la mairie avec la caisse de son propre parti, mais enfin il est sympathique. C'est sûr qu'en frais de bouche il est dispendieux, mais on ne va pas lui reprocher d'avoir un bon coup de fourchette. Dans la vie, paraît même qu'il est drôlement rigolo. »

Bon, après on a dit : « Le petit nerveux, il n'est pas non plus trop scrupuleux, il a deux trois casseroles mais au moins il a du bagou, il a de l'énergie, avec lui, ça va déménager ! »

Les Français en ont eu marre. Ils ont élu un gars, pas désagréable, un peu rondouillard, très marrant, tellement fantaisiste qu'il a été élu sur une politique pour en conduire une autre.

À un moment donné, les Français ont dit : « Ça suffit ! On va arrêter, on est devenus plus matures, maintenant ce qu'il faut, c'est un type sérieux ! »

Alors bon, ils pensaient en avoir trouvé un…

Ils se sont dit : « Ce n'est peut-être pas le plus esthète, le plus beau, le plus brillant, ce n'est pas le plus rigolo non plus, ça n'a pas forcément l'air d'être le plus énergique, mais il a une grosse capacité sourcilière et puis lui, au moins, il est honnête… »

Qu'est-ce qui leur a pris, aux Français, tout à coup de vouloir un type honnête ? On pouvait très bien faire comme avant !

Vous imaginez toute l'activité qu'il a fallu déployer pour organiser la primaire de la droite et au final se retrouver avec quelqu'un dont le seul avantage objectif, c'est une paire de sourcils broussailleux !

Surtout que, maintenant, on ne peut plus faire machine arrière. Si un plan B est organisé, il faudra rembourser tous ceux qui ont voté à la première primaire et dont le choix n'aura pas été retenu. Si on ne rembourse pas et qu'on organise une nouvelle primaire, ça fera en tout quatre euros à débourser. Le prix de trois *Canard enchaîné*, plus quarante centimes pour offrir des bonbecs à ses enfants qu'on appellera désormais des assistants parlementaires.

Vous voulez que je vous dise, ne changeons rien, positivons, inspirons-nous de nos responsables.

Puisque ce n'est pas spécialement le travail que les gens réclament mais l'argent qui va avec, plutôt qu'un revenu universel, exigeons désormais le droit au travail fictif pour tous !

« QUI PERD GAGNE »...

10 février 2017

Si je ne suis pas en studio ce matin, c'est que j'assiste en ce moment même à la préparation du grand concours national du fameux « Qui perd gagne » qui va se dérouler, je le rappelle, en France jusqu'à début mai. Cette année, un très grand cru, semble-t-il, de très beaux échanges en perspective. Les candidats qui sont en présence sont d'un très, très haut niveau. On n'avait pas assisté à un tel degré de compétition depuis des années et l'on a toutes les chances ce printemps même de s'émerveiller devant un festival de contre-performances au cours d'une rencontre qui sera très, très disputée...

Une ambiance extrêmement studieuse ce matin, extrêmement appliquée, vous l'imaginez, dans cette grande salle où sont réunis les différents compétiteurs qui sont tous au taquet avant la grande confrontation.

Concentration, combativité, ténacité sont ici les maîtres mots.

Les joueurs ne doivent rien laisser au hasard, ils ne doivent laisser aucune opportunité sur le bord de la route s'ils veulent atteindre la réussite, en l'occurrence l'échec.

Je rappelle que dans ce jeu du « Qui perd gagne », et c'est tout l'enjeu de la bataille, non seulement on a le droit à l'erreur, mais l'erreur est nécessaire si l'on veut gagner en perdant, si l'on veut perdre en gagnant, et tenter de mettre ainsi toutes les malchances de son côté.

À ma droite, je le rappelle, la situation était très mal partie, il y a encore quelques semaines, rien ne devait empêcher l'élection du candidat de la droite, et puis joli retournement de dernière minute qui permet de redistribuer les cartes de manière fort émérite. Le candidat apparaît sous un nouveau jour, profiteur sans scrupule, s'étant vautré dans les facilités qu'apporte l'argent du pouvoir, ayant fait profiter les siens de sa situation sans contrepartie, de telle sorte qu'il sera entièrement décrédibilisé dès qu'il appellera à la rigueur budgétaire et à la vertu morale, c'est extraordinairement remarquable d'habileté, c'est très adroitement joué.

(Très beau revers en direct…)

À ma gauche, pour perdre, également de très bons atouts… Comment mettre en avant une logique de sport individuel dans une compétition qui devrait être collective ? Alors que plusieurs candidats pourraient s'entendre avant l'élection et se constituer en équipe, comme ils seraient de toute façon obligés de le faire si par malchance ils étaient élus, on assiste à un très beau combat de petits coqs montés sur leurs ego. La victoire, qui semblait impossible, puis de nouveau envisageable, reste encore inabordable.

Voilà ce qu'on peut dire à ce niveau de la compétition du grand « Qui perd gagne », je ne manquerai pas de reprendre l'antenne si de nouveaux contre-exploits, si de nouvelles contre-performances devaient avoir lieu dans les minutes ou les heures qui viennent.

Ici François Morel, à vous les studios…

JE N'AI RIEN CONTRE LES HUISSIERS DE JUSTICE, MAIS…

17 février 2017

Je n'ai rien contre les huissiers de justice.

Ah ! Une chronique qui commence par « Je n'ai rien contre les huissiers de justice » ne laisse rien présager de bon pour les huissiers de justice, car on se dit que sûrement après la phrase « Je n'ai rien contre les huissiers de justice », un « mais », conjonction de coordination, va apparaître et contredire aussitôt la phrase « Je n'ai rien contre les huissiers de justice ».

En effet.

Je n'ai rien contre les huissiers de justice mais.

Évidemment, une chronique qui se poursuit par « Je n'ai rien contre les huissiers de justice mais » ne laisse rien augurer de spécialement flatteur vis-à-vis des huissiers de justice, j'en conviens, même si je reconnais que la phrase est tronquée, insuffisante, amputée. Pour le moins, elle appelle une suite, un développement, un prolongement. « Vous n'avez rien contre les huissiers de justice mais quoi ? »

Mais je vais vous le dire. Mais j'y viens. Mais calmez-vous ! Soyez patient. Reprenez-vous, reprenez vos gouttes, un café si vous préférez, continuez de vous brosser les dents, refaites un tour de pâté de maisons avant de vous garer devant votre lieu de travail, mais j'ai trois minutes trente pour le faire et je ne vois pas pourquoi je vous délivrerais mon message sans vous éprouver un peu.

Il existe un lieu mythique à Paris, situé au 7, rue des Grands-Augustins. C'est l'endroit où Picasso, qui a été peintre avant de devenir un monospace compact, a peint *Guernica*. Je suis d'accord avec vous, Paris ne peut pas être uniquement une ville-musée, mais Paris doit avoir de la mémoire et se souvenir qu'un peintre, réfugié espagnol, a offert au monde une œuvre inouïe pour rendre hommage aux républicains, j'ai dit aux républicains, je n'ai pas dit à Les Républicains, je parle de ceux qui se battaient contre Franco, pas de ceux qui font leurs petits arrangements en famille.

Un petit espingouin à Paris a exprimé l'humanité tout entière. Victor Hugo n'a pas appris l'arabe, si tu veux, Ducon, moi je suis content de savoir que Tahar Ben Jelloun, de l'Académie française, parle un français plus poétique que toi et qu'un métèque, en France, à Paris, au printemps 1937 a peint une toile pour dire au monde sa colère contre les bombardements allemands sur la ville de Guernica et dénoncer le totalitarisme fasciste.

Le CNEA[1] a, par ses actions éducatives et culturelles, ressuscité cet atelier mythique de la rue des Grands-Augustins. Les huissiers de justice veulent le récupérer pour construire un luxueux projet hôtelier, effacer la mémoire d'un lieu, se faire du fric dans un lieu d'histoire.

Le 1er mars 2016, la Cour de cassation avait donné raison au CNEA en jugeant que son expulsion du grenier avait été irrégulière. Le CNEA a saisi le président de la République, le ministère de la Culture, ce qui a abouti au classement du grenier Picasso à

1. CNEA (Comité national pour l'éducation artistique).

l'inventaire des Monuments historiques, et puis la Mairie de Paris a accordé un permis de construire aux huissiers de justice.

Un lieu destiné à la culture est tristement pris en otage par des querelles entre socialistes, et c'est insupportable.

Une dernière chose : je n'ai rien contre les huissiers de justice mais.

THOMAS PESQUET REGARDE LA TERRE ET S'ÉMERVEILLE

24 février 2017

Il file à plus de 26 000 km/h, il vole à 400 kilomètres d'altitude, il regarde derrière les hublots et il s'émerveille. Il observe, il étudie, il examine. Il en a la confirmation : le monde est d'une beauté inouïe, la planète est une splendeur absolue et Thomas Pesquet a raison de s'émerveiller.

Parce qu'à 400 kilomètres on n'entend pas les bombardements sur les hôpitaux syriens, on ne distingue pas les vociférations de Donald Trump, on ne perçoit pas l'odeur de cette vieille tambouille infecte servie depuis si longtemps par des politicards véreux. À 400 kilomètres au-dessus de la Terre, la pollution atmosphérique ne pique pas les yeux, les émissions de dioxyde d'azote ne font tousser personne.

Il file à plus de 26 000 km/h et, si l'on n'était pas déjà pris de nausée dès les premières turbulences sur les vols entre Paris et Clermont-Ferrand, on voudrait filer avec lui.

Il vole, il court, il s'enthousiasme de découvrir les lumières de Lyon. Aussitôt, sur la Toile, il salue ses nombreux amis de Fourvière et de la Croix-Rousse avant de s'apercevoir qu'il n'était pas au-dessus de Lyon mais d'Athènes. À 400 kilomètres au-dessus de la Terre, il n'y a pas de frontières, pas de nations, pas d'accents. Les clochers se ressemblent.

Thomas Pesquet, quand il était petit, voyageait déjà dans l'espace, au milieu de sa chambre d'enfant, il naviguait dans une navette, mais une navette en carton, que lui avait confectionnée son père. Lorsque Thomas disait que plus tard il serait astronaute, les adultes rigolaient.

Mais, croyez-moi si vous voulez, certains enfants qui veulent devenir astronautes le deviennent effectivement. Quand certains disent que plus tard ils veulent devenir président de la République ou vedette de cinéma, les adultes pouffent. Mais à partir d'un certain âge, Thomas Pesquet, lui, n'a plus fait rire personne quand il disait vouloir devenir astronaute.

Il vole à 400 kilomètres d'altitude et si l'on n'était pas déjà sujet aux crises d'angoisse quand l'ascenseur ralentit entre le cinquième et le sixième étage, on rêverait de voler avec lui.

Dans quelques jours Thomas fêtera son anniversaire. En bas, sur Terre, une multitude de followers le likeront, lui enverront des images de cœurs et de bougies et de gâteaux d'anniversaire. Certains, ce jour-là, regarderont par la fenêtre, certains iront jusque sur leur balcon pour voir si par hasard derrière les nuages on ne pourrait pas apercevoir l'expédition de Thomas Pesquet qui tout là-haut, dans sa navette, fêtera ses 39 ans.

Ce jour-là, comme hier et comme demain, Thomas regardera la Terre à la bonne distance, comme dans les musées, il faut parfois reculer de quelques pas pour apprécier un tableau qui de trop près semble incompréhensible. Ce jour-là, il pourra admirer la grâce des courbes, la force des lignes, la puissance des reliefs, le chatoiement des lumières.

Il ne pourra distinguer ces navettes en carton qui de plus en plus échouent sur les trottoirs, des navettes dans lesquelles des anciens enfants, cosmonautes fantômes, astronautes abandonnés, se perdent à jamais dans l'espace de nos villes.

Il file à plus de 26 000 km/h, il vole à 400 kilomètres d'altitude, et dans nos rêves on le rejoint.

Thomas, si je puis vous donner un conseil d'ami : au mois de mai prochain, ne redescendez pas trop vite sur terre.

PARTONS EN POÉSIE !

3 mars 2017

Le nombre de gens que vous croisez et qui vous disent : « Avec tout ce qui se passe en ce moment, c'est bien, ça vous donne des sujets de chronique. »

Finalement, pas tant que ça… Faire du drôle avec du triste, d'accord, mais quand le triste a une figure d'enterrement ou une gueule de facho, ça vous donne moyen envie de rigoler.

Alors foin de combines et de politique, foin d'hallali, foin de violence, foin de renoncements, foin de petitesses et de mesquineries, foin de médiocrités !

Parlons d'autre chose. Réfugions-nous sous la toilette affriolante de la muse inspirée et partons en poésie !

Jean-Jacques Denis est non seulement auditeur de France Inter, il est louannecain et taquineur de muse. Il est louannecain, c'est-à-dire qu'il est de Louannec, Côtes-d'Armor, code postal 22 700. Il est taquineur de muse, c'est-à-dire qu'il ne crache pas sur un petit vers. Il a bien voulu attirer mon attention et je l'en remercie sur *Lorsque je te pénètre*, du poète approximatif Georges-Philippe Taladiart, connu des auditeurs de « Là-bas si j'y suis » de Daniel Mermet et de son répondeur.

Lorsque je te pénètre est donc un poème de Georges-Philippe Taladiart, qui est le pseudonyme de Jean-Jacques Denis qui, quant à lui, préfère garder l'anonymat. Et l'on respecte bien entendu sa discrétion.

Lorsque je te pénètre…

Je précise tout de suite que, malgré son titre, il n'y est pas question de politique. Il ne s'agit pas de ce que pourrait susurrer un candidat à l'un de ses électeurs éventuels.

Lorsque je te pénètre… (Un poème de Georges-Philippe Taladiart qui n'a surtout pas envie qu'à tout bout de champ soit rappelé son véritable nom, Jean-Jacques Denis, poète et louannecain.)

Évidemment, je précise que c'est quand même assez chaud comme madrigal. On est assez loin de Maurice Carême. Si ce matin vous avez un enfant à côté de vous, qui a raté l'école à cause des oreillons ou de l'appendicite, profitez-en pour l'anéantir, pour l'étouffer, pour l'annihiler, pour l'abattre, ou au pire pour l'éloigner de la radio pendant quelques instants.

Voici *Lorsque je te pénètre*, poème érotique.

Une musique, je le dis à l'intention de Marion Lelay, serait particulièrement bienvenue pour accompagner ce poème dont au passage je remercie l'auteur, Georges-Philippe Taladiart (poète approximatif donc, et dont vous pouvez retrouver toutes les vidéos sur la Toile, notamment sur YouTube, il est inutile en revanche de taper Jean-Jacques Denis qui est un nom exclusivement réservé à la famille, aux amis et aux différentes administrations compétentes).

Lorsque je te pénètre…

Merci, Georges-Philippe Taladiart, merci, Jean-Jacques Denis (oui, j'emploie votre véritable nom car, à force de vous citer, ne suis-je pas devenu un véritable ami ?), de me fournir gracieusement l'objet de ma chronique de ce matin. Je préfère le prévenir à toutes fins utiles que je n'ai pas trop l'intention de lui reverser mes droits d'auteur, compte tenu de la publicité extraordinaire que je lui fais ce matin au cours de la Matinale la plus écoutée de France.

Lorsque je te pénètre, de Jean-Jacques Denis.

Il s'agit d'une suite d'hexasyllabes, c'est-à-dire de vers de six syllabes. Les rimes seront croisées ou alternées. Elles ne sont pas particulièrement riches mais, tout le monde vous le dira, il n'est pas si facile de s'enrichir honnêtement à l'heure actuelle.

Lorsque je te pénètre. Poème érotique de Georges-Philippe Taladiart, alias Jean-Jacques Denis. Musique…

Lorsque je te pénètre
Quand je rentre dans toi
Quand je dois me soumettre
En esclave à ta loi
Lorsque mon corps meurtri
Par des tâches futiles
En toi se réfugie
Quand enfin je t'enfile
Je demande à la nuit
D'ouvrir en grand ses bras
Ah que serait ma vie
Sans toi mon pyjama

UNE FAMILLE, C'EST UN PAPA, UNE MAMAN, UN BEAU-FRÈRE

10 mars 2017

Une famille d'Orvault assassinée à coups de pied-de-biche.

Un rhinocéros à Thoiry tué par balles.

Une famille de Loire-Atlantique (région Pays de la Loire) : le père, la mère, la fille, le fils.

Un animal appartenant à la sous-espèce des rhinocéros blancs du Sud. Inconscient, il se croyait à l'abri dans le parc zoologique des Yvelines.

Pascal, Brigitte, Sébastien, Charlotte.

Vince.

Les cadavres démembrés de Pascal, Brigitte, Sébastien et Charlotte à l'aide de tenailles à métaux et d'une hache.

La corne de Vince coupée à la tronçonneuse.

Ce sont des détails qui ont leur importance. Souvent l'aspect pratique empêche le passage à l'acte. Chez Bricomarché, chez Castorama, le personnel est-il suffisamment formé pour répondre à des questions que peut ordinairement poser un apprenti bricoleur ? Comment bien éviscérer son neveu ? Comment débiter sa nièce ? Comment commodément morceler son beau-frère ? Comment plaisamment disséquer sa belle-sœur ? Comment sans façons trancher la corne d'un rhinocéros ?

Chez Casto, y a tout ce qu'il faut, outils et matériaux, je suis d'accord avec vous, mais existe-t-il le personnel suffisamment compétent pour informer une population avide de conseils pratiques ?

Un pied-de-biche de 70 cm coûte 9,50 euros. Une hache avec manche en bois revient à 31,90 euros. Une pince coupante universelle coûte 24,99 euros. Une tronçonneuse électrique d'une puissance de 1 800 watts, longueur de chaîne 35 cm assurant une capacité de coupe importante, permettant également de petits travaux extérieurs, vaut 109 euros. Autant dire qu'il est parfois plus avantageux d'un point de vue simplement pécuniaire de trucider toute une famille plutôt que de supprimer un rhinocéros afin de récupérer sa corne. Il faut y réfléchir avant de prendre une quelconque initiative meurtrière.

Quel est le prix de la conscience ?

Donner un coup de pied-de-biche, c'est bon marché. L'élimination de sa famille est une activité abordable, accessible, à la portée de tous, véritablement démocratique. Se débarrasser des corps fait hélas monter le coût d'un assassinat. Sans compter tout le nettoyage après. Il faut y penser avant d'exprimer sa rage sanguinaire.

Une histoire d'héritage, de lingots d'or à Orvault.

Une histoire de marché noir à Thoiry.

Savez-vous que la corne de rhinocéros peut se vendre jusqu'à 51 000 euros le kilo ? Elle est très recherchée par les adeptes de la médecine chinoise traditionnelle et par les classes supérieures du

Yémen, qui voient dans la possession d'une corne de rhinocéros une marque de standing et un symbole de virilité. Certains pensent que la kératine des cornes de rhinocéros soigne le cancer. N'est-il pas préférable de ronger ses ongles ? L'argent est le vrai cancer de nos sociétés avancées.

Cette semaine, le prêt de 50 000 euros reçu par M. Fillon de M. Ladreit de Lacharrière, le classement sans suite de l'affaire Beaupin, la démission de l'équipe Macron d'un cardiologue appointé par Servier, la défaite du PSG, qui prouve que le seul argent n'est pas suffisant pour atteindre la victoire, sont autant d'événements qui ont heureusement apporté un peu de fraîcheur, d'onctuosité, de douceur à l'actualité d'une semaine qui en avait fort besoin.

PRÉSIDENTIELLE 2017 : DE GAULLE EN PLEURE DANS SON KÉPI

17 mars 2017

Résumons-nous.

Manuel Valls, qui avait donc signé la charte de la primaire de la Belle Alliance populaire, notez l'ironie de l'appellation, annonce que, finalement, il ne soutiendrait pas son vainqueur, Benoît Hamon, tandis que François de Rugy, autre signataire, soutient finalement Macron. (Yannick Jadot, qui avait remporté la primaire écologiste en vue de l'élection présidentielle et qui avait assuré aux votantes et aux votants qu'ils seraient à nouveau consultés en cas d'accord avec Hamon et Mélenchon, a finalement annoncé, après un accord avec le seul Hamon, son retrait de la course présidentielle sans consulter les adhérents écologistes.) François Fillon, qui avait soutenu que, mis en examen, il renoncerait à la présidentielle, sera finalement candidat et mis en examen. Marine Le Pen, quant à elle, milite pour une justice expéditive sauf quand elle en est victime. Tous ces braves gens, qui sans doute ne concourent pas tous dans la même catégorie de fourbes, de menteurs, de félons, continuent à parler, à promettre, à réclamer la confiance, comme si de rien n'était.

La fameuse phrase prononcée par François Fillon au cours du débat de la primaire de la droite et du centre afin d'enfoncer son adversaire de l'époque, Nicolas Sarkozy, devenu depuis son mentor, son conseiller, son inspirateur, « Imaginerait-on le général de Gaulle mis en examen ? », a depuis fait florès. Chaque semaine, chaque jour, tous les quarts d'heure, à chaque instant, la formule est adaptée, renouvelée, enrichie, à l'infini réinventée. Imaginerait-on le général de Gaulle offrir un emploi fictif à tante Yvonne ? Imaginerait-on le général de Gaulle demander à un de ses amis milliardaires d'embaucher tante Yvonne dans une revue culturelle ? Imaginerait-on le général de Gaulle au cours d'un meeting crier devant des militants : « Je veux dire à Yvonne que je l'aime » ? Imaginerait-on le général de Gaulle employer ses enfants en tant qu'assistants ? Imaginerait-on le général de Gaulle obtenir d'un ami milliardaire un prêt de 50 000 euros qu'il ne déclarerait pas au fisc ? Imaginerait-on les enfants du Général rétrocéder à leur père une partie de leurs salaires d'assistants ? Imaginerait-on le général de Gaulle créer une société de conseil afin de dispenser des conférences grassement rémunérées à l'étranger ? Imaginerait-on le général de Gaulle se faire offrir des costumes pour 48 500 euros ? D'ailleurs imaginerait-on le général de Gaulle dans de jolis pulls en cashmere à 4 000 euros la pièce ? On a beau dire, le costume réglementaire du général d'armée, même s'il n'est pas des plus seyants, présentait au moins l'avantage d'être économique.

Pendant ce temps-là, une partie de la population en veut beaucoup aux journalistes de dénoncer l'insupportable, comme si l'insupportable était inventé par les journalistes. Pendant ce temps-là, on reproche aux juges de juger. Pendant ce temps-là, la fille la plus monstrueuse du système crache sur le système qui l'a enfantée, l'a grassement entretenue, qui a mis à sa disposition tous ses rouages, tout son fonctionnement.

En mars 2002, un sondage Ipsos prévoyait Jean-Marie Le Pen au premier tour de la présidentielle juste derrière Jean-Pierre Chevènement et très loin derrière Lionel Jospin.

Imaginerait-on le général de Gaulle pleurer dans son képi ?

CONFITEOR

24 mars 2017

Mea culpa. Je reconnais la faute que j'ai commise. Au temps pour moi. Pan sur le bec. Oups.

Confiteor.

J'implore la miséricorde du tout-puissant service public pour le peuple écologiste et pour l'auditorat de France Inter. C'est ma faute, c'est ma très grande faute. J'ai un très grand regret de vous avoir offensé, parce que vous êtes infiniment aimable, parce que vous êtes infiniment bon et que mes approximations vous déplaisent. Je prends la ferme résolution de ne plus vous offenser et de faire pénitence.

La semaine dernière, en effet, revenant sur un certain nombre de revirements, déloyautés, paroles non tenues, actes de traîtrise politique, je disais : « Yannick Jadot, qui avait remporté la primaire écologiste en vue de l'élection présidentielle et qui avait assuré aux votantes et aux votants qu'ils seraient à nouveau consultés en cas d'accord avec Hamon et Mélenchon, a finalement annoncé, après un accord avec le seul Hamon, son retrait de la course présidentielle sans consulter les adhérents écologistes. »

À 9 h 02, je recevais un tweet signé Yannick Jadot : « Bonjour, François Morel : on aime ou on n'aime pas l'accord Hamon-Jadot, mais il a été validé par 79 % des votants à la primaire. »

9 h 04, je répondais à Yannick Jadot un tweet repentant (mon éducation s'est faite au collège Sainte-Marie et au lycée Notre-Dame de Flers) : « Thomas Legrand vient de m'en informer. Mauvaise information sur Internet. Je vous présente mes excuses » (informer, information, j'avoue, je soigne moyennement le style de mes tweets).

Alors, bien sûr, si on a mauvais esprit, si on veut absolument en découdre, on peut toujours tergiverser pour peu qu'on aime tergiverser, dire qu'on n'a pas tellement consulté avant l'accord, qu'on a plutôt demandé une approbation après l'accord, mais foin des atermoiements ! on ne va pas discutailler car on pourrait passer son temps à discutailler. D'autant que Yannick Jadot, dans un second tweet, m'a fait un joli compliment et que, je préviens tout de suite, je n'engage jamais aucune polémique, aucune controverse avec quelqu'un qui a le bon goût de me faire de jolis compliments.

Mardi dernier, jour du scandale Le Roux, Hervé Morin, surnommé le tweeter fou du Calvados, le micro-blogueur de Pont-Audemer, le Donald Trump du bocage, à midi pétant, Hervé Morin, soutien par ailleurs de François Fillon, c'est vous dire si les scandales financiers le révoltent, le tarabustent, le hérissent, tweetait dans une sainte colère : « Je constate que le PNF (le parquet national financier) ne s'est toujours pas saisi, quand il lui a fallu moins de vingt-quatre heures lors des révélations du *Canard.* »

Vu que le tweet a été posté moins de vingt-quatre heures après qu'on a eu connaissance de l'affaire Le Roux, c'est-à-dire peu de temps avant que le PNF se saisisse effectivement de l'affaire et que le ministre présente sa démission, on peut trouver que le tweet était un peu bête mais il y avait une telle impatience, une telle exigence vis-à-vis de l'honnêteté, chez les chevaliers blancs qui soutiennent François Fillon qu'on peut le comprendre.

Hervé Morin, un petit confiteor ?

Après l'attentat perpétré à Londres, les déclarations de Le Pen au sujet de l'attaque à Orly et de « l'ahurissement du gouvernement face au terrorisme comme un lapin dans les phares d'une voiture » paraissent particulièrement odieuses, indignes, au moment où devraient prévaloir la cohésion et la solidarité.

Un petit confiteor ? Mais ce serait trop demander…

DES POUTOUS, DES POUTOUS

31 mars 2017

J'ai la solution pour la gauche. On a compris depuis des mois que Jean-Luc Mélenchon ne se désisterait jamais en faveur de Hamon. On a bien saisi également que Hamon, même arrivant cinquième dans les sondages, n'abandonnerait jamais la présidentielle au profit de Mélenchon. C'est comme ça. Bataille d'ego, stratégies personnelles, la seule aubaine de la gauche la plus bête du monde, c'est d'avoir face à elle la droite la plus stupide de l'univers. Mais quand même, le PS à terre, les militants déboussolés, Mélenchon qui obtiendra un score peut-être honorable mais sans doute insuffisant pour passer le second tour, ce n'est pas la panacée.

Heureusement, je suis là, je réfléchis pour vous, je ne sais pas ce que vous feriez sans moi. Si la gauche veut vraiment gagner, il faut qu'elle fasse front commun. Il faut que Mélenchon et Hamon se retirent. Je sais, c'est dur à entendre, mais soyez raisonnables. Vous n'allez pas, comme dans le camp d'en face, dire : « Je ne me retirerai pas », quitte à entraîner votre embarcation dans le naufrage, le carnage, la honte. Donc, il faut que Mélenchon et Hamon s'effacent de façon concomitante et lancent un appel conjoint en faveur de Poutou. Oui, Poutou.

C'est la seule solution.

Plus à gauche, il n'y a pas tellement. Poutou, c'est l'assurance d'une vraie politique de gauche revendiquée en même temps qu'un appel à la tendresse. Qui sincèrement peut être contre un poutou ?

Il faut se réunir, faire un grand meeting à la Mutualité, rassembler tout ce qui en France ressemble encore à la gauche : Martine Aubry, Harlem Désir, Christiane Taubira, Isabelle Aubret, des drapeaux rouges, des chansons révolutionnaires, des portraits de Louise Michel, des faucilles, des marteaux, des poings, des roses, Torreton, *Pif Gadget*, la place de la Bastille, Johnny Clegg, Pablo Neruda, Guy Bedos.

C'est dans la poche. 14 % de Mélenchon, plus 10 % de Hamon, plus 0,5 % de Poutou, ça fait 24,5 % pour la gauche. Sachant qu'un certain nombre d'électeurs sont comme les enfants qui, regardant un match de foot, sont toujours supporters du vainqueur, on peut raisonnablement penser que les trois réunis pourraient atteindre 26 % et ainsi se retrouver au second tour face à Emmanuel Macron.

Dans cette perspective, et la question, je le sens bien, immédiatement vous brûle les lèvres : comment va réagir Geneviève de Fontenay ?

Cette femme de conviction estampillée « gauche à chapeaux » qui s'est jetée dans les bras d'Emmanuel Macron parce qu'il est beau, parce qu'il est séduisant, parce qu'il est jeune, parce qu'il sait trouver les mots, ne va-t-elle pas, si la gauche de tradition se réunit, rentrer au bercail et soutenir Poutou, entraînant dans son sillage tous les gauchisants, tous les marxistes, tous les progressistes à bibi, à melon, à feutre, à canotier ?

Poutou, c'est la sincérité d'un autre âge, c'est la loyauté d'une autre époque, ce n'est pas la mise en avant d'un destin personnel. Il est militant, il est syndicaliste, il n'est pas fou, il n'a pas l'ambition démesurée, il travaille à l'ancienne, il met en avant ses idées plutôt que sa personne. Logiquement, il est moqué par ceux qui se mettent à plat ventre devant l'arrogance des puissants.

Merci Mélenchon, merci Hamon, de prendre vos responsabilités. Peuple de gauche, vous vous souviendrez que c'est moi ce matin qui aurai été à l'origine de la reconstruction des forces du progrès.

Demain, transformant à peine une chanson de Katerine, nous ferons un nouvel hymne qui fera battre tous les cœurs qui votent à gauche.

On est là pour quoi
On est là pour qui
Dans les magasins
À se prendre la tête
Au fond qu'est-ce qu'on veut
Au fond qu'est-ce qu'on cherche
Quand on s'prend la tête
Mais qu'est-ce qu'on attend
Des poutous des poutous des poutous…

Poutou au second tour de la présidentielle, c'est comme si c'était fait.

MODESTE

7 avril 2017

M. Fillon n'arrive pas à mettre de l'argent de côté. L'autre matin, la goule enfarinée, il l'a dit chez Bourdin. Et moi, je ressens de la sollicitude. Je comprends ce que ça veut dire « ne pas mettre de l'argent de côté », car je viens moi-même d'un milieu modeste.

Récemment, j'entendais Brigitte Fontaine s'énerver en disant qu'elle détestait le mot « modeste » que l'on emploie selon elle, par fausse pudeur, quand on n'ose pas prononcer le mot « pauvre ». Mais je ne suis pas d'accord, Brigitte. Je ne dirai jamais que je viens d'un milieu pauvre. Mais d'un milieu modeste, oui. Ce n'est pas une hypocrisie, c'est une exactitude.

Je viens d'un milieu modeste.

Je ne m'en flatte pas, je ne m'en cache pas non plus, c'est comme ça. Je n'ai pas à m'en prévaloir, je n'ai pas à en avoir honte. C'est ainsi. Il faut bien naître quelque part. Laissez-moi ce repère ou je perds la mémoire. Modeste, c'est quasiment la définition qu'en donne François Fillon. C'est ne pas pouvoir mettre de l'argent de côté. Si on a déchiré son pantalon, on fait une reprise. Si les endives au jambon de la veille au soir ne sont pas finies, le lendemain, on remange du jambon et des endives. Si on a un costume trop petit parce qu'on a grandi des jambes, des bras, de partout, c'est le petit frère qui hérite du costume. Ce n'est pas la misère, oh non, pas du tout ! C'est la vigilance. Ce n'est pas le dénuement, pas l'indigence, c'est l'économie, nécessaire, obligatoire. Modeste, ce n'est pas pauvre. Non, Brigitte…

Pauvre, c'est quand on n'a pas assez à manger, quand tout le monde vit dans la même pièce, quand les journées sentent des pieds, quand le présent est incertain, quand l'avenir est sans lendemain. C'est pas pareil… Modeste, c'est ric-rac, c'est sur le fil. C'est comparer les prix, c'est faire attention à tout, c'est être sur le qui-vive. Modeste, ça demande de l'ingéniosité, des talents d'économiste, d'équilibriste.

Modeste, ça veut dire qu'on ne roule pas sur l'or, mais qu'on arrive quand même à payer les factures. Modeste, ça veut dire qu'on doit faire attention, tout le temps, parce que sinon la pauvreté, la vraie, celle qui fait peur, celle dans laquelle on pourrait tomber deviendrait périlleuse, délicate, mortelle.

Dans les milieux modestes, on ne connaît personne qui pourrait offrir des costumes, jamais, ça n'existe pas. On peut avoir des amis qui viennent avec une bonne bouteille, ça oui. On peut avoir des copains qui arrivent avec des fleurs cueillies dans le jardin, des légumes ramassés dans le potager, mais des qui viennent avec un costume tout neuf en cadeau, ça non, c'est impensable. Dans les milieux modestes, on peut avoir un oncle, une tante, un peu plus argenté qui à Noël fait des cadeaux somptueux, une Nintendo Switch, un smartphone, une machine à café, ou même une salière électrique. Chez les gens modestes, quand on achète une salière électrique, ça s'appelle faire une folie. Après, tout le reste de sa vie, la salière électrique, on la regarde de travers. Et même le parrain, celui qui a une bonne place, celui qui a réussi, celui qui est contremaître dans une entreprise où tout le monde rêverait de travailler, il pourrait pas offrir des costumes. D'abord, les costumes, c'est personnel. Les costumes, c'est comme les slips, on en achète soi-même quand c'est nécessaire. Mais moi, je n'ai jamais vu personne offrir un costume, surtout un costume sur mesure. C'est pour ça que les gens modestes, quand ils ont appris que M. Fillon avait rendu son costume sur mesure, ils ont trouvé que c'était dommage parce que le costume sur mesure, il avait été fait spécialement sur les mensurations de M. Fillon et que forcément, sur quelqu'un d'autre, il ne tomberait pas si bien. Vu qu'il était fait, ajusté, repassé, le costume, autant le porter… Surtout que si ça se trouve, maintenant, il va rester sur un cintre et personne ne voudra le mettre. C'est dommage, un costume qui a coûté de l'argent et qui a fait travailler tout un tas de petites mains…

Les gens modestes, pas les pauvres, Brigitte, les pauvres ils trouvent que cette histoire c'est de la science-fiction pure et simple, les gens modestes, ils se disent : comment vous voulez mettre de l'argent de côté si, quand on vous fait un cadeau, vous ne l'utilisez pas ? Les gens modestes, ils n'en reviennent pas, ils pensent que M. Fillon, tant qu'à faire, il aurait mieux fait de le rembourser à son copain trop généreux parce que de toute façon, un costume, même si on n'est pas président de la République, c'est toujours utile…

Si ça continue les histoires comme ça, les chances de M. Fillon d'entrer à l'Élysée ne sont peut-être pas pauvres, mais modestes, oui…

PERSPECTIVES CANNOISES

14 avril 2017

Mademoiselle Kiberlain, monsieur Frémaux, j'ai écouté avec beaucoup d'intérêt vos propos largement mondialistes concernant la préparation de ce festival cosmopolite dont ce matin, soutenus par la clique des journalistes antipatriotes, vous avez fait la réclame. Je dois vous préciser, mademoiselle Kiberlain, monsieur Frémaux, à toutes fins utiles, que les prochaines années ce programme devra naturellement subir quelques modifications, au cas où dans trois semaines notre candidate serait élue présidente de la République. Ce qui est une éventualité que vous auriez tort de totalement écarter.

Le Festival de Cannes serait maintenu, naturellement, car il s'agit d'une vitrine commerciale, et pour la France et pour la région Paca et pour la ville de Cannes, mais il devra subir certains aménagements. Monsieur Frémaux, il vous faudra partir. Ne craignez rien. Quelqu'un vous remplacera, quelqu'un dont la légitimité ne fait pas de doute, homme d'expérience et de divertissement, je pensais par exemple à l'un de nos nombreux soutiens dans le monde de la culture, M. Franck de Lapersonne…

Notre réflexion portera sur le cinéma étranger. Est-il nécessaire, notamment, de mettre en avant, comme vous le faites, monsieur Frémaux, mademoiselle Kiberlain, le cinéma hors frontières ? N'existe-t-il pas un cinéma national et je dirais même régional que vous avez bien peu valorisé encore ce matin, mademoiselle Kiberlain, monsieur Frémaux… Quid du cinéma poitevin ? Quid du cinéma bourguignon ? Quid du cinéma berrichon ?

Mademoiselle Kiberlain, vous comprendrez qu'à l'avenir vous ne serez plus sollicitée pour présider des jurys cinématographiques. Heureusement, il existe d'autres acteurs qui pourraient avantageusement vous remplacer, ils sont nombreux, il n'y a qu'à se baisser. Je pensais par exemple à quelqu'un dont la filmographie est abondante et qui, par ailleurs, défend les thèses qui sont les nôtres, oui, je pensais à M. Franck de Lapersonne…

Parce que, enfin, mademoiselle Kiberlain, je regardais le nom des réalisateurs que la Caméra d'or a célébrés ces dernières années et vous conviendrez qu'elle met peu en avant le cinéma distrayant et populaire : Benyamina, Acevedo, Amachoukeli, Chen, Zeitlin, Giorgelli… Il faut remonter à 2008 pour que ce prix valorise quand même un auteur incontestablement notoire : le grand Steve McQueen, immortalisé par l'inoubliable série *Au nom de la loi*, où il excellait dans le rôle de Josh Randall.

Je promets que le cinéma français sera valorisé sur les ondes nationales et que la radio publique aura à cœur de mettre en avant un cinéma sans migrants, sans drogue, sans banlieue, sans beurs et sans reproche (vous voyez que je ne suis pas moi non plus ennemi de l'humour), et vous conviendrez, monsieur Cohen, que vous ne serez pas le mieux placé pour mettre en avant une culture plus centrée sur la France, à l'intérieur de ses frontières, ses régions, son folklore, ses produits régionaux, son cinéma joyeux et sédatif, je pensais pour vous remplacer à quelqu'un dont la ligne éditoriale serait plus en adéquation avec la nouvelle direction que prendra notre beau pays, je pensais à un homme de communication et de médias, à tout hasard, M. Franck de Lapersonne…

Bon festival et bon vote à tous.

HOLOGRAMME ET SÈCHE-CHEVEUX

21 avril 2017

La campagne présidentielle 2017 aura permis un renouvellement de l'insulte. Deux insultes ont été particulièrement mises en avant ces derniers jours : « hologramme » et « sèche-cheveux ». Hologramme et sèche-cheveux, avouez que dans les meetings, au volant de sa voiture, sur les cours de récréation, c'est plus gracieux que « connard, enculé, fils de pute ».

Transformer un mot courant en insulte, c'est une façon de poétiser le langage, de magnifier la langue, de glorifier la parole tout en s'inspirant des merveilleuses inventions lexicales du capitaine Haddock : « bachi-bouzouk, bayadère de carnaval, coloquinte à la graisse de hérisson, ectoplasme à roulettes, papou des Carpates ». Notons que l'insulte « Capitaine de pédalo » est une déclinaison directe de « Amiral de bateau-lavoir », proféré par le marin barbu. Continuons de piller Haddock qui, avec un sens de la prévision inouï, avait désigné la plupart des candidats actuels. Quelle meilleure définition pour M. Cheminade que « simili-Martien à la graisse de cabestan », pour Mme Le Pen que « bulldozer à réaction », pour M. Fillon que « faux jeton à la sauce tartare » ? En revanche, son intuition lui avait fait défaut quand il avait parlé de « bougre d'extrait de crétin des Alpes », puisque M. Lassalle est des Pyrénées.

Faut-il considérer que « hologramme » et « sèche-cheveux » sont des insultes bien choisies ?

Ainsi que l'a noté Xavier de La Porte sur France Culture, le mot « hologramme » est la plupart du temps mal employé, car on ne peut être l'hologramme de quelqu'un d'autre. L'hologramme est une reproduction de sa propre image. Emmanuel Macron ne peut donc pas être l'hologramme de François Hollande. Patrick Cohen, alors qu'il en rêverait, ne peut pas être l'hologramme de

Jean-Marc Morandini, Thomas Legrand ne peut pas être l'hologramme de Geneviève Tabouis, je ne suis pas l'hologramme de Brad Pitt, alors qu'il en rêverait. Moderniser l'insulte, oui, bien sûr, mais à condition de maîtriser la technologie moderne, ce qui n'est pas encore tout à fait le cas chez les responsables politiques.

En revanche, l'insulte « sèche-cheveux », je suis désolé de vous le dire, est parfaite. Elle est de François Asselineau et dirigée contre vous, Emmanuel Macron. La salle de bains et le petit électroménager sont d'ailleurs, et je le note au passage, des mines inépuisables pour le renouveau de l'insulte : distributeur de cotontige ! protège-slip ! fil dentaire ! halogène ! ampoule à culot ! boîte à kleenex ! centrifugeuse ! cafetière à dosettes ! autocuiseur ! fabrique à glaçons ! presse-agrumes ! pompe à bière !

Alors évidemment, sèche-cheveux, ce n'est pas spécialement gentil, car essentiellement le sèche-cheveux brasse de l'air chaud, mais il reste précieux dans une salle de bains, si l'on veut sortir de chez soi par temps frais alors qu'on vient de se faire un shampoing et que l'on craint le refroidissement. M. Asselineau qui, lui, est largement dégarni, n'a peut-être pas saisi tous les bienfaits du sèche-cheveux. Quand l'enseigne Conforama vante un sèche-cheveux performant qui ne vous laissera pas tomber, n'est-elle pas pour vous un soutien objectif ?

Un sèche-cheveux est particulièrement apprécié quand il est silencieux. Un homme politique aussi. C'est en général le moment où il monte dans les sondages. Mais je ne voudrais pas monopoliser le temps de parole en période électorale et je laisserai donc au sèche-cheveux lisseur Spicy Candy de chez Calor le soin de conclure ma chronique…

LA MODE DES CHAPEAUX A BIEN CHANGÉ

28 avril 2017

J'avais un oncle très vieux et très éloigné qui avait été prisonnier en Allemagne. À son retour, après plusieurs années de captivité, descendant du train, regardant le monde autour de lui, il avait fait cette réflexion un peu étrange : « La mode des chapeaux a bien changé. »

Si ce vieil oncle, mort depuis des années, avait cette semaine fait son grand retour sur terre, en France, à Paris, il aurait pu réitérer son observation.

C'était mardi dernier, en Île-de-France le temps était frais, les averses passagères, et la France tout entière s'était réunie dans la cour de la Préfecture de police de Paris.

C'était mardi dernier et la France officielle et anonyme pleurait un jeune homme de 37 ans, policier, mort dans l'exercice de son métier, de sa mission, sur ce que l'on continue d'appeler par habitude, par tradition, « la plus belle avenue du monde » mais sans pouvoir le constater. Dans la cour de la Préfecture de police de Paris, on pouvait voir un président de la République, un président du Sénat, un président de l'Assemblée nationale, un maire de Paris, des ministres, des responsables politiques, les plus hauts dignitaires de la nation, un ancien président de la République, deux candidats à la présidence de la République, des officiels, des policiers… Et puis un homme, un homme triste, un homme triste et amoureux qui venait de perdre son compagnon. Devant la nation tout entière, devant la garde républicaine, les militaires au garde-à-vous, cet homme triste et amoureux a évoqué l'intimité, l'amour, la tendresse, des souvenirs intimes, la chaleur d'un couple qui se sépare le matin avant de partir l'un et l'autre au travail, les projets de vacances, les billets d'avion, les destinations lointaines. Cet homme triste et amoureux, d'une voix incroyablement digne et douloureuse, a dit simplement, fermement, son refus de la haine.

C'était mardi dernier. Un grand portrait du policier homosexuel était dressé près de sa dépouille. On découvrait un homme au visage sympathique, au regard franc, au doux sourire. Et l'on avait du mal à comprendre qu'aux yeux de certains il restait sans doute le symbole de la détestation : le flic, le pédé, le condé, la tantouze, le cogne, la flotte. C'était un portrait photographique, mais bien loin du cliché qui était exposé dans la cour de la Préfecture de police de Paris.

C'était mardi dernier et j'étais devant ma télé. Je me disais que je l'aimais bien, ce pays qui est le mien et qui s'appelle la France, et dont par moments on peut être fier quand il sait dépasser ses querelles, ses frustrations, ses rancœurs, ses ressentiments, ses amertumes pour se réunir et se souvenir d'un homme de 37 ans qui avait du courage, de l'amour et le goût des voyages.

Alors, pour cette chronique d'entre deux tours, j'avais bien envie de terminer par ces quelques mots qui, au-delà de la formule conclusive de tous les discours des meetings, restent un idéal qu'on peut aimer, qu'on a raison de défendre. Vive la République, vive la France.

Tu as raison, tonton, la mode des chapeaux a bien changé.

Et tu as même le droit de t'en réjouir.

CONTRE LE BEN, IL FAUT SAUTER CALEÇON

5 mai 2017

Aujourd'hui, vu les circonstances, j'aurais aimé faire un appel à voter pour l'un des deux candidats afin surtout d'éliminer l'autre. Je ne le ferai pas. Je n'ai surtout pas envie que l'on m'accuse d'être de parti pris. J'ai donc aujourd'hui décidé de parler essentiellement de vêtements et de sous-vêtements. Ce sont des sujets qui ne sont pas sans intérêt.

Grand frais, grandes fraises.

Le rhingrave.

(Le rhingrave est un haut-de-chausses recouvert d'une petite jupe, en usage en France dans la seconde moitié du XVIIe siècle, dont, quelquefois à la nuitée, Patrick Cohen se vêt afin de se changer les idées et d'échapper à la violence d'une actualité anxiogène.)

Le rhingrave.

Dans deux jours, nous aurons un chiot déterminant amer entre les deux derniers candélabres à l'inverse biture pour la résidence de la crêpe pudique. Je vous le quémande seul et bonnement : contre le ben il faut sauter caleçon.

(Le caleçon est un sous-vêtement masculin qui couvre le corps de la taille à mi-cuisse – caleçon court – ou de la taille aux chevilles – caleçon long –, dont Patrick Cohen se couvre certaines nuits de frimas quand le réchauffement de la planète, ne sautant pas aux yeux, lui semble une contre-évidence).

Il faut sauter caleçon.

Je suis dévalué, on n'a pas le bois. Vous n'aimez pas caleçon ? Le camélia des branques ? Le fisc haché de romande ? Le marquis de brise-vitre ? Ne me cite pas que vous préférez le ben, le camélia des cachots, de l'algébrique en seize, du Sud, des nègres à sionistes, des colles à bois et de l'autre idiome, l'espèce de zonard, de Du Thon Plaignant qui se rétamait de deux pôles et qui de plume en plume se raccroche de putain !

Quoi, vous héritez entre le ben et caleçon ?

Vent choyé dos à dos ces deux grands lilas, c'est détonant d'incisure polyptique. Sautez caleçon démanche et l'un dit : dès le sous-marin encrez dans l'aube aux syphons si vous moulez, mais ne laissez pas la grande primate de l'extrême goitre prendre le mouchoir. Sur le flanc solsticial, structurel, ergonomique, ce serait des astres heureux pour mousses. Des mâts groggys, xénoplastie, distillation, oui, madame le ben, la transe médite vieux.

Je le répète : le rhingrave. (Le rhingrave est non seulement ce haut-de-chausses très ample enrubanné et attaché par le bas mais aussi un titre porté par certains princes allemands de la région rhénane qui organisent des grandes soirées festives, tantôt cuirées, tantôt déshabillées, où le vin de Bohême coule à flots mais que Patrick Cohen fréquente peu, essentiellement à cause d'un emploi du temps surchargé.)

Grands frais, grandes fraises, j'esquinte avoir été suffisamment glaire : démange province, ne vous crottez pas de bouquetin, volez caleçon contre le ben. L'abstinence, c'est trotter pour le ben. Un bouquetin blanc, c'est une joie pour le ben.

(Le « ben » est le diminutif familier pour désigner l'argotique « bénard » qui est un synonyme de pantalon que, la courte nuit venue, Patrick Cohen aime retirer quand, la journée finissant et son lot d'inquiétudes et de querelles et de débats et de disputes, Morphée en ses bras le console de tant de hasardeuses perspectives, de tant de violentes vicissitudes.)

TOUT DOUCEMENT, SANS FAIRE DE BRUIT

12 mai 2017

Patrick, vous savez comme je suis sentimental. (*Piano romantique.*)

Puisque nos chemins se séparent, puisque vous avez décidé de prendre le large, de prendre vos distances, la poudre d'escampette, puisque la crinière rouge de Laurence notre directrice n'a pas été un argument suffisant pour vous convaincre de partager vos petits déjeuners dans la Maison ronde, j'aimerais que vous ne nous oubliiez pas complètement, j'aimerais que tu ne m'effaces pas totalement de ta mémoire, de ton disque dur…

Pardonne-moi, si en ce matin de printemps je convoque mes souvenirs les plus intimes, il y a une dizaine d'années, j'étais jeune, j'étais fou, j'avais à peine dépassé l'âge actuel du nouveau président et je participais à une émission humoristique sur France Inter déjà… L'émission était présentée par un sémillant royaliste de type caucasien aux frisures blondes, au sourire espiègle et généreux. À l'époque, le « politiquement correct » n'avait pas encore contraint le service public à engager une personne égyptienne issue de la diversité.

Un jour, par goût de l'aventure, du besoin de se réinventer, de se remettre en question, de s'en mettre plein les fouilles, Stéphane avait cru bon d'aller voir ailleurs. Oui, il s'appelait Stéphane… Pendant des mois, je pleurais, j'étais comme une âme en peine. Son absence m'était insupportable, insoutenable, odieuse. La nuit, autour de la Maison ronde, nu, je criais son nom pour qu'il revienne, mais seul le silence me répondait.

Et puis un jour, je l'entendis à nouveau sur ma radio préférée et je sus qu'il ne m'avait pas complètement oublié. Il prononçait, rien que pour moi je crois, des messages subliminaux. Car enfin, personne, mentalement équilibré, intellectuellement pourvu, ne peut faire preuve d'autant de ferveur pour évoquer des vérandas.

Je comprenais tout à mi-mot. Quand il me parlait avec enthousiasme d'une grande reine qui a le pouvoir d'agrandir l'espace et de faire régner la lumière, c'était de moi qu'il parlait, même si son imagination impétueuse pouvait, seule, le conduire à me voir comme une grande reine capable d'agrandir l'espace… Mais quand il disait : « Elle règne sur la France depuis plus de trente-cinq ans », je me reconnaissais immédiatement : j'ai en effet plus de 35 ans. Quand il annonçait « une élégance incomparable, moderne ou traditionnelle », il me fallait bien reconnaître que c'était mon portrait craché, et quand il ajoutait « s'habille sur-mesure », je remarquais que ce n'était pas tout à fait exact mais que mon élégance, mon maintien naturel pouvaient en effet prêter à confusion… Stéphane, je ne peux m'empêcher de t'écouter en boucle de tes cheveux ambrés…

(*Pub* Bern Akena*, en coupant Akena.*)

Puisque bientôt, Patrick, la vie va nous séparer car la vie sépare ceux qui s'aiment, tout doucement sans faire de bruit, et la mer efface sur le sable les pas des amants désunis, j'espère que sur ma chaîne favorite votre voix me parlant de vérandas ou de mutuelles ou des poulets de Loué m'adressera des messages d'affection. Je sais que, quand tu feras semblant de parler à la multitude, je serai ta véranda, je serai ta mutuelle, je serai ton poulet de Loué…

L'OURAGAN MACRON

19 mai 2017

Patrick, j'aurais voulu comme vous revêtir mon plus beau smoking et vous accompagner sur la Croisette. Initié par Frédéric Beigbeder, j'aurais aimé en tout bien tout honneur partager avec vous une petite ligne de coke sur la terrasse du Majestic, mais vous connaissez mon exigeante vision du service public, mon attachement scrupuleux, pointilleux, irréfragable à France Inter, essentiellement dû au fait que je ne suis jamais réclamé ailleurs. Si : Sweet FM, située au Mans, m'a proposé de tenir une chronique nocturne et œnologique traitant essentiellement du vin de Jasnières, mais pour le moment je me tâte un peu…

Ah ! Patrick, j'espère que dès septembre vous n'oublierez pas de me transmettre les conseils précieux que Jean-Pierre Elkabbach, dont l'indépendance vis-à-vis des puissants est un exemple pour nous tous, ne manquera pas de vous prodiguer.

En attendant, ce matin encore, j'ai préféré aller sur le terrain, j'ai décidé de m'éloigner du glamour et des paillettes pour me rapprocher des larmes et du sang. Je suis en effet ce matin en direct d'un champ de ruines, celui laissé après le passage de l'ouragan Macron.

(…)

Entendez-vous le vent mauvais qui souffle sur la morne plaine des Républicains ? Distinguez-vous le blizzard glaçant qui traverse les paysages désertiques du Parti socialiste ? C'est une vision de fin du monde qui apparaît sous nos yeux consternés… Dévastation, saccage, razzia…

On assiste à des scènes de pillage, on voit des scènes d'une violence inouïe, des combats d'une rare brutalité entre wauquiezistes et soleristes, entre ciottistes et estrosistes, entre baroinistes et kosciuskomorizetistes. Les socialistes sont laminés, détruits, à terre, ils mangent la poussière. Ils ne savent plus s'ils sont dans la majorité ou dans l'opposition, ils s'interrogent : Qui sommes-nous, nous qui défendions la loi El Khomri hier, pour nous opposer demain à des lois qui relèveront de la même doctrine ? La perplexité est à son comble, le flottement à son paroxysme. Des vieux chevaux de retour, excités par les lumières de l'insolite, tentent de participer à la parade, mais les pauvres rosses, dépassées, s'en vont mourir à l'écurie avant de pouvoir accomplir un dernier tour de piste.

Les socialistes et les Républicains tentent de rivaliser d'esprit. « Ce gouvernement n'est ni de gauche ni de gauche », rigolent les uns. « Ce gouvernement n'est ni de droite ni de droite », gloussent les autres. Mais personne n'a envie de rire. C'est la consternation. C'est la peur. C'est l'abattement.

La droite est en charpie, la gauche est en miettes.

On ne peut pas tout décrire tant ce qu'on voit est insoutenable. Des scènes d'horreur comme il en existe après les typhons, les tremblements de terre. Les hommes sont devenus des bêtes. Certains se vautrent au pied du nouveau pouvoir pour réclamer de la soupe, ils ont faim, ils vont mourir s'ils ne sont pas nourris, d'autres sont prêts à arracher des membres, à crever des yeux afin d'empêcher quelques malheureux d'accéder à la pitance.

Dupont-Aignan, tellement suffisant, tellement insuffisant, écrasé sous le mépris et l'indifférence, piétiné, en lambeaux, tente de faire comprendre la fluidité de sa pensée fulgurante : « Moi, je ne me suis jamais rallié au FN, je ne me rallierai jamais au FN, vu que j'avais signé une alliance, oui, avec le FN pour m'allier avec eux, c'est tout… » On ne comprend pas ce qu'il raconte. D'ailleurs on n'a pas envie de savoir. Il était si peu écouté avant et si inaudible maintenant…

Une vision d'horreur surgit sous nos yeux catastrophés. Ce n'est pas la fin du monde. Peut-être la fin d'un monde.

BISOUS D'AUSCHWITZ !

26 mai 2017

Le fait d'écrire des chroniques depuis des années sur France Inter, en plus de cachets mirifiques, m'a permis de connaître une notoriété internationale, pas forcément auprès du grand public mais auprès des décideurs, ceux qui sont à l'affût du génie. C'est ainsi que, le mois dernier, je ne voulais pas le dire jusque-là par modestie, mais j'ai été approché par les collaborateurs de Donald Trump, qui m'ont proposé de rédiger les petits mots laissés par le grand homme sur les livres d'or.

« Ah, m'ont-ils dit avec admiration, vous savez exprimer tellement de choses en si peu de mots, voudriez-vous être la plume laconique et guillerette de notre président ? — Bien sûr », leur fis-je sans détour, tout ça en anglais, naturellement (*of course, I say all that in english, naturally*) « une proposition de la sorte ne se refuse pas, au moment où France Inter connaît des turbulences et un avenir incertain (*some turbulence and a uncertain future*). »

Au mémorial de Yad Vashem, sur le livre d'or, en mémoire des victimes de la Shoah, c'est donc moi qui ai soufflé cette brillante sortie : « C'est un grand honneur d'être ici avec tous mes amis. Tellement incroyable, je n'oublierai jamais. »

C'est direct, c'est punchy, c'est évidemment beaucoup plus enjoué que toutes les considérations alambiquées de Barack Obama sur la paix, le potentiel humain et l'avenir du monde.

En attendant sa destitution, Donald Trump visitera peut-être encore de nombreux lieux de mémoire, j'ai donc pris de l'avance, voici en exclusivité les prochains écrits de Donald sur différents livres d'or…

Camp de concentration de Dachau : « Quelle belle journée ensoleillée dans ce lieu merveilleux où la valeur travail est mise en avant… C'est tellement vrai que le travail rend libre ! »

Auschwitz : « Très agréable séjour. Bisous d'Auschwitz ! »

Le mur de Berlin : « Buvons ici entre amis une bière délicieuse au pied d'une belle construction qui, je le constate, a réussi à éloigner les Mexicains. »

Oradour-sur-Glane : « Quelle délicieuse campagne verdoyante ! C'est magnifique ! L'entrepreneur qui est en moi voit cependant quelques travaux de rénovation et reconstruction pour lesquels je serais prêt à proposer des devis concurrentiels. »

Site-Mémorial du camp des Milles : « Ah, ça ne vaut pas dix, ça ne vaut pas cent, ça vaut mille ! LOL. Bisous, partout. »

Chemin des Dames : « Sachez, mesdemoiselles, sachez, mesdames, que sur le Chemin des Dames, vous me trouverez toujours en chemin. La femme est éternelle. Gros bisous affectueux. »

Mémorial ACTe, ou Centre caribéen d'expressions et de mémoire de la traite et de l'esclavage, à Pointe-à-Pitre, en Guadeloupe : « En tee-shirt et pantacourt, je me dis ici qu'il ne faut pas non plus être esclave de la mode ! Énormes baisers. »

Arc de Triomphe, tombe du Soldat inconnu : « Beaucoup de plaisir à être ici. Mais dommage pour ce soldat qui n'a sans doute pas eu mon énergie et ma volonté pour réussir à se faire un nom. Gros, gros bécots. »

Bon, je vous laisse, je ne vais quand même pas tout vous dévoiler, il faut bien garder quelques surprises pour nous émerveiller. *A few surprises for amazing us*.

HOMO SAPIENS

9 juin 2017

Cette semaine, une information risque d'influencer considérablement la campagne des législatives. On en parle peu dans les états-majors parce que ça inquiète, ça trouble, ça remet en question nombre de valeurs, de notions qui jusque-là étaient admises par tous. C'est un véritable coup de tonnerre, c'est une révolution, c'est un bouleversement majeur. Je veux naturellement parler de cette étude publiée dans la revue *Nature*, qui montre que des fossiles humains trouvés au Maroc auraient au moins 300 000 ans, ce qui tend à prouver que l'*Homo sapiens* a 100 000 ans de plus que ce que l'on croyait.

Oui, j'ai bien dit : 300 000 ans au lieu de 200 000 ans ! Mentir sur son âge à ce point-là, c'est rare. Même Arielle Dombasle est dépassée.

Aujourd'hui, la volonté générale semble être de dégager les fossiles politiques. Même s'ils sont critiqués, bafoués, vilipendés, même si la tendance est à les mettre au rancart, force est de constater que ce sont aujourd'hui ces fossiles qui nous en apprennent long sur l'humanité.

Les partis extrémistes de droite, notamment, hésitent à communiquer sur cette information, on les comprend. D'une part, elle tendrait à prouver que si le berceau de l'humanité se trouve en Afrique du Nord, l'immigration nord-africaine est un phénomène qui ne date pas d'hier, puisqu'il aurait débuté bien avant les diverses vagues d'immigration successives, particulièrement lors des révolutions industrielles et du besoin de reconstruire la France après les deux guerres mondiales. Comment sérieusement prôner l'immigration zéro quand cette évolution peut être observée sur des centaines de milliers d'années ? D'autre part, si l'humanité débute en Afrique du Nord, même Marine Le Pen, même Florian Philippot, même Brigitte Bardot auraient des ancêtres marocains.

Les déclarations de Jean-Jacques Hublin, professeur à l'Institut Max-Planck de Leipzig, sont hallucinantes ! Il soutient, après avoir étudié la morphologie d'un fossile à la face plate et réduite (boîte crânienne, globulaire, denture, d'allure moderne) : « C'est la face de quelqu'un qu'on pourrait rencontrer dans le métro ! »

Incroyable ! On pourrait donc se retrouver face à face avec un *Homo sapiens* âgé de 300 000 ans entre les stations Madeleine et Sèvres-Babylone, quand la plupart de nos élus voyagent en voiture de fonction.

Lorsque l'homme apparaît sur terre, il vit dans une sorte de *no man's land* où il est très difficile de se distraire, notamment le dimanche : les vide-greniers n'existent pas, les sudokus et le scrabble n'ont pas encore été inventés, la peinture acrylique n'occupant aucun esprit d'inventeur, il n'est aucunement question d'envisager de redonner un petit coup de neuf à son mobilier de jardin. Même Michel Drucker, à l'époque, ça paraît incroyable, n'est pas à l'état de projet. La vie est assez morne : les dinosaures ont déjà disparu depuis plusieurs dizaines de millions d'années tandis que les éléphants du PS ne sont pas encore apparus.

Alors, pour s'amuser les hommes font l'amour. Une manière ancestrale d'occuper son temps et qui peut encore agrémenter certains dimanches d'élections législatives.

APTONYMIE ET LÉGISLATIVES

16 juin 2017

Il y a de cela plusieurs semaines, plusieurs mois, peut-être même plusieurs années, le temps passant si vite, j'avais consacré une chronique à l'aptonyme, c'est-à-dire au nom de famille ayant un sens lié à la personne qui le porte, en général une relation concernant son métier, autrement dit à la personne dont on dit : « Celle-là, elle porte bien son nom. » Mlle Piquemal, infirmière, M. Letondeur coiffeur, M. Millepied, danseur…

Cette chronique avait eu un retentissement considérable auprès de la population France-interienne. Au point que, pas plus tard que la semaine dernière, Mlle Sassella de Paris XVIIIe me signalait qu'il existait un M. Boulon, garagiste en Haute-Savoie. Par ailleurs, dans un courrier extrêmement pointilleux que je n'ai pas lu jusqu'à son terme, M. Encule-mouche me faisait remarquer qu'on pourrait différencier les professioaptonymes (les aptonymes liés au métier : Boulanger, Mercier, Paysan) des physioaptonymes (les aptonymes liés au physique : Lepetit, Legrand, Bigleux). C'est possible. Je n'ai pas d'avis et je m'en fous…

Quoi qu'il en soit, la campagne législative 2017 nous a permis de recevoir une nouvelle salve d'aptonymes plus ou moins convaincants que je vais me permettre de vous soumettre aujourd'hui.

L'aptonyme n'est pas seulement une curiosité patronymique, l'aptonyme est une richesse patrimoniale qu'il faut défendre, qu'il faut valoriser, qu'il ne faut pas hésiter, à chaque moment et dans toutes les circonstances de la vie, à mettre en avant.

Ainsi, M. Thibault Barge, soutenu par Jean-Marie Le Pen, militant chez Civitas, était candidat dans la 9e circonscription de l'Isère.

Monique Führer-Moguerou, suppléante, est une élue FN de Mantes-la-Jolie. Elle n'a pas un nom facile à porter. D'autant que les Monique sont souvent sujettes à caution. Par discrétion, appelons-la simplement Mme Führer.

Mme Baston n'a pas hésité à prôner une attitude bagarreuse dans la 11e circonscription de Paris où elle était candidate.

Une Mme Perdu quelque part en France s'est égarée dans l'identitarisme et le repliement.

Mais l'extrême droite n'a pas eu le monopole de l'aptonymie.

M. Franck Bracquemart, pour la 5e circonscription de Seine-et-Marne, représentait l'Alliance écologiste indépendante, et une vitalité assumée et conquérante de l'écologie en Île-de-France.

Dans la 2e circonscription de l'Eure, Juliette Poulet restera justement, au-delà des élections, une militante animaliste.

M. Baratin, pour la 12e circonscription du Rhône, a voulu souligner de manière subliminale le caractère parfois phraseur et manipulateur du discours politique.

Dans la 9e circonscription du Val-d'Oise, M. Dufumier prônait pertinemment une agriculture sans engrais chimique.

Myriam Santhune, d'Europe Écologie-les Verts, souligne habilement et chaque jour qu'elle ne s'est pas enrichie personnellement et n'est en rien concernée par les affaires financières de ces dernières semaines.

La semaine prochaine, la nouvelle Chambre des députés sera vraisemblablement composée de barges, de poulets, de führers, de braquemarts, de sans-thunes, de perdus. La baston et le baratin n'y seront pas absents. Un jour ou l'autre, il y sera question du fumier.

Mais combien d'aptonymes représenteront véritablement les Français ? C'est une question que cette semaine j'ai rarement entendu poser chez les commentateurs politiques.

UN ATTENTAT CAPILLAIRE

23 juin 2017

Vous savez, Patrick, que je n'ai jamais renoncé à ma liberté de parole malgré les mises en garde venues de toutes parts. Vous savez, Patrick, que j'ai toujours tenu à mon libre arbitre, n'hésitant pas quand les circonstances l'exigeaient à donner un grand coup de pied dans la fourmilière. Je regrette de prendre en ce vendredi la responsabilité de mettre les pieds dans le plat et de m'interroger sur les bouleversements que connaît en ce moment France Inter.

Des défections, des départs, des désertions, des abandons de poste en nombre, il existe des instants dans la vie d'un homme responsable, d'un citoyen éclairé, où il serait fautif de ne pas s'interroger et de ne pas mettre à plat les logiques d'une situation largement explosive.

Le rôle qu'en ce matin j'endosse est ingrat, je le fais uniquement au nom de la haute estime que je porte à la radio de service public et à ses serviteurs. Les interrogations que j'ai pu avoir sont, et je l'ai vérifié en échangeant auprès des distributeurs de madeleines sous plastique dans les couloirs de la Maison de la radio, à la terrasse des différents cafés entourant la Maison de la radio, sous les baldaquins de nombreux hôtels jouxtant la Maison ronde, avec de nombreux représentantes et représentants du personnel de Radio France et de France Inter en particulier. Je pense qu'à un moment donné on ne peut pas faire l'économie d'une large réflexion et d'une mise à plat qui doit engager chacun de nous.

Je veux naturellement et vous l'aurez compris évoquer les différentes fantaisies capillaires de notre directrice Laurence Bloch. Je ne veux naturellement pas juger, je ne veux pas condamner, je ne veux pas mettre au pilori. Qui serais-je pour cela ? Je veux simplement tenter de comprendre. Il est indéniable que ces caprices capillaires, ces toquades chevelues, ces initiatives poilues, ont souvent troublé, ont parfois choqué, ont de temps à autre abasourdi, effrayé, révolté.

J'entends naturellement les pseudo-libéraux-libertaires qui se dégagent de tout sens des responsabilités et disent : « Mais elle fait ce qu'elle veut, après tout ce sont ses cheveux ! »

Bien sûr, ce sont ses cheveux, mais sauf quand elle se trouve devant un miroir, ce n'est pas elle qui a à subir ce qu'il faut bien appeler une agression, et une agression naturellement permanente. Chevelure tour à tour, ou de façon concomitante, crêpée, frisée, bouclée, calamistrée, brillantinée, teintée, expressive au-delà de l'expression, enluminée, rouge.

Peut-être, et je n'accuse personne car s'il existe une responsabilité, elle est collective, s'il existe une culpabilité, elle est collégiale, peut-être n'avons-nous pas eu, à un certain moment, le courage de lui signifier simplement, dans le respect mais la fermeté, dans la considération mais la résolution : « Dis donc, Laulau, est-ce que tu pousses pas un peu avec tes mèches ? »

Bien sûr, il est toujours facile après coup de trouver ce que nous aurions dû dire. Il est plus aisé rétrospectivement d'afficher la bonne attitude. Et je ne veux pas accuser, je ne veux pas savoir si c'est Dessange ou Maniatis, Franck Provost ou Fabio Salsa le véritable instigateur de ce qui ressemble à un attentat capillaire que même Daech n'a pas eu le courage de revendiquer.

La situation, aujourd'hui, semble inextricable car si elle a mis le feu aux poudres, elle a aussi pas mal boosté l'aspect touristique de la Maison de la radio. Aujourd'hui, de nombreux voyagistes proposent dans leur programme, à côté de la magie du parc Euro Disney et de l'enchantement du musée Grévin, la féerie de la coiffure de Laurence.

Comment résoudre la quadrature du cercle ? Comment trouver des solutions afin que l'hémorragie de France Inter ne se poursuive pas dans les semaines qui viennent, tout en conservant les aspects décoiffants et touristiques de notre directrice ?

Attention, moi, je ne suis pas là pour donner des solutions, je suis là pour poser des questions.

SALUT PATRICK (2)

30 juin 2017

Ce matin, Patrick, je suis en train de déambuler sur de la cellule vivante environnée de réserves alimentaires et d'enveloppes protectrices et qui, après formation dans le corps d'une femelle, ponte et fécondation, donnera un jeune de la même espèce.

Plus simplement, Patrick, je marche sur des œufs. Comment faire pour tirer un bilan des sept années passées auprès de vous chaque vendredi matin sans vous faire le reproche de nous quitter ? Comment être assez habile pour vous souhaiter bonne chance dans vos activités futures sans faire la promotion d'une chaîne qui reste quand même concurrente ? Comment vous tresser des lauriers sans compliquer mes relations avec celui qui à partir de septembre prendra votre place ? Comment vous laisser entendre que ça ne m'aurait pas dérangé que vous restiez sur France Inter sans chercher le moins du monde à vous culpabiliser ?

Vous aimez la chanson et j'aurais pu trouver cinquante titres et un poème pour vous dire au revoir. « Pars et surtout ne te retourne pas. Il faut savoir quitter la table. Ne me quitte pas, il faut oublier, tout peut s'oublier, oublier le temps des malentendus et du temps perdu. Même si tu revenais je crois bien que rien n'y ferait. Quand tu aimes il faut partir. »

Vous avez inventé le macronisme avant Macron, vous avez même été au-delà de son ouverture tous azimuts puisque dans un même aréopage vous avez su regrouper pas mal de socialistes, de républicains, d'insoumis, d'écologistes, de frontistes, qui se sont réunis dans une même détestation de vous quand vous posiez les questions qui fâchent.

Arrivant à France Inter il y a sept ans, vous étiez précédé d'une réputation de grand professionnel mais un peu cassant, un peu autoritaire. C'est un aspect de vous que je n'ai pas connu. Je vous ai toujours senti attentif, sensible, notamment à mes chroniques, et je vous en remercie. J'ai personnellement regretté que vous ne soyez pas aussi client que moi de celles de François Rollin, mais sans doute le sens de l'humour est comme le sentiment amoureux, quelque chose qui nous échappe et nous différencie et ne souffre ni l'explication, ni l'argumentation, ni le raisonnement.

Il y a sept ans, quand vous avez succédé à Nicolas Demorand, vous n'avez pas eu l'à-propos de Samuel Étienne de « Questions pour un champion » quand il a dit : « On ne remplace pas Julien Lepers, on lui succède », le même Demorand qui demain ne vous remplacera pas mais vous succédera, et à qui peut-être un jour vous succéderez sans le remplacer, ne dira pas non plus : « On ne remplace pas Patrick Cohen, on lui succède. »

Après tout, nous ne sommes pas irremplaçables, et seule la radio et ce lien si intime que nous continuerons d'entretenir avec l'auditeur resteront pour nous tous, autant que nous sommes et où que nous soyons, notre plaisir irremplaçable.

Au revoir, Patrick, je vous embrasse.

JE N'AI ENCORE RIEN DIT

Chroniques 2017-2019

À Antoine Sahler,
ami, chanteur, musicien,
auteur de chansons.

« Elle a regardé au-dehors
T'as de la chance de vivre ici
Vraiment ton quartier je l'adore
Et moi je n'ai encore rien dit. »

DES NOUVELLES
DU PAYS DES TARTELETTES À LA MERDE

1er septembre 2017

Il était une fois une région du monde où les hommes n'étaient pas heureux. Ils étaient perdus, inquiets, perplexes. Surtout, ils ne savaient plus quoi manger. Les pesticides, les fongicides, les dioxines envahissaient tout, empoisonnaient tout, intoxiquaient tout. L'œuf était contaminé. La vache était folle, le poulet grippé. Des chevaux de laboratoire étaient servis dans des barquettes. Le géant de l'ameublement Ikea avait même un jour singulièrement vendu des tartelettes à la merde. Depuis ce jour, cette région du monde avait été rebaptisée le Pays des Tartelettes à la merde.

Le Pays des Tartelettes à la merde était cependant considéré comme un eldorado, un pays fabuleux gorgé de richesses et de plaisirs, par d'autres hommes qui trouvaient dérisoire la folie de la vache, insignifiante la grippe du poulet, négligeable l'infection de l'œuf. Ces hommes qui, depuis toujours, bouffaient de la vache enragée se moquaient bien de savoir si la vache, au début de sa carrière, avait pu être truie, cheval ou viscache des plaines, le principal étant qu'elle soit nourrissante. Habitués depuis leur naissance à manger de la merde, la perspective de déguster une pâte brisée agrémentée de matières fécales en déambulant parmi des allées bordées de meubles en bois, de dressings, de parasols et de luminaires leur semblait douce, exquise, une sorte d'idéal de bonheur.

Pour atteindre le Pays des Tartelettes à la merde, ces hommes, qu'on appelait des migrants, devaient d'abord subir toutes sortes de violences diverses : torture, rançon, esclavagisme. Seulement après, ils pouvaient espérer prendre une embarcation de misère qui souvent échouait dans l'eau. Ces migrants, souvent, se noyaient.

Certains habitants du Pays des Tartelettes à la merde voulant venir en aide à ces hommes démunis accueillirent ces malheureux, lancèrent sur les mers des bateaux humanitaires, mais d'autres habitants affrétèrent d'autres bateaux, anti-humanitaires ceux-là, afin d'empêcher toute action généreuse et d'interdire aux migrants de venir manger nos tartes à la merde.

C'est alors qu'un homme de génie eut une idée de conciliation. « Enfin, s'exclama-t-il, puisque ces migrants nous arrivent comme sur un plateau, pourquoi ne pas les manger ? Je comprends bien qu'on ne puisse pas accueillir toute la misère du monde, mais on pourrait la déguster, la savourer, la boulotter ! Si on ne veut pas recevoir ces migrants autour de notre table, au moins pouvons-nous les recueillir dans nos assiettes. Perdu pour perdu, le migrant, plutôt que d'améliorer l'ordinaire des murènes et des merlus, pourrait très bien combattre sur terre les différentes carences alimentaires et mettre fin à la malnutrition. Il apporterait une grande valeur nutritionnelle, une source importante de fer, de vitamines du groupe B, notamment la vitamine B12. De plus, généralement, on sait d'où vient le migrant, on connaît sa provenance. On diminue ainsi le risque de connaître un jour un nouveau scandale alimentaire… »

À ce jour, l'idée n'a pas réussi à convaincre totalement les populations. Bien sûr, on s'est habitué à noyer son prochain, pas encore à le manger.

Par ailleurs, certains discutent du bien-fondé d'une mesure qui risquerait de bouleverser les différents équilibres alimentaires, même si l'on sait que déjà, des géants de l'agroalimentaire, à la pointe de la sécurité sanitaire, lanceraient des recherches afin de pouvoir rentabiliser au mieux la chair de migrants.

Pour le moment, l'idée reste à l'étude.

LES ENFANTS S'ENNUIENT LE DIMANCHE

8 septembre 2017

Les enfants s'ennuient le dimanche.
Le dimanche les enfants s'ennuient.

Mais aussi parfois le lundi, le mardi, le mercredi, le jeudi, le vendredi, le samedi, des enfants s'ennuient.

Des enfants s'ennuient tout le temps, tous les jours de la semaine, du mois, de l'année, de l'enfance.

Un enfant, c'est fait pour jouer, pour courir, pour crier, pour pleurer, pour se battre, pour chanter, pour siffler, pour faire des ronds dans l'eau, pour construire des châteaux de sable, pour lire, pour dessiner, pour faire des coloriages, pour rêver…

Un enfant, c'est fait pour faire des expériences, tirer la queue du chat, cacher le dentier de sa grand-mère, jouer avec des allumettes, repeindre le salon avec des peintures acryliques.

Un enfant, c'est fait pour faire enrager les parents ou les attendrir.

Un enfant, c'est fait pour faire des bêtises.

Un enfant, c'est fait pour grandir.

Mais un enfant est-il fait pour passer la journée sur une couverture posée sur le trottoir et tendre la main aux passants qui jour après jour s'habituent à croiser l'insupportable, l'intolérable, le scandaleux ?

La Déclaration des droits de l'enfant, dite déclaration de Genève, en 1924, reconnaît que l'humanité doit donner à l'enfant ce qu'elle a de meilleur.

La Déclaration universelle des droits de l'homme, en 1948, indique que l'enfant doit être protégé en dehors de toute considération de race, de nationalité et de croyance.

La Convention internationale des droits de l'enfant, en 1989, évoque l'intérêt supérieur de l'enfant.

La convention de Genève de 1999 s'oppose au travail des enfants.

Des lois, des textes, des déclarations, des décrets, des conventions, des chartes, des prescriptions, des règles, des réglementations, des codes, des décisions, mais toujours des enfants allongés pendant des journées entières sur des couvertures posées sur le trottoir et qui tendent la main à des hommes, à des femmes, qui finissent par décider de ne plus voir l'abominable, l'ignoble. Le déshonneur.

Pourquoi les enfants de Roms seraient-ils des sous-enfants ? Pourquoi n'auraient-ils pas les mêmes droits que les autres ? Pourquoi leurs droits ne sont-ils pas respectés ?

Le 19 novembre est la Journée internationale des toilettes.

Le 21 novembre est la Journée internationale de la télévision.

Le 20 novembre, coincée entre les latrines et la télé, existe une Journée internationale des droits de l'enfant, mais qui sert à quoi ? Si des enfants allongés sur des couvertures continuent d'occuper des trottoirs sur lesquels passent des passants qui finissent par ne plus voir des enfants, des êtres humains, et finissent par admettre l'inadmissible.

Heureux enfants qui ne s'ennuient que le dimanche.

LONGTEMPS JE ME SUIS COUCHÉ

15 septembre 2017

Aujourd'hui, une chronique de vieux con, une chronique frontalement réactionnaire, littéraire et proustienne.

On connaît tous l'incipit « Longtemps, je me suis couché de bonne heure » du regretté et jamais remplacé Marcel Proust. Si aujourd'hui on veut sensibiliser la population à la littérature, il s'agit de moderniser la phrase afin de la remettre au goût du jour.

« Longtemps, je me suis couché de bonne heure » pourrait donc devenir dans un premier temps : « Longtemps, du coup, je me suis couché de bonne heure », phrase à laquelle il pourrait manquer un adverbe, certes dispensable mais très utilisé de nos jours : « Longtemps, du coup, je me suis couché trop de bonne heure », phrase que l'on peut faire évoluer facilement en : « Longtemps, genre, je me suis couché trop de bonne heure, du coup », puis en : « Longtemps, du coup, je me suis couché en mode trop de bonne heure, genre » afin de permettre à la phrase littéraire de s'immiscer dans un environnement plus actuel.

Il n'est pas inutile non plus de s'inspirer de Maître Gims et d'ajouter une locution qui peut sembler superflue mais qui permet encore une fois d'enraciner le propos dans une contemporanéité de bon aloi : « Longtemps, à la base, je me suis couché, du coup, genre, en mode trop de bonne heure. »

Afin de souligner le temps passé et le fait que l'événement cité se situe dans un passé forcément révolu qui n'a, finalement, que peu de chose à voir avec le présent, on peut très bien ajouter une nuance ironique : « Longtemps, à la base, mdr, je me suis couché du coup en mode trop de bonne heure, genre. »

Il ne faut pas en rester là.

L'idée du sommeil, de l'endormissement signifie immédiatement que le petit Marcel a décidé de se situer en dehors de la civilisation de l'image et des écrans et qu'au moment de se coucher, il a débranché son ordi et son smartphone, signifiant ainsi à tous ses followers qu'il ne serait pas connecté dans les heures qui viennent, qu'il ne serait plus à même de tweeter, de chatter, d'envoyer des snapchats, qu'il serait AFK, « *away from keyboard* ». « Longtemps, genre, à la base, du coup, mdr, je me suis couché away from keyboard en mode trop de bonne heure. »

Pourquoi ne pas en profiter pour exprimer le plaisir de l'endormissement : « Longtemps, à la base, mdr, genre, je me suis couché du coup away from keyboard, à la bien, en mode trop de bonne heure » ?

Il s'agirait également pour le narrateur d'entrer dans le vif du sujet et d'apostropher son interlocuteur, en l'occurrence son lecteur, par une approche directe, afin de saisir immédiatement son attention dans le cadre d'une interpellation directe.

« Wesh ma gueule, longtemps, genre à la base, mdr, je me suis couché du coup, away from keyboard, à la bien, en mode trop de bonne heure. »

Réjouissons-nous, en cette rentrée littéraire, la littérature décidément n'est pas morte…

« Parfois, à peine ma bougie éteinte, mes yeux se fermaient si vite que je n'avais pas le temps de me dire : je m'endors. Et, une demi-heure après, la pensée qu'il était temps de chercher le sommeil m'éveillait. Hashtag covfefe[1]. »

1. Référence à la faute de frappe dans un tweet du président américain Donald Trump, datant du 31 mai 2017, qui a suscité l'hilarité générale : « *Despite the constant negative press covfefe.* »

VIVE LA PUB AU THÉÂTRE

22 septembre 2017

Parmi les nouveautés de la rentrée, j'ai noté avec satisfaction cette année l'apparition de la publicité dans dix-sept théâtres privés parisiens. C'est Mlle Rossigneux, Brigitte de son prénom, et de Paris, qui attire mon attention sur cette nouveauté qui naturellement la réjouit et m'enthousiasme également. Il va bien sûr se trouver des bobos – on me signale que certains auditeurs de France Inter fanatiques des éditoriaux orientés de M. Thomas Legrand entreraient dans cette catégorie – pour critiquer l'arrivée de la réclame chez Molière. Laissons-les dans leur autoconfort élitaire et passéiste et préférons vivre avec notre temps…

La publicité au théâtre, pourquoi pas ?

Pourquoi la publicité, déjà présente dans nos rues, nos écrans, nos radios, nos couloirs de métro, nos cinémas, quelquefois nos ciels bleus, ne pourrait-elle pas faire son entrée au théâtre ? Mesdames et messieurs du théâtre, vous croyez-vous donc si supérieurs au reste de l'humanité ? Il ne s'agit pas bien sûr de faire n'importe quoi. Il faut trouver une adéquation entre les produits et les œuvres théâtrales.

Vous présentez *La Cerisaie* de Tchekhov, profitez-en pour mettre en avant les produits de la marque Bonne Maman qui propose à 2,52 euros chez Monoprix le pot de confiture griottes de 370 grammes.

Les Méfaits du tabac du même Tchekhov est à l'affiche. Demandez à Philip Morris de faire le spot. Ou, si vous préférez, à la Ligue contre le cancer.

Vous programmez *La Ménagerie de verre* de Tennessee Williams, très bien ! Dans ce cas-là, il ne sera pas du tout déplacé d'entendre en préambule : « Carglass répare, Carglass remplace ! » D'autant qu'en localisant, parmi plus de quatre cents centres Carglass pour rapidement intervenir sur les bris de glace, le centre le plus proche du théâtre, Carglass pourra très bien intervenir afin d'assurer la réparation ou le remplacement d'un pare-brise, d'une glace latérale et d'une lunette arrière, tandis que le spectateur arrivé juste avant les trois coups et peu après un accrochage sur le périphérique, dans la panique et la contrariété la plus vive, pourra tranquillement assister aux atermoiements divers d'une famille encore plus neurasthénique et exaspérée que la sienne.

La publicité pourrait même donner un éclairage nouveau au texte théâtral en injectant des publicités au milieu des répliques.

Molière, *Le Malade imaginaire* :
« Vous avez appétit à ce que vous mangez ?
— Oui, monsieur.
— Le poumon. Vous aimez à boire un peu de vin ?
— Oui, monsieur.
— Le poumon. Il vous prend un petit sommeil après le repas, et vous êtes bien aise de dormir ?
— Oui, monsieur.
— Le poumon, le poumon, vous dis-je.
Pour vos radiothérapies, n'hésitez plus ! Faites confiance à Siemens, Siemens, le roi de l'imagerie médicale ! »

Racine, *Le Songe d'Athalie* :
« Et moi je lui tendais les mains pour l'embrasser,
Mais je n'ai plus trouvé qu'un horrible mélange
D'os et de chairs meurtris et traînés dans la fange,
Des lambeaux pleins de sang, et des membres affreux
Que des chiens dévorants se disputaient entre eux.
Steak haché Bigard, le meilleur du bœuf ! »

Théâtres municipaux, nationaux, prenez-en de la graine ! Plutôt que de vous plaindre continûment de la baisse de vos subventions, faites preuve d'un peu d'esprit de débrouillardise et d'imagination en appelant à la rescousse la publicité, ne vous en déplaise, monsieur Legrand !

PLASTIQUE OU CÉRAMIQUE ?

29 septembre 2017

Plastique ou céramique ? Le débat enflamme Bordeaux depuis la semaine dernière. Grève, réunions, discussions et situation bloquée[1].

1. La Mairie de Bordeaux a mis en place, en janvier 2017, le remplacement dans les cantines des assiettes en céramique par des assiettes en plastique. Le dispositif a été annulé en septembre 2017.

Bordeaux est aujourd'hui une ville assiégée, une ville à feu et à sang. Plasticiens et céramistes se livrent un combat sans merci. Les uns ont leur réseau, les autres leur plan d'attaque. Personne ne veut perdre la face, personne ne veut plier. Dans la ville mortifiée, on ne sait plus comment crever l'abcès. Le malaise est à son comble. Bordeaux est à l'arrêt. La Garonne est perplexe.

Rappel des faits. Le personnel des cantines scolaires avait obtenu que la vaisselle en céramique, trop lourde, trop bruyante, soit remplacée par une vaisselle en plastique, légère et silencieuse. Mais les parents d'élèves et membres du collectif « Cantine sans plastique » ont réussi à convaincre le maire de Bordeaux de revenir à la vaisselle en céramique.

Céramique ou plastique ? Plastique ou céramique ?

Aristote nous a appris que de deux maux il faut choisir le moindre, mais quel est le moindre mal : les perturbateurs endocriniens contenus dans ce plastique qu'on retrouvera peut-être un jour dans le vortex de déchets du Pacifique nord, ou les tendinites et les maux de crâne occasionnés par la céramique chez les membres du personnel des cantines scolaires de la ville de Bordeaux ?

Dans son bureau, Alain Juppé, recroquevillé dans sa mairie, ne sait plus comment réagir. Il tourne en rond. Il tergiverse. Il s'interroge. Cela sera-t-il sa dernière bataille ? Cela sera-t-il son dernier combat, son baroud d'honneur ?

Tristesse et désolation. Lui, le vieux général, sobre et austère, rigide et sévère, qui se rêvait il y a moins d'un an dirigeant la France, en est réduit à gérer l'intendance des cantines scolaires.

Si une solution est envisageable, elle ne peut venir que d'en haut.

Monsieur Macron, je vous le dis tout net, il faut sauver le soldat Juppé.

Si le macronisme, monsieur le président, n'est pas un épiphénomène de mode, s'il n'est pas, comme le sous-entendent ses détracteurs, une ligne de cosmétiques pour rafistoler à bas prix la vieille gueule avachie et ridée de la politique française, s'il est une véritable force de proposition, une manière inédite d'envisager la gouvernance, alors, c'est l'occasion ou jamais de le montrer.

Monsieur le président, vous seul pouvez définir ce que devra être désormais la vaisselle des cantines scolaires de Bordeaux, car la vaisselle des cantines scolaires de Bordeaux devra être en même temps légère et silencieuse, en même temps digne et fonctionnelle, en même temps non polluante et facilement maniable.

La solution devra par ailleurs être économiquement viable. Il ne s'agira pas de mettre à la casse une vaisselle qui est encore utilisable. Les Bordelais non concernés par les cantines scolaires ne comprendraient certainement pas qu'on fasse des dépenses inconsidérées au moment où chacun est invité à faire des économies. Monsieur le président, si vous trouvez la solution, je vous prédis une remontée spectaculaire dans les sondages.

ANNIVERSAIRE SURPRISE

6 octobre 2017

Je suis naturellement obligé de suivre l'actualité de façon très précise en tant que chroniqueur. Que dirait-on si je ne m'acharnais pas semaine après semaine avec acuité à saisir l'air du temps, à peindre mon époque, à capter les tendances ?

Par exemple, aujourd'hui vendredi, j'ai fait la constatation inattaquable et vérifiable que c'était l'anniversaire d'un certain nombre de Monique, de Jean-Pierre, de Vanessa et même de pas mal de Madeleine, sans compter les Gunther. Je n'invente rien (les intéressés peuvent se signaler) : un certain nombre de Monique, Jean-Pierre, Vanessa, Madeleine et même de Gunther, auditeurs de France Inter, prennent un an de plus, aujourd'hui même. Qui serais-je si à l'occasion je n'en profitais pas pour leur donner quelques idées de réaction ce soir quand chacune de ces personnes devra réagir à l'épreuve de l'anniversaire surprise ?

En effet, comme l'année dernière, comme il y a deux ans et comme toutes les années précédentes, votre compagne, votre compagnon vous a quitté ce matin d'une bise négligente pour vaquer à ses occupations en vous promettant une soirée tranquille, en amoureux.

Mais ce soir, vous savez que lorsque vous débarquerez à la maison, Samuel, Henri, Marion dite « la Petite », Thérèse, Michel, Marion dite « la Grande », sans compter tata Sophie, tonton Roger, Jean-Michel dit Jean-Mimi, Heinrich, débarqueront de derrière les tentures, le canapé, la cuisine, les cabinets pour s'écrier tous en chœur : « Bon anniversaire, Monique, Jean-Pierre, Vanessa, Madeleine, Gunther ! » Dans ces cas-là, Monique, Jean-Pierre, Vanessa, Madeleine, Gunther, je conseille de dire le plus spontanément possible : « Oh vous êtes cons, vous m'avez fait peur, si je m'attendais… Oh là là, j'ai envie de pleurer, oh là là, vous êtes cons. »

Je vous propose de noter la formule, elle est sans fioritures mais elle est utile, imparable, elle n'est pas spécialement littéraire mais elle dénonce votre belle sensibilité, votre joyeuse simplicité, votre totale fraîcheur d'esprit : « Oh, vous êtes cons, vous m'avez fait peur, si je m'attendais, oh là là, j'ai envie de pleurer, oh là là, vous êtes cons. »

Une larme un peu émue serait bienvenue afin de marquer agréablement la stupéfaction, la confusion des sentiments, l'émotion.

Pendant toute cette journée qui précède le fameux anniversaire surprise, n'hésitez pas à réfléchir à quelques sujets de conversation rassembleurs afin d'agrémenter la soirée qui réunit des connaissances qui ne se connaissent pas forcément entre elles. Pensez à la douceur de la Toscane au printemps, la beauté éternelle de Danielle Darrieux, le répertoire méconnu de Marcel Amont, l'étude comparative de la filmographie de Hirokazu Kore-eda et de Dany Boon. Évitez les sujets qui fâchent : Macron, Michel Onfray, Alain Finkielkraut, Michel Houellebecq, les hémorroïdes.

Si jamais un ange venait à traverser votre salon, menaçant de s'installer, préparez une anecdote amusante. J'en ai une, elle vaut ce qu'elle vaut : « Tiens, ce matin vous ne devinerez jamais qui j'ai vu devant le pressing… Bernard Mabille ! »

Ce n'est évidemment pas suffisant pour occuper toute la soirée. Tentez de trouver des prolongements, des rebondissements, des coups de théâtre divers : « Oui, Bernard Mabille en personne ! Dis donc, il a pas maigri », « Dis donc, il a pas l'air fier, il mangeait des chips », « Dis donc, figure-toi qu'il portait des Paraboot ». « Au fait donc, quel âge qu'il peut avoir, Bernard Mabille ? Bouge pas, je vais regarder sur Wikipédia. »

Profitez bien de mes conseils pour passer sans surprise un bon anniversaire surprise.

Et mes félicitations, Monique, Jean-Pierre, Vanessa, Madeleine, Gunther.

Sincèrement, vous ne les faites pas.

ROCHEFORT EN L'AIR

13 octobre 2017

Jean Rochefort est mort et je m'y oppose de la façon la plus catégorique.

Je m'inscris en faux, je conteste, je refuse, je m'interpose, je suis prêt à signer toutes les pétitions possibles, à manifester, à défiler dans la rue, à lever des pancartes, à dresser des calicots, à adresser à qui de droit les protestations les plus virulentes, les plus rageuses. Je suis contre la mort de Jean Rochefort. Je l'affirme, je l'atteste, je le certifie, je le déclare, je le soutiens : Jean Rochefort et la mort n'ont rien à faire ensemble.

Si, selon certains, c'est le bon Dieu lui-même qui aurait pris cette décision unilatérale et sans aucuns pourparlers préalables, force est de constater qu'une fois de plus, la base n'a pas été consultée. En ce qui me concerne, je l'affirme haut et fort : l'alliance de la mort et de Jean Rochefort est une démarche particulièrement funeste, stupide, contre-productive.

Jean Rochefort est drôle, spontané, généreux, la mort est triste, déloyale, égoïste.

La mort est cruelle, Jean Rochefort est malicieux.

La mort est commune, Jean Rochefort est élégant.

La mort endeuille, Jean Rochefort réjouit.

La mort frappe, Jean Rochefort caresse, de sa voix veloutée et rieuse et moqueuse et ironique et finalement bienveillante.

La mort rôde. Jean Rochefort flâne.

La mort est une grande poseuse pompeuse et pontifiante qui ne sied pas à Jean Rochefort. Jean est auguste, grandiose, magistral tant que vous voulez, volontiers lyrique, emphatique quelquefois, solennel jamais. La communion, la déclaration, le jugement, la connerie peuvent être solennels, Jean Rochefort en aucun cas.

Il y a quelques années, j'avais demandé à Jean de prêter sa voix à un spectacle théâtral que je jouais. « Prêter » était le terme exact puisque, quand il m'avait reçu, je lui avais apporté une boîte de chocolats. « Je suppose que c'est mon cachet », avait émis Rochefort, impérial et fine mouche. Plusieurs semaines avant l'enregistrement, je l'avais appelé pour prendre date, il m'avait dit : « Vous viendrez déjeuner, il y aura du jambon et de la salade. » Plusieurs semaines après, je vins pour l'enregistrement, nous déjeunâmes. Il y avait du jambon et de la salade. La mort est imprévisible. Jean est tellement inattendu qu'il peut être prévisible au-delà du raisonnable.

Un jour de tournage en Normandie, tandis que la pluie tombait et que nous nous étions réfugiés sous une tente, en compagnie de Julien Rochefort, comédien et ornithologue, et imitateur hors pair de chants d'oiseaux, nous avions passé tout le temps entre les prises à chanter des chansons. Ce fut un bel après-midi qui n'avait pas besoin d'être ensoleillé pour être joyeux, un joli après-midi d'automne avec des éclats de rire comme s'il en pleuvait.

Je le dis, je le répète : Jean Rochefort et la mort n'ont rien à faire ensemble. Vous imagineriez la mort avec un pantalon vert et des chaussures rouges ?

Jean, rassurez-moi : il n'est jamais trop tard pour vous dire qu'on vous aime ?

LA VACHE PÈTE

20 octobre 2017

Des scientifiques américains se sont récemment penchés sur le cul des vaches. Cette étude a donné lieu à une révélation qui a fait l'effet d'un coup de tonnerre.

La vache pète. La vache pète vachement. La vache pète à qui mieux mieux. La vache pète à ne plus savoir que faire. La vache pète plus que de raison.

La vache pète comme une vache.

Comme une vache qui pète. Et la vache en pétant troue la couche d'ozone. Car la vache pète comme une raffinerie, comme une usine à gaz, comme une fabrique à pets. La vache pète profusément. La vache pète infiniment. La vache pète à en perdre la tête.

La vache exagère.

Les émissions de méthane issues de l'élevage animal sont en partie responsables du réchauffement climatique.

La vache pète avec assiduité. La vache pète de plus en plus. La vache pète plus qu'elle ne pétait jadis.

La faute à qui ? La faute au pauvre.

Comme souvent, le pauvre n'est pas raisonnable.

Le pauvre des pays émergents, celui qui hier mangeait uniquement du riz, s'est mis en tête de manger de la vache. L'inconscient, le capricieux, l'irresponsable ! Le pauvre se met à table et commande de la vache. De la vache qui pète, s'il vous plaît ! De la vache qui pète à foison, qui pète à gogo, qui pète abondamment. C'est pour consommer sur place !

Salaud de pauvre.

Car la vache a grossi, la vache a gonflé, elle s'est multipliée, la vache !

Jadis, le pauvre était innocent, il était pur, naturel, il était naturellement végane. Sans avoir jamais entendu parler de Jean-Baptiste Del Amo, sans se soucier de la condition animale, le pauvre se nourrissait essentiellement de riz ou du fourbe haricot rouge qui sans doute ne pétait pas lui-même mais faisait péter.

Le riche, qui s'est bâfré de vache pendant des centaines d'années, vient de réaliser qu'il était temps d'arrêter d'en manger pour se mettre au quinoa.

Merveille de riche !

Le riche est conséquent, le riche est rationnel, il est cohérent.

Depuis, le riche importe du quinoa de Bolivie et du Pérou et explique au pauvre qu'il serait temps d'arrêter de manger de la vache.

Le pauvre de Bolivie et du Pérou, qui lui réalise que le prix du quinoa a augmenté depuis qu'il est devenu quasiment un produit de luxe, se rabat sur la vache et il en est assez content vu qu'il n'en avait jamais trop mangé, de la vache.

De la vache qui pète. Qui pète à bride abattue. Qui pète à tombeau ouvert.

La vache, allongée dans son pré, inconsciente et sans remords, sans vergogne, pète joyeusement, machinalement, dans une belle énergie et l'ignorance de son agissement criminel.

Personnellement, si j'étais une vache, je péterais tout le temps.

À CONSTANTINE

ENTRE PARENTHÈSES

27 octobre 2017

À Constantine, et partout dans les villes en Algérie, mais je dis à Constantine parce que c'est là-bas que je me promenais récemment, et entre parenthèses, comme tout le monde j'aime bien me vanter de voyager, à Constantine donc, les plaques des rues qui honorent les personnalités rappellent, comme partout ailleurs dans le monde, entre parenthèses, les dates de naissance et de mort. Sauf qu'à Constantine, on peut lire entre parenthèses la date de la mort suivie de la date de la naissance pour peu qu'on soit occidental et qu'on ait pris l'habitude de lire de gauche à droite, pour peu qu'on ne soit pas arabe, qui lit, lui, de droite à gauche.

Et quand on est occidental, levant le nez sur les plaques des rues de Constantine, on a l'impression, entre parenthèses, à côté de la plaque, que la mort est située avant la naissance. Ce qui, entre parenthèses, n'est pas complètement faux.

Personnellement, avant 1959, il existe toute une période où j'étais mort. Mort mais pas enterré. Mort à un point tel que personne de vivant ne pouvait se souvenir de moi vu que je n'avais jamais existé.

Si la mort précédait la naissance, on vivrait non plus avec la crainte de la mort mais dans l'espérance de la naissance. Si la mort précédait la naissance, on vivrait dans la merveilleuse chanson de Pierre Louki, ouvrez les guillemets : « Y avait comme un défaut / Dans la pendule de grand-père / Un tout petit défaut / Les aiguilles tournaient à l'envers ».

On interrogeait Cocteau, entre parenthèses Jean, afin de savoir s'il avait peur de la mort. Il répondait qu'il avait déjà une parfaite connaissance de la mort puisque, disait-il, entre guillemets : « J'étais aussi mort avant de naître que je le serai après avoir vécu. J'ai donc de l'abolition de la personnalité une interminable habitude. »

Selon Cocteau, entre parenthèses, 1889-1963, si vous étiez à Constantine, vous auriez pu lire 1963-1889, selon Cocteau, disais-je, la vie n'était donc qu'une parenthèse au milieu du néant, du rien, de la mort.

Sauf que pour les vivants, entre parenthèses, les anciens puis futurs morts, je veux dire les vivants d'aujourd'hui, la mort de Cocteau n'était pas la même, avant la date de sa naissance, qu'après celle de sa mort, vu qu'aujourd'hui, on peut citer Cocteau, on peut admirer *La Belle et la Bête*, alors qu'avant 1889, personne, jamais, n'aurait eu la présence d'esprit de citer l'ami de Jean Marais, entre parenthèses 1913-1998, 1998-1913, si vous êtes à Constantine.

C'était une chronique mortuaire puisque novembre arrive, que l'on s'apprête à fêter les morts et que c'était l'occasion de souhaiter une bonne fête aux vivants qui un jour seront morts, aux morts que l'on ne connaît pas encore et qui, un jour prochain, seront vivants et aux morts qui restent un peu vivants pour peu qu'ils voyagent et parfois se posent dans nos têtes et dans nos cœurs.

Entre parenthèses.

LE CRIME DE TRÉLISSAC

3 novembre 2017

La scène se passe à Trélissac. Trélissac, 6732 habitants, Trélissac et son château de Caussade, du XVe siècle, son église Notre-Dame-de-l'Assomption, et sa chapelle des Maurilloux, Trélissac, sentier de grande randonnée GR 36 et GR 646, Trélissac, et sa forêt domaniale, Trélissac, véritable plaque tournante pour les fougères et les orchidées qui s'y épanouissent impunément et dans la plus grande liberté au vu et au su de toute la population qui préfère baisser la tête, fermer les yeux, courber l'échine.

Trélissac, l'inquiétante, Trélissac, la périlleuse. Trélissac, la dissolue.

La scène a lieu le 26 décembre 2016. Jésus est encore dans sa crèche. Le gui, déjà pendu au plafond.

La journée se passe bien, une journée comme les autres en ce début d'après-midi, quand tout à coup survient l'irréparable, le moment où l'irrémédiable se marie à l'abjection, quand la déchéance et l'indignité se donnent rendez-vous à cet endroit précis qui s'appelle le point de non-retour.

POLICE
BOLCQ

Le criminel, car c'est un criminel, jusque-là inconnu des services de police, a en effet commis son infâme forfait dans la réserve d'un centre Leclerc de Dordogne : il a mangé une banane.

Une banane. Une banane innocente, pleine d'illusions, qui voulait voir le monde, une banane pure, ignorante de la bassesse de l'humanité, une banane qui avait quitté son bananier quelques semaines plus tôt, encore jeune, encore verte, ne sachant rien de la vie, une banane venue du Guatemala ou des Philippines, d'Équateur ou de Martinique, une banane qui aurait pu faire le bonheur d'une enfant pauvre du Costa Rica ou de Colombie, une banane qui tout d'un coup, à son corps défendant, va se retrouver mêlée à l'un des plus grands scandales alimentaires jamais recensés à Trélissac : un employé dans la réserve d'un magasin Leclerc a mangé une banane.

Le mangeur de banane prétend que cette banane lui appartenait, assure qu'il faisait une crise d'hypoglycémie. Mais un cadre du magasin Leclerc a vu cet homme manger cette banane.

La banane, hélas, n'est plus là pour témoigner.

Alors, la direction du centre Leclerc de Trélissac a licencié l'employé scélérat pour faute grave. C'est une question de principe. Qui mange un œuf finira par manger un bœuf. Qui mange une banane dans la réserve un jour mangera une imprimante multifonctions laser. Comment, s'il ne fait pas preuve d'une autorité absolue vis-à-vis de son personnel, l'hypermarché Leclerc pourrait réaliser des bénéfices, dégager des marges, joindre les deux bouts ?

À propos, tout a une fin, sauf la banane qui en a deux. Épilogue de cette sombre histoire le 11 décembre prochain, quand le conseil des prud'hommes de Périgueux rendra sa décision, si attendue[1].

1. L'édition du 14 décembre 2017 de *Sud-Ouest* nous apprend que le salarié licencié et son employeur ont trouvé un accord. Les juges prud'homaux de Périgueux ont été invités à homologuer un « protocole transactionnel » susceptible de mettre fin au bananegate.

LE PARADIS N'EXISTE PAS

10 novembre 2017

« Le paradis n'existe pas, c'est toi qui le feras », chantait, à la fin des années 70, Jean-Michel Caradec qui depuis, sur la route de Rambouillet, a trouvé le passage secret pour monter au paradis des chanteurs à texte et à guitare. Jean-Michel Caradec a été entendu au-delà de ses espérances. Le paradis existe, partout dans le monde, à Monaco, en Andorre, en Suisse, au Liechtenstein, au Luxembourg, dans les îles Anglo-Normandes, au Delaware, aux Seychelles, aux îles Caïmans, à Malte, aux Caraïbes, à Panama, à Singapour, à Dubaï, à Chypre, en Belgique, à la City de Londres, à Hong Kong… Réjouissons-nous ! Le paradis est partout sur la terre. Mais les anges ne sont nulle part.

Ou plutôt, ils ont autre chose à faire. Ils ne sont pas blancs comme neige, alors ils s'intéressent au blanchiment de leurs ailes qu'ils cherchent à défiscaliser. Ne sont-ce pas leurs plus beaux signes extérieurs de richesse ? Les anges n'ont même plus besoin de se servir de leur invisibilité. Ils se cachent derrière des structures opaques, des sociétés-écrans. Ils résident au paradis mais ils ne sont pas toujours sur place. Pourtant, le Bon Dieu les a prévenus. S'ils veulent profiter des avantages paradisiaques (le calme, la sécurité, la prise en charge totale et éternelle), ils doivent y résider au moins six mois dans l'année. Mais les anges au paradis s'ennuient. Tout est feutré, tout est blanc, tout est ennuyeux. Parfois, pour s'amuser, on cache les clés de saint Pierre, mais il les retrouve aussitôt, on saute à cloche-pied sur les nuages, on jongle avec les cumulus, on boit du vin mais on ignore l'ivresse. Au paradis, il n'y a pas de miracle, on s'emmerde… Heureusement, le Bon Dieu, dans son indulgence, sa magnanimité, sa bonté infinie, n'est pas trop regardant.

Car si le paradis dans le ciel est une promesse de félicité pour récompenser les agneaux innocents, le paradis sur terre ne concerne que les loups pervers qui paradent, sourient à pleines dents, se pavanent et sont fêtés, remerciés, décorés, au nom de l'humanité reconnaissante. Merci pour la richesse, merci pour le travail. Merci pour les travailleurs qui pourtant font la gueule : eux qui n'ont aucun moyen d'échapper aux impôts suscitent la méfiance car on voudrait, quand ils sont ponctionnés, qu'ils soient plus souriants, plus agréables, plus contents, porteurs d'un meilleur esprit.

Depuis toujours, les responsables politiques promettent de combattre l'évasion fiscale, mais plus tard, un jour prochain, demain, tout à l'heure, dès que possible. Ce n'est pas exactement une priorité. Ils préfèrent s'inspirer de l'économiste fameux Alphonse Allais qui déclarait non seulement ses revenus, mais la phrase suivante : « Il faut prendre l'argent là où il se trouve, c'est-à-dire chez les pauvres. Bon d'accord, ils n'ont pas beaucoup d'argent, mais il y a beaucoup de pauvres. »

HOMMAGE À ROBERT HIRSCH

17 novembre 2017

Je ne voudrais pas transformer ma chronique du vendredi en avis nécrologique, mais quand même Robert Hirsch est mort et Robert Hirsch était sans doute le plus grand acteur de théâtre du XXe siècle, le plus drôle, le plus incroyable, le plus vif, le plus extraordinaire, le plus inventif, le plus impressionnant, le plus fou, le plus précis. Avec cette rage de jouer qui laissait le spectateur pantois, abasourdi, comme deux ronds de flan, Robert Hirsch faisait rire avec chacune de ses intonations, avec chacun de ses gestes, avec chaque centimètre carré de son corps d'athlète. L'acteur Alain Pralon me racontait que lorsque Robert entrait en scène dans *Amphitryon*, le plateau était plongé dans le noir, on ne voyait que sa chandelle tenue à bout de bras, et avec sa seule main, avec son seul tremblement, avec la seule perfection du geste, il déclenchait les applaudissements du public qui n'avait pas encore vu son visage.

Robert Hirsch était tout simplement un acteur incroyable. Le plus drôle, le plus cruel dans la vie. Regardant dans le trou du rideau de la Comédie-Française, avant d'entrer en scène, afin de voir qui était dans la salle, un camarade l'interroge : « C'est qui au deuxième rang ? » Reconnaissant une imposante comédienne, il répond : « Béatrice Bretty.

— Ah oui. Et à côté ?

— C'est toujours Béatrice Bretty. »

Après le théâtre, les acteurs de la Comédie-Française jouaient au jeu du barbu qui se joue à cinq et en plusieurs manches (moins de levées, pas de cœurs, pas de dames, barbu, salade). Jean Le

Poulain, comédien professionnel et pétomane amateur, demande : « On va chez qui la prochaine fois ?

— Chez moi, répond Robert, maman trouve que ça fait bien longtemps que tu n'es pas venu péter à la maison. »

Avant de lever le rideau, un acteur, Jean Lenima, que Hirsch trouvait médiocre, est victime d'un malaise. Le pompier se précipite vers Robert : « Monsieur Hirsch, monsieur Hirsch, M. Lenima n'est pas bien du tout !

— Ça, répond Robert, il y a longtemps que je le sais ! »

Pardon de raconter ces anecdotes évidemment qui ne disent pas du tout le grand acteur qu'il était, mais comment raconter le caractère éphémère du théâtre et sa grâce parfois miraculeuse ? Robert Hirsch, quand on le rencontrait, ne jouait jamais à l'acteur qui pense, ne faisait pas de commentaires sur son art qu'il maîtrisait à la perfection mais dont il se refusait à être l'exégète. Il préférait continuer à s'amuser, à amuser les autres en jouant l'irrésistible sociétaire gâteuse.

Bouzin du *Fil à la patte* est parti retrouver son metteur en scène Charon. Robert est parti retrouver Jacques. Robert est parti retrouver Bernard, qui fut longtemps son compagnon et à qui il rendit hommage lors d'une soirée des Molières avec une fougue adolescente et bouleversante : « Il était ma famille, la vraie, celle qu'on a choisie. »

On aimerait croire que là-haut, il fera rire les anges et le Bon Dieu. Plus raisonnablement on peut dire ce matin à Robert notre reconnaissance d'avoir été un acteur si génial – le mot n'est pas exagéré – et d'avoir porté si haut l'art de la comédie.

APOCALYPSES[1]

17 novembre 2017

Peut-il y avoir deux apocalypses la même semaine ? En Italie, après l'élimination de l'Italie en barrage du Mondial, la peine est grande, la déception incommensurable, la colère est immense.

1. Le jeudi 16 novembre, Robert Hirsch disparaît, et j'avais envie de lui rendre hommage. Cette chronique inédite a été conservée dans le but de permettre à François Boucq d'exprimer son talent. (*N.d.A.*)

Une certaine surenchère a fleuri dans la presse italienne, qui ne trouve pas de mots assez durs pour exprimer le désespoir de tout un peuple. « La crise, la débâcle, la plus grande humiliation de son histoire, une honte sans comparaison… » « Nous l'avons bien mérité », déclare l'éditorialiste de *Tuttosport*, battant sa coulpe, à genoux, frappant sa poitrine dans un extrait du confiteor sportif.

Pour la première fois depuis 1958 (je ne sais pas si on se rend bien compte de l'étendue de la catastrophe ?), les Transalpins ne participeront pas au Mondial qui aura lieu en Russie. Les conséquences sont multiples. Démissions en cascade, évincements multiples et chantiers à reconstruire. *La Gazetta dello Sport* titre « *Fine* ». Fin. Adieu. Salut. Ciao. On tire sa révérence. Fin de partie. L'heure du bilan a sonné.

Le même jour, le titre du journal *Le Monde*, en grosses lettres comme jamais, comme si le graphiste du quotidien de référence était devenu fou, s'inspirant des unes de *Détective*, menace « Il sera bientôt trop tard ! », suivi de points de suspension particulièrement alarmants, angoissants, sinistres. Y aurait-il un danger que la France elle-même soit éliminée de la Coupe du monde de 2018 en Russie ? Risquons-nous, nous-mêmes, Français, de subir, au pays de Victor Hugo certes mais surtout au pays de Zinedine Zidane, de Benzema et de Michel Platini, une déconvenue pareille, une humiliation aussi terrible que celle infligée aux Italiens ?

Non, quand même pas, rassurons-nous, on n'en est pas là. Il s'agit juste du sort de la planète. Ouf. On a eu chaud. Deux cataclysmes peuvent-ils se trouver en compétition ? Non, bien sûr.

Là, dans *Le Monde*, c'est un scoop éventé, c'est juste ce qu'on entend depuis des années, mais avec des plus grosses lettres car le danger serait encore un peu plus imminent et que 15 000 scientifiques issus de 184 pays alertent solennellement sur l'état de la planète. Ah bon, ce n'est que cela. On croyait qu'il fallait s'inquiéter.

« Après trois années de stagnation, les émissions mondiales de CO_2 sont reparties à la hausse en 2017, portées notamment par la Chine. » D'accord. Les émissions de CO_2 montent tandis que les Azzuris dégringolent.

« Réchauffement climatique, biodiversité, déforestation… » Tous les indicateurs montrent une dégradation continue de l'environnement sous la pression de l'homme qui, pour le moment, donc, est essentiellement préoccupé par l'élimination de l'Italie de la Coupe du monde et de l'avenir de son sélectionneur Giampiero Ventura qui demande pardon aux Italiens.

Quand la planète Terre sera éliminée de l'univers, qui demandera pardon ?

(*On entend Pavarotti chanter le début d'«* O Sole Mio *»...*)

Bien sûr, c'est dommage le réchauffement de la planète, mais que c'est beau une journée de soleil, un air calme après la tempête, avec de l'air frais on dirait une fête.

QUESTIONNAIRE DE SATISFACTION

24 novembre 2017

Déjà, le client était roi. Ce qui me déplaisait passablement parce que j'estime qu'on est en république, mais depuis quelque temps le client, qui avait fonction de monarque, est devenu critique, contrôleur, inspecteur, procureur, juge, arbitre, goûteur, dégustateur, délateur, espion, accusateur, rapporteur, indicateur, agent secret, autant de professions que personnellement j'ai toujours refusé d'endosser !

Parce que c'est une nouvelle manie. Chaque fois que vous recevez un colis, un artisan, chaque fois que vous passez par un magasin, un hôtel, un service quelconque, chaque fois que vous avez dû donner votre adresse e-mail, quelques jours plus tard, vous recevez un questionnaire de satisfaction.

Je ne suis pas un donneur de points, de notes, d'étoiles, de satisfecit. Je ne suis pas un cocheur de cases.

« *Nom, prénom, âge, situation familiale, profession.*

— Est-ce que je vous pose des questions, moi ?

Depuis quand êtes-vous client de notre société ?

— Quel est le sens de votre question ? Vous voulez évaluer ma fidélité ? Vous voulez savoir si j'ai vieilli, si je suis volage, si je vous ai trompés avec d'autres. Taisez-vous. Rangez votre question. Je n'ai rien à vous dire. Vous ne saurez rien. Je suis une tombe. Je suis un secret bien gardé. Je suis un sphinx. Par ailleurs je suis une énigme, un mystère, mais aussi un livre ouvert, un secret de polichinelle pour ceux que j'aime.

Estimez-vous avoir été correctement conseillé par le vendeur ?

— Qu'est-ce que ça peut vous faire ? Si j'ai quelque chose à dire au vendeur, je lui dirai moi-même, directement, entre quat'z'yeux. Car si je trouve que j'ai été mal conseillé par ce vendeur, figurez-vous que je suis assez grand pour lui dire moi-même sans passer par son DRH !

Par ailleurs, je vais vous dire une bonne chose, si j'ai un reproche à formuler parce qu'il y avait des souris dans les placards, des taches sur les draps, parce que le plombier est parti avec ma femme, parce que le chauffagiste s'est trompé de branchement, parce que le service en cristal de Bohême a été jeté assez peu précautionneusement par-dessus la barrière de chez moi, soyez rassurés, vous allez en entendre parler et pas qu'un peu !

Et à chaque fois que l'on m'envoie un questionnaire, c'est parce que, dites-vous, vous voulez me satisfaire au maximum ! Qu'est-ce que vous avez besoin de me satisfaire au maximum ? Est-ce que je vous ai jamais demandé de me satisfaire au maximum, moi qui n'aime rien de plus parfois que la sensation du presque rien, de l'inachevé, de la nuance, de l'insatisfaction permanente mais indulgente, qui à moi – chacun son vice, chacun sa méthode, chacun sa perversité – me donne envie de continuer, de recommencer, de remettre cent fois l'ouvrage sur le métier ! Arrêtez de justifier ces questionnaires par ma satisfaction personnelle.

Vous voulez vraiment savoir comment me satisfaire, espèces de questionneurs de satisfaction ?

En me lâchant la grappe. »

PRAGMATIQUE

1er décembre 2017

Je suis agriculteur, monsieur Hulot, je ne fais pas de politique, et j'aime autant vous dire que je ne pensais pas qu'un jour je dirais du bien de l'Europe. Mais là, les messieurs de la Commission, je dis chapeau d'avoir autorisé l'usage du glyphosate pour les cinq prochaines années.

Comme a dit le syndicat, très justement, c'est une décision qui est pragmatique.

Voilà, c'est le mot, « pragmatique ». Comme quoi, on n'est pas fermés d'esprit, d'habitude on n'est pas trop pour l'Europe, vous allez me dire « sauf quand ils donnent des subventions », mais les subventions on préférerait ne pas en avoir besoin, c'est certain, on les prend parce qu'on ne peut pas faire autrement, monsieur Hulot, on est pris à la gorge… C'est sûr qu'on milite plutôt pour des solutions nationales, d'habitude, alors que c'est plutôt les hommes politiques qui veulent de l'Europe, mais là avec le glyphosate, nous autres agriculteurs traditionnels on est plutôt d'accord avec l'Europe. Et vous voulez une solution nationale. On dirait qu'on ne pourra jamais être d'accord.

Parce que, attention, quand je dis « traditionnel », ça veut pas dire rétrograde, au contraire nous on est pour l'avenir, une agriculture du modernisme, de la technologie… Quand je suis sur mon tracteur, monsieur Hulot, j'ai l'impression de conduire un avion à réaction, tellement qu'il y a de boutons, d'informatique, c'est un vrai ordinateur que j'ai dans le cockpit.

À l'occasion, monsieur Hulot, je sais bien que vous, vous voyagez plutôt en hélicoptère, mais passez le voir, mon tracteur. Enfin je dis « mon tracteur »… Pour l'instant c'est plutôt celui de la banque vu qu'il est pas fini de payer et qu'il n'est pas près d'être fini de payer. Avant, quand on parlait de traites, on pensait aux vaches. Maintenant on pense au Crédit Agricole.

Le tracteur, c'est un Ferguson, il y a quand même 240 chevaux sous le capot, si c'est pas plus, il y a toute l'électronique là-dedans, il y a tout, y a des programmes là-dessus, faut voir, pont avant suspendu, suspension de cabine mécanique ou électrohydraulique, ventilation à huit vitesses, y a tout un tas d'options… C'est ce que j'ai dit au gars du Crédit Agricole, je m'en servirai jamais. Il m'a dit : « Monsieur Morel, vu votre exploitation qui est petite pour le moment, donc exponentielle » – c'est ce qu'y m'a dit, « exponentielle » –, « le Ferguson, c'est la solution pragmatique. » Il a bien employé le mot « pragmatique ».

C'est sûr qu'avec un tracteur pareil, avec les remboursements, faut quand même faire du chiffre, c'est pour ça que le glyphosate, on n'a pas le choix, c'est indispensable à l'heure actuelle…

Bon… Je discuterais des heures avec vous, monsieur Hulot, parce que vous êtes intéressant et ma femme loupait jamais une de vos émissions. Vous et Julien Lepers, vous étiez ses deux chouchous. Si elle était encore là, je vous demanderais un autographe. Hélas, elle travaillait chez Ferodo. L'amiante, elle en est morte. Le larynx…

À l'époque, c'était critiqué par certains, comme on disait, qui sont bons qu'à critiquer.

Mais qu'est-ce que vous voulez, fallait bien travailler.

À l'époque, tout le monde le disait, le patron, les responsables, l'amiante, c'était déjà la solution pragmatique.

ROBERT ET JOJO

8 décembre 2017

Il s'en fout, Robert, de pas charger. Depuis pas loin de trois quarts d'heure. Il s'en fout, Robert, puisqu'il est dans son taxi et qu'il écoute son Jojo. Comme tous les jours, vous me direz, il écoute son Jojo. Comme tous les jours mais depuis mercredi matin, il l'écoute autrement. Jojo est parti et Robert trouve sa vie plus petite, pile depuis mercredi matin, il se dit qu'on a tous en nous quelque chose de rétréci.

Et hier après-midi, il l'a envoyée chier, la gamine qui lui réclamait NRJ. Elle aurait dit un mot de travers sur son Jojo, le traiter de ringard, l'appeler « l'idole des vieux », il aurait pu lui en coller une, comme ça, direct, ça lui aurait fait tout drôle.

Il s'en fout, Robert, de pas charger puisqu'il est dans son brutal et qu'il écoute son Jojo, comme tous les jours puisque c'est la musique qu'il aime et qu'elle vient de là, elle vient du blues, du blues qui l'envahit, comme tous les jours, vous me direz, mais là, son blues le rend sombre comme un bleu, comme un hématome qui laisse un coup au cœur.

Il s'en fout, Robert, d'être dans son traîne-cons à faire le poireau boulevards des Maréchaux vu qu'il est quelque part sur la 66, entre Chicago et Santa Monica, entre l'Illinois et la Californie, entre la mort et la vie. Robert, ça le fait marrer, parce que les intellos, les bourges, il y a des années, ils faisaient la fine bouche. C'était pas leur came. On peut comprendre, mais tout d'un coup, tout le monde s'est mis à l'aimer, son Jojo, les rupins, les bourgeois, les cossus, les blindés, les braiseux, tout d'un coup, les connards, qu'est-ce qu'ils connaissaient de son Jojo, qui le faisait rêver quand il était gamin, quand il se déhanchait au Golf-Drouot, qu'il est allé voir partout où il passait, faisant des heures de queue pour être au plus près de la scène, qu'est-ce qu'ils connaissaient de son Jojo, eux qui n'avaient jamais passé du temps sous la pluie à manger des saucisses avant que la sécurité veuille bien retirer les barrières ?

Et quand parfois il stationnait à Roissy, Robert, il se disait qu'un jour peut-être il pourrait l'avoir comme clille, pourquoi pas ? C'est pas impossible ! Jean-Claude, il a bien eu Bellemare un jour ! Et Petit Louis, il a monté Roger Zabel et une autre fois Gilbert

Montagné, en personne, très sympa, paraît-il qu'il regardait pas non plus à la dépense, comme disait Petit Louis, pour rigoler…

Jojo, il serait monté dans son tacot. « Je vais à Marnes-la-Coquette », qu'aurait dit Jojo. Robert, il aurait pas moufté. Il l'aurait pas ouvert de toute la course, il l'aurait pas emmerdé à lui dire son admiration et qu'il était allé le voir partout, même à la fête de *L'Huma*, même à l'Olympia, même au Parc des Princes, même au Stade de France, mais au moment de la dépose il aurait dit : « Vous me devez rien, monsieur Hallyday, la course est pour moi, vous m'avez donné trop de bonheur dans la vie. »

« T'es con, qu'auraient dit ses copains, il gagne plus avec son Optic 2000 que toi en dix ans de taxi.

— Et alors ? aurait répondu Robert, j'suis p't-êt' con, mais je fais ce que je veux, c'est comme ça, si ça me fait plaisir, et puis m'emmerdez pas, de toute façon il est jamais entré dans mon tacot, Jojo, vu que j'ai jamais monté personne de célèbre sauf celui, je sais plus son nom, qui fait des chroniques le vendredi matin à France Inter mais que j'écoute pas trop vu qu'ils le diffusent jamais, mon Jojo, sauf quand il est mort et qu'on le passe en boucle. En plus si ça se trouve, il prenait des Uber, Jojo, ou si ça se trouve, il avait un chauffeur à son service. Et puis je m'en fous, je suis pas loin de la retraite, boulevards des Maréchaux, et qu'y a plus personne on dirait qui veut monter dans mon taxi…

— Qu'est-ce qui te prend, Robert, tu chiales ? C'est la meilleure ! Robert qui chiale comme une gonzesse parce que son Jojo est mort.

— Pauvre con, tu comprends rien, c'est ma jeunesse qu'est morte. »

ELLE EST BONNE, LA SOUPE

15 décembre 2017

Comment se sortir de Notre-Dame-des-Landes ?

J'aimerais apporter ce matin un éclairage sur la question dans un processus macronien, qui permettrait à la fois de satisfaire les opposants viscéraux à l'aéroport et, en même temps, ses défenseurs les plus passionnés. Ce n'est pas facile, j'en conviens.

Quand on parle aéroport, il est indispensable de prendre de la hauteur, d'évoquer les pistes, notamment de réflexion. C'est ce que je me suis engagé à faire ce matin…

D'abord, j'ai pensé qu'il fallait aller à la source, interroger les origines de ce projet qui fut envisagé dès 1963. La plupart de ceux qui ont initié cette idée au tout début de la Ve République sont morts. Morts et enterrés. Certains cependant sont incinérés. Leurs cendres sont recueillies dans des urnes funéraires, comme si, leur forfait accompli, ils n'avaient pas voulu laisser de trace.

M. Bertouilleux, lui, est toujours vivant. Il travaillait alors en tant que vice-conseiller auprès du directeur de cabinet du préfet de l'époque de la Loire-Atlantique dans le cadre de la Délégation interministérielle à l'aménagement du territoire et à l'attractivité régionale. C'est un homme très âgé aujourd'hui mais qui garde toute son acuité intellectuelle, vu que son premier travail le matin est de remplir les cases des sudokus et des mots croisés de *Ouest-France*, journal auquel il est abonné depuis février 1948. M. Bertouilleux parle de façon sibylline et peut-être un peu énigmatique, sans doute à cause d'un devoir de réserve qu'il semble vouloir s'imposer. Il m'a déclaré tandis qu'il tentait d'ouvrir une brique individuelle de potage Marmite de bouillon agneau de la marque Knorr : « Elle est bonne, la soupe. » M. Bertouilleux n'a pas souhaité aller au-delà de cette confidence. J'avais en tête les mots de Georges Pompidou citant Paul Éluard : « Comprenne qui voudra. »

Je suis également allé à la rencontre du campagnol amphibie qui a regretté de ne pas avoir été consulté personnellement. L'aéroport de Notre-Dame-des-Landes le fait fulminer. Il me faisait remarquer qu'il vivait pacifiquement au bord de la rivière, qu'il ne causait jamais aucun dommage aux parcelles agricoles et qu'il était menacé de disparition.

« À quoi bon, m'interrogeait-il, être inscrit sur la liste rouge des espèces vulnérables de l'Union internationale pour la conservation de la nature si ceux qui travaillent à notre disparition obtiennent des dérogations ? » Le campagnol amphibie me demande par ailleurs de préciser qu'il n'a rien à voir avec le rat musqué avec qui il ne veut pas être confondu. Dont acte.

M. Bertouilleux, le campagnol amphibie n'ont pas été mes seuls interlocuteurs. J'ai rencontré Mme Vayssière, responsable

des achats de timbres pour l'entreprise Vinci. « Le réaménagement de Nantes Atlantique, me disait-elle, serait moins cher que la construction de l'aéroport de Notre-Dame-des-Landes mais permettrait à Vinci d'obtenir une indemnisation conséquente tout en participant à la construction des nouveaux aménagements de l'ancien aéroport. »

Je rappelle qu'en décembre 2010, Vinci a obtenu la conception, la construction, l'exploitation du futur aéroport pour une période de cinquante-cinq ans. Ne serait-il pas raisonnable de patienter encore quarante-huit ans afin de remettre le dossier à plat et d'envisager des solutions satisfaisantes à travers un certain nombre de consultations, études, missions de médiation avant une décision gouvernementale qui sera forcément très attendue ?

Le mieux est de laisser la conclusion à M. Bertouilleux qui vient d'ouvrir avec succès sa brique Knorr de Marmite de bouillon agneau : « Elle est bonne, la soupe. »

FILS DE DIEU

22 décembre 2017

Dans quelques jours, Noël est l'occasion, pour les chrétiens, de fêter la naissance du Christ. Je ne discute pas. Je trouve très légitime de célébrer le fils de Dieu qui a laissé une trace non négligeable dans l'histoire de l'humanité, je ne conteste pas, mais je voudrais en profiter, en ce matin situé dans la période de l'Avent, pour relativiser un tout petit peu son importance et évoquer celui sans qui rien n'aurait été possible, celui grâce à qui tout a commencé, le papa de Jésus, Dieu lui-même, Dieu que je voudrais spécifiquement saluer car je sais qu'il est auditeur de France Inter vu qu'il est extrêmement connecté : non seulement il connaît et voit tout, mais également entend tout.

J'imagine qu'en ce moment, les sentiments de Dieu sont légèrement contrastés, une fierté bien légitime devant la notoriété de son fils et en même temps peut-être une certaine jalousie, tout à fait compréhensible, quand il s'aperçoit que son fils l'a presque dépassé en popularité.

On critique parfois ceux qui ont profité de la notoriété de leur père pour se faire connaître, mais est-ce que Jésus-Christ, je pose la question, je ne veux faire le procès de personne, n'a pas, plus que les autres, exagérément utilisé la notoriété de son père pour faire carrière dans la messianie ?

Parce que bien sûr, je vous vois venir, vous allez me parler des enfants Gainsbourg, Hallyday, Dutronc, Souchon, Chedid, Bedos, Higelin, Deneuve, mais il y a d'abord le fils de Dieu qui a intégralement fait son trou en revendiquant exclusivement le travail de son père.

Mais, je suis désolé de le dire, celui qui a créé le monde, ce n'est pas Jésus, c'est son père, et je le rappelle quand même, le monde a été créé en six jours. En six jours ! Je ne sais pas si l'on mesure bien l'exploit ! Quand on sait que la moindre maison en parpaing, de l'achat du terrain, l'étude du financement, la signature chez le notaire, jusqu'à la pose des parquets, l'isolation du toit et les peintures intérieures, nécessite généralement pas loin de deux ans.

Alors, vous me direz, parce que vous avez réponse à tout, qu'à l'origine le monde a certes été créé, mais il a été fait en gros. Dieu avait fait la lune, les étoiles, les montagnes, les torrents, les rivières, mais il avait un petit peu torché le travail, Il ne s'était pas occupé des fusées, des remonte-pentes, des canoës-kayaks. Alors, je suis d'accord avec vous, il faut être juste, c'est vrai, Dieu ne s'est pas beaucoup occupé des finitions. Au départ, pas de TGV, pas d'autoroutes, pas d'aéroports, pas de patins à roulettes avec roulements à billes, mais je voudrais quand même préciser que Dieu s'en est quand même sorti tout seul et sans faire appel à la moindre main-d'œuvre extérieure.

Donc, je ne crois pas qu'il soit complètement exagéré de tirer un grand coup de chapeau à Dieu qui, par ailleurs, doit amèrement regretter la contre-publicité permanente que lui font tous ses adorateurs fanatiques et criminels.

Quant au fils de Dieu qui sera fêté dans quelques jours, n'oublions pas la phrase de Mgr Hyacinthe-Louis de Quélen, 125ᵉ archevêque de Paris, cité par Guy Bechtel et Jean-Claude Carrière dans leur *Dictionnaire de la bêtise et des erreurs de jugement* : « Non seulement Jésus-Christ était fils de Dieu, mais encore il était d'excellente famille du côté de sa mère. »

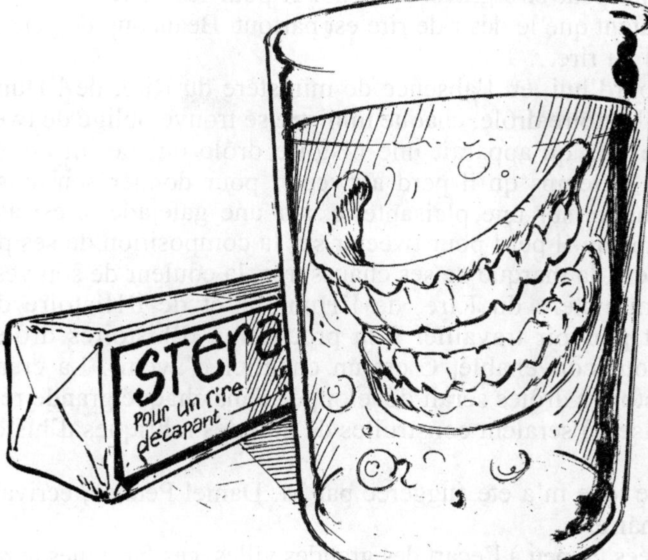

LE MINISTÈRE DU RIRE, DE L'HUMOUR ET DE L'HISTOIRE DRÔLE

29 décembre 2017

Une mesure s'impose en France. Ça ne peut plus durer. Je propose que soit créé un ministère du Rire, de l'Humour et de l'Histoire drôle.

La fameuse question : « Peut-on rire de tout ? » fait régulièrement les gros titres de la presse à côté du chômage et du terrorisme. Le rire est un sujet qu'il faut traiter avec sérieux et c'est naturellement à l'État de donner une direction cohérente. Sinon, les gens finiront par rire n'importe comment, n'importe où et nous conduiront à la catastrophe.

Il faut faire le bien des gens, parfois contre leur avis. Les citoyens ne savent pas. Ce sont des enfants. Ils fument. Ils boivent. Ils rient. Ils rient, parfois en dépit du bon sens.

Ce qui peut être grave. Pour soi et pour les autres.

D'autant que le désir de rire est partout. Beaucoup de gens sont addicts au rire…

Aujourd'hui, en l'absence de ministère du Rire, de l'Humour et de l'Histoire drôle, chaque ministre se trouve obligé de tweeter chaque fois qu'apparaît une histoire drôle qui ne lui convient pas, et le temps qu'il perd à tweeter pour donner son avis sur une blague, sur une plaisanterie, sur une galéjade, c'est autant de temps qu'il perd pour tweeter sur la composition de ses petits déjeuners, la marque de ses chaussures, la couleur de son veston.

Le ministère du Rire, de l'Humour et de l'Histoire drôle devrait pouvoir travailler à la production d'histoires drôles et d'humour convenable. C'est un chantier d'avenir. La création des histoires drôles serait développée dans chaque grande région française où seraient construites de grandes fabriques d'histoires drôles.

Cette idée m'a été suggérée par M. Daniel Pennac, écrivain et visionnaire.

Situées un peu à l'écart des grandes villes, ces fabriques auraient pignon sur rue. On entrerait dans de grands open-spaces. Là, un groupe d'ingénieurs se concentrerait sur le démarrage de l'histoire drôle. On entendrait, par bribes, des promesses d'hilarité. « C'est un type qui veut acheter une bagnole à sa femme », « C'est une blonde qui prend l'ascenseur pour la première fois », « C'est un gars qui arrive dans un bistrot après son boulot »… Des développeurs, souvent des intérimaires, travailleraient sur le corps de l'histoire drôle en donnant des indications inutiles mais permettant à l'histoire drôle de se déployer agréablement. « C'était en plein hiver, place de la Bastille », « C'était au bord de l'autoroute, en direction de La Bourboule »…

Un peu plus loin, un peu à l'écart, on trouverait un groupe plus silencieux, plus concentré, celui des chutistes. Les chutistes seraient un peu les aristocrates de cette confrérie. Ils auraient la responsabilité délicate de trouver la touche finale, la synthèse idéale, le parangon du parachèvement. Les chutistes parmi les ouvriers du rire seraient les plus respectés, les plus vénérés, les plus craints, parce que détenteurs du génie comique. Ces têtes d'œufs, ces admirables professionnels auraient des fulgurances reprises à l'infini dans les cours de récréations et près des machines à café. « Et poil à mazout ! », « Mais c'est ce que je te demande depuis tout à l'heure… », « Eh bien, dans ce cas, t'as qu'à prendre ma femme ! »…

En attendant la construction de ces usines, chacun est livré à soi-même, tentant de définir sur les réseaux sociaux ce qui est cocasse, ce qui ne l'est pas, ce que doit être l'humour, ce qui est autorisé à être amusant. Plutôt qu'être drôle, on risque d'être risible.

2018

5 janvier 2018

2018 qui commence et déjà une certitude : vous n'avez pas envie de vivre au présent. Ce n'est pas grave : réfugiez-vous dans la commémoration, vautrez-vous dans la célébration, blottissez-vous dans le souvenir, il y a de quoi faire, vous avez l'embarras du choix.

Macron vous rend perplexe, votez de Gaulle ! 2018 est le 60e anniversaire de la Ve République. La guerre d'Algérie, le procès de la Garantie foncière et les scandales immobiliers, Michel Debré qui déplace des petits Réunionnais plus ou moins orphelins pour repeupler la Creuse. Pelotonnez-vous dans la douceur humaniste de ce passé magnifié.

La gauche vous désespère, le Parti socialiste vous décourage. On peut vous comprendre. Cinquantième anniversaire de Mai 68. Revivez le temps des slogans. Sous les années, la rage. Cours, camarade, cours, le vieux monde est devant toi. Il est sépia. Il est jauni. Nos cœurs sont en barricade. Sous les pavés de nos désillusions, les plages de l'utopie. Papy Dany, raconte-nous quand on prenait ses désirs pour la réalité, raconte-nous l'interdiction d'interdire. Soyons réalistes, nous demandions l'impossible. Les enfants non voulus, chevelus, poètes sont devenus mentons rasés, ventres ronds, notaires.

2018 qui débute et déjà une conviction, le désir fou de se recroqueviller dans l'histoire, de se replier dans les archives. L'armistice a 100 ans. Les gueules cassées rentrent chez elles quand elles ne pourrissent pas près des tranchées. Des millions d'invalides, peut-être huit, des millions de morts, peut-être dix, civils et militaires, des millions de blessés, peut-être vingt. Quand on tue, on ne compte pas. « Plus jamais ça ! » crient les pacifistes. 1918, la Grande Guerre finit. L'avant-guerre commence.

1938-2018, 80e anniversaire du retour triomphal de Daladier et Chamberlain, partis à Munich pour sauver la paix. Bon anniversaire, messieurs.

1978-2018, 40e anniversaire de l'arrivée de l'ayatollah Khomeyni à Neauphle-le-Château. La fin de la dictature iranienne est pour demain.

2018, année du centenaire d'un poète bien vivant, René de Obaldia, chantre de l'enfance et de la fantaisie : « Mon petit frère a un zizi / Mais moi, Zaza, / Je n'en ai pas. / Mon petit frère a un zizi / Et moi, Zaza, à la place où ç'aurait dû été / Que du vent, que du vent… »

1918-2018, si les vivants vous ennuient, célébrez les morts. Souvenons-nous des beaux centenaires. Suzanne Flon, Ella Fitzgerald, Ingmar Bergman, Nelson Mandela, Leonard Bernstein et Lucien Jeunesse : « Chers amis, bon siècle ! »

2018, dans un hôpital, dans une clinique, naîtra sans doute une future Suzanne Flon, un nouveau Mandela. Je vous jure, je vous promets, ce matin même, sans qu'on le sache, est née quelque part une nouvelle Ella Fitzgerald qui demain saura nous dire : *The best is yet to come…*

NE PEUT-ON PAS PARLER DE DIEU ?

12 janvier 2018

Ne peut-on pas parler de Dieu ? Je vous pose la question, monsieur Demorand. Ne peut-on pas parler de Dieu ?

Je vous interroge tout à trac à l'instar de Mgr Michel Aupetit, nouvel archevêque de Paris, successeur d'André Vingt-Trois. Oui, bien sûr, ça aurait été plus simple de le désigner par Michel Vingt-Quatre mais n'êtes-vous pas lassé, monsieur Demorand, de toute cette ironie permanente qui envahit les ondes de France Inter jusqu'à l'écœurement ?

« Ne peut-on pas parler de Dieu ? interroge l'archevêque. C'est le tabou, Dieu, aujourd'hui ! Ce n'est plus le sexe, c'est Dieu. On n'a pas le droit de parler de Dieu, sinon on gêne. »

Oui, c'est ainsi que s'exprime Michel Aupetit, archevêque de Paris dans *Le Monde* daté d'aujourd'hui.

Eh bien, ne vous déplaise, monsieur Demorand, moi, esprit libre, frondeur (ne prenez pas mal le mot, monsieur Le Foll), je n'hésite pas à prendre à bras-le-corps les grands sujets, Dieu et le sexe. Oui, j'aurais pu évoquer Lactalis, le PS, j'aurais pu rigoler, ricaner, mais moi j'envisage l'ambition, je projette l'excellence, je vise la grandeur.

Le sexe, Dieu. Dieu et le sexe. Bonjour, vous êtes bien sur France Inter.

Une chronique entièrement écrite en collaboration avec Sa Grâce Michel Aupetit, archevêque de Paris, qui note que l'on parlerait de Dieu aujourd'hui comme jadis on parlait du sexe, en cachette, en catimini. On parlerait de Dieu en douce, en tapinois, à la tombée, dans les rues sombres, entre chien et loup.

« Ça vous dirait d'avoir un plan Dieu avec moi ? Une petite prière furtive, vite fait bien fait derrière le confessionnal ? Si ça vous intéresse, j'ai des images de Dieu, vous voulez voir ? »

C'est le dernier sujet interdit : Dieu.

« Dieu est amour mais le sexe aussi », ajouterait Trapenard le vicieux, Trapenard le luxurieux !

Et le sexe, tout prépondérant, est devenu la nouvelle religion, le catéchisme de chacun.

« Je crois au sexe tout-puissant. » « Notre sexe qui es aux cieux / Que ton nom soit sanctifié… »

Le sexe est la doctrine indépassable… La pornographie est la Bible. On a le feu au culte. On en a plein le culte !

« Il vaut mieux avoir affaire au sexe qu'à ses saints. » « Les voies du sexe sont impénétrables. » « Chacun pour soi, le sexe pour tous. » « Heureux comme le sexe en France. »

Tandis que de pauvres hères ne croyant plus ni en sexe ni en diable errent désespérément. « Mon sexe, mon sexe, pourquoi m'as-tu abandonné ? »

Michel Aupetit, après avoir été médecin généraliste, entré au séminaire à 39 ans, est aujourd'hui archevêque de Paris, preuve que tout espoir n'est pas perdu, que la réussite professionnelle peut arriver tardivement, que la réorientation s'envisage à tout âge. Exemple magnifique de réinsertion prospère !

Médecins de campagne, n'attendez plus, devenez évêques.

LE PUBLIC DE RADIO EST DANS LE 7/9 À RENNES

19 janvier 2018

À chaque fois la même stupéfaction quand le 7/9 se déplace, à chaque fois la même question : pourquoi le public vient-il si nombreux, si enthousiaste, si excité à l'idée d'assister à une émission de radio, comme s'il ne savait pas qu'il pourrait très bien l'écouter chez lui ? Et quand je dis « chez lui », je veux dire sous la couette, une bouillotte aux pieds, une cafetière à proximité, et sur les genoux le *Ouest-France* ouvert à la page sudokus, mots croisés, mots fléchés. Car enfin, on imagine sans difficulté que quelqu'un qui a l'idée saugrenue et, disons-le, totalement stupide, de venir assister à une émission de radio jusqu'à 9 heures du matin, a un emploi du temps pas trop surchargé, un planning pas trop overbooké, comme dirait Mme Hélène Carrère d'Encausse dans le backstage du quai Conti, buvant un drink sur le rooftop : « Voyons voir, est-ce que le 19 janvier je peux pas aller assister au 7/9 de France Inter ? Bon, euh, ça va pas être évident, le 16 j'ai rendez-vous à 14 heures chez le dentiste et le 26 à 17 h 30 j'ai un entretien avec mon conseiller en patrimoine. Bon, je vais me débrouiller, je veux absolument voir Bernard Guetta en vrai ! » Depuis toujours le public de radio, celui qui assiste aux « Grosses Têtes » et, ce matin, au 7/9, est essentiellement composé de retraités et de feignasses. Car enfin, pourquoi aller voir des voix ? Vous pensez bien que, si les uns et les autres, tous autant que nous sommes de présentateurs, de chroniqueurs, de billettistes, nous nous sommes rabattus sur la radio alors que chacun sait qu'on est nettement mieux rémunéré à la télévision, c'est parce qu'on a essentiellement des physiques de radio. Nicolas Demorand, par exemple, croyez-vous que c'est de gaieté de cœur qu'il met son réveil tous les jours à 2 heures et demie du matin ? Croyez-vous qu'il serait au micro de si bonne heure s'il avait réussi le casting pour remplacer Julien Lepers à « Questions pour un champion » ? Non. Ici, sur France Inter, un physique ingrat peut même être un petit plus. Savez-vous que Nicole Ferroni, qui a pourtant un joli minois, est considérablement moins bien payée que moi ? Il doit bien exister une raison objective capable d'expliquer pourquoi le couvent des Jacobins est si fréquenté ce matin ; à mon avis, les fans de radio aiment à se coopter, à se réunir, à se rencontrer. Combien d'unions, de mariages et parfois même d'histoires de cul sont nés entre des auditeurs venus assister à une émission de radio ? « Bonjour, je m'appelle Samantha, je cherche un homme à l'aise, libéral, comme moi. Vous aimez écouter Dominique Seux ? » « Bonjour, je m'appelle Anatole, je ne rate jamais une chronique de Thomas Legrand, alors que lui, parfois… » Car comme l'a dit Antoine de Saint-Exupéry, s'aimer ce n'est pas s'écouter l'un l'autre, c'est écouter ensemble la même émission. Si le public ce matin est aussi nombreux c'est peut-être également parce que les frotteurs du métro ici à Rennes ont pour la plupart été injustement rejetés des lignes allant de la Poterie à Kennedy, de Kennedy à la Poterie. Oui, nombre de frotteurs, de colleurs, de lourds, de pénibles, arbitrairement repoussés du métropolitain, se sont regroupés ce matin, ici même, dans l'espoir fou mais – hélas ! – déçu, de peut-être apercevoir Catherine Millet. Consolez-vous avec l'énergie luxurieuse d'une signataire de la tribune du *Monde*, quittant les beaux quartiers un soir de pointe pour se faire importuner à Aubervilliers contre le bleu de chauffe sybarite d'un ouvrier rentrant du travail, sentant la sueur et le foutre, le labeur et la mélancolie : aussitôt le 7/9 terminé, Nicolas Demorand en personne ira s'offrir à son public !

CHER MONSIEUR KOONS

26 janvier 2018

Cher monsieur Koons, vous avez sans doute appris avec déception que cette semaine une tribune dans *Libération* réunissait tout un tas de personnalités des arts et de la culture pour refuser les fleurs que vous vouliez offrir à la ville de Paris.

Ça m'a fait de la peine pour vous, monsieur Koons, parce que j'imagine que vous devez être drôlement sensible et sans doute le plus sensible de tous les artistes vu que vous êtes l'un des plus grands artistes contemporains vu que vous êtes le mieux payé.

Pauvre monsieur Koons qui devez être tellement marri que votre générosité ne soit pas mieux récompensée.

Appréciez cependant, monsieur Koons, la franchise des signataires. Si, après avoir offert votre cadeau, vous le retrouviez en vente sur Le Bon Coin comme toutes les merdes dont on veut se débarrasser, ce serait encore plus humiliant pour vous.

Il faut dire, monsieur Koons, que votre bouquet, ce n'est pas juste un bouquet qui fait joli sur la table du salon et qui finit par puer quand on oublie de changer l'eau des fleurs, non, c'est du bouquet solide, en bronze et aluminium poli qui fait 12 mètres de haut et qui pèse 33 tonnes.

Peut-être le problème, monsieur Koons, c'est qu'il est assez encombrant, votre cadeau. Tellement encombrant que le vase risque de coûter plus cher que les fleurs…

J'ai appris, monsieur Koons, que vous aviez décidé de l'emplacement de votre bouquet, face au musée d'Art moderne.

Je pense, monsieur Koons, que quand on fait un cadeau, on n'a pas d'exigence à avoir. Mon beau-frère Bernard, par exemple, il fait de la peinture, parfois il m'offre une de ses œuvres et je ne serais pas très content s'il m'obligeait à placer ses couchers de soleil juste au-dessus du canapé vu que moi je préfère les mettre à la cave, derrière le tas de bois. Surtout que votre bouquet, vous soutenez qu'il serait pour nous consoler des morts du Bataclan, le Bataclan qui n'est pas du tout situé vers le musée d'Art moderne de Paris.

Pardon, monsieur Koons, mais vous pourriez donner l'impression – ce n'est qu'une impression car ce serait vraiment trop laid – que vous profitez d'une douleur pour faire un coup médiatique, faire marcher votre petit commerce. Bien sûr, je ne peux pas le croire, ce serait une telle antipublicité, un tel cynisme… Comme une réplique sismique après un tremblement de terre. Une calamité nouvelle après la catastrophe.

Monsieur Koons, vous avez le sens des affaires et, bien sûr, on ne vous le reproche pas. Si le pauvre Vincent Van Gogh par exemple l'avait eu un peu plus, ça ne l'aurait peut-être pas empêché d'avoir du génie tout en étant un peu moins malheureux. Le docteur Gachet lui aurait conseillé d'épouser une Cicciolina de l'époque pour faire parler de lui, il lui aurait présenté M. Vuitton qui aurait eu l'idée de décorer ses sacs.

Faites votre commerce tant que vous voulez, monsieur Koons, mais pas sur le dos des morts.

Si vous voulez vraiment nous faire un cadeau, monsieur Koons, faites comme ma grand-mère quand elle donnait un billet de cinquante francs plié en quatre à Noël : « Tiens, c'est pour toi, j'ai rien acheté mais comme ça, toi, tu t'achèteras ce que tu veux. »

Voilà, monsieur Koons, donnez-nous des billets, si vous voulez être généreux, signez des chèques, comme ça, on s'achètera ce qu'on veut.

Après tout, monsieur Koons, ce que vous nous offrez, c'est juste une idée, un concept. Vous avez eu l'idée de nous offrir une main tendue avec des fleurs colorées. C'est très gentil. Vous savez, c'est l'intention qui compte. Pas la peine de solliciter le mécénat privé, les impôts de la République française…

Votre œuvre doit rester conceptuelle, vous nous offrez des fleurs, nous, nous acceptons virtuellement votre cadeau. Le concept, c'est de vous dire merci mais de vous demander de ne pas le réaliser.

Acceptez que les Parisiens soient aussi conceptuels que vous.

Bien à vous, monsieur Koons.

AUTOCRITIQUE

2 février 2018

Aujourd'hui, hélas, une chronique autocritique : je me demande si je ne suis pas en perte de vitesse. Non, non, ne protestez pas, vous mes laudateurs, mes thuriféraires, vous pour qui je suis une étoile dans la nuit. Songe que cette étoile, dont tu perçois encore la lumière vacillante et frissonnante, est peut-être décédée depuis des mois. Mon collègue et éminent confrère de diverses académies, Frédéric Beigbeder, réussit à buzzer comme un malade ; rien que ces dernières semaines des polémiques ont surgi concernant Nagui, Bénabar, Ardisson, Woody Allen, ma sœur, tandis que moi, unique polémique : un professeur de français à la retraite me reproche de dire « rasé de près » alors que l'expression est « rasé de frais ». « De toute façon, on se rase toujours de près, on ne peut pas se raser de loin », s'insurge ce professeur. Mis à part ça, beaucoup de félicitations, de fleurs, de congratulations, de demandes en mariage. Je vais donc procéder à une tentative d'allumage de buzz, mais je ne suis pas sûr de mon coup. Bon bah, j'essaie, je me lance : Nicolas Demorand, le matin, a une haleine de chacal. Charline Vanhoenacker a de vilains genoux. Thomas Legrand sent des pieds. Bernard Guetta pète au lit. Dominique Seux, dans sa chambre d'étudiant, a un poster du Che. Est-ce que ce sera suffisant pour faire le buzz ? Je n'en suis pas sûr, alors j'adresse par ailleurs toutes mes pensées au mari de la joggeuse qui, comme l'ont souligné ses avocats, avait peut-être un petit côté soupe au lait, mais faut avouer que par moments elle n'était pas toujours facile facile. Bon, je sens bien que je dois faire encore des efforts, j'essaierai de faire mieux la prochaine fois. Voyez, aujourd'hui nous sommes comme dans un paquebot sans capitaine, comme un canard dont on aurait coupé la tête : le chroniqueur, livré à lui-même sur le bateau Radio France qui n'a plus de capitaine, ne s'est même pas donné la peine de trouver une conclusion.

IL NEIGE (2)[1]

9 février 2018

Il neige.
Et l'on ne s'y fait pas.
Il neige.
Et c'est toujours une surprise.
Il neige.
Et c'est comme si c'était la première fois.
Les responsables de la SNCF n'en reviennent pas.
« Il neige !
— Il neige ?
— Il neige !
— Mais comment ça, il neige ?

1. Voir *supra* la chronique intitulée « Il neige », incluse dans le recueil *Jamais la même chose*, p. 755 de notre édition.

— Il neige comme je vous le dis, il neige du ciel, il neige en flocons, il neige partout, il neige sur les toits, sur les routes, sur les arbres, partout, il neige.

— Incroyable ! Mais il ne neige pas sur les voies ferrées quand même ?

— Je crois bien que si, je ne voudrais pas être désagréable mais il neige partout, même sur les wagons, sur les rames, sur les voies, sur le ballast, il neige je vous dis, il neige comme ce n'est pas permis, il neige ! »

La stupéfaction est à son maximum. On ne s'y attendait tellement pas. Comment pouvait-on ? Comment aurait-on pu ? De la neige, en plein hiver !

C'est incroyable ! Comment aurait-on pu seulement prévoir ? Bien sûr, qu'il neige à Saint-Véran, à Pelvoux, à Termignon, à Gavarnie, à Aragnouet, à Luz-Saint-Sauveur, à Chantelouve même, ça ne surprend personne.

Mais à Paris !

Parce que même à Paris, il neige.

Sur tous les arrondissements. À la Villette et à Bercy, quai de la Rapée et place Clichy, à Montparnasse et Saint-Lazare, il neige. À Saint-Germain-des-Prés-Neigeux, à Belleville-la-Blanche, à la Moufle, à la Butte aux Cailles qui caillent, à Ménilmontant-de-Saison, il neige. La basilique du Sacré-Cœur, déjà blanche en temps normal, a comme par miracle disparu sous la neige et personne n'a l'idée de s'en plaindre. Même Richard-Lenoir est tout blanc. Il neige et, pendant ce temps-là, la Seine qui monte, la Seine qui n'arrête pas de monter, la Seine qui se surprend elle-même à se surpasser. « Le Zouave du pont de l'Alma doit avoir les pieds propres, rigolent les béotiens. – C'est normal, disent les spécialistes, Paris est une cuvette. »

Impériale, auguste et solennelle, Marie-Pierre Planchon, délivrant ses oracles, traverse les couloirs de Radio France avec l'autorité tranquille de celle qui sait. Près d'elle, on remarque les jambes qui flageolent et les bouches qui s'assèchent et les regards qui se baissent. « Marie-Pierre, dis-nous, faudra-t-il porter les caleçons en molleton ? Faudra-t-il garder ses chaussettes pour dormir ? » Marie-Pierre est une pythie, c'est une sibylle, on attend ses prévisions avec désir et inquiétude, avec appréhension et espérance. Depuis si longtemps qu'elle fait la pluie et le beau temps à France Inter, on se dit qu'elle fait aussi la neige qui tombe et les bourrasques qui soufflent et les cyclones qui emportent tout et la rafale d'orage et l'aurore boréale et le blizzard curieux et le cisaillement des vents.

Et quand elle arrive, majestueuse et olympienne, une viennoiserie à la main, personne n'aurait l'idée vulgaire de murmurer : « La pythie vient en mangeant » tant elle inspire la crainte et le respect et la supériorité de la connaissance.

Marie-Pierre Planchon daigne poser enfin un regard sur nos vies ridicules, nos existences sous dépression, elle dit, impénétrable et sibylline : « Une nouvelle perturbation arrivera de l'ouest tandis que descendra le mercure… »

Alors à genoux, on prie le ciel, on ferme les yeux et l'on écoute dévotement, scrupuleusement, la dernière chanson de Juliette, la merveilleuse, l'inspirée, l'insensée, logiquement dédiée à Marie-Pierre Planchon.

MERCI, JOHNNY

16 février 2018

Merci, Johnny.

Respect, reconnaissance infinie.

Ça ne s'arrêtera jamais. C'est ça qui est bien. Le feuilleton est interminable. Les scénaristes de *Plus belle la vie* sont dépassés, surpassés, la réalité dépasse la fiction, la matérialité dépasse l'affliction.

Bravo, Johnny !

On aurait pu croire que la poule aux œufs d'or en exclusivité allait décéder. Ça aurait été dommage. Ça aurait été ballot. Eh bien non, la poule est un phénix, elle s'est foulé la patte, on la croyait à terre, mais voilà qu'elle se relève, elle s'ébroue, elle se secoue les plumes et puis, plus frétillante, plus énergique que jamais, la revoici, elle remonte sur ses ergots et elle pond un œuf, un nouvel œuf, un œuf tout neuf.

Décidément, les années Johnny ne sont pas mortes, les années Johnny jamais ne mourront. Ses mariages, ses amours, ses copains, ses départs, ses retours, ses traversées du désert, ses rentrées

triomphales, ses enfants, ses adoptions, sa solitude, sa vie de famille, ses vacances, ses déménagements, la Suisse, Los Angeles, sa maladie avaient alimenté la presse pendant de belles années.

On avait cru que sa mort serait le point d'orgue. On s'est agité. Suppléments et numéros spéciaux en tout genre se sont multipliés, comme un baroud d'honneur, comme un point final lucratif avant le silence et la paix éternelle.

Ça aurait été tellement dommage. Vous imaginez le manque à gagner ?

Eh bien, non, ouf, le nouvel épisode : les enfants sont déshérités, la veuve est écœurée, écœurée qu'elle puisse avoir à partager.

Formidable ! Les Atrides, à côté, c'est les Bisounours.

Déshériter ses enfants, c'est une idée merveilleuse, ça va permettre de relancer la machine au moins pendant dix ans. La guerre entre la veuve et les orphelins (quoi de plus émouvant ?), entre les anciens enfants et les derniers enfants. Les déclarations des anciennes épouses seront à nouveau citées, si chacun fait un effort, si chacun y met du sien, franchement, ça peut être formidable ! Rachida Dati aura forcément quelque chose à dire, ça peut être merveilleux.

Ça ne s'arrêtera jamais. Il ne faut pas baisser les bras, ne jamais se dire que l'histoire est finie. Encore et encore, il faut faire preuve d'imagination. Des coups de théâtre, des revirements. Les amours secrètes de Johnny, les enfants cachés de Johnny. Il faut y penser, même si sur le plan financier ça ne semble pas forcément intéressant, il faut penser à aller déterrer régulièrement Johnny à Saint-Barth, comme ça, pour vérifier son ADN, pour le plaisir, pour pouvoir exposer et vérifier sur papier glacé l'évolution de son cadavre, et sortir les histoires les plus inattendues, son mariage secret avec Yvette Horner, ses cinq à sept avec Bernadette Chirac, sa liaison avec Michel Sardou, ses amours avec Gérard Larcher, il ne faut pas avoir peur, il faut faire fort, chaque semaine, pour que ça ne s'arrête jamais.

Et si, la semaine prochaine, on commençait par un peu de douceur, une tentative de réconciliation, l'expression de votre bonne volonté, Lætícia.

Allez, soyez cool, pour Laura, la pochette dédicacée du 33 tours, pour David, un blouson en cuir.

RELANCES
(avec la complicité de Nicolas Demorand)
23 février 2018

NICOLAS. — Bonjour François Morel, on me dit que vous êtes aujourd'hui un peu ronchon…

FRANÇOIS. — Ah non, pas spécialement…

— Je ne sais pas… C'est ce qu'on m'a écrit pour introduire votre chronique…

— À mon avis, c'est une phrase qui a été utilisée pour lancer Nicole Ferroni il y a quelques semaines. Ça doit être un bug informatique…

— C'est possible.

— Je sais que moi, en plus, je ne vous dis jamais comment me lancer.

— Oui, ça m'a un peu surpris.

— En général, vous avez vu, je me débrouille tout seul, par exemple, je ne vous demande pas non plus de relances au milieu des papiers, comme le font Dominique Seux ou Thomas Legrand. D'ailleurs, j'ai entendu raconter que vous n'aimez pas trop ça, les relances écrites par les chroniqueurs eux-mêmes et que vous avez la charge de dire, un petit peu dans l'esprit de leur servir la soupe.

— En effet, François, je ne suis pas fou des relances.

— C'est pourquoi, vous avez remarqué, Nicolas, je ne vous en demande jamais.

— Et c'est tout à votre honneur, François. Alors, de quoi allez-vous nous parler aujourd'hui ?

— Ça c'est pas une relance. C'est la phrase d'introduction de ma chronique ?

— En effet, votre chronique n'ayant pas encore commencé, il est donc normal que je vous donne la parole afin que vous puissiez la lire.

— Très bien, alors je commence… Soyons le moins polémique possible. Ne jetons pas de l'huile sur le feu. Comment dire les choses le plus sobrement possible ?

— Ah François, j'ai l'impression que vous avez décidé de nous parler des propos de Laurent Wauquiez dont les conséquences dans le landerneau politique ne sont sans doute pas terminées.

— Ah non, pas du tout.

— Excusez-moi, je croyais…

— C'est-à-dire que si vous n'aimez pas trop la pratique des relances au sein des papiers des chroniqueurs et que vous en faites quand on ne vous en demande pas…

— Excusez-moi, François, moi je lis ce qu'on me donne à lire…

— Oui, d'accord, mais enfin, là, vous voyez bien que vous ne m'avez pas relancé, vous m'avez arrêté dans mon mouvement pour me diriger vers le sujet qui a alimenté déjà bon nombre de commentaires, les déclarations volées de Laurent Wauquiez et ses ramifications.

— Visiblement, François, les conséquences dans le landerneau politique des propos de Laurent Wauquiez ne sont pas terminées…

— Euh, en effet, Nicolas… Notamment cette phrase de Nicolas Sarkozy : « Beaucoup de monde me disait que tu n'étais qu'une grosse merde. Aujourd'hui, je n'ai d'autre choix que de penser comme eux. »

— Une phrase, François, pleine de sous-entendus…

— Euh ben non, pas spécialement, elle est assez directe comme phrase. Je ne vois pas où vous voyez des sous-entendus. Il aurait pu évidemment dire la même chose dans un style plus poétique :

> Beaucoup de monde hier te nommait grosse merde
> Et tandis qu'aujourd'hui seul face à la mer de
> Sable apaisé confiant et toujours amoureux
> Je n'ai pas d'autres choix que de penser comme eux.

— Ah, François, l'information supplémentaire que vous apportez ce matin serait que l'ancien président Sarkozy se serait rendu à la Mer de Sable.

— J'en sais rien, je vais vous dire franchement, c'était essentiellement pour la rime « mer de ».

— D'accord, François. Alors de quoi allez-vous nous parler ce matin ?

— Je vous dirai ça la semaine prochaine. Je referai une chronique comme d'habitude, mais cette fois, sans relances…

GOURBANGOULI BERDIMOUKHAMEDOV

2 mars 2018

Soyons le moins polémique possible. Ne jetons pas de l'huile sur le feu. Comment dire les choses le plus sobrement possible sans se faire accuser de réactionnaire vendu à l'industrie automobile : mais la circulation dans Paris n'est pas toujours facile, facile… Attention, ne pensez pas que je sois un opposant obtus et systématique à Mme Hidalgo, non… Je comprends bien que comme dans toutes les grandes capitales, il faut réduire le nombre de voitures afin de diminuer la circulation et la pollution. Je comprends bien. Je dis juste, quand même, des fois, c'est un petit peu énervant, ça ne circule pas tellement bien dans Paris. Voilà. C'est tout. Vous habitez place Clichy, vous avez un ami qui habite à Rome ou à Berlin, vous lui dites : « Veux-tu venir manger à la maison, ce soir, vers 8 h ? — Avec plaisir ! J'aurai peut-être un peu de retard, je passe voir ma sœur qui habite Francfort. — Pas de problème, de toute façon, j'ai mon cousin qui arrive de Montréal, il n'arrivera pas non plus de bonne heure, il veut passer prendre de l'huile d'olive à Nice où il connaît un petit commerçant… » En revanche, vous êtes claustrophobe ou vous êtes atteint de phobie métropolitaine, vous habitez place Clichy, vous avez un ami qui habite place d'Italie, le mieux c'est de se parler par Skype. Ou de l'inviter pour une période plus longue, que ça vaille vraiment le coup, une semaine ou quinze jours pendant les vacances. « Viens, on ira à pied jusqu'au cimetière Montmartre, on passera à la Librairie de Paris, et le soir on ira boire un mojito vers les Batignolles… »

Pourquoi ne pas s'inspirer d'expériences qui se font à l'étranger, comme le suggère un article récent paru dans *Le Monde*. À Achgabat, la capitale turkmène, on a trouvé des solutions. Le Turkménistan est dirigé par le sémillant Gourbangouli Berdimoukhamedov qui aime beaucoup la couleur blanche. Mais vraiment beaucoup. Au point d'interdire l'importation de voitures noires et la circulation de toutes les voitures sombres. Vous garez votre voiture précautionneusement sur un parking, comme il faut, sur une vraie place, vous mettez l'argent nécessaire, eh bien, vous pouvez la retrouver à la fourrière sous prétexte qu'elle n'est pas blanche. Pour la récupérer, ce n'est pas compliqué, il suffit d'apporter un document qu'on va chercher chez un garagiste afin de promettre que la voiture dans les plus brefs délais sera repeinte en blanc. On pourrait très bien à Paris décider que désormais seules les voitures vert pistache ou rose bonbon seraient autorisées à rouler. Une façon de fluidifier la circulation tout en apportant une note festive à la capitale.

Une autre loi officieuse du Turkménistan interdit aux femmes de conduire. Ce n'est pas encore écrit dans la loi car on ne s'embarrasse pas systématiquement là-bas de complications administratives, mais une femme qui est au volant se voit immédiatement confisquer sa voiture et son permis de conduire.

En revanche, en Arabie Saoudite, on vient d'autoriser les femmes au volant. Il ne faudra pas s'étonner si la circulation devient impossible dans les rues de La Mecque ou de Riyad…

Vous êtes actuellement dans les embouteillages, profitez-en pour solliciter votre mémoire, votre élocution…

Gourbangouli Berdimoukhamedov, Gourbanbouli Berdimoukhamedov, Gourbangouli…

ON VA RÉFLÉCHIR

9 mars 2018

Je voudrais revenir ce matin sur l'interview que Mme Françoise Nyssen, ministre de la Culture, vous a accordée mercredi dernier, Nicolas, afin de proposer, trois jours après, une analyse qui a pu prendre le temps de la réflexion sur tout ce qui a pu être annoncé et définir ainsi ce qu'est, ce que doit être, ce que sera la politique culturelle du gouvernement Macron.

Je m'exprimerai, évidemment, et, vous vous en doutez bien, avec la plus grande bienveillance vis-à-vis du pouvoir en place puisque, en tant que salarié du service public, après avoir servi de mon mieux les présidences de MM. Sarkozy et Hollande, je suis aujourd'hui entièrement dévoué, et c'est bien naturel, à la cause du président Macron.

La culture, on le sait, est un enjeu crucial pour le gouvernement, et je dirais même un enjeu symbolique. J'en veux pour preuve la prestation à l'Élysée du président Macron qui, à l'instar des plus prestigieux acteurs de France, s'est produit en tant que récitant de *Pierre et le Loup*. Quel plus beau symbole de l'excellence en matière de recherche d'équilibre de la politique culturelle que de voir ce jeune président se colleter avec l'œuvre de Prokofiev en donnant lui-même de sa personne, tout en faisant l'économie d'un cachet qui aurait pu faire le bonheur provisoire d'un intermittent du spectacle ?

Bien sûr, monsieur Demorand, la culture n'est pas l'unique préoccupation d'Emmanuel Macron, même si, et mesurez bien l'étendue de mes propos, monsieur Demorand, la culture fait partie de la vie, comme la vie fait partie de la culture.

Ce matin même, vers 7 heures et quart, le président, et c'est un autre très beau symbole, a pris un Efferalgan vitamine C afin de soigner une migraine passagère. Le président, et c'est important, et c'est essentiel, a voulu ainsi montrer l'attachement de la nation tout entière à une politique médicale qui serait à la fois ambitieuse mais basée sur la recherche de solutions thérapeutiques qui puissent répondre aux attentes de chaque Français car les Français, monsieur Demorand, ne vous déplaise, souhaitent qu'une politique médicale à la fois puisse juguler les dépenses tout en maintenant le remboursement des prestations de manière satisfaisante.

Eh bien, pour cela, monsieur Demorand, croyez-le bien, le gouvernement ne fera pas l'impasse sur ses responsabilités et saura définir en temps voulu la politique qui sera la sienne.

Mais revenons à Mme Nyssen, à la culture, à mercredi dernier…

Ses propos étaient très attendus puisque de nombreux dossiers sont en chantier, l'avenir du service public, le statut d'écrivain, la destination du passeport culturel, les différences de traitement entre les femmes et les hommes dans les milieux culturels. Mme Nyssen a été très claire. Elle a dit qu'il fallait réfléchir, que ces sujets étaient en réflexion. Mais je ne voudrais pas trahir la pensée pointue de Mme Nyssen et je vous propose d'écouter les principaux points forts de cette interview…

(*Françoise Nyssen* :) « Il faudra réfléchir. Il faudra réfléchir. L'idée, c'est de réflé…, d'imaginer, on peut réfléchir, tout ça est à mettre en place et en réflexion. Les Français le savent, c'est qu'on réfléchit à réfléchir. Sincèrement, depuis le début, on a réfléchi. Tout ça est à l'étude. L'important, c'est de réfléchir, et de réfléchir à réfléchir.[1] »

1. Montage (particulièrement malhonnête) de paroles prononcées par Françoise Nyssen, ministre de la Culture, lors du « Grand entretien » de Nicolas Demorand dans « la Matinale », diffusé sur France Inter le 7 mars 2018.

Alors, bien sûr, les esprits chagrins, et j'en connais, pourraient faire entendre que l'on aurait pu réfléchir avant, que ce n'était pas forcément la peine de se déplacer jusqu'au studio de France Inter si c'était juste pour dire qu'on allait réfléchir, qu'on était en réflexion. Eh bien, monsieur Demorand, on ne saurait trop engager l'opposition elle-même à entrer en réflexion, dès que possible, afin de passer à l'action, dès qu'elle sera aux affaires et permettre ainsi un grand chantier de réflexion sur ce que doit être une réflexion gouvernementale.

PARTIS PRIS

16 mars 2018

Depuis quelques années en France la plupart des partis ont changé de nom.

« Pourquoi un parti change-t-il de nom ? » me demande tacitement Sonia Devillers avec ce regard muettement autoritaire qui m'oblige à répondre. Eh bien, Sonia, en général un parti change de nom parce qu'il a fait jusque-là des mauvaises affaires. Oui, si une marque est bonne, on ne va pas s'amuser à changer de nom. Surtout que généralement quand elle change de nom, les clients continuent à se servir de l'ancien nom. Papa évoquait toujours le Printania, rue du 6-Juin à Flers : « Maman, y a plus trop de papier aux cabinets, faudrait que tu passes à Printania », alors que c'était devenu un Prisunic depuis belle lurette. « Belle lurette » étant une expression qu'on utilisait du temps où il y avait encore des Printania.

À droite, le parti Les Républicains, dans les années précédentes, a pu s'appeler l'UMP, le RPR, l'UDR, l'UNR, les RS, l'URAS, le RPF. À chaque nouvelle tête de gondole, à chaque casserole, un coup de ripolin et hop ! le parti devenait tout joli, tout beau. La différence entre le RPF du général de Gaulle et Les Républicains de Laurent Wauquiez, je résume, est que le général de Gaulle avait l'ambition de créer une nouvelle voie entre capitalisme et collectivisme tandis que Laurent Wauquiez trouve en gros qu'on embête trop les automobilistes et pas assez les migrants.

Les partis fascistes français, comme le Parti populaire français de Jacques Doriot ou le Rassemblement national populaire de Marcel Déat, pendant des années ont été un peu mis de côté car on a pensé que l'idée de la collaboration avec Adolf Hitler n'avait pas tenu toutes ses promesses et n'avait pas présenté que des aspects positifs. Suite aux millions de morts dont ils avaient été victimes, les Juifs, on s'en souvient, avaient une tendance à systématiquement dénigrer le nazisme avec une sorte d'entêtement qui frisait parfois le parti pris.

Aujourd'hui que tout cela est de l'histoire ancienne, pourquoi ne pas reprendre les anciennes recettes puisqu'elles ont été si désastreuses ?

Les partis politiques étant si déconsidérés, il est préférable de ne plus citer le mot « parti ». Au Parti socialiste, on est embêté car on supprimerait bien « parti » mais « socialiste » n'a pas non plus une super cote, ce qui fait qu'on pourrait appeler ça le LDRODGEDFDGQMPLPRARAPEEDFMLPFCESMSNPCJTCQAEF, « le lieu de réunion où des gars et des filles de gauche quand même pour la plupart réfléchissent à revenir au pouvoir en essayant de faire mieux la prochaine fois c'est sûr mais sans non plus complètement jeter tout ce qui a été fait »…

Ou alors, prendre une expression positive, qui ne veut pas dire grand-chose, mais qui donne l'illusion de la nouveauté. N'importe quoi, ce que vous voulez : « En avant », « En selle », « À cheval », « Hardi petit », « Tout droit », « Droit devant », « À toute vitesse », « À fond de train ».

Comme ça, si jamais une de ces expressions faisait florès, vous pourriez prendre le train.

En marche.

LE CHAT CHOUPA EST DE RETOUR

23 mars 2018

J'ai décidé aujourd'hui, tout simplement, de proposer une petite séance de rattrapage, étant donné qu'hier vous n'avez pas pu profiter de toutes les actualités du jour à cause de la grève, je tenterai ce matin de vous faire un bref résumé de ce qui s'est passé lors de cette journée qui a dû se dérouler sans vos habituels grands rendez-vous avec l'information.

Je vous rassure tout de suite, vous n'avez pas raté grand-chose.

Hier a été une journée assez calme, dans l'ensemble. Une grande marche a été organisée dans Paris qui a permis à beaucoup de Parisiens, de banlieusards et de provinciaux de pouvoir profiter de la capitale sans voitures et puis, oui, ça c'est assez important, un ancien président de la République a été mis sous les feux de l'actualité. M. Giscard d'Estaing est allé chez son dentiste pour un détartrage. Une petite carie sur une prémolaire a été remarquée, mais rien de grave, puisqu'elle aura été, heureusement, soignée à temps.

Et puis, la principale information, naturellement, c'est le retour de Choupa. Choupa est ce chat tigré qui avait fugué, on s'en souvient, il y a onze ans, et qui a regagné son foyer à Villeneuve-sur-Verberie, dans l'Oise. Un auditeur me reprochait récemment de faire du parisianisme, j'espère qu'il ne m'accusera pas ce matin de faire du villeneuvesurverberisme, mais il faut traquer l'information partout et notamment là où elle se trouve.

C'est à Beauvais que toute l'affaire avait commencé. Un rappel des faits. Une visite chez les grands-parents, des chiens qui aboient, une cage mal fermée, l'enchaînement des catastrophes et tout à coup, le drame, la fuite et la disparition de Choupa. Onze ans d'absence. Onze ans d'absence pendant lesquels Léa, 10 ans, et Lise, 3 ans, à l'époque des faits, ne reverront pas Choupa. Aussitôt, des tracts, des affichettes, on ne l'a pas oublié, collées dans le Beauvaisis, chez les commerçants, dans les boulangeries, sur les murs, sur les gouttières avaient été collés : « Recherche Choupa, joli chat tigré », avec un numéro de téléphone, celui des parents de Lise et Léa. Mais le silence, l'angoisse, l'inquiétude et l'obligation, pour Lise et Léa, de se reconstruire pendant ces onze années, en adoptant d'autres animaux de compagnie, et tenter de pallier l'absence de Choupa.

Et puis, coup de théâtre, en septembre dernier, oui, c'était en septembre dernier mais je vous dis l'information était faible hier, le téléphone sonne. « Connaissez-vous un chat appelé Choupa ? » Deux jours plus tard, récupération de Choupa.

Et là, des questions.

Comment revient-on d'une telle escapade ? Quelle place faire à Choupa, revenue après onze ans d'absence ? Et si Choupa n'était pas Choupa ? On pense évidemment à l'affaire Martin Guerre. Et si Choupinette, Minouchette, Mistigri, pour de sombres raisons, avaient volé l'identité de Choupa ? Non, grâce à la puce posée chez le vétérinaire, on peut affirmer que Choupa est bien Choupa.

Voilà ce qu'on pouvait dire de l'actualité. Si quelque chose d'autre me revient, je pourrai intervenir dans la matinée ?

LES GENDARMES S'ENDORMENT DANS LA NUIT

30 mars 2018

C'était dans les années 30, une petite Juive prénommée Mireille, mutine, espiègle et vaporeuse, sur des paroles de Jean Nohain chantait une histoire d'œufs et de gendarmes :

Ne croyez pas que les gendarmes
soient toujours des gens sérieux
Mais non mais non mesdames,
mais non mais non messieurs.

Les gendarmes en ce temps étaient regardés avec amusement. Quand ils roulaient sur des vélos, on les appelait les hirondelles. Les gendarmes, c'était l'autorité de proximité, nécessaire et inoffensive.

Le gendarme faisait peur aux enfants qui dans la cour de récréation préféraient toujours être les voleurs. Mais ce sont les gendarmes qu'on convoquait quand ils ne voulaient pas s'endormir. Des gendarmes, pas si efficaces, des croquemitaines domestiques, des ogres amicaux, des monstres sympathiques.

On riait du gendarme. Charles Trenet en imaginait un transformé en âne bleu et un âne transformé en gendarme gras sans que personne s'aperçoive du changement. On rigolait. On s'amusait. Sans doute ne pensait-on pas le monde si dangereux.

Dans les années 50, un anar à moustaches bouffait du curé, du juge et du gendarme. Dans *Hécatombe*, au marché de Brive-la-Gaillarde, il évoquait ces gendarmes « mal inspirés [qui] vinrent pour tenter l'aventure d'interrompre l'échauffourée » et constatait que « dès qu'il s'agit de rosser les cognes, tout le monde se réconcilie ».

Et Charles Trenet, encore lui, rêvait de gendarmes poétiques, éthérés.

BOUCQ

Les gendarmes s'endorment sous la pluie
Dans un paysage de campagne
Les gendarmes s'endorment dans la nuit
Dans un paysage de montagnes…

Aujourd'hui, la fureur anarchiste de Brive-la-Gaillarde est loin. Tout le monde ou à peu près se réconcilie autour de la figure d'un gendarme héroïque et courageux auquel les gens de bien pensent avec émotion, gravité, reconnaissance, respect. Un gendarme, Arnaud Beltrame, a sacrifié sa propre vie pour celle des autres.

Bourvil expliquait que « la ta-ca-ta-ca-tique du gendarme c'est d'être toujours là / Quand on ne l'attend pas »… « Des gens disent que les gendarmes / Lorsqu'on a besoin d'eux, ils n'sont jamais là. » Mais à Trèbes, le gendarme était là. Et pas qu'un peu.

Quand un gendarme rit
Dans la gendarmerie
Tous les gendarmes rient
Dans la gendarmerie.

On voudrait rire encore du gendarme, mais on ne peut plus. On aimerait se moquer du gendarme, mais on n'en a plus le cœur.

« Rendez-nous la lumière, rendez-nous la beauté… » On voudrait ajouter des paroles à la chanson de Dominique A… Rendez-nous l'insouciance, rendez-nous la légèreté…

LE COÛTEUX VOYAGE DE *LA JOCONDE*

6 avril 2018

Quelle ne fut pas ma stupéfaction d'apprendre par *Le Parisien* du 3 avril que le déplacement de *La Joconde* coûterait 30 millions d'euros pour aller de Paris à Lens ! 30 millions d'euros, vous vous rendez compte ! Je sais bien que Mona Lisa n'est pas toute jeune, 500 ans ça commence à faire, mais pour une personne, même à mobilité réduite, le coût me paraît astronomique. 30 millions pour 204 kilomètres, c'est évidemment beaucoup trop. Ça fait…, j'ai regardé sur ma calculette, plus de 147 000 euros le kilomètre, c'est excessif ! Ah ben si, j'ai regardé, c'est encore plus cher que le TGV.

Je pense qu'on peut trouver d'autres solutions plus raisonnables si on veut que la Florentine fasse du tourisme dans le Pas-de-Calais.

Je connais un petit peu Line Renaud. Attention, je ne dis pas qu'elle a le même âge que Mona Lisa, mais en gros c'est la même génération, je crois même que Line a fait du babysitting pour Mona quand elle était toute petite, bon, eh bien Line, quand elle fait la promotion des *Ch'tis*, qu'elle part à Lens, à Lille, à Roubaix, à Armentières, son déplacement coûte pas 30 millions d'euros.

Même si, et Line me l'a confirmé, voyager dans le Nord, ce n'est pas de la tarte au maroilles… Il faut qu'elle prenne une assurance, une vitrine spéciale pour s'exposer à côté de Dany Boon dans une ambiance garantissant une stabilité de température et puis une caisse spéciale, c'est-à-dire une berline de qualité, absorbant au maximum les vibrations sur les routes dues en particulier aux ralentisseurs et aux nids-de-poule. Line m'a assuré que par ailleurs elle exigeait un approvisionnement en genièvre pur malt et chuche mourette, ce qui correspond à un budget supplémentaire conséquent par rapport à *La Joconde* qui, elle, ne boit plus.

Quand même, 30 millions d'euros, c'est très onéreux. Je pense qu'il y a moyen de faire moins cher. J'ai un beau-frère, chef de chantier, qui a la carte Kiloutou pro, c'est-à-dire qu'il peut profiter d'une remise jusqu'à 30 % sur tout ce qui est matériel. Peut-être que déjà on peut passer par lui pour louer tout ce qui est cimaises, emballages et voitures de location… Deux, trois millions d'économie par-ci par-là en période de vaches maigres, ce n'est pas à négliger.

Mais, on va me dire, c'est pas tellement ça, c'est aussi que *La Joconde* qui part sur les routes, c'est bien joli pour les Lensois, mais dans la capitale, c'est un manque à gagner vu que beaucoup de touristes, des Japonais, des Chinois, des Américains, viennent à Paris uniquement pour voir Mona Lisa.

Eh bien, je propose que pendant toute la période où la *Joconde* sera à Lens, on expose Line Renaud dans la salle 6 du premier étage du Louvre. Son sourire est peut-être moins énigmatique que celui de *La Joconde* mais il est quand même plus festif.

QUI A TUÉ LE CORRECTEUR ?

27 avril 2018

Cette semaine, une partie de la France est partie en vacances. Pour certains vacanciers, c'est l'occasion de lire. Par exemple, un livre policier, le dernier Joël Dicker, pourquoi pas ? *La Disparition de Stephanie Mailer*.

Si vous l'avez déjà acheté, j'espère pour vous que vous ne vous êtes pas précipité dessus dès sa sortie et que vous n'êtes pas tombé sur l'un des 300 000 exemplaires de la première impression du livre où une erreur apparaît page 626, ligne 2, concernant le nom du meurtrier qui n'est pas le bon. Ce qui fait que le lecteur est comme une poule devant un Opinel page 626, ligne 2. Parce que quand vous vous tapez 2 lignes plus 626 pages pour qu'on vous trompe sur l'identité de l'assassin, c'est quand même un petit peu ballot…

Donc, si vous n'avez pas encore acheté le livre, demandez bien à votre libraire s'il ne s'agit pas de la première impression du livre.

Les Éditions de Fallois ne se sont pas gênées, elles ont écoulé les 300 000 premiers exemplaires, n'ont pas prévenu les libraires, qui sont quand même les premiers contacts des lecteurs, et se sont juste fendues d'un discret *erratum* sur leur site en bas de l'article consacré au dernier livre de Joël Dicker.

Le patron des Éditions de Fallois répond à la critique en sollicitant Marcel Proust et les inadvertances célèbres de la littérature : « Proust ne décrit-il pas dans *La Prisonnière* la mort de Bergotte qui renaît de ses cendres un peu plus loin ? »

Certes, mais l'importance du dénouement de l'histoire chez l'un et les méandres du style et de la mémoire chez l'autre font que Joël Dicker et Marcel Proust sont des écrivains qu'il n'est pas si difficile de différencier même quand on n'est pas détenteur d'un master en littérature comparée.

« La disparition du correcteur ». Ça pourrait être le titre d'un thriller. Précarisé, ubérisé, le correcteur est l'objet d'une traque infernale. Une sordide histoire d'argent, un assassinat programmé, assumé, délibéré, qui ferait que l'intérêt de la lecture ne serait plus de découvrir l'identité de l'assassin mais de s'amuser à débusquer toutes les fautes, erreurs, bévues qui jalonneraient le récit suite à la disparition du correcteur.

Il y a peu, figurez-vous, j'ai pris une semaine de vacances et j'en ai profité pour lire le livre de Philippe Lançon *Le Lambeau*. Du point de vue de l'énigme policière, c'est nul, archi-nul. On comprend quasiment dès le début qui sont les meurtriers. Aucun suspense.

À part ça, c'est un livre magnifique, curieusement doux, consolateur, où Bach, Chloé la chirurgienne, Proust justement, qu'on aurait tort de confondre avec Joël Dicker, apparaissent comme des médecins du corps et de l'esprit.

Récemment, j'entendais le subtil Vincent Delerm trouver idiote cette mode langagière qui consiste à dire « c'est une tuerie ! » pour parler d'un film, d'un livre qu'on trouve formidable. Quand j'ai lu *Le Lambeau*, je me suis dit que Vincent avait particulièrement raison.

VIVE LES PONTS !

4 mai 2018

Comment aborder ce mois de mai et profiter au maximum des ponts que nous offre notamment la religion catholique, dont on peut dire tout ce qu'on veut mais qui est quand même inégalable en ce qui concerne la gratification de jours de congé supplémentaires qui font quand même plaisir, par exemple, quand on aime bien rien foutre ?

Ascension, Pentecôte, lundi de Pentecôte. Je m'adresse aux sectaires séculiers, aux profonds profanes, aux sceptiques convaincus, la religion n'a pas que des défauts et c'est juste de le reconnaître. On critique, on critique, mais les cadeaux à Noël, les œufs en chocolat à Pâques qu'on cache dans les arbres, sous la tondeuse, derrière Simplet parmi les hortensias, il n'y en a pas beaucoup qui sont contre.

Alors, pourquoi ne pas dire : vive la religion quand elle permet de traîner au lit, avec son doux, avec sa douce, ou encore avec les mots croisés du *Monde* de Philippe Dupuis !

L’Ascension, souvenez-vous, a lieu quarante jours après Pâques. Bref rappel des faits. Après sa résurrection, Jésus monte au ciel. Il n’est plus présent sur terre mais à travers les sacrements.

La Pentecôte, je ne vous l’apprends pas, a lieu cinquante jours après Pâques, c’est la venue du Saint-Esprit sur les apôtres, sur Marie, qui donne la mission de l’Église : annoncer la bonne nouvelle de la résurrection de Jésus.

C’est par ailleurs la fin de la période pascale.

Qu’est-ce que Pâques ? Je vous pose la question. Thomas Legrand ? J’ai tout mon temps… Pâques est la commémoration de la résurrection de Jésus. Et pas seulement la fête à la Maison du chocolat, Nicolas Demorand.

On continue les révisions.

Quid du lundi de Pentecôte, jour férié depuis le Concordat de 1801, qui a survécu à beaucoup de choses, à beaucoup d’événements, de révolutions, de scandales, de républiques diverses, qui a subsisté après la séparation de l’Église et de l’État de 1905 mais qui a manqué définitivement périr sous Jean-Pierre Raffarin de 2004 (« notre route était droite mais la pente était forte »), le lundi de Pentecôte devenant une journée de solidarité envers les personnes âgées, jusqu’en 2008, où la situation devient plus complexe, le lundi de Pentecôte étant désormais férié, ouvré, solidaire, selon les branches, les entreprises, les humeurs. Avec véhémence, je dis qu’il ne fallait pas toucher au lundi de Pentecôte, symbole de l’œcuménisme le plus flamboyant ! Au Sénégal, pays à 95 % musulman, le lundi de Pentecôte est férié.

Mais les ponts ne sont pas seulement religieux. Le 1er Mai, qui fête le travail et les travailleurs, est passé, mais arrive, pas plus tard que dans quatre jours, le 8 Mai et la victoire de 1945.

Entre 1975 et 1981, le président Giscard d’Estaing avait odieusement supprimé cette commémoration, soi-disant pour marquer son attachement à la construction européenne, ce qui avait énormément désolé, choqué, offusqué les Français qui par mesure de rétorsion ont décidé de ne pas réélire le grand chauve de Chamalières pour mettre à sa place François Mitterrand qui aussitôt, dans un geste réparateur, fit oublier sa francisque en rétablissant justement la commémoration du 8 mai 1945.

Si M. Macron a le projet de se faire réélire dans quatre ans, qu’il ne s’aventure surtout pas à vouloir supprimer un de nos jours fériés qui véritablement font partie du patrimoine immatériel de l'humanité française.

Au contraire, il reste encore des week-ends sans pont, notamment au mois de mai mais encore pendant tout le restant de l'année. Je propose que désormais, à chaque dimanche soit associé un pont. Un pont bien enraciné sur nos fondations communes. Un pont victorieux sur nos conquêtes à venir. Car qu'est-ce qu'un pont sinon une construction permettant de franchir un obstacle ou une dépression ? Qu'est-ce qu'un pont sinon la promesse de réconciliation et d'échanges et de rapprochements et de mouvements et de voyages ? Qu'est-ce qu'un pont sinon l'expression du génie civil afin que se rejoignent les oppositions dans une perspective harmonieuse et apaisée ?

Vive la République ! Vive la France ! Vive les ponts !

LE PRINTEMPS INDIEN

11 mai 2018

Je n'assurerai pas cette semaine ma chronique humoristique hebdomadaire. Non, car aujourd'hui, j'ai décidé d'embrasser l'Histoire. J'ai choisi d'étreindre la réalité politique la plus récente. Je me contenterai en effet de lire un document que j'ai réussi à intercepter. Plus exactement une lettre que j'ai pu avoir en ma possession. Encore plus précisément le brouillon d'un courrier retrouvé dans la corbeille du président de la République.

Je ne vous dirai certainement pas comment j'ai réussi à l'obtenir. La protection de mes sources d'information, monsieur Fauvelle, est, ne vous déplaise, irréfragable, indiscutable, irrécusable, elle est garantie par l'article 10 de la Convention européenne des droits de l'homme, elle est la base de la déontologie qui m'est donnée en tant que chroniqueur vedette du service public. Il se trouve par ailleurs que le petit-cousin de ma belle-sœur qui s'est remariée avec un certain Yves Van der Smissen, natif de Bruxelles, après un parcours professionnel mouvementé, est aujourd'hui non seulement philatéliste et sex-addict mais huissier à l'Élysée, responsable parmi d'autres du protocole.

Je me suis, pendant de longues secondes, peut-être huit, peut-être quatre, posé la question de la légitimité dont je pouvais me prévaloir en la matière. Avais-je le droit, m'interrogeai-je, de dévoiler des propos, somme toute, intimes ? Avais-je le droit de divulguer des propos personnels tenus dans un cadre privé ?

On aura le droit de critiquer mon indiscrétion, de blâmer mon impudence, mais j'ai jugé que oui.

J'ai considéré que je devais à mes contemporains la révélation d'une relation certes personnelle mais qui pouvait avoir des conséquences phénoménales sur l'avenir du monde. Je me suis dit également que ça me ferait une chronique toute faite pour un vendredi sans inspiration. Il s'agit d'une lettre adressée à un certain Donald…

(*On entend la version instrumentale de «* L'Été indien *».*)

> Donald, mon cœur est gros, mon cœur est lourd, mon cœur est blessé. Je t'écris de France, ce vieux pays que tu connais, ce vieux pays qui sent l'amour et le fromage, le sperme et la fantaisie, l'alcool et les crinolines. Je pense à toi. Tu es si loin… C'était il y a moins d'un mois, et j'étais près de toi, tu étais près de moi. C'était hier, il y a quinze jours, il y a un siècle, il y a une éternité.
>
> Souviens-toi, Donald, souviens-toi nous deux, nos bises, nos étreintes, la main sur le genou, les regards, les clins d'yeux. Tu sais, je n'ai jamais été aussi heureux que ce matin-là. C'était le printemps. Un printemps où il faisait beau. Une saison qui n'existe que dans le nord de l'Amérique. Là-bas, on l'appelle le printemps indien. Avec ta coiffure peroxydée, tu ressemblais vaguement à une aquarelle de Marie Laurencin revisitée par Jeff Koons pour peu qu'on ait un peu d'imagination. Et puis aujourd'hui, comme une maîtresse déçue tu te retires de l'accord sur le nucléaire iranien. Donald, ta volte-face me fait mal. Tu me sembles si loin. Comme si l'un à l'autre nous étions étrangers. Comme si notre complicité jamais n'avait existé…
>
> C'était hier, c'était il y a un siècle, c'était il y a une éternité. Souviens-toi, tu époussetais de mon veston les pellicules et moi je riais et toi tu riais. Nous étions jeunes. Nous étions fous. Donald, oserai-je te dire que parfois ton affection, presque, me gênait, me faisait rougir. Tu étais à mon endroit plus prévenant que vis-à-vis de Melania. Notre intimité, notre extraordinaire singularité, nous l'offrions à la face du monde, toi le plus grand président du plus grand pays du monde, moi le président le plus jeune, le plus beau, du pays le plus chic, le plus cultivé, le plus sexy.
>
> Donald, nos relations privilégiées seront-elles désormais insuffisantes ? Faudra-t-il abandonner la communication du nouveau monde pour revenir, comme dans l'ancien, aux tristes relations diplomatiques ? Réponds-moi.

Où es-tu ? Que fais-tu ?
Est-ce que j'existe encore pour toi ?
Je regarde cette vague qui n'atteindra jamais la dune.
Tu vois, comme elle, je reviens en arrière.
Comme elle, je me couche sur le sable et je me souviens des marées hautes, du soleil et du bonheur qui passaient sur la mer.
Il y a une éternité, il y a un siècle, il y a un an, il y a quinze jours.

HYMNE AU CAMEMBERT

18 mai 2018

Je veux chanter ici et sur ma France Inter
La beauté d'un pays, la chance bocagère
D'un produit digne enfant de France et Normandie,
Du pays d'Auge enfin pour être plus précis.
Dans l'Orne exactement un jour Marie Harel
Fit cette découverte étonnante, irréelle
D'un fromage vivant qui chante et qui respire
Comme un baiser volé, comme un éclat de rire
Au milieu des pommiers, des vaches, des prés verts
Un jour heureux naquit le fameux camembert.

Ce matin je serai le chantre du terroir,
Des richesses perdues au fond des territoires.
Que je devienne ainsi et tant pis s'il le faut
Un avatar bobo de Jean-Pierre Pernaud,
Je veux chanter ici avec des trémolos
L'héritage inouï des savoirs ancestraux,
Dire les qualités, les arômes complexes
Qui rendent enthousiaste et quelquefois perplexe
Car il est surprenant et garde ses mystères
C'est pour cela qu'on l'aime aussi le camembert.

Mais le camembert de Normandie AOP
Au lait cru aujourd'hui, sais-tu ? est menacé,
On veut l'assassiner, on veut le sacrifier
Sur l'autel imbécile de la modernité
Dans un monde uniforme hélas on aseptise,

Tout doit se ressembler il faut qu'on pasteurise,
Quand le lait trop chauffé banalise le goût
Ça n'a pas d'importance il faut gagner des sous.
À l'Inao sais-tu que de drôles d'experts
N'ont pas craint de chercher à tuer le camembert ?

Ah les cons, les ringards, les sous-doués, les boloss
Qui n'ont pas défendu ce bon vieux calendos !
Faut-il qu'ils soient crétins, qu'ils en aient une couche
Pour ne pas concevoir que moulé à la louche
Ce fromage n'est pas de quelconque fabrique
Mais qu'il est singulier qu'il est emblématique.
N'importe quel frometon sans bouquet sans saveur,
Vulgaire pâte molle à la triste fadeur,
N'importe quel fromgi quel puant ordinaire
Ne peut pas mériter le nom de camembert.

Mai 68 peut-être attendait une suite
Eh bien décidons-la en mai 2018 !
Lançons tous les pavés que nous pourrons trouver
De chèvre et d'Affinois du Nord et de Roubaix
Contre les tristes trusts agroalimentaires
Il faut se révolter ne pas se laisser faire,
Il faut que raisonnée soit notre agriculture,
Enfin débarrassée de trop de forfaitures.
Dressons des barricades, crions notre colère
Et ensemble sauvons le soldat Camembert !

UN MÂLE BLANC[1]

25 mai 2018

Un mâle.
Un mâle blanc.
Un mâle blanc quadragénaire.

1. Le président Emmanuel Macron avait commandé un « Plan banlieue » à Jean-Louis Borloo, en qualité d'ancien ministre de la Ville. Déposé le 26 avril 2019, il n'a pas été présenté comme prévu initialement le 22 mai 2019.

À la présidence de la République a été élu un mâle blanc quadragénaire.

Pour en parler ce matin, un mâle.

Un mâle blanc.

Un mâle blanc quinquagénaire.

Le mâle blanc quadragénaire est président, autant dire représentant de mâles et de femelles, de Blancs et de pas Blancs, d'enfants charmants, de vieux enfants, de vétérans, enfin de gens âgés diversement.

Le président mâle blanc quadragénaire à un mâle blanc sexagénaire toujours fringant (dans « sexagénaire », il y a « sexe », c'est rassurant) commande un plan.

Et puis, un plan, pour un sexagénaire encore pimpant, tout frétillant, c'est engageant, c'est attrayant, c'est séduisant.

Mais…

« Quelque part, ça n'aurait aucun sens que deux mâles blancs, ne vivant pas dans ces quartiers, s'échangent un rapport », a dit le président, qui réclame un plan et sur-le-champ qui le néglige ouvertement, commande un plan, de but en blanc, caduc le rend, c'est saisissant, c'est surprenant.

Peut-être que le mâle blanc quadragénaire de président uniquement trouve convaincants les plans ne regardant que les mâles blancs quadragénaires et résidant rue du Faubourg-Saint-Honoré, 8e arrondissement, ça limite évidemment énormément le nombre de plans à ses yeux intéressants, l'interpellant, le concernant, le captivant.

« Merci beaucoup pour votre plan, merci vraiment, très inspirant pour quand les poules auront des dents », a dit le quadra au sexa, pas trop regardant, pourtant content de faire un plan.

Est-ce trop clivant que d'être blanc ?

Je laisse un blanc.

« Je ne vais pas faire un discours », a dit le président, avant de parler une heure durant.

En même temps, c'est désarmant, déconcertant.

Il est 9 heures, salut les gens, mes compliments, reparlons-nous incessamment, prochainement…

Pour le moment, c'est l'heure du blanc.

MAMOUDOU GASSAMA, DE GAULLE, ET UN PHYSIQUE DE RADIO

1er juin 2018

Je reviens ce matin sur l'intervention prétendument héroïque de Mamoudou Gassama. Un sans-papiers devenu gloire nationale du jour au lendemain. Un délinquant en puissance devenu en un tournemain, pour ne pas dire par un tour de passe-passe, brave de la République.

Permettez-moi de douter, monsieur Demorand, même si mes propos viennent un peu troubler la doxa humanitariste, droit-de-l'hommiste dont vous êtes, avec vos camarades réunis, l'un des plus fervents représentants…

Je n'apprendrai rien à ceux qui ne prennent pas pour argent comptant la pensée distillée par la médiacratie ambiante, mais ce n'est pas, bien sûr, la première fois que l'on prend certaines libertés avec la vérité historique…

On le sait maintenant, l'appel du 18 juin 40 du général de Gaulle incitant les Français à continuer le combat contre les nazis est également un événement monté de toutes pièces par l'entreprise Philips qui alors voulait relancer le marché des postes de radio à lampes en bakélite.

Le général de Gaulle, il faut le savoir, à l'époque n'existait pas. C'est un imitateur, André Tisot, qui était le père d'Henri Tisot, qui a enregistré l'appel du 18 juin. André Tisot, hélas pour lui, avait essentiellement un physique de radio.

Il faut bien se souvenir que c'était avant l'époque contemporaine de la radio filmée. Aujourd'hui, et ce n'est pas difficile de le constater, pour être chroniqueur à la radio, il n'est pas besoin, comme en son temps Philippe Henriot, d'être fin, intelligent, cultivé, d'avoir une voix profonde et sensuelle, il faut posséder un physique avantageux. C'est devenu le seul critère. Que ceux qui ne me croient pas se procurent illico le calendrier 2018 de France Inter qui réunit sur papier glacé les corps outrageusement dénudés des voix célèbres de France Inter dont la plastique musculaire et licencieuse serait capable, hélas, de faire chavirer les esprits les plus vertueux. J'attirerai particulièrement l'attention sur le mois d'avril, où Thomas Legrand s'est découvert de plus d'un fil, et septembre, où le sémillant Dominique Seux n'a pas été économe de ses charmes…

Je signale à ce sujet que Laurence Bloch, directrice de France Inter, qui est en train de concevoir la grille des programmes pour l'année prochaine, reçoit jusqu'à fin juin tous les postulants dans son bureau. Il s'agit d'entretiens qui se font en toute décontraction et en slip. Je le sais. J'y ai moi-même participé, et j'ai été recalé pour des raisons mystérieuses.

Mais revenons à André Tisot qui très vite fut remplacé à l'image par un grand garçon bien bâti de 1,96 mètre qui, toute sa vie, tenta d'imiter la voix sépulcrale, caverneuse et si particulière d'André Tisot dont hérita son fils Henri.

Oui, le général de Gaulle est une pure invention, mais le savent déjà ceux qui ne se satisfont pas de la purée boboïsante que l'on nous sert à longueur de flashs info.

J'ai été heureux de rétablir certaines vérités ce matin, à moins que je ne me sois interrogé sur le sens moral de ceux chez qui l'expression du courage est forcément suspecte.

LA FRISE DE CABU

8 juin 2018

Journal satirique paraissant le mercredi, *Le Canard enchaîné* est dans le fond un plumitif fidèle et affectueux. Cabu, lui, était sans doute le plus grand caricaturiste politique. Chaque fois qu'apparaissait un nouveau visage dans le monde médiatique, les autres dessinateurs attendaient la caricature qu'allait en faire Cabu pour le copier.

Cabu est mort, emportant sa frénésie à dessiner comme on respire, son air de vieil adolescent rieur et tendre mais aux colères intactes.

Chaque semaine pendant des années, Cabu apportait ses nouveaux dessins aux deux rédactions qui l'employaient, *Charlie Hebdo* et *Le Canard enchaîné*.

Charlie Hebdo ne passe plus de dessins de Cabu comme il ne passe plus de dessins de Wolinski, Charb, Tignous, Honoré, mais il a raison, il n'a pas vocation à devenir un journal mortuaire.

Cabu était le seul disparu travaillant au *Canard*, alors chaque semaine depuis ce sinistre mois de janvier 2015, le *Canard* continue de montrer ses dessins à travers une frise de portraits que l'on reconnaît encore, mais pour combien de temps ?

Le monde ne s'est pas arrêté. De nouveaux visages sont apparus. D'autres ont disparu.

Johnny Hallyday est mort.

Michel Rocard est mort.

Jacques Chirac ne va pas très bien.

Bernadette non plus.

Benoît XVI a renoncé à son mandat de pape.

François Fillon est devenu président de la commission constructeurs de la Fédération internationale de l'automobile.

Nathalie Kosciusko-Morizet a rejoint Capgemini aux États-Unis afin d'y diriger l'activité projet et consulting de la division cloud, infrastructure et cybersécurité.

Cécile Duflot dirige une ONG Oxfam France.

Christine Boutin s'est retirée pour une cousinade dans un monastère.

Lionel Jospin est retraité sur l'île de Ré.

François Hollande est auteur à succès.

Julie Gayet vit sa vie de comédienne et productrice.

Barack Obama produit des séries pour Netflix.

Bientôt un enfant curieux demandera : « C'est qui, le monsieur avec la grande bouche ?

— Bernard Tapie, répondra le grand-père.

— Jamais entendu parler, répondra l'enfant. Et celui-là, avec son gros menton ?

— Arnaud Montebourg.

— (…) »

L'actualité va vite. Le monde est oublieux. Qui un jour au *Canard* décidera de supprimer la frise de Cabu ?

Cabu était si foisonnant qu'heureusement, il semble toujours vivant. Une exposition à la Comédie-Française jusqu'au 25 juillet : « Cabu, vive les comédiens », et un livre catalogue regroupant plus de deux cents dessins féroces, tendres, admiratifs, enthousiastes, vachards.

Une merveille de justesse et d'insolence.

L'ÉVÉNEMENT MONDIAL EST SPORTIF

15 juin 2018

L'événement mondial est sportif, l'événement sportif est mondial. La Coupe du monde de football en Russie personnellement m'enthousiasme et me passionne et me ravit et m'enflamme et m'embrase et m'électrise et m'excite comme une puce et comme vous ne pouvez même pas imaginer ; à tel point que je me demande si cette année c'est Platini ou Rocheteau qui aura des chances de recevoir le Ballon d'or.

Vive le sport partout, sur TF1, dans tous les journaux, dans toutes les pubs, dans tous les commentaires, sur toutes les affiches, pendant un mois de joie saine et fédératrice.

Si la caméra vidéo de Gilbert Larriaga en a la possibilité, elle pourra montrer avantageusement que je suis venu ce matin en short et avec des chaussures à crampons afin de participer à ma manière à ce formidable élan de fraternité collectif (j'accorde « collectif » au masculin car c'est l'élan qui l'est et non la fraternité) qui s'élève entre les peuples tous réunis pour cette belle fête du sport, dans un esprit certes de compétition mais surtout de recherche de l'excellence et d'un dépassement de soi-même pour vivre dans un monde toujours plus accueillant, toujours plus ouvert aux autres dans leurs différences et leurs singularités !

Alors, m'interrogerez-vous, pourquoi dans ce cas, vous si passionné, si supporter de l'équipe de France, pourquoi n'avez vous pas enfilé le maillot « Équipe de France » domicile authentique 2018 ?

Votre question est légitime et je ne vous cache pas que je l'attendais avec impatience et une certaine gourmandise, à tel point que par avance j'avais rédigé ma réponse avec la rigueur professionnelle qui me caractérise et que Frédéric Beigbeder ne peut même pas imaginer !

Si ce matin je n'ai pas enfilé le maillot « Équipe de France » domicile authentique 2018, qui est très beau avec cette présence de rayures bleues très fines et irrégulières provoquant un effet dynamique et un contraste extraordinaire, ce tissu anti-transpiration repensé de manière à procurer un confort maximum, ce col patte qui dévoilera le drapeau tricolore sous forme de ruban, cette légèreté permettant une ventilation idéale ainsi qu'une adhérence exceptionnelle, ce coq emblématique de l'équipe de France, c'est que sincèrement, et ma femme me le faisait remarquer encore ce matin, tandis que fièrement je l'arborais devant mon café et mes tartines de confiture, c'est que franchement, il me boudine un peu.

Dans une ambiance toujours bon enfant, pendant le mois qui vient, on peut s'attendre à des manifestations racistes, des insultes homophobes, des cris de singe, des symboles néonazis, des saluts hitlériens, enfin tout ce folklore tellement décrié par les esprits chagrins mais qui dans le fond révèle de façon si sympathique le caractère émotionnel de cette fête où l'esprit sportif se mêlera de façon si intime aux craintes de dopage, aux éructations des hooligans et à ce « pognon de dingue » comme on dit dans le grand monde.

Quelle belle leçon que le football qui depuis tant d'années a réussi avec tant de succès à apprendre aux Européens que, devant la crise des migrants comme devant n'importe quelle tempête à affronter, le mieux est de jouer collectif.

GLOIRE À GUIGNOL !

22 juin 2018

En ce vendredi 22 juin 2018, je voudrais rendre hommage à une émission d'humour et de divertissement qui a fait les plus belles heures de Canal+ et de son esprit.

L'esprit Canal est devenu injustement synonyme d'esprit branchouille, parisien et arrogant quand il a été aussi un souffle d'invention, de jeunesse et de fantaisie né à la fin du siècle dernier. Souvenez-vous de tous ceux qui pendant des années nous ont fait rire, notamment Antoine de Caunes, José Garcia, Jean-Yves Lafesse, Jackie Berroyer, Yolande Moreau, Nadine Morano.

Oui, en ce vendredi 22 juin 2018, je voudrais saluer cette émission espiègle, insolente, subversive, irrévérencieuse, et qui a réussi pendant plus de vingt-cinq ans à passer entre les gouttes de la censure, de l'interdiction, de la pétrification, du cynisme, de la gravité et de l'esprit de sérieux, je veux naturellement parler de « Groland ».

Groland et sa présipauté ont survécu à tout, à François Mitterrand, au Bi-Bop, aux « Nuls », aux « Deschiens », aux essais nucléaires sur Mururoa, à André Rousselet, à Alain De Greef, au Concorde, à Johnny Hallyday, à la boîte à coucous, aux majorettes datant du crétacé inférieur, à Pierre Bellemare qui, avec un documentaire, fêta il n'y a pas si longtemps le vingt-cinquième anniversaire de l'émission, à Mamie Quéquette, à son président, l'inmourable et pourtant mort mais cependant président pour l'éternité, l'immense et poétique Christophe Salengro.

Oui, bien sûr, forcément qu'en ce vendredi 22 juin 2018, je voudrais porter un témoignage de respect, de laïque piété à l'expression de cet esprit si frondeur, si français, qui subsistera même, eh oui, tiens, pendant que j'y pense aux « Guignols », définitivement morts aujourd'hui même, mais enterrés depuis plusieurs mois par l'homme d'affaires et fossoyeur Vincent Bolloré qui, apprend-on cette semaine, par complaisante obscénité, après avoir obtenu celles de toutes les autres aurait réclamé la tête de sa propre marionnette avant de l'exposer dans son salon breton comme un trophée de guerre, une guerre d'usure, dépouillant l'ennemi de tout ce qui faisait sa force et sa richesse, le vidant de sa sève, de sa substance, changeant son équipe, son esprit, bradant son âme, à tel point que le jour de sa mort, plus personne n'est là pour le regretter, pour le pleurer.

Mort des « Guignols » mais survie (jusqu'à quand ?) de « Groland »…

Souvenons-nous à jamais des trois principes de la présipauté : *Joie, hospitalité, lâcheté.*

Souvenons-nous de ses devises, *Santé bonheur ! Santé bonne humeur !*, *Groland, je mourrirai pour toi*, et souhaitons donc une aussi longue vie que, ben oui, tiens, pendant que j'y pense, au Guignol, le Guignol des Champs-Élysées situé dans les jardins Marigny et qui célébrera demain et après-demain, entre 11 h et 23 h, son 200e anniversaire !

Allons, courage, le plaisir de l'insolence n'est peut-être pas tout à fait mort !

À tchao bonjour.

C'EST UNE CHRONIQUE DE FIN D'ANNÉE

29 juin 2018

C'est une chronique de fin d'année. On vient encore avec nos cahiers et nos cartables mais aussi avec des disques et des jeux de société qu'exceptionnellement on a le droit d'apporter en studio. Dans la tête on est déjà en vacances. L'ambiance est de plus en plus décontractée.

Sonia Devillers a les cheveux défaits, Claude Askolovitch est en tongs, Thomas Legrand ne met plus de chaussettes dans ses chaussures, Augustin Trapenard a enfilé un pantacourt jaune et, comble du laisser-aller, Bernard Guetta depuis plusieurs jours a abandonné son imperméable mastic. Les récréations sont de plus en plus longues. À la radio, ça s'appelle de la publicité.

À France Inter, comme les résultats sont plutôt bons, l'établissement est plutôt bien noté. En ce moment, la directrice est plus apaisée, elle fait moins de sciatiques. Surtout, elle espère bien que tout le monde sera là en septembre. Normalement oui, car en ce moment le privé fait moins rêver. Quand elle est trop angoissée, la directrice fait des sciatiques. Quand elle fait des sciatiques, elle est énervée.

Elle a quand même convoqué les parents de Frédéric Beigbeder. Elle leur a dit qu'elle trouvait que Frédéric avait des possibilités mais qu'il les utilisait trop, elle se demande si parfois il ne vient pas en studio avec de l'alcool ou des produits illicites, vu la teneur de certaines de ses chroniques.

Les parents de Frédéric étaient embêtés, ils ont dit : « On peut pas le mettre dans le privé, ils en veulent pas… »

Ce que craint la directrice, c'est qu'il exerce une mauvaise influence sur les autres, notamment sur Alex Vizorek, qui est très, très jeune d'esprit et surtout très influençable. Pour Nicole et Sophia, ça va, ce sont des filles, elles sont mentalement beaucoup plus structurées.

Voilà. C'est ma chronique de fin d'année. Si je veux, je peux chantonner pendant vingt secondes ou faire des bruits avec ma bouche, personne ne me dira rien. Tout le monde s'en fout. Dans la tête, on est déjà sur les plages.

« Les CE2-CM1 du monde » de l'école des Vergers de Saint-Georges-des-Groseillers, je ne vous l'apprendrai pas, ont travaillé toute l'année sur l'idée du voyage et ont fait toute une collection de cartes postales exposées sur les murs des classes. Ce qui serait bien, vous qui m'écoutez, c'est qu'avant la fin de l'année scolaire qui aura donc lieu dans une semaine, le 7 juillet, si vous avez le temps, vous envoyiez une carte postale de l'endroit où vous êtes, pour dire bonjour et, par exemple, souhaiter de bonnes vacances ou tout ce qui vous passe par la tête. Je vous rappelle l'adresse :

« Les CE2-CM1 du monde » : École des Vergers, 7, rue de Flers, 61100 Saint-Georges-des-Groseillers.

Faites vite pour envoyer votre carte postale. Le mieux, c'est de l'écrire aujourd'hui et de l'envoyer dans la foulée.

Sinon, moi, je vous retrouve l'année prochaine. Je ne passe pas en classe supérieure mais on me garde quand même. Pour la dixième année de suite, je redouble.

C'EST PAS TOUT ÇA

31 août 2018

C'est pas tout ça. Maintenant, il faut trouver un nouveau ministre pour l'écologie[1].

Et vous êtes fier de vous, Nicolas ? « Un moment de grâce », je vous en foutrai !

Est-ce que vous aviez besoin, Nicolas, de reposer cette question : « Est-ce que vous restez au gouvernement ? » Depuis le temps qu'on lui posait la question, il avait envie de répondre autre chose. Moi, c'est pareil quand on me demande : « Est-ce que vous en avez marre qu'on vous reparle des Deschiens ? » Généralement, je réponds « non ». Jusqu'à ce que j'en aie marre de répondre toujours la même chose. Alors je dis : « Si, j'en ai marre. De vos questions toujours les mêmes que vous me posez depuis vingt ans… »

1. Nicolas Hulot, ministre de la Transition écologique, avait démissionné du gouvernement lors de « la Matinale » de France Inter, en direct, le 28 août 2018.

Alors votre question à la con, excusez-moi, Nicolas, franchement est-ce que c'était nécessaire ? Je sais bien que vous-même vous avez été surpris de la réponse. Je sais bien que rien de ce qui s'est passé mardi dernier n'était prévu. Il n'y a qu'à voir votre tee-shirt. Vous aviez mis celui de tous les jours. Je sais bien que si vous aviez pensé être si souvent relayé par toutes les chaînes de télé, vous auriez mis une chemise propre…

Bon mais maintenant, il faut trouver un remplaçant.

Quelqu'un d'aussi connu que Nicolas Hulot. Pas facile… Cyril Hanouna ? M. Pokora ? Jean-Pierre Pernaud ?

Quelqu'un peut-être de moins imprévisible que Nicolas Hulot, ce serait bien. Philippe Barbarin, le cardinal ? Jamais un mot plus haut que l'autre, jamais dépassé par ses émotions. Quelqu'un qui sait protéger ses équipes…

Parce que le mieux serait sans doute de prendre quelqu'un qui ne serait pas trop concerné par le sujet de l'écologie. De même qu'on a retiré à l'ex-patronne d'Actes Sud Françoise Nyssen la régulation économique du secteur de l'édition littéraire, peut-être le seul domaine où elle avait de vraies compétences, il faut choisir quelqu'un dont la conviction écologique ne viendrait pas polluer son ministère.

Lætitia Hallyday ? Elle sait tenir sa maison, elle saura tenir un ministère. Et puis, elle a le sens des affaires.

Je vois bien que vous n'êtes pas trop convaincu mais je cherche… C'est pas facile…

François Hollande ? Il remonte un peu dans les sondages. Il a le 06 de Ségolène…

Patrick Cohen ? Pourquoi pas ? Il est sérieux, il est compétent. Il a pas mal de temps de libre dans la semaine…

Pourquoi pas Bernard Clouzot, commandant des gendarmes en Occitanie ? Les journalistes seraient contents. Après avoir fait tout un tas de titres sur « Monsieur Hulot et ses vacances », ils pourraient titrer sur l'inspecteur Clouzot qui, lui aussi, est très marrant.

Je cherche. Je ne dis pas que j'ai la solution. Il faut réfléchir.

Bien sûr, il y aurait aussi la solution de nommer Philippe Besson en tant qu'ami du président de la République, plutôt que de l'envoyer faire le consul à Los Angeles.

Mais là, en ce moment, je ne suis pas sûr que ministre de la Transition écologique et solidaire, ce soit un cadeau.

BOORIS ET KAABA SUR UN AIR DE CHOPIN

7 septembre 2018

Par ma largeur d'esprit, par mon attitude humanitaire, ma démarche altruiste, je suis devenu au fil des années une sorte d'Organisation des Nations unies à moi tout seul, capable d'intervenir dans les conflits les plus violents.

Je sais combien les dissensions apparues entre Booba et Kaaris ont pu être traumatisantes[1] pour ceux qui ne se sont jamais tout à fait remis des anciennes querelles entre Guy Béart et Serge Gainsbourg, entre Antoine et Johnny, tous ceux, à l'instar d'un Dominique Seux, qui tout en appréciant la charge érotique de Booba ne sont pas sans estimer la fougue charnelle de Kaaris, qui tout en reconnaissant l'inspiration poétique de Kaaris ne méprisent pas pour autant le souffle lyrique de Booba.

Booba et Kaaris sont comme deux grands fauves lâchés dans l'écriture de notre époque de violence et d'insatisfaction devant le temps qui passe et la patience qu'il faut parfois pour obtenir le dernier smartphone de chez Apple avec toutes ses applis.

Souvenons-nous de tout ce qu'Apollinaire doit à Booba. Apollinaire écrivait : « Passent les jours et passent les semaines / Ni temps passé ni les amours reviennent ».

Booba, dans un style plus resserré, plus saisissant, plus percutant, notait : « Passent les gos, passent les euros, passent les années / Passent les clashs, guerres / Ma carrière est cellophanée. »

Sur une musique de Frédéric Chopin, dont les relations avec George Sand ne sont pas sans rappeler les tiraillements qui existent aujourd'hui entre les deux rappeurs, je voudrais en ces temps macroniens où l'on peut en même temps aimer Sartre et Camus, Voltaire et Rousseau, Dolce et Gabbana, dans une perspective de réconciliation, d'apaisement, d'harmonie, mêler Booba et Kaaris, Booris et Kaaba, Baaris et Kooba…

1. Les deux rappeurs rivaux ont été envoyés au tribunal correctionnel de Créteil pour « violences aggravées » après leur bagarre et celle de leurs clans respectifs, le 1er août 2018, à l'aéroport d'Orly.

Ferme un peu ta gueule, va me faire un steak frites
J'serai au moins dans l'cul d'ta connasse
Quand j'aurai pris le coup de grâce
J'ai d'autres objectifs mais tu persistes
Tu crois que j'baise tout c'qui bouge de Boulogne,
Pont de Sèvres à Pierrefitte
Tu m'as fait mal au crâne, j'suis à deux doigts
de te court-circuite
J'aime les festins pas les pique-niques
Ta tronche d'enfant de putain ne me dit rien qui vaille
J'ai besoin d'aller vite, j'me fais flasher sur toute la route
Alors que j'me faisais sucer, je pensais à mon futur
Je fais partie de l'élite, je remplis Bercy, le Zénith
Mais quelle trace je vais laisser si je ne fais pas de marmots
Puis je crache ça dans la gorge de cette pute à 150 euros
Traces de rouge à lèvres sur mon polo Gucci
Si j'roule à 2 à l'heure, j'regarde sûrement
un gros cul passer
Tu m'as tapé dans l'œil, je t'ai mis sur le côté
Approche pas de mon cœur, girl, tu vas sauter
J'me dis que j'vais la tej' mais wallah
qu'est-ce qu'elle est bonne
Alors je ferme les yeux, je plane
J'suis un killer, girl, j'suis un killer, killer, killer
Ici y a pas de losers
J'serai dans le 92 vers les coups de douze heures
J'suis un killer, boy, j'suis un killer, killer, killer
Killer, killer, killer
J'suis un killer

LE GRENELLE DES BESTIOLES

14 septembre 2018

Il fut un jour où les animaux décidèrent de ne plus subir la toute-puissance des hommes. Il fut un jour où les animaux jugèrent qu'ils n'avaient plus envie de se laisser mener par le bout du bec, du groin, de la truffe. Tous s'accordèrent pour penser qu'il était nécessaire de se rassembler s'ils voulaient survivre. Conscients

NON à LA suprématie de L'HOMO SAPIENS
BOUCQ

que les hommes, partout, avaient pris le pouvoir sur la terre, ils se dirent que la façon dont celle-ci avait été administrée jusqu'alors méritait au moins quelques petits ajustements.

Une abeille particulièrement informée évoqua dans un vrombissement fiévreux le réchauffement de la planète, le risque nucléaire, l'épuisement des ressources naturelles, la destruction de la biodiversité.

« Notre nid brûle et nous regardons ailleurs », déclara une oie cendrée tout à fait convaincante devant une assemblée d'alouettes, de chouettes et de colibris qui, avec force et gravité, turlutèrent, hululèrent, zinzinulèrent de concert.

« Nous ne pouvons pas continuer ainsi. Il nous faut prendre nos destins en patte. Ne restons pas prisonniers de nos égoïsmes, cooptons-nous, l'union fait la force, aboya un vieux chien solidaire et décidé.

— Exactement ! Il n'y a aucune raison pour que les hommes soient les seuls à décider de l'avenir d'une planète sur laquelle nous sommes encore plus nombreux qu'eux », enchaîna une girafe démographe et revendicatrice.

Alors, à Paris, une grande réunion fut organisée. Un Grenelle des bestioles.

Chaque espèce animale devait être représentée. Les animaux chargés du protocole s'arrachèrent qui les poils, qui les plumes, qui les écailles pour tenter de ne mécontenter personne. À cause de vieilles querelles, d'intérêts contradictoires, de points de vue fortement divergents, les agneaux et les brebis refusèrent d'être placés près des loups, les antilopes de s'asseoir près des lions, les gnous de coudoyer les hyènes. Un corbeau, en raison d'une ancestrale humiliation, exclut d'assister à la réunion s'il devait se retrouver en présence d'un seul renard.

L'ambiance, on le voit, était tendue, les atermoiements, les tergiversations, les ajournements nombreux. Beaucoup de libellules, de mouches domestiques et d'éphémères eurent très vite la certitude que leur vie serait trop courte pour qu'ils puissent assister à cette réunion, qui finalement, un beau jour quand même eut lieu.

C'est une tortue géante, venue spécialement des Seychelles, à qui revint, en raison de son grand âge, la gloire insigne d'ouvrir les débats. En réalité, elle n'était pas tout à fait la plus ancienne de l'assemblée. Une palourde et une méduse la dépassaient en âge, mais l'une et l'autre étant peu habituées à s'exprimer en public, elles préférèrent décliner l'honneur qui leur était fait.

Les débats commencèrent. Les traducteurs firent des prouesses pour que les piaillements des moineaux puissent être compris des sauterelles dont les stridulations devaient être intelligibles pour les rhinocéros.

Une mouche domestique fut très applaudie quand avec fougue elle bourdonna que la seule véritable mesure emblématique serait d'accorder à chaque animal vivant sur terre le droit de vote. Grosse impression.

Après quelques instants d'enthousiasme partagé, les libellules jugèrent que le droit de vote serait notamment mal employé par les moustiques qui rendaient si difficile la vie des étangs. Les coqs firent valoir que la population des poules, toujours croissante, risquait dans les basses-cours de rendre la démocratie insupportable aux mâles.

On décida de reporter à une date ultérieure les conclusions de la réunion.

VIVE LA FRANCE[1]

21 septembre 2018

Ibrahim Maalouf…
Marek Halter
Tristan Tzara
Marjane Satrapi
Vassily Kandinsky
Joann Sfar
Eduardo Manet
Konstantínos Gavrás, dit Costa-Gavras
Omar Sy
Zinedine Zidane
Tsuguharu Foujita

1. Suite aux propos tenus, le 16 septembre 2018, sur le plateau des « Terriens du dimanche » (sur C8), à la chroniqueuse Hapsatou Sy : « C'est votre prénom qui est une insulte à la France. »

Pablo Picasso
Fernando Arrabal
Amedeo Modigliani
Tahar Ben Jelloun
… Vive la France, vive la France !

Vladimir Cosma…
Tchéky Karyo
Romy Schneider
Chaïm Soutine
Jane Birkin
Karima Delli
Rudolf Noureïev
Zinedine Soualem
Milan Kundera
Tony Parker
Abdelatif Benazzi
Karl Lagerfeld
Youri Djorkaeff
Kad Merad
Tzvetan Todorov
Radu Mihaileanu
… Vive la France, vive la France !

Cheb Khaled…
Bechara El-Khoury
Rithy Panh
Rachid Taha
Carla Bruni
Eunice Barber
Sofia Boutella
Rayane Bensetti
Leïla Bekhti
Reem Kherici
José Garcia
Golshifteh Farahani
Pio Marmaï
Ramzy Bedia
Reda Kateb
… Vive la France, vive la France !

Django Reinhardt…
Vladimir Jankélévitch
Missak Manouchian
Mehdi Charef
Nabil Fekir
Kateb Yacine
Abdellatif Kechiche
Jamel Debbouze
Leïla Slimani
Samir Bajja
Ahmed Merabet
Riad Sattouf
Barbet Schroeder
Hapsatou Sy
… Vive la France, vive la France !

RE-BUZZ

28 septembre 2018

Ainsi que le disait à peu près l'excellente et regrettée Colette Renard, « le jour, je buzze tout simplement ».

Après ma chronique de la semaine dernière qui a été largement reprise sur les réseaux sociaux, je me suis dit que je ne devais pas faire moins cette semaine si je voulais prospecter de nouveaux followers afin d'asseoir, auprès des internautes, la popularité de France Inter, et par là même, la mienne.

Plusieurs pistes se présentaient à moi quand il s'est agi de réfléchir afin de trouver un sujet à la fois suffisamment polémique et fédérateur : Manuel Valls à la mairie de Barcelone, la démission programmée de Gérard Collomb, le pistolet de Benalla dans un restaurant de Poitiers ou ce clip mortifère d'un obscur rappeur bénéficiant grâce à *Valeurs actuelles* et au *Figaro* de la meilleure campagne de presse gratuite.

J'ai opté finalement pour cet événement qui a enflammé la semaine médiatique, notamment en Bretagne, particulièrement dans le Morbihan, précisément à Vannes, je veux parler naturellement de ce procès qui a eu lieu mercredi dernier au tribunal correctionnel de Vannes et qui a condamné une femme de 84 ans à une amende et un retrait de permis.

Les faits ? Je vous les rappelle…

Je ne vous apprendrai rien en vous signalant que récemment la place des Lices à Vannes était en travaux, afin notamment de renouveler la conduite d'eau potable qui datait de plus de cent ans, et par conséquent interdite à la circulation. Cependant, une Peugeot 107, conduite par une octogénaire, aurait ce jour-là roulé sur le pied d'un sexagénaire, amateur de randonnées. L'octogénaire nie les faits. Le sexagénaire souffre d'une fracture et d'une luxation. Que penser ?

Un témoin affirme que l'octogénaire se serait montrée vindicative en sortant de son véhicule, à l'arrêt, selon elle, dans une zone qui cependant n'était pas interdite à la marche à pied. Le sexagénaire souffre. L'octogénaire regimbe. Le sexagénaire déguste. L'octogénaire refuse de laisser ses coordonnées. Un témoin avisé relève son numéro d'immatriculation.

Le procureur de Vannes a réclamé à l'encontre de la conductrice un mois de prison avec sursis, une suspension du permis de conduire pour trois ou quatre mois et un stage de sensibilisation à la sécurité routière.

Voilà ce qu'il faut retenir : le stage de sensibilisation à la sécurité routière ! En France, il existe beaucoup de personnes âgées, octogénaires, nonagénaires, centenaires, qui ne conduisent plus mais qui ont toujours leur permis à points. Pourquoi ne pas leur proposer, en plus du Scrabble et des exercices de mémorisation, de suivre des stages de sensibilisation à la sécurité routière afin de pouvoir vendre régulièrement leurs points à des conducteurs plus jeunes qui ont besoin de les récupérer afin de ne pas perdre l'usage de leur permis de conduire ?

Les maisons de retraite sont onéreuses, les Ehpad coûtent bonbon. Cette idée mise en pratique, ce serait du gagnant-gagnant.

J'ai à peine fini cette chronique, en forme de contre-pied sous Peugeot 107, que l'on me dit qu'elle suscite déjà un très fort intérêt sur tous les réseaux sociaux.

L'INTERVIEW POST-MORTEM DE CHARLES AZNAVOUR

(avec la complicité de Laurent Gerra)

5 octobre 2018

Ce matin, je me dispenserai de faire une chronique puisque j'ai la chance d'avoir en ligne et en direct Charles Aznavour, qui a décidé de m'accorder ici, sur France Inter, sa première interview post-mortem.

« Merci, Charles, d'être avec nous ce matin…

— Je vous en prie. Ça me fait plaisir.

— Charles, vous êtes arrivé au paradis des grands artistes depuis quatre jours, quelles sont vos premières impressions ?

— Très bonnes. Vous savez, je me sens bien n'importe où, du moment que j'ai un stylo et du papier pour écrire des chansons. Parce que le secret, c'est le travail. Même dans l'au-delà, c'est ce que je dis aux jeunes, il faut continuer à travailler. De toute façon, il faut toujours être dans l'au-delà de ses capacités…

— Vous n'avez donc pas peur de vous ennuyer au paradis ?

— Pas du tout. Je n'y avais jamais mis les pieds, j'ai donc beaucoup de choses à y découvrir. J'ai chanté un peu partout dans le monde et dans toutes les langues, je n'avais jamais chanté au paradis mais je compte le faire dans les jours qui viennent.

— Ah ! Vous avez déjà un projet de concert ?

— Évidemment, je ne compte pas rester inactif. Ce sera pour moi l'occasion de refaire des duos avec des amis que je n'ai pas vus depuis longtemps : Trenet, Sinatra, Brassens, Bécaud, et Édith naturellement.

— Vous allez faire au paradis un grand concert avec tous ces artistes ?

— Oui, en arrivant j'ai pris tout de suite rendez-vous avec le Bon Dieu pour lui en parler.

— Directement ?

— Vous savez, je préfère avoir affaire au Bon Dieu qu'à ses saints. Il est très sympathique. Il ne serait pas contre le projet mais il semblerait que ce ne soit pas si facile que ça à organiser parce que toutes ces personnalités ne sont pas forcément résidents du ciel. Certains sont au purgatoire, mais la plupart en enfer. Je ne

et toi, avec tes ayants droit, ça se passe bien ?!
BOUCQ

désespère pas d'obtenir des dérogations afin de les faire venir ici au moins le temps du concert… Je sais par exemple que le diable lui-même ne serait pas contre l'idée de se débarrasser de Johnny pendant quelque temps. Depuis qu'il est arrivé chez le diable, il paraît que l'enfer est devenu un foutoir…

— Charles, un petit regret personnel, vous aviez promis à votre public terrien votre présence sur scène et sur terre le jour de vos 100 ans. Il semblerait que vous n'allez pas tenir cette promesse…

— En effet. J'ai réfléchi. Je me suis dévoué pour cette fois-ci, c'est essentiel qu'il y ait des disparitions régulières de chanteurs importants, ça donne l'occasion à France Inter de diffuser un peu de chansons en langue française…

— Un dernier mot pour nos auditeurs ?

— Vous savez… (*Chantant.*)

Ce soir encore, moi j'ai vingt ans, je caresse le temps
Depuis le paradis
Comme on joue de l'amour comme on joue de la vie
Ne comptant plus les jours qui ont fui dans le temps
J'ai fait tant de chansons de rêves envolés
En donnant du courage à ceux qui en manquaient
Je ne suis plus perdu je sais où habiter
Je reste dans vos cœurs toute l'éternité

— Merci, Charles ».

DÉSHABILLEZ-VOUS

12 octobre 2018

« Déshabillez-vous.

— Pardon ?

— Déshabillez-vous. Vous allez faire le tour de la rédaction tout nu. Nous allons pouvoir juger de l'effet comique. »

Vous vous souvenez de la scène dans le film *Le Jouet*, réalisé, scénarisé et dialogué par Francis Veber, entre Michel Bouquet dans le rôle de Pierre Rambal-Cochet, terrifiant milliardaire, patron de *France Hebdo*, et Jacques François dans celui du larvaire rédacteur en chef Blénac…

« Déshabillez-vous.

— Pardon ?

— Déshabillez-vous. Vous allez faire le tour de la rédaction tout nu. Nous allons pouvoir juger de l'effet comique.

— Monsieur le président, je…

— Je vous dis de vous déshabiller. »

Jacques François « Blénac » retire alors sa veste, déboutonne son pantalon qui tombe sur ses chaussures. On voit son caleçon et ses pauvres cuisses…

« Mais qu'est-ce que vous faites, Blénac ?

— Je me déshabille, monsieur le président.

— Si je ne vous avais pas arrêté, vous vous mettiez tout nu et vous faisiez le tour de la salle de rédaction ?

— C'est vous qui me l'avez demandé, monsieur le président…

— J'ai une question importante à vous poser, Blénac : qui de nous deux est le monstre, moi qui vous demande d'ôter votre pantalon ou vous qui acceptez de montrer votre derrière ? »

Je pensais à cette scène mémorable en apprenant que Patrick Balkany, maire de Levallois-Perret, avait fait voter il y a peu une modification de son indemnité de maire afin de compenser la perte de son mandat de député suite à cette loi, qui doit lui sembler ignominieuse, celle du non-cumul des mandats.

Le conseil municipal de Levallois-Perret a voté une augmentation de l'indemnité du maire, portée à 4 257 euros mensuels. Cette mesure compensatrice aura pour conséquence directe d'ajouter du beurre dans les épinards déjà gras de Balkany, mais aussi de diminuer les émoluments de treize adjoints, qui jusqu'à présent se répartissaient la somme que Patrick Balkany ne s'octroyait pas à lui-même. Ils vont ainsi perdre 76 euros par mois.

On connaît Patrick Balkany, qui jamais ne déçoit. On arrive à saisir assez facilement son style, sa psychologie, son comportement, son projet personnel.

Mais on aimerait savoir dans quel état d'esprit les treize adjoints de Levallois-Perret ont consenti à baisser si charitablement leur salaire afin d'augmenter celui de l'édile. On aimerait savoir qui sont ces personnalités si extraordinaires, si sacrificielles, si peu égoïstes. On aimerait les connaître. On aimerait que les journalistes fassent de grandes enquêtes afin d'approcher ces personnes qui nous enseigneraient tant de choses sur la nature humaine.

Qui sont les monstres ?

AVEC BABA ON DÉBAT

19 octobre 2018

Avec Baba, on débat. Avec Hanouna, on ouvre les débats.

« Pour ou contre l'interruption volontaire de grossesse ? » Les fanzouzes parlent aux fanzouzes. Faut pas s'arrêter là, les tarbas ! Remettre en cause le droit à l'avortement pour les femmes, c'est cool mais ça n'est qu'un début. Faut aller plus loin !

« Pour ou contre le droit des femmes à posséder leur propre carnet de chèques ?

— T'en penses quoi ?

— Ben, avant 1965, c'était galère, les femmes n'avaient pas le droit de gérer leurs propres biens…

— Quand, avant 1965, les femmes n'avaient pas le droit de posséder un carnet de chèques à leur nom, j'ai jamais entendu dire qu'elles étaient plus malheureuses !

— Ouais, mais quand même, c'est pas mal que les femmes puissent avoir leur propre carnet de chèques personnel, comme ça, quand elles font les courses, c'est plus pratique, nous les mecs, on n'est pas obligés de les accompagner au supermarché.

— Je suis d'accord avec toi mais je fais remarquer, la femme est dépensière. Excusez-moi, mais je suis désolé, la femme, c'est un vrai panier percé. Si elle a un carnet de chèques à son nom, elle risque de faire exploser le budget du ménage…

— Ouais, mais t'imagine la galère, si y a un match de la Ligue à la télé et que t'es obligé d'accompagner ta meuf qui doit aller chercher des bières à Casino… »

Aujourd'hui, même dans une émission de divertissement, on peut interroger le rôle de la femme dans la société.

D'autres idées de débats, Baba ?

« Pour ou contre le droit de vote aux femmes ?

— Moi, je suis pas trop d'accord pour que la femme elle vote parce que souvent elle n'a pas notre culture politique. Macron, il a été élu parce que physiquement il peut plaire aux femmes. Ma grande sœur, elle a voté pour lui parce qu'elle le trouve mignon et qu'elle en ferait bien son quatre heures. Si ça se trouve, du temps de De Gaulle, de Pompidou, ou même de Hollande, si les femmes, elles avaient eu le droit de vote, je suis désolé mais si ça se trouve ils n'auraient jamais été élus…

— Euh, je m'appelle pas Thomas Legrand mais je crois que du temps de Hollande déjà les femmes elles avaient le droit de vote…

— Tu crois ? Ouais, c'est possible mais je te parle du temps de Pompidou…

— Ouais, je suis pas Jean-Michel Aphatie non plus mais je me demande si du temps de Pompidou et de De Gaulle le droit de vote avait pas déjà été accordé aux femmes.

— Déjà ? Ah ouais, c'est vieux comme truc alors. Ce qui est sûr, c'est que du temps de la préhistoire, les femmes, elles n'avaient pas le droit de voter.

— Ah ben non, c'est sûr, du temps de la préhistoire, les femmes, elles avaient pas le droit non plus d'avoir un carnet de chèques. C'est le mec qui était obligé d'aller à Casino quand y avait plus de bières dans le frigo… Putain, la tanasse…

— Et à l'époque de la préhistoire, tu crois que l'avortement était autorisé ?

— Oh, j'en sais rien, moi. Je suis pas spécialiste en histoire de France, je m'appelle pas Lorànt Deutsch… »

POURRIR

26 octobre 2018

Mourir, c'est partir un peu. Pourrir, c'est martyr beaucoup.

Chacun a pu recevoir récemment cet appel à pourrir les journalistes de franceinfo.

La question est de savoir comment s'y prendre. Quelle marche à suivre ? Comment, de quelle manière pourrir un journaliste de franceinfo ? J'ai bien dit « pourrir », pas critiquer, contester, contredire, non, « pourrir ».

On peut toujours insulter, injurier, invectiver, traiter d'abruti comme c'est devenu courant dans le champ lexical politique. Mais doit-on aller plus loin ?

« Pourrir » d'accord, mais c'est vague.

On peut s'en prendre aux affaires, arracher les micros, casser le matériel des journalistes de franceinfo, mais est-ce suffisant ?

Parce que « pourrir », c'est bien, mais c'est imprécis.

Par exemple, n'aurait-il pas été plus avantageux d'appeler à casser les genoux des journalistes de franceinfo ? Je pose la question. Appeler à casser des genoux aurait été un message plus clair, plus explicite.

Ou peut également envisager – ce sont des idées que je lance dans le débat démocratique actuel – de tondre en public les journalistes de franceinfo sous prétexte qu'ils sont accusés de se coucher devant Macron.

Parce que pourrir, d'accord, mais comment ?

Surtout qu'il y a énormément de façons de pourrir quelqu'un et les idées ne manquent pas pour peu qu'on fasse preuve d'imagination, de création.

La question qu'également je me posais, car je me pose énormément de questions, c'est de savoir s'il faut pourrir de la même façon le journaliste qui, avant de s'intéresser aux comptes de la France insoumise, avait enquêté sur la comptabilité du Front National ou l'affaire Fillon.

J'imagine qu'il existe à franceinfo un vieux journaliste qui avait jadis valeureusement dénoncé le montant des frais de bouche d'un ancien maire de Paris et qui aujourd'hui enquête sur les comptes de Mediascop. Comment pourrir équitablement ce parcours qui va de Chirac à Chikirou ?

Dans ce cas, si par exemple était organisée une séance de lapidation de ce vieux journaliste, est-ce qu'on choisirait d'envoyer des cailloux d'abord pas trop gros en souvenir des services rendus dans le cadre de la liberté de la presse et des médias, avant d'envoyer des cailloux moins inoffensifs en représailles contre ce régime semi-dictatorial où les médias d'État sont à la solde du pouvoir ?

Beaucoup de questions. Le mieux, c'est peut-être encore de s'inspirer de ce qui se fait à l'étranger.

En 2017, 65 journalistes dans le monde ont été tués, 326 étaient emprisonnés. En 2018, les chiffres risquent d'être plus importants quand on fera le compte de ces journalistes pourris au point de pourrir eux-mêmes sous la terre ou dans des prisons.

Partir, c'est mourir un peu.
Mourir, c'est partir beaucoup.
Pourrir, c'est un peu beaucoup.

COLLOQUE DES TONTONS

9 novembre 2018

Jérôme Garcin, dans « Le Masque et la plume », dimanche dernier, a attiré l'attention de ses auditeurs, dont je suis, sur le colloque consacré au film *Les Tontons flingueurs* organisé par l'université Sorbonne Nouvelle Paris-3, colloque qui aura lieu les 13 et 14 novembre, c'est-à-dire, ni plus ni moins, la semaine prochaine.

Mes activités diverses et notamment cabotines m'entraînant vers l'Occitanie, la tour Magne, la Maison Carrée et le Théâtre Bernadette-Lafont, je serai absent, et je le regrette, et je le déplore, et ne pourrai donc pas participer à ce colloque. J'aimerais cependant apporter ce matin ma modeste pierre à cette construction en devenir.

Les Tontons flingueurs de Georges Lautner est une œuvre essentiellement crépusculaire dont le point de départ, je le rappelle, est la mort, mort de Louis dit le Mexicain appelant à son chevet son ami d'enfance Fernand Naudin, ancien truand et nouvellement négociant de matériel de travaux publics à Montauban.

Lautner, en privilégiant l'opposition Montauban-Paris, élabore déjà un espace discontinu et archipélagique où le hiatus des lieux charpente le film qui nous montre une double déformation de sa réflexion sur l'altérité croissante d'une dialectique qui est justement la forme la plus prégnante du discontinu fondée sur une distinction temporelle englobant le Mexique et Montauban.

Jean-Paul Sartre, dans l'« Introduction » de son travail sur Flaubert, ne déclarait-il pas que l'on entre dans un mort comme dans un moulin ? Eh bien, c'est ce moulin précisément qui sera la visée de Théo, Tomate et naturellement des frères Volfoni, Raoul et Paul.

Articulant sur l'axe paradigmatique les allées et venues des frères Volfoni, entre probate et hyperbate, entre épanorthose et palinodie, l'écriture de Michel Audiard met en œuvre une psychologie plane dont l'affirmation paradoxale, précédée par l'incise métalinguiste, inscrit le dialogue dans un continuum spatio-temporel :

« Il entendra chanter les anges, le gugusse de Montauban. Je vais te le renvoyer tout droit à la maison mère, au terminus des prétentieux. »

Les Tontons flingueurs présente pour le critique l'avantage de thématiser la question de la continuité et de la discontinuité tout en exemplifiant elle-même cette question parce que, évidemment, quel que soit le personnage envisagé, l'œuvre est toujours ramenée au récit d'une conscience menacée d'effritement, de pulvérisation, de désintégration mais qui finit par constituer sa propre unité. « Je vais lui faire une ordonnance, et une sévère. Je vais lui montrer qui c'est, Raoul. Aux quatre coins de Paris qu'on va le retrouver, éparpillé par petits bouts, façon puzzle. »

Dans cette perspective, le personnage de Maître Folace apparaît comme un sommet dans le postulat d'iconicité, qui permet de procéder à une herméneutique de la forme fondée sur une analogie entre le contenant et le contenu : « Y a pas seulement de la pomme, y a autre chose. Ça serait pas des fois de la betterave, hein ? Si, y en a aussi. »

Voilà ce que j'avais envie de dire ce matin succinctement, je n'ai malheureusement pas le temps de développer, et c'est dommage, j'aurais pu disserter pendant des heures…

Colloque *Tontons flingueurs*. Ça se passe donc mardi et mercredi prochains, à la Sorbonne, salle Louis-Liard. Entrée gratuite, inscription obligatoire : colloquetontons@gmail.com.

Vous me raconterez.

GILETS JAUNES ET BOLOLO

16 novembre 2018

Le ministère de l'Intérieur s'interroge : comment répondre demain au mouvement des Gilets jaunes[1] ? Comment gérer la mobilisation citoyenne des automobilistes en colère ?

C'est très compliqué.

---

1. Mouvement de protestation né sur la Toile en 2018, s'exprimant dans un premier temps contre la réduction à 80 km/h de la vitesse et contre le coût de la vie, avec le gilet jaune comme signe de ralliement.

Deux chauffeurs routiers lancent sur Facebook un appel au « blocage national contre la hausse du carburant » le 17 novembre 2018. Cette idée est reprise par d'autres protagonistes, qui prônent des blocages de routes et ronds-points dans divers départements français.

L'une des difficultés notamment est de savoir comment réagir face à un conducteur qui aura enfilé un gilet jaune parce que sa voiture sera réellement en panne et gênera involontairement la circulation. Comment le différencier d'un conducteur qui aura enfilé un gilet jaune alors que sa voiture à lui fonctionne à merveille mais gênera volontairement la circulation ?

Ce n'est pas facile.

Comment considérer un Gilet jaune conducteur de dépanneuse en panne solidaire du mouvement qui sera de fait dans l'impossibilité de venir en aide à des voitures En Marche ?

Comment un militant d'En Marche mais immobilisé pourra s'opposer aux marcheurs opposés au mouvement d'En Marche ?

Comment exprimer en marche une colère contre En Marche ?

Comment réagiront les policiers en service face à leurs collègues en congé qui participeront au mouvement des Gilets jaunes ?

C'est très complexe.

Avec quoi faire rimer Ménard ?… Oui, en effet.

Comment distinguer le gilet jaune d'un ami sympathique de celui d'un militant aux antipodes de vos convictions ?

Comment envisager un certain nombre de Gilets jaunes sympathisants antipathiques ?

Comment ne pas saluer un gouvernement qui réussit le prodige de réunir la société française tout entière, de l'extrême gauche à l'extrême droite, même si c'est contre lui-même ?

Édouard Philippe a tenté de répondre de façon originale à toutes ces questions en injectant un mot nouveau dans le débat public : le bololo.

Je remarque que mon correcteur automatique ne connaît pas le mot « bololo ». Tout de suite, il me le souligne en rouge et me suggère de le remplacer par le mot « Borloo ». Je n'aime pas contredire mon correcteur automatique, qui est assez susceptible, mais je ne pense pas que ce soit une bonne solution. Le souvenir de la façon dont Jean-Louis Borloo avait été jeté par le président du temps de sa flamboyance jupitérienne n'est peut-être pas bon à rappeler au moment où celui-ci tente de faire profil bas, voire profil modeste, ce qui, certainement, doit lui demander énormément d'effort.

« Bololo » est-il le mot qu'il fallait employer ? Il semblerait que Laurent Wauquiez, dont le surnom a justement été « beau Lolo » auprès de ses admiratrices, ait pris ce mot pour lui alors que le gilet jaune sur une parka rouge n'est pas particulièrement seyant.

Le « bololo » tirerait son origine d'un quartier délabré de N'Djamena, la capitale du Tchad.

À Marseille, dans un quartier délabré, huit personnes sont mortes sous les décombres d'un immeuble écroulé. Le maire n'a pas l'intention de démissionner. Les vrais fouteurs de bololo ne sont pas forcément ceux qu'on croit.

TATATATI… TATATATATATATATATATATI…

23 novembre 2018

Tatatati… Tatatatatatatatatati…

Parfois, on entend une musique le matin. Une chanson populaire, un vieux succès, un air connu. Celui-là par exemple… (*On entend le* Boléro *de Ravel.*)

Et toute la journée, vous l'avez en tête. Vous conduisez votre voiture, vous vous brossez les dents, vous prenez une douche, vous montez l'escalier, vous prenez l'ascenseur, vous allez à la machine à café, et tout le temps vous avez cet air en tête. Vous ne pouvez pas vous empêcher de le fredonner, de le siffloter, de le chantonner…

Devant la machine, votre collègue vous demande : « Tu connaîtrais pas d'autres airs que le *Boléro* de Ravel ? »

Vous dites : « C'est vrai, je l'ai en tête depuis 9 heures ce matin, c'est à cause de Morel, tu l'as pas écouté sur France Inter ?

— Ah, sûrement pas, c'est un ramassis de bobos gauchistes, répond Jean-Claude, votre collègue droitier, tu me feras jamais écouter France Inter !

— Pour une fois, je suis d'accord avec toi, remarque Bernard, le collègue Insoumis qui arrive à la machine et qui n'a entendu que la dernière phrase. France Inter, c'est rien que des sociaux-traîtres, valets du capitalisme et du pouvoir en place.

— Moi, en même temps, dit Josyane, je trouve que ça reste une bonne radio, et puis Patrick Cohen ça reste un bon journaliste même si parfois il a la dent dure. » Josyane énerve tout le monde. Elle est macroniste de la première heure et ne met pas forcément ses fiches à jour très régulièrement. N'empêche que toute la journée, comme Jean-Claude, Bernard, Josyane, vous ne pourrez pas vous empêcher de siffloter cet air.

Même le stagiaire, qui d'habitude ne s'intéresse pas trop à la musique de vieux, va demander : « C'est qui déjà qu'a écrit le *Boléro* de Ravel ? — Cherche sur Wikipédia, Ducon, je suis pas musicologue. »

Ça c'est la version symphonique du temps où on pouvait se payer tout un orchestre.

Aujourd'hui, par temps de disette, on peut se rabattre sur des versions simplifiées :

à la guitare…

à la trompette…

à la flûte ténor…

à l'harmonica…

Si j'évoque le *Boléro*, ce n'est pas, vous vous en doutez, par hasard. C'est qu'il est dans l'actualité. Le *Boléro*, interprété récemment à l'occasion du centenaire de l'armistice, est tombé dans le domaine public depuis le 1er mai 2016. Hier, on a fêté les 90 ans de sa création.

Des ayants droit font tout pour récupérer les droits : les héritiers d'Alexandre Nikolaïevitch Benois qui n'était pas tellement musicien mais décorateur mais qui a l'avantage de n'être mort qu'en 1960, ce qui permettrait de repousser l'entrée dans le domaine public jusqu'en 2039. Si on pouvait dire qu'il était aussi un petit peu coauteur du *Boléro*, ça arrangerait bien Évelyne et Jean-Manuel, héritiers de Ravel installés en Suisse, et qui ont un lien très direct avec le compositeur vu qu'Évelyne est la fille de l'épouse en secondes noces de l'ex-mari de la masseuse du frère de Ravel.

Je pense quand même que le mieux ce serait de leur faire comprendre que ce ne serait pas si grave de ne plus toucher ces droits pour quelques années supplémentaires. Il y a tellement autre chose à faire dans la vie que de toucher des droits même si bien sûr on les mérite en tant que fille de l'épouse en secondes noces de l'ex-mari de la masseuse du frère de Ravel. Par exemple, ils pourraient se mettre à travailler le *Boléro* à l'accordéon.

Le musicien qui le joue et a diffusé son interprétation sur YouTube précise que c'est joué d'oreille.

AGITÉS DU BOCAL

30 novembre 2018

Je voudrais attirer l'attention des auditeurs de France Inter sur un sujet qui est rarement abordé à la radio. Je voudrais saisir l'occasion de cette chronique du vendredi matin pour traiter une question qui, certes, ne fera pas polémique, mais dont certains auditeurs peut-être se souviendront la prochaine fois qu'ils iront au restaurant.

Je veux parler de cette pratique tellement curieuse qui, sûrement, aurait déconcerté nos grands-parents, dont sans doute nous nous moquerons quand elle sera passée de mode, qui n'a aucune raison d'être, aucune valeur ajoutée ; je veux parler des entrées, des desserts en bocaux.

Depuis quelques années, dans les restaurants, les entrées, les desserts, qu'ils soient gaspacho d'épinards ou tiramisu, qu'ils soient salade jar au poulet ou mousse au chocolat, qu'ils soient harengs marinés ou citrons confits à la marocaine, sans compter toutes ces entrées, tous ces desserts nouvellement déstructurés, revisités, réinventés, sont servis dans un bocal.

Un bocal Le Parfait. Un bocal en verre avec son gros élastique qui fait *pschitt* quand on lui tire dessus, un bocal destiné initialement à conserver les aliments, un bocal qui évoque le terroir, la grand-mère, les vacances à la campagne, les cornichons et ce temps révolu où dès le printemps on préparait l'automne, où dès le début de l'été on prévoyait l'hiver, un temps où le réchauffement de la planète était une notion inconnue, où les saisons étaient identifiables, où la vie chaque année se répétait, toujours la même, toujours inédite, avec ses semis et ses récoltes, ses semailles et ses moissons.

Pourquoi sur la table du restaurant branché ce bocal Le Parfait qui dès qu'il est posé rappelle immédiatement cette époque révolue où Papi occupait ses après-midi dans le jardin à biner, bêcher, sarcler, retourner la terre, installer les rames pour les haricots verts, où Mamie passait sa vie dans la cuisine, entre Menie Grégoire et un lapin à dépiauter.

Sauf que Mémère jamais n'aurait eu l'idée de se servir du bocal comme objet de décoration, sauf que Mémère dans le placard de la cuisine rangeait les bocaux dans lesquels elle puisait des cornichons pour accompagner le rosbif froid, des haricots verts pour aller avec le veau, des haricots blancs surnommés « péteux », ou « musiciens » les jours plus cérémonieux quand ils garnissaient le gigot les dimanches de communions solennelles.

En entrée, avant la langue, il y avait des tomates, parfois des asperges, en dessert du riz au lait, on le sortait d'un moule circulaire, on le posait dans un plat creux, on l'entourait de crème anglaise. (Tête de Mémère si on avait fourgué tout ça dans un bocal.)

Le dessert en bocal dénonce une drôle d'époque, celle où des agités du bocal réinventent un passé qui n'a jamais existé, une histoire, comment dites-vous, déstructurée, revisitée, réinventée…

Mémère était sûre que ses petits-enfants auraient une vie plus belle que la sienne. Les petits-enfants d'aujourd'hui sont persuadés que la vie de leurs grands-mères était plus heureuse que la leur.

La nostalgie est toujours ce qu'elle était. Vous reprendrez bien un peu de dessert ?

HUMOUR INVOLONTAIRE

7 décembre 2018

Étant donné qu'il ne se passe pas grand-chose en ce moment, permettez-moi d'évoquer une anecdote tout à fait hors actualité. Une amie, spécialiste de la poésie russe, me faisait part d'une révélation récente, « une révélation comparable à celle de Paul Claudel derrière le pilier de Notre-Dame, me précisa-t-elle.

— Oui ? l'interrogeai-je, laconiquement, mais déjà captivé.

— Une barrette de shit…

— Oui ?

— Une barrette de shit, me fit-elle, c'est une contrepèterie parfaite. »

Après un court temps de réflexion, je reconnus l'excellence de ce contrepet et je me demandai aussitôt s'il aurait pu être inclus dans *Le Bouquin de l'humour involontaire* de Jean-Loup Chiflet dans la collection Bouquins chez Robert Laffont.

Somme riche, drôle et cependant toujours incomplète puisque, depuis la sortie de ce livre indispensable, l'humour involontaire n'a pas cessé de fleurir. Juste après la tragédie de la rue d'Aubagne, le maire de Marseille, Jean-Claude Gaudin, a tweeté : « Nous sommes effondrés », tandis qu'Éric Macé, le maire de Falaise, a dit être tombé de haut quand il a appris que sa ville venait d'hériter d'une généreuse donatrice. On a pu lire dans les journaux que les évêques réunis à Lourdes allaient prendre le problème de la pédophilie à bras-le-corps. On a pu entendre sur France Inter l'annonce d'un débat sur les handicapés pour voir ce qui marche et ce qui ne marche pas.

À deux pas de la Maison de la radio existe un musée du Vin situé rue des Eaux. Récemment, Riad Sattouf, répondant à une interview, disait : « Je suis contre les généralisations en général. »

L'humour involontaire est une mine inépuisable et son *Bouquin* recèle de trésors…

Les femmes et les hommes politiques ont beaucoup œuvré pour nourrir cet ouvrage.

Christine Boutin a dit : « Il ne faudrait pas que celui qui vient de donner son sperme s'en lave les mains. »

David Douillet a annoncé son prochain retrait de la vie politique, c'est dommage, il est l'auteur de la phrase : « On peut surtout avoir des acquis que l'on peut mettre dans tous les domaines possibles et inimaginaux. »

François Hollande, écrivain et rock-star, logique et précautionneux, a dit : « Je demande aux Français de ne pas aller dans les zones à risque car c'est dangereux. »

Jack Lang, qui ne se résout jamais à faire comme tout le monde, a dit : « Je ne voulais pas être parachuté d'en haut. »

Les libraires, eux, en entendent de toutes sortes. On leur dit : « Je cherche *J'attends un enfant*, mais je ne sais plus de qui… » ou : « Je cherche l'Ancien Testament, à moins que vous n'en ayez un nouveau ? » « Avez-vous *Le Dernier des Mohicans* parce que mon fils a déjà le premier ? »

On leur demande toute une littérature parallèle et inédite : « *La Pute* de Camus, *Un garage contre le Pacifique* de Marguerite Duras, *Belle du Seigneur* des frères Coen, *Pot-au-feu* d'Émile Zola, *Vendredi ou les Dindes du Pacifique* de Michel Tournier, *Légumes du jour* de Boris Vian. De Marcel Proust on réclame *Du côté de chez Swatch*, qui en effet est également une réflexion sur le temps. »

En revanche, les occasions de rire n'étant pas si nombreuses, on est sûr de ne pas se tromper en réclamant *Le Bouquin de l'humour involontaire* de Jean-Loup Chiflet, au prix certes de 30 euros mais contenant 864 pages.

En ces temps troublés, souvenons-nous de Johnny Hallyday, mort il y a tout juste un an et qui a prononcé cette phrase d'une pureté absolue : « Ce qui me rend heureux, c'est d'être heureux. »

PLEINS GAZ

14 décembre 2018

Les manifestants se rassemblaient, toujours plus nombreux. Les forces de l'ordre étaient à cran, la situation de plus en plus tendue. Les policiers, les CRS balançaient par centaines des grenades de gaz lacrymogène sur des manifestants toujours plus irascibles. Les rues, les boulevards, les avenues disparaissaient sous un nuage de gaz. Les yeux pleuraient, les nez coulaient, les têtes s'alourdissaient. Dans le brouillard chimique, on entendait des toux, des quintes, des râles, ceux des manifestants et ceux des policiers, tous sujets aux nausées, aux brûlures, aux œdèmes, aux irritations diverses.

Ça ne pouvait plus durer.

C'est alors que le ministre de l'Intérieur, nouvellement nommé, réunit son cabinet, ses principaux collaborateurs, le préfet de police, différents responsables de la sécurité, et leur fit part de cette décision qui allait de façon radicale transformer la physionomie des manifestations revendicatives.

« Mesdames, messieurs, la situation est gravissime, je vais prendre une mesure dont je dois vous faire part. J'ai décidé l'arrêt définitif, au cours des manifestations, des gaz lacrymogènes. »

Autour de la table, la stupéfaction était à son comble ! Un silence lourd, épais, envahit la salle de réunion du ministère. On entendit deux mouches voler tandis que le préfet de police, récalcitrant, offusqué, prit la parole…

« Comment, monsieur le ministre, vous avez l'intention d'abandonner un moyen indispensable et efficace qui jusqu'ici a réussi, bon an, mal an, à maintenir l'ordre dans un cadre extrêmement précis ? Comment, monsieur le ministre, vous avez encore l'intention d'affaiblir nos forces de l'ordre déjà mises à mal par l'interdiction des armes à feu et des bâtons télescopiques ? »

On sentait le préfet de police à bout de forces. Harassé par une déjà longue période de violences, fatigué par des journées entières de guérilla urbaine, il ne put contenir sa colère : « Monsieur le ministre, si vous deviez confirmer cette décision particulièrement malvenue, je serais au regret de vous présenter immédiatement ma démission. »

Dans le bureau du ministère de l'Intérieur, la tension était à son comble. Monta un brouhaha de protestation dans l'assemblée tandis que les deux mouches citées plus haut, afin de combattre leur légitime stress, après plusieurs loopings autour des candélabres, s'enculaient sur une commode Louis XV.

« Monsieur le préfet, mesdames, messieurs, il est évident que je ne prends pas cette décision à la légère et que si j'ai décidé la suppression des gaz lacrymogènes, c'était pour les remplacer par un autre gaz, un gaz utilisé à l'hôpital quand on doit soulager un patient victime d'une fracture. En cette période où la fracture sociale génère tant de souffrance, le gaz hilarant sera dorénavant l'arme que vous utiliserez pour vous défendre ! »

C'est ainsi que le samedi suivant, jour de manifestation (le lundi étant dévolu à la lessive, le mercredi aux enfants, le dimanche à la messe, le vendredi au poisson et à l'humour de haute volée), on vit apparaître les premiers tirs de grenade à gaz hilarant.

Dès les premiers tirs, on entendit la foule pouffer, glousser, d'abord sous cape, et rire jaune sous des gilets de la même couleur, puis beaucoup plus franchement. Bientôt, tout le monde riait, les manifestants, les policiers…

Certains réagissaient autrement, en s'endormant, en poussant des roupillons de bienheureux, anesthésiés sous l'effet des gaz hilarants. Sur les chaînes d'information passait en boucle l'image d'un policier et d'un manifestant, tendrement enlacés, tous deux allongés sur la chaussée, tous les deux réunis dans un sommeil du juste, entrecoupé parfois de spasmes folâtres. Certains, le rire aux lèvres, embrassaient les commerçants stupéfaits qui bientôt furent également pris par les convulsions incoercibles de la rigolade.

À la Maison-Blanche, le président américain, découvrant, abasourdi, toutes ces images sur Fox News, pour la première fois de sa vie, les doigts engourdis sur son téléphone portable, ne trouva pas l'inspiration pour écrire un tweet.

JE FAIS SOUVENT CES RÊVES

21 décembre 2018

Si je devais célébrer, sur le podium de mes nuits agitées, les trois rêves les plus récurrents qui traversent mon esprit malade, je ne choisirais certainement pas d'évoquer le premier, celui qui revient régulièrement quand je porte des pyjamas trop serrés et que je pourrais vous décrire en long et en large, détaillant mille fragments érotiques concernant les positions, les accessoires, les tenues, les éléments de décor (une baignoire remplie de champagne dans la grande galerie d'un château autrichien où des serviteurs avancent, le regard fier, en faisant claquer leurs fouets dans des rires sardoniques et des culottes de cuir fendues), que je pourrais vous décrire, disais-je, s'il n'était pas 9 heures moins cinq un matin où de nombreux enfants scolarisés, à cause des grippes, des laryngites, des pharyngites, sont restés à la maison. Je fais souvent ce rêve étrange et pénétrant qui me donne la gaule…

Non, je préfère évoquer les deux autres rêves qui se ressemblent un peu et que, mon goût pour la singularité dût-il en souffrir, je ne suis pas le seul à faire.

Rêve n° 2 — Il est tôt. Je dois partir à l'école. Tout me ralentit. Tout m'ankylose. Je réussis cependant à monter sur mon vélo. Soudain, je m'aperçois que je suis en chaussons. En chaussons ! Alors que j'arrive à l'école, au collège, au lycée ! Je ressens la honte. Je suis risible. Je ne suis pas à la hauteur.

Rêve n° 3 — Je suis comédien. Je suis sur scène. Le rideau s'ouvre. Je ne sais pas mon texte. Pas une réplique, pas une broque, rien… Je suis un personnage de Buñuel dans *Le Charme discret de la bourgeoisie*. Je transpire. Je suis indigne.

Ces rêves-là sont les rêves des travailleurs, ceux qui sont obligés de suer eau et sang pour y arriver, ceux qui n'ont pas forcément la grâce, mais le sens du ridicule et celui du devoir. Ce sont les rêves des laborieux, ceux qui avant de s'endormir, mais pas trop longtemps parce que demain il faut se lever tôt, relisent avec nostalgie *Le Droit à la paresse* de Paul Lafargue, qui pense que « le travail est la cause de toute dégénérescence intellectuelle, de toute déformation organique ». Ce que Courteline résumera d'une formule plus simple : « L'homme n'est pas fait pour le travail. La preuve, c'est que ça le fatigue. »

L'autre jeudi, Frédéric Beigbeder est venu au studio en chaussons, il est venu sans savoir son texte. Sentiment de panique, de vide, de vertige. On se plaint au médiateur, on parle d'indécence, on oppose sa vacuité au boulot fourni par les autres. On s'énerve. On se crispe. On s'excite.

Et moi, je voulais remercier Frédéric de nous avoir montré que ces cauchemars sortis de l'enfance finalement ne sont pas si graves, puisqu'il n'y a pas mort d'homme, puisque la vie continue, puisque personne n'est un surhomme, puisqu'on a le droit de se tromper, puisque l'expression d'une faille, d'un manque, exprimée en direct devrait nous rendre compréhensifs, magnanimes, attentifs, indulgents, tant l'expression d'une faiblesse devrait conforter notre amour pour la différence qui ne doit pas être qu'une abstraction, tant on a le droit de temps en temps de décevoir, de ne pas être au top, d'être imparfait, insuffisant, lacunaire, c'est-à-dire simplement humain.

C'était l'abbé Morel qui s'exprimait dans cette période de l'Avent, temps de réconciliation et de paix vu que Jésus sans déconner, dans quatre jours si je me trompe pas, en tant que fils de Dieu il va apporter l'amour sur terre ni plus ni moins, et que ça va faire tout drôle n'empêche.

Joyeux Noël, Frédéric ! Joyeux Noël, mes collègues ! Joyeux Noël, tout le monde !

COMMENT LUTTER CONTRE LA GUEULE DE BOIS

28 décembre 2018

Comment lutter contre la gueule de bois ? Trois jours avant le réveillon, voici une chronique indispensable puisque nous savons que notre auditorat est effectivement composé de beaucoup de personnes âgées, de retraités de l'Éducation nationale, mais aussi, et ce n'est pas incompatible, de nombreux alcooliques.

Une réunion de crise a été organisée dans le bureau de notre directrice Laurence Bloch afin d'apporter une réponse ferme à la gueule de bois qui pourrait venir perturber, de façon pernicieuse et dommageable, l'antenne, notamment au matin du 1er janvier.

Laurence Bloch a pris la parole de façon très solennelle pour apporter sa solution, sa solution personnelle qu'elle a mise en pratique, plus souvent qu'à son tour.

« J'ai eu un ami proche venu de la lointaine Mongolie-Extérieure qui chaque matin sur son cheval qu'il montait à cru me faisait l'amour et me préparait une décoction d'une petite quinzaine d'yeux de brebis, dans une saumure fraîche additionnée de salpêtre et d'aromates. Cul sec, j'ingurgitais ça et j'aime autant vous dire que j'étais en forme pour toute la journée. Depuis, c'est ce que je prends tous les matins avant mon premier café calva et je peux vous dire que ce n'est pas seulement un bain de jouvence, c'est aussi un produit de beauté puisque la saumure peut très bien ensuite être réutilisée pour un shampoing tonifiant qui fortifie le cuir chevelu et densifie la crinière. »

Tout le monde, les animateurs, les journalistes, les chroniqueurs de France Inter prenaient des notes, attentifs et admiratifs, chacun reconnaissant que la place de directrice n'était sûrement pas usurpée quand elle était occupée par quelqu'un d'aussi expérimenté, ne rechignant jamais à partager tout ce qu'une vie riche et mouvementée lui avait permis d'acquérir.

Thomas Legrand prit la parole. « Personnellement, quand je me suis arsouillé la veille, à la place de mon café au lait, je prends un verre de vin, ou une bière agrémentée de whisky, ou un petit verre d'alcool fort car, comme disait mon grand-père, "il faut soigner le mal par le mal". »

Marie-Pierre Planchon, la Calamity Jane de la pluie et du beau temps, préconisa sa solution ramenée d'un voyage au Far West. « Pour ma part, fit-elle, je me prépare du mou de porc rôti accompagné d'une infusion de crottes de lapin.

— Je n'ai jamais essayé mais ça peut être intéressant, fit valoir notre directrice Laurence Bloch. Je sais par ailleurs que les excréments de léporidés sont utilisés en cosmétique pour combattre notamment la chute des cheveux.

— Je crains, chère Laurence, que vous ne soyez hors sujet, fit entendre Claude Askolovitch, remuant les bras comme un pantin parkinsonien, ce ne sont pas les cheveux qui tombent qui nous préoccupent mais ceux qui font mal ! »

Thomas Legrand, coauteur de *La République bobo*, regretta qu'aussi bien les yeux de brebis que le mou de porc et les crottes de lapin ne constituent pas des solutions véganes, et pour sa part, les lendemains de cuite, il préconisait toujours un petit verre de blanc, par exemple un petit chablis ou un aligoté, qui pouvait avoir des vertus thérapeutiques. « Il faut rhabiller le petit, conclut Thomas, citant son grand-père.

— C'est marrant, souligna Laurence Bloch, un petit blanc sec, je sais que ça réhydrate le cuir chevelu, facilite le coiffage tout en apportant un peu de nutrition à des cheveux abîmés après des shampoings trop fréquents. »

C'est ainsi que le 1er janvier, dans le bureau de la directrice, aura lieu une réunion sponsorisée par différents cavistes du 16e arrondissement afin de partager les différents moyens d'aborder l'année de la façon la plus saine qui soit.

DES IDÉES POUR L'ANNÉE

4 janvier 2019

Il était temps que je prenne la parole. D'abord pour vous souhaiter en ce début 2019 la bonne année. Mon copain Denis me dit : « De toute façon, elle ne peut pas être pire que la précédente ! » Eh bien si, rassurez-vous. L'année 2019 peut être pire que 2018. La liste des catastrophes, des désastres, des calamités en tout genre n'a pas été complètement épuisée en 2018. Ainsi que l'a dit Claude Lelouch, « Le pire n'est jamais décevant ». Abordons donc 2019 avec confiance et détermination.

Personnellement, je continuerai d'apporter mes lumières à la France. J'espère qu'on ne m'écoutera pas seulement dans les voitures, les cuisines et les salles de bains, mais aussi en haut lieu.

Je pense que cette année, il faudra diminuer les impôts et augmenter la charge publique. Augmenter le nombre et le salaire des policiers, des infirmiers, des professeurs mais aussi des professeures, des infirmières et des policières. En revanche, on peut opérer certaines économies. Je ne prendrai qu'un seul exemple, monsieur Baddou : est-il utile de continuer à acheter les sapins désodorisants fraîcheur forestière qu'on trouve accrochés aux rétroviseurs intérieurs dans les voitures de l'administration ? Je ne suis pas sûr… Ça coûte quand même 1,79 euro l'unité. On multiplie 1,79 par le nombre de véhicules en circulation et ça fait déjà un joli petit pactole. Ne vous déplaise, monsieur Baddou.

La question de l'immigration… Bien sûr, il faut fermer les frontières. Construire des murs tout autour du pays. Assécher les ports, les plages partout où il y en a, afin que les bateaux de réfugiés ne puissent pas accoster.

L'Europe, il faut quitter l'Europe tout en gardant ses avantages. Il faut continuer à exporter nos produits tout en refusant l'importation de ce qui peut très bien être produit en France. Pourquoi n'a-t-on pas ce courage politique, monsieur Baddou ?

Le réchauffement climatique, alors là, on en entend parler tous les jours et je pense qu'il y a quand même des moyens de le contourner assez facilement sans changer nos habitudes. Par exemple, il suffirait régulièrement d'asperger le soleil afin de le faire descendre en température. C'est exactement ce que vous faites, monsieur Baddou, avec une poêle que vous jetez dans l'eau froide quand elle a chauffé sur la gazinière. Alors, attention, je ne dis pas que c'est facile. Mais je dis que c'est une question d'ambition et de volonté. À mon avis, il faudrait déjà du gros tuyau d'arrosage à gros diamètre. Il ne faut pas lésiner sur le matériel, prendre par exemple du tuyau extensible à gaine intérieure cannelée. Ce qui serait bien, c'est d'avoir le manchon de protection souple à chaque extrémité. Alors, je sais, c'est plus cher, ça demande un peu d'investissement, évidemment, mais on n'a rien sans rien. Il ne faut pas mégoter sur la qualité. Alors, je sais ce qu'on va me dire, c'est que c'est une solution irréaliste, utopiste. J'entends déjà, monsieur Baddou, tous les discours du renoncement et du manque de courage politique ! Comment peut-on le savoir puisqu'on n'a jamais essayé !

Il y a d'autres problèmes. J'ai d'autres solutions. Souffrez que je ne dévoile pas tout ce matin. J'ai toute une année à tenir, moi…

L'ÈRE DU POULET

11 janvier 2019

2019, une année de plus dans l'ère du poulet. Car je ne sais pas si vous le saviez mais nous vivons l'ère du poulet. Non, je ne veux pas aujourd'hui parler des violences policières ou de l'aspiration sécuritaire généralisée, mais de l'extraordinaire présence des gallinacés sur la planète Terre. Quand, dans des centaines de milliers d'années, des paléontologues feront des fouilles, à peu près n'importe où dans le monde, quelle que soit la région du globe, quel que soit le continent, ils tomberont essentiellement sur des os de poulet. Des furculas, des bréchets et des ceintures scapulaires. Et ils s'interrogeront. Pourquoi, se demanderont-ils, nos ancêtres avaient pour le poulet cette passion absolue ? Pourquoi tous ces ossuaires de gallinacés qui recouvrent la couche terrestre ? Pourquoi ?

On se demande parfois ce qu'on laissera à nos enfants. Quel sera l'héritage qu'on transmettra à nos descendants. Ne vous posez plus la question. Dans des centaines de milliers d'années, quand il ne restera plus rien du mouvement des Gilets jaunes, des œuvres de Jeff Koons et peut-être même du musée du Louvre, quand il ne restera rien des livres qui nous passionnent, des films qui nous enthousiasment, des musiques qui nous font vibrer, de nos baisers volés et de nos regards échangés, de nos désirs et de nos espérances, de notre appétit de vivre et de notre soif d'absolu, il y aura toujours des os de poulet.

Les poulets pèsent à eux seuls trois fois plus que l'ensemble des oiseaux sauvages réunis voletant en ce moment dans le ciel. Il existe actuellement 23 milliards de poulets sur terre. 23 milliards de poulets qui seront morts, abattus pour être mangés dans moins de six semaines, ce qui veut dire que dans un mois et demi 23 milliards de nouveaux poulets qui seront morts et ingérés un mois et demi plus tard seront à nouveau remplacés par 23 milliards de poulets, comme des armées successives mortes au combat du consumérisme de masse. Ah, si les poulets savaient s'organiser, ils pourraient se fédérer en syndicats, en ligues, en partis, ils pourraient devenir (qui sait ?) les maîtres du monde, décider que le chant du coq serait facultatif ou, mieux, interdit à certaines heures trop matinales, ils pourraient convenir que la circulation du renard serait désormais surveillée, nécessiterait un passeport diplomatique délivré par les seuls gallinacés compétents, ils pourraient décréter qu'une véritable politique de réhabilitation des poulaillers les plus vétustes serait entreprise partout dans le monde, que la question de la qualité de la vie dans les poulaillers industriels serait mise sur la table…

Le problème est que la durée de vie d'un poulet est de moins de deux mois. Comment voulez-vous engager des discussions quand on a une durée de vie si courte ?

Les coqs et les poules, les poulets bio et les poulets certifiés auraient besoin de temps pour se coaliser.

Regardez la difficulté qu'a la gauche aujourd'hui pour s'organiser, ne serait-ce que pour exister aux prochaines élections européennes qui auront lieu dans quelques mois.

Le poulet, comme la gauche, semble n'avoir pour seule vocation que témoigner sans pouvoir prendre part aux décisions qui justement auront des conséquences sur l'avenir de la planète.

C'est triste ? Ben oui, un peu.

NIORT, HOUELLEBECQ ET LES AUDIENCES

18 janvier 2019

Ce qui manque à France Inter pour devenir la première radio de France, en gros, c'est Niort. La ville de Niort, chef-lieu du département des Deux-Sèvres, région Nouvelle-Aquitaine. La ville de Niort compte 59 005 habitants. Ce qui manque à France Inter pour passer devant RTL, c'est 62 000 auditeurs. Oui, donc Niort plus deux communes avoisinantes, disons Saint-Symphorien et Saint-Rémy. C'est rien du tout ! Attention, je ne dis pas que Niort (plus Saint-Symphorien et Saint-Rémy) c'est rien du tout mais avouez que c'est rageant de se dire que rien qu'avec Niort (plus Saint-Symphorien et Saint-Rémy), on pourrait afficher partout, sur les murs, sur le cul des bus : « France Inter, la première radio de France ! » Surtout qu'on n'a pas la chance tous les quatre matins qu'un ministre à l'antenne vienne annoncer sa démission pour booster un peu les audiences.

Si j'ai pris Niort – oui, plus Saint-Symphorien et Saint-Rémy – comme mesure de différenciation entre RTL et France Inter, c'est bien sûr à cause du livre de Houellebecq où il parle de Niort (notons qu'il ne mentionne ni Saint-Symphorien ni Saint-Rémy). « Niort, écrit Houellebecq, une des villes les plus laides qu'il m'ait été donné de voir. »

Évidemment, les Niortais aussitôt se sont énervés, sont montés au créneau pour se révolter. Le député local a invité Houellebecq à sortir de sa bulle parisienne et à venir voir les Niortaises et les Niortais qui pourraient lui faire découvrir les richesses de leur ville.

Bon. Mais n'est-ce pas une chance pour Niort d'être mise en lumière par un auteur en vogue qui fait aussi bien la couverture des *Inrockuptibles* que de *Valeurs actuelles* ? Le succès de Houellebecq montre que ce n'est pas la tendresse, la gentillesse et les villages fleuris qui attirent le public, c'est la description cynique et amusée de la laideur.

Élus niortais, population niortaise, plutôt que de jouer les victimes mortifiées par une charge gratuite, saisissez la chance qui vous est offerte ! Communiquez sur la laideur de votre ville.

Croyez-vous que les panneaux indiquant un des plus beaux villages de France intéressent encore qui que ce soit, à part peut-être deux ou trois fanatiques énamourés de Stéphane Bern ?

Communes, villes, cités, présentez-vous sous vos aspects les plus répugnants. Créez des associations destinées à promouvoir les arguments touristiques des communes riches du patrimoine le plus pauvre. Élisons « le plus dégueulasse village de France », « la ville de France la plus corrompue », « le bourg le plus abject », « la commune la plus commune ». Imaginez les disputes entre les villes compétitrices. « Nous, on a eu la piscine grâce à un marché truqué. — Oui, mais nous, tout l'argent pour les logements sociaux, on l'a mis dans les ronds-points ! »

Des tour-operators organiseraient des excursions pour montrer ici une école pleine de rats, là un immeuble qui d'une minute à l'autre pourrait s'écrouler ! Sortez vos téléphones portables et faites des photos pour immortaliser l'ordure et l'infamie ! Ici, la ville la plus pourrie de la région parisienne, avec ses magouilles. Avec un peu de chance, on verra le maire et sa femme qui nous feront un doigt d'honneur !

Quand le beau ne fait plus vendre, valorisons le laid.

D'autant que le laid est assez drôle quand il est décrit par Houellebecq, qui écrit des phrases aussi longues que celles de Marcel Proust mais dans lesquelles il emploie plus souvent le mot « bite » même si ce sujet n'est sans doute pas absent des préoccupations de Marcel Proust, mais de façon plus allusive…

Le narrateur de Houellebecq est un électeur de Wauquiez selon Griveaux. Il fume et roule au diesel. Il conduit une Mercedes G350 TD et soupire avec mélancolie : « Je n'aurai peut-être pas fait grand-chose de bien dans ma vie, mais au moins j'aurai contribué à détruire la planète. »

CONSOLER LE BERGER

25 janvier 2019

C'est une histoire que j'aime beaucoup.

Robert Doisneau, dans le sud de la France, du côté de chez Giono, dans les Alpes, en Provence, un jour, dans un bistrot, rencontre un berger. Le berger lui parle de la transhumance, des centaines de moutons qui partent dans le petit matin, de la fidélité des chiens, de la longue marche, de la nature matutinale quand elle s'éveille, de la douceur des soirées, de la profondeur des sommeils. Robert donne son adresse. « Je viendrai ! Ça m'intéresse. » Le berger se dit : « Un Parisien, ça parle en l'air, il viendra pas. » Une semaine avant la transhumance, il prévient quand même Doisneau pour vérifier son pressentiment, mais le jour du départ, contre toute attente du berger, Robert est là, avec ses appareils photographiques, ses rouleaux de pellicule et une casquette sur la tête parce que le matin il fait pas chaud et l'après-midi, par contre, le soleil, ça tape.

Le voyage de transhumance accompli, des centaines de photos faites, le photographe salue le berger qui lui dit : « Ce qui serait mieux, c'est que vous reveniez dans quelques mois parce que là, on refait le voyage mais dans l'autre sens, les moutons ont repris du poil de la bête, et comme ça, vous ferez des photos encore plus belles… »

Quelques mois plus tard, Robert est de nouveau là, fidèle au poste, pour accompagner le berger. Il a toujours ses appareils, ses pellicules argentiques et sa casquette, parce que l'après-midi c'est un vrai cagnard alors qu'au petit matin, j'aime autant vous dire, il fait pas si chaud que ça…

Mais cette fois, ça se passe mal. Un jour, un camion fonce dans le troupeau. Des moutons se font écraser, et deux chiens aussi.

Rentré à Paris, Doisneau raconte son histoire à Jacques Prévert, qui lui demande : « Tu as pris des photos ? — Non, répond Robert, j'ai consolé le berger. »

Et Prévert le poète souligne justement : « Et c'était comme si la vie, en instantané, avait fait le portrait de Doisneau. »

Robert Doisneau a photographié le jazz et la java, des artistes lyriques et des chanteurs de bar, des compositeurs de musique contemporaine et des musiciens de baloche, sans *a priori*, avec ce goût des autres qui était sa marque de fabrique.

Ce matin, je vous parle de Doisneau parce que le problème, avec les expositions, quand elles durent longtemps, c'est qu'on croit qu'on a le temps. Par exemple, pour l'exposition « Doisneau et la musique », on se dit qu'on est tranquille, vu qu'on a jusqu'au 28 avril 2019.

Mais vous savez ce que c'est, le mois de janvier est quasi terminé, février est si court qu'on ne le voit pas passer, en mars on regarde les giboulées, en coup de vent arrive avril, et le 1er mai on se dit : « Merde ! L'expo Doisneau, on l'a ratée. »

Ce qui serait dommage parce que cette exposition, dont la commissaire est Clémentine Deroudille (le terme « commissaire » va aussi bien à Clémentine qu'à moi un tutu de danseuse étoile), parce que cette exposition, disais-je, accompagnée par la musique de Moriarty, parce que cette exposition, me répétais-je, qui présente aussi bien des photos de Jacques Higelin que de la chanteuse Madame Lulu, de Thomas Fersen que de l'accordéoniste Pierrette d'Orient, par sa beauté, sa chaleur, son humour, sa façon joyeuse et légère de traverser les époques et les émotions, serait capable de consoler bien des bergers.

PAS UN ORDRE, JUSTE UNE INVITATION : ACHETEZ LE DISQUE D'ANTOINE SAHLER

1er février 2019

Aujourd'hui, 1er février, Antoine Sahler sort un disque et c'est l'information principale de la journée. Achetez son disque. Écoutez ses chansons. C'est pas un ordre, juste une invite, une invitation, une suggestion, un conseil, une recommandation.

Oui, c'est du copinage. Mais pourquoi le copinage serait forcément haïssable ? Pourquoi une chronique pour un copain serait obligatoirement suspecte ? S'il se trouve qu'en plus de l'affection, on a de l'admiration pour son copain et qu'on voudrait voir son talent reconnu par le plus grand nombre, pourquoi aurait-on tort d'attirer l'attention pour un ami qui justement, et ça tombe bien, a une tête de copain ?

Antoine Sahler sort un disque. Achetez-le. C'est pas un ordre, un petit peu quand même. Fin de ma chronique.

L'amitié a ceci de bien par rapport à l'amour qu'elle est volontiers partageuse. L'amour est jaloux, parfois inquiet, anxieux, mais l'amitié se distribue comme des bonbecs dans la cour de récréation, l'amour peut être exclusif mais l'amitié s'agrandit en même temps qu'elle se divise, et la fraternité ne se décrète pas, ne se trouve pas forcément là où on l'attendrait.

Antoine Sahler sort un disque aujourd'hui. Achetez-le. Écoutez-le. Fin de ma chronique. Il n'y a rien d'autre à dire.

Parce que Antoine Sahler fait des chansons. Des chansons tristes qui sont marrantes. Des chansons marrantes un peu mélancoliques. Des chansons qui évoquent les couples séparés, les semaines B, les couples qui perdent, qui durent, les couples qui perdurent, les aubergines en janvier, les clémentines en juillet, non mais franchement vous me voyez faire le critique musical ? « On peut tourner la page depuis qu'on sait danser sous les orages. »

Vous me voyez dire que ce jeune homme sait écrire des textes impeccables sur des musiques acidulées ? Vous me voyez signaler qu'il a le chic pour écrire des refrains impeccables, resserrés. « On rêve d'ailleurs. D'ailleurs, on rêve. »

Antoine Sahler sort un disque aujourd'hui. Écoutez-le. Achetez-le si vous pouvez, si vous trouvez le dernier disquaire résistant qui a réussi à rester dans sa boutique, indifférent aux tempêtes du streaming, aux bourrasques de la musique en ligne, aux ouragans de Spotify et de la musique en tornades, en trombes, en tourbillons, si vous prenez le temps de le commander sur Internet, si vous êtes dégourdi, débrouillard, malin. Antoine Sahler sort un disque aujourd'hui. Que vous pouvez bien sûr télécharger, personne ne vous en voudra, mais que vous pouvez aussi acheter physiquement vu que la pochette est jolie, les paroles imprimées et les photos d'Aglaé Bory.

Antoine Sahler sort un disque avec du violoncelle et un quatuor à cordes et des saxophones et des chœurs et des guitares acoustiques et électriques. Qu'est-ce qu'il faut vous dire de plus ? Qu'il est en concert le 11 février au Théâtre des Étoiles, 61, rue du Château-d'Eau à Paris, que le disque est produit par le Furieux, mixé par David Chalmin, mastérisé par Raphaël Jonin et dédié à Germain Hubert. Vous risquez d'oublier.

Souvenez-vous juste qu'Antoine Sahler a fait un disque et qu'il sort aujourd'hui.

Oui, Antoine, tu veux dire quelque chose ?

« Merci, merci, merci, merci… »

COMMENT CONCLURE LE GRAND DÉBAT ?

8 février 2019

Comment conclure le grand débat ? Parce qu'il faudra bien que ça s'arrête un jour. Ça a donné lieu à des grandes émissions originales l'après-midi, certains ont même renoncé à visionner les rediffusions de *Columbo* ou du *Commissaire Maigret* pour regarder ces grands raouts dans des régions dont habituellement on n'entend parler qu'au mois de juillet quand il y a le passage du Tour de France. Ça a permis de découvrir tout un tas de maires de petites communes. Ça a donné un formidable coup de projecteur sur leurs villages et sur eux-mêmes. Jusque-là, quand on était l'édile d'un petit village, ancien professeur d'histoire ou de comptabilité, la seule façon de passer à la télé, c'était de s'inscrire au casting de « Questions pour un champion ». Là, même plus besoin de se casser le crâne pour savoir si on choisit le questionnaire sur les grands fleuves d'Europe ou les Michel célèbres, et puis non finalement je vais prendre le thème mystère parce que j'aurais préféré prendre les fromages de nos provinces mais hélas Martine les avait déjà choisis…

Enfin, bon, là, il a suffi de mettre un costume et une cravate, se rendre jusqu'au gymnase Olivier-Stirn ou à la salle Gérard-Lenorman, préparer un petit discours pour dire qu'il y a trop de contraintes et pas assez de médecins, trop de taxes et pas assez de bureaux de poste, que la maternité est trop loin et la centrale nucléaire trop proche, et à la fin avoir droit à la logorrhée du président qu'on n'oublie surtout pas de remercier d'avoir fait le déplacement jusqu'ici alors qu'il a sûrement autre chose à faire, et qu'on a été drôlement content de l'écouter vu qu'il est aussi loquace que Julien Lepers et aussi souriant que Samuel Étienne.

Bon, mais à un moment donné, on aimerait bien que quelqu'un dise comme Jean-Claude Dusse dans *Les Bronzés* : « Je sens que je vais conclure » parce que la discussion ne peut pas être éternelle. Surtout qu'on aurait pu penser que les problèmes des Français étaient connus des gens qui avaient sollicité le pouvoir et que même c'était justement pour ça que certains avaient souhaité devenir président de la République il y a deux ans.

Visiblement non. Il n'est jamais trop tard, vous me direz. Non, mais il n'est pas trop tôt non plus…

À un moment donné, il faudrait arrêter de discuter et se mettre au boulot. Je rappelle qu'il y a pas mal de chantiers à régler, au hasard, j'en signale deux, trois… L'éclairage public est défectueux à Saint-Rémy-les-Moutiers, la chaussée est très glissante au niveau du lieu-dit la Rigaudière sur la route entre Montilly et Caligny, essentiellement à cause du passage des bêtes de la ferme des Dubuisson, à Saint-Ferouz-sur-Lisons, les volets électriques de la mairie ont tendance à rester coincés au premier étage, par ailleurs la ligne 12 du métropolitain est améliorable. Pas mal de pain sur la planche, donc. À propos, à Saint-Cornier-des-Landes, on cherche un couple de boulangers pour remplacer les précédents. Vous me direz : « Il y a le Cocci Market. » Je vous dirai : « C'est sûr, mais ça remplace pas complètement la boulangerie, surtout si on aime les chouquettes. »

Comment conclure le grand débat ? Un feu d'artifice, une marche blanche, un grand pique-nique, ou alors une super méga réunion publique où on rediscuterait tous ensemble, un référendum ?

Sinon, il y a toujours la solution de demander à Jean-Louis Borloo de faire la synthèse de tout ça et puis on rediscutera de tout ça, mais alors, dans ce cas-là, plutôt à l'occasion.

PÉNIBILITÉ AU TRAVAIL

15 février 2019

Je ne dis pas que mon métier est le plus désagréable du monde. Chroniqueur à la radio une fois par semaine pendant trois minutes trente ne peut pas concurrencer, en termes de pénibilité au travail, conducteur d'engins du BTP, métallier, ouvrier qualifié des travaux public, du béton et de l'extraction ou coiffeur de directrice de France Inter.

Je ne dis pas non plus que c'est le métier le mieux payé du monde mais il faut être juste et admettre avec honnêteté que ça laisse quand même pas mal de temps de libre si l'on considère qu'en gros, on embauche un jour à 8 h 57 et à 9 heures pétantes on peut partir en week-end.

C'est pour ça que, personnellement, avec mes émoluments de France Inter, j'attends tranquillement l'âge de la retraite qui, normalement, ne devrait pas trop tarder à arriver et qui donc ne va pas fondamentalement bouleverser mon emploi du temps.

Ce qui est bien aussi, c'est que globalement les gens ici sont plutôt gentils avec moi, voire souriants, quand ce n'est pas affables. Il n'est pas rare que Juliette Hackius, par exemple, qui est quand même l'assistante de Nicolas Demorand, donc soumise au plus grand stress, et qui sûrement un jour sera appelée aux plus hautes fonctions, me propose, très aimablement : « François, puis-je vous proposer un petit café ? » Avec enthousiasme, je lui réponds : « Oh oui, je veux bien, avec plaisir ! » Elle me demande (parce que jusqu'au bout elle est soucieuse de ma satisfaction) : « Vous voulez un sucre ? » Je lui rétorque : « Bien sûr que non, comment croyez-vous qu'après toutes ces années, j'ai réussi à conserver ce corps de rêve si ce n'est pas le résultat d'une attention sans cesse maintenue ? — Oh, fait-elle, baissant les yeux, vous me faites rougir… »

Oui, l'ambiance est bonne à France Inter.

La semaine dernière, en plein direct, devant ce même micro, je me suis aperçu que j'avais les doigts pleins d'encre à cause d'un stylo qui avait coulé – c'est vérifiable sur les écrans vidéo, même si je ne peux plus demander à la caméra de Gilbert Larriaga de faire un gros plan vu qu'il nous a quittés en début de mois et que j'en profite pour saluer sa mémoire –, Sonia Devillers, elle-même, en personne, est allée chercher dans son sac un mouchoir humecté afin que je me nettoie les mains.

Enfin tout ça pour vous dire que je ne me plains pas de mes conditions de travail et que, tant qu'à être employé par Radio France, je préfère mon poste à celui de responsable de la maintenance électronique, avec contrôle des sauvegardes, des licences antivirus, systèmes d'exploitation, mises à jour et sécurisations des données, vu que certainement je maîtriserais moins bien le sujet.

Mais commenter l'actualité pour tenter de la rendre un peu moins lugubre, ce n'est pas si facile. Par exemple, la montée des violences de toutes sortes, l'agressivité des beaufs dans la rue, sur les réseaux sociaux le harcèlement des bobeaufs, l'augmentation de 74 % des actes antisémites en 2018, l'inscription « Juden » taguée sur un magasin Bagelstein, les croix gammées sur les portraits de Simone Veil ne me font rire qu'à moitié, et ne m'inspirent pas spécialement pour écrire des notations cocasses qui pourraient alléger l'ambiance.

Bon, allez, faut pas me plaindre, à la fin de ma phrase, j'aurai fini ma semaine.

EN DIRECT DE NOUVELLE-CANNELLONI

22 février 2019

(*D'un ton légèrement aviné.*)

Bonjour, en direct de Nouvelle-Cannelloni, de Nouvelle-Cadélonie, de Nouvelle-Canélodie, François Morel. Et je voudrais par avance m'excuser des diverses difficultés de liaison et d'expression dues essentiellement au décalage horaire. Aujourd'hui, devant le micro, c'est un homme en colère qui vous parle, c'est un homme aux abois. C'est un homme exaspéré : moi.

Je voudrais revenir en effet, sans *a priori*, sur la polémique récente qui a opposé deux ministres du gouvernement, M. Didier Guillaume, ministre de l'Agriculture, et Mme Agnès Buzyn, ministre de la Santé.

Je voudrais simplement exposer les faits de la façon la plus objective, la plus impartiale possible…

M. Guillaume, avec énormément d'acuité, d'intelligence, de bon sens, a déclaré, très justement et je l'en félicite et voudrais le remercier pour cette déclaration pleine de discernement et de patriotisme : « Le vin n'est pas un alcool comme les autres. Je n'ai jamais vu un jeune qui sort de boîte de nuit et qui est saoul parce qu'il a bu du côtes-du-rhône, du crozes-hermitage, du bordeaux ou du costières-de-nîmes. »

Il faut être juste, M. Guillaume n'a certainement jamais vu non plus un vieux sortir d'une soirée choucroute et qui était saoul parce qu'il avait bu une vodka-pamplemousse, un Sex on the beach, une vodka mule ou une caïpiroska.

En revanche, M. Guillaume, et c'est tout à son honneur de le signaler, n'a jamais vu, et il l'a dit, sortant d'une boîte de nuit, un jeune torché au côtes-du-rhône, au crozes-hermitage, au bordeaux, au costières-de-nîmes, il aurait pu ajouter au gewurztraminer, au vin d'Arbois, au muscadet, au coteaux-du-layon, au jasnières, au tavel, au champagne afin de faire plaisir à encore plus de terres viticoles qui font la fierté de la France.

Mme Buzyn, très perfidement, très agressivement, et je ne suis pas de parti pris, a répondu : « La molécule d'alcool contenue dans le vin est exactement la même que celle contenue dans n'importe quelle boisson alcoolisée. »

La molécule d'alcool ! Alors que lorsqu'on parle du vin, on évoque son moelleux, son millésime, sa souplesse, son élégance, sa cuisse, mais sa molécule jamais !

Je suis très déçu, madame Buzyn, par votre réflexion qui est celle d'une mauvaise Française, je n'hésite pas à le dire, surtout au moment où l'on apprend que la France, et on se doit de le regretter, n'est plus le premier pays consommateur de vin. Où est-il, madame Buzyn, votre esprit de compétition ? Se faire dépasser par les Américains en termes de volumes, par les Lutisaniens, les Lusinatiens… les Portugais, par tête d'habitant, mon cœur saigne.

Personnellement, depuis plusieurs heures déjà, j'ai tenté, avec mes faibles moyens, de remettre la France sur la plus haute marche du podium mais, animé par mon seul esprit de gagneur, stimulé par une détermination sans faille, je ne vais pas y arriver tout seul.

C'était François Morel, puisqu'à cause du décalage horaire je faisais ma chronique en direct de l'apéro et de la Nouvelle-Cadénolie, Canélodie, Cadéronie, Ca…

NÉNETTE A 50 ANS

1er mars 2019

Bon anniversaire, Nénette !

Nénette a 50 ans.

Elle habite à Paris, dans le 5e arrondissement, elle est née en Asie et ne fait rien de ses journées. (Voilà, on est bien sur France Inter qui ne s'intéresse qu'aux bobos du 5e arrondissement, qui plus est quand ce sont des immigrés improductifs.)

Attendez, Nénette a 50 ans, mais pas forcément aujourd'hui, ni demain, ni hier.

BOUCQ

Nénette a à peu près 50 ans vu qu'elle est née vers 1969 dans une île du Sud-Est asiatique et que le jour de sa naissance n'a été consigné sur aucun livret de famille, et qu'aucun officier d'état civil de Bornéo n'a été mis au courant de l'apparition de cet orang-outang femelle.

Nénette a 50 ans, plus ou moins, a 50 ans grosso modo, a 50 ans ou à peu près, comme Laurent Delahousse, David Douillet et MC Solaar, comme moi si je n'avais pas dix ans de plus.

Nénette a 50 ans et réside à la ménagerie du Jardin des Plantes.

Nénette a été l'actrice principale du film *Nénette* de Nicolas Philibert. Vous connaissez une autre actrice qui a donné son nom au titre du film dont elle est la vedette ? Non, il n'y a que Nénette, Nénette qui avait une petite quarantaine – c'était en 2010 – et faisait du cinéma sans le savoir, comme un M. Jourdain primate, faisait du cinéma sans en avoir même jamais rêvé, faisait du cinéma dans un film qui ne s'est pas spécialement embarrassé d'un pitch, d'un synopsis, d'un scénario, de travellings et de mouvements de caméra trop compliqués. Nénette se laissait regarder, comme tous les jours, et elle posait son regard lourd, vaguement indifférent, légèrement sceptique, sur les visiteurs du Jardin des Plantes.

Un acteur français du nom de Jacques Weber, pour jouer le vieux Krapp dans *La Dernière Bande* de Samuel Beckett mise en scène par Peter Stein, allait rendre visite à Nénette, simplement pour l'observer et ramasser dans sa mémoire des attitudes capables d'exprimer les abysses de la solitude et de la perdition et des ténèbres intimes.

Nénette est inspirante. Nénette a 50 ans. Elle a eu des enfants, des garçons – quatre –, tous nés à Paris. Elle est veuve de Toto, s'est mise en ménage avec Solok qui arrivait de Leipzig. La vie… Nénette a 50 ans et fait partie d'une sous-espèce en danger critique d'extinction…

La vie, la vie… La mort.

Nénette a 50 ans. Si vous passez au Jardin des Plantes, aujourd'hui ou demain, ou plus tard, souhaitez-lui un bon anniversaire. Surtout n'apportez ni fleurs, ni cadeaux, ni sucreries, ni chocolats, juste un regard de compassion, d'affection, de fraternité, de solidarité…

Nénette a 50 ans, ou un peu plus, ou un peu moins, plus ou moins comme vous, plus ou moins comme moi.

Elle est fragile, innocente et perdue.

Quand même, bon anniversaire, Nénette.

CHRONIQUE LEXICALE

8 mars 2019

Je ne veux pas donner l'impression de faire la leçon, surtout à des journalistes ou des commentateurs qui devraient maîtriser le sens des mots, mais même si ça m'embête de devoir intervenir pour une question de terminologie, j'y suis obligé puisque l'Académie française ne s'est pas penchée sur la question, occupée qu'elle était à se demander si un entraîneur était le mari d'une entraîneuse, si une abbesse était la femme d'un abbé. Et après tout, puisqu'un plombier pouvait bien être amateur de plombières, pourquoi une plombière ne pourrait-elle pas raffoler des plombiers ?…

Ce matin, chronique lexicale pour évoquer le mouvement des Gilets jaunes annoncé pour demain. Je crois qu'il serait préférable de cesser de parler de l'acte 17 des Gilets jaunes parce que, tout simplement, il me semble que ça n'existe pas une pièce en dix-sept actes.

Jamais. Nulle part.

Un acte est la subdivision principale d'une pièce de théâtre.

Dans le théâtre classique, le tarif, c'est cinq actes. Dans le théâtre moderne, ça dépend, ça varie entre un et cinq actes. Même quand il y a beaucoup de péripéties, d'intrigues qui se mêlent, d'imbroglios, même quand les actions sont nombreuses, les histoires multiples, même quand le dramaturge est sous acides, on ne trouve jamais dix-sept actes. Les acteurs seraient exsangues, les spectateurs perdraient patience.

Un acte se caractérise par une unité de temps. Là, d'accord, c'est le samedi après-midi, mais un acte se définit aussi par une unité de lieu. Donc, là, ça ne va plus du tout parce qu'au contraire, chaque samedi, il y a précisément multiplicité de lieux. Paris, les Champs-Élysées, République, le centre de Bourges, de Lille, de Grenoble, de Bordeaux, la place du village de Saint-Élix-le-Château…

Quand au début du mouvement, un samedi d'automne, les Gilets jaunes ont investi les ronds-points, personne ne pensait que l'aventure durerait si longtemps. Tout le monde pensait que début décembre, l'histoire serait pliée. On pouvait donc parler d'« actes ».

Aujourd'hui, force est de constater que le mot « épisode » serait plus approprié.

En l'occurrence, demain, épisode 17 de la saison 1, ça me semble correct. Ensuite, épisode 18 de la saison 1, la semaine prochaine. Épisode 19 de la saison 1 dans quinze jours. Comme ça, tranquillement, on avancera jusqu'au samedi 29 juin, jour du 33e épisode de la saison 1. Le samedi 29 juin ne doit pas être le 33e acte des Gilets jaunes. Aucun dramaturge, aussi démesuré, déraisonnable, excessif soit-il, ne pourrait imaginer trente-trois actes.

Le samedi 7 septembre 2019 débuterait le premier épisode de la saison 2 des Gilets jaunes. Avec encore plus d'action, encore plus d'intrigues et de manœuvres diverses afin de soutenir continûment l'attention du spectateur.

On peut envisager pendant les grandes vacances d'arrêter le feuilleton afin de créer un manque, voire de rediffuser les épisodes précédents pour ceux qui les auraient manqués…

Qui dit épisode dit feuilleton. L'avantage du feuilleton, c'est que ça ne se termine jamais. Tant qu'il y a des spectateurs, des annonceurs, on continue !

Comme dans *Plus belle la vie*, le scénario s'écrit quasiment au jour le jour. On ne sait pas où on va, mais on y va. Si par hasard on a manqué un épisode ou deux, ça n'empêche pas de comprendre l'intrigue.

Oui, dorénavant, ne parlons plus d'« actes », parlons d'« épisodes ».

D'autant que le scénariste qui trouvera le dénouement de l'acte final n'est pas encore né.

CHRISTOPHE GIRARD VOUS A INVITÉ À AIMER CHRISTOPHE GIRARD

15 mars 2019

J'ai reçu une invitation qui m'a surpris, qui m'a, je ne m'en cache pas, un peu tourneboulé, un peu chamboulé, et je suis heureux, ce matin, de pouvoir partager mon désarroi… Il s'agit d'une invitation Facebook reçue la semaine dernière et ainsi libellée : « Christophe Girard vous a invité à aimer Christophe Girard. »

Je connais un peu Christophe Girard, adjoint à la Mairie de Paris, pour l'avoir croisé sur un tournage. À chaque fois que je l'ai rencontré par la suite, nous avons échangé des poignées de main et des sourires cordiaux mais sans plus… J'étais loin de penser qu'un jour je recevrais par courrier électronique ce message sans ambiguïté, cette approche finalement assez frontale, cette réinterprétation moderne de l'amour courtois, « Christophe Girard vous a invité à aimer Christophe Girard », qui dénonce une sorte de schizophrénie chez Christophe Girard, un trouble dissociatif de l'identité, se dédoublant quand il s'agit de solliciter une relation poussée.

Découvrant cette invitation, j'apprenais aussitôt, un peu déconcerté, un peu rassuré aussi, que cette sollicitation amoureuse n'exigeait pas l'exclusivité puisque l'on m'indiquait dans la ligne juste en dessous que Caroline Loeb et 49 autres amis aimaient ça.

Aimaient quoi ? Aimaient ça. Là encore, je m'interrogeais.

Que désignait ce « ça » ? Christophe Girard lui-même ou l'invitation à aimer Christophe Girard ? Christophe Girard, personnalité politique, pouvait-il être réduit à « ça » ? Non, sûrement pas…

Dans quel imbroglio amoureux étais-je précipité ?

Je connais un peu Caroline Loeb, j'ai beaucoup d'estime pour elle, je l'ai également croisée plusieurs fois et je m'interroge sur ce projet de vie qui consiste, avec elle et 49 autres personnes, à aimer Christophe Girard.

Là encore, je ne peux m'empêcher de me questionner. Christophe a des responsabilités politiques importantes à la Mairie de Paris, Caroline est occupée par de nombreux projets de chansons, de spectacles, notamment celui qu'elle fait sur Françoise Sagan, moi-même je suis pris par diverses occupations, des programmes plus ou moins artistiques, comment pourrions-nous sérieusement envisager un avenir commun, accompagnés, qui plus est, de ces 49 amis que je connais plus ou moins, parfois pas du tout, et qui certainement, eux aussi, ont des occupations professionnelles, des engagements sentimentaux, des charges familiales…

« Christophe Girard vous a invité à aimer Christophe Girard. » Je suis touché, Christophe, naturellement, extrêmement touché, mais n'est-il pas préférable que l'un et l'autre, de notre côté, et Caroline aussi, et les 49 autres personnes également, prenions la peine de réfléchir, peut-être de mettre tout à plat et de ne pas nous embarquer dans une histoire qui pourrait nous dépasser et qu'un jour, les uns et les autres nous pourrions regretter ?

Voilà pour l'instant l'état de mon cheminement intérieur concernant cette invitation qu'évidemment je n'ai pas prise à la légère.

« Christophe Girard vous a invité à aimer Christophe Girard. » Ne le prenez pas mal, Christophe, n'imaginez aucun ressentiment à votre égard, ne croyez pas que je vous méprise, que je vous dédaigne, que je vous rejette.

Simplement, François Morel réserve la réponse de François Morel.

NE PAS TENTER LE DIABLE

22 mars 2019

Nicolas, je te remercie de me donner la parole avec cet esprit d'enthousiaste camaraderie qui t'anime. « T'anime ». Je n'ai pas dit « t'habite » car je ne veux pas tenter le diable.

Je voulais, ce matin, féliciter le pape François de ne pas avoir accepté la démission du cardinal Barbarin et de n'avoir pas suivi la clameur si malfaisante de cette horde d'incrédules qui n'ont de cesse de vouloir discréditer l'Église et ses serviteurs.

Je rejoins ce bon abbé de La Morandais, de la paroisse de LCI-BFM, qui tient des propos si miséricordieux sur la question de la sexualité. « On a toujours l'impression, dit-il, qu'un viol, c'est de la violence. »

C'est tellement juste, l'abbé ! Souvent, le viol est décrié, dénigré, vilipendé. Le viol, et on s'en étonne à l'épiscopat, est souvent vu de façon arbitraire à l'aune de sa brutalité supposée. Alors que le viol est d'abord un acte d'amour. Il est l'expression de l'intérêt que l'on porte à l'autre, un désir de partage, je dirais même de communion, de fusion des corps visant à une alliance des esprits. Je ne voudrais pas entrer dans les détails scabreux dont se délectent si volontiers nos adversaires, mais une fellation,

BOUCQ

une sodomie ou un simple toucher rectal ne sont souvent que rappels, certes vifs, certes physiques, certes énergiques et radicaux, du premier précepte de l'Église : « Aimez-vous les uns les autres. »

« D'après les échos que j'ai eus, poursuit l'abbé de La Morandais de la paroisse de Match TV, Paris Première et Direct 8, l'enfant cherche spontanément la tendresse d'un homme ou d'une femme. »

L'abbé de La Morandais a des échos. On ne sait pas d'où. Mais il a des échos. Et il n'hésite pas à relayer ces échos. Des échos venus de personnes qui, elles-mêmes, sans doute, ont côtoyé l'enfant, l'enfant, parfois pervers, parfois tentateur, qui, de lui-même, sans forcément penser à mal, porte des maillots de corps ajourés et des bermudas bien au-dessus des genoux.

L'abbé fait bien de préciser que l'enfant recherche « la tendresse d'un homme OU d'une femme » car il n'y a pas de raison que la femme, hélas moins portée sur le viol que l'homme, reste cependant à l'abri des odieuses accusations. En ajoutant la femme dans le débat, l'abbé de La Morandais l'ouvre, l'élève et l'élargit.

« Vous avez tous observé qu'un enfant, il vient, il vous embrasse sur la bouche », note encore l'abbé de La Morandais, observateur de la paroisse de l'Académie des 9. Je ne saurais trop encourager l'abbé à bien vouloir communiquer mon 06 aux parents de ces enfants qu'il me plairait d'introduire dans les camps scouts dont j'ai la charge chaque été.

J'ai regretté que l'abbé soit revenu sur ses propos à la suite de critiques qui lui ont été faites, parfois même au sein de l'Église puisque l'archevêque de Paris, lui-même, les a fermement condamnés, manquant de cet esprit de confraternité, de solidarité, d'esprit de corps, qui en revanche n'a jamais fait défaut au cardinal Barbarin.

Revenons à quelques principes simples. Ne déprécions pas systématiquement le viol, ne calomnions pas obligatoirement le violeur, homme souvent respectable et qui fait ses dévotions, mais continuons à condamner l'usage du préservatif.

LE RETOUR DES DAECHIENS
(avec la complicité de Thomas Legrand)

29 mars 2019

FRANÇOIS : 3615 code Qui-n'en-veut, avec aujourd'hui mon gars Thomas. Bonjour Thomas, comment t'appelles-tu ?

THOMAS : Ben, euh… Thomas.

— Thomas, c'est gentil d'être venu nous voir, on rappelle qui tu es : un gars qui n'en voulait mais qui savait pas trop quoi, qui se cherchait un petit peu dans sa jeunesse, qui avait un petit peu tout raté alors qui un jour a eu une idée, c'est de devenir djihadiste en Syrie !

— Oui, c'est ça.

— Parce que tu t'es dit, pour n'importe quoi, c'est pas facile en France faut être juste, on vous demande de passer des examens, des CAP, pour n'importe quoi, faut avoir le baccalauréat, alors tu t'es dit, au moins djihadiste il n'y a pas besoin de cursus particulier…

— C'est ça. Ni de talent particulier.

— Je crois que par ailleurs tu étais intéressé par tout ce qui était décapitation…

— Oui, mais j'avais raté le CAP de charcuterie…

— Donc tu t'es dit je vais devenir terroriste. Tu pensais que c'était intéressant sur le plan relationnel ?

— Oui, j'avais entendu parler de s'amuser avec quarante vierges…

— Il a de l'appétit, mon Thomas, mais peut-être on t'avait pas prévenu que c'était une récompense qui avait lieu après le trépas…

— Oui, mais je savais pas trop où que c'était situé n'étant pas non plus spécialiste en géographie…

— D'accord, donc là, on peut dire que tu as fait chou blanc puisque tu n'es pas allé jusqu'au trépas mais jusqu'à la prison en Syrie.

— C'est ça.

— Ce qui fait, en résumé, qu'on peut dire que tu as raté aussi le cursus en terrorisme.

— Mais c'est surtout la politique qui m'intéressait, je suis contre l'oppression de l'État français dominé par les mécréants, les croisés et les Juifs !

— Oh là là, il a la langue bien pendue, mon gars Thomas. À propos de pendu, je crois que tu as été impressionné par les milliers de pendus en Syrie…

— Oui c'est ça qui fait peur. Donc, j'aimerais quand même mieux être jugé par l'État français dominé par les mécréants, les croisés et les Juifs…

— D'accord, ça semble en effet logique et je te félicite pour ton esprit d'analyse.

— C'est pas tellement pour moi que je demande d'être rapatrié en France, c'est surtout pour mes enfants car eux n'ont pas choisi d'être djihadistes.

— C'est certain, et c'est tout à ton honneur, mon gars Thomas, que de ne pas penser à toi en priorité mais de penser d'abord à tes enfants. Tu en as combien ?

— Pour le moment, zéro.

— D'accord… Tu aurais quelque chose à ajouter ?

— Oui, c'était pas toujours facile, la vie en Syrie. Par exemple au petit déjeuner, y avait pas de Nutella et y avait pas la wi-fi.

— D'accord. Eh bien merci, Thomas. Ce que je propose de mon côté, car je suis un petit peu comme toi, toujours à l'affût d'idées nouvelles, je propose peut-être qu'on organise une petite cagnotte sur les Ch'tis…

— Leetchi.

— C'est ça, afin de te venir en aide, à l'occasion de ton procès en France, pour toi, ta famille et surtout pour tes enfants que tu n'as pas encore.

— C'est très gentil. Et je voulais en profiter pour remercier l'État répressif français dominé par les mécréants, les croisés et les Juifs.

— Merci, Thomas, on leur dira. C'était aujourd'hui mon gars Thomas Legrand, un gars qui n'en voulait.

FAIRE PIPI SUR UN POLICIER

5 avril 2019

Aldebert est un chanteur que les enfants adorent, il les fait rire. Aldebert est un chanteur que les parents vénèrent, il ne prend pas leurs enfants pour des imbéciles.

À l'école Jacques-Prévert de Ludres, près de Nancy, les chansons d'Aldebert avaient été choisies comme support pédagogique. Polémique, scandale, protestations. Un jour, un parent d'élève a entendu une chanson que chantait sa fille et il a été choqué, offusqué d'entendre des paroles contraires, selon lui, aux valeurs de la République, telles que doit les promouvoir l'école.

Écoutez plutôt…

Pour louper l'école
Je ferais n'importe quoi,
Pour louper l'école
Moi j'irais jusqu'à
Faire le tour de la maison,
En pyjama pour choper froid,
Manger des tartines au goudron
Pour avoir mal à l'estomac,
Faire mon service militaire,
Traverser la Manche en bouée,
Chatouiller une panthère,
Faire pipi sur un policier.

« Quand j'entends les paroles, dit le parent d'élève qui a mis le feu aux poudres, je pense au gendarme Beltrame qui a sacrifié sa vie pour sauver une otage, à ce couple de policiers assassiné sous les yeux de ses enfants, à cette policière municipale tuée de sang-froid par un terroriste. »

Cher monsieur, je crois que vous êtes un peu à cran, que normalement la phrase « Faire pipi sur un policier » ne devrait pas vous faire penser à toutes ces récentes tragédies que vous évoquez.

Il y a un truc qui est important, notamment dans la vie en collectivité, et qui s'appelle l'humour. Généralement, les enfants, qui ne sont pas bêtes, comprennent bien l'humour, ils peuvent ainsi apprécier Marcel Aymé, Pierre Gripari et Tomi Ungerer, ils peuvent ainsi faire la différence entre la réalité et la fiction.

Monsieur le parent d'élève, je vous promets qu'on peut ressentir le plus grand respect, la plus grande admiration pour le geste héroïque du gendarme Beltrame tout en s'amusant du gendarme de Guignol ou de Saint-Tropez, tout en connaissant les paroles de *Brave Margot* où sont évoqués des « gendarmes qui sont par nature si ballots », tout en rigolant du marché de Brive-la-Gaillarde où, « quand il s'agit de rosser les cognes, tout le monde se réconcilie ».

Comme disent les enfants, monsieur le parent d'élève, ce n'est pas pour de vrai. C'est de l'humour.

Si votre état d'esprit est de prendre tout au pied de la lettre, vous pourriez noter que la chanson d'Aldebert encourage également à chatouiller une panthère, ce qui, à Thoiry ou au zoo de Vincennes, pourrait s'avérer extrêmement périlleux, à manger des tartines au goudron, ce qui pourrait être considéré – peut-être devriez-vous contacter la Ddass – comme un appel au suicide.

Aldebert suggère dans cette même chanson de mettre « les cahiers au feu, la maîtresse au milieu ! ». La plupart des gens comprennent qu'il ne s'agit pas d'un réel appel au meurtre. Je connais un peu Aldebert, je ne pense pas que quiconque puisse penser sérieusement qu'il ait une telle animosité vis-à-vis des professeurs des écoles qui, selon moi et certainement selon Aldebert, ont droit, autant que les policiers, à la reconnaissance et au respect de chacun.

Monsieur le parent d'élève, vous deviez bien vous douter qu'en mettant votre enfant dans une école qui porte le nom de Jacques Prévert, un léger vent d'insolence, d'humour, de liberté, aurait bien le droit, de temps en temps, de souffler un peu.

C'EST QUOI LE THÉÂTRE, SI CE N'EST PAS LE DROIT DE JOUER CE QU'ON N'EST PAS ?

12 avril 2019

C'est quoi le théâtre, si ce n'est pas le droit de jouer ce qu'on n'est pas ?

Le théâtre est là pour poser des questions et aussi pour ouvrir les portes de l'imaginaire. Si par exemple demain je le décide, je peux tenter de jouer une libellule. Une petite libellule à la taille fine, muant, chassant, voletant au-dessus d'un étang.

Théâtre du
ROND-POINT
BOUCQ

L'honnêteté, une certaine forme de sagesse m'obligent quand même à reconnaître que je ne serais pas forcément très convaincant dans ce rôle. Une grande force d'autopersuasion me serait nécessaire, ainsi qu'un tutu bleu. Mais aucune association de défense des libellules, aucune brigade antilibellulophobe ne devrait m'interdire de chercher en moi ma part d'anisoptère.

C'est quoi le théâtre, si ce n'est pas le droit de s'amuser avec les codes, les règles, les conventions ? C'est quoi le théâtre, si on n'a plus le droit d'incarner ce qui est différent de soi ? C'est quoi le théâtre, si ce n'est pas le lieu privilégié pour approcher l'autre, tenter de le comprendre parfois en l'incarnant ?

Le théâtre permet de jouer un salaud quand on est un brave type, un brave type quand on est un salaud, un héros même si on est un craintif.

C'est quoi le théâtre si une femme ne peut plus jouer un homme, si un homme ne peut plus jouer une femme, s'il est interdit de jouer un Noir quand on est blanc, de jouer un Blanc quand on est noir ? Ce serait quoi le théâtre si Michel Fau n'avait plus le droit de jouer une *prima donna* colorature ?

Dans l'avant-propos de sa pièce *Les Nègres*, Jean Genet écrit : « Un soir, un comédien me demanda d'écrire une pièce qui serait jouée par des Noirs. Mais qu'est-ce donc un Noir ? Et d'abord, c'est de quelle couleur ? » Oui, c'est de quelle couleur, un Noir ? C'est de quel sexe, une femme ? Quel âge ça peut avoir, un vieillard, un enfant ?

L'acteur, quels que soient son sexe, son âge, la couleur de sa peau, n'est pas seulement là pour jouer un personnage, il doit tenter de rendre compte de l'humanité tout entière.

À la Sorbonne, fin mars, Philippe Brunet devait présenter une pièce d'Eschyle. Pour personnifier les Danaïdes, la troupe devait utiliser des masques, des maquillages sombres.

Le théâtre avec ses masques et ses maquillages est une très vieille affaire, bien antérieure à *Tintin au Congo*, aux politiques colonialistes, aux « blackfaces », aux zoos humains, à l'Exposition coloniale à Paris en 1931 et à « Y a bon Banania ».

À la Sorbonne, fin mars, le spectacle de Philippe Brunet a été empêché par des militants de la Ligue de défense noire africaine, de la Brigade antinégrophobie et du Conseil représentatif des associations noires. On interdit. On bloque l'entrée. Pas de discussion.

Le théâtre, l'université doivent rester des lieux de parole, pas d'interdiction de la parole.

Il fut une époque où des étudiants pensaient qu'il était interdit d'interdire. Aujourd'hui, on pourrait au moins convenir qu'il est permis de permettre.

NOUVELLES DU PARADIS

26 avril 2019

« T'en as mis du temps, a dit Noiret.

— On commençait à s'impatienter, a fait Rochefort.

— Je viens pas ici pour me faire engueuler », a répondu Marielle[1] sur un ton conclusif.

Puisque, à nouveau, ils étaient tous les trois réunis, ils se sont regardés avec leurs bonnes têtes de vieux chiens affectueux et ils se sont souri. Comme de fait, ils ont parlé de tout, de rien. De la vie, de la mort et des trains électriques.

Dans le ciel des comédiens, on a fait table ouverte. Le paradis ressemble à une auberge de province. Il y a de la tomette par terre et aux murs des rideaux fleuris. En regardant par la fenêtre, on aperçoit des voitures mal garées et plus loin un étang où des hérons paressent.

Le Bon Dieu, tout sourires, s'est fait la tête d'un restaurateur qui veut faire honneur à des convives de choix. « Vous êtes ici chez vous. Qu'est-ce qui vous ferait plaisir comme mise en bouche ? » Sous sa barbe blanche, le Seigneur tente de prendre un air affable et des manières moins solennelles que d'habitude.

« C'est qui ce grand con ? » a fait Marielle sans même lui jeter un regard.

Noiret est tiré à quatre épingles. Rochefort a mis ses chaussures jaunes et Marielle a retrouvé la mémoire.

Une ambiance de copains, de mélancolie et de pouilly-fuissé.

On parle de tout et c'est pas rien. On parle de rien et puis c'est tout. On a l'émotion sincère mais pas expansive. Si on a besoin de pleurer, on dit qu'on va pisser.

---

1. L'acteur français Jean-Pierre Marielle est mort le 24 avril 2019. Récompensé par le Molière du comédien pour la pièce *Le Retour* d'Harold Pinter, il a partagé l'affiche avec Jean Rochefort et Philippe Noiret dans le film *Les Grands Ducs* de Patrice Leconte en 1996.

Dehors, sur les graviers, on entend le crissement d'une voiture italienne. On regarde par la fenêtre, c'est Mastroianni. « *Vaffanculo !* » crie-t-il en direction d'un héron tête en l'air qui lui aurait refusé la priorité.

Autour de la table, on rigole.

Et allez donc, envoie la ritournelle de la chanson gnangnan et chauvine et vieux jeu. Réveille un peu le piano à bretelles. À chaque fois qu'on l'entend, on a les larmes aux yeux.

Jean Carmet passera pour le dessert. Prévoyant, il apportera son tire-bouchon.

« Merde, ça fait du bien de se retrouver entre amis morts », a dit Marielle, une pointe de nostalgie dans la voix, pensant à regret à tous ceux qui ne les ont pas encore rejoints.

« Tout se passe comme vous voulez ? » demande le Bon Dieu avec sa gueule d'empeigne.

Marielle, Rochefort, Noiret se regardent, cherchent l'attitude à adopter pour lever les yeux au ciel mais c'est difficile quand on y est déjà… Reconnaissant qu'ils n'y parviennent pas, ils se lèvent, sortent, rejoignent leurs voitures respectives, cherchent dans les boîtes à gants les cartes routières de l'enfer et du purgatoire, s'interrogent sur les routes les plus touristiques pour y parvenir, puis dans un nuage de fumée et d'éclats de rire, prennent la route pour de nouvelles aventures, tandis qu'à la fenêtre, le Bon Dieu, tout seul, agite avec incrédulité l'addition des consommations. « Messieurs ! Messieurs ! La maison ne fait pas crédit ! »

Marielle, se souvenant de Vialatte, rigole avec le moelleux d'un saxophone contrebasse. « La gravité est le plaisir des sots. »

LES FLÈCHES DE NOTRE-DAME[1]

3 mai 2019

L'avantage de Viollet-le-Duc, quand il a dessiné sa flèche, c'est qu'il n'y avait personne au-dessus de son épaule pour lui dire :

1. Un incendie a ravagé la cathédrale Notre-Dame de Paris le 15 avril 2019. La flèche de l'édifice, culminant à 93 mètres de haut, s'est effondrée. D'importants

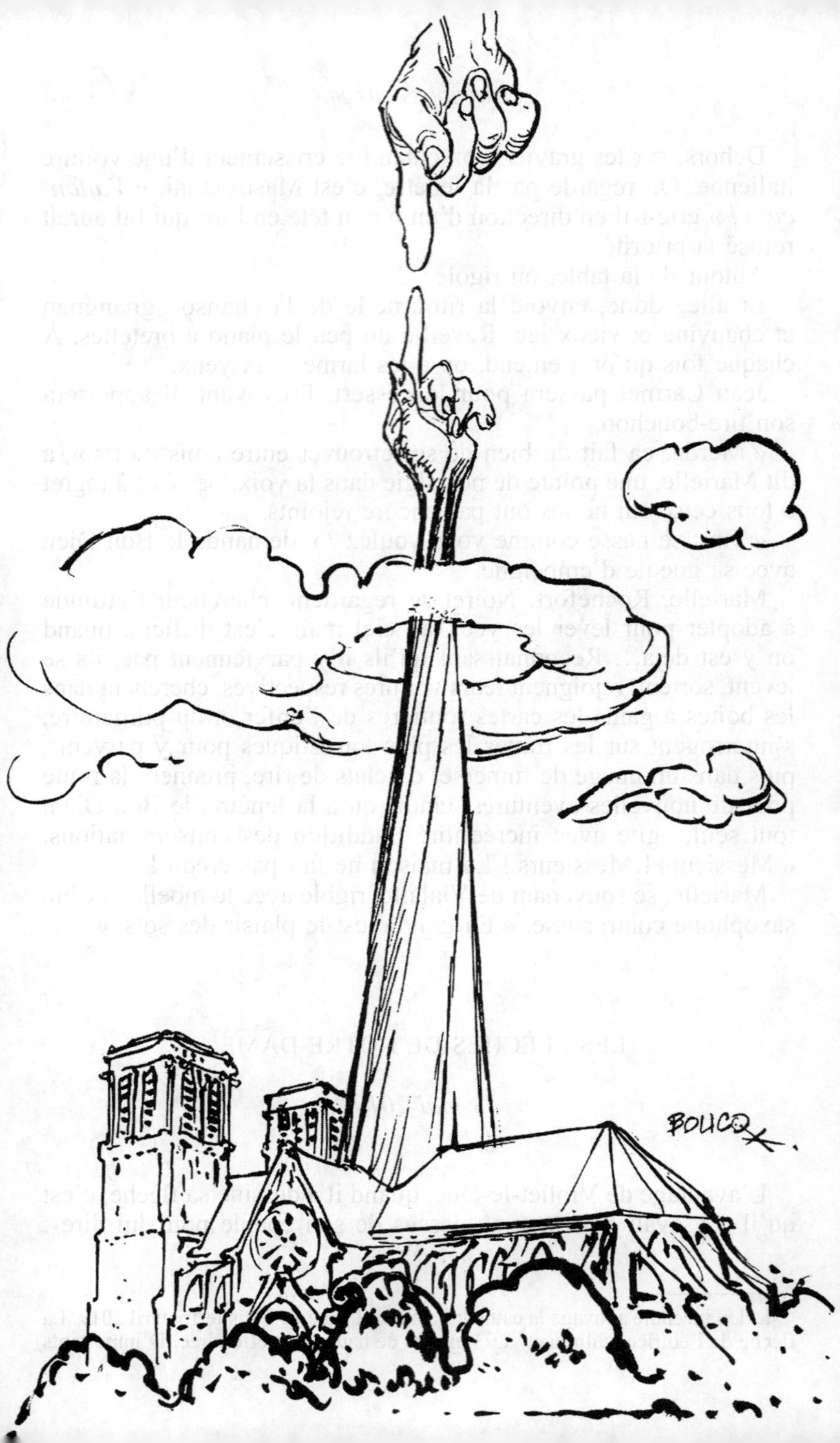
BOUCQ

« Eugène, ta flèche, elle est trop courte, trop grande, trop haute, trop petite… » « Eugène, pourquoi que tu fais une flèche ? Pourquoi qu'à la place tu ferais pas une tour, un beffroi, une tourelle ? Ça serait plus joli, une tourelle… » « Putain, Gégène, tu vas pas me dire que tu vas faire ta flèche en plomb ! C'est moche le plomb, c'est cher, c'est toxique, c'est cancérigène, pourquoi que tu la fais pas en zinc, en cuivre, en étain ? » « Mon Gènou, pourquoi que tu fais du néogothique ? Ça veut plus rien dire le néogothique, c'est nul le néogothique, fais du vrai gothique, fais de l'ancien, fais du rustique ! Si tu veux, je te donne un coup de main, je peux même demander à mon beau-frère, il a du temps de libre depuis qu'il est retraité des Ponts et Chaussées… Tiens, regarde, tous les deux on a retapé la bicoque de la tante Ginette, tout le crépi extérieur sur la pierre de taille, c'est nous qu'on l'a fait. J'aime mieux te dire que chez Leroy Merlin, on est connus comme le houblon. Si ça t'intéresse, on peut même avoir des prix sur l'enduit de façade. Et pourquoi plutôt que tu ferais pas du moderne ? C'est bien aussi le moderne. Faut vivre avec son temps. À la place de ta grosse flèche (qu'est-ce que tu nous fais chier avec ta grosse flèche, Viollet-Ducon !), pourquoi que tu mettrais pas une boule à paillettes ? Le samedi soir, tu la fais tourner, tu rajoutes un canon à jet de mousse et hop ! sur le parvis de Notre-Dame tu fais des grandes soirées techno ! »

Pas mal de gens savent ce qu'il faut faire concernant les travaux de Notre-Dame. Les tenants estampillés du conservatisme ont leurs principes. C'est pas compliqué. Faut tout faire à l'identique. Sauf que le bois qui a séché pendant mille ans va être plus difficile à trouver. Sauf que les entrepreneurs du Moyen Âge ne se seraient sans doute pas privés des matériaux nouveaux s'ils les avaient connus. Sauf que les tenants du conservatisme de l'époque de Viollet-le-Duc détestaient Viollet-le-Duc.

Ce qui est bien avec les conservateurs, qui tous ne sont pas des flèches, c'est qu'il suffit de patienter. Un jour, ils défendront ce qu'ils ont combattu hier, sous prétexte que le temps a passé et que le modernisme d'hier est devenu le patrimoine d'aujourd'hui. Les conservateurs détestent tout ce qui est contemporain. Là où le contemporain est plus malin, c'est qu'au bout de quelques années, sans avoir besoin de rien faire, il devient du patrimoine.

---

travaux avaient lieu dans la cathédrale depuis plusieurs mois. Cette catastrophe a déclenché de nombreuses réactions tant nationales qu'internationales.

Il faut souhaiter bien du courage à l'architecte qui demain sera chargé de s'occuper de la reconstruction de Notre-Dame. La plupart des gens qui tchatent ou qui tweetent ou qui discutent sur les réseaux sociaux, en plus d'être des spécialistes en tout genre, des critiques de théâtre, de cinéma qui savent mieux que quiconque ce qu'il faut faire dans tous les domaines, sont également des architectes, enfin font partie de cette catégorie de gens qui, selon l'expression de Coluche, « ont un avis sur tout, ont surtout un avis ».

Tu tweetes, tu tweetes, c'est tout ce que tu sais faire.

MOTS NOUVEAUX

10 mai 2019

Lorsqu'on atteint le bel âge de dix ans, dans certaines familles, modestes mais pour qui la connaissance doit être valorisée, on reçoit quelquefois un *Petit Larousse*, que l'on recouvre parfois de plastique afin de ne pas l'abîmer et que l'on dédaigne un peu présomptueusement, quelques années plus tard, pour un *Robert*, quand on croit pouvoir se passer des images.

Chaque année, un nouveau *Petit Larousse* apparaît avec ses mots nouveaux. Chaque année, on fête l'arrivée de ces nouvelles entrées. Cette année encore, des mots, jusque-là pas reconnus, plus ou moins méprisés, qui survivaient comme ils pouvaient dans cette sorte de purgatoire lexical du néologisme, peuvent enfin paraître à découvert et la tête haute.

Fêtons cette année l'arrivée de nouvelles entrées : survivalisme, locavorisme, antispécisme, bigorexie, divulgâcher, ubériser, autant de mots que mon rétrograde d'ordinateur, qui sans doute se croit encore à l'époque de René Coty et de Gloria Lasso, souligne de rouge.

Moi je dis : « Bienvenue aux nouveaux mots ! »

Oui, mots nouveaux, je vous souhaite une belle vie, longue et riche ! J'espère que vous saurez trouver votre place dans la société et dans les conversations. Je souhaite, parce que vous le méritez, que vous vous sentiez utiles, reconnus et surtout, parce que c'est l'essentiel, parce que c'est la clé de tout, je souhaite que vous vous sentiez aimés.

Oui, car un mot qui est désiré, un mot chéri, entouré, aura plus de chance dans la vie. Mots nouveaux, je souhaite que vous trouviez l'amour et qu'avec d'autres mots, nouveaux ou anciens, vous vous accoupliez, vous copuliez, vous baisiez et qu'ensemble, confiants dans l'avenir, vous deveniez heureux et réussissiez à votre tour à faire beaucoup de locutions, beaucoup de phrases, que vous vous mariiez et que vous fassiez beaucoup d'enfants.

Évidemment, toute la promotion du nouveau dictionnaire est basée sur ces mots nouveaux qui viennent enrichir le vocabulaire.

Mais je voudrais moi, qui me situe du côté des petits, des mis de côté, des oubliés, des sans-grade, me souvenir de tous les mots qui ont été depuis des années retirés des dictionnaires Larousse, tous ces mots morts, tous ces mots décédés aujourd'hui oubliés.

Aux mots disparus, aux mots morts, la patrie reconnaissante…

(*On entend la sonnerie aux morts.*)

Janot.

Bestiasse.

Chaufournier.

Affinoir.

Pet-en-l'air.

Velche.

Embesogné.

Chopiner.

Zinzolin.

(*Fin de la sonnerie aux morts.*)

Je ne peux évidemment citer tous les mots retirés du dictionnaire au fil des années. En revanche, je peux suggérer quelques mots nouveaux pour les éditions futures des *Petit Larousse*.

Castanériser : tweeter à tort et à travers. Équivalent du verbe américain « trumper ».

Hollandiser : donner des conseils au président de la République dans le but de faire chier.

Et enfin je propose un verbe.

Toutouzer : participer à une sexualité de groupe canin.

À tous ces nouveaux mots je souhaite également le meilleur.

ON DIT QU'ALAIN DELON VA RECEVOIR LA PALME D'HONNEUR DU FESTIVAL DE CANNES

17 mai 2019

On dit qu'Alain Delon va recevoir la Palme d'honneur du Festival de Cannes. Et sur la Croisette, on s'agite. On s'inquiète. On proteste. On a peur.

On a raison d'avoir peur.

Car ce n'est pas Alain Delon qui va venir. C'est un loup sauvage, indiscipliné, une bête féroce qui va sortir de sa tanière, un animal expressif, agressif, au comportement complexe, aux réactions imprévisibles.

Ce n'est pas Alain Delon qui va venir. C'est un chien farouche, insociable, misanthrope, qui depuis longtemps a décidé du coin de campagne où il sera enterré, parmi ses trente chiens déjà ensevelis, ses trente derniers amis.

On dit qu'Alain Delon va recevoir la Palme d'honneur du Festival de Cannes. Et sur la Croisette, on discute, on se rappelle, on convoque les souvenirs.

Mais ce n'est pas Alain Delon qui va venir. C'est un tout petit enfant qui fait la fierté de ses parents et qu'un jour on met en pension, quand l'amour est mort et que les parents ne s'entendent plus. C'est un enfant abandonné.

Ce n'est pas Alain Delon qui va venir, c'est un enfant perdu. Un apprenti charcutier qui va passer son CAP. Un engagé volontaire pour qui l'honneur n'est pas une palme mais le respect de la parole donnée, mais la fidélité en amitié, mais la loi du silence. Un petit voyou qui a de mauvaises fréquentations. Un mauvais coucheur, pas sympathique, pas aimable, provocateur.

Ce n'est pas Alain Delon qui va venir. C'est un boxeur qui, régulièrement, dit sa hantise, sa crainte, son angoisse de faire le combat de trop en venant à la télévision faire la promotion d'un combat de trop.

On dit qu'Alain Delon va recevoir la Palme d'honneur du Festival de Cannes.

Foutaise. Mensonge. Imposture. C'est un souvenir d'Alain Delon. C'est un fantôme d'Alain Delon qui ne vit plus que dans le cimetière du cinéma qu'il aimait tant et qui était sa vie.

Et tandis que le fantôme d'Alain Delon recevra sa Palme, Alain Delon sur la Croisette s'éloignera en regardant la mer. Il pensera à ses amis disparus, à ses amours mortes. Une vieille larme de vieil acteur coulera sur sa vieille joue ridée. Il pensera à Romy, il pensera à Mireille. Il pensera à Visconti et à René Clément. À Jean-Pierre Melville et à Joseph Losey. Alain Delon, impeccable, affrontant l'océan, portera beau la mélancolie des disparus.

On peut rire. On peut se moquer. On peut se dire aussi, avec Gabin : « C'est chouette les acteurs, c'est bath les acteurs. »

On dit qu'Alain Delon va recevoir la Palme d'honneur du Festival de Cannes.

Félicitations, monsieur. Passe le temps, restent les films. Et quoi qu'en dise Simone, la nostalgie est toujours ce qu'elle était.

LA VIE NE VAUT RIEN, RIEN…

24 mai 2019

Je voudrais profiter de mon passage radiophonique pour exprimer mes directives anticipées. Je sors du studio, je me fais écraser par une trottinette. Je suis hospitalisé, je deviens inconscient, incapable de m'exprimer. Heureusement, publiquement j'aurai, juste avant, donné mes directives anticipées. Vous saurez quoi faire de moi.

Enfin, moi-même, pour l'instant, en réalité, je ne sais pas trop. Je pourrais faire le fier-à-bras mental en disant : « S'il m'arrive quelque chose, je veux tout de suite en finir. » C'est facile à dire. Je suis aujourd'hui dans une forme éblouissante. Je lisais encore hier soir avant de m'endormir mes derniers résultats hématologiques, ils sont excellents. Ma vitesse de sédimentation, ma numérotation globulaire, ma formule leucocytaire, tout est formidable, ce qui a fait dire à mon médecin traitant : « Monsieur Morel, vous êtes une véritable petite machine. »

En revanche, quand je serai au bout du rouleau, qui me dit que je n'aurai pas encore envie de voir défiler un tout petit peu les derniers morceaux du ruban de la vie, boire le verre jusqu'à la lie, profiter encore du souffle caressant d'une brise légère, d'un rayon de soleil qui se pose sur ma joue, d'une caresse, d'un frôlement, d'une marque de tendresse ?

« La vie ne vaut rien mais rien ne vaut la vie », comme chante André Malraux sur une musique d'Alain Souchon.

Il est possible aussi que je me dise : « Basta, suffit, j'ai fait mon temps. Arrêtons les frais. "Débranche !" » comme chante France Gall sur des paroles de Michel Berger.

Je n'en sais rien.

Ce que je sais, c'est que je détesterais qu'on fasse de moi un étendard, un drapeau, une bannière, un prétexte pour idéologues.

Ce que je sais, c'est que je détesterais qu'on me filme sur mon lit de douleur, qu'on me vole mes derniers moments d'intimité, qu'on impose à mes amis, à ceux qui m'ont connu, une dernière image qui ne correspond pas à celle que j'aurais envie de laisser.

Ce que je sais, c'est que je détesterais qu'un avocat, abruti d'idéologie rance, se serve de moi pour distiller ses opinions frelatées en criant « *remontada* » comme si je n'étais qu'un score victorieux d'une compétition sportive.

Ce que je sais, c'est que je trouve curieux que ceux qui prétendent croire à la vie éternelle à la droite de Dieu veuillent à tout prix s'accrocher à la vie terrestre.

Ce que je sais, c'est que le droit de « mourir dans la dignité » rejoint celui de vivre dans la dignité.

Ce que je sais, c'est que je voudrais qu'on me laisse tranquille, que jusqu'au bout, on me respecte et qu'on ne me parle pas comme à un animal de compagnie, comme à un chien.

Ce que je sais, c'est que les images filmées par la famille de Vincent Lambert et diffusées sur un site droitier m'ont paru indignes.

Ce que je ne sais pas, c'est si Vincent Lambert, qui aimait la vie et le rock psychédélique, ressent des émotions en écoutant les Pink Floyd.

(*On entend le refrain de* Us and Them *de Pink Floyd.*)

DÉBAT

31 mai 2019

Ce vendredi, une chronique ambitieuse, une chronique de haute volée, puisque je vous propose un éditorial politique venant concurrencer la parole de Thomas Legrand. L'avantage que j'ai par rapport à Thomas, c'est que je ne viens qu'une fois par semaine et que j'ai donc eu le temps de peaufiner ma pensée au sujet d'un événement qui a eu lieu il y a cinq jours.

Dimanche dernier, justement, sur TF1, un débat se proposait d'éclairer les Français sur l'avenir de l'Europe et les conséquences du vote hexagonal sur le devenir de la communauté européenne puisqu'il s'agissait bien de faire mieux comprendre les tenants et aboutissants d'une élection qui, en France, plus que prévu, avait mobilisé les électeurs au point que nombre de poissons de rivière avaient été reconnaissants vis-à-vis du personnel politique français de ne pas avoir trop favorisé le parti des pêcheurs à la ligne.

Une tanche de mes amies, toute frétillante, me disait encore lundi matin combien elle se réjouissait avec ses copines de ne pas avoir connu un dimanche trop meurtrier et que, l'un dans l'autre, tout bien réfléchi, elle préférait autant être à sa place qu'à celle de Wauquiez ou Mélenchon.

Le débat politique en France ayant été essentiellement accaparé par un face-à-face entre la République en marche et le Rassemblement national, chaque téléspectateur était naturellement impatient d'entendre l'échange qui allait avoir lieu entre deux responsables politiques d'envergure, je dirais même de haut rang : à ma gauche, enfin à la gauche du macronisme, c'est-à-dire à ma droite, Daniel Cohn-Bendit. À mon extrême droite, Gilbert Collard.

M. Collard, désireux de situer d'emblée le débat sur le terrain de la pensée, conscient du bouleversement politique qui avait eu lieu suite à la dernière élection présidentielle et soucieux de souligner les connivences plus ou moins avérées entre responsables politiques venus d'horizons différents, commença son argumentaire de façon détaillée, de manière franche et déterminée. « Faux cul de la politique ! Vendu à Macron ! »

M. Cohn-Bendit ne fut pas insensible au raisonnement de M. Collard dont il tenta de souligner la fragilité théorique en lui opposant un vif : « Ferme ta gueule, connard ! »

Le débat était lancé et s'annonçait passionnant puisque la nouvelle recomposition politique permettait de mettre en avant les différents enjeux identitaires, sociaux et écologiques des toutes prochaines années.

M. Collard, maître en rhétorique, qui fut jadis engagé à gauche, membre de la SFIO et du Parti socialiste, trouva à redire à l'évolution politique de M. Cohn-Bendit. « Traître ! Traître ! » s'égosilla-t-il.

M. Cohn-Bendit fit alors valoir à M. Collard qu'il était une « ignoble ordure ».

Joie de la controverse, plaisir de la discussion, enrichissement de la pensée par l'affrontement de points de vue différents, ce débat aura permis de mieux mesurer la distance qui oppose les europhiles convaincus aux nationalistes résolus tout en soulignant les clivages qui risquent de structurer durablement la vie politique française.

Bienvenue dans le nouveau monde qui s'annonce captivant.

127 PERSONNES

7 juin 2019

Qui sont les 127 personnes qui ont été sauvées durant le deuxième semestre 2018 ?

Moi, c'est la question que je me pose, parce que les personnes qui disparaissent dans les accidents de la route, il suffit d'ouvrir le journal local pour connaître leurs noms, mais les personnes sauvées, ça reste un mystère.

C'est peut-être vous, c'est peut-être moi, on n'en sait rien…

En effet, depuis le passage de la vitesse de 90 km/h à 80 km/h, 127 vies ont été épargnées, mais on ne sait pas lesquelles. Si, parmi ces 127 personnes, des auditeurs de France Inter se reconnaissaient, ce serait bien qu'elles puissent se signaler afin de savoir ce qu'elles ont décidé de faire de leurs vies sauvées depuis ce deuxième trimestre 2018.

Parce que si c'est pour rien faire de votre vie, ce n'était pas tellement la peine de faire tout ce ramdam qui aura quand même bloqué pas mal de ronds-points, notamment durant le premier semestre 2019, et qui aura coûté, selon la délégation à la sécurité routière dépendant du ministère de l'Intérieur, la rondelette somme de dix millions d'euros, notamment pour les frais d'achats et d'installations des nouveaux panneaux.

C'est un investissement pour le gouvernement. Dix millions d'euros pour 127 personnes, ça fait une vie humaine évaluée à 78 740 euros. Surtout que c'est un peu à perte, vu que déjà chaque Français porte individuellement la dette publique à hauteur de 34 595 euros. Investir dans un individu qui est déjà un panier percé, demandez à Dominique Seux, ce n'est pas raisonnable…

Évidemment, tous les bobos, M. Thomas Legrand en tête, tous les Parigots, n'ont jamais tout à fait compris la réaction que cette mesure a générée. Ils se disent : « Pourquoi se battre pour garder 10 km/h supplémentaires alors que de Bercy à la porte de la Chapelle, c'est quasiment impossible d'atteindre cette vitesse ? »

C'est juste, mais à la campagne il reste quelques tronçons routiers sans séparateur central, sans barrière, sans terre-plein mais avec une bonne visibilité qui permet quand même d'appuyer un petit peu sur le champignon.

Pour revenir aux 127 personnes rescapées, ce qui aurait été avantageux, ça aurait été au moins de pouvoir les choisir afin que l'investissement ne soit pas totalement perdu.

De toute façon, dans l'avenir, ces 127 personnes ont du mouron à se faire puisque l'amendement du groupe République en Marche et en roue libre renvoie aux présidents de conseil départemental la responsabilité de définir la vitesse sur certains axes. Donc, très prochainement, nous pourrons obtenir un classement qui permettra de connaître les présidents de conseil départemental qui auront augmenté la mortalité routière. On attend avec impatience la communication de la délégation routière sur le coût de cette nouvelle mesure.

Si, dans un département, on rétablit la vitesse à 90 km/h et qu'aussitôt un automobiliste meurt en roulant par exemple à 86 km/h, on pourra décider de situer la vitesse autorisée à 85 km/h…

Voilà.

On va faire l'Europe, c'est prévu, bientôt, demain, dans les jours qui viennent, enfin dès que possible. Quoi qu'il en soit, l'harmonisation européenne interviendra juste après la désharmonisation départementale.

LES P'TITS BATEAUX

14 juin 2019

(*On entend le générique de l'émission de Noëlle Bréham,* Les P'tits Bateaux, *diffusée sur France Inter le dimanche à 19 h 30.*)

Bonjour, comment allez-vous ? Vous êtes jeune, vous avez toutes les questions possibles et imaginables à poser. Un seul numéro le 01 56 40 43 57… Les P'tits Bateaux, chaque dimanche, des professionnels ou des amateurs, mais toujours passionnés et passionnants, y répondent…

« Bonjour, je m'appelle Timothée, j'ai 4 ans et demi et je voudrais savoir comment on fait pour se tirer une balle dans le pied. Merci de votre réponse… Je voudrais savoir aussi si ça fait mal… »

Oh ! elle est bien la question de Timothée. C'est vrai, comment on fait pour se tirer une balle dans le pied et est-ce que ça fait mal…

Pour y répondre, une spécialiste, Nathalie Loiseau[1]…

« Bah, c'est facile, Timothée. On achète un pistolet, on vise par exemple entre le gros orteil et le secondus, ou entre le centrus et le pre-exterius, et on tire… J'avoue que, sur le coup, c'est assez douloureux. »

Merci Nathalie. Je rappelle que Nathalie est diplomate, mais plus par fonction que par tempérament.

Elles sont vraiment captivantes toutes les questions de nos jeunes auditeurs parce qu'elles abordent tous les sujets… Maintenant, c'est Léonard qui a une question pratique à poser.

« Bonjour, je m'appelle Léonard, j'ai 3 ans trois quarts et je voudrais savoir comment on fait pour avaler son chapeau. Merci beaucoup. Et je voudrais savoir aussi si c'est bon… »

Elles sont formidables tes questions, Léonard. C'est vrai qu'il y a des choses qui ne sont pas faciles à manger, une noix de coco, une papaye, un ananas, une mangue ou des ortolans. Pour te répondre, Léonard, on a demandé à une spécialiste du manger de chapeau, Nathalie Loiseau…

1. Nathalie Loiseau, tête de liste La République en marche aux élections européennes de 2019.

« Bah, c'est facile, Léonard, on achète un chapeau. On le découpe en morceaux, en plus petits morceaux possibles, parce que c'est pas facile à manger, et on met tout ça dans une assiette, selon son goût, on ajoute de la vinaigrette ou de la chantilly… Mais enfin, j'avoue, le chapeau c'est pas mon plat préféré. Personnellement, je préfère les frites. »

On a encore le temps d'écouter une question. Et c'est Manon qui la pose…

« Bonjour, je m'appelle Manon j'ai 8 ans et demi et je voudrais savoir si la condition féminine s'est améliorée depuis quarante ans. »

Alors là, je crois que je peux répondre directement à ta question, Manon, puisque, il y a trente-six ans, Françoise Giroud, avec un sens de la formule indépassable, disait : « La femme serait vraiment l'égale de l'homme le jour où, à un poste important, on désignerait une femme incompétente. » Eh bien, réjouissons-nous, Manon, parce que ce jour est arrivé et la prédiction de Françoise Giroud montre que l'évolution concernant la condition féminine va vraiment dans le bon sens ! Mais peut-être que notre spécialiste, Nathalie Loiseau, veut ajouter quelque chose…

« Euh… Non, ça va aller, là… »

Mme THÉNARDIER HABITAIT LE LOIRET

21 juin 2019

Mme Thénardier habitait le Loiret. Elle se prénommait Liliane et il semblerait, dites-moi si je me trompe, qu'il n'existe plus de Thénardier en France. Des gens qui ressemblent psychologiquement aux personnages de Victor Hugo, il s'en trouve beaucoup, mais des individus qui portent le patronyme de Thénardier, il semblerait, je répète le conditionnel, qu'il n'y en ait plus. On ose espérer parce qu'on ne veut que du bien à la mémoire de Liliane Thénardier, qui habitait le Loiret, qu'elle était une femme si sympathique, si charmante avec chacun, si aimante avec les siens, si douce, si délicate qu'elle en faisait oublier son affreux patronyme et que, pour son entourage, le nom de Thénardier était devenu synonyme de grâce, de gentillesse, de générosité.

Dans la Sarthe notamment, on pouvait rencontrer sur les chemins des Alpes mancelles une famille Quasimodo. Renée Quasimodo naquit en 1922 et décéda en 2008. Théodore Quasimodo vit le jour en 1894 et fut retiré à l'affection des siens en 1988. On voudrait que ces Quasimodo aient été des bombes, des canons, des beautés fatales, des objets de séduction tels qu'ils n'eurent jamais à souffrir de leur patronyme à la connotation si chargée.

Il existe des Hyde, un peu partout dans le monde et notamment à Paris. Il se trouve des Jekyll, particulièrement à Castle Hedingham et dans le Middlesex.

Tolkien, en donnant au Seigneur du mal le nom de Sauron, ne s'embarrassa pas de scrupules vis-à-vis de tous ces Sauron que l'on trouve à foison, dans les Hauts-de-Seine, le Bas-Rhin, le Puy-de-Dôme, la Nièvre, la Haute-Loire, l'Isère, la Seine-Maritime et un peu partout en France…

Si je raconte tout ça, c'est pour tenter de consoler la famille Camborde qui habite le petit village de Lestelle-Bétharram. Dans son roman *Dans la douleur du siècle*, éditions In8, Gilles Vincent décrit un salaud qui aurait dénoncé une colonie d'enfants juifs pendant la guerre. Puisqu'il fallait bien donner un nom à son personnage, Gilles Vincent a choisi celui de Camborde, patronyme courant dans la région. Pour crédibiliser son histoire, l'auteur, avant de l'écrire, va sur les lieux de l'action et photographie les monuments aux morts. Il a choisi le nom de Camborde pour son personnage de salaud et les Camborde ne sont pas contents. « Il eût pu nommer son salaud Kevin Estrafiques, note justement son éditrice, mais cela eût fait rigoler la galerie, et un salaud qui fait rire parce qu'il est mal nommé n'est déjà plus que demi-salaud. »

Le mari de l'éditrice suggère que l'on réserve des patronymes de salauds à l'état civil, que tous les salauds des romans, ceux de Houellebecq comme ceux de Modiano, portent le même nom… Mais ce serait la fin du suspense, la mort du roman policier, puisqu'on saurait dès le début le nom de l'ordure qui a fait le coup !

Je pense qu'il faut que le vrai M. Camborde de la vraie vie ait la certitude que chaque lecteur saura faire la différence entre lui et le personnage du roman, qu'on n'aura jamais l'idée de penser qu'il a dénoncé la colonie d'enfants juifs qui d'ailleurs n'eut aucune existence à Lestelle-Bétharram.

Je parlais de cette histoire à ma voisine, une certaine Mme Bovary, qui est très heureuse en ménage, et qui, entre ses activités professionnelles et conjugales, n'a jamais le temps de s'ennuyer.

BONNES ONDES

28 juin 2019

(*De façon navrante, le chroniqueur tente de jouer le* Boléro *sur son mélodica...*)

Cette semaine, étant donné que c'est la dernière chronique de la saison, j'aime autant prévenir, je n'ai pas trop travaillé.

Alors, j'ai apporté mon mélodica. Pour faire un peu de musique. Enfin, ce n'est pas encore tout à fait de la musique. Je suis en formation musicale.

Mais quand on dit que la musique adoucit les mœurs, c'est faux. Depuis que je me suis mis au mélodica, on n'arrête pas de s'engueuler, avec ma femme.

Elle trouve que je joue trop fort. Elle est d'une mauvaise foi hallucinante. C'est pas le fait que je joue fort qui est gênant, c'est le fait que je joue faux. Seulement ça, personne n'a le courage de le dire à cette époque du politiquement correct où les notions d'apprentissage et de transmission sont mises en avant.

Je lui ai dit, à ma femme : « Tu ne te rends pas compte de ton intolérance ! Si Ravel avait dû essuyer les mêmes critiques que moi, il n'aurait jamais pu écrire son *Boléro*. »

Le boléro que je joue, ce n'est pas tout à fait le *Boléro* de Ravel. C'est un boléro d'après Ravel. C'est un arrangement.

Sinon, l'ambiance est bonne à France Inter. Je suis allé voir Laurence Bloch dans son bureau la semaine dernière, elle m'a offert une gourde, je ne sais pas comment je dois le prendre…

Dès septembre, on sera au taquet. On va essayer de faire encore de meilleurs scores pour rester la première radio de France et ainsi rendre encore plus dur le plan social qui s'annonce. Le ministre de la Culture a expliqué que c'est parce que tout allait bien à Radio France qu'il fallait changer, et notamment sabrer le budget. C'est pas bête. Je me demande si on n'aurait pas dû essayer d'être un peu plus médiocres afin de garder tous les effectifs…

C'est ma dernière chronique de la saison. On ne peut pas être trop exigeant. L'année est faite… On a déjà la tête ailleurs, sur les plages, ou vers la perspective de l'année prochaine.

Tout à l'heure, Augustin va présenter « Boomerang ». Il est comme moi, il est venu un petit peu les mains dans les poches, il n'a pas trop préparé de questions non plus, il espère que l'invité sera sympa, il est venu avec un Monopoly. Sonia, c'est pareil, elle a apporté des petits chevaux et un Mille bornes…

L'année prochaine, moi, si je suis au point, je ferai toutes mes chroniques au mélodica. J'ai toutes les vacances pour répéter…

À propos de vacances, vous savez qu'Hervé Pauchon s'en va ? On l'embrasse parce qu'on l'aimait bien et qu'on espère retrouver ailleurs sa délicatesse, son empathie, son absence de cynisme, sa manière discrète et souriante d'envoyer de bonnes ondes…

Qu'est-ce qu'il y a de mieux à faire à la radio que tenter d'envoyer des bonnes ondes ?

Déjà finie mon intervention ? Dommage. Je n'ai encore rien dit.